자유
민주주의
라는
신념

일러두기

- 이 책은 2024년 12월 3일 윤석열 정부의 비상계엄 선포 이후, 해당 사안과 관련한 의회와 정당의 공개 회의록 및 상정 안건, 공식 보도자료 등을 엮은 것입니다.
- 이 책의 자료는 〈국회회의록의 발간 및 보존 등에 관한 규정〉 제2조에 따른 임시회의록을 포함하며, 본문 내 자료에 해당 사실이 표시되어 있습니다.
- 각 자료는 최대한 시간 순서에 따라 배치했습니다. 의안은 검토나 의결 일자가 아닌 제안 일자에 맞춰 배치했고, 폐기된 의안도 중요도에 따라 수록했습니다.
- 모든 자료는 머리말과 꼬리말을 제외하고 원문 상태 그대로 보존하였습니다. 다만, 공식 문서 형태가 아닌 웹상에 게재된 자료는 책에 수록하기 위해 양식을 수정하였습니다. 이 과정에서 맞춤법을 포함하여 원문의 내용에는 어떠한 수정도 가하지 않았음을 밝힙니다.
- 목차의 각 항목에 표시한 부제는 원문 자료에 없는 것으로, 주요 논의 사항을 쉽게 파악할 수 있도록 추가한 정보입니다. 의안의 경우 최종 검색일을 기준으로 의결 상황과 일자를 표기했습니다.
- 모든 자료의 출처는 아래와 같습니다. (최종 검색일: 2025년 1월 24일)

  - 국가법령정보센터 https://www.law.go.kr/
  - 국무조정실 국무총리비서실 https://www.opm.go.kr/opm/index.do
  - 국회회의록 https://likms.assembly.go.kr/record/
  - 대한민국 정책브리핑 https://www.korea.kr/
  - 의안정보시스템 https://likms.assembly.go.kr/bill/main.do
  - 국민의힘 홈페이지 https://www.peoplepowerparty.kr/
  - 더불어민주당 홈페이지 https://theminjoo.kr/main/
  - 조국혁신당 홈페이지 https://rebuildingkoreaparty.kr/
  - 개혁신당 홈페이지 https://www.reformparty.kr/press
  - 진보당 홈페이지 https://jinboparty.com/
  - 기본소득당 홈페이지 https://www.basicincomeparty.kr/
  - 사회민주당 홈페이지 https://www.samindang.kr/

자유민주주의라는 신념

탄핵 심판 윤석열 출석과
비상계엄 국정조사 1차 청문회
(1.21.-1.22.) ———————————————— 한국학술정보 엮음

머리말

2024년 12월 3일 20시 25분경, 윤석열 대통령은 긴급 대국민 담화를 통해 비상계엄을 선포했다. 1979년 이후 45년 만에, 1987년 민주화 항쟁 이후 처음 있는 일이었다. 그는 국회의 잇따른 탄핵 소추와 예산 삭감이 정부 운영을 마비시키려는 시도라며, 비상계엄은 "종북 반국가 세력들을 척결"하기 위한 조치라고 밝혔다.

계엄 선포 직후, 경찰과 계엄군은 국회의 출입문을 봉쇄하기 시작했다. 국회의 정치활동을 금지하는 내용을 첫 번째로 실은 계엄 포고문도 발표되었다. 그러나 국회의원들은 담을 넘어 국회로 진입했고, 시민들도 어느새 모여 국회 앞을 지켰다. 긴장이 고조되며 계엄군이 국회 본관 창문을 깨고 내부로 진입하기도 했지만, 시민과 보좌진은 몸을 던져 바리케이드를 쌓고 소화기 분말을 뿌리며 저항했다.

계엄군이 회의장 앞까지 도달한 12월 4일 오전 1시경, 국회는 재석 190명 전원의 찬성으로 비상계엄 해제를 의결했다. 비상계엄 선포로부터 불과 세 시간 만이었다. 윤석열 대통령은 그로부터 다시 세 시간이 지난 4시 30분경 계엄령 해제를 공식 발표했다. 국민과 국회의 신속한 대응으로 계엄령은 여섯 시간여 만에 해제되었으나, 이는 우리 사회 전반에 가늠할 수 없는 여파를 미치고 있다.

이 책은 12·3 비상계엄 선포부터 현안의 중심이 된 국회와 각 정당이 공개적으로 발표한 회의록과 성명문 등을 엮은 기록물이다. 긍정적이든 부정적이든 제삼자의 필터를 거친 보도를 배제하고 한국 의회의 실제 모습을 담아냄으로써, 우리 사회를 비롯해 전 세계가 주목하고 있는 이 사건의 실체를 기록하고 기억하고자 하는 의도에서 출간되었다.

물론, 국회와 정당만이 우리 사회와 현안의 전부는 아니다. 거리 곳곳을 밝힌 불빛과 목소리, 각계각층의 시국선언, 수사기관의 상황 보고, 언론과 매체의 분석, 그리고 조용히 일상을 지키며 살아가는 수많은 사람의 노력이 모여 우리의 현재를 이루고 있다. 그럼에도 이 책이 국회와 정당의 움직임을 기록하고자 한 이유는, 그들이 사회 전체의 의지를 반영하는 대표성을 지니고 있기 때문이다. 계엄령 해제를 포함해

향후 이뤄진 주요한 사회 · 정치적 결정은 모두 시민의 요구와 더불어 국회의 민주적 절차를 통해 이루어졌다. 이를 충실히 기록하는 일은 우리 사회가 민주주의의 과정을 이해하고 앞으로의 도전에 대비하는 데 중요한 자료가 될 것이다.

한편, 이 책 역시 분량과 구성의 한계상 국회와 정당이 내놓은 모든 의견과 자료를 담지는 못했다. 정당 관련 자료는 국민의힘, 더불어민주당, 조국혁신당, 개혁신당, 진보당 다섯 개 정당의 자료를 실었으며, 공식적으로 발표한 주요 입장과 보도자료를 중심으로 구성했다. 원내 정당 가운데 전문을 실지 못한 기본소득당, 사회민주당의 자료와 기타 관련 논평 등은 비어 있는 지면을 활용해 최대한 소개하고자 했다.

본 총서의 제12권은 1월 21일과 22일 양일 간의 내용을 다룬다. 헌법재판소 탄핵 심판 3차 변론기일이었던 21일 각종 법안 논의와 현안 질의, 쿠팡 및 대유위니아 관련 청문회가 있었던 보건복지위원회와 문화체육관광위원회, 환경노동위원회의 회의록, 전 국가정보원 차장 홍장원과 대통령경호처장 김성훈, '비상계엄 입법기구' 문건 등 여러 증언이 쏟아졌던 22일 국정조사 특별위원회의 1차 청문회, 그밖에 보건복지위원회, 법제사법위원회 회의록이 포함되어 있다. 또한 21일 헌법재판소 탄핵 심판에 처음 출석하여 자신의 정당성을 주장한 윤석열 대통령의 발언 전문과 함께, 공수처 수사와 구속영장 집행, 민주당의 '카톡 검열'을 넘어 헌법재판소 탄핵심판관의 형평성을 문제 삼기 시작한 국민의힘의 각 논평과 보도자료, 그리고 서울서부지방법원 폭동과 선동 극우 세력의 수사를 촉구하고 탄핵 심판에서의 대통령 발언을 비롯해 이를 옹호하는 여당을 비판하는 야권 측의 자료 역시 수록하였다. 단 이틀의 기간이지만 자료의 양이 상당한 관계로, 이전에 수록했던 부록인 헌법과 계엄법 전문은 생략하였다.

이 책이 한국 사회가 과거를 기억하고, 미래로 나아가는 데 중요한 자료로 활용될 수 있길 바란다.

한국학술정보(주)

목 차

2025년 1월 22일

비상계엄 국정조사 제1차 청문회

2025년 1월 21일

탄핵 심판 3차 변론기일, 윤석열 출석

윤석열과 국민의힘 지도부는 끝내, 우리의 소중한 민주공화국에 '극우폭동'이라는 지옥으로 가는 문을 열었습니다. (…) 내란수괴는 불법수사, 불법체포, 불법구속을 주장하며 사법 체계를 부정했고, 극렬 극우세력은 선동에 호응해 서부지법을 습격하고 7층 영장판사 실을 집중 겨냥했습니다. 이번에는 서부지법이었지만 이들은 자신들의 마음에 들지 않으면 목표를 가리지 않을 것입니다. 극우 대통령이 일으킨 내란이 소수 극우세력의 폭동으로 비화했습니다. (…) 소수 극렬 극우세력이 활개칠 수 있게 지옥문을 열어준 것은 바로 국민의힘 지도부와 의원들입니다. 나경원 의원을 비롯하여 국민의힘 의원 44명은 스크럼을 짜며 내란수괴를 옹호했습니다. 김민전 의원은 백골단을 국회에 세웠고, 이후 아무런 징계도 받지 않았습니다. 윤상현 의원은 폭동을 시도하려는 자들을 애국시민이라 치켜세웠습니다. (…) 권성동 원내대표는 "대통령의 체포와 구속 과정은 불법과 불법의 연속"이라 주장하고, 권영세 비대위원장도 "비겁한 사법부가 대한민국 헌정질서를 유린하는 장본인들"이라며 헌법기관에 대한 공격을 멈추지 않고 있습니다.

– 사회민주당 대표 한창민, 1월 21일 기자회견문

<table>
<tr><td>제421회 국회
(임시회)</td><td><h1>보건복지위원회회의록</h1> (법안심사제1소위원회) (임시회의록) </td><td>제 1 호</td></tr>
</table>

국 회 사 무 처

일　시　2025년1월21일(화)

장　소　보건복지위원회회의실

의사일정

1. 인체적용제품의 위해성평가에 관한 법률 일부개정법률안(서명옥 의원 대표발의)(의안번호 2205383)
2. 마약류 관리에 관한 법률 일부개정법률안(소병훈 의원 대표발의)(의안번호 2202593)
3. 마약류 관리에 관한 법률 일부개정법률안(전진숙 의원 대표발의)(의안번호 2206005)
4. 약사법 일부개정법률안(김미애 의원 대표발의)(의안번호 2205449)
5. 화장품법 일부개정법률안(김예지 의원 대표발의)(의안번호 2204219)
6. 보건의료인력지원법 일부개정법률안(강선우 의원 대표발의)(의안번호 2205235)
7. 보건의료인력지원법 일부개정법률안(김윤 의원 대표발의)(의안번호 2204438)
8. 보건의료기본법 일부개정법률안(김미애 의원 대표발의)(의안번호 2206747)
9. 보건의료인력지원법 일부개정법률안(이수진 의원 대표발의)(의안번호 2202681)
10. 보건의료인력지원법 일부개정법률안(이수진 의원 대표발의)(의안번호 2205493)
11. 보건의료기본법 일부개정법률안(김윤 의원 대표발의)(의안번호 2205934)
12. 보건의료인력지원법 일부개정법률안(김윤 의원 대표발의)(의안번호 2201230)
13. 의료대란 피해보상 특별법안(박주민 의원 대표발의)(의안번호 2205782)
14. 의료법 일부개정법률안(강대식 의원 대표발의)(의안번호 2202256)
15. 의료법 일부개정법률안(백혜련 의원 대표발의)(의안번호 2206201)
16. 약사법 일부개정법률안(백혜련 의원 대표발의)(의안번호 2206202)
17. 약사법 일부개정법률안(서영석 의원 대표발의)(의안번호 2206024)
18. 약사법 일부개정법률안(이수진 의원 대표발의)(의안번호 2204869)
19. 약사법 일부개정법률안(민병덕 의원 대표발의)(의안번호 2203390)
20. 가족돌봄아동·청소년·청년 지원법안(서영석 의원 대표발의)(의안번호 2202436)
21. 취약청년 자립지원 및 보호에 관한 법률안(김성원 의원 대표발의)(의안번호 2202944)
22. 위기청년 지원에 관한 특별법안(조승환 의원 대표발의)(의안번호 2203064)
23. 위기청년 지원에 관한 법률안(김미애 의원 대표발의)(의안번호 2204618)
24. 아동복지법 일부개정법률안(강선우 의원 대표발의)(의안번호 2205591)
25. 돌봄 아동·청소년·청년 지원에 관한 법률안(정춘생 의원 대표발의)(의안번호 2205442)
26. 취약계층 청년의 자립지원에 관한 법률안(조은희 의원 대표발의)(의안번호 2205452)
27. 가족돌봄아동·청년 지원법안(강선우 의원 대표발의)(의안번호 2207086)

상정된 안건

(10시08분 개의)

○**소위원장 강선우** 좌석을 정돈해 주시기 바랍니다.

성원이 되었으므로 제421회 국회(임시회) 제1차 법안심사제1소위원회를 개회하겠습니다.

법안 심사에 들어가도록 하겠습니다.

1. **인체적용제품의 위해성평가에 관한 법률 일부개정법률안**(서명옥 의원 대표발의)(의안번호 2205383)
2. **마약류 관리에 관한 법률 일부개정법률안**(소병훈 의원 대표발의)(의안번호 2202593)
3. **마약류 관리에 관한 법률 일부개정법률안**(전진숙 의원 대표발의)(의안번호 2206005)
4. **약사법 일부개정법률안**(김미애 의원 대표발의)(의안번호 2205449)
5. **화장품법 일부개정법률안**(김예지 의원 대표발의)(의안번호 2204219)
6. **보건의료인력지원법 일부개정법률안**(강선우 의원 대표발의)(의안번호 2205235)
7. **보건의료인력지원법 일부개정법률안**(김윤 의원 대표발의)(의안번호 2204438)
8. **보건의료기본법 일부개정법률안**(김미애 의원 대표발의)(의안번호 2206747)
9. **보건의료인력지원법 일부개정법률안**(이수진 의원 대표발의)(의안번호 2202681)
10. **보건의료인력지원법 일부개정법률안**(이수진 의원 대표발의)(의안번호 2205493)
11. **보건의료기본법 일부개정법률안**(김윤 의원 대표발의)(의안번호 2205934)
12. **보건의료인력지원법 일부개정법률안**(김윤 의원 대표발의)(의안번호 2201230)
13. **의료대란 피해보상 특별법안**(박주민 의원 대표발의)(의안번호 2205782)
14. **의료법 일부개정법률안**(강대식 의원 대표발의)(의안번호 2202256)
15. **의료법 일부개정법률안**(백혜련 의원 대표발의)(의안번호 2206201)
16. **약사법 일부개정법률안**(백혜련 의원 대표발의)(의안번호 2206202)
17. **약사법 일부개정법률안**(서영석 의원 대표발의)(의안번호 2206024)
18. **약사법 일부개정법률안**(이수진 의원 대표발의)(의안번호 2204869)
19. **약사법 일부개정법률안**(민병덕 의원 대표발의)(의안번호 2203390)
20. **가족돌봄아동·청소년·청년 지원법안**(서영석 의원 대표발의)(의안번호 2202436)
21. **취약청년 자립지원 및 보호에 관한 법률안**(김성원 의원 대표발의)(의안번호 2202944)
22. **위기청년 지원에 관한 특별법안**(조승환 의원 대표발의)(의안번호 2203064)
23. **위기청년 지원에 관한 법률안**(김미애 의원 대표발의)(의안번호 2204618)
24. **아동복지법 일부개정법률안**(강선우 의원 대표발의)(의안번호 2205591)
25. **돌봄 아동·청소년·청년 지원에 관한 법률안**(정춘생 의원 대표발의)(의안번호 2205442)

○소위원장 강선우 의사일정 제1항 인체적용제품의 위해성평가에 관한 법률 일부개정법률안부터 의사일정 제51항 국민기초생활 보장법 일부개정법률안까지 이상 51건의 법률안을 일괄하여 상정합니다.

심사 대상 안건의 명칭 및 순서는 배부해 드린 의사일정을 참고해 주시기 바랍니다.

저희 이제 심사를 시작하려고 합니다. 언론인 여러분들은 협조 부탁드리겠습니다.

오늘 심사는 식품의약품안전처 소관 법률안부터 시작하겠습니다.

식품의약품안전처 차장직무대리인 우영택 기획조정관님 수고해 주시기 바랍니다.

의사일정 제1항 인체적용제품의 위해성평가에 관한 법률 일부개정법률안을 심사하겠습니다.

수석전문위원 보고해 주시기 바랍니다.

○**수석전문위원 이지민** 심사 자료 1쪽입니다. 우측입니다.

개정안은 제7조제2항에 따라 위해성평가정책위원회가 심의하려는 안건 상정 및 제10조제1항 단서에 따른 위해성평가 수행을 위하여 관계 중앙행정기관 간 협의가 필요한 사항을 합의하기 위하여 실무협의회를 둘 수 있도록 하여 관계 부처 간 사전 협의의 근거를 마련하려는 취지로 보입니다.

2쪽입니다.

개정안과 관련하여 식약처는 인체적용제품에 존재하는 위해 요소가 포함된 관계 중앙행정기관의 소관 제품에 대해서도 위해성평가의 수행이 필요하고 이에 대한 사전 협의를 위하여 실무협의회가 필요하다는 의견입니다.

그런데 현행법 제10조제1항은 식약처장이 인체적용제품에 대하여 위해성평가를 수행하되 관계 중앙행정기관의 장과 협의하여 해당 관계 중앙행정기관이 위해성평가를 수행하기로 합의하거나 공동으로 위해성평가를 수행하기로 합의한 경우에는 그에 따르도록 규정하고 있어 인체적용제품 외에 다른 관계 중앙행정기관 소속 제품에 대한 위해성평가와 관련된 협의 규정을 두고 있지 아니하므로 개정안과 같이 실무협의회를 설치한다고 하더라도 인체적용제품 외에 다른 제품에 대한 부처 간 협업의 근거는 될 수 없을 것으로 보입니다.

다만 현행법 제8조에 따라 관계 중앙행정기관 소속 공무원이 위해성평가정책위원회의 당연직 위원임을 고려할 때 위원회의 효율적 운영을 지원하기 위한 실무협의회의 신설은 필요하다는 것이 식약처의 입장입니다. 위원회의 효율적 운영을 지원하기 위한 것이라면 유사 입법례를 참고하여 조문의 일부를 수정할 필요가 있을 것으로 보입니다.

이상입니다.

○**소위원장 강선우** 정부 측 의견 듣겠습니다.

○**식품의약품안전처차장직무대리 우영택** 개정안의 입법 취지와 위원회의 업무 지원을 위해서 실무협의회를 두는 수석전문위원의 수정안에 대하여 동의합니다.

○**소위원장 강선우** 질의하실 위원님 있으신가요?

남인순 위원님.

○**남인순 위원** 실무협의회를 둬도 협업을 할 수가 없다고 하는데 이게 무슨 실효성이 있나요?

○**식품의약품안전처차장직무대리 우영택** 실무협의회를 저희가 협업을 하기 위해서 실무협의회를 두려고……

○**남인순 위원** 아니, 협업하면 다른 부처의 것도 사실은 이런 위해성평가를 해야 되는데, 제가 왜 이 제기를 하냐면 지금 식약처가 일정하게 처잖아요, 처. 처면 다른 부처와 관련한 조정 업무를 하고 이렇게 해야 되는데 보면 다른 부처들이 다 지금 칸막이를 쳐요. 그러면 이런 상황에서 사실은 이 실무협의회를 둬서 위원으로 들어오는 것은 들어오는 거지만 다른 타 부처가 관리하고 있는 여러 가지 관련한 어떤 부분에 대해서 위해성평가를 할 수 있는 그런 협업체는 아니네요, 이 실무협의회라는 게? 그런 것을 얘기할 수 있는 부분은 아니네요?

정확하게 성격 규정을 해 주세요.

○**식품의약품안전처차장직무대리 우영택** 그러니까 여기 법안에서 얘기하고 있는 것은

인체의 위해성 적용 제품에 대한 평가를 얘기하고 있습니다. 그래서 인체적용제품이 아닌 다른 부처의 소관 제품에 대해서는 이 법에서 적용을 하고 있지 않기 때문에 기본적으로 적용 대상은 인체적용 대상이 되는 제품에 대해서만 평가를 하고 진행하겠다는 얘기가 되겠습니다.

○남인순 위원 아니, 그러니까 원래 그동안 식약처는 위해성평가를 인체적용제품 외의 것도 해야 된다, 식약처가 그런 입장을 취해 왔었잖아요?

○식품의약품안전처차장직무대리 우영택 예, 그렇습니다. 그게 당초에……

○남인순 위원 그것에 대해서 제가 질문을 하는 거예요. 그러니까 그것은 포기하는 거라고 하는 것을 분명히, 그것은 안 한다 이 얘기신 거지요? 다른 인체적용 외의 제품에 대해서는 안 한다, 식약처가?

○식품의약품안전처차장직무대리 우영택 예, 그렇습니다.

○남인순 위원 그러니까 그것을 제가 그 의미를 너무 축소하고 있어서 좀 문제라는 얘기입니다.

○소위원장 강선우 다른 위원님 질의하실 분 있으신가요?

의사일정 제1항 인체적용제품의 위해성평가에 관한 법률 일부개정법률안은 수정안을 채택해 수정한 부분은 수정한 대로, 기타 부분은 원안대로 의결하고자 하는데 이의 없으십니까?

(「예」 하는 위원 있음)

가결되었음을 선포합니다.

의사일정 제2항 및 제3항 마약류 관리에 관한 법률 일부개정법률안을 심사하겠습니다.

수석전문위원 보고해 주시기 바랍니다.

○수석전문위원 이지민 자료 1쪽입니다.

현행법 제30조 3항은 마약류취급의료업자가 대통령령으로 정하는 마약 또는 향정신성의약품을 기재한 처방전을 발급할 때 의무적으로 마약류 투약내역을 확인하도록 하면서 긴급한 사유가 있거나 오남용 우려가 없는 경우 등 대통령령으로 정하는 경우에는 투약내역을 확인하지 않을 수 있도록 단서를 두고 있습니다.

그런데 오남용 우려가 없는지 파악하기 위해서는 환자의 질환에 대한 진단과 과거 마약류 투약내역 확인이 선행되어야 함에도 불구하고 마약류취급의료업자가 '오남용 우려가 없는 경우'라는 예외 사유를 임의로 해석하여 환자의 투약내역 확인을 누락할 우려가 있을 수 있습니다.

이에 개정안은 '오남용 우려가 없는 경우'라는 문구를 삭제하고 시행령과 유사한 수준으로 예외 사유를 구체화하여 마약 또는 향정신성의약품이 기재된 처방전을 발급할 때 환자의 투약내역을 면밀하게 확인하도록 하려는 것으로 의료용 마약류의 과다·중복 처방을 예방하려는 입법 취지는 타당하다고 보입니다.

2쪽입니다.

다만 향후 투약내역 확인 대상 마약류의 범위가 확대될 경우 그 예외 사유도 함께 다양해질 수 있다는 식약처의 의견과 모든 의료 현장에서의 예외 상황을 법령으로 규정하는 것은 현실적인 어려움이 있다는 관련 단체의 의견을 참고하여 일부 수정이 필요한 것으로 보입니다.

수정의견은 안 제30조제3항 확인 예외사유에 '제1호 및 제2호에 준하는 경우로서 대통령령으로 정하는 경우'도 포함하도록 하고 대통령령 개정 절차 등을 고려하여 시행일을 '공포 후 6개월'로 수정할 필요가 있다는 의견입니다.

다음 7쪽입니다.

개정안은 마약류통합관리시스템과 의료기관이 사용하는 소프트웨어의 연계를 위하여 마약류취급의료업자 및 마약류소매업자로 하여금 식약처장에게 소프트웨어 연계를 신청하도록 하고 식약처장은 필요한 경우 행정적·기술적 지원을 할 수 있도록 하려는 것입니다.

의사와 치과의사는 평소 진료 시에 처방 소프트웨어를 활용하는데 환자의 마약류 투약내역을 조회하기 위해서는 처방 소프트웨어와 별도로 마약류통합관리시스템에 접속해야 하는 불편이 있습니다. 이에 식약처에서는 이중 접속의 불편을 줄이기 위하여 처방 소프트웨어와 마약류통합관리시스템을 연계하는 방안을 추진 중입니다.

8쪽입니다.

그런데 현재 의사와 치과의사가 사용하는 약 200여 개의 처방 소프트웨어 중 실제 연계가 완료된 소프트웨어는 160여 개에 불과하고 식약처는 향후 투약내역 확인이 의무화되는 마약류 종류를 확대할 예정이라고 밝히고 있으므로 두 시스템의 연계를 통해 마약류 투약내역 확인의 효율성과 신속성을 도모하려는 개정안의 취지는 적절한 것으로 보입니다.

다만 개정안은 의사·치과의사·약사·소프트웨어사업자 모두가 식약처장에게 소프트웨어의 연계를 신청하도록 의무를 부여하고 있는데 실무상 소프트웨어사업자가 의사·치과의사·약사에게 처방 소프트웨어를 공급하고 있음을 고려할 때 연계 신청이 중복될 소지가 있으므로 이를 명확히 규정할 필요가 있고 의료법 제3조제2항에 따른 의료기관에 약국은 포함되지 않으므로 의료기관뿐 아니라 약국에서 사용하는 소프트웨어까지 범위를 넓혀서 규정하는 것이 타당할 것으로 보입니다.

9쪽입니다.

법제적으로는 안 제11조의3제2항에서 마약류소매업자에 소프트웨어사업자까지 포함되도록 규정하고 있는데 약국 개설자와 소프트웨어사업자는 그 성격과 역할이 다른 점을 고려할 때 의미상 혼선이 없도록 둘을 분리하여 규정하는 방안을 검토할 필요가 있을 것으로 보입니다.

수정 조문은 12쪽 이하 참조해 주시기 바랍니다.

이상입니다.

○**소위원장 강선우** 정부 측 의견 듣겠습니다.

○**식품의약품안전처차장직무대리 우영택** 마약류 투약내역 확인 의무와 예외사유 구체화를 위한 법률 개정안과 마약류통합관리시스템과 처방소프트웨어의 연계 지원을 위한 법률 개정안, 2건에 대하여서 입법취지에 동의하며 수석전문위원의 수정안에 대하여도 동의합니다.

○**소위원장 강선우** 질의하실 위원님 있으신가요?

○**최보윤 위원** 단체별 의견들이 첨예한데 그 부분이 어떻게 조율이 잘 된 것인지 단체별 의견 대립 관련돼서 조율된 부분 말씀 주십시오.

○**식품의약품안전처차장직무대리 우영택** 단체들 의견 말씀드리겠습니다.

의사협회와 병원협회 두 군데의 의견이 있었고요. 의사협회의 경우는 오남용 우려 관련 조항을 삭제할 경우에 의사의 처방권에 대한 훼손 또 과다한 행정부담이 된다라는 의견이 있었고요. 병원협회 또한 과다한 규제로 판단된다라는 의견이 있었습니다.

○**식품의약품안전처마약안전기획관 강백원** 마약류안전기획관입니다.

그래서 의협이나 병협에서 제기하고 있는 과도한 부담에 대한 부분은 1호나 2호에 준하는 경우로 대통령령으로 정하는 개정안에 이것을 신설해서 대통령령으로 협의를 통해서 담보해 낼 수 있다라고 판단하고 있습니다.

○**최보윤 위원** 그러면 어느 정도 조율이 된 걸로 볼 수 있을까요?

○**식품의약품안전처마약안전기획관 강백원** 최종 타협은 아직 안 됐고요. 저희가 두 단체에서 얘기하는 부담의 주장과 정부가 바라보고 있고 입법취지에 대한 이 두 부분에 대해서 지금 상호 조율 중에 있고 최종적으로 만나서 이견이 없도록 하겠습니다. 만약에 이견이 조금이라도 있다고 한다고 하면 대통령령에 그 부분을 담도록 하겠습니다.

○**최보윤 위원** 예, 잘 알겠습니다.

○**소위원장 강선우** 김미애 간사님.

○**김미애 위원** 이게 현행 마약류관리법 30조 단서 규정이 시행된 게 작년 6월 14일부터 맞습니까?

○**식품의약품안전처마약안전기획관 강백원** 예, 그렇습니다.

○**김미애 위원** 그러면 여기에도 다만 원칙적으로는 투약내역 제공을 요청하여 확인해야 할 의무를 부과했는데, 마약류취급의료업자에게. 그런데 예외적인 경우 긴급한 사유, 오남용의 우려가 없는 경우 등 대통령령으로 정하는 경우에는 그 의무를 부담하지 않게 만들었잖아요.

시행된 게 작년 6월 14일인데 이거나 수정안이나 뭐가 달라요?

○**식품의약품안전처차장직무대리 우영택** 지금 현행에서 수정안과 비교해 보시면요 '오남용 우려가 없는 경우'를 삭제한 게 큰 변화입니다. 그러니까 '오남용 우려가 없는 경우'를 과거의 투약내역을 확인하지 않은 상태에서 오남용 우려가 없다라고 판단하는 것 자체가 무리가 있다는 그런 의견이 있어서 '오남용 우려가 없는 경우'를 삭제하고 기타의 경우를 대통령령으로 정하는 그런 형태로 개정안을 마련한 것입니다.

○**김미애 위원** 그렇게 해서 현행과 비교를 하면은 실익이 있다, 그거는 맞는 것 같아요. 그런데 의료계에서는 '오남용 우려가 없는 경우'에 대해서 의료진에게 판단을 위임한 것으로 의학적 판단에 의해서 반드시 마약류 의약품이 필요한 환자에게 처방이 가능하도록 하기 위함이다 이렇게 보고 있어요. 제가 봐도 그렇게 볼 여지가 있거든요.

왜냐하면 필요가 없는데 마약류 의약품을 처방할 이유는 없을 거란 말이에요. 그리고 의료진에게 환자의 건강을 증진시키고 고통을 최소화하기 위해서, 본인이 의학적 전문지식에 따라시 판단을 하는 것까지 법이 막으려고 하지는 않잖아요. 그 예외적인 것, 나쁜 부작용, 오남용을 막기 위해서 이 법이 필요하지요.

그러니까 저는 이런 법이 자칫 잘못하면 의료인에게 적극적인 진료를 하지 못하도록, 소극적인 진료를 할 수밖에 없도록, 방어 진료를 할 수밖에 없도록 하는 게 아닌가 하는 생각을 제가 보건복지위원으로 있으면서 참 많이 하게 됩니다. 그래서 이런 부분에 있어서 너무 의료진을 신뢰하지 않는 게 이 입법에 깔려 있다 그렇게도 보거든요, 그 당사자들은.

거기에 대한 의료계의 의견을 들었을 때 그것도 맞지 않을까 싶은데, 어떻습니까?

○**식품의약품안전처차장직무대리 우영택** 그러니까 저희가 판단할 때는 앞서 말씀드린 바와 같이 오남용 우려가 없다라는 판단 자체를 과거에 그 환자가 얼마나 마약류를 투여했는지를 확인하지 않은 상태에서 오남용 우려가 없다고 판단하는 게 너무 객관적이지 못하다라는 판단이 있었고요.

그래서 위원님께서 말씀하신 그러한 의사의 처방권 제한이 있다라는 지적을 감안해서 저희가 새롭게 개정안에서 긴급한 사유가 있거나 암 환자의 통증을 완화하기 위한 경우이거나 이러한 것과 준하는 사유가 있을 경우에는 대통령령으로 정하는 바에 따라서 생략할 수 있도록 그렇게 정했다는, 보완책을 따로 만들었다는 말씀을 드리겠습니다.

○**식품의약품안전처마약안전기획관 강백원** 위원님, 제가 한 말씀만 좀 더 덧붙이겠습니다.

○**김미애 위원** 예.

○**식품의약품안전처마약안전기획관 강백원** 입법취지가, 오남용 예방과 차단을 위한 것이 입법취지인데 현재 이 규정을 그대로 오남용 우려가 없는 경우에도 의료진에게 이런 경우를 인정하게 되면 모호한 기준이 계속해서 작동하게 되므로 오남용 예방에 대한 입법취지가 훼손될 수 있다는 우려는 저희가 이 부분을 가장 크게 봤던 것이고요.

다만 의학적 타당성을 존중할 필요가 있는 부분은 대통령령으로 필요가 있다고 하면 저희가 두 단체와 협의해서 그 부분은 대통령령으로 제한적으로 살릴 수 있다라고 말씀드리겠습니다.

○**김미애 위원** 그런데 30조 단서가 언제 도입되고 시행됐어요?

○**식품의약품안전처마약안전기획관 강백원** 6월 14일 시행입니다.

○**김미애 위원** 그러면 지금 정부는 그동안에는 오남용을 전부 허용했다는 뜻입니까? 그렇지 않잖아요. 그때도 신뢰가 전제되었잖아요. 그러나 다만 오남용이나 이걸 적극적으로 좀 방지를 해야 되겠다, 그 고민의 입법적인 산물이 이 단서잖아요?

○**식품의약품안전처마약안전기획관 강백원** 그렇습니다.

○**김미애 위원** 그렇게 해 보면 시행되는 걸 좀 보면서…… 지금 그런 우려되는 게 현실로 나타났습니까?

물론 법이 현실로 그런 우려가 나타나기 전에 예방적 기능을 해야 되는 것도 맞긴 한데 그러나 이게 정작 대상자인 의료계에서 이렇게 이런 의견을 주고 반대를 하면 저는 이게 사실은 그렇게 급한 건 아니다. 좀 더 얘기를 듣고 숙성을 해서 다음에 조금 더 정비해도 옳지 않을까.

그리고 저는 수정안처럼 해도 된다는 생각은 듭니다. 다만 의료계에서 우리보다 더 현장에서 국민의 생명과 건강을 지키는 그분들의 의견이 이렇게 있을 때는 조금 더 소통하는 시간을 더 가져야 된다. 그러고 나서 수정안처럼 해도 되지 않을까 그런 생각입니다. 작년 6월에 시행해 놓고 그러면 그전에는 정부가 어떤 일도 하지 않았다는 뜻이니까 똑같은데 그러면 맞지 않거든요. 그럼에도 불구하고 그때도 제대로 작동돼 왔단 말이에요.

그래서 저는 조금 더 의료계와 소통하고 그러고 나서 그다음에 이걸 좀 처리해도 되지 않을까 그런 의견을 드립니다.

○**식품의약품안전처마약안전기획관 강백원**　위원님, 일단 우리 위원님들께서 잘 상의를 해 주시면 정부는 그에 따르겠다는 말씀을 먼저 드리겠습니다.

　그리고 첨언을 좀 드리면, 과거 6월 14일 시행 이후에 정부가 이 부분에 대해서 손 놓고 있었다거나 대비가 없었다는 부분은 아니고요. 앞으로 이 오남용 예방에 좀 더 철저를 기하기 위해서 이 개정안에 저희가 찬성했던 부분입니다. 제도 시행이 얼마 안 됐던 부분을 감안했을 때 좀 조급하다는 말씀은 일리가 있습니다만 정부의 생각은 지금 당장 수행하는 것이 미래를 위해서 더 필요하다고 봤던 것이고, 우리 위원님들께서 좋은 의견을 주시면 적극 반영을 하도록 하겠습니다.

○**소위원장 강선우**　남인숙 위원님.

○**남인순 위원**　지난 국감에서도 이런 마약류 향정신성의약품에 대한 오남용 부분에 위원님들의 많은 질의가 있었고요. 그리고 제가 몇 년 전에 요양병원을 한번 조사했을 때 사실은 굉장히 오남용이 심각했습니다. 물론 거기에 대해 이후에 좀 보강을 해 가지고 심평원이라든가 이런 곳에 알림 장치 같은 걸 둬서 모니터링은 하고 있지만 사실은 그게 제대로 다 된다고 볼 수는 없습니다. 그래서 저는 소병훈 의원님의 그 개정안대로 하는 것이 지금 상황에서는 필요하지 않나라고 생각합니다.

○**소위원장 강선우**　전진숙 위원님 하시고 서영석 위원님 하실게요.

○**전진숙 위원**　물론 2023년 6월에 이게 법이 바뀌어서 시행이 됐다고 하지만 저도 지난 국감에 계속 제기했던 병원 465회를 돌면서 졸피뎀 1만 2700개를 처방했던 것, 지금 현재 이를테면 마약류 쇼핑을 막았다고 하지만 현재 오남용이 이렇게 심각하다고 말씀을 드렸던 거고요. 그리고 마약류 성분과 관련해서도 제가 받았던 자료 국감에서도 이야기를 좀 드렸습니다. 가장 많이 처방받은 상위 20명이 방문한 기관을 보면 10개 이상을 돌면서 ADHD 치료제를 받는다든가 이런 정도로 지금 현재 되게 심각한 상황이고 그 심각한 상황을 법적인 부분에 대해서 약간 문제가 있거나 이견이 있는 부분은 아까 말씀하셨던 것처럼 대통령령에 의해서 조율하시겠다고 하기 때문에 저는 이건 최대한 빨리 시행을 하는 게 필요하다고 생각합니다.

○**서영석 위원**　저도 큰 틀에서 동의 의견이고요. 그동안 의료용 마약류의 오남용이 워낙 심각한 사회문제가 됐고 또 여전히 현실 속에서 이루어지고 있기 때문에 이 문제를 시급하게 정리하고 넘어가는 게 맞다 이렇게 생각이 되고요. 그것이 좀 선언적인 의미도 있을 것 같고 의료계에 던지는 메시지도 있을 거라고 보여지고요. 그래서 이 문제가 입법 개정이 된 지가 오래되지는 않았지만 그 문제의 심각성에 비추어 볼 때 빨리 시급하게 조정하는 게 맞겠다 이런 생각이 듭니다.

○**소위원장 강선우**　대체로 우리 위원님들 입법취지에는 이견 없이 동감을 하시는 것 같고요.

○**김미애 위원**　위원장님, 제가 마지막으로 한 말씀 할게요.

　여기에 아마 마약류 오남용을 찬성하는 분은 아무도 안 계실 것이고 다 인정합니다. 그래서 마약류관리법 30조를 보면 아직도 빨갛습니다. 너무 빈번하게 개정이 이루어지고 있다는 뜻이거든요.

　그리고 이걸 보시면 계속 신설, 신설, 개정 이렇게 되고 있는데 이러면 현행 규정만으로도 우려하시는 것은 예방이 됩니다. 다만 이걸 조금 더 정비를 하자는 그런 취지로 저는 받아들이고 있고 그래서 수정안으로 가도 무방한데 다만 이걸 주된 수범자인 의료계에서 이런 의견이 있을 때는 우리가 좀 더 소통하는 그런 노력은 좀 해야 된다는 게 제 의견입니다.

이상입니다.

○**식품의약품안전처마약안전기획관 강백원** 위원님, 잘 소통하겠습니다.

○**전진숙 위원** 수정안에 대해서 크게 이견을 하신 건 아니니까 진행하시지요.

○**소위원장 강선우** 이게 '오남용의 우려가 없는 경우' 이 구절을 통해서 현행법상 비교적 범위가 넓게 인정되고 있는 예외사유를 좀 좁혀서 구체화시키는 것이기 때문에 이로 발생하는 또 다른 다양한 예외사유를 법령 등에 어떻게 표현할 것인가에 대한 고려가 필요하다 그런 취지의 말씀들을 나누신 것 같고요.

그 법률안의 취지나 주신 말씀들이 저는 크게 다르지 않다고 생각을 합니다. 그래서 이 마약류 확인 대상의 예외사유에 대한 그런 보충적 조항의 수정의견에 대해서 동의를 하고요. 그래서 이 수정안대로 그렇게 마무리를 지었으면 어떨까 합니다.

(「좋습니다」 하는 위원 있음)

의사일정 제2항 및 제3항 이상 2건의 마약류 관리에 관한 법률 일부개정법률안은 이를 통합 조정하고 위원님들과 전문위원의 의견을 반영해 위원회 대안으로 채택하며 본회의에 부의하지 않는 것으로 의결하고자 합니다.

이의 없으십니까?

(「예」 하는 위원 있음)

가결되었음을 선포합니다.

의사일정 제4항 약사법 일부개정법률안을 심사하겠습니다.

수석전문위원 보고해 주시기 바랍니다.

○**수석전문위원 이지민** 1쪽입니다.

개정안은 생약, 생약제제 및 한약제제의 품질관리 등에 관한 업무를 수행하는 기관인 생약안전연구원의 설립근거를 마련하려는 것입니다.

현재 제약회사가 제조하여 판매하는 한약제제와 생약제제는 의약품으로 분류되어 국제적으로 통용되는 의약품 제조 및 품질관리 기준이 적용되는데 이러한 품질관리 기준 준수에 어려움을 겪는 제조업체는 비용 부담 등으로 점차 한약제제·생약제제의 생산에 어려움을 겪고 있습니다.

이에 개정안은 생약, 한약제제 및 생약제제의 특성을 반영한 품질관리 기술을 지원하고 전문인력을 양성하기 위하여 생약안전연구원을 설립하려는 것으로 맞춤화된 품질관리 지원을 통해 안전성을 확보하고 국내 산업의 활성화를 도모하려는 입법취지는 타당한 것으로 보입니다.

또한 식약처는 2021년부터 약 196억 원의 예산을 투입하여 생약안전연구원을 건축하고 있고 2025년 4월 완공 예정인 점을 고려할 때 해당 기관의 설립근거와 업무범위를 법률에 명시하는 것은 바람직하다고 보입니다.

2쪽 하단입니다.

다만 현행법은 한약과 한약제제만을 정의하고 있을 뿐 생약과 생약제제를 별도로 정의하고 있지 않은데 개정안은 생약안전연구원이 생약, 생약제제 및 한약제제의 품질관리 등에 관한 업무를 수행한다고 규정하고 있으므로 유사개념 간 혼동을 방지하기 위하여 추가적인 검토가 필요한 것으로 보입니다.

이와 관련하여 한의사협회는 생약제제에 대한 현행 식약처 고시의 정의는 한의계를 배제하는 것임에도 해당 개념을 현행법에서 그대로 인정하는 것은 바람직하지 않으므로 기관의 명칭을 한약안전연구원으로 변경하고 생약을 한약으로 수정할 필요가 있다는 의견을 제시하였습니다.

하단입니다.

법제적으로는 안 부칙 제2조는 법 시행에 필요한 법인의 설립 등을 포함한 준비행위를 이 법 시행 전에 할 수 있다고 규정하고 있는데 새로운 특수법인을 설립하는 경우에는 정관 작성, 주무관청의 인가, 설립등기 등이 필요하므로 설립에 관한 사무를 담당하는 주체, 절차 및 내용 등을 준비행위 규정에 포함하여 보완할 필요가 있을 것으로 보입니다.

4쪽입니다.

식약처는 기관의 업무범위와 관련하여 약사법상 의약품 등의 품질관리는 제조업체의 의무사항이고 생약안전연구원은 제조업체의 품질관리를 지원하는 업무를 수행할 예정이므로 기관의 업무범위를 품질관리가 아닌 품질관리 지원으로 명확히 규정하고 표준품의 제조는 직제상 식품의약품안전평가원이 수행하는 사무로 식약처 고유사무에 해당함에 따라 생약안전연구원의 업무범위에서는 삭제할 필요가 있다는 의견을 제시하였습니다.

수정의견은 생약안전연구원의 업무범위에 대한 식약처의 의견을 반영하고 안 부칙 제2조 생약안전연구원을 설립하기 위한 준비행위에 관하여 설립에 관한 사무를 담당하는 주체, 절차 및 내용 등을 포함하여 규정하는 내용입니다.

이상입니다.

○소위원장 강선우 정부 측 의견 듣겠습니다.

○식품의약품안전처차장직무대리 우영택 개정안의 입법취지에 동의하며 수석전문위원님의 수정의견에도 동의합니다.

○소위원장 강선우 질의하실 위원님 있으신가요?

○김미애 위원 제가 발의자로서 말씀을 드려야 될 것 같습니다.

○소위원장 강선우 예, 김미애 간사님, 남인순 위원님.

○김미애 위원 제가 개정안을 발의하게 된 취지는 이미 지난 정부부터 준비해 온 생약안전연구원의 설립근거가 반드시 필요하기 때문에 사실은 서둘러서 한 측면이 있습니다. 그리고 수석전문위원 검토의견이 저는 타당하다고 보여집니다. 그래서 수정의견이 품질관리를 품질관리 지원으로 변경하고 표준품의 제조를 삭제하는 것이 옳은 의견이라고 생각하고 수정의견을 받아들입니다.

○소위원장 강선우 남인순 위원님.

○남인순 위원 식약처, 생약에 대한 정의는 법적으로 있나요?

○식품의약품안전처차장직무대리 우영택 우리 대한민국약전에 정의가 나와 있습니다.

○남인순 위원 법에는 없어요?

○식품의약품안전처차장직무대리 우영택 예, 법에는 따로 나와 있지 않습니다. 다만 저희가 업무를 수행하는 식약처 직제시행규칙에 생약이라는 용어가 등장하고 있습니다.

○**남인순 위원** 이게 지금 한의사협회에서 문제 제기를 했는데 저는 어느 정도 타당한 부분이 있다고 생각을 해요. 왜냐하면 지금 전체적으로 한방병원이나 한의원 이런 데가 원외탕전을 이용하고 있는 그런 상황이거든요. 그래서 사실 한약제제 부분은 분명히 근거가 다 있는데 오히려 줄어들고 있는 그런 상황이잖아요. 그래서 이거는 복지부와도 협의가 필요한 부분인 것 같아요. 복지부의 생각도 좀 들어봐야 되는데, 이거를 법적인 어떤 개념도 정리가 지금 안 돼 있는데, 물론 약전에 있기는 하지만, 명칭을 또 기존에 했던 거는 보니까 천연물안전관리원이었더라고요. 그래서 한의사협회랑도 논의를 하고 또 복지부랑도 논의를 해서 이 부분에 대해서 한 번 더 숙의를 했으면 하는 그런 생각입니다.

○**소위원장 강선우** 식약처가 복지부랑, 우리 남인순 위원님이 말씀하셨다시피 그 대안, 대한한의사협회랑 논의를 했던 그 내용을 좀 말씀을 해 주시겠어요?

○**식품의약품안전처바이오생약국장 신준수** 바이오생약국장 말씀드리겠습니다.

복지부에서 별도의 의견은 없었고요. 저희의 내용에 동의를 했고요.

한의사협회하고는 저희가 그 이야기를 했습니다. 다만 만약에 한약안전연구원이라고 했을 때는 그 한약이 지금 한약사가 조제하는 한약과 혼동할 우려가 좀 있고요. 또 생약이 한약을 포함하는 개념입니다, 전체적으로. 그래서 저희는 생약안전연구원이라는 그 용어를 하는 것이 적절하다고 판단하고 있고요. 또 지금 생약이라는 용어가 고시에 있습니다만 그 부분은 한약의 개념을 포함해서 저희가 정의하고 있다는 점을 다시 한번 말씀드리겠습니다.

그리고 추가로 한 가지만 말씀드리면, 다만 저희가 그 기관 명칭은 생약안전연구원이 한약을 포함한 개념이니까 타당하고 보여집니다만 다만 업무범위에 현재는 그 한약이 들어 있지 않기 때문에 업무범위에 한의사협회 의견을 일부 수용해서 한약, 생약, 한약제제, 생약제제로 하는 것을 저희가 대안으로 검토할 수 있음을 말씀드립니다.

○**소위원장 강선우** 전진숙 위원님.

○**전진숙 위원** 이렇게 말하면 오해의 소지가 있을지 모르겠지만 대한민국의 의료체계가 실은 양방 중심으로 되어 있는 건 모두가 알고 있어요. 그런 부분에 있어서 방금 말씀하셨던 것처럼 생약이 한약보다 더 넓은 개념이라고 하는데 그 말이 맞는지 잘 모르겠습니다. 제가 찾아보니까 한약은 '동물·식물 또는 광물에서 채취된 것으로 주로 원형대로 건조, 절단 또는 정제된 생약'이라고 되어 있고 생약은 '동식물의 약용으로 사용하는 부분, 세포내용물, 분비물, 추출물 또는 광물' 이렇게 되어 있어서 이 범주가 어떻게 되어 있느냐 하는 문제를 가지고, 저는 기관의 명칭을 가지고 이야기를 드리는 건데요. 생약이라고 하는 부분들이 더 넓기 때문에 포진한다고 하는 것으로 대한한의사협회가 그동안에 가졌던 어떤 소외감 이런 부분들을 이걸로 충족시킬 수 있는지 첫 번째 저는 조금 문제가 있다 이런 생각이 좀 들고.

말씀하신 것처럼 굳이 한약과 생약이라고 하는 범주를 넘어서서 크게 문제가 없고 이러는데도 불구하고 한의사의 의견을 계속 그냥 의견 정도의 수준으로 청취하고 일부 다수의 양방 중심으로 있는 체계의 의견을 절대 다수의 의견으로 받아들이는 것은 저는 좀 문제가 있을 것 같아요. 그래서 명확하게 대한한의사협회에서 요구되고 있는 기관에 대한 명칭 그리고 거기서 주장하고 있는 부분을 명확하게 이야기를 해 주시기 바랍니다.

○식품의약품안전처바이오생약국장 신준수 대한한의사협회는 현재 약사법상에 한약이라는 정의는 있지만 생약이라는 정의가 없기 때문에 한약안전연구원으로 하는 것이 타당하다는 의견이 대한한의사협회의 의견입니다.

다만 한의사협회에서 말씀하시는 부분은 실제적으로는 지금 설립하고자 하는 생약안전연구원의 업무에 한약이 포함되는 것을 의도하고 있다고 저희는 판단을 하고 있습니다.

다만 한약도 안전연구원이라고 하면 현재 과기부 산하에 한국한의학연구원이 있어서 용어의 중복 문제가 있을 수 있고 또 생약이 충분히 한약의 전체 개념을 포괄하고 있는 부분이 있어서 저희는 기관명은 생약안전연구원으로 하되 다만 한의사협회에서 말씀하시는 의견을 제시한 대로 실제 업무 기능상 한약을 포함해서 생약안전연구원에서 한약을 포함한 업무를 할 수 있도록 하는 것이 실제적인 의견의 반영이라고 판단하고 있습니다.

○전진숙 위원 지금 식약처에서 그렇게 판단을 하시는 거지 이것에 대해서 동의를 하고 인정을 하고 있습니까, 한의사회에서? 그것은 아니시지요? 여전히 명칭의 문제를 가지고 문제 제기를 하고 있는 걸로 저는 알고 있어서요.

○식품의약품안전처바이오생약국장 신준수 대한한의사협회하고 저희가 연락, 협의를 했을 때는 일부 명칭 자체를 바꾸는 것을 원했습니다만 또 이 자리에서 말씀드리기는 조금 적절치 않을 수도 있습니다만 한의사협회 회장은 동의를 하신 부분이 있고요.

다만 실무선에서 의견을 제시할 필요가 있다고 해서 제출한 부분이 있어서 저희는 이후에 충분히 업무 범위와 관련해서 협의를 통해서 한의사협회 의견을 수용할 수 있다고 판단이 됩니다.

○소위원장 강선우 서영석 위원님, 남인순 위원님.

○서영석 위원 이게 오래된 논쟁 중의 하나인데요. 사실은 한약과 한약제제, 생약과 생약제제 여기에 대한 명확한 근거를 규정하고 있지 않다 보니까 이런 문제가 생기고 있고 또 지금 현재 한의약 육성법에 의해서 한국한의약진흥원이 있잖아요. 진흥원이 있어서 충분하게 역할을 하고 있다고 보는데 새로 설립되는 안전관리원 이것이 실제로 그동안 식약처가 생약과 한약에 대한 명확한 규정을 제대로 안 내리면서 혼란이 오고 있는 것으로 보이는데 차제에 이것을 좀 제대로 규정 지을 필요가 있겠다 이런 생각이 들고요.

그런 관점에서 보면 어쨌든 기관을 기 있는 한의약진흥원하고 중복되는 그런 명칭을 사용하기는 좀 어려울 걸로 보이는 부분이 있고 다만 그럼에도 불구하고 여전히 그런 논쟁의 요소는 존재한다 이렇게 보여서 한약제제와 생약제제를 어떻게 구분할 것인지, 어떻게 규정 지을 것인지에 대한 명확한, 이 논의를 하는 과정에서 규정될 필요가 있겠다 이런 생각이 났습니다. 그에 대한 생각이 있습니까?

○식품의약품안전처바이오생약국장 신준수 한약제제, 생약제제의 분류와 관련된 기관, 직역 간의 다툼이 상당히 있는 영역입니다. 그래서 용어를 약사법에 명확하게 한약, 생약 또 한약제제, 생약제제 담는 그 부분에 대해서는 향후에 법령 개정 추진을 통해서 또 직역 간의 논의를 통해서 추진해 나가도록 하겠습니다.

다만 생약안전연구원이 지금 건축이 거의 완료 시점에 있고 상당히 시급한 필요가 있다는 점을 감안해서 법적 근거 마련을 해 주셨으면 감사를 드리겠습니다.

○김미애 위원 제가……

○소위원장 강선우 남인순 위원님 하시고……

○**김미애 위원** 　먼저 하세요.

○**남인순 위원** 　법인 설립하고 이런 것 필요성은 있어요. 그것을 부인하는 건 아닌데요.

　뭐냐 하면 지금 아까 품질관리 지원으로 바꾼다고 수정의견을 냈잖아요. 그런데 이게 안전원인데 지금 조제한약 같은 경우는 복지부가 사실은 원외탕전을 통해서 관리를 하고 있다는 말이에요. 식약처가 관여되는 일이 아니거든요.

　그런데 점점 한약제제보다는 일반 조제한약이 늘어나고 있는 추세잖아요. 지금 상황이 그렇지요. 조제한약이 더 늘어나지요. 제가 자료 받은 것도 10년 동안 오히려 한약제제는 품목 수가 더 감소하고 있고 원외탕전이나 복지부가 관리하고 있는 조제한약은 더 늘어나요. 왜냐하면 거기는 가감하기가 더 쉽거든요, 조제한약이.

　늘어나고 있는 상황인데, 그것은 또 식약처가 관리할 대상이 아니라서…… 품질관리를 위해서 이 명칭을 생약안전연구원 이렇게 하고 법인격으로 만들어 주고 품질관리 하겠다고 하지만 할 수 있는지가 의문이 돼서 제가 그러는 거예요. 범위로는 다 포괄한다고 하지만 또 복지부가 하고 있는 게 있어서 복지부랑 협의를 했냐라고 하는 걸 제가 물어보는 거거든요. 그런 부분들이 잘 얘기가 됐다고 한다면 할 수 있기는 하겠지만 사실상은 지금 식약처가 할 수 있는 영역이 아닌 부분들이 있는 것 같은데 하시겠다고 하니까 지금 그걸 좀 더 클리어화했으면 좋겠다 이 얘기를 말씀드리는 겁니다.

○**식품의약품안전처바이오생약국장 신준수** 　저희가 담고자 하는 내용은 복지부의 조제한약의 영역까지 포함하는 것은 아니고요. 저희가 하고자 하는 부분은 생약제제와 한약제제 시장이 너무 침체돼 있고 또 그와 관련된 품질관리가 너무 낙후돼 있어서 그런 부분을 지원하기 위한 그런 데 주안점을 두고 추진했다는 말씀 드리고요.

　다만 그래서 저희가 사실은 조제한약 그 부분이 업무 범위가 있어서 앞에 한약이라고, 한약안전연구원이라고 했을 때는 그 부분과 중복될 우려 제기 이런 부분이 있을 수 있어서 생약안전연구원이라고 했다는 말씀을 다시 한번 드리겠습니다.

○**남인순 위원** 　한번 더 조금 점검을 했으면 좋겠어요. 용어 정리부터 해 가지고……

○**김미애 위원** 　제가 지금 이해가 부족할 수도 있잖아요. 뜬금없는 건가 싶기도 한데 그렇지 않다는 말이에요. 이미 건물이 거의 준공 시점이잖아요?

○**식품의약품안전처바이오생약국장 신준수** 　예, 그렇습니다.

○**김미애 위원** 　그리고 처음에 21년부터 시작한 것 아니에요, 지난 정부부터? 그러면 그때 왜 이걸 하게 됐는지, 그때는 사회적 합의가 있어서 어느 정도 해야 되겠다 필요성에 따라서 한 거고 그리고 구태여 이걸 할 이유가 없었는데 했다는 말이에요. 그러다가 지금에 왔는데 법적 근거도 없이 됐고 이제 준공을 하고 일은 해야 되는 상황에 이르렀어요. 그런 측면이잖아요. 거기에 대해서 출범 배경부터 조금 설명을 해 주세요. 그래야 이해를 하는 데 도움이 될 것 같습니다.

○**남인순 위원** 　법인격으로 할 것인지 한번 좀 생각해 보세요.

○**김미애 위원** 　그러니까 한번 들어 보고……

○**식품의약품안전처바이오생약국장 신준수** 　지난 정부 때 대통령 지역 공약사업으로 처음에 시작을 했고요.

○**김미애 위원** 　그러니까 문재인 대통령의 지역 공약사업이었잖아요, 양산에 하겠다는 게.

○식품의약품안전처바이오생약국장 신준수 예, 그렇습니다. 그렇게 시작을 했고요.

그 당시에도 가지고 있던 문제의식이 한약·생약제제 시장이 너무 침체돼 있다 그리고 중소 또 영세기업들이 의약품을 제조하고 유통하다 보니까 품질관리나 안전관리가 너무나 미흡한 부분이 많이 있다라고 하는 문제의식이 있었습니다. 그에 따라서 20년부터 타당성조사를 거쳤고요. 그다음에 21년 시작해서 지금까지, 25년 아마 상반기에 준공이 될 예정입니다. 그래서 그런 필요성에 따라서 시작이 됐고 지금까지 진행돼 왔다는 말씀을 드리겠습니다.

○김미애 위원 그래서 저는 이것 입법발의를 하면서 양산부산대병원의 얘기도 좀 듣고 했는데 '이제 거의 준공이 됐는데 법적 근거가 없으니 의원님, 빨리 좀 살펴 주세요' 이렇게 된 거고 식약처 의견도 듣고 한 겁니다.

그러면 저는 어느 정부에서 출범했든지 간에 필요성이 있으니까 준비를 한 것이고 지금 절차를 밟아 왔는데 국회가 할 일은 입법적으로 해결해야 되는 건 해야 된다고 생각합니다. 그래서 저는 발의를 했고 여기에 대해서도 다양한 검토도 이루어졌고, 그러면 벌써 몇 년입니까? 4년여 정도 여기에 대한 의견을 충분히 낼 수 있는 기간들이 있었습니다, 각 이해관계단체도. 그러면 저도 그것들이 반영된 걸로 보이고 지금 이 시점에 와서도 똑같은 얘기를 한다는 것은 그냥 이것을 준공하고도 일을 어정쩡하게 하라는 건가, 저는 그렇게 하면 안 되겠다 싶어서 어느 정부에서 했든지 간에 제가 보건복지위원으로서 그 역할은 해야 되겠다 그런 생각을 한 겁니다. 그래서 제가 발의를 하게 되었다는 말씀을 드립니다.

○소위원장 강선우 서명옥 위원님.

○서명옥 위원 서명옥입니다.

사실 저는 안전연구원을 처음 만들려고 법안을 내는 줄 알았는데 이미 거의 완공됐다 하는 시점이라서 여기에 대해서 추후 말씀을 드리겠습니다.

사실 저 개인적인 의견은 안전연구원이 생기지 않았다면 한국한의약진흥원에 이 업무를 주는 게 맞다고 생각했는데 이미 지난 정부부터 추진해 온 업무이고, 또 우리나라의 한의학이 굉장히 침체되어 있습니다. 침체된 큰 원인은 한의학에 대한 효능과 치료 효과가 과학적인 근거가 없다 그리고 과학적인 근거를 제시해 달라고 해도 사실은 이때까지 한의학에 대한 과학적인 근거를 제시하지 못하고 있습니다.

그렇기 때문에 이왕 이렇게 안전연구원이 설립된다면 저는 연구원에서 할 수 있는 일을 치밀하게 하는 게 예산 낭비도 줄이고 국가적으로 해야 될 일이 아닌가 싶은데요. 안전연구원을 통해 가지고 우리 한의학의 또 한의학에 대한 여러 가지 효능과 안전 이런 부분의 과학적인 근거를 제시할 수 있도록 이 부분을 조금 더 보완하고 도와주는 게 한의학의 진흥을 위해서 바람직한 방향이 아닌가 저는 생각합니다.

이상입니다.

○소위원장 강신우 서영석 위원님

○서영석 위원 다시 한번 말씀드리면 이게 약간 거꾸로 가는 게 생약이나 한약 또 생약제제, 한약제제에 대한 개념 정리를 제대로 안 해 놓고 사실은 사업을 진행하면서 이렇게 문제가 생기는 거거든요. 그리고 여러 가지 정치적인 원리도 작동이 되고 또 각 단체들의 이해관계도 반영되고 그러다 보니까 혼재돼 있는데……

식약처가 반성을 해야 돼요. 이런 구체적이고 업무의 중첩이 일어날 수 있는 개념 정리를 안 하고 사업을 진행하면서 이런 혼란을 자초하고 있는 거거든요. 그러니까 단순히 생약안전연구원뿐만 아니고.

그러다 보니까 천연물안전관리원으로 시작을 했다가 생약안전연구원으로 변경을 하고자 하는 거잖아요, 구체적인 구체성을 띠기 위해서. 그런데 여전히 그런 갈등의 요소는 내재돼 있기 때문에 차제에 이 문제를 꼭 매듭을 짓고 갈 수 있도록 그렇게 노력해 주시기를 부탁드리겠습니다.

○남인순 위원 제가 말씀드리려고 했던 부분은 이것이 진행되고 있다는 걸 부정하는 것이 아니에요. 그러니까 해야 되고 보통 이런 것들을 법인격으로 만들기 전에 이런 논의를 좀 해서, 법인격 가기 전 단계가 또 있어요. 재단법인도 있고 여러 가지 방법이 있거든요. 그래서 이것 자체를 부인하는 얘기가 아닌데 자꾸 그런 식으로 규정하시면서 얘기 안 했으면 좋겠어요, 간사님. 하여튼 일단 그것 좀 말씀드리고요.

그래서 이 부분을 하면서 제대로 만들었으면 좋겠다라고 하는 거고 그것에 대한 위원들의 의견을 얘기하는 거니까 한번 더, 좀 더 숙의를 했으면 좋겠다라고 하는 것을 말씀을 드립니다.

○이수진 위원 저 한말씀 드리……

○소위원장 강선우 김윤 위원님 하시고 이수진 위원님 하실게요.

○이수진 위원 먼저 하세요.

○김윤 위원 여러 위원님들이 말씀하셨지만 지금 한약과 생약의 정의가 법에 이루어지고 생약안전연구원으로의 법적 근거를 만드는 게 논리적으로 더 타당해 보이고요. 또 남인순 위원님 포함해서 다른 여러 위원님들이 지적하셨지만 그러면 복지부가 관리하는 업무와 그다음에 한의약진흥원의 업무와 생약안전연구원의 업무가 어떻게 구분되고 어떻게 유기적으로 상호 발전적인 관계를 맺을 수 있을까에 관한 정리가 돼야 생약안전연구원의 역할이 명확해지지 않을까 싶습니다.

그래서 지금 오늘 논의된 자료에는 생약의 정의와 그다음에 관련 기관들 간의 역할 분담에 관한 내용들이 빠져 있으니 그런 부분들을 점검해서 한번 더 논의를 하시는 게 어떨까 싶습니다.

○소위원장 강선우 이수진 위원님.

○이수진 위원 저도 비슷한 얘기인데요. 식약처 담당자가 먼저 신뢰가 좀 없어요. 아까 생약의 범위 안에 한약이 들어간다 이렇게 얘기하셨는데 지금 위원님들 말씀하시는 것 보면 그렇지 않고 개념이 지금 만들어져 있지 않습니다. 그걸 분명하게 개념을 좀, 그 범주가 어떻게 돼 있는지 이 부분을 분명하게 해 주셔야 그래야 일들이 진행이 되는 거지요. 이거 있을 수 있는 일들 아니었습니까? 4년 동안 뭐 하셨어요? 4년 동안 뭘 했는지 위원들한테 물어볼 게 아니라 식약처가 뭘 했는지를 물어보고 싶네요.

○소위원장 강선우 답변 주시겠습니까?

○식품의약품안전처바이오생약국장 신준수 저희가……

○이수진 위원 그리고 그 개념 정리하는 거 하실 거예요, 안 하실 거예요? 어떻게 하실 거예요?

○식품의약품안전처바이오생약국장 신준수 약사법에 지금 한약, 생약, 한약제제, 생약제

제 정의가 분명하게 들어 있지는 않습니다. 그런데 저희가 사실은 그 정의를 추진하는 과정에서 쉽지 않은 그런 직역 간의 갈등과 쉽지 않은 과정들이 있었다는 말씀 좀 드리고요. 저희가 그 부분에 대해서는 송구하게 생각합니다. 향후에라도 그 부분이 약사법에 정의가 이루어질 수 있도록 정부로서 최선을 다해서 노력하겠다는 말씀을 드리고요.

다만 지금 생약의 정의가 법에는 없습니다만 직제나 식약처 고시에 생약의 정의가 있고 그 정의를 바탕으로 봤을 때 생약의 정의가 한약을 포함하고 있다는 말씀을 드린 것입니다.

○**남인순 위원**　현실은 그게 아닌데……

○**식품의약품안전처바이오생약국장 신준수**　그리고 아까 직단체 간의 업무 범위에 대해서 말씀하신 부분은 생약안전연구원은 한약, 생약, 한약제제, 생약제제에 대한 품질관리를 지원하고 제품화를 지원하는 업무를 하고 있고요. 할 예정이고 또 한국한의약진흥원은 한의약 육성을 위한 기반 조성과 한의약 기술개발, 산업 진흥과 관련된 기관이어서 하고자 하는 업무 범위는 구분돼 있다는 말씀을 드리겠습니다.

○**소위원장 강선우**　식약처에서 한의사협회랑 소통을 쭉 해 오셨는데 아까 말씀을 보면 회장의 입장과 실무선의 입장이 다르다고 하셨던 것 같아요. 그게 어떻게 달랐는지 구체적으로 조금 말씀해 주시면 좋을 것 같고요.

그리고 약사법에서 지금 현재 한약제제랑 생약제제를 정의하고 있지 아니하다고 해서, 그런데 그간에 쭉 노력을 했는데 어려움이 있다고 하셨어요. 어떤 어려움이 있었고 그 흐름 속에서 논리구조가 어떻게 흘러갔는지를 간략하게 설명을 해 주시면 좋을 것 같습니다.

○**식품의약품안전처바이오생약국장 신준수**　두 번째부터 먼저 말씀드리겠습니다.

한약제제, 생약제제는 정의와 분류 문제가 아주 밀접하게 연관이 돼 있습니다. 그래서 정의에 따라서 또 정의를 어떻게 해석하느냐에 따라서 한약제제냐 생약제제냐 분류가 달라지는데요. 그와 관련해서 약사회와 한약사회, 한의사협회 간에 상당한 이견이 있습니다. 그래서 정의를 약사법에다가 포함하는 부분과 관련해서는 정의를 어떻게 할 것인지 또 어떤 범위로 할 것인지 이에 대해서 굉장히 의견 차이가 오랫동안 있어서 그 부분과 관련해서 좀 쉽지 않았다는 말씀을 드린 겁니다.

○**소위원장 강선우**　아니, 의견 차이가 있어 왔다는 것은 주지의 사실이고요. 그러니까 각각 협회별로 어떻게 의견이 달랐는지 말씀을 좀 해 달라는……

○**식품의약품안전처바이오생약국장 신준수**　예컨대 지금 한약에 대해서 한방원리를 기반으로 만들어진 의약품이 한약이라고 정의가 돼 있는데요. 한방원리에 대해서 상당히 이견이 많이 있습니다. 한방원리가 한의사협회나 한약사에서는 임상시험을 통해서 최근에 개발된 천연물 신약도 한방원리에 따라서 만들어진 것으로 그렇게 주장을 하고 있고요. 약사회 등에서는 그 부분은 과거의 전문 한의서, 과거에 있었던 한의서에 따라서 개발된 의약품만 한방원리에 따라서 만들어진 것이다 이렇게 주장하고 있습니다. 그래서 양측 간에 상당히 의견 차이가 있고요. 그래서 정의에 따른 분류 문제의 이슈가 오랫동안 지속돼 왔습니다. 그래서 그 정의를 약사법에 담기가 좀 쉽지 않았다는 말씀을 드리겠습니다.

○**소위원장 강선우**　그러면 이 입장 차이에 대해서 식약처 입장은 뭐예요?

○식품의약품안전처바이오생약국장 신준수 식약처 입장은 단지 식약처만의 역할은 아니고요. 분류와 관련돼 있기 때문에 복지부와 정부가 함께, 또 직역단체가 함께 참여를 해서……

○소위원장 강선우 아니요, 식약처 입장이 있을 것 아니에요? 없어요?

○식품의약품안전처바이오생약국장 신준수 함께 논의하는 것이 저희는……

○소위원장 강선우 함께 논의하는 게 식약처 입장이에요? 아니, 질문이 그게 아니었잖아요.

○김미애 위원 제가 조금 추가하겠습니다.

  사실은 식약처 혼자 입장 내기도 어려운 게 사실이잖아요. 이게 약사법인데 원칙대로라고 하면 지금 위원님들 말씀하시는 게 다 정의 규정이 있어야 맞지요. 그럼 식약처도 편하잖아요, 그렇게 하면. 그런데 못 할 때는 식약처 혼자 할 수 없었기 때문에 지금까지 흘러온 것 아닙니까?

○식품의약품안전처바이오생약국장 신준수 예, 그렇습니다.

○김미애 위원 그리고 약사법이 제정된 이래로 이것 가지고 문제된 게 어제오늘의 일이 아니지요?

○식품의약품안전처바이오생약국장 신준수 예, 그렇습니다.

○김미애 위원 다 이해관계, 직역별로 자기의 이해가 있기 때문에 사실은 넣지를 못 하고 있는 게 식약처 입장 아닙니까?

○식품의약품안전처바이오생약국장 신준수 예, 그렇습니다.

○김미애 위원 저는 식약처가 하기 싫어서도 아닌 것 같고, 그리고 이걸 가지고 계속 정의 규정이 없는 걸로 논의를 하다 보면 저는 아예 이걸 출범하기 어렵게 그렇게 귀결된다, 그런 객관적 사정을 다 알고 있음에도 불구하고 이것을 공약도 했고 필요성을 인정을 했기 때문에 지원을 하는 의미로 원을 설립하겠다는 거잖아요?

○식품의약품안전처바이오생약국장 신준수 예, 그렇습니다.

○김미애 위원 그렇게 흘러온 게 지금 애매모호한 입장이 식약처인 것 같아요. 그걸 식약처가 독자적으로 의견을 내기는 어렵단 말이에요. 아니면 각 이해관계, 직역별로 비판에 직면하니까. 그게 식약처의 상황 아닙니까?

○식품의약품안전처바이오생약국장 신준수 예, 위원님 말씀이 맞습니다. 맞고요. 저희 입장은, 아까 말씀하신 부분은 지금 약사법에 보면 약국 개설자와 관련된 그 부분이 한약사와 약사의 업무 범위가 명확하게 돼 있지 않습니다. 그래서 그와 관련해서 복지부에서 기본적인 개정이 필요하다는, 먼저 개정할 필요가 있다는 말씀을, 그게 저희 입장이고요. 그와 함께 복지부와 저희가 함께 논의를 통해서 분류 문제를 해결해야 된다 그렇게 저희는 판단하고 있습니다.

○소위원장 강선우 아니, 함께 논의를 해 오셨어야 되는 거 아니에요?

○식품의약품안전처바이오생약국장 신준수 좀 논의를 해 온 부분이 있습니다만 그 이후에는 직역 간의 갈등 문제로 인해서 지지부진했습니다.

○소위원장 강선우 그렇지 않은 법안이 어디 있겠어요? 그렇지요? 직역 간의 갈등이 없는 그런 법안이 어디 있겠어요?

  그러면 이거 관련해 가지고 우리 위원님들이 주셨던 말씀이 대충 이렇게 정되가 되는 것 같아요. 복지부랑 생약안전연구원이랑 한의약진흥연구원 간의 그런 역할 체계를 조금 분명하게 할 필요가 있다. 그다음에 약사법에 있는 한약제제나 생약제제 관련해서 정의를, 약사법 개정이 아니라도 식약처 자체적으로 정의를 명확하게 해 놓을 필요가 있다. 그렇게 해 가지고 복지부랑 그다음에 관련 단체들이랑 논의를 하셔서 다음 심사 전까지 위원님들이 말씀하셨던 것을 정리해서 갖고 오세요. 정리가 어렵다고 계속 안 갖고 온다, 함께하겠다, 앞으로 이렇게 하겠다, 그렇게 해 가지고는 이게 안 될 것 같거든요. 그렇게 해 오시겠어요?

○**식품의약품안전처차장직무대리 우영택** 위원장님 제가 한 말씀 드리겠습니다.

생약연구원을 설립시켜서 저희가 하고자 하는 일과 직역 간의 업무 범위에 관한 것을 연계시키다 보니까 이게 끝없이 흘러갈 것 같아서…… 물론 말씀하신 대로, 위원님께서 정의도 말씀하시고 여러 가지 말씀을 주셨는데 그런 것들을 저희가 가서 정리를 한다고 하더라도 저희 식약처가 단독으로, 식약처 생각은 있습니다마는 협의를 해서 뭔가 명확하게 정리를 해 올 수 있는 그런 여건이 현재 되고 있지 않아서……

○**소위원장 강선우** 그런 여건을 만들어서 정리를 해 오십시오.

○**김미애 위원** 아니, 위원장님 제가 좀……

○**남인순 위원** 제가……

○**김미애 위원** 먼저 말씀하세요.

○**남인순 위원** 한의약을 진흥시킨다라고 아까 얘기를 하셨는데 저는 그렇게 귀결될 것 같지가 않아요. 그래서 그런 여러 가지 의문이 드는 거예요, 지금 돌아가는 그동안의 어떤 흐름이라고 하는 게.

그리고 이 기관 설립과 관련해서는 이미 예산을 받아서 이렇게 신축해 오셨잖아요. 운영을 해야 되겠지요. 그런데 어떻든 이 기관이 해야 될 역할은 분명하게 해 줘야 됩니다. 그동안은 그런 것들이 분명하지 않아도 그냥 어쨌든 예산 받아서 이렇게 하고 계셨겠지만 이후에 이것이 여러 가지……

만약에 여기서 하고자 하는 그런 생약 중심으로 한다고 한다면, 거기에 또 품질관리 하신다고 하니까 그게 어디까지 영향을 미치는 건지 정리를 해야 되겠지요. 그러니까 그런 부분들이 있어야 되는데, 우선은 필요하시다고 한다면 재단법인부터 먼저 하시면 돼요. 우리가 이런 거 한두 번 보는 게 아니잖아요. 기존에 있던 부분들도 법인격을 부여하려면 분명한 어떤 성격 규정을 해 줘야 된다고 생각합니다.

그래서 저는 이것의 운영에 대해서 반대하는 게 아니에요, 이미 진행됐던 부분이기 때문에. 기존에 있는 또 다른 것과의 서로 역할 조정을 어떻게 할 것인지 그런 부분에 대해서 위원들이 좀 의문점을 갖고 있는 거잖아요. 그건 설명을 좀 하고 나서 해도 될 것 같은데요. 그리고 재단법인 방식으로 먼저 추진했다가 법인으로 가는 경우도 있으니까 그것도 한번 챙겨 보세요, 그런 절차에 대해서.

○**김미애 위원** 제가 좀 말씀드릴게요.

저는 식약처가 설명을 드렸다고 생각합니다. 다만 받아들이는 게, 각사가 이해하는 게 좀 다를 수 있어 보이고 원론적으로 생약, 생약제제의 정의 규정을 어떻게 하라고 하면 이것은 하면 안 됩니다. 앞으로도 힘들 겁니다, 어떤 정부가 와도. 왜냐하면 이건 정부 혼자서 할 수 있는 개념 정리가 아니기 때문이지요. 그럼에도 불구하고 해 왔던 것은 그 필요성이 있었던 것이고 다른 연구원과 생약안전연구원의 역할은 나누어져 있다고 설명이 된 걸로 저는 보여지는데 입법 취지부터도 생약, 한약제제 및 생약제제의 특성을 반영한 품질관리 기술을 지원하고 전문인력을 양성하기 위해서 생약안전연구원을 설립하려는 것이고 품질관리 지원을 통해 안전성을 확보하고 국내 산업 활성화를 도모하려고 한다 그렇게 태동이 됐던데, 그런데 이것을 법인도 재단법인이나 법인이나 법인격의 성격이 어떻게 조금은 달라질 수는 있겠지만 어쨌건 법인이잖아요, 지금 하려는 것도. 그래서 저는 그걸……

모르겠습니다, 제가 부족한 게 있는지 모르겠지만 그걸 재단법인으로 했다가 해야 된다 그것은 저는 받아들이기 힘들고 이 부분에서 만약에 부족하다면, 21년부터 4년 동안 준비를 했는데 여기는 대한한의사협회 의견만 있잖아요. 다른 직역의 의견은 어땠는지, 여기에 대해서 반대하지 않는 걸로 저는 보여지는데 그런 것 같고 그러면 오늘 논의가 앞으로 시간이 흐른다고 해서 더 발전될 가능성이 있냐, 별로 그렇게 있다고 보여지지도 않습니다.

그래서 저는 이것을 지금 시기가 늦었기 때문에, 지금 1월 말인데 2월에 본회의 통과될지 모르겠지만 그러고 나면 4월에 준공을 하더라도 법적 근거 없이 출범을 할 수 있겠지요, 법적 근거 없이 하는 것도 있으니까. 그렇게 되는지 아닌지는 저는 입법기관인 국회의 책무라고 생각을 합니다.

이상입니다.

○소위원장 강선우 마지노선이 언제라고 보고 계세요, 식약처는?

○식품의약품안전처차장직무대리 우영택 간사님께서 말씀하신 대로 지금 저희가 상반기 4월 말, 공사가 조금 딜레이되더라도 상반기 내에는 공사가 준공이 완료될 걸로 보입니다. 공사가 완료되면 저희가 출범을 시켜야 되는 상황입니다.

○소위원장 강선우 그러면 빠르게, 저희 위원님들께서 쭉 의견 주셨던 것들 있잖아요? 예를 들어서 정리하기가 힘들면 정리하기 힘들다고 정리하기 힘든 이유를 정리해 오십시오. 그러니까 이게 지금 개념적으로 서로 동의하는 부분도 듣고 개념적으로 서로 의문을 가지고 있는 부분이 있잖아요. 이걸 글로 정리를 해 오시라고요, 글로.

○이수진 위원 넘어가시지요. 다음에 하세요.

○소위원장 강선우 의사일정 제4항은 보다 깊이 있는 검토를 위해 계속 심사하기로 하겠습니다.

의사일정 제5항 화장품법 일부개정법률안을 심사하겠습니다.

수석전문위원 보고해 주시기 바랍니다.

○수석전문위원 이지민 소위 심사 참고자료 페이지가 기재가 안 돼 있는데요. 표지 다음 장 봐 주시면 될 것 같습니다.

김예지 의원안은 화장품 기재사항을 점자 및 음성·수어영상변환용코드 등으로 표시하는 것을 의무화하는 내용입니다.

작년 12월 3일 법안심사소위에서 한 차례 논의되었습니다.

당시 심사했던 내용 간략히 말씀드리면요. 개정안에 대해서 식약처는 시각장애인의 정보 접근성을 확대하려는 입법 취지에는 공감하지만 현행법상 임의규정을 통해 자율 표시가 활성화되고 있고 모든 용기·포장에 의무화하기에는 여러 기술적 한계가 있으며 교역

상의 통상 이슈가 발생할 수 있어서 자발적 표시를 적극적으로 확대하도록 노력할 예정이라고 설명하였습니다.

　시각장애인을 위한 점자 등의 표기를 기업 자율에 맡기면 실행을 유도하기 어려울 수 있으므로 인센티브 방식의 대책 마련이 필요하고 국제경쟁력 강화를 위해 화장품 생산 등에 대한 전반적인 실태조사가 필요하다는 의견이 있었고, 화장품의 용기·포장에 대한 종합적인 계획을 마련하여 플라스틱을 저감할 수 있는 방안과 QR코드 기재 등을 통한 장애인의 정보 접근성을 높일 수 있는 방안 등을 통일적으로 관리할 필요가 있다는 의견도 제시되었습니다.

　이상입니다.

○소위원장 강선우　정부 측 의견 듣겠습니다.

○식품의약품안전처차장직무대리 우영택　개정안의 취지에는 공감하나 점자 등의 표시를 의무화하는 것은 신중한 검토가 필요하다고 생각합니다.

　다만 표시 항목이 현재 명칭과 상호로 되어 있는데 앞으로 전 항목으로 확대하고 자율운영을 권장하는 형태로 하되 그리고 점자 이외에도 음성이나 수어영상변환코드 등으로 확대하는 법 개정 방향이 저희는 바람직하다고 판단하고 있습니다.

　동 사안은 발의 의원실과 협의를 완료해서 저희가 말씀드린 표시 항목을 확대하고 그다음에 점자 이외에도 다른 수단으로 확대하는 방향으로 의원실과 협의해서 다음 소위에 수정안을 보고드릴 수 있도록 준비하도록 하겠습니다.

○소위원장 강선우　질의하실 위원님 있으신가요?

○이수진 위원　소위원회 심사 경과의 맨 마지막에 화장품 용기·포장에 대한 종합적인 계획을 마련해서 플라스틱을 저감할 수 있는 방안 그리고 QR코드 기재 등을 통한 장애인의 정보 접근성을 높일 수 있는 방안 이것들도 좀 안을 마련해서 보고해 주실 수 있나요? 이 부분에 대한 얘기가 없어요.

　사실 우리가 K-뷰티라고 얘기하는데 한국 화장품의 우수 그다음에…… 널리 홍보하고 좋은 수출 품목이지요. 그런데 K-뷰티라는 것이 장애인 접근 편의성 이런 것들과 관련해서도 그리고 탄소 중립과 관련해서도 저는 분명히 앞서 나갈 수 있을 거라고 생각합니다. 그래서 관련해서도 정부가 의견을 갖고 계셔야 되고요. 어떻게 생각하세요?

○식품의약품안전처바이오생약국장 신준수　QR코드 기재 등을 통한 장애인의 정보 접근성을 높일 수 있는 방안에 대해서는 저희 소관으로서 이 부분에 대해서는 방안을 마련해서 보고드릴 수 있도록 그렇게 하겠습니다.

　다만 앞의 플라스틱을 저감할 수 있는 부분은 또 환경부 소관인 부분도 있어서 저희가 그 부분은 환경부와 같이 협의할 수 있도록 그렇게 해 보겠습니다.

○이수진 위원　환경부랑 협의해서 내용 보고해 주세요.

○식품의약품안전처바이오생약국장 신준수　예, 환경부와 같이 협의하도록 하겠습니다.

○소위원장 강선우　추가로 질의하실 위원님 있으신가요?

　(「없습니다」 하는 위원 있음)

　의사일정 제5항은 보다 깊이 있는 검토를 위해 계속 심사하기로 하겠습니다.

　이상으로 식품의약품안전처 소관 법률안에 대한 심사를 마치도록 하겠습니다.

　우영택 기획조정관님 수고하셨습니다.

지금부터 보건복지부2차관 소관 법률안을 심사하도록 하겠습니다.

박민수 2차관님 수고해 주시기 바랍니다.

의사일정 제6항부터 제8항까지 보건의료인력지원법 일부개정법률안 등 3건의 법률안을 심사하겠습니다.

수석전문위원 보고해 주시기 바랍니다.

○**수석전문위원 이지민**　자료 1쪽입니다.

3건의 개정안은 보건의료인력 수급추계위원회 신설에 관한 것입니다.

먼저 김윤 의원안과 강선우 의원안은 보건의료인력지원법을 개정하여 보건의료인력정책심의위원회의 심의사항에 보건의료인력 양성 대학의 정원 등을 추가하고 인정심 산하에 보건의료인력 수급추계위원회를 설치하여 이를 심의하도록 하려는 것입니다.

김미애 의원안은 보건의료기본법을 개정하여 보건의료정책심의위원회의 분과위원회로서 수급추계위원회를 두어 주기적으로 중장기 수급추계를 실시하고 그 결과를 심의하게 하며 수급추계센터를 두려는 것입니다.

현행은 보건의료인력 중 의료인, 의료기사, 약사, 한약사 인력 양성 대학 정원의 경우 교육부장관이 복지부장관과 협의하여 정하고 복지부장관이 교육부장관에게 의료인력 등의 총수요를 정하여 통보하기 전에 통상 보건의료기본법에 따라 설치된 보건의료정책심의위원회의 심의를 거치고 있습니다.

3건의 개정안은 수급추계위원회 등 기구의 설치 근거와 보건의료인력 양성 대학 정원에 대한 복지부 내 의사결정구조를 법률로써 명확히 규정하려는 것으로 바람직한 것으로 보입니다.

3쪽입니다.

보건의료인력 양성 대학 입학정원 결정구조와 관련하여 김윤 의원안은 보건의료인력 수급추계위원회의 심의를 거쳐 인정심의 심의 의결로 결정되고 인정심은 현행과 달리 의결권을 가진 복지부 내 최종 의사결정기구가 되도록 하고 있습니다.

의사, 간호사의 경우 대학 정원을 교육부장관이 아닌 인정심에서 정하도록 하는 고등교육법 개정안을 전제로 하므로 최종 의사결정권자를 현행 교육부장관에서 인정심으로 변경하려는 것이고 다른 의료인과 의료기사, 약사, 한약사의 경우는 현행과 같이 교육부장관이 보건복지부장관과 협의하여 정하게 됩니다.

강선우 의원안은 수급추계위원회의 심의 의결을 거쳐 인정심의 심의를 받는데 인정심이 심의할 때에는 수급추계위원회의 심의 의결 사항을 반영하여야 합니다.

4쪽 하단의 김미애 의원안은 보건의료기본법에 따른 보정심의 심의사항으로 의료인력 수급에 관한 정책을 추가하고 보정심이 동 사항을 심의할 때에는 수급추계위원회의 심의 결과를 반영하도록 규정하고 있으므로 현행 입학정원 결정구조를 유지하는 것을 전제로 하여 추계의 전문성을 보완하려는 것입니다.

3쪽 우측입니다.

보건의료인력 양성 대학의 입학정원을 복지부 소관 위원회의 심의 의결 사항으로 규정하는 것은 정부조직법, 교육기본법, 고등교육법 등에 따른 교육부의 직무 범위와 교육부장관의 직무 권한을 제한한다는 의견과 의사결정의 전문성, 독립성을 보장하기 위하여 수급추계위원회를 자문기구가 아닌 의결기구로 삼아야 한다는 의견 등이 있습니다.

대학 학생 정원에 관한 사항은 고등교육법에서 학칙으로 정하도록 규정하고 있고 일부 보건의료인력 양성 대학 입학정원에 대하여 교육부장관이 복지부장관과 협의하도록 하고 있으나 해당 입학정원 결정 권한이 복지부장관에게 있지 않다는 점을 고려할 필요가 있습니다.

자구수정의견은 강선우 의원안 중 인정심이 심의할 때에는 수급추계위원회의 심의 의결 사항을 반영하여야 한다고 규정한 부분은 개정안의 취지에 따라 이를 보다 명확하게 나타내도록 자구를 수정할 필요가 있는 것으로 보입니다.

5쪽입니다.

좌측을 봐 주시면 위원회 심의사항과 관련하여 김윤 의원안, 강선우 의원안은 인정심의 심의사항으로 보건의료인력 양성 대학 정원을 추가하고 있으며 김윤 의원안은 이외에도 지역의사 정원, 지역별 의료인력의 정원을 포함시키고 있습니다.

김미애 의원안은 보정심의 심의사항으로 의료인력 수급에 관한 정책을 추가하고 있습니다.

우측입니다.

심의사항에 지역의사 정원, 지역별 의료인력의 정원을 포함시키는 것은 지역 단위 의료인력의 정원 추계에 어려움이 있고 정원 확충을 위한 강제적 수단 동반 시 직업 선택의 자유 및 거주 이전의 자유 침해 우려가 있다는 의견 등이 제시된 점을 참고할 필요가 있는 것으로 보입니다. 또한 보건의료 양성 대학의 범위와 관련하여 대학에 전문대학 등이 포함되는지를 명확히 규정하는 것이 바람직할 것으로 보입니다.

6쪽 좌측입니다.

적용 직종의 범위와 관련하여 김윤 의원안, 강선우 의원안은 전체 보건의료인력에 대하여 인정심 및 수급추계위원회에서 대학 입학정원을 심의하도록 하려는 것이고 김미애 의원안은 의사, 치과의사, 한의사, 간호사, 약사의 5개 직종에 대하여 직종별로 수급추계위원회를 구성하려는 것입니다.

현행 고등교육법령에 따르면 교육부장관은 보건의료인력 중 의료인, 의료기사, 약사, 한약사 양성 대학의 입학정원에 관하여만 보건복지부장관과 협의하도록 규정하고 있습니다. 개정안과 같이 전체 보건의료인력에 대하여 복지부 소속 위원회의 심의를 거치도록 할 필요성이 있는지 여부에 대하여 논의가 필요한 것으로 보이고 의료인, 의료기사, 약사, 한약사를 제외한 다른 보건의료인력의 경우 현행 고등교육법령에 따르면 이들 직종에 관한 대학의 학생 정원은 각 대학의 학칙 규정 사항이어서 법체계상 부조화가 있을 것으로 보이므로 이에 대한 보완이 필요한 것으로 보입니다.

7쪽입니다.

김윤 의원안과 강선우 의원안은 인정심이 심의 의결한 사항을 지체 없이 국회 소관 상임위원회에 보고하도록 하고 있는데 국회가 대학 입학정원 등 인정심 심의사항에 대하여 적시성 있게 파악하여 대응할 수 있도록 하려는 것으로 보입니다.

8쪽입니다.

인정심 구성과 관련하여 김윤 의원안은 위원 중 노동자단체, 비영리단체에서 추천한 사람을 노동자단체, 비영리단체에 소속된 사람 중 국회에서 추천하는 사람으로 변경하려는 것입니다. 국회 추천으로 변경하는 경우 국회 추천 방법 및 인원을 구체화하는 것이 바람직할 것으로 보입니다.

다음 13쪽, 보건의료인력 수급추계위원회 관련입니다.

김윤 의원안은 보건의료인력 수급 관련 사항을 심의하기 위하여 복지부장관 소속으로 수급추계위원회를 두며 30명 이내의 위원으로 구성하되 공무원이 아닌 위원이 전체 위원의 3분의 2 이상이 되어야 하고 수급추계위원회 산하에 수급추계방법론 분과위원회, 직종별 보건의료인력 전문분과위원회를 둘 수 있습니다.

강선우 의원안은 보건의료인력 수급관리 관련 사항을 심의 의결하기 위하여 인정심 산하에 보건의료인력별로 수급추계위원회를 두며 각 수급추계위원회는 15명 이내의 위원으로 구성하되 해당 보건의료인력 단체가 추천하는 위원이 과반 이상 반드시 포함되어야 합니다. 수급추계위원회 산하에 분야별 분과위원회를 둘 수 있고 이 경우 분과위원회 심의는 인정심의 심의로 보도록 규정하고 있습니다.

김미애 의원안은 주기적 중장기 수급추계 실시 및 그 결과의 심의를 위하여 보정심 산하에 분과위원회로서 직종별로 수급추계위원회를 두며 각 수급추계위원회는 위원장을 포함하여 공급자 단체 추천 전문가 7인, 수요자 단체 추천 전문가 3인, 학회·연구기관 등 추천 전문가 3인으로 구성합니다. 수급추계위원회 위원은 모두 경제학, 보건학 등 관련 분야를 전공하는 등 전문가로서의 자격을 갖추어야 하고 공급자 단체 추천 전문가가 과반수가 되도록 규정하고 있습니다.

13쪽 우측입니다.

수급추계위원회의 위상과 관련하여 개정안들은 각각 보건복지부장관 소속, 인정심 산하의 별도 위원회, 보정심 산하의 분과위원회로 두는 것으로 하여 차이가 있는데 수급추계위원회의 성격 및 기능 등을 고려하여 결정할 필요가 있는 것으로 보입니다.

14쪽 하단입니다.

강선우 의원안은 수급추계위원회 산하에 분야별 분과위원회를 두도록 하고 있는데 수급추계위원회를 직종별로 두도록 하고 있으므로 그와 별개로 분야별 분과위원회를 둘 필요가 있는지 논의가 필요한 것으로 보입니다.

또한 분과위원회의 심의는 인정심의 심의로 본다는 간주규정을 두고 있는데 이에 따르면 분과위원회 심의 내용이 수급추계위원회의 심의 의결 및 인정심의 심의라는 두 단계를 생략하여 위원회의 최종 심의 내용으로 간주됨에도 불구하고 분과위원회 구성 등에 대한 규정이 없으므로 보완이 필요한 것으로 보입니다.

다음 25쪽, 수급추계 지원전문기관입니다.

김윤 의원안과 김미애 의원안은 전문적 수급추계 업무를 효과적으로 수행할 수 있도록 지원전문기관 또는 센터를 지정하려는 것입니다.

김윤 의원안의 경우 현재 지원전문기관으로 국민건강보험공단이 지정·운영되고 있는데 정책 개발 등을 위한 연구 수행, 지역별 보건의료인력 정원 적정성 평가를 지원전문기관의 업무로 추가하면서 이를 효과적으로 수행할 수 있도록 정부 출연연구기관 중에서 지원전문기관을 지정하려는 취지인 것으로 이해됩니다.

지원전문기관의 업무로 지역별 보건의료인력 정원 적정성 평가를 추가한 것에 대하여는 적정성 평가 대상이 지역 내 실제 활동에 필요한 의사 수인지 아니면 지역 내에서 의사 양성에 필요한 의대 정원인지 다소 모호하다는 의견이 제시되었습니다.

27쪽입니다.

안 부칙에서는 2026학년도 의과대학 입학정원 조정 특례를 규정하고 있습니다.

김윤 의원안은 2026학년도 의과대학 입학정원의 경우 인정심이 정하여 입학정원에 반영할 수 있도록 고등교육법에 대한 특례를 규정하려는 것입니다.

강선우 의원안은 26학년도의 경우 인정심은 수급추계위원회의 심의를 거쳐 입학정원을 조정할 수 있도록 고등교육법에 대한 특례를 규정하면서 전학년도 증원 규모에 따른 사회적 부작용 등을 이유로 증원 규모의 조정이 필요한 때 이를 조정하거나 정원을 감원할 수 있도록 명시하려는 것입니다.

교육부는 의과대학 입학정원에 관한 사항은 정부조직법, 교육기본법, 고등교육법 등 관계 법령에 따라 고등교육법령 체계 안에서 정해져야 하고 사회적 부작용 등에 대한 법적 해석과 관련하여 논란 제기 가능성이 있으므로 수용하기 어렵다는 의견을 제시하였습니다.

반면 의사협회는 26학년도의 경우 의학교육 상황이나 사회적 부작용 등을 면밀히 검토한 후 입학정원을 감축할 수 있도록 근거를 마련한 것에 대해서 찬성한다는 입장입니다.

28쪽입니다.

김윤 의원안 부칙 제3조는 간호법의 시행에 따른 경과조치를 두고 있는데 필요한 것으로 보입니다.

이상입니다.

○이수진 위원 위원장님, 의사진행발언 잠깐 드릴게요.

○소위원장 강선우 예.

○이수진 위원 의료인력수급추계위원회의 필요성에 따라서 본 의원도 보건의료기본법 일부개정법률안을 발의했습니다. 오늘 사실 포함이 돼서 전문위원의 의견을 좀 같이 들었으면 좋았을 텐데 오늘은 좀 빠졌어요. 그래서 의견 청취는 잘했습니다만 다음에 보건의료기본법 같이 논의가 좀 됐으면 좋겠다 싶어서 말씀을 드립니다.

○소위원장 강선우 정부 측 의견 듣겠습니다.

○보건복지부제2차관 박민수 아마 3개 법안이 기본적으로는 수급 추계 과정과 결과에 대한 사회적 수용성 이것을 높이기 위한 법안 제안으로 이해를 하고 있고요. 그래서 그 취지와 내용에 대해서 우선 공감의 말씀을 드립니다.

그런데 구체적으로 내용을 들여다보면 지금 수석전문위원 보고하신 것처럼 여러 가지 내용에서 좀 차이가 있는데 저희는 기본적으로 김미애 의원 법안에 대해서 수용의견을 말씀드립니다.

먼저 두 법은 보건의료인력지원법에 인정심을 두도록 하고 수급추계위원회를 두도록 하는 이런 구조로 되어 있고 김미애 의원 법안은 보건의료기본법으로 되어 있는데요.

기본적으로 입학정원을 정하는 것은 보건의료인력이 얼마만큼 부족하고 필요한가 이런 것들을 판단해서 결정을 하게 되면 거기에 따라 각종 양성제도라든지 또는 건보의 재정이라든지 이런 것들을 종합적으로 고려할 필요가 있습니다. 그래서 그런 것들을 종합적으로 검토할 수 있도록 최상위 의결기구가 최종 의사결정 권한을 좀 유보할 필요가 있다 이런 의견을 갖고 있고요. 그래서 보건의료기본법에 두는 것이 합리적이지 않은가 이런 의견을 드립니다.

그리고 몇 가지만 기본적인 사항을 말씀을 드리면 심의사항으로 할 것이냐 의결사항으로 할 것이냐라는 것에 대한 법안의 차이가 있는데요. 이 조문의 내용을 보면 입학정원을 정하도록 되어 있는데 사실 현재 보건복지부와 교육부 간의 분업하고 있는 내용을 보면 복지부는 국가, 사회 전체적인 의료인력의 과부족을 판단해서 부족하면 얼마나 부족하다 이런 총량의 의견을 드리면 이것을 교육부에서 각 학교별 그 사정을 감안하여 학교별로 입학정원을 정하게 됩니다. 그래서 입학정원이라는 표현을 쓰게 되면 교육부의 행정 권한에 관한 내용을 복지부에서 결정하는 것이 되기 때문에 이것은 보건의료인력 양성 규모로 이렇게 조문을 수정했으면 하는 의견을 드립니다.

그리고 부칙에 26년 정원 관련 특례조항이 있는데 이 부분도 현행 고등교육법령에 따라서 교육부장관이 정하도록 하고 있는 것을 복지부에서 운영하는 위원회가 결정을 하면 그것을 오버라이딩(overriding)하는 형태로 법이 되어 있어서 이건 행정의 책임성, 정부조직법의 권한 이것과도 좀 상충되는 문제가 있습니다. 그래서 이것은 삭제를 하거나 아니면 그 정신을 존중한다고 그러면 현행 고등교육법령 체계에 맞게 문구를 좀 수정해야 된다라는 의견을 드립니다.

그리고 대상 직종은 전체 보건의료인력 직종 20개를 하도록 지금 보건의료인력지원법령 개정안에 이렇게 나와 있는데 저희가 현재 교육부장관과 협의하여 정원을 정하고 있는 것은 12개 직종입니다. 그래서 이것은 12개 직종으로 조정을 했으면 하는 생각이고요.

그다음에 위원회 구성에 있어서도, 이 추계위원회 역할이 무엇이냐의 정의에 따라서 달라질 텐데요. 김미애 의원안을 보면 수급추계위원회는 과학적이고 객관적인 조사·연구를 주로 하는 이런 기능을 담당하기 때문에 거기에 합당한 전문가 요건을 갖추도록 이렇게 하고 거기에서 나온 결과물에 대해서 보정심이 최종 의사결정을 하도록 하는 게 바람직하다고 생각이 되어서 전문성 자격 요건이 좀 필요하다는 말씀, 그리고 실제로 추계에 대한 조건이나 이런 것에 협의가 이루어지면 그걸 구체적으로 수행할 기관이 필요합니다. 그래서 이것은 수급추계센터를 지정하는 것도 조문 보완이 필요하다는 말씀을 드리고요.

그다음에 적용 시기와 관련해서는 하위법령 마련이 필요하기 때문에 이건 공포 후 3개월 시행으로 그렇게 수정을 해서 하면 저희가 법안 이행에 문제가 없겠다는 말씀을 드립니다.

○**소위원장 강선우** 질의하실 위원님 있으신가요?

김윤 위원님.

○**김윤 위원** 먼저 이 법안의 어떤 구체적인 내용에 관한 논의를 하기 전에 지금 거의 1년 가까이 계속되고 있는 의정 갈등, 의료대란으로 국민들이 심각한 피해를 겪고 있고 불안해하시는 상황이 계속되고 있습니다. 그런데 이 문제를 해결하기 위해서, 의료대란을 해결하기 위해서 꼭 필요한 사항 중의 하나가 2026년 의과대학 정원을 어떻게 할 것이냐에 관한 문제인데 이것을 숫자를 가지고 논쟁을 하면 지난 1년간 겪었던 갈등이 저는 재현될 거라고 생각합니다. 그러니까 숫자를 정하는 것이 아니라 숫자를 정하기 위한 투명하고 객관적이고 우리 사회가 합의할 수 있는 그런 절차를 정하는 게 문제 해결의 방법이라고 생각합니다.

그런데 이제 3월이 되면 의과대학생들이 돌아오도록 해야 되고 전공의들이 다시 복귀하도록 해야 되는 상황에 처해 있고, 이게 지금 한 달 조금 더 남은 시간밖에 없는 상황이라 여러 가지 이견을 가지고 긴 시간 우리가 소비할 그런 시간적 여유가 없는 굉장히 긴박한 상황이다. 그렇기 때문에 이 법을 조속하게 통과시키는 게 무엇보다도 중요하다는 점을, 여러 가지 차이가 있지만 그런 것들은 우리 보건복지위원회에서, 법안심사소위원회에서 과감하게 합의를 하고 조속히 법을 통과시키는 쪽으로 의견을 모았으면 하는 바램입니다.

○**소위원장 강선우** 김미애 간사님.

○**김미애 위원** 존경하는 김윤 위원님 말씀에 전적으로 공감합니다.

이것은 사실 1년여 지속된 갈등으로 지금 국민들이 상당한 불안 상태에 있고 또 말씀하신 것처럼 3월에 전공의든 의대생은 의료 현장으로 학교로 복귀를 해야 되는데 그것 하기 위해서 사실은 우리 국회가 여러 고민 끝에 의료계의 의견을 반영해서, 조금씩 내용의 차이는 있지만 수급추계위원회를 어떻게 할지 심의·의결 기구로 할지 또 현행 고등법령 체계하에서 이 정원 구성은 어떻게 할지 이런 게 있음에도 불구하고 가급적 의료계 의견을 반영해서 현장으로 돌아오게 하기 위한 그 노력의 일환이다 저는 생각을 하고, 사실은 더 이상 늦추기는 어렵고.

저도 발의를 하기는 했지만 중요한 것은 이 입법이 현장에서 작동될 때 지금보다 나빠지면 안 되고 지금보다 나은 방향으로 가야 되고 그것이 조금이라도 나은 방향이고 현장으로 돌아올 수 있게 한다면 저는 오늘 이것은 제대로 논의를 숙성시켜서 소위에서 매듭을 지었으면 하는 게 제 의견입니다.

○**남인순 위원** 논의를 이제…… 물어봐도 되나요?

○**소위원장 강선우** 예, 남인순 위원님.

○**남인순 위원** 우선은 이 법을 어디에다가 할 것인지, 보건의료기본법인지 아니면 보건의료인력지원법인지 지금 먼저 정리를 해 주셔야 될 것 같거든요, 저는 거기에 대한 특별한 의견이 있는 건 아니지만. 오늘 법안심사를 신속하게 해서 하자라고 하는 생각은 다 같다고 생각합니다.

그러면 정부에서 지금 보건의료기본법에다 하자고 하는데 보건의료인력지원법에다 하면 안 되는 건가요? 혹시 꼭 여기에다만 해야 되는 것인지 아니면……

○**보건복지부제2차관 박민수** 절대 안 된다 그런 건 아닙니다.

○**남인순 위원** 그런 건 아닙니까?

○**보건복지부제2차관 박민수** 예, 그런 건 아니고 법체계상 기본법으로 하는 게 훨씬 합당하다 그런 의견입니다.

○**남인순 위원** 그러니까 그건 좀 열려 있다라고 보고 저희가 판단을 해도 됩니까?

○**보건복지부제2차관 박민수** 예.

○**남인순 위원** 첫 번째는 그거고요.

그다음에 심의·의결 부분에서 독립성과 전문성, 여러 가지를 의료현장에서는 요구를 한다고 생각합니다. 물론 교육부가 당연히 의결을 해야 되고 또 건정심에서 여러 가지 건보 재정을 감안하여 판단을 해서 최종적으로 교육부가 결정을 하는 그런 방법일 거라고 생각은 하는데 교육부가 심의권이라 하더라도 거의 의결에 가까운, 정부에서 이런 거 하실 때 보면 이것을 상당히 어쨌든 존중해야 된다라고 하는 그런 부분들이 있잖아요?

○**보건복지부제2차관 박민수** 예, 맞습니다.

○**남인순 위원** 그러니까 그것이 어쨌든 법 정신에 포함이 되지 않으면 독립성 문제에 대해서 의료계에서 상당히 불신을 갖고 있기 때문에 그동안에, 지난 1년 동안 갈등이 있었기 때문에 이것을 치유할 수 있는 어떤 체계는 좀 있어야 된다, 그것이 부칙에 들어가든 어떤 형태든지 들어가야 되지 않나라고 생각을 하고 있습니다.

그리고 위원회 구성과 관련해서도 가급적이면 현장의 얘기가 좀 반영이 되는 방식으로, 과도한 부분은 정리를 해야 되겠지만 그런 부분들을 좀 하고. 저도 전문성 부분은 반드시 필요하다고 생각을 합니다. 그 부분도 어쨌든 구성에 포함됐으면 좋겠다 그런 생각이 들고요.

그리고 시기도 빨리 해야 된다라고 저는 생각을 하고 좀 쟁점이 될 수 있는 부분 중에서, 아까 법 명칭을 어디로 할 것이냐 그것이 가장 중요하지 않나라고 생각합니다.

○**보건복지부제2차관 박민수** 지금 세 분 위원님들 말씀 주신 것에 정부도 공감 의사를 표명합니다. 신속하게 갈등이 해소돼서 학생과 전공의들이 돌아올 수 있는 여건이 되었으면 좋겠고요. 그래서 이 절차를 정하는, 제도화인데요, 이 제도화를 법을 통해서 하는 것에 대해서 정부도 동의 말씀을 드리고.

그다음에 제출해 주신 법안이 사실 대체적으로는 대동소이하고 취지는 같다고 저는 평가를 합니다. 다만 제도를 운영하는 정부 입장에서는 그래도 법령 체계에 맞고 시비가 덜 걸리는 방법으로 정확하게 법을 제정하면 좋겠다는 말씀이고요.

그래서 남인순 위원님 말씀하신 것처럼 어느 법에 두는 것이 좋냐 하는 것은 기본법이 바람직하다고 보는데 지원법에 꼭 두겠다고 그렇게 하신다면 저희는 따르겠습니다. 다만 추계위원회가 최종 의사결정을 하느냐의 문제가 있습니다. 그런데 저희가 수급추계위를 이렇게 구성하는 것의 모델은 잘 아시지만 국민연금 재정 추계하는 거랑 유사한 모델이라고 보시면 되겠습니다. 국민연금도 정부 재정안을 짤 때 수급추계위를 별도로 두고 거기에는 아주 전문가 중심으로 운영을 하게 됩니다.

왜 그러냐 하면 그 추계를 한 결과가 기본적인 논의의 바탕이 됩니다. 보험료나 또는 급여 인상률이나 이런 것의 기본적인 바탕이 되기 때문에 그 바탕에 대한 시비가 벌써 없어야 되거든요. 그러니까 그 시비 자체를 수급추계위원회가 전문성이 높은 위원님들이 모여 가지고 정리를 해내는 기능을 통해 가지고, 그러면 거기에서 상당히 정리가 되면 사실은 상위 기구가 있다 하더라도 그 결정을 막 손바닥 뒤집듯이 뒤집거나 이렇게 하기는 좀 어렵습니다.

그래서 사실상 그 결과는 굉장히 존중될 수밖에 없다고 저희는 생각을 하고 있는데 이걸 그래도 법에 조금 정신을 담아 가지고 표현을 한다면, 꼭 의결이 아닌 형태라 하더라도 그것을 존중하도록 하는 이런 정신을 법조문에 이렇게 반영하는 것 정도는 가능하지 않을까 싶고요. 그렇게 해서 법안을 조속히 정리해 가지고 통과를 시키는 것도 정부도 동일하게 공감의 말씀을 드립니다.

○**소위원장 강선우** 서영석 위원님.

○**서영석 위원** 수급추계위원회와 관련해서 교육부장관과 복지부장관 어디가 선후냐 이런 문제인데 지금까지 인력 증원을 하거나 이런 걸 할 때 결국은 보건복지부장관이 먼저, 보건복지부에서 결정을 하고 그것이 교육부에 통보되는 거고 그 범위 내에서 학칙이

결정되는 거잖아요?

○**보건복지부제2차관 박민수** 그렇습니다.

○**서영석 위원** 그렇기 때문에 이것을 우리가 대학 정원을 미리 규정하고 들어갈 필요는 없을 것 같고, 그 용어만 빼면 충돌이 좀 없을 거라고 보여지고요. 그게 인력 양성에 대한 것만 규정을 하게 되면 당연히 보건복지부장관이 결정을 하고 그것이 교육부에 통과돼서 교육부가 어느 정도의 수용 가능성이 있는지를 다시 협의할 수 있을 것이라고 보기 때문에 그런 상태의 수급추계위원회로 보면 큰 문제가 없을 걸로 보여집니다.

다만 조문상에 대학정원을 마치 보건복지부가 직접 하는 것처럼 규정돼 있는 것들은 정리를 할 필요가 있을 걸로 보여지고요.

그래서 기본법에 담아서 인력 수급에 대한 근본적인 문제를 좀 빠른 속도로 해결할 수 있도록 그렇게 정리하면 큰 문제가 없지 않을까 이렇게 생각이 되고 안에서 워낙 의사인력에 대한 것만 집중되다 보니까 여러 가지 기타 직능들에 대해서 고려가 안 돼 있는데 그런 것만 좀 보완되면 되지 않을까 싶습니다.

어떻습니까?

○**보건복지부제2차관 박민수** 제가 아까 잠깐 총괄적으로 의견드릴 때 그런 취지로 말씀을 드린 것이고. 그래서 용어가 '입학정원'으로 돼 있는데 이걸 그냥 '보건의료인력 양성 규모' 이렇게 해 주시면, 규모를 정하는 게 총입학정원을 정하는 겁니다. 그래서 그걸 교육부에 주면 그 범위 안에서 교육부가 각 학교별로 정원을 배분하는 작업들을 하기 때문에요 그렇게 한다고 그러면 법의 목적을 충분히 달성할 수 있다고 봅니다.

○**소위원장 강선우** 김미애 간사님.

○**김미애 위원** 지금 김윤 위원님도 저랑 생각이 다르지 않고 결국은 의대정원을 지속적으로 국민들이나 의료계에서 요구한 대로 객관적 전문성을 담보할 수 있는 수급추계위원회로 귀결되는데 위원회에서 정할 수 있도록 하자, 그리고 현장으로 복귀할 수 있는 이 모멘텀이 되도록 해야 된다, 그리고 시간이 너무 급하다 그런 관점에서……

그러나 상당 부분은 의과대학 입학정원 조정 특례와 관련해서는 고등교육법령 체계 안에서 정할 수밖에 없는 게 현재 상황이고 이걸 우리가 뛰어넘으면 시간은 또 더 흘러가서 결론 내기 어렵기 때문에 이 큰 범주 안에서 복지부가 좀, 저도 제 것을 이렇게 다 고집할 생각은 없습니다. 그런 관점에서 저는 상호 이익을 좀 조정·타협하면 된다는 생각이기 때문에 그 관점에서 좀 정리를 해 주셨으면 좋겠습니다. 이게 제 의견입니다.

○**소위원장 강선우** 이수진 위원님.

○**이수진 위원** 빠르게 해결을 해야 되고, 어쨌든 큰일을 벌여 놓으셨는데 지금 해결해야 되지 않겠습니까?

○**보건복지부제2차관 박민수** 예.

○**이수진 위원** 이 문제에 있어서는 국민들 위해서, 어쨌든 여야가 없는 거고 학생들이 다시 돌아와서 수업을 받고 또 의사로서의 길을 가도록 만들어야 되고. 여러 가지 문제에 있어서 무엇보다도 수급추계위원회 이것에 대한 의사협회의 의견도 있고 이 부분에 대한 전문가들 생각도 있고 또 수요자들의 생각이 있어요. 그래서 제가 알기로는 수급추계위원회를 만들고 이 법을 보건의료인력지원법에 할지 보건의료기본법에 할지 이 부분에 대해서도 복지부는 어디든 상관은 없는데 어쨌든 검토보고하신 걸 보면 보건의료기본

법으로 검토를 해서 오늘 내놓으셨단 말이에요.

그런데 이게 저희가 초기에 논의할 때 어쨌든 관련된 사람들의 의견을 충분히 들어야 된다 해서 공청회 얘기가 있었던 것으로 저는 기억을 합니다. 그래서 공청회를 해야 된다, 그래서 공청회에서 충분히 의견을 들어서 수용성을 높이도록 하는 것이 우리 국회나 또 복지부에서도 바람직할 것 같아요. 그래서 저는 거기에 맞춰서 보건의료기본법을 발의했어요.

다만 비슷한 내용이긴 한데, 김미애 의원이 발의한 거랑 좀 비슷한 내용들인데 위원 구성이라든지 이런 부분들은 좀 다릅니다. 내용이 좀 다르기 때문에 조금 더 검토도 필요한 거고.

그리고 현재 보건정책심의위원회, 보정심에서 의사정원 규모를 정하는 것을 고려하고 있지 않습니까?

○보건복지부제2차관 박민수 예.

○이수진 위원 그리고 다른 직종들도 수급추계위원회를 두도록 하는, 간호법 같은 경우는 간호인력 수급·양성·배치에 대해서 심의할 수 있기 때문에 어디에 둬야 될지 논의도 필요한 거고요.

그리고 위원 구성 관련해서 보정심의 위원 구성을 저희가 들여다보면 공급자 단체, 수요자 단체의 위원 수를 같게 하는 그런 원리를 갖고 있습니다. 그건 분명히 이유가 있다라고 저는 생각하고. 그래서 전문가를 쓰든 추천인을 받든 저는 수급추계위원회도 공급자 단체, 수요자 단체의 위원 수를 같게 하는 것은 중요하다라고 생각을 합니다. 그래서 그런 내용들을 담은 제 법안에 있는 내용들을 같이 좀 고민을 해 봐 주셔야 된다라고 생각하고.

그리고 명칭과 관련해서도 특별위원회, 특위라고 하는 것은 공급자 단체, 수요자 단체, 전문가, 정부 등 각 이해관계자가 참여하고 또 공론을 통해서 결정되는 것 그런 의미를 강조하기 위해서 특별위원회라는 것들이 들어가 있는 것이고요. 그래서 저는 관련해서 이 내용들을 같이 좀 논의를 했으면 좋겠다라는 말씀을 드리고.

제가 보니까 지금 논의하고 있는 보건의료인력지원법 그리고 기본법도 소위 직회부를 하셨더라고요. 기간이 안 돼서 급한 만큼 소위 직회부해서 지금 논의가 이루어지고 있는 거거든요. 그래서 같이 좀 논의를 해 주십사 다시 한번 요청을 드립니다.

○소위원장 강선우 김윤 위원님.

○김윤 위원 강선우 위원장님과 존경하는 김미애 위원님 그리고 저도 마찬가지로 이 법안이 시급하게 제정돼야 될 필요성이 법안의 구체적인 내용을 다루는 것보다 훨씬 더 중요하기 때문에 각 의원이 발의한 법안의 구체적인 내용을 고집하거나 이렇게 하지 않겠다는 뜻을 모았습니다. 그렇기 때문에 정부가 조속하게 발의된 법안들을 통합 조정한 안을 가지고 저희 소위에서 논의할 수 있도록 안을 조속하게 준비해 주시면 좋겠습니다. 물론 공청회가 예정되어 있긴 하지만 공청회를 기다려서 통합안을 만들 필요는 없을 것 같고요. 안을 만들어 놓고 또 공청회에서 나온 의견들을 추가적으로 반영하면 되지 않을까 싶고 그 과정에서 이수진 의원님께서 발의하신 안까지를 함께 포함해서 검토해 주시면 감사하겠습니다.

○보건복지부제2차관 박민수 위원장님, 그러시면 저희가 이수진 의원안은 아직 입수를

못 해 가지고 내용 확인을 못 하고 있는데요. 사실 3개 법안에 대해서는 조금 통합해서 조정한 안을 실무적으로는 갖고 있습니다. 그런데 아직 이수진 의원안까지는 검토가 안 돼 있는 내용이고요. 그래서 이수진 의원안까지 포괄을 해서 정리를 해 보라고 하시면 저희가 신속하게 정리를 해 볼 수는 있을 것 같습니다.

○**소위원장 강선우** 김미애 간사님.

○**김미애 위원** 존경하는 이수진 위원님이 보건의료계의 오랜 전문가로서 의견이 많고 당연히 관심도 많은 줄은 아는데 이게 사실은 지난해 말에 발의가 되었고 상당히 시급하다는 것은 다 알고 있고. 또 공청회를 하는 취지도 우리 국민들 그리고 각 직역의 이해관계인들의 의견을 듣기 위함인데 그런 의견도 사실은 많이 들었습니다, 지난 1년 동안 비판 많이 받았고. 그래서 그런 것들을 각자 조금씩 다르지만 그걸 녹여 내서, 저 같은 경우에는 현행 법체계하에서 가급적이면 하려고 애를 썼고 또 존경하는 김윤 의원님이나 강선우 의원님은 그것보다는 오히려 의료계 입장을 더 충실히 하려고 하신 것 같고 그렇습니다.

그러나 저는 항상 말씀드리지만 현장의 목소리는 무엇보다 중요하다, 그래서 두 의원님 안도 현행 법체계하에서 수용 가능한 범위는 해야 된다고 저는 생각을 합니다. 더 적극적으로 목소리를 들어야 된다고 생각을 합니다. 공급자 단체 또 여기에서 간과할 수 없는 게 환자 단체, 수요자 의견도 당연히 들어야 된다고 생각을 해서 그래서 제가 말씀드리는 게 여기에서…… 입법은 무엇보다 완결성이 중요하긴 합니다. 그리고 이수진 위원님도 방금 말씀을 하셨는데 그런 것 포함해서 대안을 마련할 수 있다면 해서 저는 오늘 점심 시간 이후에라도 이것을 논의를 계속해서 오늘 소위에서 매듭을 지었으면 좋겠다 싶고.

혹시 추가로 또 반영될 게 있으면 전체회의가 이견이 크게 없는 이상 가긴 하지만 상임위 차원에서 가고 또 법사위도 있습니다. 그런 부분을 저는 속도를 내서 지난번 우리가 간호법을 타결할 때처럼 여야가 하나가 되어서 속도를 냈으면 하는 게 제 의견입니다.

○**소위원장 강선우** 전진숙 위원님, 이수진 위원님.

○**전진숙 위원** 전진숙입니다.

아마 여야를 떠나서 지금 현재 의대 증원과 관련해서 1년 동안 몸살을 겪었던 대한민국의 측면에서 봤을 때 이것을 최대한 빠른 시간 안에 조정을 하는 것은 저도 필요하다고 생각을 하는데 소소하게 적혀 있지만 굉장히 중요한 문제에 있어서 하나 더 짚고 넘어가겠습니다.

이것 관련돼서 통합해서 의견을 내시는 것은 내시는 대로 진행을 하면 될 것 같은데 김윤 의원이 냈던 안 중에 보건의료인력 양성대학 정원 플러스 지역의사 정원, 지역별 의료인력 정원에 관련돼서 지금 복지부는 이 부분에 대해서 제외를 하고 27년을 준비하면서 인력 수급의 계획을 세우겠다고 하는 안을 내신 것 같아요. 맞지요?

○**보건복지부제2차관 박민수** 지금 법안요?

○**전진숙 위원** 아니, 그러니까 의견을 그렇게 내셨더라고요.

○**보건복지부제2차관 박민수** 26년도 정원을 조정하려면 저희가 2월 초까지는 교육부에다 의견을 줘야 됩니다. 그런데 물리적으로 지금 위원회를 구성하고 또 추계를 돌리고

이렇게 하는 게 그때까지 가능하겠는가 그런 생각들이 있고요.

　그리고 법도 지금 아무리 빨리 통과를 시킨다 해도 또 하위법령 만들고 이러려면 조금 시간이 소요가 되는데 그래서 현실적으로는 이 법에 의해서 뭐를 조정하고 하는 것은 물리적으로 판단해 봤을 때 27년에 가능한 상황이다 이런 말씀이고요.

○전진숙 위원　그러면 그 말씀은 26년 정원과 관련한 이야기들은 할 수 없다라는 말씀이신 걸로 저는 들립니다.

○보건복지부제2차관 박민수　뭐 없다기보다는 이제……

○전진숙 위원　지금 현재 어쨌든 각종 의료계에서도 그러고 26년 정원에 관련된 이야기를 하자라고 하는 의견을 되게 세게 이야기를 하고 있고 그 부분부터 일정 정도 조정이 필요하다고 해서 이 법에 대한 시급성을 이야기하고 있는데 지금 차관님 말씀대로라면 이 법을 하더라도 26년이 아니라 27년부터 적용될 수밖에 없다고 하는 말씀으로 저는 들리고 있어요.

○보건복지부제2차관 박민수　26년이 불가능하다 이런 말씀을 드리는 것은 아닙니다. 그래서 저희가 사실은 법 개정안이 나오기 이전에 수급추계위원회를 구성해서 거기서 논의를 해 가지고 새로운 조정안이나 이런 것이 있는지 한번 보자라고 하고 각 직역에다가 위원 추천도 의뢰를 드려서 사실 행정적으로 진행이 돼 오고 있었던 상황이거든요. 그런데 법안들이 제안되셨고, 저희가 생각하는 내용과 유사한 법안이 제안되셨고 또 지난 연말에 이걸 급히 통과시키겠다 하는 그런 이야기가 있어 가지고 사실은 저희가 진행하던 것을 조금, 입법을 존중해서 멈춰 있는 상태입니다. 그런 걸 말씀드리는 거고.

　이 법이 통과된다고 그러면 꼭 이 법에 따른 게 아니라도 저희가 기존에 하던 것을 이 법에 의지해서 이렇게 또 운영을 할 수 있기 때문에 저는 충분히 논의는 가능하다고 봅니다.

○전진숙 위원　법을 기본적으로 저희가 그 시급성을 충분히 인지하고 통과가 되면 그 법의 근거와 토대를 가지고 방금 말씀하셨던 것들이 진행이 돼야 되는 건 맞는 거예요. 그걸 명심해 주셨으면 좋겠고.

　자꾸 시간적인 이야기를 하고 계시는데 실은 저희들도 국감에서도 계속 이야기됐던 게 수도권으로 몰려 있는 보건의료인력의 문제 그래서 지역이 굉장히 많은 어려움을 겪고 있다고 이야기를 하는데 자꾸 지역에 대한…… 지역별로 의료인력을 어떻게 채워 갈 것인지, 어느 정도의 정원을 둘 것인지에 관한 문제는 저는 대단히 중요하다고 생각을 해요. 지역의 입장에서 봤을 때는 이것은 빼고 갈 수 있는 문제는 절대 아니라고 생각을 하기 때문에 이 부분에 대해서도 적극적인 대처와 방안을 마련해 주셨으면 좋겠어요.

○남인순 위원　위원장님, 의사진행발언 있는데요.

○소위원장 강선우　예, 남인순 위원님.

○남인순 위원　이후에 공청회를 하게 됩니까? 공청회를 하게 되면 오늘 이렇게 막 급하게 결정할 수 있는 사안은 아닌 것 같고 제가 봐도 공청회는 좀 필요하지 않나라는 생각이 들어요. 왜냐하면 저도 의협한테 의견서도 받기도 하고 그랬는데 또 당사자들이 와서 얘기를, 아무래도 갈등을 치유하는 게 중요하거든요. 그래서 얘기를 좀 하고 소통하는 기회를 갖는 건 필요하지 않나라는 생각이 들어서 만일 공청회 계획이 있으면 오늘 이것을 좀 의견을, 또 이수진 의원님 발의하신 내용도 있다고 하니까 그 얘기까지 포함해서

공청회를 거치고 나서 얘기를 해도 되지 않을까라는 생각이 들고요.

　지금 시행 시기와 관련해서 정부안은 추계위원회를 구성하는데 직종이 5개 직종에 플러스돼 있잖아요, 직종?

○**보건복지부제2차관 박민수**　예.

○**남인순 위원**　그런데 그 나머지 직종은 27년부터 한다는 것이고 각 직종 할 때, 의사들 같은 경우 26년도에 구성한다라는 얘기지요?

○**보건복지부제2차관 박민수**　예, 그렇습니다.

○**남인순 위원**　26년도에 의사는 구성해서 먼저 하고……

○**보건복지부제2차관 박민수**　예, 법이 통과되면 바로 구성을……

○**남인순 위원**　통과되면 하고 나머지 직종들 같은 경우는 27년부터 하겠다 이게 지금 수정의견의 내용인 것 같거든요. 맞습니까?

○**보건복지부제2차관 박민수**　예, 맞습니다.

○**남인순 위원**　직종을 할 때 기타 대통령령이 정하는 이런 걸로 돼 있는데 어쨌든 여기 죽 나열이 좀 되어 있으니까 영양사 부분도 한번 고려를 해 보시는 것도 검토해 주시기 바랍니다, 영양사.

○**보건복지부제2차관 박민수**　영양사요? 저희가 12개 직종을 제안드렸는데 거기에 영양사가 포함이 돼 있는지 확인 후에 나중에 답변드리겠습니다.

○**남인순 위원**　확인해서 그것 알려 주십시오, 12개니까.

○**소위원장 강선우**　최보윤 위원님.

○**최보윤 위원**　오늘 어쨌건 여야에서 다 이런 부분, 국민의 건강과 의료계 관련 현실을 고려해서 논의가 좀 충분히 진행되어야 된다는 부분에 공감대가 있는 것 같습니다. 그래서 공청회 여부를 떠나서 저는 무엇보다도 의료계가 원하는 부분은 전문성 있는 위원들이 같이 참여해서 소통의 장이 열리기를 기대한다는 그런 부분이 가장 중요한 것 같습니다. 그래서 여러 법안이 지금 상정되어 있는데 여러 법안 중에서 이 전문성 부분은 무엇보다도 가장 중시되어서 참여의 기회가 좀 되는 부분을 가장 우선시해 주셨으면 하는 말씀을 드리고.

　복지부에서도 그런 법안 검토를 할 때 앞으로, 오늘 오후에 좀 더 수정된 의견을 주실 것 같기는 한데 그런 부분을 좀 고려해서 정리해서 말씀 주셨으면 좋겠습니다.

○**이수진 위원**　공청회와 관련해서 지금 이견이 존재합니다. 빠르게 진행해야 되니 생략하는 게 어떻겠냐 그런 말씀과 법안 통과 전에 그래도 당사자들 의견을 좀 들어 봐야 되지 않냐, 공청회를 워낙에 하기로 했었던 것 아니냐, 그래서 이 부분에 대해서는 아무래도 이제 이 내용을 가지고 앞으로 추계를 하고 또 그게 미치는 영향이 상당할 것 같기 때문에……

　그리고 대동소이하다고 제가 법안 내용에 대해서 말씀을 드렸는데 그러나 매우 중요한 생점이 될 만한 내용도 있기는 하거든요. 그래서 관련해서 의협의 의견도 반드시 공청회에 불러서 들어 봐야 되는 것 아닌가, 그래야 수용성 측면에서도, 우리가 법을 만들고도 이후에 동의가 안 된다 이러면 이것도 또 문제가 될 수 있다라고 저는 생각을 합니다. 그래서 한번 공청회에 올 수 있게끔 하는 게 어떻겠나 다시 한번 의견을 좀 드려 봅니다.

○**서영석 위원** 하나만 확인……

○**소위원장 강선우** 예, 서영석 위원님.

○**서영석 위원** 잘 이해가, 확인되지 않아서, 지금 이게 특례조항에 근거하면 의대 입학 정원과 관련해서 2026년도를 할 수 있다는 겁니까, 26년도는 못 한다는 겁니까?

○**보건복지부제2차관 박민수** 법이 빠르게 개정이 되고 실제로 이것에 따라서 위원회가 구성돼서 결론을 맺는다고 그러면 불가능한 것은 아닙니다.

○**서영석 위원** 물리적으로 가능하다고 보는 겁니까?

○**보건복지부제2차관 박민수** 매우 어렵지만 가능합니다.

○**서영석 위원** 그러니까 그걸 판단을 해 봐야 될 것 같아요. 어렵다고 판단되면 지금 공청회나 이런 일정들이 진행을 할 수 있을 것 같고 그렇지 않고 2026년도 의대 입학 정원에 대한 특례조항이 개정돼서 이것이 실효성 있는 역할을 할 수 있다 그러면 시급하게 해야 될 것 같고, 그것을 판단해야 될 것 같습니다.

○**보건복지부제2차관 박민수** 위원님, 제가 조금 더 설명을 드리겠습니다.

원래 지금 매년 진행되는 프로세스를 보면 교육부에서 최종 정원을 정하는 것이 앞의 정확한 명칭은 기억 안 납니다만 무슨 기본계획입니다. 그 기본계획을 2년 전 정원까지 정하도록 되어 있는데요. 지금 26년도 정원이 작년에 정해져 있습니다. 그런데 그것을 변경하려면 저희가 통상은 행정절차를 감안해서 2월 정도 초순에 교육부에 의견을 주면 교육부에서 또 거기 안의 내부 프로세스를 밟아 가지고 위원회도 열고 이렇게 해서 그걸 5월 달에 개정을 합니다. 그래서 2월 달에 주는 게 좋다라고 하는 거지 그러면 2월이 지나가면 불가능하냐 이것은 아니라는 거지요.

그래서 2월이 지나가서 좀 늦게 줘도 그 과정을 조금 신속하게 진행하거나 이렇게 하면 5월에 개정하는 게, 기본계획을 개정해서 최종 결정하는 그 과정을 수행할 수가 있기 때문에 제가 불가능하다 이렇게 답변을 드리는 것이 아니고요. 그런데 그것은 저희가 진행하는 프로세스가 아니라 교육부에서 진행하는 프로세스라서 제가 책임감 있게 말씀드리기는 좀 어렵습니다마는 행정부에서 하는 일들을 조금 더 속도감 있게 진행하거나 이렇게 하면 충분히 더 가능합니다.

그래서 제 생각에 아까 법을 신속하게 조속히 마련해야 된다는 그 공감은 전적으로 찬성이고요. 그런데 지금 이수진 의원님이 법안도 내셨는데 저희도 지금 아직 확인을 못 해 놓은 상태이고……

○**소위원장 강선우** 이수진 의원님 법안이 언제 나왔어요? 어제도 확인을 못 했어요.

○**보건복지부제2차관 박민수** 어저께 아마 제출이 되셨던데 저희가……

○**이수진 위원** 어제요. 어제 제출했어요.

○**소위원장 강선우** 어제요?

○**이수진 위원** 예.

○**보건복지부제2차관 박민수** 그런 상태이고 그다음에 공청회 의견도 있으시고.

그다음에 이게 논의를 하려면 저희가 실무적으로 수정 대안 정리를 총괄적으로 해서 그걸 조문을 놓고 검토하시는 게 좀 빠르지 않을까 싶습니다. 그래서 지금 당장은 대안 준비는 안 되어 있는 상태고 하니 그러면 그것을 감안해서 오늘이라도 대안을 보겠다 하시면 저희가 지금 바로 시켜 가지고 정리를 좀 하고요. 그렇게 해서 나중에라도 좀 보실 수는 있도록 준비를 할 수는 있습니다. 그런데 공청회 여부는 위원님들 판단에 저희가 따르겠습니다.

○**소위원장 강선우** 그러면 공청회 여부랑은 별개로 복지부가 안을 정리는 좀 해 주시지요.

○**보건복지부제2차관 박민수** 그러면 오후까지 정리해서 자료를 만들도록 하겠습니다.

○**소위원장 강선우** 예.

○**김미애 위원** 정회하고.

○**남인순 위원** 오후에…… 제 생각에는 저희가 의결을 하지는 않는다 하더라도 잠정, 또 소위의 컨센서스 정리만 하지요.

○**소위원장 강선우** 예, 정리해 온 것을 바탕으로 논의를 하시는 걸로 하시지요.

효율적인 심사를 위해 잠시 정회했다가 오후 2시에 속개하겠습니다.

정회를 선포합니다.

(12시00분 회의중지)
(14시06분 계속개의)

○**소위원장 강선우** 좌석을 정돈해 주시기 바랍니다.

회의를 속개하겠습니다.

오전에 이어서 제6항부터 제8항까지 3건의 법률안을 심사하겠습니다.

박민수 차관님 준비가 됐을까요?

○**보건복지부제2차관 박민수** 지금 시간이 조금 더 필요해서 다음 안건 좀 논의하시면서 준비가 되는대로 말씀을 드리도록 하겠습니다.

○**소위원장 강선우** 예, 그러겠습니다.

의사일정 제9항 및 제10항 보건의료인력지원법 일부개정법률안을 심사하겠습니다.

수석전문위원 보고해 주시기 바랍니다.

○**수석전문위원 이지민** 1쪽입니다.

개정안은 보건의료인력 종합계획을 수립하고 실태조사를 실시할 때 포함하여야 할 사항으로 보건의료인력의 보수 수준에 관한 사항을 추가하려는 것입니다.

복지부장관으로 하여금 근무여건의 핵심 조건인 보수 수준의 실태를 파악하고, 적정 보수 수준에 관한 계획을 수립하도록 하여 보건의료인력의 원활한 확보와 보건의료서비스의 향상에 기여하려는 취지로 보입니다.

다만 종합계획의 적정 보수 수준에 관한 사항을 명시할 경우 특정 직역의 보수 수준에 대한 일종의 가이드라인으로 작용하게 되어 민간 분야의 근로계약 체결 시 사적자치의 원리를 사실상 제한하는 효과를 가져올 수 있다는 우려도 있으므로 개별 사업장의 임금 수준에 대한 공적 관여의 필요성 및 정당성 등에 관한 입법정책적 판단이 필요한 것으로 보입니다.

2쪽입니다.

실태조사 사항에 '보건의료인력등의 보수'를 추가하는 것은 현행법상 실태조사 사항인 '보건의료인력등의 처우'의 개념에 '보수'도 포함되는 것으로 해석할 수 있다는 점에서 수용 가능한 것으로 보입니다. 다만 개정 조항의 적용 시점을 명확화하기 위하여 적용례를 둘 필요가 있는 것으로 보입니다.

3쪽입니다.

안 제12조의2는 국가와 지방자치단체 및 보건의료기관의 장에게 보건의료인력등의 모성을 보호하는 근무환경을 조성하기 위하여 노력하여야 할 책무를 부여하고, 보건의료기관의 장은 여성 보건의료인력등이 임신·출산 기능에 유해·위험한 작업이나 환경에 노출되지 않도록 보호지침을 마련, 준수하도록 하며, 복지부장관은 보건의료인력등의 모성 보호에 관한 표준 보호지침을 정하고, 보건의료기관의 장에게 그 적용을 권장하도록 하려는 것입니다.

모든 여성 근로자의 모성 보호를 위하여 근로기준법, 남녀고용평등과 일·가정 양립 지원에 관한 법률 등에서 이미 보건상 유해·위험한 사업에의 사용 금지, 시간외근로·야간근로·휴일근로 금지 등의 규정을 두고 있는 점을 들어 별도 규정을 마련할 필요성이 적다는 의견도 있으나 보건의료 분야의 근로여건상 특성을 반영하고 모성 보호에 대한 입법의지를 보다 강화한다는 측면에서 개정안은 의미가 있는 것으로 보입니다.

4쪽입니다.

안 제14조는 보건의료기관의 장에게 보건의료인력등의 임신·출산·육아 휴가 및 휴직의 원활한 사용을 위한 추가 인력을 배치하도록 의무를 부여하고, 국가와 지방자치단체는 추가 인력 배치에 필요한 예산 지원을 하도록 하려는 것입니다.

법률상 보장된 출산·육아기 휴가·휴직제도는 실제 보건의료 현장에서 충분히 보장받지 못하고 있는 것으로 나타나고 있으므로 휴가·휴직 소요에 필요한 추가 인력의 배치와 이에 대한 예산지원을 의무화함으로써 출산휴가·육아휴직을 실질적으로 보장하려는 개정안의 취지는 바람직한 측면이 있습니다.

다만 개정안이 보건의료기관의 추가 인력 배치와 이에 필요한 국가·지자체의 예산 지원을 의무화한다는 점에서 추가 배치가 필요한 직종별·의료기관별 보건의료인력 및 인건비 지원 규모 등에 대한 구체적 논의가 필요한 것으로 보입니다.

다음, 13쪽입니다.

안 제17조는 보건의료인력지원전문기관 업무에 보건의료인력 대체인력의 관리 및 지원을 추가하려는 것인데 보건의료인력지원전문기관으로 하여금 대체인력을 상시 관리하도록 함으로써 보건의료인력이 출산휴가, 육아휴직 등을 원활하게 사용할 수 있도록 하여 근무여건을 개선하고 의료서비스의 공백을 최소화할 수 있을 것으로 기대됩니다.

이상입니다.

○**소위원장 강선우** 정부 측 의견 듣겠습니다.

○**보건복지부제2차관 박민수** 우선 제안해 주신 내용이 보건의료인력의 안정적인 근로환경 조성을 위한 취지라는 점에서 공감의 뜻을 표합니다. 다만 여러 가지 내용에 대해서는 수정의견이 있습니다.

첫째, 적정 보수 수준을 정하도록 지금 제안을 주시고 있는데 우선 보수는 근무시간이나 노동강도 또 시장의 수급 그리고 지역별 여건 등 여러 가지 다양한 요소에 따라서 현재도 시장임금이라는 게 물론 있기는 하지만 지역별이나 기관별로 차이가 많이 나는 상황입니다. 그래서 이걸 정부가 일률적으로 정하는 것은 사적자치에 상당히 영향을 줄 우려가 있다, 그리고 타 법령 사례도 찾기가 어렵다 이런 점에서 신중검토 의견을 드립니다.

두 번째, 보수 실태조사와 관련해서는 사실은 저희가 지금 3년에 한 번씩 실태조사를 하고 있는데요. 보수 수준도 현재 조사를 하고 있습니다. 그래서 내용적으로는 이미 하고 있는 것이기 때문에 제안하신 내용에 대해서는 수용 의사를 말씀드립니다.

그리고 세 번째, 모성보호와 관련한 조항들이 있는데요. 이것과 관련해서는 일단 기본적으로 각 직장에서의 모성보호와 관련된 것들은 근로기준법이나 산업안전보건법 등을 통해서 여러 가지 지침도 마련이 되고 사업장에 적용이 되고 있습니다.

이와는 별도로 정부가 각종 예산사업 이런 것들을 통해서 사용자가 보다 더 모성보호를 잘할 수 있도록 이렇게 각종 지원사업들을 하고 있습니다. 그래서 이런 것들을 통해서 각 직장에서 적절하게 근로 형태에 맞게 모성보호조치가 이루어질 수 있도록 하는 것은 좋은데 이걸 의료기관에 특별하게 정해서, 또 장관 지침도 만들고 하는 이런 형태가 바람직한지에 대해서는 조금 추가 검토가 필요하고, 저희는 그래서 수정 대안으로 여기 지금……

다만 국가·지자체 또 보건의료기관의 장이 모성보호 근무환경 마련을 위해 노력하여야 한다는 규정은 있습니다. 그래서 이런 훈시·선언적 규정에 대해서는 수용 의사 말씀을 드립니다.

다음에 추가 인력 배치가 있는데요. 이 부분도 사실은 현재 병원 근로자들이 육아휴직 등을 잘 사용하지 못하는 이유 중의 하나가 동료에게 업무 부담이 간다든지 대체인력이 부족하다든지 이런 사유가 있기 때문에 이런 추가 인력 배치 등을 통해서 그걸 더 원활히 한다고 하는 취지에 대해서는 공감의 말씀을 드립니다마는 이걸 강행규정으로 하기보다는 이건 임의규정으로 해서 조금 더 자율성에 바탕을 두고 추가 인력을 배치하도록 하고 있고.

그다음에 아시는 것처럼 저희도 간호근무교대제 같은 이런 사업들도 또 진행을 합니다. 이런 모든 것들이 이런 걸 원활하게 할 수 있도록 정부가 지원하는 사업입니다. 그래서 이런 것들을 통하여 현장에서 보다 활발하게 모성보호조치들이 이루어질 수 있도록 그렇게 해서 규정은 임의규정으로 정리를 하는 게 어떤가 이런 제안을 드립니다.

그리고 두 번째 안의 지원기관 업무에 대해서는 우선 그 취지에 공감의 말씀을 드리며 다만 문구가 '보건의료인력 대체인력의 관리 및 지원' 이렇게 되어 있는데 이렇게 되면 지원기구가…… 전문기관이 지금 현재 건보공단으로 지정이 돼 있는데요. 건보공단이 쉽게 얘기하면 특정 의료기관에 있는 인력을 직접 관리하는 것처럼 오해의 소지가 있습니다. 그래서 이건 저희가 근무환경 개선사업 지원이라고 정확하게 표시를 해서 공단의 역할이라는 걸 분명히 그렇게 수정해서 정리를 했으면 하는 의견을 드립니다.

이상입니다.

○소위원장 강선우 질의하실 위원님 있으신가요?

○이수진 위원 하여튼 보건의료, 병원산업이라는 게 다른 타 산업과는 좀 다르지요. 건강보험이라는 수가체계 안에서 수익구조가 이루어지고 있고 이 건강보험 안에 인력과 관련된 기준이 실제로 녹아들기 시작한 건 2015년 메르스 사태 때부터지요. 그 전까지는 사실 인력과 관련한, 수가와 연계된 기준을 제가 찾아보지 못했습니다.

그래서 감염관리를 위한 내지는 응급실의 트리아제(triage)라든지 이렇게 실제 병원에서 환자들의 감염관리가 의료의 질(퀄리티), 그리고 신속하게, 빠르게 대처하기 위해서 필요에 의해서 수가로 만들어지기 시작했어요. 그리고 그 뒤로는 간호간병통합서비스 그래서 야간 간호수가라든가 여러 가지 실제로 현장에서 필요한 것을 만들기 시작했어요.

그래서 병원산업이라는 데가 여성이 85% 이상 일하고 있습니다. 타 산업과는 다르지요. 모성을 보호해 주고 싶어도 다른 모성이 결국은 피해를 볼 수밖에 없는 그런 구조적인 문제를 가지고 있어요.

그래서 이 부분 관련해서는 이걸 다른 산업과 비교해서 적정 임금 수준 이런 것들이 불필요하다라든지 모성보호제도에 있어서 이미 근기법이나 모성보호법에 있으니 필요하지 않다라든지 그렇게 하는 것은 이미 한 10년 전쯤에 얘기하시는 말들이고요. 지금은 바뀌셔야 돼요. 이건 보건복지부의 책임입니다. 저는 이건 보건복지부가 반드시 책임을 져야 되고 결국은 이런 모성 보호 문제라든지 그동안 간호사들……

예를 들면 약사·간호사 퇴직률이 어마어마하게 높지요. 임금 수준이 괜찮다라는 상종병원들도 마찬가지예요. 그래서 간호사들을 구하기가 어렵다. 그러니 지방 중소병원, 최저임금에서 조금 더 주는 지방 중소병원에 누가 남아서 고향을 지키며 있으려고 하겠습니까? 어차피 힘든 일인데 임금 수준이 높은 곳으로 가야지. 그러나 거기에 가서도 2년 안에 퇴직률이 50%입니다.

저는 이게 다 사회적인 문제라고 생각해요. 그리고 이 법의 또 다른 취지, 모성정원이라든지 뒤에 또 나오겠지만 실제로 그런 실태조사라든지 임금 수준이라든지 이게 기본이고 그 뒤에 나중에 또 모성보호가 좀 더 제대로 관리가 되어져야 이직률이나 이런 것들도 막을 수 있다. 이게 다 연결되어 있는데 어느 한 가지만……

이 산업 자체가 다른 산업과 굉장히 다른데, 그래서 결국은 환자들을 위해서 간호간병통합서비스제도를 만들고 시범사업부터 시작해서 지금까지 했고 10만 병상, 20만 병상 하겠다고 했지만 결국 못 하게 됐고 관련해서도 뭔가 제도적인 해법이 필요하다 이런 것들은 동의하실 거예요. 그런데 계속 더디게 갑니다. 더디게 가는데 이게 환자들만 불편한 것이 아니라 실제로 병원에서 일하는 사람들도 굉장히 고통받고 있고……

저는 저출생 문제도 그렇고 이게 특별한 그런 환경에서 일하고 있는 사람들, 그리고 교대근무하기 때문에 아이들을 맡길 데도 없어요. 그러면 실제로는 병원이든 정부든 교대근무 사업장에서 일하는 여성의 육아 문제를 어떻게 해소할 것인지 촘촘하게 봐 주셔야 되는데 그런 문제도 사실 해소가 잘 안 되고 있습니다.

그러니 병원 노사 관계가 늘 싸우지요. 노동조합은 이런 것들을 요구하고 사측은 돈이 없어서 못 해 주겠다고 그러고, 이런 문제들이 지금 하루이틀의 문제가 아니고 수십 년 된 문제예요. 그래서 보건의료인력지원법에 대한 기대를 했던 겁니다.

그런데 제가 보기에는 이 보건의료인력지원법에 대한 기대를 했는데도 불구하고, 실태조사 3년마다 하면서도 불구하고 개선이 안 돼요. 개선이 안 된다는 것은 복지부가 이 법을 조금 더 강제해야 될 필요가 있다는 얘기입니다.

이 뒤에 보면 병원협회, 의사협회 빼놓고 나머지 다른 타 협회는 다 찬성이에요, 제 법안에 대해서 필요하다. 왜냐하면 이분들은, 다른 협회에 계신 분들은 사용주의 입장이 아니시니까요. 사업주, 사용주의 입장에서는 모성을 보호하고 임금 수준이라든지 처우 개선하는 데 있어서 우리나라 늘 미온적이지 않습니까? 그게 보건복지 영역에서도 마찬가지예요. 이런 문제를 보건복지부가 관리감독하지 않는다라면 이것 누가 하겠습니까? 저는 이 법이 이미……

임금도 그래요. 보수 현황도 다른 데는 표준임금이라는 가이드라인도 줍니다. 저는 복지부가 '아, 이게 필요하다' 그렇게 느끼셨으면 표준임금 가이드라인을 어떻게 정부 내에 뭔가 만들어 낼 것인지……

실제로 지방 중소병원들 임금 격차는 어마어마하게 나는 거 잘 알고 계실 거예요. 그래서 의사들은 억대 연봉을 주고 모셔 오지요. 약사 임금 수준도 올립니다. 왜냐하면 약사도 구하기가 어려우니까요. 간호사도 구하기 어려운데 임금 수준은 안 올려요. 그거 왜 그런 것 같아요?

저는 이 보건의료인력지원법을 만들 때는, 특히나 인력들이 안정적으로 수급되고 현장에서 그만두지 않고 본인들이 하고 싶었던 일이었으니 열심히 일할 수 있는 그런 기회와 환경을 만들어 주는 건데 그게 보건의료인력지원법의 가장 큰 취지라고 생각해요. 그런데 이 법이 결국 현장에 도움을 못 주고 있습니다.

제가 21대 때도 보건의료인력지원법 관련한 법안 낸 것 혹시 알고 계신지 모르겠는데요. 그때도 모성정원제라든지, 실제로 이직률이 높은 직종에서 그만둬 버리면 환자 어떻게 합니까? 신규 직원 들어와 가지고 바로 일할 수 있습니까? 의료사고 날 수 있는 거 아닙니까? 그런 문제 해소하기 위해서는 추가 인력이 필요한 거고 추가 인력 배치를 의무화하지 않으면 안 합니다.

좀 큰 병원들은 플로팅(floating) 간호사 뭐 이런 이름으로 해요. 그렇지만 또 다른 직종들은 추가 인력 배치에 있어서도 잘 안 돼요. 이 문제를 보건복지부가 나서서 해결해 달라고 몇 차례 말씀을 드렸는데 이렇게 미온적으로, 법안소위에서 의견들을 이렇게 주시면 도대체 현장을 어떻게 개선을 시킵니까? 법이 없으면 개선 안 되는 거 너무 잘 아시잖아요. 말씀해 보세요.

○보건복지부제2차관 박민수 예, 위원님.

지금 말씀하신 취지를 저는 100% 공감을 합니다. 정부가 좀 더 책임감을 갖고 근로현장에서 모성보호가 될 수 있도록 지원하는 건 더 열심히 해야 된다고 생각을 하고요.

다만 제가 의원님 내신 법안의 이 취지에 대해서 반하는 것은 아니고 지금 법의 접근 방법이 의료기관장이나 정부한테 의무를 부과하고 이걸 강제하도록 이렇게 구성이 되어 있는데 사실은 의료현장을 자세히 들여다보면 조금만 저희가 지원해 주고 또 제도를 조금만 더 유연하게 해 주면 이런 환경들도 많이 개선이 되거든요.

제가 지난 소위에서도 한번 말씀드린 바가 있는데 교대근무제 시범사업을 그동안 시범사업으로 진행을 하다가 저희가 지난해 4월부터인가 7월부터인가 전면 확대를 했거든요. 물론 그것도 의료기관이 신청을 해야만 진행이 되는 것이기는 한데요.

이것을 수행한 기관들의 변화를 보면 이직률이나 이런 것들이 매우 드라마틱하게 좋아지는 상황을 볼 수가 있습니다. 그건 뭐냐 하면 각자의 사정에 맞게끔 교대근무를 할 수 있도록만 길을 열어 주고 거기에 추가되는, 교대근무를 원활히 하기 위해서 추가되는 인력에 대해서 정부가 필요한 재정 지원을 하니까 상당히 근무여건이 많이 개선되는 이런 결과가 나왔습니다.

그래서 정부가 이걸 안 하겠다는 것이 아니고 앞으로도 이와 같은 제도를 조금 더 강하게 진행을 하고 지원의 폭도 늘리고 해서 현장에서 좀 더 근로자들이 안심하고 근무할 수 있는 여건을 만드는 데 정부가 최선을 다하겠습니다.

다만 이걸 법으로 일률적으로 보수 수준을 제시한다든지 또는 어떤 기관장에게 법적 의무를 부과한다든지 이런 건 구체타당성에 들어가 보면 또 개별마다 사정이 다 있고 해서 굉장히 법적 분쟁을 또 일으키는 갈등의 요소가 될 수가 있습니다.

그래서 이건 제가 취지나 이런 것보다는, 방법론의 차이로 이런 접근보다는 우리가 지금 하는 교대근무제의 대폭적인 확대 그다음에 간호간병통합서비스도 조금 더 속도감 있게 확대하는 등, 그리고 말씀하시는 것처럼 인력기준 같은 것도 조금 더 과감하게 개선을 해서 좀 더 많은 인력이 현장에서 투입될 수 있도록…… 그건 저희가 간호의 질을 개선하기 위해서 재작년에 만든 종합계획에서도 이미 선언한 바가 있습니다. 그래서 이런 조치들을 통해서 해 나가야 되고요.

그런데 여기에는 반드시 재정 투입이나 이런 재정 지원이 사실 필요합니다. 그러면 결국 그것은 또 가입자들의, 또는 세금의 부담을 추가로 해야 되는 문제가 있어서 이런 것들은 합의를 도출해 나가면서 차근차근히 가야 되는 것이 또 현실이 아닌가. 그런 취지로 말씀드리는 거지 저희가 이 법의 취지나 또 하시고자 하는 그것에 대해서 반대 의사는 전혀 없다는 말씀을 드립니다.

○**이수진 위원** 말씀은 그렇게 하시는데 그 교대근무제 개편사업도 시범사업 끝난 지 얼마 안 됐고 그것도 거기에 해당하는 병원들이 신청을 해야 되는 거고, 신청을 안 하면 안 하는 거 아닙니까? 그리고 상종, 종합병원, 병원 또 지방 중소병원 다들 말씀하신 대로 환경이 달라요. 그리고 우선순위가 다르면 신청 안 합니다. 별로 중요하게 생각하지 않고요. 그러면 거기는 여전히, 모성에 대한 제대로 된 대책을 세우지 않는 것은……

이게 그리고 몇 년의 문제라면 제가 이런 말씀도 안 드려요. 몇십 년의 문제예요. 같은 문제가 반복되고 있고 모성보호법, 근기법 좋아지고 있는데 병원 사업장은 안 그렇단 말이에요. 나아지지 않고 있어요. 그러면 여성들이 많이 일하는 사업장에 대해서는 특단의 대책이 필요한 거고 보건복지부가 역할을 하셔야 되고 3교대를 유발하고 그런 산업을 만들어 내는 그 기관이 일을 하게 만들어야 되는데 그게 잘 안 되고 있습니다.

그리고 병원마다 특색이 있지 않습니까? 예를 들면 대학병원들은 사학연금이지요. 고용보험 가입 사업장 아닙니다. 그러면 육아휴직급여 누가 줍니까? 노사가 교섭해 갖고 단체협약에 의해서 사측이 주는 거예요. 고용보험 사업장이 아닌 모성들은 어떻게 보호합니까? 이런 것들 사실은 보건복지부가 철저하게 챙겨 봐야 되는 것 아닙니까?

이런 일들, 여성들이 많고 모성 보호를 위해서 정부가 당연히 해야 되는 근기법이 적용이 안 되는 일들도 많은데 그런 거 아무것도 안 하고 손 놓고 계시잖아요. 저는 그렇기 때문에 결국은 임금부터 시작해서 건강보험 수가와 관련돼 있고 그런 산업이니까 임금 수준이라든지 보수의 적정성에 대해서 보건복지부가 개입해야 된다고 생각합니다. 그렇게 하지 않으면 개선이 안 되니까요. 물론 처음부터 쉽지는 않다고 생각해요. 그런데 수년 전에 경사노위인가요? 경사노위에서 표준임금 가이드라인 관련한 논의가 있었던 것으로 저는 알고 있어요, 보건의료산업 쪽에. 혹시 알고 계세요?

○**보건복지부제2차관 박민수** 모릅니다.

○**이수진 위원** 그런 것들도 한번 챙겨 보세요. 이 문제가 이미 한 오륙년 전에도 문제가 심각하다고 생각하니까 경사노위도 나서서 표준임금 가이드라인에 대한 논의를 하려

고 했던 그런 케이스가 있었어요.

○**보건복지부제2차관 박민수**　제가 그거는 좀 더 추가 확인 하겠습니다마는 제가 이해하기로 표준임금 가이드라인 같은 거는 예를 들면 임금이나 이런 것들이 거의 재정에 의존하는 정부 사업 같은 데는 그런 것들이 있습니다. 그런데 물론 건보가 주로 페이의 수단이 되기는 하지만 의료기관은 또 건보 수입만 있는 것들이 아니고 자체 진료 수입이나 기타 수입 등이 있어서 이거를 정부가 일률적으로 정한다는 거는 좀 어려움이 많다는 말씀을 드립니다.

　그리고 노사 갈등에 이게 정말로 도움이 될지 아니면 오히려 그게 또 갈등의 증폭제가 될지 이거는 현장에서는 적용하기가 쉽지 않은 과제라고 하는 거는 좀 이해를 해 주시기 바랍니다.

○**이수진 위원**　그런데 어쨌든 실태조사 사항에 보건의료인력의 처우 등의 개념에 보수도 포함되는 것으로 해석되고 그렇게 조사해 왔다, 아까……

○**보건복지부제2차관 박민수**　그래서 그거는 저희가 의원님 내신 안을 수용해서 좀 더 명확하게 보수를 표시해 갖고 그 조항은 수용하겠습니다.

○**이수진 위원**　저는 종합계획에다가 적정 보수 수준에 관한 사항을 명시하는 게 그렇게까지 크게 볼 거라고 생각하지는 않았는데 어쨌든 이 부분에 대한 개선도 복지부가 저는 좀 노력을 해 줬으면 좋겠어요.

○**보건복지부제2차관 박민수**　위원님, 제가 건정심위 위원장인데요. 거기 가 보면 공급자 대표도 있고 가입자 대표도 있습니다마는 예를 들면 의료인들의 보수를 올리는 거는 의료 공급자 입장에서는 필요하다 이렇게 주장을 하지만 또 보험료를 납부하는 가입자 입장에서는 언제나 동의하는 과제는 아닙니다. 이게 왜냐하면 임금이……

○**이수진 위원**　아니, 제가 지금 보수를 올리라고 말씀드린 게 아니잖아요.

○**보건복지부제2차관 박민수**　그러니까 그 적정 보수라고 하는 개념이 합의하기 매우 쉽지 않다……

○**이수진 위원**　그 자리에서 그런 거 합의하시기는 어렵지요. 그리고 거기서 그걸 합의하는 곳도 아니라고 저는 생각해요. 이거는 결국은 보건의료인력 종합계획이라든지 이런 거에 복지부가 어떤 의지를 가지고 이 문제를 책임 있게 나설 것이냐, 그러면 특히나 돌봄 영역에 여성들이 많이 있는데 보건복지부가 책임지는 인력들이에요. 거기에는 임금 수준이 낮고 형편없는 일자리의 질과 근로조건으로 계속해서 그렇게 일해도 된다 그렇게 보고 계시는 건 아니잖아요?

○**보건복지부제2차관 박민수**　그건 아닙니다.

○**이수진 위원**　제가 그래서 그 개선책을 찾기 위해서는 보건의료인력지원법이 좀 더 현실화돼야 된다는 말씀입니다. 그래서 지금 말씀하신 것처럼 공급자·가입자 해 가지고 갈등의 여지처럼 그렇게 말씀하시면 그건 곤란한 거고요. 이건 어떻게 보면 인권의 영역이기도 해요.

○**보건복지부제2차관 박민수**　그래서 저희가 이거를 전체를 다 불수용한다는 뜻은 아니고 의원님 내신 안 중에 필요하다고 하는 거는 훈시나 임의규정으로 좀 바꿔 가지고 법에 반영하고 이렇게 의무규정이나 강행규정으로 하기에는 현실의 갈등요소나 기타 부작용이 예상되는 것들은 임의규정으로 전환을 해서 그렇게 법의 지도 이념이나 의식 이런

것들은 분명하게 표시를 하되 현장에서의 자율성이나 이런 것도 조화할 수 있도록 그렇게 저희가 의견을 드린 겁니다.

그래서 전체적으로 모성 보호의 필요성 또 저희는 법보다는 사실은 정책이 조금 더 활발하게 적극적으로 개입을 하고 지원을 하는 정책을 만들어 주면 현장도, 지금 속도가 느리다고 평가는 하시지만 그래도 최근에는 속도감 있게 많이 바뀌고 있습니다. 그래서 정부가 그 부분은 좀 더 심혈을 기울여서 정책도 만들고 지원 대책도 강구해서 근로자들이 좀 더 안전한 환경에서 일할 수 있도록, 그게 또 환자들의 의료의 질에도 연결이 되거든요. 그래서 저희는 그런 관점에서 좀 더 정책적인 노력을 기울이도록 하겠습니다.

그래서 내신 법안의 취지를 살려서, 그 대신에 너무 강행규정으로 하거나 할 때 현장의 부작용들은 좀 완화할 수 있도록 저희가 그렇게 의견을 드린 겁니다.

○이수진 위원 그러면 복지부 수정안을 내 주세요.

○보건복지부제2차관 박민수 예.

○이수진 위원 좀 보고 다시 검토를 하는 것으로 저는 하겠습니다.

○소위원장 강선우 남인순 위원님 하시고 김미애 간사님 하실게요.

○남인순 위원 이수진 위원님이 워낙 열변을 토하셔서 얘기하시는데 너무 오래하시는 것 같아 갖고 제가 좀 거들어 드리려고 질의를 하는데요.

지금 간호법이 제정이 돼서 하위법령 하게 되잖아요. 그러면 거기에 모성 보호라든지 여러 가지 처우 개선이라든지 이런 거 다 만드셔야 되는데, 저는 사실 간호법 이게 복지부가 어떻게 이런 부분들을 하려고 하는지 좀 궁금했었거든요. 그러니까 그런 내용이 여기랑 다 연결이 된다고 저는 생각을 합니다. 그래서 조금 더 모성보호라든지 근무 환경 개선이나 이런 것들 계획을 갖고 계신 거를 같이 보고를 하면서 이 법에 대한 수정안을 갖고 오셨으면 좋겠습니다.

○보건복지부제2차관 박민수 예, 그렇게 하겠습니다.

○김미애 위원 아까 제가 오전에도 말씀드렸지만 이수진 위원님이 워낙 오랫동안 현장에 계셨기 때문에 그 필요성에 대해서 누구보다 절감을 해서 강조를 하시는 것 같습니다. 그런 부분들은 좀 귀담아 들어 주시길 바라고, 다만 보건의료인력지원법 5조는 종합계획을 수립하는 건데 다른 거는 모르겠지만 6호를 적정 수준을 정하는 것이 종합계획의 방향에 사실은 맞지 않다는 생각이 듭니다.

왜냐하면 어느 인력에 대한 적정 수준을 정하면 그 인력만에 국한되는 게 아니라 다른 대한민국 국민의 다른 직역에 대한 적정 보수의 문제도 다 논하게 되기 때문에 이 법에다가 이것까지를 정하는 것은 사적 자치의 원칙도 있지만 오히려 다른 문제까지 입법이 더 촉발시킬 우려도 있어서 그 부분은 조금 염려됩니다. 그런데 현행법에 보면 여러 가지가, 지금 1호부터 8호까지가 쭉 있고 또 그밖의 사유로 시행규칙으로 정하도록 돼 있잖아요.

○보건복지부제2차관 박민수 예, 맞습니다.

○김미애 위원 이런 것들이 녹아 있는데 아마 그 의지는 좀 더 적정 수준이 중요하기 때문에 이런 것 같은데 그런데 이것까지 정하기는 오히려 더 큰 문제도 생길 수 있겠다, 다른 직역에까지 영향을 미쳐서 전부 다 이렇게 하고자 들면 오히려 입법이 너무 과하게 개입할 우려도 있어서 그게 좀 염려됩니다. 그래서 아마 정부도 이런 의견을 낸 것 같습

니다.

○**보건복지부제2차관 박민수** 예, 그렇습니다.

○**김미애 위원** 그렇지요?

○**보건복지부제2차관 박민수** 예.

○**소위원장 강선우** 발의를 하신 의원님께서 정부에서 수정안을 마련해서 왔으면 좋겠다고 말씀하셨으니까요, 그거는 그렇게 수정안을 마련해 오시면 다시 논의를 하는 걸로 하시면 좋겠습니다.

○**보건복지부제2차관 박민수** 예, 그렇게 하겠습니다.

○**소위원장 강선우** 의사일정 제9항 및 제10항 이상 2건……

○**이수진 위원** 잠시만요. 아까 그거 하나만 했잖아요. 뒤의 것 안 했지요?

○**수석전문위원 이지민** 뒤의 것도 설명드렸는데요.

○**김미애 위원** 한꺼번에 그냥 하신 거 아니었나요?

○**소위원장 강선우** 한꺼번에 다……

○**이수진 위원** 했습니까?

○**소위원장 강선우** 예.

○**이수진 위원** 대체인력 그거 하셨나요?

○**보건복지부제2차관 박민수** 예, 의견 다 종합해서 드렸는데요.

○**이수진 위원** 모성정원제 대체인력 배치 관련해서 임의조항이라고 의견을 주셨어요. 그런데 제가 계속 말씀드렸던 게 임의조항이라는 게 실효성을 담보할 수 없다는 맹점이 있지 않습니까? 실제로 복지부가 의지를 그렇게 갖고 있다 하더라도 결국은 복지부가 법에 의해서 움직이는 조직인데 의무가 아닌데 임의조항 관련해서 하실 수 있는 역할이라는 것도 뻔할 거고, 그리고 제가 이 배치와 관련해서 뒤에 또 재정적 행정적 지원 이런 거에다 평가에 반영한다 이런 것들을 복지부가 갖고 계시지 않으면 임의조항은 아무 의미가 없어요.

○**보건복지부제2차관 박민수** 예, 알겠습니다.

이게 법령보다는 정책으로 풀어야 되는 과제라고 생각을 하고 아까 제가 교대근무제 말씀도 드렸는데 사실 저는 개인적으로는 교대근무제는 드라이브를 좀 강하게 걸어서 빠른 속도로 의료기관들이 수용하도록 그렇게 유도를 할 생각 갖고 있습니다. 그렇게 하려면 결국은 지원을 저희가 많이 해 드려야 되거든요. 그래서 이거를 수용을 하면 정부에서 지원이 많이 온다 그러면 결국은 교대근무를 원활히 할 수 있도록 대체하는 인력들을 의료기관들이 갖춰야 되는 거거든요. 거기에 추가 인건비가 들어 가기 때문에 그 인건비의 상당 부분을 정부가 지원해 주는 형태로 하면 의료기관도 수용성이 상당히 높게 할 수가 있습니다. 그래서 저희는 이거를 좀 빠르게 정착이 되도록 그렇게 노력을 하고 있다는 말씀을 드리고, 재정적 지원 외에 지금 말씀 주신 것처럼 각종 평가나 이런 거에도 그런 요소들을 좀 반영을 해서 의료기관이 이런 것들을 빨리 수용을 하도록 이렇게 유도를 해 나가도록 하겠습니다.

○**이수진 위원** 방금 말씀하신 그런 계획도 좀 담아서, 임의조항이기 때문에 이제 이런 것들 할 계획이다라는 것도 좀 담아서 저는 수정안이 만들어졌으면 좋겠고요.

○**보건복지부제2차관 박민수** 그래서 제가 의원님들이 법안 내신 것 보면 정부나 의료

기관으로 하여금 이렇게 이렇게 하라라고 하는 의무조항을 많이 인용을 해 주시는데 사실은 그것도 신뢰관계의 문제라고 저는 생각을 하는데요. 정부가 이런 취지나 이런 거에 대해서 전혀 반대 방향이 아니기 때문에 정부도 허용하는 범위 내에서 최대한으로 하려고 하는 거고 이런 정도의 훈시규정만 주셔도 정부에는 상당히 어떻게 보면 압박이 됩니다. 압박이 되고, 또 가고자 하는 방향하고도 맞기 때문에 저희가 좀 더 적극적인 정책 노력을 기울여서 조속히 확산될 수 있도록 하겠습니다.

○**이수진 위원** 제가 마지막으로 한 가지만 더 물어보겠습니다.

이번에 의료법 간호·간병 통합서비스 제도 전면 시행 내지는 어쨌든 지금보다는 좀 높은 수위의 간호·간병 통합서비스가 확대돼야 되지 않겠나, 제가 그런 생각을 갖고 법을 발의한 게 있어요. 오늘 논의는 안 됐는데, 그 법이나 이 모성정원제를 담은 보건의료인력지원법이나 또 하나의 이유는 지금 간호대 취업절벽 어떻게 해결할 것이냐. 거의 팔구십%에 육박하는 취업률이 지금 34%, 37% 이 정도로 조사가 됐어요. 제가 간호인력지원과인가 거기도 얘기를 물어보고 그리고 복건복지부한테 대안을 좀 가져와 봐라, 대안이 뭐가 있냐…… 어쨌든 올해도 간호대 입학 정원이 1000명 더 늘었지요. 지금 계속 증원하고 있어요. 그런데 정부 정책에 의해서 간호대 입학 정원은 늘고 있는데 간호대 취업절벽으로 인해서 청년들의 취업 고통 문제가 발생했고 이것은 의료대란으로 인해서 시작된 거예요. 그리고 상종의 구조 전환으로 결국은 어쩔 수 없습니다.

그런데 이렇게 바뀌고 있는데 병동을 없애니 당연히 상종에서 간호사 안 뽑지요, 47개 상종에서 이삼백 베드 없애면 대충 계산 나오지 않습니까, 1만 명 넘게 뽑을 이유가 없습니다. 이거는 우리가 다 예측 가능한 문제들이에요, 사회적 문제고. 그러면 당연히 보건복지부가 이 문제도 성의껏 준비를 하셔야 되는데, 그래서 제가 두 가지 법을 낸 겁니다. 의료법이랑 모성정원제를 통해서 좀 더 추가 인력 확보를 통해서 어쨌든 의료 현장에서 인력 수요가 있으니 뽑을 것 아닙니까? 이런 것들을 계산하고 생각해 가지고 말씀을 드리는 건데 이게 그냥, 모성정원제도 뜻은 좋다 그러나 법이 있으니 거기서 알아서 할 일이다 이러면 안 뽑습니다.

○**보건복지부제2차관 박민수** 예, 위원님, 알겠습니다. 명심하겠고요. 지금……

○**이수진 위원** 어떻게, 대책 있습니까?

○**보건복지부제2차관 박민수** 설명을 좀 드리겠습니다.

간호사 최근에……

○**소위원장 강선우** 차관님, 제가 아까 말씀드렸다시피 국회랑 긴밀하게 소통을 하시면서 오늘 위원님들 말씀 주신 것 종합적으로 담아서 수정안 마련해서 오십시오.

○**보건복지부제2차관 박민수** 예, 알겠습니다.

○**소위원장 강선우** 의사일정 제9항 및 제10항 이상 2건은 보다 깊이 있는 검토를 위해 계속 심사하기로 하겠습니다.

의사일정 제11항 보건의료기본법 일부개정법률안 및 의사일정 제12항 보건의료인력지원법 일부개정법률안을 심사하겠습니다.

수석전문위원 보고해 주십시오.

○**수석전문위원 이지민** 자료 1쪽입니다.

2건의 개정안은 보건의료인력 업무조정위원회를 신설하려는 내용입니다.

지난해 11월 19일 소위에서 보건의료인력지원법 개정안을 심사했었는데 주요 논의 내용을 말씀드리면 보건복지부는 업무조정위원회를 보건의료인력지원법이 아닌 보건의료기본법에서 규정하고 위원 풀을 구성하여 사안에 따라 20여 명 내외로 구성·운영하는 수정의견을 제안하였습니다.

위원회 신설 외에 보건의료정책심의회를 보완하거나 행정안전부 의견과 같이 분과위원회 형태로 운영하는 등 다양한 방안을 검토할 필요가 있다는 의견과 위원회 신설이 바람직하다는 의견이 있었습니다.

이외에도 위원회 판단이 간호법 등 다른 법률의 업무 규정과 충돌하는 경우 해당 법률에 따른 업무 범위가 변경되거나 형해화될 가능성이 있다는 일부 직역단체의 우려가 있으므로 타 법과의 관계를 명확화할 필요가 있다는 의견도 제시되었습니다.

2쪽입니다.

두 개정안은 보건의료인력의 면허, 자격에 대한 구체적인 업무 범위 및 업무 조정에 관한 사항, 보건의료인력 간 협업과 업무 분담 등을 심의하기 위하여 복지부장관 소속으로 보건의료인력 업무조정위원회를 설치하려는 것입니다. 두 개정안의 차이는 3쪽 하단의 표를 참조해 주시기 바랍니다.

두 개정안은 업무조정위원회의 설치 근거를 보건의료인력지원법 또는 보건의료기본법에 두려는 것인데 다수의 개별법에서 규정된 보건의료인의 업무 범위에 관한 사항을 종합적으로 검토하려는 위원회의 성격상 보건의료 분야 최상위법인 보건의료기본법에 두는 것이 법체계상 보다 적절할 것으로 보입니다.

3쪽 중간 부분입니다.

두 개정안은 심의사항으로 모든 보건의료인력 직종의 구체적인 업무 범위 및 업무 조정에 관한 사항을 규정하고 있는데 보건복지부의 보건의료인 간 업무 범위 유권해석 현황 등에서 나타나는 실제 직종 간 업무 범위 갈등 사례 등을 참고할 때 모든 직종을 포함할지 여부에 대한 논의가 필요한 것으로 보입니다.

보건의료기본법 일부개정법률안은 업무조정위원회의 회의를 매 회의마다 위원장이 지정하는 위원으로 구성하도록 규정하고 있는데 이는 업무조정위원회 규모가 50~100명으로 큰 점을 고려하여 운영의 효율성 및 탄력성을 도모하기 위하여 심의안건과 관련 있는 위원을 중심으로 회의를 운영할 수 있도록 하려는 취지인 것으로 보이지만 법문상으로는 보건의료단체 추천위원이 과반수가 되도록 규정한 것 외에 심의안건과 관련된 직종의 추천위원의 포함 여부 등에 대하여는 명시적인 규정을 두지 않아 위원장의 재량사항인 것으로 해석되는 점을 고려할 필요가 있습니다.

개정안에 대한 경미한 자구 수정의견은 13~15쪽을 참조해 주시기 바랍니다.

이상입니다.

○소위원장 강선우 정부 측 의견 듣겠습니다.

○보건복지부제2차관 박민수 이 법안은 지난번에 김윤 의원님께서 발의하신 보건의료인력지원법 내용에서 한번 논의가 되었고요. 그때 저희들 수정의견을 드린 기를 다시 김윤 의원께서 기본법으로 재발의를 해 주셨고 그 내용을 저희랑 긴밀히 협의를 하셨습니다. 그래서 저는 보건의료기본법 일부개정법률안에 대해서 기본적으로 수용 의견을 드립니다.

다만 추가 의견이 하나가 있는데요. 이건 저희도 업무 협의를 하고 나서 외부에서 추가 의견이 왔는데 보건의료인력이 업무를 주로 수행하는 공간이 현실에서는 병원입니다. 그리고 직역 간의 갈등이 일어나는 공간도 주로 병원이고요. 그리고 타 직역과의 업무 조정 필요성이 발생하는 현장이 병원 현장이라는 점 그리고 업무 범위의 결정에 따라서 또 고용 상황에 영향이 있을 수 있다는 점을 고려할 때 의료기관, 단체의 참여도 필요할 것으로 생각이 됩니다.

그래서 지금 개정안 제26조의2제5항제1호를 보면 '보건의료인력지원법 제2조제3호에 따른 보건의료인력을 대표하는 단체가 추천하는 사람' 이렇게 되어 있는데요. 이게 직역 대표를 염두에 두고 이렇게 규정을 했는데 이뿐만이 아니라 '의료법 제52조에 따른 의료기관, 단체가'도 추가를 해서 병협 등 병원을 대표하는 단체도 위원회에 참여가 가능하도록 할 필요가 있어서 이 수정의견을 드리고 나머지 보건의료기본법 제안에 대해서는 수용 의견을 드립니다.

○소위원장 강선우 질의하실 위원님 있으신가요?

○김윤 위원 동의합니다.

○소위원장 강선우 이주영 위원님.

○이주영 위원 이 업무조정위원회 자체를 설치를 해서 운영하는 데 있어서 지금 의료계의 입장이 사실상 거의 반영이 안 된 상태로 추진이 되고 있는데 앞서서 얘기가 됐던 추계위원회도 마찬가지이고, 장기적으로 추계에 대한 논의가 필요한 것도 맞고 업무 조정에 대한 내용이 필요한 것도 맞기는 합니다만 우리가 업무 조정에 대해서 항상 나왔던 이야기는 현장에서 더 큰 혼란을 초래할 수 있는 것을 지금 가능할 것 같지 않은 상황에서 법률로 급하게 제정할 필요가 있는가 하는 내용이기는 했거든요.

그리고 여기에 대해서 지금 PA가 사실 확실하게 어떤 기능을 하고 있는지 또 어떤 제도를 통해서 어떤 역할을 하는지가 명시되어 있지 않은 상황에서 이거를 성급하게 수용을 정부 쪽에서 했다는 것이 과연 의료계에 어떤 메시지로 갈 것인가 하는 우려가 조금 있기는 하고요.

병원협회가 들어가는 게 사실 의료계…… 의사 입장은 아마 괜찮을 겁니다. 그런데 병원협회 등의 기관, 단체가 들어가는 것이 오히려 의사를 제외한 간호사라든가 조무사라든가 임상병리사, 방사선 쪽의 모두를 오히려 업무 조정을 굉장히 모호하게 만드는 입장을 강하게 낼 가능성이 또 있거든요. 그렇기 때문에 이것이 고용자와 사용하는 입장이 있고 일하는 입장이 있고, 이거는 분명히 일하는 사람들의 안전을 위해서 만들어져야 되고 현장의 혼란을 감소시키는 목적을 위해서 사용되어야 하는데 지금 나와 있는 위원회의 구성도 그렇고 특히 지금 보건복지부에서 말씀하시는 기관, 협회가 들어온다는 부분은 그 양쪽을 모두 다 악화시키는 방향이 될 수가 있을 우려가 있을 것으로 보입니다.

그래서 정부에서 지금 추진하고자 하는 방향에 대해서는 어떤 취지인지는 알겠습니다만 이것이 지금 현 시점에서 PA에 대한 것도 전공의에 대한 것도 또 지역에서 의사나 간호사 수급에 대한 것도 지금 사실상 불가능한 상황에서 이것이 과연 병원 쪽이나 의료계에 어떤 메시지로 갈 것인가, 과연 보건복지부가 앞으로 이게 파장이 어떤 방식으로 올지에 대해서 충분히 고려를 하셨는지 좀 염려가 됩니다.

○보건복지부제2차관 박민수 답변드리도록 하겠습니다.

  우리나라는 성문법주의를 택하고 있는데 각종 법률과 하위법령 그리고 밑의 지침까지 해서 사실 의료행위 또는 각 직역의 업무 범위 이런 것들이 어느 정도는 규정이 되어 있습니다. 그런데 아주 디테일하게 정해지지는 않기 때문에 결국은 현장에서 이 업무가 그 직역의 업무인지 아닌지 이런 것들이 좀 명확하지 않은 경우가 많이 있고요.

  업무조정위원회를 둔다는 거는 어떻게 보면 약간 심판기구라고 좀 이해를 해 주시면 좋을 것 같아요. 그래서 구체적인 사례가 이런 게 나왔을 때 법령이나 이런 것들 규정을 봐도 좀 명확하지가 않고 이럴 때 이걸 어떻게 판단할 것이냐. 지금은 이런 거버넌스가 없기 때문에 지금은 보건복지부가 그냥 유권해석을 하는 것에 의존되어 있고요. 복지부 공무원들이 해석을 또 잘못 내리면 현장에 엄청 갈등이 있다 보니까, 그간에 보면 해석하는 것도 굉장히 보수적으로 최소한으로 해서 합니다. 그러니 결국 여기서 해결이 안 되면 사법부로 넘어갑니다. 그래서 저는 그냥 이해하기로 지금 대한민국의 의료행위 정의는 우리나라 판사님들이 하고 계셔요.

  그래서 이렇게 사법부에다 맡길 것이 아니고 이거는 행정부에 이런 거버넌스를 두고 그리고 실제로 그 업무를 하시는 직역의 대표들이나 담당 전문성을 가지신 분들이 참여를 하는 구조의 위원회를 구성을 해서 거기서 좀 논의를 거쳐 가지고 갈등이 있거나 분쟁이 있는 모호한 영역을 정할 거는 정하고, 아마 어떤 거는 이 위원회에서 논의하다가도 결론을 못 내릴 수도 있다고 저는 봅니다. 그러나 어찌 됐든 간에 최선의 해결을 할 수 있는 그 논의의 장을 만들어서 거기에서 합의가 도출될 수 있다고 그러면 그게 저는 바람직하다고 보고요.

  병협이나 이것도 들어와서, 물론 입장들이 서로 다르기 때문에 그 직역의 입장과는 상반된 입장을 낼 수가 있습니다. 그러나 이분도 하나의 위원 중의 한 분임에 불과하고 다른 위원님들이 그 의견을 듣고 공감이 가고 그게 맞다 동의가 되면 그게 위원회의 의사가 되는 것이고 그게 수용이 불가능한, 너무 자기만의 주장이다 이러면 수용이 안 될 거거든요. 그러니까 위원회의 기능이라는 거는 그렇게 서로 논의를 통해 가지고 합의를 도출하는 거가 저는 위원회의 기능이라고 보고.

  이거는 지금 우리 의료현장을 감안할 때 좀 필요하지 않느냐, 과거에는 이런 게 없어도 어떻게 보면 권위주의 문화나 이런 걸로 그냥 어떻게 대충 이렇게 유지가 돼 왔다 그러면 이제는 새로운 세대나 젊은 세대는 이런 권위주의나 전통만 갖고는 되는 것이 아니고 좀 더 분명한 판단과 결정 이런 것들을 하는 과정과 절차가 있고 그것이 누구나 동의하고 수용할 만한 법적체계와 구성을 가질 때 그것의 수용성을 확보할 수 있지 않느냐.

  그래서 저는 이제는 우리가 이런 제도를 갖출 때가 되었다 이런 판단으로 수용 의견을 말씀드렸습니다.

○이주영 위원 말씀해 주신 취지에는 저도 대부분은 공감하는 바이고 말씀하신 대로 지금 유권해석이 워낙 많기 때문에 사후에 그것을 논의해서 결정하는 거버넌스를 운영한다는 점에서는 저도 충분히 정부 입장에서는 그러실 수 있다고 생각을 합니다. 그런데 문제가 되는 거는 지금 아직 우리나라에서 이제까지의 시스템과 앞으로의 시스템이 굉장히 큰 변화를 겪는 딱 그 분수령에 있다 보니까 지금의 상황에서 전공의 교육이라든가 의대생 교육이라든가 이런 거에 대한 논의가 아직 확립되지 않은 상태에서 이미 유권해석을 다 내려 버리는 것들이 발생을 하면 앞으로는 병협이라든가 이런 사용자 입장에서

일을 굴러가게 하려면 어쩔 수 없다는 논리가 반드시 더 수용될 수밖에는 없거든요.

그런데 그렇게 되면 사실은 위험하거나 혹은 좀 어렵거나 이런 것들이, 아무튼 일이 되게 하기 위해서 충분한 역량을 가지지 못한 혹은 본인을 보호할 수 없는 그런 영역에 훨씬 더 공격적으로 집행이 될 수밖에 없고 그러면 거버넌스가 사실은 병원이 돌아가게 하기 위한, 의료체계가 유지되게 하기 위해서 개인을 어느 정도는 희생시키는 혹은 단일 직역을 조금 희생시키는, 가장 취약한 게 저는 조무사와 간호사라고 생각을 해요. 그러다 보니까 이런 것들이 과연 어떻게 악용될 수 있는지에 대해서 충분히 더 개별 단체의 입장을 더 들을 필요가 있고, 그렇기 때문에 저는 기관을 넣자는 정부의 의견에 조금 반대를 하는 겁니다.

그런데 기관이 들어오면, 지금도 기본적으로 의개특위부터 시작해서 병협은 전부 다 들어와요. 왜냐하면 병원 경영자 입장은 대체로 정부와 입장이 비슷하기 때문입니다. 그러면 이거는 운동장이 기울어질 수밖에 없거든요. 그래서 이런 부분에 대해서 좀 악용되지 않아야 돼서 이거는 조금 더 논의를 했으면 좋겠고 적어도 기관, 단체가 들어오는 거에 대해서는 한 번 더 숙의를 거쳐야 되지 않을까 생각합니다.

○**보건복지부제2차관 박민수** 제가 조금만 더 한번 답변 드릴까요?

기관이 들어왔을 때 개인들과 입장이 상반돼서 그런 가능성에 대해서 염려하시는 거는 충분히 이해가 가고요. 다만 우리나라 의료법의 기본적인 구조와 틀을 보면 정부가 개별 개인이나 의료인을 상대로 이렇게 정책을 하는 것이 아니라 기본적으로는 의료기관이 의료서비스 제공의 기본적인 단위가 됩니다. 그리고 관리·감독, 정부의 관리·감독도 의료기관을 통해서 하게 되고요. 그래서 의료기관이 개설 신고도 해야 되고 법적 요건을 갖춘 시설, 인력 이런 것들을 요건을 갖추도록 하고 있는 거고 문제가 생겼을 때는 의료기관의 장에게 책임을 묻는 이런 구조가 되어 있는 것입니다.

그래서 지금 염려하시는 그런 부분에 대한 것 충분히 이해를 합니다마는 의료기관을 완전히 배제하고 현장에서 업무 범위에 대한 논의를 한다는 것도 우리 현행의 의료법 체계나 또 현장의 사정을 감안할 때, 나중에 그것을 결정했을 때 수용성 또는 이런 문제가 있습니다. 그래서 저는 반드시 위원회에 1인으로 참여를 하여서 그런 의견들을 충분히 개진토록 하고 그걸 고려하여 위원회가 결정하게 하는 것이 합리적인 의사결정을 하는 데 기본적인 기초가 된다 다시 한번 말씀드립니다.

○**소위원장 강선우** 더 질의하실 위원님 없으시면……

○**김미애 위원** 확인 좀 할게요.

여기 1페이지의 맨 밑에 보면 '위원회 판단이 간호법 등 다른 법률의 업무 규정과 충돌하는 경우 해당 법률에 따른 업무 범위가 변경되거나 형해화될 가능성이 있다는 일부 직역단체의 우려가 있으므로', 이 우려는 좀 해소가 됩니까? 그리고 '타 법과의 관계를 명확히 할 필요가 있다' 이런 게 중요한 것 같아요. 이런 것만 크게, 제기되는 이 문제만 좀 해소된다면 괜찮을 것 같은데 그 부분을 제가 잘 설명을 못 들었는지 남아 있지 않아서 설명을 다시 한번 해 주세요.

○**보건복지부제2차관 박민수** 제가 명확하게 설명을 좀 못 드린 것 같습니다. 아까 우리나라 성문법 체계를 하고 있다고 그랬고 간호법이나 타 법령에서 누구의 업무라고 이렇게 명확하게 규정하면 위원회가 그걸 뒤집을 수는 없습니다. 법률이 당연히 상위에 있는

것이고요. 그런데 이 위원회가 기능을 하게 되는 거는 그것이 명문의 규정에 명확하게 포함되었다고…… 해석이 각자 다르고 이런 거를 어떻게 해석할 거냐의 문제, 개별적인, 현실적인 것들을 어떻게 현실에 적용할 거냐 이런 것을 주로 위원회가 논의해서 구체화하는 작업을 하는 거라 저는 이게 법령을 위반, 법에서 정한 거를 충돌시키고 그걸 넘어서는 의사결정은 위원회의 권한 밖이라고 해석을 하고요. 그것이 우리가 당연히 법률에서 법률을 적용하는, 그건 기본적인 거고.

그래서 이거는 지금 현행 간호법도 업무범위에 관한 이런 거에 대해서는 구체화된 게 없습니다. 그러니까 결국은 지난번 간호법에서 진료지원간호사를 제도화해 주셨기 때문에 저희가 그걸 하위법령 등에서 만들면서 지금 업무범위……

○**김미애 위원** 알겠어요. 그래서 위원회의 성격을 심의만 하는 자문기관으로 두겠다 그런 겁니까?

○**보건복지부제2차관 박민수** 예.

○**김미애 위원** 예, 알겠습니다.

○**소위원장 강선우** 의사일정 제11항 및 제12항 이상 2건의 법률안은 이를 통합 조정하고 위원님들과 전문위원의 의견을 반영해 보건의료기본법 일부개정법률안 위원회 대안으로 채택하며 본회의에 부의하지 않는 것으로 의결하고자 합니다. 이의 없으십니까?

(「예」 하는 위원 있음)

가결되었음을 선포합니다.

의사일정 제13항 의료대란 피해보상 특별법안을 심사하겠습니다.

수석전문위원 보고해 주시기 바랍니다.

○**수석전문위원 이지민** 1쪽입니다.

지난해 정부의 의대 정원 2000명 증원 계획 발표 이후 발생한 의료 공백으로 응급실 진료 제한 및 미수용, 예정된 수술·진료의 연기 등이 발생하여 환자의 불편과 피해가 지속되고 있는 상황입니다.

2쪽입니다.

이에 제정안은 의료 공백으로 인하여 환자의 생명 및 건강상 피해가 발생하였다고 인정되는 경우에는 복지부가 보상 및 지원을 실시하도록 함으로써 국민에게 신속하고 실질적인 피해보상이 이루어지도록 하려는 것입니다.

주요 내용 및 체계를 말씀드리면 제정안은 의료대란 피해자 및 유족에 대한 국가의 신속한 지원대책 수립·시행 책무를 규정하고 국가가 의료대란 피해 손실보상 의무를 지도록 하고 의료대란 피해 관련 분쟁 시 입증책임은 복지부장관이 지도록 규정하며 의료대란피해보상위원회의 구성 및 운영, 의료비·사망지원금 등 지원, 벌칙 등을 규정하고 있습니다.

3쪽입니다.

의료 공백에 따른 생명 또는 건강상 피해를 국가가 보상하려는 법률 제정의 필요성에 대하여 서로 다른 의견이 있으므로 찬반 의견을 종합적으로 고려하여 법률 제정 여부를 결정해야 할 것으로 보입니다.

법률 제정에 찬성하는 입장은 의정 갈등으로 촉발된 의료 공백으로 인해 적시에 치료 또는 수술을 받지 못한 환자들에 대한 피해보상을 국가가 책임지도록 할 필요가 있고 제정안은 입증책임을 복지부장관이 지도록 함으로써 의료행위의 전문성으로 인한 환자의 입증책임 부담을 완화하였으며 제정안은 의료대란 피해자 의견 청취 절차 및 최대 180일 이내 보상금 지급 여부 결정을 규정하여 공정하고 신속한 결정을 담보하고 있어서 바람직하다는 입장입니다.

법률 제정에 반대하는 입장은 전공의 집단 사직으로 인한 의료 공백은 공권력 행사의 결과로 볼 수 없고 세월호 참사, 이태원 참사 등의 사례와 달리 피해자 특정이 곤란하며 의료 공백과 피해 간의 인과관계를 입증하는 것도 사실상 불가능하고 환자가 적절한 진료를 못 받은 손해는 손실보상의 요건인 재산상 손실에 해당하지 않으므로 손실보상의 법리에 부합하지 않는다는 입장입니다.

총괄 검토의견을 말씀드리면 제정안은 국가의 의료대란 피해에 대하여 손실을 보상하도록 규정하고 있는데 의료대란으로 인한 생명 또는 건강상 피해를 재산상 피해에 대한 보상 법리인 손실보상으로 규정하는 것에 대하여 면밀한 검토가 필요한 것으로 보입니다.

4쪽입니다.

입증책임 전환에 대해서는 환자의 입증 부담 완화의 필요성과 인과관계의 입증 관련 정보의 편재 여부 등을 종합적으로 고려할 필요가 있는 것으로 보입니다.

또한 안 부칙에서는 법률 전체의 유효기간을 정부의 보건의료 재난위기 경보 심각 단계 해제 시까지로 규정하고 있는데 보상위원회 등의 구성·운영 등에 관한 규정은 정부의 보건의료 재난위기 경보 심각 단계 해제 이후에도 당분간 효력이 지속되어야 그 기능을 달성할 수 있다는 점을 고려하여 수정이 필요한 것으로 보입니다.

여기까지 일단 총괄 부분 보고드렸습니다.

○**소위원장 강선우** 정부 측 의견 듣겠습니다.

○**보건복지부제2차관 박민수** 먼저 의견 말씀드리기 전에 전공의 이탈이 장기화되면서 국민들께서 많은 불편을 겪고 계시고 하는 상황에 대해서 정책 담당자로서 송구하다는 말씀을 먼저 드립니다.

잘 아시는 것처럼 정부가 그간의 비상진료 체계, 응급의료 체계 유지 등을 통해서 의료 공백 최소화를 위해서 최선의 노력을 다하였습니다. 다만 이 과정에서 발생하는 여러 가지 피해나 이런 거에 대해서 특별법을 통하여 국가가 손실을 보상하자라고 하는 동 법안에 대해서는 지금 수석전문위원 보고 중에도 여러 차례 의견들이 나왔는데 그런 것들을 종합적으로 해서 저희는 좀 신중검토 입장임을 말씀드립니다.

몇 가지만 좀 추가 설명을 드리면 첫째, 손실보상의 법리에 이게 부합하는가 하는 거에 대한 의문이 있습니다.

손실보상은 국가가 공공 필요에 따라서 어떤 공권력을 행사할 때 이 결과로 재산상의 특별한 손실을 입을 때 그것을 국가 재정 등을 통해서 그 특별한 희생과 손실에 대해서 보상을 해 주는 것인데요. 잘 아시는 것처럼 저희가 2월 6일 날 2000명 의대 증원을 발표하였고 그로부터 한 2~3주 후에 2월 19일, 20일 양일간 집단 사직이 벌어졌습니다. 그리고 상급종합병원의 거의 한 30~40%를 차지하는 의료인력이 나가다 보니까 현장에서 당연히 진료가 좀 정상적으로 진행되기 어려운 상황이 있었고요.

그래서 이런 거를 놓고 보상을 하라 이렇게 하는 건데 여기에서 정부가 발표한 2000명의 증원 발표라는 거는 사실은 어떠한 행정행위도 아니고 그냥 어떻게 보면 앞으로의 방향에 대한 결정에 대해서 밝힌 것에 불과합니다. 그래서 이걸 근거로 해서 피해보상을 하는 것이 과연 합당한가 이런 의견이 있고요.

두 번째로 집단 사직이 일어났기 때문에 피해가 발생한 건데요. 그러면 이 집단 사직, 그러니까 정책 발표 그리고 집단 사직, 피해 발생이라고 하는 이 과정에서 정부가 정책 발표한 것이 피해가 발생한 것의 직접적 원인이냐라고 하는 거에 대해서는 굉장히 좀 이론의 여지가 많다 이런 말씀을 드리고요. 그래서 이 부분은 손실보상의 법리에도 좀 맞지 않지 않느냐, 첫 번째 이렇게 좀 말씀을 드리고 싶고.

두 번째는 현실적으로 피해자를 특정하고 얼마큼 손해를 받았는지를 구별해 내기가 매우 이게 지금 불가능한 상황입니다. 사실은 의료가 평상시처럼 돌아가는 상황하에서도 적시에 진료를 받아도 환자가 사망할 수도 있고 또는 소기의 진료 효과가 나오지 않을 수도 있습니다. 그거는 여러 가지 요인에 의해서 결정되기 때문에 이것이 과연 지체된 어떤 진료나 이런 거에 의해서 발생한 것인지 아닌지 이거를 구분해 내기도 어렵고 입증하기도 어렵다, 현실적으로.

그리고 입증책임도 이걸 정부 보고 지라고 이렇게 하셨는데 이것도 일반적인 입증책임의 일반 원칙에 맞지 않습니다. 원래는 권리를 주장하는 자가 그 권리에 대하여 입은 피해나 이런 것들을 입증하는 것이 일반적인 원칙으로 제가 알고 있고요. 이건 대법원 판례에서도 확인이 되는 원칙입니다.

그래서 여러 가지 면들이 그 피해를 입으신 분들에 대한 보상의 필요성 이런 거는 긍정 가는 면이 있지만 이걸 실제로 법으로 특별법을 만들어서 이렇게 하는 거는 이전의 세월호 또는 이태원 사고 이런 거와 견주어 봐서도 사실관계나 이런 거를 할 때 조금 여러 가지 면에서 법리적으로 좀 무리한 측면이 있어서 이거는 조금 신중한 검토가 필요하다 이런 의견을 드립니다.

○**남인순 위원** 몇 가지 질문 좀……

○**소위원장 강선우** 남인순 위원님.

○**남인순 위원** 지금 작년 말 기준으로 약 924건의 피해 신고가 접수되었지요?

○**보건복지부제2차관 박민수** 예.

○**남인순 위원** 그런데 그중에서 혹시 의료법으로 고발된 사례가 있는지 하고요. 그리고 어떤 피해보상 소송을 제기한 사례가 있는지 그리고 또 피해보상해 달라는 민원이 있는지 이런 부분을 좀 저희가 알고 싶거든요.

○**보건복지부제2차관 박민수** 제가 그 900여 건의 신고를 받은 거에 대한 거는 자료를 나중에 조금 드릴 텐데요. 이게 고발로까지 연결된 거는 없는 걸로 알고 있고요. 그중의 상당수는 조금 단순한 민원성, 그래서 질의응답의 과정으로 끝이 났고 약간 법률 서비스나 기타 이런 것들을 요청하는 경우들이 있었는데 실제로 이게 소송으로 갔는지 이거는 좀 추가 확인이 필요합니다. 그런데 저희가 지금 알기로는 그런 사례는 없었던 걸로 보이고.

저희가 사실은 이렇게 소극적으로 민원을 받기도 했지만 현장에서 문제가 발생했다고 보도가 나거나 알려졌을 때는 또 저희 팀이 직접 가 가지고 조사도 한 사례들이 있는데 대부분의 경우에 그렇게 나가서 조사한 경우에도 이게 전공의들의 이탈로 인해서 그러한 일이 벌어졌다라고 명확하게 판단하기가 좀 어려운 경우가 대부분이었습니다. 그래서 어떤 경우는 전공의가 원래 없었던 병원인데도 그런 일들이 벌어져 가지고 가 보니까 전공의랑은 상관이 없었던 일이 있었고 등등 해 가지고……

저희도 초기에는 전공의들이 이탈해서 진료가 지체되고 이걸로 인해서 피해받은 거에 대해서는 정부가 좀 적극적으로 피해도 구상을 좀 해 주고 절차도 좀 지원을 해서 그 피해를 회복할 수 있도록 이렇게 지원을 하려고 그런 조치들을 마구 했었는데 실제로 현장에서 조사를 해 보니까 인과관계를 입증하는 것은 거의 불가능에 가깝다는 그런 판단이 좀 섰습니다. 자료는 좀 정확하게 드리도록 하겠습니다.

○**남인순 위원** 그 자료 좀 제공해 주세요. 그래야 제가 판단을 좀 할 수 있을 것 같습니다.

○**소위원장 강선우** 김미애 간사님, 이주영 위원님 순서로 하겠습니다.

○**김미애 위원** 저도 자료를 주시기 바랍니다.

그런데 이게 정의 규정에 보거나 목적 규정에 보더라도 의료대란으로 인해서 생명·건강에 피해를 입어야 되고 이 둘 간의 인과관계가 있어야 되는데 사실은 의료대란 이전에도 있어 왔던 일들도 많고 그것이 이것이라는 게, 이 원인과 결과 간의 인과관계가 입증이 될까? 그렇다면 그 정도 사안이라면 벌써 뭔가 액션이 있었을 것 같은데 그런 것까지는 없었기 때문에 아마 제가 자료를 저도 보고자 하는 겁니다.

그리고 인과관계의 입증책임을 전환한다? 저는 이거는 앞으로 어떤 정책을 할 때마다 큰 혼란에 봉착될 것이다 그런 우려가 듭니다. 그러면 오히려 지난 정부 때부터 코로나19로 인한 백신을 아예 대놓고 국가가 책임지겠다고 했습니다. 그런데 지금까지도 인과관계 추정 규정조차도 도입을 못 하고 있거든요, 기재부의 반대로. 그러면 이런 거 있을 때마다 정책과 그 결과 간의 인과관계를, 입증책임을 전환하면 아마 정책 입안자는 하기가 몹시 어렵겠다, 그리고 여기에는 너무나 구체성이 좀 떨어지기 때문에 저는 이거는 계속 심사를 하면서 논의를 숙성시키든지 그래야 될 사안으로 봅니다.

○**소위원장 강선우** 이주영 위원님.

○**이주영 위원** 지금 이번에 발생한 전공의들의 사직과 관련해서 인과관계를 입증하기 쉽지 않다는 정부 측의 의견에 동의합니다. 그런데 전공의들이 사직을 했다고 해서 대학병원의 시스템이 마비되는 결과를 예상하지 못하고 지금까지 전공의들이 전혀 처우개선도, 어떤 인권에 대한 보장도 받지 못한 상태에서 수십 년 이상 지속되어 왔던 의료 시스템을 방치한 것은 정부가 맞다고 저는 생각합니다. 그리고 거기에 대한 대비나 그리고 적절한 전망 그리고 현실적으로 정부가 이 사태를 수습하거나 감당할 수 있는가에 대한 논의 없이 이런 대책을 갑자기 발표한 것도 저는 정부의 책임이 맞다고 생각을 합니다. 그리고 아마 국민들께서도 그런 취지로 그리고 발의하신 박주민 의원님도 그런 뜻으로 아마 발의를 하셨을 것이라고 생각을 하고요.

올해까지는 정부의 말이 맞습니다. 전공의들이 사직하는 것까지 예상 못 한 거는 무능일 수는 있어도 그것이 일부러 한 건 아니니까 책임지기는 어려운데 올해 전공의가 지금까지 지원한 사람이 거의 없지요? 내년에도 아마 없을 것으로 예상이 되는데 앞으로 지원하지 않는 전공의들 그리고 그 환경을 만든 것은 명백하게 정부 책임이 맞습니다.

그렇다면 앞으로 예전에는…… 제가 오늘 당장 낮에 들은 이야기인데 지금 우리나라 정부 고위 모 인사께서도 심근경색으로 시술을 받으시고 또 이런 경우가 있었다고 들었습니다. 굉장히 많은 국민들이 잘 누려 왔던 의료였는데 지금 정부의 정책 때문에 그 영역에서 일하겠다는 그 다음 세대의 의사들이 존재하지 않고 전공의 지원을 하지 않아서 올해부터 발생하는 공백은 정부 책임이 맞습니다. 왜냐하면 지원할 수 없는 판을 정부가 정책으로 만들었기 때문입니다.

그렇기 때문에 올해까지의 분쟁에 대해서는 정부가 그런 방식으로 사직과 그리고 의료 마비와 그리고 그 피해를 확실하게 인과관계를 할 수 없다고 이야기했지만 앞으로 의료가 붕괴되거나 필수의료에 공백이 생기는 것에 대해서는 분명한 정책적인 책임을 져야 할 것이라고 저는 생각을 하고요.

두 번째로는 입증책임에 대해서도 보건복지부장관이 져서는 안 되고 피해를 입었다고 주장하는 쪽에서 하는 것이 법리에 맞다, 그리고 그것이 다른 영역에서도 입증책임에 대해서 혼란을 초래할 수 있다고 하셨는데 그 부분이 우리 국가를 운영하는, 그리고 환자들이 의료를 이용할 때도, 그리고 의사들이 본인의 책임에 대해서 이야기를 할 때도 여러 방면에서 일관성 있게 유지되기를 희망합니다.

○**보건복지부제2차관 박민수** 이주영 위원님 말씀 주신 것은 정책적 책임, 정치적 책임 이런 것에 대해서는 전혀 그것을 부인할 의사가 없다는 말씀 드리고요. 다만 법적 책임은 별개의 문제라는 말씀 드립니다.

○**소위원장 강선우** 의사일정 제13항은 보다 깊이 있는 검토를 위해 계속 심사하기로 하겠습니다.

의사일정 제14항 의료법 일부개정법률안을 심사하겠습니다.

수석전문위원 보고해 주시기 바랍니다.

○**수석전문위원 이지민** 개정안은 병적 관리와 관련하여 질병 또는 심신장애의 확인을 위하여 필요하다고 인정하여 병무청장 또는 지방병무청장이 의료기관의 장에게 진료기록, 치료 관련 기록의 제출을 요구한 경우에는 환자가 아닌 다른 사람에게 진료기록을 확인할 수 있는 예외 사유로 추가하려는 것입니다.

병역법 제77조의4에 따라 공직자, 운동선수, 대중문화예술인 등 병역 이행 여부가 관심이 되는 사람들에 대해서는 병역준비역에 편입된 때부터 복무를 마치거나 전시근로역 편입 또는 병역 면제가 될 때까지 병무청장 또는 지방병무청장이 병적을 별도로 분류하여 관리하고 있습니다. 그런데 운동선수, 연예인 등이 허위 뇌전증 등 진단을 통해 병역을 면탈하는 사례들이 발생함에 따라 병역법을 개정하여 병적 별도관리 대상자가 전시근로역에 편입되거나 병역이 면제된 이후 3년 동안 그 이력을 확인할 필요가 있는 경우 병무청장 및 지방병무청장에게 질병, 심신장애 등의 치료기록 등을 확인할 권한을 부여하고 의료법을 함께 개정하여 병무청장 또는 지방병무청장이 의료기관의 장에게 요청 시 진료기록을 확인할 수 있도록 함으로써 병역 면탈을 방지하려는 취지입니다.

개정안은 병역법 일부개정법률안의 의결을 전제로 발의된 것인데 해당 법률안은 국방위 의결을 거쳐 현재 법사위원회에 계류 중입니다.

2쪽입니다.

다만 개인정보 중 민감한 정보에 해당하는 개인의 진료 관련 정보가 본인의 동의 없이 제3자에게 제공되는 것을 방지하려는 것이 현행 의료법 제21조의 입법 취지임을 고려할 때 개정안과 같이 본인을 통하지 않고 의료인 등이 병무청장 또는 지방병무청장에게 직접 진료기록 등을 제출하도록 함으로써 달성하려는 공익과 이로 인해 침해되는 병적 별도관리 대상자의 개인정보자기결정권 등을 종합적으로 검토하여 입법 여부를 검토할 필요가 있을 것으로 보입니다.

개정안을 수용할 경우 진료기록 제출 대상 환자에 공직자 등 병적 별도관리 대상자도 추가하여 명시할 필요가 있으므로 안 제21조제3항제10호에 대한 자구 수정이 필요할 것으로 보입니다.

이상입니다.

○소위원장 강선우 정부 측 의견 듣겠습니다.

○보건복지부제2차관 박민수 방금 수석전문위원 보고하신 자구 수정안을 수용해서 저희는 동 법안에 대해서 수용 의견을 말씀드립니다.

아까 보고 내용 중에 개인의 동의 없이 이게 기관에서 기관으로 직접 정보가 가는 것에 대한 입법 필요성은 좀 검토할 필요가 있다고 말씀을 드렸는데 그 부분에 대해서 의견을 드리겠습니다.

이것은 잘 아시는 것처럼 운동선수, 연예인 또는 고위공직자 자녀 등 어떤 질병을 이유로 해 가지고 면제 등 사유를 받는 경우에 일정 기간 동안 사후관리를 하겠다라고 하는 취지로 그런 자료들을 일정 기간 동안 보겠다라고 하는 취지이고요.

물론 정보가 개인의 동의 없이도 이렇게 병무청으로 통보되는 현상에 대해서는 개인정보에 대한 권한 이런 것들의 논의가 있을 수 있지만 이것은 헌법상의 가장 기본적인 국민의 의무인 병역의 의무에 대해서 예외를 주는 경우에 그 예외가 합당한지를 일정 기간 동안 관리를 하겠다라고 하는 것이기 때문에 두 가지의 이익을 형량했을 때 법률로서 개인의 권리는 일부 제한을 할 수 있는 것이 우리 헌법상의 원리이고 이렇게 법률로 규정을 해서 병역법과 동시에 개정을 한다 그러면 크게 문제가 되지는 않겠다 이런 의견을 말씀드립니다.

○소위원장 강선우 질의하실 위원님 있으신가요?

○서영석 위원 확인해 보겠습니다.

○소위원장 강선우 서영석 위원님.

○서영석 위원 그런 경우에 어쨌든 개인정보가 민감정보이기도 하고 그런데, 그러면 당사자한테 사후에라도 통보할 수 있는 조치가 필요하거나 그렇게는 생각이 안 되나요?

○보건복지부제2차관 박민수 그럴 필요성은 있을 것 같습니다.

○서영석 위원 그러니까요. 이게 개인정보…… 우리가 수사받을 때 사후에 통보받듯이 이것도 당사자들한테 각인 효과도 있을 수 있기 때문에 사후에라도 통보를 할 수 있도록 해서 개인정보를 소중하게 다루고 있다는 것은 좀 전제할 필요가 있을 것 같습니다.

○보건복지부제2차관 박민수 예.

이것은 아마 당사자가 병무청이라고 저는 생각이 들고요. 그러니까 자료를 받으면 병무청이 이렇게 자료를 받았다라고 하는 사실을 해당 개인에게 아마 통보…… 그런데 제가 설명을 듣기로는 병역면제 등 조치를 받게 되면 일정 기간 이런 조치가 있습니다라는 게 사전 안내가 간다고 들었습니다. 그래서 사전 안내도 가고, 그다음에 주기적으로 이 자료를 받았을 때는 받아서 검토했다라고 하는 것도 통지를 하도록 하는 것이 합당한 행정절차라고 보고 그것은 저희가 병무청에 의견을 드려서 그렇게 진행이 될 수 있도록 하겠습니다.

○이수진 위원 한 가지 궁금한 게 있는데 혹시, 이게 어쨌든 개인정보인데 기관에서 기관으로 가는 거기는 하지만 혹여라도 실수든 고의적이든 노출이 되거나 언론에 나가거나 기타 누군가는 책임져야 될 만한 상황이 생겼을 때 그것에 대한 처벌조항이나 뭐가 있나요?

○보건복지부제2차관 박민수 그것은 이 법보다는 아마 개인정보 보호법에 일반적으로 개인정보를……

○이수진 위원 그런데 이게 의무기록이라서.

○보건복지부제2차관 박민수 그러니까요. 개인정보 보호법에 개인정보를 다룰 때 그것을 실수나 고의로 누출시키거나 할 때는 관련되는 처벌이 있는 걸로 제가 알고 있습니다. 그래서 그것은 일반 법리에 따라서 처리되지 않을까 생각이 됩니다.

○백혜련 위원 저도 하나 궁금한데요. 자료가 있는지 모르겠는데 이렇게 되면 대략 어느 정도의 숫자가 대상이 되는지 혹시……

○보건복지부제2차관 박민수 대상자 숫자요?

○백혜련 위원 예, 대상자 숫자요.

○보건복지부제2차관 박민수 저희가 참고로 갖고 있는 것은 병적 별도관리 제도를 병무청이 운영하고 있는데 이게 23년 5월 31일 기준으로 총 2만 7164명이고요. 이 중에 공직자가 4749명, 체육선수가 1만 9598명, 그다음에 대중문화예술인이 1609명, 그다음에 고소득자가 1208명, 이렇게 자료를 갖고 있습니다. 이 중에 면제자는 300명 정도라고 합니다, 관리 인원 전체는 이렇고요.

○백혜련 위원 관리 인원 전체고, 300명.

○보건복지부제2차관 박민수 그러니까 이 중에서 300건 정도만 실제로 통보가, 자료가 되는 겁니다.

○소위원장 강선우 추가로 질의하실 위원님 있으실까요?

(「없습니다」 하는 위원 있음)

그러면 의사일정 제14항은 제15항 의료법 일부개정법률안을 심사한 후에 의결하도록 하겠습니다.

의사일정 제15항 의료법 일부개정법률안 및 의사일정 제16항 약사법 일부개정법률안을 심사하겠습니다.

수석전문위원 보고해 주시기 바랍니다.

○수석전문위원 이지민 2건의 개정안은 의약품정보 확인 시 DUR 시스템 사용을 의무화하려는 것입니다.

2쪽입니다.

두 개정안은 의사, 치과의사의 처방 및 조제 또는 약사의 조제 시에 반드시 DUR 시스템을 통해서 의약품정보를 확인하도록 의무화하려는 것으로 DUR 시스템의 활용도를 제고하여 정확한 의약품정보 확인을 도모하고 이를 통해 의약품 부작용 및 안전사고 등을 방지하려는 입법 취지는 적절하다고 생각됩니다.

다만 모든 의약품에 대해서 예외 없이 DUR 시스템을 통한 의약품정보 확인을 의무화하는 것은 정보시스템을 통해 실시간으로 반영되는 의약품정보 확인의 중요성과 행정업무 가중으로 인한 일선 의료기관의 부담 등을 종합적으로 고려하여 입법정책적으로 결정할 필요가 있을 것으로 보입니다.

이에 관하여 복지부는 DUR 시스템은 의약품정보 확인을 위한 여러 수단의 하나로서 모든 의약품에 대해 시스템 확인을 의무화하는 것은 의료현장의 업무 부담을 가중할 우려가 있으므로 관련 단체의 의견 수렴이 필요하다는 의견을 제시하였는데 대한의사협회 및 대한치과의사협회는 의료현장의 행정업무를 가중하고 의료인의 진료권·처방권 등을 제한할 소지가 있으므로 반대한다는 입장이고, 대한약사회는 DUR 시스템 사용을 의무화하는 것에 찬성한다는 의견을 제시하였습니다.

7쪽입니다.

약사법 일부개정법률안 제23조의3제3항은 복지부장관 또는 위탁받은 전문기관의 장이 국가·지방자치단체 및 그 밖의 공공단체 등에 대해서도 DUR 시스템 운영에 필요한 정보를 요청할 수 있도록 하려는 것입니다. DUR 시스템의 운영에 필요한 정보는 민감정보 및 고유식별정보를 포함하므로 요청받는 주체를 명확하게 표현하기 위해서 '그 밖의 공공단체'를 '공공기관의 운영에 관한 법률에 따른 공공기관'으로 수정하는 등 보완할 필요가 있을 것으로 보입니다.

8쪽입니다.

약사법 개정안 제23조의4는 DUR 시스템을 통해 의사, 치과의사, 약사 등에게 제공할 수 있는 정보를 의약품정보와 제23조의3제3항에 따라 수집한 정보로 명시하려는 것입니다. 그런데 DUR 시스템은 의약품정보의 확인을 지원하기 위하여 구축한 것으로 현재 DUR 시스템은 모든 의약품정보를 관리하면서 이를 의사, 치과의사, 약사 등에게 제공하고 있고 복지부장관 또는 업무를 위탁받은 전문기관의 장은 현행법 제23조의3제3항에 따라 DUR 시스템 운영에 필요한 정보로서 복지부령으로 정하는 자료를 요청하여 처리할 수 있는데 '처리'는 개인정보 보호법에 따라 개인정보 보호 원칙을 준수하는 범위에서 정보를 제공하는 행위까지 포함하는 개념이므로 현재 DUR 시스템은 제23조의3제3항에 따라 수집한 정보를 개인정보의 처리 목적에 필요한 범위에서 적합한 방식으로 의사, 치과의사, 약사 등에게 제공하고 있습니다.

따라서 현재 DUR 시스템은 안 제23조의4 각 호에서 규정하는 정보를 제공하고 있으므로 현행법을 통해 개정안의 입법 취지가 충분히 달성된 것으로 보이므로 안 제23조의4는 삭제가 가능한 것으로 보입니다.

이상입니다.

○**소위원장 강선우** 정부 측 의견 듣겠습니다.

○**보건복지부제2차관 박민수** 우선 DUR 시스템을 의무화해서 중복처방 또는 병용금기, 이런 처방의 정확도를 높이고자 하는 개정안의 취지에 대해서는 공감의 의사를 표합니다. 다만 이것을 방법론적으로 의무화하는 것이 맞겠는가라는 것에 대해서는 신중검토 의견을 드립니다.

왜냐하면 지금 현행 규정도 DUR이라고 표현은 안 했지만 약품정보를 확인하도록 이미 의무화가 되어 있습니다. 그런데 확인하는 방법 중의 하나가 DUR이고 DUR 외에도 다양한 방법, 예를 들면 지금 복용 중인 약을 갖고 오게 한다든지 아니면 문답을 통해서 할 수도 있는 다양한 방법이 있습니다.

그래서 어쨌든 처방을 하는 의료인에게는 그것에 따른 중복처방 내지는 병용금기를 잘 살피고 그게 일어나지 않도록 주의 의무를 주고 이게 일어났을 때는 또 그것에 따른 책임도 지는 것이 현행 법령의 구조입니다. 그런데 여기서 한 단계 더 나아가서 DUR을 무조건 쓰라고 하는, 수단에 해당되는 것을 어떻게 보면 의무화의 대상으로 넣어서 하는 부분에 대해서는 저는 과도한 입법이 아닌가 이런 생각이 됩니다.

현재도 저희가 여러 조사들을 해 본 바가 있는데요. 기존 조사에서 약 99.6%가 DUR을 사용한 적이 있다 이런 응답이 있었고, 그다음에 저희가 또 특정 월을 찍어 가지고 임의로 조사를 해 봤더니 그때는 92.6% 시스템을 사용한 바가 있었고. 이게 지난해 6월인가 저희가 조사한 건데요, 이때는 PHIS 제도, 그러니까 보건소가 사용하는 시스템이 조금 불안정해 가지고 그게 좀 낮았는데 그 문제도 개선이 돼서 아마 그 이후에 조사는 특별히 안 했습니다마는 이것도 95% 이상 나오지 않을까 생각합니다. 그래서 현재도 대부분의 의료진들은 DUR을 사용하고 있습니다.

그리고 제가 현장도 여러 번 가 봤는데요, 대형 의료기관은 거의 100% 가까이 사용을 하고 있고요. 일선 개원 의사들이 조금 사용이 더딘 경우가 있는데 더딘 이유도 따져 보면 약간 고령의 의사들 중에 컴퓨터나 이런 게 익숙하지 않은 분들이 종이 같은 것을 사용해서 한다든지…… 지금은 개원가들 사용하는 EMR을 대부분 소프트웨어를 깔아서 운영을 하고 있는데 그 EMR을 저희가 인증할 때 DUR하고 반드시 연계를 하도록 해 놔서 지금 시중에 판매되는 EMR은 깔면 DUR로 연계가 됩니다.

그리고 이게 귀찮아 가지고 만약에 이걸 끄고 싶다, 그런데 그것 끄는 게 훨씬 복잡하고 어렵다고 합니다. 그래서 대부분은 EMR 시스템을 쓰는 개원가들도 지금 DUR은 다 사용하고 있다 이렇게 저희가 이해를 하고 있고요.

그래서 이걸 군이 의무화를 해 가지고 불필요하게 또 이게 의무를 이행 안 한 법적 논란이나 갈등 이런 것들을 일으킬 우려가 있지 않느냐 그런 취지에서 저는 이것은 신중히 검토했으면 한다는 말씀 드립니다.

그리고 약사법 6202호에 대해서는 수석전문위원님 말씀하신 것처럼 '기타공공단체'라고 하는 것을 좀 더 명확하게 '공공기관의 운영에 관한 법률에 따른 공공기관'으로 이렇게 수정하는 것을 수용하고요.

그다음에 안 제23조의4 신설 여부도 수석전문위원 의견과 동일하게 이미 현행 규정상 이것은 처리가 되고 있습니다. 그래서 불필요한 조항으로 이것은 삭제할 필요가 있겠다 이렇게 의견 말씀드립니다.

○**백혜련 위원** 차관님 말씀 들으니까 지금 이미 거의 95% 이상이 DUR 시스템을 쓰고 있다는 거잖아요.

○**보건복지부제2차관 박민수** 예.

○**백혜련 위원** 그렇게 생각한다면 그러면 실제로 이것을 강제조치한다 해도 그만큼의 특별한 부담이 어떻게 보면 없는 것 아닙니까?

○**보건복지부제2차관 박민수** 그런데 위원님, 이런 겁니다. 제가 아까, 컴퓨터가 익숙하지 않은 의사 선생님도 계시거든요. 종이를 쓰고 계세요, 지금도. 그런데 그분들이 만일 이게 법이 되면 불법이 돼 버립니다. 그러니까 이것은 처방전을 쓰는 것을 EMR로 쓸

수도 있고 종이처방전도 쓸 수 있는데 그것은……

○**백혜련 위원** 아니, 처벌조항이 없으니까 사실은 문제가 없잖아요.

○**보건복지부제2차관 박민수** 처벌조항이 없지만 이게 되면 누군가는 고소·고발 이런 게 벌어지고 또 하지 않겠습니까? 그래서 법이 너무 이런 것까지 이렇게 하는 것은, 그러니까 이미 목적을 달성하고 있는데 법을 또 의무화를 해 가지고, 그런 말씀입니다.

○**소위원장 강선우** 이주영 위원님.

○**이주영 위원** 이것은 DUR을 많이 사용해 본 사람으로서 그냥 설명을 좀 드리고 싶은데 이것을 어떤 병원에서 DUR을 쓰느냐 안 쓰느냐는 거의 100%에 가깝게 이루어지고 있기도 하고 현실적으로 페이퍼워크를 한다든가 이런 것은 차관님 말씀하신 게 맞는데요.

이 법의 취지는 결국은 거의 모든 처방에 대해서 DUR을 거치도록 하는 게 골자인 것 같은데 문제는 지금 마약류라든가 아니면 진정제라든가 아니면 중복되는 항생제라든가 이런 것에 대해서는 이미 DUR에 들어가 있으면 거기 팝업이 뜨도록 설계가 되어 있어요.

그런데 대부분 중증질환이라든가 희귀질환이라든가 아니면 CPR 상황이라든가 이럴 때는 중복으로 성분이 들어가야 되거나 이런 경우가 굉장히 많은데 그렇게 처방을 하면 이 DUR에서 계속 알람이 뜨는 형태로 이게 처방에 조금 방해가 되는 경우가 많이 발생을 하는데 그러다 보니까 처방을 사실 아무리 하려고 해도 이게 자꾸 걸리면 삭감 문제도 있고 많기 때문에 현장에서는 굉장히 처방에 소극적으로 될 수밖에 없는 현실적인 문제가 있기는 합니다.

그래서 DUR을 마약류라든가 항생제 오남용이라든가 이런 것에 대해서는 이미 충분히 거의 다 사용을 하고 있는 상황이기 때문에 이것을 강제해서 꼭 써야 되는 중복처방이나 응급상황이나 이런 것에서 DUR에서 이걸 거를 수 있었는데 일부러 안 거르고 처방을 했다는 정도의 이런 내용이 나중에 혹시라도 말씀하신 소송이 됐다든가 이럴 때 굉장히 불리하게 작용을 하는 경우도 있을 수 있고 현실적으로 이것을 매번 DUR에 팝업이 떴다가 들어가고 하는 것이 현장에서는 굉장히 불편하기는 할 거거든요.

그런데 그것에 비해서도 환자들이 누리는 실익이 크다면 당연히 해야 되겠지만 지금은 이미 중요한 약물에 대해서는 거의 다 통용되고 있기 때문에 법제화의 강제성 때문에 정부에서도 반대하시는 것 같고, 저도 실무 입장에서 본다고 치면 이것을 이렇게 하면 너무 속도도 더뎌지고 위험할 때는 진료권이 축소됨으로써 건강에 오히려 안 좋은 영향을 끼칠 수도 있다 이런 우려는 좀 있을 수 있을 것 같습니다.

○**소위원장 강선우** 김윤 위원님.

○**김윤 위원** 차관님께서 'DUR 사용률이 90% 이상이다' 이렇게 얘기를 하셨는데 사용률이라고 하는 게 예를 들면 의사가 '나는 DUR 한 번이라도 써 본 적이 있어'인지 아니면 '내가 처방할 때는 나는 반드시 DUR 써'인지에 따라서 사용률이 굉장히 다를 거라고 생각하거든요. 제가 기억하는 바로는 처방 건 기준으로 DUR 사용률은 아마 채 20%가 안 되는 걸로 알고 있습니다. 이것 한번 확인을 해 보십시오. 그래서 이게 의사 단위로 '써 본 적 있어'가 DUR 사용률이 아니고 의사가 처방하는 건 중에 DUR을 사용하는 건이 몇 건인지가 유의미한 사용률일 것 같고요.

　그다음에 DUR이라고 하는 게 예를 들면 동일 성분의 약 2개를 처방한달지 약물 간 상호작용이 있는 약물을 처방한달지 연령금기, 과다용량 이런 여러 가지 것들이 있는데 그게 국제적인 표준에 의하면 아주 심각한 것에서부터 경미한 것까지 등급들이 나누어져 있습니다.

　그래서 실제로 심각한 수준의 예를 들면 경고가 뜨는데도 불구하고 실제로 DUR을 끄거나 아예 사용을 안 하는 경우는 처방 변경이 이루어지지 않는 경우들이 있고 또 그중의 상당수는…… 물론 치료적인 목적에 따라서 금기사항이 있음에도 불구하고 약을 써야 되는 경우도 있지만 불필요하게 금기되는 상황에서 약물을 써서 그게 약물 부작용으로 이어지는 경우들도 상당수 존재하거든요.

　그러니까 오래된 자료이긴 하지만 저희가 한 십몇 년 전에 대학병원에 입원한 환자들을 대상으로 해서 약물 부작용 발생률을 조사했는데 입원환자 중에 한 10%, 그러니까 10명의 1명이 약물 부작용을 경험하고 있어서 사실 약물 부작용이 그렇게 규모가 작은 문제가 아닙니다.

　물론 DUR를 의무화하는 게 그런 부적절한 처방의 문제를 다 해결하고 약물 이상반응, 약물 부작용 문제를 다 해결할 수 있는 건 아니지만 지금 사용률이 높다, 별문제 없다라고 얘기하시는 것은 너무 현재의 상황을 낙관적으로 보시는 게 아닐까 싶습니다.

　그래서 저는 복지부에서 처방 적절성, DUR의 실제 사용 실태 또는 더 나아가서 약물 이상반응 발생률에 관한 체계적인 정보를 가지고 다시 논의를 했으면 좋겠습니다.

○**이수진 위원**　저도 좀 궁금한 게……

○**소위원장 강선우**　이수진 위원님.

○**이수진 위원**　어쨌든 환자 입장에서 이 시스템이 완벽하게 가동이 되면 좋겠다 저는 그렇게 생각할 것 같아서 그 부분과 관련한 질문을 좀 드릴게요.

　차관님, 예를 들면 어느 병원에 가서 소염진통제를 처방받았는데 약물 부작용이 발생을 했어요, 경미하게는 두드러기라든지. 그런데 결국은 그게 다른…… 어쨌든 병원 가서 다시 주사를 맞고 가라앉히거나 이게 약간 흔한 것같아요, 제가 보니까. 그리고 점막이나 이런 데도 문제가 돼서 이게 잘못하면 큰일 나기도 하잖아요, 호흡곤란이라든지.

　저도 생전 처음 약물 부작용이라는 것을 몇 달 전에 경험을 했어요. 그래서 ‘이것도 부작용이 있네’ 그러면서 두 가지를 다 써 봤는데 두 가지 다 부작용이 생겨서, 이렇게 부작용이 있을 때 그 의사가 DUR 시스템에다가 그걸 기록을 하나요?

○**보건복지부제2차관 박민수**　아, 기록을 하느냐고요?

○**이수진 위원**　예. 이게 하나 궁금하고요.

　그리고 제가 아는 보좌진 얘기를 들어 보니까 다쳐서 거기도 소염진통제를 먹는데 두 달 동안 먹으라고 그랬는데 병원을 바꾸면서 또 처방을 받았단 말이지요. 그러다 보니까 이게 한 달 정도 먹어야 되는데 두 달을 먹었는지 어쨌는지 그 이후에 또 약물 부작용이 있었어요. 그래서 병원에 가서 얘기를 하겠지요. 이게 왜 이런 부작용이 있는지 모르겠다고 그랬더니 의사가 ‘다른 건 별문제가 없고 이 약물 외에는 이유가 없을 것 같다’ 얘기를 했는데……

　국민들이 알고 싶은 것은 이런 시스템을 통해서 내가 안전하게 중복되는 약 처방을 받지 않고 그리고 나에게 부작용이 있는 부분에 대해서 기록이 있어서 어느 병원에 가든지 같은 그런 약을 쓰지 않았으면 좋겠다 이런 것들이 되게 중요할 것 같아요. 제가 말씀드린 것에 동의는 하시나요?

○보건복지부제2차관 박민수 예, 동의합니다.

○이수진 위원 그러면 그런 관점에서 봤을 때 95% 넘게 이걸 쓰고 있다라고 하는데 또 김윤 위원님 말 들어 보면 처방할 때마다 이걸 다 적용하지 않는 것도 점검은 해 볼 필요는 있을 것 같고요. 그리고 이 시스템이 제대로 작동되게 하는 게 오히려 국민들께서 원하는 방향일 것 같은데……

○보건복지부제2차관 박민수 예, 맞습니다.

○이수진 위원 그래서 의무화라는 게, 처벌이 없는 의무화는 결국은 의료인들로서 좀 감수해야 되는 영역은 아닌가 한편으로 그런 생각을 하거든요. 어떻게 생각하세요?

○보건복지부제2차관 박민수 우선 아까 김윤 위원님 통계, 20% 말씀 주셨는데 저는 그 숫자는 처음 들었고요. 저희가 여러 개 숫자가 있는데, 저희가 99.6% 숫자가 있는데 이것은 아까 말씀하신 것처럼 '사용한 적이 있는' 이렇게 물어 가지고 매번 쓰는지는, 그건 99.6%은 아닙니다. 그리고 제가 아까 설명 때 말씀드렸던 92.6%라는 숫자는 저희가 24년 6월을 찍어 가지고 실제로 점검을 해 봤더니 그 정도 사용하고 있었다는 거고요.

이것 외에도 연도별 청구 건수랑 DUR 점검을 대비한 통계들이 21, 22, 23이 있는데요. 이걸 보면 처방 청구 건수를 분모로 하고 DUR 처방 건수를 분자로 했을 때 비율이 각각 21년에 106%, 22년에 107% 또 23년에 110% 이렇게 나옵니다. 이게 왜 100%가 넘어가냐 이런 의문이 있으실 텐데, 청구 중에는 또 비급여만 하는 경우는 청구가 안 되니까 DUR은 들어갔는데 청구가 안 되는 게 있으니까 분모가 오히려 좀 작은 경우들이 있습니다. 그래서 이걸 보면 상당히 현장에서 DUR 사용을 많이 한다.

그리고 제가 현장 점검을 사실 이것 때문에 몇 번을 나가 봤습니다. 대학병원급의 종합병원은 제가 갔던 곳도 그렇고 여쭤봤던 교수님들도 DUR은 자기네들 다 쓴다고, 그것은 병원의 기본 프로세스로 돼 있어 가지고 다 쓰고 그걸 통해서도 이렇게 체크를 받는다고 말씀을 들었고요.

그다음에 의원급이 사실은 잘 못 쓰는 게 그동안의 관례였는데 그것도 최근에 제가 말씀드린 대로 요새는 EMR에 그렇게 다 붙어서 나옵니다. 그러니까 아예 셋업이 돼 갖고 나와 갖고 EMR을 깔아 갖고 부팅을 시키고 오픈을 하면 그냥 DUR이 자동으로 떠 있어요. 그러니까 이것을 귀찮다고 끄고 싶으면 굉장히 어렵게 찾아 들어가서 꺼야 되는 거라서 오히려 그게 더 힘들다 이런 얘기를 제가 들었고요.

그래서 이게 사용이 상당히 많이 확산된 것은 저는 사실이라고 보고, 다만 이게 건별로 진짜 할 때마다 제대로 점검을 하는지는 그것은 한 번 더 저희가 다른 조사를 통해 가지고 확인을 하도록 하겠습니다.

그리고 이수진 위원님 말씀 주신 것처럼 이걸 쓰는 근본적인 취지가 바로 지금 말씀하신 그겁니다. 그러니까 환자들한테 중복처방 안 하고 병용금기 되는 것 있을 때 그걸 명확하게 미리 알아 가지고 처방 안 하고 이렇게 해 가지고 환자, 그다음에 거기서 더 나아가서 부작용 같은 것 일어나면 그다음 약 처방할 때 명확하게 알고 하도록 하는 것이 DUR의 목적인데……

약물 부작용이 있을 때 그것이 기록돼서 참고가 되는지는 그것은 제가 좀 확인이 필요하고요. 현재는 저희가 시스템적으로 처방금기약품, 그다음에 사전에 앞단에서 처방된 것들에 대한 목록이 뜨니까 그걸 보고 선생님들이 '이건 이미 처방이 됐네' 그러면 빼고 처방하실 수 있고.

그런데 병용금기는 알람이 뜹니다. 그러니까 제가 어떤 약을 처방하면 '이것은 이전에 된 것과 중복처방이 안 되는 항목입니다' 이렇게 떠서 그 뜬 것을 지우고라도 처방을 하시려면 의사 선생님이 거기다 특별히 사유를 입력해야만 그다음 프로세스로 넘어가게 설계가 돼 있어 가지고 소기의 목적은 하고 있습니다. 다만 아까 말씀하신 개별 단위의 약물 부작용까지 다 세밀하게 기록을 해 갖고 추적되는지는, 거기까지는 안 가 있는 것 같고요. 이것은 계속 그런……

어차피 이게 저희가 서포트를, 의료인들이 정확한 처방을 하도록 지원하기 위한 시스템인데 제가 왜 이것을 의무화하는 것에 대해서 조금 신중검토 의견을 드리냐면 처음에 만들 때는 '이것을 도와드리려고 만들었습니다'라고 해 놓고 나중에는 또 '확산되니까 이제는 다 써라' 이렇게 하면 진짜 들어갈 때랑 어디 나올 때 다른 이런 불신의 소지가 됩니다. 그래서 그것은 저희들한테 좀 맡겨 주시면 좋지 않겠나 이런 생각이 듭니다.

○소위원장 강선우 이주영 위원님 먼저 손 드셔서요.
○이주영 위원 제가 앞에서 나온 이야기들을 조금 더 부연을 하면 EMR 켜면 로그인할 때 그냥 자동 연동이기 때문에 거의 처방 건별로 다 확인은 되는 상태인데 그 확인을 의사가 하나하나 문제가 없을 때는 다 열어 보지 않는다는 의미입니다.

그리고 차관님 말씀하신 대로 병용금기가 뜰 때나 연령금기에 있을 때는 팝업이 뜨고 사유를 입력하도록 되어 있기 때문에 거기에 대해서는 저는 충분한 실무적인 게 이루어지고 있다고 생각을 하고요.

부작용에 대해서 말씀 주셨는데 사실 DUR을 통해서 부작용을 미리 우리가 어떻게 방지하겠다는 것은 사실상 약전에 나와 있는 부작용 전체를 미리 한번 보여 주는 것 이상의 의미가 별로 없기는 합니다. 왜냐하면 부작용은 약물과 개인 인체 간의 개별 작용이거든요. 그리고 어떤 상황에서는 발생하지만 또 그 이후에 발생하지 않거나 예전에 괜찮았던 약이 이후에 부작용이 발생하는 경우도 충분히 많이 있을 수가 있습니다. 그렇기 때문에 그것은 부작용에 대해서 개별 사건을 우려해서 미리 DUR 시스템에 집어넣는다는 것은 그냥 약전에 있는, 복약설명서에 있는 그것을 다 알람을 한번 띄우는 것 이외에는 실익이 없고 그것이 불편이나 혹은 야기할 수 있는 처방권의 침해, 혹은 처방 소극화에 대해서 환자에게 줄 수 있는 실익이 거의 없기 때문에 그것을 하나하나 부작용으로서 하지는 않는 거고요.

이수진 위원님 말씀하셨던 개인 부작용에 대해서는 DUR로는 아마 못 하게 돼 있을 겁니다. 왜냐하면 이것도 개인 건강에 대한 개인정보이기 때문에 이것을 정부가 전체를 통제하고 다른 병원에 공유를 하는 것 자체가 사실은 개인정보 침해에 해당합니다.

그렇기 때문에 각 병원에서 본인들 차트에서는 알람이 뜨게 할 수는 있는데 알람까지 뜨게 하는 건 대학병원 정도고 개인 의원에서는 그냥 환자 차트의 메모 간 같은 데 대부분은 기재를 해서 다음에 방문하셨을 때 그 병원에서는 알고 있게 하기는 합니다. 그것은 관례적인 거기는 하고.

그런데 그것을 국가가 시스템을 만들면 이것은 기본적으로 그 시스템 구축을 하는 것에 대한 논의부터 다시 시작을 해야 되는 부분이고, 병원을 이렇게 넘나들면서 알람이 뜨는 게 딱 하나가 있습니다. 감염병이 있을 때 해외 입국자의 경우에는 병원을 넘나들면서 모든 병원에 동일한 알람이 뜹니다. 그것은 입국을 할 때 이것을 보건복지부에서 취합을 해서 각 병원으로 보내겠다는 동의를 미리 그 환자에게 받았기 때문에 가능한 시스템이거든요.

그래서 개인 부작용이 DUR을 통해서 관리가 되면 좋겠는데 이러면 개개인의 건강에 대해 알리고 싶지 않은 것까지 국가가 당연히 간섭을 할 수밖에 없는 결과가 초래되기 때문에 이것은 국가가 시스템 구축하기에도 쉽지는 않을 것으로 생각은 됩니다.

○소위원장 강선우 서영석 위원님.

○서영석 위원 너무 자세하게 설명하셔 가지고……

(웃음소리)

하여튼 개인 부작용까지 다할 수는 없는 거고.

현재 DUR 시스템, 우리가 갖고 있는 좋은 시스템이잖아요. 그런데 이게 사실상 100%에 되도록 해야 되는 것은 맞을 것 같고요.

그런데 과거에 연세 많이 드신 분들 때문에 이게 강제화하거나 이러지 못했던 측면이 없지 않아 있었는데 지금은 강행규정 정도로 해서 처벌이 없다면 그렇게 해도 괜찮은 시점쯤 왔다고는 보거든요, 이 시스템을 가동한 지 오래됐기 때문에.

그런데 일선에서 보면 지금 모든 사람들은 다 잘하고 있는데 간혹 보면 프로그램을 꺼 놓고 있거나 이런 경우도 왕왕 있는 것으로 확인되고 있거든요. 그래서 지금 보건복지부가 조사한 통계를 자료로 제출해 주시면 좋을 것 같고요.

이후에 이것이 실제로 만약에 의무화를 안 한다고 하더라도 거의 100%의 의무화 수준에 임박할 수 있도록 어떤 조치를 해야 된다는 것은 분명한 것 같습니다. 그렇게 해야 시스템이 안정적으로 가동이 될 수 있다고 보기 때문에 그런 관점에서 입법 자체를 바라봐 좋겠다 이런 당부의 말씀을 드립니다.

○김윤 위원 저도 말씀하신 DUR 현황에 관한 자료를 좀 주셨으면 좋을 것 같고.

저희가 심평원에서 보고받은 바에 의하면 DUR 알람이 떴는데 처방 변경을 하지 않은, 그러니까 처방 변경률이 0%인 의료기관이 2023년도 4/4분기 기준으로 637개 기관인 것으로 보고를 받았고요. 이 기관들은 주사제 처방률, 노인주의 의약품 처방률, 항생제 처방률이 다 전국 평균에 비해서 높은, 그러니까 부적절한 처방의 가능성이 높은 기관들입니다. 그러니까 사용률 못지않게 실제로 처방 변경이나 처방 알람을 수용하는 비율이 어느 정도나 높은지도 같이 보셔야 될 것 같고요.

보다 근본적인 문제는 약물 이상반응에 관한 사실 복지부의 정책이나 관리 시스템이 없다는 건데요. 그러니까 이상반응 중에 처방이 잘못돼서 일어나는 경우도 있고 우리가 예측하기 어려운 약물의 이상반응이 일어나는 경우도 있는데 전체 약물 이상반응의 한 4분의 1에서 2분의 1은 처방이 잘못돼서 일어나는 약물 이상반응입니다. 소위 그것을 예방 가능한 약물 이상반응이라고 얘기를 하는데요.

그래서 전혀 예측하지 못하는 이상반응이야 아까 이수진 위원님 말씀하신 것처럼 개인별 히스토리 관리를 통해서 관리를 하는 거지만 학술적으로 알려진, 쓰면 안되는 약을 같이 쓰거나 하는 등의 문제는 지금 이 DUR 시스템을 보다 효과적으로 쓸 수 있도록 하는 정부의 대책이 필요한 것은 저는 맞다고 생각합니다.

○보건복지부제2차관 박민수 그 말씀은 100% 공감을 합니다.

○소위원장 강선우 추가로 질의하실 위원님들 있으신가요?

○김미애 위원 그러면 어떻게 하자는 건데요?

하나만……

제가 현행법을 봐도 미리 확인하도록 되어 있고 지금 말씀하신 것들…… 동일 성분 의 약품인지 병용 금기, 특정 연령대 금기, 임부 금기, 그 밖의 령으로 정하는 정보 이런 것을 미리 확인하라고 해 놨잖아요, 의무로.

○보건복지부제2차관 박민수 예.

○김미애 위원 그런데 이것 말고 달리 확인하는 방법은 환자를 문진이나……

○보건복지부제2차관 박민수 문진이나 복용 중인 약을 갖고 오라고 해서 그것을 직접 보고 판단할 수도 있고요. 여러 가지 방법을 통해서……

○김미애 위원 그래서 그렇게 해 오는데 현행 규정의 불비로 인해서 환자가 어려움을 호소하거나 그런 일들은 있습니까?

○보건복지부제2차관 박민수 규정의 불비보다는 아까 약물 부작용 말씀도 주셨고 하는데 제가 보기에는 문제가 크게 두 가지입니다.

의도를 가지고, 목적과 의도를 가지고 어떤 약을 중복적으로 계속 처방받으려고 하는 환자들이 있지 않습니까, 마약류나 이런 부분들? 그런 거가 남용…… 그것을 시스템적으로 100% 막기가 어려운 것, 첫째 하나 있고요.

두 번째가 이런 개별적인 어떤 약물 부작용이나 이런 것, 이런 것은 자료가 공유가 안 되니까 또 반복해서 처방이 나갈 수가 있는데 제 생각에 아까 말씀들을 죽 들어 보니까 이것은 DUR로 할 것은 아닐 것 같고요.

저희가 지금 개인정보 고속도로 사업이라 그래 가지고 지금은 자기의 진료 기록이나 이런 것들을 개인이 다 코멘트할 수 있도록 저희가 앱도 개발하고 했지 않습니까? 이것을 의료기관에 내 의지에 따라서 보낼 수가 있거든요.

지금 보내는 것은 처방된 것, 이런 공적 기록만 보내게 돼 있는데 그것을 나중에 조금 더 디벨롭이 많이 되면 자기 개인의 특정한 약물에 대한 부작용이나 이런 것도 어느 기록하는 칸을 둬서 이것을 필요시에 해당 의료기관에 보내기 해 가지고 처방 전에 참고하도록 이렇게 하면 좀 보완이 되지 않을까……

○김미애 위원 그러니까 제가 생각할 때는 환자도 자기의 질병이 낫기 위해서 병원에 가고 의사도 환자를 낫게 하려고 하기 때문에 모든 정보가 있으면 문진을 통해서 다 애기를 할 것 같거든요.

○보건복지부제2차관 박민수 맞습니다.

○김미애 위원 그래서 보니까 의협이나 치과의사협회는 지나치게 환자의 진료권에 개입한다 이렇게 하면서 반대하는 것 같습니다. 저는 이런 부분들도 감안돼야 될 것 같다는 의견입니다.

○전진숙 위원 마지막 질문 하나만 할게요.

○소위원장 강선우 전진숙 위원님.

○전진숙 위원 앞에서 말씀하신 것들은 다 자료도 같이 주셨으면 좋겠고.

아까 수기로 여전히 병원 이력 관리를 하고 계시는 분들이 있는데 그 인구가 도대체 어느 정도나 됩니까?

○**보건복지부제2차관 박민수** 지금은 이제 많이 줄었을 것 같습니다. 정확한 통계는……

○**전진숙 위원** 어느 정도 있는지 파악하고 있으신 것은 없으시지요?

○**보건복지부제2차관 박민수** 예, 통계는 없습니다.

○**전진숙 위원** 그럴 거라고 예측을 하시는 거고 거기에 어려움이 있을 거라고 이야기하시는 것은 조금 자료를 명확하게 가지고 말씀을 하시는 게 필요할 것 같고요.

제가 계속 듣다가 방금 문진, 그러니까 직접 진료를, 병원에 직접 찾아가서 진료를 할 경우에는 문진표로 하든지 여러 가지를 할 수 있는데 이를테면 비대면 진료를 했을 경우에는 그것을 할 수가 없는 상황인 거잖아요.

○**보건복지부제2차관 박민수** 위원님, 비대면도 사실 문진을 다 해야 됩니다. 그러니까 방법이 대면이냐……

○**전진숙 위원** 그러니까 해야 된다고 이야기하는 것과 지금 상황은 좀 다른 부분이기 때문에 그런 부분들 다 보완이 돼야 되는 측면이 있어요. 그것을 함께 고려하고 말씀을 해 주셨으면 좋겠어요, 차관님.

○**보건복지부제2차관 박민수** 예.

그래서 비대면 진료도 당연히 환자들한테 기본적인 질문들을 하고 그것을 감안해서 의사가 처방을 하셔야 되는 게 맞고요.

그런데 지금은 대면이든 비대면이든 병원에 갔을 때 뭐를 체크업(checkup) 하고 이런 것까지 정부가 제도화를 통해서 하는 것보다는 의학 지식이나 이런 것을 바탕으로 해서 의료계의 자율적인, 전문성 영역이니까 이렇게 돼 있는데 그것을 제도적으로 어떻게 보완할 건지 그것은 조금 더 고민을 해 보도록 하겠습니다.

그런데 DUR을 통해서…… 이 문제 해결의 방법이 DUR이냐, 이것만이 문제 해결의 유일한 방법이냐, 그것은 아니기 때문에……

○**전진숙 위원** 그렇지요. 그것만이 정답은 아니지만 정답을 찾아가는 과정 중의 하나일 수 있는 거지요.

○**보건복지부제2차관 박민수** 그렇습니다.

○**서영석 위원** 저 하나만 더……

○**소위원장 강선우** 서영석 위원님.

○**서영석 위원** 좀 이해가 안 가는 부분은 복지부가 생각하는 게 이게 DUR을 통해서 하면, 이 시스템으로 하면 어떤 어려움이 있다는 건지 그것이 명확하지가 않아요. 그러니까 뭐가 일선에서, 현장에서 사용하는 데 어려움이 있는 건지, 그 프로그램이 다 알아서 가동, 작동하는 건데……

○**보건복지부제2차관 박민수** 시스템을 쓰는 데 어려움이 전혀 없고요. 어려움이 있기 때문에 의무화를 반대하는 게 아니라 이미 거의 대부분의 경우에는 사용을 하고 있기 때문에 의무화가 불필요하다는 말씀 드리는 거고.

다만 법에 의무화가 되었을 때 아주 소수의 사례 있겠지만 그것을 사용 안 한 것을 또 이유로 분쟁의 소지가 될 수 있기 때문에 그 부분을 말씀을 드리는 겁니다.

그래서 실익이 없다, 의무화의 실익이 별로 없고 그것을 또 오히려 의무화했을 때는 개별 구체적인 사정상 안 할 수밖에 없는 것을 포괄을 하지 못하고 그것을 이유로 또 어떻게 보면 공격과 이런 것의 빌미가, 갈등의 빌미가 될 수 있다 그런 취지로 말씀드리는 겁니다.

○**서영석 위원** 그러니까 그런 거라면 지금 의사협회나 이쪽에서 반대하는, 행정 업무가 가중되기 때문에 그렇다 이것은 내가 볼 때는 적절한 지적이 아닌 것으로 보여지거든요.

○**보건복지부제2차관 박민수** 예. 지금 시스템으로 다 하는데 그것을 행정 업무가 가중된다고 보기는 좀 어렵고요.

다만 이것은 있을 것 같습니다. 그러니까 아까 개원가에서 이게 사실은 사용이, 약간 실질적 사용이 잘 안 되는 경우들이 있는 것으로 저희가 파악을 하고 있는데 팝업이나 이런 게 굉장히 많이 뜹니다. 그러니까 처방하는 데 시간이, 제대로 이것을 다 점검하고 하면 처방하는 데 시간이 꽤 걸릴 거예요.

그래서 지금 이게 우리 의료의 현실이 3분 진료 이런 얘기도 있지만 사실은 저는 환자로서 가 보면 30초 진료거든요. 그런데 이렇게 만약에 DUR을 다 확인을 하면 그것만 해서 아마 몇 분이 소요가 될 것으로 봅니다. 그래서 그 부분에 대한 아마 우려가 아닌가 저는 그렇게 이해를 합니다.

○**백혜련 위원** 좀 더 논의…… 필요한 자료, 지금 위원님들 요청하신 것 있으니까 하고……

○**소위원장 강선우** 예.

차관님, 종합적으로 죽 검토를 하면서 각각 위원님들께서 궁금하신 점들이 조금 다르셨던 것 같고 그래서 그것 관련해 가지고 정확한 자료를 요구하셨던 위원님들도 계시고 해서 그것을 정리를 해서 다음번에 정리된 것을 가지고 논의를 하시지요.

○**보건복지부제2차관 박민수** 알겠습니다.

○**소위원장 강선우** 의사일정 제16번의 약사법 일부개정법률안 관련해서는 특별한 이견은 없으신 거지요?

(「예」 하는 위원 있음)

○**수석전문위원 이지민** 그런데 DUR 같이하실 거면 약사법도 같이 계속 심사로 하셔야 되지 않을까요? 지금 공공기관 넣는 것만 이견 없이 정리가 된 거고요, DUR 부분은 아직 정리가 안 된 것 같은데요.

○**보건복지부제2차관 박민수** 약사법은 내용이 두 가지 아닙니까?

○**소위원장 강선우** 정보 요청기관 확대 및 제공 가능한 정보 범위 명시, 여기 관련해서는 이견은 없으신 거지요, 두 번째 부분?

(「예」 하는 위원 있음)

그러면 이것을 다 합쳐서 계속 심사를 할 건지 아니면 백혜련 의원님 안 중에서 정보 요청기관 확대 및 제공 가능한 정보 범위 명시 이 부분만 가지고 가서 마무리를 지을 건지.

발의하신 백혜련 위원님 어떠세요?

○**백혜련 위원** 그것만 해 주세요, 그러면. 약사법의 이 조항만……

○**소위원장 강선우** 그러면 이 부분만 따로……

○**백혜련 위원** 예. 공공단체 수정한 걸로만……

○**수석전문위원 이지민** 위원님, 그러면 6쪽의 약사법…… 이 부분, 약사법에도 DUR 시스템을 통해서 확인하는 이 부분이 있는데 지금 약사법을 의결을 하시면 23조의2 부분이 없어지는 거거든요, 다음번 논의하실 때.

○**백혜련 위원** 23조의2요?

○**수석전문위원 이지민** 예, 약사법이요. 자료 6쪽입니다.

DUR 시스템 사용 의무화가 지금 의료법에도 있고 약사법에도 있어서요. 개정안 두 군데 다 있어서……

○**서영석 위원** 똑같은 개념이기는 해요.

○**수석전문위원 이지민** 예. 이것을 빼고……

○**보건복지부제2차관 박민수** 지금 뒤에 것을, 약사법을 의결을 하시면 앞에 것 약사법이 같이 빠져 가지고…… 그 말씀 같습니다, 지금 수석전문위원님 말씀은.

○**수석전문위원 이지민** 아니면 다음에 의원님께서 이 부분을 다시 또 발의를 하시든지 그런 방법이 있습니다만……

○**김미애 위원** 약사법 DUR 관련한 규정을 철회를 하시고……

그러라는 거지요? 그것을 다시 발의하든지……

○**서영석 위원** 그래야 된다는 거지요, 앞뒤가 맞으려면.

○**소위원장 강선우** 두 번째 것을 지금 오늘 의결을 하려면……

○**수석전문위원 이지민** 일단 다음번에는 의료법에 있는 DUR 사용 의무화만 남아 있게 되기 때문에 어떻게 하실지 결정을 해 주셔야 될 것 같습니다.

○**김미애 위원** 그냥 1개만 해서 같이 가는 게 낫지 않나……

○**소위원장 강선우** 그러면 계속 심사하는 걸로.

의사일정 제14항 의료법 일부개정법률안은 수정안을 채택하여 수정한 부분은 수정한 대로 기타 부분은 원안대로 의결하고자 하는데 이의 없으십니까?

(「예」 하는 위원 있음)

가결되었음을 선포합니다.

의사일정 제15항 및 제16항, 이상 두 건은 보다 깊이 있는 검토를 위해 계속 심사하기로 하겠습니다.

의사일정 제17항부터 제19항까지 약사법 일부개정법률안을 심사하겠습니다. 수석전문위원 보고해 주시기 바랍니다.

○**수석전문위원 이지민** 서영석 의원안과 이수진 의원안은 대체조제라는 용어를 동일성분조제로 변경하려는 것입니다.

대체조제란 의사 또는 치과의사가 처방전에 적은 의약품을 약사가 성분·함량·제형이 같은 다른 의약품으로 대체하여 조제할 수 있도록 하는 제도로 2007년 7월 의약분업의 도입과 함께 시행되었습니다.

현행법 제27조에 따르면 약사는 처방전을 발행한 의사·치과의사의 사전 동의를 받은 경우 성분·함량·제형이 같은 다른 의약품으로 대체하여 조제할 수 있고 생물학적 동등성이 인정되는 경우 등에는 사전 동의 없이도 대체조제를 할 수 있습니다.

2쪽입니다.

따라서 현행법상 약사가 처방의약품을 대체조제하는 경우 성분·함량·제형이 모두 동일하거나 동일한 제조업자가 제조한 성분·제형이 같고 함량이 다른 의약품으로서 처방 용량과 동일한 용량으로 조제하는 것이므로 두 개정안은 대체조제라는 표현으로 인해 원래의 처방의약품과 성분·제형 등에 차이가 있는 의약품이 조제되는 것으로 오인하지 않도록 해당 용어를 동일성분조제로 변경하여 환자의 이해를 높이려는 취지로 이해됩니다.

다만 개정안에 대하여 대한약사회는 대체조제에 대한 환자의 거부감이나 오해를 줄일 수 있어 개정이 필요하다는 입장인 반면 의사협회와 병원협회는 환자가 완전히 동일한 의약품으로 오해할 소지가 있어 알 권리를 침해하는 것으로 보아 반대하는 입장임을 고려할 필요가 있습니다.

4쪽입니다.

서영석 의원안, 이수진 의원안, 민병덕 의원안 세 건의 개정안은 공통적으로 약사가 의약품을 대체조제한 경우 사후통보 대상에 건강보험심사평가원을 추가하고 심평원은 대체조제한 내용을 통보받은 경우 처방전을 발행한 의사 또는 치과의사에게 그 내용을 알리도록 하려는 것입니다.

이수진 의원안은 '지체 없이' 알리도록 하고 서영석 의원안, 민병덕 의원안은 '1일, 부득이한 사유가 있는 경우에는 3일 이내'에 알리도록 규정하여 통보 기간에 일부 차이가 있습니다.

5쪽입니다.

심평원을 통해서 대체조제 통보를 하게 되면 통보기한이 현행보다 길어질 수 있는데 의학적 관점에서 부적절한 대체조제가 이루어진 경우에도 처방 의사·치과의사가 늦게 인지하여 적시 대응이 어려워지고 환자의 약물 오남용을 초래할 우려가 있다는 대한의사협회·대한병원협회의 의견도 있어 이를 종합적으로 검토할 필요가 있는 것으로 보입니다.

이상입니다.

○소위원장 강선우 정부 측 의견 듣겠습니다.

○보건복지부제2차관 박민수 제안하신 내용이 크게 보면 두 가지 같습니다.

하나가 지금 대체조제라고 돼 있는 것을 동일성분조제라고 명칭을 변경하는 것인데요. 방금 보고에서 들으신 것처럼 대체조제는 현재 개념 정의가 식약처장이 생물학적 동등성을 인정한 동일성분 그리고 함량·제형의 의약품을 대체하는 것을 대체조제라고 합니다.

이 법안을 제안하신 취지가 대체조제가 환자들에게 무언가 의사가 한 것을 약사가 마음대로 바꾸는 것 같은 인상이 드니 동일성분 이렇게 해서 비슷한 약이라고 하는 이미지를 주자고 하는 취지인 건 제가 충분히 이해가 되는데 동일성분조제라고 한다 그러면 너무 범위가 확대돼 가지고 함량이나 제형이 다른 것도 동일성분은 조제가 되는 것처럼 이렇게 또 오인될 우려가 있어서 이 부분 그리고 관련되는 단체에서도 좀 의견이 첨예하게 갈리고요. 그래서 이것은 조금 더 심도 있는 검토가 필요하지 않을까 이런 의견을 첫 번째 드립니다.

두 번째의 통보 대상에 건강보험심사평가원을 추가하는 내용인데요. 현재는 대체조제하는 경우에 약사가 판단해서 대체조제가 필요하면 대체조제를 하고 나서 전화나 팩스 등으로 사후에 통보를 하면 됩니다. 그런데 이것이 현장에서는 또 많은 어려움이 있는 부분들이 있습니다. 그래서 저희가 아마 오늘 시행규칙 개정안을 입법예고를 했는데 여기에 전화, 팩스, 이메일 외에도 건강보험심평원에서 운영하고 있는 업무포털을 통해서도 할 수 있도록 범위를 넓혀서 가급적이면 대체조제하고 통보를 좀 원활히 할 수 있도록 이렇게 좀 했고요.

그런데 다만 이것을 대상에 심평원을 주체로 넣게 되면 사실 대체조제의 본질은 의사와 약사 간의, 의사가 처방한 것을 약사가 동일성분·동일함량 이런 것들로 대체조제할 수 있도록 해서 의약분업 형태에서 어떤 체크 앤드 밸런스를 이렇게 하는 전문 직역 간의 체크 앤드 밸런스의 제도 취지인데 여기 중간에 건강보험심사평가원이 껴 가지고 역할, 롤도 명확하지 않고 이것은 기본 제도 취지에도 맞지 않는다라는 좀 이런 생각이 듭니다.

그래서 이것은 저희가 조금 수정대안을 만들어 봤는데요. 그래서 이것을 심평원을 주체로 넣기보다는 아마 통보나 이런 것들을 원활히 하는데 도움을 줬으면 좋겠다는 취지로 저희가 이해를 하고 그래서 현행 규정에 보면, 27조 4항입니다, '약사는' 이렇게 해 가지고 '제2항에 따라 처방전에 적힌 의약품을 대체조제하는 경우에는 그 처방전을 발행한 의사 또는 치과의사에게 대체조제한 내용을 1일 이내에 통보하여야 한다' 이렇게 돼 있는데요. 여기서 '통보하여야 한다'를 '통보하며 건강보험심사평가원은 대체조제 통보에 필요한 지원을 할 수 있다' 이렇게 좀 해 주시면 오늘 저희가 입법예고한 업무포털 이런 것도 좀 근거 규정이 될 수 있고 해서 이렇게 좀 대안을 제시를 합니다.

이상입니다.

○**소위원장 강선우** 질의하실 위원님들 있으신가요?

서영석 위원님.

○**서영석 위원** 이게 21대에 걸쳐서 22대까지 온 법안인데 복지부가 좀 그렇게 미온적으로 검토한 것에 대해서 유감스럽게 생각을 하고요.

우선 복지부가 주장한 것에서 보면 이게 동일한 약품으로 오인할 수 있다 이렇게 하는데 그런 게 아니고 명확하게 법조문에서 규정한 것처럼 생물학적 동등성이 인정된 것에 대해서 대체조제를 하는 것이기 때문에 지금 복지부 의견대로라면 생물학적 동등성을 인정한 것에 대한 기본 취지를 부정하는 것으로밖에 이해가 되지 않거든요. 그래서 그것은 앞뒤가 안 맞다 이렇게 생각이 되고요.

그리고 제가 2020년대 국정감사 때도 쭉 말씀을 드렸지만 실제로 현장에서 대체조제에 대한 통보 방식이 여러 가지 문제가 있어서 이것을 DUR 시스템으로 통보를 해 주는 것이 실제로 현장에서 96.5%가 긍정적으로 입장을 표명을 해서 누누이 이 문제는 심평원이 갖고 있는 좋은 시스템이, 아까도 얘기했던 DUR 시스템을 통해서 전달되도록 하는 게 좋겠다. 이것이 왜 필요하냐면 실질적으로 현장에서 대체조제를 하면 바로 입력이 됩니다, 3초 안에. 그러면 이 입력이 된 것을 의료계가 연결을 시켜 주면 되거든요. 그래서 더 지체되지도 더 정확하게 정보를 공유할 수 있는 시스템이기 때문에 그렇게 하는 게 적절하다고 생각하고 21대에 거쳐서 22대까지 계속 주장을 하고 있는 겁니다.

이것이 현장에서 요구되는, 대부분이 요구하고 있는 건데도 불구하고 계속 복지부가 미온적으로 대처를 하기 때문에 여기까지 왔다고 생각하고 오늘 좀 적극적인 대응으로 법안심의를 해 주셨으면 감사하겠습니다.

○**소위원장 강선우** 남인순 위원님.

○**남인순 위원** 차관님, 저희가 지금 대체조제라고 하는 부분을 도입하게 된 취지는 오

리지날 약품 말고 제네릭 의약품을 써서 여러 가지 건보 재정을 좀 절약할 수 있는 그러한 요소도 있었거든요. 그런데 워낙 대체조제 비율이 10% 미만인 것으로 알고 있어요. 활성화가 안 돼 있는 거지요, 지금. 그리고 최근에는 어쨌든 다들 경험하실 텐데 품절 약 때문에 대체조제를 다 경험하게 됩니다. 약국에 가서 없으면 그런 경험을 하게 되기 때문에 저는 지금은 그동안은 이 논리로 계속 반대를 해 오셨는데 지금 상황은 달라지지 않았나라는 생각이 좀 듭니다.

그런 차원에서 지금 이미 생물학적 동등성 관련해서 거기서 인정한 것만 하도록 되어 있고 그런 경우에 굉장히 다빈도 의약품을 중심으로 먼저 시작할 수도 있다고 봐요, 부칙이라든가 이런 부분에. 그러니까 이 부분을 접근을 하셔야 되거든요. 계속 똑같은 논리로 안 된다고 얘기를 하시니까 그래서 이미 동일성분명 부분으로 그걸 개념을 바꾸는 부분은 이제는 좀 해야 되지 않나라는 생각이 들거든요. 그러니까 남용되어질 수 있는 것들을 제어할 수 있는 그 단계적 접근을 얘기하는 거지요. 그런 부분을 오히려 부칙이라든가 이런 것으로 넣어서 할 때가 됐다 이런 생각이 좀 들고요.

그리고 이걸 통보하는 방식에 있어서도 지금 포털 만드셔서 심평원에 있는 업무포털을 통해서 시행령으로 하시겠다고 얘기하시는 거잖아요. 그동안 사실 국정감사에서 끊임없이 DUR 시스템이랑 연결해서 사후통보하는 것을 팩스나 전화로 하지 않고 할 수 있는 부분 하면 좋겠다라는 얘기가 정말 몇 년 동안 나왔어요. 저도 심평원하고 복지부가 얘기를 해서, 제가 복지부 담당 공무원이랑도 얘기를 했었는데 좀 시범 사업으로 할 만했었거든요, 그동안. 그런 걸 진행을 안 했어요.

그래서 저는 결국 복지부가 의지만 갖고 할 수가 없기 때문에 이번 참에 이걸 내신 의견, 법안을 좀 반영을 해서 단계적 접근이라도 하고 개념을 바꿔 주는 이런 부분하고 사후통보를 굳이 포털도 하신다고 한다면 업무포털하고 DUR하고 여러 가지 있잖아요. 그런 것들 활용해서 사후통보 부분을 굉장히 간소화해 줘야지 활성화가 됩니다. 그래야 건보 재정도 절약되는 것 아닙니까? 그렇게 나가야 될 때가 되지 않았습니까?

○보건복지부제2차관 박민수 위원님, 사후통보를 조금 더 용이하게 할 수 있도록 하는 것은 저희는 공감의 의견을 표합니다. 그리고 지금 아까 용어 변경에 대한 의견도 저는 충분히 공감을 하고요.

그런데 이제 잘 아시는 것처럼 약의 처방과 관련되는 이게 의사와 약사 간에 굉장히 첨예한 영역 아닙니까? 그러니까 이게 섣불리 잘못 이렇게 하게 되면 또 직역 간에 굉장히 갈등의 요인이 될 수 있다라는 점을 고려해 주십사 말씀을 드리고요. 이런 과제일수록 사실은 좀 같이 모여 가지고 의견을 나누고 이게 어디까지 서로 수용이 가능한지 이런 것들에 대한 논의가 전제가 돼야 되는데 그런 게 없이 그냥 이것은 크게 본질을 바꾸는 게 아니니까 이렇게 하면 좋겠다고 갔을 때 저희가 수 차례 그간 역사적으로 겪었던 사례들이 있습니다. 그래서 또 다른 불씨가 되지 않을까 염려스럽다는 말씀드리고.

DUR에 대해서 왜 그걸 안 하고 포털로 하나 이런 말씀 주셨는데 이것은 좀 사실은 기술적인 부분이 많습니다. DUR은 지금도 실시간으로 처방시스템하고 그다음에 조제시스템하고 연결이 돼 있어서 의사가 처방하고 그다음에 약사가 조제할 때 바로 입력이 됩니다. 그래서 실시간으로 정보들이 수집이 돼서 그다음 단계 처방하는 분한테 참고가 될 수 있도록 되는데요.

이것을 그 목적이 아니라 대체조제하는 것의 통보용으로 하게 되면 시스템적으로 개별 처방을 하시는 의사 선생님의 아이디를 타고 들어가서 해당 환자가 이렇게 변경이 됐다라는 것들을 시스템적으로 알려 줘야 되는데 이걸 그렇게 설계할 때 지금도 현행 시스템도 이게 도입 이후에 연 처리량이 지금 3배 늘어났습니다. 늘어났는데 이것을 만약에 넣게 되면 이게 엄청나게 많은 과부하가 돼서 기술적으로 상당히 어렵다는 게 실무진들의 의견이라는 말씀을 드리고요.

아까도 말씀드린 것처럼 DUR을 지금 많은 사용을 하는 걸로, 17년 도입 이후에 많이 확산을 해 왔습니다. 이게 의무화를 해 달라, 요전에 논의한, 의무화를 해 달라, 그다음에 대체조제 통보 수단을 해 달라 이런 요구가 분명히 있음에도 불구하고 저희가 그런 게 아니라 이것은 처방을 하실 때 도움되는 시스템으로서 지원을 해 드리는 시스템이다 해서 계속 이것을 확산을 해 왔는데 이게 거꾸로 통제와 규제의 수단으로 활용되게 되면 확산이나 이런 것들이 어렵게 되거든요.

○**서영석 위원** 차관님, 왜 궤변을 하세요, 자꾸. 별도의 포털을 만들어도 지금 얘기한……

○**보건복지부제2차관 박민수** 제가 지금 설명을 드리겠습니다.

그런 것들을 보완하기 위해서 저희가 포털을 통해서……

○**서영석 위원** 그러니까 차관님이 말씀하신 포털을 만들어서 하더라도 지금 얘기한 건 똑같이 하드가 걸리는 거예요. 그것의 해결 방법이 아니고 지금 고도화돼 있는 DUR 시스템을 해서 하면 되는데 제가 그래서 현장에서 물어봤어요. 바로 현장에서 클릭하면 바로 연결될 수가 있는데 이것을 왜 포털을 별도로 만들어서 들어가게 하냐, 이건 수용성이 없는 거다. 뻔히 누가 봐도 다 알 수 있는 사실을 가지고 왜 이렇게 궤변을 하시는 거예요?

○**보건복지부제2차관 박민수** 지금 업무 포털도 약사·의사 선생님들이 매일매일 쓰시는 시스템입니다. 주요 공지, 제도 변경 사항 이런 것 다 포털을 통해서 저희가 안내를 하고 있고 청구할 때 사용하는 시스템이기 때문에……

○**서영석 위원** 차관님이 지금 현장에 대해서 이해가 전혀 없어서 그러는 건데 현장에서 처방을 받아서 조제를 하다 보면 현장에서 바로 그 대체조제에 대한 것을 클릭해서 입력합니다. 그다음 바로 그것이 심평원으로 전송이 되게 돼 있어요. 그러면 심평원에서 의료기관에 연결만 해 주면 되는 거거든요.

그리고 21대 때 심평원에서 누누이 그것에 대해서 아무 문제 제기를 안 했고 기술적으로 가능하다고 얘기를 했는데 지금 와서 왜 심평원의 고민을 들어 보지도 않고 복지부가 그렇게 일방적으로 얘기를 해요?

○**보건복지부제2차관 박민수** 지금 DUR 과부하 걸린다는 것은 심평원의 의견을 제가 받아서 말씀드리는 것입니다.

○**서영석 위원** 그래서 심평원이 그것을 고도화하잖아요. 지금 그 사업을 하고 있기 때문에 그 고도화 사업을 할 때 이 시스템이 가능하도록 제도를 만들자 이렇게 얘기를 한 거고 그것이 실제 현실적으로 받아들여지고 있는 거잖아요.

○**보건복지부제2차관 박민수** 위원님, 그리고 제가 말씀드린 것처럼 직역 간에 첨예하게 갈등이 있는 영역이라고 말씀드렸지 않습니까. 그래서 이것은 법이 먼저 가기보다는 직

역 간의 소통과 이런 것들을 사전에 하는 것이 저는 필요한 영역 아닌가 이런 생각에 다시 말씀드립니다.

○**남인순 위원** 혹시 차관님, 최근에 그 동일 성분에 대해서 의협에서 따로 의견 받으셨어요? 제가 4년 전인가 몇 년 전에 토론할 때 똑같은 토론을 했는데……

○**보건복지부제2차관 박민수** 이 법안에 대해서요?

○**남인순 위원** 예, 그러니까 동일 성분 처방에 대해서.

○**보건복지부제2차관 박민수** 의사협회에서 의견이 있습니다. 반대 의견으로 와 있습니다.

○**남인순 위원** 그러니까 늘 하던 건데 그 부분에 대해서 또 새로운 소통을 해 보셨느냐 이 얘기예요. 직접적인 소통은 안 하셨지요?

○**보건복지부제2차관 박민수** 저희가 개별 법안을 가지고 따로 소통을 하거나 그러지는……

○**남인순 위원** 이것은 개별 법안을 떠나서 보건복지위원회에서 논의되는 너무 오래된 의제였었거든요.

○**보건복지부제2차관 박민수** 위원님, 그래서 오늘 이것을 결정해서 가시기보다 저희가 자리를 만들어 가지고, 양 직역 간에도 같이 모여 가지고 또 소통을 해 보겠습니다. 그러니까 이게 한쪽은 너무 간단한 건데 왜 안 해 주느냐 이러고 또 반대쪽은 이것에 대해서 굉장히 큰 의구심을 갖고 이렇게 하니까……

○**남인순 위원** 제가 왜 그 말씀을 드리느냐 하면 여기 의협의 반대 의견을 보면 반대 의견 내용이 그 전에 비해서 상당히 약화됐어요. 그때는 식약처에서 하고 있는 생물학적 동등성 실험 자체를 불신했었어요. 그것 자체를 인정을 안 했어요, 국가기관이 하는 것을. 그런데 그것이 아니라고 한다면 충분히 대화가 가능하지 않느냐 그 말씀을 드리려고 하는 겁니다.

○**보건복지부제2차관 박민수** 지금도 대체조제는 그렇게 할 수 있는 게 돼 있습니다. 약사 선생님들이, 오히려 제가 보기에 현장의 문제는 통보 방법의 불편함이나 이런 것보다는 우리가 설계했던 의약분업이 당초의 생각하고는 조금 다르게 직역 간에 체크 앤 밸런스가 잘 안 되는 이런 게 저는 근본적인 원인이 아닌가 이런 생각이 들고요.

이것은 시간을 주시면 저희가 양 단체랑 자리를 만들어서 의견을 같이 한자리에서 교환을 해 보고 어느 정도로 수용이 가능한지 가늠도 해 보고 이렇게 해서 추후에 다시 심의를 하시면 어떨까 싶습니다.

○**소위원장 강선우** 이수진, 이주영, 서명옥 위원님 순서로 할게요.

○**이수진 위원** 차관님, 혹시 이 대체조제라는 단어에 대해서, 이것에 대해서 변화가 있어야 된다 그런 생각은 갖고 계세요?

○**보건복지부제2차관 박민수** 저는 단어를 바꾼다고 해서 그게 바뀐다고 생각 안 합니다.

○**이수진 위원** 그런데 환자들한테는 대체조제라는 게 오해의 소지가 있기는 하잖아요.

○**보건복지부제2차관 박민수** 아닙니다. 그러니까 예전에 저희가……

○**이수진 위원** 아니, 아닌 게 아니라 현재 상황은 그렇기 때문에 이 부분에 대한 개선이 필요하다는 거고 그래서 동일 성분 조제라는 것을 제안드렸는데 저는 이럴 경우에는

차관님께서도 동일 성분 조제가…… 여기 뭐라고 써 놓으셨는데 저는 사실 동의는 안 돼요. 동의는 안 되지만 그렇다 하더라도 그러면 이렇게 부르는 건 어떻겠습니까라고 사실 차선책을 얘기해 주셔야 되는 거예요. 저는 이렇게 얘기하시는 건 아예 하고 싶지 않다라는 것을 은연중에 비치는 거라서 이게 과연 양 단체의 이견 때문에 곤란하다, 복지부가 그렇게 뒤에 숨어 있으면 되겠습니까?

저는 그래서 왜 이걸 가지고 이렇게 할까 의문이기도 하고, '동일 성분 등 조제'라고 하시든지, 성분과 함량이 그렇게 중요하고 그게 의미가 꼭 담겨야 된다라면, 제가 정말 우습기도 하지만 이렇게까지 말씀을 드리는 게 복지부가 대체조제라는 것에 대해서는, 이미 많은 분들이 이 단어는 오해의 소지가 있으니 변경이 필요해, 그런데 동일 성분 조제라고 많은 분들이 얘기를 하세요. 그런데 그것도 만약에 문제가 있다면 거기에 대해서도 뭔가 대안을 마련해 주셔야 돼요. 그런데 그런 얘기는 안 하시고 계속 단체 간의 이견 조율 이런 얘기를 하시니까 하고자 하는 의지가 많이 박약하다 이렇게밖에 평가할 수가 없는 거고요. 그러면 '동일 성분 등 조제'로 하실래요?

○보건복지부제2차관 박민수 검토를 해 보겠습니다.

○이수진 위원 저는 좀 웃겨 가지고 지금 말씀을 드리는 거예요. 그렇게 오랜 시간 동안 논의가 됐는데 이런 것조차도 얘기하기가 어렵다라는 게, 그래서 그런 말씀도 드리는 거고요.

그리고 어쨌든 결국은 이것 환자 중심으로 모든 것들을 평가하고 봐야 되지 않겠습니까?

○보건복지부제2차관 박민수 예.

○이수진 위원 그래서 제가 명칭에 대해서도 이렇게 의견을 드리는 거고, 실제로 정말 환자를 위한다면 이게 약국과 그다음에 진료받은 병원과 빠르게 정리가 돼야 되잖아요. 이게 지금 현장에서 전화, 팩스 등으로 안 되는 것 아닙니까? 이것 갖고 잘 안 되는 것 아니에요, 사후 통보도 잘 안 되는 거고?

○보건복지부제2차관 박민수 제가 보기에는 수단의 문제는 아니라고 생각합니다. DUR을 해 주고 뭘 해 준다고 해서 본질이 바뀌지는 않을 거라고 생각이 듭니다.

○이수진 위원 DUR을 하면, 그러니까 그것을 이용 안 하실 거라는 건가요?

○보건복지부제2차관 박민수 이용 안 한다는 게 아니라요. 지금도 약사 선생님들이 얼마든지 대체조제를 할 수 있음에도 불구하고 그게 활성화가 안 되는 이유는 수단이 없어서가 아니고 그것을 했을 때 예상되는 불이익 또는 경쟁 약국에 환자를 뺏길 우려 이런 것들이 복합적으로 작용한다고……

○이수진 위원 아니, 지금 갑을 관계를 거꾸로 얘기하시는 것 같아요.

○보건복지부제2차관 박민수 갑을 관계를 거꾸로 얘기하는 게 아니라 정확하게 얘기하는 겁니다.

○이수진 위원 아니, 그 문제가 약국에서 선택할 수 있는 문제인가요?

○보건복지부제2차관 박민수 그런 우려 때문에 결국은 그것을 하지 못하고, 처방전대로 약을 구비해야 되는 부담이 많아서 대체조제를 활성화해야 된다라고 하는 명제에 대해서는 저는 그것은……

○이수진 위원 동의하시지요?

○**보건복지부제2차관 박민수** 그럼요, 동의합니다. 그래야만 비용도 절감하고⋯⋯

○**이수진 위원** 그런데 지금 동의한다라는 그 전제에 대해서 의사 단체에서는 동의하지 않기 때문에 어렵다라는 말씀이시잖아요.

○**보건복지부제2차관 박민수** 그러니까 서로 충분히 소통을 해서 이게 여기까지 나가는 것이 본질과는 관계가 없다라는 게 서로 확인이 되고, 그렇게 해서 그 정도까지 가는 것에 대해서는 서로 양해가 된다 이렇게 돼야⋯⋯

○**이수진 위원** 그러면 이게 본질이 아니면 본질은 뭔가요? 이 법안에 숨어 있는 본질이 뭔가요?

○**보건복지부제2차관 박민수** 약 처방권이지요, 약 처방권.

○**이수진 위원** 약 처방권이요?

○**보건복지부제2차관 박민수** 약을 선택하는 권한, 거기로부터 모든 문제가 발생을 하지 않습니까?

○**이수진 위원** 그러니까 여기 환자가 없다는 거예요. 지금 여기 쓰여 있는 말들이 다 그냥 보기 좋게 하느라고 한 거고 결국은⋯⋯ 저도 지금 그 말씀이 맞다고 생각해요, 그 약 처방권에 대해서. 그런데 환자들을 위해서 정말 바람직한 게 무엇인지 고민을 한다면, 이제 세상이 바뀌었어요. 환자들도 뭐가 좋은지 다 안단 말이에요. 저는 그렇게 고민을 해 봐 주셨으면 좋겠어요.

○**보건복지부제2차관 박민수** 예, 고민하겠습니다. 고민하고 저희가 더 노력하도록 하겠습니다.

○**소위원장 강선우** 이주영 위원님.

○**이주영 위원** 차관님, 이것을 자꾸 직역 간 문제라고 차관님께서 말씀을 하시니까 이런 오해가 생기는 것 같아요. 왜냐하면 이것은 사실 직역 간의 문제가 아니거든요. 방금 이수진 위원님께서 질의해 주셨지만 이것의 문제는 사실은 환자입니다. 제가 실제로 경험했던 환자인데 만성질환이 있어서 세프트리악손이라는 약을 항상 맞았던 환자예요. 그런데 동일 성분입니다. 그 주성분은 동일해요. 그런데 제약회사가 바뀌었습니다. 그러면서 부작용이 발생을 해서 주사가 들어가자마자 쇼크에 빠지는 환자를 제가 응급실에서 실제로 경험을 합니다.

그리고 약에는 주성분만 있는 것이 아니라 부성분도 있고 부성분을 넘어서 이 약을 믹스하기 위한 혹은 약 제제를 형성하기 위해서 들어가는 부수적인 것들이 있습니다. 그렇기 때문에 그것이 인체에 어떤 영향을 미치는지까지가 모두 평가되지 않은 상태에서 이것을 동일 성분이라고 명명하는 것이, 그렇다면 대체조제라는 것이 이미 허용이 돼 있는 상황이고 충분한 근거를 가지고 실무적으로 쓸 수 있는데 이것을 굳이 동일 성분으로 바꾼다는 것은 과연 이것이 환자의 선택권을 높여 주는 것도 아니고요, 환자의 안정성을 증진시키는 것도 아니고요. 오히려 정확한 정보를 바꿔서 좋게 포장하는 것밖에 안 된다는 생각이 환자 입장에서는 들 것 같거든요. 우리가 이것 관점을 바꿔서 그러면 만약에 대리수술이라고 명명되는 것을 동일 진료과 의사 수술이라고 바꾸면 그것은 환자에게 어떤 식으로 받아들여질 것이냐, 그건 절대로 환자를 위한 명칭 변경은 아니거든요.

그렇기 때문에 대체조제를 허용할 것이냐 말 것이냐는 일부 직역 간에 문제가 있을 수도 있겠습니다만 이미 대체조제가 가능해진 상황이고 그것에 대한 논거가 충분한 상황에서 약사님들이 그것을 선택하실 수 있으시다면 오히려 이것은 정확하고 간명한 언어로서 국민에게 설명하는 것이 훨씬 더 환자를 위한 것이지 이것은 직역 간의 문제도 아니고 처방권에 대한 문제라면 이것은 얼마나 정확한 처방, 내가 내린 것의 오리지널리티를 확실하게 지켜서 내가 거기에 대한 책임을 질 것인가에 대한 논의가 되어야 한다고 저는 생각하기 때문에 이것은 직역 간의 논의가, 의협에서 오히려 덜 강경한 의견을 냈더라도 저는 실제로 환자 입장에서도 이것은 반대를 하고 더 명확한 언어를 정부에서는 쓰시는 것이 옳다고 생각합니다.

○**보건복지부제2차관 박민수** 제가 직역 간의 갈등이라고 말씀드린 게 이해관계를 말씀드리는 게 아니라 의사 선생님들은 대체조제에 대해서 부정적인 생각이 강하십니다. 왜냐하면 내가 환자의 상태나 이런 것을 정확하게 해 갖고 이 약을 처방했는데 그것을 바꿨을 때 사고가 나거나 하면 누가 책임을 질 거냐 이런 말씀을 하시는 거거든요. 그러니까 이게 무슨 약에 따른 이해관계 이런 것을 떠나서 그런 것을 걱정하시는 거고.

또 현실의 어떤 경우들은, 가벼운 약들은 대체조제가 원만히 돼도 크게 문제가 없는 경우들이 있으니 약사 선생님들은 왜 이것 활성화가 안 되고 이렇게 어렵게 되느냐 이런 것들이 있으니까 이런 것에 대해서 어느 정도는 공통으로 이해할 수 있는 범위는 만들어 놓고 절차나 이런 프로세스 구조를 짤 때는 그 범위 안에서 하는 게 불필요한 갈등을 예방할 수 있다 그런 취지로 말씀드린 겁니다.

○**소위원장 강선우** 서명옥 위원님, 전진숙 위원님이요.

○**서명옥 위원** 저도 복지부차관님과 이주영 위원님 의견에 동의하고요. 이게 아무리 동일한 성분과 함량과 제형일지라도 약에 따라 가지고 환자에게 미치는 효과와 부작용은 엄연히 다를 수 있습니다. 그렇기 때문에 의사가 자기 면허를 걸고 모든 책임을 지고 처방을 합니다. 그렇지 않을 경우에 의사의 처방이 왜 필요합니까? 그렇기 때문에 저는 의료 영역에 있어서 전문가의 처방권에 대해서는 정말 인정해 줘야 된다고 보고요.

이 대체조제하고 동일 성분 이 부분하고 환자한테는 어떠한 영향을 미치겠습니까? 저는 환자가 느끼는 불이익이라든지 편의는 별반 다르지 않다고 봅니다. 그러니까 환자의 편의를 자꾸 얘기하시는데 저는 이 부분에 대해서 환자의 편의는 좀 더 안전한 약을, 환자의 병을 낫게 해 주는 게 저는 궁극적인 목적이 돼야 되기 때문에 이 명명을 바꾸는 것에 대해서는 아까 복지부차관님께서 말씀하신 대로 두 전문 영역 간에, 의약 근무자하고 의료 간에 저는 좀 더 심도 있는 토의를 거쳐서 좋은 방안을 마련해 주시면 좋겠고요. 저는 지금 현재 시급을 다툴 정도로 이 사안이 급하지 않다고 보거든요.

그리고 조금 전의 DUR도 마찬가지입니다. 지금 우리가 의료 갈등으로 인해서 의료계하고 아주 첨예하게 여러 가지 갈등이 있고 의료계에서는 복지부에 대한 불신이 굉장히 많습니다. 모든 좋은 정책을 내놓으면 처음에는 의료계에서 신뢰가 없기 때문에 쉽게 따라 하지 않습니다. 이 DUR 정책도 처음에는 아마 의료계에서 반대했는데 복지부에서 여러 가지 좋은 점을 내세워 가지고 실시해 가지고 겨우 안착하고 있는 시점에 다시 이것을 의무화한다면 의료계에서는 다시 반발합니다. 그러면 앞으로 보건복지부에서 하고자 하는 정책 신뢰하지 않습니다.

일부 의료기관에서는 연세 드신 분들이 수기로 하거든요. 아마 그분들이 대부분 80대입니다. 그분들 조금 있으면 현장을 떠나고 또 젊으신 의사들은 대부분 DUR 사용하지 마라 해도 아마 사용하실 겁니다. 그렇기 때문에 그런 부분을 자연스러운 시장에 맡겨 주시고요. 이런 부분은 약사하고 의사들 간에 좀 더 심도 있는 토의를 거친 후에 하는 게 좀 더 사회적인 갈등을 줄이지 않나 생각합니다.

　이상입니다.

○**소위원장 강선우** 전진숙 위원님 하시고 서영석 위원님 하실게요.

○**전진숙 위원** 자꾸 환자 중심의 이야기를 하시는데 실제로 환자들이 약을 타서…… 병원에 가면 그 시간 안에 병원과 가까운 근거리가 아닌 이상 조금 떨어져 있거나 시간이 좀 지나거나 이러면 자기가 살고 있는 동네에 가서 약을 구하려고 하면 약이 없어요. 약이 없으면 할 수도 없고, 병원과 가까운 약국에 가서 이야기를 하면 방금 말한 대체조제라는 것을 통해서 전화하고 팩스하고 왔다갔다하면서 진행되는데 실제 현장에서는 댁이 좀 떨어져 있거나 시간이 좀 지나고 그러면 그게 안 되는 거예요. 그러면 약을 제때 복용하지 못하는 상황이 발생을 하고 환자들은 불안할 수밖에 없는 상황입니다. 그래서 저는 여기에서 용어 이야기를 다시 하고 싶지는 않지만 환자들이 안심할 수 있는 방식이 뭘까에 대해서 우선적으로 방점을 찍고 고민했으면 좋겠다. 대체조제라고 하는 것과 동일 성분 조제라고 하는 용어에서 갖는 느낌도 현실적으로 되게 다른 거거든요. 이 부분에 대해서 이야기를 하시고.

　저는 차관님께서 2개의 서로 다른 집단의 이해 요구가 조금 달라서 그런데 이 문제가 하루 아침에 있었던 문제가 아니지요?

○**보건복지부제2차관 박민수** 예.

○**전진숙 위원** 언제부터 시작이 됐습니까?

○**보건복지부제2차관 박민수** 의약분업 이후부터 시작……

○**전진숙 위원** 그렇지요. 그런데 그때부터 지금까지 하고 오늘 법안이 올라오니까 이 논의를 다시 하시겠다고 하는 게 말이 됩니까? 논의를 해서 짧은 시간에 정리해 오실 수 있습니까?

　아까 서명옥 위원도 그렇게 말씀하셨는데 때로는 의대 정원 늘리듯이 복지부가 결단을 해야 되는 사안도 있는 거예요. 그런데 의약분업 하고 나서 지금까지 시간이 얼마나 많이 흘렀습니까. 그런데 오늘 또 이 자리에 오셔서 같은 방식으로 직역 간에 상호 이야기를 해 보고 오겠다고 하는 게 정답이면 이 자리를, 이 논의를 회피하겠다고 하는 것으로밖에 들리지 않습니다. 이것에 대해서 답변 한번 해 보십시오.

○**보건복지부제2차관 박민수** 아니, 회피하겠다는 것은 아니고요. 이게 여태까지 오래된 과제이고 그러면 그것에 대해서 복지부가 어떤 노력을 하였느냐라고 했을 때 제가 이것을 정확하게 정리를 해서 말씀드릴 수 있는 상황은 아닙니다마는 잘 아시는 것처럼 의약분업도 도입 과정에서 상당한 진통과 갈등이 있었고 그런 과정을 해결하는 과정에 현행의 제도로 안착된 것입니다. 그래서 제도 자체가 완벽하다고 볼 수는 없는데 어쨌든 간에 그런 과정들을 거쳐서 제도화가 되었고.

　그리고 이런 유의 법안들이 그동안에 여러 차례 제시가 된 것도 사실이고요. 그래서 제시가 될 때마다 찬반 의견들이 상당히 첨예하게 갈리는 모습을 보고 이것은 어떻게 보면 되게 절차적인 거고 간략한 것 같지만 이 안에 숨겨져 있는 갈등의 가능성, 잠재성 이런 것들을 저희가 예측 가능하게 본다고 할 수 있는 것이고요.

이번에 내신 이 법안에 대해서 우리가 사전 논의를 못 한 것은 송구하게 생각합니다. 잘 아시는 것처럼 정부도 마이티가 아니고요. 지금 1년여 이상 증원 때문에 의료계와 갈등이 있는 상황이고 지금은 불신이 극도에 달해 있는 상황이라 차분히 앉아 가지고 이런 것의 대화를 나눌 여건 자체가 잘 안 되는 바람에 송구하게도 이 법안에 대해서 충분히 사전 논의를 거치지 못했다는 말씀을 드리고요.

시간을 조금 주시면 저희가 한번 공식적으로 자리를 만들어서 추가로 의견을 들어 보고 그렇게 해 가지고 저희 의견도 다시 한번 정리를 해서 그렇게 말씀드리면 어떨까 싶습니다.

○**소위원장 강선우** 발언 신청하신 위원님들 몇 분 계시는데 짧게, 축약적으로 해 주시기 바랍니다.

서영석 위원님, 최보윤 위원님, 백혜련 위원님 순서 맞지요?

○**서영석 위원** 코로나19 때문에 타이레놀과 관련된 수급 파동이 있었고 약품 대란이 있었잖아요. 현재도 호흡기질환 관련해서 여러 가지 수급 불안정이 있고. 그래서 대체조제를 활성화하는 게 필요하다 이런 것들이 국민적 수용성이 좀 높아졌다 이렇게 보입니다. 그리고 실제 현장에서 의사 선생들도 이를테면 타이레놀이 없는…… 약을 하기 위해서 변경이 자연스럽게 이루어졌고 그런 것에 대한 공감대가 일정하게 있다고 보고.

그리고 실제로 생물학적 동등성이라고 해서 식약처가 공인, 인증한 것이 1만 2784개 품목이에요. 그러면 상당 부분의 양이 존재한다고 보고. 지금 얘기한 대체조제라고 하는 것은 의약분업 때부터 이미 시행돼 온 거고 그것은 국가가 인정한 생물학적 동등성의 범위 내에서 하는 행위예요. 그러니까 이것이 의사들의 처방권을 위해하거나 처방권에 대해서 문제 제기를 하거나 그런 것이 아니잖아요. 의사들이 처방을 한 것에 대해서 국가가 인정한 생물학적 동등성 범위 내에 있는 약품들에 대해서 대체조제가 원활하게 될 수 있도록 우리가 활성화해 보자 이런 취지 아니에요? 그리고 그것이 국민의 의료비에도 영향을 미치고 이익이 되기 때문에 국민 편익에도 이익이 된다고 보는 거지요.

그래서 이 문제가 21대부터 계속 얘기됐고, 많은 의원님들이 아직도 그것이 해결 안 됐느냐고 저한테 얘기를 하고 있습니다. 그것은 국민적인 요구가 많다는 것을 방증하는 것인데 다만 지금 차관님이 말씀하신 것처럼 직능 간의 갈등으로 계속 내재되어 있는 것으로 문제를 풀고 있기 때문에 이것이 접근이 안 되고 있다, 그래서 그것을 조금이라도 풀려면 조금 더 단계적으로, 이를테면 다빈도 의약품에 대해서 어디까지 하위법령으로 정해서 이렇게 하자 이렇게 접근할 수 있다고 봐요. 그런 노력들이 필요하다고 보는데 여태까지 손놓고 이것을 이렇게 안 하고 있다는 것은 말이 안 된다고 보고, 그래서 차제에 이 문제가 현실 가능할 수 있도록, 작동할 수 있도록 복지부가 나서야 된다 이렇게 생각을 합니다.

입장을 좀 얘기해 주세요.

○**보건복지부제2차관 박민수** 전혀 노력을 안 했다는 것은 사실과 다르고요.

저희가 최근에 하위법령, 시행규칙 개정을 통해서 서식 등을 개정해 가지고…… 전화·팩스 이렇게 돼 있지 않습니까. 그런데 이메일을 잘 활용 못 하는 상황이 있길래 그래서 이메일을 왜 활용을 잘 못 하나 그랬더니 이메일 주소를 알 수가 없는 상태가 돼서요 저희가 시행규칙을 개정해 가지고 각종 서식 등에 의료기관의 이메일도 표시하도록 했고.

　　그다음에 오늘 입법예고 나간, 포털을 통해서도 통보할 수 있도록 했고 이렇게 절차적으로 할 수 있는 노력은 저희가 행정부 차원에서 합니다.

○**서영석 위원**　차관님, 오늘 입법예고한 건강보험심사평가원 업무포털로 하겠다 이렇게 문호를 더 열겠다고 한 거잖아요. 그 얘기의 이면에는 건강보험심사평가원으로 하면 된다고 하는 것을 전제하는 거예요.

○**보건복지부제2차관 박민수**　그것은 의미가 좀 다릅니다.

○**서영석 위원**　아니, 그러니까 그것은 차관님 생각이고. 심사평가원을 통해서 DUR을 이용하든 업무포털을 이용하든 접근을 하면 된다고 하는 것을 전제하고 있는 거거든요. 그러니까 통보 방식을 다양하게 변화시키겠다고 하는 것을 전제하고 있는 거잖아요.

○**보건복지부제2차관 박민수**　예.

○**서영석 위원**　그러니까 어느 것이 더 효율적인지는 검토가 필요한 것이고, 그것이 DUR이 될 수도 있고 업무포털이 될 수도 있고 그렇다고 봐요. 그러나 그것을 시스템 자체를 더 추가하는 것은 심사평가원을 통해서 하는 것이 적절하다고 이미 복지부도 그렇게 판단했다고 저희는 생각을 하거든요. 그것은 부정할 수 없는 거잖아요, 시행규칙 개정안을 냈으니까.

○**보건복지부제2차관 박민수**　그러니까 저희가 시행규칙 낸 것은 업무포털을 통해서 할 수 있도록 연 것이고요. DUR은 시스템에 문제가 발생할 수 있기 때문에 좀 곤란하다고 실무적으로 해서……

○**서영석 위원**　그러니까 그것은 나중에 한 번 더 따져 보자고요. 그러니까 심사평가원으로부터 하는 방법을 연구하고 DUR 시스템으로 하는 것이 적절한지, 업무포털로 하는 것이 적절한지는 심평원하고 좀 더 얘기를 해 봐야 되는 것 아니에요?

○**보건복지부제2차관 박민수**　저희가 의견 들은 것이 그렇습니다, DUR이 과부하 문제가 발생할 수 있다라고.

○**소위원장 강선우**　최보윤 위원님, 백혜련 위원님 한꺼번에 질의를 하시고 그다음에 차관님께서 축약적으로 답을 해 주시면 좋겠습니다.

　　최보윤 위원님.

○**최보윤 위원**　저는 짧게 하려고 하는데요, 빠른 진행상 논의가 좀 필요한 부분만 말씀드리고 싶은데요.

　　차관님, 오늘 대체조제 부분에서 혹시 환자협회 쪽 의견 들어 보셨나요?

○**보건복지부제2차관 박민수**　환자단체요?

○**최보윤 위원**　예.

○**보건복지부제2차관 박민수**　저희가 보통 법안이 나가면 각 단체에서 의견들을 죽 주시는데, 지금 제가 잠깐 확인을 하겠습니다.

○**최보윤 위원**　그래서 이 부분은 지금 여러 위원님들 의견이 있지만 사실 환자 입장에서는 알권리도 굉장히 중요하고 그리고 약물 관련된 부작용이나 안전성 부분이나 이런 부분들이 충분히 논의가 되어야 될 부분이라서 오인할 수 있는 용어 부분은 지금 성급히 해야 될 이유는 없고 환자단체 의견도 청취하고 그리고 이 부분의 논의를 다음번으로 넘겨서 논의를 이어 가는 것의 의견을 빠르게 드립니다. 그래서 이 부분 논의는 중단하고 다른 시급한 사안들도 많은 상황이니까 저는 이것은 신중 검토 의견 드립니다.

○소위원장 강선우 백혜련 위원님.

○**백혜련 위원** 일단 일반인과 법률적인 관점에서요, 아까 이주영 위원님이 한 말씀도 그렇고 이수진 위원이 한 말씀도 옳은데 지금 일반인들 그리고 법률적으로 느낄 때…… 대체조제라는 개념이 성분, 함량 및 제형이 같은 다른 의약품으로 대체하여 조제하는 것이게 일종의 정의 규정이잖아요. 그런데 일반인이 느낄 때는 이게 훨씬 더 재량이 큰, 한마디로 대체조제라는 개념이 재량이 큰 개념이고 동일 성분 조제 이게 훨씬 더 재량이 적은 개념이에요.

그래서 어쨌든 저는 이것은 법률적으로는 용어를 바꿀 필요가 있다, 그래서 복지부에서 이것은 고민하셔야 됩니다. 지금의 이 시스템 그대로 간다고 하더라도 이 개념 정의는 문제가 있다, 한마디로.

○**보건복지부제2차관 박민수** 알겠습니다. 더 고민을 해 보도록 하겠습니다.

○소위원장 강선우 의사일정 제17항부터 제19항까지 이상 3건은 보다 깊이 있는 검토를 위해 계속 심사하기로 하겠습니다.

위원님들 좌석에 보건의료인력지원법 및 보건의료기본법 개정안 조문별 검토, 보건복지부에서 나온 안을 배포해 드렸습니다.

아까 오전에 의사일정 관련해 가지고 이수진 의원님께서 발의하신 법안이 빠졌다고 하셨는데 어제 발의를 하셔서 이수진 의원님 법안 같은 경우에는 지금 의안과에서 저희 상임위 자체로 회부가 안 된 상황입니다. 그런 상황이어서 올라오지 않았다는 그런 점을 말씀드리고요.

나눠 드린, 복지부에서 정리한 이 안은 저희가 정회를 했다가 검토를 하도록 하겠습니다.

효율적인 심사를 위해 잠시 정회했다가 오후 4시 50분에 속개하겠습니다.

정회를 선포합니다.

(16시35분 회의중지)
(16시50분 계속개의)

○소위원장 강선우 좌석을 정돈해 주시기 바랍니다.

회의를 속개하겠습니다.

제6항부터 제8항까지 3건의 법률안을 심사하겠습니다.

○이수진 위원 위원장님.

심사 전에요, 아까 제가 보건의료인력지원법 2건의 정부 수정안……

○소위원장 강선우 의사일정 번호가 몇 번이지요?

○수석전문위원 이지민 9번, 10번입니다.

○이수진 위원 제가 보건복지부 수정안을 가져오면 정리해서 진행하겠다라고 말씀을 드렸고 보건복지부가 수정안을 주셨어요. 그래서 그 수정안대로 통과시키는 것에 대해서 저는 동의를 합니다. 그래서 그걸 확인을 해 주시기 바랍니다.

○소위원장 강선우 알겠습니다. 이것 논의하시고 이따가 한꺼번에 정리할게요.

○이수진 위원 지금 정리해서 그것 먼저 해 주셔도 될 것 같은데요.

○소위원장 강선우 논의하고, 어차피 한꺼번에 정리해 가지고 할게요.

보건의료인력지원법 및 보건의료기본법 개정안 조문별 검토, 정부에서 정리하신 이 안,

이것 같이 핵심적인 내용들만 중심으로 리뷰를 좀 하도록 할게요.

○**보건복지부제2차관 박민수** 별도로 배포해 드린 자료의 맨 오른쪽 칸에 저희가 수정대안이라고 정리한 것이 저희가 정리한 안입니다. 그래서 이걸 우리 담당 국장이 간략하게 리뷰를 해 드리도록 하겠습니다.

○**보건복지부보건의료정책관 김국일** 보건의료정책관입니다.

보고드리겠습니다.

먼저 2쪽에 보시면 수급추계위원회 설치 및 추계 대상입니다. 그 수정대안으로 보건의료기본법 21조 사항입니다.

3페이지 보겠습니다.

21조의2 수급추계위원회를 보정심 산하에 두도록 했습니다.

또 수급추계위원회의 내용은 4쪽에 보시면 의료법 제5조에 따른 의사·치과의사·한의사 그다음에 2호에는 간호사, 3호에는 약사와 한약사, 4호에는 의료기사 등이 있습니다.

5쪽은 그 밖에 대통령이 정하는 보건의료인력으로 또 했습니다.

두 번째, 수급추계위원회 심의사항입니다.

수급추계위원회 심의사항은 2항 1호에 보시면 해당 보건의료인력의 국가 단위 수급추계 그다음에 지역 단위의 수급추계, 3호에 보시면 전문과목 및 진료과목 구분이 있는 직종으로서 대통령령이 정하는 직종에 따른 수급추계 이렇게 했습니다.

3항에는 심의함에 있어서 지역 단위 수급추계, 전문과목 및 진료과목별 수급추계를 분석하여 그 결과를 반영하도록 했습니다. 이건 지역 단위하고 전문과목별 수급추계는 2027년 이후에 할 수 있도록 부칙에 그런 쪽으로 규정이 돼 있습니다.

4항에 보시면 수급추계위원회의 구성입니다. 위원장 1인 포함해서 15명 이내로 구성하도록 했고 직종별 추천하는 위원이 과반수가 되도록 이렇게 했습니다.

5항에 보면 위원장 같은 경우에는 전문가분들 중에서 보건복지부장관이 임명하는 걸로 했습니다.

6항 같은 경우에는 복지부장관이 위원 위촉하는 사항입니다. 아까 오전에 설명드린 것처럼 보건의료직종별 공급자를 대표하는 단체 그리고 의료인 단체, 의료기사, 약사회 등에서 추천하는 전문가로 했고 2호에는 보건의료 수요자를 대표하는 단체로 있고 3호에는 보건의료 관련 학회, 연구기관 등에서 추천하는 전문가가 있습니다.

제7항 같은 경우에는 수급추계위원회 위원은 직종별로 각각 위촉하고 수요자하고 전문가 같은 경우에는 모든 직종 위원회에 같이 공통으로 적용될 수 있도록 했습니다.

8항 같은 경우에는 위원회 자격은 1호, 2호, 3호에 경제학·보건학·통계학·인구학 등 관련 분야 전공자, 인력 정책·수급추계 분야 전문지식이 있는 자, 그다음에 대학의 조교수, 연구기관의 연구위원 이상의 동등 자격을 갖춘 자를 모두 충족한 분이 수급추계위원회 위원으로 자격을 갖추도록 했습니다.

그 밖에 운영에 필요한 사항은 대통령령으로 정하도록 했습니다.

그다음에 9항 같은 경우에는 수급추계위원회의 업무를 효율적으로 수행하기 위해서 분과위원회를 둘 수 있도록 규정했습니다.

다섯 번째로 수급추계센터입니다.

수급추계센터는 일단은 보건복지부장관이 정하는데 1호에 보시면 정부출연기관 등 그런 쪽에서 지정할 수 있도록 했고 두 번째로는 공공기관의 운영에 관한 법률에 따른 공공기관, 이 두 가지 중에서 보건복지부장관이 정하도록 했습니다.

그다음에 예산 근거를 2항에 마련을 했습니다.

여섯 번째, 보건의료정책심의위원회 심의사항입니다.

위원회의 기능 같은 경우에 21쪽에 보시면 제5호에 보건의료인력별 양성 규모를 심의할 수 있도록 넣었습니다.

그다음에 23쪽의 보건의료인력정책심의위원회 구성 이 부분은 보건의료기본법으로 했기 때문에 이 부분은 현행과 같이 이렇게 된 겁니다.

○**이수진 위원** 현행과 같은 거예요?

○**보건복지부보건의료정책관 김국일** 예, 현행과 같이 됐기 때문에 보건의료인력정책심의위원회 구성은 변동이 없습니다.

여덟 번째로 위원회 논의 시 수급추계위원회 추계 결과 반영 부분입니다.

위원회가 수급추계위원회를 심의할 때는 추계위원회의 추계 결과를 존중하도록 이 규정을 넣었습니다.

부칙입니다.

부칙 같은 경우에는 아까 설명드린 것처럼 시행령 만드는 기간이 있기 때문에 공포 후 3개월 뒤에 시행을 하도록 규정을 했고 그다음에 27년 1월 1일부터 시행하는 그 부분은 아까 말씀드린 것처럼 지역 부분하고 전문과목별 그 부분은 27년 이후에 단계적으로 시행하는 걸로 부칙 1조에 넣었습니다.

2조 같은 경우에는 2026학년도 의과대학 입학정원 조정 관한 특례입니다.

보시면 '보건복지부장관은 수급추계위원회와 보건의료인력정책심의위원회의 심의를 거쳐' 이 부분은 '보정심'으로 바꿔야 되겠습니다. 오타입니다. '보정심의 심의를 거쳐 2026학년도 의사인력 양성 규모를 결정하여 교육부장관에게 의견을 제출할 수 있으며 교육부장관은 2026학년도 의과대학 입학정원을 정함에 있어서 이를 존중하여 결정하여야 한다' 이렇게 규정되어 있고 제3조는 간호법 관련 경과조치입니다.

이상입니다.

○**소위원장 강선우** 질의하실 위원님 계신가요?

남인순 위원님.

○**남인순 위원** 먼저 하세요.

○**이수진 위원** 제가 아까도 말씀을 드렸었는데요. 일단 제가 낸 법안이 지금 의안과에서 아직 상임위에 도착을 안 한 거지요, 행정실장님? 확인해 보셨나요?

그래서 일단 제 법안이 깔리지 않았기 때문에 제 법안을 중심으로 해서 의견을 좀 드리겠습니다.

일단 저는 추계 대상과 관련해서는 어쨌든 의사, 치과의사, 한의사, 간호사 등에 대해서 수급추계특별위원회를 두도록 해야 된다 이런 의견을 좀 넣어 놨고요.

그리고 위원 구성 관련해서 수급추계특별위원회 위원 구성에 공급자 단체 추천 7명, 수요자 단체 추천 7명, 관계 전문가 4명, 보건복지부 및 교육부 공무원 1명 해서 20명. 지금 수정안에는 15명으로 구성되어 있지 않습니까? 저는 20명으로 구성하는 게 바람직하다.

　　그리고 아까 말씀드린 것처럼 보정심의 공급자 단체, 수요자 단체의 위원 수를 같이하게 하는 원리, 이것은 분명한 이유가 있기 때문에 저는 수급추계특위도 위원 수를 좀 같은 맥락으로 해야 되는 것 아니겠나.

　　그리고 보정심에서 관련 단체들 관련해서 대표하는 사람으로서 추천하는 사람으로 이렇게 되어 있고 조직의 내부자 중심으로 구성이 돼 있지 않습니까? 그런데 수급추계특별위원회는 추천하는 사람이라고만 해서 반드시 내부자일 필요는 없고 공급자나 수요자 입장을 대변하는 전문가 추천할 수 있도록 하는 것, 이것은 같은 맥락이지요?

○**보건복지부제2차관 박민수**　　예.

○**이수진 위원**　　그리고 저는 특별위원회라고 한 것은 공급자 단체, 수요자 단체, 전문가, 정부 등 그런 각 이해 관계자가 참여하는 것이기 때문에 그리고 공론을 통해서 결정되는 것이다, 저는 이 의미를 강조할 필요가 있기 때문에 특별위원회라는 명칭이 바람직하다 이런 말씀을 좀 드리고요.

　　그리고 보건의료기본법 21조 3항에 '위원은 각 호의 사람 중에 보건복지부장관이 임명 또는 위촉한다. 이 경우에 2호에 따른 위원과 3호에 따른 위원은 같은 수로 구성한다' 이런 조건을 좀 법안에 담았습니다. 그래서 대통령령으로 정하는 관계 중앙행정기관 소속 공무원, 보건의료 수요자를 대표하는 사람으로서 노동자단체, 소비자·환자 관련 시민단체 등에서 추천하는 사람—비영리 포함해서—그리고 보건의료 공급자를 대표하는 사람으로서 의료인 단체, 공급자 단체는 같고요, 약사법의 약사회라든지 그래서 그런 내용들을 좀 담아서 수급추계위원회의 구성과 관련해서 크게는 같은데 일단은 숫자라든지 구성의 비율이라든지 이 부분에 대해서는 좀 이견이 있는 것 같습니다.

　　그래서 그것 관련해서 하나의 법안을 하나의 의견만 가지고 논의하는 것은 다양한 의견이 있을 수 있기 때문에 그래서 관련해서는 조금 더 논의가 필요하지 않겠나 그런 의견 드립니다.

○**소위원장 강선우**　　남인순 위원님.

○**남인순 위원**　　아까 오전에 질의할 때도 어쨌든 이 법안을 통해서 현재 의대 정원 2000명을 둘러싼 갈등이 조금이라도 해소가 되는 것을 생각하시는 거잖아요?

○**보건복지부제2차관 박민수**　　예.

○**남인순 위원**　　그래서 저는 의협의 의견을 상당히 존중해야 될 것 같습니다. 의견을 얘기한 것 핵심 부분은 뭐냐 하면 독립성이거든요, 독립성. 독립성인데 우선은 추계위원회 관련해서 '심의·의결한다'라고 의원님들이 낸 것을 그냥 '심의'로만 하기로 했는데 제가 볼 때는 법체계상 보면 추계위원회 자체는 심의·의결을 할 수 있어야 돼요, 그 추계안에 대해서는.

　　그런데 그것을 갖고 다시 건정심에 가서 거기서 논의를 해서 그 논의 결과를 교육부에 보내는 거잖아요.

○**보건복지부제2차관 박민수**　　예.

○**남인순 위원**　　그러니까 추계위원회 자체는 심의·의결이라고 하는 부분을 저는 넣어야 된다고 생각합니다. 의결을 빼는 것은 아닌 것 같아요. 왜냐하면 이걸로 인해서 심의만 하고 아무런 권한이 없지 않느냐라고 하는 문제 제기를 할 수가 있거든요.

○**보건복지부제2차관 박민수**　　알겠습니다.

○**남인순 위원** 그래서 그 부분에 있어서는 심의·의결 부분을 의원님들이 내신 안이 있기 때문에 그 부분을 반영했으면 좋겠다라고 하는 걸 말씀드리고요.

그다음에 중요한 것이 21조의3(수급추계센터)예요. 결국 실무단에서 일을 하게 돼 있거든요. 수급추계센터가 사실은 다 복지부장관이 관련해서 여러 가지 지정·운영할 수도 있고 또 거기의 인력 구성이라든가 이런 것은 비용도 지원하기 때문에 보건복지부장관으로부터의 그런 자율성 이런 부분에 대한 의구심을 가질 수가 있거든요.

그래서 보통 이게 어쨌든 이런 과정 속에서 나온 법안이기 때문에 수급추계센터 부분을 독립적으로 운영한다라고 하는 것을 그것이 뭐 독립성이라는 게 구체적으로 뭔지에 대한 것은 자세하게 하지 않는다고 하더라도 명시적으로 그걸 넣어 줬으면 좋겠어요, 독립적으로 이걸 운영한다.

○**보건복지부제2차관 박민수** 답변 드릴까요?

○**남인순 위원** 그것 두 가지 부분을 말씀드리고, 아까 제가 4페이지에 있는 적용 대상 부분 관련해서 영양사를 따로 빼는 건 어떠냐라고 하는 것을 아까 검토하셔서 의견 주신다고 했는데 그것까지 답변해 주시기 바랍니다.

○**보건복지부제2차관 박민수** 먼저 이수진 위원님께서 구성에 대해서 공급자, 가입자 동수 원칙에 대한 의견을 주셨고요. 이것은 위원회에서 좀 논의를 해서 정해 주시면 좋겠습니다.

그런데 저희가 파악하는 의료계의 의견 중에 일본의 사례를 들면서 일본의 수급추계위에는 공급자가 대부분 들어가서 한다 이렇게 있었고 정부가 이런 어떤 독립적인, 객관적인 위원회를 설치하는 것에도 자기들이 과반을 넘지 못하면 결국은 독립성, 자기네 의견은 묻힌다 이런 불신이 좀 있었기 때문에 저의가 구성도 과반을 할 수 있도록 이렇게 짰다는 말씀을 드리고요. 그래서 위원회에서 논의해서 좀 결정해 주시면 좋겠다는 말씀 드립니다.

그리고 두 번째, 남인순 위원님께서 세 가지 말씀 주셨는데 먼저 수급추계위원회가 의결한다라고 하는 것은 글쎄요, 저희가 생각하는 기능은 법적으로 수급추계위원회가 수급추계를 하는 결과보고서를 컨펌을 하는 기능입니다. 그래서 위원회가 아마 다양한 가정, 모델 이런 것에 대해서 전문적인 논의를 할 테고 그 전문적인 합의가 이루어져서 센터에서 실제로 실행 페이퍼를 작성하면 그걸 검독을 해 가지고 위원회의 보고서로 채택하는 과정이 있을 텐데 그것이 의결행위다라고 하면 그건 저는 받아들일 수 있을 거라고 봅니다.

그런데 우리가 심의라고 했고 최종 권한을 보정심에 보류를 한 것은 앞단에 이것은 과학적 추계에 관한 것이고 그 결과를 바탕으로 해서 사회적 합의를 이루는 것은 보정심에서 하는 기능으로 분리를 해서 생각했기 때문에 여기에는 의결 기능을 넣지 않았는데요. 그런데 보고서 자체를 위원회의 이름으로 의결한다라고 그렇게 법으로 부여를 해도 전체적인 관계를 고려하면 동일하게 목표를 달성할 수 있기 때문에 또 그 부분은 저희가 수용이 가능하지 않을까 이런 의견 드립니다.

그리고 수급추계센터도 마찬가지로 수급추계센터는 그야말로 위원회에서 정해 준 가정, 모델 이런 게 정해지면 그걸 그대로 수용하는 기관입니다. 실제로 페이퍼를 쓰는 기관인데요. 독립성이라는 게 뭐로부터의 독립성이 좀 애매한데 사실은 위원회가 정한 것을 수행해야 됩니다. 그래서 위원회로부터는 독립할 수가 저는 없을 것 같고 다만 정부나 기타 다른 특정 직역단체의 어떤 압력이나 뭐 이런 걸로부터는 독립적으로 운영을 해야 될 것 같습니다.

그래서 그것은 일반적인 연구기관도 연구는 사실은 그런 것에 독립적으로 수행할 필요가 저는 있다고 보고 그것을 법에 좀 선언적으로라도 명시를 하자고 만약에 제안하신다면 그것도 수용이 가능할 거로 이해를 합니다.

그리고 영양사에 대해서 넣자고 하셨는데 우선 우리가 검토한 12개 직역에는 영양사가 들어가 있지가 않고요. 현재도 들어가 있지가 않은데 그러면 정부는 어떤 로직으로 12개의 직역을 이런 추계를 결정해서 정원을 정하는 직역으로 보았는가에 대한 설명을 드리도록 하겠습니다.

주로는 의료기관에서 근무하는 의료인들, 의료인 등이라고 이해를 제가 좀 하겠습니다. 의료법상의 의료인 그다음에 의료기사법상의 의료기사, 약사법상의 약사, 한의사 이런 부분들이 다 들어가는 거고 결국은 의사, 한의사, 약사, 간호사, 기타 의료기사 등이 여기에 해당되는 거고요. 그래서 의료기관의 공급이 이루어지는 직역단체에 대해서는 정부가 그 공급에 대해서 공적인 의사결정을 하고 수급을 결정하는 이런 로직으로 이해를 해 주시면 좋겠고.

영양사는 현재는 그런 체계에 들어와 있지 않습니다. 그러면 영양사는 어디에 주로 고용이 되는가 보면 물론 병원, 의료기관에도 있지만 영양사는 그 외에도 학교 급식하는 그런 공동 식당이라든지 여러 군데 지금 영양사들이 진출을 하기 때문에 이것을 정부가 수급을 정해 가지고 이렇게 학교 단위의 정원을 결정하는 것이 과연 타당한지 그것은 조금 더 추가적인 검토가 필요할 것 같습니다.

남인순 위원님 제안 주셨지만 지금으로서는 저희가 판단컨대 이 직역까지 거기에 넣어서 하는 것은 좀…… 만약에 여기가 영양사가 들어가게 되면 그러면 또 유사한 다른 직역들도 다 들어가야 된다라고 주장을 할 수가 있어서 우선은 저희가 정한 것은 주로 의료기관의 의료행위와 관련해서 업무를 나눠서 하는 직역들을 중심으로 정원 결정을 정부가 하는 걸로 이렇게 정리를 했다는 말씀을 드립니다.

○**소위원장 강선우** 전진숙 위원님 하시고 이주영 위원님 하실게요.

○**전진숙 위원** 정부가 애초 2000명 증원을 할 때 1만 명 증원을 하시겠다고 하는 계획이 있었잖아요? 그러시지요?

○**보건복지부제2차관 박민수** 예.

○**전진숙 위원** 그 부분에 대해서는 여전히 유효하십니까?

○**보건복지부제2차관 박민수** 그렇습니다.

지금 26년도 정원을 어떻게 할 거냐의 이슈가 있는데 그러면 정부가 결정을 할 때 이것을 주먹구구로 결정한 게 아니라 그 당시에 있었던 3개의 연구 보고서를 기초로 1만 명이 부족하다라고 하는 판단이 있었고 그 1만 명을, 전체로 1만 5000명이 부족했는데요. 그중에 1만 명을 증원으로 채운다라고 하는 의사결정을 하니 이제 2000명이 된 겁니다.

그래서 이 결정을 바꾸려면 사실은 수급추계를 다시 해서 그 객관적 기초가 되는 사실관계가 변화가 있는지 이런 것을 점검을 하는 게 맞겠고요. 그래서 26년도 정원은, 그런데 그것을 하려면 지금 불가능은 아니지만 시간적으로 상당히 촉박한 상황에 있는 거고,

그래서 저희가 대안을 드린 거는 요청하신 지역 단위, 과목 단위 이것까지 다 고려를 해서 정하라 그러면 기간이 너무 촉박해서 불가능해서 그것은 27년부터 하겠다라고……

○**전진숙 위원** 제가 그 부분에 대해서 확인을 좀 하고 싶었어요. 왜냐하면 의대 증원과 관련해서 당장 의협이나 이곳에서 25년 증원에 관련된 이야기부터 시작을 했지만 그것은 한 텀 넘어왔던 거고 26년에 대한 정원을 어떻게 할 건지에 대한 이야기를 할 거면 지금부터 시작해서 방금 말씀 주신 것처럼, 1509명이었나요?

○**보건복지부제2차관 박민수** 1509명이 모집인원이지요.

○**전진숙 위원** 그렇지요? 모집이었어요. 그러고 나면, 매년 2000명씩 증원하겠다고 하는 그 생각이 여전히 변함이 없고 그 숫자를, 기간의 햇수가 늘어난다 하더라도 앞으로 1만 명을 더 증원하겠다고 하는 계획이 있다라는 거를 확인을 제가, 그것은 앞에서 이야기했던 1만 명이 나왔던 숫자에 대해서 스스로 부정하고 싶지 않은 것 때문에 계속 유지를 한다고 하는 전제하에 지금 수급추계위원회나 이런 것들을 죽 이야기를 하고 계시는 것 같아서……

○**보건복지부제2차관 박민수** 아, 그것은……

○**전진숙 위원** 제가 확인을 좀 하고 싶었고요.

○**보건복지부제2차관 박민수** 예.

○**전진숙 위원** 저도 남인순 위원님이 말씀하셨던 것처럼 수급추계위원회가 단순히 심의하는 정도 수준에서 끝나면 다시 이게 한 단계 올라가서 이야기를 할 때 굉장히 많이 흐트러질 수 있다고 하는 염려가 있습니다. 그래서 심의 의결이라고 하는 기능을 반드시 갖춰야 되겠다 이런 생각이 좀 들고요.

　제가 방금 첫 번째 질문을 드렸던 것은 지금 지역 단위나 지역 단위의 수급체계나 지역의사에 관련된 증원 문제나 이런 문제에 대해서 어쨌든 광주·전남에 전남의대 하나를 신설하는 데 있어서도 의협에서 계속 반대를 하고 있잖아요.

○**보건복지부제2차관 박민수** 예.

○**전진숙 위원** 그런데 이 추세는 그렇게 멈추지 않을 것 같아요. 앞으로 지역에 필요한 공공의대는 경상도도 요구를 하고 있고 다 요구를 하고 있어요, 굉장히 열악한 지역 내에서. 그러면 그 문제에는 저의 입장에서는 계속 확대를 하는 게 필요하다라고 하는 생각은 하고 있습니다.

　그런 측면에서 26년의 증원과 그것을 연동시키지 못하면 또 다른 논란을 분명히 가져올 수 있다, 2027년으로 다시 미루게 되면. 지금은 이제 또 반대하고 있기 때문에 일정 정도 그런 측면에서 저는 어떤 방식으로든 끼어들고 그것을 명확하게 해 주는 게 필요하다라고 하는 입장이고요.

　세 번째로는 지금 남인순 위원님께서 수급추계센터를 독립적으로 운영하는 뭔가를 넣어 달라고 하는데, 넣는 게 필요하다고 말씀을 주셨는데 의평원이 있잖아요?

○**보건복지부제2차관 박민수** 예.

○**전진숙 위원** 기능이 조금 다르다 하더라도 전체 대학에 대해서 각 평가, 교육할 수 있는 시스템 이런 것들 다 평가할 수 있는 게 있어요. 이런 것을 오히려 저는 더 활용을 하고 이럴 필요가 있는데 이것을 다시 단순히 수급추계를 하기 위한 센터를 만들어서 그 안에서 다시 인력을 쓰고 운영비를 쓰고 이런 방식으로 운영되는 게 맞을까라고 하는 의

문이 조금 있습니다.

○**보건복지부제2차관 박민수** 예, 설명 드리겠습니다.

먼저 아까 의결에 대해서는 제가 이미 의견을 드렸고 저희가 꼭 의결이 아니어도 관련되는 조항들 존중하여야 한다 이런 게 있어서 그게 그대로 위원회에 가고 또 존중되도록, 또 실질적으로 아마 존중이 될 겁니다. 왜냐하면 과학자들이 모여서 결정을 한 거기 때문에 그 근거를 뒤집기가 어렵습니다. 그런데 의결이 그래도 필요하다고 하시면 이것은 저희가 수용 가능하다는 말씀 드리고요.

그다음에 지역에 대한 과부족을, 지금 전남의대 등 해 가지고 이런 게 필요하지 않냐, 그것 공감을 하는데 저희가 추계를 새로 해서 26년 정원을 논의하고 이것을, 교육부는 2월까지 달라 그러는데 사실은 2월까지 조금 더 여유를 부려 갖고 한 2·3월까지 이렇게 늘려서 하더라도 만약에 지역 단위 추계까지 넣으라 그럴 때 과연 이게 그 안에서 논의해서 논의 또는 연구결과보고서가 무리 없이 나올 수가 있는지는 제가 지금 자신이 없습니다. 그래서……

○**전진숙 위원** 그러면 그 과정을……

죄송합니다, 위원장님.

방금 말씀하신 대로 27년부터 시행을 한다면 그 과정을 어떤 방식으로 만들면서 가능하다고 판단하시는 거예요?

○**보건복지부제2차관 박민수** 그러니까 지금은 한다 그러면 저희가 기존에 했던 방식, 그러니까 기존에 했던 것은 총량 규모에 대해서만, 총수요와 총공급에 대해서 고려를 해 갖고 총 얼마가 부족하다 이렇게 나온 거거든요.

그런데 이제 그것으로만은 부족하니 그 밑의 하위 단위에 지역별 그다음에 과목별 이것까지 세부적으로 나왔으면 좋겠다고 하는 게 사실 많은 분들의 의견이고 저희도 그렇게 갔으면 좋겠습니다. 그런데 그게 현재 연구진들의 기존 연구 결과나 이런 것을 바탕으로 나와야 될 텐데 그게 가능한지가 지금 명확하지가 않고요. 그래서 이것은 가급적 가능하다 그러면 저희가 그렇게 운영을 할 텐데……

○**전진숙 위원** 방법을 찾으셔야 될 것 같습니다.

○**보건복지부제2차관 박민수** 예, 할 텐데, 만약에 법에다가 넣어 갖고 무조건 의무적으로 하게 하라 그러면 운영이 상당히 지체가 될 수가 있어서 오늘 위원님들께서 공통적으로 의견 주신 것은 시급히 빨리 제도도 만들고 그다음에 논의를 할 수 있는 제도적 틀을 열어 주자라고 하는 취지랑 좀 배치가 될 수 있어서 그것은 이런 정도로 해 주시면 저희가 상황에 맞게 운영을 하고요.

그다음에……

○**전진숙 위원** 아니, 차관님, 저희가 공공의대뿐만 아니라 지역의사제 관련해서도 이야기를 했던 게 벌써 지난해 여름부터 이야기를 해 왔던 이야기예요. 그런데 지금 급하다고 말씀을 하셔 버리면……

○**보건복지부제2차관 박민수** 위원님, 그러니까 의료계랑 그런 것들이, 지금 대화가 원활하게 이루어진다 그러면 지역의사제 같은 것도 벌써 진작에 논의를 해 가지고 어느 정도 범위에서 수용이 가능하고 이렇게 서로 나올 텐데 지금은 대화를 한마디도 섞지 못하는 상황 아닙니까? 그러니까 그런 상황하에서 지역 단위까지 이렇게 논의가 가능한지가

제가 여기서 확답드리기 어렵다는 말씀을 드린 거고요.

그다음에 의평원은, 의평원하고 지금 우리가 하는 센터하고는 완전히 기능이 다릅니다. 의평원은 각급 의과대학이 교육을 할 수준에 올라와 있는지를 평가하는 기구이고 이것은 사실 개별 연구원이 아니라 의대 교수님들이 모여서 의평원에서 만든 기준이나 이런 것을 가지고 각급 학교를 점검하고 평가해서 보고서를 내시는 기구입니다.

그리고 그 자체가 풀타임으로 연구원들이 앉아서 무엇을 할 만큼의 잡은 아니에요. 그러니까 설문지를 놓고 분석을 하고 결정만 하면 되는 거라서 의평원은 좀 기능이 다르고.

저희가 센터가 필요하다고 하는 것은 위원회에서 아마 주로 논의하라 그러면 각종 과정들, 예를 들면 인구, 인구는 무엇으로 볼 거냐 통계청 인구로 볼 거냐 그다음에 경제성장률은 KDI의 연구치를 볼 거냐 말 거냐 이런 것에 대한 합의와 논의로 일원화됩니다.

그래서 그게 결정이 되고 나면, 그리고 모델은 무엇을 쓸 거냐, 여러 가지 모델이 있는데, ARIMA 모델도 있고 여러 가지가 있는데 그러면 그중에 뭐 뭐 뭐를 채택해서 연구를 해 볼 거냐 이런 것에 대한 전문가들 간의 합의가 이루어지면 그것을 구체적으로 계산기를 돌려서 결과 도출을 누군가 해 줘야 됩니다.

그런데 위원님들은 풀타임 잡이 아니지 않습니까? 회의만 열릴 때 오셔 갖고 회의하고 가시는 분들인데, 이분들 누구한테 작업을 이것을 시킵니까? 그러니까 결국은 이 작업을 맡아서 해 줄 실체가 필요하고, 이 방법은 물론 연구용역비를 줘서 할 수도 있는데요. 연구용역비를 주게 되면 어느 기구에서 할지가 약간 불명확합니다. 그리고 그 연구기구하고 이 위원회가 정한 것을 수임한 그 연구단체가 명확하게 하는지도 책임성을 담보하기도 어렵고.

그래서 법적으로 센터를 지정하게 하고 그 센터는 위원회가 결정한 이런 각종 모델이나 과정에 대해서 충실히 수행하는 책임을 부여해서 그것을 정확하게 보고서를 받고 또 전문가들이 그것을 가지고 우리가 논의한 대로 결과가 나왔다라는 것을 확인해서 확인이 되면 위원회의 공식보고서로 채택이 되는 과정이기 때문에 위원회를 실무적으로 서포트하는 기구입니다. 그래서 이것은 반드시 필요하다는 말씀을 드립니다.

○전진숙 위원 글쎄, 좀 고민해 주십시오.

○소위원장 강선우 이주영 위원님, 김윤 위원님.

○이주영 위원 지금 정부에서도 그렇고 여러 안 내 주신 게, 인구 구성도 그렇고 앞으로 의료계도 변화가 많을 거기 때문에 수급추계가 필요하다는 면에 있어서는 저도 전적으로 공감을 하는 바입니다.

그리고 2026년 정원 조정을 통해서 의료계와 어느 정도 접점을 찾아보시려는 노력에 대해서도 많은 위원님들 노력해 주신 것 같은데, 이것은 법안 자체보다는……

사실 이것은 좀 정치적인 우려일 수도 있는데요. 이번에 전공의 모집이 1.4%에서 2% 정도로 사실상 거의 전무하고요. 인턴도 지원을 할 수가 없었지요, 시험 친 4년 차가 없었기 때문에 인턴도 지원을 안 했습니다. 그러면 내년에는 인턴 수료생이 없기 때문에 또 1년 차가 없을 거예요. 그래서 지금 몇 년에 걸쳐서 cascade가 생길 거라고 지금 보고 있는데, 지금 시점이 전공의 모집이 딱 발표가 끝난 게 이제 나왔고 그래서 올해도 큰 변동 없을 거라는 게 의료계 전반의 중론입니다. 그리고 의대생들은 복학을 2월 초 정도에는 결정을 해야 되는 시점이잖아요?

○보건복지부제2차관 박민수 예.

○이주영 위원 그러다 보니까 지금 이것을 죽 보면 이 새로운 정부안에 대해서는 아직 의료계를 포함해서 다른 직역에 대해서도 논의를 다시 받지는 않았지요. 그래서 여기 정부 수정안에 대해서 다시 한번 논의를 해야 될 필요가 있지 않나 하는 생각이 들고.

왜냐하면 위원회 구성이라든가 또 위원장을 장관이 임명할 거냐 혹은 위원 중에서 호선할 거냐 이런 것도 사실 굉장히 첨예한 문제고 수급추계센터도 사실 예산을 지원하기 위한 것인 것은 알겠습니다만, 아무튼 독립성에 대한 논란이 분명히 있을 거예요.

그리고 이것은 아마 좋은 의미셨을 텐데 의료계에서는 지금 14페이지를 어떻게 받아들일 거냐면, 14페이지의 1, 2, 3을 앤드 요건으로 충족하는 전문가가 대한민국에 사실 몇 명 없습니다. 그리고 아마 의료계는 이것을 분명히 지금까지 정부와 일해 온 보건의료정책 전문가들이라고 우려를 할 거예요.

그렇기 때문에 이런 부분들이 아직 남아 있는데 이것을 굳이 지금 1월 말, 2월 초 이 굉장히 중요한 시점에 의료계와의 제대로 된 논의 과정을 거치지 않은 상태에서 만약에 이게 통과됐다는 식으로 발표가 됐을 때 올해 움직일 의대생이나 전공의 연령대에 있는 의사들이 과연 어떻게 반응을 할 것이며 그 파장에 대해서 국회나 정부가 수습이 가능하겠는가 조금 걱정은 됩니다.

그래서 오전에도 공청회 얘기가 나왔던 것 같은데 이 정부안이 나온 것에 대해서 논란을 좀 정리를 하시고 의료계에 이번에, 마침 또 의협이 이제는 제대로 정식 출범을 다시 했기 때문에 그쪽을 정식으로 초청을 해서 이번 건에 대한 것을 공청회를 통해서 의료계에 대해서 충분히 반영하겠다 이런 모양새를 갖춰서 상의를 하시고 통과시키는 게 올해 안에는 그래도 이 사태를 해결하기 위한 정치적인 수가 될 수 있지 않을까 싶어서……

이게 물론 시급한 것 알고 충분한 논의 있었지만 이것을 급하게 통과시키기보다는 과정을 한 번만 더 밟았으면 좋겠다 하는 의견을 드립니다.

○소위원장 강선우 김윤 위원님.

○김윤 위원 예.

먼저 이주영 위원님 하신 말씀에 대해서 지금 오늘 논의하는 것은 아마 우리 위원회의 3개 법안의 대안을 만들기 위한 것이지 소위 통과를 목표로 한 논의는 아니라는 말씀을 드리고 싶고요.

4페이지, 제가 이해하고 있기로는 그렇습니다, 4페이지를 보시면 수급추계의 대상에 의사, 치과의사, 한의사, 간호사, 약사, 의료기사 이렇게 지금 돼 있지 않습니까?

그런데 10페이지에 수급추계위원회 위원 구성을 보면 6항의 1호에 보건의료직종별 공급자를 대표하는 단체로서 21조 3항 3호에 따른 단체, 의료기관단체 이렇게 되어 있는데, 여기는 의료기사가 빠져 있습니다.

그러니까 의료기사 수급추계를 하는데 수급추계위원회에 의료기사 단체를 대표하는 사람이 없는 상황이 돼서 여기 의료기사를 어떤 형태로든지 추가해 주시는 게……

○보건복지부제2차관 박민수 저희가 약간 실무적으로 미씽한 것 같고요. 뺄 의도는 없고 당연히 들어가야 됩니다.

○**김윤 위원** 예, 그런 것 같고.

그다음에 다시 4페이지로 돌아가서 저희가 원래 제안했던 안에는 의료기사와, 의료기사법에 따른 보건의료정보관리사, 안경사, 응급구조사, 영양사 등이 들어 있었는데요.

예를 들면 응급구조사의 경우 취업률이 60% 됩니다. 그러니까 지금 배출된 인력이 충분히 활용되고 있지 못하고 그게, 현장에서는 사실 응급실 인력이 부족한데도 응급구조사가 채용되지 못하는 문제 등이 있어서, 저는 응급구조사와 영양사 등을 포함하는 것까지 추계대상을 확대하고 정부가 너무 여력이 없으시면 순차적으로 하더라도, 당장 올해·내년에 하자는 거는 아니지만 대상으로는 포함시켜 주시는 게 어떨까라는 생각이고요.

그다음에 세 번째는 전진숙 위원님 말씀하신 지역 단위 수급추계에 대해서 실무적인 어려움, 불확실성에 대해서 얘기를 하셨는데 건강보험공단이 가지고 있는 의료지도시스템이 있습니다. 그러니까 지역별로 병원, 병상, 의사 인력이 얼마나 있는지에 관한 통계분석시스템을 갖고 있는데 공단의 의료지도시스템을 이용하면 지역별 의사 수요를 아주 정교하게는 아니더라도 거칠게는 충분히 계산을 해 낼 수 있습니다, 단기간, 있는 시스템이기 때문에.

그래서 오늘 당장 결론을 낼 필요는 없지만 그 부분, 의료지도시스템을 이용해서 지역별 수요를 추계하는 방안에 대해서 다음번 논의할 때까지 검토를 해 봐 주시면 좋을 것 같습니다.

이상입니다.

○**소위원장 강선우** 김미애 간사님.

○**김미애 위원** 바쁜 시간에 대안 마련하느라고 고생하셨습니다.

여러 위원님들이 지적하신 부분인데, 3페이지 수급추계위원회에 '심의하기 위하여'만 되어 있어서 여기에서 '심의·의결하기 위하여'로 바꾸면 안 되겠냐 했는데 저도 같은 의문은 들고 또 이거를 '심의·의결하기 위하여'로 바꾸려면 뒤로 돌아가서, 보건의료인력정책심의위원회도 마찬가지로 '심의·의결하기 위해서' 이렇게 바꿔야 되지 않을까 싶은데 어떤지, 그렇게 하면 뭔가가 문제가 생길 게 있는지 그것 하나랑 아니면 입법상의 그런 문제 때문에, 아니면 위계상의 문제 그런 것 때문에 어쩔 수 없이 이렇게밖에 못 하는 건지 하나.

그리고 여러분들이 또 지적하신 게 수급추계위원회 구성과 관련해서 4호에 '의료기사 등에 관한 법률 4조에 따른 의료기사'라고 되어 있는데 지금 4조를 보면 '의료기사, 안경사, 보건의료정보관리사' 이렇게 되어 있고 또 그 위에 2조에 가면 2조 2항에 의료기사로해서 5개 또 세분화되어 있습니다. 그렇지요?

○**보건복지부제2차관 박민수** 예.

○**김미애 위원** 임상병리사, 방사선사, 물리치료사, 작업치료사, 치과기공사, 치위생사까지. 그러면 이분들을 포함하고 안경사, 보건의료정보관리사 이렇게 되는 겁니까? 어떻게 돼요?

○**보건복지부보건의료정책관 김국일** 20개 직종은 그런 쪽으로, 위원님 말씀하신 것처럼 그런 식으로 되어 있습니다.

○**김미애 위원** 그러니까 이게 수정 대안에 따르면 그렇게 되는 거지요? 그걸 제가 확인을 합니다. 그러면……

○**보건복지부제2차관 박민수** 저희가 지금 일단 거기 대통령령으로 위임한 부분이 있거든요. 그래서 여기 법률에서 언급한 거는……

○**김미애 위원** 그렇게 하고 이제 5호가 대통령령으로 위임한 건데……

○**보건복지부제2차관 박민수** 예, 5호가 대령으로 위임해서 여기에서 그 부분들 정하려고……

○**김미애 위원** 그 전까지, 4호까지 하더라도 지금 의사, 치과의사, 한의사, 간호사, 한약사 또 의료기사 6개, 안경사, 보건의료정보관리사 이게 8개가 되거든요. 그리고 또 대통령령으로 위임하는 게 그러면 아까 말씀하신 것 그런 것 포함하면 한 12개 정도 된다는 그런 의미입니까?

○**보건복지부제2차관 박민수** 예, 그렇습니다.

○**김미애 위원** 그리고 24페이지에 보면 위원회 논의 시 수급추계위원회 추계 결과 반영 이 규정에서 바로 2항이 튀어나와서 제가 이거를 1항이 뭔지, 몇 조의 1항인지 이것 찾느라고 좀 고생했는데 이게 8조 1항에 연결되는 거예요? 8조에 관한 겁니까, 2항이? 제가 이해하기……

○**보건복지부보건의료정책관 김국일** 예, 맞습니다, 8조.

○**김미애 위원** 8조. 8조는 결국은 건정심 규정이지요?

○**보건복지부제2차관 박민수** 보정심입니다.

○**김미애 위원** 보정심 규정인데 보정심위원회가 그러면 1항 5호를 의결할 때 이거는 5호가……

○**보건복지부제2차관 박민수** 인력 규모에 대한 겁니다.

○**김미애 위원** 현행…… 인력별 양성 규모 이거 말합니까?

○**보건복지부제2차관 박민수** 예.

○**김미애 위원** 이걸 할 때는 수급추계위원회 결과를 존중해야 한다 이런 거네.

그러면 저는 이해됐고, 아까 제가 질의한 것 대답해 주세요. 심의·의결이 의결로 안 되는지, 그렇게 간다면 같이 연동되는 건 아닌지.

○**보건복지부제2차관 박민수** 이게 위원님들께서 아마 위원회의 독립성 이런 것 때문에 의결 의견을 주신 건데 사실은 저희 행정체계나 이런 걸 보면 심의로 하는 것이 법체계상 맞고 깔끔합니다.

왜냐하면 이게 저희 구조를 보면 수급추계위원회는 인력 규모를 위원회가 결정하는 게 아니라 그 결정을 하기 위한 근거 자료가 되는 수급 추계를 하는 위원회입니다.

그런데 그 수급 추계 자체가 굉장히 전문적인 영역이니 자격이 되는 전문가들이 모여서 그것을 계산해 보자라고 하는 취지이고요. 그렇게 해서 결과가 나오면 그 결과를 바탕으로, 법상에 보면 보정심이 그거를 심의·의결을 하도록 되어 있는 것이지요.

그렇게 해서 수급추계위원회는 심의로 하는 것이 맞는데 이것을 만약에 의결사항으로 포함을 하게 되면 현행 각호 심의사항이 포괄적으로 규정이 되어 있어서 이게 그러면 다 심의사항에, 다 의결을 하는 것인지 이런 거에 대한 조금 혼돈이 있을 수가 있고 보통 위원회에서, 정부 법안의 위원회에서 의결사항이라고 할 때는 그 의결 결과에 대해서 기속을 당합니다.

그러니까 보건복지부에서 운영하는 대표적인 위원회 중에 건정심, 건강보험정책심의위원회가 있는데요 거기에서도 심의사항이 있고 의결사항이 있는데 의결사항 같은 경우 보험료라든지 수가라든지 이렇게, 쉽게 말하면 재정이 실질적으로 왔다 갔다 하는 것은 건정심의 의결을 거쳐야만 장관이 그거를 고시를 할 수가 있습니다. 그렇게 해서 건정심의 의결사항을 실질적으로 존중을 하게 되어 있고요.

그러나 그럼에도 불구하고 건정심의 법적 성격은 별도의 행정 기구는 아니기 때문에 보건복지부장관의 판단을 보좌하는 심의기구, 자문기구로 성격이 그렇게 되어 있는 겁니다, 성격 자체는.

그래서 자문기구라도 의결사항이 있을 수가 있다는 말씀드리고, 만약에 추계결과보고서를 위원회의 보고서로 확정하는 그 절차를 누군가 아무도 마음대로 바꿀 수 없고 이런 확정된 보고서라고 하는 것을 하게 된다 그러면 그거를 별도로 그 호에 대해서만 의결사항이라고 명확하게 정리를 해야만 그것이 가능하겠다 이런 말씀을 좀 드리고요.

말씀하신 것처럼 보정심이라는 기구도 있는데 여기도 심의사항이 있고 의결사항이 있거든요. 그래서 이런 체계랑 이렇게 봤을 때는 심의사항이 맞습니다, 왜냐하면 위원회에서 만든 걸 가지고 그걸 바탕으로 해서 또 최종 의사결정을 하는 것이기 때문에.

그래서 의결이 어떻게 보면 더 상위의 의결기구가 있는 것이라서 그게 맞는데 아마 제안하신 취지가 그런 거고. 그래서 저도 이 결과를 존중하라 이런 조항들을 이렇게 넣어가지고 실질적으로 그 보고서를 존중하도록 이렇게 보완 장치를 두었다는 말씀을 드립니다.

그래서 전체적으로 어쨌든 오늘 최종 결정을 하는 것은 아니라고 하시니까 이런 것들을 의견을 충분히 설명도 하고 반응을 듣고 이렇게 해서 이거를 조금 조정을 하는 과정들이 있어야 될 것 같습니다.

○**김미애 위원** 그러니까 결과적으로 우리가 이걸 하는 이유도 결국은 의료계에, 전공의나 의대생을 포함해서 의료계에서 이거를 받아들일지, 그래도 긍정적인 비율이 높아야지 의미가 있잖아요. 그렇기 때문에 이런 내용을 가지고 좀 더 들어 볼 필요가 있을 것 같습니다.

○**보건복지부제2차관 박민수** 예.

○**서영석 위원** 하나만 확인하겠습니다.

○**소위원장 강선우** 서영석 위원님까지만 말씀 듣고 마무리하겠습니다.

○**서영석 위원** 의료계가 2000명 의대 정원 결정 과정에서 보정심이 하도 불신이 생겼으니까 보정심을 못 믿는 거잖아요, 지금. 그런 불신이 깔려져 있다 보니까 추계위원회를 통해서 조금 더 합리적인 프로세스를 만들자 이런 지금 상황이잖아요.

○**보건복지부제2차관 박민수** 예.

○**서영석 위원** 보정심이 그렇게 엉터리 같은 결정을 하지 않는다는 전제만 되면 충분히 합의점이 일정하게 찾아질 것으로 보여지고 그렇다고 해서 추계위원회가 모든 것을 의사결정을 해 버리기에는 또 조금 더 법조계나 의사결정 체계가 좀 적절치 않아 보이는 측면도 있는 것 같고.

○**보건복지부제2차관 박민수** 그렇습니다.

○**서영석 위원** 그래서 그런 지점을 좀 더 체계를 잡을 필요는 있는 것 같습니다.

○**소위원장 강선우** 차관님, 답변하시겠어요?

○보건복지부제2차관 박민수 아니요, 특별히 답변드릴 사항은 없고 지금 위원님들 많은 의견 주셨는데 가급적이면 그 취지를 저희가 조문에 반영하도록, 조문을 지금도 만들었는데 부족하다 그러면 조금 더 검토와 의견을 듣는 과정을 통해서 조금 더 보완을 해 보도록 하겠습니다.

○소위원장 강선우 오늘……

○남인순 위원 한 가지만……

○소위원장 강선우 예.

○남인순 위원 24페이지에 위원회가 심의한 내용을, '추계위원회의 추계 결과를 존중하여야 한다'보다는 다 위원님들이 '반영하여야 된다'라고 되어 있거든요. 그래서 이것도 '반영하여야 한다'로 검토 좀 해 보십시오.

○보건복지부제2차관 박민수 예, 검토해 보도록 하겠습니다.

○남인순 위원 아까 그 독립성과 책임성 등등.

○보건복지부제2차관 박민수 같을 것 같습니다, 그 결과는.

○남인순 위원 존중과 반영은 다릅니다.

○보건복지부제2차관 박민수 알겠습니다.

○소위원장 강선우 오늘 위원님들께서 여러 말씀 주셨고 그리고 정부도 기존에 기제출된 법안들을 좀 종합적으로 검토를 해서 정부의 수정 대안을 만들어 온 그런 진일보가 있었다고 생각을 합니다.

긴 시간 논의를 했는데 저희가 조금 더 효율적으로 이것 조율을 하고 그리고 논의를 이어가기 위해서 이게 관련해서 공청회가 좀 준비가 되고 있는 것으로 알고 있습니다.

그래서 설 쇠고 2월 넘어가야지 될 것 같은데요 그래서 그때 대대적으로 논의를 하고 그리고 그 논의한 결과를 바탕으로 해서 그때쯤 다시 한번 원 포인트든 소위를 열어서 논의를 이어가는 걸로 그렇게 하겠습니다.

의사일정 제6항부터 제8항까지 이상 3건은 보다 심도 있는 검토를 위해서 계속 심사하기로 하겠습니다.

아까 이수진 위원님 말씀 주셨던 것 있잖아요. 9항, 10항.

○이수진 위원 설명을 먼저 좀 드릴까요?

○소위원장 강선우 위원님들 배포…… 아니, 이것 말고, 이렇게 말고 정리된 안으로 좀 주세요.

○남인순 위원 그게 뭔데요?

○소위원장 강선우 아니, 이렇게 말고 정리된 안을……

○김미애 위원 그게 뭔……

○이수진 위원 잠깐 제가 설명을 드릴게요.

○소위원장 강선우 의사일정 9항, 10항인데 9항, 10항 찾아보시면 돼요.

○이수진 위원 9항, 10항을 좀 봐 주시고요.

다른 부분은 제 개정안에 대한 정부의 수정의견을 받아들이고, 합의가 안 됐던 게 14조 개정안이거든요. 그 14조 개정안을 좀 봐 주시면, 그걸 수정해서 의결해 주실 것을 제안드리는데 그중의 3항은 '보건의료기관의 장은 보건의료인력 등이 관계 법령에 따른 임신·출산·육아를 위한 휴가·휴직을 원활히 사용하고 일·생활 균형을 이룰 수 있도록 대통령령으로 정하는 기준에 따라 추가 인력을 배치하도록 노력하여야 한다', 의무조항이 아니라 노력 조항으로 그렇게 바꿔 놨다는 말씀을 드리고요.

4항을 보시면 4항에는 국가와 지방자치단체는 제3항에 따른 추가 인력을 배치하는 보건의료기관에 대하여 예산의 범위 내에서 필요한 재정적·행정적 지원을 '해야 한다'가 아니라 '할 수 있다'.

○**김미애 위원** 그것 정리된 것 주세요.

○**소위원장 강선우** 이것 정리한 걸로 좀 주세요.

전문위원 의견하고 이것 정리를 해서 주세요, 수정안을. 이렇게 정리를 해서 주세요.

○**김미애 위원** 정리된 것 받아 가지고 얘기합시다.

○**이수진 위원** 아까 의무조항을 거의 대부분 임의조항으로 바꾸신 것 같아요. 그 내용들을 주신 건데 세 가지를 정리를 좀 해서 그러면 주시……

○**김미애 위원** 그대로 그러면 통과될 수 있도록 하는 게 편할 것 같아요.

○**소위원장 강선우** 그러면 이것 정리해서 주시는 동안, 전문위원은 그러면 새로 검토를 하신 게 있으세요?

○**수석전문위원 이지민** 아니요, 지금 그런데 아까 차관이 회의할 때 수정의견을 거의 다 말씀을 하셨거든요. 거기에서 조금 바뀐 게 지금 14조 부분 그 부분 워딩 조금 바뀐 것 같은데, 그러니까 일단 자료 대비표, 저희 소위자료 17쪽 보시면요…… 저희 소위자료 보면서 제가 말로 그냥 설명을 드리겠습니다.

일단 5조는 개정하지 않고요.

7조는 실태조사 부분은 개정안과 같이 개정하고요.

그리고 12조의2는 2항, 3항은 삭제하고 1항만 남기는 것으로, 그게 복지부 의견이었습니다.

그리고 14조의 경우에는 지금 복지부가 조금 워딩을 바꿔서 수정의견을 냈는데요, 3항의 경우에 '보건의료기관의 장은 보건의료인력 등이 관계법령에 따른 임신·출산·육아를 위한 휴가·휴직을 원활히 사용하고 일·생활 균형을 이룰 수 있도록 대통령령으로 정하는 기준에 따라 추가 인력을 배치하도록 노력하여야 한다' 뒤에 의무사항을 '배치하도록 노력하여야 한다'라고 워딩을 수정한 것입니다.

그리고 4항은 지금 이수진 의원님 안은 예산 지원을 하도록 의무사항으로 규정하고 있는데 이 부분을 '예산의 범위 내에서 재정적·행정적 지원을 할 수 있다'라고 수정의견을 제시한 것입니다. 그러니까 '배치하는 보건의료기관에 대하여 예산의 범위 내에서 필요한 재정적·행정적 지원을 할 수 있다'입니다.

그리고 5항을 신설해서 '복지부장관은 제3항에 따른 추가 인력 배치 현황을 보건의료기관에 대한 평가에 반영할 수 있다' 이것을 새로 추가하자는 의견입니다.

○**소위원장 강선우** 정부 측 의견 듣겠습니다.

○**보건복지부제2차관 박민수** 지금 말씀하신 것들을 의원실하고 좀 협의를 했고 말씀하신 그 내용을 저희는 다 동의합니다.

○**수석전문위원 이지민** 그리고 참고로 시행일은 지금 2개 안이 1년이고 하나는 3개월인데 2개 다 3개월로 하자는 게 정부 의견인 것으로 알고 있습니다.

이상입니다.

○소위원장 강선우 추가로 정부 측 의견 있으십니까?

○보건복지부제2차관 박민수 다른 거는 문제가 없는데요. 지금 보시면 14조 3항에 '대령으로 정하는 기준에 따라'라는 표현이 있습니다. 이게 지금 없던 걸 새로 만들어야 되는 과정이 있는데 이것은 3개월 안에 하기가 좀 어렵습니다. 그러니까 연구용역도 좀 하고 결과를 전문가들과 논의도 하고 해서, 또 시행령을 만드는 것 자체도 최소 3개월 이상 소요가 되기 때문에 이것은 1년 정도 주셔야 저희가 그 과정들 거쳐서 할 수 있을 것 같습니다.

○소위원장 강선우 만약 그것을 그렇게 한다고 하면 수정되어야 할 문구가 또 있나요?

○보건복지부제2차관 박민수 다른 조항은 3개월 안에 시행이 가능하고요. 이거는 지금 1년……

○이수진 위원 '다만'으로 해서……

○수석전문위원 이지민 지금 소위 자료 20쪽입니다. 보건의료인력 지원 전문기관의 업무 중에 보건의료인력 대체인력의 관리 및 지원을 아까 좀 전에 회의에서 복지부는 '제14조에 따른 보건의료인력 등의 근무환경 개선사업 지원'으로 바꾸자고 했었거든요. 그런데 만약에 14조 시행일이 1년이 되면 이 부분도 같이 1년이 되어야 될 것 같습니다.

○보건복지부제2차관 박민수 아, 그런가요?

○김미애 위원 그냥 1년으로 하면 어떨까요?

○이수진 위원 1년이나 걸리나요? 이게 사실 아까 말씀하신 대로 근기법이나 모성보호법에 있는 것들 정리하실 텐데……

○보건복지부제2차관 박민수 그런데 우리가 그거 그대로 하면 또 뭐라 하실 것 아니겠습니까? 저희가 의료기관의 특성에 맞게 기준 같은 것을 만들어야 돼서……

○이수진 위원 한 6개월 정도 하실 수 있지 않나요?

○보건복지부제2차관 박민수 어렵습니다, 위원님.

○이수진 위원 없는 것도 아니고 있는 거에서, 이미 조사는 다 되어 있을 텐데.

○소위원장 강선우 지금 이 내용으로 안 되는 것 아니에요. 그러면 다시 정리를 해서 주세요. 다시 소통을 하셔서 1년으로의 뭐를 고쳐야 되는지 정리를 해서 주세요.

○이수진 위원 지금 전문위원이 얘기하신게 이것도 1년으로 바꿔야 된다는 거잖아요, 맨 마지막에.

○수석전문위원 이지민 예. 왜냐하면 14조가 1년 뒤면, 이 조항은 그 14조를 인용하고 있기 때문에 시행일이 달라지면 안 됩니다.

○이수진 위원 그러면 전문위원 말대로 1년으로 해서 이것까지 1년으로 하는 것을 받을게요, 14조.

○소위원장 강선우 그것을 정리를 해서 주세요.

○전진숙 위원 여기 부칙 관련해서 바뀐 것 다시 정리해서 주시면 될 것 같아요.

○소위원장 강선우 여기 추가로 하면 되는 것 아니에요?

○김미애 위원 그냥 부칙을 제1조(시행일) 본문만 남겨 두면 될 것 같은데, 수정의견에서 나머지 다 빼고.

○수석전문위원 이지민 그냥 다 같이 1년으로……

○백혜련 위원 부칙 1조(시행일) '이 법은 공포 후 1년이 경과한 날부터 시행한다' 하나

만 살리면 돼요, 다 없애고.

○**김미애 위원** 본문만 그냥 남기고 나머지 다 빼면 될 것 같아요.

○**백혜련 위원** 아니, 간단합니다. 그러니까 가장 마지막 부칙에 제1조(시행일) '이 법은 공포 후 1년이 경과한 날부터 시행한다' 이것만 하고 나머지는 다 빼면 되잖아요.

○**수석전문위원 이지민** 실태조사에 대한 적용례는 살리고요. 종합계획은 안 들어갔기 때문에 적용례 빼면 될 것 같습니다.

○**김미애 위원** 그렇지. 3조는 살리고 단서하고 2조는 삭제하고. 그렇게 하면 될 것 같아요.

○**수석전문위원 이지민** 예.

○**소위원장 강선우** 정부 측 그렇게 정리해도 됩니까?

○**보건복지부제2차관 박민수** 예, 그렇게 정리하시면 될 것 같습니다.

○**소위원장 강선우** 이수진 위원님 그렇게 정리해도 되나요?

○**이수진 위원** 예, 그렇게 받겠습니다.

○**소위원장 강선우** 그러면 의사일정 제9항 및 제10항 이상 2건의 보건의료인력지원법 일부개정법률안은 이를 통합 조정하고 위원님들과 전문위원의 의견을 반영하여 위원회 대안으로 채택하며 본회의에 부의하지 않는 것으로 의결하고자 합니다.

이의 없으십니까?

(「예」 하는 위원 있음)

가결되었음을 선포합니다.

이상으로 보건복지부 2차관 소관 법률안에 대한 심사를 마치도록 하겠습니다.

박민수 2차관님 수고하셨습니다.

지금부터 보건복지부 1차관 소관 법률안을 심사하도록 하겠습니다.

이기일 1차관님 수고해 주시기 바랍니다.

의사일정 제20항부터 제28항까지 가족돌봄아동·청소년·청년 지원법안 등 9건의 법률안을 심사하겠습니다.

전문위원 보고해 주시기 바랍니다.

○**전문위원 오세일** 보고드리겠습니다.

4건의 제정안과 1건의 아동복지법 개정안은 지난 11월 19일 소위에서 심사가 이루어진 바 있습니다.

소위 논의 내용은 소위 자료 앞 페이지에 정리되어 있습니다.

페이지 1쪽입니다.

각 제정안의 가장 큰 차이점은 지원 대상자의 연령과 특성으로 아동과 청년을 포함하는 34세 이하로 규정하고 있는 제정안은 가족돌봄아동·청년에 집중하여 지원 대상으로 규정하고 있고 19세 이상 34세 미만의 청년을 대상으로 규정하고 있는 제정안은 가족돌봄청년뿐만 아니라 고립·은둔청년 등까지도 지원 대상자로 설정하고 있습니다.

자료 10쪽입니다.

각 제정안의 주요 특징은 표를 위주로 해서 말씀드리겠습니다.

각 제정안의 제명은 법안의 성격이 지원법이라는 점을 명시하되 각 법률에서 규정한 지원 대상에 따라 달리 규정하고 있습니다.

지원 연령은 34세 이하의 연령, 즉 아동까지 포함하여 규정한 경우와 19세에서 34세까지의 연령, 즉 청년을 대상으로 하는 경우가 있습니다. 다만 김미애 의원안과 서미화 의원안은 가족돌봄 유형에 한해 연령 하한을 완화하고 있습니다.

지원 대상은 가족돌봄 한 가지 유형으로 규정하는 경우가 있고 일부 의안들은 고립청년까지 포함하여 여러 가지 유형으로 규정하고 있습니다.

거버넌스는 대부분 유사하게 규정이 돼 있는데 보건복지부장관이 5년 단위로 기본계획을 수립하고 관계 중앙행정기관의 장이나 지자체장이 기본계획을 바탕으로 매년 시행계획을 수립하며 3년마다 실태조사를 실시하는 방식으로 규정되어 있습니다.

정책심의위원회는 5개 의원안이 별도 위원회 설치를 규정하고 있고 3개 의원안은 설치하지 않고 있습니다. 다만 김미애 의원안은 청년정책조정위원회를 활용하도록 규정하고 있습니다.

지원 절차와 내용을 살펴보면 지원 내용은 대부분 유사하고 현금수당의 경우 3개 의원안은 가족돌봄에 한하여 지원하도록 규정하고 있고 김미애 의원안과 강선우 의원안은 조문에서 사례 관리 선정 절차를 별도로 규정하고 있습니다.

전달 체계의 명칭은 상이하지만 대부분 전담센터를 설치하도록 규정을 하고 있고 3개 안이 정보시스템에 관해 규정을 하고 있으며 5개 안이 전담인력에 대하여 규정하고 있습니다.

13페이지입니다.

현행 법령에 따라 가족돌봄청년 또는 고립·은둔청년이 지원을 받을 수 있는 복지서비스는 존재하나 아동복지법 등 개별 법령 등에 단편적으로 산재하여 있고 가족돌봄 중인 특수성을 고려한 별도의 지원 체계는 마련되어 있지 않습니다.

따라서 지원 대상을 명확히 정의하여 맞춤형 서비스를 종합적·지속적으로 제공할 경우 이들의 자립에 큰 도움이 될 것으로 보입니다.

조문별 검토는 주요 사항 위주로 간단히 보고드리겠습니다.

23쪽입니다.

가족돌봄청년 지원 대상자를 정의하는 항목에는 연령 범위, 돌보아야 할 가족이 겪는 장애, 정신 및 신체의 질병 등의 범위, 소득 수준, 동거 여부 등이 포함될 수 있고 이런 항목들은 수혜 대상자의 수와 재정 투입 규모와 밀접하게 관련이 있습니다.

따라서 자립 가능 연령이나 연령별 맞춤 지원 정책의 효과성, 관련 사례 등을 종합적으로 고려하여 결정할 필요가 있다고 보았습니다.

자료 48쪽입니다.

각 제정안에서는 모두 보건복지부장관이 5년마다 기본계획을 수립·시행하도록 하고 보건복지부장관, 관계 중앙행정기관의 장, 지방자치단체의 장이 연도별 시행계획을 수립하도록 하고 있습니다.

김미애 의원안은 전국 전담센터들의 추진 성과 평가로서 이를 갈음하도록 하고 있는데 정책에 대한 의사결정이 신속해질 것이라는 장점이 있는 반면에 다수의 행정청이 연도별 시행계획을 수립할 수 있는 근거가 없어진다는 점을 함께 고려할 필요가 있다고 보았습니다.

66쪽입니다.

각 제정안에서는 제정법에 따른 지원이 필요한 청년들에 대하여 정책심의위원회를 두도록 하면서 김미애 의원안에서는 해당 심의위원회를 두는 조항이 없으며 청년기본법에 따른 청년정책조정위원회를 활용하도록 규정하고 있습니다.

이에 대해서 행안부에서는 행정기관 소속 위원회의 설치·운영에 관한 법률의 취지를 고려하여 별도의 위원회를 신설하기보다는 복지부 정책자문위원회 산하의 분과위원회 형태로 활용하는 방안이 바람직하다는 의견을 제시하고 있습니다.

자료 74쪽입니다.

김미애 의원안과 강선우 의원안에서는 제정법에 따라 지원을 받을 수 있는 절차를 별도의 장을 마련하여 규정하고 있는데 수급권자의 신청 또는 발굴로부터 시작하여 초기 상담과 선정 기준 충족 이외의 사례 관리, 지원 계획 수립에 이르기까지의 절차를 세부적으로 별도로 규정을 하고 있습니다.

88쪽입니다.

가족돌봄청년 및 고립·은둔청년에게 실질적으로 지급되는 사회보장 서비스는 가족돌봄 서비스 지원, 심리상담 지원, 교육 지원, 직업체험 및 취업 지원, 건강관리 지원, 자립 지원, 주거 지원을 열거를 하고 있습니다. 다만 대부분 조문들이 임의규정으로 규정이 되어 있고 지원의 대상 기준이나 세부적인 내용들은 하위 법령에 위임돼 있는 방식으로 되어 있습니다.

108페이지입니다.

전담지원센터와 관련해서 각 제정안에서는 국가와 지방자치단체가 지원센터를 설치·운영할 수 있도록 하면서 지원센터의 업무에 각종 지원 프로그램의 개발 및 보급, 지역사회 자원 발굴 및 연계 협력 등을 규정하고 있습니다.

지원센터의 근거를 법률에 규정하는 것이 해당 업무를 전문적·안정적으로 수행하는 데 도움이 될 것으로 보입니다. 다만 지원센터와 유사한 기능을 수행하고 있거나 수행할 수 있는 기관이 이미 마련되어 있는 경우에는 지정 방식을 고려할 수도 있다고 보았습니다.

126쪽, 전담공무원입니다.

각 제정안은 시도 및 시군구에서 사회복지사의 자격을 가진 사람으로서 조례로 정하는 가족돌봄아동·청소년·청년 복지 전담공무원을 두도록 규정하고 있습니다. 다만 기존의 아동복지 전담공무원이나 사회복지 전담공무원과 관계 설정 및 업무 조정 필요성이 있다고 보았습니다.

마지막으로 144페이지, 부칙입니다.

각 제정안은 시행일을 공포 후 1년이 경과한 날부터 시행하도록 부칙을 규정을 하고 있는데 사회보장정보 시스템 개선 등에 필요한 시간을 고려하여 유예기간을 둘 필요가 있다고 보았습니다.

이상으로 보고를 마치겠습니다.

○**소위원장 강선우** 정부 측 의견 듣겠습니다.

○**보건복지부제1차관 이기일** 저희가 별도 자료를 준비했습니다. 전체적으로 정리한 자료로 제가 설명을 드리겠습니다.

○**소위원장 강선우** 배포해 주세요.

○**김미애 위원** 그러면 수정 대안도 지금 주시는 거예요?

○**보건복지부제1차관 이기일** 일단 저희가 논의 내용을 먼저 보고드리고요. 그게 되게 되면 그 안이 수정 대안으로 정리는 되어 있습니다.

○**소위원장 강선우** 이 두 가지를 보면 되는 건가요?

○**보건복지부제1차관 이기일** 예, 그렇습니다.

○**김미애 위원** 그러니까 수정 대안도 지금 같이 주시지요. 같이 보게요.

○**보건복지부제1차관 이기일** 지금 드렸습니다.

가칭 '가족돌봄 등 위기아동·청년 지원에 관한 법률' 논의 내용을 보고드리겠습니다.

지난 1소위 심의가 24년도, 지난해 11월 19일 날 있었습니다. 법안을 발의하신 의원님하고 또 전문위원실하고 지속적으로 논의한 내용을 저희가 보고를 드리겠습니다.

첫 번째, 그간 논의 경과입니다.

11월 19일 날 5개 제·개정안에 대해서 주요 내용을 제가 별도 조문을 보고드렸습니다. 그리고 다음번에 추가 논의하기로 결정이 되었습니다. 그 이후에도 4개의 제정안이 추가가 되어서 지금은 총 9개 법안이 오늘 심사 대상으로 있습니다.

그 아래에 보시면 그간 김예지 의원님, 이수진 의원님, 서영석 의원님, 김남희 의원님, 백종헌 의원님 등 총 일곱 분께서 의원실 주관으로 2월 달부터 11월 달까지 7회의 토론회를 개최하였습니다. 순서는 토론회 개최 순서가 되겠습니다.

2쪽입니다.

지난번 법안소위의 주요 쟁점과 논의 내용인데요. 저희가 여러 의원실 찾아가서 설명드리면서 여러 가지를 정리한 내용이 되겠습니다.

이 법 제명에 대해서는 취약청년, 위기청년, 가족돌봄청년, 돌봄아동 등에 대해서 어떤 제명으로 할 건지에 대한 여러 가지 논의가 있었습니다. 특히 서영석 위원님, 강선우 위원님께서는 '가족돌봄' '아동'이라는 단어가 포함이 되어야 되겠다 해 가지고 일단 저희가 만든 것은 '가족돌봄 등 위기아동·청년 지원에 관한 법률' 수정대안이 되겠습니다.

이 법 체계에 관련돼서는 2개 파트입니다. 가족돌봄과 고립·은둔이 돼 있는데 이것을 하나로 별도로 떼자는 말씀도 계셨고 2개의 법을 하나로 묶자는 말씀이 있으셨습니다. 특히 서영석·강선우 의원님 같은 경우에는 2개의 법률이 있었는데 이번에 저희가 각 의원실에 설명드린 것은 다시 이것을 통합해서 조정하는 단일안이었습니다. 왜냐하면 공통의 전담조직과 발굴·신청·선정체계가 가족돌봄, 고립·은둔아동에 대해서 모두 적용되기 때문입니다.

지원대상 범위에 대해서는 청년기본법에는 19세~34세 청년으로 규정되고 있습니다. 그렇지만 가족돌봄청년 같은 경우에는 13세 이상으로 규정이 되어 있습니다. 13세에서 34세까지입니다. 그러다 보니까 서영석·강선우 위원님 같은 경우에서 13세 미만 같은 경우도 애를 돌보는 가족돌봄아동이 있다 해 가지고 저희가 지금 안을 만든 것은 34세 이하로 아동·청년을 모두 포섭한 그런 안을 만들었습니다.

가족돌봄 현금지원에 대해서는 지금 사회보장급여라는 것이 너무 포괄적이기 때문에 현금지원 여부가 드러나지 않는다라는 말씀 주셨습니다. 여기에 대해서 김미애 위원님, 이수진 위원님 같은 경우에는 현금지원에 대한 구체적 규정 마련이 필요하다고 말씀 주셔서 이것은 자기돌봄비라는 현금지원 근거를 19조 1항에 마련하였습니다.

다섯 번째, 기존에 있는 전달체계와의 관계가 되겠습니다.

이것은 법상은 아니지만 시군구, 사회복지시설, 학교밖청소년지원단체, 새로운 발굴책임기관으로 포함된 학교, 병원, 아동복지시설에 대해서도 서로 간에 구체적인 로드맵이 필요하다는 의견을 남인순 위원님이 주셔 가지고 여기에 대해서는 전담조직과 관련 기관 역할 분담이라든지 효율적인 발굴·협업체계 방안에 대해서 저희가 로드맵을 금년 상반기에 마련해서 보고드리도록 그렇게 하겠습니다.

3쪽이 되겠습니다.

이렇게 해서 수정안을 저희가 제안을 드려 봅니다.

1장은 총칙입니다. 1조에서 5조까지인데요. 위기아동·청년의 정의 같은 경우에는 가족돌봄청년과 고립은둔아동·청년입니다. 그리고 대통령령에 규정한 위기 상황에 놓인 청년들도 별도로 하나 구성을 할 수 있게 되어 있습니다.

위기아동·청년 기본 원칙은 이분들에 대해 최우선적으로 이익이 될 수 있도록 그런 원칙을 세웠습니다.

2장에 기본계획 수립이 되겠습니다. 6조에서 9조가 되겠는데요. 복지부장관이 5년마다 기본계획을 수립하고 매년 연도별 계획을 수립할 의무가 되겠습니다. 실태조사는 3년마다 실시하고 결과를 공표하는 내용이 되겠습니다.

제3장 같은 경우에는 지원 절차에 관한 내용이 되겠습니다. 발굴 같은 경우에는 초중고 학교 선생님이라든지 아동복지시설·청소년시설 종사자 등이 발굴할 수 있도록 되어 있고요. 이 단계 지나게 되면 신청접수하고 초기상담과 대상자 선정과 사례관리를 실시하도록 되어 있습니다.

맨 아래에 당구장 있는 것처럼 교육부의 교육장학금이라든지 주거 같은 경우에서도 여러 가지 연계가 가능하도록 되어 있습니다.

4쪽입니다.

제4장은 사회보장급여의 제공·연계 장이 되겠습니다. 맞춤형 서비스가 제공되는데 국가와 지자체는 심리상담, 건강관리, 학업·취업, 주거지원서비스 연계 및 제공에 노력하도록 그렇게 안을 담았습니다.

또 한편으로는 가족돌봄아동·청년에 대해서 특별 지원인데요. 자기돌봄비를 현금지원하고 아픈 가족 돌봄서비스 지원을 강화하는 또 사회서비스바우처의 본인 부담을 완화하는 그런 내용을 담았습니다.

특히 재가돌봄 원칙에도 불구하고 가족돌봄청년 가구에 한해서는 시설급여로 전환도 할 수 있도록 했습니다.

고립·은둔 맞춤형 프로그램 제공에 대해서 국가 예산으로 전담조직에서 제공하는 안이 되겠고요.

제5장 같은 경우에는 위기아동·청년 지원의 기본 방안이 되겠습니다. 전담조직이 있는데요. 전국 확대를 해 가지고…… 지금 현재 4개 지역에 있습니다. 인천, 울산, 전북, 충북에 있는데 이런 데를 통해서 확대하도록 하고요.

또 사회보장정보시스템이 되겠습니다. 여기에 대해서는 기반 업무를 수행할 수 있도록 되어 있고 필요시에는 필요한 정보를 받을 수 있는 권한을 부여합니다.

그리고 위기아동·청년에 대해서 공공데이터를 이용할 수가 있게 되어 있습니다. 고용부의 실업급여나 교육부의 학교 생기부, 출결사항이라든지 이런 것을 통해서 시군구에 제공할 수 있도록 되어 있는데요.

기본적으로 모든 법은 시행 시기가 1년입니다. 그렇지만 데이터를 서로 이용하기 위해서는 시스템이 만들어져야 되는데 ISP도 만들어야 되고 그렇기 때문에 이 조항에 관해서는 2년 적용 경과규정을 부칙에 담았습니다.

그리고 위기아동·청년 정책센터를 복지부 산하기관 중에 1곳을 센터로 지정해서 여기에서 교육이라든지 성과 평가, 홍보를 할 수 있도록 되어 있고요.

혹시라도 위기아동·청년 지원 전문기관을 할 때 인증을 해서 참여를 활성화하는 그런 방안이 되어 있습니다.

제6장은 보칙이 되겠는데요. 여기는 개인정보 보호, 권한 위임·위탁, 벌칙 규정이 되어 있습니다.

그리고 부칙의 시행 시기는 공포 후 1년인데 아까 말씀드렸던 시스템 관련 사항은 2년으로 강화되어 있습니다.

제5쪽 되겠습니다.

서영석 의원님, 정춘생 의원님, 강선우 의원님께서 내신 안은 기본적으로 맨 왼쪽에 있는 그런 체계로 되어 있고요. 김미애 의원님 안 또 조승환·김성원·조은희·서미화 의원님 안은 이렇게 되어 있는데 2개를 합해서 수정대안으로 위기아동·청년인데 앞에 말씀드린 것처럼 일단 법 제목을 '가족돌봄 등 위기아동·청년의 지원에 관한 법률'로 담아 가지고 이렇게 2개를 합해서 기본계획을 같이 담았고.

구체적 서비스 같은 경우는 제3장입니다. 청년의 발굴, 신청접수, 초기상담, 선정이고 그 뒤에 있는 것은 제4장에 사회보장급여 제공 이런 게 되겠는데 이 제공에 대해서는 기본적으로 맨 왼쪽에 있는 서영석·강선우 의원님처럼 심리상담, 건강관리, 학업지원, 취업지원 이런 식으로 담았고요. 그 밑에 있는 보라색 같은 경우에는 김미애 의원님 또 서미화 의원님께서 주셨던 고립·은둔 아동 거기에 대한 것을 담았고 그 뒤의 것은 서로 같은 것을 하나로 담았다는 말씀을 드리겠습니다.

이런 식으로 해서 저희가 수정안을 만들었고요. 수정안 만든 것이, 수정대안이 각 위원님께 드렸던 이런 내용이 되겠습니다.

이상입니다.

○소위원장 강선우 질의하실 위원님 있으신가요?

김미애 간사님.

남인순 위원님 그다음에 하실게요.

○김미애 위원 지난 소위 이후에도 5개 제정법률안이 추가로 발의됐는데도 불구하고 상당히 준비를 잘하셨다, 수고하셨다는 말씀을 먼저 드립니다. 꼼꼼히 논의 내용이나 대안까지 다 준비해 주셨는데 이것 역시 마찬가지로 목적, 취지에 있어서는 전부 공감을 하는데 그것을 어떻게 담아낼지에 대한 문제, 제명 관련한 그런 논의인데……

저는 기본적으로 제명은 무미건조해서 적용 대상자들이 거부감이 없어야 되는 게 첫 번째라는 생각이 듭니다. 내가 당사자라면 거기에 끼고 싶지 않다는 생각이 저는 들 것 같은, 저는 늘 생각을 하거든요. 그런 관점에서 뭐가 됐든지 간에 부담은 들겠다 싶어서 저는 대안으로 하신 게 '가족돌봄 등'이라고 해서…… 뭐 누구나 다 위기일 수도 있겠지요. 그래서 이것을 위기아동·청년에 포함시키는데 따로 뺀 것은 아마 그런 취지를 담은 게 아닌가 싶은 생각은 듭니다.

그리고 나머지 것들도 제가 발의하기는 했지만 대안이 체계적으로 잘 구성된 것 같고, 모든 것은 처음부터 완벽하지는 않습니다. 이것은 빨리 해야 되는 문제고 또 하나는 내년 예산안을 편성하려면 5월까지는 법이 본회의를 통과해야지 가능하지 않습니까?

○보건복지부제1차관 이기일　예, 그렇습니다.

○김미애 위원　그래서 저는 이것을 알고 있기 때문에 지난해부터도 계속 이것을 염두에 둬 왔는데 여러 의원님들이 추가로 발의했음에도 불구하고 이제 더 이상은 없어도 될 만큼 많은 분들이 제정안을 발의를 했습니다. 그래서 저는 이 대안대로 하는 데 찬성합니다.

○보건복지부제1차관 이기일　저희가 한 말씀 드리게 되면요, 사실 저희가 21대에도 보호출산제법도 앞에 위기임산부를 담았었고요. 또 한편으로는 통합돌봄법에도 지역사회라는 말을 담았었는데 저희가 그런 경험을 바탕으로 해서 이번에 담은 것도 교집합이기보다는 합집합으로 담았습니다. 여러 의원님들 주셨던 그런 안을 다 하나로 묶어서 합집합으로 담았다는 말씀을 드리겠습니다.

○서영석 위원　저도 한 말씀……

○소위원장 강선우　남인순 위원님 먼저 신청하셔서요, 남인순 위원님 하시고 서영석 위원님 하실게요.

○남인순 위원　저는 이게 아직도 잘 정리가 안 됩니다. 이것을 지난번에 소위에서 논의할 때도 분명히 2개의 다른 성격의 법률을 통합해서 가지고 왔는데……

지금 시범사업 하셨잖아요?

○보건복지부제1차관 이기일　예.

○남인순 위원　시범사업을 작년 8월부터 했는데 그 시범사업을 사회서비스원이 했어요, 그렇지요? 하나만 빼고는 3개를 사회서비스원이 했는데 이후에 20개소를 목표로 한다고 하면서 300억 정도 예산을 쓴다 이렇게 지금 저는 얘기를 들었는데……

우선은 돌봄의 사각지대라고 한다면 기존에 있는 법률들, 예를 들면 아동복지법 있지요, 청소년복지법 있지요, 학교 밖 청소년 지원법 있지요, 이런 부분들과 어떻게 관계를 해서 이것은 그것의 상위법인지 그게 알고 싶거든요.

왜냐하면 전달체계가…… 청년미래센터라는 이름으로 지금 시범사업을 하고 있는데 청년미래센터 20개소를 앞으로 하게 되면 기존에 있는 학교밖지원센터, 청소년상담복지 이런 부분들은 그러면 여기가 하나의 중심이 돼서 네트워킹을 하는 것인지 그게 우선은 질문이에요. 왜냐하면 거기가 다른 부서거든요. 여가부 업무가 있어요. 보통 복지부랑 여가부 업무랑 협업이 잘 안 되거든요.

그런데 그런 것이 이 청년미래센터라는 것을 중심으로 해서 그렇게 협업을 할 수 있는 것이 협의가 됐는지, 그리고 기존에 있던 위기청소년 또 위기청년들에 대한 지원체계랑 별도로 또 하나 만들어지는 거라고 한다면 그것은 굳이 여기서 어떤 컨트롤타워 역할을 하는 것은 아니니까…… 그런데 이 법의 성격이 그런 컨트롤타워의 역할을 하는 것인지가 우선 첫 번째 질문이고요. 그렇다고 하면 다른 부처랑 얘기가 됐는가라고 하는 부분을 묻고 싶은 부분이 있고요.

두 법을 섞어 놓다 보니까 사실은 영케어러 부분의 구체적인 내용은 당사자 현금지원이에요. 그리고 다른 사실은…… 영케어러 하면서 느껴지는 어려움들 밀착해서 맞춤형 상담 한다고 하는 것은 기존 체계에서도 충분히 가능해요, 제가 봤을 때는. 다른 것 하나는 당사자에 대한 어떤 지원비를 주는 거거든요.

○**보건복지부제1차관 이기일** 그렇습니다.

○**남인순 위원** 그것을 위해서 이 법을 하나? 일단 그게 이해가 안 가요. 왜냐하면 다른 체계에서도 충분히 가능하기는 한데……

사실 지금 우리가 많이 사회적 문제로 얘기되는 것은 고립·은둔청년에 관한 부분이 그동안 국감에서도 얘기가 됐고 했었는데 다른 나라들도 보면 이것에 대한 부분은 기존 전달체계와는 좀 다른 특성이 필요하더라고요. 왜냐하면 그들이 안 나오니까. 사실 우리의 복지전달체계라고 하는 것은 본인이 요구하지 않으면 전달이 안 되잖아요.

저도 우리 지역에 보니까 어떤 게 있냐면 청소년 카페 같은 게 있더라고요. 그냥 마음 대로 와서 놀기도 하고, 나오게 만드는 거지요. 그런 일들을 이미 지자체에서 하고 있더라고요. 그러니까 그런 사람들이, 은둔청년들이 나와서 거기서 같이 밥도 먹고 이야기도 하면서…… 그리고 정신적 치료 같은 것 진짜 필요한 대상들도 많이 있어요, 장기간 된 사람들. 그래서 지역의 정신건강복지센터랑 또 연계해서 일을 하고 있는데 이것을 청년 미래센터에 다 엮어 놓고 거기서 과연 사업이 가능할지 솔직히 말씀드리면 저는 상상이 잘 안 돼요. 그래서 왜 이렇게 무리한 법을 진행하는지를 조금 더 검토……

해당 의원님들한테 설명을 드렸다고 하는데 지난번 소위에서 논의를 굉장히 많이 했습니다. 그러면 소위에 있는 위원들한테도 설명을 해야지요. 하나도 설명이 없었어요, 오늘까지. 저는 처음 받아 봤거든요. 그게 그 법안을 낸 의원들만 합의가 되면 끝나는 건 아니잖아요. 자료만 주고 끝나는 것 아니잖아요. 저의 의견을 소위에서 분명히 문제 제기를 했었는데 그런 부분이 어떻게 하려고 했다라는 좀 더 자세한 설명이 부족했었다. 그래서 저는 사실 국회의원의 한 사람으로서 이 법을 오늘 통과시키는 건 상당히 제 자신이 잘 정리가 안 돼요. 이것은 상당히 논의가 더 필요하다고 생각을 합니다.

○**소위원장 강선우** 차관님, 남인순 위원님께서 설명을 못 들었다고 하시니까 설명을 좀 하시지요.

○**보건복지부제1차관 이기일** 이것 저희가 사실은 모든 의원실에는 아마 다 말씀은 드렸는데 별도로 또 위원님께도 말씀을 드리겠고요.

지금 남인순 위원님 말씀 주신 것처럼 사실 저희가 위기청년 같은 경우에는 신 사각지대라 해 가지고 새롭게 발굴하게 됐습니다. 왜냐하면 영 케어러(Young carer)라는 가족 돌봄청년이라든지 또 히키코모리, 고립·은둔청년 같은 경우에 지금까지는 그렇게 정책이 잘 마련되지를 못했었거든요. 그렇기 때문에 지난해 청년미래센터를 네 군데 만들어 가지고 또 사회서비스원도 같이 해 가지고 했던 것이고요. 그런 단계에서 자기돌봄비 같은 경우도 1개 지역에서 240명씩 해 가지고 저희가 960명을 초과해서 한 그런 케이스가 있습니다.

그리고 수정안 5조에 보시게 되면 위기청년 지원에 관해서는 이 법에 정한 사항에 대해서는 우선 법률에 다른 것에 우선해서 적용을 하고 혹시 남인순 위원님 말씀 주신 것처럼 다른 법률, 아동복지법 같은 데서 더 유리한 게 있으면 그 법에 따르도록 법안을 구성을 했습니다. 그렇기 때문에 저희는 어느 정도 그런 것은 합집합으로 만들었다고 일단 말씀은 드리겠습니다. 설명은 또 저희 계속 드리도록 하겠습니다.

○**소위원장 강선우** 서영석 위원님.

○**서영석 위원** 하여튼 조금 더 깊이 있게 설명을 들었으면 좋았겠다 이런 생각은 듭니다. 그러나 이게 21대 때부터 계속 논의돼 왔던 사안이고, 특히 대구 청년 간병살인 사건 이후에 사회적 관심사가 높아졌고 그리고 그러다 보니까 이게 최근까지도 많은 위원님들이 관심을 가지고 토론도 거쳐 주고 또 입법발의도 해 주고 그런 사안 아닙니까?

○**보건복지부제1차관 이기일** 그렇습니다.

○**서영석 위원** 그래서 그 과정에서 저도 2개의, 고립·은둔하고 가족돌봄이 충돌하지 않을까 이렇게 생각을 했는데 어쨌든 수정된 안에는 가족돌봄 부분에 대해서 많이 확대되게 적용이 돼서 다행스럽게 생각하고 그리고 남인순 위원님이 걱정하시는 그런 전달체계에 대해서는 조금 더 앞으로 세부적인 시행령을 만드는 과정에서 충분하게 상의하고 대안을 만들어 가면 좋겠다 이런 생각을 갖습니다.

그리고 더불어서 이게 수정안에 사례관리에 대한 연계 부분도 잘 담아진 것 같아서 다행스럽게 생각을 하고, 어쨌든 이 문제가 시급성도 그렇고 내년도 예산 반영도 그렇고 그리고 이 사안 자체가 오래된 논의를 지속해 온 부분이 있기 때문에 우리가 신속하고 속도감 있게 이 문제를 받아 안는 게 맞겠다 이런 생각이 들어서 오늘 가급적이면 여러 위원님들이 통과에 노력을 해 주시면 감사하겠다는 말씀 드립니다.

○**전진숙 위원** 그냥 이 법을 보면서 고민은 정말 많이 하셨는데 왠지 짬뽕이 된 것 같은 느낌이 좀 듭니다. 우리가 이걸 반드시 그렇게 짬뽕을 해서 이 법을 논의를 해야 되는가는 근본적인 회의가 저는 들어요. 왜냐하면 가족돌봄청년·아동·청소년의 문제와 고립·은둔청년의 문제는 완전히 별개의 문제예요. 그 대상도 다를 뿐만 아니라 그 대상별 진행해야 될 내용도 다르고 각각 달라요. 그런데 이걸 다 이렇게 뭉뚱그려서 청소년도 아니고 아동·청년이라고 하는 법안에 묶어서 뭘 하겠다고 하는 걸까. 이게 결국은 청년미래센터 이걸 운영하기 위한 기반이 되려고 하나 이런 생각까지 심지어 저는 들고 있습니다. 그래서 이렇게 뭉뚱그리는 법은 정말 심각하다 이런 생각이 좀 들고요.

한 가지 더 제가 지적을 하고 싶은 부분이 하나 있는데 저희들이 법을 만들 때, 법의 제목을 정할 때 사회적으로 올 수 있는 편견을 극복하는 법명이어야 된다고 저는 생각합니다. 이를테면 가족돌봄 등 위기청년이라고 하는데 아동의 개념과 서영석 위원님이 처음에 발의를 하면서 청소년이라고 하는 개념을 넣었어요. 그러면 청소년과 아동의 차이가 뭘까. 뭐인가요, 차관님?

○**보건복지부제1차관 이기일** 나이가 있겠지요.

○**전진숙 위원** 나이의 개념만이 아닙니다. 실제로 보호해야 되고 보호라고 하는 그 보호권이 발동되는 것이라는 개념으로 주로 아동을 쓰고 있고요. 청소년은 자유권을 그리고 시민권적인 이런 성향을 가지고 있는 주체로서의 한 인간을 어떻게 보느냐 문제인 건데 이걸 여전히 법을 하나 만들어서 그 법명으로부터 혜택을 받는 모든 사람들이 마치 보호해야 되고 시혜적인 뭔가 지원을 받아야 할 대상으로 자꾸 인식되게 하는 행위는 저는 멈춰야 된다고 생각을 해요.

그러니까 아동도 그냥 보통 어린이라고 하는 개념으로 주로 쓰고 그다음에 중학교 이상은 청소년이라고 쓰잖아요. 청소년의 개념은 9세~24세인데 지금 여기 보건복지부에서 제안했던 안도 실제로 13세 이상을 지원 대상자로 규정을 한다 이렇게 되어 있습니다. 그래서 하나하나 대상에 대한 용어를 쓸 때도 좀 더 고민하시는 게 저는 필요하다고 생각을 합니다. 여기까지 의견드리겠습니다.

○**소위원장 강선우** 차관님, 답변하시겠어요?

○**보건복지부제1차관 이기일** 그래서 저희도 참 고민이 많이 됐던 겁니다. 지금 전진숙 위원님 말씀 주신 것처럼 지원 대상에 대해서는 원래는 지난번에는 저희가 13세 이상으로 했었는데 청년기본법은 19~34세거든요. 그런데 또 여러 위원님들께서 아이를 돌보는, 가족을 돌보는 게 그 밑에도 있다 그런 의견 주셔서 저희가 포함을 시킨 건데요.

그리고 또 맨 뒤에 있는 것처럼 법체계에 있어 가지고 사실은 가장 좋은 것은 가족돌봄을 가족돌봄대로 고립·은둔은 고립·은둔대로 절차를 만드는 것이 제일 좋다고 생각은 하고 있고요. 그런데 이것 저희가 법을 구성하다 보니까 사실은 목적과 개념 또 여러 가지 실태조사 그런 것 자체가 기본적으로 앞 단에서도 같았었고 또 주는 서비스가 같고 뒤에 있는 것이 전담이 같기 때문에 사실은 여러 위원님들 의견을 모아서 이렇게 하나로 만들었던 내용이거든요. 그래서 위원님들께서도 한번 내용을 잘 봐 주셨으면 어떨까 그런 생각이 들고요.

또 하나는 저희가 이것을 빨리 사업을 하려 그러면 5월 31일까지는 기재부에 사실은 예산안을 제출하는 시간입니다. 그렇기 때문에 그전에 저희도 안도 만들어서 예산도 내야 되고 하기 때문에 약간 마음이 서둘렀던 면도 있다는 말씀을 드리겠습니다.

○**소위원장 강선우** 안상훈 위원님.

○**안상훈 위원** 복지부 고민이 일부 이해는 됩니다. 그런데 지금 여러 위원님들께서 문제 제기해 주신 것처럼 이게 기본법적 성격이 있는 건지 실제로 현장에서 대상 범주별로 제대로 된 서비스가 이루어지는 데 초점이 맞춰져 있는 건지, 혹여 행정편의적인 발상일 수도 있다 그런 생각이 좀 들어 가지고요.

무조건적으로 제가 비판적으로 말씀드리는 건 아닌데 이게 지금 연령 부분하고 위기 범주가 사실은 씨줄, 날줄 너무 복합적으로 돼 있고 그리고 아마 염두에 두시는 것은 경계선지능이라든지 다른 추가적인 부분이 들어왔을 때도 이걸로 1타 3피 이렇게 될 수 있다라고 생각을 하실 수도 있을 것 같습니다. 한편으로는 그런 부분이 있을 수도 있습니다.

그런데 제가 보기에는 그건 나중에 통합 초기 상담, 인테이크부터 문제를 진단하고 처방 정도 하는 정도 서비스까지의 통합센터를 위한 법이 아닌가. 실질적으로 위기라고 지금 통칭되어 있지만 은둔·고립하고 가족돌봄 그리고 나중에 경계선지능 이런 것들은 그 문제 성격이 너무 달라 가지고 형식적으로면 행정적으로 인테이크 해 가지고 하는 것들은 비슷해 보이기는 하지만 그 내용이 너무나 달라질 수밖에 없습니다.

예컨대 이게 지금 연령대를 아동·청년까지만 묶어 놨는데 은둔·고립 같은 경우에는 전문가들 얘기를 들어 보면 오히려 이게 청년기에서 중장년기로 넘어가는 게 더 큰 문제거든요. 그러면 그건 어떻게 할 건지.

그리고 또 전체적으로 봤을 때 지금 청년미래센터를 전담조직 명칭 바꿔 가지고 따로 한다라고 했을 때 결국은 분야별로 또 섹터별로 다른 센터들이 문제군 별로 되는 것을 지금 어떻게 해결하려고 그리고 계신지 그런 생각이 들었고요.

　그리고 작은 문제로 여기 현금 지원 관련해서 가족돌봄아동·청년 자기돌봄비라고 되어 있는데 사실은 이 친구들 같은 경우에는 가족돌봄에 엮여 가지고 본인이 자립할 수 있는 시간을 뺏기는 게 개인적으로, 사회적으로 사실은 큰 문제입니다. 그런데 이게 자기돌봄비라고 돼 있을 때는 그냥 듣기에는 자기 돌봄을 어느 정도해야 되는 것을 용인하고 거기에 대해서 이런 느낌이 있어서 주더라도 저는 자립준비비라든지 그런 쪽, 그러니까 원래 이 친구들한테 우리가 지원해야 되는 내용을 중심으로 명칭을 바꿔 주십사 부탁을 드리겠습니다.

○소위원장 강선우　차관님, 답변 주시겠어요?

○보건복지부제1차관 이기일　19조에 있는 것이고요. 미래 준비를 위한 필요한 자기돌봄비라고 해 가지고 지금 하고 있는 그런 내용이 되겠습니다. 그런데 혹시라도 더 좋은 대안이 있다 그러면 저희 그것은 수용해서 할 수 있다는 말씀 드립니다.

○소위원장 강선우　이수진 위원님.

○이수진 위원　저도 질문 좀 드릴게요.

　만드느라고 고생은 하셨는데 우리가 지난번 소위 때는 이렇게 묶지 말라고 말씀을 드렸던 것 같은데 묶으셨어요. 저는 좀 많이 다른 것 같아서…… 가족돌봄은 아동복지법 이런 데 넣어야 되지 않나, 또 고립·은둔 청년은 청년복지법 그렇게 접근하는 게 좀 더 나아 보이지 않았나 계속 저도 그런 고민이 있어요.

　가족돌봄과 고립·은둔 이게 문제가, 사회적으로 이슈가 됐지요. 그러니까 고민을 할 수밖에 없는데 이게 억지로 섞었다라는 느낌을 여전히 말씀드릴 수밖에 없고, 사실 특별법처럼 각각 제정하면 좋은데 다른 위원님들 말씀하신 것처럼 혹여 행정편의적인 방법은 아닌가 여전히 그런 고민이 좀 있습니다.

　저는 그리고 여기 전담조직을 만든다라고 그러셨는데 전담조직의 모델상이 어떤 건지 이런 것도 사실은 수정대안을 내셨으니까 궁금하기는 하고요. 그리고 사업 내용 어떻게 설계·준비됐는지 이런 것들도 궁금하고 그리고 지원 내용에 자조활동 지원 이런 것들도 들어있는지, 여기서 이루어지는지 이런 게 궁금합니다.

　그래서 사실 제가 궁금한 게 청년 당사자 조직은 얼마나 궁금하겠습니까? 그래서 이런 수정안이 나왔으면 당사자나 지원 조직에게 의견을 들으면서 궁금증과 그다음에 좀 더 보완해야 될 부분들 이런 것들을 좀 더 완성도 있게 하실 수도 있을 것 같은데, 그런 것들도 같이 고민하셨으면 좋겠는데 어떻게 생각하세요?

○보건복지부제1차관 이기일　제가 일단 말씀드리고요. 혹시 전담조직의 구체적인 내용에 대해서는 우리 국·과장들이 설명드리겠습니다.

　사실 이것 저희가 행정편의로 하는 것은 아닙니다. 왜냐하면 지금 새로운 청년 사각지대인 가족돌봄과 고립·은둔 같은 경우에는 정말로 한 1~2년 전부터 심각하게 해서 거기에 대해서 서베이도 하고 대책을 발표도 했었고요. 그에 따라서 만든 것이 청년미래센터가 됐고 그게 인천·울산·전북·충북 이렇게 네 군데가 하고 있는 그런 단계입니다. 그래서 거기에 따라서 하고 있는 것이고요.

　또 말씀 주신 것처럼 사실 가족돌봄청년도 그렇지만, 특히 고립·은둔청년에서 가장 중요한 것은 자조모임이더라고요. 자기들끼리 모여서 서로 간에 얘기도 하고 하는 건데 저도 인천에 가 보니까 인천에도 사회서비스원이 그 사업을 하고 있었습니다. 그런데 미리

고립·은둔 탈퇴했던 그런 분들이 와서 서로 도와주기도 하고 그렇게 해서 잘하고 있는 케이스가 돼서 여기에 그런 내용을 담아 놨던 것이고요. 청년미래센터 사업 내용에 대해서는 과장이 설명을 드렸으면 좋겠습니다.

○**보건복지부청년정책팀장 장영진** 보건복지부 청년정책팀장 장영진입니다. 담당 과장입니다.

청년미래센터는 작년 8월 14일 개소했습니다. 인천·울산·전북·충북 4개 광역시도를 지역공모를 해서 선정을 했고 4개 시도 안에 3곳은 사회서비스원, 1곳 충북은 충북기업진흥원을 선정을 했습니다. 그 조직 안에는 저희가 국비로 대략 20명 정도의 인력을 지원하고 있습니다. 국비로 지원하는 인력은 14명인데 서비스 수요 대비 인력이 부족해서 저희가 작년 9월부터 청년 인턴을 6명씩 해서 20명씩 작년 한 해 운영하였습니다. 8월 14일 개소를 해서 작년 원래 당초 계획보다 많이 늦어졌음에도 석 달간 가족돌봄청년은 1107명 발굴을 해서 현재 작년 차관님 말씀하신 대로 자기돌봄비 지급 및 자기발전계획을 수립하고 제일 중요한 것은 이분들이 시군구에서는 받을 수 없었던 밀착 사례 관리를 통해서 계획을 수립해서 단계적으로 한 달마다 또는 일주일마다 그 계획에 따라서 이행을 하고 있는지 관리를 하고 있습니다.

고립·은둔 청년은 저희가 온라인 전용 사이트도 구축을 해서 총 2900명이 작년 8월 14일부터 12월 30일까지 들어왔고 그중에 1200명이 넘게 상담을 받았고 693명이 프로그램에 참여하였습니다. 말씀하신 대로 고립·은둔 청년들 같은 경우에는 시군구의 어디로 갈지 명확지 않았다가 저희 실태조사 결과 가장 큰 문제였는데 이 네 곳의 전담 기관을 통해서 고립·은둔 청년들 같은 경우 원스톱으로 직접 연락을 해서 프로그램에 현재 693명이 참여하고 있습니다.

이상입니다.

○**보건복지부제1차관 이기일** 제가 인천에 가 보니까요, 인천도 사회서비스원에서 하고 있는데요. 거기 보게 되면 팀이 2개 있습니다. 그래서 1개 팀은 가족돌봄팀이 있어 가지고 전문 사회복지사가 하고 있고요. 또 하나 고립·은둔 같은 경우에는 거기도 전문 팀장이 붙어 가지고 주로 상담하는 분들이 같이 이렇게 해 가지고 상당히 잘 되고 있는 그런 케이스가 되기 때문에 저는 물론 고립·은둔은 고립·은둔대로 별도의 시스템을 만들고 또 가족돌봄은 가족돌봄대로 만들면 좋겠지만 사실은 우리 시도에서 그렇게 하기는 어려운 면이 있거든요. 그렇기 때문에 어떻게 보게 되면 법 체계를 만들다 보니까 처음에 총칙과 목적과 또 한편으로는 실태조사와 기본계획 수립하고 그런 내용 또 발굴하고 신청하고 또 서비스 주는 그런 거라든지 전담 같은 경우가 사실은 거의 대부분이 라인업돼 가지고 이렇게 일치하는 면이 있습니다. 그렇기 때문에 그렇지만 서로 빠진 구석이 있기 때문에 거기에 따라서는 그거를 별도로 저희가 해서 했기 때문에 제가 볼 때는 위기 아동·청소년에 대해서 일단 한번 여러 의원님께서 주신 법안에 대해서 한번 발족을 해 보면서 또 한편으로 해 나가는 것도 바람직하지 않을까 싶기도 하고요.

또 빨리 이게 돼야만이 사실은 저희가 4개가 아니고 나머지 13개를 빨리 지금 할 수가 있거든요. 그래서 심도 있는 논의를 좀 부탁을 드리겠습니다.

○**소위원장 강선우** 서영석 위원님.

○**서영석 위원** 여러 위원님들이 지적하신 것처럼 이게 가족돌봄하고 은둔·고립 청년하

고 약간 이질적인 게 있지 않냐 이렇게 생각하는데 현실적으로 이게 전담 조직을 구성하는 데 있어서 그렇게 될 경우에 이제 지방정부로 갔을 때 구성이 잘 안 되거나 어려워질 개연성이 매우 높다고 보는 것에 동의를 했고 그래서 어렵고 힘든, 사회적 고립이, 방치되고 있는, 그래서 삶의 질 향상이 어려워지고 있는 이런 아이들에 대해서 적극적으로 정부가 개입을 해야 된다고 누누이 얘기하면서 우리가 좀 미온적으로 대처한 게 아닌가 이렇게 생각을 하고.

그래서 차제에 이 관련된 수정안에 대해서도 그 가족돌봄 지원 단체들하고도 충분히 상의를 해서 일정하게 의견을 수렴했다는 말씀 드리고요. 좀 전향적으로 위원님들의 긍정적 검토를 다시 한번 촉구드립니다.

○소위원장 강선우 남인순 위원님.

○남인순 위원 저도 그래서 이 법안이 좀 어느 정도 의견수렴이 됐나, 이 법 심사하기 전에 지금 관련한 부분들하고 좀 얘기를 해 봤는데요. 실제로 이 사업에 참여하는 단위들은 얘기를 했더라고요, 이렇게 관련한 재단들. 근데 이렇게 폭넓게, 왜냐하면 새로운 전달 체계 하나 얻는다라고 하는 것이 아마 오히려 더 복잡하게 만들 수가 있거든요, 더구나 또 여가부와 관련된 일들이 있고. 그런데 이것을 다 그러면 여기가 주도한다라고 하는 건데, 아까 그 5조 얘기하시면서, 그러면 충분한 얘기가 된 거지요.

왜냐, 안 그런 걸 저희가 너무 많이 겪어봤기 때문에 실제로 보면 현장에서 어떠냐면 학교상담사가 있잖아요, 학교상담사. 그것 교육부 관할이에요. 학교에 사회상담사들이 훨씬 이런 아동을 발굴을 많이 합니다. 그리고 여가부 간 청소년 복지 센터 여기에 경계성 지능장애라든지 아니면 여러 가지 이런 부분들을 제일 많이 발굴해서 상담합니다. 하고 있어요.

근데 그러면 기존에 했던 부분들은 그대로 거기 지정하겠다는 것인지, 왜냐하면 복지부가 가면 거기다 또 지정을 못 해요, 복지부 산하기관이 아니니까. 그러면 따로 전달체계를 만든다는 건데 그러면 그만큼 복지부가 어떤 네트워킹이나 전문성이 있는지 솔직히 모르겠어요. 왜냐하면 갑자기 왜 복지부가, 어떻게 보면 아동 관련한 사업 하는 거 맞아요. 영케어로 관련해서 하고 그거를 법을 또 만들 것인지 아니면 사회서비스원에 돌봄에 대한 사각지대 해결하는 부분이 있으니까 거기다 집어넣을 건지 이런 논의를 그 부분은 필요하니까 할 수는 있는데 갑자기 청년을 들고 오니까 헷갈리는 거예요, 지금.

왜냐면 이 청년 사업을 그러면 복지부가 해서 이걸 하겠다는 건가? 근데 항상 그동안 보면은 아동·청소년 관련한 관련 단체들이 얼마나 서로 합의가 안 됐어요. 이건 최근의 얘기만이 아니잖아요. 그 전달체계 그냥 그대로 우리가 그 모순을 보고 있는 상황이거든요. 그러니까 그런 것까지 정리가 안 된 상황에서 이걸 하신다고 하니까 도대체 어떤 논의가 됐고 그런 거는 정말 다 정리가 됐는지……

근데 제가 몇 군데 이렇게 좀 두드려 보니까는 전혀 이것에 대해서 모르더라고요. 이런 상태에서 이거 하나 떡 만들어 봐야 이게 얼마큼 같이 이렇게 중심을 가지면서 할 수 있는지에 대해서도 조금 우려가 돼요. 이제 그런 부분들을 좀 말씀드리는 거라서 이거를 그냥 밀어붙여서 할 일은 아니라고 생각합니다.

○김미애 위원 이런 논의는 사실 어제오늘의 일이 아닙니다. 저도 21대 때 지난해에도 재작년에도 이런 토론회도 하고 고립·은둔 청년들 얘기를 많이 들었습니다. 저는 어떤

법을 만들 때 다양한 의견을 듣지만 모든 의견을 다 담아서 할 수도 없는데 그런데 이제 여기에 기본적으로는 위기 청년 지원을 하고자 하는 건데 사실은 여기에도 대상을 아동까지 넓혔지만 청년을 중심으로 그게 많고 아동은 사실 극히 예외적이고 더 많은 돌봄이 필요합니다.

그래서 가급적이면 같은 프로세스 안에 좀 포함시키고자 하는 그런 의지가 저는 있어서 또 일부 위원님들이 아동까지 포함시키고자 했고 그래서 저는 이걸 하나로 뭉쳐 가지고 이런 법안을 냈는데 물론 보기에 따라서는 이게 짬뽕이냐 그럴 수도 있습니다. 그러나 제가 볼 때는 위기 아동·청년 관련해서 기본법이자 특별법인 성격을 갖는다. 그리고 위기 아동·청년에 대한 지원 프로세스를 다 담고 있다. 그렇기 때문에 이것을 각각의 특성에 맞춰서 다 나누기보다 기본법적 성격을 가지기 때문에 이걸 하나의 프로세스를 만들어 놓고 또 하나는 제도를 시행하다 보면 첫 번째부터 어떻게 다 완벽합니까, 하다 보면은 우리가 예상치 못한 일이 생기면 또 그거를 개선해 나가는 것이 우리의 과제인가 아닌가 싶습니다.

그리고 이 논의는 서영석 위원님은 21대 때 제가 수차례 발언하신 것도 들었고 계속 관심을 많이 가져온 걸 압니다. 그리고 저는 사실 청년 위주의 의견을 많이 들었고 이거는 무엇보다 발굴에 어려움이 크다. 그래서 발굴이 무엇보다 중요한데 그러면 어떻게 발굴을 할 수 있을까? 머리를 쥐어짜내는 그런 건데 그래서 저는 이 대안의 전체 체계를 보니까 이 정도로 1장, 2장, 3장, 4장, 5장, 부칙까지 가서 다 한 게 보면 그만한 수고를 한 걸로 보여지고 이 짧은 시간 안에 고생을 했다 싶습니다.

그래서 저는 말씀 주신 위원님 의견 다 맞지요. 그러나 그걸 또 다 여기를 녹여내 가지고 하기에는 좀 어려움이 있어서 저는 조금 양해를 해 주시고 이게 우리 소위에서 대안을 좀 통과했으면 하는 바람입니다.

그리고 정부가 일을 하는 데 있어서 사실은 일을 할 수 있도록도 해야 되고 올해까지 돼야지 내년 예산안에 반영하는데 또 안 되면 우리는 또 이걸 실기하고 또 그다음까지 질질 늘어지게 되는데 그게 맞는 건지 사실은 그런 고민이 듭니다.

그래서 발의하시는 의원님들이 좀 계시는데 이건 다들 관심은 많겠지만 보시고 이 정도면은 저는 이 입법을 이후에 시행을 해도 완벽하진 않지만 무난하다. 그리고 그 안에서 일어나는 일들은 또 조금씩 개정해 가는 게 맞지 않나 싶어서 위원장님, 그렇게 저는 이 대안으로 좀 하기를 바랍니다.

○보건복지부제1차관 이기일 위원장님 제가 마지막으로 한 말씀 드리면요, 사실은 지금 가족돌봄청년과 고립·은둔 청년에 대한 정책은 기존의 복지에 있는 것이 아닌 새로운 사각지대, 신 사각지대라고 그랬었습니다. 그리고 새롭게 나왔던, 저희가 발견했던 것이고요. 비어 있던 것이지요. 그래서 그거에 대해서 여러 가지 정책도 만들고 발표도 하고 그래서 그걸 가지고 사실은 지금 청년미래센터를 네 군데에서 지난해 8월 달부터 해서 운영을 하고 있습니다.

그런데 요새 저희가 새로운 사업을 시작을 하면서 가장 걱정했던 것 중의 하나가 아까 위원님 말씀 주신 것처럼 혹시라도 여가부라든지 다른 데하고 이렇게 그 겹치는 것이 아니냐, 여가부도 가족센터가 있거든요. 그런데 이거 같은 경우에는 지금 네 군데가 이미 하고 있기 때문에 그런 데는 고립·은둔 그런 팀하고 가족돌봄팀이 자체적으로 그 지역에 있는 학생들이라든지 그걸 학교를 통해서 발굴해서 지금 해서 서비스를 제공을 하고 있거든요. 그렇기 때문에 이것이 다른 부처, 물론 과장이 설명드릴 수도 있겠습니다만서도 새롭게 서비스를 제공하고 지금 이미 새로 하고 있다는 말씀 드리겠고요.

만약에 이것이 되어야만이 지금 4군데가 13군데까지 늘어나 가지고 전국으로 확대가 되고 점점 체계적으로 할 수 있지 않느냐 이렇기 때문에 이거는 저희가 혹시라도 부족한 점이 여러 가지 많이 있습니다만서도 위원님들께서 빨리 좀 이번에 논의가 돼서 올라갔으면 좋겠다는 그런 간곡한 부탁말씀 드립니다.

○**남인순 위원** 위원장님, 시간도 다 되셨으면 한 번 정도 더 논의하지요. 오늘 밀어붙이지 마시고.

○**소위원장 강선우** 백혜련 위원님.

○**남인순 위원** 예산이라고 하는 거는 예산부터 하고 하는 경우 많았습니다. 법이 없어도, 그동안 전례에서. 예산 따시면 되는거고.

○**백혜련 위원** 근본적으로는 지금 이것을 단일법안으로 할 것이냐 아니면 분리해서 할 것이냐의 문제라고 생각합니다. 그런데 사실 제가 이 법안을 보니까 한 마디로 짜깁기 법안으로는 굉장히 잘 만들었습니다. 두 가지를 다 포괄할 수 있는 형태로, 그래도 완결적인 형태로 굉장히 잘 만든 것으로 보이는데 결론적으로는 따로따로 만들 건지, 할 건지인데 제가 볼 땐 그게 사실 이미 합의는 어려운 것 같아요. 이미 합의는 어렵기 때문에 어떻게 보면 약간의 다수랄까 그리고 정부의 입장이 두 개의 주제를 같이 버무려서 만드는 쪽으로 결론이 난 것이라고 생각합니다.

그래서 두 개를 버무려서 법안을 만든다면 이 법안 이상으로 더 뛰어나게 만들기는 사실 제가 법률적으로 볼 때는 쉽지는 않아 보여요. 그런데 또 이제 남인순 위원님이 걱정하시는 것처럼 이렇게 그냥 서로 맞지 않는 두 개의 제도를 법률로는 완결적인데 만들어 놓더라도 실제로 이것이 복지의 전달체계도 제대로 작동하느냐의 문제는 또 별개일 수 있다고는 보입니다.

그렇지만은 법안으로 볼 때는 더 논의를 한다고 해도 근본적으로 따로 만들 것인지, 합해서 만들 것인가 합의되지 않는다면 이 법안 이상으로 논의되기는 어렵기 때문에 저도 그냥 통과를 시키는 게 낫겠다, 소위에서는.

○**김미애 위원** 감사합니다.

○**서영석 위원** 전달 체계에 대해서는 조금 더 남인순 위원님이랑 상의를 해 주시고 이 법안 자체는 통과시키는 것으로 그렇게 입장을 좀······

○**남인순 위원** 한 번 더 심사를 합시다. 왜 오늘 이렇게······

○**이수진 위원** 급하게 막 하시려고 하세요?

○**남인순 위원** 이렇게 좀 통쾌하게 이 법을 통과시켜 드리고 싶어요. 근데 암만 해도 질문이 너무 많이 생겨요, 제가 지금 다 말을 안 했는데. 이게 현장에서 어떻게 될지에 대한 부분이 너무 이런 질문이 많이 생겨요, 더구나 이게 상위법이라고 얘기를 하고 기본법이라고 얘기를 하시니까 상당히 지금 청소년 관련한 단체, 아동 관련한 단체, 전문가들 의견수렴이 필요하다고 봐요, 저는.

○**백혜련 위원** 그러면 저희 명절 지나고 바로 소위 한 번 더 열어 가지고 하지요. 2월 중으로 합시다, 2월 중으로.

○**김미애 위원** 오늘도 다 못하네. 2월 달에도 해야지요.

○**백혜련 위원** 2월 달에도 해요. 그때 가면 예산 문제 되지는 않잖아요, 2월 중으로 하면.

○**보건복지부제1차관 이기일** 지금 본회의까지 통과가 빨리 되어야 되기 때문에요. 사실은 왜냐하면 현장단에서는 청년미래센터에서는 2개의 가족돌봄과 고립·은둔이 지금 같이 한 센터에서 되고 있습니다. 그래서……

○**남인순 위원** 차관님, 아니 그동안 이 법을 제정할 때 어땠어요? 시범사업 결과보고서 안 갖고 오면 법 통과 안 시켰어요. 그런 거 없이 지금 막 하려고 하는 게 어디 있어요? 시범사업 결과보고서라도 갖고 와야 될 거 아니에요. 그런 거 없이 제정법을 어떻게 하고…… 재정 때문에 그런다? 그동안 법 없어도 먼저 재정 통과시킨 게 많아요. 그렇게 얘기하시면 안 되지요.

○**백혜련 위원** 마지막으로 2월 달에 한 번 더 하시지요.

○**전진숙 위원** 답을 정해놓고 자꾸 밀어붙이기 방식으로 한다는 느낌밖에 들지 않아요. 그러니 이게 단일법으로 계속 이렇게 나오는구나 이런 생각이 자꾸 들게 하잖아요.

○**소위원장 강선우** 지난번 소위 논의 이후에 특히 2소위 위원님들 의원실 중심으로 복지부에서 다 설명을 좀 하라는 말씀을 드렸었는데 혹시 그 노력을 하셨나요?

○**보건복지부제1차관 이기일** 드렸습니다.

보고 설명드린 것을 말씀 주시지요.

○**보건복지부인구아동정책관 김상희** 인구아동정책관 김상희입니다.

의원님실은 다 설명을 드렸는데요. 위원님께 직접 설명은 다 드리지 못했습니다. 의원실은 다 자료 미리 하고 그 조율 과정에서 오늘의 수정 대안이 나오게 되었습니다.

○**남인순 위원** 아니, 문제 제기했는데 안 받아들였잖아요? 저희는 문제 제기했어요.

○**김미애 위원** 아니, 의원실에 설명을 드리면, 물론 저도 없을 때 많고 보좌관을 통해서 전달받고 또 의견이 필요하면 다시 좀 보자라고 하는데 그런 노력들은 하셨습니까? 위원의 시간에 안 맞으면 보좌관하고 얘기도 왕왕 하는데……

○**보건복지부인구아동정책관 김상희** 예, 일단은 보좌진께 설명드렸을 때는 어느 정도 수정 대안에 대해서 많이들 동의를 해 주셨고요.

○**전진숙 위원** 보좌진은 보좌진이고 위원은 위원이지요. 생각이 다를 수 있는 거잖아요.

○**이수진 위원** 그렇게 이야기하지 마세요. 그것 아니라는데……

○**보건복지부인구아동정책관 김상희** 위원님……

○**김미애 위원** 그리고 위원장님, 오늘 우리가 제정법이기 때문에 충분히 논의를 숙성시키자는 말씀 공감을 합니다. 그런데 또 이렇게 해 가지고 2월에 소위를 하는데 그 사이에 제정법이 왕창 또 쏟아지면 그것 가지고 또다시 논의를 하자 이런 일들은 저는 없기를 바랍니다.

그러면 향후에 뭔가를 우리가 입법을 할 때마다 계속 그런 일에 봉착하면 곤란해지겠다 싶어서, 얼마든지 할 수는 있겠지만 그러면 또 여기가 가지치기해서 또 벗어나고 그 논의를 또 해야 되고 이런 문제가 계속 생기면 사실 입법은 요원해질 것 같아서 그런 염려가 듭니다.

○**전진숙 위원** 그런데 실제로 지난번부터 이것을 뭉뚱그려서 한 곳에 단일법으로 만든 것에 대한 문제 제기는 계속 되어 있었다면 이 단일법이 아니라 각각 분리해서 이렇게 된다라고 하는 그 대안도 저는 같이 고민해 주셔야 되는데 결국은 법안 하나를 가져와 가지고 거기에다만 계속 포커싱을 맞추고 이야기를 하니 이야기가 다시 반복되고 있는 거잖아요.

○**이수진 위원** 2개를 가지고 왔어야지, 대안을.

○**김미애 위원** 아니, 그것은 입법을 어떻게 하는지는 우리가 정할 일이기 때문에 저는 여기에서, 왜냐하면 소위에서…… 저도 사실은 이 법을 냈기 때문에 다른 위원님들 의견을 다 들었냐고도 제가 계속 확인도 했습니다. 그래서……

○**서영석 위원** 그런데 지금 여러 위원님들이……

○**김미애 위원** 위원님, 제가 말씀을 드리면 또 하세요.

그래서 서영석 위원님 말씀 많이 하셨어요. 서영석 위원님은 꼭 가족돌봄을 강조하셨고 강선우 위원장님은 아동을 강조…… 그래서 저는 충분히 이해한다, 그래서 그런 것을 다 좀 담았으면 좋겠다, 오케이 그렇게 하자라고 얘기를 했습니다. 그러면 우리가 떠날 수 있도록 해야 되는데 계속 이 부분을 말씀하시면 그 말씀이 또 다 일리가 있기 때문에 그것을 다 충족해서 더 하기는 어렵거든요. 그래서 일정 부분에서는 발의하신 의원님들 의견을 듣고 거기에 맞춰서, 소위에서 또 통과해 온 게 지금까지 소위 심사한 전례가 저는 그랬다고 생각을 합니다.

그래서 제가 발의하신 의원님들 의견도 듣고 했고 이 정도면 괜찮지 않을까요라 했는데 그렇지 않고 그때그때마다 또 다른 말씀들 다 하셔 가지고 하면 사실은 심사를 하더라도 끝나지 않을 것 같아서 그런 것들은 우리가 향후에 법안심사를 함에 있어서 위원님들 조금 양해도 해 주시고 그래서 발의하신 의원님들 의견 좀 존중해 주시고 그러면 좋겠다는 의견을 드립니다.

○**서영석 위원** 여러 위원님들이 지금 문제 제기를 하시는데 사실은 관련된 법안 수정안을 만들기 위해서 여러 차례 논의를 했습니다, 그리고 의견을 들었고 관련 단체하고도 상의를 했고. 그래서 모든 것을 다 만족할 수는 없지만 백혜련 위원님 말씀처럼 2개를 분리하지 않고서는 합쳐서 법안을 만들 때 이것보다 더 잘 만들기가 쉽지 않겠다라고 하는 공감대가 형성이 됐기 때문에 여기까지 온 건데 다시 이것을 또 쪼개 버려라 이렇게 얘기를 해 버리면 하지 말자는 얘기밖에 더 됩니까?

○**백혜련 위원** 그래서 위원장님, 마지막으로 다음 2월 달에 최종안 다시 한번 검토하고 의결하는 것으로 하시지요, 그러면.

○**소위원장 강선우** 전진숙 위원님께서 이것을 분리해야 된다고 말씀하셨고 그러면 그 의견에 대해서 전진숙 의원실에는 어떤 설명을 하셨었고 또 남인순 위원님께서 문제 제기를 하셨다고 했는데 그게 받아들여지지 않았다고 하셨는데 그것은 어떻게 된 건지 설명을 좀 해 주십시오.

○**보건복지부청년정책팀장 장영진** 담당 과장입니다.

저희가 12월은 11월 달에 소위에서 지적하신 지적 사항들을 충분히 정리해서 말씀대로 실무적으로는 대안을 통합안과 찢는 것까지 검토를 했습니다. 그리고 1월 달부터, 죄송한데 주로 발의하신 의원님들, 김미애 의원님, 서영석 의원님, 강선우 의원님, 네 분 발의하신 의원님들 설명 위주로 말씀하신 사항들을 정리하다 보니까 최종적으로 하나의 법으로 갈지 나눌지가 결국 가장 큰 쟁점이었고 그래서 저희가 이것을 상대적으로 이런 단점들이 있지만 그래도 합쳐서 가는 게 더 낫겠다고 하면서 그 안에서 여러 위원님들의 의견을 최종 반영한 안입니다. 그리고 나머지 위원님 분들께는 직접적으로 위원님들을 많이 뵙지는 못했지만 소위를 앞두고 모든 의원실을 다 돌았습니다. 돌고 설명을 드렸습니다, 설명드리고.

우려하시는 학교 선생님 그리고 시군구 공무원 그리고 가족돌봄 당사자 그리고 국토·고용부·교육부·여가부 모두 저희가 수십 차례 만났고요. 특히 학교 선생님들 같은 경우에는 남인순 위원님 지적처럼 선생님들이 자기 제자들을 시군구로 보낼 때도 결국 발굴을 해도 책임져 줄 기관이 없다가 저희가 볼 때는 가장 큰 문제였습니다. 그래서 학교 선생님들이 발굴을 하고 아동복지시설까지 포함해서 책임기관, 책임기관은 이것을 받을 의무를 저희가 이 법에 가장 큰 메인으로 넣었습니다.

그래서 발굴에 있어서는 학교 선생님 같은 분들의 직권 신청 권한 그리고 전담조직이 발굴된 대상자들을 어디 자꾸 다른 데 보내지 말고 일단 여기서 책임지고 어떤 서비스를 받는지 관리를 하고, 물론 여기서 모든 서비스가 다 제공되지 않을 수도 있지만 그런 식의 조합을 해서 그렇게 했을 때 현재 전달체계상 시범사업의 모델로 가고 그 안에서 13세 이하 가족들까지 다 포함해서 할 수도 있겠다 그렇게 해서 협의를 마쳤습니다. 그렇게 해서 수정 대안을 마련한 사항입니다.

○**남인순 위원** 논의한 자료 좀 보내 주세요. 수십 차례 하셨다고 하는데 저는 그 자료 못 봤어요. 수십 차례 협의한 회의자료 좀 주세요.

○**전진숙 위원** 저도 한 말씀만 드리겠습니다.

물론 법안을 발의했던 의원님들한테 더 상세한 설명을 하는 것은 필요한데 쟁점 법안일수록 저는 그 관심이 많은 위원들한테 직접 하시는 게 맞다고 생각합니다. 보좌관한테 와서 보고를 했다고 의원실에 다 보고를 했다고 이렇게 말씀하시는 것은 맞지 않고요. 계속 문제 제기가 있어 왔고 문제 제기를 했던 위원님은 당사자를 만나서, 위원을 만나서 상황을 설명을 충분히 하시고 거기에서 받았던 문제 제기에 대한 해결 방법을 갖고 오시는 게 정답이라고 생각합니다. 여기까지만 말씀드릴게요.

○**소위원장 강선우** 왜 복지부에서 아까 제가 여쭤봤던 것에 대해서 답을 안 주세요? 전진숙 의원실에서 문제 제기한 것에 대해서 어떤 답을 주셨었고 남인순 의원실에서 문제 제기를 했던 것에 대해서 어떤 답을 주셨던 거예요?

○**보건복지부청년정책팀장 장영진** 남인순 의원실에 설명을 갔었을 때는 말씀대로 기존 전달체계와의 효율적 역할 분담이라든지 어떤 그림이 잘 안 그려진다고 말씀을 주셔서 앞서 말씀드린 설명을 하면서 저희가 올해 상반기 안에, 여가부나 협의는 다 했지만 구체적으로 그림을 담을 수 있는 로드맵을 발표하겠다 그렇게 설명을 드렸습니다.

전진숙 의원님실에는 설명을 가서 말씀하신 청소년이나 그런 부분에 대한 어떤 제외되는 것은 아닌지 그리고 가족 당사자 분들에 대한 낙인효과라든지 이런 문제점 우려를 하셔서 저희가 법 제명이나 용어에 있어서 신중하게 검토를 하겠다 그렇게 말씀을 드렸습니다. 그 외에 법안 2개 법으로 찢지 않고 통합적으로 하나의 법으로 갈 수밖에 없는 사유들을 설명드렸습니다.

○**서영석 위원** 위원장님이 결정하시지요. 결단을 해 주세요. 이게 다시 논의한다고 될 일도 아닌 것 같고.

○**김미애 위원** 그러니까. 다시 논의한다고……

○**소위원장 강선우** 다시 논의를 한다고 해서 이 논의의 결이나 이런 게 달라질 것 같지 않습니다. 각각 문제 제기를 하신 부분에 있어서 충분히 합리적인 문제 제기라고 생각을 하고.

그리고 여기 기본법 성격적인 법안이 논의가 될 때는 저는 이런 문제 제기는 더 활발하게 해야 된다고 생각을 합니다. 다만 문제 제기 과정에서 의원실과 복지부가 충분히 소통을 하지 못했던 점은 굉장히 아쉽고 그리고 이 자리에서도 그 문제 제기를 한 부분에 대해서도 좀 설명을 해 주십사 기회를 수차례 드리고 여러 차례 여쭈어봤는데도 정확하게 답은 안 해 주셨던 것 같아요. 그래서 전달체계 관련해서라든지 그런 것 관련해서는 이게 시행이 되고 나면 추가적인 어떤 제도와 그런 것으로 보완을 해 나가는 것으로 하고요.

그리고 이 법을 발의하셨던 서영석 의원님, 저 포함해서 김미애 간사님 등등등도 사실이 수정 대안에 대해서 굉장히 다 만족하는 게 아니에요. 각자 다 불만들이 있을 것 아닙니까? 그렇게 해서 이렇게 서로서로 양보해 가지고 아마 최대한의 안을 만들어 낸 것으로 보이는데 그래서 추후에 계속해서 보완해 나가는 거고 이것은 약간 출발을 하는 플랫폼 성격의 법안이다 그렇게 양해를 해 주시고 이해를 해 주시면 오늘 이 소위에서 마무리를 하는 것으로 하겠습니다.

○**남인순 위원** 위원장님, 안 됩니다, 그것은. 아니, 우리가 위원회에서 논의를 할 때 이 정도로 문제 제기를 했으면 한 번 정도 더 심의를 할 수 있지요. 소위원회가 어느 정도 컨센서스가 있는 상태에서 통과를 시켜야지 이 법 통과시키고 나서 그러면 이 사람 저 사람 얘기 따로 나가게 되면 바람직하지 않은 것 같아요.

그래서 저는 이게, 더구나 9개 법안을 이렇게 통합해 갖고 또 그 뒤에 내신 분들까지 있는데 저는 한 번 정도 더 검토를 해 봤으면 좋겠어요. 무조건 통과시키자라고 하는 것은…… 그리고 전달체계에 대한 상의 없는 상태에서 어떻게 법을 통과시킵니까, 그게 현장에서 어떻게 작동될 게 뻔히 보이는데? 반대를 여러 번 표시를 하는데 그러면 뭐 하자는 겁니까? 위원회 논의 왜 합니까?

○**소위원장 강선우** 답변하시겠어요?

○**보건복지부제1차관 이기일** 예, 답변드리겠습니다. 사실……

○**남인순 위원** 아니, 위원장님한테 의사진행발언 얘기하는 거예요, 그냥 통과시키는 것에 대해서.

○**이수진 위원** 2월에 해요. 지금 그렇게 하지 마시고 2월에 하세요.

○**백혜련 위원** 그러면 2월에 마지막으로 한 번 더 합시다.

○**보건복지부제1차관 이기일** 사실 청년미래센터는 이미 지난해 8월부터 운영을 하고 있습니다.

○**남인순 위원** 아니, 그것 얘기했잖아요. 시범사업을 1년씩, 2년씩 한 다음에도 법 안 되는 경우가 많았어요.

○**보건복지부제1차관 이기일** 그리고 하고 있기 때문에, 사실은 이게 새롭게 미래를 그

리는 것은 아니거든요. 그리고 상당히 큰 성과도 있었기 때문에 사실은 빨리 좀 이렇게……

○이수진 위원 성과 평가했어요? 시범사업 평가했어요? 저희한테 다 보고했어요?

○보건복지부제1차관 이기일 열심히 지금 하고 있는 그런 단계입니다.

○이수진 위원 참, 그러면서 제정법 만들어서 예산 퍼 주겠다고요?

○남인순 위원 시범사업을 2년씩 하고도 법 안 된 경우 많았어요.

○이수진 위원 상병수당이랑 간병비는 뭐하고 있어요, 지금? 3년 하자고 그러시면서 그런 것은……

○보건복지부제1차관 이기일 그런데 법이 늦어지면 늦어질수록 사실은 사업을 하기가 어렵습니다. 그렇기 때문에 저희가 말씀드린 거고요.

○이수진 위원 아니, 그래서 2월 달에 하자는 것 아니에요?

○전진숙 위원 그것을 아시면서 다른 사업은 다 그렇게 해 오셨잖아요? 자꾸 말씀을 더 하시면……

○백혜련 위원 2월 초에 합시다.

○김미애 위원 아니, 2월 달에는 할 수 있습니까? 그러니까 2월 달에는 할 수……

○이수진 위원 법안 분리합시다, 분리하는 것 결정하시지요. 법안도 분리하시자고요, 아예. 법안도 분리해서 내놓으세요.

○김미애 위원 이것을 또 분리를 해 가지고 다시 또 어떻게……

○이수진 위원 그래서 뭘 통과시켜야 될지 뭘 통과시키지 말아야 될지 저희도 고민할 테니까 분리시켜 주세요.

○김미애 위원 그렇게 해 갖고……

○백혜련 위원 아니, 그러니까 이 법안을 마지막으로 논의 한번 해요.

○김미애 위원 대안을 기초로 해 가지고……

○이수진 위원 아니, 이렇게 하시면 저희 법안 분리한 것 보고받고 싶어요.

○백혜련 위원 그러니까 대안을 기조로, 오늘 나온 법안. 아니, 짜깁기 법안으로는 아주 훌륭해요.

○서영석 위원 아니, 분리한 것이 타당하지만 분리하는 것이 어렵고 합치자고 노력을 했기 때문에 그동안 합치기 위해서 노력을 한 것 아니에요. 그것을 다시 쪼개 버려라 얘기를 하면 그것 뭐 하러 얘기를 합니까? 지금까지 논의한 것은 뭐예요, 그러면?

○김미애 위원 지금까지 우리가 논의를 어떻게 한 거예요.

○남인순 위원 합치자라고 얘기한 적 없어요. 지난번 소위에서 오히려 분리하자고 그랬지, 왜 꼬아 왔냐 이렇게 얘기했지.

○김미애 위원 아니, 발의하신 의원님들이 이렇게라도 하기를 바란다고 하셨고……

○남인순 위원 아니, 소위원들은 그냥 가만히 있는 게 아니잖아요. 왜 심사하고 앉아 있습니까?

○김미애 위원 그리고 이 내용을 보면 사실은 이렇게 출발해도 큰 무리가 없어 보인다는 겁니다. 이게 문제가 있으면 정부가 책임을 질 것 아니에요?

○보건복지부제1차관 이기일 예, 여기……

○김미애 위원 그런데 이렇게 해도 무리가 없다는 거고……

○보건복지부제1차관 이기일 주요 논의 사항에 대해서……
○전진숙 위원 아니, 저희가 센터 하나 만들어 주면 운영 중에 인건비 그것은 바꿀 수가 없어요, 현실적으로.
○김미애 위원 좋아요, 그러면 이렇게 안 하면 다음 달이라고 특별히 달라질 게 뭐가 있습니까? 그게 저는 의문이에요. 다음 달이라고 뭐가 달라져서 그때는 가능합니까?
○남인순 위원 논의해 보면 알지요.
○보건복지부제1차관 이기일 그래서 저희가, 아까 제가 보고드린 대로요, 여러 가지 법체계라든지 지원 대상 범위에 대해서 충분하게 논의를 드렸고 설명을 드려서 만든 그런 안입니다. 그렇기 때문에……
○백혜련 위원 아니, 그러니까 일단 제가 볼 때는 지금 소위 위원님들에 대해서 설명이 부족한 거예요. 한마디로 지금 여가위하고는 어떤어떤 부분들이 얘기됐다 확실하게 설명 주시고 이런 과정이 좀 필요한 것 같아요. 결국 통합하면 기존의 전달체계하고 충돌이나 그런 게 일어날 수도 있는데 그런 문제들을 어떻게 해결할 건지 그런 것에 대한 설명을 남인순 위원님 같은 경우는 요구하시는 것 아니에요? 그런데 그것에 대한 설명이 좀 부족했던 것 같고.
　그러니까 한 번 더 이 안을 가지고 복지위에서 문제 제기하시는 각 위원님들한테 설득 좀, 자료라든지 이런 것을 제공할 수 있도록 해 주시고요. 위원장님, 논의한 다음에 다음 소위 때 최종 결정하는 것으로 합시다.
○소위원장 강선우 논의 범위를 더 넓히지 않고 그러면 오늘 나왔던, 오늘 나왔던 문제 제기에 대해서 복지부가 책임을 지시고 각 의원실들과 소통을 하시고요. 그래서 이 논의를 지금까지 이렇게 좁혀 놓은 것에서 더 넓히는 방안은 계속 공회전을 하게 되기 때문에 논의를 더 이상 넓히지 아니한다는 전제하에 복지부에서 자료를 요청한다거나 그러면 적극적으로 해 주십시오. 그리고 의원실에 찾아가서 보좌진한테 설명하는 것도 의미가 있지만 시간을 잡으셔서 대면보고를 좀 해 주십시오.
○보건복지부제1차관 이기일 알겠습니다. 좀 아쉽습니다.
○이수진 위원 아니, 안 하겠다는 게 아닌데 뭘 아쉬워요.
○김미애 위원 엄청 고생을 했는데 아쉽지.
○백혜련 위원 노력하세요. 2월까지 통과 목표로 열심히 복지부에서 뛰십시오.
○소위원장 강선우 그러면 이것을 복지부에서 각 의원실들에 설득을 하고 이것을 그대로 들고서 2월 초에 이것 하나 원 포인트로 해 가지고 소위에서 논의를 하시지요.
○보건복지부제1차관 이기일 알겠습니다, 위원님.
○백혜련 위원 소위도 이 기회에 한 번 더 열어서 또 논의해요. 지금 못 한 거 있잖아.
○소위원장 강선우 예.
　의사일정 제20항부터 제28항까지 이상 9건은 보다 깊이 있는 검토를 위해 계속 심사하기로 하겠습니다.
　이상으로 오늘 법안 심사를 마무리하겠습니다.
　오늘 의결한 법안의 체계와 자구의 정리는 위원장에게 위임해 주시기 바랍니다.
　위원님 여러분 수고 많이 하셨습니다.
　산회를 선포합니다.

○**출석 위원(13인)**

강선우 김미애 김 윤 남인순 백혜련 서명옥 서영석 안상훈 이수진 이주영
전진숙 천준호 최보윤

○**출석 전문위원**

수석전문위원 이지민
전문위원 정경윤
전문위원 오세일

○**정부측 및 기타 참석자**

보건복지부
　　제1차관 이기일
　　제2차관 박민수
　　복지정책관 이상원
　　인구아동정책관 김상희
　　사회서비스정책관 유주헌
　　보건의료정책관 김국일
　　첨단의료지원관 신꽃시계
식품의약품안전처
　　기획조정관 우영택
　　소비자위해예방국장 유현정
　　바이오생약국장 신준수
　　마약안전기획관 강백원

대통령에 대한 수사 권한조차 없는 공수처의 '무리한 수사'가 도를 넘고 있습니다. (…) 전·현직 통틀어 대통령에 대한 수사기관의 강제 구인 시도는 처음입니다. '진술거부권'은 헌법상 권리이기 때문에 보장받아야 함에도 공수처 앞에선 대통령의 인권은 짓밟혀졌고 수사 자체가 누군가에 대한 처벌처럼 여겨지거나 처벌처럼 사용돼서는 안 되지만 공수처엔 그런 상식마저 없었습니다. 심지어 오늘 예정된 탄핵 심판 변론 준비를 위해 대통령과 변호인이 접견 중이었는데도 막무가내로 공수처 직원들이 구치소로 들이닥쳤습니다. 헌재 변론을 하루 앞둔 시점에서 대통령의 방어권과 자기변론권을 일부러 방해하겠다는 심보입니다. 인권보호 수사 규칙상 밤 9시 이후엔 조사를 못 하게 돼 있는데 강제로 공수처로 데려가 심야 조사를 벌이려고 한 셈입니다.

– 국민의힘 대변인 김기흥, 1월 21일 논평

국 회 사 무 처

일　　시　　2025년1월21일(화)

장　　소　　문화체육관광위원회회의실

의사일정

1. 공연법 일부개정법률안(이기헌 의원 대표발의)(의안번호 2203097)
2. 대중문화예술산업발전법 일부개정법률안(김승수 의원 대표발의)(의안번호 2200488)
3. 대중문화예술산업발전법 일부개정법률안(김윤덕 의원 대표발의)(의안번호 2201465)
4. 대중문화예술산업발전법 일부개정법률안(정부 제출)(의안번호 2205341)
5. 대중문화예술산업발전법 일부개정법률안(대안)
6. 도서관법 일부개정법률안(강유정 의원 대표발의)(의안번호 2201962)
7. 문화기본법 일부개정법률안(황희 의원 대표발의)(의안번호 2202710)
8. 문화기본법 일부개정법률안(박정하 의원 대표발의)(의안번호 2203231)
9. 문화기본법 일부개정법률안(대안)
10. 박물관 및 미술관 진흥법 일부개정법률안(민형배 의원 대표발의)(의안번호 2204783)
11. 저작권법 일부개정법률안(김재원 의원 대표발의)(의안번호 2206271)
12. 저작권법 일부개정법률안(정부 제출)(의안번호 2202140)
13. 저작권법 일부개정법률안(대안)
14. 음악산업진흥에 관한 법률 일부개정법률안(정부 제출)(의안번호 2205336)
15. 인쇄문화산업 진흥법 일부개정법률안(정부 제출)(의안번호 2205334)
16. 출판문화산업 진흥법 일부개정법률안(정부 제출)(의안번호 2205335)
17. 영화 및 비디오물의 진흥에 관한 법률 일부개정법률안(정부 제출)(의안번호 2205342)
18. 영화 및 비디오물의 진흥에 관한 법률 일부개정법률안(박정하 의원 대표발의)(의안번호 2203347)
19. 영화 및 비디오물의 진흥에 관한 법률 일부개정법률안(정부 제출)(의안번호 2201170)
20. 영화 및 비디오물의 진흥에 관한 법률 일부개정법률안(강유정 의원 대표발의)(의안번호 2200403)
21. 영화 및 비디오물의 진흥에 관한 법률 일부개정법률안(임오경 의원 대표발의)(의안번호 2200959)
22. 영화 및 비디오물의 진흥에 관한 법률 일부개정법률안(대안)
23. 무형유산의 보전 및 진흥에 관한 법률 일부개정법률안(정연욱 의원 대표발의)(의안번호 2205571)
24. 국민체육진흥법 일부개정법률안(이해식 의원 대표발의)(의안번호 2202425)

상정된 안건

(10시09분 개의)

○**위원장 전재수**　의석을 정돈해 주시기 바랍니다.

　성원이 되었으므로 제421회 국회(임시회) 제1차 문화체육관광위원회를 개회하겠습니다.

　우리 위원회로 회부된 법률안 등의 보고사항은 노트북 단말기의 자료를 참고해 주시기 바랍니다.

(보고사항은 끝에 실음)

　회의에 앞서 정부위원 출석과 관련하여 장미란 문화체육관광부제2차관이 2025년 스페인 국제관광박람회 참석을 사유로 불참을 요청했습니다. 위원장이 간사 위원님들과 협의해서 이를 허가하였다는 점을 알려 드립니다.

　그리고 오늘 현안질의를 위하여 우리 위원회가 1월 10일 채택한 증인인 최재혁 대통령실 홍보기획비서관이 불출석사유서를 제출하고 불출석하였음을 안내해 드립니다. 자세한 내용은 배부해 드린 유인물을 참고해 주시기 바랍니다.

　최재혁 증인의 불출석……

　(손을 드는 위원 있음)

　의사진행발언입니까?

○**이기헌 위원**　예, 최재혁 증인 관련……

○**위원장 전재수**　이기헌 위원님 의사진행발언해 주시기 바랍니다.

○**이기헌 위원**　최재혁 홍보기획비서관이 또 불출석했습니다. 불출석을 아주 남발하고 있습니다. 지금 현재 공수처 조사를 계속 불응하고 있는 윤석열 대통령의 형태와 판박이입니다.

　우리 문체위에서 KTV의 김건희 황제관람 또 소록도 방문 의혹 또 김건희발 국정개입 의혹의 중심에 서 있는 인물이자 윤석열 비상계엄 생중계 당시 현장에 배석했던 최재혁 비서관에게 내란의 선전, 가담 여부를 확인하고자 국회의 출석을 줄기차게 요구하고 있습니다.

　그러나 지난 17일 최재혁 비서관이 국회에 통보한 불출석사유서를 보면 대통령의 비상계엄에 대해서는 현재 형사사법절차가 진행 중에 있고 국회 증언·감정법 3조 1항 또 형사소송법 148조에 해당되는 경우에 증언을 거부할 수 있도록 하고 있다는 이유를 들어서 지금 불출석하고 있습니다.

　참고로 형사소송법 제148조(근친자의 형사책임과 증언 거부) 조항을 보면 ‘누구든지 자기나 다음 각 호의 어느 하나에 해당하는 자가 형사소추 또는 공소제기를 당하거나 유죄판결을 받을 사실이 드러날 염려가 있는 증언을 거부할 수 있다’ 이렇게 되어 있습니다. 그 각 호는 친족이거나 친족이었던 사람, 두 번째 법정대리인 내지는 후견감독인입니다.

　이 불출석사유서가 얼마나 우스운 것이냐면 본인이 내란 공범이 될까봐 겁이 나서 안 나오겠다는 것과 똑같습니다. 아니면 윤석열 대통령이 자기 친족이거나 친족이었던 사람도 아닙니다. 혹은 법정대리인이거나 후견인도 아닙니다. 최재혁 비서관이 형사소송법 148조를 거론하였다는 것 자체가 국회 불출석의 사유로 궁색하기 짝이 없다는 말씀 다시 드립니다.

저는 최재혁 비서관의 이 불출석사유야말로 내란의 우두머리 혐의를 받고 있는 윤석열의 유죄 판결을 예견한 것이며 최재혁 본인이 윤석열 내란의 공범이거나 가담자인 것을 자백한 것이라 생각합니다.

최재혁 비서관은 지난 국감 때에도 허리가 아프다, 시술을 받아서 못 나간다 하는 말도 안 되는 이유로 수차례 불출석한 바가 있습니다. 최 비서관은 오랜 시간 거듭하여 국회와 국회의원의 정당한 의정활동을 방해하는 행위가 있는바 이는 국회의 증언·감정법 위반에 해당하고 최재혁에 대한 고발이 반드시 위원회 명의로 이루어져야 한다고 생각합니다.

위원장님께 간곡히 의견을 말씀드립니다.

이상입니다.

○**위원장 전재수** 최재혁 증인의 불출석과 관련해서는 여야 간사 위원님들 간의 협의를 통해서 후속 조치사항을 의논해서 결정하도록 하겠습니다.

(손을 드는 위원 있음)

강유정 위원님 의사진행발언이지요? 예.

○**강유정 위원** 지금 현재 문체위 국정감사 그리고 현안질의와 관련해서 고발 대상자 명단을 협의 중인 것으로 알고 있습니다. 그런데 그 협의 중인 명단에, 지난해 영화진흥위원회 한상준 위원장이 증인으로 출석해 외부 법률자문의견서 제출을 요청한 제 질의에 대해서, 두 번이나 발언을 정정할 수 있는 기회도 드렸습니다만 위증을 한 바가 있습니다. 해당 내용은 10월 24일 국정감사 회의록에 기록이 되어 있는데요.

그래서 한상준 위원장을 위증으로 고발 요청을 했습니다. 그런데 두 분 간사께서 공무원이나 기관장은 되도록 국감 고발 명단에서 제외하자라는 그런 취지로 협의를 진행 중인 걸로 알고 있고, 결국 현직인 영진위원장 한상준 위원장은 고발 명단에는 불포함되어 있습니다만 고발하지 않는다고 해서 국정감사장에서 국회에서의 증언 및 감정 등에 관한 법률을 위반한 사실이 사라지지는 않으므로 한상준 위원장은 이 부분에 대해서 좀 제대로 된 사과를 해야 되는 것이 아닌가. 이 제대로 된 사과라는 거는 영진위의 부실하고 허술한 자료관리시스템에 대해서도 공식적으로 사과할 수 있도록, 고발조치가 아니더라도 이 부분에 대해 위원장님께 좀 조치를 부탁드리고요.

하나만 더 의사진행, 고발 관련 하겠습니다.

고발 대상자 명단에서 또 한 명 빠졌는데 꼭 국민적으로 해결, 해소, 해명을 해 드려야 될 부분이 정몽규 대한축구협회장이 고발인 명단에서 빠져 있습니다. 답변이 위증이라는 사실에 대해서 그때 이미 많은 위원님들의 질의가 있었고요.

그리고 이번 고발 대상자 명단 자료를 보자면 정몽규 회장과 현대산업개발 소유의 오크밸리 골프장에서 골프를 친 이기흥 전 대한체육회 회장은 이 사안이 고발사항 중 하나로 들어가 있어서 위증 혐의가 추가되었습니다.

그런데 청탁금지법 위반 논란을 일으켰던 당사자라고도 할 수 있을 정몽규 회장이 고발인 명단에서 빠져 있는 것은 상식적으로 납득하기 어려운 것이 아닌가, 그래서 정몽규 회장도 고발인 명단에 들어가야 함을 다시 한번 촉구를 드리고 협의를 좀 더 진행해 주셨으면 하는 바람이고요.

이 부분은 국민적인 관심사가 매우 높고 이번에 심지어 선거인단, 선거운영위원회 구성 불투명성 문제로 가처분까지 된 상태입니다. 이 부분에 대해 문체위 위원들의 그간의 질문의 노력과 그리고 권위를 위해서라도 정몽규 대한축구협회 회장에 대한 고발을 다시 한번 고민해 주셨으면 하는 촉구를 드립니다.

○**위원장 전재수** 잘 알겠습니다.

다음은 박정하 위원님 의사진행발언해 주시기 바랍니다.

○**박정하 위원** 제가 의사진행발언보다는 답변 비슷하게 해야 되는데, 정몽규 회장에 관해서는 지금 고발인 명단에서 빠져 있지 않아요. 그러니까 저희 간사 간에 계속 협의하고 있으니까 강유정 위원님 그것 참조해 주시라 말씀드립니다.

○**위원장 전재수** 다음은 민형배 위원님 의사진행발언해 주시기 바랍니다.

○**민형배 위원** 12·3 비상계엄 이후로 정말 처참한 시간이 계속되고 있습니다. 그러는 와중에 지난해 12월 29일에는 항공기 참사가 있었고 또 지난 19일에는 서부지방법원 폭동 사태가 있었습니다.

관련해서 두 가지 제안을 좀 드리려고 합니다.

첫 번째는 지난 19일의 서부지방법원 폭동 사태는 일종의 윤석열 내란이 여전히 진행 중이다 이것을 보여 주는 현장이었다고 생각이 되는데요. 이런 상황에서 국민의힘의 권영세 비대위원장은 민주당이 고발한 극우유튜버 10명에게 설 명절 선물을 보냈습니다. 권성동 대표는 경찰이 과잉 대응하고 있다고 합니다. 심지어 어떤 의원님은 현장을 찾아가서 폭도들에게 곧 훈방될 거라고까지 했습니다.

어찌 보면 국민의힘이 지금 이 폭동 배후인 것처럼 그렇게 보일 여지가 아주 많습니다. 특히 극우 폭동 세력이 서부지법을 침탈하는 과정에서 취재 중인 언론인들에게 가해진 무차별 구타, 방송장비 파손 그다음에 탈취 행위 이것은 대한민국헌법이 규정하고 있는 언론의 자유라는 이 민주주의의 근간을 짓밟는 그런 폭거였습니다.

이 폭동 세력이 사법부를 유린하는 것을 넘어서 언론에까지 지금 테러를 한 셈인데요. 이것은 대한민국을 무법천지로 만들겠다는 그런 의도가 고스란히 드러난 겁니다. 오죽하면 기자협회에서 8개 언론단체하고 함께 이분들 중에, 이 폭도들은 마지막 한 명까지 찾아내서 내란죄로 엄벌해야 된다 이렇게 주장을 하고 나섰습니다.

이 폭동 세력들이 극우 보수 유튜버들의 옹호 아래서 기고만장하고 있는 건데요. 지금 대한민국 언론 자유가 아주 심각하게 위협받고 있습니다. 아주 위태로운 상황이라고 봅니다.

그래서 위원장님, 첫 번째는 언론 관련 소관 상임위가 저희 문체위니까 국회 차원에서 19일 관련해서 내란 폭동 관련 언론 피해 대책위 같은 것을 구성해서 대응하는 방법을 찾아야 된다고 생각합니다. 그것을 어떤 방식으로 구성해야 될지까지는 제가 구체적으로 말씀드릴 수는 없습니다마는 이것을 제안을 드리고요.

그리고 가능하다면, 이 상황이 지난 후가 될지 아니면 지금 그것을 해야 될지 모르겠습니다마는, 언론 자유 수호 결의문 같은 거라도 국회 차원에서 필요하다고 저는 그렇게 봅니다.

우선 진상을 정확하게 밝힐 필요가 있습니다. 그리고 내란 상황이라고 할 수 있는 이 상황이 끝날 때까지 언론의 안전한 취재 환경을 보장해야 된다고 봅니다. 거기에 대한 근본 대책이 필요할 것 같습니다. 그래서 이 말씀을 하나 드리고요.

두 번째는 지난번 항공기 참사와 관련해서 광주·전남이 직접적인 영향을 받아서, 예를 들면 관광업이 한 이백칠팔십 개 되는데 여기서 여행을 취소한 경우만 해도 2만 명에 이른다고 합니다, 한 달 동안. 그래서 그 피해가 한 300억 정도 손실 예상이 되는데요. 여행업 종사자들이 1000명을 넘습니다, 지금.

생계 위협이 심각해서, 제가 장관님께도 잠깐 말씀을 드렸는데 관광진흥개발기금의 상환 유예 그다음에 신규 대출 때 우선 배정 그리고 가능하면 직접 지원 이런 게 지금 광주·전남의 피해 업체들에서 요구가 계속 있거든요. 문체위에서, 장관께서 주도해서 여기에 대한 대책을 마련해 주시도록 그렇게 말씀 주시면 좋겠습니다.

○**위원장 전재수** 다음은 양문석 위원님 의사진행발언해 주시기 바랍니다.

○**양문석 위원** 강유정 위원 말씀하셨고 박정하 위원 말씀하셔서, 정몽규 현 대한축구협회 회장 고발 건에 대해서는 그렇게 고발조치가 되었으면 하는 강력한 요구를 하는 거고요.

그다음에 지금 이름이 빠져 있는 것 같아서 제가 또 이야기를 할 수밖에 없는데 내란 폭동의 수괴 윤석열의 처 김건희의 변호사 최지우에 대한 이야기입니다.

여러분들이 잘 아시다시피 최지우는 김건희가 황제조사를 받을 때 검사들이 핸드폰을 두고 들어간 이유에 대해서 검사들의 핸드폰이 폭파될 수 있고 그 위험이 영부인에게 다가갈 수 있기 때문에 검사들의 핸드폰을 수거하고 조사를 받게 했다고 이야기했던 장본인이고 김건희의 개인 변호사입니다. 그 김건희의 개인 변호사 최지우가 KTV '건진사이다' 유튜브를 고발할 때 그 당사자이기도 합니다. 그리고 지난 우리 전체회의에 나와서 공공저작물과 관련된 위증을 분명히 하였기 때문에 최지우에 대해서는 반드시 고발조치를 문체위 상임위 이름으로 해 주실 것을 강력하게 요청드립니다.

○**위원장 전재수** 조계원 위원님 의사진행발언해 주시기 바랍니다.

○**조계원 위원** 존경하는 위원장님, 오늘은 백칠십아홉 분이 유명을 달리하신 최악의 항공 참사가 발생한 지 24일째 되는 날입니다. 지난 18일 희생자 합동 추모식에서 여전히 참사 당일에 멈춰진 채 깊은 슬픔과 아픔을 겪고 있는 유가족들을 뵈니 정말 가슴이 저렸습니다.

지난해 여름휴가를 앞두고 티메프 미정산 사태가 터졌습니다. 그리고 겨울방학 연말 특수가 코앞일 때 12·3 내란 사태가 터졌습니다. 그리고 12·29 제주항공 참사로 연말연시를 우리는 슬픔 속에 보내야 했습니다. 이처럼 위기를 겪고 있는 민생의 고통을 정부도 분담을 해야 되지 않겠습니까?

특히 항공 참사 이후 앞서 민형배 위원님도 지적하셨듯이 광주 여행사의 여행 취소 건은 1700건이 넘고 취소율은 거의 100%입니다. 그리고 전남의 경우에도 여행사의 취소 건은 900건에 달하고 취소율도 95%가 넘습니다. 그리고 그 피해 규모는 수백억 원대에 달하고 있습니다.

이로 인한 여행사의 줄파산에 머무르지 않고 여행 취소로 인해서 숙박업계, 요식업계도 같은 피해를 입고 특히 일부 지역은 관광객 수 감소로 인해 관광지 주변의 골목상권까지 치명타를 입고 있습니다. 무안공항 운영의 정상화까지는 최소 6개월이 걸린다고 합니다. 광주·전남의 관광업 정상화까지는 그 몇 배의 시간이 소요될지 모릅니다.

제주항공 참사 이후 문체부가 광주·전남 여행업계와 두 차례의 간담회를 가졌지만 특별한 대책은 마련하지 못하고 있는 것으로 알고 있습니다. 관광기금의 특별융자, 융자 상환기간 1년 연장 정책은 물론 필요합니다. 그러나 이는 단기적인 산소호흡기와 같은 정책일 뿐입니다. 아울러서 여행업계에 절실히 필요한 것은 그 어떤 외부 변수에도 흔들리지 않는 중장기적인 관광 활성화 대책입니다.

관광 정책을 담당하는 문체부만의 항공 참사 피해지역에 대한 지원 정책 발굴 및 추진을 강력하게 요청드립니다. 현장에서는 피해지역에 대한 정부 공모사업, 대형 이벤트 사업에 대한 우선 선정, 지역 여행업계의 홍보·마케팅비 긴급 조기 지원, 항공 참사 피해지역 관광의 긍정 이미지 회복 지원 등 문체부의 적극적인 대책 마련을 간절히 바라고 있습니다.

존경하는 위원장님께서 문체부가 항공 참사 피해지역에 대한 적극적인 해결책과 더불어 적극적인 지역 관광업 활성화 방안을 수립해 주실 것을 촉구해 주기 바랍니다. 문체부도 이와 관련하여 조속히 해결 방안을 마련해 의원실로 보고해 주십시오.

이상입니다.

○**위원장 전재수** 김승수 위원님 의사진행발언해 주시기 바랍니다.

○**김승수 위원** 국정감사 고발 건과 관련해 가지고 스포츠공정위원회 문제가 국정감사 때 지적이 굉장히 많이 됐었고요. 특히 현 김병철 스포츠공정위원장은 지난 정몽규 회장의 3선 연임과 관련해서 연임 직후에 정몽규 회장 소유의 골프장에서 접대 골프 받은 사실이 본인의 증언을 통해서 또 정몽규 회장의 증언을 통해서도 국정감사 시에 확인이 되었습니다.

그래서 스포츠공정위원회 위원장으로서의 자격 자체가 미달되는 그런 사안이므로 즉각 사퇴할 것을 촉구했습니다만 여전히 직을 유지하고 있고, 그러면서 지난 이기흥 대한체육회장의 3선 연임과 또 이번에 정몽규 회장의 4선 연임을 승인하게 만들었습니다. 당시 연임 승인 심사에서 본인은 회피 신청을 해서 직접적인 심사에는 빠졌습니다마는 누가 보더라도 위원장으로서의 영향력은 무시할 수가 없었을 것입니다.

그리고 본인이 기피 신청했다는 것 자체가 사적인 이해관계가 있다는 것을 스스로 증명하는 것이라고 볼 수 있습니다. 이렇게 본인 스스로도 이게 거리낌이 있다는 것을 알고 있으면서도 현직을 유지하고 있다는 것 자체가 이해가 안 됩니다.

그리고 이번에 정몽규 회장의 4선 연임 승인이 적절하게 이루어진 건지를 확인하기 위해서 회의록 자료를 요구했습니다마는 차일피일 계속 한 40여 일을 미루다가 어제 오후 한 5시나 돼서야 겨우 자료를 저희한테 줬습니다. 당연히 공개하도록 돼 있는 회의록을 이렇게 차일피일 미룬 겁니다.

그러면서 지금 선거가 있기 때문에 선거에 영향을 미칠 우려가 있다고 해서 이렇게 자료제출을 미뤘다고 하는데 거꾸로 4선 연임을 위한 회의록 자체에 문제가 있었다면 결국은 특정인을 도와주기 위해서 회의록 공개를 미뤘다고도 볼 수 있는 것 아니겠습니까?

그래서 저희가 회의록을 차근히 들춰 보니까 말 그대로 내용 자체가 굉장히 봉숭아학

당식으로 회의가 진행이 됐고 이해할 수 없는 점수 이런 것들이 많이 있었습니다. 특히 15명의 스포츠공정위원회 위원 중에 겨우 딱 과반수를 넘는 8명이 참석해서 어떻게 보면 그중에 정몽규 회장의 우호 세력이라 할 수 있는 위원들의 지지를 받아서 간신히 연임이 승인된 것으로 확인이 되었습니다.

그렇게 국민의 지탄을 받았음에도 불구하고 청렴도 점수 4점을 받았고 또 국제기구 진출 가능성 이런 부분에 있어서도 이미 오래전의 실적들을 가지고 점수가 부여되는 등 납득하지 못하는 그런 점수가 있었습니다.

지금 이 여러 가지 사안을 비추어 볼 때 김병철 스포츠공정위원회 위원장은 공정위원회 위원장으로서의 자격을 심히 상실했다고 볼 수밖에 없기 때문에 이 부분에 대해서 김병철 위원장에 대해서도 고발하는 방안을 여야 간에 적극적으로 검토해 주시고, 현 자리에서 조속히 물러날 수 있도록 다시 한번 촉구해 주시기를 부탁드립니다.

○위원장 전재수 신동욱 위원님 의사진행발언해 주시기 바랍니다.

○신동욱 위원 두 가지 점을 제안을 드리고자 합니다.

최근 민주당에서 내놓은 두 가지 정책 가운데 카톡을 검열하겠다라는 이른바 민주파출소를 개설했고요. 물론 우리가 가짜뉴스에 대해서는 엄단하고 엄정히 대처해야 하는 것은 맞습니다. 그러나 지금 카톡이라고 하는 것은 4000만 명의 우리 국민들이 쓰고 있는 것입니다. 이 가운데 정말로 유통돼서는 안 되는 불법자료도 있고 그럴 수 있겠지만 그 가운데 지금 네 가지 재판을 받고 있고 피고인 이재명 대표의 관련 문제들까지도 국민들의 카톡을 검열하겠다라는 의도가 있는 것 아니냐라는 의구심을 가지고 있습니다.

(손을 드는 위원 있음)

발언할 때 좀 잠깐만 계시고요.

그리고 두 번째는 여론조사 관련해서 최근에 민주당이 여론조사 기관을 방문을 하고 또 여론조사가 불공정하다라는 말씀들을 많이 하시는 것 같아요. 그런데 경우에 따라서는 그렇게 느끼실 수 있는 측면이 여야 모두에게 있을 수 있습니다. 저희도 지난 총선 과정에서 김어준 유튜브가 하는 여론조사의 공정성 문제에 대해서 굉장히 많은 의구심을 가졌고 이런 여론조사가 있을 수 있느냐라는 의구심을 가졌던 바가 있습니다.

그러나 여론조사, 특히 언론사가 실시하는 여론조사에 대한 책임은 사실은 언론사가 가지고 있습니다. 설문의 방식이라든지 이런 모든 것들을 언론사가 사전에 개입을 할 수가 있고요. 또 실제로 그래서 여론조사를 얼마나 공정하게 관리해서 국민들의 여론을 호도하지 않느냐의 책임은 사실 언론사가 더 크게 가지고 있는 것이 분명합니다.

그런데 특정 정당이 본인들에게 불리한 여론조사가 나왔다고 해서 여론조사 기관을 고발하고 또 여론조사 기관을 방문해서 항의하겠다는 뜻을 밝힌다면 이것은 그 자체로서 끝나지 않고 언론에 대한 탄압으로 이어질 가능성이 매우 높습니다. 그렇게 했을 경우에 언론사의 자유로운 여론조사를 방해할 수가 있고.

또 조금 전에 말씀드린, 요즘은 SNS를 통한 뉴스의 유통이라는 것이 이제는 사인 간에 그냥 정보를 교류하는 것에 그치지 않고 SNS를 통한 정보의 교류가 뉴스로 연결이 되고 그 뉴스가 포털로 또 옮아가면서 상당히 큰 영향력을 가지고 있습니다. 그렇기 때문에 SNS를 규제한다라든지 여론조사를 압박한다라든지 이런 것들은 민주주의를 굉장히 저해할 수가 있습니다.

　그런 점에서 이 두 가지 점은 우리 위원회 차원에서도, 우리가 언론을 담당하는 위원회이기 때문에 이 두 가지가 언론 자유에 굉장히 큰 침해가 될 수 있다는 부분을 저는 주장을 하고, 이 부분에 대해서 우리가 언론 자유 수호를 위한 결의문을 채택할 필요가 있다 이런 말씀을 드리겠습니다.

　이상입니다.

○**양문석 위원**　위원장님.

○**위원장 전재수**　양문석 위원님 의사진행발언해 주시기 바랍니다.

○**양문석 위원**　민주파출소를 이야기하셨기 때문에 민주파출소 소장으로서 이야기를 좀 해야 되겠습니다.

　카톡 검열, 도대체 어떻게 하면 카톡 검열을 할 수 있는 거예요? 저는 카톡 검열이라는 말 자체가 전형적인 사기극이고 가짜뉴스고 성립 불립하는 표현이라고 생각합니다. 카톡 검열 누가 해요? 어떻게 해요? 민주당이 그리고 일반 시민들이 카톡을 검열할 수 있는 조사권이 있습니까? 없어요, 불가능해요.

　그다음에 검열이라는 개념은 사전 검열과 사후 검열이라는 게 있는데 사실상 사후 검열은 의미가 없습니다. 사전 검열입니다. 사전 검열을 어떻게 해요? 누가요?

　말도 되도 않는 이러한 카톡 검열이라는 말을 만들어서 뭔가 모든 국민들의 언론의 자유, 표현의 자유를 억압하는 것처럼 왜곡하고 국민을 속이고 있는 게 '카톡 검열'이라는 단어 자체에 고스란히 배어 있다라는 부분이고요.

　그러면서 자연스럽게 실재하지 않는 카톡 검열을 SNS 규제라고 또 이야기를 합니다. 누가 규제를 했는데요, SNS 규제를? 규제를 한 사람이 없습니다.

　그리고 이재명 대표와 관련해서 이야기했는데 계속해서 우리가 사례를 들었던 게 그런 거예요. 이재명 당 대표가 소년원 출신이라고 하는 이야기를 계속 퍼뜨리는 것들을 우리가 예를 들었습니다. 가짜뉴스입니다. 이 가짜뉴스에 대해서 우리가 제보를 받고 그런 가짜뉴스를 퍼뜨린 언론이든 사람에 대해서 우리가 고발하겠다라고 하는 게 이게 카톡 검열이고 카톡 계엄령이고 SNS 규제입니까? 이 부분에 대해서 명확하게 우리가 이야기를 하지 않을 수가 없다라는 부분 명확하게 이야기를 합니다.

　제발 말도 되지 않는 거짓말들을 계속해서 늘어놓는, 카톡 검열이든 카톡 계엄령이든 이러한 것들 현실적으로 불가능하고, 당신들보고 해 봐라라고 했을 때 카톡 검열 어떻게 할 건데요? 저는 이 부분에 대해서 국민을 속이는 행위이고, 이게 SNS 규제처럼 국민을 또 속이고 거짓말에 거짓말을 중첩합니다. 거짓말은요 사망을 낳습니다.

　이상입니다.

○**위원장 전재수**　민형배 위원님.

○**민형배 위원**　제가 언론 수호 결의문 같은 게 필요하다고 했는데 같은 말씀을 주셔서 잠깐 위원장님, 의견을 좀 제출하겠습니다.

　SNS는 지금 양문석 위원께서도 말씀하셨지만 검열이 가능한 곳이 아닙니다. 사후 조치가 필요한 곳입니다.

　그러니까 이미 지금 우리가 집회·시위·결사의 자유가 있다고 해서 19일에 법원을 침탈한 것과 같은 그런 폭동을 허용하지 않거든요. 그러면 SNS상에서 개인의 의견을 마음대로 표현할 수 있는데 그 개인의 의견이 사회적으로 문제가 되거나 다른 개인에게 피해를 입히면 그거는 당연히 사후 조치를 해야 되는 사안입니다.

그런데 그 사후 조치하는 사안을 가지고 마치 카톡 검열이라고 생각하고 그래서 그것이 언론 자유를 침해하는 것으로 된다고 하는 이 논리를 저는 받아들일 수 없어서 제가 말씀드렸던 언론 자유 수호 결의문 같은 데 이 내용은 포함하지 않는 것이 바람직하다고 보고요.

여론조사도 마찬가지입니다. 여론조사가 조사 방법론상의 문제가 있는지 없는지는 그거는 전문가들이 하고 그 결과에 대한 책임도 언론사가 지면 됩니다.

문제는 그렇게 보도를 하는 언론사가, 예를 들어서 제가 얼마 전에 조선일보의 1면 머릿기사 보도를 포스팅을 한번 한 적이 있는데요, 언론사가 충분하게 이 조사에 관한 정보를 뒷받침해 주지 않으면 그러면 비판할 수 있는 겁니다. 그리고 그 조사가 어떻게 잘못돼 있는가에 대해서도 얼마든지 문제 제기를 하는 것이 바람직합니다. 그렇지 않으면 명태균 같은 그런 조사 조작이 나타나거든요.

그래서 오히려 그 조사 조작을 방지하기 위해서라도, 예방하기 위해서라도 조사 업체와 이걸 보도하는 언론이 책임 있게 하도록 촉구하는 것은 너무나 필요한 일이고요. 이런 것을 언론에 대한 탄압이라고 여기는 발상을 저는 오히려 납득할 수가 없습니다.

이것은 결의문을 우리가 채택을 하더라도 앞뒤를 정확하게 보고, 그래서 그거를 국회 전체의 이름으로 언론 수호 결의문을 채택하더라도 명백하게 언론이 책임 있게 해야 될 부분에 대해서 하지 않는 것까지 보호의 대상인 것처럼 그렇게 할 필요는 저는 없다고 생각합니다.

○**신동욱 위원** 짤막하게 한 말씀만.

○**위원장 전재수** 신동욱 위원님 말씀하십시오.

○**신동욱 위원** 혹시나 싶어서, 설마 그럴 거라고 제가 믿지는 않습니다마는 위원장님께도 한번 여쭤보겠습니다.

마지막에 양문석 위원님이 일종의 제 말에 대한 반박으로 저는 받아들이는데 '거짓말은 사망을 낳습니다' 그랬습니다. 평소에 굉장히 목소리가 크시고 그렇더라도 저희가 그런 부분에 대해서 국회니까 서로의 주장을 약간은 격앙된 표현을 할 수 있는 부분 인정합니다.

그런데 그것 무슨 뜻인지 한번 좀 물어봐 주세요. 위원장님, 이것 가만히 계시면 안 되지요. 거짓말은 사망을 낳는다는데요?

○**강유정 위원** 각자 알아서 해석하시지요.

○**위원장 전재수** 말씀하십시오.

○**양문석 위원** 성경의 내용을 제 언어로 표현을 했던 것이고요.

그리고 거짓말이 계속해서 누적되면 이 부분에 대해서 심각한 사회적 문제와 그리고 그렇게 거짓말하는 자에 대한 책임이 따를 수밖에 없다라는 부분을 명확하게 이야기합니다.

○**위원장 전재수** 그러니까 신동욱 위원님께 직접적으로 하신 말씀은 아니지요?

○**양문석 위원** 그렇지요, 제가 계속해서……

신동욱 위원이 그렇게 이야기를 했잖아요. 제가 그 부분에 대해서 신동욱 위원한테 명확하게 이야기를 하고 경고하는 겁니다. 자꾸 거짓말하고 있잖아요.

카톡 계엄부터 시작해서 SNS 규제 그다음에 언론 자유…… 언론 자유가 뭡니까? 가
짜뉴스를 살포하는 게 언론 자유입니까? 허위·조작정보를 살포하는 게 언론 자유입니까?
아닙니다. 그거는 언론 자유가 아니고 범죄 행위입니다.

그런데 이러한 것들을 언론 자유로 대충 퉁치고 그리고 형식적으로 불가능한 SNS 규
제를, 규제한다고 이야기를 하고 그다음에 카톡을 검열한다고 이야기하는 내용들은 거짓
말의 거짓말을 낳습니다. 그러면 나중에 이 부분에 대해서 벌받아요.

○**위원장 전재수** 그러니까 신동욱 위원님께 직접적으로 하신 말씀은 아니지요?

○**양문석 위원** 직접적으로 이야기한 겁니다.

○**신동욱 위원** 직접적으로 이야기했다는 데 대해서 이것 괜찮은 발언입니까?

○**민형배 위원** 위원장님, 이거는 제가…… 아주 짧게 시간을 주시면……

○**위원장 전재수** 민형배 위원님 말씀해 주시기 바랍니다.

○**민형배 위원** 그러니까 지금 양문석 위원님의 이 말씀은, 제가 그냥 이쪽에 관한 정보
가 있어서 말씀을 드리는 겁니다. 성경에 그런 구절이 나오잖아요. '욕심이 잉태한즉 죄
를 낳고 죄가 장성한즉 사망을 낳느니라', '내 사랑하는 형제들아 속지 말라' 이런 구절이
나오는데 아마 신동욱 위원님도 아실 거예요. 그 말을 빗대서 하신 건데 이걸 그렇게 적
극적으로 해석하실 필요가 있을까 싶습니다.

○**위원장 전재수** 위원장인 저의 생각도 마찬가지입니다.

신동욱 위원님.

○**신동욱 위원** 마찬가지라는 게 무슨 뜻이지요?

○**위원장 전재수** 아니, 그러니까 조금 전에 민형배 위원님…… 직접적으로 신동욱 위원
님을 지칭해서 하신 말씀은 아니라고 저는 생각을 합니다.

○**신동욱 위원** 그런 식의 표현을 저희가 앞으로 막 써도 되겠습니까, 그러면 저희도?

○**위원장 전재수** 아니, 그러니까 신동욱 위원님께 직접적으로 그런 말씀을 하신 것이
아니다라고 저는 받아들입니다.

○**김윤덕 위원** 언제는 안 쓴 것처럼 그러시네……

○**신동욱 위원** 제가 무슨 표현을 했습니까?

○**김윤덕 위원** 그만합시다, 이제.

○**위원장 전재수** 예.

제가 정리하겠습니다.

이 부분은 성경 구절을 인용해서 비유적 표현으로 하신 것이지 신동욱 위원님을 직접
지칭해서 하신 말씀은 아니다라는 것으로 위원장이 정리를 하도록 하겠습니다.

다음은 임오경 위원님 의사진행발언해 주시기 바랍니다.

○**임오경 위원** 오랜만에 여야 위원이 다 한자리에 모여서 상임위를 여는 것 같습니다.
그래서 꼭 여기서 위원장님에게도 제가 부탁 말씀 드릴게요.

지금 극우 유튜브와 극우 언론을 통해서 가짜뉴스가 대량으로 유통되고 있습니다. 계
엄 선포 이후 중앙선거관리위원회를 덮친 것에 있어서도 여기 계신 여당 위원님들도 부
정선거로 당선되어서 지금 같은 공간에 앉아 계시는지, 진짜 여기 계신 여야를 막론하고
부정선거가 저는 없었다라고 생각합니다.

그럼에도 불구하고 이렇게 가짜뉴스, 하물며 대통령의 계엄 선포에 있어서 중앙선거관

리위원회를 덮친 거에 있어서 한 번도 여당 위원님들은 분노를 표출하지 않더라고요. 저는 이 부분에 있어서 여야를 막론하고 이거는 저희가 반드시 이러한…… 부정선거로 당선된 22대 국회의원들입니까? 저는 분노는 함께해야 된다고 봅니다.

지난 상임위에서도 분명히 제가 의사진행발언에서도 한 말씀 드렸었는데 지금 극우 유튜버들의 가짜뉴스, 끊임없이 위험 행동에 지금 돌입되고 있습니다.

지금 여야 위원님들께서 의사진행발언을 통해서 신경전을 벌이시고 계시는데 서로 간에 조심을 해 줘야 되고, 아무리 지금 포퓰리즘을 통해서 검열이다…… 저는 이런 것을 떠나서 계엄 선포에 관련돼서 지금 나라가 이 모양이 됐음에도 불구하고 그거에 관련돼서 누가 누구의 잘못을 지금 지적을 하는지 저는 이유를 모르겠습니다.

그래서 위원장님도 저희 상임위 안에서는 이러한 부분에 있어서 정확하게 지적을 좀 해 주셨으면 좋겠다는 말씀을 먼저 드립니다.

의사진행발언하겠습니다.

회의에 앞서서 제가 받은 제보, 팩트 체크를 위해서 자료 요구 관련 의사진행발언을 하나 하고자 합니다.

계엄 내란 윤석열 정부의 대변인 유인촌 장관은 지난 12월 20일 우리 상임위에 출석하셔서 12·3 계엄에 대한 사전 인지 여부를 묻는 질문에 전혀 알지 못했고 뉴스를 보고 비상계엄 사실을 알았다라고 답변한 바 있습니다. 또한 문체부 출입기자단과의 정례 브리핑에서도 계엄 날 집에서 뉴스를 보다 계엄 발표하는 것 보고 처음에는 가짜뉴스로 생각했다고 언급하기도 했습니다.

그런데 제가 받은 제보에 의하면 유인촌 장관님의 이러한 대답은 거짓이며, 유인촌 장관께서는 작년 10월 말에서 11월 초에 윤석열 대통령과 통화 지시인지 대면해서 지시를 받았는지, 제가 받은 제보를 좀 말씀을 드리겠습니다. 윤석열 씨가 먼저 이렇게 말을 했습니다. '요즘 나의 여론조사 지지율이 떨어지니까 문화예술계의 좌파 빨갱이들이 준동하고 설치고 있는데 어떻게 된 겁니까'라고 말했습니다.

○**박정하 위원** 이게 의사진행발언하고 성격이 좀 맞지 않는 것 같아요.

○**임오경 위원** 자료 요청을 했는데 자료 요청이 안 돼서 말씀드리는 겁니다.

이에 유인촌은 '저도 화가 납니다. 좌파 떨거지들의 척결에 최선을 다하겠습니다'라고 답변했고 그러자 윤석열은 '이재명이 방탄 국회로 나라를 망치고 있는데 계엄으로 한방에 바로잡을 수 있고 먼저 국회와 정치판을 정리한 다음에 문화예술계를 바로잡으려고 한다'라고 했고 이에 유인촌은 '지금 꼴을 보니 극단적인 수단을 쓸 수밖에 없습니다. 제가 속했던 연극계 등 대다수 문화예술계는 어떤 경우든 대통령님을 지지할 것입니다'…… 더 많은 제보 내용이 있지만 제가 생략을 하겠습니다.

이 내용이 사실이라면 매우 심각한 일이 아닐 수 없다라는 말씀을 드리고, 유인촌 장관은 내란 동조자로 공수처의 수사를 받아야 할 사안들입니다. 이에 저는 사실관계 확인을 위해서 작년 9월부터 11월 사이 장관이 윤석열 및 대통령실 관계자와 만난 내용 및 통화내역을 요구한 바 있지만 문체부에서는 국무회의 등 공식 일정에 대해서만 자료를 제출하고 통화내역에 대해서도 상세 일시를 말씀드리기 어렵다는 무성의한 답변으로만 일관하고 있습니다.

그래서 위원장님, 이 사안은 비록 아직은 제보 수준에 불과합니다. 그러나 계엄 발표와 동시에 한예종 폐쇄에 문체부가 신속하게 움직이는 등 민첩한 대응을 할 수 있었던 것도 장관의 계엄에 대한 사전 인지가 있지 않고서는 어려운 의심 정황도 있었던 만큼 이에 대한 진상 규명이 있어야 한다고 봅니다. 따라서 위원장님께서는 장관에게 이 사안에 대한 사실관계를 질의해 주시고 문체부가 보다 상세한 자료를 신속하게, 성실하게 제출할 수 있도록 촉구해 주시기 바랍니다.

○**위원장 전재수** 많은 위원님들의 의사진행발언이 있었습니다. 위원장인 제가 정리해서 말씀을 드리도록 하겠습니다.

먼저 김승수 위원님과 강유정 위원님, 양문석 위원님께서 지금 현재 여야 사이에 협상이 진행 중인 고발 대상자와 관련해서 영화진흥위원회 위원장, 정몽규 회장, 최지우 그리고 스포츠공정위원회 위원장에 대한 고발을 촉구했습니다. 이 부분은 우리 위원님들께서 익히 알고 계시겠지만 여야 간사 위원님들 사이에 협상이 진행 중이다라는 말씀을 드립니다. 협의가 끝나고 난 뒤에 고발 대상자에 대해서는 정리를 하도록 그렇게 하겠습니다.

그리고 민형배 위원님과 신동욱 위원님께서 언론 자유 수호 결의문 채택을 말씀하셨는데, 결은 좀 다른 내용입니다만, 상임위 차원이든 상임위 차원의 결의문 채택이든 이 부분도 여야 간사 위원님들 간 협의를 통해서 적절하게 결정하도록 하겠다라는 말씀을 드리겠습니다.

그리고 민형배 위원님과 조계원 위원님께서 제주항공 항공기 참사와 관련한 광주·전남·전북의 관광업계 대책에 대해서 말씀을 해 주셨는데, 저도 광주·전남북의 관광업계분들과 별도로 간담회를 했습니다. 그리고 그 자료를 문체부 담당 과에 전달했는데, 이 부분은 문체부에서 두 차례에 걸친 간담회를 했고 그럼에도 불구하고 광주·전남북의 여행업계를 비롯한 관광업계가 처해 있는 이런 요구사항들이 제대로 반영은 되고 있지 않는 것 같습니다.

그래서 다시 한번, 오늘 장관님 나와 계시겠지만 저도 광주·전남북의 관광업계 분들을 만났거든요. 사실은 좀 심각하더라고요, 이게. 그리고 취소가 됨으로 인해서 직접적인 타격을 입고 있더라고요, 저는 그 정도까지인 줄은 몰랐는데. 이 부분 자료를 다 문체부의 담당 과에 드려 놨습니다. 그래서 장관님께서 고통받고 있는 관광업계의 피해가 최소화될 수 있도록 적극적인 대책을 수립해 주십사 하는 부탁을 드리도록 하겠습니다, 장관님.

○**문화체육관광부장관 유인촌** 예, 알겠습니다.

○**위원장 전재수** 각별히 좀 챙겨 봐 주시고요.

제가 정리를 좀 하고.

그리고 임오경 위원님께서 조금 전에 유인촌 장관님, 윤석열 대통령과 관련된 부분, 말씀을 들으셨지요, 장관님?

○**문화체육관광부장관 유인촌** 예, 들었습니다.

○**위원장 전재수** 이 자리에서 그 사실관계 말씀을 한번 해 주시지요.

○**문화체육관광부장관 유인촌** 지금 말씀하신 것을 어디에서 어떻게 제보를 받으셨는지는 모르겠는데요, 그건 거의 소설을 쓰신 것 같습니다. 그리고 제가 기본적으로 대통령하고 개인적으로 그렇게 전화할 수 있는 그런 여건도 아니고요. 또 항상 공식적으로 국무회의나 기타 여러 일정에서 늘 만나서 보고 있기 때문에 그렇게 개인적인 얘기를 할 시간도 안 되고. 또 우리가 용산의 대통령실의 수석이나 비서관하고는 항상 행사를 앞두고

그 행사를 어떻게 할 것인가 이런 의논을 하는 것이지 그렇게, 특히나 계엄 관련해서 또 이미 오래전에 그런 얘기를 했다는 제보가 있다 이런 것은 거의 믿지 않으셔도 될 것 같고요.

또 실제로 지금 여러 번 얘기가 나옵니다만 한예종 문제도 저는 한참 지난 다음에 알게 됐어요, 그게 우리 당직총사령부터 해서 이미 계획된 루트에 의해서 내려간 것이기 때문에. 저한테도 왜 보고를 안 했는지는 모르겠습니다만 어쨌든 그날 밤에 늦게 일어났다가 새벽에 해제가 된 사항이고, 관계된 소속기관에는 어디나 다 내려간 것이거든요. 사실은 그래서 소속기관이 아니면 그런 일도 없었을 텐데, 그래서 제가 '아, 이제는 학교가 독립할 때가 됐다' 이런 얘기도 말씀드린 거고.

하여간 지금 말씀하신 제보는 그건 믿지 않으셔도 됩니다.

○**위원장 전재수** 장관님, 그러면 제가 정리를 하겠습니다.

12월 3일 윤석열 대통령의 비상계엄과 관련해서 그 이전에 장관님과 대통령 사이의 개인적인 만남 또는 사적인 대화 또는 계엄과 관련한 사전적인 어떤 대화 이것은 전혀 없었다 이렇게 정리를 하면 되겠습니까?

○**문화체육관광부장관 유인촌** 그렇습니다.

○**위원장 전재수** 박정하 위원님 의사진행발언해 주시기 바랍니다.

○**박정하 위원** 당초에는 임오경 위원님 말씀 주신 건이 간단치 않은 건이기 때문에 유인촌 장관의 해명이나 분명한 입장을 위원장님께서 주셔야 된다는 말씀을 드리려고 했는데 지금 말씀 주셨으니까 그 건에 대해서는 감사하고.

다만 지금 임오경 위원님께서 유인촌 장관 관련해서 언급한 내용은 제가 느끼기에는 상당히 위험할 수도 있는 수위를 넘나드는 발언이라고 보입니다. 이게 지금 저희 국회 내에서 이루어지지 않고 다른 곳에서 이루어졌으면 심각한 법적인 문제도 있을 수 있는 건이라고 보여요. 그래서 문체위 사안을, 이 범주를 벗어나는 최근에 있었던 일련의 좋지 않은 국내 정치 상황과 관련한 불필요한 오해를 일으킬 수 있는 의혹이나 이런 것들은 그리고 그에 관련 발언들은 본회의장이나 다른 곳에서 하고 저희 문체위에서는 문체위에 집중돼서 이 범주를 줄여서 논의했으면 좋겠다는 말씀을 드립니다.

그리고 마지막 드리면, 그 제보 말씀 죽 주신 것으로만 제가 이해하면 도청을 하지 않는 한 확인이 불가능한 그런 얘기들인데 이게 저희 상임위장에서 공개적으로 얘기가 된 건에 대해서는 여당 간사로서 굉장히, 심히 유감스럽다는 말씀을 드립니다.

하여튼 위원장님께서 앞으로 우리 지금 남은 오늘의 상임위가 잘 원만히 진행될 수 있도록 정리해서 회의를 진행해 주십사 부탁을 드립니다.

○**임오경 위원** 위원장님.

○**위원장 전재수** 꼭 하셔야 됩니까? 저희들이 정해져 있는 의사일정이 있기 때문에……

○**임오경 위원** 이것에 대해서 한 말씀만……

○**위원장 전재수** 임오경 위원님 의사진행발언해 주시기 바랍니다.

○**임오경 위원** 저도 이게 제보였기 때문에 제 개인적으로도 지금 한 3주간에 걸쳐서 상당히 심사숙고를 했다라는 말씀을 먼저 드리고요. 그래서 문체부에 자료 요청을 먼저 했습니다. 그런데 자료 요청에 있어서 계속해서 미적미적하게 답변답지 않은 답변이 왔

기 때문에 오늘 제가 이렇게 3주 만에 이것을 꺼내 들었고, 제가 이 자리에서 다 읽어 드리지를 못했습니다. 제가 이것을 다 읽게 되면 신빙성이 없다라고 말씀하지는 못하실 거예요. 하지만 다 읽지는 않았습니다. 그렇기 때문에 제가 심사숙고하지 않고 무조건 이렇게 말씀을 드린 것도 아니고 자료 요청을 통해서 이 사실을 좀 파악해 보려고 했는데 자료 요청이 원만하게 이루어지지 않아서 오늘 이 자리에서 말씀드렸다는 말씀을 드리고요.

그리고 박정하 간사님께서 지금 좋은 조언도 해 주셨는데 제가 이 내용에 있어서 다 오픈은 하지 않았다라는 말씀을 다시 한번 드리고, 이게 나중에라도 수면 위로 다시 올라온다면 이것은 반드시 꼭 짚고 넘어가야 될 부분들도 있기 때문에 그래서 사전에 자료 요청을 지금 다시 한 겁니다.

다시 한번 그 말씀을 참고해 주시기 바랍니다.

○**위원장 전재수** 　장관님, 이 문제와 관련해서 하실 말씀이 있습니까?

○**문화체육관광부장관 유인촌** 　아마 작년 12월인가 1월인가 우리 시민단체하고, 한예종 출입통제 문제로 이미 제가 내란 공범으로 고발돼 있습니다, 지금. 아직 조사는 안 받았습니다. 아마 지금 그런 말씀을 하시는 것 같은데요. 이 문제는 나중에 조사를 받게 되면 그 결과에 따라서 법적으로 이 문제를 해결하려고 저도 생각하고 있습니다.

○**위원장 전재수** 　김승수 위원님 의사진행발언해 주시기 바랍니다.

○**김승수 위원** 　임오경 위원님 말씀하신 제보 건 관련해서 상식적으로 봐도 이게 지금 양쪽의 대화 내용이 그대로 담겨 있습니다. 그러면 대통령과 장관 두 분이 그 내용 제보를 안 했으면 결국은 도청을 해야만 양쪽의 대화 내용을 다 파악할 수 있는 겁니다. 이것은 설사 그런 내용이 만약에 있다고 가정하더라도 그것을 누가 도청했다는 것 자체는 심각한 국기 문란이고 그 부분에 대해서는 사실이라면 엄청난 파장이 있을 수밖에 없는 부분입니다.

그리고 그 제보 내용 자체가 전혀 근거가 없는 사실이다, 또 그것을 우리 문체위 전체 회의 석상에서 말씀하셨다, 이 부분 자체가 굉장히 국민들을 혼란에 빠뜨릴 수 있는 그런 상황 아니겠습니까?

앞서 카톡 검열 이야기가 나왔습니다마는 그러면 금방 임오경 위원이 말씀하신 그 내용이 사실관계를 확인할 수 없는데 이게 가짜뉴스입니까, 가짜뉴스가 아닙니까? 앞서 카톡 논란에 대해서 저희가 걱정하는 부분은 이게 진실이냐 가짜냐 누가 판단하느냐, 그런 부분이 불분명하기 때문에 굉장히 많은 국민들을 불안하게 할 수 있다, 그래서 걱정들을 하고 있는 겁니다.

기존에도 보면 아니면 말고 식으로, 청담동 술자리 문제라든지 여러 가지 지금 민주당에서 그냥, 민주당 의원님들이 공개적으로 발언했다가 결국은 전혀 근거 없는 가짜뉴스로 밝혀진 것들이 한둘이 아니지 않습니까? 그렇기 때문에 어떤 제보를 받더라도 공개 석상에서 이렇게 발언할 때는 확실한 팩트를 가지고…… 국회의원이 그 정도 책임성이 있어야 되는 것 이니겠습니까? 그렇게 발언해야 된다고 생각을 합니다.

○**임오경 위원** 　제 발언에 대해서 그렇게 말씀하시는 건 아니지요. 제가 지금 자료 요청을 3주 전부터 했다라고 말씀을 드리잖아요. 어떻게 그렇게 말씀하실 수 있습니까? 하나하나 건 바이 건으로 따져 보자는 겁니까, 지금?

○**위원장 전재수** 이 문제는 임오경 위원님의 말씀이 있었고 위원장인 제가 문체부장관님께 직접 사실관계를 소명할 수 있도록 기회를 드렸습니다. 그래서 이 문제와 관련된 거라면 더 이상 의사진행발언을 받지 않도록 하겠습니다.

○**민형배 위원** 아닙니다. 그것 아닙니다.

○**위원장 전재수** 꼭 하셔야 됩니까?

○**민형배 위원** 예, 아주 짧게 제가……

○**위원장 전재수** 민형배 위원님 의사진행발언해 주시기 바랍니다.

○**민형배 위원** 위원장님께서 정리할 때 제가 아까 제안드린 그것을 빠뜨리셔서 확인을 좀 해 보려고 그럽니다.

그러니까 언론 자유 수호 결의문 같은 걸 통해서 이 문제를 풀려고 그러시는 건지는 모르겠는데, 12·3 내란 및 1·19 폭동 관련 언론 피해 대책위 같은 것을 제안드렸는데 그 대책이……

○**위원장 전재수** 예, 그렇습니다. 언론인 폭행과 언론의 취재방해 행위와 관련한 언론 자유 수호 결의문 채택 건입니다.

○**민형배 위원** 아니, 그 진상도 좀 살펴야 되고, 저희 국회 차원에서 해야 될지 정부 차원에서 해야 될지 모르겠습니다만……

○**위원장 전재수** 잘 알겠습니다.

○**민형배 위원** 그 사안을 그냥 넘어갈 수 없기 때문에 이 결의문에 담든 아니면 별도로 하든, 그 상황은 정말 저는 지금까지 본 적이 없는 상황이어서 그 언론 피해에 대한 대응책이 있어야 된다, 거기에 무슨 기구가 필요하면 기구를 만들고 그 대책을 마련해야 된다라는 말씀을 드린 건데 그걸 그냥 빠뜨리신 것 같아서 말씀드렸습니다.

○**위원장 전재수** 민형배 위원님 말씀대로 여야 간사 위원님들 사이에 협의를 통해서 이번 서부지법 폭동 사태와 관련한 언론인 폭행 또 언론사, 언론인들의 취재 방해와 관련된 우리 상임위 차원의 어떤 대책 또는 결의문을 포함해서 이 부분도 여야 간사 위원님들 사이에 협의를 통해서 결정하겠습니다.

다음은 신동욱 위원님 의사진행발언해 주시기 바랍니다.

○**신동욱 위원** 전반적인 취지에…… 저도 언론인 생활을 오래 해서 과거에 제가 소속된 언론사의 취재기자들이나 영상기자들이 폭행을 당하는 경우가 많이 있었습니다. 비슷한 건데 제가 굳이 열거하지는 않겠습니다. 그런데 이게 만약에 우리가 적어도 문체위 차원의 결의문이 나오려면 그것보다는 좀 더 커야 됩니다. 꼭 그저께 있었던 그 일만을, 그 부분에 대한 것도 각 언론사가 아마 대응을 하는 것처럼 보이는데 그건 그거고. 사실 우리 사회가 이렇게 극단적으로 양극화가 되면서 언론인들이 굉장히 위협을 많이 받는 것이 사실입니다. 그것은 어떤 진영의 문제가 아니라고 저는 생각합니다.

그래서 이 문제를 그저께, 어제 아침에 일어난 이 문제에 국한돼서 표현을 하시면 이것은 굉장히 진영의 이해관계가 걸린 문제로 국민들로부터 오해받을 수가 있습니다. 꼭 그게 필요하다면 우리 언론계 전체가 당하는…… 우리 정치권도 책임이 있지요. 우리 사회 양극단화가 되면서 벌어지는 언론의 자유 침해 이 부분을 종합적으로 다루어야지 그걸 어떤 진영이 주장하는 쪽으로 이렇게 다루는 것은 바람직스럽지 못합니다. 그래서 혹시 간사분들이 논의를 하시더라도 이 부분을 좀 더 크게 논의해 주셨으면 하는 생각을 합니다.

○**위원장 전재수** 민형배 위원님 또 신동욱 위원님, 양문석 위원님의 말씀의 취지를 잘 살려서 여야 간사 위원님들 간에 잘 협의해서 결정하도록 하겠습니다.

자, 저희들이⋯⋯

○**임오경 위원** 저도 한마디, 신상발언하겠습니다.

○**위원장 전재수** 양문석 위원님, 이 언론⋯⋯

○**양문석 위원** 언론과 관련해서⋯⋯

○**위원장 전재수** 그러면 조금 기다리셨다가 하시고, 신상발언이라니까 임오경 위원님 말씀해 주시기 바랍니다.

○**임오경 위원** 제가 분명히 제 입장을, 심사숙고해서 3주간에 걸쳐서, 더 많은 내용이 있지만 그래도 자료 요청을 먼저 했다라고 분명히 위원장님께 자료 요청을 요청했었고. 이러한 제보가 들어왔지만 제가 내용을 10%밖에 오픈하지 않았습니다. 지금 장관께서도, 답변하실 기회를 두 번이나 드려서 장관님께서도 충분히 답변을 하셨고. 이러한 위헌 소지의 제보가 지금 남발하고 있으니, 이것도 가짜뉴스에 속할 수도 있습니다. 저는 이게 진실이라고 말씀드린 적 없습니다.

하지만 오늘 이 자리에 오랜만에 나오셔서 내란수괴를 동조하면서, 용산 관저 앞에서 그렇게 내란수괴자를 동조하신 위원님께서 저에게 하실 말씀은 아닌 것 같습니다. 이 자리를 빌려서 사과를 요청드립니다.

지금 이렇게 대한민국 혼란을 만든 사람이 누구입니까? 그걸 안다라고 하면 그런 말씀을 하시면 안 되는 거지요. 그렇게 혼란을, 계엄 선포를 하지 않았으면 지금 이런 얘기가 나왔겠습니까? 그럼에도 불구하고 상대 위원이 심사숙고해서 3주에 걸쳐서 자료 요청하고 하고 안 돼서 상임위에서 자료 요청 플러스 이런 제보가 들어왔다는 말씀을 드린 게 그게 그렇게 잘못된 겁니까?

사과를 꼭 받아 내 주십시오, 위원장님.

○**위원장 전재수** 이 문제는 위원장 직권으로 이 자리에서 마무리하는 걸로 하도록 하겠습니다.

○**김승수 위원** 아니, 그 발언의 심각성을 모르십니까?

○**위원장 전재수** 김승수 위원님⋯⋯

○**임오경 위원** 발언의 심각성이라니요?

○**위원장 전재수** 김승수 위원님, 임오경 위원님, 잠시만요.

○**김승수 위원** 그것을 제보한 사람이 대통령이나 장관이 아니면⋯⋯

○**임오경 위원** 지금 발언의 심각성이 우선이 아니라 계엄 선포를 한 심각성에 대해서 그러면 한 말씀 해 보세요.

○**김승수 위원** 제삼자가 대통령의 통화를 도청을 하고 도청한 내용을 제보했다는 거예요.

○**임오경 위원** 아니, 계엄 선포에 관련된 심각성에 대해서 한 말씀 해 보시라고요.

○**김승수 위원** 그게 얼마나 심각한 내용인지 모릅니까, 지금?

○**임오경 위원** 아니, 그러니까 용산 관저 앞에 가서 내란 동조를 옹호한 것에 대해서 한 말씀 해 보세요, 그러면. 해 보시라고요!

○**위원장 전재수** 김승수 위원님, 임오경 위원님, 됐습니다.

○**임오경 위원** 그러면 계엄 선포가 잘했다는 겁니까?

○**위원장 전재수** 이것으로 저희들 의사일정에 들어가야 되는데……

○**김승수 위원** 왜 그렇게 비약을 하세요?

○**위원장 전재수** 잠시만요.

○**임오경 위원** 아니, 그런 일이 없었으면 지금 이런 제보도 안 들어왔을 것 아닙니까?

○**위원장 전재수** 임오경 위원님, 잠시만요.

○**민형배 위원** 위원장님.

○**위원장 전재수** 잠시만요.

○**민형배 위원** 아니, 진행하시는 과정에 빠뜨린 게 하나 있어서, 제가 빠뜨린 게 아니라……

잠깐 30초만 시간을 주세요.

○**위원장 전재수** 예.

○**민형배 위원** 아까 여러 분이 12·29 참사 이후의 관광 피해 대책 말씀하셨는데 장관님의 말씀을 답변을 들어 보면 어떻습니까, 위원장님께서, 괜찮으시다면?

○**위원장 전재수** 예, 좋습니다. 그렇지 않아도 저도 광주·전남북의 관광업계에 계신 분들을 한번 만났거든요. 그래서 이분들이 문체부에 아마 피해 대책을 호소를 한 것 같던데 아직 이것이 적극적으로 검토가 되고 있거나 그런 것 같지는 않습니다. 그래서 제가 받은 자료를 문체부 해당 과에 아마 전달을 한 것으로 알고 있고. 뿐만 아니라 민형배 위원님, 조계원 위원님 죽 해 가지고 자료를 제출해 드린 걸로 알고 있는데 혹시 이것과 관련해 가지고 장관님, 무슨 구체적으로 논의가 되고 있는 대책이나 이런 게 있습니까?

○**문화체육관광부장관 유인촌** 우선은 현재 빨리 할 수 있는 일들이, 아마 예전에 융자 받았던 것들을 지금이 갚아야 될 시기가 왔는데 오히려 사고가 터져서 그런 어려움이 생겨서 그것을 일단 유예하는 것은 빨리 해 드릴 수 있는 문제고요.

그다음에 지난번에 관광기금 500억에 대한, 물론 이게 또 융자의 개념이지만 그것도 광주·전남 지역에 우선 배정해서 피해 여행사를 구제할 수 있는 방법 하나, 그다음에 이번에 적용이 안 될지 모르겠습니다마는 피해보상제도의 보험을 앞으로 들 수 있는 이 부분도 지금 현재 시행할 수 있도록 저희들이 기재부하고 협의를 하고 있고요.

그 외에 지금 말씀하신 우선 당장 여행사들이 요구하고 있는 여러 가지 안들에 대해서도 우리가 계속 논의를 해서 가능한 빠른 시간 안에 도움이 될 수 있도록 그렇게 정리를 하도록 하겠습니다.

○**위원장 전재수** 장관님, 저도 간담회를 할 때 그분들 이야기를 들어 보니까 굉장히 현실적으로 요구사항들 정리를 잘해 오셨더라고요. 굉장히 어려운 것은 아니라고 보여지던데, 이분들이 겪고 있는 것이 당장 어려운 부분에 대해서 굉장히 어려움을 많이 호소를 하더라고요. 그래서 당장 어려운 부분에 초점을 맞춰서 고통을, 부담을 덜어 줄 수 있는 길이 있다면 문체부에서 적극적으로 나서 주십사 하는 그런 당부의 말씀을 드리도록 하겠습니다.

○**문화체육관광부장관 유인촌** 알겠습니다. 이거야 저희들이 시간을 끌 이유는 없는 거니까요, 최대한도로 빠른 시간 안에 가능할 수 있도록 정리를 해 보겠습니다.

○**민형배 위원** 위원장님, 아주 간단하게……

무안공항이 광주에 없지 않습니까, 소재가.

잠깐만 시간 좀……

그러다 보니까 이른바 특별재난지역에서 제외돼 있는 겁니다.

○**위원장 전재수** 알고 있습니다.

○**민형배 위원** 그래서 그 부분까지 고려해서 당장 급한 직접지원 방안이 있는지에 대해서도 꼭 안을 만들어 주시면……

○**위원장 전재수** 그러니까 장관님, 무안이 전북에 있지 않습니까.

○**문화체육관광부장관 유인촌** 전남입니다.

○**위원장 전재수** 전남에 특별재난구역이 선포가 됐지 않습니까.

○**문화체육관광부장관 유인촌** 예, 그렇습니다.

○**위원장 전재수** 그런데 전남에 특별재난구역이 선포가 되기는 했는데 실질적으로 피해를 입고 있는 관광·여행업계는 어디냐 하면 광주가 많습니다. 그러니까 특별재난지역은 전남에 선포가 되고 직접적인 타격과 피해를 입은 곳은 광주에 있는 업계거든요. 그러니까 특별재난지역으로 할 수 있는 걸로 커버가 안 되는 부분이 있다 이 말씀을 드립니다.

○**문화체육관광부장관 유인촌** 그래요?

○**위원장 전재수** 예, 그래서 그 자료를 문체부에 전달을 제가 다 해 드렸습니다. 꼼꼼하게 한번 챙겨 봐 주십사 하는 말씀을 드립니다.

○**문화체육관광부장관 유인촌** 예, 알겠습니다.

○**위원장 전재수** 우리 위원님들께서 많은 의사진행발언을 해 주셨는데 위원장인 제가 잘 정리를 해서 여야 간사 위원님들 사이에 협의를 진행해 나가고 그 결과는 위원님들께 공유해 드리도록 하겠다는 말씀을 드리도록 하겠습니다.

오늘 잡혀 있었던 의사일정 제31항 현안질의는 최재혁 증인이 불출석함에 따라서 상정하지 않도록 하겠습니다.

그러면 의사일정에 들어가도록 하겠습니다.

---

1. **공연법 일부개정법률안**(이기헌 의원 대표발의)(의안번호 2203097)
2. **대중문화예술산업발전법 일부개정법률안**(김승수 의원 대표발의)(의안번호 2200488)
3. **대중문화예술산업발전법 일부개정법률안**(김윤덕 의원 대표발의)(의안번호 2201465)
4. **대중문화예술산업발전법 일부개정법률안**(정부 제출)(의안번호 2205341)
5. **대중문화예술산업발전법 일부개정법률안**(대안)
6. **도서관법 일부개정법률안**(강유정 의원 대표발의)(의안번호 2201962)
7. **문화기본법 일부개정법률안**(황희 의원 대표발의)(의안번호 2202710)
8. **문화기본법 일부개정법률안**(박정하 의원 대표발의)(의안번호 2203231)
9. **문화기본법 일부개정법률안**(대안)
10. **박물관 및 미술관 진흥법 일부개정법률안**(민형배 의원 대표발의)(의안번호 2204783)
11. **저작권법 일부개정법률안**(김재원 의원 대표발의)(의안번호 2206271)
12. **저작권법 일부개정법률안**(정부 제출)(의안번호 2202140)

13. 저작권법 일부개정법률안(대안)
14. 음악산업진흥에 관한 법률 일부개정법률안(정부 제출)(의안번호 2205336)
15. 인쇄문화산업 진흥법 일부개정법률안(정부 제출)(의안번호 2205334)
16. 출판문화산업 진흥법 일부개정법률안(정부 제출)(의안번호 2205335)
17. 영화 및 비디오물의 진흥에 관한 법률 일부개정법률안(정부 제출)(의안번호 2205342)
18. 영화 및 비디오물의 진흥에 관한 법률 일부개정법률안(박정하 의원 대표발의)(의안번호 2203347)
19. 영화 및 비디오물의 진흥에 관한 법률 일부개정법률안(정부 제출)(의안번호 2201170)
20. 영화 및 비디오물의 진흥에 관한 법률 일부개정법률안(강유정 의원 대표발의)(의안번호 2200403)
21. 영화 및 비디오물의 진흥에 관한 법률 일부개정법률안(임오경 의원 대표발의)(의안번호 2200959)
22. 영화 및 비디오물의 진흥에 관한 법률 일부개정법률안(대안)
23. 무형유산의 보전 및 진흥에 관한 법률 일부개정법률안(정연욱 의원 대표발의)(의안번호 2205571)
24. 국민체육진흥법 일부개정법률안(이해식 의원 대표발의)(의안번호 2202425)
25. 국민체육진흥법 일부개정법률안(신동욱 의원 대표발의)(의안번호 2203967)
26. 국민체육진흥법 일부개정법률안(김윤덕 의원 대표발의)(의안번호 2205051)
27. 국민체육진흥법 일부개정법률안(진종오 의원 대표발의)(의안번호 2205139)
28. 국민체육진흥법 일부개정법률안(대안)
29. 국제경기대회 지원법 일부개정법률안(박정하 의원 대표발의)(의안번호 2205924)
30. 관광진흥법 일부개정법률안(김승수 의원 대표발의)(의안번호 2204074)

(11시07분)

○**위원장 전재수** 의사일정 제1항부터 제30항까지 공연법 일부개정법률안 등 30건의 법률안을 일괄해서 상정합니다.

소위원회에서 의결한 법률안에 대한 세부 사항은 노트북 단말기 자료를 참고해 주시기 바랍니다.

먼저 문화예술법안심사소위원회를 대표해서 박정하 소위원장님 나오셔서 심사결과를 보고해 주시기 바랍니다.

○**소위원장 박정하** 문화예술법안심사소위원회 박정하 소위원장입니다.

저희 소위원회는 1월 16일 문화체육관광부제1차관 소관 19건 및 국가유산청 소관 2건의 법률안을 심사한 결과 7건을 원안대로 의결하고 4건의 대안을 제안키로 의결하였습니다.

의결 법률안에 대한 심사결과를 보고드리겠습니다.

먼저 이기헌 의원께서 대표발의한 공연법 일부개정법률안은 지자체장이 공연장 운영자로부터 신고받은 재해대처계획을 관할 소방서장뿐만 아니라 경찰서장에게도 통보하도록 하는 것으로 원안 의결하였습니다.

대중문화예술산업발전법 일부개정법률안(대안)은 김승수, 김윤덕 의원이 각각 대표발의한 2건의 법률안과 정부가 제출한 법률안을 통합 조정한 것으로 실태조사의 내용에 대중문화예술용역 관련 계약을 포함하고 표준계약서 제·개정 시 실태조사의 결과를 반영토록 하는 한편 과징금 미납 시 지방행정제재·부과금법에 따르도록 하고 대중문화예술기획업의 등록 요건을 완화하는 내용입니다.

강유정 의원이 대표발의한 도서관법 일부개정법률안은 국립장애인도서관의 업무 범위에 장애인을 돕기 위해 대리·동행하는 자에 대한 자료 접근 보장 및 이용 편의 제공을 포함하려는 것으로 원안대로 의결하였습니다.

문화기본법 일부개정법률안(대안)은 황희, 박정하 의원이 각각 대표발의한 2건의 법률안을 통합 조정한 것으로 한국문화정보원의 설립, 운영 근거를 법률에 명시하고 문화영향평가 결과의 활용 등 환류를 의무화하며 문화체육부장관이 평가수행기관과 평가전담기관을 지정할 수 있도록 하는 내용입니다.

민형배 의원이 대표발의한 박물관 및 미술관 진흥법 일부개정법률안은 국립중앙박물관, 민속박물관 및 현대미술관의 지방분관 설립 시 권역별로 균형 있게 설립될 수 있도록 하는 문체부장관의 의무를 명시하려는 것으로 원안 의결하였습니다.

저작권법 일부개정법률안(대안)은 김재원 의원이 대표발의한 법률안과 정부가 제출한 법률안을 통합 조정한 것으로 미분배 보상금을 공익 목적으로 사용할 수 있게 허용하는 기준을 공고 후 5년에서 10년으로 강화하는 한편 배타적발행권자 등의 표지의무 위반에 대하여 부과되는 현행 500만 원 이하의 벌금을 500만 원 이하의 과태료로 완화하는 내용입니다.

정부가 제출한 음악산업진흥에 관한 법률 일부개정법률안, 인쇄문화산업 진흥법 일부개정법률안, 출판문화산업 진흥법 일부개정법률안 및 영화 및 비디오물의 진흥에 관한 법률 일부개정법률안 등 4건의 법률안은 음반제작업 등의 신고를 수리가 필요 없는 신고로 간소화하려는 것으로 원안대로 의결하였습니다.

영화 및 비디오물의 진흥에 관한 법률 일부개정법률안(대안)은 강유정, 임오경 그리고 제가 각각 대표발의한 3건의 법률안과 정부가 제출한 2건의 법률안을 통합 조정한 것으로 영화상영관 입장권 부과금 규정을 다시 신설하여 입장권 가액의 3%를 징수하도록 하고, 이미 상영등급분류를 받은 영화를 동일 내용으로 수입하거나 다시 상영하는 경우를 등급분류 면제 대상으로 명시하는 한편 행정상 강제의 절차를 행정기본법에 따르도록 정비하고 민간 경제활동의 어려움을 경감하기 위하여 일부 법정형을 완화하는 등의 내용입니다.

정연욱 의원이 대표발의한 무형유산의 보전 및 진흥에 관한 법률 일부개정법률안은 무형유산 관련 계획과 추진 실적의 국회 보고를 의무화하고 전승교육사의 인정 대상을 확대하여 전승교육사에게 우수 이수자 추천권한을 부여하려는 것으로 원안대로 의결하였습니다.

보다 자세한 내용은 노트북 단말기의 법률안 자료를 참고해 주시고, 우리 소위원회에서 심사한 대로 의결하여 주시기 바랍니다.

감사합니다.

○**위원장 전재수** 박정하 소위원장님 수고하셨습니다.

다음은 체육관광법안심사소위원회를 대표해서 임오경 소위원장님 나오셔서 심사결과를 보고해 주시기 바랍니다.

○**소위원장 임오경** 체육관광법안심사소위원회 임오경 소위원장입니다.

우리 소위원회는 지난 1월 15일 문화체육관광부제2차관 소관 10건의 법률안을 심사한 결과 1건을 원안 의결, 1건을 수정 의결하고 1건의 대안을 제안하기로 의결하였습니다.

의결 법률안에 대한 심사결과를 보고드리겠습니다.

먼저 국민체육진흥법 일부개정법률안(대안)은 이해식 의원, 신동욱 의원, 김윤덕 의원, 진종오 의원이 각각 대표발의한 4건의 법률안을 통합 조정한 것으로 첫째, 국민체육진흥기금으로 노인 및 유소년, 장애인의 체육활동 지원을 할 수 있도록 하고 둘째, 국가 및 지방자치단체가 유소년 체육 진흥 등에 필요한 시책을 마련하고 유소년 체육활동에 필요한 시설의 적정한 확보와 그 운영에 필요한 시책을 마련하도록 하며 셋째, 수탁사업자가 총매출액 중 환급금을 제외한 금액을 국민체육진흥공단으로 넘겨 주고 공단이 그 금액에서 운영비를 제외하여 국민체육진흥계정에 출연하며 그 결과를 문체부장관에게 보고하도록 현행법 체계를 정비하였습니다.

다음, 박정하 의원이 대표발의한 국제경기대회 지원법 일부개정법률안은 최근 변경된 국제경기대회 및 대회 주관단체의 명칭을 현행법에 반영하는 것으로 원안대로 의결하였습니다.

마지막으로 김승수 의원이 대표발의한 관광진흥법 일부개정법률안은 외국인 관광객의 관광 활성화를 위해 문화체육관광부장관이 국세청장에게 면세판매장에 대한 과세 정보의 제공을 요청할 수 있도록 하는 것으로 과세 정보 중 '주된 업태 및 종목'의 '주된'이라는 표현이 구체적 위임 없이 모호하므로 '업태 및 종목'으로 명확히 하여 수정 의결하였습니다.

보다 자세한 사항은 노트북 단말기의 법률안 자료를 참고해 주시고, 우리 소위원회에서 심사한 대로 의결하여 주시기 바랍니다.

감사합니다.

○**위원장 전재수** 임오경 소위원장님 수고하셨습니다.

다음은 위원님들의 의견 개진 순서입니다.

의결할 법률안에 대해 의견이 있으신 위원님들께서는 질의해 주시기 바랍니다.

(「없습니다」 하는 위원 있음)

질의하실 위원님이 안 계시기 때문에 의결하도록 하겠습니다.

먼저 축조심사와 비용추계 생략을 위한 의결을 하도록 하겠습니다.

오늘 의결할 30건의 법률안에 대해서는 소위원회에서 조문별로 축조심사를 심도 있게 진행했기 때문에 국회법 제58조제5항에 따라 축조심사를 생략하고자 하는데 이의 없으십니까?

(「예」 하는 위원 있음)

가결되었음을 선포합니다.

다음, 국회법 제66조제3항 단서 및 제79조의2제3항 단서에 따라 예산상 또는 기금상의 조치를 수반하는 수정안 또는 대안에 대해 국회예산정책처의 비용추계서 첨부를 생략하도록 의결하고자 하는데 이의 없으십니까?

(「예」 하는 위원 있음)

가결되었음을 선포합니다.

　그러면 의결하도록 하겠습니다.

　다음 의사일정 제1항 공연법 일부개정법률안은 법안심사소위원회에서 심사보고한 바와 같이 원안대로 의결하고자 하는데 이의 없으십니까?

　(「예」 하는 위원 있음)

　가결되었음을 선포합니다.

　다음 의사일정 제2항부터 제4항까지 이상 3건의 법률안은 법안심사소위원회에서 심사보고한 바와 같이 본회의에 부의하지 아니하고 의사일정 제5항 대중문화예술산업발전법 일부개정법률안(대안)을 우리 위원회안으로 제안하고자 하는데 이의 없으십니까?

　(「예」 하는 위원 있음)

　가결되었음을 선포합니다.

　다음 의사일정 제6항 도서관법 일부개정법률안은 법안심사소위원회에서 심사보고한 바와 같이 원안대로 의결하고자 하는데 이의 없으십니까?

　(「예」 하는 위원 있음)

　가결되었음을 선포합니다.

　다음 의사일정 제7항 및 제8항 2건의 법률안은 법안심사소위원회에서 심사보고한 바와 같이 본회의에 부의하지 아니하고 의사일정 제9항 문화기본법 일부개정법률안(대안)을 우리 위원회안으로 제안하고자 하는데 이의 없으십니까?

　(「예」 하는 위원 있음)

　가결되었음을 선포합니다.

　다음 의사일정 제10항 박물관 및 미술관 진흥법 일부개정법률안은 법안심사소위원회에서 심사보고한 바와 같이 원안대로 의결하고자 하는데 이의 없으십니까?

　(「예」 하는 위원 있음)

　가결되었음을 선포합니다.

　다음 의사일정 제11항 및 제12항 2건의 법률안은 법안심사소위원회에서 심사보고한 바와 같이 본회의에 부의하지 아니하고 의사일정 제13항 저작권법 일부개정법률안(대안)을 우리 위원회안으로 제안하고자 하는데 이의 없으십니까?

　(「예」 하는 위원 있음)

　가결되었음을 선포합니다.

　다음 의사일정 제14항 음악산업진흥에 관한 법률 일부개정법률안은 법안심사소위원회에서 심사보고한 바와 같이 원안대로 의결하고자 하는데 이의 없으십니까?

　(「예」 하는 위원 있음)

　가결되었음을 선포합니다.

　다음 의사일정 제15항 인쇄문화산업 진흥법 일부개정법률안은 법안심사소위원회에서 심사보고한 바와 같이 원안대로 의결하고자 하는데 이의 없으십니까?

　(「예」 하는 위원 있음)

　가결되었음을 선포합니다.

　다음 의사일정 제16항 출판문화산업 진흥법 일부개정법률안은 법안심사소위원회에서 심사보고한 바와 같이 원안대로 의결하고자 하는데 이의 없으십니까?

　(「예」 하는 위원 있음)

가결되었음을 선포합니다.

다음 의사일정 제17항부터 제21항까지 이상 5건의 법률안은 법안심사소위원회에서 심사보고한 바와 같이 본회의에 부의하지 아니하고 의사일정 제22항 영화 및 비디오물의 진흥에 관한 법률 일부개정법률안(대안)을 우리 위원회안으로 제안하고자 하는데 이의 없으십니까?

（「예」 하는 위원 있음）

가결되었음을 선포합니다.

다음 의사일정 제23항 무형유산의 보전 및 진흥에 관한 법률 일부개정법률안은 법안심사소위원회에서 심사보고한 바와 같이 원안대로 의결하고자 하는데 이의 없으십니까?

（「예」 하는 위원 있음）

가결되었음을 선포합니다.

다음 의사일정 제24항부터 제27항까지 이상 4건의 법률안은 법안심사소위원회에서 심사보고한 바와 같이 본회의에 부의하지 아니하고 의사일정 제28항 국민체육진흥법 일부개정법률안(대안)을 우리 위원회안으로 제안하고자 하는데 이의 없으십니까?

（「예」 하는 위원 있음）

가결되었음을 선포합니다.

다음 의사일정 제29항 국제경기대회 지원법 일부개정법률안은 법안심사소위원회에서 심사보고한 바와 같이 원안대로 의결하고자 하는데 이의 없으십니까?

（「예」 하는 위원 있음）

가결되었음을 선포합니다.

다음 의사일정 제30항 관광진흥법 일부개정법률안은 법안심사소위원회에서 심사보고한 바와 같이 수정한 대로 의결하고자 하는데 이의 없으십니까?

（「예」 하는 위원 있음）

가결되었음을 선포합니다.

이상으로 법률안 의결 절차를 모두 마쳤습니다.

오늘 의결된 법률안의 체계와 자구 정리에 대해서는 위원장님에게 위임해 주시기 바랍니다.

법률안 심사를 위해 많은 수고를 해 주신 법안심사소위원회의 박정하, 임오경 소위원장님과 여러 위원님들께 감사의 말씀을 드립니다.

다음은 법률안 의결에 대한 정부 측의 인사가 있겠습니다.

유인촌 문화체육관광부장관님 나오셔서 인사해 주시기 바랍니다.

○**문화체육관광부장관 유인촌** 존경하는 전재수 위원장님 그리고 존경하는 위원님 여러분!

오늘 문화기본법과 관광진흥법 등 문화체육관광부 소관 13개 법률안을 심의 의결해 주신 데 대하여 깊은 감사를 드립니다. 특히 법률안 내용을 심도 있게 검토해 주신 법안심사소위원회의 존경하는 박정하 소위원장님, 임오경 소위원장님 그리고 소위 위원님들께도 감사의 말씀을 드립니다.

저와 문화체육관광부의 직원들은 법률안 심의 과정에서 위원님들께서 말씀하여 주신 여러 고견을 적극 반영하여 법안의 입법목적이 달성될 수 있도록 최선을 다하겠습니다.

감사합니다.

○**위원장 전재수** 수고하셨습니다.

다음으로 최응천 국가유산청장님 나오셔서 인사해 주시기 바랍니다.

○**국가유산청장 최응천** 존경하는 전재수 위원장님과 위원님 여러분!

전승교육사 후보군을 현행 이수자에서 일반전승자까지 확대하고 전승교육사에게도 우수이수자 추천권을 부여하는 무형유산의 보전 및 진흥에 관한 법률 일부개정법률안을 심의 의결해 주신 데 대하여 진심으로 감사드립니다. 특히 법률안을 심도 있게 심의해 주신 문화예술법안심사소위원회 위원장님과 위원님들께 감사의 말씀을 드립니다.

법률안 심의 과정에서 위원님들께서 지적해 주시고 제시해 주신 고견들은 앞으로 정책에 적극 반영해 나가도록 하겠습니다.

감사합니다.

○**위원장 전재수** 수고하셨습니다.

오늘 상정된 법안을 다 처리를 했습니다.

---

31. 현안질의

(11시22분)

○**위원장 전재수** 그리고 오늘 회의와 관련해 가지고 여야 간사 위원님들 사이에 협의를 거쳐서 몇몇 분의 현안질의가 있습니다.

그리고 의사진행발언도 이 현안질의시간에 함께 해 주시면 되겠습니다.

현안질의하실 위원님, 양문석 위원님 질의해 주시기 바랍니다.

○**양문석 위원** 경기 안산시갑 양문석입니다.

잠시 PPT를 좀 띄워 주시기 바랍니다.

(영상자료를 보며)

조선일보 광고, 지난 전체회의에서 제가 제기했던 문제입니다. 저 내용들을 보면 '윤대통령은 일어나 반역 헌재재판관을 토벌해야 한다', '헌법재판관들이 모조리 종북 좌파 편에서 불법재판을 강행하고 있음이 드러났다'…… 저런 내용들이 조선일보 광고에 실렸습니다. 그리고 저런 내용들이 결국 사법부를 향한 폭동으로 이어졌습니다.

제가 저 부분에 대해서 시·도지사는 등록취소를 결정할 수 있는 권한이 있어 문체부가 이 부분에 대해서 검토해 달라고 말씀을 드렸고 장관께서는 검토하겠다고 말씀하셨습니다. 검토결과를 말씀해 주시기 바랍니다.

○**문화체육관광부장관 유인촌** 아마 이 부분은 물론 잘 아시는 것처럼 언론의 자유라든지 표현의 자유 이런 거는 당연히 지켜져야 하는 일이고. 또 저희들 입장에서는, 아마 정부의 입장에서는 언론이 가진 특수성 때문에 가능하면 자율적으로 심의하도록 하고 또 가능하면 간섭을 배제하는 쪽으로 그동안에 어떤 정부가 됐든 전체적으로 그렇게 유지가 되어 왔다고 생각을 하고요.

○**양문석 위원** 장관님, 제가 이 부분에 대해서 법원 폭동에 대한 부분까지 이어진 여러 가지의 선전·선동의 대표적인 게 조선일보 광고거든요. 그 부분에 대해서 그러면 제가 이렇게 한번 질문을 해 봅시다. 아까 신동욱 위원이 법원 폭동과 관련해서 언론사 기자의 카메라를 탈취하고 기자를 폭행하는 게 진영의 문제입니까?

○**문화체육관광부장관 유인촌** 폭행 자체는 있어서는 안 되겠지요.

○**양문석 위원** 그게 진영의……

○**문화체육관광부장관 유인촌** 진영의 문제로 이야기할 수는 없는 것이고요.

○**양문석 위원** 그렇지요? 진영의 문제가 아니잖아요.

사실상 사법부 폭동, 사법부 침공을 계속해서 유도하고 펌프질 했던 대표적인 광고가 조선일보 광고입니다. 마지막은 누구를 겨냥하고 있나요? 서부지법 판사를 겨냥하는 게 아니고 사실상 마지막에 겨냥하는 건 헌법재판소의 헌법재판관들에 대한 살해 위협이고, 저들의 표현에 따르면 헌법재판관들이 토벌의 대상이었습니다.

이번 폭도들은 헌법재판관들을 토벌의 대상으로 삼고 있고 토벌의 대상이라고 조선일보가 저렇게 광고를 했거든요. 이 부분에 대해서 문화부는 도대체 아무런 이야기, 아무런 조치, 아무런 검토도 안 했다는 게 지금 말씀인 거지요?

○**문화체육관광부장관 유인촌** 아니, 현재로서는 정부가 광고를 싣는 문제에 대해서 그것을 제재를 하거나 그러기는 좀 어렵지요. 그런데 결국은 신문윤리위원회나 인터넷신문윤리위원회나 언론중재위원회가 자율적으로 그 역할을 하도록 되어 있는데……

○**양문석 위원** 제가 그 말씀 드릴게요. 지금 뒤에서 무슨 쪽지가 날아왔는지 모르겠지만 정부조직법 제36조(문화체육관광부) '문화체육관광부장관은 문화·예술·영상·광고·출판·간행물·체육·관광, 국정에 대한 홍보 및 정부발표에 관한 사무를 관장한다', 여기에 광고 있지요? 간행물 있지요?

○**문화체육관광부장관 유인촌** 대부분은 저희가 부처가 일을 하는 건 진흥에 관한 쪽 일을 하는 거지요, 제재보다는.

○**양문석 위원** 진흥기구든 규제기구든 어떤 정부부처도 규제의 기능과 진흥의 기능을 동시에 가지고 있습니다. 그리고 문화체육관광부 또한 규제의 기능이 없는데 무슨 수로 진흥을 할 것이며 진흥의 기능이 없는데 무슨 수로 규제를 할 겁니까? 정부조직법에 대한 기본적인 이해 속에서 이야기를 하셔야지요.

그리고 정부조직법 36조를 제가 방금 읽어드렸잖아요. 광고가 있고 간행물이 있고요, 이 사무를 문화체육관광부장관이 관장한다는데 여기에 대해서 아무런 조치를 안 해요? 그리고 전체회의에 오셔서 검토하겠다고 이야기를 하시고 그것들을 검토를 안 해요?

○**문화체육관광부장관 유인촌** 검토는 다 된 거지요. 지금 말씀하신 것처럼……

○**양문석 위원** 다시 한번 더 봅시다.

저희들이 가짜뉴스 신고센터 현황자료 등 12·3 비상계엄 이후에 가짜뉴스 대응계획 및 임시조직 구성 등 국가비상상황에 대비한 가짜뉴스 대응 현황을 미디어정책과 이명환 사무관, 소통정책과 채정재 서기관에게 문의를 했습니다. '비상계엄 이후 우리 부에서 별도로 추진하는 사항은 없음을 알려 드립니다'라고 답변이 나왔습니다. 문체부가 구성한 가짜뉴스대책TF의 운영 현황, 12·3 비상계엄 선포 후 회의 개최 횟수, 회의록, 참석자 명단, 위원 명단, 실적, 활동 현황 등을 자료 요청했습니다. 소통정책과 채정재 서기관은 '요구하신 내용에 대해 해당사항이 없습니다'라고 답변을 했습니다.

아무런 검토도 안 됐고 아무런 조치도 하지 않고 그냥 팔짱 끼고 구경하고 국회에 나가서 야당 국회의원이 한 소리 그냥 지나가면서 한 이야기, 이게 지금 문화부가 받아들이는 최대치지요?

○**문화체육관광부장관 유인촌** 그렇지 않습니다.

존경하는 양문석 위원님, 이 부분은 저희들이 가짜뉴스는 예전에 신고센터를 했다가 그 기능 자체는 없애고 지금은 오히려 미디어 리터러시 쪽으로 전환해서 가능하면 구독자들이나 국민들이 가짜뉴스를 선별할 수 있는 능력을 교육을 통해서 하자라는 쪽으로 전환이 되어 있습니다. 저희들이 예전처럼 그런 기능은 없애 버렸다고 생각하시면 됩니다.

○**양문석 위원** 없애 버렸다고 생각하는 것하고요 존재함에도 불구하고 사용을 하지 않는 것하고는 다른 거예요. 그리고 존재함에도 불구하고 활동을 하지 않으면 이것을 법적 용어로 직무유기라고 그러는 거지요? 그렇잖아요. 장관님이 자의적으로 있는 가짜뉴스 신고센터를 없는 것으로 하자, 그리고 사실상 그것 없는 것으로 해도 돼, 그리고 다른 것으로 하자 이렇게 하는 것 아니에요?

○**문화체육관광부장관 유인촌** 아니, 지금은 없어요. 신고센터 자체가 교육 쪽으로 전환이 됐기 때문에 지금은 그런 신고를 저희들이 직접…… 오히려 다른 쪽에 그 기능이 있는 거지요, 지금은.

○**양문석 위원** 다른 쪽 기능은 언론진흥재단 이야기하려고 그러는데 언론진흥재단도 사실상 그 기능 자체를 형해화시켜 놓은 것이고요.

그러면 도대체 정부조직법이 규정하고 있는 광고나 간행물에 대해서 사무를 관장하는 문화체육부가 이 부분에 대해서 무슨 사무를 관장하는 거예요? 광고를 어떤 사무를 관장하는 거예요? 간행물에 대해서 어떤 사무를 관장하는 거예요? 아무것도 안 하는 것 아니에요, 그러면?

○**문화체육관광부장관 유인촌** 그러니까 저희들 입장에서는 주로 진흥을 위주로 정책을 만들고 있는 거지요, 사실은.

○**양문석 위원** 제가 장관께 앞에서도 말씀을 드렸잖아요, 진흥은……

○**문화체육관광부장관 유인촌** 아니, 지난번 국회에서는 오히려 이것 가짜뉴스 때문에 신고센터를 만들었다고 또 질책을 많이 받았거든요, 저희가.

○**양문석 위원** 장관님, 규제와 진흥은 동전의 양면이고 규제 없는 진흥, 진흥 없는 규제는……

○**문화체육관광부장관 유인촌** 그 말씀은 맞습니다.

○**양문석 위원** 현실적으로 존재 자체가 불가능합니다. 그런데 계속해서 진흥에 대한 이야기를 하면서 기본적인 최소한의 규제, 건전한 사회 여론을 형성하기 위한 신문법 1조의 그 규제, 정부조직법이 규정하는 광고와 간행물에 대한 사무 관장의 규제, 이 부분에 대해서 계속해서 회피하려고 하지 마시고요.

저 같으면 장관님 입장이면 그렇게 대답하겠습니다. '좀 더 철저하게 준비하고 조직적으로 대응하고 그리고 시스템적으로 이 문제에 대해서 깊게 들여다보겠습니다'라고 이야기하겠습니다. 그런데 우리는 진흥을 관장하기 때문에 규제는 몰라요……

○**문화체육관광부장관 유인촌** 아니, 무슨 말씀인지 제가 다 알아듣는데요. 언론이 가지고 있는 특성이 있고요.

그러니까 이런 문제에 정부부처에서 규제의 문제로…… 그러니까 이런 것을 좀 자율적으로 하라고 언론중재위원회나……

(발언시간 초과로 마이크 중단)

(마이크 중단 이후 계속 발언한 부분)
○**양문석 위원** 장관님, 제가 지난번에 말씀드렸던 것처럼 계속해서 장관께서 말씀하시는, 언론의 특성이라고 이야기를 하는데……
○**문화체육관광부장관 유인촌** 아니, 그러니까 간섭은 안 한다는 것……
○**양문석 위원** 헌법재판소를 갖다가 폭파하고 토벌하자고 하는 저런 광고가 버젓이 일간지에 실립니다. 그리고 현실적으로 사법부를 폭도들이 들어가서 폭동을 일으켰습니다. 그리고 판사를 참수하겠다고 선전·선동을 했습니다.
○**문화체육관광부장관 유인촌** 예, 위원님 말씀 알겠고요.
○**양문석 위원** 이들을 누가 책임질 거예요, 이것?
○**문화체육관광부장관 유인촌** 아니 위원님, 만약에 저희들이 더 적극적으로 역할을 해 주시기를 바라면 차라리 법을 만들어서 그러면 정부가 확실하게 이런 부분은 규제를 해라라고 하는 게 저는 오히려 더 편할 것 같습니다. 현재의 우리가 가지고 있는 내부의 원칙으로는 하기가 힘들어요.
○**양문석 위원** 똑같은 거예요. 검토를 하겠다고 하면 정부가, 이러한 사태가 벌어졌으면 여기와 관련해서 재발하지 않을 수 있는 그러한 정부 법안을 냈어야지요. 그리고 그것을 내면서 이렇게 만들어 주세요라고 이야기하는 게 정상이지 국회에 와 가지고 왜 니들이 안 내고…… 지금 이 이야기하고 똑같은 이야기잖아요?
○**문화체육관광부장관 유인촌** 아니아니, 그것은 아니고요.
○**위원장 전재수** 양문석 위원님 정리해 주시기 바랍니다.
○**양문석 위원** 마무리하겠습니다.
가짜뉴스나 가짜광고 그리고 실제 국헌을 흔드는 저런 범죄 집단 조선일보의 범죄적 광고 이것들을 문화부가 계속 허용하고 있고 아무런 문제의식도 없고 여기에 대해서 어떤 규제책도 강구하지 않았던 결과가 결국은 법원의 폭동 사태로 이어졌고 그 폭동 사태는 사실상 헌법재판소의 헌법재판관을 토벌하자, 토벌하라고 하는 저 폭도들의 메시지로 전달되고 있고 우리 국민들이 무법천지 대한민국의 현실을 몸으로 겪으면서 불안에 떨고 있습니다.
문화체육부가 이 부분에 대해서 어떻게 할 것인지 그 대안을 내야 되는 소관 부처입니다. 너무 무책임하게 대답을 하고 있고, 약속하신 것들에 대한 검토 내용도 제대로 없는 상황에서 다시 한번 강력하게 요구합니다. 우리 방에 대책을 보고해 주세요.
○**문화체육관광부장관 유인촌** 아니, 위원님 말씀 제가 충분히 알아들었고요.
이 부분에 대해서는 광고업계 또는 언론사들, 기타 관계된 분들의 전체적인 의견도 아마 한번 들어 봐야 될 필요가 있을 것 같아요. 만약에 지금 말씀하신 대로 저희가 규제를 하고 광고도 아무 광고나 못 싣게 하고 이렇게 되면 분명히 이 상임위에서 아마 또 다른 의견으로 질책을 많이 하실 겁니다. 지난번 국회에서도 그런 질책을 많이 받았기 때문에 저희들이 가짜뉴스 신고받는 것도 거의 안 한 거거든요. 그러니까 그때는 그것 받는다고 또 굉장히, 왜 문체부에서 이런 과를 만들어서 이런 일을 하느냐라고 질책을 많이 받았거든요.

그러니까 이 문제는 지금 위원님 말씀처럼 이해관계자들하고 한번 저희들이 더 의사소통을 해서 다시 말씀을 드리도록 하겠습니다.

○**양문석 위원**　아니, 저는 지금 장관님께서 그렇게 대답하는 데 대해서 계속 문제 제기하는 거예요.

○**위원장 전재수**　위원님, 정리해 주시기 바랍니다.

○**문화체육관광부장관 유인촌**　하여간 알겠습니다.

○**양문석 위원**　헌법재판소를 토벌하라고 하는 저런 광고는요 말 그대로 내란 선동이잖아요, 국헌을 문란하게 하는 폭동을 선전·선동하는 거잖아요.

....

○**위원장 전재수**　양문석 위원님 여기까지 하겠습니다. 정리해 주시기 바랍니다.

다음은 진종오 위원님 질의해 주시기 바랍니다.

○**진종오 위원**　장관님, 가짜뉴스랑 제보 때문에 고생이 많으신 것 같은데 장관님 현명하게 잘 대처하실 거라 저는 믿고 가겠습니다.

저는 스포츠공정위 관련해서 두 가지 정도만 여쭙겠습니다.

스포츠공정위원회 15명 전원이 개인의 사적 조직처럼 꾸려져 왔었는데 이런 사실상 셀프 심사, 그리고 승인 근거도 불명확하고 또 과정 또한 불투명하게 공개되지 않았습니다. 그래서 저는 장관님께 좀 여쭈어보고 싶은 게……

일단 PPT 자료를 보시면서 말씀드리고 싶습니다.

스포츠공정위원회 김병철 위원장 같은 경우는 정말로 회장 특별보좌역으로 활동하면서 월 300만 원가량 받은 이력도 있고요. 또 이 구성 및 회의 규정을 보면 '문화체육관광부장관과 협의하여 총회에서 선임한다. 다만 총회의 의결로 선임 권한이 회장에게 위임된 경우'……

자료 아직 안 나왔나요?

일단 진행 좀 하겠습니다.

'위임된 경우 회장은 외부인사가 과반수 포함된 추천위원회를 구성하여 그 의견을 들어 선임한다', 이 또한 회장이 좌지우지하겠다라는 내용으로 보이는데요.

저는 이 부분에 있어서 장관님께, 이런 부분을 논의했으면 좋겠습니다. 새로운 대한체육회장이 당선이 되었고 대한체육회장 당선인과 함께 스포츠공정위원회의 이 규정을 좀 바꿨으면 좋겠다라는 말씀을 꼭 드리고 싶습니다.

어떻게 생각은 하고 계셨습니까, 장관님?

○**문화체육관광부장관 유인촌**　예, 이미 저희 상임위 위원님들도 많이 지적을 해 주신 부분이고요. 또 저희들도 작년에 이 공정위원회 자체가 문제가 많다고 생각해서 굉장히, 체육회에 고쳐 달라고 시정명령까지 계속할 정도로 그랬는데 이번에 어쨌든 체육회가 회장이 새로이 바뀌었기 때문에 이런 문제는, 아마 법안이 발의된 것으로 알고 있거든요. 그래서 스포츠윤리센터 쪽으로 이관을 해서 이해당사자들이 전혀 아닌 그런 분들로 위원이 구성이 돼서 공정하게 심사할 수 있도록 그렇게 제도개선을 생각하고 있습니다.

○**진종오 위원**　그래서 또 마음만 먹으면 장기 집권이 가능한 구조이기 때문에 이 부분은 꼭 고쳐 주셨으면 좋겠고요.

○**문화체육관광부장관 유인촌**　예.

○**진종오 위원** 또 이 2016년도부터 회장선거 후보자 등록 시에 벌금형 이상의 형의 범죄경력에 관한 증명 서류, 보시면 아시겠지만 본인의 서약만으로 이게 통과가 되잖습니까?

○**문화체육관광부장관 유인촌** 예, 그렇습니다.

○**진종오 위원** 이 부분 또한 저는 장관님께서 꼭 이 법률을 좀 고쳤으면 좋겠다라는 말씀 드리고 싶고요.

스포츠 같은 경우는 우리 대한민국 국민의 건강 그리고 미래를 위해서 정말 삶의 질적 향상을 위해 도움을 주는 부분이 있다 보니까 여러모로 바쁘신 와중이겠지만 스포츠를 위해서 좀 더 장관님께서 더 나은 미래가 있게 신경 써 주시기를 바란다는 마음 전달드리고 싶습니다.

○**문화체육관광부장관 유인촌** 예, 알겠습니다. 이번에 새로운 회장께서도 개혁 의지가 분명한 것 같고요. 그동안에 체육회가 가지고 있었던 잘못된 관행들은 이번에 새로 시작하는 집행부에서 확실하게 잘 개혁할 수 있도록, 의지를 갖고 계시더라고요. 저희들도 거기에 맞춰서 하여간 충실하게 체육회가 제 역할을 할 수 있도록 뒷받침을 하도록 그렇게 하겠습니다.

○**진종오 위원** 체육은 정말로 정치와는 분리돼야 된다라는 것을 꼭 장관님께서 앞서서 진행해 주시기를 잘 부탁드리겠습니다.

○**문화체육관광부장관 유인촌** 알겠습니다.

○**진종오 위원** 감사합니다.

마칩니다.

○**위원장 전재수** 수고하셨습니다.

다음은 민형배 위원님 질의해 주시기 바랍니다.

○**민형배 위원** PPT 좀 올려 주세요.

(영상자료를 보며)

장관님, 저런 사진 보도 많이 보셨지요?

○**문화체육관광부장관 유인촌** 예.

○**민형배 위원** 언론인을 공격하는 일이 벌어졌어요. 저는 제가 언론사에서 일을 하던 이래로 지금까지 40여 년 만에 처음 봅니다.

그러니까 90년대 이후로 여러 현장에서 언론인들이 이런저런 이유로 폭행을 당하거나 피해를 입는 경우가 있는데 저것 보시면서 언론 쪽 주무장관으로서 어떤 생각을 가지셨습니까?

○**문화체육관광부장관 유인촌** 안타깝고 갑갑하지요, 사실은. 이런 사태까지 온 것 자체가 잘못됐다고 생각을 하고요. 또 어떤 경우에도 우리가 늘 얘기하듯이 언론이 가지고 있는 그런 표현이나 침해될 수 있는 이런 부분들에 대해서는 확실하게 우리가 잘 지켜져야 한다 이렇게 생각합니다.

○**민형배 위원** 그런데 이번에는 특별히 심했어요.

저는 이게 왜 그럴까 싶어서 봤더니 이게 비상계엄의 후과잖아요, 지금?

○**문화체육관광부장관 유인촌** 뭐 그렇다고 봐야지요.

○**민형배 위원** 그렇지요? 내란이 지금 계속 되고 있는 거지요, 그러니까?

○**문화체육관광부장관 유인촌**　하여간 빨리 안정이 되도록 했으면 좋겠습니다.

○**민형배 위원**　아니, 지금 내란이 계속되고 있는 것 맞지요?

○**문화체육관광부장관 유인촌**　글쎄요, 저는 내란이라는 판단에 대해서는 제가 뭐라고 말씀드리기가 어렵습니다.

○**민형배 위원**　아니, 이미 내란죄로 다 기소가 되고 했는데……

○**문화체육관광부장관 유인촌**　아니, 그러니까 저도 고발이 돼 있는 상태니까요, 그것은.

○**민형배 위원**　그러면 내란 아닙니까?

○**문화체육관광부장관 유인촌**　아니, 그러니까 저도 가서 판단을 받아 봐야지요.

○**민형배 위원**　아니, 상황이 저렇게 됐는데……

저것 좀 다시 보여 줘 보세요.

저렇게 됐는데, 그리고 특히 법원을 저렇게 공격하는 일은 저는 한 번도 본 적이 없거든요. 그래서 비상계엄 때보다 더 심각한 상황으로 지금 가고 있는 것 같아요. 그런데 그 와중에 언론인 피해가 있었어요.

혹시 가짜뉴스 센터에 12·3 이후에, 비상계엄이나 이후에 저런 폭동과 관련해 가지고 이것 가짜뉴스다 신고 들어온 것 지금까지 있습니까? 아직 못 챙겨……

○**문화체육관광부장관 유인촌**　제가 알기로는 없는 것으로 알고 있습니다.

○**민형배 위원**　없지요?

○**문화체육관광부장관 유인촌**　예.

○**민형배 위원**　그런데 정말 이상해요. 왜……

그러니까 가짜뉴스 센터가 엉터리였다는 거예요, 실제로. 그런데 저런 상황이 벌어지면 장관님은 무슨 일을 하셔야 될까요?

○**문화체육관광부장관 유인촌**　일단 언론은 보호해야 한다고 정리를 해야지요.

○**민형배 위원**　예. 그래서 12·3 계엄 이후 1월 19일 서울서부지법 침탈 과정까지에서 저는 언론인 피해 신고센터 같은 게 지금 필요할 것 같아요. 어떠세요?

○**문화체육관광부장관 유인촌**　예, 한번……

○**민형배 위원**　그런 것 하나 만들어서, 가짜뉴스 신고센터가 아니라 언론인 피해 신고센터 같은 것을 만들어서 저게 도대체 어떤 상황이었는지. 또는 그 센터에서 저는 진상 조사도 좀 해 봐야 된다고 생각해요, 문체부가. 언론 자유가 워낙 중요하고 지금까지 우리가 정말 한 번도 상상하지 못하고 경험하지 못한 일이 벌어졌거든요, 그래서 그것을 좀 하셔야 될 것 같고.

○**문화체육관광부장관 유인촌**　예.

○**민형배 위원**　그다음에 언론진흥재단에서는 제가 보기에는 내란 선동 보도 대책이 좀 있어야 될 것 같아요.

몇 가지 예를 한번 들어 볼게요. 그날 저녁입니다, 그러니까 서울지법이 침탈당하던 그날 저녁에 '대법원 앞서 판사 3명 총 맞아 2명 사망, 1명 부상' 이런 기사를 매일경제가 올려요.

저 보십시오. 그런데 저게요 그 상황에 딱 맞춰서 올리니까 마치 우리 상황인 것처럼 오해하게 돼 있어요. 그래서 한참 전에 판사를 지냈던 한 분이 문제 제기를 하니까 그것을 고칩니다. 앞에다 얼른 '이란' 상황이라고 고쳐요.

저런 보도 형태나 그다음에 조선일보 같은 경우는 여론조사를 저렇게 보도를 해요, '탄핵·체포했는데 민심은 뒤집혔다'. 그런데 얼마든지 저런 보도할 수 있지요. 문제는 저 조사결과의 배경에 대한 얘기가 없어요. 이게 왜 이런 상황이 나왔는지에 대한 얘기가 없어요. 그러니까 이것은 언론이라고 하는 도구를 이용해서 일종의 여론을 왜곡하는 그런 일을 아주 심란하게 하고 있는 거거든요.

그래서 언론진흥재단 쪽에서는 내란 선동 보도 분석하고 대책 같은 것을 좀 고민을 해야 될 것 같은데요.

혹시 재단 이사장님 나와 계십니까? 오늘 안 나오셨습니까?

○문화체육관광부장관 유인촌 오늘 아마 출석이 아니었던 것 같아요.

○민형배 위원 그것도 같이 좀 문체부에서 장관님께서 하셔야 될 것 같습니다. 언론 자유를 침해하자거나 보도에 간섭하자는 게 아니고, 아까 양문석 위원님도 세게 말씀을 하셨지만 저런 광고나 보도를 통해서 내란 상황을 선동하는 효과가 나는 이런 경우는 장관님 말씀하신 대로 법이 필요할지 뭐가 필요할지 모르겠습니다마는 여기에 대한 대책이 어떤 것이 있는지 검토 정도는 기본적으로 해야 되지 않겠습니까?

○문화체육관광부장관 유인촌 말씀 주신 것 제가 한번 가장 빠른 시일 안에 언론사 또는 언론에 관련된 각 협회, 기자협회나 뭐……

○민형배 위원 간담회를 한번 하셔야 되고.

○문화체육관광부장관 유인촌 예, 하고요. 이 문제를 정식으로 테이블에 올려 놓고 한번 의논을……

○민형배 위원 두 가지를 꼭 좀 챙겨 보시고.

하나만 더요.

저것 한번 봐 보세요.

흐림 처리한 영상 좀 올려 줘 보세요.

그다음에 흐림 처리하지 않은 영상을 좀 보여 주십시오.

저 폭도들을, 저날 폭동의 가담자들에 대한 보도가 있는데 저 사람들은 전부 다 흐림 처리돼서 보호를 합니다, 보도가. 특히 영상 쪽에서 이게 좀 심했는데요. 폭동 현장을 생생하게 전달하는 대신 이들이 보호 대상인 것처럼 흐림 처리를 해요. 그러다가 문제가 되니까 이것을 다시 제대로 보도를 하는데, 극우 폭동 세력들이 초상권 보호 대상이 될 수 있습니까? 지금 법원을 침탈한 극우 폭동 세력들이 초상권 보호 대상일까요, 아닐까요?

○문화체육관광부장관 유인촌 글쎄요, 그것은 어떤……

○민형배 위원 아니겠지 않아요?

○문화체육관광부장관 유인촌 그것은 아마 언론사가 자체적으로 그렇게……

○민형배 위원 아닙니다. 이것은 한국영상기자협회가 발간한 영상보도 가이드라인이 있어요. 그리고 법원의 시위 보도에 관한 판례도 있습니다. 이런 범인들은 초상권 보호 대상이 안 되거든요. 그런데도 저런 상황이 계속됐습니다. 지금도 그러는 쪽이 있고요. 이것 역시 언론중재위에서 시정권고를 반드시 해야 됩니다.

즉 제가 말씀드리는 것은 내란이 지속되고 있는 과정에서 나오는 선동 효과가 있을 것으로 보여지는 이런 보도 행위를 어떻게 적절하게 통제할 것이냐, 이것 내란이기 때문에.

물론 누구도 인권을 침해받아서는 안 되지만, 이런 문제까지 같이 좀 꼭 살펴봐 주시기 바랍니다.

○**문화체육관광부장관 유인촌** 예, 한번……

○**민형배 위원** 하나는 12·3 이후의 언론 피해 신고센터 및 대책 마련하는 쪽 또 하나는 내란 선동 보도에 대한 분석과 대응 대책이 어떤 게 필요할지, 이것을 토론을 하시든 기구를 만드시든 반드시 진상조사부터 해 가지고 대책까지 문체부가 할 수 있는 최선을 다해 주시기 바랍니다.

○**문화체육관광부장관 유인촌** 한번 현장 의견을 충분히 수렴해 보겠습니다.

그리고 아까 말씀 주신 광주·전남 지역의 여행업체도 제가 아직은 못 만나고 우리 차관하고 실무자들이 만났거든요. 그래서 가까운 시일 안에 그 부분도 한번 직접 만나서 다시 한번 의사……

○**민형배 위원** 그 부분은 언제나 할 수 있는, 통상적으로 할 수 있는 것 말고 특별한 재난 상황이 벌어졌기 때문에……

○**문화체육관광부장관 유인촌** 예, 그러니까 의사소통을 좀 해 보겠습니다.

○**민형배 위원** 직접적이고 즉시적으로 할 수 있는 그런 지원 대책을 꼭 좀 마련해 주시기 바랍니다.

○**문화체육관광부장관 유인촌** 알겠습니다.

○**민형배 위원** 고맙습니다.

○**위원장 전재수** 수고하셨습니다.

다음은 박정하 위원님 질의해 주시기 바랍니다.

○**박정하 위원** 진종오 위원님 앞서 말씀하셨으니까 간단하게만 여쭙겠습니다.

작년에 업무보고 통해서 있었는데 1월부터 스포츠혁신지원과 지금 운영이 되고 있나요?

○**문화체육관광부장관 유인촌** 예, 새로 만들었으니까요 이제부터 가동이 좀……

○**박정하 위원** 필요한 부분들에 대해서 잘 점검해 주시기 바랍니다.

그리고 스포츠공정위, 아까 김승수 위원님 말씀 주신 것처럼 그 안에 운영하고 있는 김병철 위원장의 거취나 이런 것에 대해서도 문체부에서 챙겨 봐 주시기 바라고요.

○**문화체육관광부장관 유인촌** 알겠습니다.

○**박정하 위원** 장관님 직접 아실지 모르겠습니다마는 어쨌든 이기홍 전 회장께서 사직서를 내고 갔는데 혹시 장관님 아니면 체육국장이라도 그 변이나 이런 것을 좀 들은 게 있어요?

○**문화체육관광부장관 유인촌** 아니, 저희는 직접 들은 건 없고요. 제가 듣기로는 말로는 사의를 표했다고 하는데 직접적으로 사표를 냈다거나 이런 것은 없습니다.

○**박정하 위원** 그마저도 직접적으로 사표를 낸 게 아니라 그냥 사의 표명을 했다 그러고 사실상 그냥 언론 플레이만 하고 만 거예요?

○**문화체육관광부장관 유인촌** 아마 현재까지는 그렇게 알고 있습니다.

○**박정하 위원** 그러면 현재 직위는 여전히 체육회장 직위를 갖고 있는 거네요?

○**문화체육관광부장관 유인촌** 그렇다고 봐야지요. 아직 정식으로 제출한 것은 없으니까요.

○**박정하 위원** 잘 좀 챙겨 봐 주세요.

○**문화체육관광부장관 유인촌** 알겠습니다.

○**박정하 위원** 혹시라도 신임 회장 취임할 때까지 또 무슨 일이 생길지 모르니까.

○**문화체육관광부장관 유인촌** 예.

○**박정하 위원** 그리고 그동안 여러 가지, 이기흥 회장의 비리 건에 대해서 고발된 건도 있고 문체부 내에서 감사해서 징계 요구한 것도 있는데 이 건은 체육회장이 재임하든 안 하든 계속해서 진행이 되는 거지요?

○**문화체육관광부장관 유인촌** 예, 그렇습니다.

○**박정하 위원** 계속 잘 진행이 돼서 다시는 그런 일이 없도록 했으면 하는 바람이 있습니다.

○**문화체육관광부장관 유인촌** 예.

○**박정하 위원** 스포츠윤리센터 아까 장관님께서 잠깐 말씀 주셨는데 이번에는 독립적으로 잘 운영이 될 수 있도록 문체부가 전폭적으로 지원을 해서 인력, 예산 이런 게 다 부족하지 않게, 그래서 앞으로는 이런 일들이 다시는 일어나지 않게 챙겨 봐 주시기를 부탁드립니다.

○**문화체육관광부장관 유인촌** 예, 그렇게 하도록 하겠습니다.

○**박정하 위원** 축구협회장선거가 지금 중단되어 있는 거지요?

○**문화체육관광부장관 유인촌** 예, 현재는 그렇습니다.

○**박정하 위원** 현재 중단돼 있고.
 가장 큰 게 선관위원 명단 비공개했던 건이 받아들여져서 지금 중단되어 있나요?

○**문화체육관광부장관 유인촌** 그렇습니다.

○**박정하 위원** 문체부에서는 선관위원들 명단 혹시 받으신 적 있어요?

○**문화체육관광부장관 유인촌** 저희들도 없습니다.

○**박정하 위원** 문체부에서도 못 받고 그냥 축구협회에서 혼자 짬짜미로 다 진행이 됐던 거네요?

○**문화체육관광부장관 유인촌** 예.

○**박정하 위원** 앞으로 그러면 축구협회장선거 향후 전망은 혹시, 그러니까 언제 다시 개시가 되거나 이런 건에 대해서는 잘 모르시나요?

○**문화체육관광부장관 유인촌** 아마 2월 3일 정도에 다시 꾸려질 걸로 생각을 하고 있고요.

○**박정하 위원** 그때 선관위원들이 꾸려지고 나서 다시 절차가 진행되는 걸로?

○**문화체육관광부장관 유인촌** 예, 그러니까 2월 달…… 아마 2월 말 안에는 다시 선거가 이루어질 걸로 생각하고 있습니다.

○**박정하 위원** 만약에, 이기흥 회장님께서는 선거 결과가 그렇게 돼서 그렇지만 정몽규 회장이 4선 연임에 성공했다라고 하면, 하고 난 다음에도 지금 여러 가지 징계 건이나 이런 것들이 걸려 있는 게 많은데……

○**문화체육관광부장관 유인촌** 그렇습니다.

○**박정하 위원** 이렇게 되면 이에 따른 상황에 있어서의 문체부의 입장이나 무슨 법적 대응이나 이런 것에 대해서는 충분히 검토하고 계시는 거지요?

○**문화체육관광부장관 유인촌** 예.

○**박정하 위원** 잘 챙겨서 혼선, 혼란 이런 게 없도록 챙겨 봐 주시기 바랍니다.

○**문화체육관광부장관 유인촌** 어떤 결과가 오더라도 저희 감사에 나온 결과는 그대로 다 진행이 될 걸로 생각을 하고 있습니다.

○**박정하 위원** 질의 마치겠습니다.

○**위원장 전재수** 수고하셨습니다.

다음은 오늘 현안질의 마지막 순서로 양문석 위원님 질의해 주시기 바랍니다.

○**양문석 위원** 장관께 질문 한번 해 보겠습니다.

국민저항권이 법적 개념입니까?

○**문화체육관광부장관 유인촌** 국민 뭐요?

○**양문석 위원** 국민저항권.

○**문화체육관광부장관 유인촌** 글쎄요, 저는 잘 모르겠습니다.

○**양문석 위원** (영상자료를 보며)

스카이데일리라는 인터넷신문이 있습니다. 1월 6일 '반(反)대한민국 세력의 비밀, 헌법 위의 권력, 국민저항권을 발동하자' 이러면서 내란을 또 선동합니다. 그리고 1월 7일 이 기사가, 이 스카이데일리 사설이 뜬 직후에 국힘당 조배숙 의원이 '헌법을 위반하면 국민이 저항권을 발동할 수밖에 없다'라고 정치인이, 여당 정치인이 이런 사설을 받아서 이야기를 합니다. 그리고 나서 목사 전광훈 등이 국민저항권을 계속 선동을 합니다. 그리고 법원 폭동 당시에 국민저항권이라고 이야기하면서 그 명분으로 사법부를 침공·침탈합니다. 이게 스카이데일리라는 신문의 선동·선전이었습니다.

또 다른 내용을 하나 보도록 하겠습니다.

부정선거 가짜뉴스 확대 재생산 과정에 있어서 12월 24일 시사인이 이런 보도를 올립니다. '12·3, 선관위 연수원에서 실무자, 민간인 90여 명 감금 정황'이라고 하는 보도를 올려요.

그런데요 이것을 그다음 날 유튜브에서 중국인을 최초로 언급하면서 의혹을 제기해요. '연수원 감금됐던 인물들 침묵 지키는 이유 한국인 아니거나 어디론가 연행됐기 때문'이라고 하면서 선관위 직원들과 그다음에 민간인들 90여 명이 감금됐다라는 보도를 중국인으로 둔갑을 시킵니다. 그리고 그 이후에 스카이데일리가 갑자기 중국인에서, '중국인 해커부대 90명은 누구인가' 이렇게 하면서 한국인 민간인과 실무자를 중국인으로 둔갑시켰다가 그다음에 중국인 해커로 왜곡을 합니다.

그랬더니 황교안 전 법무부장관이 '김태연 칼럼 사실이라면 하늘이 놀라고 당이 흔들릴 일', 김태연 칼럼이 앞서 말씀드렸던 '선관위 연수원 중국인 해커부대 90명은 누구인가'라고 하면서 중국인의 해커로 변질을 시켜 놓으니까 대통령권한대행 출신 황교안이 '하늘이 놀라고 당이 흔들릴 일'이라고 또 선전·선동을 키워나갑니다.

그랬더니 유튜브가 또 어떻게 받아 주느냐 하면 '체포된 중국 전산 조작원 현행범으로 체포됐다'고 또 가짜뉴스를 살포합니다. 28일에는 아예 '체포된 중국 전산 조작원, 미국 정보 당국에 이송됐다'고 이야기를 하고요. 그리고 실체를 알 수 없는 대한민국 국가원로회는 어떤 성명을 때리느냐면 '중국 요원 90명, 미국 정보요원에게 수사받고 있다'고 이야기를 하고요. 그리고 스카이데일리가 국가원로회 성명서를 인용 보도해서 또 확산을 합니다. 여기에 강신업TV가 이것을 또 받습니다.

16일, 스카이데일리가 단독으로 '선거연수원 체포 중국인 99명 주일미군기지 압송됐다'고 이야기를 합니다. 18일, 폭동 전날입니다. 스카이데일리가 단독으로 '선거연수원 중(中) 간첩단 국내 여론 조작 관여'라고 이야기합니다.

선관위 실무자와 민간인 90여 명 감금 정황이 중국인으로, 중국인에서 해커로 그리고 그 해커가 간첩단으로 해서 부정선거를 획책했다라고 하는 일련의 보도 내용들이 계속 터집니다.

장관님, 제가 지난번에 광고 이야기를 하면서 '마약을 즐기시라. 살인을 하시라'라고 광고하면 문화부가 가만 안 있어야 된다고 이야기를 했었지요?

○**문화체육관광부장관 유인촌**　예.

○**양문석 위원**　그리고 장관께서도 동의하셨지요?

○**문화체육관광부장관 유인촌**　예.

○**양문석 위원**　'헌법재판관을 토벌하라'가 광고를…… 즐기시라, 살인을 하시라고…… 그 죄중이 어느 게 더 클까요? 내란 선동과 국헌을 파괴하려고 하는, 헌법재판관을 토벌하라가 훨씬 더 죄중이 크지요?

○**문화체육관광부장관 유인촌**　큰일이지요. 큰일이지요.

○**양문석 위원**　그리고 국내 선관위 실무자와 민간인 90여 명 감금 정황이 반중국 정서를 인용해서 중국인으로 둔갑시키고 해커로 둔갑시키고 나중에는 간첩으로 둔갑시키고, 그 와중에 대통령권한대행을 했던 작자가 하늘이 놀랄 일이라고 호들갑을 떨고 그러면서 많은 국민들이 '어, 부정선거 진짜 있네?'라고 이야기하는 이것 기사를 냅니다.

그러면 문체부는 뭐를 해야 됩니까? 이것 계속 구경해야 됩니까? 장관께서 말씀하셨 잖아요. '마약 광고 안 돼, 살인·폭력 광고 안 돼. 헌법재판관 토벌 광고 안 돼'라고 이야기를 분명히 하셔야 되고 이런 폭력 행위에 대해서 명확하게 경고 메시지가 나와야 되고, 어떻게 규제할 것인지 제재할 것인지 처벌할 것인지 입장이 나와야 되는 거거든요.

○**문화체육관광부장관 유인촌**　그러니까 제 입장에서는 얼마든지 경고할 수도 있고 안 된다고 얘기할 수 있지만 실제로 그것 광고 자체를 못 하게 막을 수 있는 방법이 없다는 거지요, 지금으로는.

○**양문석 위원**　장관께서, 그 방법도 제가 가르쳐 드렸습니다. 그런 광고를 낸 조선일보 나 이런 기사를, 거짓 기사를 퍼뜨리고 있는 스카이데일리나 시·도지사에게 등록취소를 담당, 관장하고 있는 문화부가 요구를 해야지요.

다시 역지사지해 봅시다.

'마약 몸에 좋은 거야. 마약 많이 처먹어'라고 광고를 했다 칩시다. 문화부가 가만히 있 었겠냐고요. 이 마약 광고보다 더 심각한 내란 폭동을 선전·선동하고 있고 헌법기관 헌 법재판소 재판관들을 토벌하라고 하는 이 광고, 그다음에 갑자기 선관위 직원이 중국인 으로 변하고 해커로 변하고 중국 간첩단으로 변하고 여기에 부화뇌동하고 있는 전직 대 통령권한대행이 있고, 국민저항권이라고 법에도 없는 이야기를 하니까 국힘당 현역 의원 이 국민저항권을 이야기하고 그것을 받아서 극우 유튜버들이 국민저항권을 선동하고 법 원을 침탈하면서 국민저항권이라고 당당하게 명분으로 삼고 그 명분으로 다시 헌법재판 관을 죽일 수 있다라는 협박을 하는 이 사회가 정상적인 사회가 아니면 문화체육부는,

광고와 간행물을 담당하고 있는 문화체육부는 뭘 해야 되는지 이것을 지금 제가 장관께 질의하는 겁니다.

○**문화체육관광부장관 유인촌** 하여간 지금 말씀대로 제 입장에서 충분히 그런 얘기는 할 수 있고요 또 그렇게 경고할 수도 있지요.

○**양문석 위원** 하세요!

○**문화체육관광부장관 유인촌** 하지만 그것을 무슨 법적인 문제로 제가 제지할 방법이 없기 때문에……

　(발언시간 초과로 마이크 중단)

　(마이크 중단 이후 계속 발언한 부분)

○**양문석 위원** 그러면 문화체육부장관의 이름으로 성명서라도, 경고문이라도 발표하셔야 되는 것 아니에요? 하셔야지요.

○**문화체육관광부장관 유인촌** 하여간 이런 문제는 결국 믿음이 문제거든요. 우리 사회 자체가 신뢰나 믿음이 완전히 깨져서 결국 이런 문제가 생기는 거라, 실제로 저희가 25년도 문화 정책 가운데 가장 중요한 것을 이런 것을 놓고 있습니다. 그러니까 2월쯤에 한번 그 비전을 발표를 해 볼 생각인데, 나름대로 하여간 생각은 많이 하고 있습니다.

○**양문석 위원** 장관, 신뢰와 믿음이 깨진 이 현실이 어떤 결과를 낳았냐 하면요 폭동이라는 결과를 낳고 다음 마지막 타깃으로 헌법재판소 침공이라는 우려를 낳고 있는 상황입니다.

　그러면 믿음과 신뢰가 깨졌다고 방치하고 중장기적 계획을 내는 게 아니고 당장의 불은 당장에 꺼야 되고 문화체육부장관으로서, 담당 소관 업무를 관장하고 있는 장관으로서 여기에 대한 단호한 입장이 나와야 돼요.

○**위원장 전재수** 양문석 위원님 정리해 주시기 바랍니다.

○**문화체육관광부장관 유인촌** 예, 알겠습니다. 하여간 입장 발표는 열심히 하겠습니다.

○**양문석 위원** 고맙습니다. 입장 발표 기대하겠습니다.

○**위원장 전재수** 양문석 위원님 수고하셨습니다.

　더 이상 질의하실 위원님이 안 계십니다.

　그리고 오늘 회의에서 임오경 위원님으로부터 서면질의가 있었습니다. 해당 기관은 성실하게 서면으로 답변해 주시기 바랍니다.

　서면질의와 답변 내용은 오늘 회의록에 게재토록 하겠습니다.

　이상으로 오늘 회의를 모두 마치도록 하겠습니다.

　위원님 여러분 수고 많으셨습니다.

　유인촌 문화체육관광부장관님, 최응천 국가유산청장님 등 정부 관계자 여러분, 보좌진과 위원회 직원 여러분, 속기·경위 직원 여러분 모두 수고하셨습니다.

　산회를 선포합니다.

(12시03분 산회)

○**출석 위원(15인)**

강유정 김승수 김윤덕 김재원 민형배 박정하 배현진 신동욱 양문석 이기헌
임오경 전재수 정연욱 조계원 진종오
○**청가 위원(1인)**
박수현
○**출석 전문위원 및 입법심의관**
수석전문위원 김건오
전문위원 전완희
입법심의관 김충섭
○**정부측 및 기타 참석자**
문화체육관광부
장관 유인촌
제1차관 용호성
차관보 이진석
기획조정실장 황성운
문화예술정책실장 이정우
국제문화홍보정책실장 최보근
종무실장 정용욱
국민소통실장 유병채
장관정책보좌관 김기동
감사관 최현준
정책기획관 이정미
문화정책관 이해돈
예술정책관 신은향
지역문화정책관 송윤석
국제문화정책관 김현준
해외홍보정책관 채수희
소통정책관 김도형
소통지원관직무대리 박영혜
디지털소통관 이정은
콘텐츠정책국장 윤양수
저작권국장 정향미
미디어정책국장 임성환
체육국장 강수상
체육협력관 최성희
관광정책국장 김정훈
관광산업정책관 김근호
국가유산청
청장 최응천
차장직무대리 황권순

유산정책국장직무대리 여성희
문화유산국장 이종희
자연유산국장직무대리 김명준
무형유산국장 윤순호
역사유적정책관 이종훈

【보고사항】

○의안 회부

문화예술진흥법 일부개정법률안

(2025. 1. 9. 김미애 의원 대표발의)(의안번호 2207367)

문화유산의 보존 및 활용에 관한 법률 일부개정법률안

(2025. 1. 9. 박정하 의원·임오경 의원 대표발의)(의안번호 2207382)

이상 2건 1월 10일 회부됨

모두를 위한 유니버설디자인 기본법안

(2025. 1. 8. 최보윤 의원 대표발의)(의안번호 2207343)

전통사찰의 보존 및 지원에 관한 법률 일부개정법률안

(2025. 1. 10. 정준호 의원 대표발의)(의안번호 2207412)

이상 2건 1월 13일 회부됨

국어기본법 일부개정법률안

(2025. 1. 13. 임오경 의원 대표발의)(의안번호 2207472)

1월 14일 회부됨

게임산업진흥에 관한 법률 일부개정법률안

(2025. 1. 14. 임오경 의원 대표발의)(의안번호 2207491)

국가유산수리 등에 관한 법률 일부개정법률안

(2025. 1. 14. 임오경 의원 대표발의)(의안번호 2207494)

이상 2건 1월 15일 회부됨

국가유산수리 등에 관한 법률 일부개정법률안

(2025. 1. 15. 임오경 의원 대표발의)(의안번호 2207508)

1월 16일 회부됨

국민체육진흥법 일부개정법률안

(2025. 1. 16. 송기헌 의원 대표발의)(의안번호 2207572)

체육시설의 설치·이용에 관한 법률 일부개정법률안

(2025. 1. 16. 송기헌 의원 대표발의)(의안번호 2207575)

이상 2건 1월 15일 회부됨

○관련의안 회부

디지털미디어교육 활성화 및 지원에 관한 법률안

(2025. 1. 13. 이훈기 의원 대표발의)(의안번호 2207460)

1월 14일 의견제시기간을 소관위원회의 심사의결일 전일까지로 정하여 회부됨 내일 '윤석열 정부의 비상계엄 선포를 통한 내란 혐의 진상규명 국정조사특별위원회'는 1차 청문회를 개최합니다. 1차 청문회는 내란수괴 윤석열과 김용현, 여인형, 이진우, 곽종근 등 주요 임무 종사자들의 비상계엄 사전 모의와 준비 단계를 중점으로 삼아 본격적인 진상규명에 나설 예정입니다. 국정조사가 원활하게 진행되기 위해서는 무엇보다 증·참고인의 성실한 출석이 필수적입니다. 안타깝게도 지난주 국조특위 기관 보고에는 여인형, 문상호, 노상원 등 주요 증인들이 정당한 사유 없이 무단으로 불참했습니다. 이는 적법 절차를 무시한 현행법 위반이자, 국회 권능에 대한 중대한 도전이며, 무엇보다 진실을 고대하고 있는 국민 기만행위입니다. (…) 내란수괴 윤석열 씨도 예외는 아닙니다. 국조특위는 지난주 윤석열 씨를 1차 청문회 증인으로 채택하고, 출석요구서를 송달했습니다. (…) 증인 윤석열 씨는 지난 주말 서울서부지법 구속영장실질심사에 출석했고, 오늘 헌법재판소 탄핵 변론기일에도 직접 모습을 드러냈습니다. 내일 청문회에도 출석해서 국민 앞에 설 것이라 기대합니다. 대통령이었던 사람이 헌법재판관과 판사 앞에는 서지만, 왜 국민 앞에는 당당히 서지 못하는 것입니까. '법적, 정치적 책임을 회피하지 않겠다'라고 공언한 것은, 다름 아닌 윤석열 씨 본인입니다. 국정조사에 출석해서 그 책임을 다하길 바랍니다.

– 더불어민주당 소속 윤석열 정부의 비상계엄 선포를 통한
내란 혐의 진상규명 국정조사특별위원회 위원 일동, 1월 21일 보도자료

환경노동위원회회의록
(임 시 회 의 록)

국 회 사 무 처

일　시　2025년1월21일(화)

장　소　환경노동위원회회의실

의사일정
1. 쿠팡 택배노동자 심야노동 등 근로조건 개선을 위한 청문회
2. 대유위니아그룹 임금체불 관련 청문회
3. 대유위니아그룹 임금체불의 조속한 해결과 박영우 회장 엄벌 촉구 결의문 채택의 건(추가)

상정된 안건

(10시09분 개의)

○**위원장 안호영** 의석을 정돈하여 주시기 바랍니다.

성원이 되었으므로 제421회 국회(임시회) 제1차 환경노동위원회를 개회하겠습니다.

보고사항은 단말기를 참조하여 주시기 바랍니다.

(보고사항은 끝에 실음)

오늘 청문회는 국회방송에서 생중계되고 있음을 위원님들께 알려 드리겠습니다. 질의시간을 잘 준수하여 주시기 바랍니다.

회의 시작에 앞서 이번 국회사무처 인사 이동으로 우리 위원회에 새로 보임된 직원을 소개하겠습니다.

허병조 전문위원입니다.

(인사)

신규 보임된 우리 전문위원께서는 앞으로 위원님들의 의정활동을 최선을 다해 지원해 주시기 바랍니다.

박수 한번 좀, 환영해 주시지요.

(박수)

오늘의 청문회 진행과 관련하여 한 말씀 드리겠습니다.

쿠팡을 포함한 많은 물류기업에서 심야노동이 만연하고 있습니다. 이로 인해 발생하는 택배노동자들의 건강 문제는 끊임없이 제기되었고 쿠팡의 노동환경에 대해서도 지속적으

로 논란이 되어 왔습니다. 특히 적절한 휴식시간의 제공 없이 이루어지는 장시간의 과중한 근무는 택배노동자들의 건강권과 사람답게 살 수 있는 권리를 매우 심대하게 제약하는 상황입니다.

우리 위원회에서는 지난해 8월 남양주에 위치한 쿠팡 물류센터를 방문해 택배노동자들의 근로 현장의 실태를 직접 눈으로 확인한 바 있고 국정감사를 통해서도 노동환경의 문제를 지적한 바 있습니다. 그럼에도 불구하고 택배노동자들의 근로 환경은 뚜렷하게 개선되지 않고 있는 실정입니다.

또한 지난해 11월 새벽배송 등 물류노동자들의 건강과 권리를 지키기 위해 쿠팡 청문회를 요구하는 국회 청원 참여자가 5만 명을 넘어 국민적인 관심사와 요구 또한 상당합니다.

명절을 일주일 앞둔 오늘도 많은 택배노동자들은 쉬지 못하고 일을 하고 계실 겁니다. 오늘 청문회를 통해 쿠팡 택배노동자들의 심야노동 등 근로조건 실태에 대해 다시 한번 점검 및 확인하고 근본적으로 노동환경과 근로조건을 개선할 수 있는 정책이 도출될 수 있기를 기대해 봅니다.

한편 또 우리 위원회에서는 제21대 국회에서부터 국정감사 등을 통해 대유위니아의 임금체불로 인해 회사 및 관련 협력업체에서 근무하는 노동자들의 생활 자체가 곤란한 상황이라는 지적이 반복해서 제기돼 왔습니다.

2023년 국정감사에서 박영우 회장이 증인으로 출석하여 구체적인 체불임금 변제계획을 마련하고 이에 따른 변제를 약속했지만 그 약속은 지켜지지 않고 있습니다. 지난해 말 기준 체불액이 1197억 원에 이르렀고 지급되지 못한 임금이 876억 원, 피해 근로자는 2087명입니다.

임금체불로 대유위니아 노동자와 가족들은 민족 최대의 명절을 앞두고도 고통을 겪고 있습니다. 오늘 청문회에서 대유위니아그룹의 임금체불 현황 및 그로 인한 피해 상황을 확실하게 확인하고 이를 해결할 수 있는 근본적인 대책이 마련될 수 있기를 기대합니다.

청문회 진행 방식을 말씀드리겠습니다. 오늘 청문회는 먼저 고용노동부로부터 쿠팡 택배노동자 사망사고 현황과 그에 대한 후속조치 그리고 정부 차원의 관련 근로조건 개선을 위한 대책 보고를 청취한 후에 대유위니아그룹을 포함한 임금체불 관련 상황과 향후 체불임금 변제계획 실행을 위한 대책 보고를 청취하겠습니다. 고용노동부의 보고가 끝나면 심야노동 등 근로조건 개선 실태 파악과 임금체불로 인한 피해 상황의 정확한 목소리를 듣기 위한 증인·참고인 신문을 실시하겠습니다.

우리 위원회는 오늘 청문회와 관련하여 쿠팡 관련 증인 5명, 참고인 8명, 대유 관련해서는 증인 5명, 참고인 10명에 대하여 출석을 요구하였습니다. 그렇지만 쿠팡 관련 참고인 중 고 장덕준 씨의 어머니 박미숙 님과 고 정슬기 씨의 아버지 정금석 님은 참고인 명단에서 철회되었음을 알려 드립니다.

출석을 요구한 증인 중 김범석 쿠팡 CEO와 손민수 굿로지스 대표, 박영우 대유위니아그룹 회장과 그의 배우자인 한유진 증인은 불출석 사유서를 제출했습니다. 그리고 참고인 중 박성관 위니아전자·딤채 연구개발 담당 또한 불출석 사유서를 제출하였고 임상혁 참고인은 오전 중에는 출석이 어렵고 오후에 출석이 가능하다고 알려 왔습니다.

그 밖의 출석한 증인 및 참고인의 명단, 좌석 배치도는 유인물로 배부해 드렸으니 신문에 참고해 주시기 바랍니다.

---

1. 쿠팡 택배노동자 심야노동 등 근로조건 개선을 위한 청문회
2. 대유위니아그룹 임금체불 관련 청문회

(10시15분)

○**위원장 안호영** 그러면 의사일정 제1항 쿠팡 택배노동자 심야노동 등 근로조건 개선을 위한 청문회와 의사일정 제2항 대유위니아그룹 임금체불 관련 청문회를 일괄하여 상정합니다.

먼저 고용노동부로부터 쿠팡 택배노동자 사망 사고 관련 현황 및 향후 대책에 대한 보고가 있겠습니다.

고용노동부 산업안전보건본부장 나오셔서 보고해 주시기 바랍니다.

○**김주영 위원** 위원장님, 의사진행발언 있습니다.

○**위원장 안호영** 김주영 위원님.

○**김주영 위원** 환경노동위원회, 우리 위원회의 더불어민주당 간사를 맡고 있는 김주영입니다.

그동안 오랫동안 이렇게 여야가 한자리에 하지를 못했습니다. 탄핵 정국 속에서 열리지 못했지만 이번에 쿠팡과 대유위니아 관련해서 청문회를 하기로 해서 김형동 간사를 비롯한 여당 위원님들 함께해 주셔서 감사하다는 말씀을 먼저 드립니다.

오늘 새벽 2시까지 유족들과 그동안 협의를 해 왔습니다. 진작에 좀 합의가 됐었으면 좋았는데 그래도 늦게나마 쿠팡 측에서도 성의를 갖고 협상에 임해 주셔서 이렇게 마무리가 될 수 있었습니다.

그래서 정슬기 씨, 작년 5월에 심야 로켓배송 업무로 사망한 정슬기 씨의 부친 정금석 참고인 그리고 2020년 쿠팡 경북 칠곡 캠프에서 사망한 장덕준 씨의 모친 박미숙 참고인은 합의가 되었기 때문에 오늘 철회를 했습니다. 참고인 철회를 했다는 말씀을 드리고, 그동안 성실하게 협의해 준 모든 분들께 감사하다는 말씀을 미리 드립니다.

이상입니다.

○**위원장 안호영** 김주영 위원님 중간에서 고생 많이 하셨습니다.

다음, 그러면……

○**강득구 위원** 의사진행발언 있습니다.

○**위원장 안호영** 강득구 위원님.

○**강득구 위원** 제가 존경하는 김주영 위원님께서 오늘 새벽 2시까지 세 분의 유가족과 합의를 했다라는 것에 대해서 늦었지만 수고했다 이런 말씀을 해 주셨는데 저는 정반대입니다. 만약에 청문회가 오늘 열리지 않았으면 합의했을까요? 저는 이 쿠팡 청문회를 준비하면서 분노와 울분이 제 가슴 속에 여전히 있습니다.

김명규 씨, 정슬기 씨는 2024년, 장덕준 씨는 2020년으로 알고 있습니다. 이게 전형적인 쿠팡의 패턴입니다, 문화입니다. 이따 물어보겠지만 쿠팡은 노동자들을 부품으로 생각하는지 아니면 동반자로 생각하는지 저는 이걸 통해서 다시 한번…… 쿠팡은 권력과 여론 이런 부분 속에서 피해 가면 다시 전형적인 방법으로 합의를 피해 가고 그리고 소송을 통해서 질질 끌고 이렇게 해 온 게 쿠팡의 전형적인 문화였습니다. 이런 부분에 대해서 오늘 다시 한번 우리가 철저하게 짚어서 다시는 이런 관행이 없을 수 있도록 최선을 다하겠습니다.

그런 의미에서 김범석, 쿠팡의 실질적인 오너 범킴, 오늘 미국 대통령 취임식 참석해서 부득이하게 불출석한다라고 얘기했습니다. 저는 오늘 청문회 결과를 봐서 다시 청문회를 열어야 된다고 생각하는 사람입니다. 그런 의미에서 쿠팡 김범석 의장 다음에 출석 요구 할 때 반드시 와야 된다고 생각을 하고요.

오늘 박영우, 박영우 처 한유진, 대유위니아그룹의 실질적인 오너 부부가 불참석 통보 했습니다. 동행명령장을 발부했어야지요. 일주일 전에, 청문회 1월 9일 의결했는데 1월 10일 날 해외 출국했습니다, 한유진 씨. 어떤 이유로든지 저는 받아들일 수 없습니다. 그리고 박영우, 지금 불출석사유서 보니까 말도 안 되는 얘기를 하고 있습니다. 와서 설명 해야지요.

결론적으로 말씀드리겠습니다.

저는 박영우, 한유진 부부 포함해서 동행명령장 발부했어야 된다고 생각합니다. 국회법 절차를 강력하게 했어야 됩니다. 이 체불 때문에 수많은 노동자들이 지금 피눈물을 흘리고 있습니다. 최소한의 입장 정리해서 오늘 얘기를 하고 그거에 대한 사회적 합의 이런 것들을 청문회를 통해서……

(발언시간 초과로 마이크 중단)

· ·

(마이크 중단 이후 계속 발언한 부분)

하게끔 하는 게 도리였습니다. 저는 그런 의미에서 다시 청문회를 통해서 박영우, 한유진 이 부부의 얘기를 들어야 된다고 생각합니다.

이상입니다.

· ·

○**위원장 안호영** 수고하셨습니다.

그러면……

○**김소희 위원** 의사진행발언 있습니다.

○**위원장 안호영** 김소희 위원님.

○**김소희 위원** 존경하는 강득구 위원님 말씀처럼 저는 2023년 10월 국정감사에서 위증을 한 박영우 회장 불출석한 것에 대해서 강한 유감을 표합니다. 그래서 동행명령장 발부해 주시는 것을 다시 한번 같이 요청을 드리고요.

말씀 주셨던 것처럼 1월 10일 날 불출석사유서 보면 너무나도 불성실한 사유서였고요. 그래서 16일 날 다시 보완 제출했는데 그 내용 보면 사실상 위증을 고백하는 내용처럼 보이기도 합니다.

많은 국민들이 생각하시기에 박영우 회장이 임금체불의 주요 책임자이고 실제로 국정 감사에서 위증을 통해서 국회를 모욕한 죄도 있으니까 위증의 죄도 따져 물어야 되고 국회모욕죄도 저는 따져 물어야 된다고 생각합니다. ‘기업은 망해도 재벌은 살아남는다’ 이런 사실을 알려 주는 것처럼 약간 그렇게 행동하고 계시는데 동행명령장 발부를 꼭 해 주시길 바라고요.

저는 또 한 가지, 이것 오늘의 청문회랑 조금 다른 내용이지만 오늘 청문회가 임금체불 등 근로자의 근무환경 개선을 다루는 민생 그리고 민생 이슈에 중점을 맞췄다고 보면 아시는 것처럼 트럼프 대통령 20일 날 취임하고 취임 첫날부터 200여 개의 행정명령 서명하겠다고 공언하고 오늘 파리협약 재탈퇴를 했습니다. 글로벌 기후 악당이 되었지요.

저는 생명과 재산을 지키는 기후 대응 역시 민생이라고 생각합니다. 그래서 제가 작년 9월에 기후환경부 법안을 발의를 했습니다. 그 기후환경부 법안은 LA 산불처럼 이상기후에 환경부가 보다 적극적으로 대응을 했으면 하는 그런 바램에서 발의를 한 겁니다. 이상기후에 적극적으로, 기후 적응에 보다 적극적으로 대응을 하려면 환경부가 부총리 또는 차관 정도의 급이 돼서, 그 정도가 돼야지 적응 컨트롤타워가 될 수 있다라고 생각을 합니다.

그러면 환경부의 업무와 중요성이 높아지는 만큼 우리 환노위 차원에서도 행안부에 빠른 통과를 촉구하는 그런 메시지를 좀 내주셨으면, 그런 부탁을 좀 드리겠습니다.

이상입니다.

○**위원장 안호영** 김소희 위원님 말씀 감사합니다.

우재준 위원님.

○**우재준 위원** 대구 북구갑의 우재준 위원입니다.

오늘 민생 현안과 직접 관계되지는 않지만 제가 지난번 전체회의에서 말씀을 드렸던 부분이기 때문에 한 번 더 말씀을 드려야 될 것 같습니다.

본 위원이 24년 11월 12일 날 전체회의에서 민주노총 일부 간부들이 북한의 지령을 받고 간첩활동을 했다는 혐의로 중형을 선고받아서 노동조합이 간첩 활동으로 위협을 받는 상황을 방지할 수 있도록 환노위 차원에서 규탄 성명을 낼 것을 제가 제안드린 바가 있습니다. 그런데 2개월 정도가 지났는데요 아무런 진척이 없습니다, 아무런 논의도 없고요. 마치 없었던 사건처럼 그렇게 유야무야 지나가고 있습니다.

제가 이 사건이 얼마나 심각했는지 그리고 얼마나 우리 사회에 직접적으로 영향을 미쳤는지 몇 가지 사례만 조금 보여 드리겠습니다.

(영상자료를 보며)

PPT를 하나 보여 주시면요, 북한 지령 중의 하나가 이태원 참사가 있었을 때 정확하게 '국민이 죽어 간다', '이게 나라냐', '퇴진이 추모이다'의 구호를 전면에 내걸고 '역도놈의 퇴진을 요구하는 서명운동, 촛불시위, 추모 문화제와 같은 다양한 항의 투쟁을 집중과 분산의 원칙에서 지속적으로 전개하여 나갈 것' 이렇게 지시했습니다. 그런데 그게 정확하게, 북한에서 요구한 세 가지 구호를 들고 이렇게 시위를 했습니다. 물론 저는 이렇게 시위를 하신 시민들께서 그렇게 부정한 의도를 가진 그런 분들은 아니라고 생각합니다. 그럼에도 불구하고 적어도 저 시위를 주도할 수 있을 정도의 영향력이 있다는 겁니다, 이건.

다음 페이지를 한번 보겠습니다.

그다음에 전농의 트랙터 시위지요. 트랙터 시위 당시에도, 2018년 11월 1일 북한 지령을 보면 '역시적인 판문점신인, 평양공동선언 이행을 요구하는 정치투쟁으로 승화시키는 데 깊은 관심을 들여라'라고 하니까 이후에 실제로 트랙터에 똑같은 문구가, '판문점선언 이행, 대북제재 해제'라는 문구가 등장하는 시위가 등장을 합니다.

최근에 트랙터 시위 또 있었지요. 트랙터 시위에서도 똑같이 '대북제재 해제'가 나옵니다. 사실 되게 굉장히 어디까지 간첩활동이 실질적으로 영향을 미치고 있는지, 어떠한 형태로 영향을 미치고 있는지 우려스러운 측면이 있습니다.

다음 페이지도 한번 보겠습니다.

2020년 9월 29일, 이것은 간첩활동을 한 피고인들이 북한에 보고한 내용입니다. 여기 보면 민주노총에서, 밑의 아랫부분을 보면 '경기동부 출신의—양경수입니다, OQ라는 부분은—양경수를 만장일치 위원장 후보로 결정하였다'라고 해서 보고한 문건이 있습니다. 그래서 실제로 양경수 이분은 현재 민주노총의 위원장이십니다. 굉장히 구체적으로 지금 활동을 하고 있다라는 정황이 있는 상황입니다. 이 정도 상황이라면, 나라가 이렇게 혼란스럽고 하지만 지금도 어떠한 활동을 하고 있는지, 저는 완전히 활동을 안 하고 있다고 단정하기 어려운 상황이라고 생각합니다.

1분만 더 주실 수 있을까요?

○**위원장 안호영** 마무리해 주세요.

○**우재준 위원** 그러면 이 사건에 있어서도, 적어도 대한민국의 노동조합을 보호하기 위해서도 저는 이 사건 결코 가볍지 않은 사건이라고 생각합니다. 그러면 이 사건이야말로 저는 청문회를 해야 되는 사건이라고 생각합니다. 구체적으로 사람들을 불러서요 어떻게 활동하고 있었는지도 물어야 되고요, 어떻게 활동하고 있었는지를 국민들한테도 알려야 되고요. 그렇게 해서 재발이 되지 않도록, 우리 소중한 노동조합이 다시는 이런 북한의 위협으로부터 위협받지 않도록 우리가 보호해야 됩니다.

그래서 우리가 다음번에는, 조만간 다시 이 민주노총 간첩 사건 청문회를 열어 주실 것을 위원장님과 다른 위원님들께 제안드리는 바입니다.

이상입니다.

○**위원장 안호영** 김태선 위원님.

○**김태선 위원** 방금 우재준 위원께서 말씀을 좀 하셨는데 지금 저도 보면서 구호가 같다, 저 구호 매번 나오는 구호입니다. 북한에서도 우리를 따라 했는지 모르겠지만 매번 하던 구호고요. 그리고 트랙터 시위는 이번에 처음 한 게 아니에요. 매년 했던 겁니다, 상경 투쟁. 그거 알고 말씀하시고요.

양경수 위원장에 관해서 무슨 정황이 있다고 하는데 그 내용은, 저도 지금 보면서 읽었던 건데 별 내용 없던데요? 이걸 가지고 지금 민주노총 전체를 싸잡아서 말씀하신 것 상당히 유감을 표합니다.

오늘 이 자리는 쿠팡과 대유위니아 임금체불, 쿠팡의 노동환경 개선에 대해서 지금 말하는 자리에서 난데없이 민주노총을 친북 단체로 매도하는 그 의도가 뭔지 상당히 좀 유감스럽고요. 이 발언, 방금 말씀하신 발언에 대해서는 사과나 유감 표시가 있어야 된다고 봅니다. 오늘 이 자리가 엄중한 만큼…… 갑자기 민주노총 친북 얘기를 하는 이유를, 그 저의를 저는 지금 모르겠습니다.

○**우재준 위원** 제가 오늘 처음 한 게 아니고요, 지난번 전체회의에서도 말씀을 드렸던 건입니다. 아무런 진행이 없기 때문에 말씀을 드리는 겁니다.

○**위원장 안호영** 자, 자……

○**김태선 위원** 그것은 지금 이렇게까지 할 얘기는 아닌 것 같고요. 간사 간의 협의를 통해 가지고, 예를 들어서 청문회 하자고 하는 건 간사 간의 협의를 통해서 할 수 있는

거 아닙니까? 굳이 지금 이 자리에서 그렇게 하는 이유를 모르겠어요.

○**위원장 안호영** 지금은 의사진행발언……

○**김주영 위원** 위원장님.

○**위원장 안호영** 잠깐만요.

○**김위상 위원** 이유가 있겠습니까? 팩트를 가지고 이야기하시는 거니까……

○**위원장 안호영** 발언할 때…… 잠깐만요. 의사진행발언을 하는 거니까 위원장에게 말씀해 주시는 취지로 해 주시면 좋겠습니다.

　김주영 위원님.

○**김주영 위원** 우재준 위원님 말씀을 들으면서 이 땅에서 다시 매카시즘 선풍이 일어나는 것이 아닌가, 이 자리는 오늘 민생을 우리가 논하자고 해서 어렵게 열은 자리입니다. 저 내용들을 보면 일상적으로 하던 구호들, 이런 부분들이 어떻게 종북이고 북한의 지령을 받고 한다고 생각을 하는지 저는 이해할 수가 없습니다.

　이 부분에 대해서는 우재준 위원께서 무슨 생각을 갖고 했는지 제가 이해할 수는 없습니다. 다만 이 자리에서 그런 종북 몰이하는 것에 대해서는 적절치 않다 이런 말씀을 드리면서 철회해 줄 것을 요청을 합니다.

　이상입니다.

○**위원장 안호영** 김형동 위원님.

○**김형동 위원** 정혜경 위원 먼저 하시겠어요?

○**정혜경 위원** 먼저 하십시오. 그다음에 저 할게요.

○**김형동 위원** 위원님들의 발언에 대해서는 언제나 우리가, 저도 배웠습니다마는 평가하는 부분은 아닌 것 같습니다. 진행할 때 내 의견은 이렇다라는 정도만 말씀하면 되지만, 우재준 위원이 우리 위원회에서 제일 막내입니까?

○**우재준 위원** 예.

○**김형동 위원** 하실 말씀은 하세요. 그런 부분은 아니라고 생각하고.

　저는 의사진행 관련해서 2개만 말씀드리겠습니다.

　여기서 저희가 정보를 모르면서 옳고 그르고 얘기할 필요는 없고요.

　노동부 누가 나와 계세요, 노동부? 한 분도 안 나왔습니까, 노동부가?

○**고용노동부기획조정실장직무대리 김종윤** 아닙니다. 지금 산업안전보건본부장하고요 노동정책실장 나와 있습니다.

○**김형동 위원** 그러면 위원장님한테 건의를 하겠습니다.

　우재준 위원께서 몇 번 말씀하셨다고 하니까, 이 사건이 물론 법원에 계속 중이긴 하지만 노동부가 한번 보고는 우리 위원회에 해야 되지 않겠는가. 우리 위원들이 그 사건이 지금 어떻게 진행되고 있는지에 대해서는 내용을 공유할 필요가 있다고 저는 생각합니다. 그래서 위원장님께 건의드리면 노동부에서 관할이라고 할 수 있으니까 우리 위원회에 민주노총 간첩단 사건에 대해서 보고해 주시기를, 그렇게 운영을 해 주시기를 위원장님께 건의드리고요.

　나머지 하나는 오늘 청문회 관련돼서 박영우, 한유진, 김범석, 손민수, 굉장히 중요한 분들이 지금 빠져 있는데 오늘 청문회를 통해서 얻고자 하는 답은 이분들이 아마 해 줘야 될 겁니다. 특히 박영우 회장 같은 경우는 본인이 우리 국감 기간 동안에도, 올해로 따지면 3년째잖아요? 약속을 한 부분이 있는데 그분을 통해서 우리가 국감장에서 뭔가 답을 얻어야 되는 거지 따님하고 조카하고……

조카분, 회사에 지분 있어요?

○**증인 박현철** 없습니다.

○**김형동 위원** 그런데 뭐 하러 나왔어요?

○**증인 박현철** 국회에서 나오라고 하셔서 나와 있습니다.

○**김형동 위원** 따님은 왜 나왔어요, 따님은?

○**증인 박은진** ……

○**김형동 위원** 저는 공염불이 될 가능성이 높다. 위원장님, 이 부분을 심각하게 고민해 주시고.

저는 청문회 몇 번 더 해도 아까 강득구 위원님께서 말씀하신 대로 상관없다고 생각합니다. 그런데 여기 나와 가지고 비서실장한테 저희가 물어 가지고 뭔 답을 얻겠다는 거지요?

그리고 트럼프가 중요합니까, 대한민국의 체불당한 노동자들이 중요합니까? 김범석 씨 이 사람은 미국 사람이라면서요? 도대체 이해가 안 됩니다, 위원장님. 트럼프 취임식은 가고 청문회는 안 나옵니까? 위원장께서 정확하게 이 부분은 짚어 주고 오늘 청문회가 효용이 있는지, 아무런 의미가 없는지에 대해서 다시 한번 물어봐 주십시오.

1분만 더 주십시오.

저는 지난번에 쿠팡 청문회, 설 앞두고 정말 바쁜 시기에 오너를 불러서 청문회하면 그 결과물의 후과가, 나쁜 영향이 노동자들한테도 미치기 때문에 저는 설 뒤에 하자고 그랬습니다. 그런데 맹탕청문회가 될 가능성이 굉장히 높기 때문에, 또 김범석 씨가 트럼프 취임식에 갔다 하니까 참 황당하기도 한데 국회를 이렇게 무시하고 청문회를 이렇게 대하는 태도, 위원장님 따끔하게 뭐라도…… 아까 동행명령장 말씀하셨는데 그런 문제 떠나서 고발하세요. 그래 가지고 대통령도 구속시키는 우리나라에서 사람이 죽어 나가고, 박 회장은 구금돼 있습니다마는 어떻게…… 저것 아닙니까, 중대재해 아닙니까?

저는 청문회를 통해서 현안을 해결하려고 그랬는데 정작 그 당사자, 책임자는 없는 청문회는 글쎄요, 심각하게 한번 위원장님께서 고민해 주시기 바랍니다.

이상입니다.

○**위원장 안호영** 박홍배 위원님.

○**임이자 위원** 정혜경 위원 먼저……

○**위원장 안호영** 박홍배 위원님 하고 그다음에 정혜경 위원님.

○**박홍배 위원** 더불어민주당 박홍배입니다.

우재준 위원님 발언, 제안에 대해서 평가하고자 하는 것은 아닌데요. 말씀하신 부분 중에서 전농의 집회 현수막과 관련해서 사진을 보여 주시면서 민주노총 간첩사건에 대한 청문회를 하자라고 하는 것은 전농과 민주노총은 다른 단체이기 때문에 전혀 무관한 사진을 걸어 놓고 얘기하신 거다.

그리고 양경수 위원장에 대한 북한, 내부의 보고문건과 관련해서 설명하시는 과정에서 마치 민주노총 양경수 위원장이 남한에서 간첩활동을 하는 사람인 것처럼 국민들께서 오해하실 발언을 좀 하셨다. 민주노총이라는 것은 한 2, 3년 전에는 한국노총보다 조합원이 더 많은 대한민국 1노총이기도 했습니다. 조합원이 150만 명이 넘습니다.

○**임이자 위원**　확인해요? 확실해요, 150만이?

○**박홍배 위원**　예. 아주 많은 조합원들이, 또 가끔은 제1총연맹이 되기도 하는 이런 단체의 그 수많은 조합원들을 매우 당황하게 만들 수 있는 굉장히 위험하고 부적절한 발언이었다라는 생각이 들어서 그 부분은 좀 지적을 드립니다.

정작 말씀드리고 싶은 부분은 오늘 청문회 관련입니다.

(영상자료를 보며)

아시는 것처럼 저희가 오늘 청문회를 하고자 하는 위니아의 가전 3사 같은 경우에는 우리 고용노동부가 제출한 전년 말 30대 체불임금 상위기업 1위, 2위, 9위를 차지하고 있습니다. 대한민국에서 가장 임금체불을 많이 하고 있는 대기업 집단인 상황이고 박영우 회장이 지난 10월 국정감사에서도 불출석을 했고 오늘 청문회도 불출석을 했습니다. 그간 여러 차례 밝혀 왔던 체불 해소계획, 몽베르CC 매각대금의 처분 또는 성남 대유위니아타워에 대한 매각대금 등 본인의 설명과 해명대로 전혀 약속이 이행되지 않았고 이제 와서 법적으로 따져 보니까 위니아전자, 위니아의 체불임금 해소에 기여할 수 없었다, 법적으로 잘 검토하지 못했다라고 말을 바꿔서 국민들을 농락하고 있습니다. 거의 대국민 사기극에 다름 아닙니다.

또 오늘 불출석하면서 제출한 불출석사유서도 매우 부적절합니다. 임금체불 문제 해결 변제계획 관련해서 증인 채택됐지만 현재 진행 중인 재판과 수사가 이와 관련된 내용인 만큼 국회에서의 답변 내용이 향후 수사, 재판에 미칠 영향이 크다라고 얘기를 하면서 한마디로 본인의 형량이 늘어날까 봐 청문회 못 나오겠다 이렇게 얘기를 했습니다. 본인이 얘기하지 않은 본인의 속내는 또다시 국민들 앞에 사재출연을 약속했다가 내 돈을 털리기 싫다라고 고백하고 있는 것과 다름 아닙니다. 2100명이 넘는 노동자들이 피눈물을 흘리고 있는데……

1분 더 주시면 마무리하겠습니다.

자기 형량만 걱정하고 있고 노동자들로부터 도둑질한 돈을 내놓지 않겠다라고 얘기를 하고 있습니다. 2024년 3월에 수원지검이 박영우 회장을 기소하면서 박영우 회장이 아직도 자신의 죄를 뉘우치지 않고 체불임금 피해자들의 피해 회복보다 개인 재산의 보호에 치중하고 있음을 기소 사유로 밝힌 것과 똑같습니다.

배우자 한유진 씨 마찬가지입니다. 대유위니아그룹의 많은 지분을 가지고 있습니다. 또 주식회사 영일이의 사내이사이기도 합니다. 건강상의 이유로 해외에 있다며 불출석사유서를 제출했는데 출국일이 출입국증명서상 1월 12일로 되어 있고 출국한 국가는 나와 있지 않습니다. 그러나 우리가 청문회를 실시한다는 사실이 언론에 보도된 시점이 1월 9일이었습니다. 추후에 항공권 예약일자 등을 확인해야겠지만 명백히 도피성 출국이라고 보여지는 한유진 씨 그리고 박영우 씨에 대해서는 위원장님께서 국회 증감법에 따라서 두 증인을 위원회 차원에서 고발해 주실 것을 요청드립니다.

이상입니다.

○**위원장 안호영**　수고하셨습니다.

정혜경 위원님 발언하시겠습니까?

○**정혜경 위원**　예.

비정규직 노동자 정혜경입니다.

먼저 지금 대통령이 내란의 우두머리로 구속이 되어 있는 상황에서 우리 국민들은 너무나 참담하고 너무나 어깨가 내려앉고 가슴이 미어집니다. 이런 상황에서 국정을 같이 함께 의논해야 될 우리 국민의힘 위원님들께서 두 달 만에 출석하셔서 처음으로 하시는 얘기가 민주노총, 전농, 헌법을 수호하지 않고 북한의 사주를 받은 것인 양 이렇게 하시는 우재준 위원님의 말씀에 상당하게 유감을 표합니다.

실제로 민주노총과 전농 등 이런 여러 단체들은 지금 현재 우리나라의 무너져 있는 헌법 질서, 법 질서를 바로 세우기 위한 과정에서 가장 제일 앞에서 헌신하고 투쟁을 하고 계십니다. 그런 조직에게 그리고 국민들이 그것을 알고 사랑하고 있는 그분들께 이렇게 종북 빨갱이로 몰아붙여서 무엇을 얻고자 하는지 상당히 유감이고요. 우재준 위원님은 이와 관련한 사과와 발언 철회를 해 주시기를 먼저 말씀드립니다.

그리고 증인 관련해서 말씀 좀 드리겠습니다.

아까 전에 김형동 위원님께서 말씀하셨는데요. 쿠팡의 총책임자 김범석 증인 불출석하셨습니다. 수많은 노동자들을 죽음으로 몰아넣고 그리고 계속해서 매번 국회에서 쿠팡 문제와 관련해서 청문회를 하고 있는 중이고 문제 제기를 하고 있습니다. 이제는 좀 뿌리 뽑자고, 반드시 출석하자라고 요구했는데 못 나오시는 사유가 트럼프 대통령 취임식이라는 것이 말이 됩니까? 대통령의 취임식이 노동자들의 죽음보다 훨씬 더 중요한 일입니까?

○**김형동 위원** 우리 대통령도 아닌데 뭐 대통령이에요. 트럼프인데……

○**정혜경 위원** 트럼프 취임식요, 그렇지요. 그래서 노동자들의 죽음보다, 노동자들의 죽음을 발 딛고 쿠팡이라고 하는 회사를 만드신 그 CEO답다라고 생각이 듭니다. 강하게 유감을 표시하고 위원장님께서도 조치를 취해 주시기를 당부드리고요.

제가 지금 증인으로 신청한 굿로지스 김민수 대표, 이분 고 정슬기 님 산재사고 당시에 유족에게 산재처리를 하면 보험금을 못 탄다라고 산재를 방해한 의혹을 가지고 있습니다. 제가 여기서 녹취록을 틀기도 했습니다. 이런 산재신고를 방해하는 행위는 명백한 범죄행위입니다. 쿠팡의 산재를 은폐하기 위한 행위를 조직적으로 진행을 하고 있습니다. 거기에 김민수 대표가 정슬기 님 산재사고 전후로 해서 산재사고를 은폐하기 위해서 쿠팡의 누구와 어떤 연락을 주고받았는지……

1분만 더 주시지요.

어떤 연락을 주고받았는지 그리고 쿠팡으로부터 어떤 지시는 없었는지, 쿠팡으로부터 어떤 법률자문을 받았는지에 대해서 밝혀야 합니다. 그런데 증인이 출석을 거부했습니다. 저는 이 과정에서도 쿠팡으로부터 증인 출석과 관련한 협의가 있었을 거라고 생각을 합니다. 쿠팡은 증인 출석을 하지 않아도 법적 처벌을 안 받는다고 자문을 해 주었을 것이라고 추측을 합니다. 쿠팡의 조직적 산재은폐 범죄를 숨기기 위한 조치라고 생각을 합니다.

굿로지스 김민수 대표의 불출석 문제에 대해서 위원회 차원에서 조치를 취해 주실 것을 요청을 드리고요. 앞서 지적한 쿠팡의 조직적 산재은폐 문제는 질의 과정에서 강한승 대표에게 책임을 묻겠다고 말씀드리겠습니다.

이상입니다.

○**위원장 안호영** 정혜경 위원님, 손민수 증인을 말씀하시는 거지요?

○**정혜경 위원** 예.

○**위원장 안호영** 임이자 위원님.

○**임이자 위원** 존경하는 위원장님 또 존경하는 우리 야당 위원님들께서 우재준 위원님께서 말씀하신 부분에 대해서 발끈하셨는데요. 우재준 위원님이 말씀하신 그 북한 지령 문구에 대해서는 대법 판례에 있는 것을 인용한 것이고요. 팩트고요.

　　(자료를 들어 보이며)

　그다음에 그 판례에 나와 있는 내용들이 실질적으로 이렇게 하고 있다라는 것에 대해서도 팩트입니다. 그리고 그 부분에 대해서 민주노총 간부들이 간첩죄로 지금 구속돼 있는 것도 팩트 아닙니까? 그러면 그와 관련돼서 우재준 위원이 거기에 대해서 자기 생각을 얘기할 수 있는 것이고 그와 관련돼서 이것을 청문회를 열 것인가 말 것인가는 각 간사님들과 위원장님이 상의하면 될 문제를 왜 위원님들이 우재준 위원님이 팩트 없이, 근거 없이 한 얘기도 아닌데 여기에 대해서 철회하라 마라 하는 것은 온당치 않은 거라고 저는 생각합니다.

　그래서 이 부분에 대해서, 우재준 위원님이 하신 말씀에 대해서 이것을 청문회를 할 것인가 말 것인가, 진위 여부에 대해서라든가 이런 부분은 위원장님을 비롯한 간사들이 협의하시면 된다고 저는 생각하고요.

　두 번째, 지금 여러 위원님들께서 이것은 여야를 다 떠나서 같이 지적한 부분인데요.

　대유위니아 관련돼서 지금 설이 내일모레입니다. 설이 내일모레인데 저는 사실 오늘 이 청문회가 여야가 합의가 돼서, 여야 간사 간 합의가 돼서 이루어진 청문회라고 저는 알고 와서 봤는데……

○**김형동 위원** 맞습니다.

○**임이자 위원** 맞습니까?

○**김형동 위원** 예.

○**임이자 위원** 맞는데, 지금 알맹이 없는 청문회를 해서 어쩌자는 겁니까? 특히 대유위니아그룹 관련돼서는 이 부분은 박영우 회장이 나오지 아니한다라고 했을 때는 여기서 책임질 사람은 아무도 없습니다. 따님이 책임질 겁니까, 비서실장이 책임질 겁니까, 아니면 전번 청문회 때 나와서 우리가……국정감사 때 박현철 증인이 나오셔 가지고 얘기했다시피 아무것도 할 수 없는데 청문회가 가능하겠습니까?

　다만 여기에 대해서 우리가 환노위 차원에서 처분적 법률을 만들 수 있는지 없는지, 이게 위헌적 요소가 있는지 없는지 여기에 대해서만 우리가 논의하자고 제가 제안한 바가 있습니다. 한시법이라도 만들어서 지금 저렇게…… 세상에서 제일 억울한 게, 뭐 여러 가지 억울한 일도 있겠습니다마는 일하고 거기에 대해서 임금을 받지 못한 것보다 더 억울한 게 있겠습니까?

　저는 이 부분에 대해서는 오늘 대유위니아그룹 임금체불 관련 청문회는 다음에 열어도 좋으니 강득구 위원님이나 김형동 간사님께서 말씀하신 부분을 위원장님께서 좀 정리해 주시면 좋겠고요.

　그다음에 쿠팡 택배 노동자 심야 노동뿐만 아니고 근로조건 관련돼서도 한말씀 드리겠습니다.

　　위원장님, 지금 나와 계시는 증인들 중에서 강한승 대표도 있고 홍용준 쿠팡 CLS 대표도 계시는데 이분들이 야간 고정 노동 체제를 변경할 수 있는 힘이 있는지 그다음에 주야 교대제를 도입할 수 있는 힘이 있는지 이것부터 한번 물어 주시고 이게 가능하다라고 한다면 청문회가 되는 것이고 이게 가능하지 않는다라고 한다면 여러 위원님들이 지적하신 김범석 CEO가 나와야 될 거라고 저는 생각됩니다. 여기에 대해서 위원장님께서 한번 쿠팡에 물어 주시고 쿠팡이 그게 가능하다라고 한다면 쿠팡은 청문회를 오늘 계속하는 게 맞고 그러나 대유위니아는, 이것은 알맹이 빠진 것이기 때문에 저희가 다시 한번 논의해야 된다고 생각합니다.

　　이상입니다.

○**위원장 안호영**　수고하셨습니다.

　　박정 위원님.

○**박정 위원**　의사진행발언이 굉장히 길었습니다. 저도 의사진행발언을 하는데……

　　늘 여야 간의 위원들은 적이 아니고 파트너라고 생각하고서 회의를 진행해야 합니다. 늘 실수하는 부분들이 과유불급이라고, 좀 더 지나치다 보면 서로 간에 감정들이 상하고 하는데 설사 그렇더라도 실명을 거론하거나 이러면서 문제들이 되는 거라고 생각합니다. 이 문제에서는 근본적으로는 여야가 회의를 자주 열지 못했기 때문에 우재준 위원님이 작년에 발언하신 것에 대한 진행 상황을 알 수 없었다 이렇게 생각합니다.

　　그런데 이 자리에서 이렇게 얘기하는 것이 아니고 간사를 통해서 진행 상황은 어떤지 물어보고 다시 한번 촉구하고 그러면서 그것이 청문회가 열릴 수 있는지 없는지도 보고, 본인의 주장에 따라 청문회가 열리는 것이 아니고 여러 위원님들의 의견이 모아져서 열리는 것이기 때문에 그런 과정이 부족했다 생각합니다.

　　아울러 지난번에 현안질의를 할 때 환경부는 장관을 비롯해서 다 나왔지만 노동부장관은 나오지를 않았습니다. 게다가 차관이 참석해도 되는데 차관조차도 나오지 않았습니다. 아무도 안 나왔습니다. 이런 문제, 위원님들이 말씀하시는 게 중요하다면 정부의 태도부터 바뀌면서 이런 것이 진행되어야 된다고 생각합니다.

　　이 문제에 대해서도 지난번에 얘기는 했지만 진행, 후속에 대한 조치가 어떻게 됐는지 위원장님께서 말씀해 주시고 그날 합의가 됐는지 안 됐는지에 대한 문제 중에서, 그래도 김형동 간사는 참석하셨기 때문에 그 당시의 현안질의가, 전체회의가 열렸습니다. 그렇게 본다면 김문수 장관은 아무 이유 없이 국회에서 요구하는 이 회의에 불참석한 것이기 때문에 그것에 대한 것을 합당한 조치를 해야 된다고 생각합니다.

　　그리고 여러 위원님들이 말씀하셨고 또 김주영 간사님이 말씀하신 것처럼 오늘 청문회가 열림으로써 쿠팡에서 우리가 오늘 지적하고자 하는 문제를 포함해서 일부는 또 진행이 됐다고 생각합니다. 이런 것이 청문회의 효용이고 이런 과정을 통해서 직접적으로 김범석 대표가 됐든 안 됐든 여기 나와 있는 분들도 전문 경영인이기 때문에 이런 것들을 제도개선이든 여러 가지 법률 검토 등을 해서 개선할 수 있다고 생각합니다.

　　박영우 일가에 대한 문제도 마찬가지입니다. 본인이 출석은 안 했지만 언론이나 이런 데를 통해서 국민들에게 알리는 것 아니겠습니까? 그래서 이것이 얼마나 부도덕한 일이었는지를 알리고 또 여러 가지 사항들을 심의함으로써 이 청문회의 효용성이 높다고 생각합니다. 우리 위원님들께서 미리 이 청문회에 대해서 효용성이 있다 없다 예단하시는 것은 저는 좋은 태도는 아니라고 생각합니다. 앞으로 더 진행을 정확히 잘 하면서 확실한 답을 얻어 내는 것도 우리의 임무라고 생각합니다.

이상입니다.

○**위원장 안호영** 우리 위원님들께서 많은 말씀을 해 주셨는데 웬만하면 전혀 다른 취지가 아니고 의사진행에 관련된 게 아니라면 그대로 좀 정리해서 진행할까 하는데……

○**박해철 위원** 의사진행발언입니다.

○**위원장 안호영** 그렇습니까? 간단한……

○**김위상 위원** 한 번씩 다 돌아갑시다, 그냥.

○**위원장 안호영** 아니, 정작 우리 회의가 해야 될 일이 있기 때문에 그렇습니다.

그러면 의사진행 간단하게 좀 해 주시겠습니까?

말씀하시지 말라고 지금 안 들어가는 것 같은데……

○**박해철 위원** 위원장님께서 발언권을 안 주시는 줄 알고 아마 실무자가 시간을 안 넣어 주신 것 같습니다.

일단 자료 요구하기 이전에 먼저 한 가지만 좀 말씀드리자면 우재준 위원님의 발언에 대해서는 오늘 자리의 성격과는 저는 좀 맞지 않다라고 생각을 합니다. 제가 더 하고 싶은 얘기는 있지만 그 부분은 일단 생략을 하도록 하겠습니다.

지금 우리 환노위가 이 상황까지 오게 된 여러 가지 이유들이 저는 좀 있다고 생각합니다. 실제 가장 민생법안을 많이 다루는 부분이 환노위임에도 불구하고 이 환노위가 개최가 잘 안 됐지요. 여당에서 어떤 이유가 있었는지는 모르겠습니다만 개최가 안 된 이유로 인해서 많은 현안들이, 지금 민생 현안들이 협의가 전혀 되지 못하고 있다는 말씀을 좀 드리고요.

특히나 국회를 바라보는 시각이 마치 파렴치한 종북·반국가 세력을 척결 대상으로 생각하고 있는 그런 인식을 갖고 있는 윤석열 씨로 인해서 아마 더더욱 그런 부분이 생긴 것 같습니다.

자료요구를 좀 하려고 합니다.

지난번에 1월 14일 날 고용노동부에서는 쿠팡 CLS 근로감독 결과 발표를 했고요. 그 내용 중에 아마 쿠팡 내부적인 어떤 산업안전 관련된 여러 가지 자료들이 좀 언급된 내용이 있습니다. 몇 가지 좀 인용하자면 안전보건에 대한 사업장 내 표준이 미비하고 서브허브 및 배송캠프별 안전보건 담당자의 권한이 모호하고 사업장에서 효과적인 안전보건 활동이 이루어지기 어려운 부분이 있다라는 부분을 보도자료를 통해서 확인을 했고 이 내용을 제가 쿠팡에 관련 자료를 좀 요청했습니다.

그런데 관련 자료를 요청했는데 관련 자료를 현재 주지를 않고 있습니다. 그래서 위원장님께서는 쿠팡 안전보건관리자 관련 내부규정 일체를, 오전 중으로 이 자료를 주셔서 실제 쿠팡 내의 산업안전보건법에 따른 안전보건관리자가 어떻게 운영되고 있고 체계가 어떻게 되어 있으며 실제 운영이 어떻게 되고 있으며 어떤 권한과 책임을 갖고 있는지를 확인을 좀 해야 될 것 같습니다. 그렇지 않고는 현재 발생되고 있는 여러 가지 산재사고에 대해서 적절하게 대처하기 어렵다고 봅니다. 그래서 이 자료를 오전 중으로, 내부규정 일체를 좀 제출 요청드립니다.

이상입니다.

○**위원장 안호영** 산업안전과 관련해서 쿠팡 같은 경우에는 안전보건관리자에 관련된 것은 제출하는 게 필요할 것으로 보이는데 이 부분은 누가, 어느 회사에서 담당을 하시지요? 홍용준 대표님이신가요? 제출하는 게 좋을 것 같은데 어떻습니까?

○**증인 홍용준** 검토해 보고 제출 가능한 자료인지 답변드리도록 하겠습니다.

○**위원장 안호영** 빠른 시일 내에 제출해 주시기 바랍니다, 가능한 자료에 대해서는요.

이용우 위원님 이따가…… 의사진행발언입니까?

○**이용우 위원** 예.

○**위원장 안호영** 그러면…… 잠깐만요.

○**이용우 위원** 설명 듣고 할까요?

○**위원장 안호영** 내가 보기에는 설명 듣고 하시는 게 좋을 것 같아요.

○**이용우 위원** 예.

○**위원장 안호영** 그러면 진행을 해야 되니까……

○**김위상 위원** 아니, 의사진행발언 끝까지 좀 하고 하십시다, 거진 다 되었는데. 이야기 듣고 그래 해야 되지, 이용우 위원님 안 하시면 내가 먼저 할게요, 의사진행발언.

○**위원장 안호영** 그러면 김위상 위원님 하시고, 내가 보기에는 이용우 위원님은 저기 보고를 듣고 그렇게 하시는 게 좋을 것 같습니다.

김위상 위원님 하시지요.

○**김위상 위원** 조금 전에 박정 위원님께서 여야가 적으로 생각하지 말고 좀 서로 협력하면서 해야 된다 그런 말씀을 하셨는데 여기의 주제와 조금 벗어난 어떤 이야기도 할 수가 있고 여러 가지 의견들이 개진될 수 있는 그런 자리입니다. 그런 자리이고, 오늘 주제에 조금 벗어났다고 해서 전부 다 평가하고 몰아붙이고 이런 어떠한 행위들은 좀 삼가 쳤으면 좋겠다 그런 말씀을 드립니다.

그리고 대한민국의 노동조합이 국민들로부터 불신을 많이 사고 있는 것은 사실입니다. 또한 국민들이 노동조합에 대해 많은 이야기를 하고 있고 또 노동조합이 걸어가야 될 그 원칙을 좀 지키면서 걸어가야 된다 이런 이야기도 굉장히 많이 합니다. 그것은 뭐냐 하면 노사 간의 어떤 문제를 당사자가 다루는 것이 아니고 정치적인 어떠한 투쟁, 그 이념에 사로잡혀서 활동을 하다 보니까 이런 현상들이 나타난다고 봅니다. 그래서 우리 노동조합도 이제는 노동조합 본연의 어떠한 자세로 돌아가야 되지 않겠나 이런 생각을 갖고.

그다음에 그런 와중에, 국민들로부터 불신을 많이 갖고 있는 와중에 민주노총 간첩단 사건이 터졌습니다. 터졌고, 저런 구호들이 어쨌든 북한의 어떠한 지령으로 인해서 만들어진 구호도 있고 일상적으로 쓰여진 구호도 있습니다. 하지만 우재준 위원이 방금 여러 분들한테 이야기한 것은 팩트 체크를 해서 전부 다 말씀을 드린 사항들이고.

그래서 우리 환노위에서 노동조합에 관련된 문제들에 있어 가지고는 정말 다른 부분보다도 더 청문회를 자주 열어야 된다고 생각을 합니다. 특히나 민주노총 간첩단 사건 이런 부분들을 여기서 우리가 안 다루고…… 또 노동부로부터 여기에 좀 조사를 해서 보고를 받고 이런 어떠한 부분들이 좀 되어야 되지 않겠습니까? 다른 어떠한 문제를 가지고 옥신각신 자꾸 싸우는 것보다 정말 국민적 관심이 있는 이런 간첩단 사건에 있어 가지고는 분명히 이 자리에서 우리가 털고 가야 된다, 그리고 여기에서 분명히 청문회가 이루어져야 된다 이런 생각을 가집니다.

　　그래서 우재준 위원이 말씀하신 이 부분에 대해서는 가타부타 여러분들이 평가할 그런 어떤 위치에 있는 부분도 아니고 또 본인들 마음속으로 평가하면 되는 것이지 그 말에 자꾸 꼬리에 꼬리를 물고 그렇게 하시면 그것은 정말 모습이 볼썽사납다 이런 생각이 드니까 이제 좀 자제해 주시기를 바라고.

　　오늘 청문회 이 부분에 있어 가지고는 실제로 책임을 져야 될 사람들이 이 자리에 한 분도 안 나왔습니다. 안 나오고 여기에서 책임지지 못하는 분들이……

　　1분 좀……

　　책임질 수 있는 사람들이 이 자리에 나와서 우리가 청문회를 통해서 원인을 좀 밝히고 또 임금체불에 대해서 빨리 우리 근로자들에게 지급할 수 있는 이런 부분들을 좀 만들어 가야 되는데 책임질 수 있는 사람은 전혀 안 나오고 책임지지 못하는 사람들이 이 자리에 나와 가지고 무슨 말을 여기서 듣겠습니까?

　　그러니까 이 부분은 오늘 청문회에 있어 가지고 아까 임이자 위원님이 말씀하셨는데 간사님들이 다시 좀 정리를 해서, 간사님들이 좀 이야기를 해서 정말 오늘 청문회를 해야 될 것인가 말아야 될 것인가, 진짜 책임질 수 있는 사람들을 이 자리에 불러 놓고 청문회를 다시 할 것인가 다루어 줬으면 좋겠습니다.

　　위원장님, 그렇게 좀 해 주시기를 부탁드리겠습니다.

　　이상입니다.

○**위원장 안호영** 김위상 위원님……

○**박해철 위원** 진작에 좀 오셔 가지고 청문회 일정 좀 잡고 하시지요, 그동안 뭐 했습니까?

○**김위상 위원** 아니, 이게 여당의 어떠한 모습이 아니고……

○**박해철 위원** 그동안 뭐 하다가 이제 오셔 가지고……

○**김위상 위원** 여당, 야당의 어떠한, 간사끼리의 어떠한 이야기가 서로 되어야 되는 것이지……

○**박해철 위원** 진짜 양심이 좀 있어야지, 양심이.

○**김위상 위원** 누구한테 원망하고 그런 어떠한 부분은 아닙니다.

○**위원장 안호영** 위원님들, 발언하시려면 위원장으로부터 허락을 얻어서 발언해 주시기 바라고요.

　　여러 위원님들께서 많이 말씀도 하셨습니다. 제가 주신 말씀들을 정리해서 제 의견을 말씀드리고 진행하도록 하겠습니다.

　　우선……

○**박해철 위원** 하자고 그렇게 이야기를 하고 할 때……

○**위원장 안호영** 제가 여러 위원님들이 말씀 주셨기 때문에 정리해서 말씀드리고 다시 또 필요하면 발언 기회를 드리도록 그렇게 하겠습니다.

　　오늘 청문회를 하기에 앞서서 제가 모두발언을 한 바도 있습니다마는 오늘 청문회는 그야말로 산업안전에 관해서 또 우리 임금에 관해서, 체불임금에 관해서 논의하는 청문회고 어찌 보면 우리 국민들의 삶에 있어서 가장 중요한 주제고 이슈라고 생각이 됩니다. 그야말로 민생에서 가장 중요한 부분이라고 할 수가 있습니다. 사실은 진작 이런 문제에 대해서 논의를 했어야 되는데 좀 늦은 감이 있습니다.

그래서 또 이것 외에도 여러 부분에 대해서 말씀하셨는데 앞으로 우리 환경노동위원회가 좀 더 자주 위원회를 열어서 정책 현안뿐만 아니라 여러 가지 현안에 대해서도 논의할 수 있는, 청문회를 통해서 논의를 하든 이런 자리를 자주 갖겠다는 말씀을 드립니다.

다만 이 청문회가 성과를 내려 그러면 우리가 많이 좀 생각해 봐야 될 점이 있다고 봅니다.

아까 박정 위원님도 잘 말씀하신 것처럼 우리는 국가의 국정에 관련돼서 중요한 문제들을 같이 논의하고 풀어 나가는 동료라는 이런 생각을 가지고 회의가 진행이 됐으면 좋겠다 이런 말씀 드리고 또 이것을 해 나가기 위해서는 여야 위원님뿐만 아니라 정부 또 여러 우리 기업들이라든가 우리 국민들께서도 협조를 해 주셔야만 환경노동위원회가 제대로 민생 위원회로서 성과를 낼 수 있다고 생각합니다.

오늘 여러 가지, 증인들이 불출석하고 또 이런 상황 때문에 과연 청문회가 성과를 낼 수 있겠느냐 걱정하시는 목소리가, 지금 우려를 말씀하셨는데요. 이 청문회가 맹탕 청문회가 될 것인지 또 성과를 내는 청문회가 될 것인지는 여러분들께서, 위원님들께서 이 사안을 어떻게 질의하고 또 여기에서 논의하느냐에 따라서 성과가 날 수도 있고 맹탕이 될 수도 있다고 생각합니다. 그런 만큼 위원님들께서 이 사안은 정말 중요하고 또 시급한 사안인 만큼 성과를 낼 수 있도록 좀 지혜를 모아 주시기를 부탁을 드립니다.

그리고 오늘 불출석한 증인들에 대해서는 위원장으로서 대단히 유감이다 이런 말씀을 드리고 이분들에 대해서 어떻게 처리할 것인지 이 부분에 대해서는, 고발 등 적절한 조치를 취할 것인지 여부에 대해서는 우리 간사님들과 협의해서 결정하겠다는 말씀을 드리겠습니다.

그리고 나머지 기후환경부 문제라든가 민주노총 관련된 부분에 대해서는 우리 간사님들과 또 협의해서 향후에 논의하도록 그렇게 하겠다는 말씀 드립니다.

마지막으로 당부 말씀 하나 드리자면 이 청문회가 실제 우리 민생을 위한 청문회로서 성과를 내기 위해서는 여기서 갈등과 분열을 증폭시키는 언어보다는 문제를 해결하기 위한 지혜로운 언어, 자제의 언어를 좀 사용했으면 좋겠다 이런 말씀을 드리겠습니다.

다음은 정부, 고용노동부 산업안전보건본부장 보고해 주시기 바랍니다.

○**고용노동부기획조정실장직무대리 김종윤** 먼저 택배 종사자 사망사고 현황 및 향후 대책에 대해서 보고드리도록 하겠습니다.

먼저 택배 종사자 산업재해 사망 현황입니다.

24년 기준으로 산재보험 유족급여 승인 기준으로 해서 산재 사망자는 총 12명이었습니다. 이 중 질병으로 인한 사망자는 10명 그다음에 사고로 인한 사망자는 2명이었습니다.

다음 작년 하반기부터 시행했던 쿠팡 CLS 근로감독 결과에 대해서 말씀드리도록 하겠습니다.

작년 하반기부터 근로감독관을 상당수 투입해서 쿠팡 CLS 본사뿐만 아니라 서브허브, 배송캠프, 영업점까지 점검·감독을 실시하였습니다. 그리고 배송 업무의 특성을 감안해서 야간이라든지 주로 새벽 시간대에 집중 감독을 하였고, 배송기사라든지 근로자 대면 조사도 병행하여 실시하였습니다.

법률 위반 이외에도 실제 사업장의 작업환경을 개선하고 종사자의 건강권 보호를 위한 구체적인 개선 방안을 제시하는 데 주력을 하였습니다.

다음은 감독 결과에 대해서 말씀드리도록 하겠습니다.

먼저 산업안전 분야에서는 컨베이어 위 작업발판 미설치라든지 총 4건의 위법 사항을 발견해서 사법 처리를 조치하였고요. 산업재해 지연 보고라든지 안전교육 미실시 등 과태료 부과와 관련해서 53건의 위반 사항을 발견해서 과태료를 부과하였습니다. 이외에도 휴게시설 설치·관리 미준수, 보호구 미지급 등에 대해서 시정조치를 하였습니다.

근로기준과 관련해서는 법 위반 사항 85건을 적발해서 임금체불이라든지 근로계약 미체결 건에 대해서는 시정조치를 하였고, 4대 보험에 가입하지 않은 일용근로자에 대해서는 가입토록 조치를 하였습니다.

다음 개선을 요청한 사항입니다.

먼저 업무시간이라든가 강도의 부담을 완화하기 위해서 야간 배송 방식 조정 등 야간 업무 경감 그리고 최초 근무자 등의 업무 적응 프로그램 마련·운영 등을 요청하였습니다.

건강관리를 강화하는 차원에서 퀵플렉서에 대한 주기적인 건강검진 지원, 그리고 심리 상담 프로그램 마련·운영토록 하였고요. 아울러 작업환경 개선을 위해서 휴게시설이라든지 시간의 확보 그리고 작업환경에 맞는 냉·난방설비의 보강을 요청하였습니다.

이외에도 배송 물품 취급작업 기준이라든지 폭염·한파 대응 등을 위한 안전보건 규정을 마련하고 안전보건 담당자의 업무 권한을 명확화하도록 요청을 하였습니다.

다음 향후 계획입니다.

고용부에서 제시한 개선 요구안에 대해서 쿠팡 CLS에서 구체적인 계획을 마련해서 추진토록 적극 지도를 하고 이행 상황에 대해서는 모니터링하도록 하겠습니다.

아울러 다른 택배사에 대해서도 개선 요구안 취지에 부합하는 안전보건관리의 이행을 권고토록 하겠습니다.

작년 12월 23일 국토부에서 국토위에 보고한 근로여건 개선 방안이 실행될 수 있도록 국토부와 협업해서 관리하도록 하겠습니다.

아울러 배송 등 직종 특성에 맞는 건강진단이라든지 뇌·심혈관질환의 고위험군에 대해서 심층건강진단을 지원토록 하겠습니다. 진단 결과에 대해서 고위험자로 드러난 분들에 대해서는 사후 관리에 만전을 기하도록 하겠습니다.

그리고 작년 하반기에 산업안전보건법 온열 질환 관련해서 개정되면 후속 조치로 온열 질환 예방을 위한 주기적인 휴식 보장이라든지 사업주 조치 의무를 신설하도록 하겠습니다. 아울러 온열 질환 예방 설비·시설의 재정 지원을 확대해서 좀 더 혹서기에 안전한 환경에서 일할 수 있도록 노력하겠습니다.

이상 보고를 마치겠습니다.

○**위원장 안호영** 수고하셨습니다.

다음은 대유위니아그룹 등을 포함한 임금체불 관련 현황 및 향후 대책 보고가 있겠습니다.

고용노동부 노동정책실장 나오셔서 보고해 주시기 바랍니다.

○**고용노동부노동정책실장 김유진** 고용노동부 노동정책실장입니다.

대유위니아 임금체불 현황 및 대응 방안에 대해서 보고드리겠습니다.

첫 페이지입니다.

전체 체불 현황입니다.

2024년 11월 말 현재 체불 발생액은 1조 8659억 원으로 지난해 같은 시기에 비해 15.1%가 증가했습니다. 피해근로자는 26만 2725명으로 작년 동기에 비해서 4.0%가 증가했습니다. 이러한 증가는 최근의 경기부진과 사업주들의 잘못된 인식이 개선되지 않고 있는 것이 원인으로 작용하고 있는 것으로 보입니다.

청산액은 11월 말 기준으로 1조 5225억 원으로 근로감독관들의 적극적인 청산지도와 대지급금 지원으로 체불액의 81.6%가 청산되었습니다.

임금체불에 대한 대응 방안을 보고드리겠습니다.

우선 임금 체불이 발생하지 않도록 예방하기 위해서는 상습체불사업주에 대한 경제적 제재가 중요합니다.

작년 10월 국회에서 여야 의원님들이 근로기준법을 개정해 주셔서 10월부터 입법을 차질 없이 시행해서 체불 발생을 최소화하도록 노력하겠습니다. 아울러 임금체불 발생 위험 사업장을 잘 관리하고, 필요시 근로감독도 시행하는 등 강력히 대처해 나가겠습니다.

이미 발생한 체불에 대해서는 적극적인 청산지도와 함께 대지급금도 신속히 지급하도록 하겠습니다. 또한 사업주의 인식개선을 위해 강제수사를 한층 강화하겠습니다. 지급능력이 있음에도 체불하는 사업주는 구속수사를 원칙으로 하고 정식 재판도 적극 청구하겠습니다.

다음 페이지입니다.

현안 사업장인 대유위니아 체불에 대해서 보고드리겠습니다.

대유위니아 그룹 임금 체불 현황입니다.

2024년 말 기준으로 총 1197억 원의 임금체불이 발생했고 876억 원이 미청산액으로 남아 있습니다. 청산액은 자체 청산이 226억 원이고 대지급금 지원이 94억 원이었습니다.

다음은 대유위니아 임금체불 해소를 위한 그간의 정부의 노력에 대해서 말씀드리겠습니다.

법 집행과 관련해서는 신고사건 639건을 기소의견으로 송치하였고, ㈜위니아전자 대표이사에 대해 출국정지와 구속영장을 신청하였고 검찰과 협력해 박영우 회장을 구속수사 후 공소를 제기하였습니다.

다음 페이지입니다.

대유위니아 주요 계열사에 대해서는 기획감독을 실시하였습니다.

감독 범위를 3년으로 확대하고 체불 적발 시 즉시 범죄인지 원칙으로 시행했고, 1억 원의 체불을 적발하여 전액 청산하였습니다.

피해근로자의 생계 안정을 위해서는 신속하게 대지급금을 지원하고 저리로 생계비 융자를 실시하였습니다. 융자금 상환기간 도래에 따른 부담 완화를 위해서 융자 상환기간도 연장한 바 있습니다.

퇴직근로자들이 다른 곳에서 일할 수 있도록 627명을 재취업 지원한 바 있습니다.

앞으로도 청산이 지속될 수 있도록 지원하는 데 최선을 다하도록 하겠습니다.

이상 보고를 마치겠습니다.

○위원장 안호영 　수고하셨습니다.

다음은 증인 및 참고인 신문 순서입니다.

증인에 대한 신분 확인은 행정실에서 사전에 실시하였으므로 생략하고 바로 증인 선서를 받겠습니다.

선서를 받는 이유는 국회가 청문회를 실시함에 있어 증인으로부터 양심에 따라 숨김 없이 사실대로 증언하겠다는 서약을 받기 위한 것입니다. 만약 증인이 정당한 이유 없이 선서를 거부하거나 허위의 증언을 한 때 또는 증언 중 모욕적 언행 등으로 국회의 권위를 훼손한 때에는 국회에서의 증언·감정 등에 관한 법률에 따라 고발될 수 있음을 알려 드립니다.

선서는 증인을 대표하여 강한승 증인께서 해 주시고 다른 증인께서는 제 자리에서 일어나 오른손을 들어 주시면 됩니다.

참고인 여러분과 고용노동부 공무원 여러분은 증인이 아니므로 그 자리에 그대로 앉아 계시기 바랍니다.

그러면 강한승 증인께서는 발언대로 나와 선서를 하시고 선서가 끝나면 선서문을 위원장에게 제출해 주시기 바랍니다.

단, 다른 증인들도 그 자리에서 일어서서 오른손을 들어 주시기 바랍니다.

○**증인 강한승** "선서, 본인은 쿠팡 택배노동자, 심야노동 등 근로조건 개선을 위한 청문회와 관련하여 환경노동위원회에서 증언을 함에 있어 국회에서의 증언·감정 등에 관한 법률 제7조의 규정에 의하여 양심에 따라 숨김과 보탬이 없이 사실 그대로 말하고 만일 진술이나 서면답변에 거짓이 있으면 위증의 벌을 받기로 맹서합니다."

2025년 1월 21일

증인 강한승
증인 홍용준
증인 정종철
증인 박은진
증인 박현철
증인 김동현

○**위원장 안호영** 모두 자리에 앉아 주시기 바랍니다.

그러면 증인 및 참고인에 대한 신문을 시작하겠습니다.

증인의 경우에는 앉은 자리에서, 참고인은 신문하시는 위원님의 맞은편 발언대로 나오셔서 답변해 주시기 바랍니다.

증인의 경우에도 신문하시는 위원님께서 말씀하시는 경우에는 위원님 맞은편 발언대로 나와서 답변해 주시면 되겠습니다.

신문 시간은 5분으로 하겠습니다.

이용우 위원님.

○**이용우 위원** 더불어민주당 인천 서구을 이용우 위원입니다.

정말 지난한 과정을 거쳐 쿠팡 청문회를 개최하게 됐습니다.

택배노동자 등의 죽음이 이어지고 있습니다. 과거 쿠팡이 계속해서 지적받아 온 노동현장의 현실을 상징적으로 보여준 사건이었습니다. 쿠팡이 지적받아 온 것은 이것만이 아니라고 생각합니다. 지속적인 사회적 요구로 국회가 청문회를 열어 쿠팡의 연속적 심야노동과 열악한 근무환경 등을 바로잡아야 한다는 목소리가 커졌습니다. 쿠팡 청문회 개최를 촉구하는 국민 청원도 5만 명이 넘게 동참해 우리 상임위에 회부된 상태입니다. 늦었지만 지금이라도 국민들과의 약속을 지키게 된 점은 다행이라고 생각을 합니다.

청문회를 시작하기에 앞서 쿠팡에서 일하다 다치고 돌아가신 모든 노동자들을 떠올려 봅니다. 쿠팡 노동자들이 더 이상 삶과 죽음의 경계에서 일하지 않도록 이번 청문회에서 여러 위원님들과 관계기관, 노사 모두의 지혜를 모으고 성과를 낼 수 있기를 간절히 바랍니다.

오늘 쿠팡 청문회에서 다뤄질 주제는 노동자 과로사와 산업재해, 연속적 심야노동, 열악한 근무환경, 블랙리스트 등 대체로 전근대적이고 후진적인 노동 이슈입니다.

2010년 설립돼 15년 만에 국내 대기업 순위 27위에 오른 우리나라의 대표적인 혁신 기업이라고 주장하는 쿠팡의 뒷모습은 이처럼 암울한 이면이 있습니다. 이제 그 그림자를 걷어내야 할 때입니다. 노동 문제를 해결하지 않으면 쿠팡은 앞으로 더 나아갈 수 없습니다. 장시간 반복된 문제 제기에도 이를 외면하고 오직 이익만 쫓는다면 쿠팡에 국민들은 신뢰를 잃어갈 것입니다. 이제는 노동과 상생하고 지속가능한 경영을 해야 합니다.

청문회는 청문회가 이루어지는 당일 하루만이 아니라 청문회 전후 과정에서 노사정 등 각 주체와 긴밀한 소통을 통해 진전된 방안을 도출하는 것까지를 포함한다고 생각합니다. 이에 원활한 의사진행을 위해 그동안 사회적으로 쿠팡에 요구된 사항에 대해 소통을 통해 진전된 내용을 먼저 말씀드리고 몇 가지 자료를 요구하겠습니다.

우선 쿠팡의 최우선적 해결 과제로 제기된 연속적 심야노동 문제를 해결하기 위한 사회적 대화에 참여하기로 했고, 사회적 합의가 도출되면 이를 이행하기로 약속했습니다. 야간 3회전 배송 문제의 개선 방안도 검토하기로 했습니다.

또 쿠팡은 노조 활동을 이유로 약 1년 반 동안 입찰 제한을 당하여 생계가 박탈된 택배노동자들의 문제에 대해 작년 말 대법원 판결에 따라 공식 사과와 보상, 영업점과의 협의를 통한 신속한 업무 복귀, 택배노동자들의 조합 활동 보장을 약속했습니다. 다행입니다.

나아가 쿠팡은 그동안 택배노동자들의 3차 분류를 부정해 왔던 것에서 태도를 바꿔 이를 분류작업으로 인정하고, 관련하여 택배노동자들의 업무 강도 개선 방안을 신속하게 마련하기로 했습니다.

물류센터와 서브허브의 분류노동자 등의 노동 강도 완화를 위해 추가 휴게시간 부여가 필요하지만 쿠팡은 이에 대한 수용 대신 물류센터별로 추가 휴게시간 부여방안을 검토하겠다라고 부분적으로 이렇게 인정을 했고요.

현재 노동자들의 작업장 내 휴대폰 반입을 금지하고 있는데 전면 반입 허용 대신 일부 물류센터에서 올 한 해 반입 허용을 시범 실시한 후 전면 반입 여부를 판단하기로 했습니다.

이 밖에도 쿠팡은 블랙리스트 문제에 대해 일부 문제점을 인정하고 관련 고소 고발을 일괄 취하하기로 하였고 과도한 일용직, 계약직 등 불안정한 고용 형태의 개선 요구에 대해 일부 개선을 약속했으나 근본적인 개선방안에는 한계가 있습니다. 무엇보다 쿠팡이 노동조합에 대한 인식과 대응이 기대에 못 미치는 점은 여전히 지적의 대상입니다.

이와 같이 소통을 통해 진전된 사항은 의미가 있다고 생각을 합니다. 그러나 이견과 부족한 점은 여전히 많습니다. 청문회가 지적하고 비판하는 자리로 그치지 않아야 한다고 생각을 합니다. 설 명절을 앞두고 국민들의 불안과 근심을 덜어 드리는 성과 있는 청문회가 되기 위해 이견과 부족한 점에 대해서는 오늘 청문회 자리에서 쿠팡과 정부의 진전된 입장이 확인되어야 합니다.

오늘 청문회를 계기로 쿠팡이 거듭날 수 있도록 쿠팡의 경영진들과 정부가 오늘 청문회에 적극적으로 임해 주시기를 바랍니다.

1분 안에 마무리하겠습니다.

다음으로 자료 제출입니다.

이번 청문회에서 핵심 의제 중 하나인 쿠팡의 클렌징제도 개선 여부를 확인하기 위해 쿠팡과 영업점과의 계약서, 영업점과 택배노동자 간의 위수탁 계약서 제출을 요구했지만 쿠팡과 국토부 모두 제출을 거부하고 있습니다.

또 불안정고용 완화와 근무환경 개선을 위해 확인이 필요한 고용 형태별, 성별 등 고용 현황과 휴게실 및 냉난방시설 현황 등 기본적인 자료도 제출하지 않고 있습니다. 위원장님께서 오후 속개 전까지 자료가 제출될 수 있도록 해 주시기를 요청드리겠습니다.

이상입니다.

○**위원장 안호영** 이 자료 부분에 대해서는 지금 혹시 어느 회사가…… 지금 두 군데가 나오셔서 어디에서 답변할 수 있나요? 홍용준 대표께서 할 수 있나요?

○**증인 홍용준** 계약서 부분은……

앉아서 답변드려도 괜찮겠습니까?

○**위원장 안호영** 예.

○**증인 홍용준** 계약서 부분은 저희가 지금까지 외부로 제출된 적이 한 번도 없는 자료라서 제출이 어려움을 설명드리고 저희가 계약서 이번에 새로 개정된 부분의 주요 내용에 대해서는 발췌를 해서 위원님들께 설명을 드린 것으로 그렇게 알고 있습니다.

그리고 고용 현황과 냉난방시설에 대해서도 주요한 경영정보에 관한 사안들이 좀 있어서 공식 서류로 제출드리기는 좀 어려운 상황이라고 전달받았습니다.

○**위원장 안호영** 만약에 서류 원본을 제출하기가 좀 어려운 상황이면 주요 내용이나 혹은 다른 형태로 이용우 위원님께 설명을 해 주고 그리고 또 말하자면 조금 민감한 부분은 생략을 하고 제출할 수 있으면 제출하고…… 형태를 좀 고민을 해 보시지요.

○**증인 홍용준** 예, 고민……

○**위원장 안호영** 형태를 고민해 보시고 설명할 부분들이면 설명을 좀 주시고.

일단 이용우 위원님, 그렇게 한번 해 보시겠습니까?

○**이용우 위원** 관련 법령에 따라서 제출이 거부된 서류가 아니라고 알고 있습니다. 원칙적으로 처리하는 게 선례의 측면에서도 필요할 것 같습니다.

○**위원장 안호영** 그러면 한번 그 부분에 대해서는, 자료에 대해서 어떤 자료인지 저희들이 한 번 더 검토해 보고 그러고 나서 판단하도록 그렇게 하겠습니다.

그리고 중간에 홍용준 증인께서도 자료의 제출 여부에 대해서 다시 한번 검토를 해 보시기 바랍니다.

○**증인 홍용준** 예, 그렇게 하겠습니다.

○**위원장 안호영** 그러면 순서가……

김소희 위원님부터 질의하도록 그렇게 하겠습니다. 김소희 위원님 신문해 주십시오.

○**김소희 위원** 박현철 전 위니아전자 대표께 질의하겠습니다.

박영우 회장 조카분이 실책임자인 박 회장 대신 하는 대답이 얼마나 도움이 될지 실제로 의구심이 들기는 하지만 그럼에도 불구하고 회장 친인척 대주주 일가시니까 책임이 있는지 없는지는 청문회 지켜보시는 국민들께서 판단하실 거라 생각합니다.

작년 2월에 모 언론에 따르면 박영우 회장이 노조와의 면담에서 임금체불로 구속된 조카—증인 본인이시지요?—석방에 협조하는 대가로 체불임금 50억을 변제하겠다며 노조를 회유했다는 의혹이 있었는데 알고 계셨습니까?

○**증인 박현철** 그 당시 제가 구속되어 있는 상황에서 알 수가 없었습니다.

○**김소희 위원** 나중에 확인해 볼 수 있겠지요.

대유위니아그룹 임금체불이 현재 얼마지요, 아까 발표도 했지만?

○**증인 박현철** 제가 기소된 사항은 300억 정도 되고 있습니다.

○**김소희 위원** 위니아전자라도 말씀 주십시오.

○**증인 박현철** 지금 전자 총…… 저 후에 또, 제가 법정관리로 들어간 후에 또 추가적으로 발생을 하여 그 부분에 대해서는 제가……

○**김소희 위원** 내용을 자세히 알고 계셔야 될 것 같습니다.

퇴직금도 모르시겠네요, 그러면?

○**증인 박현철** 그러니까 추가적으로 발생한 부분에 대해서는 제가 알지 못하고 있습니다.

○**김소희 위원** 협력업체의 피해 규모는 알고 계십니까?

○**증인 박현철** 잘 모릅니다.

○**김소희 위원** 모르는 분들이, 계속 나와서 모르신다고 하시면 안 되지요. 최소한 증인으로 나오셨으니까 공부는 하고 오셨어야지요.

　　(영상자료를 보며)

어쨌든 지금 보여 드렸던 PPT처럼 임금하고 퇴직금 보시면 임직원하고 협력업체분들께 사과하시겠습니까?

○**증인 박현철** 지난번 국감에서도 사과를 했고 제가 대표로서 임금체불 사태가 발생한 것에 대해서 사과드렸고 다시 한번 진심으로 사과드립니다.

○**김소희 위원** 알겠습니다.

○**임이자 위원** 사과를 하지 말고 임금을 주세요.

○**김소희 위원** 23년에 어쨌든 박영우 회장께서 몽베르 골프장 매각해서 체불임금 변제에 최우선으로 쓰겠다 했는데 3000억 매각해서 지금 얼마 변제했습니까?

○**증인 박현철** 저도 이걸 오늘 오기 전에 언론을 통해서 본 거고 30억……

○**위원장 안호영** 박현철 증인, 마이크를 입에다 좀 더 가깝게 대시고 말씀하십시오.

○**증인 박현철** 언론을 통해서 봤는데 30억이라고 듣고 제가 정확한 자료를……

○**김소희 위원** 최우선은 아닌 것 같고요. 박 회장 말씀대로 최우선은 아닌 것 같고 골프장 매각 계약금 220억 원 가운데 110억 원을 박 회장이 대여금 형식으로 회사에 빌려준 채무를 갚는 데 사용했다는데 알고 계시지요?

○**증인 박현철** 제가……

○**김소희 위원** 뉴스 보셨으면 알고 계실 겁니다.

○증인 박현철 예.

○김소희 위원 서울 역삼동 대유타워 이것 누구 소유입니까?

○증인 박현철 제가 알 수가 없는 사항이지만 언론을 통해서……

○김소희 위원 지금 보시면 압니다, 박영우 회장 68%, 부인 24%, 큰딸 8%. 여기 작년 7월에 670억에 매각했는데 임금체불 변제에 얼마 쓰였습니까?

○증인 박현철 제가 언론을……

○김소희 위원 모르시면 안 됩니다. 기사 보시면 다 아십니다.

○증인 박현철 예, 많이 없던 걸로 알고 있습니다.

○김소희 위원 어쨌든 수원지검 공소장에 보면 박영우 회장이 계열사들이 생산하는 제품 관련 사항을 결정하는 등 실질적으로 지배·운영하는 사용자라고 나와 있어요. 그리고 구속 상태이시기는 한데…… 그러면 증인은 위니아전자 임금체불 관련해서 그 어떤 회의 등을 통해서라도 박영우 회장에게 보고하거나 지시받으신 적 있으십니까?

○증인 박현철 다시 한번 말씀해 주시겠습니까?

○김소희 위원 위니아전자 임금체불 관련해서 회의 등을 통해서 박영우 회장에게 보고하거나 지시받으신 적 있습니까?

○증인 박현철 그러니까 지금 임금체불이 저희가 2022년……

○김소희 위원 돌려 말하지 마시고 그냥 '모른다, 아니다' 답 주시면 됩니다. 어쨌든 속기록에 남으니까 위증인지 아닌지도 다 판단이 됩니다.

○증인 박현철 정확하게 말씀을…… 제가 위증을 하려고 하는 의도가 아닙니다, 위원님.
   그래서 2022년 입사를 했고 그 전에는 다른 회사에서 근무를 하고 있었고……

○김소희 위원 알겠습니다, 일단.
   어쨌든 23년에 보석되셨지요?

○증인 박현철 예.

○김소희 위원 왜 보석되셨습니까?

○증인 박현철 제가 임금체불……

○김소희 위원 M&A 때문이지요?

○증인 박현철 예, 임금체불 해결을 위해서 열심히 해 보겠다 말씀을 드렸습니다.

○김소희 위원 M&A 잘 되고 있습니까?

○증인 박현철 지금 어려운 상황입니다. 지금 쉽지는 않고 계속……

○김소희 위원 인수의향자가 없는 걸로 나오지요, 1월 13일 것 보니까? 왜 안 되고 있는 것 같습니까?

○증인 박현철 위니아전자가 우선적으로 어려움을 오랜 기간 동안 가져 왔고 많은 자산……

○김소희 위원 아니, 업계 관계자들에 따르면 임금체불 문제가 해결이 돼야지만 인수될 거라는, 매가 절차가 될 거라는 그런 외견이 많은데 이건 어떻게 생각하십니까?

○증인 박현철 그 부분도 한 부분이고 그다음에 또 우리나라의 백색가전 부분이 많이 쇠퇴한 부분도 있어서……

○김소희 위원 어쨌든 체불임금 청산계획안 쭉 보니까 현재 엔텍합하고 손해배상 소송

중이시지요?

○**증인 박현철** 예, 맞습니다.

○**김소희 위원** 청구 금액이 248억 원 정도로 나오는데 그 계획안에 보니까 최종 승소 시 가압류 금액, 회수 채권액 전부 임금체불 해결에 사용할 계획이라고 나와 있습니다. 그렇게 하시겠습니까?

○**증인 박현철** 이건 제가 뭐…… 저야 당연히 그렇게 해야 된다고 생각을 하고 있고 지금 법원에서 임명한 관리인이 관리를 하고 계시는 겁니다.

○**김소희 위원** 지금 임영택 위니아전자 법정관리인 나와 계시지요?

○**참고인 임영택** 예, 그렇습니다.

○**김소희 위원** 위니아에이드하고 부인권 소송이 진행 중인데 맞습니까?

○**참고인 임영택** 예, 맞습니다.

○**김소희 위원** 청구 금액이 365억 원 정도 있는데 그 청구계획안에 보면 대법원 최종 승소 시 이것 또한 재직자 인건비성 미지급금 상환에 사용할 계획이라고 나와 있습니다. 그렇게 하시겠습니까?

○**참고인 임영택** 예, 그렇습니다.

  관리인은 회생법원하에 있기 때문에 회생법원하고 협의하려고 생각하고 있습니다.

○**김소희 위원** 예, 알겠습니다.

  박현철 증인도 그렇게 하시겠습니까?

○**증인 박현철** 저도 당연히 그렇게 해야 된다고 생각합니다.

○**김소희 위원** 워낙 박 회장님께서 위증을 많이 하셔 가지고 체불임금 청산계획안 제출한 내용을 보고 그 부분에 대해서 다 지금 그렇게 하시겠냐고 제가 지금 기록에 남기는 겁니다.

  멕시코 공장 매각도 진행 중이시지요, 임영택 참고인?

○**참고인 임영택** 예, 그렇습니다.

○**김소희 위원** 3000억 규모인데 매각 성사 시 매각 대금의 일부를 임금체불 해결에 사용할 계획이라고 하셨습니다. 그렇게 하시겠습니까?

○**참고인 임영택** 예.

○**김소희 위원** 알겠습니다.

  일단은 지금 시간 관계상 여기까지 하고요. 그 이후에 추후 다시 질문하도록 하겠습니다.

○**위원장 안호영** 김소희 위원님 수고하셨습니다.

  다음, 김태선 위원님 신문해 주십시오.

○**김태선 위원** 저는 노동자의 도시 울산 동구 김태선입니다.

  먼저 강한승 대표님, 쿠팡에서 최근 5년 동안 일하다 숨진 노동자 몇 명인지 파악하고 계신가요?

○**증인 강한승** 제가 정확한……

○**김태선 위원** 최근 5년도 모릅니까?

  작년에는 얼마 죽었습니까?

○**증인 강한승** ……

○**김태선 위원** 준비 하나도 안 하시고 오셨네요?

저희가 파악한 바로는 5년 동안 19명입니다. 그중에서도 야간 노동자가 12명입니다. 60%가 넘습니다. 비율로 따지자면 훨씬 적을 텐데 이렇게 야간 노동자의 사망 비율이 높습니다.

표를 잠깐 보시지요.

(영상자료를 보며)

2020년부터 23년까지 쿠팡 3사의 산업재해율이 2.12%입니다. 대한민국 평균이 0.6%고요. 위험하다는 건설이 1.3%입니다. 산업재해율이란 연간 상시근로자 100명당 발생하는 재해자 숫자를 의미합니다. 쿠팡에서는 1년 동안 100명의 노동자 중에 2명 이상이 항상 다친다는 겁니다. 쿠팡이 대한민국에서 얼마나 무서운 사업장인지 대표님, 체감되십니까?

○**증인 강한승** ……

○**김태선 위원** 그렇다면 다른 것 물어볼게요.

현재 쿠팡에서 대통령실, 청와대, 국회, 금감원, 감사원, 경찰청 등 주요 기관 출신 전관들이 몇 명이나 되는지 혹시 아세요? 이런 통계 낸 적 없지요?

○**증인 강한승** 정확한 숫자는 알지 못합니다.

○**김태선 위원** 많이 있다는 건 알고 계시지요?

○**증인 강한승** 그렇게 많은……

○**김태선 위원** 상당히 많습니다, 다른 데와 비교했을 때.

표 한번 보여 주세요.

뉴스타파 보도입니다. 2018년부터 2024년 7월까지고요. 총 61명, 정관계 40명, 법조계 13명, 언론계 8명입니다. 이처럼 수많은 전관 영입에 투입된 비용이나 소송에 사용하는 변호사 선임비 중 일부라도 쿠팡의 노동환경 개선을 위해 사용했더라면 수십 명의 노동자가 죽어 나가는 비극이나 이런 청문회가 없었을 것이라고 봅니다.

홍용준 CLS 대표님, 퀵플렉스 노동자의 노동권 존재합니까?

○**증인 홍용준** 저희가 퀵플렉스 노동자……

○**김태선 위원** 노동자니까 당연히 존재하겠지요? 그러면 이들은 누구랑 협의를 하고 누구에 의해 보장을 받아야 됩니까? 확실한 건 쿠팡CLS 본청하고는 얘기를 못 한다는 거잖아요. 그건 알고 계시지요?

○**증인 홍용준** 예, 알고 있습니다.

○**김태선 위원** 쿠팡의 퀵플렉서들이 쿠팡하고 얘기를 못 합니다.

김유진 노동정책실장님 앞으로 나오십시오. 잠깐 시간 멈춰 주시고요.

쿠팡은 퀵플렉스, 퀵플렉서에 대한 모든 책임을 위탁대리점으로 전가합니다. 알고 계시지요? 상관이 없다고 얘기를 합니다, 책임이 없다고. 그것 모르십니까? 근로감독하셨잖아요?

○**고용노동부노동정책실장 김유진** 일단 고용관계는 영업점하고 맺고 있는 걸로 확인을 했습니다.

○**김태선 위원** 그리고 위탁대리점은 자신들이 실질적인 권한이 없다면서 책임을 회피하고 있습니다. 이것도 알고 계시지요?

○**고용노동부노동정책실장 김유진** ……

○**김태선 위원** 시간 별로 없습니다.

○**고용노동부노동정책실장 김유진** 모든 것을 그렇게 하는 건 아니고요. 기본적으로……

○**김태선 위원** 대체로 이렇게 가고 있는 게 맞잖아요, 실제로.

이런 상황에서 퀵플렉서들은 자신의 노동권을 누구하고 얘기를 하고 누구한테 요구를 해야 된다고 생각하십니까? 실장님, 얘기를 해 주세요.

○**고용노동부노동정책실장 김유진** 저희……

○**김태선 위원** 저는 이 부분이 이번 청문회의 가장 핵심이라고 봐요, 실제로. 쿠팡 측은 회사와 노동자가 머리를 맞대서 해결해야 될 사안들을 방관하고 독단적으로 결정을 해 버리고 주무부처인 노동부는 이를 방치하고 무책임하게 안일한 태도로 일관하고 있습니다.

실장님, 고용노동부에서 문재인 정부 초기 때 파리바게뜨 협력업체 제빵기사에 대해서 근로자성 인정한 것 알고 계시지요? 2017년도일 겁니다. 모르십니까?

○**고용노동부노동정책실장 김유진** 죄송합니다. 제가 그때는 그쪽 업무를 안 해 갖고 잘 모르겠습니다.

○**김태선 위원** 이건 한번 꼭 보시고요. 이때는 인정을 했습니다. 쿠팡CLS 근로감독에서는 택배기사를 근로자라고 인정 안 했습니다.

표 한번 보여 주세요.

파리바게뜨 제빵기사와 쿠팡의 퀵플렉서는 모두 원청의 사업을 위해 노무를 제공하고 그 대가로 수익을 얻는다는 점에서 본질적으로 동일한 구조입니다.

그리고 다음 표 한번 보여 주세요.

운송 플랫폼 타다 소속 운전기사입니다. 지난해 7월 법원에서는 이들 운전기사를 근로기준법상 근로자로 판단했습니다.

1분만……

○**위원장 안호영** 마무리하세요.

○**김태선 위원** 이 역시 똑같은 구조입니다. 원청의 사업을 위해 노무를 제공하고 그 대가로 수익을 얻는다는 점에서 모두 구조가 같습니다.

결국 고용노동부에서는 근로자성 인정 여부를 제대로 된 기준도 없이 임의적으로 하고 지난 때는 됐고 지금은 안 되고, 법원에서는 근로자성을 인정하고 있습니다. 고용노동부의 이번 근로감독이 얼마나 엉터리였는지를 깨닫기 바랍니다. 이제라도 다시 한번 근로감독을 통해 근로자성을 인정하는 게 바로 고용노동부의 올바른 길이라고 보고 있습니다.

그리고 홍용준 대표님, 시간이 좀 애매한데…… SLA 아시지요?

○**증인 홍용준** 예, 알고 있습니다.

○**김태선 위원** 서비스 레벨 어그리먼트(service level agreement) 이거 통해서 클렌징 6개 중의 4개를 이쪽으로 좀 옮겨 왔더라고요. 그거 맞지요? 그런데 다른 업체에서는 SLA를 이렇게……

(발언시간 초과로 마이크 중단)

⋯⋯

(마이크 중단 이후 계속 발언한 부분)

활용 안 합니다. 여기서만 이렇게 활용한다고 해 가지고 문제가 돼요.

　다시 질의하겠습니다.

○위원장 안호영　나중에 다시 질의하시지요.

○고용노동부노동정책실장 김유진　위원장님, 죄송하지만 제가 아까 말씀드린 것, 잘못 말씀드린 거 좀 바로잡고 말씀드려도 될까요?

○위원장 안호영　예, 그러시지요.

○고용노동부노동정책실장 김유진　아까 제가 처음에 말씀 잘못 드린 것 같습니다. 영업 점하고 퀵플렉서는 도급계약을 맺은 특고관계이기 때문에 제가 고용관계라고 잘못 말씀 드렸던 것 같습니다.

　그다음에 말씀하신 사항 중에서 쏘카 용역업체와의 계약은 쏘카 드라이버의 경우하고 이번 퀵플렉서는 굉장히 경우가 많이 다른데요. 판결 내용을 보시면 알 수 있지만 쏘카 드라이버 같은 경우에는 회사 소유의 차량을 사용하고 있고요 업무시간, 휴게시간, 근로 장소 등을 다 통제받고 있습니다. 그다음에 복무규정도 적용받고 있기 때문에……

○김태선 위원　지금 카플렉스하고 헷갈리신 거예요. 퀵플렉스는 회사 차도 있어요.

○고용노동부노동정책실장 김유진　퀵플렉스 같은 경우에는 자기 차량을 지입차주 형태 로 일하는 걸로 저희가 확인했습니다.

○김태선 위원　회사 차도 있습니다.

○고용노동부노동정책실장 김유진　저희가 확인한 바로는 그렇습니다.

○위원장 안호영　그 부분은 이따가 확인해서 다시, 시간이 좀 지났으니까 확인해서 다 시 말씀하시도록 하시지요.

　다음은 김위상 위원님 신문해 주십시오.

○김위상 위원　국민의힘 국회의원 김위상입니다.

　조금 전에 존경하는 김소희 위원께서 대유위니아에 대해서 질의를 하셨는데 저는 대유 에이텍 박은진 부사장님께 질의를 하도록 하겠습니다.

　부사장님, 지금 실질적으로 대유그룹의 후계자 수업을 받고 계시는 것 맞습니까?

○증인 박은진　제가 에이텍에 근무를 하고 있는 것은 맞지만 그 부분에 대해서는 제가 아는 바는 없습니다.

○김위상 위원　(자료를 들어 보이며)

　2년 전에 국회 환경노동위 국정감사에서 대유위니아그룹 박영우 회장은 체불임금을 청 산하겠다고 계획서를 이 자리에서 이렇게 제출을 했습니다. 계획서를 제출하고 그렇게 했는데 골프장 또는 빌딩을 팔아 가지고 체불임금을 갚겠다고 분명히 이 자리에서 약속 을 했습니다. 그런데 그 약속이 전부 다 허사로 돌아갔습니다. 약속은 지켜지지 않았고 3000억 원에 달하는 골프장 매각대금 중에 불과 30억 원만 변제에 쓰였고 팔겠다던 강남 대유위니아타워는 아직 팔리지도 않았습니다. 그런 와중에 지난해 7월에 박영우 회장 일 가가 소유한 선릉 대유타워가 670억 원에 팔렸지만 변제에는 한 푼도 쓰이지 않았습니 다. 이 돈 다 어떻게 했어요? 이 돈 다 어디다 썼습니까?

○증인 박은진　제가 알고 있기로는 선릉 대유타워의 경우 회장님께서 67%의 지분을 갖 고 계셨는데 가전 계열사 지원하시면서 대위변제해 주신 부분이 300억 원가량 있는 것으

로 알고 있어서 그 부분에 좀 쓰인 것으로 제가 알고 있습니다.

○**김위상 위원** 아니, 빌딩하고 골프장 팔아 가지고 체불임금 갚겠다고 변제 지원 계획서까지 이 자리에서 제출하고 이렇게 했는데 그러한 부분들 하나도 안 되고 돈 30억을 갚는 데 그쳤고 빌딩 팔아 가지고는 다른 데 돈 다 써 버리고 이렇게 해도 되겠습니까? 근로자들이 피땀 흘려 가지고 대유그룹을 일궈냈습니다. 대유그룹 명예에 손상 가는 짓거리를 지금 경영진 측에서 하고 있는 것 아니겠습니까? 체불임금 우리가 일 안 하고 그냥 돈 달라고 하는 것도 아니고 무엇 때문에 임금을 미뤄 가지고 노동자들의 삶에 고통을 만들어 내고 이렇게 하는 건지 모르겠습니다.

그리고 그러는 사이에 대유위니아는 작년 하반기에 117억이 넘는 임금을 또 추가로 체불이 되었습니다. 아직도 대유위니아는 체불임금에 대해서 현재진행형이다 이렇게 말씀드릴 수가 있습니다.

부사장님, 대유위니아 체불임금을 갚을 계획이 있는 게 맞습니까? 말씀 한번 해 보시기 바랍니다.

○**증인 박은진** 제가 그 부분에 대해서 말씀드릴 수 있는 위치는 아니지만 지금 가전 계열사가 회생법원 관할 아래 M&A를 적극적으로 추진 중인 것으로 알고 있습니다.

○**김위상 위원** 지금 그것도 잘 안 되고 있잖아요. 잘 안 되고 있고, 임금체불이 이게 전부 다 청산이 되어야 그런 어떠한 절차도 밟을 수가 있는데 그러한 부분들이 하나도 안 되고, 그러면 사재라도 털어 가지고 근로자들의 체불임금을 청산을 해 줘야 될 거 아닙니까? 대유위니아의 실질적인 경영자는 박영우 회장이 맞지 않습니까? 1년에 100억씩 갖다 쓰고 400억이나 회사에서 돈을 갖다 쓰고 이렇게 한 게 맞잖아요. 그런데 그런 분이 사재라도 털어서 근로자들한테 분명히 체불임금을 갚아 나가야 되는데 자꾸 시간만 이렇게 보내서 되겠어요?

그리고 김유진 노동정책실장님, 지금 대유위니아의 답변하는 이런 내용을 보고 어떤 생각이 들었습니까?

○**고용노동부노동정책실장 김유진** 좀 더 성실하게 청산에 노력해야 되겠다는 생각이 들었습니다.

○**김위상 위원** 굉장히 강하게 해야 됩니다. 사재를 털어서라도 갚아야 될 그런 체불을 갚지 않고 이렇게 하는 것은……

○**위원장 안호영** 1분 주세요.

○**김위상 위원** 이거는 굉장히 중범죄로 다뤄야 됩니다. 중범죄로 다뤄야 되고, 상황이 이런데도 고용노동부는 원칙적으로 체불임금의 책임은 해당 법인이기 때문에 다른 계열회사나 사용자 일가, 자연인에게 한계가 있다며 재산 상황조차 파악하지 않고 있습니다. 지금 너무 태평한 것 아닙니까?

○**고용노동부노동정책실장 김유진** 저희 근로감독관의 권한으로는 현실적으로 좀 한계가 있다는 말씀을 드리겠습니다.

○**김위상 위원** 여기는 돈이 있는데도 안 갚는 이 상황을 언제까지 노동부가 수수방관을 해야 되는지 참 알 수가 없습니다. 고용노동부는 모든 수단과 방법을 강구해서 대유위니아의 임금체불 사태를 종식할 수 있는 특단의 대책을 보고해 주시기 바랍니다. 현행 제도에 허점과 한계가 있다면 소급 적용 특별법안을 만들어서라도 갖고 오시기 바랍니

다.

　이상입니다.

○**위원장 안호영** 김위상 위원님 수고하셨습니다.

　다음 이용우 위원님 신문해 주십시오.

○**이용우 위원** 인천 서구을의 이용우 위원입니다.

　강한승 대표님, 묻겠습니다.

　쿠팡의 여러 가지 현안 중에 가장 핵심적인 게 과로사, 노동강도 이런 부분들이고 그것을 상징하는 것이 전례를 찾아보기 드문 1년 365일 연속적으로 고정적으로 야간 노동을 하는 문제가 계속 지적돼 왔습니다. 알고 계시지요?

○**증인 강한승** 예.

○**이용우 위원** 답변을 좀 크게 해 주세요.

○**증인 강한승** 예.

○**이용우 위원** 그래서 그 문제와 관련해서 이 문제를 풀기 위한 심야 배송, 심야 물류와 관련된 연속적 심야 노동 해법을 마련하기 위한 사회적 대화 테이블을 만들면 동참하고 거기서 나온 사회적 합의 내용들을 성실하게 이행하겠다 이렇게 약속하신 바 있습니까?

○**증인 강한승** 예, 그렇습니다.

○**이용우 위원** 그렇게 성실하게 참여해서 적극적으로 의견도 개진하시고 합의안 도출되면 전면적으로 이것 개선해야 됩니다. 이런 부분에 있어서 혁신을 해야 돼요. 동의하십니까?

○**증인 강한승** 예, 사회적 대화를 통해서 도출되는 결론에 대해서 저희가 성실히 이행하겠다는 말씀을 드립니다.

○**이용우 위원** 예.

　홍용준 대표님, 상차분류라는 것 아시지요?

○**증인 홍용준** 예, 알고 있습니다.

○**이용우 위원** 배송 캠프에서 택배 배송 차량들이 나가기 전에 마지막 단계에서 소위 큰 바구니, 롤테이너에 담긴 2명 택배노동자의 물량을 택배노동자들이 마지막으로 분류하고 상차를 시키는 이 마지막 단계에서의 작업을 상차분류라고 칭하지요?

○**증인 홍용준** 예, 알고 있습니다.

○**이용우 위원** 이 부분들을 쿠팡이 기존에는 택배노동자 본연의 업무다라는 것처럼 계속 그렇게 주장을 하셨는데 노동부의 감독결과도 나오고 사회적으로 그 부분들은 택배노동자의 본연의 업무가 아니다, 분류 업무다 이렇게 계속 지적을 해 왔고 과거 21년도 사회적 합의에서도 그런 지적이 있었고 국회의 요구도 있었고 환노위도 현장 방문해서 그런 부분 지적했습니다. 그래서 이것은 분류 작업 맞다 이제 이렇게 입장을 바꾸신 거지요? 인정하시는 거지요?

○**증인 홍용준** 예, 인정합니다.

○**이용우 위원** 그래서 그 부분에 대해서는 택배노동자의 업무강도 또는 공짜 노동을 방지하기 위한 해법 마련하겠다 이렇게 약속하십니까?

○**증인 홍용준** 예, 저희가 영업 쪽은 현장 종사자의 의견을 수렴해서 개선방안을 마련

하도록 하겠습니다.

○**이용우 위원**　해법을 마련하셔야 됩니다.

○**증인 홍용준**　예, 알겠습니다.

○**이용우 위원**　신속하게 마련해서 국회에 보고해 주세요.

○**증인 홍용준**　예, 그렇게 하겠습니다.

○**이용우 위원**　저희 의원실에도 보고해 주시고요.

○**증인 홍용준**　예, 알겠습니다.

○**이용우 위원**　강민욱 택배노조 쿠팡본부 준비위원장님, 발언시간 길게 못 드리는 점 양해해드리고요, 이 분류 작업으로 인한 고충 이거 짧게 좀 말씀 주시면 좋겠습니다. 어느 정도의 시간 소요되는지도요.

○**참고인 강민욱**　저희 실태조사 결과 하루 3시간 24분을 소요하는 것으로 알고 있고요. 대부분 6일 근무를 한다고 했을 때 20시간 가까운 노동을 공짜로 하고 있는 것으로 드러 났습니다. 배송 나가기 전에 이 분류 작업을 하는 것 때문에 이미 녹초가 되고 있고요. 그리고 쿠팡이 만들어 놓은 페널티 때문에, 배송 마감 시간 때문에 더욱더 뛸 수밖에 없 는 상황이다 이렇게 말씀드리겠습니다.

○**이용우 위원**　말씀 주신 것처럼 타 택배사와 같은 경우 21년도에 이 부분을 택배노동 자의 작업에서 배제하는 그런 사회적 합의가 있었습니다. 이제 그런 부분들을 고려해서 쿠팡이 이런 부분들을 인정했고 해결책을 마련하겠다 이 지점은 다행인데 신속한 실효적 인 해결책 꼭 마련하셔야 됩니다, 대표님.

○**증인 홍용준**　예, 그렇게 하겠습니다.

○**이용우 위원**　들어가 주시고요.

　입차 제한과 관련해서요 홍용준 대표님, 다시 묻겠습니다.

　송정현 지회장, 이송범 부지회장, 쿠팡 택배노조 일산지회 이 두 분 아시지요?

○**증인 홍용준**　예, 알고 있습니다.

○**이용우 위원**　과거 1년 반쯤 전에 소위 쿠팡 캠프 그러니까 쿠팡 건물 캠프 내에서 한 20여 분 정도 동료들과 인사하고 유인물 나눠 주는 이런 것들 때문에 차량 입차 제한 을 했어요. 그럼으로 인해서 사실상 입차 제한을 하면 택배업무 못 하니까 생계가 박탈 되는 거고요. 1년 반 동안 이 상황이 지속됐습니다. 작년 말에 이 부분에 대해서 대법원 이 그런 부분들은 쿠팡과 직접 계약관계는 없지만 쿠팡 사업장 내에서 일정하게 조합 활 동 가능하다, 입차 제한과 앱 사용 금지 조치는 부당하다 이런 판결 내용 알고 계시지 요?

○**증인 홍용준**　예, 알고 있습니다.

○**이용우 위원**　1년 반 동안 생계가 끊겼습니다. 이런 부당한 조치로 노동삼권이 침해가 됐고요.

　당사자분 나와 계십니까, 오늘?

○**참고인 송정현**　예.

○**이용우 위원**　부지회장님은 안 계신가요?

○**참고인 송정현**　예.

○**이용우 위원**　송정현 지회장 뒤에 나와 계시는데, 이렇게 오랜 기간 굉장히 기본권이

박탈돼서 생계도 누리지 못하는 이 상황에 대해서는 공식적인 사과를 해 주셔야 될 것 같은데요.

○증인 홍용준 저희가 대법원 결정의 취지는 존중하고 결과적으로 저희 입차 제한 때문에 장기간 피해를 본 부분에 대해서는 굉장히 유감스럽게 생각하고 이 부분에 대해서는 현실적으로 피해를 본 부분에 대해서 보상을 지원하겠습니다.

○이용우 위원 1분 안에 정리하겠습니다.

○위원장 안호영 예, 시간 더 주세요.

○이용우 위원 사과를 해 주셨고, 가장 중요한 거는 업무 복귀입니다. 해당 영업점과 긴밀하게 소통해서 신속한 업무 복귀를 진행해 주시고요. 그다음, 그 전까지는 말씀하신 보상 조치 약속을 잘 지켜 주시고 대법원이 인정한 것처럼 쿠팡 사업장 내에서의 그런 조합 활동 보장, 노동삼권 보장에도 임해 주시기 바랍니다. 그렇게 하시겠다는 거지요?

○증인 홍용준 예, 그렇게 하겠습니다.

○이용우 위원 그리고 송정현 지회장님 한 말씀 해 주시지요. 잠깐, 마지막에 해 주시고요.

제가 홍 대표님께 한 가지만 더 여쭤보겠습니다.

지금 대법원 판결도 그렇고요, 21년도부터……

이건 쿠팡 CFS 정종철 대표님 같은데요.

쿠팡 CFS의 노조가 교섭을 21년부터 요구했는데 약 50여 차례 교섭이 진행됐지만 아무런 임금 협약이나 단체협약이 체결되지 않고 있습니다. 대한민국의 어떤 사업장에서 이렇게 3년 이상 4년 가까이 아무런 진전이 없는 교섭 행태가 있는지 저는 굉장히 놀랐고요.

(발언시간 초과로 마이크 중단)

- -

(마이크 중단 이후 계속 발언한 부분)

이 부분 적극적으로 임하셔서 가지고 이것 풀어야 됩니다. 노조를 부정하는 사업장 사용자가 아니라면 적극적으로 나서서 풀어야 됩니다.

○증인 정종철 예, 알겠습니다.

○이용우 위원 하시겠습니까?

○증인 정종철 예.

○위원장 안호영 잠깐만요.

○이용우 위원 삼성과 같은 무노조 경영을 표방하는 사업장이 아니라면 노조를 부정하거나 반노조적인 행태 이런 부분들 지적받고 있는 지점들 해결해 주셔야 돼요.

○증인 정종철 예, 알겠습니다.

○이용우 위원 송정현 지회장님 마지막 발언 듣고 저는 끝내겠습니다.

- -

○위원장 안호영 이용우 위원님 마지막에 마이크가 꺼져서 아마 정확하게 확인하기가 좀 어려운 부분인데 지금 노조 활동 관련해서 노조 활동을 보장한다 이런 취지로 말씀, 보장할 거냐 이렇게 물어보신 겁니까?

○이용우 위원 예.

○**위원장 안호영** 그거에 대해서 지금 정종철 대표께서는 어떤 입장이십니까?

○**증인 정종철** 성실히 교섭해서 가능한 빠른 시일 내에 노사 간에 합의가 될 수 있도록 노력하겠습니다.

○**위원장 안호영** 그리고 노조 활동을 기본적으로 존중하고 보장한다 이런 뜻이지요?

○**증인 정종철** 예, 그렇습니다.

○**위원장 안호영** 물론 구체적인 근로조건에 관해서는 노사 간에 협의를 해야 되겠지만.

○**증인 정종철** 예.

○**위원장 안호영** 알겠습니다.

　뒤에 앉으시지요.

○**이용우 위원** 위원장님, 입차 제한 관련 당사자라서요 마지막 발언 한번 들어 보면 좋지 않습니까?

○**위원장 안호영** 저기 뒤에?

○**이용우 위원** 예.

○**위원장 안호영** 성함이 어떻게 되시지요?

○**참고인 송정현** 송정현입니다.

○**위원장 안호영** 그래요? 바로 발언하시지요.

○**참고인 송정현** 제가 소식지 배포했다는 이유로 입차 제한당한 지 오늘로 590일이 됐습니다. 지금 쿠팡에서는 문제 해결하고 피해자에게 보상하고 다시 구역 복구시키겠다고 하셨는데 정작 당사자인 저는 그 얘기를 지금도 듣지 못했습니다. 그래서 이 자리에 나와 계신 것만큼 아까 말씀하신 사과와 피해보상 그리고 구역 복구와 관련해서, 노동조합 활동과 관련해서 직접 약속을 듣고 싶습니다. 이 자리에 계시니까 답변을 부탁드려도 되겠습니까?

○**위원장 안호영** 아까 이용우 위원님께서 질의하셨을 때 답변을 어느 분이 하셨지요?

○**증인 홍용준** 제가 답변했습니다.

○**위원장 안호영** 홍용준 대표께서 하셨는데, 뒤에 말씀하시니까 그 부분에 대해서 말씀을 한 번 더 해 주시지요.

○**증인 홍용준** 저희가 어쨌든 대법원 결정 취지에 따라서 그동안에 피해를 보신 부분에 대해서는 지원을 약속드리고 그리고 복직 부분에 대해서는 저희가 영업점과 상의해서 한번 방법을 찾아보겠습니다. 그리고 캠프 내 노조 활동은 저희가 시설 안전이라든가 작업에 지장이 없는 범위 내에서는 노조 활동을 금지할 이유가 없다고 생각하고요, 노조 활동은 헌법상의 기본권이기 때문에. 그런 범위에서 한다면 저희가 그거를 제한하거나 금지할 이유는 없다고 그렇게 말씀드릴 수 있겠습니다.

○**위원장 안호영** 처음 부분이 좀 빠져 있는 것 같은데, 이로 인해서 여러 가지 고통을 당하셨기 때문에 사과의 의사 표시를 했으면 좋겠다 이런 취지거든요.

○**증인 홍용준** 어쨌든 저희의 입차 제한으로 인해서 장기간 이렇게 피해를 보신 부분에 대해서는 굉장히 유감스럽게 생각한다는 말씀을 드리고 싶습니다.

○**위원장 안호영** 그러면 다시 시작하겠습니다.

　다음은 우재준 위원님 신문해 주십시오.

○**우재준 위원** 대구 북구갑의 우재준 위원입니다.

　김동현 증인께 질의드리겠습니다.

　증인께서는 박영우 회장 비서실장이셨고 그리고 동강홀딩스의 대표이사셨지요?

○**증인 김동현**　예, 그렇습니다.

○**우재준 위원**　검찰공소장을 보면 23년 11월 12일 몽베르CC 매각 대금 중 225억 원이 동강홀딩스에 입금되니까 이 중에서 110억 원을 박영우 회장한테 송금을 했다라고 나오는데 맞습니까?

○**증인 김동현**　예, 그렇습니다.

○**우재준 위원**　이미 그 직전 국정감사에서 박영우 회장은 이 골프장을 판매한 대금을 체불임금을 갚는 데 쓰겠다고 했던 적이 있는 것도 알고 계십니까?

○**증인 김동현**　예, 알고 있습니다.

○**우재준 위원**　그런데 왜 박영우 회장한테 이걸 지급하셨지요?

○**증인 김동현**　강남의 대유타워 그거를 담보로 해서 동강홀딩스가 은행에서 돈을 빌려서 위니아를 포함한 가전 쪽에 210억 원을 지원한 적이 있었습니다. 그래서 그 부분들에 대해서 회장님께 일부를 반환한 걸로 제가 그렇게 알고 있습니다.

○**우재준 위원**　아니, 여러 채무가 있는데 우선적으로 그걸 먼저 갚았다는 건가요?

○**증인 김동현**　그 부분들은 동강홀딩스의 자금 부분들이었기 때문에, 사실 동강홀딩스가 가전 쪽에 채무는 없던 상황이었고요. 그러니까 채무 관계에 있던 회장님께 일부를 아마 지급한 걸로 알고 있습니다.

○**우재준 위원**　회장님은 그 돈을 가지고 어디에 쓰신지를 알고 계십니까?

○**증인 김동현**　그거는 제가 모르겠습니다.

○**우재준 위원**　박은진 증인께 여쭤보겠습니다.

　23년도부터 회장님도 그렇고 증인께서도 그렇고 대유에이텍 지분을 많이 매입하시더라고요. 특별한 이유가 있습니까?

○**증인 박은진**　특별한 이유는 없습니다.

○**우재준 위원**　혹시 박영우 회장이 23년도에 대유에이텍으로부터 급여를 얼마 받아 갔는지 알고 계십니까?

○**증인 박은진**　제가 그 부분은 잘 알지 못합니다. 죄송합니다.

○**우재준 위원**　보니까 퇴직금으로만 100억을 받아 가셨더라고요.

○**김형동 위원**　누가?

○**우재준 위원**　박영우 회장이 퇴직금으로 100억을 받아 가셨습니다. 이게 어떻게 이렇게 산출될 수가 있지요?

○**증인 박은진**　제가 알고 있기로는 회장님이 한 26년 전에 회사를 창업하셔서 그때부터 회장으로 근로를 하셔서……

○**우재준 위원**　대유플러스랑 DH오토리드에서도 상당한 금액을 퇴직금으로 받아 가셨더라고요, 23년도에. 거기에는 이런 규정이 있습니다. '임원 퇴직금 지급 규정에 따라 직급별 지급률, 회장직의 경우에는 500%를 곱하여 산출한다' 규정이 있습니다. 알고 있습니까?

○**증인 박은진**　알지 못합니다.

○**우재준 위원**　DH오토리드에도 이 규정이 있습니다. 마찬가지로 모르십니까?

○**증인 박은진**　예, 알지 못합니다.

○**우재준 위원**　박현철 증인, 혹시 계열사에도 이런 규정들이 다 있습니까?

○**증인 박현철**　제가 근무했던 위니아전자에는 그런 규정이 없던 걸로 알고 있는데 그건 확인을 해 봐야 되겠습니다. 제가 그 부분까지는 잘 모르겠습니다.

○**우재준 위원**　박영우 회장이 2023년도에 받아 간 세 가지 회사 대유에이텍, 대유플러스, 대유에이피—DH오토리드지요—세 군데서 받아 간 급여가 161억으로 나옵니다, 3개 회사에서만. 이미 2022년부터 임금체불됐지요, 맞지요? 임금체불 이후에 회장님께서 개인적으로 받아 가신 퇴직금만 161억, 세 가지 회사에서만 161억이고요. 문제가 있다고 생각하지 않습니까? 도덕적인 부분을 여쭙는 겁니다.

　따님께 여쭙겠습니다.

　혹시 아버님의 이 행동이 경영자로서 문제가 있다고 생각하지 않습니까?

○**증인 박은진**　제가 얼마나 수령하셨는지 정확히 알지 못해서, 그리고 가전과는 무관한 자동차에서 수령하신 부분 제가 잘 알지 못해서 죄송합니다.

○**우재준 위원**　김유진 실장님.

○**고용노동부노동정책실장 김유진**　노동정책실장입니다.

○**우재준 위원**　오늘 이렇게 정리해 주신 자료를 보면요 체불임금 현황에 대해서는 나와 있는데 대유위니아 건 같은 경우는 퇴직금과 일반 임금 중에 어느 부분이 많은지 혹시 알고 계십니까?

○**고용노동부노동정책실장 김유진**　연도별로 보면 대체로 전체 체불임금의 한 40%가 퇴직금으로 돼 있습니다.

○**우재준 위원**　대유위니아 경우는 어떻게 되는지 혹시 알고 계십니까?

○**고용노동부노동정책실장 김유진**　정확한 통계는 못 봤습니다만 여기 오래 근무한 근로자들이 많고 해서 퇴직금의 비중은 더 많을 거라고 생각합니다.

○**우재준 위원**　대부분 퇴직금이 훨씬 많습니다. 이 경우에도 퇴직금이 많고 제가 이거는 국정감사 때도 말씀을 드렸던 부분인데요.

　1분만 더 하면……

○**위원장 안호영**　1분 주세요.

○**우재준 위원**　대부분…… 물론 대유위니아의 경우에는 경영자의 도덕적 해이도 굉장히 큰 사건이라고 생각합니다. 본인 개인 재산이 많으심에도 불구하고, 아까 전에 제가 말씀드렸듯이 개인적으로는 1년에 100억을 넘는 소득을 이렇게 아직도 가져 가시면서 근로자들 체불임금 변제도 안 하고 이런 부분은 굉장히 사회적 지탄을 받아야 될 부분인데요. 이와 별개로 우리가 제도적으로 뭔가 문제가 없었는지에 대한 반성도 했으면 좋겠습니다. 그중에 제일 중요한 부분은 이 퇴직금이라는 게 여전히 그때그때 적립을 하는 게 아니라 마지막에 회사 퇴직 시에 지급하다 보니까 이렇게 회사가 망해 버리는 경우에는 퇴직금이 일괄해서 체납되는 이런 현상이 계속해서 일어나는데요. 사회적으로도 이게 우리가 퇴직금을 의무적으로 적립하는 퇴직연금 의무적립이나 이런 부분에 대해서 논의를 시작해야 된다. 그래서 이걸 법제화까지도 시작해야 된다고 생각하는데 이런 부분은 혹시 어떻게 생각하시는지 한번 의견 있으시면……

○**고용노동부노동정책실장 김유진**　위원님 말씀에 공감합니다. 그러니까 퇴직금을 사회

에 적립할 수 있다면 체불이 근본적으로 발생하지를 않습니다. 그래서 만약에 퇴직금을 점차적으로 없애면서 퇴직연금으로 다 의무화를 시킨다면 임금체불의 한 40%가 제도적으로 아예 사라질 수가 있습니다. 그런데 다만 영세사업장 같은 경우에는 조금 부담이 될 수가 있어서 이걸 기업의 규모별로 해서 저희가 퇴직연금을 의무화하는 방안으로 논의가 본격적으로 돼야 된다고 생각을 하고 있습니다.

○**우재준 위원** 이상입니다.

○**위원장 안호영** 우재준 위원님 수고하셨습니다.

다음은 박해철 위원님 질의해 주십시오.

○**박해철 위원** 홍용준 대표님께 질문드리겠습니다.

올해 1월 14일 발표한 고용노동부 감독 결과 보도자료 내용은 다 아실 테고, 그렇지요?

○**증인 홍용준** 예, 알고 있습니다.

○**박해철 위원** 그리고 CLS 야간종사자 설문조사 결과도 내용 다 아시지요?

○**증인 홍용준** 예, 저도 봤습니다.

○**박해철 위원** 여기를 보면 직고용과 특고 간에 근무시간이나 여러 가지 형태들을 설문조사한 결과가 있습니다. 일 근무시간이 나오고 그리고 배송일수도 나옵니다. 그런데 이게 야간종사자다 보니까……

지금 화면을 잠깐 보시면요.

(영상자료를 보며)

하루에 10시간 48분을 근무를 합니다. 그런데 이분들은 야간 노동을 감안해 보면 주당 76시간이 나옵니다. 그러면 보통 우리가 과로사 산재를 기준으로 하고 있는 시간대가, 발병 전 12주 동안 주당 평균 업무시간이 60시간 이상을 훨씬 초과하지요. 그렇지요?

훨씬 초과하게 됩니다. 그래서 결국은 야간종사자는 과로사 산재에 365일 항상 노출되어 있다는 겁니다. 인정하십니까?

○**증인 홍용준** 저희가 야간 퀵플렉스 기사들에 대해서도 주 10시간 이내로 하도록 하고 있는데 지금 위원님 말씀하신 것처럼 30% 가산을 하게 되면 그런 60시간을 초과하는 문제가 생긴다는 것은 알고 있습니다.

○**박해철 위원** 야간 근무는 할증 당연한 거지요?

○**증인 홍용준** 예, 알고 있습니다.

○**박해철 위원** 그래서 현재 상시적으로 과로사에 노출되어 있다, 인정하시지요?

인정하십니까, 안 하십니까?

○**증인 홍용준** 그 부분에 대해서는 저희가 여러 가지 논의를 통해서 좀……

○**박해철 위원** 아니요, 제가 지금 여기 설문조사 결과를 보고 말씀드리는 것에 대한 인정 여부만 말씀하십시오.

○**증인 홍용준** 위원님 말씀하신 것처럼 60시간을 30% 가산하면 초과하게 되는 문제가 있다는 것은 알고 있습니다.

○**박해철 위원** 그다음 하단부에 보시면 악천후 시에 배송 여부에 대한 설문조사 결과도 나옵니다. 직고용은 57.7%가 배송을 하지 않습니다. 그런데 특고는 77%가 악천후에도 배송하는 걸로 돼 있지요?

○**증인 홍용준** 예, 그렇게 설문 결과가 나온 걸로 확인됩니다.

○**박해철 위원** 그다음 화면 한번 보시겠습니다.

작년 7월 11일 날 폭우 속에서 발생됐던 사망사건입니다. 그런데 쿠팡 측은 이 택배기사가 실종되고 결국은 사망하게 됐는데 쿠팡 측의 답변은 악천후 시에 배송 가이드라인이 따로 마련돼 있다고 얘기를 했습니다. 따로 있습니까?

○**증인 홍용준** 저희가 악천우의 경우에는 기사들한테 배송이 불가능……

○**박해철 위원** 있습니까, 없습니까?

○**증인 홍용준** 저희가 가지고 있습니다.

○**박해철 위원** 그러면 주실 수 있습니까?

○**증인 홍용준** 저희가 아마 문자 형태로 그렇게 고지를 하는 것으로 그렇게 알고 있습니다.

○**박해철 위원** 문자 형태만이 아니고 가이드라인이 있다는 거 아닙니까?

○**증인 홍용준** 제가 알기로는 그런 가이드라인이 있는 것으로 알고 있습니다.

○**박해철 위원** 그러면 좀 주시고요.

지금 제가 언급하고 싶은 두 가지는 결국은 야간 장시간 노동은 무조건 산재로 이어집니다. 그리고 직고용은 악천후 때 근무를 하지 않는 반면에 특고는 77%가 근무를 합니다. 그래서 이 두 가지 부분에 대해서는 근본적으로 대책이 필요하다고 생각하는데 어떻게 생각하십니까?

○**증인 홍용준** 위원님 지적하신 취지 유념해서 저희가 그런 악천후 시에 안전에 관한 부분이 보완할 게 있으면 한번 보완하도록 하겠습니다.

○**박해철 위원** 하여튼 근본적으로 수립하셔서 저희 의원실에도 보고를 좀 해 주시기 바랍니다.

○**증인 홍용준** 예, 그렇게 하겠습니다.

○**박해철 위원** 다음 질문드리겠습니다.

정종철 대표께 질문드리겠습니다.

사원평정 SOP 내용 잘 알고 계시지요?

○**증인 정종철** 예.

○**박해철 위원** 이걸 통해서 재취업 여부에 대해서 결정하지요?

○**증인 정종철** 예, 그렇습니다.

○**박해철 위원** 다음 화면 보시겠습니다.

그런데 화면에 보시면 현재 이 내용은 일용직, 계약직 채용이 아닌 기자 및 언론사 작가들 리스트가 있는 거 아시지요?

○**증인 정종철** 예.

○**박해철 위원** 그런데 이거는 명백히 쿠팡에 우호적이지 않은 기자들의 잠입 취재 등을 우려한 블랙리스트이고 개인정보법 위반인데 어떻게 생각하세요?

○**증인 정종철** 저도 이 건이 사회화 된 다음에 알게 됐고요. 그래서 그 부분은 잘못됐기 때문에 시정하도록 하겠습니다.

○**박해철 위원** 그러면 알겠습니다. 거기에 대한 후속적인 부분은 제가 나중에…… 차진혁 기자님, 참고인 혹시 오셨습니까? 제가 좀 이따가 답변을 좀 부탁드리겠습니다.

　　지금 김유진 실장님 자리에 계시지요? 지금 쿠팡에서 관리하고 있는 이 내용은 사원평정이라는 미명하에서 개인정보법 위반사항들입니다. 이미 이 내용들은 작년 2월 19일 날 고발된 내용이라는 거 알고 계십니까?

○고용노동부노동정책실장 김유진　예, 알고 있습니다.

○박해철 위원　이 내용을 살펴보면……

　　마무리하겠습니다.

　　취업 지원자와 퇴직자의 개인정보를 근로계약 체결과 이행을 위해 활용한 것이 아니라 취업 배제를 목적으로 활용하고 있고 또한 개인정보의 보유기간이 경과하거나 개인정보의 처리 목적이 달성되어 불필요한데도 불구하고 파기하지 않고 계속적으로 활용하고 있고 또한 정보 주체의 동의도 받지 않고 그리고 마지막으로는 취업 지원을 한 적도 없는 언론사 기자들을 상대로 한 명백한 불법행위, 이 모든 게 다 개인정보법 위반인데 이걸 작년 2월 19일 날 고용노동부에 고발을 했는데 1년이 다 돼 가는데도 불구하고 감감무소식입니다. 고용노동부가 혹시 쿠팡 사수대입니까?

○고용노동부노동정책실장 김유진　전혀 그렇지는 않고요. 명단이 워낙…… 1만 6000명에 달하고 그다음에 여러 가지 전산 시스템 같은 것들도 다 살펴봐야 되고요. 그다음에 제보자가 중간에 병원을 가고 하면서 저희가 시간이 많이 들었습니다.

○박해철 위원　1년이 된 자료고 이 부분은 있을 수 없는 내용들입니다.

○고용노동부노동정책실장 김유진　거의 수사가 마무리 단계가 돼서 곧 결과를 발표할 수 있을 것 같습니다.

　　　　(발언시간 초과로 마이크 중단)

　　　　(마이크 중단 이후 계속 발언한 부분)

○박해철 위원　알겠습니다.

　　마지막으로 차주혁 기자님, 아까 정종철 대표님 말씀에 대해서, 아까 정종철 대표님 말씀 주신 내용에 대해서는 저도 아니라고 보는데 직접 그 내용들을 취재했던 기자분으로서 입장을 말씀 좀 부탁드립니다.

○참고인 차주혁　쿠팡 블랙리스트 관련해서는 작년……

○위원장 안호영　잠깐만요. 지금 나와서 발언하시는 분이……

○참고인 차주혁　MBC 차주혁 기자입니다.

○위원장 안호영　예, 차주혁 참고인 말씀하시지요.

○참고인 차주혁　작년 8월에 쿠팡 시흥2캠프에서 야간 노동 도중 숨지신 고 김명규 씨가 있습니다. 그 아내분이 저희와 인터뷰하는 과정에서 이런 얘기를 했습니다. 남편이랑 같이 일을 하러 갈 때 '쿠팡에는 블랙리스트가 있으니까 현장 관리자가 시키는 거 무조건 다 해야 된다' 그 말을 했고 '그 말을 듣고 나서 남편이 그렇게 무리했던 게 아닌지, 그래서 그 말 했던 걸 상당히 후회하고 있다' 이렇게 얘기를 하고 있습니다.

　　결국에는 뭐냐면 쿠팡 블랙리스드는 지금 오늘 이 자리에서 논의되는 쿠팡의 과로를 조장하는 그 노동, 인사·노무 시스템과 결합이 되어 있고 쿠팡의 과로사를 조장하는 노무 시스템에서 중요한 핵심 기제로서 작동하고 있다고 생각합니다.

　　이상입니다.

○**위원장 안호영** 혹시 마무리 발언하실 거 있습니까, 박해철 위원님? 이따 하겠습니까?

○**박해철 위원** 아까 1분을 더 쓴…… 좀 이따가 더 하겠습니다.

○**위원장 안호영** 예, 그러면 그때 하시지요.

다음은 임이자 위원님.

○**임이자 위원** 상주·문경, 문경·상주 출신 임이자 위원입니다.

우선 위원장님, 의사진행발언부터 좀 하겠습니다.

대유위니아그룹 임금체불 관련돼서 박현철, 박영우 회장님 조카분은 지난 국정감사 때 이 문제 해결 및 변제 계획에 대해서 능력이 없다는 것을 이미 알고 있는 바이고 그다음에 김동현 비서실장은 조금 전에 보니까 이분도 별 저거는 없는 것 같은데……

결과적으로는 오늘 청문회의 가장 키를 쥐고 있는 분이 박은진, 박영우 회장님 차녀분이신데 이분이 지금 우리 청문회 증인 채택으로 된 이유에 대해서 변제 계획이라든가 아니면 이분에게 문제 해결 능력이 있는지 간사에게 물어보니까 간사가 모른다고 했습니다. 그러면 지금 박은진 씨가 증인 채택으로 된 이유와 여기에 대한 어떤 자격이 있길래 이분이 증인 채택이 됐는지 알 거 아닙니까? 이 부분을 좀 알려 주셔야 제가 여기에 대해서 정말로 변제 계획이라든가 해결 능력이 있는지 질의를 할 거 아니겠습니까? 어떤 자격으로 이분이 오셨지요? 저는 이분하고 일면식도 없고 이분하고 얘기한 적도 없……

○**박홍배 위원** 제가 답변을 드려도 되겠습니까?

○**임이자 위원** 아니, 지금…… 왜 위원장한테 내가 의사진행발언하는데 박홍배 위원님이 말씀하십니까?

○**김태선 위원** 신청한 사람이잖아요, 신청한 사람.

○**박홍배 위원** 제가 신청을……

○**임이자 위원** 아니, 어쨌든 위원장을 통해서 해야지 우리끼리 얘기하라는 의사진행발언은 아니지 않습니까?

○**위원장 안호영** 임이자 위원님 발언하세요.

○**임이자 위원** 그래서 여기에 대해서 지금 박홍배 위원님이 말씀하신다고 했으니까 위원장님께서 박홍배 위원님께 발언권을 주셔 가지고 하시든지. 좀 정확하게 알아야지, 정보를 알아야지 우리가 여기에 대한 인포메이션이 전혀 없습니다. 얘기 좀 해 주시기 바랍니다.

○**위원장 안호영** 박홍배 위원께서 박은진 차녀를 증인으로 신청하셨는데 취지랑 좀 더 설명을, 아마 신문을 좀 더 효율적으로 하기 위해서 궁금해서 그러시는 것 같은데 좀 참고로 할 수 있도록 설명해 주시지요.

○**박홍배 위원** 박은진 현 대유에이텍 부사장을 증인 채택하게 된 이유는 박은진 부사장이 지금 임금체불하고 있는 위니아와 위니아전자의 재무 담당 본부장을 2021년도에 했었고 이후에 대유그룹 박영우 회장의 차녀로서 그룹 전체의 경영과 임금, 재무 상황에 대해서 보고받았다라는 증거들이 향후에 제 질의에 포함이 되어 있습니다. 해서 박영우 회장 일가가 만들어 놓은 가전 3사의 부실 이 과정에 회장 일가의 한 사람으로서 또 지금 구속된 박영우 회장을 제외하고는 지금 남아 있는 회사의 가장 주축인 대유에이텍에서 부사장직을 수행하고 있기 때문에, 그룹 경영에 가장 깊숙하게 관계하고 있는 사람이

기 때문에 박영우 회장이 불출석한 상태에서는 지금 박은진 부사장이 그룹 경영과 관련해서 그리고 임금체불과 관련해서 설명할 수 있는 유일한 사람이다 이렇게 판단을 했습니다.

○**임이자 위원** 그러면 위원장님, 다시 제가 박홍배 위원님한테 잠깐 직접 물어봐도 되겠습니까? 그러면 제가 좀 궁금한 게……

○**위원장 안호영** 박홍배 위원님께 여쭤본다고요?

○**임이자 위원** 아니……

○**박해철 위원** 그걸 지금 이렇게 말씀드렸으니까 위원님이 하시고 싶은 얘기를 하시면 되잖아요.

○**임이자 위원** 아니, 제가 직접 묻는 게…… 왜냐하면 금융의 전문가이시기 때문에 여쭤보는 거예요.

그러면 이분이 대유위니아전자라든가 천진공장 부실과 그다음에 또 미주 법인 부실에 대해서 책임 전가를 대유위니아로 다 넘기지 않습니까? 그랬을 때 이분이 그때 당시의 재정 담당자였다는 겁니까?

○**박홍배 위원** 직접적인 직책에서 재무 관련 업무를 하신 건……

○**임이자 위원** 다 했다 이 말이지요?

○**박홍배 위원** 2021년도만 했던 것으로 알고 있습니다만……

○**김태선 위원** 임이자 위원님이 직접 물어보시는 게 나을 것 같아요.

○**위원장 안호영** 그러면 이렇게 하시지요. 지금 질의 시간이……

○**임이자 위원** 아니, 좀 알고 하려고……

○**위원장 안호영** 임이자 위원님 신문 시간이고 바로 이어서 또 박홍배 위원님 신문 시간이니까 두 분이 이렇게 여쭤보면서 부족한 부분들을 질의하면 될 것 같습니다.

임이자 위원님 신문하시지요.

○**임이자 위원** 제가 좀 질의 시간을 효율적으로 관리하기 위해서, 제가 여기에 대해서 인포메이션이 없어서 좀 물어봤는데요. 어쨌든 박은진 대유에이텍 부사장님께서는 박영우 회장님의 차녀이기도 하고 또한 여기에 대해서 재무 담당을 했기 때문에 ‘모른다’라고 얘기를, 답변을 한다거나 아니면 이와 관련돼서 ‘저는 거기에 대해서 관련이 없다’라고 하시면 안 될 것 같아서 제가 박은진 증인께 묻습니다.

대유위니아전자가 부실 책임을 갖다가 대유위니아로 전가했을 때 거기에 대해서 관련을 했습니까, 안 했습니까? 알고 있습니까, 모르고 있습니까?

○**증인 박은진** 제가 2018년 12월에 입사를 해서 2019년에 본격적으로 시작을 했는데 제가 배우는 단계에 있었고 그 전에는 사실……

○**임이자 위원** 알고 있었지요?

○**증인 박은진** 제가 경영에, 그 부분에 깊숙이 관여하지 않아서 잘 모르고 있습니다.

○**임이자 위원** 저는 알고 있었다고 보아집니다. 그 정도로 지금 현재 대유…… 18년에 입사해서 지금 25년에 부사장직을 하고 있다라고 한다면 그 정도 경영 수업은 끝났다고 보아지고 모른다고 한다는 것은 여기에서는 답변이 본인에게 별로 유리하지는 않습니다. 있는 그대로 진솔하게 답변 주시기 바랍니다.

강용석 대유위니아전자 노조위원장님 저쪽으로 나와 주시기 바랍니다.

　박은진 증인, 노조위원장이 노동조합의 대표자이고 그와 관련돼 가지고 지금 피를 토하는 심정으로 있습니다. 이분들이 지금 어느 심정으로 어떻게 있는지 한번 잘 경청해 주시고 이와 관련돼서 '나는 모릅니다', '나는 관련이 없습니다' 그런 답변 하지 마시고 지금 박홍배 위원께서 말씀하신 대로 재무 관련돼서 충분히 업무를 하셨고 여기에 대해서 알고 있다라고 사료되기 때문에 여기에 대한 정확한 답변 주시기 바랍니다.

　강용석 위원장님, 지금 현재 대유위니아 노조원들이 거의 많이 퇴사하셨지요, 그때 당시에 있던 분들이? 임금체불을……

○**참고인 강용석** 　저희들 지금 한…… 임금체불 사태가 터지고 나서 90% 이상 다 나갔습니다.

○**임이자 위원** 　지금 거기에 대해서 우리 노동자들이 어떤 삶을 살고 있고 이거와 관련돼 가지고 어떻게 가정이 피폐해졌고 어떻게 무너져 내렸으며 지금 심정이 어떻고…… 지금 곧 설날이 다가옵니다. 물론 정국이 좋지는 않습니다만 그래도 우리가 노동자들이 억울한 일은 당하지 않아야 되지 않겠습니까?

　여기에 대해서 회장의 가족인, 차녀인 박은진 부사장님 나와 있으니까 지금 우리 삶이 어떻게 무너지고 있는지에 대해서 얘기 한번 해 주시기 바랍니다.

○**참고인 강용석** 　저희들 조금 전에 아까 임이자 위원님께서, 김위상 위원님께서 '세상에서 가장 억울한 사람이 누구냐? 일을 하고 돈을 못 받는 사람이다', 정말 가슴에 와닿았습니다.

　오늘 박은진 부사장 또 이 자리에 안 나오신 회장님 관련해서 저는 그 얘기를 하고 싶습니다.

　지금까지 평생 일을 시키고 월급을 줘 왔지 않습니까? 다시 부사장님 포함해서 지금 마음을 돌려야 됩니다. 왜냐하면 한번 해 보십시오. 한 6개월 정도 월급 없이 한번 살아 보십시오, 가정이 어떻게 돌아가는지. 그렇게 겪어 봐야 합니다. 말로는 이해가 안 됩니다, 저희들 얼마나 힘이 드는지.

　저희들 보십시오. 일을 했는데 의식주가 안 됩니다, 지금. 의식주가 안 돼요. 또 가장 마음 아픈 게 뭔지 아십니까? 집에 자식이 굶고 있습니다. 아무것도 못 합니다. 지금 말로는 어떻게 되겠지 하겠지만 당해 보면 의식주가 되고 안 되고에 의해서 하늘과 땅입니다. 말 그대로 생지옥입니다.

○**임이자 위원** 　지금 그나마 퇴사하신 분들도 일용직 이런 거 전전하시면서 겨우겨우 하루하루 살아간다고 듣고 있습니다. 맞습니까?

○**참고인 강용석** 　예, 지금 저희들…… 제가 아까도 말씀드렸는데요. 임금체불 터지고 나서 지금까지 직원들 90% 이상이 나갔습니다. 왜 나갔겠습니까? 스스로 걸어 나간 겁니다. 저희들 그 앞에 회사 거리에서 정리해고 투쟁을 했습니다. 그때는 이렇게 안 나갔습니다, 소수입니다. 그런데 임금체불 딱……

○**임이자 위원** 　못 견뎌서 나간 거지요?

○**참고인 강용석** 　예, 임금체불 터지니까 스스로 다 나갔…… 왜냐? 먹고살 수가 없습니다. 그래서 나간 겁니다.

○**임이자 위원** 　안 나가면 죽으니까요. 그렇지요?

○**참고인 강용석** 　안 나갈 수 없습니다. 왜냐하면 지금 위원님이나 이 자리에 계신 모든

분들 다 월급쟁이 아닙니까, 따지고 보면? 그런데 아까도 말씀을 드렸는데 제가 여러 가지 얘기도 합니다. 한번 느껴 봐야 되거든요. 저도 이거 당하기 전에는 잘 몰랐는데 느껴 보니까 이건 너무 심합니다.

○**임이자 위원** 1분만……

박은진 증인께서 들으셨지요? 박은진 증인, 저를 보세요. 들으셨지요? 노동자의 절규를 들으셨지요? 박은진 증인께서 또 아버님께 어떤 얘기를 들으셨는지 모르겠지만 여러 위원들께서 말씀드렸다시피 아버님은 그래도 100억 이상의 급여를 타 가셨어요.

지금 이분들 체불임금으로 인해서 생계가 막막하고 어쩔 수 없이 나가서, 하루 벌어서 하루 먹고살아야 되니까 나가서 이렇게 전전하고 있습니다. 대유위니아 등에서 경영진은 노동자들의 손끝에서 나오는 그런 생산성 갖고 먹고사는 거고 거기에 대한 책임을 져야 되는 겁니다. 그런데 이분들이, 대유위니아 된 것을 자랑스럽게 생각해야 될 이분들이 체불임금으로 인해서 지금도 고통을 받고 있습니다.

여기에 대해서 박은진 증인께서는 박 회장의 자녀로서 어떤 책임감을 느끼면서 어떻게 해결 의지를 갖고 있는지 답변해 주시기 바랍니다.

○**위원장 안호영** 마이크를 대고……

○**증인 박은진** 먼저 체불로 고통받고 계신 전현직 임직원분들께 매우 송구합니다. 그리고 회장님께서도 수감 중이신 와중에도 60명의 체불임금을 사재 출연을 통해 해소하신 것으로 알고 있고요. 또 아까 위원님께서 언급하신 다야니 상고심 사건도 굉장히 중요한데 사실 전자가 인지대가 없어서 좀 어려움을 겪었는데 그 부분도 1억 6000만 원을 사재 출연하셔서 또 상고에 갈 수 있게 도움을 주신 것으로 알고 있습니다. 그리고 향후에도 사태가 해결될 수 있도록 최선을 다하실 것이라고 생각합니다.

(발언시간 초과로 마이크 중단)

....

(마이크 중단 이후 계속 발언한 부분)

○**임이자 위원** 본인 생각을 말하세요, 본인 생각을. 지금 노동자들의 절규를 들은 본인 생각을 한번 얘기해 주세요.

○**증인 박은진** 저도 아버지의 딸로서 또 전 위니아 임원으로서 굉장히 죄송하고 무거운 마음입니다. 죄송합니다.

....

○**위원장 안호영** 또다시 말씀할 기회가 있을 겁니다, 그렇게 하고.

다음, 박홍배 위원님.

○**박홍배 위원** 더불어민주당 박홍배 위원입니다.

2023년도에 박영우 회장이, 2024년도 박현철, 오늘 참석하신 증인 이어서 오늘 박은진 이사장께서 증인으로 출석을 했습니다. 이렇게 일가에서 세 분이나 국회에 나오기 쉽지가 않은데요. 아까도 말씀드린 것처럼 임금체불 상위 30개 기업에서 1위, 2위, 9위를 위니아 3사가 차지하고 있습니다. 정말 부끄러운 일입니다.

박은진 증인께 여쭙겠습니다.

오늘 국회 출석 관련해서 변호사와 같은 제삼자의 조력을 받은 사실이 있습니까?

○**증인 박은진** 제가 그런 보고는 받은 바 없습니다.

○**박홍배 위원** 그러면 '변호사로부터 이러이러하게 나가서 답변을 하면 된다라고 자문을 받았습니다. 참고하십시오'라는 보고를 받은 사실이 없다라는 말씀이세요?

○**증인 박은진** 보고를 받은 바가 없습니다.

○**박홍배 위원** 그러세요?

제가 알기로는 지금 회사가 최소 2개 로펌에서, 계속해서 이번 청문회와 관련해서 자문을 해 준 것으로 들어 왔는데 거짓말하시면 위증의 죄를 받습니다. 참고하시고요.

지금 그룹 전체의 임금체불 규모 알고 계세요?

○**증인 박은진** 제가 알기로는 23년 회생 들어간 이후에 708억 원이고 또 회장님 기소되신 금액은 398억 원으로 알고 있는데 시간이 지나면서 법정이자 등이 붙으면서 늘어난 것으로 알고 있습니다.

○**박홍배 위원** 더 늘어났지요. 연도 말 기준으로 1200억 원이고 지금 미청산 금액이 880억 원이에요. 96억 원이 대지급으로 국가가 지급을 했습니다.

(영상자료를 보며)

증인, 아까도 말씀드린 것처럼 21년도에 위니아그룹 재무담당 본부장도 하셨고 지금 PPT 보시는 것처럼 임금, 수당, 인건비, 매각 관련해서 내부적으로 계속 그룹에서 보고를 받아 오시는 위치에 계셨었어요. 다 보고받으셨지요?

○**증인 박은진** 제가 21년 7월에 출산을 하고 출산휴가를 다녀오고 23년에도 또 출산을 해서 좀 깊숙이 개입하지 못한 것 같습니다. 잘 알지 못하는 부분이 있는 것 같습니다.

○**박홍배 위원** 지금 저렇게 증거가 명확하게 있고 뒤에 많은 증인들이 앉아 계세요. 증인께서 이 임금체불 사건에 무관하지 않다라는 사실들이, 증거들이 차고 넘칩니다. 위증하시면 안 된다라는 말씀 다시 한번 드립니다.

지금 박영우 회장 구속 이후에 그룹의 실질적인 경영, 박영우 회장이 옥중에서 하고 있습니까, 박은진 증인께서 직접 하고 있습니까?

○**증인 박은진** 옥중 경영 이런 건 제가 아는 바가 없고, 제가……

○**박홍배 위원** 그러니까 그룹을 회장이 경영하고 계십니까, 지금 부사장님이 경영하고 계십니까?

○**증인 박은진** 23년 이후에 사실상 그룹이 와해돼서 없고요. 그다음에 에이텍……

○**박홍배 위원** 대유에이텍을 통해서 지금 자동차 부품업체 비즈니스를 계속 하고 계시잖아요. 그리고 일가들은 ㈜영일이 등을 통해 가지고 대유에이텍에 대한 지분을 계속 늘려 왔어요. 51% 소액주주들 제외하고 최대주주가 지금 가족 네 분이시잖아요.

○**증인 박은진** 지금 자동차 부품사인 대유에이텍의 부사장으로 있습니다, 나머지는.

○**박홍배 위원** 그러니까 그룹이 와해됐다라는 말씀이 아니라 지금 그룹 경영을 누가 하고 계시냐고요?

○**증인 박은진** 대유에이텍의 부사장으로 재직 중이고 대표이사님이 계십니다.

○**박홍배 위원** 위니아 3사 임금체불 사태에 대한 본인의 책임을 지금 인정하지 않겠다라는 말씀이신 거지요?

○**증인 박은진** 말씀드렸다시피 제가 두 번의 출산으로 인해서 실질적으로……

○**박홍배 위원** 휴직해서 책임이 없다?

자, 체불 해소 계획이 여러 번 제출이 됐어요, 국회에서 증언도 하시고. 그중에서 언급이 안 된 사항이 하나 있습니다. 미국 뉴저지주 포트리의 사우스폴 빌딩, 그룹이 구입을 했어요. 이 그룹이 이후에는 박은진 증인이 이사로 있었던 대유아메리카로 소유권이 넘어간 사실이 있습니다. 그리고 불법 증여 논란이 일었었지요. 이것 최근에 언론 기사 찾아보니까 빌딩 매각이 되는 것 같아요. 매각 완료됐습니까?

○증인 박은진 제가 보고받은 바는 없으나 전해 듣기로는 그게 위니아에이드의 소유고 위니아에이드 내에서 매각이 마무리된 것으로 들었습니다.

○박홍배 위원 박영우 회장하고는 평소에 그룹 경영에 대해서 얼마나 많은 상의를 하고 논의를 하십니까? 최근에 혹시 면회 가서서 아버님과 상의하신 부분이 있어요?

○증인 박은진 면회 시간이 굉장히 짧기 때문에 건강 상태라든지 회장님께 이런 부분만 여쭤보고 있습니다.

○박홍배 위원 박영우 회장, 여러 차례 지금 다른 위원님들께서 많이 언급을 하셨는데 몽베르CC 자산 매각 그리고 성남 대유위니아타워 매각하면 이걸 가지고 체불 임금을 변제하겠다라고 여러 차례 얘기를 했는데 지금 와서 다른 얘기를 하고 있어요. 가전 3사 회생 절차 중이어서 자금 지원이 곤란하다 이렇게 얘기를 하고 있는데, 몽베르 골프장 1200억 입금을 했는데 2개 지분 회사—스마트홀딩스, 동강홀딩스—중에서 동강홀딩스 같은 경우에는 회장 일가에서 40% 지분 가지고 있잖아요, 나머지 지분들은 다 관계사들이고. 그러면 위니아전자에 그전에 임금체불하고 영업비용 지불한 것처럼 대여해서 임금체불 상환에 사용할 수 있었던 것 아닙니까?

○증인 박은진 제가 잘 알지는 못하지만……

○박홍배 위원 내용 모릅니까?

○증인 박은진 그때 대표이사 배임 문제 등 법적 제약이 있었던 것으로 제가 알고 있습니다.

　　　　(발언시간 초과로 마이크 중단)

···

　　　　(마이크 중단 이후 계속 발언한 부분)

○박홍배 위원 법정관리인 두 분들 의견은 어떠세요? 김혁표·임영택 법정관리인, 마이크 뒤에 있으세요?

　스마트홀딩스 제외하고 동강홀딩스 지분 매각대금 위니아, 위니아전자 임금체불에 사용할 수 있었습니까, 없었습니까?

○참고인 임영택 그때 당시에는 그 내용들은, 지분관계에 대해서는 제가 잘 이해를 못했고 돈 들어온 사항은 없었습니다.

○박홍배 위원 옆에……

○참고인 김혁표 그 당시에는 그런 정확한 정보는 없었고 저희들이 채권이 있는데 채권을 회수할 수 있었다면 임금체불은 상응하는 만큼 해소할 수 있었다고 생각합니다.

○박홍배 위원 오후에 계속 하겠습니다.

···

○위원장 안호영 이따가 또 다시 신문 시간을 활용해 주시기 바랍니다.

　그러면 청문회의 원활한 진행을 위해서 정회했다가 2시 30분에 속개하겠습니다.

　정회를 선포합니다.

○**위원장 안호영** 의석을 정돈하여 주시기 바랍니다.

회의를 계속하겠습니다.

증인 및 참고인에 대한 신문을 지금 하고 있는 중입니다.

오전에 이어서 계속하겠습니다.

그러면 오후에 조지연 위원님 먼저 신문해 주십시오.

○**조지연 위원** 경북 경산의 조지연입니다.

박은진 증인, 대유위니아그룹 회장의 차녀이고 또 대유에이텍의 부사장이시지요?

○**증인 박은진** 예, 맞습니다.

○**조지연 위원** 여기에 증인께서 왜 나왔다고 생각하십니까?

○**증인 박은진** 회장님의 자녀이기 때문에 나왔고 또 그때 당시에 제가 임원으로 재직하고 있었기 때문에 참석했다고 생각합니다.

○**조지연 위원** 대유위니아의 임금체불 문제, 저는 임금체불 문제 이게 사회악이라고 생각합니다. 동의하십니까?

○**증인 박은진** 예.

○**조지연 위원** 저는 이게 일을 했는데 정당한 대가를 받지 못하는 것, 그 노동자 한 사람만 죽이는 게 아니라 아까 전에 우리 강용석 위원장이 말씀하신 것처럼 그 가족의 생계마저도 사지로 모는 사회악이라고 생각합니다.

책임을 통감하십니까?

○**증인 박은진** 회장님의 딸로서 또 위니아 전 임원으로서 매우 죄송하게 생각하고 있습니다.

○**조지연 위원** 사과만 하실 문제는 아닙니다.

대유위니아는 임금체불을 청산할 수 있는 그 여력이 됨에도 불구하고 그걸 청산하지 않는 악질 사업장과 다름없습니다. 현재 1200억 정도 체불액에서 300억 정도 청산하셨고 그다음에 880억 정도가 아직 청산이 되지 않은 걸로 알고 있습니다. 현재 2100여 명이 일하시고도 돈을 못 받은 겁니다.

그런데 대유위니아에서는 계열사 자금으로 부동산 매입해 가지고 별장 사는 데 100억 원 넘게 쓰시고 계열사 자금으로 회장 공간에 인테리어 비용으로도 18억 정도 쓰셨잖아요. 그렇지요? 모릅니까?

○**증인 박은진** 제가 아는 바가 없습니다, 이 부분에 대해서.

○**조지연 위원** 이런 데는 돈을 쓰면서 왜 노동자들한테 돈을 안 주는 겁니까? 임금을 왜 안 주는 겁니까?

박은진 증인 부친께서, 박영우 회장께서 재작년에 국정감사에 나오셔 가지고 임금체불 어떻게 청산할 건지에 대해서 답변하신 것을 워딩 그대로 말씀 그대로 다시 한번 읽어드릴 테니까, '저희 골프장을 매각하고요. 골프장 매각이 이번 주 아니면 다음 주에 매각이 될 것 같습니다. 매각 금액이 3000억 원에서 3500억 사이 왔다 갔다 하고 있습니다'. 체불임금 변제에 최우선으로 쓰겠냐라는 질의에 그렇게 하겠다라고 답변하셨습니다. 골프장이든 멕시코 공장이든 자산 매각을 통해서 임금체불 문제를 해결하겠다고, 그 약속 꼭 지키겠다고 하셨습니다.

그런데 앞서 질의에서도 나왔습니다만 골프장과 이 사업 매각해 가지고 변제하셨습니까? 답변하십시오.

○증인 박은진 제가 알기로는 회장님이 제출하신 불출석사유서에 따르면 골프장 매각을 하고 체불을 해소하겠다는 마음이 앞서서 이게 법적인 제약이 있는 부분을 충분히 고려하지 못하셨다고 적으신 것 같고요. 그리고 멕시코 공장의 경우도 그때 당시에는 구체적으로 글로벌 기업들과 얘기를 하고 있었기 때문에 경기 악화라든지 이런 부분들에 대해서……

○조지연 위원 골프장 매각한 날에 110억 원 개인 변제하는 데 쓰고 대유타워 매각해서 670억 원은 어디로 갔습니까? 그 돈은 뭐 했습니까? 또 알지 못합니까?

○증인 박은진 제가 알기로는 그 67%의 지분을 갖고 계신 건물이었는데 매각을 하면서……

○조지연 위원 자, 앞으로 어떻게 변제하실 계획이십니까?

○증인 박은진 제가 정확한 정보를 알 수는 없지만 회생법원 관할 아래 가전계열사들이 M&A를 추진 중인 것으로 알고 있습니다.

○조지연 위원 증인께서는 언제 대유위니아 그룹에 입사하셨지요?

○증인 박은진 2018년 12월에 입사했습니다.

○조지연 위원 임금 못 받은 적 있습니까?

○증인 박은진 위니아에 있을 때 그런 적은 있습니다.

○조지연 위원 본인도 못 받았습니까?

○증인 박은진 좀 지연되고 그랬던 부분이 있었던 것으로 기억을 합니다.

○조지연 위원 그러면 부친께 임금체불 문제 청산해야 된다, 변제해야 된다, 이거 건의하실 계획이 있습니까? 건의해 본 적 있습니까?

○증인 박은진 회장님께서도 제가 알기로 수감 중에도 꾸준히 사재출연을 하셨고……

○조지연 위원 아니, 본인이.

○위원장 안호영 다음에 또 하실 때 질의해 주십시오.

다음은 박정 위원님 질의해 주십시오.

○박정 위원 위대성 참고인 나오셨지요? 위대성 참고인 오셨어요?

○참고인 위대성 예.

○박정 위원 예, 자리 좀 앞으로 와 주세요.

작년 국정감사를 비롯해서 우리 여야 위원님들이 이 문제에 대한 심각성을 인지하고 여러 번의 질의를 통해서 변제계획을 세우시고 분명히 갚겠다 이런 얘기를 했습니다. 그런데 논리적으로도 안 맞고 상식적으로도 안 맞는 것이 '몽베르CC를 매각한 금액 중에서 우선변제 되는 것을 몰랐다' 이렇게 답변하는 건 국민 기만 아닌가요? 이렇게 홀딩스를 비롯해서 여러 가지 지분구조를 매번 연구하고 어떻게 하면 다 그룹을 유지하고 지배할까를 고민하는 분들이 우선변제를 몰라서 그서를 했냐는 것은 정말 상식에 빗어난 얘기고요. 박은진 증인께서 그냥 또 늘상 '아버지 일이라 잘 모르겠다' 이렇게 하면 안 됩니다. 일가라는 상황에 의해서 지금 증인을 불렀고 책임이 있는 거예요.

우선 위대성 참고인, 위니아매뉴팩처링 변제계획에서 파산 시에 자산매각을 통해서 체불임금 일부를 변제하겠다 했는데 보유 자산가치가 최대 200억 정도 수준이고 이건 체불임금의 한 46%, 50%가 안 돼요. 그러면 이마저도 감정평가액에 못 미칠 수 있다 이렇게 되는데 어떻게 생각하세요? 충분히 체불임금 갚을 수 있다고 생각하세요?

○**참고인 위대성** 변제가 안 될 거로 알고 있습니다. 지금 저희가 감평을 받았을 때 그 자산가치가 880억인데 지금 그쪽에 신탁 걸려 있는 게 420억에 이자가 한 30억하고 500억 빠지고……

○**박정 위원** 알겠습니다. 그래서 안 된다는 얘기지요?

○**참고인 위대성** 예.

○**박정 위원** 그래서 지금 박은진 증인께서는 대유위니아 그룹에서는 M&A를 통해서 임금체불을 해결하겠다 이렇게 얘기를 했어요.

지금 나와 계신 분 중에서 김동현 증인 나와 계시지요?

○**증인 김동현** 예.

○**박정 위원** 대유홀딩스 한때는 대표셨고 또 비서실장까지 하셨기 때문에 이런 상황들 전반적인 재무구조 또는 회사의 경영 이런 것들을 모른다 할 수 없는 위치인데, 지금 전자 부문은 정리하고 자동차 계열 회사는 남기고 이런 식으로 계획을 세우고 있나요?

○**증인 김동현** 외람됩니다만 제가 23년 말일부로 회사를 관둬서 지금 1년 넘게 사실 지금……

○**박정 위원** 임금체불이 몇 년이 됐기 때문에 그때부터 전반적인 재무구조나 이런 것들을 대유홀딩스를 통해서 진행을 하다가 지금 조금 성격이 제가 보기에 바뀐 것 같아요. 지금 대유에이텍에다가 몰아주고 있지요, 증인?

○**증인 김동현** 24년 이후 사항들에 대해서는 제가 전혀 지금 관여하고 있지 않아서……

○**박정 위원** 관여하고 있지는 않은데 그동안 홀딩스에 대한 대표까지 하셨기 때문에 전체적인 흐름을 보면 그냥 알 수 있는 거 아니에요? 자꾸 모른다고만 대답을 해요?

그러면 박은진 증인한테 물어볼게요.

대유에이텍을 통해서 지금 지배하려고 하고 있나요?

○**증인 박은진** ……

○**박정 위원** 대유에이텍의 지분을 왜 계속 지금 매집하고 있어요, 본인도? 어머니도 그렇고 계속적으로 일가가 계속 지금 매집하고 있어요. 지금 이 상황에서 임금체불에 대해서 노동자들은 어려워 죽겠는데 본인들은 지배구조만 생각해서 그거를 사재출연하는 것이 아니고 지배구조를 지금 잘할 생각하고 있는 게 그게 맞는 건가요? 대답해 보세요. M&A 실패되면 전자는 버리고 자동차 부품 회사로만 남겨서 대유에이텍을 통해서 지금 지배하려는 거 아니에요? 그러니까 지금 계속적으로, 한두 번도 아니고 계속, 몇십 회는 아니지만 제가 보기에도 엄청난 횟수로 지금 매집을 하고 있어요, 몇 억씩 계속해서.

대답해 보세요.

○**증인 박은진** 회장님께서도 수감 중에도 지속적으로 사재출연을……

○**박정 위원** 아니, 본인이 매입한 거에 대한 얘기를 해 보란 말이에요.

지금 위니아 대표하시다가 파산됐지요? 일감 몰아주기 했었지요, 여러 회사에서? 대표로서 이 파산에 대한 것이 얼마나 큰 책임을 져야 되는 거 알아요? 그런데 자녀라는 명분으로 에이텍에 대한 지분은 계속 매집하고 있고 그러고 나서 그냥 단순하게 사재를 털고 있다고? 사재 털었으면 110억을 본인 우선변제를 해 가냐는 말이에요, 이게. 그래서 부도덕하다는 거예요.

1분만 더 주십시오.

○위원장 안호영 예, 1분 더 주세요.

○박정 위원 지금 대유홀딩스하고 남양유업 소송 중이지요?

○증인 박은진 예, 맞습니다.

○박정 위원 그러면 여기 320억을 다음 달 판결로 돌려받을 수도 있어요, 남양유업하고 해서. 그랬을 경우에 200억은 동강홀딩스에 집어넣고 120억은 대유에이텍에 양도하는 계약을 맺었어요. 왜 그런 거지요?

○증인 박은진 제가 관여하지 않아서 잘 모르겠습니다.

○박정 위원 참고인님 말씀해 보세요.

○참고인 위대성 저는 매뉴팩처링 대표이사를 맡고 있기 때문에 이 관련돼 가지고는 전혀 알고 있는 위치에 있지 않습니다.

○박정 위원 그러면 지금 동강홀딩스 200억 주는 거에 대해서는 채권추심 가처분 신청을 했지요?

○참고인 위대성 저희 메뉴팩처링은 단순히 생산 전문업체이기 때문에 이 자금 관련돼 가지고는 전혀 알 수 있는 위치가 아닙니다.

○박정 위원 법정관리인인데 전혀 몰라요?

○참고인 위대성 이거는 그룹에 관련된 것이기 때문에……

○박정 위원 결국은 거기 관련된 노동자들이……

(발언시간 초과로 마이크 중단)

....

(마이크 중단 이후 계속 발언한 부분)

그냥 하겠습니다.

그래서 여기에 동강홀딩스 200억 원에 대한 채권추심 가처분신청을 했고 나머지 대유에이텍 120억에 대해서도 채권추심 가처분을 해야 됩니다. 그래야지만 그걸 가지고서는 노동자들 봉급을 지불할 수가 있어요. 그런데 왜 무슨 이유인지 대유에이텍은 안 했어요, 지금 120억을. 아까 말씀드린 것처럼 대유에이텍으로 전부 다 몰고 있기 때문에, 거기에 대한 자산구조를 좋게 하기 위해서 일부러 안 한 거예요. 여기 책임자 누구세요, 이 부분에 대해서?

다음 질의까지, 김혁표 참고인 님 다음에 다시 질의할 테니까 그것 관련된 지배구조하고 지분구조, 최근에 매집한 주식 수 이런 것들을 보고해 주시기 바랍니다.

다음 질의 때 다시 하겠습니다.

....

○위원장 안호영 들어가세요.

박은진 증인, 아까 박정 위원님이 물어본 것 중에서 대유에이텍에 대해서 본인도 계속 아마 주식을 지금 매집하고 있는 것 같은데 그러한 이유가 있습니까?

○증인 박은진 한 번 매입했습니다.

○**위원장 안호영** 그 가족들 일가의 지분이 늘어나고 있는 것으로 보이는데 채무변제에 대한 그 의지하고 좀 관계가 있어서 그러는데, 그러니까 한 번이든 몇 번이든 가족들 간에 매집하는 이유가 어떤 의도를 가지고 지금 그렇게 하는 것이지요?

○**증인 박은진** 제가 그 부분은 잘 알지 못합니다.

○**위원장 안호영** 본인은 그러면 왜 했어요, 본인?

○**증인 박은진** 저는 그때 당시에 여러 가지 압류라든지 이런 부분으로 인해서 뭔가 지분매입을 해야 되는 개인적으로 이유가 있어서 조금 했던 상황이 있었던 것으로 기억을 합니다.

○**위원장 안호영** 그것 잘 납득이 안 되는데 이따가 다시 아마 물어보는 기회가 있을 것 같습니다.

자, 다음은 정혜경 위원님 신문해 주십시오.

○**정혜경 위원** 강한승 증인 저쪽 앞으로 좀 나와 주세요.

질의 시작하겠습니다.

진보당 비정규직 노동자 정혜경입니다.

증인에게 묻겠습니다.

쿠팡은 산재 대응 매뉴얼이 있습니까?

○**증인 강한승** 산재 대응 매뉴얼이 어떤 거 말씀하시는지 모르겠습니다.

○**정혜경 위원** 산재가 일어났을 경우에 대응하는 매뉴얼이 있냐고 묻는 겁니다. '예, 아니오'로 대답해 주시면 될 것 같습니다.

○**증인 강한승** 제가 매뉴얼이 존재하는지는 잘 모르겠습니다.

○**정혜경 위원** 모르겠다네요.

그러면 산재 사고가 발생하면 대리점에 산재 대응과 관련한 법률자문을 해 주고 있습니까?

○**증인 강한승** 저는 쿠팡주식회사의 대표인데 저희는 대리점이 없습니다.

○**정혜경 위원** 산하에 있잖아요.

○**증인 강한승** CLS와 대리점과의 관계가 있고요.

○**정혜경 위원** 그거 모르십니까?

○**증인 강한승** 예, 그렇습니다.

○**정혜경 위원** 여기 지금 왜 나와 계세요?

○**증인 강한승** 저는 쿠팡주식회사의 대표로서 나왔기 때문에⋯⋯

○**정혜경 위원** 그러니까요. 그렇게 얘기하시면 안 되시지요.

○**증인 강한승** 그래서 대리점과의 그런 게 있는지는 저는 알 수 없고요. 그거는 CLS에서 쿠팡 택배대리점과의 계약 관계가 있기 때문에⋯⋯

○**정혜경 위원** '예, 아니오'로만 대답해 주세요.

○**증인 강한승** 예.

○**정혜경 위원** 정슬기 님 산재 사고와 관련해서 굿로직스에 법률자문을 해 준 적이 있습니까?

○**증인 강한승** 저는 모릅니다. 없습니다. 저 개인은 없습니다.

○**정혜경 위원** 모른다밖에 없네요.

○증인 강한승 아니, CLS와 관련된 업무이기 때문에 제가 지금……

○정혜경 위원 그래도 큰 사고였고 책임자였기 때문에 제가 묻는 거지요. 왜 묻겠습니까? 여기에 이 자리에 왜 나오셨어요? 모른다라고 할 것 같으면 왜 나오셨습니까?

자, 저희 의원실에서 알고 있는 쿠팡의 24년 발생한 산재 사망사건이 네 건이 있는데요. 정리해 봤더니 다음과 같은 공통점이 있습니다.

PPT 한번 띄워 주시고요. 한번 보시면서 제가 하는 얘기 좀 들어 보세요.

(영상자료를 보며)

저희 의원실에서 확인을 해 보니까 고 정슬기 님 그리고 고 김명규 님의 조의금이 100만 원이었습니다. 쿠팡에서 조의금은 100만 원으로 정해 놓은 것 같습니다. 그리고 2인이 조를 짜서 장례식을 지키는 것도 유사했습니다. 심지어 장례식장을 나가라고 하는 유족의 요구에 주차장에서 대기를 하는 모습도 확인이 되었습니다. 그리고 유족 중에 말이 될 만한 분을 골라서 소통 구조를 마련하고 산재 처리보다는 합의를 종용하는 모습도 보았습니다. 그리고 네 번째는 노동조합, 언론이 유족과의 접촉을 하는 행위에 대해서 차단을 시켰습니다. 그리고 쿠팡이 요구하는 보상 합의내용을 보면 합의내용 비공개 그리고 산재 처리를 안 한다는 내용이 포함되어 있습니다. 산재 처리를 안 한다는 것은 노동자의 죽음이 쿠팡에서 일어났다는 사실을 은폐하기 위한 것으로 보입니다.

자, 증인, 어떻게 생각하십니까? 이 정도면 쿠팡에 산재 대응 매뉴얼이 있다고 생각이 드는데요. 산재 대응 매뉴얼이 있습니까, 없습니까?

○증인 강한승 저는 모르는 내용입니다.

○정혜경 위원 모른다, 모른다, 참 비켜 나가기 좋은 말씀 하시네요.

들어가십시오.

우리 쿠팡 강민욱, 이쪽으로……

현재 참고인께서는 쿠팡준비위원장으로 활동을 하고 계신 걸로 아는데요. 쿠팡 산재 사고 대응 경험이 많으신 걸로 알고 있습니다. 장례식장 등에서 느끼신 쿠팡의 산재 대응 방식 어땠는지 한번 설명 부탁드립니다.

○참고인 강민욱 우선 2023년 10월 군포, 2024년 5월 고 정슬기 님 그리고 7월 경산 카플렉스 급류 사고 그리고 같은 7월에 화성 동탄에서 발생한 새벽배송 택배기사의 과로에 대한 죽음, 그 이후에 8월 달에 김명규 님까지 제가 직접 가 보거나 들은 얘기들은 많은 일치성을 보이고 있었습니다. 앞에서 위원님께서 말씀해 주셨듯이 조의금이 100만 원으로 일치를 했고요. 그리고 정슬기 님이 돌아가셨을 때에는 오늘 불참한 손민수 굿로지스 대표가 합의금을 종용하면서 합의 내용이 무엇이냐를 묻는 유족의 말에 산재를 신청하지 않는다는 내용을 써야지 받을 수 있는 보험금이자 합의금이다라고 한 녹취를 저희가 가지고 있습니다.

그리고 유족의 말에 따르면 장례식장에 대리점 대표와 사측 인원들이 계속 상주했다는 걸 알 수 있었고요. 그런 모습은 7월 달에 있었던 경산이나 화성 동탄도 마찬가지였습니다. 경산에는 제가 직접 가서 하루를 묵고 왔는데요. 유속의 나가 날라는 말에도 그 안에서, 주차장에서 계속 기다리고 발인까지 따라가는 것을 저희가 봤습니다. 그리고 화성 동탄도 마찬가지였습니다. 그래서 저희 과로사대책위나 택배노조에서는 이것은 너무 동일한 모습을 보이고 있다 이렇게 보이고요. 그래서 산재 대응 매뉴얼이 있다는 강한 의구심을 가지고 있다 이렇게 말씀드리겠습니다.

○**정혜경 위원**　저 1분만 정리하게 해 주십시오.

○**위원장 안호영**　예.

○**정혜경 위원**　들어가시면 됩니다.

저도 지난번에 동탄에 사고가 났을 때 저희 의원실에서 직접 가서 한번 확인을 한 적이 있습니다. 비슷한데요. 노동조합하고 의원실이 같이 유족을 만나서 산재 신청하는 방법을 설명하는 와중에…… 노동조합과 의원실이 찾아온 것을 확인한 사측이 그날 애초에 약속했던 보상금은 1억 5000이었어요. 그런데 우리를 보고 난 뒤에 2배로 3억을 주고 그다음에 장학금까지 줄 테니까 합의하자고 유족을 설득했습니다. 이것은 저희 의원실 비서관이 직접 현장에서 확인한 사안입니다. 저희 의원실의 비서관이 현장에서 고인은 주 7일간 야간근무를 하기도 했다고 이야기를 들었습니다.

쿠팡은 현재 돈으로 산재사고를 덮고 있습니다. 유족의 경제적인 사정을 이용해서 조직적인 산재 은폐를 하고 있는 것입니다.

　　(발언시간 초과로 마이크 중단)

　　(마이크 중단 이후 계속 발언한 부분)

이것은 명백한 범죄 행위입니다. 이런 범죄 행위가 언젠가는 드러날 것입니다.

분명히 경고합니다. 쿠팡은 지금과 같은 산재 대응 방식을 바꾸기를 바랍니다.

이상입니다.

○**위원장 안호영**　정혜경 위원님 수고하셨습니다.

다음은 이학영 위원님 신문해 주십시오.

○**이학영 위원**　경기도 군포시 더불어민주당 이학영입니다.

쿠팡 세 대표님, 한번 들어 보십시오.

쿠팡이 편리한 새벽·로켓배송을 통해서 1위 기업이 됐습니다, 그 업계의. 그리고 또 세계적으로 굉장히 빠른 성장을 해서 미국 증시에도 상장을 했지요. 그럴 만큼 큰 기업이 됐는데 그 이면에는 로켓·새벽배송을 위해 밤샘 노동한 노동자들의 희생이 있었습니다.

오늘 계속 지금 그 이야기가 나오고 있고 이 시스템을 어떻게 바꾸지 않으면 안 되겠다 하는 이야기를 하고 있는데 다행히도 이제 바꾸겠다는 노력을 하신다고 아까 대답을 하셨고 또 사회적 합의에도 들어오신다고 해서 다행이라고 생각합니다. 충실히 합의에 임해 주시고.

현재 미국에서도 상장한 기업들은 앞으로 ESG 경영 공시를 해야 된다는 것 잘 알고 계세요? 추세가 그렇지요. 하원에서 법도 통과됐지요? 거기에 노동자들의 실상, 건강 상태, 질병 이런 것도 공시된다는 것 알고 계십니까? 그런 것 다 됩니다, 친환경 생산이랄지 이런 것까지도.

그래서 새벽배송이 소비자들에게 편리하고 그것 때문에 기업이 성장했는데 노동자들의 희생을 어떻게 줄일 건가 이것이 함께 보완되지 않으면 안 됩니다. 그래서 새벽배송 물량을 어떻게든 최소화하려고 하는 노력도 있어야 된다고 생각합니다. 그래서 몇 가지 제안을 하겠습니다.

PPT 한번 보여 주세요.

(영상자료를 보며)

저기에 보면 주문 배송을 요청하러 들어가 보면 저렇게 옵션이 떠 있습니다. 1번에, ‘내일 새벽 7시 전 도착 보장’이 아예 1번으로 떠 있고 확인으로 돼 있습니다. 그래서 거기에 아무 체크 안 하면 그냥 저렇게 넘어갑니다.

또 하나 넘겨 주십시오.

두 번째는 로켓프레시 식품류 주문할 때인데 새벽배송 안 한다는 또 하나의 선택지가 없습니다, 저기에는. 그렇지요? 그래서 그냥 무심코 넘어가면 다 새벽배송으로 넘어가게 돼 있어요.

저것을 가능하면, 노력하면 위쪽의 새벽배송을 의무화를 시키지 말고 아래쪽 것을 위로 올리고 일부러 꼭 한 번 더 소비자가 생각할 수 있게 새벽배송을 밑에 하단에 넣어서 좀 생각해 보고 체크할 수 있도록, 그렇지 않으면 지금 계속 새벽배송으로 바로 넘어가잖아요. 그래서 저 시스템을 하고, 식품 주문도 ‘새벽배송 안 함’란도 하나 만들어서 아까처럼 1번은 언제 시간, 2번은 새벽배송 해서 이렇게 시스템을 좀 바꿔 주시라는 제안을 드립니다. 그래서 가능하면 야간 노동을 가중시키는 새벽배송을 줄이려는 저런 아이디어를 드리니까 한번 시정을 해 보려고 노력하십시오.

다음, 좀 멈춰 주십시오.

녹색병원 임상혁 병원장님 나오십시오.

오시느라 수고하셨습니다.

지금 야간 노동이 어떻게 죽음에 이르게 하는지, 위험성이 뭔지, 연속적인 야간 노동이 어떻게 노동자 건강을 해치는지, 그다음에 저녁 야간 노동하는 업종들이 많은데 유독 왜 물류회사 택배회사 쿠팡에 저렇게 과로사가 빈번할까 이게 궁금합니다.

야간 노동을 다 없앨 수는 없잖아요. 그리고 이런 것을 어떻게 보호할 수 있는지 간단한 시스템이라도 도입할 수 있는…… 특히 야간 노동자, 일일 노동자들이 문제거든요. 그래서 건강을 최소한이라도 늘 체크할 수 있는 방법이 뭐가 있을지, 보호 대책이 뭐가 있을지 이런 것에 대해서 한번 묻고 싶어서 오시라고 했습니다.

○참고인 임상혁 쿠팡에서의 야간 노동이 문제가 되는 것은 다른 노동은 야간 노동이 힘들기 때문에 대부분 교대 노동을 하게 됩니다. 그런데 쿠팡은 교대 노동을 하지 않고 야간에 고정된 노동을 하게 되거든요. 이러면 자율신경계가 다 망가져서 심장의 질환들이 굉장히 문제가 생기게 되고 그런 것들이 나타나고 있습니다. 그래서 가장 좋은 방법은 야간 노동을 줄이는 방법……

○이학영 위원 시간 전체를 줄이는 방법?

○참고인 임상혁 그렇지요.

그다음에 쿠팡의 또 다른 특징…… 그래서 교대 노동의 방식을 도입한다든지 그러면 조금이라도 낫겠지요.

두 번째는 쿠팡의 야간 노동이, 야간의 노동은 원래 주간의 노동보다 노동의 강도기 훨씬 약해야 됩니다. 힘드니까요. 그런데 쿠팡의 노동은 야간의 노동이 훨씬 더 강도가 높은 노동이어서 노동의 강도를 낮추는 방식, 이런 두 가지 방식을 좀 권고하고 싶습니다.

○**이학영 위원** 건강진단이랄지 이런 것 고정적인 노동자는 가능하지만 일일 노동자를 쓰는 거거든요. 그 사람들을 위해서는 회사도 어떻게 할 건지 대안이 뭐가 있냐고 내가 이따 물을 텐데 일일 노동자들을 어떻게 간단하게라도, 들어오면서 안다랄지, 뭐 체크 방법이 없을까요?

○**참고인 임상혁** 그러니까 배치할 때는 배치 전에 건강검사라든지 통해서 이런 야간 노동에 적합한지를 조사할 수는 있을 것 같은데요. 쿠팡의 노동이 하루를 쓰는 노동은 아니고요. 늘 연속해서 고정돼서 일을 하게 되는 거고 제가 만났던 쿠팡 노동자는 너무 힘들어서 그만두는 이런 방식이기 때문에요. 아예 시스템 자체를 야간에 고정된 노동들을 좀 바꿔 나가는 것, 두 번째로는 야간의 노동 강도를 줄여 나가는 것 그런 것이 가장 근원적인 예방책이 될 거라고 생각이 됩니다.

○**이학영 위원** 들어갈 때 일일 체크 혈압이랄지 이런 걸 해서 회사가 그걸 매일매일 하루 노동자라도 체크하는 방법도 기술적으로는 불가능합니까?

○**참고인 임상혁** 일일 체크는 그렇게 크게 유용할 것 같아 보이지는 않습니다만 예를 들면 고혈압이 있거나 당뇨가 있거나 그러면 그것을 잘 컨트롤이 되는지를 확인해 보는 것은 의미 있을 것 같습니다.

○**이학영 위원** 알겠습니다.

고맙습니다.

○**위원장 안호영** 이학영 위원님 수고하셨습니다.

다음은 강득구 위원님 신문해 주십시오.

○**강득구 위원** 김종윤 본부장.

시작하겠습니다.

국토부 표준계약서에는 택배기사의 업무가 무엇으로 명시되어 있지요?

○**고용노동부산업안전보건본부장 김종윤** 산업안전본부장 김종윤입니다.

○**강득구 위원** 다시 한번 얘기하겠습니다.

국토부 표준계약서에 택배기사의 업무가 어떻게 돼 있지요?

○**고용노동부산업안전보건본부장 김종윤** 주로 집화와 배송 업무로 규정된 것으로 알고 있습니다.

○**강득구 위원** 집화와 배송으로 규정되어 있지요?

○**고용노동부산업안전보건본부장 김종윤** 예.

○**강득구 위원** 그렇다면 쿠팡의 배송기사가 하고 있는 프레시백 회수 업무는 택배기사의 업무입니까, 아닙니까?

○**고용노동부산업안전보건본부장 김종윤** 지금 말씀하신 것과 같은 경우에 배송업무에 정확하게 포함은 안 되는 것으로 알고 있습니다.

○**강득구 위원** 안 되는 것으로 알고 있지요?

○**고용노동부산업안전보건본부장 김종윤** 예.

○**강득구 위원** (영상자료를 보며)

2021년 택배노동자 과로사 방지를 위한 사회적 합의문에도 그렇게 돼 있습니다.

그러면 프레시백 회수 업무를 명시한 쿠팡 배송기사의 계약서에 국토부 표준계약서의 기준에 맞게 작성이 안 돼 있다라면 어떻게 되는 거지요?

○**고용노동부산업안전보건본부장 김종윤** 표준계약서 같은 경우가 말 그대로 표준계약서여 가지고서 이것이 법 위반이라고 단언하기는 좀 어렵습니다마는 각종 표준계약서를 준수할 수 있도록 지도를 하고 독려를 해야 된다고 봅니다.

○**강득구 위원** 큰 틀의 지침이라고 볼 수 있는 거지요, 강제는 아니더라도? 그런 것 아닌가요?

○**고용노동부산업안전보건본부장 김종윤** 예, 그건 그렇습니다.

○**강득구 위원** 그러면 노동부에서 얼마 전 자료 결과 보고한 것 보면 지금 프레시백 회수 업무 과정에 문제가 있다라고 본 거지요?

○**고용노동부산업안전보건본부장 김종윤** 분류 업무라든가 프레시백 회수 작업 같은 경우 업무 경감 방안이 필요하다고 요청을 했습니다.

○**강득구 위원** 그런 거지요?

○**고용노동부산업안전보건본부장 김종윤** 예.

○**강득구 위원** 쿠팡 CLS 홍 대표에게 묻겠습니다.

　옆에 우리가 드렸는데……

　잠깐만요. 들어가시고 시간 좀 스톱해 주십시오.

　좀 나오십시오.

　미안합니다.

　　（발언대 옆을 가리키며）

　지금 프레시백, 한번 보십시오. 있어요, 없어요?

○**김태선 위원** 오른쪽에 있을 겁니다, 오른쪽에.

○**증인 홍용준** 아, 예.

○**강득구 위원** 그것 펼침 한번 해 보십시오.

○**증인 홍용준** （쿠팡 프레시백을 펼침）

○**강득구 위원** 그렇게 하는 데 100원씩을 지불하고 있습니다. 그런데 예를 들면 배송기사들이 가서 한 것뿐만 아니고 다른 데 것까지 다 하는 겁니다. 그렇습니까, 안 그렇습니까?

○**증인 홍용준** 저희가 위탁계약 내용에는 배송을 간 곳에 있는 프레시백을 회수하는 것을 계약의 내용으로 하고 있습니다.

○**강득구 위원** 아니, 그런데 현실은 간 데에서만 해서 회수하는 게 아니고 다른 곳까지도 간다 말입니다.

　잠깐, 노조위원장 그렇습니까, 안 그렇습니까?

○**참고인 강민욱** 예, 맞습니다.

○**강득구 위원** 그 현실을 지금 홍 대표는 알아요, 몰라요? 그래 놓고서 인센티브까지 지급한다 이렇게 얘기하고 있어요. 지금 녹색병원 원장님이 말씀하셨지만 이런 것들이 노동 강도를 그야말로 훨씬 더 힘들게 하는 겁니다. 그래 놓고서는 인센티브 준다…… 그리고 이 100원이라는 게 노동착취라는 겁니다.

　노조위원장, 선택권이 있습니까, 없습니까?

○**참고인 강민욱** 페널티 조항이 살아 있기 때문에 그런 것에 대해서 할 수밖에 없습니다.

○**강득구 위원** 그러니까 다시 말하면 평가에 결정적 영향을 미치기 때문에 어쩔 수 없이 할 수밖에 없다 이런 것 아닙니까?

○**참고인 강민욱** 예, 맞습니다.

○**강득구 위원** 그러면 그것에 대한 부분을 둘 중의 하나, 평가에서 빼든지 아니면 자의적 선택권을 주든지 아니면 적어도 일한 만큼 보상, 대가를 더 주든지 이렇게 해야 되는 것 아닙니까? 그렇습니까, 안 그렇습니까?

○**참고인 강민욱** 예, 맞습니다.

○**강득구 위원** 대표!

○**임이자 위원** 위원장한테 마이크를, 위원장이 이쪽으로 나오시든지……

○**강득구 위원** 잠깐만요.

○**위원장 안호영** 뒤에 마이크 주세요.

○**강득구 위원** 시작해 주십시오.

얘기하십시오, 짧게.

○**참고인 강민욱** 택배기사의 업무는 집하·배송이고 프레시백 회수는 집하 업무입니다.

○**강득구 위원** 예, 그러니까……

○**참고인 강민욱** 집하 업무라고 한다면 제대로 된 단가를 줘야 되고……

○**강득구 위원** 아니, 단가도 문제지만 분명히 국토부 표준계약서에는 그 부분이 없다고 얘기했고 사회적 합의에도 빠졌어요.

○**참고인 강민욱** 예, 맞습니다.

○**강득구 위원** 제가 말하겠습니다.

프레시백 회수 업무는 인센티브에 가깝냐 아니면 100원 주는 게 정당한 보상이냐 아니면 착취에 가깝냐 분명히 얘기해 주십시오.

○**참고인 강민욱** 현재 프레시백 회수 업무는 착취에 가깝습니다.

○**강득구 위원** 제가 과로사대책위원회 설문조사 보니까 90%가 이 업무에 부정적이었어요. 그렇지만 어쩔 수 없이 하는 거지요?

○**참고인 강민욱** 예, 맞습니다.

○**강득구 위원** 그리고 지금 카페에서도 프레시백 회수 업무에 대해서 대부분 부정적이었지요?

○**참고인 강민욱** 예, 맞습니다.

○**강득구 위원** 그런데 지금 홍 대표 뭐라고 했어요? 뭐라고 했습니까, 조금 전에?

결론적으로 얘기하겠습니다.

우리 쿠팡 배송기사가 하는 프레시백 회수 업무에 대해서 근본적인 고민 해야 됩니까, 아니면 상관없습니까? 평가에서 빼든지 아니면 그것에 대한 정당한 대가를 주든지……

1분만 더 주십시오.

검토해 봐야 되는 겁니까, 아닙니까?

○**증인 홍용준** 위원님 말씀 주신 취지를 유념해서 보완할 부분이 있는지를 한번 검토를 해 보겠습니다.

○**강득구 위원** 다시 말합니다.

지금 쿠팡에서는 정당한 보상이라고 100원을 얘기하지만, 그리고 몇 % 이상일 때 인센티브 준다고 얘기하지만 이거는 노동자들에게 선택권이 없는 겁니다.

　두 번째, 보상, 정당한 대가가 아니고 착취라고 다들 생각을 하고 있습니다. 다들 부정적입니다. 그러나 평가하기 때문에 어쩔 수 없이 하고 있다 이런 부분에 대해서 강민욱 위원장, 현재 쿠팡 배송기사 입장을 대표해서 프레시백 업무와 관련된 문제점 이런 부분들 가감 없이 짧게 좀 얘기해 주십시오.

○**참고인 강민욱**　저도 지금 현장에서 프레시백 비롯한 퀵플렉스로 일을 하고 있습니다. 오늘 아침에 제 동료 기사들에게 핸드폰 확인해 달라고 했더니 오늘 하루 회수하라고 할당된 프레시백이 1명이 최대 많았을 때 400개였고 적어도 100개가 넘었습니다. 건당 100원을 받는 업무입니다.

　(발언시간 초과로 마이크 중단)

　(마이크 중단 이후 계속 발언한 부분)

○**강득구 위원**　결론적으로 말씀드리겠습니다.

　쿠팡은 노동의 정당한 대가 그리고 인센티브를 줘서 사기를 높인다 이렇게 얘기하지만 노동자들의 대부분은 이것을 착취라고 생각하고 어쩔 수 없이 하고 있다, 그리고 이걸 통해서 노동 강도 때문에 그야말로 사람들이 죽어 가고 산재의 가장 원인이 되고 있다 이런 부분에 대해서 쿠팡은 강 대표 포함해서 노동자를 생각한다 그러면 뼈저리게 반성하고 근본적인 대책 만드는 것 이것이 쿠팡이 앞으로 해야 될, 그야말로 노동자와 상생하는 그런 기업 문화를 만들어야 되는 것 아닙니까?

○**증인 홍용준**　위원님 말씀 취지에 대해서는 잘 이해했고 하여튼 영업점과 현장 종사자 의견 수렴해서 개선할 부분이 있는지 한번 살펴보겠습니다.

○**강득구 위원**　표준계약서 포함해서 근본적인 고민, 대책 만드십시오.

○**증인 홍용준**　예, 검토해 보겠습니다.

○**강득구 위원**　이상입니다.

○**위원장 안호영**　강득구 위원님 수고하셨습니다.

　다음은 김주영 위원님 신문해 주십시오.

○**김주영 위원**　김포시갑의 김주영입니다.

　박은진 부사장 이쪽 앞으로 좀 나와 주세요.

　박은진 부사장님, 지금 부사장의 역할이 뭐예요? 짧게.

○**증인 박은진**　대유에이텍……

○**김주영 위원**　제대로 지금 역할을 하고 있어요? 역할이 제대로 없는 것 같아요.

　지금 연봉 얼마 받고 있습니까?

○**증인 박은진**　작년 기준 2억 7000 정도를 받고 있습니다.

○**김주영 위원**　2억 7000 꼬박꼬박 받고 있지요?

○**증인 박은진**　예.

○**김주영 위원**　지금 체불임금 상환 문제 때문에 수많은 직원들, 2000명이 넘는 직원들이 고통을 받고 있잖아요? 그 연봉을 체불임금 갚는 데 좀 쓸 생각 없어요? 없습니까?

○**증인 박은진**　제가 무엇을 할 수 있는지 최선의 노력을 다해서 방법을 찾도록 하겠습

니다.

○**김주영 위원**　아니, 지금 이게 하루이틀이 아니잖아요. 2023년 청문회에 아버지가 불려 나왔었고 작년에 국감에도 다 증인들 채택돼서 나왔던 거 알고 있지요? 그런데 그런 역할들에 대해서 부사장으로서 아무 책임 없이 그럼 지금까지 있었단 말이에요?

○**증인 박은진**　……

○**김주영 위원**　답답합니다.

　지금 남아 있는 체불임금 900억 가까이 되지요?

○**증인 박은진**　제가 알고 있기로는 23년 회생에 들어갔을 때는 708억 원의 체불이 있었던 것으로 압니다. 그 이후에……

○**김주영 위원**　지금 800억이 넘는, 860억 가까이 되는 걸로 그렇게 나와 있는데 좋아요, 700억이라고 그러더라도 그 700억에 대해서 사실 좀 도덕적으로 문제가 있다고 생각하지 않나요?

○**증인 박은진**　예, 그렇습니다.

○**김주영 위원**　아까 여러 위원님께서 말씀하셨지만 몽베르CC 대금을 체불임금 변제에 최우선적으로 쓰겠다고 이렇게 약속을 했어요, 회장님께서. 그런데 그 말만 듣고 기다렸던 노동자들은 지금 진짜 다들 죽기 직전입니다. 그런데도 불구하고 연봉을 그렇게 많이 받고 있으면서 좀 양심의 가책이 생기지 않나요?

○**증인 박은진**　고통받고 계신 분들께 굉장히 죄송한 마음입니다.

○**김주영 위원**　그렇게 죄송하다고 해야 될 그런 사항이 아니라 실질적으로 지금 변제를 해야 됩니다.

　PPT 한번 틀어 봐 주세요.

　（영상자료를 보며）

　회장이 국회에 제출한 변제계획서에 따르면 법적 리스크가 분명히 존재하고 있어요. 그 법적 리스크 알고 있었지요?

○**증인 박은진**　제가 그 부분에 대해서는 잘 알지 못합니다.

○**김주영 위원**　그러면 부사장으로서 이렇게 지금 체불임금이 많이 있는데 아무것도 모른다고 그러면 지금 부사장 역할을 안 하고 있다는 거나 마찬가지 아닌가요? 조금이라도 책임감이 있으면 이런 정도는 사전에 다 살펴봤을 거라고 생각을 해요.

　아까 존경하는 박홍배 위원께서 변호사 조력을 받지 않았느냐고 물었는데 받지 않았다고 그랬는데 지금 이 청문회 대비해서 준비한 거 아니에요?

○**증인 박은진**　자료 대응에 저희 대유에이텍에서 준비할 수 있는 부분들은 실무진이 했고 저는 조력은 보고받은 바 없습니다.

○**김주영 위원**　영일이 어머니 명의 회사 맞지요?

○**증인 박은진**　그렇게 알고 있습니다.

○**김주영 위원**　그렇게 알고 있어요, 확실해요?

○**증인 박은진**　예, 등기이사로 되어 있으신 것으로……

○**김주영 위원**　그런데 어머니 지금 몸이 아프다고 청문회 증인으로 채택되고 나서 외국을 나갔어요. 지금 이게 맞다고 생각을 해요?

○**증인 박은진**　어머니께서는 오랫동안 피부질환을 앓고 계시고 또 안구적출술로……

○**김주영 위원** 그런데 왜 하필이면 이렇게 증인 채택하고 나서 그렇게 나가느냐 말이에요. 언제 돌아오십니까?

○**증인 박은진** 피부질환에 건조한 겨울이 안 좋아서 거의 매년 겨울에는 좀 따뜻한 곳에 계시는 것으로 알고 있습니다.

○**김주영 위원** 그러면 따뜻한 봄쯤 돼서 다시 한번 청문회 하면 증인으로 나오겠네요?

○**증인 박은진** 제가 그 부분에 대해서는 잘, 워낙 몸이 안 좋으셔서 잘 모르겠습니다.

○**김주영 위원** 지금 여러 위원님들께서 지적하셨지만 체불임금 청산을 위해서 사실은 적극적인 노력도 보이지 않고 이런 가족회사를 앞세워서 그룹 구조조정과 계열사 지배 강화만 몰두하고 있는 이런 상황들이 정말 기업의 경영자로서 책무를 전혀 못 하고 있다 이렇게 말씀을 드릴 수 있고요.

1분 더 주십시오.

어쨌거나 위니아전자 포함한 대유위니아그룹의 가전3사 임금체불에 관해서 책임을 갖고 있지요?

○**증인 박은진** 전 임원으로서 또 아버지의 딸로서 굉장히 송구합니다.

○**김주영 위원** 변제해야 되지요?

○**증인 박은진** 회장님께서는 수감 중에도 계속 사재출연 하고 계시고 앞으로도 최선을 다하실 것이라고 생각합니다.

○**김주영 위원** 사재출연이 지금 제대로 되고 있지 않아요.

고용노동부 노정실장 잠깐 일어서 보세요.

지금 대지급금으로 96억을 지불을 했어요?

○**고용노동부노동정책실장 김유진** 예, 그렇습니다.

○**김주영 위원** 거기에 대해서 지금 회수는 6500만 원밖에 못 했어요. 본 위원 질의 끝나면 거기에 대해서 어떻게 할 건지 답변해 주시고요.

지금 시간이 없어서 그런데 우선 강용석 위원장님, 김학구 위원장님, 두 분 앞으로 나오셔서 본 위원 질의 끝나면 지금의 심정들, 꼭 하고 싶은 이야기 있으면 한 말씀씩 해 주세요. 그리고 마지막에 노정실장님 답변해 주시기 바랍니다.

○**위원장 안호영** 강용석·김학구 참고인 말씀해 주십시오.

○**참고인 강용석** 좀 정리를 해 왔습니다.

한국노총 금속노련 위니아전자 노동조합위원장 강용석입니다.

월급은 노동자 가족의 생활의 원천입니다. 임금체불은 노동자 가족의 생명줄을 끊어내는 경제적 살인입니다. 가정은 이미 파탄이 났습니다. 저희들은 2년이 넘는 임금체불로 죽음과도 같은 참혹한 생활을 겨우 겨우 연명하고 있습니다. 말 그대로 생지옥입니다. 임금체불은 반드시 척결되어야 합니다.

박영우 회장은 임금체불은 방치하면서 자신의 이익만 챙기고 있습니다. 23년 골프장 매각대금 3000억, 최근 3년간의 급여 300억, 24년 선릉 사옥 매각대금 670억도 모두 챙겼습니다. 4000억이나 되는 그 돈은 다 어디로 갔습니까?

현재 박영우 회장은 에이텍을 중심으로 사업 재편을 하고 있습니다. 에이텍에 자산을 몰아주고 지주회사를 통해 주식을 사고 있습니다. 돈이 없어서 임금체불을 해결할 수 없다고 하면서 주식은 무슨 돈으로 샀단 말입니까? 그 돈의 출처가 어디인지 반드시 밝혀야 합니다.

박영우 회장은 임금체불을 해결할 의지가 전혀 없습니다. 임금체불에 관련한 법과 제도의 허점을 악용하고 있습니다. 저희들은 2년 동안 임금체불 해결을 위해서 가능한 모든 수단을 동원했습니다. 그러나 현재까지 임금체불은 전혀 해결되지 않고 있습니다. 안타깝지만 현재의 법과 제도로는 이 문제를 해결할 수 없습니다. 저희 피해자의 입장에서 정당하게 일을 하고서도 월급과 퇴직금을 받지 못한다면 수많은 법과 제도는 무슨 의미가 있습니까? 허상일 뿐입니다.

과거에 만든 법과 제도가 현재의 시점에는 전혀 맞지 않습니다. 오래된 담장의 벽돌이 헐어서 구멍이 숭숭 다 뚫렸습니다. 그 구멍으로 다 빠져 나가고 있습니다. 이제는 특단의 조치가 필요합니다. 그렇지 않으면 임금체불은 해결되지 않을 것입니다.

이제 저희들이 믿을 곳은 입법권을 가진 이곳 국회밖에 없습니다. 위원님들께 간곡히 요청드립니다. 대유위니아 임금체불 사태에 대해서 특별기구를 만들어 끝까지 추적, 해결해 주십시오. 박영우 회장의 확인된 금액 4000억의 행방을, 가족이 보유한 지분과 재산을 밝혀서 임금체불을 해결해 주십시오. 저희 2000명 노동자 가족의 피눈물을 닦아 주십시오.

국회 차원의 임금체불대책 특별위원회를 꼭 만들어 주십시오. 1000억이 넘는 대유위니아 임금체불을 비롯하여 대한민국에서 매년 30만 명의 피해자와 2조 원의 임금체불이 왜 일어나고 있는지 이를 발본색원할 수 있는 조치는 무엇인지 국회에서 주도적으로 정부와 피해 노동자들과 함께 근본적인 문제 해결에 앞장서 주십시오.

대한민국의 어떤 사업주도 월급과 퇴직금은 떼어 먹을 수 없다는 것을 반드시 보여 주어야 합니다. 그래야 이 지긋지긋한 임금체불이 이 땅에서 완전히 사라질 것입니다. 그것이 가장 큰 민생입니다. 정직하게 일을 하고서도 월급과 퇴직금을 받지 못하는 나라가 되지 않도록 우리 노동자들을 끝까지 지켜 주십시오.

감사합니다.

○**위원장 안호영** 수고하셨습니다.

다음은 김학구 지회장님, 말씀을 좀 요약해서 중복되지 않게 말씀해 주십시오.

○**참고인 김학구** 간단하게 하겠습니다.

민주노총 금속노조 광전지부 위니아딤채지회 지회장 김학구입니다.

체불임금은 임금 절도이며 근로자에 대한 경제적 범죄 행위, 살인 행위입니다. 위니아·위니아전자·위니아전자매뉴팩처링 가전 3사에 대한 체불임금은 현장의 근로자는 물론이며 그 가족의 삶까지도 천 길 낭떠러지, 벼랑 끝으로 내모는 경제적 살인 행위인 것입니다.

노동자들이 일을 하고도 임금을 받지 못하는 임금체불액은 매년 증가하고 있으며 2022년 1조 3472억 원, 23년 1조 7845억 원, 2024년 11월 기준 1조 8659억 원으로 역대 최대이며 집계되지 않은 피해를 생각한다면 2조 원을 돌파할 수 있습니다. 지금도 현장의 수많은 노동자와 그 가족들의 삶이 체불임금으로 인해 생활고로 생지옥과 같은 삶을 하루하루 연명하고 있습니다.

대유그룹의 위니아 가전 3사에 대한 체불임금은, 2022년 4월부터 24년 12월까지 임금 및 퇴직금은 약 1200억 원입니다. 이는 역대 최대, 최악 규모입니다.

박영우는 2023년 10월 26일 국회 환경노동위원회 국정감사 증인으로 출석하여 체불임금 변제를 국회와 국민, 위니아 가전 3사 종업원들에게 몽베르 골프장을 팔아 수백억 원의 자산 매각을 통해 변제하겠다라고 분명히 약속한 바 있습니다. 하지만 그 시간 이후 위니아 노동자에게 돌아온 것은 10원 하나 없습니다. 박영우는 체불임금에 대한 지불 능력이 없는 것이 아닌 의지가 없습니다. 철저히 국회와 국민 그리고 가전 3사 종업원에 대한 기만 행위로 일관하고 있습니다. 그 시간 이후 체불임금 근절법이 개정됐지만 위니아 3사에 미치는 영향은 크지 않다라고 감히 판단합니다.

또한 2024년 3월 박영우 구속 이후 2024년 12월 19일까지 14차 공판을 진행하고 있습니다. 지난 12월 14차 공판에서는 박영우에게 검사 구형 10년이 있었습니다. 내용은 '재계 순위 50위 이내 대형 그룹의 대규모 임금과 퇴직금 미지급 사태이며 강자가 약자인 임직원을 괴롭힌 사건이다', '노동자의 피와 땀으로 기업이 운영되었고 일한 만큼 노동의 대가를 받아야 한다', '임금 지급, 자금 운용, 박영우의 사용자성이 인정된다'라는 내용입니다. 하지만 박영우는 구속 이후 지병을 핑계로 병보석을 줄곧 신청해 요구하고 있습니다.

체불임금의 고통은 너무나 큽니다. 한 집안의 가장의 역할은 없습니다. 자녀들은 학업을 중단하고 4대 보험 체납 등으로 병원 진료마저 불가능하며 가정은 산산조각 파탄나고 있는 상황입니다. 또한 위니아는 최근 2명의 종업원이 임금체불, 법정관리에 따른 금전적·정신적 고통으로 인해 운명을 달리하시는 일까지 발생하였습니다. 이렇듯 체불임금에 따른 고통은 하루하루가 생지옥입니다. 반드시 박영우는 국정감사에서 약속했던 변제 계획을 이행해야 할 것입니다.

또한 대유그룹과 남양유업 간의 계약금 640억 배상 판결이 오는 2월경으로 결정된다라고 알고 있습니다. 남양유업에 승소 시 2023년 국회에 약속한 대로 임금 변제에 내놓아야 할 것이며 반드시 피해 노동자에게 지급해야만 합니다. 가전 3사 종업원의 요구는 분명합니다. 지난 21대 국회 국정감사에서 약속했던 체불임금 변제 계획서를 즉각 이행하라.

존경하는 위원님들!

체불임금은 경제적 살인 행위입니다. 두 번 다시 체불임금으로 이 땅에서 고통받고 살아가는 국민들이 없었으면 좋겠습니다. 박영우의 체불임금 해결에 대한 의지, 진정성이 없다면 반드시 이 사회로부터 영원한 격리가 될 수 있도록 입법 추진을 요구합니다.

존경하는 안호영 위원장님을 비롯하여 여야 위원님들께 심도 있는 임금 청문회를 위해 청문회 기일 연장을 요청드리며, 최근 3년 동안 체불임금액은 약 5조 원을 넘었으며 그 피해 노동자는 776만 명입니다. 조속한 시일 내에 국회와 관계기관의 체불임금 대책 특별위원회, 상시 운영기구가 매우 시급한 상황으로 본 환노위에서 추진해 주신다면 감사하겠습니다.

이 청문회 마련을 위해 노력해 주신 모든 분들께 가전 3사 피해 노동자들을 대신하여 감사드립니다. 끝까지 청취해 주셔서 고맙습니다.

이상입니다.

○**위원장 안호영** 수고하셨습니다.

노동부 정책실장님.

○**고용노동부노동정책실장 김유진** 노동정책실장입니다.

대유위니아에 지급된 대지급금을 회수하기 위해서 저희가 대유위니아그룹의 재산을 조회하고 가압류 조치를 취했습니다. 그런데 회생절차 중에는 강제집행이 불가능해서 지금 회수가 많이 늦어지고 있습니다. 앞으로 회생절차 상황을 모니터링하면서 강제집행이 가능할 때는 신속하게 조치를 하도록 하겠습니다.

○**김주영 위원** 지금 96억 원이 세금으로 들어가 있는 겁니다. 정신 똑바로 차리세요.

○**고용노동부노동정책실장 김유진** 예, 알겠습니다.

○**위원장 안호영** 이것으로 1차 증인·참고인 신문을 마쳤습니다.

계속해서 증인·참고인에 대해서 추가 신문하도록 하겠습니다.

먼저 김소희 위원님 신문해 주십시오.

○**김소희 위원** 위니아전자 참고인 위대성님 계시지요? 나오지 마시고 자리에서 일어나 주시면 좋겠는데요.

체불임금 변제 방안을 제출하셨지요?

○**참고인 위대성** 예.

○**김소희 위원** 그 체불임금 변제 방안 제출한 PPT 좀 띄워 주시겠습니까.

(영상자료를 보며)

그 내용 중에 보시면 박영우 회장의 사재 출연을 통한 변제도 변제 방안에 넣으셨습니다. 거기 보니까 '박영우 회장 소유 재산을 추정할 수도 없고 책임에 대한 법적 절차가 진행 중에 있어', 하시겠다는 건지 안 하시겠다는 건지 알 수 없는 답변을 변제 방안으로 넣기는 하셨는데, 오전에 존경하는 우재준 위원께서 박영우 회장이 퇴직금을 받아 간 내역들을 아주 샅샅이 알려 주셨습니다. 이 돈은 받으셨으니까 실제 가지고 계신 돈이겠네요. 그렇지요?

그래서 차녀 박은진께 여쭙겠습니다.

오전 내내 모르겠다라고만 답을 주셨는데 아버님 면회 가시지요?

○**증인 박은진** 예.

○**김소희 위원** 면회 가시면 저 499억 원 사재 출연하신다고 하셨으니까 사재 출연하셔 가지고 일단 빨리 변제하시라고 얘기 좀 해 주시겠습니까?

○**증인 박은진** 최선을 다하실 수 있도록 저도 말씀을 드리겠습니다.

○**김소희 위원** 저것은 가지고 계신 재산이니까 그것은 빨리 하셨으면 좋겠고요.

오전 내내 너무 답답해서, 이런 방안이라도 찾을 수밖에 없는 이 상황이 저는 너무 안타깝고요. 오전 내내 대유위니아 임금체불 건을 보면서 결국은 처벌 수위를 강화하는 방안밖에 없겠구나, 그래서 입법 수단으로서 우리가 그 방법을 강구해야겠다라는 생각만 들었습니다.

향후 입법기관으로서 이 양형기준이나 처벌 수위를 어떻게 강화해서 악의적으로 미지급하는 임금체불 기업에 대해서 어떻게 우리가 처벌할지에 대해서 논의를 하였으면 좋겠습니다.

쿠팡 강한승 대표, 홍용준 대표님께 질의드리도록 하겠습니다. 해당 사항 있으면 말씀 주시고요.

저는 지금까지 쿠팡의 근로자 사망이나 계속 지적되는 문제들을 보면서 이렇게 사고 발생 시에 대응하는 게 아니라 이제는 기업 문화를 좀 바꿔야겠다라는 생각을 하게 됐습니다. 조금 다른 관점에서 바라봐 주셨으면 좋겠고요.

　새벽배송이나 로켓배송은 쿠팡의 경쟁력 중의 하나지요. 그래서 실제로 빠른 배송 때문에 편리함을 누리는 소비자들도 있고 그렇지만 동시에 내가 이렇게 빨리 배송받을 필요가 없는데 굳이 새벽배송까지 해야 되나 하는 소비자들도 있습니다.

　PPT 보여 주시지요.

　여기 댓글 보이시지요? '피와 영혼을 갈아서 새벽배송을 받는 것 같아서 죄책감을 느낀다' 이런 내용이 있습니다. 기업이 이제는 ESG 경영을 해야 되는데 소비자들의 목소리에도 귀를 기울이셔야 합니다. 새벽배송·로켓배송이 소비자들한테 그닥 좋은 걸로만 다가오지 않는 그런 시대라는 것을 아셨으면 좋겠고요.

　그런데 앞서 존경하는 이학영 위원님께서 지적을 해 주셨는데 이 새벽배송 시스템이 거의 디폴트로 돼 있습니다. 제가 보기에는 이게 와우멤버십 때문에, 와우멤버십이 쿠팡의 메인 이익 창출 구조다 보니 와우멤버십을 하려면 새벽배송으로 할 수밖에 없고 새벽배송을 유도하려면 와우멤버십을 해야 되는 그런 이익 구조 때문에 그런 것 아닌가 그런 생각이 드는데 어떻게 생각하시나요?

○**증인 강한승**　저희가 앱의 구성은 여러 가지 소비자들의 선택권이라든가 이런 것을 종합적으로 고려해서 저희가 하는 것으로 그렇게 말씀드리겠습니다.

○**김소희 위원**　실제로 새벽배송을 디폴트 값으로 해 놓는 것을 빨리 개선해 주시고요. 이것을 아닌 것으로 바꾸는 과정이 너무 복잡합니다. 그래서 굳이 내가 새벽배송을 원하지 않는데 새벽배송이 디폴트로 돼 있어요. 이런 부분은 개선을 빨리 해 주시고요. 실제로 이런 것도 있는데 와우멤버십 때문에 내가 물건을 사고 싶지 않은데도 계속 사게 되는, 그래서 결국 과잉 생산, 과잉 소비로 이어지는, 그래서 그게 결국은 사용자와 근로자가 계속되는 악순환의 연결고리로 근로 환경이나 과로사로 연결되는, 산재가 지속되는 그런 상황으로 치닫는 악순환의 고리로 저는 이해가 되거든요. 그런 기업 문화를 좀 개선할 수 있도록 그런 방향을 생각해 주셨으면 좋겠고요.

　그런데 어쨌든 이런 새벽배송이나 로켓배송을 통해서 수익 창출을 하셨잖아요. 그러면 택배노동자 보호를 위해서 쿠팡도 지속 가능성을 고민하셔야 된다고 생각합니다.

　임팩트 리포트에 보면 정규직 근로자들을 위한 제도 지원 방안은 있는데 수익 창출을 하셨던 위탁 택배영업점 소속의 택배기사들이나 같이 상생을 해야 되는 새벽배송의 노동자들을 위한 지원 방안에 대해서는 고민하신 흔적이 없어요. 혹시 고민하고 계신 지점이 있으신가요?

○**증인 홍용준**　저희가 2023년부터 영업점 소속의 기사들에 대한 건강검진을 지원하고 있고요. 저희가 비용을 전부 다 지원하고 있고, 올해부터는 그 건강검진 항목을 확대하고 그다음에 건강검진 결과에 따른 사후 관리 프로그램 그리고 심리 상담하는 프로그램까지도 도입해서 운영할 계획으로 있습니다.

○**김소희 위원**　어쨌든 택배기사들이 직고용 관계기 아니라는 이유로 방임을 해서는 절대 안 되고요, 결국 이분들 덕분에 쿠팡이 지금 이익 창출을 하고 있는 것이니까. 그런데 쿠팡의 수익 구조를 보면 결국 과로로 내몰릴 수밖에 없는 수익 구조 그런 부분들이 있습니다. 이 부분들이 해소될 수 있도록 기업 문화 개선을 해 주시고요. 절대 소극적이지

않고 방어적으로 대응하는 게 아니라 쿠팡이 지속 가능할 수 있도록 그런 식으로 다시 고민해 주셨으면 좋겠습니다. 부탁드립니다.

○**증인 홍용준** 예, 위원님 말씀 명심하겠습니다.

○**위원장 안호영** 김소희 위원님 수고하셨습니다.

다음은 김태선 위원님 신문해 주십시오.

○**김태선 위원** 먼저 차주혁 기자님 잠깐 앞으로 나와 주십시오.

○**참고인 차주혁** MBC 차주혁 기자입니다.

○**김태선 위원** 고생 많으십니다.

쿠팡의 블랙리스트 의혹 관련해서 질문을 좀 드리겠습니다.

참고인으로 참석한 차주혁 기자님께서는 쿠팡의 블랙리스트 의혹뿐만 아니고 쿠팡의 노동 현장의 문제점을 집중적으로 다루시는 것으로 알고 있는데 그 과정에서 느끼셨던 쿠팡의 가장 큰 문제점이 무엇이며 블랙리스트 보도 이후에 쿠팡 측의 입장과 대응이 어 땠는지 간단하게 말씀 좀 우선 해 주십시오.

○**참고인 차주혁** 먼저 답변에 앞서서 제가 한 말씀 올리겠습니다.

점심시간에 제가 고 장덕준 씨 어머니인 박미숙 님과 전화 통화를 했는데요, 대신해서 꼭 전해 달라는 말이 있어서 그 말씀 먼저 간단하게 전하겠습니다.

먼저 쿠팡 노동환경이 전혀 개선되지 않은 현 상황인데 이렇게 합의를 하게 돼서 죄송 하다 그리고 안타깝게 생각한다는 말씀을 전하셨고. 오늘 이 자리에 나오신 쿠팡 측 증 인 세 분께 말씀을 꼭 전해 달라고 하셨는데요, 위원님들 앞에서 이렇게 공개 사과가 필 요한 것이 아니라 반드시 유가족의 얼굴을 보고 대면 사과를 꼭 해 달라고 대신해서 꼭 전해 달라고 하셨습니다. 그 말씀 전하겠습니다.

그리고 제가 지난 2024년 한 해 동안 쿠팡 블랙리스트를 시작해서 여러 과로사 문제들 을 취재했었는데요. 일단 전체적으로 저희가 취재하는 과정에서 쿠팡 측에 답변을 요구 하면 사실 답변을 거의 받지 못했습니다. 방송이 나가고 나면 쿠팡에서는 보도 내용 자 체가 다 허위다, 허위 사실이라고 이렇게 근거 없이 반박하는 내용을 발표하고 했었는데 요. 결국에는 쿠팡의 이런 미온적인 대응 때문에 지금 쿠팡 블랙리스트라든지 과로사라 든지 이게 명확하게, 명쾌하게 드러나고 또 해결된 게 하나도 없는 것 같습니다.

○**김태선 위원** 기자님, 그러면 제가 조금 이따 다시 시간을 드릴게요.

방금 차 기자님이 말씀하셨는데 제가 증인 세 분께 여쭐게요.

유가족 대면 사과 용의 있습니까? 지금 여기서 대답해 주세요.

○**증인 홍용준** 정금석 씨는 제가 직접 만나서 사과드린 적이 있고요. 아직 두 분에 대 해서는 사과드린 적은 없는데……

○**김태선 위원** 홍 대표님 말고요. 강 대표님요.

말씀해 주세요, 강 대표님.

○**증인 강한승** 저기……

○**김태선 위원** 다 말씀해 주세요. 어차피…… 1명씩 다 말씀해 주세요.

○**증인 정종철** 장덕준 씨의 경우에는 저희 CFS 소속으로 계시다 해서 제가 그 부분은 해야 된다고 생각합니다.

○**김태선 위원** 그러니까 그건 아는데, 그걸 누가 모릅니까?

　그러니까 만나실 거지요?

○증인 정종철　예.

○김태선 위원　강 대표님은요? 강 대표님 총괄 아닙니까?

○증인 강한승　예, 만나겠습니다.

○김태선 위원　그러면 세 분 다 만나시는 것으로 이렇게 얘기한 겁니다.

○증인 강한승　예.

○김태선 위원　블랙리스트가 근로기준법 위반, 개인정보법 위반에 그치지 않습니다. 블랙리스트가 가장 악질적인 게 블랙리스트에 들어가지 않기 위해서 본인이 몸을 혹사시킵니다. 그러다 보니까 궁극에는 심야 노동 그리고 과로 이게 자연스럽게 되는 거예요. 블랙리스트가 악질적인 게 바로 이런 부분입니다.

　강한승 대표님, 블랙리스트 작성하신 적 있습니까?

○증인 강한승　아니요, 없습니다.

○김태선 위원　본 적 있으세요?

○증인 강한승　없습니다.

○김태선 위원　정 대표님, 본 적 있습니까?

○증인 정종철　예.

○김태선 위원　본 적 있습니까?

○증인 정종철　예, 이 건이 문제 된 다음에 봤습니다.

○김태선 위원　그러면 이것에 대해서 사과를 하셔야지요.

　블랙리스트 만든 것 인정하신 거지요, 지금?

○증인 정종철　위원님, 다만 제가 그 부분에 관해서 일부 남용이 있었다는 점은 개선할 거고요.

○김태선 위원　아니요, 그러니까 남용이 아니고 만드신 것 맞네요. 인정하신 거지요?

○증인 정종철　한 가지만 제가 말씀……

○김태선 위원　아니, 인정하시느냐고요. 계속 이러세요.

○증인 정종철　예, 만든 적 있습니다.

○김태선 위원　그러면 빨리 사과부터 하세요, 대국민 앞에.

○증인 정종철　일부 너무 광범위하게 됐던 부분에 대해서는 죄송스럽게 생각합니다.

○김태선 위원　이 부분은 강 대표님도 사과하셔야 돼요, 총괄하고 계시니까.

　사과하세요.

○증인 강한승　저희 CFS에서 지금 말씀하신 자료와 관련해서 과도한 측면이 있었다고 생각을 하고요. 그 부분에 대해서는 제가 유감스럽다는 말씀을 드리겠습니다.

○김태선 위원　그러면 지금 쿠팡이 블랙리스트 의혹과 관련해서 기자분들 그리고 제보자 김준호, 제보자님들 고소·고발한 것 취하하시겠습니까? 당연히 취하해야 되겠지요, 잘못한 거니까?

○증인 정종철　예, 다 취하하도록 하겠습니다.

○김태선 위원　오늘 중에 바로 취하하실 거지요?

○증인 정종철　예.

○김태선 위원　이것 너무 당연한 거예요. 너무 길게, 오랫동안 왔습니다.

아니, 지금까지 아니라고 그렇게 하시다가 이제서야 그렇게 말씀하시는 것은 참 늦었지만, 만시지탄이지만 다행스럽다고 생각하고요. 이 부분 취하하시고 이 부분에⋯⋯

20초만 쓰겠습니다.

○**위원장 안호영** 예.

○**김태선 위원** 이 부분 관련해서는 쿠팡이 지금 여기서 저희한테 사과를 했으니까 대국민 기자회견 하십시오. 그리고 이 부분에 대해서 자인하고 사과하고 새로운 기업으로 새롭게 거듭난다는 약속을 한번 해 주십시오. 그러실 용의 있으신가요?

○**증인 정종철** 위원님, 블랙리스트에 관해서 제가 잠깐 설명을 드려도⋯⋯

○**김태선 위원** 아니, 그럴 용의 있으신가요?

○**증인 정종철** 아까 말씀드린 것처럼 개선해야 할 부분이 분명히 있고 개선하도록 하겠습니다. 다만⋯⋯

○**김태선 위원** 아니, 그러니까 대국민 사과 안 하실 거예요?

○**증인 정종철** 제가 위원님들께 이 자리에서 아까 말씀드린⋯⋯

○**김태선 위원** 저희한테 말고 국민들한테요.

○**증인 정종철** 다만 그 부분에 관해서 위원님이나 또 오해가 있으신 부분이 있어서 그 부분을 제가⋯⋯

○**김태선 위원** 아니, 블랙리스트 있다고 인정하셨고 사과하셨잖아요. 저희한테 사과할 게 아니고 그 블랙리스트 때문에 고통받는 국민들께 사과하라는데 뭐가 문제입니까? 저희한테는 되고 국민한테는 안 됩니까?

○**증인 정종철** 블랙리스트가 결코 직원들을 과로하게 하거나 그런 사항이 아닙니다.

(발언시간 초과로 마이크 중단)

⋯⋯⋯

(마이크 중단 이후 계속 발언한 부분)

○**김태선 위원** 지금 블랙리스트를 만드셨다고 인정하셨잖아요, 사과도 하셨고. 왜 국민한테는 사과가 안 된다는 거예요?

○**증인 정종철** 제가 아까 말씀드린 대로 남용이 있었던 부분은 분명히 사과를 드리겠고요. 다만 지금 말씀 주신 것처럼 이 리스트가 마치 저희들이 직원들을 과로하게 하는 그런 아이템은 전혀 아니라는 말씀을 제가 분명히 말씀⋯⋯

○**김태선 위원** 블랙리스트의 뜻을 모르십니까?

○**증인 정종철** 그런데 그게 지금⋯⋯

위원님, 제가 말씀드리고 싶은 게 저희들이 말하는 그 리스트에는 저희 회사에 와서 근무하다가 절도를 했거나 성추행을 했거나 폭행을 했거나 이런 분들⋯⋯

○**김태선 위원** 아, 그래서 기자분들이 포함⋯⋯ 저기 계신 기자분도 다 포함된 거네요?

○**증인 정종철** 아, 기자분들에 관해서는⋯⋯

○**김태선 위원** 절도하고 성폭행한 사람들이⋯⋯ 그게 말이 됩니까, 지금?

○**증인 정종철** 기자분들에 관해서는, 제가 분명히 그 부분은 사과를 드리고요. 결코 있지 않도록 하겠습니다.

○**김태선 위원** 아니, 이 얘기 했다가 사과하고 저 얘기 했다가 사과하고 지금 뭐 하시는 겁니까? 블랙리스트가 성추행한 사람들 리스트 작성한 겁니까?

○**위원장 안호영** 정종철 증인, 블랙리스트 관련해서 지금 김태선 위원님께서 말씀하시는 취지는 어떤 범죄행위와 관련된 사람들을 거기 리스트에 넣는 것을 가지고 얘기하시는 게 아니고 지금 경우에 따라서는 그렇지 않은 사람도 들어와 있고 이게 정상적인 취업을 방해하거나 또 그것 때문에 과로하게 되는 원인이 된 그런 측면의 부작용이 있기 때문에 이 문제에 대한 문제 제기를 하신 거고 그런 측면에서 사과한 것 아닙니까?

○**증인 정종철** 예, 그렇습니다.

○**위원장 안호영** 그러면 앞으로 이런 문제가 생기지 않도록 개선책을 만들어야 되지 않습니까?

○**증인 정종철** 예, 그 부분은 제가 획기적으로 개선책을 마련하고 있습니다.

○**위원장 안호영** 알겠습니다.

다음은……

○**김태선 위원** 제가 아까 전에 말씀 못 들은 것……

○**위원장 안호영** 누구?

○**김태선 위원** 차 기자님 말씀 아까……

○**위원장 안호영** 차 기자님, 뭐 하실 말씀 있습니까?

○**참고인 차주혁** 괜찮습니다.

○**위원장 안호영** 다음은 이학영 위원님 신문해 주십시오.

○**이학영 위원** 이학영입니다.

강한승 대표님, 아까 웹사이트에서 당연하게 새벽배송을 원하는 것을 하위 순위로 내려서 선택사항으로 만들어 주시라는 이야기 김소희 위원님도 하시고 저도 했습니다. 한번 확인해서 고쳐 주시고요.

또 하나는 일회용품 등 필요 없는 것을 특별히 나는 안 받겠습니다 하는 코너를 쿠팡이츠는 지금 하고 있거든요. 이것을 다른 어플에도 좀 해 주시라 부탁 하나 드리겠습니다.

○**증인 강한승** 검토해 보겠습니다.

○**이학영 위원** 그다음에 아까 건강진단 문제, 임상혁 병원장께서 야간 노동은 강도가 더 낮아야 된다 그리고 쉬어야 된다 했는데 그게 안 되잖아요.

특수건강검진 하고 있지요? 일정한 시간 이상 하고 있는 사람.

홍용준 대표님.

○**증인 홍용준** 저희 직원에 대해서는……

○**이학영 위원** 하고 있지요?

○**증인 홍용준** 예, 하고 있습니다.

○**이학영 위원** 그런데 매일매일 하고 오신 분들에 대해서도 아까 의사 선생님은 별 효과도 없다…… 그런데 그래도 최소한 뭘 좀 준비를 해 보시라 하고 권유를 드립니다. 예를 들면 혈압 체크라도 해서 본인이 이상하거나 간호사나 누가 체크할 수 있도록 그런 개선책을 만들어 주시라 부탁드립니다.

○**증인 홍용준** 위원님, 조금만 설명을 드릴……

○**이학영 위원** 이따가 제가 발언 기회 드릴게요.

그리고 현재 일용직 노동자들 근무시간 엑셀로 기록하고 있다고 돼 있네요.

기록하고 있지요, 노동시간을?

○증인 홍용준　저희가 급여를 지급하기 위해서는 근태를 알아야 되기 때문에……

○이학영 위원　그런데 그 기록을 어떻게 활용하는지 모르겠는데 너무 과한 할증 노동 포함해서 주당 근무시간이 60시간을 초과하지 않도록 자동으로 제어하는 시스템으로 개선할 수 없습니까?

○증인 홍용준　저희가 지금 주 시간이 초과하지 않도록 그렇게 운영하고 있는 것으로 알고 있고 주 6일 이상 근무를 못 하도록 시스템이 되어 있는 것으로 그렇게 알고 있습니다.

○이학영 위원　하여튼 너무 무리하지 않도록 그리고 회사도 이번 주는 좀 쉬어라 이렇게 걸러낼 수 있는 시스템을 만들어서 회사도 긴장하고 노동자도 자기 몸을 좀 관리할 수 있게 시스템을 만들어 줬으면 좋겠어요.

다음에 보고해 주세요.

○증인 홍용준　예, 그렇게 하겠습니다.

○이학영 위원　다음에 홍용준 대표께 다시 말씀드립니다.

수수료 체계 좀 이야기할게요.

제가 듣기에 지금 쿠팡이 매년 성장과 수익에도 불구하고 물가상승률 대비, 건수가 많아지는데, 총량은 많아지는데 오히려 수수료는 떨어뜨린다는 거예요. 내가 알기에는 건당 100원씩 줄인다고 하는데 많게는 30%, 적게는 10%까지 물량이 늘어난 만큼 오히려 깎는다는 거예요.

PPT 한번 보세요.

(영상자료를 보며)

쿠팡에 저런 물류가 있습니다, 세탁기하고 작은 봉투의 물건.

일단 쿠팡 건당 수수료가 얼마인지 아세요, 대표님?

○증인 홍용준　그게 배송구역마다 조금 다른 것으로 알고 있습니다.

○이학영 위원　보통.

○증인 홍용준　평균적으로 한 900원에서 1000원 정도……

○이학영 위원　제가 듣기에는 750원으로 듣고 있습니다. 그게 지점에 내려가서 지점이 일부 가져가고 650원도 되고 그렇게 낮은데, 저렇게 2개의 물건이 가는데 세탁기나 작은 봉투나 차이가 있습니까?

○증인 홍용준　저희는 차이가 없는 것으로 알고 있습니다.

○이학영 위원　없지요?

○증인 홍용준　예, 같은 구역 내에서는……

○이학영 위원　다른 회사 것 좀 PPT 보여 주세요.

A사 B사 C사, 다른 택배회사들입니다. 접근성, 배송 수요, 지리적 특성 등을 따져서 1급에서 12등급까지 배송구역 구분을 합니다. 그래서 거기에 맞게, 편리한 곳은 800원, 최고 수수료는 2000원까지도 이렇게 수수료 차이를 둡니다. 지금 쿠팡은 없다는 이야기지요?

○증인 홍용준　저희도 배송구역마다 단가 차이가 있고……

○이학영 위원 차이가 있는데 저런 급지 차이는 있습니까?

○증인 홍용준 급지는 없는 것으로 알고 있는데 저희가 배송구역마다 난이도나 이런 것을 통해서 조정하는 이유가 그런 차이점을 반영하기 위해서 조정하는 절차로 그렇게 이해해 주시면 좋을 것 같습니다.

○이학영 위원 그런데 다른 3사는 배송구역마다 수수료가 다르고 또 3사 모두 중량과 크기, 중량은 25kg, 종합 길이 가로·세로·높이 160㎝ 이렇게 해서 구분을 두고……

　1분만 더 주십시오.

○위원장 안호영 예.

○이학영 위원 더 이상 높은 것은 거절하거나 불가피할 때는 수수료를 더 책정해서 받게 합니다. 그런데 쿠팡은 일률적이에요.

　그다음에 이 등급을 넘어도 당연 배송을 해야 된다고 들었습니다. 이것 무리한 일이지요?

○증인 홍용준 위원님, 저희도 타사와 아주 동일하지는 않겠지만 저렇게 타사가 가지고 있는 택배 물품의 규격, 중량에 대한 규정은 가지고 있는 것으로 알고 있습니다. 그리고 저희가 다른 택배사보다……

○이학영 위원 저는 그렇게 듣지 않았어요. 똑같습니다. 그냥 평균 몇백 원 이렇게 계산하더라고요, 기사님들이.

　하여튼 그것 들여다보시고, 다른 회사처럼 합리적으로, 무리한 노동 하지 않도록 개선해야 되고요. 그래서 그것 고민해서 보고해 주시고.

　그다음에 배달 물량이 이렇게 갑자기 늘어나면……

　　(발언시간 초과로 마이크 중단)

　　(마이크 중단 이후 계속 발언한 부분)

　작년보다 올해 늘어났을 것 아니에요? 그런데 오히려 더 깎거나 저런 특수성에 따른 배달체계가 없으니까 무리한 노동은 하는데 본인의 수익은 정체되는 거예요. 그것 개선해야 되지 않겠어요?

○증인 홍용준 수수료가 삭감됐다는 말씀을 주셨는데 하여튼 저희가 조정을 하고 있고, 난이도나 밀집도 등에 따라서 1년마다 영업점과 협의해서 조정을 하고 있고 난이도에 따라서는 올라간 노선도 상당수 있는 것으로 그렇게 알고 있습니다.

○이학영 위원 우리나라 다른 제조업체들이 1·2차 하정하고 부품회사들에게…… 그런 얘기 못 들었어요? 그렇게 생산성이 오를 만해서 조금 수익이 늘어나면 그다음에는 또 깎는답니다. 언제까지 계속 수익은 고정되는 거예요. 지금 배달노동자들이 그런 경우를 겪고 있다고 저는 생각합니다.

　그래서 수량과 무게의 차이, 수량이 더 늘어나면, 무게가 더 늘어나거나 크기가 늘어나면 일한 만큼 더 대우받는 체계를 만들어 주시라, 개선해 주시라 부탁드립니다.

○증인 홍용준 예, 참고해서 보완할 부분이 있는지……

○이학영 위원 다음 현안질의 때 제가 회사에 묻겠습니다, 어떤 개선책이 나왔는지. 아까 건강에 대한 개선책, 수수료에 대한 개선책 그다음에 웹사이트에 대한 개선책.

　강 대표님, 웹사이트 꼭 기억해 주십시오.

○**증인 강한승**　예, 검토해 보겠습니다.

○**이학영 위원**　감사합니다.

○**위원장 안호영**　이학영 위원님 수고하셨습니다.

박정 위원님 질의해 주십시오.

○**박정 위원**　김혁표 참고인 계시지요?

남양유업하고의 소송이 2월에 나올 것 같은데 그 320억에 대해서 동강홀딩스 200억에 대한 것은 추심을 걸었고……

앞으로 나오세요.

　(영상자료를 보며)

아까 말씀드렸던 320억 중에서 200억에 대해, 동강홀딩스에 대해서 주는 건 가처분 신청을 했어요. 그런데 대유에이텍에 대해서는 왜 안 건 거지요?

○**참고인 김혁표**　저희들이 대유홀딩스에 약 100억 정도 채권을 갖고 있었습니다. 100억 정도의 채권을 갖고 있는데 거기에서, 표에서 말씀하셨다시피 대유홀딩스가 동강홀딩스로 200억을 넘겼기 때문에 저희들이 남양유업에게 동강홀딩스로 가는 200억에 대해서는 함부로 넘기지 말고 압류를 하라고 했습니다.

○**박정 위원**　그런데 대유에이텍에 대해서는 왜 안 하신 거예요?

○**참고인 김혁표**　저희들이 100억 정도가 있기 때문에, 동강홀딩스만 하더라도 지금 저희들이 100억을 초과하기 때문에 동강홀딩스만 걸었습니다.

그리고 또 저희들이 사실 돈이 없습니다. 저것도 전부 다 법무법인이나 이런 걸 통해서 비용이 투입되기 때문에 효과적으로 추진한다고 해서 동강홀딩스만 걸었습니다.

○**박정 위원**　알겠습니다. 들어가셔도 좋습니다.

지금 ㈜영일이에 대한 것을 존경하는 김주영 간사께서 말씀하셨는데 대표가 한유진 씨로 돼 있어요. 어머니시지요?

○**증인 박은진**　예.

○**박정 위원**　그런데 부동산 임대업으로 내셨고요, 비거주용. 사무실 주소가 박영우 회장하고 한유진 대표 소유의 아파트로 돼 있습니다. 그래서 아까 말씀드린 것처럼 2014년도 말에 급속히 대유에이텍 지분을 40여 차례 매입을 합니다. 매수를 하는 거지요. 본인도 한 번 정도밖에 안 했다고 그러는데 5월에 두 번 하시지 않았어요?

○**증인 박은진**　예, 제가 두 번 한 것으로…… 잘못 기억한 것 같습니다. 죄송합니다.

○**박정 위원**　그러니까 지금 에이텍으로 가시면서 에이텍 지분을 매수를 하고 또 에이텍에 대해서는 남양유업하고의 소송에서 나오는 돈도 그리로 집어넣고 또 그래서 이 영일이라는, 주소도 아파트로 돼 있는, 어머니가 하시는 이런 회사를 통해서 3.07% 급속히 매집을 하고. 결국은 지배 구조에만 신경 쓰지 체불임금에 대한 문제는 전혀 신경 안 쓰고 했다 이런 거예요.

강남 아파트에 대해서도 매도를 했는데 여기에, 언니지요? 언니 지분 8% 또어머니 지분 14%인가요? 또 아버지 지분 이렇게 해 갖고 100%예요. 팔았으면 그 돈 있잖아요. 그래서 그런 돈 중에서 17억을 부인한테 빌려줘서 지금 ㈜영일이를 통해서, 아파트 주소로 돼 있는 그곳을 통해서 지금 에이텍 지분을 매수하고 있다는 게 말이 되냐고요, 지분 늘리는 게.

정말 변제할 수 없어서 내가 죄를 감옥 가서라도 하겠다 이것보다는 그냥 황제노동 비슷한, 옛날에 있었으니까 그냥 감옥 몇 년 살고 이것 이익을, 재산을 챙기자 이 생각 아니에요?

○**증인 박은진** 제가 알기로는 회장님께서 누적 사재 출연하신 금액이 500억이고요. 그리고 거기 순수 체불에 쓰인 금액은 84억 원으로 알고 있습니다.

○**박정 위원** 보통 때 그걸 그렇게 말씀하셔도 안 되는 게, 임금을 못 받아서 어려워하는데 계속적으로 본인에 대한 월급은 또박또박 가져가셨잖아요. 그걸 바로 내놓고 노동자들의 임금을 지불해 줄 생각은 안 하고 어떻게 본인 봉급은 받아 갈 수가 있어요? 그러니까 도덕적으로 안 된다는 거예요. 그래서 이런 청문회를 하는 것이고.

이 해결 방법은 여러 가지로 남양유업과의 소송관계, 몽베르CC 통해서 전부 다 했지만 결론적으로는 가족들이 가족 경영을 지금 하고 있고 나머지 나오신 분들은 다 모른다고 그러잖아요. 가족들 지분을 내놓든지 뭘 해서 사재를 털어서라도 갚아야지 되는 것 아니겠어요? 그동안에 이만큼 내놨으니까 충분하다가 되겠냐고요. 다른 걸 통해서 이익은 많이 보셨잖아요. 그런 사재들은 털었다고 그러는데 어디서 나오는 거예요? 노동자의 노동의 대가로 버신 것 아니에요? 이 문제야말로 정말로 가족들이 아버님한테 간곡히 부탁하시고 본인들도 있는 것들을 내놓고 그래서 이해될 만큼의 상황으로 가지 않으시면 저희뿐만 아니라 국민들이 용서하겠어요?

그리고 가전 3사를 지금 M&A로 해결한다고 그러는데 제가 보기에는 그렇지 않아요. 지금 동강홀딩스든 대유홀딩스든 해서 대유에이텍으로 정리를 하고 가전 3사는 M&A 해 봤는데 지금 상황이 안 좋으니까 안 해서 파산시키고, 그러면 거기의 파산으로 인한 임금 변제에 대한 것들은 책임을 벗어나고 이렇게 하겠다는 것이 그냥 합리적 의심입니다.

그렇게 해서 되겠어요? 대답해 보세요, 어떻게 하실 건지.

○**증인 박은진** 제가 회장님을 대변해서 말씀드릴 수는 없지만 수감 중에도 최선을 다하고 계신 것으로 알고 있습니다.

(발언시간 초과로 마이크 중단)

⋯⋯

(마이크 중단 이후 계속 발언한 부분)

○**박정 위원** 에이텍 부사장으로 가 계시잖아요. 부사장은 책임이 없어요? 그런 태도 자체가 용납이 안 됩니다.

다음에 또 하겠습니다.

⋯⋯

○**위원장 안호영** 박은진 증인, 아버님이 박영우 회장이시지요?

○**증인 박은진** 예.

○**위원장 안호영** 마이크를 입에 대고 말씀하세요.

그런데 지금 임금하고 퇴직금을 부친께서 받아 가신 금액이 499억 원, 500억 상당이 된단 말이지요. 그 돈을 받아다가 어디에다 썼는지 혹시 알아요?

○**증인 박은진** 제 재산이 아니기 때문에 제가 아는 바가 없습니다.

○**위원장 안호영** 물론 당연히 그렇게 이해할 수도 있겠지만 또 한편으로 보면 그게 납득이 선뜻 가지 않는 게, 본인도 이 회사에 대해서 재무관리도 해 왔고 또 이 그룹 운영에도 관계가 돼 있고 또 부모님이고 또 이런 상황이, 임금 체불되는 상황에서 박영우 회장이 지금 적은 금액이 아니고 500억 정도를 가져갔기 때문에 당연히 그게 어떻게 쓰여야 되는지 나는 알 수 있다고 생각하거든요.

어쨌든 그러면 지금 구속되어 있는데 아버님을 만나서 이런 금액을, 물론 사재를 출연해서 해결도 하고 있지만 이걸 좀 적극적으로 해결해야 된다 이렇게 한번 말씀하실 의향 있습니까?

○**증인 박은진** 예, 말씀드리겠습니다.

○**위원장 안호영** 노동정책실장님, 지금 체불임금에 대해서 국가가 대위해서 지급한 게 있잖아요?

○**고용노동부노동정책실장 김유진** 예, 대지급금으로 지급한 게 있습니다.

○**위원장 안호영** 대지급금 지급했지요?

그러면 이 그룹 회사가 갖고 있는 재산에 대해서 지금 따로 재산을 파악하는 이런 일을 좀 했습니까?

○**고용노동부노동정책실장 김유진** 아까 김주영 위원님 질문 주셨을 때 조금 답변을 드렸었는데요, 재산 조회를 해서 일부 재산에 대해서 저희가 가압류 조치를 취해 놨습니다.

○**위원장 안호영** 얼마 정도나 됩니까, 파악한 게?

○**고용노동부노동정책실장 김유진** 그게 필지에 대한 거라서 구체적인 액수로는 제가 지금 말씀드리기가……

○**위원장 안호영** 그런데 지금 예를 들자면 여러 가지, 채무자 재산 공시제도라든지 다른 여러 가지 수단을 통해서 확인할 수 있지 않습니까? 다 충분히 확인한 겁니까?

○**고용노동부노동정책실장 김유진** 예, 공단 측에서 저희가 재산 조회를 통해서 할 수 있는 부분들은 한 걸로 알고 있습니다.

○**위원장 안호영** 그것도 하여간 재산이 그렇게밖에 남지 않았다는 게 지금 납득이 안 되는데요. 좀 더 적극적으로 공단하고 협의를 하든 좀 더 찾아봤으면 좋겠고요.

○**고용노동부노동정책실장 김유진** 예, 알겠습니다.

○**위원장 안호영** 그다음에 법정관리인들 지금 세 분 나오셨지요? 법정관리인 임영택, 김혁표, 위대성, 세 분이 나오셨는데 박영우 회장이 불출석사유서를 내면서 몇 가지 채무변제와 관련된 얘기들을 했는데요. 지금 임영택, 김혁표, 위대성 법정관리인들 말씀 좀 잠깐 들어 보겠습니다.

지금 이 회사들이 나중의 M&A라든가 매각하는 작업들을 하고 있습니까? 위니아전자, 위니아딤채, 위니아매뉴팩처링.

○**참고인 임영택** 위니아전자의 관리인 임영택입니다.

현재 위니아전자에서는 매각 진행을 하고 있는데 공개적으로 2차 공개매각을 진행했습니다. 그런데 1월 13일 날 2차 공개매각 시한까지 매수 희망자는 없는 상황입니다. 그래서 저희가 회생 인가계약을 4월 21일까지 받아 놓은 상황인데 그 이전에 매각할 수 있는 가능성은 지금으로서는 약간 어려운 상황입니다.

○**위원장 안호영** 만약에 매각이 안 되면 어떻게 됩니까?

○참고인 임영택 매각이 안 됐을 시에는 회생을 연장하는 방안이나 안 그러면 청산이나 파산으로 진행이 되어야 되는데 회생 연장하는 방향에서는 예비 매수자가 발생할 가능성이라든가 아니면 자체적으로 회생 가능성이 있을 적에 회생 연장이 되고 그렇지 않은 경우에는 파산이나 청산으로 진행되는 것으로 알고 있습니다.

○위원장 안호영 파산과 청산으로 들어가면 임금체불, 지금 임금 못 받은 분들에 대해서 채권 변제할 가능성이 얼마나 됩니까? 변제해야 되지 않겠습니까? 있잖아요.

○참고인 임영택 지금 현재 위니아전자에서는 체불임금 해소 방안으로 세 가지 방안을 준비하고 있습니다. 첫 번째가 엔텍합의 매출채권대금 회수, 대법원 상고소송을 진행하고 있고 두 번째는 멕시코 공장의 자산 매각을 통해서 일부 대금을 회수하는 방안하고 세 번째 부인권을 통해서 위니아에이드한테 대금을 회수하는 세 가지 방안을 진행을 하고 있는데 사실은 그 세 가지 모두가 다 현재로서는 상당히 불확실한 상황입니다.

그래서 만약에 그게 가능성이 있었다고 그러면 벌써 저희 회생기간 동안에 일부 가시적인 성과가 있었을 텐데 지금으로서는 엔텍합 소송도 일심에서는 이기고 상고심에서는 패소해서 지금 대법원 상고심까지 갔는데 거기에서 이길 확률은 지금 객관적으로 보면 30% 미만이라고 전망들을 하고 있습니다.

두 번째 멕시코 공장 매각 관련돼서는 23년 7월에 멕시코 공장도 현지 로컬의 파산 절차가 진행이 되고 있습니다. 그 파산 절차 진행 중에 공장 매각을 하고 또 지금 공장이 멈춰진, 가동이 멈춰진 기간이 한 2년 정도 됐습니다. 그래서 그 가동이 중단된 상태에서 매각을 진행하고 있는데 사실은 거기 매각 진행하는 것도 현재로는 더 어려운 상황으로 지금 가고 있는 상황입니다.

그리고 세 번째, 저희가 위니아에이드를 통해서 부인권으로 소송을 통해서 채권 회수를 하고 있는데 그 부분도 회생이 만약에 종료가 되면 부인권 자체도 회생하에서만 가능한 상황이라 자동 종료되는 상황입니다. 그래서 세 번째 그 부인권 소송에 대해 회수하는 것도 쉽지 않은 상황입니다.

그래서 이 세 가지 정도도 지금 현재로서는 조금 어렵다고 말씀드릴 수 있겠습니다.

○위원장 안호영 그런데 박영우 회장은 여기 불출석사유서에다가 마치 그런 부분들이 가능성이 좀 있는 것처럼 이렇게 써 놨는데, 그것 참 납득이 가지 않네요.

김혁표 위니아딤채 법정관리인, 여기도 지금 상황이 비슷합니까? 예를 들어서 매각하는 문제하고 안 되면 청산해야 되는 상황입니까?

○참고인 김혁표 방향성은 동일한데 저희들은 상대적으로 M&A 할 가능성은 좀 높다 이렇게 지금 보고 있고 빠르면 2월 초에 이르게 되면 윤곽이 드러나지 않겠느냐 이렇게 보고 있어서 현재는 M&A에 집중하고 있습니다.

만약에 M&A도 확률상 되지 않는다고 그러면 앞서 말씀드린 위니아전자의 상황과는 크게 다르지 않을 것 같다 그런 생각입니다.

○위원장 안호영 M&A가 되면 체불임금들을 어느 정도 해소가 가능합니까?

○참고인 김혁표 예, 아직 인수 조건이 최종적으로 합의가 되지 않았기 때문에 몇 퍼센트를 어떻게 변제한다 하는 것은 지금 이 자리에서 말씀드릴 수는 없지만 어느 정도 변제는 될 것이다 이렇게 보고 있고 그것을 목적으로 지금 M&A를 추진하고 있습니다.

○위원장 안호영 위대성 위니아메뉴팩처링…… 거기는 상황이 어떻습니까?

○**참고인 위대성** 저희 메뉴팩처링은 전자의 자회사이기 때문에 지금 상황은 똑같이 매각을 같이 진행하고 있지만 현재 상황으로는 상당히 어려운 상황이고 만약에 이게 매각이 안 된다고 하면 지금 공장 부지 매각을 통해서 일부, 지금 아마 추정키로는 백억 미만으로 알고 있습니다.

지금 저희가 현재 생긴 임금체불 금액만 약 한 446억이 됩니다. 그렇기 때문에 그 부분에 공장 땅을 매각해서 할 수 있는 것은 한 20~30%밖에 안 되는 걸로 알고 있습니다.

○**위원장 안호영** 알겠습니다.

다음 계속해서 진행하도록 하겠습니다.

우재준 위원님 질의해 주십시오.

○**우재준 위원** 대구 북구갑의 우재준 위원입니다.

쿠팡풀필먼트 정종철 증인께 질문을 드리겠습니다.

일단 먼저 쿠팡이 우리나라의 소비자들에게 편의를 제공하고 있음에는 저희도 인정을 합니다. 저도 많이 이용도 하고 있고 그 점에 대해서는 일정 부분 고마움도 가지고 있습니다. 그럼에도 불구하고 이렇게 자주 국회에 출석하게 돼서 일정 부분은 죄송스럽고요. 그럼에도 불구하고 많은 부분 또 개선시켜야 되는 부분도 현실적으로 저는 있다고 생각을 합니다. 그런 부분들 하나씩 좀 짚으면서 오늘 이야기를 하도록 하겠습니다.

먼저 PPT 하나 보도록 하겠습니다.

(영상자료를 보며)

이런 기사를 내셨더라고요. 쿠팡 입장에서는 물류센터를 나름대로는 잘 유지하고 있다, 나름 근로자들에게 너무 가혹하지 않은 환경을 만들고 있다고 이야기를 하고 있는 것 같은데 맞습니까?

○**증인 정종철** 매년 많은 투자를 통해서 근무환경을 개선하고 있습니다.

○**우재준 위원** 그래서 산재 0건 이것 맞습니까, 진짜?

○**증인 정종철** 온열 환자, 온열로 인한 산재가 없다는 취지입니다.

○**우재준 위원** 저희가 그래서 다음 자료를 해 봤어요. 이걸 다른 뭐로 체크할 수 있을까 해서 물류센터의 소방서 구급 신고 건수를 봤습니다. 매년 엄청 증가하고 있어요. 구급 건수가 2020년에는 136건이었는데 매년 증가하다가 작년 2024년에는 371건입니다, 구급 출동 건수가. 그중에서 쓰러짐, 어지럼증으로 출동한 건수가 2개 합쳐서 90건이 넘습니다.

그러면 이 사람들은 뭐로 쓰러졌나요?

○**증인 정종철** 저희들이 일단 의료사항이 생기면 기본적으로 119를 통해서 빠른 수송을 하도록 하고 있고요. 저희들 대부분의 경우에는 혹서기 때 적응을 못하시거나 아니면 갑자기 이를테면 저희 물류센터에 와서 일하시다 보니까 어떤 쓰러짐이나 어지럼증 현상이 생기는 걸로 알고 있고요. 대부분은 의료현장에 갔다 수액을 맞으시거나 또는 잠시 휴식을 취해서 복귀하시는 경우가 대부분입니다.

○**우재준 위원** 그런데 저희가 일반적으로 119를 부른다는 게 아주 평범한 상황은 아니거든요. 119를 부른다, 저도 한 번씩 몸이 안 좋고 하면 병원에 가서 수액을 맞고 그렇게 하기도 하는데 119를 출동시킨 건수가 이렇게 많아진다라는 건 저는 이것은 진짜 아까

전에 말씀하신 앞전의 기사와는 너무 다른 상황이 조금 있는 것 아닌가라는 충분히 의심이 될 만한 상황으로 보이거든요.

○증인 정종철 업무 환경은 저희들이 지속적으로 개선해 가도록 하겠습니다.

○우재준 위원 쿠팡에 정말 많은 분들이 일하고 계시잖아요. 그분들 한 분 한 분이 다 국민들이시고 한 분 한 분이 다 제보자입니다. 그렇기 때문에 저는 가릴 수 없다고 생각합니다. 쿠팡이 많이 성장했고 또 지금 일류기업으로 성장하고 있는 만큼 진짜 진심으로 좀 개선을 하셨으면 좋겠어요, 저도.

○증인 정종철 예, 그렇게 하도록 하겠습니다.

○우재준 위원 그렇게 해서 다음에는 이런 나오는 일이 점점 없어지는 그런 일이 좀 됐으면 좋겠습니다.

　김유진 실장님, 얼마 전에 쿠팡 택배기사분들이 근로자가 아니라고 해석을 하는 게 발표가 됐지요? 그런데 이후에 조치가 혹시 있습니까?

○고용노동부노동정책실장 김유진 조치라고 하시면……

○우재준 위원 왜냐하면 오늘 근로자가 아니라고 할지라도 그게 그분들이 어떤 보호의 대상이 되지 않는다 뭐 이렇게 볼 수는 없다고 저는 생각을 하거든요. 그렇게 인정할 건 아니라고 생각을 하거든요. 여러 가지 사례들이 꽤 있었잖아요. 과도한 근로나 이런 부분들 때문에 보호가 필요하지 않냐, 우리가 그런 문제의식 때문에 근로자성이 판단된 거잖아요. 그런데 그날 발표에는 보면 근로자로 볼 수 없다 이걸로 끝나는 걸로 보이더라고요.

○고용노동부노동정책실장 김유진 그렇지 않고요, 위원님. 저희가 권고사항을 산업안전하고 같이 냈습니다. 그래서 그 안에 보면 근로조건을 여러 가지로 개선하기 위해서 회사가 취해야 될 사항들에 대해서 저희 근로자성에 대한 근로 감독 결과도 포함해서 같이 권고사항을 지시했습니다.

○우재준 위원 그런데 그게 오늘 여기도 주셨지만 보면 회사의 권고사항이잖아요. 그 말은 의무사항으로 볼 수는 없다는 거잖아요. 그러면 이 관계를 단순히 근로자가 아니니까 의무가 없다라고 끝낼 게 아니라 오히려 이런 새로운 형태의 특수 근로자들이잖아요. 그러면 이런 분들을 좀 보호할 수 있는, 일정 부분 쿠팡에서 보호의 의무를 지는 부분에 대해서 새로운 법안을 만든다든지 그런 부분에 대해서 고용노동부 차원에서도 어느 정도 연구를 한다든지, 연구 용역을 한다든지 이런 부분이 필요하지 않을까요?

○고용노동부노동정책실장 김유진 그래서 특고에 대한 것은 저희가 사회보험의 범위도 넓히고 여러 가지 꼭 근로기준법상의 보호가 아니더라도 다른 지원방안들을 갖다가 여러 가지 강구하고 있고요. 크게 봐서 지금 야당에서 말씀하시는 일하는 사람 기본법이나 혹은 노동약자법이나 이런 것들이 기본적으로 근로기준법이나 다른 경제법에 의해서 보호되지 못하는 어떤 사각지대에 대한 지원방안들에 대한 논의가 앞으로 좀 더 활발하게 이루어져서 그런 것들이 좀 입법화되지 않을까 생각하고 있습니다. 저희도 같이 연구용역도 하고 준비하도록 하겠습니다.

○우재준 위원 알겠습니다.

　이상입니다.

○위원장 안호영 우재준 위원님 수고하셨습니다.

박해철 위원님 신문해 주십시오.

○**박해철 위원** 질문 전에 아까 회의 전에 했던 의사진행발언을 먼저 하고 제가 질문을 좀 드리도록 하겠습니다.

회의 전에 제가 쿠팡에 관련돼서 안전보건관리 내부 규정을 달라고 말씀드렸지요?

○**증인 홍용준** 예.

○**박해철 위원** (자료를 들어 보이며)

그런데 주신 자료가 이 자료가 맞습니까?

○**증인 홍용준** 아마…… 예.

○**박해철 위원** 이것은 아마 대한민국 모든 현장에 있는 공통의 안전보건관리책임자 운영 지침으로 보여지는데 이 자료로 지금까지 운영해 오셨다는 거지요?

○**증인 홍용준** 저희 사업장의 안전보건관리와 관련돼서 산안법에서 얘기하고 있는 그런 부분을……

○**박해철 위원** 그러니까 내부 규정은 이게 다인가요?

○**증인 홍용준** 세부적인 뭐……

○**박해철 위원** 제가 어떤 말씀 드리려고 하는가면은 안전보건관리책임자 등의 운영 지침이라는 걸 주셨어요, 회의 전에 제가 자료 요구를 했는데. 그런데 안에 내용을 보니까 산안법에 나온 내용 그대로를 웬만큼 다 인용했던 부분이고 현장 특수성이나 현장에 맞는 각각의 사업장에 맞는 내용들이라고는 찾아볼 수가 없어서 그래서 이 자료가 맞는지를 확인하려고 여쭈어보는 겁니다.

○**증인 홍용준** 아마 지금 말씀 주신 안전보건관리규정이라고 하는 부분을 그렇게 저희가 본 것 같고 사업장마다 특성에 맞는 위원님 말씀대로 안전보건관리에 관한 내부 지침이나 여러 가지 운영 지침들이 있는데요. 그것을 특정을……

○**박해철 위원** 그러면 지금 시간이 한 4시 15분 됐는데요. 5시까지 해서 각 현장에 맞는 입장이 담겨져 있는 내부 규정을 다시 한번 또 주십시오. 지금 이 내용으로 지금까지 쿠팡이 안전 관련된 부분들을 관리해 왔다고 한다면 제가 이 자료로 여기 계신 위원님들이 보시면 진짜 뭐라고 말씀하실지를 모르겠습니다. 하여튼 그 부분 한 가지하고요.

또 한 가지는 제가 아까 질문 중에 말씀 주셨잖아요. 악천후 시의 배송 가이드라인이 있다고 말씀 주셨잖아요.

○**증인 홍용준** 예.

○**박해철 위원** 그 배송 가이드라인을 제가 좀 제출해 달라고 했거든요. 그런데 제출이 아직 안 되고 있습니다. 이 두 가지 부분을 5시 전까지 빠르게 해서 자료를 제출해 주십시오.

○**증인 홍용준** 예, 그렇게 하겠습니다.

○**박해철 위원** 박은진 증인께, 저 같으면 이렇게 대답을 할 것 같아요. 2000명이 넘는 임금체불자가 있고 1200억에 가까운 체불금이 있다면 정말 도의적 책임을 지고 아버지의 해 왔던 그런 잘못된 악질의 어떤 경영 형식이 아니라 '저는 이렇게 하겠습니다' 해서 '제가 가지고 있는 지분, 저런 지분 정도는 오늘 이 자리를 통해서 체불된 노동자들을 위해서 저는 출연하겠습니다' 정도 하는 게 일반적인 경영인들의 마인드 아닌가요? 짧게 대답해 주십시오.

○**증인 박은진** 제가 무엇을 할 수 있는지 최선을 다해 방법을 찾아보도록 하겠습니다.

○**박해철 위원** 지금 이 자리에 오기까지 많은 고민 하고 오신 것 아닙니까? 고민 1도 안 했다는 얘기네요, 그러면? 아버지랑 딸이랑 똑같다는 소리 그렇게 들으면 좋겠습니까?

한 번 더 고민해 보시고 제가 다음 질문 때 똑같은 질문을 드릴 테니까 답변 준비해 주시기 바랍니다.

(영상자료를 보며)

지금 박영우 회장이 최근 재판을 받고 있으면서 이렇게 대답을 합니다. 지주회사의 대주주일 뿐이고 계열사의 사용자가 되는지 법적 검토도 필요하고 설사 사용자가 된다 하더라도 임금체불 보고를 받지 못해 책임이 없다라고 합니다.

(자료를 들어 보이며)

제가 지금 들고 있는 이 내용은 수원지방검찰청 성남지청에서 작년 3월 7일 날 공소 내용들입니다. 이 내용을 조금만 인용하면 490억에 대한 부분은 당연한 것이고요. '모든 계열사 임직원들로부터 정해진 회의나 팀 미팅을 통해 또는 수시로 임금체불 상황을 비롯한 인사, 노무, 재무 등 주요 경영 사항에 대한 업무보고를 받고 임직원들에게 관련 지시를 하며 위 그룹 내 계열사의 생산, 제품, 디자인, 영업 등 제품 관련 사항을 결정하는 등 실질적으로 지배·운영하는 사용자이다'라고 공소장에 들어가 있습니다.

박현철 증인께 여쭈어보겠습니다.

지난 국감에서도 말씀 주셨는데 실제 박영우 회장이 실질적인 경영권을 다 행사한 것 맞습니까? 지난 국감 때도 똑같이 말씀 주셨습니다.

○**증인 박현철** 예, 지금 재판이 진행되고 있고 재판 과정에서도……

○**박해철 위원** 다음 또 다른 분께 질문드리겠습니다.

안병덕 참고인 자리에 계시지요?

○**참고인 안병덕** 예.

○**박해철 위원** 박영우 회장이 실질적 경영권을 다 행사한 게 맞습니까?

○**참고인 안병덕** 예.

○**박해철 위원** 알겠습니다.

앉아 주십시오.

양원기 참고인 오셨습니까?

○**참고인 양원기** 예.

○**박해철 위원** 박영우 회장이 실질적 경영권을 행사했다고 보십니까?

○**참고인 양원기** 예, 맞습니다.

○**박해철 위원** 앉아 주십시오.

지금 박영우 회장이 실질적으로 모든 경영에 관여를 했고 현재까지 이렇게 진행되어 왔다는 게 그때 당시의 전 대표들도 한결같은 그런 입장들입니다.

강용석 참고인과 박종하 참고인께서는 마지막에 여기에 대한 답변을 따로 해 주시기 바랍니다.

박은진 증인께 한번 여쭈어보겠습니다.

화면 좀 바꿔 주십시오.

박은진 증인이 위니아 계열사로부터 임금 지급받은 현황들을 제가 한번 살펴봤습니다. 2022년 1월부터 시작해서 작년 말까지 해서 심지어 3개소에서 급여를 받은 게 사실입니까?

○증인 박은진 예, 맞습니다.

○박해철 위원 이 3개소의 임원으로 등재를 하고 급여를 받으면서 양심의 가책은 느낀 게 없습니까?

○증인 박은진 위니아 전 임원으로서 가전에 이런 체불이 발생한 것에 대해 매우 송구합니다.

○박해철 위원 임원은 가전에 책임을 져야 되고 노동자는, 여기 뒤에 있는 노동자는 어떡합니까? 1200억이나 되는데!

이 부분은 제가 환노위 계신 분들께 한 가지 요청을 드리겠습니다. 위원장님, 한 가지 요청드리겠습니다. 지금 박영우 회장은 부실·방만 경영만이 아니라 지금 수천 명의 노동자들의 고혈을 빨아먹은 악질 중의 악질입니다. 국회에서는 거짓으로 체불임금 변제를 약속해 놓고 법원에서는 자기 책임 아니라고 회피하고 여기 나와 있는 증인, 참고인들은 실질적 경영권은 박영우라고 얘기하고 있습니다.

오늘 여기 계신 환노위 위원님들께 제안을 드립니다. 오늘 여야 합의로 악질 중의 악질 경영인 박영우 회장의 엄벌을 촉구하는 결의안을 채택해 주십시오. 그리고 2월 달에 있을 판결에 금주 중이라도 법원에 제출할 것을 요청드립니다.

위원장님께서 2000명이 넘는 노동자들의 고혈을 빨아먹은 악질 경영인 그리고 국회를 모욕한 박영우 회장에 대해서는 오늘 이 자리에서 결의안을 채택해서 꼭 법원에 채택해서 법원에 제출해서 법원의 엄중한 판결을 받기를 요청드립니다.

이상입니다.

○위원장 안호영 수고하셨습니다.

이 문제에 대해서는 여야 간사님과 또 협의하도록 하겠습니다.

다음, 임이자 위원님.

○임이자 위원 위원장님, 저도 한 말씀 드리겠습니다.

지금 박해철 위원님께서 말씀하신 부분을 전적으로 동의하고요. 거기다가 판결문에 영향을 미쳐서 좀 더 형이 연장되는 것도 중요하지만 어쨌든지 어떤 형태로든지 간에 지금 말씀하신 노동자들의 체불임금이 해결돼야 됩니다.

그래서 위원장님께서 여야 간에, 아까 노조위원장님들의 절규도 들었습니다마는 모든 법적 검토를 다 해서 이 부분을 해결할 수 있도록 위원장님이 빠른 시간 내에 여야 간사님들과 상의해서 이걸 좀 만들었으면 좋겠습니다.

그리고 더 이상 대유위니아에 관련돼 가지고 질의를 하는 것은 무의미하다고 생각합니다, 저는.

그렇게 꼭 해 주시기를 부탁드리겠습니다.

○위원장 안호영 예, 저희 국회가 할 수 있는 모든 방법을 찾아서 논의해 보도록 하겠습니다.

○임이자 위원 강한승 대표님, 이쪽으로 나오십시오. 제가 잘 안 보여서 그렇습니다.

대표님 외형적으로 나타나는 모습을 보니까 중후해 보이고 멋져 보이십니다.

　　지금 쿠팡이 24시간 주문배송시스템을 갖고 있지요?

○**증인 강한승**　예, 그렇습니다.

○**임이자 위원**　거기다가 로켓배송이나 야간노동 그리고 새벽배송으로 인해서 고객을 만족시키고 있는 거지요?

○**증인 강한승**　예, 그렇습니다.

○**임이자 위원**　그래서 국민의 삶과 편리에 없어서는 안 될 정도로 1위를 위해서 달리는 기업 맞지요?

○**증인 강한승**　열심히 노력하고 있습니다.

○**임이자 위원**　그런데요 그 이면에는 노동자나 이와 관련된 종사자들의 피와 땀과 눈물이 배어 있는 것 또한 사실이지요?

○**증인 강한승**　예. 저희도 근로자들의 안전과 근무조건을 위해서 많은, 그걸 최우선 가치로 생각하고 있고요. 그것을 위해 노력을 하고 있습니다.

○**임이자 위원**　그런데 대표님, 제가 아는 기자 한 분이 가정 형편이 굉장히 어려워져서 주말에 쿠팡에 일용직 근로자로 가서 일한답니다. 쿠팡에 대한 청문회 얘기를 듣고 저한테 와서 얘기해 준 게 있습니다. 첫 번째는 노예계약이다, 두 번째는 자기 자신에 대해서 돈이 웬수다 이런 얘기를 하고 최저임금 조금 넘는 그런 금액을 받고 일을 하는데 정말 가서 보게 되면 열악하기 그지없다라고 했습니다. 그 기자가 저한테 거짓말할 리는 없고요.

　　오늘 동료 위원님들께서 쭉 여러 가지 많은 지적들을 했습니다. 블랙리스트부터 시작해서 과로사 그리고 노동 강도가 주간에 일하는 노동 강도가 1시간이라면 야간에 일하는 노동 강도는 1.3 정도 된다고 했습니다. 그로 인해 가지고 과로사뿐만 아니고 뇌심혈관계 질환이라든가 우울증, 암, 수면장애 이런 부분들이 발생할 수 있고 또 질병으로 인한 사망이 많이 생기기도 합니다. 인정하십니까?

○**증인 강한승**　뭐……

○**임이자 위원**　인정하십니까?

○**증인 강한승**　예, 그런 측면 있을 수 있다고 생각합니다.

○**임이자 위원**　그리고 지금 강민욱 위원장님께서는 공짜노동에 대해서 말씀하셨는데 이것 정말 유치하지 않습니까? 지금 강민욱 노조위원장님은 많이 개선돼 가고 있다라고는 하지만……

　　김범석 쿠팡 CEO가 오늘 왜 불출석했지요?

○**증인 강한승**　지금 현재 미국에 있고 미국 대통령 취임식에 참석하는 것으로 알고 있습니다.

○**임이자 위원**　대통령 취임식에 가기 위해서 지금 불출석했다고 하셨지요?

○**증인 강한승**　단지 그것만은 아닙니다.

○**임이자 위원**　미국 대통령 취임식에 갈 정도 되면 일류 회사를 지향해서 가는 회사인데 부끄럽지 않습니까? 부끄럽지요? 노동자들한테 찌질하게 공짜노동 같은 것 해서, 일종의 뻥 뜯는 거잖아요. 그런 것 하면 안 됩니다, 쿠팡에서는 적어도. 세계적 일류 회사를 꿈꾸는 회사가……

　　대표님께서는 일류 회사가 어떤 회사라고 생각하십니까? 첫째, 수익을 많이 내서 주주

배당을 많이 한다, 둘째 무조건 어떤 수단과 방법을 가리지 않더라도 고객 평가에서 무조건 1등 하는 회사, 세 번째 쿠팡 관련 노동자들이 최고 회사라고 인정하고 쿠팡에 다니는 것에 대해서 자부심과 주위에 '나는 쿠팡 다니는 것을 자랑스럽게 생각한다', 어느 것이 일류 회사라고 생각하십니까, 대표님은?

○**증인 강한승** 위원님 말씀하신 세 번째가 가장 중요하다고 생각합니다.

○**임이자 위원** 정말 그렇게 생각하십니까? 정말 그렇게 생각하십니까, 진정으로?

○**증인 강한승** 여러 가지 요인이 있지만 위원님 지금 이 자리에서 말씀하신 취지를 잘 이해하고 있습니다.

○**임이자 위원** 그렇다고 한다면 그런 회사를 만들어야 되겠지요. 그러면 진짜 내가 국회의원으로서 이런 말씀 드리긴 참 그렇습니다마는 입차 제한, 진짜 이것 쪽팔리지 않습니까, 대기업 쿠팡에서?

엄연히 기업이 헌법 제15조에 의해서 직업선택의 자유, 23조에 의해서 재산권 보장이라든가 119조 1항에 의해서 경제상의 자유와 창의를 존중해서 이 사업을 벌이고 있다면 노동자도 엄연히 노동삼권이 있는 것입니다. 그렇지 않습니까?

○**증인 강한승** 예, 그렇습니다.

○**임이자 위원** 인정하시지요?

○**증인 강한승** 예, 인정합니다.

○**임이자 위원** 그런데 거기에 대해서 근로자성 여부를 떠나서 대기업 쿠팡이 입차 제한을 한다는 게 정말 찌질하지 않습니까?

저는 쿠팡, 오늘 김범석 CEO는 여기 안 나왔습니다마는 김범석 CEO나 강한승 대표님은 그런 분으로 안 보입니다. 그런데 동료 위원님들이 이것저것 지적하는 걸 내가 들어 봤을 때는 참 답답하다는 생각을 했습니다.

일류 회사가 되려고 한다면 무조건 주주에게 배당을 많이 한다, 고객에게 일류 회사로 평가받는다, 그건 아니라고 봅니다. 우리와 같이 일을 하고 있는 이분들, 노동자 또는 관련 종사자들 손끝에서, 가슴에서 나왔을 때 이게 일류 회사가 되는 건데 거기에는 바로 처우 개선이라든가 일터 환경 개선이라든가 이런 부분들이 일류로 가야만 일류가 되는 것 아니겠습니까?

저는 감히 당부드립니다.

강한승 대표님, 정말 일류 쿠팡 만들려면 일류 노동자들도 만들어야 되지 않겠습니까? 거기에는 혁신이, 처우 개선뿐만 아니고 일터 혁신 이런……

1분만 더 주십시오. 저 안 할게요.

아까 박해철 위원님이 이렇게 안전보건규정 흔드는, 이게 내부 규정이다 하는 이런 것 갖고 되겠습니까? 그렇지 않습니까? 정말 택배업에…… '내가 급여 최저임금 조금 넘는 것 주면 끝이야', '일터에서 산업안전보건 우리 규정 지켰어요' 이것보다는 먼저 좀 더 이익이 많이 났을 때는 노동자들에게 조금 더, 아니면 위·수탁 대리점이라든가 이런 부분에 좀 더 배려해 주고 일터, 남들이 뭐라 하기 전에 노동자, 관련 종사자들이 편해야 거기서 고객만족도도 올리는 것 아니겠습니까? 그런 부분들을 강한승 대표님께서 좀 해 주시기를 간곡히 부탁드리면서……

야간고정노동체제 이것부터 좀 고칩시다. 여기에 대한 부분하고, 정말 주야교대제 도입이 가능할 것 같은데 가능하지 않은가, 이 두 가지에 대해서는 앞으로 이 청문회가 끝나도 우리 방으로 이 문제 해결 방안을 보내 주시기 바랍니다. 그렇게 해 주시겠습니까?

○**증인 강한승** 예, 위원님 말씀 취지를 잘 새기겠습니다.

○**임이자 위원** 보내 주시기 바랍니다.

○**증인 강한승** 예.

○**임이자 위원** 고맙습니다.

  이상입니다.

○**위원장 안호영** 임이자 위원님 수고하셨습니다.

  박홍배 위원님 신문해 주십시오.

○**박홍배 위원** 박은진 증인, 이쪽 발언대로 이동해 주시고 임영택, 김혁표 참고인 두 분은 이쪽 발언대로 좀 부탁드리겠습니다.

  박홍배 위원입니다.

  오전에 박은진 부사장 2018년에 입사했고 자녀 출산 등으로 경영과 임금체불에 깊이 관여하지 않았고 회사 경영, 대유에이텍의 대표이사 따로 있다 이렇게 얘기를 했어요.

  권의경 씨는 친인척이 아니지요?

○**증인 박은진** 아닙니다.

○**박홍배 위원** 지분이 0.04%밖에 없는 것 보니까 친인척 아닌 것 같아요. 그런 사람에게 지금 그룹의 지주회사 역할을 하고 있는 대유에이텍의 경영 전권을 맡겼다? 이 얘기를 누가 믿겠습니까?

  박은진 부사장은 그냥 회장의 딸 또는 월급쟁이 임원이 아니에요. 대유에이텍 지분 4.79%, 동강홀딩스 4.94%, 푸른산수목원 19.15%, 대유홀딩스 1.4%, 위니아홀딩스 3.94%, 영일이 15%, 대유하늘 30% 지분을 보유한 그룹의 대주주입니다. 그리고 수감 중인 박영우 회장을 대신해서 대주주 일가 중에서는 회사 경영에 유일하게 직접 현장에서 관계하고 있는 사람이에요.

  따라서 중요한 의사결정은 수감 중인 박영우 회장이 내리고 있고 그 외 일반적인 경영 의사결정은 박은진 부사장이 내리고 있다 이렇게 추론하는 게 매우 합리적이고 타당할 것 같습니다. 동의하시나요?

○**증인 박은진** 회장님께 제가 한 달에 한 서너 번 정도 접견을 하고 있는데 접견 시간이 워낙 짧다 보니까 회사 현안을 말씀드리기는 어려운 상황입니다.

○**박홍배 위원** (영상자료를 보며)

  성남 대유위니아타워 매각과 관련해서 23년 12월 변제 계획안에는 위니아 대유플러스가 각각 20억 원씩 임금체불 변제에 사용 가능하다 이렇게 답변서를 내고 이번 불출석사유서에서는 위니아전자에 위니아의 지분이 없다며 체불 해소에 기여할 수 없다고 박영우 회장 말을 바꿨습니다. 과연 1년 3개월 전에는 변호사 조력도 받지 않고 변제 지원 계획안 작성을 했을까요?

  김동현, 증인 어떻게 생각하세요? 변호사 조력도 없이 박영우 회장이 이런 변제 계획안 작성하는 게 가능합니까?

○**증인 김동현** 제가 직접 눈으로 확인한 사안이 아니라서 뭐라고 말씀드릴 경우가 아닌 것 같습니다.

○**박홍배 위원** 그럴 리가 없잖아요, 지금 계약되어 있는 로펌이 두 군데고 개인적으로 김앤장에서도 차환받고 있는데.

　김혁표 법정관리인, 아까 동강홀딩스의 남양유업 소송 관련해서 가압류 100억 원, 그러니까 100억 원의 채권이 있어서 가압류 제기했다고 하셨지요?

○**참고인 김혁표** 예.

○**박홍배 위원** 최근에 몽베르 매각채권에 대해서 동강홀딩스가 약 절반 정도의 지분을 가지고 있었어요. 그 채권에 대해서는 가압류 안 하셨습니까?

○**참고인 김혁표** 몽베르……

○**박홍배 위원** 몽베르 매각대금이요. 동강홀딩스로 흘러들어간 절반 정도의 몽베르의 매각대금에 대해서는 가압류 조치 안 하셨습니까?

○**참고인 김혁표** 그 당시에는 하지 않았습니다.

○**박홍배 위원** 왜 안 했습니까?

○**참고인 김혁표** 그것은 그때가 한창 매각하려고 하고 있었고 23년도인 걸로 기억하고 있습니다.

○**박홍배 위원** 회생 중인 기업의 자산이 빠져나가면 안 되지요. 잘 챙겨 주셔야 됩니다, 법정관리인들.

　선릉 대유타워는 지금 그룹이 가지고 있던 자산들하고 성격이 조금 또 달라요. 원래 법인 명의로 취득을 했다가 박영우, 한유진, 박은희 이 세 사람 가족 명의로, 개인 명의로 이전을 한 겁니다. 그리고 670억 원에 매각을 했어요. 혹시 하나은행에 신탁 처리하면서 받은 대출금 얼마인지 혹시 박은진 증인, 알고 있나요?

○**증인 박은진** 제가 정확하게 기억은 못 하지만 한 300억 원 가까이 되는 것으로 알고 있습니다.

○**박홍배 위원** 300억 원은 아닌 것 같은데, 김동현 비서실장은 알고 계신가요?

○**증인 김동현** 제가 알기로는 430억 정도 되는 걸로 알고 있습니다.

○**박홍배 위원** 430억이요? 430억이라고 하지요.

　이 금액 지금 위니아 박영우 회장이 어떻게 얘기를 했냐면 '해당 건물을 담보로 위니아, 위니아전자에 300억 원 가까운 돈을 지원해 준 상태였기 때문에 위니아, 위니아전자 채무 대위변제 했다' 이렇게—개인적으로 채무 대외변제 했다라는 얘기예요—개인 돈으로 위니아, 위니아전자의 임금체불에 상환할 수 있었지요?

○**증인 김동현** 제가 알기로는 그 당시에 대출을 받아서 위니아 쪽에 운영자금으로 해서 지원을 했고요. 임금 부분들도 아마 그중에서 일부……

○**박홍배 위원** 회생 들어간 것은 2023년 10월이고 이 선릉 대유타워가 매각된 시점은 지난해 7월이에요.

○**증인 김동현** 대출받아서 지원했던 것은……

○**박홍배 위원** 대출받은 것은 2023년도고……

○**증인 김동현** 23년 5월입니다.

○**박홍배 위원** 그래서 지금 박영우 회장이 주장하는 것처럼 300억 원을 대위변제했든 지금 김동현 증인께서 얘기하시는 430억이든 450억 원이든 차액이 있지 않습니까?

○**증인 김동현** 그래서 작년에 매각된 그 부분은 제가 사실 관여를 전혀 하지 않아서

그 자금에 대해서는 알 수가 없고요. 그래서 제가 말씀드렸던 것은 대출받아서 진행할 때 그때는 제가 관여를 해서 그 말씀을 드렸던 것입니다.

○**박홍배 위원** 조금 주시면……

참 답답하고 드릴 말씀이 많이 있는데요.

본 위원은 현재 진행 중인 형사재판, 아마 혐의가 회생신청서 제출 30분 전에 10억 원 박영우 회장 개인 명의로 송금한 이 내역에 대한 혐의밖에 없지 않나라고 생각이 드는데, 형사 관련해서는. 그 외에 수많은 횡령과 배임 행위가, 특정경제 가중처벌법 위반 혐의들이 있었을 것이다 저는 이렇게 보고요.

그 증거는 2023년 10월에 서울회생법원에 제출된 한영회계법인의 조사보고서입니다. 이 보고서에 보면 수많은 특수 관계인들과의 수상한 거래들이 열거되어 있습니다. 사전 계획에 따라서 상당 기간 동안 해외 자산 매각, 회사 자산 매각, 해외 법인과의 거래를 통해서 배임·횡령 행위가 누적되었고 그렇게 해서 노동자들의 임금을 떼먹게 된 단군 이래 최대 사기 사건이다 저는 이렇게 보고 있습니다.

　　(발언시간 초과로 마이크 중단)

．．．

　　(마이크 중단 이후 계속 발언한 부분)

본 위원은 박영우 일가의 그간의 경영 행위에 또 다른 범죄 사실이 없었는지 우리 뒤에 계신 노동자들과 시민단체들과 추가적인 형사 범죄 증거들을 찾고 추가 고발을 할 예정이라는 말씀드리고요.

또 여기 계신 많은 여야 위원님들께서 박영우 회장이 출석할 때까지 청문회 해야 된다, 임금체불특별위원회 만들어야 된다 그리고 특별법 제정해야 한다라는 의지를 가지고 계시다라는 점 말씀드리고 이따가 다시 또 추가로 질의하겠습니다.

．．．

○**위원장 안호영** 수고하셨습니다.

다음은 조지연 위원님 신문해 주십시오.

○**조지연 위원** 경북 경산의 조지연입니다.

아까 전에 박은진 증인께서 제가 '임금체불 문제는 사회악이다'라는 질의에 '그렇다'라고 하셨습니다. 그렇지요?

○**증인 박은진** 예.

○**조지연 위원** 그러면 당연히 해결해야 될 문제라고 인식하시는 거지요?

○**증인 박은진** 예.

○**조지연 위원** 그러면 부친께 한 달에 서너 번 접견을 하신다고 아까 전에 말씀하셨습니다. 그렇지요?

○**증인 박은진** 예.

○**조지연 위원** 제가 마지막 질의 시간이 부족해서 답변을 제대로 못 들었는데 임금체불 청산을 부친께, 박영우 회장께 건의하실 겁니까?

○**증인 박은진** 회장님께서 당연히 향후에 최선을 다하실 것이라는 생각을 갖고 있고 또 그렇게 말씀드리도록……

○**조지연 위원** 증인께서 건의할 겁니까?

○증인 박은진   예, 그렇게 말씀드리겠습니다.

○조지연 위원   그러면 지금 증인께서―아까 전에 다른 위원님께서도 질의를 하신 것 같은데―현재 연봉을 얼마 받고 계시지요?

○증인 박은진   작년에 대유에이텍에서 2억 7000을 받았습니다. 그렇게 기억합니다.

○조지연 위원   체불 없이 꼬박꼬박 잘 받고 계시지요?

○증인 박은진   예.

○조지연 위원   2023년도에 박영우 회장께서 대유에이텍 지분을 장외에서 사들이고 증인께서도 제삼자배정유상증자를 통해서 지분을 늘려왔습니다. 그래서 2023년도 초기에 1.38%의 지분율이 2023년 12월 31일 기준으로 3.58%, 지분이 확 늘어납니다.

이 지분을, 이 주식을 팔아서라도 임금체불 청산할 용의 있습니까?

○증인 박은진   회장님께서는 당연히……

○조지연 위원   회장님께서가 아니고요. 증인 입장을 말씀해 주십시오.

증인도 임금체불 문제가 사회악이라고 생각하고 문제 해결을 해야 된다라는 입장이라는 것 분명히 하시지 않았습니까?

○증인 박은진   위원님 말씀 유념해서 제가 최선을 다해서 할 수 있는 방법을 고민하고 또 최선을 다하도록 하겠습니다.

○조지연 위원   그러면 증인께서 주식 팔겠습니까, 증인 주식? 팔아서 다른 회사의 지분…… 구조를 바꾸기 위한 그런, 지배구조를 바꾸기 위한 것이 아니라 임금체불 문제를 해결하기 위한, 청산하기 위한 주식 매각하실 의향 있으십니까? 분명하게 말씀해 주십시오.

○증인 박은진   제가 어떤 노력을 할 수 있는지 또 고민하고……

○조지연 위원   아니요.

○증인 박은진   최선을 다하겠습니다.

○조지연 위원   분명하게 다시 한번 묻겠습니다.

주식을 팔아서라도…… 임금체불 청산을 위해서 주식을 팔 의향 있습니까, 없습니까?

○증인 박은진   여전히 어려움 겪고 계신 분들께 너무 송구합니다. 최선을 다해서……

○조지연 위원   송구하면 사과할 것이 아니라 이제 임금 주셔야지요.

답변 다시 해 주세요. 답변 못 들었습니다.

○증인 박은진   제가 최선을 다해서 할 수 있는 부분들을 고민하고 또 방법을 찾도록 최선을 다하겠습니다.

○조지연 위원   그러면 매각하시는 걸로 이해해도 되겠습니까?

○증인 박은진   무엇을 할 수 있는지 최선의 노력으로 고민을 하겠습니다.

○조지연 위원   '예, 아니오'로만 대답해 주십시오.

그 최선의 노력이 주식을 매각해서 체불임금 청산한다라고 이해해도 되겠습니까?

○증인 박은진   제가 최선을 다해서 무엇을 할 수 있는지, 말씀드렸다시피……

○조지연 위원   그 최선의 노력이 체불임금 청산하는 걸로 이해해도 되겠습니까?

○증인 박은진   제가 최선을 다해서 고민하겠습니다.

○조지연 위원   다시 묻습니다.

그 최선의 노력이 체불임금 청산이라고 이해해도 되겠습니까?

○증인 박은진 어려움 겪고 계신 분들께 죄송하고 또 위원님 말씀 유념해서 제가 할 수 있는 부분들을 고민하도록 하겠습니다.

○조지연 위원 노동정책실장님 잠시 나와 주십시오.

실장님, 이 답변 들어 보셔서 아시겠지만 저는 이것 청산 의지 없다고 봅니다. 실장님, 어떻게 보십니까?

○고용노동부노동정책실장 김유진 글쎄요, 명확한 답을 좀 주셨으면 좋았을 거라는 생각을 했습니다.

○조지연 위원 지급할, 그러니까 임금을 지급할 여력이 있음에도 불구하고 계열사 지분 확대 그리고 지배구조를 세탁하는 이 방식으로 빠져나가는 것, 정말 강력한 법적 조치들이 있어야 된다라고 생각하고 여기 계신 환노위 위원님들도 노력하겠지만 고용부에서도 더 노력하셔야 될 것 같습니다.

그리고 아까 전에 대지급금이 96억 원 혈세로 투입된 겁니다. 아까 존경하는 김주영 간사님께서 말씀하셨지만 그럼에도 불구하고, 96억 원의 혈세를 지급함에도 불구하고……

추가질의 안 하겠습니다.

96억 원의 혈세를 투입했음에도 불구하고 회수한 건 고작 6500입니다. 당연히, 노동자한테도 임금 안 주는 기업이 국민 혈세 갚겠다고 하겠습니까? 저는 그것도 안 맞다고 봅니다.

제가 대지급금 회수 절차 간소화를 위해서 민사집행 절차에서 국세체납처분 절차로 바꾸는 임금채권보장법 개정안을 발의했었고 이 부분도 저도 통과를 위해서 부단히 노력하겠습니다만 다시 한번 말씀드립니다. 고용부에서 더 노력해 주셔야 될 것 같습니다.

그리고 최근에 고용부에서 지원한, 대유위니아그룹에 지원한 지원액이 얼마인지 파악하고 계십니까?

○고용노동부노동정책실장 김유진 대유위니아 회사에 대한 지원 말씀 하십니까?

○조지연 위원 예.

○고용노동부노동정책실장 김유진 그것은 제가 따로 지금 알고 있는 건 없습니다.

○조지연 위원 정책자금이 최근 5년간 무려 39억 4000여만 원이 투입됐습니다.

저는 이렇게 상습적으로 임금체불 하는 그런 사업주에 대해서, 아까 전에 제재 조치를 강화하신다고 대응 방안에서도 말씀하셨는데 저는 이런 기업에는 혈세 투입하면 안 된다고 생각합니다. 노동자를 생각하지 않는 기업에 혈세를 왜 투입합니까?

그런 조치도 아울러서 고민하셔 가지고 의원실로 보고해 주시기 바랍니다.

○고용노동부노동정책실장 김유진 작년 10월에 통과된 근로기준법 개정안에 보면 상습 체불 사업주에 대해서는 그런 지원을 하지 않도록 다 개정안에 포함돼 있습니다. 반드시 확행하도록 하겠습니다.

○조지연 위원 2024년도에도 꽤 많은 돈이 지급됐습니다.

○고용노동부노동정책실장 김유진 다른 부치의 정책지금 말씀하시는 거지요?

○조지연 위원 고용부의 정책자금입니다. 제가 고용부에서 자료를 받았습니다. 최근 고용부가 얼마나……

(발언시간 초과로 마이크 중단)

（마이크 중단 이후 계속 발언한 부분）
상습 임금체불 하는 기업에, 특히 대유위니아에 얼마큼 지급이 됐는지를 저희가 자료 요구를 했고 받은 자료에 따르면 최근 5년간 그 정도 지급이 됐습니다. 아까 전에 39억 원 정도 제가 말씀드렸는데……
○**고용노동부노동정책실장 김유진**　제 소관이 아니라서 제가 모르고 있었던 것 같습니다.

○**위원장 안호영**　한번 좀 확인을 해 보시지요.
○**고용노동부노동정책실장 김유진**　예.
○**위원장 안호영**　다음은 이용우 위원님 신문해 주십시오.
○**이용우 위원**　인천 서구을의 이용우 위원입니다.
　강한승 대표께 묻겠습니다.
　쿠팡의 업무 강도, 업무량, 업무 시간, 근무 환경, 근무 형태, 고용 형태 등 다양한 것들이 집적돼서 쿠팡을 죽음의 공장이다 이렇게까지 평가를 하고 있어요, 사회적으로. 저는 이 문제를 풀기 위한 핵심적인 키 중의 하나가 휴게 시간을 추가적으로 부여하는 부분이라고 생각을 합니다. 제가 몇 차례 강조를 드렸는데요. 동의하십니까?
○**증인 강한승**　여러 요인 중의 한 가지라고 생각합니다.
○**이용우 위원**　어제 저희 의원실에 답변을 주신 내용이 '물류센터별로 일률적으로 휴게 시간을 부여하는 것은 어려우나 각 물류센터별로 휴게 시간을 추가로 부여하는 방안을 검토해 보겠음'이라고 답변, 회신을 주셨습니다. 맞지요?
○**증인 강한승**　예, 그렇습니다.
○**이용우 위원**　작년에 동일한 내용으로 저희 의원실에 답변을 주실 때는 뭐라고 하셨냐면 '관련 내용에 대해서 검토하고 있음'이라고 답변을 주셨습니다. 작년에는 '검토하고 있음'인데 어제는 '검토해 보겠음' 이렇습니다.
　제가 이 말씀을 왜 드리냐면 검토하겠음, 노력하겠음, 쿠팡의 이 발언은 안 하겠다라고 읽히는 내용입니다. 이렇게 쿠팡에 대한 신뢰가 없어요, 저만이 아니라 국민들이.
　그래서 정확하게 다시 한번 물어볼게요.
　저는 이 문제는 어제 답변 준 것처럼 이렇게 했으면 좋겠습니다. 지금 만약 확답을 주기 어렵다면 '물류센터별로 휴게 시간을 추가적으로 부여하겠다. 다만 구체적인 방안은 물류센터별 특성에 따라서 방안을 모색해 보겠다', 청문회니까 이 정도의 진전된 입장은 제시하셔야 되는 것 아닙니까? 어떻습니까?
○**증인 강한승**　물류센터, 여기 정종철 대표도 나와 있습니다마는……
○**이용우 위원**　CLS도 마찬가지예요. 통합해서 답변 줘 보세요.
○**증인 강한승**　물류센터의 추가 휴게 시간 관련해서는 저희들이 개선할 수 있는 방안이 있는지 계속 내부적으로 검토하고 있고요.
○**이용우 위원**　그러니까 총론적으로 중식 시간만 가지고 되지 않는…… 제가 모두에서 말씀드렸잖아요. 업무 강도라든지 업무량이라든지 업무 시간이라든지 야간 노동이라든지 여러 가지 근무 형태, 고용 형태, 불안정한 고용 형태 이런 것들이 집적돼서 정말 죽음의

공장이라고까지 얘기되는데 거기에 상응하는 조치가 추가적으로 필요하다는 차원이에요.

그래서 그 부분과 관련해서는 제가 말씀드렸잖아요. '전반부에 20분을 주든, 후반부에 추가적으로 20분을 더 주든, 정 안 되면 야간 근무자에게라도 주든 방안은 모색할 수 있지만 추가적인 휴게 시간 부여는 우리가 지침으로, 방침으로 하겠다. 구체적인 내용은 각 센터별, CLS 캠프별 상황을 좀 보고 도입하겠다' 이 정도 말씀도 못 주십니까?

○증인 강한승 저희가 지금도 여러 가지 운영 과정에서 쉼터 등을 도입해서 거기서 직원들이 일하다가 중간중간에 휴식을 취하게 하는 등 여러 가지 방법을 모색하고 있고 실행하고는 있습니다. 그런데 각 여러 가지……

○이용우 위원 그러면 조금 이따 다시 여쭤볼게요.

시간 잠시 멈춰 주시고요.

정동헌 씨, 앞으로 나와 주세요.

강한승 대표께서 쿨존을 얘기하는 것 같은데요. 쿨존에서 쉴 수 있는 시간 자체가 주어집니까, 중식 시간 이외에 별도 업무 시간에?

○참고인 정동헌 별도 업무 시간에는 저희가……

○이용우 위원 쉴 시간 자체가 있어요?

○참고인 정동헌 거의 없다고 보면 될 것 같습니다.

○이용우 위원 저희가 시간이 짧아서 짧게 짧게 답변해 주시고 마지막에 좀 드리겠습니다.

잠시 유휴 시간이 발생해도…… 노동자들의 유휴 시간이 잠시 발생하면 전체 방송으로 '유휴 시간 발생 안 됩니다' 이렇게 공지 나오고 이러기도 하지요?

○참고인 정동헌 예, 그렇습니다.

○이용우 위원 그러니까 이 정도의 사업장이에요. 휴게 공간이 중요한 게 아니고 쉴 수 있는 시간이 있어야 휴게 공간이 의미가 있는 겁니다.

(영상자료를 보며)

물류센터의 공간이 축구장 4배 정도의 크기다, 맞아요? 저희가 건축물대장을 떼서 보니까 이 정도의 크기라고 확인이 됩니다.

○참고인 정동헌 제가 일하고 있는 쿠팡 동탄센터 수준만 봐도 거의 그 정도라고 보면 될 것 같습니다.

○이용우 위원 이런 공간에서 휴게 시간을 찾아서 또는 내부의 쿨존을 마련하는 것은 휴게 시간 자체가 없기 때문에 이용이 불가능하고 밖에도 마찬가지입니다. 건물이 커서 이동하는 데 다 소요가 되고요.

혹서기에 체감온도 33도 이상일 때 휴게 시간 일정하게 부여가 되지요, 추가적으로?

운영이 안 되고 있습니까, 근무하시는 데는?

○참고인 정동헌 현장 내 체감온도에 따라서 지급되는 경우도 있었는데 저희가 노조에서 온도 체크해서 확인한 자료에 의하면 지급 안 되는 경우도 있었던 것 같습니다.

○이용우 위원 그러면 마지막으로, 저는 아까 말씀드린 것처럼 이런 여러 가지 위태로운 노동 환경을 극복하기 위해서는 휴게 시간이 필요하다 이런 부분들에 대해서 의견 마지막으로 주시지요.

○참고인 정동헌 정리를 좀 해 봤습니다.

쿠팡물류센터 현장에는 휴게시간이 없습니다. 식사 시간을 제외하고는 4시간, 6시간 연속으로 일해야 합니다. 화장실 변기에 앉아서 숨 잠깐 돌리는 것이 전부입니다. 그러다가 유휴시간 발생했다고 관리자가 방송으로 해당 노동자를 찾으면 또 뛰쳐나가야 합니다. 블랙리스트에 올라가지 않으려면 그래야 합니다.

고양센터, 부천1센터, 부천2센터 인천14센터, 인천4센터, 인천22센터, 인천28센터 식사시간을 제외한 휴게시간이 단 1분 1초도 없는 센터 목록들입니다. 더 많이 있을 거라고 봅니다. 제가 속해 있는 쿠팡물류센터 지회에는 21년 노조 설립 때부터 지금까지 2시간마다 20분의 휴게시간을 지급하라고 요구해 왔습니다. 저기 앉아 있는 세 분의 쿠팡 대표분들, 잠깐의 쉼도 없이 일하시는지 정말 묻고 싶습니다. 쿠팡물류센터 노동자들의 인권과 건강을 위해, 더 이상의 비극을 막기 위해서라도 쿠팡물류센터 현장의 적절한 휴게시간 지급은 절실하다고 생각합니다.

이상입니다.

○**이용우 위원** 위원장님, 한 가지만 확인하겠습니다.

○**위원장 안호영** 예, 그러시지요.

○**이용우 위원** 그 어제 저희한테 회신해 준 것처럼……

들어가셔도 됩니다.

○**위원장 안호영** 정동헌 참고인 잠깐만 계셔 보세요.

○**이용우 위원** 노동부 감독 결과도 적절한 휴게시간이 추가적으로 확보가 필요하다라는 감독 결과가 나왔고요. 휴게시간의 추가적인 부여라고 하는 것이 가지는 의미가 굉장히 큽니다. 물론 그것에 대해서 순차적인 물류 지연을 말씀을 주시는데 혹서기에도 이미 그렇게 운용은 일단 하고 있어요, 회사도. 그렇게 말씀을 주셨고.

물류 지연 문제만으로 이게 안 된다라고 하시지 말고 어제 회신 내용처럼 각 센터별, 각 CLS 캠프별 사정에 따라서 운용은 다르게 하더라도 통일적인 방침으로 정말 이렇게 엄청나게 시달리고 있는 노동자들의 목소리가 있으니 추가적인 휴게시간 부여를 도입하겠다 그러나 그 도입 방식은 조금 더 논의해서 검토해서 결과를 국회에 보고하겠다 이런 정도 답변은 주셔야 되는 것 아니냐 이겁니다. 동의하세요?

○**증인 강한승** 말씀하신 방안들을 저희가 조금 더 모색을 해 보겠습니다. 저희가 계속해서 휴게시간이라든가 근무 강도의 완화를 위한 여러 가지 기술적 투자, 자동화 그다음에 여러 가지 효율화, 많은 노력들을 하고 있고 그중의 하나로서 휴게시간 문제도 포함될 수 있다라고 보기 때문에 제가 여기서 단정적으로 말씀을 드리는 것은 좀 어렵습니다마는 여러 가지로 종합적인 방안을 통해서 그 근무 강도를 낮추고 그리고 그런 효율화를 통해서 휴게시간을 확보할 수 있는 방안을 포함해서 저희들이 계속 검토하고 또 보고드리겠습니다.

○**이용우 위원** 제가 취지에 동의했다라고 이해를 하고 회신 준 것처럼 휴게시간 추가 부여 방안을 검토하겠다라고 했어요. 검토 결과를 환노위와 저희 의원실로 보고를 좀 해 주세요.

○**증인 강한승** 예, 알겠습니다.

○**위원장 안호영** 정동헌 참고인, 지금 일하는 곳이 어디시지요?

○**참고인 정동헌** 쿠팡 동탄물류센터에서 일하고 있습니다.

　　　　　　　　　　　　　　　　　　2025년 1월 21일

○**위원장 안호영** 동탄물류센터요?

○**참고인 정동헌** 예.

○**위원장 안호영** 아까 이용우 위원님이 휴게시간 관련된 얘기를 하셨는데 조금 궁금한 게 지금 혹서기에 온열질환 예방 가이드라인대로 지금 폭염기에 휴게시간을 부여하고 있는지 궁금해서 그러는데요. 어떻습니까? 지금 가이드라인 상으로는 체감온도가 33도 이상일 때는 매 시간 10분씩 휴식, 35도 이상일 때는 매 시간 15분씩 휴식, 체감온도가 38도 이상일 때는 오후 2시부터 5시까지 옥외 작업을 중지, 이렇게 돼 있기는 한데 실제로 운영을 하는데 어떻습니까, 상황이?

○**참고인 정동헌** 아까 이용우 위원님께서도 말씀하셨지만 일단은 휴게시간 자체가 일률적이지 못합니다. 지급을 하는 데도 있고 지급을 안 하는 센터들도 있고 일률적이지 못하고요.

　두 번째가 가이드라인에 따르면 체감온도 33도 이상일 때는 매 시간 10분씩 지급하라고 하지만 제가 일하고 있는 동탄센터의 경우는 추가 휴게시간이 있습니다. 추가 휴게시간은 있지만 식사 시간, 법정 휴게시간 60분 제외하고는 15분 중간에 한 번 정도 쉬고 그다음 중간에 한 번 더 지급한 15분 정도 된 것밖에 없었습니다. 매 시간 지급은 아니었습니다.

○**위원장 안호영** 강한승 증인, 아까 임이자 위원께서 질의할 때 쿠팡이 지향하는 가치에 대해서 얘기를 물어봤고 또 증인께서는 어쨌든 함께 일하는 근로자들이 보람을 느끼고 행복할 수 있는 이런 회사가 되는 것을 중요한 가치다 이렇게 생각한다고 답변하셨지요?

○**증인 강한승** 예, 그렇습니다.

○**위원장 안호영** 그리고 또 이 문제의 휴게시간과 관련해서도 개선하겠다라고 하는 입장을 지난번에도 아마 얘기를 한 것 같은데 오늘 여기 와서 말씀하시는 게 이 자리를 그냥 모면하기 위해서 하시는 말씀은 아니시지요?

○**증인 강한승** 예, 아닙니다.

○**위원장 안호영** 실제로 여기서 말씀하신 것에 대해서는 책임지고 이행을 하실 생각 갖고 있는 거지요?

○**증인 강한승** 저희가 여러 가지 방법들을 종합적으로 모색을 해서 말씀하신 취지에 맞게 근로 강도를 완화하고 또 휴게시간을 더 우리가 할 수 있는 방안들을 계속 검토해서 보고드리겠습니다.

○**위원장 안호영** 혹시 비슷한 물류업을 하는 다른 회사의 경우에는 휴게시간을 어떻게 주고 있는지 혹시 확인, 조사해 본 적 있으신가요?

○**증인 강한승** 조사를 제가 정확하게 알고 있지는 않습니다마는……

○**위원장 안호영** 혹시 홍용준 대표님이나 정종철 대표님께서 하실 말씀 있습니까?

○**증인 정종철** 다른 물류센터는 추가 휴게시간을 조금 주는 걸로 알고 있는데요. 다만 근로시간을 장시간으로 운용하는 시스템이고요. 저희는 기본적으로 주 40시간을 원칙적으로 운용하고 있습니다.

○**위원장 안호영** 어쨌든 구체적인 것은 좀 다를 수는 있겠습니다마는 제가 이렇게 들어 본 바로는 예를 들어서 다이소 물류센터 같은 경우에는 식사 시간 외에 휴게시간을

45분을 세 번을 쪼개서 사용하고 있고 나이키 물류센터는 식사 전, 식사 후 30분의 휴게시간이 있다고 합니다. 그리고 새벽배송 업체인 오아시스도 식사 시간 외에 30분의 휴게시간이 있다고 이렇게 이런 자료가 있는데 회사마다 각각 사정이 다르기 때문에 일률적으로 똑같이 해야 된다 이렇게 얘기할 수는 없겠지만 이런 사정들을 봤을 때 식사 시간 외에 별도의 휴게시간을 부여하는 것이 가능할 수도 있겠다 이런 생각이 들거든요. 그래서 이 문제는 우리 강한승 증인께서도, 우리 대표님들께서도 구체적인 사정에 맞게 검토를 하겠다라고 얘기를 하신 거니까 현실적으로, 구체적인 사정에 맞게 진정성 있게 이 부분에 대책을 좀 세워 주시면 좋을 것 같은데 그렇게 하시겠습니까?

○증인 강한승 그렇게 하겠습니다.

○위원장 안호영 들어가시지요.

다음은 정혜경 위원님 신문해 주십시오.

○정혜경 위원 강한승 증인 저쪽으로 나와 주세요.

비정규직 노동자 정혜경입니다.

강한승 증인께서는 윤석열 대통령과 사법연수원 23기 동기시라고 하는데 맞습니까?

○증인 강한승 예, 맞습니다.

○정혜경 위원 지금 친윤석열 기업 쿠팡으로서 용산과 쿠팡 간의 인적 교류가 대단히 잦습니다.

(영상자료를 보며)

저렇게까지 잦은 회사는 드물 것 같아요. 보시면 23년 8월에 대통령비서실 4급에서 쿠팡이츠로, 24년 3월에 또 쿠팡이사로. 그렇지요? 그다음에 24년 6월에 대통령비서실 4급이 또 쿠팡이사로, 반대로 쿠팡에서 또 용산으로 가시기도 하셨어요. 이렇게 쿠팡하고 엄청 윤석열 대통령과는 거의 막역한 관계다 이렇게 보이는데요. 대통령 재직 시절에 자주 통화를 하셨나요?

○증인 강한승 아닙니다.

○정혜경 위원 민원 같은 것 자주 청탁하셨나요?

○증인 강한승 아닙니다.

○정혜경 위원 아닌가요?

윤석열 대통령은 계엄으로 헌법질서를 부정하고 한남동 관저에서 법원의 체포영장까지 불법이라며 법원 판결까지 부정을 했습니다. 쿠팡의 행태도 윤석열과 똑같습니다. 하나씩 확인해 보겠습니다.

오늘 해고되신 송정현님 나오셨는데요. 일산캠프에서 노조 유인물을 배포하다가 해고되셨습니다. 부당해고 당하셨고 500일이 넘게 이것을 소송을 하시고 대법원 판결까지 받았습니다. 저는 대법원 판결에 승소를 했다길래 당연히 복직을 하시는 줄 알았어요. 그런데 쿠팡은 어떻게 했냐 하면 청문회가 진행된다라고 하는 그것이 되면서, 진척이 되면서 실제로 해고와 관련한 복직을 논의하고 협의를 하는 과정을 보았습니다. 대법원 판결이 났는데도 이것을 제대로 이행하지 않는 쿠팡, 헌법 위에 있다고 보지 않습니까? 법 위에 쿠팡입니까?

○증인 강한승 저희가 저희의 직원이면 직접 복직이라는 것을 할 수가 있는데 이분은 저희와 계약관계의…… CLS와 계약관계에 있는 대리점 소속이기 때문에……

○**정혜경 위원** 그렇게 꼭 얘기를 하시지요. 책임은 그러나 원청인 쿠팡에 있지요.

○**증인 강한승** 쭉 저희가 바로 조치를 할 수 있는 방법은 없었습니다.

○**정혜경 위원** 됐습니다. 얘기 그만하세요. 그만하십시오.

그다음에 산재 판정 관련해서 또 부정하는 쿠팡의 모습을 한번 보도록 하겠습니다. 아까 전에 고 장덕준님 유족께서 말씀하셨는데 유족 앞에서 사과해 달라 이런 말씀을 하셨었는데요, 그분이십니다. 이분이 어렵게 어렵게 산재 판정을 받았습니다. 그래서 쿠팡은 산재 판정에 대해서 인정하면서 사과의 입장을 저렇게 게시를 했습니다.

그런데요 이것이 민사소송을 해 나가는 과정에서 쿠팡은 산재 판정서에 있는 내용들을 전면 부정했습니다. 그래서 유족에게 엄청난 상처를 줬습니다. 저것 딱 보시면요, 여러 가지 근무시간 문제라든지 그다음에 돌아가신 분에 대해서 의도적으로 단기간 15kg 감량했다, 그다음에 과도한 신체적 부하가 걸리는 작업이라고 보기 어렵다, 그다음에 또 골프를 해도 그 정도는 걷는다 이런 막말을 하시면서 산재사고가 과도한 노동에 의해서 돌아가신 것이라고 하는 것을 전면 부정하는 이런 식의 쿠팡이 행태를 보이고 있습니다.

현장에서 사람이 죽으면 산재 대응 매뉴얼로 일단 은폐를 하고 어렵게 어렵게 산재 승인이 난다고 해도 그때만 모면하기 위해서 당시에는 사과를 하지만 또 언제 조금 지나서 시간이 지나서 언론이나 국민들의 관심이 낮아지게 되면 언제 그랬냐는 듯이 또 다시 부정하는 것이 현재 쿠팡의 민낯입니다. 부끄럽지 않습니까, 증인? 어떻게 생각하세요?

○**증인 강한승** 저는 그렇게 생각하지는 않고요. 그 산재……

○**정혜경 위원** 부끄러움을 모르네요. 염치가 없다고 얘기하지요, 이런 걸 바로.

그리고요 헌법 33조에는 분명하게 노동자들이 노동삼권을 가지고 자신의 근로조건을 개선하게 되어 있습니다. 만약에 쿠팡 현장에 노동조합을 결성할 수 있는 권리가 보장이 되었다면 이렇게 많은 노동자들이 죽었겠는가, 자신의 근로조건을 스스로 개선할 수 있었겠지요. 그래서 이렇게 하면 죽는다고 교섭하고 투쟁해서 바꿀 수 있었겠지요. 그런데 지금 현재 하고 있는 쿠팡의 행태는 이 헌법에 있는 노동삼권조차 부정하는 것이 현재 쿠팡입니다. 그것도 또 어떻게 생각하십니까?

○**증인 강한승** 저희 쿠팡의 노동조합들이 여러 개 설립되어 있고요. 저희 노조 활동을 보장하고 있습니다.

○**정혜경 위원** 그래서 그렇게 부당해고를 하셨나요, 유인물 뿌린다고? 말이 됩니까, 그게? 안 부끄럽습니까, 그렇게 얘기하시는 게? 이 자리에 왜 나왔어요? 이런 걸 보고요 부끄러움을 모르고 염치를 모르는 쿠팡이라고 얘기하지요.

1분만, 잠깐만 더 주십시오.

쿠팡은 지금 국제적으로 일류기업이라고 이야기하고 그리고 본인 스스로도 혁신기업이라고 이야기를 합니다. 혁신이라는 말 아시지요? 모릅니까?

○**증인 강한승** 알고 있습니다.

○**정혜경 위원** 자신의 가죽을 벗겨 가지고 새롭게 거듭난다는 뜻이지요. 그런데 현재 쿠팡의 혁신기업이라는 이 말은 노동자들의 가죽을 벗겨서 쿠팡이 일류기업이 되는 것이다 그런 혁신을 하고 있는 것이라고 생각이 듭니다. 이것이 바로 지금 현재 쿠팡의 민낯이라고 생각을 하고요. 진짜 우리의 일류기업으로 성장을 하기 위해서는 그리고 진짜 혁신기업으로 가기 위해서는 노동자들이 노동삼권이 보장이 되는 현장 그리고 일하는 노동

자들이 일터에서 죽지 않는 현장 이것을 만들어서 진짜 노동자들이 안심하고 일할 수 있는 현장을 만들 때 그것이 바로 혁신기업이라고 생각을 합니다. 이렇게 혁신기업으로 거듭날 수 있기를 간절히 요청하고 바랍니다.

이상입니다.

○**위원장 안호영** 수고하셨습니다.

잠깐만요, 아까 유족 간의 합의 문제가 있어서 조금만 더 확인을 해 보고.

강한성 증인, 지금 합의 관련해서 여러 얘기들이 있고 그런데요 지금 정슬기님 유족, 장덕준님 유족, 김명규님 유족과 원만하게 합의가 됐습니까?

○**증인 강한승** 그런 것으로 알고 있습니다.

○**위원장 안호영** 정말 여러 가지로 봤을 때 늦었지만 합의가 됐다고 그러니 다행스럽게 생각합니다. 그런데 실제로 이 합의가 의미 있게 합의가 되고 진정성 있게 되려고 그러면 아까 정혜경 위원님께서 말씀하신 것처럼 실제로 사고 이후에 수습하는 과정에서 쿠팡 측에서 했던 언행으로 인해서 유족들이 상처받은 부분이 있고 또 그 부분에 대해서 진정성 있게 사과하기를 바라는 마음이 있고 아까 유족들께도 직접 대면사과 하시겠다고 그랬지요?

○**증인 강한승** 예, 그렇습니다.

○**위원장 안호영** 그걸 그렇게 이행을 해 주셔야 되겠다 그런 말씀 드리고. 또 합의한 대로 정확하게 이행을 해 주셔야 될 걸로 보입니다.

그리고 진정하게 이 문제를 해결하는 방법은 실제 이런 문제들이 발생하게 된 원인과 관련해서 이런 일이 다시 발생하지 않도록, 재발하지 않도록 여러 가지 근로환경들을 바꾸는 노력들을 해 주는 것이 가장 진정성 있는 태도다 이런 말씀을 좀 드립니다.

○**증인 강한승** 예.

○**위원장 안호영** 다음은 김위상 위원님 신문해 주십시오.

○**김위상 위원** 홍용준 쿠팡CLS 대표님께 질의를 하도록 하겠습니다.

현재 쿠팡퀵플렉스를 비롯한 택배기사들은 높은 업무 강도에도 불구하고 특수건강검진, 업무 전 건강진단 등 건강장애 예방조치 사각지대에 놓여 있습니다.

이거는 근로자성이 인정되지 않기 때문인데 지난 14일 고용노동부의 근로감독 결과에서도 무리한 야간 노동은 각종 질환을 초래할 수 있으므로 정기적인 건강검진이 필요하다고 지적한 바 있습니다. 맞습니까?

○**증인 홍용준** 예, 그렇게 알고 있습니다.

○**김위상 위원** 대표님, 작년 국정감사에서 퀵플렉스 건강 케어를 위한 건강검진 지원을 이 자리에서 약속하셨지요?

○**증인 홍용준** 예, 제가 그렇게 말씀드렸습니다.

○**김위상 위원** 맞습니까?

○**증인 홍용준** 예, 맞습니다.

○**김위상 위원** 건강검진을 받은 택배기사가 지금 얼마나 됩니까?

○**증인 홍용준** 작년에 저희가 1년 동안 받은 게 택배기사 대상자 중에서 한 20%대 정도로 그렇게 알고 있습니다.

○**김위상 위원** 생각보다는 굉장히 낮은 수치인 것 같은데 이 수검률이 이렇게 낮은 이

유가 뭡니까?

○**증인 홍용준** 저희가 전국에 캠프가 있기 때문에 찾아가는 건강검진 버스 서비스도 제공하고 이렇게 계속 영업점을 통해서 독려를 했는데도 불구하고 아무래도 개인사업자들이다 보니까 이걸 강제할 수 있는 제도적인 방법이 없어서 그냥 독려하고 안내하는 정도로 그치다 보니까 그렇게 수검률이 낮지 않았나 그렇게 생각합니다.

○**김위상 위원** 그러면 쿠팡에서는 건강검진을 확대하기 위해서 어떤 노력들을 기울이고 있습니까, 지금?

○**증인 홍용준** 저희가 사실 올해는 건강검진 항목을 더 확대를 하고요. 그다음에 실질적으로 건강검진 이후에 전문 건강검진 기관을 통해서 사후 관리하는 그런 프로그램까지 도입을 하려고는 하고 있습니다.

그리고 영업점이 좀 적극적으로 그런 부분들을 기사들한테 받을 수 있도록 독려하도록 저희 영업점하고 간담회를 통해서 많이 하고 있는데요. 사실상 강제할 수 있는 방법은 없어서 지금 올해 처음, 시작한 지 얼마 안 됐는데 저희가 하여튼 전 기사 대상으로 하려고 노력하고는 있지만 그게 어떨지 잘 모르겠습니다. 지켜보겠습니다.

○**김위상 위원** 좀 많은 노력을 기울여 주셔야 될 것 같고요.

고용노동부는 야간근무와 배송물량 압박으로 인한 스트레스를 지적하면서 심리상담 지원 프로그램 운영도 요구한 바가 있지요?

○**증인 홍용준** 예, 그렇게……

○**김위상 위원** 지원 방안 검토했습니까?

○**증인 홍용준** 저희가 사실은 저희 직원들에게 전문기관을 통해서 제공하는 심리상담 프로그램이 있는데 그것을 퀵플렉스업까지 확대할 수 있도록 지금 준비 중에 있습니다.

○**김위상 위원** 지금 준비 중에 있습니까?

○**증인 홍용준** 예, 아마 올해 상반기 내로는 지원 서비스를……

○**김위상 위원** 그것도 상당한 효과가 있을 걸로 봅니다, 심리 상담 프로그램을 운영하면.

그다음 대표님 말씀을 종합하면 결국 택배기사에 대한 건강장애 예방조치를 제대로 구축하기 위해서는 관련 법령 개선이 필요한 사항으로 보입니다. 법률로 택배기사의 건강검진을 의무화하는 방안에 대해서 어떻게 생각하십니까?

○**증인 홍용준** 현실적으로 지금 그렇게 강제할 수 있는 방법이 없는데 아마 그런 게 제도화되고 그렇다면 저희 건강권 보호 그다음에 기사들의 어떤 과로사 문제를 해결하는 데 많은 도움이 될 것으로……

○**김위상 위원** 그러면 동의하신다는 그런 말씀이십니까?

○**증인 홍용준** 예.

○**김위상 위원** 김종윤 산업안전보건본부장님께……

그 자리에 앉아 계세요. 앉아서 마이크에 대답해 주시기 바랍니다.

택배기사 등 특고직은 일반적인 업무에 비하여 업무 강도가 매우 높은데도 불구하고 건강검진 사각지대에 놓여 있는 것이 사실입니다. 그렇지요?

○**고용노동부산업안전보건본부장 김종윤** 예.

○**김위상 위원** 특고직의 과로사 방지 및 건강관리 강화를 위해 특수건강검진, 업무 전

건강검진을 의무화하는 방안에 대해서는 어떻게 생각하십니까?
○**고용노동부산업안전보건본부장 김종윤** 현재로서는 택배 종사자들이라든가 배달 종사자들 대상으로 재정 지원하는 방식으로 건강검진을 지원하고 있는데요. 말씀하신 대로 의무화하는 방안에 대해서는 작년도에 위원님께서 야간에 근무하는 종사자들을 대상으로 하는 어떤 연구용역이라든지 종합적인 대책을 수립할 것을 말씀하셨기 때문에 입법화를 위한 기초적인 자료조사라든가 또 의견수렴을 겸한 연구를 통해서 대안을 모색하도록 그렇게 하겠습니다.
○**김위상 위원** 빨리 대안을 좀 만들어 주셨으면 좋겠고요.
○**고용노동부산업안전보건본부장 김종윤** 그렇게 하겠습니다.
○**김위상 위원** 특고직 과로사 방지 및 건강관리 강화를 위해서 특수건강검진, 업무 전 건강검진을 의무화하는 방안에 대해서 노동부에서 한 번 더 심도 깊게 생각을 좀 해 주시기 바랍니다.
○**고용노동부산업안전보건본부장 김종윤** 깊이 있게 검토하겠습니다.
○**김위상 위원** 예.
  그리고 고용노동부는 특고라는 이유로 특수건강진단 대상에도 해당되지 않는 특고 종사자에 대한 건강관리 강화 대책을 하루빨리 좀 수립해서 의원실로 보고해 주시기 바랍니다.
  그리고 조금 전에 존경하는 이용우 위원께서 과로사의 방지를 위해서는 휴게시간이 좀 많이 필요하다라고 말씀하셨는데 저도 정말 동의를 합니다.
  운수 종사자에 근무하는 사람들도 보면 네 시간 근무하고 30분 쉬고 또 네 시간 근무하고 30분 쉬고 이렇게 하지 않습니까? 그렇게 하듯이……
  (발언시간 초과로 마이크 중단)

  (마이크 중단 이후 계속 발언한 부분)
물류센터나 또는 이런 쪽에 근무하는 사람들에게 휴게시간을 충분히 준다면 이런 과로사 방지도 굉장히 될 것으로 봅니다. 이러한 부분도 쿠팡이나 또는 고용노동부도 같이 함께 고민을 좀 해 주시기를 부탁드리겠습니다.
  이상입니다.
○**고용노동부산업안전보건본부장 김종윤** 예, 그렇게 하겠습니다.

○**위원장 안호영** 김위상 위원님 수고하셨습니다.
  강득구 위원님 신문해 주십시오.
○**강득구 위원** 박은진 증인, 잠깐 나오십시오.
  한유진 님께서 오늘 출석을 못 했지요?
○**증인 박은진** 예.
○**강득구 위원** 지금 병환 때문에 외국 나갔다 그랬지요?
○**증인 박은진** 예.
○**강득구 위원** 하루빨리 쾌유되길 빕니다.
  그런데 1월 12일 날 갔습니다. 통상적으로 이번 주 말부터 설 연휴가 시작입니다. 상식적으로 설 연휴 앞두고 피부질환 치료한다고 외국 나간다? 누가, 누가 동의하겠습니까?

접견시간이 짧아서 아버지 박 회장에게 제대로 말을 못 한다 이러한 얘기를 했는데 변호사한테 얘기하는 방법도 있고……

얼굴 보고 얘기해요.

그리고 편지 쓰는 방법도 있습니다. 내가 보기에는 대유위니아 그룹의 임금 체불 사건은 한마디로 얘기하면 박영우·한유진·박은진 포함해서 가족절도단입니다. 가족절도단이 2000여 명 노동자를 상대로 해서 그야말로 다 노동 사기친 겁니다.

어떻게 생각합니까? 한마디로 짧게 얘기해 봐요.

○증인 박은진 죄송합니다.

○강득구 위원 가족절도단 얘기해 봐!

○증인 박은진 회장님께서도 누적 500억을 사재 출연을 하셨고……

○강득구 위원 그러니까 오늘 이 자리가 임금 체불에 대해서 같이 고민하는 자리가 아니고 박은진은 한마디로 지금 아버지, 대유위니아 그룹 절도단 수괴를 옹호하는 그렇게 하기 위해서 온 것 같아요. 그렇습니까, 안 그렇습니까?

지금 노조위원장이 우리는 밥 굶고 있고 가족이 지금 다 해체되고 있다. 지금 사과해야 되는 것 아닙니까? 사과하십시오.

○증인 박은진 체불로 인해 어려움을 겪고 있는 전현직 임직원 분들께 매우 송구합니다.

○강득구 위원 송구하면서 끝나는 게 아니고 조금 전에 조지연 위원이 얘기한 사재 출연 포함해서 적극적으로 검토하겠다, 지금 계속 안 하겠다라는 겁니까?

분명히 얘기합니다. 박영우가 오늘 출석 안 한 이유가 여기에 보니까 1심 선고가 얼마 안 남아서……

분명히 얘기합니다. 여야, 진보·보수 떠나서 박영우 같은 사람이 더 이상 대한민국에 존재하지 않게 하기 위해서 모든 것을 할 수 있는 조치를 입법부에서 우리가 하겠습니다.

접견이든 변호사를 통해서든 편지를 통해서 꼭 전달하십시오. 하겠습니까, 안 하겠습니까?

○증인 박은진 회장님께서 사태 해결을 위해 최선을 다하실 수 있도록 제가 말씀드리겠습니다.

○강득구 위원 그래요.

박은진한테는 회장과 아버지일지 모르지만 수많은 노동자들에게 그리고 대한민국 국민들에게는 저런 사람이……

이런 겁니다.

PPT 한번 보세요.

(영상자료를 보며)

박영우 회장이 법적 문제로 매각 자금을 변제할 수 없다라고 여기 나와 있습니다. 그런데 그간 말해 온 것과 다르게 이런 겁니다.

여기 보면 우리가 확인한 결과 박영우 회장은 여전히 서초동 아크로비스타를 소유하고 있습니다. 그리고 수백명의 노동자의 가정이 파탄 났는데 이것도 대유위니아 그룹 계열사의 재산입니다. 이게 말이 돼요?

별장이 남양주에 있어. 성남 백현동에 주택 있고 남양주에 별장 있는데 이것도 다 법인 재산이야. 그리고 다 개인적으로 그냥 사용하고 있어요.

당신 아버지가 얘기하는 지금 사재를 출연할 수 없는 이유가 법적 근거 때문에 그러는데…… 봐요.

보여 주세요.

백현동 자택, 별장 다 법인 재산입니다. 그런데 가족들이 여기에 다 살고 있고 즐기고 있어요. 어떻게 설명할 겁니까? 얘기해 보십시오.

○**증인 박은진** 제가 알고 있기로는 백현동은 동강 소유로 현재 공매 진행 중에 있고요.

○**강득구 위원** 아니, 공매 진행 중이더라도 완전히 가족 별장으로 제가 들은 거예요.

가족절도단 이름으로 다시 사과하십시오.

○**증인 박은진** 고통받고 계신 전현직 임직원 분들께 죄송한 마음입니다. 매우 송구합니다.

○**강득구 위원** 우리 환노위랑 정무위랑 함께 대유위니아 사태 해결을 위해서 연석회의를 우리가 열어야 된다고 생각하고요.

그리고 국세청에다가 어떻게 하든지 공식적으로 얘기해서 대유위니아 그룹, 박 회장 일가에 대한 세무조사 해야 되고요.

그리고 박은진 증인 아버지께도 국회와 정치권, 시민사회가 동원할 수 있는 모든 수단을 총동원하겠다라는 것 분명히 말씀드립니다.

증인, 어떻게 생각할지 모르겠지만 제 아버지도 3교대 노동자셨습니다. 그리고 체불 임금으로 육칠개월 동안 일 못 하고 계셨습니다. 힘들게 고통받았습니다. 그래서 제가 중학교 2학년 때 한 2년 가까이 조간신문을 돌렸습니다. 가정이 해체될 지경까지 이르렀습니다. 그런데 그 회사는 오너되는 분이 나중에 오일 파동 끝나고 나서 체불 밀린 것 다 갚아 주고 미안하다고 얘기했어요. 조지연 위원이 얘기한 그런 최소한 양심, 최소한의 염치 이런 게 있어야 되는 것 아닙니까?

그런데 오늘 박은진 증인이 하는 얘기 보면 철저하게 아버지 변론하고 우리가 하려고 노력했지만 할 수 있는 게 이것밖에 안 됩니다 이거야. 이게 누가 봐도 상식적으로 강제할 수 없다고 하지만 최소한의 양심, 최소한의 염치, 최소한의 도덕성 이런 걸 생각한다 그러면 안 좋은 재벌 2세의 뻔뻔한 모습, 부전여전……

가족절도단 반성하십시오. 아버지한테 꼭 전하십시오.

이상입니다.

들어가십시오.

○**위원장 안호영** 강득구 위원님 수고하셨습니다.

김형동 위원님 신문해 주십시오.

○**김형동 위원** 존경하는 강득구 위원님 너무 크게 말씀하셔서 저는 조용……

쿠팡에서 어느 분이 김범석 CEO 다음입니까? 실질적으로 답을 해 주실 수 있는 분? 세 분 나오셨는데 누가……

저쪽으로 좀 나오시지요.

제가 보니까 뉴스에 김범석 회장이 사진 찍고, 미국 DC에 있네요. 지금 사진 찍을 상황인지 모르겠는데요.

하여튼 아까 모두에 의사진행발언 했을 때 위원장님께 건의를 드렸지만 이 부분에 대해서는 국회법이 정하는 절차에 따라서 진행해 주시기 바랍니다.

대표님, 몇 개만 팩트 체크해 볼게요.

쿠팡이 흔히 말하는 업계 최고 대우를 해 준다, 맞습니까? 비교해 봤습니까?

○증인 강한승 저희는 그렇게 생각하고 또 그렇게 노력하고 있습니다.

○김형동 위원 예, 좋습니다.

그다음에 노동조합이 구성이 몇 개가 되어 있습니까?

○증인 강한승 정확한 숫자를 제가 다 알지는 못하는데 각 회사마다 1개 또는 2개 정도 이상이……

○김형동 위원 왜 그것을 기억…… 다 알고 있어야지요. 대표노조 정해야 되고 교섭에 응해야 될 것 아닙니까. 그렇지요?

○증인 강한승 예.

○김형동 위원 단협 체결해 본 적 있어요? 단체협약 체결해 본 적 있으시냐고, 회사 내 노동조합하고.

○증인 강한승 지금 교섭 중에 있는 것으로 알고 있습니다.

○김형동 위원 교섭 중에 있습니까?

○증인 강한승 예.

○김형동 위원 노동조합 개수가 몇 개 정도 돼요?

○증인 강한승 저희 쿠팡 주식회사의 경우에는 저는 1개로 알고 있습니다.

○김형동 위원 1개?

조합원 수는 파악해 놓았습니까?

○증인 강한승 조합원 수는 저희가 알지 못하고 있습니다, 정확하게는요.

○김형동 위원 저희는 이게 계속 팔로업(follow-up)이 되어야 되는 게 우리가 묻는 게 객관적이어야 되거든요. 무슨 말씀인지 아시지요? 전체 노동자들을 대표하면서 과연 그들에게 필요한 게 뭔지를 확인해 줘야 되는데 예를 들면 노동조합이 대표성이 없다, 그분들의 얘기를 과대표해 가지고 확인해 가지고 국민들에게 알려 줄 필요는 없다고 저는 생각합니다. 지양해야 되는 것이지요.

하나 팩트 한번 체크하겠습니다.

몇 위원님들께서 최근에, 작년 12월 24일 날 나왔던 대법원 가처분 결정문을 가지고 이게 해고 사건이다 자꾸 얘기하는데 해고 사건 아니지요?

○증인 강한승 예, 아닙니다.

○김형동 위원 노동조합의 노동기본권 보장과 관련돼서 하청의 조합원들도 원청 시설에 출입할 수는 있어야 된다 이 취지지요, 그렇지요?

○증인 강한승 예, 그렇습니다.

○김형동 위원 그런 것을 얘기를 하세요. 그리고 지적이 된 부분에 대해서는 개선하겠다고 해야 되는 거지요.

○증인 강한승 예.

○김형동 위원 팩트가 정확하지 않으면 산으로 갑니다. 그렇지요?

○증인 강한승   예, 그렇습니다.

○김형동 위원   자, 마무리하면서 쿠팡에다가 이것을 한번 물어보겠습니다.

(자료를 들어 보이며)

고용노동부가 감독했잖습니까. 그렇지요?

○증인 강한승   예.

○김형동 위원   저는 노동부가 참 잘했다고 생각하는데 여기에 4개 그리고 세부적으로 따지면 10개 세부 항목이 있습니다. 그렇지요?

○증인 강한승   예.

○김형동 위원   이 문건 아세요?

○증인 강한승   그게 거기…… 예, 제가 알고 있습니다.

○김형동 위원   이것 고용노동부가 한 거예요. 지난주에 나왔잖아요.

○증인 강한승   예, 얼마 전에 나온 것으로 제가 알고 있습니다.

○김형동 위원   김범석 회장도 알고 있습니까, 이것? 보고했어요?

○증인 강한승   그분은…… 보고하지 않았습니다.

○김형동 위원   그분은 보고를 받지 않습니까?

○증인 강한승   아니, 그것이 아니고……

○김형동 위원   대단한데요?

○증인 강한승   그분은 저희 구체적인 업무 집행에 관여를 안 하기 때문에요.

○김형동 위원   이 내용을 구체적으로 알고 계십니까? 제가 읽어 드릴까요?

○증인 강한승   아닙니다. 그럴 필요 없습니다.

○김형동 위원   이것을 다 이행할 수 있습니까, 노동부가 지적한 사항에 대해서?

○증인 강한승   그게 CLS에 대한 근로감독 결과인데요. CLS의 구체적인 내용을 제가 다 말씀드릴 수는 없어서, 대략적으로만 알고 있는데 CLS 쪽에서……

○김형동 위원   그러면 책임소재가, 이것은 강한승 대표님하고는 관계가 없습니까?

○증인 강한승   예, 그렇습니다.

○김형동 위원   이 문건 관련되어서?

○증인 강한승   예.

○김형동 위원   죄송합니다.

그러면……

○증인 홍용준   홍용준 대표입니다.

○김형동 위원   홍용준 대표님, 이 개선 요구사항, 노동부가 한 것 다 이행할 자신 있습니까?

○증인 홍용준   최대한 노동부 권고 취지에 맞게 저희가 개선하려고 노력을 하겠습니다. 그런데 지금……

○김형동 위원   이것 시한도 정해져 있습니까, 기한?

○증인 홍용준   최대한 신속하게 하라고 권고를 한 것으로 알고 있는데요.

○김형동 위원   여기 보면 위원들이 말씀하신 건강관리, 작업환경, 안전보건 그다음에 업무시간·강도 다 표시되어 있지요? 그렇지요?

○증인 홍용준   예, 맞습니다.

○**김형동 위원**　이 부분이 우리 환경노동위원회에서 시정되고 있는지 꾸준하게 살펴보겠습니다. 그렇지요?

○**증인 홍용준**　예, 하여튼 최대한 권고 취지에 맞춰서 노력하겠습니다.

○**김형동 위원**　그리고 강한승 대표님, 회장한테 전화해 가지고 오늘 청문회 하면서 그렇게 약속했다고 보고하십시오.

　약속했잖습니까. 보고하시라고요.

○**증인 강한승**　예, 우리 홍용준 대표가 CLS의 대표로서 약속한 것으로 제가 이해했습니다.

○**김형동 위원**　예, 들어가셔도 좋습니다.

　그리고 대유위니아 박 대표님 나와 보시지요, 박영우 회장님 차녀님. 어디 계세요? 저기로 나오세요.

　그리고 대유위니아 법정관리인 누가 나와 계시지요? 대유위니아 관련돼서 세 분 나와 계시는데 번갈아 여쭤보겠습니다. 여기 나와 계십시오, 잠깐 불편하시지만.

　급여를 받고 있습니까, 지금도? 증인, 급여를 받는 데가 있어요?

○**증인 박은진**　예.

○**김형동 위원**　어디서 받고 있습니까?

○**증인 박은진**　대유에이텍과……

○**김형동 위원**　얼마 받고 있습니까?

○**증인 박은진**　대유에이텍에서 2억 7000만 원을 받았습니다.

○**김형동 위원**　연봉요, 월봉?

○**증인 박은진**　연봉입니다.

○**김형동 위원**　연봉 2억 7000요?

○**증인 박은진**　예.

○**김형동 위원**　한 곳에서만 받고 있습니까?

○**증인 박은진**　동강홀딩스에서 작년에……

○**김형동 위원**　또 지금도 받고 있습니까?

○**증인 박은진**　3000만 원을 받았습니다.

○**김형동 위원**　체불까지 따지지는 않겠는데 회사가 망해 가는데 지금 급여 받을 정신이 있습니까? 어떻게 생각하세요?

○**증인 박은진**　제가 지금 대유에이텍에서……

○**김형동 위원**　법정관리인 왜 다 나오셨어요? 한 분만 답해 주십시오.

　법정관리 하시면서 대유 그룹의 자산 형태나 금전 이동이나 지출입이나 다 확인하셨지요?

○**위원장 안호영**　누구라고 지정을 해 줘야……

○**김형동 위원**　제일 잘 아시는 분 누가 말씀해 보세요.

○**참고인 김혁표**　법정관리에 들어온 이후로는 그룹과 모든 관계가 다 끊어졌습니다. 거기에서 포기해서 법원하에 들어간 것이기 때문에……

○**김형동 위원**　제가 여쭤보고 싶은 것은 법정관리 들어갔으니까 당연히 법원의 감독을 받겠지만 그동안의 거래행위와 관련돼서 좀 의심스럽거나 불법적인 부분이 발견 안 되던

가요?

저희는 오늘…… 뭐 많은 문건이 있습니다. 저도 자료 막 죽죽 받고 있는 것 많지요. 이 건물 같은 경우에 박은진 증인……

시간 좀 더 주십시오.

(자료를 들어 보이며)

박은진 증인, 이것 보면 미국의 이 건물이 증인이 실소유자라고 하는데 그런 의혹 받는 것 알고 계시지요?

○**증인 박은진**　제가 실소유 아닙니다.

○**김형동 위원**　아니라고 그러겠지요, 당연히.

저는 법정관리인들께서 물론 성실하게 하시겠지만 어떤 범죄적인 상황이 인지가 되면 분명히 이 부분은 확인을 시켜 줘야 됩니다. 저는 이 자리에서 이렇게 사실상 추정 내지 주장할 수 있습니다. 지금 박은진 증인이 받는 급여가 상당 부분 배임이나 횡령일 가능성이 굉장히 높습니다. 일 안 하고 받는다 이 말씀이지요, 제 말씀은.

아까 답하신 관리인 성함이 어떻게 되십니까? 말씀해 보십시오.

○**참고인 김혁표**　김혁표입니다.

○**김형동 위원**　김혁표 관리인께서는 어떤 의견이십니까, 제가 이렇게 주장하는 데 대해서? 의심할 여지가 있지 않습니까?

○**참고인 김혁표**　제가 답변드리기에는 좀 적절치 않은 것 같습니다.

○**김형동 위원**　1분만 쓰고 저는 추가질의는 안 하겠습니다.

노동부 어디 계십니까? 실장님 나와 보세요.

들어가셔도 좋습니다.

○**고용노동부노동정책실장 김유진**　노동정책실장입니다.

○**김형동 위원**　노동부 차원에서 대유위니아 감독한 적 있습니까, 마치 쿠팡 하듯이?

○**고용노동부노동정책실장 김유진**　그때 다른 계열사에 대해서 임금체불 예방 차원에서 기획감독을 들어갔었습니다.

○**김형동 위원**　(자료를 들어 보이며)

기획감독해서 이런 페이퍼를 낸 적 있어요, 이렇게?

○**고용노동부노동정책실장 김유진**　따로……

○**김형동 위원**　저는 아까 검찰에서 한 수사 가지고 양이 안 찬다고 봅니다. 노동부에서 적극적으로 감독이 들어가야 되고요.

또 대지급금 있지 않습니까? 지금 체불임금이 800억 정도 되지요, 남은 게? 노동부 차원에서 800억 정도 선지출할, 선지급할 의사가 없습니까?

○**고용노동부노동정책실장 김유진**　대지급금이 지금 요건이 정해져 있기 때문에……

○**김형동 위원**　저는 강력하게 요구를 합니다. 그 돈 얼마 안 됩니다. 정부 차원에서 800억 먼저 노동자들 주고…… 이것은 사회적 재난이에요. 이분들이 어디 가서 지금 손 벌리고 밥을 먹을 수 있겠습니까. 정부 차원에서 적극적으로 그 부분에 대해서도……

(발언시간 초과로 마이크 중단)

....

(마이크 중단 이후 계속 발언한 부분)

　　　　　　　　　　　　　　　　　　　2025년 1월 21일

요건, 만드시면 되지요. 한번 고려해 주시기를 바랍니다.

그리고 아까 김주영 위원께서도 말씀 주셨습니다마는 우리 위원회 차원에서 결의도 해야 되고요. 특히 박은진 내지 오늘 안 나오신 한유진 이런 분들 급여나 지분에 따른 배당을 받았으면 이 부분도 고발 조치해야 된다고 생각합니다.

이상입니다.

○**위원장 안호영** 김형동 위원님 수고하셨습니다.

김주영 위원님 신문해 주십시오.

○**김주영 위원** 고용노동부 김유진 실장님 앞으로 좀 나오십시오.

본 위원이 지난 국감에서 촉구를 해서 부천지청에서 쿠팡풀필먼트서비스의 일용직 퇴직금 사건 전담팀 구성한 것 알고 계시지요?

○**고용노동부노동정책실장 김유진** 예, 지금 수사 중입니다.

○**김주영 위원** 해당 사건 수사가 어떻게 진행되고 있는지, 결과가 나왔는지 그리고 어디에다 주안점을 두고 있는지 짧게 말씀해 보십시오. 그리고 수사 결과가 안 나왔다면 늦어지는 이유까지 짧게 말씀해 주세요.

○**고용노동부노동정책실장 김유진** 지금 현재 검찰 지휘받으면서 수사가 진행 중이고요. 수사는……

○**김주영 위원** 언제 끝낼 거예요, 그러면?

○**고용노동부노동정책실장 김유진** 상당히 많이 진전된 것으로 알고 있고요. 지청에서 결과가 나오는 대로 저희가 정리를 하려고 하고 있습니다.

○**김주영 위원** 그런데 고용노동부에서는 아까 존경하는 정혜경 위원께서 PPT를 띄웠지만 용산 대통령실하고 상호교류하는 기업이라서 꼼짝을 못 하는지……

○**고용노동부노동정책실장 김유진** 전혀 그렇지 않습니다.

○**김주영 위원** 굉장히 봐주는 쪽으로 되어 있어요. 왜냐하면 본 위원이 지난 국감 때 질의를 했어요. 그런데 어쨌거나 면밀한 분석도 없이 취업규칙 불이익 변경에 대해서 혐의없음으로 종결을 했지요.

그런데 국감에서도 그때 지적을 했었지만 이렇게 부천지청에만 맡겨 놔서 될 문제냐, 이것은 본부 차원에서 적극적으로 좀 수사 상황도 챙겨 보고 따져 봐야 되는 것 아닌가요?

○**고용노동부노동정책실장 김유진** 취업규칙에 대한 것은 그때 신고 절차가 들어왔을 때고 그것에 대해서 적정하다는 판단을 내렸던 게 있었고요.

○**김주영 위원** 그러나 그때 본 위원이 질의했던 것 다 생각나실 텐데……

○**고용노동부노동정책실장 김유진** 예, 맞습니다.

○**김주영 위원** 절차상 문제가 분명히 있어요. 그런 증거자료도 사실은 하나도 없었고요.

○**고용노동부노동정책실장 김유진** 예, 맞습니다. 그래서 수사가 진행 중이고요.

○**김주영 위원** 그래서 이게 지금 굉장히 어려운 문제가 아닌데 속도가 너무 늦다, 이것은 사실상 봐주기 아니냐 이런 의혹이 제기될 수밖에 없다……

그래서 이 절차상 문제점이 없는지에 대해서 내부감사라도 해 봤습니까?

○**고용노동부노동정책실장 김유진** 감독관이 지금 수사를 하고 있기 때문에 그 수사 시기에 대한 부분은……

○**김주영 위원** 그러면 수사 결과가 언제쯤 나옵니까?

○**고용노동부노동정책실장 김유진** 제가 아는 한은 거의 마무리 단계에 들어간 것으로 알고 있습니다.

○**김주영 위원** 그러면 2월 달쯤 받아 볼 수 있겠네요?

○**고용노동부노동정책실장 김유진** 그 지방청에서 감독관들이 하는 거라서 제가 확답을 드리기는 어렵습니다.

○**김주영 위원** 아니, 지금 본부에서도 살펴보라는, 챙겨 보라는 이야기입니다, 거기에 맡겨 놓지 말고.

○**고용노동부노동정책실장 김유진** 예.

○**김주영 위원** 그리고 이런 일용직 노동자의 계속근로기간이나 퇴직금, 연차수당 지급을 위해서 새로운 행정해석이나 법령 개정도 필요하다고 생각되는데 그런 것까지 검토를 하시고 거기에 대해서 답변을 보내 주시기 바랍니다.

강한승 대표님, 취업규칙 재개정 논의를 좀 해 본 적이 있습니까?

○**증인 강한승** 지금 말씀하신 주제에 관련된 것인가요?

○**김주영 위원** 예, 그렇지요.

○**증인 강한승** 그것은 제가…… CFS의 일이어 가지고요, 제가 구체적 내용을 알지 못합니다.

○**김주영 위원** 아니, 그래도 전체적으로 다 살펴볼 책무가 있잖아요?

○**증인 강한승** 아니, 제가 CFS의 취업규칙에 대해서는 책무가 있지 않습니다.

○**김주영 위원** 그리고 지난번에 국감 때 출석을 했었잖아요.

○**증인 강한승** 저는 안 했었습니다.

○**김주영 위원** 안 했어요?

○**증인 강한승** 예.

○**김주영 위원** 아, 두 분 출석하셨지요?

그러면 지금도…… 정종철 대표 그때 나오셨었고, 취업규칙 재개정에 대해서 좀 논의를 해 보셨어요?

○**증인 정종철** 저는 절차에 따라 진행된 것으로 이해를 하고 있고요. 현재 수사기관에서 수사가……

○**김주영 위원** 절차에 따라서 진행됐다면 근거자료를 제출했어야 되는데 근거자료를 제출 못 했어요.

○**증인 정종철** 저희가 88% 동의를 받아서……

○**김주영 위원** 그게 절차상 문제, 설명회, 찬반 토론 그다음에 집단적 동의 이런 절차가 있어야 되는 건데 그런 절차가 없었어요. 어떠한 근거도 제시를 못 했다는 것을 말씀드립니다.

그 부분에 대해서 검토를 하고 본 위원한테 자료제출을 해 주시기 바랍니다, 앞으로 어떻게 하겠다든지.

김유진 실장님은…… 벌써 들어가셨네요. 고용노동부 전체가 쿠팡의 편의를 봐주는 그런 분위기에서 이 전담팀은 사실은 굉장한 압박을 갖고 있습니다. 그래서 수사를 진행하는 게 늦어지는 것 아닌가 그런 추정이 되고요. 또 고용노동부에서 전담팀에 대한 불이익을 준다는 그런 소문까지도 들리고 있습니다.

정부 부처가 기업 눈치나 보면서 합리적인 판단을 내린 근로감독관에게 불이익을 가하는 경우에는 본 위원이 그냥 있지는 않겠습니다. 어떻게 생각하세요?

○**고용노동부노동정책실장 김유진** 위원님, 저희가 어떤 기업에 대해서 봐준다 이런 것은 생각할 수도 없는 거고요.

○**김주영 위원** 본 위원이 계속 국감 때도 질의했고 오늘도 말씀을 드리는 거잖아요. 이런 절차상 문제에 대해서 답변을 못 하고 있는 거예요.

○**고용노동부노동정책실장 김유진** 어떤 절차상 문제를 말씀하시는 건지……

○**김주영 위원** 설명회, 찬반 토론, 집단적 동의. 대법원 판례에서 세 가지 절차적 기준을 지키지 않은 문제에 대해서 그동안 사례들이 있었잖아요.

○**고용노동부노동정책실장 김유진** 예, 그것은……

○**김주영 위원** 그런데 그 동의서만으로 그냥 취업 규칙을 변경해 버린 거지요.

○**고용노동부노동정책실장 김유진** 예, 그것에 대해서는 엄정하게 수사를 하고 있습니다.

○**김주영 위원** 그래서 엄정하게 수사만 하고 있다는 게 아니라, 본 위원이 말하는 것은 이 근로감독관한테 불이익을 줄 거라는 그런 소문들이 지금 돌고 있다는 거예요.

○**고용노동부노동정책실장 김유진** 저희가 지금까지 불이익을 준 적이 없고요.

○**김주영 위원** 그래서 만약에 불이익이라도 준다고 하면 그것은 고용노동부 전체가 기업 편을 드는……

(발언시간 초과로 마이크 중단)

(마이크 중단 이후 계속 발언한 부분)

기업부로 이름을 바꿔야 될 것이다 그렇게 말씀드립니다.

이 자리에서 약속하세요.

○**고용노동부노동정책실장 김유진** 예, 그럴 일은 없습니다.

○**김주영 위원** 1분 더 썼나요, 제가?

○**김형동 위원** 두 번 더 썼어요.

○**김주영 위원** 잠깐만요, 그러면 짧게……

○**위원장 안호영** 아니, 뭐 더……

주세요.

마무리하세요.

○**김주영 위원** 쿠팡……

실장님, 들어가셔도 좋습니다.

풀필먼트서비스 그다음에 CLS, 주식회사 쿠팡, 이 세 분 대표님들 오늘 새벽에 어렵게고 정슬기 씨, 장덕준 씨, 김명규 씨 유족들과 합의를 했습니다. 늦었지만 이 합의를 이뤄준 것에 대해서는 다행이라고 생각을 하고요. 설 전까지 합의사항을 꼭 이행해 줄 것을 다시 한번 촉구합니다.

　답변해 주시지요.

○증인 정종철　예, 그렇게 하겠습니다.

○증인 홍용준　예.

○김주영 위원　설 전까지 꼭 해 주셔야 됩니다.

○증인 정종철　예.

○김주영 위원　이상입니다.

○위원장 안호영　수고하셨습니다.

　쿠팡과 관련해서는 여러 이슈에 대해서 제가 봤을 때는 상당히 이렇게 정리가 됐는데 아직 안 된 부분이 조금 있어서 저도 하나 확인해 볼까 합니다.

　아까 임상혁 녹색병원장님, 참고인 계십니까?

○참고인 임상혁　예.

○위원장 안호영　마이크 저쪽 주시면 되는데……

　지금 아까 말씀 취지가 쿠팡이 야간·심야 노동, 쿠팡에서 하고 있는 야간·심야 노동이 근로자들의 건강에 심각한 위험 요인이 될 수 있다, 지금 그렇게 보시는 거지요?

○참고인 임상혁　예.

○위원장 안호영　그래서 그 문제를 해결하기 위해서는 지금 노동시간을 줄여야 되고, 특히 노동 강도를 낮춰야 된다 이렇게 말씀하시는 거지요?

○참고인 임상혁　고정된 심야 노동을 없애야 될 것 같고요.

○위원장 안호영　예.

○참고인 임상혁　고정된 심야 노동.

○위원장 안호영　고정된 심야 노동?

○참고인 임상혁　아까 이용우 위원님께서 말씀하셨지만 휴식시간, 전문적으로 여유율이라고 하는데요. 그런 여유율 제도가 도입되어서 적정한 휴식시간을 제공하는 것도 물류센터에서 일하는 노동자들에게 굉장히 도움이 될 것 같습니다.

○위원장 안호영　그런데 이 문제에 대해서는, 결국 대안에 대해서는 아까…… 결국은 가장 중요한 게 근로자들의 건강 업무의 효율성과 근로자들의 건강권이 충돌할 때 어떻게 이 문제를 조화시킬까 하는 문제라는 생각이 듭니다. 이 문제에 대해서는 제가 알기로는, 예를 들어서 외국의 경우에 야간·심야 노동을 전적으로 금지시키는 제도를 갖고 있는 나라도 있습니까?

○참고인 임상혁　예, 그런 나라도 있습니다.

○위원장 안호영　유럽에 그런 나라들이 있는 것으로 제가 또 알고 있고 또 한편으로 보면 건강을 해치지 않는 범위 내에서 제한적으로 노동을 할 수 있게 하는 방법도 있겠지요?

○참고인 임상혁　예, 예를 들면 저희 병원에서도 간호사들이 야간 근무를 하는데요. 야간에만 전담하는 간호사는 12일 이상의 야간 근무를 못 하도록 보건복지부에서 규정하고 있습니다. 그것이 아마 참고가 될 것 같습니다.

○위원장 안호영　아까 산업안전보건국장님이신가요?

　잠깐 나와 보시지요.

○**고용노동부산업안전보건본부장 김종윤** 산업안전보건본부장 김종윤입니다.

○**위원장 안호영** 쿠팡에 대해서 근로감독하시고 개선을 요구한 사안들이 좀 있지 않습니까?

○**고용노동부산업안전보건본부장 김종윤** 예, 그렇습니다.

○**위원장 안호영** 그것은 쿠팡에 전달이 된 겁니까?

○**고용노동부산업안전보건본부장 김종윤** 예, 공문으로 시행했습니다.

○**위원장 안호영** 그 자세한 내용에 대해서는 여기서 얘기할 필요는 없을 것 같고 아까 김형동 위원께서 말씀하셨고 또 쿠팡에서도 이 문제에 대해서 문제 개선 요구에 성실하게 응하시겠다 이런 취지로 답변하신 것으로 들었는데 맞습니까?

○**증인 홍용준** 예, 맞습니다.

○**위원장 안호영** 그런데 그중에서 심야 노동과 관련된 부분인데 아까 이용우 위원께서 처음에 말씀하실 때 큰 틀에서 심야배송과 관련된 이런 문제점을 해결하기 위해서 사회적 대화에 적극적으로 참여해서 문제를 논의하도록 하겠다 그리고 그 결과에 대해서는, 도출된 결론에 대해서는 성실하게 이행하겠다 이런 취지로 말씀하신 거지요?

강한승 대표님.

○**증인 강한승** 예.

○**위원장 안호영** 그렇게 말씀하신 것 같았는데?

○**증인 강한승** 예, 맞습니다.

○**위원장 안호영** 그런데 약간 이런 점은 있어요. 뭐냐 하면, 이게 어떤 의미에서 사회적 대화라고 하시는지는 모르겠습니다만, 더 검토를 해 봐야 되겠지만 거기에서 많은 얘기들을 하고 많은 이해당사자들이 참여하게 되면 실제로 근본적으로…… 그렇게 해결하는 게 가장 좋겠지만 실제로는 시간도 많이 걸릴 수도 있고 쉽지 않을 수 있을 수도 있다는 생각이 들어요.

물론 약속한 대로 그렇게 노력은 해 주셔야 되겠지만, 제가 말씀드리고 싶은 것은 그것과 별개로 쿠팡이 또 할 수 있는 일들은 해야 되는 것 아니냐 그 말씀을 드리려고 하는 거거든요.

그래야 되지 않겠습니까?

○**증인 강한승** 예, 저희가 저희 차원에서 할 수 있는 부분들은 지속적으로 찾아서 개선해 나가겠고요. 노동시장이라고 하는 것이 굉장히 상호 복합적으로 연계되어 있습니다. 그러니까 예를 들면 근로자들은 본인들의 생계와 관련된 부분이고 조금이라도 더 많은 임금을 받는 일자리로 순식간에 이동을 하고 선택하는 것이 너무나 지금 보편화된 상황이기 때문에 이게 저희가, 예를 들어 가지고 만약에 저희가 근로시간을 일방적으로 축소한다라고 했을 때 결국은 또 그분들이 다른, 근로시간이 더 많은 업체로 바로 이동하는 현상이 매일매일 일어나고 있는 것이 노동의 현실입니다.

그래서 저희가 말씀드리는 것은 이런 것들이 여러 가지 노동자들의 생계권이라든가 또 여러 가지 기업들 간의 일자리에 있어서 이동의 풍선 효과라든가 또 다른 업종과 형평이라든가 이런 부분이 같이 고려되면서 논의가 돼야 된다는 생각 저는 갖고 있고요. 그런 과정에서 합리적인 결과가 도출될 수 있도록 저희도 거기 참여하겠다라는 말씀을 드린 것입니다.

○위원장 안호영 회사 입장에서 충분히 할 수 있는 얘기라는 생각이 듭니다.

지금, 국장님.

○고용노동부산업안전보건본부장 김종윤 예.

○위원장 안호영 이 문제 관련해서 지금 고용노동부가 무리한 야간 노동이 뇌심혈관계 질환 등 여러 가지 질병을 야기할 수 있기 때문에 대책을 요구한 게 있지요?

○고용노동부산업안전보건본부장 김종윤 예, 그렇습니다.

○위원장 안호영 어떤 점들을 대책을 요구했습니까?

○고용노동부산업안전보건본부장 김종윤 우선 쿠팡의 야간 근로와 관련해 가지고는 여러 가지 지금, 야간 근로 관련해 가지고는…… 야간 근로가 초래하는 여러 가지 이유들이 좀 있습니다. 연속적으로 근로를 하는 문제라든지 그런 게 있어서, 폭염기에는 그런 것들을 제한하는 것들을 조만간에 대책을 마련해서 발표하려고 하고 있고요.

그다음에 야간 근로 과정에서 장시간 근로를 초래하는 문제 관련해 가지고는 주로 다회전 배송의 문제라든지 그리고 대기시간 같은 경우에는 거점 구역의 확보 문제라든지 이제 그런 것들을 저희가 대안으로 제안을 하면서 개선을 요청한 바 있습니다.

○위원장 안호영 예를 들어서 주 5일 근무를 한다든지 그다음에 1일 3회전 하는 것과 관련해서 야간 배송 방식을 조정해야 된다든지……

○고용노동부산업안전보건본부장 김종윤 예, 그 내용 말씀드렸습니다.

○위원장 안호영 그다음에 장거리 이동을 하는 문제가 있기 때문에 배송 거점을 추가해야 되는 문제라든지 이것을 주로 요구한 것이지요?

○고용노동부산업안전보건본부장 김종윤 예, 맞습니다.

○위원장 안호영 이렇게 함으로써 결국은 퀵플레서 등의 야간 업무를, 그 노동 강도를 경감시키는 방안으로 지금 요구한 거지요?

○고용노동부산업안전보건본부장 김종윤 예, 그렇습니다.

○위원장 안호영 그러니까 이 문제가 다른 것하고 다 관련이 있습니다마는 궁극적으로 이런 문제를, 이것이 해결이 안 돼서 실제 노동자들한테, 노동자들의 건강 문제를 심각하게 침해하게 되면 전체적으로 이것을 다 금지시키는 문제가 아마 국회에서는 논의될 수밖에 없을 것 같고.

그렇지 않고 만약에 아까 고용노동부에서 얘기한 것처럼 이런 문제들에 대해서 쿠팡이 개별 기업 차원에서 할 수 있는 일들에 대해서 충분히 대안들을 제시하고 개선을 한다 그런다면 또 쿠팡의 기존 업무 방식과 노동의, 우리 건강권이 좋아질 수가 있겠지요.

그런 측면에서 이것을 사회적 대화라고 하는 곳에만 다 맡기지 말고 쿠팡에서 할 수 있는 일들은 해 줘야 된다 저는 그 말씀을 드리는 건데 어떻게, 그렇게 해 주시겠습니까?

○증인 강한승 예, 위원장님 말씀 유념해서 그런 쪽으로 저희도 노력하겠습니다.

○위원장 안호영 들어가시지요.

그러면 이렇게 해서 2차 추가신문을 모두 마치도록 하겠습니다.

그러면 지금 한 10분 정도 쉬었다가 하는 게 좋을 것 같은데요.

청문회의 원활한 진행을 위해서 정회했다가 6시에 속개하도록 하겠습니다.

정회를 선포합니다.

(17시49분 회의중지)
(18시11분 계속개의)

○**위원장 안호영**　의석을 정돈하여 주시기 바랍니다.

회의를 계속하겠습니다.

그러면 3차 증인·참고인 신문을 진행하겠습니다.

신문 시간은 3분으로 하겠습니다.

○**이용우 위원**　위원장님, 의사진행발언 있습니다.

○**위원장 안호영**　예, 이용우 위원님.

○**이용우 위원**　인천 서구을 이용우 위원입니다.

자료 제출 관련인데요 오후 속개할 때까지 좀 자료 제출해 달라고 쿠팡 측에 요청한 자료들이 있는데 지금 제출된 것은 CLS 고용 현황만 제출이 됐고 CFS의 고용 현황은 제출이 안 됐고요. CLS, CFS 양 사의 휴게시설, 냉·난방시설 현황도 전혀 제출이 안 됐고요 관련 계약서도, 계약서 전체를 봐야 개선된 부분과 개선되지 않은 부분들이 확인이 되는데 개선된 부분만 일부가 제출이 됐습니다.

그래서 오늘 질의를 할 수 있도록 끝나기 전에 제출해 주실 것을 다시 한번 촉구해 주시고 만약에 부제출하면 법에 따라서 고발 조치 요청드리겠습니다.

○**위원장 안호영**　질의하는 데 지금 이용우 위원님 말씀처럼 아마 그 자료가 있어야 질의를 할 수 있어서 그러는 것 같은데요 회사 측에서 한번 제출이 가능한지 좀 검토를 해 주시지요. 그래서 제출이 가능하면 협조를 해 주시면 좋겠습니다.

그러면 위원님들 중에서 원하시는 분들 질의하도록 하겠습니다.

먼저 혹시 더 질의하실 분들 파악할 수 있도록 손 한번 들어주시겠습니까?

(손을 드는 위원 있음)

예, 됐습니다.

그러면 질의를 시작하도록 하겠습니다.

김태선 위원님 질의해 주십시오.

○**김태선 위원**　강한승 대표님, 아까 블랙리스트 관련해서 질문 던졌을 때 블랙리스트 관련해서 작성한 적도 없고 본 적도 없냐 물으니까 처음에 본 적 없다라고 말씀하셨다가 정종철 대표께서 있다고 하시니까 다시 강한승 대표께서 과도한 측면이 있었다라고 말씀하셨어요.

○**증인 강한승**　제가 직접 본 적이 없다는 말씀이고 아직까지 본 적 없습니다.

○**김태선 위원**　보고받은 적도 없습니까? 이것 말씀 잘하십시오. 왜냐하면 위증이고 지금 블랙리스트 관련해서는 근로기준법 40조 위반이고 개인정보법 위반입니다. 실정법 위반이에요. 그리고 지금 말씀 잘하십시오. 위증까지 같이 올라갑니다.

보고받은 적 아예 없으세요?

○**증인 강한승**　저는 직접적으로 제가 이 건에 대해서 보고받을 위치에 있지는 않고요 언론을 통해서 이런 내용을, 제가 지난번 국감과 언론을 통해서 나온 것은 알고 있습니다.

○**김태선 위원**　그러고 나서 언론을 통해서 이런 얘기 나왔을 때 진상 파악 안 하셨습니까?

○**증인 강한승** 이게 CFS에서 일어났던 일이기 때문에요 제가 직접적으로 관여하지 않았습니다.

○**김태선 위원** 그러면 다시 여쭐게요. 보고받은 적도 없고 그전에는 전혀 알지도 못했다, 보고받은 적 없습니다.

○**증인 강한승** 예.

○**김태선 위원** 그렇게 말씀하신 거예요.

○**증인 강한승** 예.

○**김태선 위원** 진실은 숨어있는 것 같지만 곧 밝혀집니다.

그리고 아까 대국민 사과 말씀드렸었는데 확답을 안 하셨어요. 정종철 대표님, 대국민 사과 의향 있으십니까?

○**증인 정종철** 언론 부분 포함해서 일부 남용됐던 부분들은 제가 아까 사과를 말씀드렸습니다.

○**김태선 위원** 아니, 저희한테 사과 마시고 기업 차원에서 이런 부분이 있었다는 것, 대국민 사과하실 의향 있냐고 여쭌 겁니다.

이것 논의해 보시고 알려 주세요.

○**증인 정종철** 예, 그렇게 하겠습니다.

○**김태선 위원** 그리고 이거와 더불어서 재발 방지 대책까지 같이 해서 알려 주십시오.

○**증인 정종철** 예.

○**김태선 위원** 그리고 김준호 제보자님하고 차주혁 기자님.

김준호 제보자님 말씀 한마디도 안 하셨는데 말씀해 주시고요. 그리고 차주혁 기자님도 이와 관련해서 뒤에 다시 좀 말씀해 주십시오.

한번 지금 말씀해 주십시오.

○**참고인 김준호** 블랙리스트 제보자 김준호라고 합니다.

쿠팡풀필먼트에서 계속 자기네들이 작성한 자료가 아니다라고 처음에 주장을 하다가, 처음에 괴문서라고 주장하다가 그다음에 본인들이 갖고 있는 자료랑은 다르다 그러더니 이제 허위사실이다라고 하다가 이제 와서 블랙리스트 작성에 대한 걸 사과를 한다는 것은 본인들이 지금 여태까지 국민들한테 보도자료 내면서 거짓말했다는 게 입증이 된 거고 저에 대한 명예훼손도 있을 뿐더러 그거에 대한 보복성 고소에 대해서도 사과가 정확하게 있어야 될 것으로 생각이 되고요.

그다음에 거기에 대해서 지금 여태까지 송구하다는 말씀, 송구하다 이런 식으로만 말씀해 주시는데 쿠팡이 여태까지 죄송하다 이 한마디를 한 적이 없습니다. 유가족한테도 한 적이 없고요 당사자한테도 한 적이 없습니다. 쿠팡의 죄송하다라는 말 한마디를 꼭 듣고 싶습니다.

○**김태선 위원** 그리고 차주혁……

○**위원장 안호영** 1분 주시지요.

○**증인 정종철** 아까 말씀드린 대로 일단 저희들이 그분에 대한 고소 고발은 다 취하하기로……

○**김태선 위원** 고소 고발 취하하기는 했고요 진정 어린 사과를 말씀하시는 거예요. 사과하실 거잖아요. 사과 아까 했는데 저희한테 했고, 국민들 앞에서 할지는 고민해 볼 테

고 그리고 방금 말씀하셨던 제보자분한테는 진심 어린 사과가 필요하지 않겠습니까? 이 것 너무 당연한 거잖아요.
○증인 정종철 전후 경과에 조금 여러 가지 말씀드릴 게……
○김태선 위원 아니, 그러니까 제보자님께 사과할 용의가 없으세요, 이것도?
○증인 정종철 오해는 좀 풀고 싶습니다.
○김태선 위원 아니, 이게 무슨 오해입니까? 제보자 그 블랙리스트 제보했다고 형사고발해 놓고서 이게 무슨 오해입니까?
○증인 정종철 블랙리스트 때문에 제보한 건 아니고요.
○김태선 위원 방금 또 잘못했다고 얘기하셨으면서.
○증인 정종철 하여간 저희가 원만히 오해를 풀 수 있도록 제가 따로 만나서 하겠습니다.
○김태선 위원 아니, 이게 오해가 아니고 잘못한 거예요. 방금 저희한테 사과했잖아요. 이게 오해입니까? 오해는 풀면 되는 거예요.
○증인 정종철 자료나 이런 부분도 최초에 나왔었던 자료가……
○김태선 위원 다시요, 그러면 이것 오해입니까, 블랙리스트가? 저희가 잘못 생각한 거예요, 지금?
○증인 정종철 그러니까 저희가 반박했던 내용과 관련돼서 상호 간에 지금 오해가 있는 부분이 있어서 그 부분은 제가 풀어서, 오해를 풀고 또 그 과정에서 상호 간의 어떤 정신적인 그런 고통이 있었다면 그 부분은 충분히 소통해서 풀도록 하겠습니다, 맡겨 주시면.
　　　(발언시간 초과로 마이크 중단)

　　　(마이크 중단 이후 계속 발언한 부분)
○김태선 위원 이게 푸는 게 아니고 잘못한 걸 인정하는 게 먼저예요. 지금 본인께서 잘못했다고 말씀하셨으면서 그걸로 지금 피해받는 제보자한테 오해를 풀겠다는 게 무슨 뜻입니까?
○증인 정종철 맡겨 주시면 충분히 제가 소통해서 풀겠습니다.
○김태선 위원 뭘 맡겨요, 이것 이미 다 알고 있는 건데.
　　　다시 질의하겠습니다.

○위원장 안호영 박해철 위원님 신문해 주십시오.
○박해철 위원 정종철 증인께, 블랙리스트는 아까 제가 질문을 하고 말미에 확인을 못 했던 부분을 사과 입장을 아까 말씀 주셨고 블랙리스트 내의 기자나 작가 그리고 또 개인정보 이런 부분들에 대해서 사과한 걸로 보면 됩니까?
○증인 정종철 예, 그렇습니다.
○박해철 위원 그러면 이게 결국은 개인정보법 위반으로 넘어가는 거지요.
○증인 정종철 위원님, 그 부분에 관해서 현재 수사가 진행 중입니다. 다만 저희 입장에서 또 주장할 부분들이 있어서 그 부분에 관해서는……
○박해철 위원 그래서 지금 당초 목적한 바와는 전혀 별개로 사용된 것은 사실이었고

일단 그 부분에 대해서는 제가 사과로 인정을 하고 그다음 질문 좀 들어가겠습니다.
　홍용준 대표님, 지금 노동부에서 CLS 근로감독 결과 발표 다 보셨지요?
○증인 홍용준　예, 봤습니다.
○박해철 위원　여기에 보면 개선사항이 크게 네 꼭지가 있지요?
○증인 홍용준　예.
○박해철 위원　크게 네 꼭지가 있습니다.
　그런데 아까 제가 내부 규정을 좀 달라고 했는데 아직 주지는 않고 있고 또 악천후에서의 어떤 가이드라인도 달라고 했는데 주지를 않고 있습니다. 제가 이거 어떻게 하면 되지요?
○증인 홍용준　악천후 가이드에 대해서는 설명자료를 행정실에 제출한 것으로 그렇게 알고 있고요.
○박해철 위원　아니요, 제가 확인을 했는데 지금 그게 없다고 합니다. 아직까지 없고.
　제가 왜 이 말씀을 드리는가 하면 첫째는 네 가지 차트에 대해서 이렇게 개선사항을 냈는데 저는 이거는 다 당연히 수용할 사항들이라고 보는데 홍 증인께서는 어떻게 생각하세요?
○증인 홍용준　저희가 그 부분에 대해서 최선을 다해서 권고사항을 취지에 맞게 개선하려고 노력을 하고 있습니다.
○박해철 위원　저는 그래서 이 부분에 대해서는 너무나 당연히 조치를 해야 될 부분이라고 보고 여기에 대한 추진 계획을 좀 수립을 하셔서 그 부분을 저희 의원실로도 좀 주시고요. 우리 환노위에도 그 내용을 한번 좀 주십시오.
　그래서 고용노동부의 개선사항에 대해서 CLS가 얼마만큼 의지를 담고 또 언제까지 이런 부분들에 대해서 조치할 것인지에 대한 걸 저는 꼭 확인을 좀 해야 될 것 같습니다. 가장 빠른 시일 내에 그 조치 계획 주실 수 있겠습니까?
○증인 홍용준　예, 저희가 마련해서 조치를 하도록 하겠습니다.
○박해철 위원　그리고 특히 제가 아까 왜 산업안전 관련해서 내부 규정을 달라고 했는가 하면, 제가 고용노동부의 보도자료를 보면서, 내용을 보면 표준이 미비하거나 담당자의 권한이 모호하고 활동이 이루어지기 어려운 부분 이런 부분들은 굉장히 추상적 표현들입니다.
　제가 다르게 표현을 하겠습니다. 표준이 없고 안전보건 담당자 권한도 없고 안전 관련 활동이 이루어지지 않는다라고 저는 그렇게 해석이 돼요.
　제가 왜 그러느냐 하면 아까 주셨던 운용 지침상의 이 내용을 보면 산안법에 나와 있는……
　1분만, 마무리하겠습니다.
　인터넷을 켜면 나오는 자료들입니다. 이 자료를 가지고 지금 안전보건관리 책임자의 운영 지침이라고 해서 내부 규정이라고 제출한 것 이거 부끄럽지 않습니까?
○증인 홍용준　위원님, 저희가 전국에 수십개의 캠프가 있기 때문에 그 캠프별로……
○박해철 위원　아니요, 그러면 제가 다시 묻겠습니다.
　이 자료는 보셨습니까?
○증인 홍용준　그 자료는 봤고요. 그거는 이제……

○**박해철 위원** 안에 내용을 보시고 하는 말씀이시지요?

○**증인 홍용준** 휴정시간에 잠깐 봤습니다.

○**박해철 위원** 여기에 구체적으로 어떤 사업장별 또는 기타 여러 가지 형태에 대해서 담겨져 있는 내용이 있던가요?

○**증인 홍용준** 제 말씀은 캠프 사업장별로 어떤 총론적인 규정보다는 안전보건에 관한 각론적인 규정들을 다양하게 많이 두고 있습니다.

○**박해철 위원** 그러면 지금 주문을 하십시오. 캠프에서 운영되고 있는 운영 지침을 주십시오. 바로 줄 수 있지요?

○**증인 홍용준** 아까 제가 확인한 바로는 그게 양이 방대하고 너무 추상적이이서……

○**박해철 위원** 그래서 캠프에서 운영되고 있는 지침을 주시면 CLS가……

　　　　(발언시간 초과로 마이크 중단)

　　　　(마이크 중단 이후 계속 발언한 부분)

어떻게 현장을 관리하고 있는지에 대해서 제가 이해하겠습니다.

○**증인 홍용준** 그렇게 설명드리도록 하겠습니다.

○**박해철 위원** 바로 그 자료를 좀 확보를 해 주시고요.

○**증인 홍용준** 예.

○**박해철 위원** 제가 마이크 없는 상태에서 조금만 더 하겠습니다.

　　고용노동부 김유진 실장님, 잠깐 앞으로 나와 주십시오.

○**고용노동부노동정책실장 김유진** 노동정책실장입니다.

○**박해철 위원** 제가 이 보도자료를 보고 좀 느낀 게 있습니다. 개선사항이라면 개선사항 또는 이런 개선사항에 대해서, 어떤 권고사항에 대해서, 이런 부분들에 대해서는 어떤 현안이든 간에 조치 계획을 언제까지 어떻게 조치하겠다는 이런 계획이 당연히 따라붙는 것 아닙니까?

○**고용노동부노동정책실장 김유진** 저희는 가급적이면 신속하게 조치를 취해 달라라고 했고 어느 정도는 기업에서 시간을 갖고 자율적으로 개선이 되길 희망했습니다.

○**박해철 위원** 지금 여기에 법 위반으로 되어 있는 부분들은 진짜 미미한 부분들만 법 위반으로 담겨져 있고 실제 필요한 내용들은 개선사항이라고 되어 있는데 이 개선사항에 대해서 노동부에서도 어떻게 이걸 조치하겠다든지 어떤 의지를 갖고 있는 내용이 저는 없다고 봅니다.

○**고용노동부노동정책실장 김유진** 지속적으로 저희가 모니터링을 하고 이행하도록 계속 지도할 생각입니다.

○**박해철 위원** 그러면 모니터링을 했는데 CLS가 거기에 대해서 이행을 하지 않으면 어떻게 됩니까?

○**고용노동부노동정책실장 김유진** 저희가 거기에 대한 적절한 후속 조치를 취해야 할 거라고 보고 있습니다.

○**박해철 위원** 그래서 저는 이걸 처음부터 할 때, 여기에 처음으로 이런 조사를 했다라는 식의 포장을 할 게 아니고 정말 했던 이유가 있지 않습니까? 장시간 노동과 기타 부대적인 여러 가지 문제점들 많았기 때문에 그걸 노동부에서도 의지를 갖고 조사를 했고

그래서 후속 조치 사항들도 언제까지 어떻게 결과를 내겠다라는 그런 의지를 담기 위한 결과라고 저는 봅니다. 그런데 제일 중요한 건 뒤에 결과가 다 빠져 버렸어요.

○**고용노동부노동정책실장 김유진** 저희가 시간을 너무 늦추지 않고 적절하게 개선이 이루어지도록 지속적으로 지도하도록 하겠습니다.

....

○**위원장 안호영** 박해철 위원님 수고하셨습니다.

박홍배 위원님 신문해 주십시오.

○**박홍배 위원** 김혁표 참고인, 이쪽으로 좀 이동해 주시고요.

박은진 증인, 이쪽 답변석으로 좀 이동해 주십시오.

먼저 수원지검 성남지청 보도자료입니다. 박영우 회장이 임금 체불이 계속되는 상황에서도 그룹 내 각 계열사들로부터 약 499억 원의 임금, 퇴직금 등을 지급받아 왔다고 밝히고 있습니다.

아까 박은진 증인께서 회장이 300억 출연했다고 그랬나요, 500억 출연했다고 그랬나요?

○**증인 박은진** 500억입니다.

○**박홍배 위원** 예.

2023년 10월 회생 개시 이후에 각 사가 박영우 회장으로부터 받은 대여금 또는 출연금 중에서 임금 체불에 사용한 금액이 얼마인지 세 분의 법정관리인 분 제 질의 끝나면 답변해 주시고요.

오늘 박은진 증인 답변을 보면 굉장히 일관됩니다. 제가 첫 질의에서 여쭤본 대로 변호사가 자문해 주신 대로 아주 충실하게 답을 한다 이런 느낌이에요. 전 임원으로서 회장 딸로서 책임 이런 말씀 하시고 회장이 계속 수감 중에도 사재 출연했다, 어떤 일 할 수 있는지 고민하고 최선 다하겠다. 그러나 체불 임금 변제는 아버지 몫이다. 이렇게 답변하라고 코치 받으신 거지요?

○**증인 박은진** 저는 그런 코칭에 대해서 보고를 받거나 또 한 적이 없습니다.

○**박홍배 위원** 이렇게 체불 임금 변제도 국회 청문회도 돈, 법을 이용해서 피해갈 수 있을 거라고 생각을 하는데 아마도 그렇지 않을 겁니다. 임금 체불 사업장의 전 임원이자 대주주의 한 사람으로서 우리 일가 4인이 사재 출연하겠다, 지분이라도 팔겠다 이렇게 답을 하셔야지요.

분명히 말씀드리지만 박영우 회장의 일가 계획대로 880억 원 그리고 국가가 대신 지급한 대지급금 96억 원 절대 떼먹지 못하도록 여기 있는 국회의원들이 최선을 다할 것이라는 부분 다시 한번 말씀드립니다.

김동현 전 비서실장님, 회생 절차 개시 신청 접수 30분 전에 자금집행 절차다 무시하고 박영우 회장 10억 송금하신 것 박영우 회장의 지시로 입금하신 거지요?

○**증인 김동현** 그렇지 않습니다.

○**박홍배 위원** 누구 지시로 하신 거지요?

○**증인 김동현** 제가 위니아 김혁표 대표께 요청을 했던 사안이었고요.

○**박홍배 위원** 어쨌든 이 부분이 지금 횡령으로 수사받고 재판받고 계신 거잖아요?

○**증인 김동현** 그렇습니다.

○**박홍배 위원**　증인은 비서실장으로 수시로 재무를 비롯한 주용 경영사항에 대해서 회장에게 업무보고를 해 오셨었지요? 23년도까지는 그렇게 하셨지요?

○**증인 김동현**　……

○**박홍배 위원**　이 복잡한 위니아의 기업 지배구조 또 알짜기업 위니아전자를 사실상 껍데기 회사로 만드는 이런 지배구조 설계 누가 했습니까? 어느 임원이 했습니까?

○**증인 김동현**　……

○**박홍배 위원**　답변 못 하시겠어요?

○**증인 김동현**　제가 답변할 성질은 아닌 것 같습니다.

○**박홍배 위원**　회장과 임원들이 모여서 노동자들 임금을 고의로 체불시키는 내용을 서로 모의하신 적이 있으세요?

○**증인 김동현**　아니요, 없습니다.

○**박홍배 위원**　1분 더 주시면 마무리하겠습니다.
　김혁표 참고인, 12월 12일에 광주공장 직원들에 대해서 M&A 진행상황 설명하셨어요. M&A 진행상황에 대한 설명회.

○**참고인 김혁표**　예.

○**박홍배 위원**　(자료를 들어 보이며)
　아까도 말씀하신 것처럼 위니아전자나 위니아메뉴팩처링보다는 지금 좀 나은 상황이다. 12월 중 우선협상 대상자와의 계약 체결하고 1월 중에 본계약 체결하겠다라고 했는데 예정대로 잘 진행이 되고 있나요?

○**참고인 김혁표**　저희들 뜻과는 달리 약간씩 지체가 되고 있는 것이 사실입니다.

○**박홍배 위원**　회생 신청할 때 회계법인이 평가해서 제출한 보고서가 있을 거예요. 계속기업 가치와 청산가치, 위니아의 각각의 가치가 얼마씩 됩니까?

○**참고인 김혁표**　청산가치는 약 800억 수준이고 계속기업 가치는 약 900억 수준으로 기억하고 있습니다.

○**박홍배 위원**　100억은 남는 회사라는 말씀이잖아요.

○**참고인 김혁표**　예.

○**박홍배 위원**　그러면 청산되지 못할 경우에 지금 위니아만 한정해서……
　(발언시간 초과로 마이크 중단)

- -

　(마이크 중단 이후 계속 발언한 부분)
노동자의 해결되지 않은 임금 체불액이 얼마인 거지요?

○**참고인 김혁표**　다시 한번 질문해 주시……

○**박홍배 위원**　청산을 지금 당장, 올 5월 달에…… 4월 말까지 회생 절차 종료되지 않고 청산했을 때 위니아 소속 노동자들에 대한 임금 체불액, 정리하지 못하는 금액이 얼마가 남게 됩니까? 계산해 보신 적 없으세요?

○**참고인 김혁표**　그것은 계산 한번 해 봐야 될 것 같습니다.

○**박홍배 위원**　그러면 아까 제가 질문드린 23년 10월 이후에 회장으로부터 사재 출연 받아 가지고 갚은 노동자들 임금 금액 위니아는 얼마입니까?

○**참고인 김혁표**　받은 적이 없습니다.

○**박홍배 위원** 위니아전자 얼마예요?
○**참고인 임영택** 위니아전자는 47억입니다.
○**박홍배 위원** 47억.
위니아메뉴팩처링은 얼마입니까?
○**참고인 위대성** 15억입니다.
○**박홍배 위원** 15억이요.
박은진 증인 얘기하신 거랑 차이가 많이 납니다.
또 이따가 추가질의하겠습니다.

○**위원장 안호영** 수고하셨습니다.
이용우 위원님 신문해 주십시오.
○**이용우 위원** 인천 서구을 이용우 위원입니다.
홍용준 대표께 묻겠습니다.
지금 쿠팡CLS의 소위 헬퍼, 즉 물품을 분류하는 노동자들이 한 6000여 명 되는 것 같아요. 작년 말 일용직 다 직접고용으로 전환을 했지요?
○**증인 홍용준** 예, 그렇습니다.
○**이용우 위원** 그런데 쿠팡CLS 일용직 규모가 이렇게 좀 많고 쿠팡CFS도 일용직 규모가 저희가 보니까 한 1만 5000명 정도 되는 것 같아요, 정확하진 않은 것 같기는 한데. 그리고 계약직이 또 한 2만 3000명 정도 CFS 물류센터에서 지금 근무들을 하고 계시는 것 같고요.
그래서 쿠팡이 직접고용 한 것은 진전이라고 볼 수 있겠으나 이게 전반적으로 일용직·계약직 규모가 굉장히 방대합니다. 물류의 어떤 증감 변동을 고려하더라도 이렇게 불안정한 고용을 너무 방대하게 하는 것은 적절하지 않다 이 지적을 계속 드린 거고요.
그래서 이제는 양질의 일자리 창출도 고민하셔야 된다. 그래서 이런 답변을 주셨어요 쿠팡CLS 헬퍼, 분류 노동자들의 대해서는 전부 일용직인데 계약직 전환 시행하겠다 이렇게 말씀 주셨어요.
강한승 대표 맞지요?
○**증인 강한승** 예, 그런 제도를 만들겠다고 했습니다.
○**이용우 위원** 그렇게 시행하겠다고 했고 오늘 자리에서 구체적인 전환 기한까지는 답을 좀 주시기로 했는데 검토해 보셨습니까? 어느 정도 기한 주시면 이게 시행……
○**증인 강한승** CLS 홍용준 대표가 아마 검토한 내용이 있을 것입니다.
○**이용우 위원** 예.
○**증인 홍용준** 위원님, 저희가……
○**이용우 위원** 짧게 말씀 주시면 또 질문할게요.
○**증인 홍용준** 일단 말씀 주신 취지대로 희망하는 일용직들에 대해서 계약직으로 전환할 수 있는 방안은 마련을 할 거고요. 한 3개월 정도……
○**이용우 위원** 3개월 내에 시행을 해 보시겠다는 거고 구체적인 규모나 방법은 좀 검토를 더 하셔야 되잖아요.
○**증인 홍용준** 지금 이게 하여튼 업의 특성이나 유연근무를 희망하는 일용직들이 많기

때문에 규모를 정해서 하기는 조금 어려울 것 같고요. 그리고 사실 저희가……

○**이용우 위원** 이렇게 하시지요. 생색 내기가 아니라 실제 실질적으로 실효적으로 좀 해 보겠다, 적극적인 의지를 좀 밝혀서 시행을 해 보시고 그 결과물들을 보고를 해 주세요.

○**증인 홍용준** 예, 그렇게 하겠습니다.

○**이용우 위원** 그렇게 하시고, 마지막에 좀 부족한 것 답변하시면 될 것 같고요.

그다음에 금년 4월 1일부터 쿠팡CFS 일용직에서 계약직으로 전환된 노동자들의 경우에는 수습기간이 3개월, 12주. 너무 장기간이고 그 필요성이 좀 없다라는 얘기들을 계속 지적을 했었기 때문에 이 부분에 대해서는 수습기간 단축 이런 얘기들이 계속 있었어요. 어떻게 하시겠습니까?

○**증인 정종철** 예, 개선…… 단축해서 시행하도록 하겠습니다.

○**이용우 위원** 어느 정도 단축하신다는 거지요?

○**증인 정종철** 일용직으로 일정 일수 이상 근무한 직원에 대해서는 12주에서 8주로 단축해서 시행할 계획입니다.

○**이용우 위원** 마이크를 좀 당겨서 답변해 주시고요.

○**증인 정종철** 예.

○**이용우 위원** 그리고 이외에도 말씀드린 양질의 일자리 창출에 더 고민을 하셔서 가지고 조금 더, 계약직 전환 규모라든지 이런 확대 노력만 답변을 주셨……

1분 안에 정리하겠습니다.

일용직의 계약직 전환 규모를 더 확대하는 노력을 하겠다 이렇게 말씀을 주셨는데 그걸 넘어서서 실질적으로 좀 검토를 더 고민하시고요. CFS 말씀드리는 겁니다.

○**증인 정종철** 예.

○**이용우 위원** 그리고 쿠팡, 양사 마찬가지로 무기계약직 전환 또는 계약직의 어떤 기간 연장이라든지 고용 안정화 방안에 대해서도 더 적극적으로 검토 고민을 해서 시행을 좀 했으면 좋겠습니다. 그럴 의향이 있으세요?

적극적으로 검토를 해 보세요, 이런 부분도.

○**증인 정종철** 예, 알겠습니다.

○**이용우 위원** 냉난방시설, 휴게시설 추가 설치 계획을 언급하고 계시지요, 지금?

○**증인 정종철** 예.

○**증인 홍용준** 예, 그렇습니다.

○**이용우 위원** 지금 여전히 부족하다, 아까 말씀드린 물류센터 같은 경우는 축구장 4개의 크기인데 에어컨 1대가 축구장 3분의 2 정도 크기를 감당하고 있는 실정이다 이런 분석도 있습니다. 그래서 이런 부분들을 추가적으로 더 확대하겠다라고 하는 의지는 좋으신데 그 규모가, 어느 정도 재정투자 계획 이런 것들을 가지고 계십니까?

○**증인 정종철** 내년에 저희들이 한 1000억 정도를 투자해서 냉방시설을 획기적으로 개선할 계획입니다.

(발언시간 초과로 마이크 중단)

••

(마이크 중단 이후 계속 발언한 부분)

○이용우 위원 그러면 냉난방·휴게시설 추가와 관련해서…… 올해겠지요, 내년이 아니라?

○증인 정종철 예, 올해입니다. 죄송합니다.

○이용우 위원 올해 1000억 원 이상의 추가 설비투자 계획을 말씀을 주셨는데 그 부분도 정말 쿠팡이 진짜 제대로 하겠구나라고 하는 것들을 인식할 수 있도록 구체적인 계획도, 완전히 확정된 계획은 아니더라도 그런 정도로 좀 더 구체화시켜서 의원실에 보고를 해 주시면 좋을 것 같습니다. 가능하시겠습니까?

○증인 정종철 예, 저희들이 투자를 할 거고요. 다만 지금 투자 우선순위를 정하고 그러다 보니까, 어느 FC부터 해야 할지를 종합적으로 보다 보니까 아마……

○이용우 위원 시간이 걸리더라도 그것을 정리해서 한 달이면 한 달, 좀 정리해서 보고를 좀 해 주세요.

○증인 정종철 예, 알겠습니다.

○이용우 위원 추가적으로 하겠습니다.

<hr>

○위원장 안호영 이용우 위원님 수고하셨습니다.

　정혜경 위원님 신문해 주십시오.

○정혜경 위원 강한승 증인 앞으로 나와 주세요.

　차주혁 기자님도 앞으로 잠깐 나와 기다려 주시면 좋겠습니다.

　(영상자료를 보며)

　저게 쿠팡이 언론중재위원회에다가 제소한 현황입니다. 보시면 아시다시피 23년에서 24년으로는 대폭 증가됐지요? 이게 아마도 언론을…… 언틀막이지요. 이것을 해서 효과를 많이 보신 것 같아요. 그래서 지금 보니까 24년에는 저렇게 언론중재위 저 횟수가 한 2배 이상 대폭 늘었는데요.

　증인, 이 사실을 알고 있으십니까?

○증인 강한승 예, 대략적으로 알고 있습니다.

○정혜경 위원 이렇게 언론중재위에 제소를 하니까 산재가 은폐된다거나 아니면 열악한 노동환경이 은폐되는 데 효과를 톡톡히 보셨나 보지요?

○증인 강한승 아니, 그렇지 않고요. 저희가 객관적으로 잘못된 보도라든가 저희의 반론이 반영되지 않은 보도에 대해서 언론중재위원회에 제소를 한 것이고 수정을 받은 것입니다.

○정혜경 위원 제소한 현황을 제가 확인해 드릴게요, 제소한 현황.

　넘겨 주시면, 이게 한겨레랑 세이프타임즈에다가 저렇게 2억·1억 손배를 했는데 이 내용이 뭐냐 하면 30kg 이상의 에어컨을 로켓배송했다라고 하는 것을 보도를 했습니다. 그런데 이것이 잘못된 보도라고, 허위사실 보도라고 제소를 했어요.

　지금 이 자리에서 증인은 쿠팡의 택배기사들이 30kg 이상 배송하지 않고 있다라고 청문회장에서 확언하실 수 있습니까?

○증인 강한승 이 부분은 제가 지금 정확한 내용을 알지는 못합니다.

○정혜경 위원 CLS 홍용준 증인님.

○증인 홍용준 저 30kg 이상을 배송했다, 아니다가 허위가 아니고요.

　　　　　　　　　　　　　　　　　　　　　

○**정혜경 위원** '예, 아니요' 하시지요.

○**증인 홍용준** 어떤 부분에 대한……

○**정혜경 위원** 30㎏ 이상 배송 안 하냐고요, 지금.

○**증인 홍용준** 저희가 내부기준으로 중량물 기준을 두고 있습니다.

○**정혜경 위원** 그것 때문에 지금 허위사실로 제소된 겁니다.

넘어가겠습니다.

그다음에 뉴스타파에서 '찜통 같은 내부'라고 해 가지고 하루에 50만 원씩 손해배상 청구를 했습니다. 찜통 같은 데니까 찜통 같다고 했는데 이게 왜 소송감인지 제가 잘 모르겠거든요.

○**증인 강한승** 이 내용은 제가 잘 모르는 내용입니다.

○**정혜경 위원** 그렇지요? 이렇게 소송을 남발하고 있습니다. 실제로 아주 열악한 노동환경이기 때문에 여기 청문회까지 온 것입니다, 그것도 여러 번씩이나. 그렇지요? 대표이사께서도 지금 오신 거예요.

그리고 온 국민이 알고 있습니다, 쿠팡이 얼마나 노동자들이 죽어 가고 있는 일터인지를. 그럼에도 불구하고 그것을 막고자 하는 입틀막, 언틀막을 하고 있는 의도는 뭐냐? 여전히 입틀막, 언틀막으로 노동자를 죽게 하겠다 이런 뜻으로밖에 비쳐지지 않습니다.

차주혁 기자님.

○**참고인 차주혁** 예.

○**정혜경 위원** 기자신데요. 쿠팡과 관련해서 기사를 쓸 때 어떤 마음이 드시는지 그리고 기자님들은 어떻게 생각하고 계시는지에 대해서 한번 말씀해 주시면 감사하겠습니다.

○**참고인 차주혁** 일단 기본적으로 소송을 대비하고 취재를 시작하고요. 그래서 취재 과정에서 사소한 팩트까지 실수하지 않으려고 더 꼼꼼하게 취재를 하고 있습니다.

그럼에도 불구하고, 저희가 확인한 팩트들을 보도했는데도 불구하고 쿠팡은 형사소송 그리고 최근에는 제가 보도했던 고 장덕준 씨 CCTV 화면 보도를 가지고 지금 민사소송을 제기한 상태입니다.

○**정혜경 위원** 혹시 시간 1분만……

○**위원장 안호영** 예, 그러시지요.

○**정혜경 위원** 감사합니다.

고인의 죽음들도 다 억울하고, 진실을 보도하려고 하는 언론에다가는 재갈을 물리고 계십니다. 이는 공익을 위해서 행동하는 언론의 자유를 침해하고 있고 기업의 사회적인 책임을 저버리는 행위입니다.

쿠팡에서 매년 사망자 수가 끊임없이 발생하고 있습니다. 그런데 쿠팡은 노동자들의 죽음에 대해서는 책임 있게 나서기는커녕 오히려 진실을 은폐·왜곡하고 진상을 밝히려는 언론사에다가 꼬투리를 잡아서 소송을 벌이고 있습니다.

쿠팡은 언론사 소송에 힘을 기울일 것이 아니라 노동자들의 죽음을 어떻게 막을 것인지, 어떻게 하면 노동조건을 개선할 것인지에 대해서 힘을 기울여야 한다고 생가을 합니다.

쿠팡의 개선대책을 마련해서 저희 의원실로 보고해 주시기를 바라고요. 노동자의 가죽을 벗겨 가지고 혁신기업 되지 않기를 바랍니다.

이상입니다.

○**위원장 안호영** 정혜경 위원님 수고하셨습니다.

강득구 위원님 신문해 주십시오.

○**강득구 위원** 오늘 우리 위원님들이 얘기해 주신 부분 또 제가 쿠팡 관련해서 여러 분들을 만난 결과 쿠팡이 노동자에게 문제가 생기거나 노동자가 쿠팡을 상대로 문제 제기를 할 경우에 대하는 방식이 몇 가지 딱 틀이 있더라고요.

첫 번째는 사건 발생 초기에는 사실관계를 왜곡하고 은폐한다, 두 번째는 유족을 대변하거나 회사에 비판적인 언론에는 법적 대응을 불사한다, 세 번째는 사회에서 관심을 보시면 합의하는 척하다가 시간이 지나면 결렬시킨다, 네 번째는 소송에 들어가면 기존 사실관계마저 모두 부정한다, 그래서 대형 로펌을 통해서 장기간 법적 공방을 벌인다, 이 네 가지 틀 속에 집어넣으면 다 맞는 것 같습니다.

저는 이런 것에 대해서 이제 좀 우리 쿠팡이 근본적으로, 노동자를 대하는 태도라든지 또 문제가 생겼을 때 대하는 방식이라든지 이런 것에 대해서 근본적인 방식의 변화가 필요하다고 생각하는데 어떻게 생각하십니까? 홍 대표.

○**증인 홍용준** 위원님 말씀 취지는 잘 이해하고 있고요. 그런 오해를 사지 않도록……

○**강득구 위원** 오해라고 하지만 실제로 오늘 여러 분들이 얘기해 주신 부분과 제가 유가족 만나 본, 그리고 또 현장의 노동자들을 만나 본 나름대로의 공통점입니다. 그러니까 이것을 부인할 수도 있지만 전체적인 고민이 한번 필요하다라는 겁니다. 고민하십시오.

○**증인 홍용준** 예, 한번 고민해 보겠습니다.

○**강득구 위원** 쿠팡 사업장은 국내 어느 기업보다 안전하다라고 보도자료를 2023년 10월에 낸 적이 있습니다. 한번 볼까요?

(영상자료를 보며)

저기 산재 사망자 수 219명일 때 쿠팡은 1명이었다, 이게 중요한 것은 산재 사망자 수입니다. 오늘 존경하는 김태선 위원님이 19명이 쿠팡에서 일하다가 죽었다고 그랬어요. 그리고 온열질환자 1명도 없었다고 얘기했지만 실제로 포함하면 그렇지도 않고.

그래서 결론적으로 말씀드리면 이런 식으로 왜곡하고 이런 식으로 언론에다가 말도 안 되는 보도자료 놓고 이런 것도 사실은 이게 맞냐라는 근본적인 고민이 필요하다는 거지요.

쿠팡, 이런 의미에서 안전한 기업이라고 말하는 게 실제로 맞나요?

○**증인 정종철** 계속 개선해 가도록 하겠습니다.

○**강득구 위원** 김종윤 본부장, 2020년 노동부가 발표한 코로나19 사업장 대응지침에서 사업장 내 확진자가 발생하면 그 사실을 즉시 사업장에서 노무를 제공하는 모든 사람에게 알려야 한다라는 규정 있었습니까, 없었습니까?

○**고용노동부산업안전보건본부장 김종윤** 2020년에 코로나 관련해서 사업장 대응지침이 있었고……

○**강득구 위원** 있었지요?

○**고용노동부산업안전보건본부장 김종윤** 예, 그 내용이 있었습니다.

○**강득구 위원** 됐습니다. 있었습니다.

그럼에도 불구하고 쿠팡은 물류센터에서 확진자가 발생했다는 사실을 알리지 않고 오히려 출근 가능자가 있는지 문자를 통해서 사람을 모집하기까지 했습니다. 심각하게 문제지요.

1분만 좀 더 쓰겠습니다.

그래서 이 자리에서 코로나 집단감염 피해자들에게 사과를…… 한 번도 한 적이 없다고요. 소비자들한테는 사과하고. 압니까, 모릅니까?

그 당시에 노동자, 특히 코로나19 걸린 노동자들한테 사과해야 되는 것 아닌가요?

○증인 정종철 저희들이 코로나라고 하는 전대미문의 사태가 있었고 저희들이 그 건을 계기로 해서 더 많이 배웠습니다. 그래서 앞으로는……

○강득구 위원 제가 진짜 좀 진심으로 부탁드립니다.

그 당시에 전유경 씨 산재 판정받았지요?

○증인 정종철 예, 그렇습니다.

○강득구 위원 그런데 그 남편은, 고지를 안 해 가지고 전유경 씨가 집단감염이 됐고 그 남편은 지금까지도 일어나지 못하고 있습니다. 한 달 병원비가 200만 원 그리고 간병비까지 합하면 300만 원이 넘는다고 합니다.

이 문제에 쿠팡에서 큰 틀에서 좀 나름대로 합의하고 방안을 찾아야 되는 것 아닌가요?

50초만 더 쓰겠습니다, 마지막으로.

○증인 정종철 그에 대해서는 최근에 법원 판결도 있었습니다. 아까 말씀드린 대로 코로나라고 하는 불가피한 사정이 있었던 사안이고요. 저희들도 여러 선례적인 의미에서나 고려할 요소가 있다는 점을 좀 이해해 주시면 감사하겠습니다.

○강득구 위원 아니, 생각을 해 보십시오.

분명히 코로나 때 부천물류센터에서 확진자가 집단적으로 발생했어. 그런데 고지하지 않았어. 전유경 씨는 고지했으면 안 갔을 거고 또 23일, 24일 날 쉬어도 되는데 현장을 간 겁니다. 그래서 확진인지도 모르고 집에 갔고. 그래서 남편과 가족이 걸린 거예요. 그러면 그것에 대한 도의적인 책임 져야 되는 것 아닙니까?

최종 책임자 강 대표, 어떻게 생각합니까?

○증인 강한승 하여튼 코로나로 인한 당시의 사회적인 여러 가지 어려움들은 여기 계신 분들 다 이해하고 계실 것이고 거기에 대해서 어떤……

○강득구 위원 아니, 확진자들이 있는 상황에서도 일할 노동자들을 모집하고 이것을 고지하지 않았어요!

홍 대표, 다시 한번 묻겠습니다.

1차 확진자야. 그런데 알리지 않았어. 그래 가지고 남편이 감염됐어. 여전히 혼수상태야. 한 달에 입원비, 간병비 포함하면 300만 원이 넘어. 그런데 우리랑 상관없다, 이게 말이 됩니까?

이게 쿠팡의 현재 모습이야. 어떻게 생각합니까?

○증인 강한승 그 부분에 대해서는 지금 법원에서는 판결이 좀 다른 취지로 선고가 됐습니다.

○강득구 위원 전유경 씨는 지금 산재 판정이 났어요.

제가 내일부터 쿠팡 가 가지고 팻말 들겠습니다. 악덕 기업 그리고 노동자를 죽이는 기업, 안전 기업이라고 사기 치는 기업!

다시 한번 묻겠습니다.

홍 대표, 합의 볼 겁니까, 안 볼 겁니까? 최소한 도의적 책임이라도 져 달라는 겁니다.

○**증인 정종철** 그 부분은 저희들도 다각도로 한번 고민을 해 보겠습니다.

○**강득구 위원** 아니, 다시 한번 부탁…… 내가 전유경 씨를 대신해서, 그 가족을 대신해서 지금 절규하는 거예요.

다시 한번, 이 부분에 대해서 최소한의 도덕적 책임 질 수 있습니까, 없습니까?

○**증인 정종철** 고민하겠다고 제가 말씀드렸습니다.

○**강득구 위원** 고민하겠다고요?

○**증인 정종철** 예.

○**강득구 위원** 분명히 약속했습니다. 안 그러면 팻말 들고 쿠팡 가서 내가 얘기하겠습니다.

믿습니다. 마지막입니다.

○**증인 정종철** 예, 알겠습니다.

○**강득구 위원** 이상입니다.

○**위원장 안호영** 강득구 위원님 수고하셨습니다.

김주영 위원님 신문해 주십시오.

○**김주영 위원** 박현철 전 위니아 대표님 이쪽으로 좀 나와 주시지요.

2023년 박영우 회장이 국정감사 이후 국회에 제출한 주식회사 위니아전자 변제 계획에 대해서 알고 계시지요?

○**증인 박현철** 예, 자세한 내용은 모르지만 얘기는 들었습니다.

○**김주영 위원** 박 회장과 논의했습니까, 당시?

○**증인 박현철** 저는 2023년 9월에 구속 상태였기 때문에 제가 그 변제 계획에 대해서는……

○**김주영 위원** 그러면 그 전에 이란 엔텍합과 채권이행청구소송 2심에서 승소했습니까?

○**증인 박현철** 1심에서는 승소를 했고요. 2심에서는……

○**김주영 위원** 졌지요, 2심에?

○**증인 박현철** 예, 2심에서는 패소했습니다.

○**김주영 위원** 본 의원실이 어제 입수한 판결문에 따르면 2심에서는 1심 판결을 취소하고 원고의 나머지 청구들을 모두 기각한다고 이렇게 판결을 했습니다.

PPT 한번 보시지요.

(영상자료를 보며)

2023년 박 회장은 피고가 현재 불리한 상태라고 전망을 했습니다. 피고는 이란 측입니다. 그런데 1심 결과와 달리 2심에서 패소했지요. 4월이면 회생절차를 종료하니까 그냥 이기면 좋고 아니면 말고 이런 식으로 소송을 준비한 것 아닌가 그런 생각이 드는데……

임영택 관리인님.

○**참고인 임영택** 예.

○**김주영 위원** 지금 이게 어떻게 된 거예요?

○**참고인 임영택** 지금 2심에서 패소한……

○**김주영 위원** 잠깐만요, 마이크 좀 갖다주시지요.

○**참고인 임영택** 엔텍합 2심에서 패소한 상고심 대법원 진행은 어제 날짜로 상고이유서 제출이 진행됐습니다. 그래서 이 상고이유서가 제출이 되면 120일 안에 상고를 계속 진행할지 아니면 기각할지 일차적으로 판단한다고 합니다.

○**김주영 위원** 그런데 이 주문을 보면 1심 판결 취소했고 또 채권자 대위에 의한 청구 부분을 각하했고 나머지 청구 모두 기각했어요. 이것 좀 대비가 안 됐던 거 아닌가요?

○**참고인 임영택** 지금 저희가 사건 대리인이 태평양이었었는데……

○**김주영 위원** 대표가 법정관리인이 되셨으면 이런 부분들도 철저하게 준비해야 되는 것 아닌가요? 지금 그냥 상고만 한다고 해서 그것으로 끝난 게 아니잖아요?

○**참고인 임영택** 예, 그렇습니다. 저희……

○**김주영 위원** 철저하게 대응해서 반드시 이길 수 있도록 하시든지 아니면, 이게 지금 500억이 넘는 임금체불로 직원들 일상이 정말 하루하루가 지옥 같다 그러잖아요.
　박현철 대표, 노동자들이 생활고에 시달리는 것 다 알고 계시지요?

○**증인 박현철** 예, 알고 있습니다.

○**김주영 위원** 대법원에서 패소해서 230억 청구권 행사를 못 한다면 체불임금 어떻게 갚을 겁니까?

○**증인 박현철** 저희 회사 레벨에서, 아까 관리인께서 말씀하신 대로 지금 M&A 하고 있는 것과 또 부도의 건 등등 준비를 하고 있고……

○**김주영 위원** 지금 하여튼 여기……

○**증인 박현철** 또 저희는 대주주분이 좀 책임 있는 모습을 보여 주기를 계속 촉구하고 있습니다.

○**김주영 위원** 그러면 결국은 지금 계획서 제출했던 것과 잘 안 맞아 돌아가고 있잖아요. 그래서 엔텍합이나 또 다야니 관련해서 소송도 중요한 변제 방법 중의 하나고 그렇게는 알고 있어요. 그러나 실질적으로 임금체불을 해소할 수 있는 문제는 바로 사주 일가들의 사재의 출연입니다. 동의하시지요?

○**증인 박현철** 예, 그것도 하나의 일부라고 생각을 합니다.

○**김주영 위원** 동의하시지요?

○**증인 박현철** 예.

○**김주영 위원** 박은진 부사장, 동의하십니까?

○**증인 박은진** 예, 당연히 회장님께서 최선을 다해서 사태가 해결될 수 있도록……

○**김주영 위원** 일가가 다 책임이 있어요. 그렇게 부도덕하게, 지금 수많은 위원님들이 그런 질의를 했잖아요.
　이 변제하겠다는 말만 듣고……
　(발언시간 초과로 마이크 중단)

....

　(마이크 중단 이후 계속 발언한 부분)
지금 수백 명의 직원들이 기다리고 있어요. 노력이 아닌 사재 출연으로 실제 저는 변제를 해 주시기 바라고.

월급은 바로 노동자들의 생명줄입니다.

꼭 변제하시기 바랍니다.

박은진 부사장.

○**증인 박은진** 최선을 다하겠습니다.

○**김주영 위원** 최선을 다한다는 게 아니라 실질적으로 갚으세요.

이상입니다.

○**위원장 안호영** 수고하셨습니다.

그러면 더 추가로 신문하실 위원님 계십니까?

(손을 드는 위원 있음)

○**김형동 위원** 위원장님, 결의하고 보내 주십시오. 우리 진짜 이건 안 됩니다. 우리도 일을 해야지요.

○**강득구 위원** 아니, 결의부터 하고 가실 위원님들 가시고 그러면 되잖아요.

○**김형동 위원** 그래, 이거 뭐 밤새도록……

○**강득구 위원** 아니, 지금 이 절박한 상황 속에서……

결의하고 그러면 되잖아요.

○**김형동 위원** 공부를 해 가지고 물어봐야지……

결의 찬성.

○**위원장 안호영** 그러면 순서를 바꿔서 결의하고 그리고 또 다음 질의하도록 하겠습니다.

회의 자료 좀 나눠 주세요.

---

o 의사일정 변경의 건

3. 대유위니아그룹 임금체불의 조속한 해결과 박영우 회장 엄벌 촉구 결의문 채택의 건

(18시55분)

○**위원장 안호영** 그러면 위원님 여러분께 양해말씀 드리겠습니다.

위원장이 여야 간사 위원님들과 협의한 결과 대유위니아그룹 임금체불의 조속한 해결과 박영우 회장 엄벌 촉구 결의문 채택의 건을 오늘 의사일정 제3항으로 추가하고자 합니다.

위원님 여러분 이의 없으십니까?

(「예」 하는 위원 있음)

이의 없으시므로 가결되었음을 선포합니다.

그러면 의사일정 제3항 대유위니아그룹 임금체불의 조속한 해결과 박영우 회장 엄벌 촉구 결의문 채택의 건을 상정하겠습니다.

동 안건의 내용은 대한민국국회의 환경노동위원회 차원에서 대유위니아그룹에서 발생한 대규모 임금체불의 조속한 해결을 위한 관계 행정기관의 적극적인 노력과 더불어 임금, 퇴직금 미지급 혐의 등으로 기소돼 재판을 받고 있는 박영우 대유위니아그룹 회장에 대한 엄벌을 촉구하는 내용입니다.

자세한 내용은 배부해 드린 유인물을 참조해 주시고 이와 관련하여 의견이 있으신 위원님께서는 말씀해 주시기 바랍니다.

(「없습니다」 하는 위원 있음)

다른 의견 없습니까?

(「예」 하는 위원 있음)

그러면 의사일정 제3항 대유위니아그룹 임금체불의 조속한 해결과 박영우 회장 엄벌 촉구 결의문을 배부해 드린 유인물대로 채택하고자 하는데 이의 없으십니까?

(「예」 하는 위원 있음)

이의가 없으므로 가결되었음을 선포합니다.

---

1. 쿠팡 택배노동자 심야노동 등 근로조건 개선을 위한 청문회
2. 대유위니아그룹 임금체불 관련 청문회

(18시57분)

○**위원장 안호영** 계속해서 신문을 진행하도록 하겠습니다.

신문을 더 하실, 신문을 하실 위원님 있으면 신문해 주시고 나머지 부분은 알아서 판단을 해 주시기 바랍니다.

그러면 아까 손을, 신문하실 분 손을 다시 들어 주세요.

(손을 드는 위원 있음)

(일부 위원 퇴장)

그러면 김태선 위원님 신문해 주십시오.

○**김태선 위원** 김유진 실장님 앞에 나와 주시고요.

박은진 증인 이쪽으로 와 주세요.

박은진 증인은 아버지 언제 만나셨어요?

○**증인 박은진** 어제 접견하고 왔습니다.

○**김태선 위원** 어제 접견하셨지요? 변호사도 같이 만났겠네요?

○**증인 박은진** 아니요, 같이 가지 않았습니다.

○**김태선 위원** 그러면 둘이서, 두 분이서 만나셨어요?

○**증인 박은진** 예.

○**김태선 위원** 어떤 얘기 하셨습니까?

○**증인 박은진** 사장님께서 성심성의껏 답변하고 오라는 취지로 말씀을 하셨습니다.

○**김태선 위원** 최선의 노력을 다하겠다만 되풀이하라는 얘기는 안 하셨나요, 혹시?

○**증인 박은진** 그런 말씀은 없으셨습니다.

○**김태선 위원** 그런데 본인이 판단했을 때 최선을 다하겠다는 말만 하시는 거예요? 본인이 판단하기에?

이 말만 계속 되풀이하고 있어요. 도의적 책임 느끼시지요?

○**증인 박은진** 예.

○**김태선 위원** 그러면 그 말 말고 다른 말을 하셔야지요.

임금체불 사업주에 대한 처벌이 너무 약해서 그런 것 같습니다. 이것 알고 계시겠지만 임금체불 사업주에 대한 처벌을 강화할 수 있도록 대법원 양형위원회의 양형 기준 조정할 필요가 있다고 보는데 동의하시지요?

○**고용노동부노동정책실장 김유진**　　예, 전적으로 동의하고요. 안 그래도 실무적으로 저희가 접촉을 해 왔습니다. 그게……

○**김태선 위원**　　그런데 저희 의원실에서 물어보니까 아직까지 접촉은 따로 안 하셨더라고요, 이것 관련해서는.

○**고용노동부노동정책실장 김유진**　　그게 2년인가 주기가 있어 가지고, 시기가 있더라고요. 그래서 저희들이, 그전에 장관님께서도 한번 양형위원장을 만날 생각을 하셨었고요.

○**김태선 위원**　　그러니까 노동, 김문수 장관님도 잘하는 것 중에, 잘한 게 별로 없는 것 같은데 그래도 이 부분은 잘하고 있다고 저는 보고 있어요, 임금체불 관련해서.

○**고용노동부노동정책실장 김유진**　　적극적으로 노력하겠습니다.

　　저희도 소액 벌금형으로 이렇게 때릴, 대법원판결이 나오는 거 때문에……

○**김태선 위원**　　고용노동부하고 대법원 양형위원회가 협력한 선례가 있습니다.

○**고용노동부노동정책실장 김유진**　　예, 맞습니다.

○**김태선 위원**　　그래서 빨리 만나서 협의 방향, 일정 검토해서 알려 주십시오.

○**고용노동부노동정책실장 김유진**　　알겠습니다.

○**김태선 위원**　　그리고 작년 9월에 임금체불 대책을 담은 근로기준법이 통과가 됐습니다. 그런데 이게 10월 23일 시행을 앞두고 있고요. 그러면 지금 아직 시행되기까지 10개월 정도 남았어요. 지금 10개월 동안 계속 임금체불 때문에 힘들어하고 계신 분들에 대한 실질적인 도움이 되는 혜택이 좀 있어야 된다고 보는데 어떻게 보세요?

○**고용노동부노동정책실장 김유진**　　그게 저희도 너무 안타까운 상황이어 가지고 다른 지원책을 만들 수 있으면 좋겠는데요.

○**김태선 위원**　　이게 생계비 융자 지원 그리고…… 그러니까 이 대상이나 범위를 좀 확대하고 상환기간도 연장하고, 방법 추가로 지원 가능한 부분 찾을 수 있습니다.

○**고용노동부노동정책실장 김유진**　　저희가 융자기간 작년 초에 1년 연장을 한 번 한 적이 있고요. 그런데……

○**김태선 위원**　　예, 다시 연장할 수 있는 것 아닙니까?

○**고용노동부노동정책실장 김유진**　　저희가 내부적으로 한번 검토는 더 해 보겠습니다. 그런데 그게 실질적으로 얼마나 도움을 드릴 수 있을지에 대한 것은 다시 한번 생각해야 될 것 같습니다.

○**김태선 위원**　　이게 결론적으로 법이 지금 10월 23일 날 시행되기 때문에 10개월 텀이 남는 거예요. 어쩌면 국회의 잘못도 있지만 고용노동부의 잘못도 있다고 봅니다. 그러면 우리의 잘못이기 때문에, 우리의 잘못으로 피해받는 분들한테는 그만 한 보상이 있어야지요.

○**고용노동부노동정책실장 김유진**　　그런데 근로기준법 10월에 시행되는 것은 상습체불 사업주에 대해서 경제적 불이익을 가하는 거고요.

○**김태선 위원**　　물론 그렇지요.

○**고용노동부노동정책실장 김유진**　　그리고 10월에 시행되면 그 불이익을 받는 사업자 선정하게 되면 그다음 해부터 본격적으로 제재가 들어가게 돼 있습니다. 그런데 그것 자체는 사실은 지금 체불을 당한 피해근로자한테 바로 도움이 되는 내용들은 아닙니다. 상습체불 사업주에 대해서 제재를 강화하는 내용들이고요.

○**김태선 위원** 아니, 찾을 수…… 그러니까 도와줄 수 있는 방법을 찾아 주세요. 이것 계획을 세워 가지고 한번……

○**고용노동부노동정책실장 김유진** 더 고민해 보겠습니다.

○**김태선 위원** 적극적으로 검토해서 저희 의원실로 보고해 주십시오.

○**고용노동부노동정책실장 김유진** 예, 더 고민해 보겠습니다.

○**김태선 위원** 예.

○**위원장 안호영** 김태선 위원님 수고하셨습니다.

다음은……

의사진행발언입니까?

○**강득구 위원** 아니……

○**위원장 안호영** 잠깐만요.

박해철 위원님.

○**박해철 위원** CLS 홍용준 대표님께 제가 지난 국감 때 산재보험 가입률 관련해서 2023년도 홍용준 증인이 91% 답변한 것에 대해서 위증을 지적을 했잖아요. 기억하시지요?

○**증인 홍용준** 예.

○**박해철 위원** 그래서 그 이후에 제가 고용노동부하고 쿠팡 CLS로부터 자료를 한번 받아 봤습니다.

화면 혹시 띄워집니까?

(영상자료를 보며)

확인을 해 보니까 고용노동부에서는 정확한 전체 인원을 파악할 수 없어서 가입률을 확인할 수 없다라고 돼 있고 또 쿠팡 CLS가 제출한 자료에 보면 설문 답변 및 유선통화를 통해 조사를 하였으나 개인사업자인 배송기사 모두의 가입 여부를 정확하게 확인할 수 없는 한계가 있었다라고 답변이 왔습니다. 알고 계시지요?

○**증인 홍용준** 예.

○**박해철 위원** 결론은 산재보험 가입률이 실상 확인이 안 된다는 내용인데 91%로 말씀을 주셨고 일단 거기에 대한 위증 문제에 대해서는 저희가 지금 따로 진행을 하겠습니다.

그래서 그때 자료를 주시면서 추가적으로 주신 내용을 제가 말씀을 좀 드릴게요.

다음 화면 한번 봐 주십시오.

PPT 다음 화면.

지금 그때 제출할 때 같이 주셨던 자료예요.

그러니까 목적은 이렇습니다. 어쨌든 산재보험 가입을 독려를 하고 많은 분들이 전원 다 가입하고자 하는 게 그 취지고 목적인데 그때 주신 내용은 이렇게 되어 있습니다. 2023년 이후 실시한 2024년 배송위탁 영업점의 산재보험 가입여부 확인방법을 기존 설문 답변 등에서 피보험 자격취득신고 내역 등 증빙자료를 확인하는 방법으로 보완·강화, 이렇게 혹시 하고 있습니까?

○**증인 홍용준** 예, 지금은 그렇게 확인하고 있는 거예요.

○**박해철 위원** 지금은 이렇게 다 확인하고 진행하고 있는 거지요?

○**증인 홍용준** 예, 그렇습니다.

○**박해철 위원** 향후에도 배송위탁 영업점의 산재보험 가입 제고를 위해 노력한다 이 부분도 마찬가지시고요?

○**증인 홍용준** 예, 맞습니다.

○**박해철 위원** 그리고 그 하단부에 보시면 배송위탁 영업점과 상호 합의하에 체결한 업무위탁 계약서에 산재고용보험 가입 등 관련 법률을 준수토록 명시하고, 혹시 명시를 이렇게, 바뀐 계약서로 운영되고 있습니까?

(안호영 위원장, 김주영 간사와 사회교대)

○**증인 홍용준** 예, 저희가 법률 준수 의무 명시는 기존 계약서 또 개정된 계약서 다 명시하고 있습니다.

○**박해철 위원** 명시를 하고 있는 거지요?

○**증인 홍용준** 저는 그렇게 알고 있습니다.

○**박해철 위원** 그리고 해당 사항을 위반할 경우 계약 해지 가능하도록 또 계약서에 규정돼 있습니까?

○**증인 홍용준** 예, 법률 준수 의무를 위반하는 경우에는 해지 사유로 규정하고 있는 것으로 그렇게 알고 있습니다.

○**박해철 위원** 그래서 지속적으로 이렇게 하고 있다는데 그러면 이 내용이 담겨진 업무위탁 계약서를 저희 의원실로 줄 수가 있습니까?

○**증인 홍용준** 말씀드렸지만 그 부분에 대해서 위원님 설명드리고 보여드리고 제출 여부에 대해서는 조금 더 검토를 해 보겠습니다.

○**박해철 위원** 그러면 이렇게 좀 해 주십시오. 이렇게 계약된 것을 저희 의원실에다가 한번 확인만 좀 해 주십시오.

○**증인 홍용준** 예, 그렇게 하겠습니다.

○**박해철 위원** 하여튼 결론은 산재보험 가입이 앞에 지난 2023년도에 91%라고 했던데 이 부분은 허구고.

다시 PPT 화면 앞장……

30초 내에 끝내겠습니다.

앞장을 보시면 좌측 하단부에 보시면 이렇게 돼 있습니다. 근로복지공단 전수조사 결과에 따르면 2021년도부터 23년 간 택배위탁대리점 산재보험 가입률은 84.4% 그리고 물류센터 위탁업체 산재보험 가입률은 16.1% 이렇게 되어 있는데, 이 자료가 고용노동부 자료입니다.

이 자료를 저희들은 확인을 했기 때문에 그때 제가 91%에 대한 것을 적정하지 않다라고 확인해서 말씀을 드렸고 그때 증인께서는 맞다라고 말씀 주셔서 그래서 이 부분에 대해서는 위증의 논란은 차치하고 하여튼 앞으로 부분은 산재보험 가입에 대해서는 좀 만전을 기해 주시기 바랍니다.

○**증인 홍용준** 예, 위원님 말씀 유념해서 그렇게 하겠습니다.

그런데 다만 그 84점 부분은, 그러니까 91점 부분은 저희가 퀵플렉스뿐만이 아니고 저희 위탁운영, 그러니까 배송인력이 아닌 저희 직고용 인력까지 다 포함해서 배송인력의 평균 그거를 말씀드린 건데……

○**박해철 위원** 일단 그거는 제가……

○**증인 홍용준** 정확하지 않았던 것 같습니다.

○**위원장대리 김주영** 박해철 위원님 수고 많으셨습니다.

다음은 박홍배 위원님 질의해 주시기 바랍니다.

○**박홍배 위원** 김유진 실장님!

○**고용노동부노동정책실장 김유진** 노동정책실장입니다.

○**박홍배 위원** 앞서 여러 위원님들 지적하신 것처럼 위니아 3사에 대한 대지급금 96억 400만 원입니다. 혈세를 이렇게 써도 되냐고 김소희 위원이 문제 제기를 하신 것도 또 880억 다 대지급하라고 말씀하신 김형동 위원 주장도 오죽 답답하면 그런 말씀까지 하시겠냐 하는 생각이에요.

(영상자료를 보며)

박은진 증인, 위니아 그룹이 국가가 대지급한 대지급금 갚은 적이 있나요?

○**증인 박은진** 제가 이 부분에 대해서는 잘 알지 못합니다.

○**박홍배 위원** 갚아야 된다라는 사실은 알고 있습니까?

○**증인 박은진** 제가 잘 몰랐던 사항인 것 같습니다.

○**박홍배 위원** 대지급금, 국가가 회사를 대신해서 먼저 지급한 돈이지 회사의 책임을 면해 주는 게 아니에요. 꽁돈이 아닙니다. 갚아야 되는 돈이에요. 박영우 일가는 노동자들 임금까지 떼먹고 국가기금까지 자기 호주머니 돈으로 생각하는 것 아닌지 이런 참 안타까운 생각이 듭니다.

19년도 임금채권보장기금이 8021억 원이었어요. 이게 지금 23년 말 기준으로 4670억 원, 무려 42% 감소했습니다. 대유위니아 이런 회사들같이 상습적으로 임금체불 유발한 회사들 때문에 노동자들뿐만 아니라 국가의 기금까지 위협을 받고 있는 거예요.

박은진 증인, 상환하셔야 되는 돈입니다. 분명히 기억하세요.

현재 대지급금 회수율 얼마 정도 되지요, 실장님?

○**고용노동부노동정책실장 김유진** 대지급금 회수율 말씀하십니까?

○**박홍배 위원** 예.

○**고용노동부노동정책실장 김유진** 한 30% 정도 지금……

○**박홍배 위원** 30%밖에 안 되지요?

○**고용노동부노동정책실장 김유진** 예.

○**박홍배 위원** 지난해 7월 달에 상습 고의 체불에 대한 특별감독하겠다라고 말씀하셨는데……

○**고용노동부노동정책실장 김유진** 했습니다.

○**박홍배 위원** 대유위니아 3사 나가셨나요?

○**고용노동부노동정책실장 김유진** 대유위니아는 이미 뭐 거의 지불 능력이 없는 상태라서 감독을 통해서 더 할 수 있는 상황은 아니고……

○**박홍배 위원** 아까 보신 것처럼 법정관리인들이 놓치고 있는 부분 있잖아요. 저는 필요하다고 보는데 나가시겠어요? 검토해서 의견 말씀해 주세요.

○**고용노동부노동정책실장 김유진** 예, 저희가 검토해 보겠습니다.

○**박홍배 위원** 박은진 증인, 아까도 말씀을 드린 것처럼 박영우 회장 일가가 그간 경영

을 해 오면서 보이지 않는 많은 횡령·배임 혐의들이 있을 수 있다, 매우 그 가능성이 높다라고 본 위원은 보고 있습니다. 노동조합, 시민단체 같이 고발 추진할 거고요. 여기 계신 박은진 부사장도 횡령·배임 피의자 될 수 있습니다. 오늘 잘 생각해 보고 돌아가시기 바라요.

마지막으로 박현철 증인, 지난번 국감에 나와서 가전사 업무 경험은 없는데 위니아전자 대표이사로서 임금체불 사태 책임지겠다라고 말씀하셨지요? 본인이 M&A 전문가라서 본인이 나와서 임금체불 정리가 되니까 보석 신청을 했던 거고 그게 받아들여졌다, 이렇게 말씀하셨지요?

○증인 박현철 회사 레벨에서 최선의 노력을 하고 있습니다.

○박홍배 위원 그리고 다음 청문회에는 구체적인 계획을 갖고 나오겠다 이렇게 말씀하셨는데 뭘 가지고 나오셨나요?

○증인 박현철 지금 계속 관리인님과 열심히 노력하고 있고 아까 말씀드린 대로 M&A는 지금 2차 시작을 하고 있는데 사실 지금 잘 안 되고 있는 건 사실입니다. 그리고 엔텍합 소송이……

○박홍배 위원 잘 안 되고 있다고 오전에 말씀하셨고, 그런데 박영우 회장은 계속해서 불출석사유서에서도 아직도 위니아·위니아전자 같은 건실한 회사들이기 때문에 M&A 가능하다라고 얘기하는 것 거짓말이지요?

○증인 박현철 제가 뭐 거짓말이 아니다 그렇게 말씀을 드리기에는 좀 적절하지 않습니다.

○박홍배 위원 이상입니다.

○위원장대리 김주영 박홍배 위원님 수고 많으셨습니다.

다음은 이용우 위원님 질의해 주십시오.

○이용우 위원 인천 서구을 이용우 위원입니다.

정종철 대표, 오늘 청문회에서 블랙리스트 부분에 대해서는 사과를 하신 거지요?

○증인 정종철 예.

○이용우 위원 지금 저희 의원실에 회신한 내용에 따르면 제한적으로 운영하겠다, 소명 절차 등 보완하겠다, 이를 위해서 대상·사유·기간 등을 대폭 완화한 안을 마련 중이다, 맞습니까?

○증인 정종철 예, 그렇습니다.

○이용우 위원 지금 언론에서 보도된 바에 따르면 1만 6000여 명 정도의 기자·조합원·퇴사자 등에 대한 그런 리스트들을 원래는 7일 보관 이렇게 회사 규정에 그렇게 돼 있는 것 같은데 짧게는 3년, 길게는 6년 이렇게 보관하고 활용했어요. 인정하시지요?

○증인 정종철 예.

○이용우 위원 이런 부분들에 대해서 잘못을 인정하시는 거잖아요. 그래서 사과하신 거 잖아요.

○증인 정종철 예, 일부 남용이 있었다는 것……

○이용우 위원 이런 부분들에 대해서 회사 홍보채널인 쿠팡뉴스룸과 보도자료로 이런 입장 표명해야 되는 것 아닙니까? 하실 의향 있으세요? 오늘 쿠팡 청문회 자리에서 인정하신 부분, 국민들이 알게 해야 되잖아요.

○**증인 정종철** 저희들이 대폭 계속하겠다는 말씀 드리겠습니다.

○**이용우 위원** 이 부분들 포함해서, 개선방안 포함해서 쿠팡뉴스룸과 보도자료배포하세요. 그렇게 해서 결과 보고해 주세요.

○**증인 정종철** 검토해 보도록 하겠습니다.

○**이용우 위원** 검토가 아니라 답변을 주세요.

○**증인 정종철** 그거는……

○**이용우 위원** 안 하면 안 하겠다, 하면 하겠다 답변을 주세요, 검토는 나중 문제고.

○**증인 정종철** 일단 개선안을 마련해서 위원님께 보고를 드리겠습니다.

○**이용우 위원** 개선방안과 함께 잘못 인정한 부분들을, 쿠팡뉴스룸에 항상 이런 부분들에 대해서 지금까지 잘못 설명을 해 왔잖아요, 아니라고, 아니라고. 그런데 인정하시는 부분이 생겼으니까 국민들한테 잘못 알려진 부분을 다시 정확하게 알려 주셔야지요.

쿠팡뉴스룸과 보도자료로 이것 설명 다시 하시고 사과하시고 개선방안까지 포함해서 이렇게 하세요.

○**증인 정종철** 일단 개선방안을 가지고 협의드리도록 하겠습니다. 그리고 그 방식이나 이런 부분은 고민을 해 보겠습니다.

○**이용우 위원** 방식까지 결정해서 그러면 같이 보고해 주세요.

○**증인 정종철** 예, 그렇게 하겠습니다.

○**이용우 위원** 고소·고발 일괄 취하하신다고 그랬는데, 3건입니다.

○**증인 정종철** 예.

○**이용우 위원** 건별로 피고소·고발인은 여러 명이에요, 혐의도 여러 혐의로 고발을 하셨어요. 일체 다 취하하는 겁니다.

○**증인 정종철** 예.

○**이용우 위원** 취하하시면서 단순 취하가 아니고, 이게 친고죄가 아니기 때문에 취하한다 하더라도 수사는 진행될 수 있어요. 아시지요, 법률가시니까? 처벌불원 의사를 포함해서 취하를 해 가지고 일괄적으로 정리한다는 의지를 밝혀 주세요. 가능하시겠습니까?

○**증인 정종철** 예, 그렇게 하도록 하겠습니다.

○**이용우 위원** 그 결과도 보고를 해 주세요.

○**증인 정종철** 예.

○**이용우 위원** 마지막으로, 지금 정종철 대표께서 어떤 얘기하려고 하시는지 압니다. 일부 운용하겠다 이렇게 말씀을 주시는데요, 이번에 제기된 소위블랙리스트의 본질은 두 가지입니다. 목적이 취업 제한을 위한 목적으로, 내용은 재직 중인 노동자가 아니라 이미 회사를 떠난, 그래서 더 이상 쿠팡의 노동자가 아닌 일반 국민의 개인정보와 과거 근무 이력을 관리하겠다, 이 두 가지가 이번 사안의 본질입니다.

1분 안에 정리하겠습니다.

이런 사안의 본질에 대해서 아무리 범위를 축소하고 시기·대상·보관기간 이렇게 해 봐야 본질은 바뀌지 않습니다. 운영하면 안 됩니다, 아예. 대한민국에……

○**증인 정종철** 위원님 아까……

○**이용우 위원** 잠깐만요. 대한민국에 그런 방식으로 운영하는 기업 없고요, 그렇게 운영하면 헌법상 기본권뿐만이 아니라 일반 여타의 법률 위반으로 불법입니다.

○증인 정종철 위원님, 그 부분에 관해서는 저희도……

○이용우 위원 아니, 이미 회사를 떠난 사람의 개인정보나 과거 회사에서 재직했던 당시의 근무이력을 왜 관리를 해요?

○증인 정종철 그분들이 다시 입사해서 저희들 선량한 나머지 절대다수의 직원……

○이용우 위원 그거는 그때의 문제지요. 최초에 입사할 때는 그 정보들을 안 가지고 계셨잖아요. 그리고 입사하면서 이분들이 제공하는 목적은 내가 취업하기 위해서 제공한 목적인데 계속 그걸 가지고 계시면서 나중에 취업 여부를 판단, 때로는 취업을 방해하고 제한하기 위한 목적으로 활용되는 거거든요. 목적 외 이용일 뿐만이 아니고 그런 부분까지 동의하고 애초에 정보 제공한 것 아닙니다.

○증인 정종철 그런 부분에 관해서는 저희들이 개선을 할 거고요. 아까 말씀드린 대로……

　　(발언시간 초과로 마이크 중단)

　　(마이크 중단 이후 계속 발언한 부분)

○이용우 위원 제가 말씀드렸잖아요. 본질은 이미 회사를 떠난 일반 국민의 개인정보와 과거 근무이력을 보관·관리하면서 취업·재취업 제한 목적으로 활용하는 것은 법을 넘어서는 부분이기 때문에 더 이상 안 된다라는 겁니다, 아무리 규모를 축소해도. 그 지점에 대해서 법률적 견해가 다르신 거예요?

○증인 정종철 예, 그 부분에 관해서는 저희도……

○이용우 위원 그러면 그거에 대한 검토를 해서 그것도 같이 보고를 해 주세요.

○증인 정종철 예, 그 부분에 관해서 또 현재 수사가 진행 중입니다. 그래서……

○이용우 위원 아니, 수사는 수사고 이 청문회가 뭡니까? 해법을 찾을 수 있는 건 찾아 나가야지요, 수사 결과만 기다리려면 이 청문회 뭐 하러 해요? 그러니까 헌법상 기본권 침해 여부라든지 지금 얘기되고 있는 근로기준법상의 취업 방해 문제, 개인정보 보호법 위반, 채용절차 공정화법 이런 실정법 위반 여부를 검토를 하고 이렇게 운영하겠다는 것 아닙니까?

○증인 정종철 예.

○이용우 위원 검토의견을 보고해 주시고 해법을 찾아 나가자고요.

○증인 정종철 예, 그렇게 하겠습니다.

○이용우 위원 계속 평행선 달릴 수 없습니다.
　저는 이것 아예 운영하면 안 된다라고 생각을 하는데 다른 입장이시잖아요?

○증인 정종철 예.

○이용우 위원 검토의견 보내 주시고 또 계속 대화를 하면서 접점을 찾자고요.

○증인 정종철 예, 알겠습니다.

○위원장대리 김주영 이용우 위원님 수고하셨습니다.
　다음은 정혜경 위원님 질의해 주십시오.

○정혜경 위원 강한승 증인 앞으로 나와 주세요.
　PPT 띄워 주시고.

(영상자료를 보며)

시작하겠습니다.

비정규직 노동자 정혜경입니다.

앞에…… 아직 안 나왔네요.

(김주영 간사, 안호영 위원장과 사회교대)

앞의 슬라이드 한번 봐 주시고요, 증인.

앞의 게 쿠팡친구라고 하는 정규직이고 그리고 쿽플렉스라고 하는 비정규직 노동자입니다. 배송일수 한번 보시면 정규직은 4.5일, 그렇지요? 비정규직은 5.5일. 그리고 정규직은 2회전 배송이 55% 정도, 3회전 배송이 비정규직은 76%. 그다음에 대기시간이 정규직은 54분 그다음에 비정규직은 1시간 22분. 그다음에 배송물량이 250개 미만 정규직은 87% 그다음에 250개 이상이 비정규직은 76%. 페널티가 있냐 없냐도 정규직은 3.1%, 페널티가 비정규직은 48%. 그다음에 악천후에 배송률이 정규직은 57% 배송 안 한다 그다음에 비정규직은 77%가 배송한다.

이게 쿠팡에서 일하고 있는 정규직과 비정규직 노동자들의, 이번에 고용노동부가 실태조사를 한 설문조사 결과입니다.

증인에게 묻겠습니다.

만약에 증인의 자제분이 저 비정규직 노동자를 하고 있으면 어떠실 것 같아요? 저기에 가겠습니까? 어쩔 수 없이 가야 되겠지. 그러니 얼마나…… 저 두 개가 똑같은 일을 하는데, 그렇지요? 상상은 안 해 보셨지요? 그런데 현실이 그렇습니다. 똑같은 노동을 하는데, 똑같은 일을 하는데 정규직과 비정규직의 차이가 저렇게 나지요.

처음에 쿠팡은 쿠팡이 택배 일을 하면서 100% 정규직이라고 자랑했던 회사입니다. 그런데 지금은 그게 아마 전환이 돼 있지요. 몇 명 정도가 있을까요, 쿽플렉스 인원이? 그거는 누가 아시나?

○**증인 홍용준**　제가 대신 답변……

○**정혜경 위원**　예.

○**증인 홍용준**　지금은 쿽플렉스가 정규직보다 많은 건 사실입니다, 위원님. 그런데 저희가 1만 명 이상의 정규직을 운영하다가 이분들이 CJ나 다른 택배사의 어떤 택배기사, 개인사업자로 많이 이직을 했기 때문에 저희도 어쩔 수 없이 쿽플렉스 제도를 도입해서 운영할 수밖에 없었습니다.

○**정혜경 위원**　어쩔 수 없이가 아니고 정규직이 더 좋지만 실제로는 이렇게 노동의 효율이, 이유는 훨씬 더 여기가 비정규직이 많이 양산되니까 하는 거지요. 그러면 만약에……

○**증인 홍용준**　위원님, 소득에 차이가 많이 나기 때문에……

○**정혜경 위원**　좋습니다. 그러면 만약에 이분들이 쿽플렉스 비정규직 노동자들이 정규직으로 전환을 하겠다고 하면 그러면 해 주시겠습니까?

○**증인 홍용준**　쿽플레스들이 정규직으로 전환을 한다는 말씀이신가요?

○**정혜경 위원**　예.

○**증인 홍용준**　뭐 그거는 쿽플렉스들 의견을 좀 들어 봐야 될 것 같습니다. 그런데……

○**정혜경 위원**　그러면 전환할 의향도 있다는 얘기네요?

○**증인 홍용준** 그거를 지금 이 자리에서 답변드리기에는 어려울 것 같고요, 저희도 혹시라도 그런 부분이 있는지를 보면 그때 판단해야 되지 않을까 싶습니다.

○**정혜경 위원** 확인을 해 보시지요. 그리고 입장 세워 주세요. 이게……

1분만…… 죄송합니다.

이렇게 사실은 정규직과 비정규직이 천지 차이로 나는 게 현실이고 사실은 지금 쿠팡이라고 하는, 혁신기업이라고 그리고 전 세계적인 기업이라고 하는 쿠팡의 노동 형태가 지금 현재 이렇다는 얘기고요. 그것을 평계를 대지 마시고 정규직으로 전환할 생각이 있으시다면 전환을 빨리 해 주시기를 요청을 드리고요.

마찬가지로 아까 이용우 위원님이 일용직 노동자들에 대해서도 말씀을 드렸는데 실제로 쿠팡에 있는 일자리는 온전한 일자리가 없습니다. 특수고용직, 일용직, 플랫폼 노동자 등등 해서 다 저질의 일자리밖에 없는 게 지금의 현실이거든요. 그래서 이 기형적인 일자리들을 제대로 된 일자리로 만드실 것을 좀 요청을 드립니다, 대표님. 강한승 증인님.

○**증인 강한승** 예, 아까 말씀하신 부분에 대해서 사실은 저희가 인력을 운용하다 보면 일하는 분들의 의사가 가장 중요합니다. 지금 현재 일용직을 선호하는 비중이 가장 높고요. 그렇지만 저희가 계약직을 원하는 분들에 대해서는 전환할 수 있는 여러 가지 선택적인 선택지들을 추가하는 것은 저희가 하겠다는 말씀을 드렸습니다.

○**위원장 안호영** 정혜경 위원님 수고하셨습니다.

강득구 위원님 질의해 주십시오.

○**강득구 위원** 끝나는 시간이 다가올수록 마음이 너무 아프고요. 그리고 이 울분을 참을 수가 없습니다. 제가 진심으로 대유위니아 임금체불 노동자 여러분께 사과의 말씀 드립니다. 할 수 있는 게 별로 없는 것 같습니다. 그러나 모든 걸 걸고 하겠습니다. 임금체불로 고통받는 노동자 여러분께 우리 국회에서 여야 할 것 없이 할 수 있는 일이 뭔가 찾아보겠습니다. 다시 한번 반성하고 사과드립니다.

과중한 노동 그리고 직장 환경으로 인해서 고통받는 그리고 코로나19 때 집단감염으로 피해받은 쿠팡 노동자 여러분께도 진심으로 사과의 말씀 드립니다.

쿠팡의 강한승 대표 그리고 홍용준 대표, 정종철 대표, 이 자리에 없지만 범 킴 쿠팡 실질적인 대표, 저는 오늘 느낀 게 같은 연배 전후에도 세대 차이, 인식의 차이 이게 너무 크다라는 걸 느꼈습니다.

강한승 대표께 묻겠습니다.

저랑 연배가, 60년대생인 것 같아요. 그런데 적어도 기업, 범 킴 있지만…… 그래도 노동자가 소모품이고 그리고 노동자가 단지 한 번 소비하고 버리는 그런 분들은 아니잖아요. 그런 것 아닌가요?

○**증인 강한승** 그렇게 생각한 적은 없습니다.

○**강득구 위원** 그렇게 생각한 적 없다고 얘기하지만 쿠팡이 여태까지 보여 준 모습은 노동자들에게는 그렇게 인식되고 있다라는 것에 대해서 다시 한번 성찰과 기업 문화, 기업 시스템, 전반적인 되돌아보는 시간이었으면 하는 게 제 바람입니다.

1886년에 세계 노동자들이 처음 공식적인 파업을 합니다. 그때 노동자들이 뭐 때문에 파업했는지 아십니까? '8시간 노동하게 해 달라. 장시간 노동, 이제 그만' 이거였습니다.

제가 80년대 학교 다니면서 '난장이가 쏘아올린 작은 공' 이걸 보면서 울었습니다. 제가족의 모습이고 제 아버지의 모습이고……

강 대표, 이것 읽어 본 적 있습니까?

○**증인 강한승** 예, 읽어 본 적 있습니다.

○**강득구 위원** 그런 의미에서 다시 한번 성찰하고 그리고 되돌아보고 상생하고 그게 길게 보면 쿠팡 입장에서도 기업이 오래가는 겁니다. 그런 것 아닙니까? 부탁합니다.

그리고 박은진 부사장, 지금 CEO 중의 한 명이고 그리고 오너의 딸내미입니다. 반성하십시오. 그리고 철저하게 아버지한테 전하십시오. 그리고 증인 모친께도 전하십시오. 그리고 체불임금으로 고통받는 노동자들……

1분만 주십시오.

그것 한번, 그 마음을 헤아려 주십시오. 이번 주 말부터 설 연휴가 시작됩니다. 적어도 기업을 일으켜서 여기까지 오기에 경영 능력도 있었지만 노동자들이 있었기 때문에 가능한 것 아닙니까? 박은진 대표 얘기해 보세요.

○**증인 박은진** 예, 맞습니다.

○**강득구 위원** 아버지한테 눈물로 호소하고 엄마한테 오라고 하고 노동자 임금체불 어떻게 하면 갚을 수 있는지 가족회의 하십시오. 할 수 있습니까, 없습니까?

그리고 정종철 대표 포함해서 다시 한번 얘기합니다.

집단감염으로 희생된, 산재로 인정된 전유경 가족 마지막 합의 보십시오.

○**증인 정종철** 예, 고민하겠다고 말씀드린 걸로 알고 있습니다.

○**강득구 위원** 고민…… 그렇게 하겠다고 하십시오.

(발언시간 초과로 마이크 중단)

⋯⋯⋯

(마이크 중단 이후 계속 발언한 부분)

안 그러면……

마지막 하겠습니다.

노동 규제, 심야노동 관련된 규제, 사회적 고민, 입법적 논의 그리고 쿠팡 앞에서 피켓 들고 끝까지 노동자 입장에서 싸우겠습니다. 나는 그게 시대정신이고 그게 내가 적어도 정치인으로서 해야 될 의무라고 생각하기 때문입니다.

입법적으로 본격적으로 논의하고 사회적으로 이슈화하고 쿠팡 본격적으로 불매운동 시작하기 전에 적어도 피해받은 노동자 그리고 더 이상 이런 가중한 노동 시스템 근본적인 성찰, 변화하는 그런 계기를 만드는 청문회 되기를 다시 한번 간곡히 부탁하고 절박한 마음으로 호소합니다.

이상입니다.

⋯⋯⋯

○**위원장 안호영** 강득구 위원님 뜨거운 열정이 느껴지는 것 같습니다.

김주영 위원님.

○**김주영 위원** 김유진 실장님, 다시 앞으로 나와 주시지요.

이번에 특별근로감독에서 서브허브에서 분류 업무를 담당하는 헬퍼를 근로자로 인정하고 가짜 3.3 감독을 실시한 것은 나름 의미가 있다고 생각합니다. 그러나 쿽플렉스는 근로자가 아니다라고 판단을 했는데 이건 이 판단이 글로벌 기준에 역행한다는 그런 지적이 있습니다.

PPT 한번 보시지요.

(영상자료를 보며)

이 설문 결과를 보면 업무 지시나 배송 물량 그다음에 입차 및 업무 종료 그리고 근로 자성 인식, 배송 지연 시 독촉받는 경우가 있냐 이런 여러 가지 항목에 대해서 고용노동 부가 이건 설명을 한 거지 아닙니까?

○**고용노동부노동정책실장 김유진** 예, 그렇습니다.

○**김주영 위원** 여기 보면 근로자가 아니라고 판단하기에 좀 애매한 부분들이 분명히 존재하고 있습니다. 그래서 근로자로서의 종속성이 은폐되고 있으니까 개인사업자라는 이름의 허구적 자율성만 부여받고 있는 겁니다. 그래서 대한민국이 플랫폼 산업을 선도 하는 이런 상황 속에서 노동자의 권리 면에서도 글로벌 스탠더드에 걸맞게 근로자 추정 제도를 도입하는 게 필요하다는 그런 의견이 있습니다. 그런 것 검토해 보실 수 있지요?

○**고용노동부노동정책실장 김유진** 지금 현재 판단에 있어서는 저희가 기존 법률하고 판례에 따라서 판단할 수밖에 없고요. 그 부분에 대해서 지금 노동시장 상황이 여러 가 지로 많이 바뀌었기 때문에 좀 더 전향적으로 어떻게 근로자 범위를 넓힐 것인지……

○**김주영 위원** 지금 빠르게 변하고 있지 않습니까?

○**고용노동부노동정책실장 김유진** 예.

○**김주영 위원** 쿠팡에서 고용하는 사람들만 하더라도 지금 10만 명 가까이 되는 것 아 닙니까. 그러니까 지금 이 플랫폼에 종사하는 사람들이 100만 명 가까이 되고 있고 그러 니까 이런 노동자들에 대해서 이제는 시대적 상황에 맞게 정의를 할 필요가 있다, 그 부 분에 대해서 연구용역을 진행을 하든지 뭔가 새로운 일자리에 대해서 정부가 규제하고 대응하는 것이 필요하다 이런 제안을 드리는데 어떻게 생각하십니까?

○**고용노동부노동정책실장 김유진** 아까도 제가 말씀드린 적이 있는데 근로기준법상 근 로자로 보호받지 못하고 있는 사각지대에 있는 분들에 대해서 어떻게 보호할 것인가에 대한 것은 본격적인 논의가 필요하다고 보고요.

○**김주영 위원** 본격적인 논의뿐만 아니고…… 지금 IT 기술이 빚어낸 일자리, 혁신사업 으로 이렇게 포장이 돼 있습니다마는 좋은 일자리가 부족하기 때문에 여기에서 고용 창 출들이 많이 되고 있는 것 아닙니까. 그러니까 이 부분에 대해서는 꼭 한번, 지금 방향을 설정하고 가더라도 늦습니다. 지금부터 근로자성에 대해서 근로자 추정 제도 도입이라든 지 이런 부분들……

1분만 더 주십시오.

꼭 방향성을 새롭게 제시하시기 바랍니다. 그렇게 하실 수 있지요?

○**고용노동부노동정책실장 김유진** 예, 해외 사례나 저희도 계속 공부하고 하겠습니다.

○**김주영 위원** 해외 사례든 연구용역을 하든지 앞으로 방향성을 분명하게 고용노동부 에서 제시해 주시라 이런 말씀을 드립니다.

○**고용노동부노동정책실장 김유진** 예, 고민해 보겠습니다.

○**김주영 위원** 그리고 홍용준 대표님.

○**증인 홍용준** 예.

○**김주영 위원** 본 위원이 엊그제 토론회를 했었는데 새벽배송 플랫폼 노동 국회 토론

회를 했습니다. 여기에는 1021명 노동자의 건강권과 노동·사회권 실태조사라는 이런 토론회였는데 여기에 실제 일하시는 분들이 장시간 심야 노동에 대한 부담 그다음에 물량 배정이 과다한 문제 그리고 거리 기준 이렇게 정해지는 것에 대해서 굉장한 부담을 갖고 있습니다.

쿠팡이 사실은 여러 가지 일을 하고 있지만 고용 창출이라든지 또 이제 안정된 일자리, 좋은 직장으로 성장할 수 있도록 쿠팡에서도 이런 부분들에 대해서 기존의 관행을 버리고 심야 노동시간을 어떻게 줄이고, 그다음에 물량을 줄이면 수익이 당연히 줄어들겠지요. 그래서 일하는 사람들이 하나를 배달하더라도 제값 받도록 해야 된다. 그리고 3회전 배송이라든지 이런 부분들에 대해서 근로자 보호할 수 있는 제도들을 쿠팡에서 선도적으로 만들어 주실 것을 제안을 합니다.

○증인 홍용준 예, 위원님 말씀 주신 취지 유념해서 방안을 찾아보겠습니다.

○김주영 위원 찾아보시지 마시고 대책을 세워서 본 의원실로 제출해 주시기 바랍니다.

○증인 홍용준 예, 지금까지 여러 가지 방안 마련에 대해서……

○김주영 위원 지금까지 해 왔지만 그걸 뛰어넘는 방안들을 찾아 주시기 바랍니다.

이상입니다.

○위원장 안호영 수고하셨습니다.

오늘 쿠팡 관련해서 여러 이슈들이 얘기가 됐는데요. 클렌징 제도 문제 같은 경우는 큰 얘기가 없는 것 같아서, 클렌징 제도와 관련해서는 어느 증인께서 얘기해 줄 수 있지요?

○증인 홍용준 제가 얘기할 수 있습니다.

○위원장 안호영 그래요?

지금 이 문제에 대해서 개선 방안을 밝힌 것으로 알고 있는데 어떻게 방향을 잡았습니까?

○증인 홍용준 일단 여러 위원님들하고 여러 분들이 우려하시는 기존의 10개의 즉시계약해지 사유에서 있던 것들은 다 삭제했고요. 즉시계약해지 사유에서 다 삭제했고, 다만 고객 보호라든가 정말 반드시 필요한 네 가지 사안에 대해서는 즉시계약해지 사유에서는 제외했지만 구역조정을 할 수 있는 사유로 부속합의서를 따로 체결했습니다. 이것은 타택배사에서도 계약 위반 사항이 지속될 경우에 구역조정할 수 있는 사유를 두고 있는 것으로 알고 있고요. 그 사유에 대해서는 저희가 장기간 동안 기사 확보가 안 돼서 장기간, 한 6주간 계속 배송에 차질이 생기는 그런 상황이 연속될 경우에만 영업점과 협의해서 할 수 있도록 그렇게 운영할 계획입니다.

○위원장 안호영 그러니까 즉시해지 사유는 다 삭제를 했고 구역조정 사유만 4개 정도를 남겨 놨다 이런 얘기인가요?

○증인 홍용준 예, 맞습니다.

○위원장 안호영 그렇게 하고.

구역조정이라고 하는 게 무슨 의미지요?

○증인 홍용준 그러니까 어떤 영업점의 배송 구역을 위탁을 했는데 그 배송 구역 내에서, 이게 개인에 대한 것이 아니라 영업점이 맡은 배송 구역 내에서 6주라는 장기간 동안 배송이 이루어지지 않는, 그러니까 계약위반 사항이 6주간 장기간 계속될 때에는 그

게 대부분 기사를 확보하지 못해 가지고 배송이 안 이루어지는 경우기 때문에 그런 구역에 대해서는 배송을 할 수 있는 업체와 조정할 수 있는 그런 방안을 마련해 놓은 겁니다.

○**위원장 안호영** 네 가지 사유가 기사가 확보되지 않는 경우만 있나요? 또 다른 사유……

○**증인 홍용준** 그 네 가지 사유는 미배송률, 미배송이 이루어지는 경우 그다음에 반품 미회수되는 경우 그다음에 상품 파손률 그리고 고객 불만 발생률 이렇게 네 가지인데요. 그중에서 계약 위반과 가장 밀접한 건 미수행률 정도로 볼 수 있을 것 같습니다.

○**위원장 안호영** 그러면 사유가 발생하면 즉시 구역조정 하는 단계로 들어갑니까, 아니면 이것도 일정 기간 누적됩니까?

○**증인 홍용준** 아닙니다. 그게 4주간을 보고요. 그다음에 시정 기회를 2주에 걸쳐서 주기 때문에, 그러니까 쉽게 말씀드리면 6주 동안 연속해서 계약이 이루어지지 않을 때, 위반이 계속 발생할 때 구역이 조정되는 경우라고 보시면 됩니다.

○**위원장 안호영** 그러면 6주간 그런 사유가 지속돼야 되고 중간에 또 협의를 하게 됩니까?

○**증인 홍용준** 예, 영업점에게 이런 부분에 대해서 협의를 하고 있습니다. 시정할 기회를 주는……

○**위원장 안호영** 그러니까 사유는 그런 사유고 절차적으로는 영업점하고 협의가 되어야 조정을 하게 된다 이렇게 이해하면 됩니까?

○**증인 홍용준** 예, 맞습니다.

○**위원장 안호영** 알겠습니다.

우리가 세 번 했는데 혹시 더 추가로 신문하실 위원님 계십니까?

김태선 위원님.

○**김태선 위원** 홍용준 대표님.

○**증인 홍용준** 예.

○**김태선 위원** 현재 퀵플렉스에서 산재보험하고 고용보험 가입률 알고 계신가요?

○**증인 홍용준** 퀵플렉스 말씀이신가요?

○**김태선 위원** 예.

○**증인 홍용준** 아까도 박해철 위원님께서……

○**김태선 위원** 모르시지요, 당연히?

○**증인 홍용준** 저희가 지금 파악은 하고 있는데요……

○**김태선 위원** 어떻게 파악하세요?

○**증인 홍용준** 아까 말씀드린 어떤 가입증명서를 요청해서……

○**김태선 위원** 대리점에서 받으세요?

○**증인 홍용준** 예, 영업점에 요청해서……

○**김태선 위원** 대리점에서 줍니까?

○**증인 홍용준** 대리점에서 그……

○**김태선 위원** 그것 받는 거 불법 아니에요?

○**증인 홍용준** 저희가 산재보험 가입을 해야 되는 의무를……

○**김태선 위원** 개인정보인데?

○**증인 홍용준** 계약서에서 부여하고 있기 때문에……

○**김태선 위원** 그거 근로자가 아니라고 생각하시잖아요. 근데 그걸 어떻게 달라고 하십니까?

○**증인 홍용준** 영업점과 계약에서 어떤 산재보험 가입 등은 영업점의 법률상……

○**김태선 위원** 근데 저희가 달라고 했는데 왜 자료 없다고 그러셨어요?

○**증인 홍용준** 어떤……

○**김태선 위원** 저 이 자료, 산재보험·고용보험 가입률 달라고 그러니까 없다고 그랬는데? 이거 한번 알아보세요. 저희 의원실이 달라고 했는데 없다고 그랬어요. 왜냐하면 개별사업자이기 때문에 없다고 얘기했어요.

○**증인 홍용준** 그러니까 저희가 영업점을 통해서 계속 가입 준수를 독려하는 과정에서 그……

○**김태선 위원** 그러니까 그건 파악하고 계신 게 아니고 영업점한테 달라고 부탁하는 거지요.

○**증인 홍용준** 예, 맞습니다. 그거는 저희가 파악하고 있지는……

○**김태선 위원** 제가 CJ대한통운 같은 경우는 똑같은 질문하면 상황파악이 나옵니다. 왜 그런지 아세요? CJ대한통운은 산재보험료하고 고용보험료를 지원합니다. 이게 사회적 합의 이후에 택배 기사분들의 산재보험하고 고용보험률이 낮아지니까 사회적 합의 이후에 CJ에서 돈을 지원해 줘요. 모르셨지요?

○**증인 홍용준** 저도 그거는 알고 있습니다.

○**김태선 위원** 그런데 왜…… 그러면 1위 업체 쿠팡 CLS에서 이거 안 합니까?

○**증인 홍용준** 근데 위원님 제가 알기로는 그 당시 사회적 합의할 때……

○**김태선 위원** 아니, 그러니까 사회적 전체 얘기하는 게 아니고 이 부분에 대해서.

○**증인 홍용준** 산재보험 하면서 택배비를 170원을 인상해서 간접적으로 지원하는 것으로……

○**김태선 위원** 맞아요, 맞아요. 이 부분은 할 용의 있으세요?

○**증인 홍용준** 저희는 근데 택배비를 개별적으로 받는 그런 구조가 아니기 때문에 지금 그 부분을……

○**김태선 위원** 제가 말하고 싶은 거는 이걸 지원하라는 것보다는 쿠팡 타이틀을 달고 달리는 쿠팡 기사들의 산재나 고용보험률을 총체적으로 파악은 하고 있어야 된다는 거예요.

○**증인 홍용준** 저희가 일단 지금 전체적으로 한 97~98% 가입된 것으로 그렇게 파악하고 있습니다.

○**김태선 위원** 그건 대충 파악하신 거잖아요. 정확한, 그거 달라니까 자료 없다면서요.

○**증인 홍용준** 정확한 거는 저희가 전산상으로 확인할 수 있는……

○**김태선 위원** 근데 그렇게 얼렁뚱땅 말씀하시면 안 되지요.

○**증인 홍용준** 그거는 영업점을 통해서 저희가 가입 준수를 독려하기 위해서……

○**김태선 위원** 그것 주세요, 그러면 받아서 저희 의원실로 주세요. 받을 수 있다는 거지요?

○증인 홍용준 저희가 파악한 결과에 대해서 설명드리도록 하겠습니다.

○김태선 위원 주세요. 없다고 했던 그거 주시고요.

그리고 배달 플랫폼 있잖아요. 우아한 청년들, 생각대로, 바로고, 여기서는 위탁대리점에 산재보험 사무업무를 수행하고 있습니다. 이건 아세요, 혹시? 이것 법에서 가능합니다. 담당실장님 잠깐……

1분만 쓰겠습니다.

○위원장 안호영 예.

○고용노동부산업안전보건본부장 김종윤 산업안전보건본부장 김종윤입니다.

○김태선 위원 이 법이 위탁대리점의 산재보험 사무업무를 수행하고 있는 거 알고 계시지요? 배달플랫폼……

○고용노동부산업안전보건본부장 김종윤 아마도 말씀하시는 거를 짐작컨대 플랫폼 운영자……

○김태선 위원 고용산재보험료징수법 제48조의제7.

○고용노동부산업안전보건본부장 김종윤 플랫폼 관계에서 그렇게 하는 걸로 알고 있습니다.

○김태선 위원 맞습니다. 근데 이게 뭐냐면 위탁대리점이 영세하기 때문에 산재보험 사무업무를 수행해 주고 있는 거거든요. 맞지요? 영세하기 때문에.

○고용노동부산업안전보건본부장 김종윤 그런 측면도 있는데 온라인 거래라는 특성을 좀 많이 반영했다고 그렇게 이해를 하고 있습니다. 아무래도……

○김태선 위원 그런데 저는 이게 비슷하게 택배 업체도 이거를, 쿠팡 CLS 포함해서 택배 업체도 이게 가능하지 않을까 생각이 드는 거예요. 어떻게 보세요?

○고용노동부산업안전보건본부장 김종윤 좀 더 검토를 해 봐야겠습니다만 말씀하신 플랫폼 같은 경우에 있어서는 아무래도 온라인에서 노무 제공이 거래 또는 이렇게 중계가 되다 보니까 사업주의 전속성이라든지 이런 것들이 불명확하고 그 사람들이 산재보험을 관리하는 데 한계가 있어 가지고서 조금 상위에 있는, 말씀하신 대로 지금 플랫폼 운영자에게 의무를 제공하고 있는 것이고요. 그런데 이걸 쿠팡의 경우에 대입해서 보려고 그러면……

(발언시간 초과로 마이크 중단)

- -

(마이크 중단 이후 계속 발언한 부분)

○김태선 위원 쿠팡이 아니고 택배 업체 전체를 말씀드리는 거예요.

○고용노동부산업안전보건본부장 김종윤 예, 택배 업체와 비교를 하려고 그러면은 온라인 거래하고, 지금 쿠팡 같은 경우에는 온라인 거래는 아니기 때문에 그 특성에서 어떤 차이점이 있고 어떤 공통점이 있는지 분석은 좀 해 봐야 될 것 같습니다.

○김태선 위원 이 말씀 드리는 이유가 택배기사가 그만큼 사회안전망에 취약하다는 거예요. 강화하기 위한 수단으로써 이 부분에 택배기사까지 포함시키는 게 어떠냐고 제안을 드린 거고 이 부분을 한번 검토해서 저희 의원실에 얘기해 주십시오.

○고용노동부산업안전보건본부장 김종윤 그렇게 하겠습니다. 현행법에서 독려하는 방법이 적합할지 아니면 그것이 어려워서 제도개선을 해야 될지는 좀 살펴봐야 한다고 생각

을 합니다.

──

○**위원장 안호영** 수고하셨습니다.

박해철 위원님.

○**박해철 위원** 임영택 참고인님, 김혁표 참고인님, 위대성 참고인님 잠깐만 일어서 주실래요? 한 가지 확인 좀 하겠습니다.

박영우 회장, 한유진 배우자, 박은진 자녀에 대해서 법정관리인 들어오고 난 뒤로 급여가 지급된 사실이 있습니까? 각각의 답변해 보십시오.

○**참고인 임영택** 위니아전자는 없습니다.

○**박해철 위원** 예, 다음에.

○**참고인 위대성** 메뉴팩처링도 없습니다.

○**참고인 김혁표** 없습니다.

○**박해철 위원** 없습니까? 예, 알겠습니다. 앉으십시오.

김동현 증인.

○**증인 김동현** 예.

○**박해철 위원** 지금 대유위니아 임금 체불 사태에 있어서 근본적인 해결책은 뭐라고 생각하십니까? 아무래도 오랫동안 함께 계셨으니까.

○**증인 김동현** 일단은 제가 생각할 때, 깊게 생각해 보지는 않았습니다만 지금 이제 각 사별로 하고 있는 그 부분도 중요하다고 생각하고 회장님을 포함해서 해결하는 데 있어서 좀 적극적으로 나서는 것도 필요하시다 그렇게 생각합니다.

○**박해철 위원** 예, 알겠습니다.

안병덕 참고인님 어디 계시지요?

똑같은 질문 드립니다. 지금 현재 대유위니아 임금 체불 사태의 근본적 해결책은 뭐라고 생각하십니까?

○**참고인 안병덕** 아까 대책들이 각 사에서, 제 개인적인 의견입니다, 각 사에서 추진 중인 대책들이 어떤 건 가능성이 희박하고 가능성이 있는 것도 있지만 그걸 빨리 추진하고 또 아울러서 말씀하신 대로 일가의 사재에 대한 출연을 통해서 책임지는 게……

○**박해철 위원** 알겠습니다.

양원기 참고인님.

○**참고인 양원기** 예.

○**박해철 위원** 똑같은 질문을 드립니다. 근본적인 해결책은 어떤 게 있다고 생각하십니까?

○**참고인 양원기** 지금 각 사가 진행하고 있는 M&A든 내각 작업을 통해서 확보할 수 있는 최소의 금액을 바탕으로 그걸 기준으로 부족한 부분에 대해서는 사재 출연 등을 통해서 근로자들에게 정상적인 임금과 퇴직금이 지불돼야 된다고 생각합니다.

○**박해철 위원** 알겠습니다.

우리 강용석 위원장님 자리에 계시지요? 박종하 위원장님 자리에 계시지요? 짧게, 앞에 나오셔서 근본적 해결책이 어떤 방법으로 하면 좋을지에 대해서 간단하게 말씀 좀 해 주십시오.

○**참고인 강용석** 일단 변제 계획 물으셨지요, 변제 계획?
○**박해철 위원** 예, 다 압니다. 제가 질문은 근본적 해결책만 말씀하시고 정확하게 말씀하시면 다른 질문을 못 하기 때문에 근본적 해결책이 어떤 거라고 보십니까?
○**참고인 강용석** 근본적인 책임은 박영우 회장 가족이 책임지면 됩니다. 그게 정답입니다. 다른 거는 다 곁다리고 지금 그것만……
○**박해철 위원** 알겠습니다.
　다음 우리 박종하 위원장님, 똑같은 질문……
○**참고인 박종하** 저 역시 마찬가지입니다. 경영을 직접 성남 재판 결과에서도 나왔듯이 박영우 회장이 직접 경영을 다 했기 때문에 모든 책임은 박영우 회장에게 있고요. 그런 부분에 대한 책임도 박영우 회장이 다 직접 져야 된다고 저희들은 생각하고 있습니다.
○**박해철 위원** 알겠습니다.
　마무리발언 하겠습니다.
○**위원장 안호영** 예.
○**박해철 위원** 우리 박은진 증인, 아까 제가 좀 화를 많이 냈지요?
○**증인 박은진** 아닙니다.
○**박해철 위원** 제가 화를 왜 냈는지 혹시 아세요?
○**증인 박은진** 사태가 해결되지 않는 부분에 대해서 안타까움도 있으시고……
○**박해철 위원** 좀 더 마이크를 가까이 대고 말씀해 주십시오.
○**증인 박은진** 안타까움도 있으시고 화도 나시고 그랬던 것으로 이해하고 있습니다.
○**박해철 위원** 직원들은 몇 년째 급여를 못 받고 있고 빚을 내고 가족들 해체 단계에 있고 그런 상황에서 직원들은 임금 체불로 있는데 그런데 우리 박은진 증인은 가사생활 때문에 급여를 받는다, 그러면 박은진 증인은 생활해야 하기 때문에 급여를 받아야 되고 거기에서 열심히 일하고 있는 수백 명의 노동자들은 생활은 알 바 없다 결국은 이런 논리더라고요, 제가 느끼기에. 맞습니까? 내 배고픈 건 배고픈 거고 노동자 배고픈 거는……
　(발언시간 초과로 마이크 중단)

- -

　(마이크 중단 이후 계속 발언한 부분)
모르겠다 이겁니까?
　지금은 함께 고민하셔야 됩니다. 지금 진짜 회장님과 같은 그런 분 되시려면은 아마 제가 볼 때는 앞으로 그런 식으로 살아가면 안 된다는 말씀 꼭 좀 드리고 싶습니다.
　이상입니다.

- -

○**위원장 안호영** 박해철 위원님 수고하셨습니다.
　박홍배 위원님 신문해 주십시오.
○**박홍배 위원** 박은진 증인, 오늘 여러 많은 말씀들을 들으셨겠지만 아마도 또 오늘 청문회 이후에 내일이든 모레든 박영우 회장 면회를 가시겠지요. 어떤 말씀을 나누실지는 모르겠습니다. 그러나 국회와 또 노동자들, 많은 국민들이 오늘 청문회를 지켜봤고 이 문제가 반드시 바로잡혀야 된다라는 그런 많은 분들의 말씀을 들었다 이 부분 꼭 전하시

고.

　우리 박은진 증인과 박영우 회장은, 박영우 회장이 몇 년이나 감옥에 있을지 모르겠습니다만 기업가들입니다. 앞으로 계속 대유에이텍을 통해서 경영하실 것 아닙니까. 이 위니아 3사 문제 해결하지 않고 대한민국에서 정상적인 경영 하시기가 어려우실 겁니다. 이 부분 꼭 부친과 함께 상의하시고 생각의 전환을 반드시 좀 하시기를 다시 한번 당부를 드리겠습니다.

　우리 강한승 대표님, 쿠팡은 미국 회사지요?

○**증인 강한승** 맞습니다.

○**박홍배 위원** 정확히 말하면 쿠팡 인코퍼레이티드(incorporated)가 델러웨어에 법인 소재를 두고 뉴욕 증시에 상장이 되어 있고 쿠팡 주식회사는 한국에 있는 한국지점이고 이 한국지점 쿠팡 주식회사의 자회사들이 옆에 계시던 CFS, CLS 등이잖아요.

○**증인 강한승** 맞습니다.

○**박홍배 위원** 그리고 우리 강 대표님은 쿠팡 미국 본사에 등재되어 있는 임원 중의 한 사람이지요. 공시가 되어 있고 주식을 일부 보유하고 계시고 미국 등기 제도는 제가 잘 모르겠습니다만, 등기 임원인지는 모르겠습니다만.

　그리고 지금 쿠팡의 애뉴얼 리포트에는 보면 우리 강 대표님께서 한국에서 여러 경력들을 통해서 리스크 관리, 커뮤니케이션 전략, 정부 관계 등을 이유로 이 임원에 임명이 되어 있다라고 설명하고 있어요. 그런데 오늘 청문회에서 쭉 답변을 하실 때 보면 이 안에서는 모 회사인데 이쪽 회사 일은 잘 모르겠다, 저쪽 회사 일은 잘 모르겠다, 이게 다 리스크에 관한 얘기들인데 너무나 좀 무책임한 모습이다라는 인상을 많이 받았습니다.

　미국에서도 아마존이 많은 문제들을 만들어 냈습니다. 그래서 전 세계 노동계가 메이크 아마존 페이(Make Amazon Pay)라는 캠페인을 벌였고 미국 아마존에서 노동조합이 생기고 미국의 소액 주주들이 주총에서 주주 제안을 하고 캘리포니아에서는 아마존법이 제정이 됐습니다. 한국에서도 똑같은 일들이 일어나고 있어요. 지금 미국 주식, 쿠팡 주식을 노동자들이 사 모으고 있습니다. 이 주식을 가지고 내년 2026년 뉴욕에서의 주총에서는 쿠팡 주식회사에 대한 주주 제안이 있을 겁니다. 쿠팡을 바꾸기 위한 주주들의 노력이……

　조금만 더 주십시오.

　바꿀 수 있는 방법이 그것밖에 없다라고 생각을 하는 겁니다. 노동조합이 만들어지고 있고 국회에서는 쿠팡법에 대한 논의가 생겨나고 있어요. 지난 국정감사 이후에 쿠팡이 만들어 낸 일부의 변화들은 긍정적인 측면들도 있습니다. 오늘 청문회를 앞두고 몇 가지 해결된 부분들도 다행이라고 생각을 합니다. 그러나 여전히 미봉책이라는 느낌을 지울 수가 없어요. 규제 리스크, 노사 리스크를 쿠팡이 앞으로 계속해서 대한민국에서 영업하기 위해서는 반드시 넘어야 될 산일 겁니다. 이 부분, 경영에 근본적인 전략 변화가 없이는 쿠팡이 계속 영업하기 어려울 수 있겠다라는 부분을 꼭 귀국하는 김범석 의장에게 얘기를 하시기 바랍니다.

　그 외에 여러 가지 국민통합위원회를 통한 수상이라든지 지난 11월 폭설 때 카플렉서들에게 15만 원을 인센티브 걸었다는 부분 등……

　(발언시간 초과로 마이크 중단)

　　(마이크 중단 이후 계속 발언한 부분)

제가 드리고 싶은 말씀 정말 많은데 근본적인 변화를 좀 보여 주세요. 그리고 노동부도 이번 근로감독하시느라 고생하셨지만 CFS에 대한 추가적인 근로감독 필요성들은 없는지 이런 부분들 검토하셔서 저희 의원실하고 상의 좀 해 주시기 바랍니다.

　　이상입니다.

○**위원장 안호영** 박홍배 위원님 수고하셨습니다.

　　다음은 정혜경 위원님.

○**정혜경 위원** 이용우 위원님 안 하시나……

○**위원장 안호영** 하고 이렇게 가면 되지.

○**정혜경 위원** 그럴까요? 감사합니다.

○**위원장 안호영** 이쪽에 계신 위원님들만 다 하는 것 같아서.

○**정혜경 위원** 예.

　　비정규직 노동자 정혜경입니다.

　　홍용준 증인님 말씀드리겠습니다. 아시다시피 클렌징 때문에 연이은 과로사들이 계속되었고 다들 클렌징을 해소하기 위해서 많은 노력을 해 주셨습니다.

　　(자료를 들어 보이며)

　　그래서 많은 협의 끝에 이 자료가 나온 것 같아요. 그렇지요?

○**증인 홍용준** 예.

○**정혜경 위원** 이게 아까 위원장님께서도 말씀하셨던 클렌징 제도를 어떻게 계약서에서 다시 담았는가, 폐지를 했는가 이것 관련해서 제가 조금만 확인해 보겠습니다.

　　일단 개별 노동자의 근로계약서는 다른 택배사와 비슷하게 지금 현재 되어 있는 상태고 말씀하신 4개의 사항에 대해서 SLA에다가 넣었는데, 부속합의서에, 이 부속합의서에서 내용의 확인을 한번 해 볼게요.

　　예를 들면 CJ대한통운 같은 경우에는 '유예기간 내에 시정이 이루어지지 않는 경우에 책임배송지역을 조정할 수 있다' 이렇게 되어 있고 그다음에 롯데글로벌로지스도 마찬가지로 '고의 또는 중대한 과실이 있을 경우에……' 지역 조정을 하게 이렇게 되어 있습니다. 그렇지요? 보셨지요, 이것 다?

○**증인 홍용준** 예.

○**정혜경 위원** 아까 전에 증인님이 말씀하셨던 것도 '4주간 계약을 위반했고 시정 계획 2주간 주겠다. 그래서 6주간으로 해서 그래도 안 될 경우에 구역 조정을 하겠다' 이렇게 얘기를 하셨는데요. 제가 본 여기 문구 있잖아요? 지금 갖고 오신 이 문구로 보면 어떻게 돼 있냐면 '시정의 기회를 부여하는 등 협의를 요청할 수 있다'. 그다음에 또 어떻게 돼 있냐면 '영업점 위수탁 표준계약의 재계약 여부의 판단 자료로 활용할 수 있으며 평가 결과가 저조한 계약 노선의 경우에는 재계약을 진행하지 않을 수 있다' 이런 문구가 있습니다. 이것은 누가 보더라도 클렌징이 살아 있다는 느낌이거든요?

○**증인 홍용준** 위원님, 뒷부분에 말씀하신 부분은 구역 조정에 관한 내용이 아니고요, 서비스 수준 평가라는 별도의 합의서가 있고……

○**정혜경 위원** 그러니까요.

○**증인 홍용준** 그것도 말씀드린 대로 그것은 주요 택배사가 지금 다 도입해서 운영하는 제도입니다. 그러니까 그것은, 아까 말씀드린 구역 조정은 6주간, 문건에는 그렇게 안 돼 있지만 앞으로 그렇게 하겠다는 게 아니라 지금까지 6주간이라는 연속된 기간 동안 안 됐을 경우에 계속 구역 조정을 해 온 것이고. 그것에 대해서…… 그 내용하고, 그다음에 SLA, 서비스 수준 평가라고 하는 부분에서 어떤 재계약 여부로 활용할 수 있다라고 하는 부분은 다른 별도의 부속합의서고 서비스 수준 평가는 타 택배사와 같은 수준으로 지금 규정하고 있는 것이라고 그렇게 이해해 주시면 좋을 것 같습니다.

　　(발언시간 초과로 마이크 중단)

- -

　　(마이크 중단 이후 계속 발언한 부분)

○**정혜경 위원** 잠깐만요, 할 얘기가 많은데……

　그러면 '대리점, 영업점마다'로 되어 있지 않습니까? 예를 들어서 한 100명이 있어. 100명이 있는 그 영업점에 한 명 한 명 해서 뭔가 배송 지연이 됐을 것 아닙니까, 그렇지요? 그것이 4주간 연속이 되고 또 2주간 시정 계획을 했는데 그 대리점에서 일어난 일이지요? 그렇게 되면 어떻게 됩니까?

○**증인 홍용준** 그 기사 한 분 한 분의 사유가 아니고요, 대리점에게 위탁된 배송구역을 기준으로 보고 있습니다. 그러니까 그 구역, 어떤 한 구역에서 6주 동안 배송이 안 이루어질 경우에만 그 구역에 한정해서 조정이 된다 이렇게 보시면 될 것 같습니다.

○**정혜경 위원** 현장에는 지금……

　시간이 다 됐군요.

　위원장님, 1분만 더 주십시오, 그러면.

- -

　그러면 지금 현장에서는 이것 관련해 가지고 계약이 되어 있는 곳이 있다고 제가 들었거든요. 지금 이 계약서가 실제로 진행이 된다면 다른 택배회사처럼 고용불안이 없어지는 걸까요?

○**증인 홍용준** 고용불안이라고 하는 부분에 대해서는 사실 거듭 말씀드리지만 저희는 영업점과 위탁계약을 체결하는 거고 영업점이 기사분들하고 위탁계약을 체결하는 부분이라 고용불안이라고 말씀드릴 수 있는지는 잘 모르겠지만……

○**정혜경 위원** 클렌징이 고용불안이니까요, 해 보니까.

○**증인 홍용준** 저희가 서비스업체로서 어떤 서비스 수준을 유지하고 하는 것은 필요하기 때문에 기존에 있던 계약 즉시 해지 조항도 사실은 그런 차원에서 한 건데 그 부분에 대해서는 여러 위원님들과 많은 분들이 계약 즉시 해지라고 하는 그 부분에 있어서 뭔가 압박을 느낀다고 하셔서 그 부분을 다 정리하고 대신 다른 택배사에서 하고 있는 구역 조정, 그러니까……

　　(발언시간 초과로 마이크 중단)

- -

　　(마이크 중단 이후 계속 발언한 부분)

○**정혜경 위원** 그 정도에서 한다라고 약속하시는 것 맞지요?

○증인 홍용준 맞습니다.

○정혜경 위원 예, 그러면 다시 그런 문제가 발생하면 내년에 다시 책임져야 된다는 것 아시지요?

○증인 홍용준 어떤 문제 말씀하시는……

○정혜경 위원 지금처럼 그런 고용불안이 일상적으로 일어나게 되면……

○증인 홍용준 하여튼 그런 부분은 안 일어날 것이라고 저희는 생각하고 있습니다.

○정혜경 위원 예, 알겠습니다.

○위원장 안호영 정혜경 위원님 수고하셨습니다.

이용우 위원님 질문해 주십시오.

○이용우 위원 인천 서구을 이용우 위원입니다.

정종철 대표에게 묻겠습니다.

사업장 내에 노동자들이 휴대전화를 소지하지 못하고 휴대전화를 반납하고 회사 내에 보관을 하고 일을 할 수밖에 없는 구조예요. 맞지요?

○증인 정종철 예.

○이용우 위원 대한민국에서 요즘 초등학생들도 휴대전화는 수거 안 하는 거고 학생 인권침해다 이런 얘기 나오는 마당인데 다 큰 성인들이 사업장에서…… 이것 정책 방침을 바꿔야 되는 것 아닙니까?

○증인 정종철 예, 저희들도 그 부분 계속 고민해 오고 있는 영역이고요. 다만 아까 저희 산재 조사표를 보시면 가장 많은 게 넘어짐, 부딪힘입니다. 그것 때문에 실제로 저희들이 핸드폰……

○이용우 위원 제가 관련해서 말씀드릴게요.

○증인 정종철 예.

○이용우 위원 (영상자료를 보며)

안전사고 문제 때문에 불가피하다라 말씀 주시는데요. 22년에 인권위에서 관련 내용에 대해서 휴대전화 소지하도록 지침 개정하라고 결정한 바 아시지요?

○증인 정종철 예.

○이용우 위원 인권위에서 결정한 사항을 왜 자꾸 어겨요?

그리고요 그 결정문의 내용을 보시면 '헌법에서 보장하는 기본권인 통신의 자유를 제한하기 위해서는 법률적 근거가 필요하다'라고 했어요. 너무나 당연한 말입니다. 어떤 법률적 근거하에서 이렇게 일반 성인 노동자들의 휴대전화 소지를 금지하는지 알 수 없고요.

회사 입장에서는 안전사고 문제로, 반입을 하게 되면 안전사고 발생할 수 있다는 주장을 하시는데 이 인권위 결정문에서 보면 실제로 휴대전화 사용했을 때 시기에 안전사고 문제, 휴대전화로 인한 사고는 확인되지 않았다라고 얘기하고 있고. 보안 문제도 회사에서 주장하다 보니까 그때 당시에 인권위 결정문에 '휴대전화로 인한 공식 보안사고 기록은 없다고 회사 측의 진술이 확인됐다'라고 여기 결정문에 적시돼 있어요. 그러니까 회사가 주장하는 보안·안전사고 문제는 말이 안 되는 거고요.

동일한 풀필먼트 서비스를 제공하는 마켓컬리나 쓱닷컴도 이런 방식으로 휴대전화 반입 통제하지 않습니다. 외국계 기업인 아마존도 22년부터 휴대전화 소지 전면 허용하고 있고요. 여러 가지 이러저러한 이유들이 인권위 결정문으로 이미 다 반박이 됐어요.

　그리고 심지어 문제 제기에 대해서 비상전화를 설치해 가지고 급한 전화를 받거나 어떤 전화를 외부로 할 수 있게 조치를 했다고 하는데 축구장 4개만한 사업장 내에서 비상전화 하나 설치해 가지고 이것 무슨 원시적인 방법을 왜 자꾸 이렇게 강구하시는지 이해도 안 되지만 이렇게 휴대전화가 없음으로 인해서 급한 용무나 자기가 급한 상황에 처해 있을 때, 급작스럽게 아프거나 화재가 발생…… 실제로 덕평물류센터 화재사고 발생 당시에 이런 것들이 제대로 조치가 안 돼 가지고 통신이 안 되니까 피해가 확대되고 이런 부분들도 실제로 있는 거고요.

　물류센터의 현재 지금 노동자들 PDA를 거의 다 지참하고 근무하는 것 아닙니까?

○**증인 정종철**　예, 그렇습니다.

○**이용우 위원**　휴대전화하고 뭐가 달라요? 휴대전화 보면서 이동하면 사고 난다 이런 얘기하시는데 너무 그렇게 얘기하지 마시고요. PDA도 쓰고 있는데 휴대전화하고 뭐가 다르냐고요. 안전사고, 보안 문제 이런 것 인권위 결정이나 실사례로 다 정리된 문제니까 그리고 헌법상 기본권에 반하는 문제니까…… 시범 실시 후에 결과를 보고 조치를 하겠다, 전면적인 허용 여부를 판단하겠다, 이것은 말이 안 되고요. 불법은 그냥 시정하면 되는 겁니다.

○**증인 정종철**　그 부분은 시범 실시 과정에서 안전에 관한 추가적인 확보를 한 다음에 저희들이 시행하겠다는 의미이고요. 그래서 조금 시간을 주시면 저희들이 올해 내로 몇 군데를 시범 실시해서 직원들이…… 그러니까 저희들의 키(key) 목적은 안전……

○**이용우 위원**　시범 실시 이후에 그 결과를 보고 할지 말지를 결정하겠다는 건데 만약에 사고가 많이 났으니까 우리 못 하겠다 이렇게 하면 그 사고가 휴대폰 사용으로 인한 사고인지 인과관계를 어떻게 판단을 하며 논쟁은 계속되고. 결국 이 시범 실시 얘기는요 불법을 감추면서 결국 안 하겠다라는 얘기하고 다르지 않아요. 만약에 이 얘기를 한 6개월 정도 여러 가지 방책을 마련한 다음에 차라리 그 이후에 전면 실시하겠다 이 얘기를 하면 다르지요. 그런데 이것은 6개월 해 보고, 1년 해 보고 그때 가서 여부를 결정하겠다 그러면 전혀 다른 얘기예요.

○**증인 정종철**　저희들도 변화하는 이런 환경에 대해 이해하고 있습니다.
　　(발언시간 초과로 마이크 중단)

··

　　(마이크 중단 이후 계속 발언한 부분)

○**이용우 위원**　그러면 이렇게 얘기하실 수 있습니까? 6개월 준비기간 거쳐서 그 이후에는 휴대전화 소지 전면 허용하겠다, 이런 입장이신가요?

○**증인 정종철**　예, 그러니까……

○**이용우 위원**　그렇게 정리해 주세요, 그러면.

○**증인 정종철**　6개월이라는 시간이 저희들이 또 내년부터는……

○**이용우 위원**　아니, 지금 즉시 시정해야 되는데 6개월 정도의 시간을 갖고 우려하시는 부분들에 대한 방책 세운 다음에 6개월 이후에는 전면 소지 허용하시라고요. 그렇게 하시겠지요?

○**증인 정종철** 예, 긍정적인 방향으로 검토를 하겠습니다.

○**이용우 위원** 그렇게 하시는 거예요?

○**증인 정종철** 예.

○**이용우 위원** 쿠팡CLS도 휴대전화 소지하잖아요. 맞지요, 홍 대표님?

○**증인 홍용준** 예, 저희는……

○**이용우 위원** 헬퍼분들 다 그렇게 하고 있잖아요?

○**증인 홍용준** 예, 소지는 하고 있습니다마는……

○**이용우 위원** 그런데 왜 CFS만 그런…… 대한민국에 이런 회사가 어디 있어요? 가장 기본적 인권을 침해하고 있는 건데……

○**증인 정종철** 위원님 말씀 주신 내용 충분히 저희도 알고 있고요. 다만 물류센터 내의 각종 지게차라든지 자켓이라든지 이런……

○**이용우 위원** 그것은 아까 제가 PDA로 다 설명했고요.

○**증인 정종철** 예, 알겠습니다.

○**이용우 위원** 저도 공장에서 일해 봤지만 대한민국에서 그런 사업장이 어디 있습니까? 다 휴대전화 들고 다니는데.

그러면 정리하면 6개월 동안 방책을 마련해서 이후에 전면 허용하겠다 이렇게 말씀 주신 겁니다, 국회에서.

○**증인 정종철** 예, 긍정적으로 검토하겠다고 말씀드렸습니다.

· ·

○**위원장 안호영** 정종철 증인, 기왕 말씀하시는 김에 시원하게 말씀하세요. 인권위가 결정한 취지가 있으니까 그것을 존중해서 하시면 되지요.

○**증인 정종철** 제가 안전에 관한 사항들을 확보한 다음에 시행하겠다는 것은 말씀드리고요. 다만 시기나 이런 부분은, 결국 이것을 휴대폰 부분을 신경 쓴 이유는 저희들을 위해서라기보다는 직원들 안전 부분이 가장 저희들 걱정입니다. 그러니까 아까 말씀드린 것처럼 넘어짐, 부딪힘이 너무 많다 보니까 아무래도 PDA 들고 있고 또 휴대폰 와서 휴대폰을 보다 보면 직원들 사이에 아까 말씀 지게차라든지 이런 심각한 사고가 발생할 가능성을 저희들도 배제할 수 없기 때문에 저희들이 안전에 관한 사항들을 좀 더 신중하게 접근을 하고 싶은 거고요.

그런 부분에 관해서 좀 시간을 주시면 아까 말씀드린 전체적인 방향성은 저희가 허용하는 방향으로 충분히 검토해서 하겠습니다. 다만 시기나 방식 부분은 조금 저희들한테 여유를 주시면 저희들도 충분히 그 부분 고려해서 시행하겠습니다.

○**위원장 안호영** 예, 그래요.

○**이용우 위원** 위원장님, 마지막이니까 1분만 하고 정리하겠습니다.

○**위원장 안호영** 예, 그러시지요.

○**이용우 위원** 말씀 취지대로 그러면 전면 소지 허용 시기만 검토를 해서 어쨌든 전면 허용으로 간다라는 확답을 주신 것으로 이해하겠습니다. 그렇지요?

○**증인 정종철** 예.

○**이용우 위원** 전면 허용 시기는 검토해서 그것도 보고를 해 주세요, 의원실에.

○**증인 정종철** 예, 알겠습니다.

○**이용우 위원** 그렇게 해 주시고요.

클렌징 제도 얘기를 하셨는데 관련 자료를 계약서든 계속 제출 안 하고 있어요. 그러니까 이게 뭔가 개선이 정말 맞는 것인지에 대한 의구심을 증폭시키는 그런 것밖에 안 됩니다. 자료제출해 주시고요.

○**증인 정종철** 예.

○**이용우 위원** 클렌징 제도 개선과 관련해서 현장에서 설명들을 죽 하고 계시잖아요, 그렇지요? 실제 개선된 계약서를 가지고 체결된 영업점은 없는 것으로 저희가 알고 있습니다.

○**증인 홍용준** 아마 많이 체결된 것으로 저희는 그렇게 알고 있는데요.

○**이용우 위원** 그래요? 그러면 서로 확인해 보시고 그게 실제 개선인지에 대해서 우려들의 목소리들이 나오고 있더라고요.

강민욱 위원장, 마지막으로 그 부분에 대해서 어떤 우려들이 있는지……

(발언시간 초과로 마이크 중단)

(마이크 중단 이후 계속 발언한 부분)

의견을 주시면 좋을 것 같고요.

김준호님 나오셨는데 블랙리스트 문제와 관련해서 오히려 그런 부분들을 공익적 차원에서 제보를 했는데 압수수색까지 당하셨지요, 수사를 받고 있고?

○**참고인 김준호** 예, 맞습니다.

○**이용우 위원** 마지막으로 하고 싶은 말 있으면 하시고요.

○**참고인 강민욱** 우선 현장에서 이 고용불안에 대한, 2025년도 CLS의 정책에 대해서 우려의 목소리를 말씀드리도록 하겠습니다.

우선은 쿠팡에서 즉시 구역 회수 제도인 클렌징에 대한 요건을 네 가지로 축소하겠다고 했는데 이것에 대한 구체적 기준이 설정되어 있지 않습니다. 공정성과 투명성이 확보되지 않았기 때문에 그로 인해서 대리점과 기사들이 느낄 압박은 훨씬 더 커질 것이다 이렇게 예상하고 있고요. 실제 그런 목소리들이 나오고 있습니다.

두 번째는 쿠팡이 이번에 10가지 구역 회수 요건 중에 6개로 삭제됐다는 6개 중에 가장 기사들이 힘들어했던 것들이 방금 얘기했던 SLA, 대리점 평가 기준에 다 들어가 버렸습니다. 프레시백 회수율 삭제됐다고 좋아했습니다. 그리고 고 정슬기님께서 '나 아침 7시까지 배송 못 하면 여기서 일 못 해'라고 얘기했던 배송 완료 준수 이 시간 기준도 클렌징에서 없어졌다고 했는데 SLA 평가 기준에 들어가 버리고 말았습니다.

그래서 대리점들은 일부 수행률이 낮은 구역을 회수당하는 것이 아니라 전체 대리점 재계약이 잘못될 수 있다라는 압박을 느끼고 있고 그렇기 때문에 오히려 과로에 대한 얘기들은 더욱더 커지고 있는 상황이고 더 열심히 해야 된다는 대리점의 압박이 더 세지고 있는 상황입니다. 저는 고용 불안이나 현장에서 느끼는 압박은 오히려 더욱 세졌다 이렇게 말씀드릴 수 있고요. 청문회 이후에도 이것을 계속 감시해 나갈 필요가 있다는 말씀 드리겠습니다.

이상입니다.

○**참고인 김준호** 저는 2024년 7월 달에 쿠팡에서 부정경쟁방지법 위반으로 고소를 당

해 가지고 7월 달에 압수수색을 받았습니다. 흔히 말하는 부정경쟁방지법 위반은 결국에는 산업스파이라는 얘기지요.

산업스파이라는 것을 적용받으려면 제가 회사 기밀을 빼돌려 가지고 경제적 이득을 취할 목적이거나 아니면 그것을 취했거나 그 둘 중의 하나가 해당이 돼야 되는데, 제가 지금까지 유무형의 재산상 이득을 얻어야 하지만 저는 쿠팡의 부당한 것을 알리기 위해서 공익적인 목적으로 제보를 한 것이지 어떠한 이익을 취한 사실도 없습니다.

애초에 회사의 기밀을 가지고 간 적도 없습니다. 오히려 쿠팡은 저를 회사의 기밀도 아닌 것을 기밀이라고 프레임을 짜서 마치 대단한 기업 기밀을 유추하기 위해 정보를 흘린 사람처럼 매도를 하고 있었습니다. 이는 저에 대한 명예훼손이라 생각하고 쿠팡은 지금까지 유가족도 그렇고 저한테도 그렇고 블랙리스트 운영했다는 것에만 죄송하다라고 얘기를 하고 있지만 당사자들한테 죄송하다라는 말 한마디도 안 했습니다. 유감이라고만 표현을 하고 있습니다. 이 부분에 대해서는 쿠팡에서 공식적으로 죄송하다, 유감이 아닌 죄송하다라고 말을 하셔야 될 거고요.

또한 저는 수사기관한테 얘기를 하고 싶습니다.

수사기관은 약자를 보호하는 기관이지 강자를 보호하는 기관이 아닙니다. 만약에 수사기관이 정상적인 수사기관이라면 하루빨리 쿠팡에 대한 제대로 된수사를 진행할 수 있도록 부탁드립니다.

감사합니다.

○**위원장 안호영**　수고하셨습니다.

정혜경 위원님 질의할 게 있습니까?

○**정혜경 위원**　예, 잠깐만 몇 가지 확인만 하면 되거든요.

○**위원장 안호영**　예, 그러면 신문해 주십시오.

○**정혜경 위원**　감사합니다.

홍용준 증인님께 몇 가지 확인만 할게요.

혹시 대리점 중에 수월로지스 임금체불사건 알고 계시나요?

○**증인 홍용준**　수월?

○**정혜경 위원**　예, 수월로지스.

○**증인 홍용준**　확인해 보겠습니다.

○**정혜경 위원**　여기가 지금 대리점 자체가 임금체불을 해 가지고, 300명 정도 되는 것 같아요. 메일이 왔는데 여기의 이분들이 임금체불이 되거나 구역 회수를 당해 가지고 일자리를 잃는 사태가 발생하지 않도록 조치가 필요하다고 생각합니다. 이것 뭔가 대리점을 변경하든지 해서 조치를 취해서 저희 의원실로 보고를 해 주시면 좋겠습니다.

보고해 주시겠어요?

○**증인 홍용준**　예, 확인해 보겠습니다.

○**정혜경 위원**　그래 갖고 보고해 주시면……

○**증인 홍용준**　예, 보고드리겠습니다.

○**정혜경 위원**　그리고 두 번째는요 지금 입차 제한 관련해 가지고 송정현 님의 소송 관련해서 유감도 표시하셨고 노조 활동도 보장하겠다고 하셨는데요. 지금 송정현 님에

대한 소송 건이 2건이고 강민욱 님에 대한 소송 건이 1건 있는 걸로 알고 있습니다. 이것은 클렌징 문제나 입차 제한 문제와 관련해서 나온 소송 건이라서 이것은 취하를 해야 된다고 보여지는데요. 취하하시겠습니까?

○증인 홍용준 한번 검토해 보겠습니다.

○정혜경 위원 검토?

○증인 홍용준 그것 송……

○정혜경 위원 이것은 똑같은 건이에요, 지금. 이 건으로 지금 소송이 들어간 거기 때문에.

○증인 홍용준 송정현 씨에 대한 고소 건은 저희가 한 것으로 알고 있는데 한번 확인해 보겠습니다.

○정혜경 위원 2건 있거든요. 2건이 있고요…… 명예훼손이 있나 보네요. 2건이 있고 그다음에 강민욱 님 것도 1건 있습니다. 이것은 같은 건이에요. 지금 클렌징 제도, 입차 제한 관련한 분쟁으로 인한 소송 건이기 때문에 취하를 같이 해야 된다고 보여집니다.

○증인 홍용준 그 부분은 조금 더 검토해 보겠습니다. 입차 제한……

○정혜경 위원 그러면 검토해서 보고를 해 주시고요.

○증인 홍용준 예.

○정혜경 위원 그다음에 하나만 더 하겠습니다.

  송정현 건으로 대법원 판결 난 것, 상급단체 출입 보장 관련해 가지고, 상급단체 그러면 앞으로는 출입을 보장하는 겁니까?

○증인 홍용준 대법원 판결의 취지가 그런 것은 아닌 것으로 알고 있고요. 저희가 하여튼 간에 캠프의 안전과 그다음에 작업에 지장이 없는 범위 내에서 규제를 안 하는 것이고 저희 캠프는 또 상품이 있는 곳이기 때문에 출입 절차라는 게 있습니다.

○정혜경 위원 출입 절차는 밟아서 들어가면 되지요.

○증인 홍용준 예, 그런 절차를 밟고 그게 거기 단점이나 지장이 없으면……

○정혜경 위원 제가 그런데 이번에도 춘천에 가서 못 들어갔거든요, 현장에.

○증인 홍용준 그런데 그 부분은……

○정혜경 위원 그런데 그게 이제 뭐냐 하면 어디나 다른 데도…… 제가 학교 비정규직 노조에 일을 했었는데 어느 학교나 가서 조합원들을 만나고 조합원들을 교육도 하고 했거든요. 저는 상급단체지요. 그런데도 했는데 쿠팡만 유일하게 이렇게 상급단체 출입을 보장하지 않는 이유는 무엇인가, 노조 활동을 방해하는 것으로밖에 보이지 않는다는 겁니다, 이게.

○증인 홍용준 저희는 그렇지는 않다고 생각하고 있습니다.

    (발언시간 초과로 마이크 중단)

....

    (마이크 중단 이후 계속 발언한 부분)

○정혜경 위원 여기에 관련한 조치를 취해 주서야 합니다.

○증인 홍용준 학교하고 저희 캠프하고는 조금 성격이 다른 것 같고요.

○정혜경 위원 어디나 그래요. 다른 노동조합 있는 곳도 상급단체들이 다 들어가잖아요.

○**증인 홍용준** 　그 부분은 지금 확답드릴 수는 없는 문제로 보이고요. 지금 어떤 말씀을 주시는지는 이해했는데 그 부분에 대해서는 하여튼 간에 캠프 운영이나 안전 이런 절차 문제……

○**정혜경 위원** 　이런 게 쿠팡에 대한 노조 활동을 보장하지 않는 문제로 귀결이 되는 문제기 때문에요 여기에 대한 적극적인 조치가 필요하다고 보입니다, 대표님.

○**증인 홍용준** 　예, 검……

○**정혜경 위원** 　여기 대표님께 지금 얘기하고 있습니다.

○**증인 강한승** 　예.

○**정혜경 위원** 　그렇지요? 이렇게 해야지 쿠팡이 일류 기업으로 가는 것 아니겠어요? 노조 활동도 보장 안 하는데 어떻게 일류기업으로 가요.

○**증인 강한승** 　(고개를 끄덕임)

○**정혜경 위원** 　고개를 끄덕거렸습니다, 지금.

○**증인 강한승** 　노조 활동을 저희가 잘 보장하고 있고요. 앞으로도 하겠습니다.

○**정혜경 위원** 　예, 출입 보장해 주십시오.

○**증인 강한승** 　……

○**정혜경 위원** 　보장해 주시지요.
　말을 안 하시네.
　대표님이 말씀해 주시지요.

○**증인 강한승** 　그 문제는 저희 CLS에서 판단할 문제라고 생각이 들고요.

○**정혜경 위원** 　CLS뿐만 아니고 사실 다른 데도 다 똑같지.

○**증인 홍용준** 　저희 대법원 판결 이후에 하여튼 고등법원에서 그런 법이나 이런 부분에 대해서 논의가 될 것으로 보고 있고요. 그러한 부분이 결정되면……

○**정혜경 위원** 　논의가 되는 게 아니라 지금 보장이 되어야 되는 거지요, 이것은 너무나 당연하게. 이것은 한국 사회에서 노조 활동을 보장하기 위해서 당연히 돼야 되는 겁니다.

○**증인 홍용준** 　저희는 노조 활동은 당연히 보장…… 그것은 헌법상 기본권이기 때문에……

○**정혜경 위원** 　상급단체를 들어오지 못하게 하는 곳이 거의 없어요.

○**증인 홍용준** 　그 부분에 대해서는……

○**정혜경 위원** 　그것은 확인해 보시고 대표님께서 조치 좀 취해 주시면 좋겠습니다.

○**이용우 위원** 　비종사자, 노조법상이나 판례상으로 산별노조 간부들 다 출입 허용돼 있습니다. 한번 검토해 보세요.

○**정혜경 위원** 　그렇지. 그 정도에 맞게는 해 주셔야지요.

○**증인 홍용준** 　예, 한번 검토를 해 보겠습니다.

・・

○**위원장 안호영** 　홍용준 증인, 강한승 증인 그리고 정종철 증인, 오늘 수고 많으셨는데요. 방금 기본적으로 우리 헌법이 보장하는 노동3권, 노조 활동 보장한다는 것에 대해서는 이의가 없는 것 아닙니까?

○**증인 홍용준** 　예, 맞습니다.

○**위원장 안호영** 　그런데 구체적인 상황에서 출입을 할 때 막는 것이 노조 활동에 대한

방해인지 아닌지 부분에 대해서는 견해 차이가 있을 수 있는데 그 부분도 과거의 여러 가지 어떤 관행이라든가 또 법원의 판례 경향이라든가 이런 것들을 고려해서 밖에서 봤을 때 그것이 노조 활동에 대한 방해로 인식되지 않도록 적극적으로 검토를 해 주시기 바랍니다.

○**증인 홍용준**　예, 검토해 보겠습니다.

○**위원장 안호영**　그러면 추가로 혹시 더 신문하실 게 있습니까?

○**이용우 위원**　마지막 의사진행발언하겠습니다.

○**위원장 안호영**　의사진행발언?

○**이용우 위원**　예.

○**위원장 안호영**　예.

○**이용우 위원**　상임위든 청문회든 이런 자리는 항상 자료 문제 가지고 계속 이렇게 논란이 반복되는데 아직까지도 자료가 제출이 안 되고 있고요.

청문회의 가장 기본이 결국은 자료인데 이 부분들에 대해서 관련 법령상 제출을 거부할 수 있는 자료라는 게 매우 제한적입니다. 영업 비밀이나 이런 것 가지고 제출 거부할 수가 없어요. 왜? 국회는 적어도 국민의 대표기관이기 때문에 영업 비밀이라는 그런 이유로…… 이것을 우리 국회의원들이 뭘 어떻게 활용하겠습니까? 그것을 악용하겠습니까? 그런 취지로 법상으로는 그런 것들을 가지고 제출 거부를 할 수 없기 때문에 아까 말씀드린 것처럼 자료 미제출 부분에 대해서는 환노위 차원의 고발 조치가 필요하다라고 보여지는데, 다만 어쨌든 오늘 청문회는 마무리하더라도 빠른 시일 내에…… 그 부분은 어쨌든 제도개선을 위해서 국회가 계속적으로 챙겨 봐야 될 지점이 있습니다. 그래서 제출 여부까지 보고 다음 환노위 전체회의에서 다시 한번 의견을 드리는 걸로 하겠습니다.

그리고 위원장님께서 오늘 청문회 상황과 관련해서 노동부가 쿠팡 관련 근로감독 결과를 제출하면서 개선방안도 여러 가지 적시를 했습니다. 사실 그 개선방안들이 적시에 실효적으로 현장에서 적용이 된다라고 하면 의미가 있다라고 보여집니다. 그런데 과연 국민들도 그렇고 저희 여기 앉아 있는 위원들도 그렇고 노동부가 그것을 얼마만큼 잘 챙겨 나갈 것인지 또는 그마만큼 또 쿠팡이 이런 부분들을 현장에서 잘 실현할 것인지 의구심을 가지고 있는 것은 사실입니다.

그래서 위원장님께서 이런 부분들 노동부와 오늘 증인으로 출석한 쿠팡 3사 대표들한테 명확하게 주지를 시켜 주시고 환노위 차원에서 이 부분들 계속 보고받고 챙겨 나가겠다 이런 부분들 좀 확인해 주시면 감사하겠습니다.

이상입니다.

○**위원장 안호영**　그러면 마치기에 앞서서 방금 이용우 위원님께서 말씀하신 부분이 있기 때문에 한 말씀 좀 드리겠습니다.

오늘 쿠팡과 관련해서 여러 가지 상황에 대한 점검이 있었고 또 개선에 대한 약속도 했습니다. 그런데 상황에 대한 정확한 파악과 또 개선방안을 우리가 같이 고민하는 과정에 필요한 여러 가지 자료들이 사실은 좀 있어야 되는 면이 있다고 봅니다.

쿠팡과 영업소와의 계약서 문제라든가 또 여러 가지 시설에 관련된 현황이라든가 또 산업안전보건인력의 배치라든가 임무라든가 숫자라든가 여러 가지 부분들을 자료를 놓고 우리가 얘기를 했다면 좀 더 생산적인 논의가 될 수도 있었겠다 그런 생각이 듭니다마는 그 부분은 여러 가지 의견이 좀 있는 것 같아요. 이게 기업에 관련된 자료가 기업의 영업의 자유에 속할 것인지 아니면 국회에다가 제출해야 될 법적 의무가 있는 것인지 여부에 대해서는 좀 더 검토할 점이 있다고 보여집니다마는 사실 오늘 이 자리에서 제시되지 못한 부분에 대해서는 향후에 오늘 청문회 이후에도 아마도 제기된 문제에 대해서 기업 입장에서는 국회하고도 더 긴밀하게 소통할 필요가 있겠다 그리고 또 국회 외의 다른 여러 노조나 이런 전문가들하고도 같이 머리를 맞대고 상의하셔야 좋은 해결책이 나올 수 있으리라 이렇게 생각을 합니다. 그런 점에서 오늘 제출하지 않은 자료에 대해서는 관심 갖고 있는 위원님하고도 따로 별도의 자리를 통해서 자료를 같이 보면서 논의를 해 주시기를 요청을 하겠습니다. 그렇게 할 수 있겠습니까?
○증인 홍용준 예.
○증인 정종철 예, 설명드리겠습니다.
○위원장 안호영 국회에 공식적으로 제출을 하지 않더라도 그런 비밀이 우려가 된다면 다른 형태로 긴밀하게 협의를 해 주시기 바랍니다.
○증인 홍용준 예, 알겠습니다.
○증인 정종철 예.
○위원장 안호영 그러면 이상으로 증인·참고인 신문을 마치겠습니다.
　오늘 청문회에서는 증인·참고인 신문을 통해서 쿠팡의 심야노동 등 열악한 노동환경에 대한 현안과 대유위니아그룹의 임금체불 문제에 대한 현장의 목소리를 청취하였습니다. 그리고 이러한 노동환경의 악화로 인한 산업재해의 발생 및 임금체불 문제가 지속적으로 발생한 원인과 이를 해결하기 위한 구체적인 대안들에 대해 여러 위원님들의 질의와 지적이 있었습니다.
　오늘 출석하신 증인들께서는 위원님들의 신문 과정에서 드러난 사고 및 임금체불에 대한 책임을 통감하고 조속하게 이러한 문제들을 해소할 수 있는 방안을 적극적으로 마련해 주실 것을 당부드립니다.
　그리고 고용노동부는 열악한 노동환경의 개선과 임금체불 문제에 대한 실질적 관리 감독 부서로서 근본적인 문제 해결을 위해서 더욱 노력해 줄 것을 주문합니다.
　앞으로도 우리 국회는 택배노동자를 비롯한 모든 노동자들의 건강하고 안전한 그리고 안정적인 삶이 유지될 수 있도록 입법적인 대안과 정책을 마련하는 데 그 역할을 다하도록 최선을 다하겠다는 말씀 드립니다.
　김소희 위원님, 김태선 위원님, 박홍배 위원님, 여러 위원님으로부터 서면질의가 있었습니다. 각 기관에서는 성실하게 답변해 주시기 바랍니다. 서면 질의와 답변 내용은 회의록에 게재토록 하겠습니다.
　오늘 충실한 청문회가 될 수 있도록 애써 주신 위원님 여러분과 관계 공무원 여러분, 위원회 직원 및 보좌진 여러분도 수고하셨습니다.
　그리고 바쁘신 중에도 오늘 청문회에 출석해서 성실하게 답변해 주신 증인 및 참고인 여러분께도 감사의 말씀을 드립니다.
　이상으로 오늘 회의를 모두 마치겠습니다.
　산회를 선포합니다.

(20시18분 산회)

○**출석 위원(16인)**

강득구　김소희　김위상　김주영　김태선　김형동　박 정　박해철　박홍배　안호영
우재준　이용우　이학영　임이자　정혜경　조지연

○**출석 전문위원**

수석전문위원　신항진
전문위원　허병조

○**정부측 및 기타 참석자**

고용노동부
노동정책실장　김유진
산업안전보건본부장　김종윤
노동개혁정책관　권창준
근로기준정책관　최관병
산업안전보건정책관　이민재
산재예방감독정책관　최태호

○**출석 증인**

쿠팡 택배노동자 심야노동 등 근로조건 개선을 위한 청문회
강한승(쿠팡㈜ 대표)
홍용준(쿠팡로지스틱스서비스 대표이사)
정종철(쿠팡풀필먼트서비스 대표이사)
대유위니아그룹 임금체불 관련 청문회
박은진(박영우 회장 차녀)
박현철(박영우 회장 조카)
김동현(대유위니아그룹 전 비서실장)

○**출석 참고인**

쿠팡 택배노동자 심야노동 등 근로조건 개선을 위한 청문회
강민욱(택배노동자과로사대책위 집행위원장)
김준호(직장인 및 블랙리스트 제보자)
정동헌(쿠팡 물류센터 직원)
임상혁(녹색병원장)
송정현(전국택배노조 쿠팡일산지회장)
차주혁(MBC 기자)
대유위니아그룹 임금체불 관련 청문회
임영택(위니아전자 법정관리인)
김혁표(위니아딤채 법정관리인)
위대성(위니아메뉴팩처링 법정관리인)
안병덕(위니아전자 전 대표)
양원기(위니아메뉴팩처링 전 대표)
강용석(위니아전자 노조위원장)

남승대(위니아딤채 노조위원장)
김학구(위니아딤채 지회장)
박종하(위니아메뉴팩처링 지회장)

【보고사항】

○의안 회부

국립공원공단법 일부개정법률안

(2024. 12. 18. 임이자 의원 대표발의)(의안번호 2206626)

남녀고용평등과 일·가정 양립 지원에 관한 법률 일부개정법률안

(2024. 12. 18. 김위상 의원 대표발의)(의안번호 2206642)

자연환경보전법 일부개정법률안

(2024. 12. 18. 김성원 의원 대표발의)(의안번호 2206643)

건설근로자의 고용개선 등에 관한 법률 일부개정법률안

(2024. 12. 18. 박홍배 의원 대표발의)(의안번호 2206654)

근로기준법 일부개정법률안

(2024. 12. 18. 박홍배 의원 대표발의)(의안번호 2206656)

비정규직 근로자 지원 활성화에 관한 법률안

(2024. 12. 18. 박홍배 의원 대표발의)(의안번호 2206658)

근로자의 날 제정에 관한 법률 전부개정법률안

(2024. 12. 18. 박홍배 의원 대표발의)(의안번호 2206660)

한강수계 상수원수질개선 및 주민지원 등에 관한 법률 일부개정법률안

(2024. 12. 18. 이종배 의원 대표발의)(의안번호 2206681)

　　이상 8건 12월 19일 회부됨

야생생물 보호 및 관리에 관한 법률 일부개정법률안

(2024. 12. 19. 김위상 의원 대표발의)(의안번호 2206689)

폐기물관리법 일부개정법률안

(2024. 12. 19. 권칠승 의원 대표발의)(의안번호 2206705)

기후위기 대응을 위한 탄소중립·녹색성장 기본법 일부개정법률안

(2024. 12. 19. 김성회 의원 대표발의)(의안번호 2206756)

　　이상 3건 12월 20일 회부됨

한강수계 상수원수질개선 및 주민지원 등에 관한 법률 일부개정법률안

(2024. 12. 20. 김선교 의원 대표발의)(의안번호 2206800)

산업안전보건법 일부개정법률안

(2024. 12. 20. 박해철 의원 대표발의)(의안번호 2206804)

가축분뇨의 관리 및 이용에 관한 법률 일부개정법률안

(2024. 12. 20. 위성곤 의원 대표발의)(의안번호 2206808)

산업재해보상보험법 일부개정법률안

(2024. 12. 20. 박해철 의원 대표발의)(의안번호 2206812)

먹는물관리법 일부개정법률안

(2024. 12. 20. 김위상 의원 대표발의)(의안번호 2206815)

이상 5건 12월 23일 회부됨

산업안전보건법 일부개정법률안

(2024. 12. 23. 박해철 의원 대표발의)(의안번호 2206820)

근로기준법 일부개정법률안

(2024. 12. 23. 박해철 의원 대표발의)(의안번호 2206838)

남녀고용평등과 일·가정 양립 지원에 관한 법률 일부개정법률안

(2024. 12. 23. 우재준 의원 대표발의)(의안번호 2206855)

대기환경보전법 일부개정법률안

(2024. 12. 23. 우재준 의원 대표발의)(의안번호 2206860)

이상 4건 12월 24일 회부됨

근로기준법 일부개정법률안

(2024. 12. 24. 최수진 의원 대표발의)(의안번호 2206871)

산업안전보건법 일부개정법률안

(2024. 12. 24. 김소희 의원 대표발의)(의안번호 2206875)

기후·기후변화 감시 및 예측 등에 관한 법률 일부개정법률안

(2024. 12. 24. 박해철 의원 대표발의)(의안번호 2206891)

자원의 절약과 재활용촉진에 관한 법률 일부개정법률안

(2024. 12. 24. 임이자 의원 대표발의)(의안번호 2206897)

이상 4건 12월 26일 회부됨

기후·기후변화 감시 및 예측 등에 관한 법률 일부개정법률안

(2024. 12. 26. 박해철 의원 대표발의)(의안번호 2206962)

폐기물관리법 일부개정법률안

(2024. 12. 26. 전진숙 의원 대표발의)(의안번호 2206983)

산업안전보건법 일부개정법률안

(2024. 12. 26. 김위상 의원 대표발의)(의안번호 2206985)

이상 3건 12월 27일 회부됨

노동조합 및 노동관계조정법 일부개정법률안

(2024. 12. 27. 정혜경 의원 대표발의)(의안번호 2206998)

기후·기후변화 감시 및 예측 등에 관한 법률 일부개정법률안

(2024. 12. 27. 박해철 의원 대표발의)(의안번호 2207022)

폐기물관리법 일부개정법률안

(2024. 12. 27. 이학영 의원 대표발의)(의안번호 2207027)

이상 3건 12월 30일 회부됨

국립공원공단법 일부개정법률안

(2024. 12. 30. 김위상 의원 대표발의)(의안번호 2207079)

장애인고용촉진 및 직업재활법 일부개정법률안

(2024. 12. 30. 정혜경 의원 대표발의)(의안번호 2207081)

이상 2건 12월 31일 회부됨

근로기준법 일부개정법률안

(2024. 12. 31. 박충권 의원 대표발의)(의안번호 2207154)

환경영향평가법 일부개정법률안

(2024. 12. 31. 정태호 의원 대표발의)(의안번호 2207158)

노동위원회법 일부개정법률안

(2024. 12. 31. 임이자 의원 대표발의)(의안번호 2207165)

노동약자 지원과 보호를 위한 법률안

(2024. 12. 31. 임이자 의원 대표발의)(의안번호 2207166)

댐건설·관리 및 주변지역지원 등에 관한 법률 일부개정법률안

(2024. 12. 31. 진성준 의원 대표발의)(의안번호 2207173)

환경영향평가법 일부개정법률안

(2024. 12. 31. 진성준 의원 대표발의)(의안번호 2207177)

근로기준법 일부개정법률안

(2024. 12. 31. 김위상 의원 대표발의)(의안번호 2207178)

근로기준법 일부개정법률안

(2024. 12. 31. 강명구 의원 대표발의)(의안번호 2207181)

산업재해보상보험법 일부개정법률안

(2024. 12. 31. 박해철 의원 대표발의)(의안번호 2207182)

자연공원법 일부개정법률안

(2024. 12. 31. 진성준 의원 대표발의)(의안번호 2207183)

환경보건법 일부개정법률안

(2024. 12. 31. 진성준 의원 대표발의)(의안번호 2207185)

　이상 11건 2025년 1월 2일 회부됨

고용보험 및 산업재해보상보험의 보험료징수 등에 관한 법률 일부개정법률안

(2025. 1. 6. 안호영 의원 대표발의)(의안번호 2207267)

　1월 7일 회부됨

기간제 및 단시간근로자 보호 등에 관한 법률 일부개정법률안

(2025. 1. 7. 김예지 의원 대표발의)(의안번호 2207289)

　1월 8일 회부됨

폐기물관리법 일부개정법률안

(2025. 1. 8. 김상훈 의원 대표발의)(의안번호 2207317)

근로기준법 일부개정법률안

(2025. 1. 8. 김동아 의원 대표발의)(의안번호 2207345)

환경기술 및 환경산업 지원법 일부개정법률안

(2025. 1. 8. 이소영 의원 대표발의)(의안번호 2207352)

남녀고용평등과 일·가정 양립 지원에 관한 법률 일부개정법률안

(2025. 1. 8. 김동아 의원 대표발의)(의안번호 2207360)

고용보험법 일부개정법률안

(2025. 1. 8. 김동아 의원 대표발의)(의안번호 2207363)

　이상 5건 1월 9일 회부됨

환경교육의 활성화 및 지원에 관한 법률 일부개정법률안

(2025. 1. 9. 김위상 의원 대표발의)(의안번호 2207365)

기후위기 대응을 위한 탄소중립·녹색성장 기본법 일부개정법률안

(2025. 1. 9. 김소희 의원 대표발의)(의안번호 2207392)

　이상 2건 1월 10일 회부됨

산업재해보상보험법 일부개정법률안

(2025. 1. 10. 박홍배 의원 대표발의)(의안번호 2207438)

구직자 취업촉진 및 생활안정지원에 관한 법률 일부개정법률안

(2025. 1. 10. 박홍배 의원 대표발의)(의안번호 2207440)

순환경제사회 전환 촉진법 일부개정법률안

(2025. 1. 10. 박홍배 의원 대표발의)(의안번호 2207450)

　이상 3건 1월 13일 회부됨

산업안전보건법 일부개정법률안

(2025. 1. 13. 조지연 의원 대표발의)(의안번호 2207451)

청년고용촉진 특별법 일부개정법률안

(2025. 1. 13. 조지연 의원 대표발의)(의안번호 2207453)

　이상 2건 1월 14일 회부됨

고용보험법 일부개정법률안

(2025. 1. 14. 임이자 의원 대표발의)(의안번호 2207483)

폐기물처리시설 설치촉진 및 주변지역지원 등에 관한 법률 일부개정법률안

(2025. 1. 14. 민형배 의원 대표발의)(의안번호 2207505)

　이상 2건 1월 15일 회부됨

기후위기 대응을 위한 탄소중립·녹색성장 기본법 일부개정법률안

(2025. 1. 15. 허성무 의원 대표발의)(의안번호 2207507)

직업안정법 일부개정법률안

(2025. 1. 15. 김태선 의원 대표발의)(의안번호 2207519)

건설근로자의 고용개선 등에 관한 법률 일부개정법률안

(2025. 1. 15. 이수진 의원 대표발의)(의안번호 2207520)

고용보험법 일부개정법률안

(2025. 1. 15. 김태선 의원 대표발의)(의안번호 2207528)

산업재해보상보험법 일부개정법률안

(2025. 1. 15. 김태선 의원 대표발의)(의안번호 2207530)

임금채권보장법 일부개정법률안

(2025. 1. 15. 이수진 의원 대표발의)(의안번호 2207531)

한국산업인력공단법 일부개정법률안

(2025. 1. 15. 이수진 의원 대표발의)(의안번호 2207533)

고용보험법 일부개정법률안

(2025. 1. 15. 이수진 의원 대표발의)(의안번호 2207537)

자원의 절약과 재활용촉진에 관한 법률 일부개정법률안

(2025. 1. 15. 임오경 의원 대표발의)(의안번호 2207545)

노동위원회법 일부개정법률안

(2025. 1. 15. 이수진 의원 대표발의)(의안번호 2207546)

국가기술자격법 일부개정법률안

(2025. 1. 15. 이수진 의원 대표발의)(의안번호 2207547)

한국산업안전보건공단법 일부개정법률안

(2025. 1. 15. 이수진 의원 대표발의)(의안번호 2207548)

고용정책 기본법 일부개정법률안

(2025. 1. 15. 이수진 의원 대표발의)(의안번호 2207549)

노동조합 및 노동관계조정법 일부개정법률안

(2025. 1. 15. 이수진 의원 대표발의)(의안번호 2207551)

산업재해보상보험법 일부개정법률안

(2025. 1. 15. 이수진 의원 대표발의)(의안번호 2207553)

근로자퇴직급여 보장법 일부개정법률안

(2025. 1. 15. 이수진 의원 대표발의)(의안번호 2207557)

최저임금법 일부개정법률안

(2025. 1. 15. 이수진 의원 대표발의)(의안번호 2207562)

  이상 17건 1월 16일 회부됨

근로기준법 일부개정법률안

(2025. 1. 17. 이수진 의원 대표발의)(의안번호 2207612)

  1월 20일 회부됨

○관련의안 회부

국가기간 전력망 확충 특별법안

(2024. 12. 19. 이원택 의원 대표발의)(의안번호 2206734)

  12월 20일 의견제시기간을 소관위원회의 심사의결일 전일까지로 정하여 회부됨

특례시 지원에 관한 특별법안

(2024. 12. 27. 정부 제출)(의안번호 2207020)

  12월 30일 의견제시기간을 소관위원회의 심사의결일 전일까지로 정하여 회부됨

유네스코 활동에 관한 법률 일부개정법률안

(2024. 12. 31. 김용태 의원·강경숙 의원 대표발의)(의안번호 2207179)

UN 경제적 사회적 및 문화적 권리에 관한 국제규약 선택의정서 비준 촉구 결의안

(2024. 12. 31. 김예지 의원 등 47인 발의)(의안번호 2207186)

  이상 2건 2025년 1월 2일 의견제시기간을 소관위원회의 심사의결일 전일까지로 정하여
  회부됨

임도의 설치 및 관리에 관한 법률안

(2025. 1. 6. 윤준병 의원 대표발의)(의안번호 2207234)

  1월 7일 의견제시기간을 소관위원회의 심사의결일 전일까지로 정하여 회부됨

석탄화력발전소 폐지 및 폐지지역 지원에 관한 특별법안

(2025. 1. 15. 허성무 의원 대표발의)(의안번호 2207506)

　　1월 16일 의견제시기간을 소관위원회의 심사의결일 전일까지로 정하여 회부됨
수소 및 수소화합물 사업법안
(2025. 1. 17. 이종배 의원·정태호 의원 대표발의)(의안번호 2207605)
　　1월 20일 의견제시기간을 소관위원회의 심사의결일 전일까지로 정하여 회부됨
○의안 철회
순환경제사회 전환 촉진법 일부개정법률안
(2025. 1. 10. 박홍배 의원 대표발의)(의안번호 2207450)
　　1월 16일 발의자 철회 요구
○행정입법 제출

구분	대통령령	부령	훈령	예규	고시	기타
환경부	7	12	6	4	39	3
고용노동부	5	5	7	2	44	3

구분	공포번호	행정입법명	소관부처	공포일자
대통령령	제35093호	환경분쟁조정법 시행령 전부개정령	환경부	2024. 12. 24.
대통령령	제35094호	환경오염피해 배상책임 및 구제에 관한 법률 시행령 일부개정령	환경부	2024. 12. 24.
대통령령	제35095호	생활화학제품 및 살생물제의 안전관리에 관한 법률 시행령 일부개정령	환경부	2024. 12. 24.
대통령령	제35096호	석면피해구제법 시행령 일부개정령	환경부	2024. 12. 24.
대통령령	제35097호	환경보건법 시행령 일부개정령	환경부	2024. 12. 24.
대통령령	제35098호	순환경제사회 전환 촉진법 시행령 일부개정령	환경부	2024. 12. 24.
대통령령	제35099호	석면안전관리법 시행령 일부개정령	환경부	2024. 12. 24.
부령	제1137호	기상청과 그 소속기관 직제 시행규칙 일부개정령	환경부	2024. 12. 17.
부령	제1138호	실내공기질 관리법 시행규칙 일부개정령	환경부	2024. 12. 23.
부령	제1139호	순환경제사회 전환 촉진법 시행규칙 일부개정령	환경부	2024. 12. 23.
부령	제1140호	환경보건법 시행규칙 일부개정령	환경부	2024. 12. 24.
부령	제1141호	환경부와 그 소속기관 직제 시행규칙 일부개정령	환경부	2024. 12. 24.
부령	제1142호	환경오염피해 배상책임 및 구제에 관한 법률 시행규칙 일부개정령	환경부	2024. 12. 31.
부령	제1143호	생활화학제품 및 살생물제의 안전관리에 관한 법률 시행규칙 일부개정령	환경부	2024. 12. 31.
부령	제1144호	석면피해구제법 시행규칙 일부개정령	환경부	2024. 12. 31.

구분	공포번호	행정입법명	소관부처	공포일자
부령	제1145호	환경분쟁 조정법 시행규칙 전부개정령	환경부	2024. 12. 31.
부령	제1146호	수도용 자재와 제품의 위생안전기준 인증 등에 관한 규칙 일부개정령	환경부	2024. 12. 30.
부령	제1147호	폐기물관리법 시행규칙 일부개정령	환경부	2024. 12. 27.
부령	제1148호	자동차종합검사 시행 등에 관한 규정 일부개정령	환경부	2024. 12. 31.
대통령령	제35100호	고용보험법 시행령 일부개정령	고용노동부	2024. 12. 24.
대통령령	제35101호	고용보험 및 산업재해보상보험의 보험료징수 등에 관한 법률 시행령 일부개정령	고용노동부	2024. 12. 24.
대통령령	제35102호	남녀고용평등과 일·가정 양립 지원에 관한 법률 시행령 일부개정령	고용노동부	2024. 12. 24.
대통령령	제35159호	산업안전보건법 시행령 일부개정령	고용노동부	2024. 12. 31.
대통령령	제35160호	산업재해보상보험법 시행령 일부개정령	고용노동부	2024. 12. 31.
부령	제428호	무역조정 지원 등에 관한 법률 시행규칙 일부개정령	고용노동부	2024. 12. 26.
부령	제429호	고용노동부와 그 소속기관 직제 시행규칙 일부개정령	고용노동부	2024. 12. 31.
부령	제430호	남녀고용평등과 일·가정 양립 지원에 관한 법률 시행규칙 일부개정령	고용노동부	2024. 12. 31.
부령	제431호	고용보험법 시행규칙 일부개정령	고용노동부	2024. 12. 31.
부령	제432호	고용보험 및 산업재해보상보험의 보험료징수 등에 관한 법률 시행규칙 일부개정령	고용노동부	2024. 12. 31.

○**보고서 제출**

한국환경산업기술원 2025년도 예산 및 2024년도 예산 변경(5차)

(2024. 12. 26. 한국환경산업기술원장 제출)

예비타당성조사 결과 요약보고서

(2024. 12. 27. 기획재정부장관 제출)

2024년 4분기 기상청 세출예산 이·전용 결과

(2025. 1. 3. 기상청장 제출)

2024년 행정기관 소관 위원회 활동내역 제출

(2025. 1. 7. 기상청장 제출)

국가 탄소중립·녹색성장 기본계획 2023년도 이행점검 결과

(2025. 1. 7. 2050탄소중립녹색성장위원장 제출)

'23년도 온실가스 감축목표 이행점검 결과

(2025. 1. 7. 2050탄소중립녹색성장위원장 제출)

2024년도 4/4분기 임금채권보장기금운용계획 변경내역

(2025. 1. 7. 고용노동부장관 제출)

2024년도 4분기 산업재해보상보험및예방기금 운용계획 변경내역 제출

(2025. 1. 8. 고용노동부장관 제출)

2024년도 4분기 세출예산 이·전용 내역

(2025. 1. 13. 환경부장관 제출)

민주당은 간첩법 개정안을 사실상 방치하며 후속 처리를 지연시키고 있습니다. 일부 민주당 의원들은 "언제적 간첩인데 지금 간첩을 얘기하나"라며 무책임한 발언을 일삼다가, 여론의 압박에 찬성하는 척하더니 돌연 "법을 악용할 가능성에 대해 충분한 검토가 필요하다"는 핑계를 대며 국민과 국제사회의 우려를 외면하고 있습니다. 국가안보에는 여야가 따로 있을 수 없습니다. 민주당은 지금이라도 최대한 신속하게 '적국에서 외국으로의 간첩 행위 확대'를 핵심 내용으로 하는 간첩법 개정안을 처리해야 합니다. 간첩법 개정에 대해 민주당이 지금처럼 계속 반대한다면, "반드시 이재명과 민주당만 됩니다"라고 환호하는 세력이 과연 누구겠는지 국민과 국제사회는 되묻지 않을 수 없습니다.

– 국민의힘 대변인 김동원, 1월 21일 논평

3차 변론기일 윤석열 대통령 발언

■ 소추 사유에 대한 의견 진술

제가 오늘 처음 출석을 했기 때문에 그냥 간단하게만 말씀을 드리겠습니다. 여러 가지 헌법 소송으로 업무도 과중하신데 저의 이 탄핵 사건으로 또 고생을 하시게 해서 먼저 우리 재판관님들께 송구스러운 마음입니다.

저는 철들고 난 이후로 지금까지 특히 공직 생활을 하면서 자유민주주의라는 신념 하나를 확고히 가지고 살아온 사람입니다. 헌법재판소도 이러한 헌법 수호를 위해서 존재하는 기관인 만큼, 우리 재판관님들께서 여러모로 잘 살펴주시기를 부탁드리겠습니다. 또 필요한 상황이 되거나 질문이 계시면 말씀드리도록 하겠습니다. 감사합니다.

■ 문형배 헌법재판관의 피청구인 신문에 대한 답변

– 문형배 헌법재판관: 첫 번째 질문은, 국가비상입법기구 관련 예산을 편성하라는 쪽지를 기획재정부 장관에게 준 적이 있으십니까?

저는 이걸 준 적도 없고, 그리고 나중에 이런 계엄을 해제한 후에 한참 있다가 언론에 뭐 이런 메모가 나왔다는 것을 기사에서 봤습니다. 그런데 그 기사 내용도 조금 부정확하고, 그러면 이것을 만들 수 있는 사람은 국방장관밖에 없는데, 국방장관이 그때 구속이 되어 있어서 구체적으로 확인을 못 했습니다. 그런데 그 내용을 보면, 좀 내용 자체가 좀 서로 모순되는 것 같기도 하고, 하여튼 그 부분에 대해서는 그렇습니다. 자세하게 물어보시면 제가 아는 대로 또 답변을 드리겠습니다.

– 문형배 헌법재판관: 두 번째 질문, 마지막 질문드리겠습니다. 본인께서는 이진우 수방사령관, 곽종근 특전사령관에게 계엄 선포 후 계엄 해제 결의를 위해 국회에 모인 국회의원들을 끌어내라고 지시한 적

이 있으십니까?

없습니다.

■ 추가 마무리 발언

탄핵 재판이라는 게 형사소송 절차에 준해서 하는 것이고, 또 제가 지금 직무 정지된 상태기 때문에 어떤 영향력도 행사할 수 없습니다. 그리고 이 사건 내용을 제일 잘 아는 사람은 바로 피청구인인 대통령 저 자신입니다. 그래서 그런 주장은 이해가 좀 안 되고요.

아까도 이런 부정선거 이론이 음모론이라고 하시고, 계엄을 정당화하기 위한 거라고, 사후에 만든 논리라고 하셨는데, 이미 계엄을 선포하기 전에 이런 여러 가지 어떤 선거의 공정성에 대한 신뢰에 좀 의문이 드는 것들이 많이 있었고, 또 2023년 10월 국정원에 선관위 전산 장비의 아주 극히 일부를 점검한 결과 문제가 많이 있었기 때문에, 부정선거 자체를 색출하라는 것이 아니라, 선관위의 전산 시스템을 전반적으로 스크린할 수 있으면 해봐라, 어떤 장비들이 있고, 어떤 시스템에 의해서 가동이 되는지, 그런 것이기 때문에, 저희가 무슨 선거가 전부 부정이어서 믿을 수 없다는 그런 음모론을 제기하는 것이 아니라, 팩트를 확인하자는 그런 차원이었다는 점을 이해해 주시기 바랍니다.

—

청구인 측에서 보여 준 영상에 대해서 제가 그냥 짧게 한 말씀만, 이해를 돕는 차원에서.

네 잘 봤습니다. 그런데 아까 그 군인들이 본청사에 진입을 했는데, 직원들이 좀 저항을 하니까 스스로 이렇게 나오지 않습니까? 얼마든지 더 들어갈 수 있는데도? 이 점을 좀, 국회의 의결을 방해했다는 의견을 자꾸 소추인 측에서, 또 지금 민주당에서 하고 있는데, 저는 그런 말씀을 하나 드리고 싶습니다.

가서 그러면 12월 3일, 4일 밤에 내려진 의결을 군을 투입해서 방해했다고 한다면은, 그럼 그걸로 이제 더 이상 계엄 해제 요구를 못 하고 계엄이 쭉 그냥 가는 것이냐, 전 그렇지 않다고 봅니다. 대한민국에서 국회와 언론은 대통령보다 훨씬 강한 초 갑입니다. 만약에 제가 무리를 해서 계엄 해제 요구 의결을 못 하게 한다 해서, 국회가 아니라 다른 장소에서도 할 수 있고, 그 이후에 얼마든지 계엄 해제 요구를 할 수가 있습니다. 그러고 그거를 만약에 막았다고 한다면, 그거는 정말 뒷감당을 할 수 없는 일이라고 저는 생각합니다.

그래서 계엄 해제 요구를 막았다, 여러 가지 이런 증언들을 막 모아 가지고 얘기를 하시는데, 계엄 해제 요구 결의가 사실은 저도 그 방송을 보고 있었습니다마는, 의원들 사이에서도 국회의장과의 관계에서 "아니 빨리 합시다" 그리고 또 우원식 의장은 "아니 그래도 또 절차는 밟아야 하는 것 아닙니까" 이렇게 하면서 국회법에 딱 맞지 않는, 그런 아주 신속한 결의를 했거든요. 그렇지만 저는 그거를 보고 바로 군을 철수시켰습니다. 그래서 국회 마당에 있던 사람들이 나갔고요. 그리고 아까 국회의장 공관 옆에 군인들이 지나가면서 마치 국회의장을 새벽 2시에 체포할 것처럼, 그게 아마 제가 볼 때는 퇴각하는 과정에서 일어난 일이 아닌가 싶고요. 제가 드리고 싶은 말씀은 그걸 그 당시에 막거나 연기한다고 해서 그게 막아지는 일이 아니란 점을 말씀을 드리고 싶습니다.*

---

*　현 자료는 헌법재판소 탄핵 심판 제3차 변론기일 공개 영상에서 윤석열 대통령의 발언 부분을 녹취한 것임을 밝힙니다.

고위공직자범죄수사처 수사를 거부해 오던 내란수괴 윤석열이 탄핵심판 3차 변론기일인 오늘 (21일) 헌법재판소에 출석했습니다. 이날 변론에서 내란수괴 측은 포고령에 대해 "김용현 장관이 초안을 잡아 피청구인(내란수괴)이 검토 · 수정한 것"이라고 말했습니다. 앞서 내란수괴 측은 헌법재판소에 제출한 답변서에서 "포고령 1호는 김 용현 전 장관이 종전 대통령에게 '국회해산권이 있을 당시의 예문'을 그대로 베껴 왔다"라고 밝힌 바 있습니다. 이어 "문구의 잘못을 (윤 대통령이) 부주의로 간과했다. 포고령 표현이 미숙했다"고 덧붙입니다. 본인의 '검토 · 수정' 여부가 중요한 게 아니라 본인의 부주의로 놓쳤지만, 어찌 되었든 김용현 장관이 '잘못 베낀 게 더 문제'라는 겁니다. 그렇다면 김용현 전 국방장관 측 입장은 어떨까요. 그동안 김용현 측은 포고령 초안은 본인이 직접 작성하고, 전체적인 포고령 내용의 검토는 윤석열 대통령이 했다고 주장했습니다. 포고령 초안은 본인이 작성했지만, 최종 결정은 내란수괴 윤석열이 직접 했다고 강조했습니다. 위헌적 조항으로 가득한 포고령의 작성에 대해 이 비겁한 자들이 폭탄 돌리기와 같은 책임 떠넘기기를 하고 있습니다.

– 조국혁신당 대변인 윤재관, 1월 21일 논평

원내대책회의 주요내용

1월 21일 원내대책회의 주요내용은 다음과 같다.

– 권성동 원내대표

공수처의 무법적인 행태가 도를 넘고 있다. 지난 20일 공수처는 서울구치소를 방문해 윤석열 대통령에 대한 강제구인을 무려 6시간 동안 시도했고, 오늘 재시도를 예고하기도 했다. 이미 대통령을 포함해 주요 인물들이 모두 구속된 상태이다. 대통령은 체포영장 집행 직후 공수처에서 진술을 거부하겠다는 의사를 명확하게 표명했고, 공수처에서 또다시 구인한다 하더라도 진술을 하지 않겠다는 뜻을 명확히 밝혔기 때문에 구인해도 아무런 실익이 없다.

그럼에도 불구하고 공수처가 이렇게까지 하는 것은 이해하기가 어렵고, 수사에 실익이 없을 뿐만 아니라 결국 대통령에 대한 망신주기에 불과한 것이다. 특히 대통령이 오늘 탄핵 심판 출석이 예정된 상황에서 공수처의 강제구인으로 출석하지 못하게 된다면, 그 정치적 의도를 의심할 수밖에 없다. 그리고 결국 공수처의 강제구인은 탄핵 심판에 대한 방해로 귀결될 수밖에 없다. 공수처는 부당한 강제구인을, 즉각 중단할 것을 강력히 촉구한다.

이진숙 방통위원장의 탄핵 심판 선고가 모레 23일 나온다고 한다. 단 3일만 근무한 방통위원장의 탄핵 심판이, 장장 172일이나 걸려야 했는지 납득하기 어렵다. 이진숙 위원장 탄핵은 당연히 기각되어야 하지만, 172일 동안 방통위를 마비시킨 것만으로도, 민주당은 정략적 목적을 이룬 것이다.

애초에 이재명 세력이 줄 탄핵을 남발한 목적은, 장기간의 직무 정지를 통한 국정마비였기 때문이다. 헌재는 여기에 브레이크를 걸지 않아, 국정 혼란을 부추긴 책임이 있다. 헌법재판소는 여전히 불공정한 모습을 보이고 있다. 대통령 탄핵 심판은 1차 준비기일부터 2차 준비기일까지 고작 7일밖에 걸리지 않았는데, 한덕수 권한대행은 23일, 이진숙 방통위원장은 35일이나 걸렸다. 대통령 탄핵은 두 번의 준비기일을 모두 마치고, 오늘 벌써 세 번째 변론기일이다. 그보다 이틀 전에 탄핵이 가결된 법무부 장관과 경찰청장은 아직 준비기일 일정 조정조차 잡히지 않았다. 왜 이렇게 불공정한가.

헌법재판소가 대통령 변호인단에게는 증거자료와 의견서를 제출하라고 얼마나 닦달했는가. 그런데 저희가 확인한 결과 박성재 법무부 장관 측은 2번에 걸쳐서 신속 재판을 요청하는 의견서를 헌재에 제출했는데, 헌재는 이를 무시하고 국회 측에 법무부 장관 탄핵 입증계획서 제출 기간을 무려 2주씩이나 줬다.

그런데 정청래 법사위원장은 최종기한 제출기한인 어제까지도, 입증계획서를 제출하지 않은 것으로 확인되고 있다. 헌법재판소와 민주당의 짬짜미식 고의 지연 전술이다. 한덕수 권한대행 탄핵 심판은, 대통령 탄핵만큼이나 중요한 사항이다. 민주당은 최상목 대행에게 끊임없이 탄핵을 시사하며, 협박하고 있고 권한대행 체제의 불확실성은 국정 불안으로 이어지고 있다.

오늘 미국 트럼프 행정부의 출범으로 많은 변화가 예상되는데, 대행의 대행외교에 대한 걱정이 제기되고 있고, 대통령 탄핵 심판 선고 이후의 극심한 국정 혼란도 우려되는 만큼, 헌법재판소가 권한대행의 탄핵 정족수부터 따져서 국정안정을 도모해야 마땅하다.

무엇보다도 거대 야당의 줄 탄핵은 대통령 비상계엄 선포의 명분으로 거론된 만큼, 대통령 탄핵 결정 이전에 민주당의 탄핵소추 독재에 대한 판단을 먼저 내려야, 대통령 탄핵 심판이 완결성을 확보할 수 있다. 헌재는 대통령뿐만 아니라 10건의 탄핵소추를 동시에 진행하길 바란다.

마지막으로 문형배 헌법재판소장 권한대행에 대한 의구심이 끊임없이 제기되고 있다. 문형배 대행이 이재명 대표와 과거 연수원 시절 동기로서 노동법학회를 함께 하며, 호형호제하는 매우 가까운 사이라는 것은 법조계에 파다한 이야기다. 과거 대통령께서 이종석 재판관을 헌법재판소장으로 지명하려고, 민주당과 협의를 해보라고 해서 협의한 결과 민주당은 대통령의 친구라는 이유로 반대했다.

그런데 문형배 대행이 민주당의 차기 대선주자이자, 대통령에 대한 실질적 탄핵 소추인인 이재명 대표의 절친이라면 헌재소장 대행으로서 탄핵 심판을 다룰 자격이 과연 있겠는가. 또 문형배 대행은 사석에서 이재명 대표의 공직선거법 위반 판결에 대해, 유죄판결이 나오는 게 이상했다고 언급했다는 이야기도 있다. 이러한 이야기를 할 정도로 이재명 대표에 대한 애정과 관심이 큰가.

지금 헌재에 계류된 10개의 탄핵은 본질적으로 이재명의, 이재명을 위한, 이재명에 의한 연쇄 탄핵이

다. 문형배 대행에 대한 의구심이 해소되지 않으면, 탄핵 심판의 공정성이 확보될 수 없다. 오늘 이야기한 문제들을 헌재가 명확히 답변하지 않고 외면한다면, 헌재에 대한 신뢰가 무너질 수 있다는 것을 분명히 말씀 드린다.

민주당이 오는 2월 6일 국회 과방위에서 방송사와 포털, 방통위와 방심위에 대한 청문회를 개최하겠다고 밝혔다. 보도에 의하면 KBS, YTN 사장과 TV조선 회장 등을 증인으로 채택할 예정이라고 한다. 그런데 왜 JTBC와 MBC는 부르겠다는 말은 하지 않는 것인가.

불과 얼마 전 민주당은 민주파출소라는 해괴한 조직을 만들고, 카톡 검열을 시도했다고 여론의 뭇매를 맞았다. 그런데 이번에는 청문회를 통해 언론사 관계자를 국회로 불러 겁박하고 길들여보겠다는 것이다. 이재명 세력은 가짜뉴스 단속을 청문회의 명분으로 내세우고 있다. 그 명분이 진실이라면, 민주당은 청문회 대신 자아비판 대회를 먼저 열어야 한다. 김대업 병풍 사건, 김만배·신학림 녹취록 사건, 청담동 술자리 의혹, 광우병, 사드, 후쿠시마 괴담 등 민주당이야말로 가짜뉴스의 제작자이자 유포자이기 때문이다.

민주당은 대통령 지지율이 높게 나온 여론조사에 대해 고발을 검토하고, 선관위에 이의신청을 제기했다가, 기각을 당하는 망신을 당하더니 이제는 업체를 직접 방문할 계획을 세웠다가 여론의 반응이 싸늘하자 황급히 취소했다. 당의 여론조사 검증특위도 만들었다고 한다. 민주당 입맛에 맞지 않으면 언론도 탄압하고, 포털도 탄압하고, 여론조사도 탄압하겠다는 것이다.

카톡 검열, 언론사청문회, 여론조사 탄압은 모두 국민의 일상과 생각을 검열하고 통제하려는 민주당의 독재본능에서 비롯된 것이다. 1933년 12월 나치는 '모함법'이라는 악법을 제정해 표현의 자유를 억압하고 언론을 통제하며 자신에 대한 비판을 처벌했다.

오늘날 한국의 민주당과 지난날의 독일의 나치는 너무나도 닮았다. 이재명 대표는 히틀러 총통처럼 입법, 사법, 행정을 장악하려고 하고 민주당은 나치처럼 언론을 탄압하며, 대한민국의 공권력을 나치의 게슈타포처럼 정치적 숙청의 도구로 전락시켰다. 이재명의 민주당과 히틀러의 나치는 100년의 시차를 두고 태어난 독재의 쌍둥이다. 국민의힘은 대한민국을 나치 독일의 시대로 퇴행시키려는 모든 시도에 맞서 싸우겠다.

이재명 피고인의 6대 은행장 소집 현장간담회 관련이다. 어제 이재명 피고인은 은행연합회장과 6대 시중 은행장을 소집하여 현장간담회를 열었다고 한다. 야당 대표가 정책현안에 대한 현장간담회를 갖는 부분에 대해서 비판할 생각은 없다. 다만, 이재명 대표와 민주당이 순수하게 민생을 위한 간담회를 개최한 것인지에 대해서는 의문이 든다.

민주당은 모든 국민이 다 아시다시피, 국회 절대 다수의석을 차지하고 있다. 민주당은 29회의 탄핵소추뿐만 아니라, 반시장적 포퓰리즘 법안을 반복적으로 처리하는 등 입법독재를 서슴지 않아 왔다. 금융과 관련하여 최근에 민주당 일부 의원들이 발의한 법안을 보면 금리 산정방식 법제화하는 안, 대출금리 산정 시에 법적비용을 포함 금지하는 안 등을 주요내용으로 하는 민주당의 은행법 개정안들만 봐도, 민주당이 얼마나 금융시장에 반시장적 형태로 개입하고 싶어 하는지 알 수 있다.

금리산정 법제화 부분은 해외에서도 유례가 없는 금융권에 대한 과도한 경영 개입이라는 비판을 받고 있다. 특히 대출금리 산정 시 법적비용 포함을 금지하는 안이 현실화될 경우 3조원 가량의 비용이 가산 금리에서 제외되어, 금융시장에 부담을 주게 될 수 있다며 경제전문가들은 우려하고 있다.

이재명 피고인이 "일부에서 얘기하는 것처럼, 은행권을 강요해 무엇을 얻어 보거나, 아니면 무엇인가를 가져다 강제하기 위한 건 전혀 아니다"라고 이야기했다. 그러나 어떤 국민께서 민주당이 순수하게 민생을 위해 간담회를 열었다고 믿으시겠는가. 점령군인 양 '대통령 놀음'한다고 생각하시지 않겠는가.

언론 보도에 따르면 금융계에서는 '야당 대표가 시중 은행장들을 대거 불러, 간담회를 한 전례가 있었는지 모르겠다'면서 민주당의 간담회 소집을 매우 부담스러워했다고 한다. 정치권의 과도한 금융시장 개입, '정치금리'로 인해 매우 조심스럽게 관리되고 있는 가계부채 관리에 문제가 생기진 않을지 우려하는 목소리도 많다.

민주당에 경고한다. 금융은 민주당의 집권을 위한 쌈짓돈이 아니다. 민주당의 점령군 같은 대통령 놀음과 어쭙잖은 반시장적 정치금리 포퓰리즘이 오히려 서민경제를 위협할 수 있으며, 시장경제 질서를 무너뜨릴 수 있음을 명심하기 바란다.

민주당은 탄핵에 중독돼 있고, 특검에 중독되어 있다. 국민의힘은 민생회복과 국정안정에 더욱 주력하겠다. 국민의힘은 민주당의 정쟁 선동에 휘말리지 않고, 민생경제를 살리기 위한 '국정안정 정당'의 길을 걷겠다고 말씀드렸다.

오늘 경제활력민생특위 제1차 회의를 열고 본격적인 활동에 들어간다. 생산과 소비가 선순환하는 건강한 경제기반 위에서 한국 경제를 빠르게 회복시켜 나아가겠다. 내수경기 활성화 방안, 소상공인·자영업자 실질소득 증대 대책, 물가안정, 지방 미분양 문제를 포함한 부동산 대책, 서민 맞춤형 금융대책 등 실효성 있는 대안을 마련하여 민생을 안정시키겠다.

민주당에도 요청한다. 제22대 국회 개원 이후 민주당은 탄핵·특검만을 외쳐왔다. 이제 더 이상 정치적인 문제로 국민을 불안하게 하지 말고, 민생경제 살리는 문제에 집중해 주기 바란다. 여·야가 민생 문제로 머리를 맞대고, 대안을 마련하는 것이 국회 본연의 모습일 것이다. 민생법안을 처리하기 위해 밤 12시까지 국회가 일하는 모습을 국민 여러분께서 기대하고 있다는 말씀도 아울러 드린다.

– 이양수 사무총장

최근 국민의힘이 민주당의 지지도를 앞서는 여론조사 결과가 잇따라 나오자 민주당이 여론조사 결과를 검증하는 당내 기구를 구성했다. 여론조사 기관을 순회 방문한다고 한다. 무서워서 여론조사 하겠는가. 민주당은 자당의 지지율이 높을 때는 일언반구 말이 없더니, 국민의힘의 지지율이 올라간 이후 '여론호도'라는 비난을 퍼부으며 해당 업체의 고발을 검토하겠다는 협박도 서슴지 않고 있다. 김어준 표 여론조사만 남기고 모두 통제하겠다는 것이다. 카톡 검열에 이어 여론조사 검열까지 하겠다는 것이다. 민주당은 내로남불식 여론조사 검열 시도를 즉각 철회하고, 여론조사 검열 기구를 즉각 해체하십시오.

지난 17일 야권 주도로 소위 내란 특검법이 국회를 통과했다. 하지만 현시점에 과연 특검이 무슨 의미가 있는지 냉정하게 따져봐야 한다. 검찰이 윤석열 대통령을 기소하면, 특검은 사실상 기존 수사 내용을 재검토하거나 주변부 혐의를 수사하는 수준에 그칠 수밖에 없다.

특검의 수사 기간 또한 심상치 않다. 통과된 특검법은 수사 기간을 최장 100일, 2월 말부터 5월 말까지로 규정하고 있다. 만에 히니 헌재가 대통령 탄핵 심판을 인용하면 특검의 수사 기간은 조기 대선 선거 운동과 겹치게 된다. 결국, 민주당은 혹시나 있을지도 모를 조기 대선 시 정략적으로 이용하기 위해 특검을 무리하게 추진한다는 의혹을 사기에 충분하다. 실효성도 없고, 정치적 목적만 가득한 특검법은 반드시 재의요구 되어야 한다.

– 박형수 원내수석부대표

조금 전 원내대표의 발언처럼, 민주당이 다음 달 6일 언론을 대상으로 소위 가짜뉴스 청문회를 개최한다고 한다. 국회 과방위 소속 민주당 의원들이 각 방송사와 포털의 경영자와 책임자를 국회로 불러 가칭, 12.3 내란 관련 방송 탄압 및 극단적 선전·선동 대책 청문회를 개최한다는 것이다. 민주당은 각 방송사와 포털이 내란 허위 조작 정보를 제대로 검증하지 않은 채 송출한 의혹이 있어 그 책임을 따져 묻겠다고 한다. 심지어 유튜브 콘텐츠 추천 알고리즘까지 손을 보겠다고 한다.

이재명 대표와 민주당은 불과 얼마 전에 국민의 카톡을 검열하여 내란선전죄로 처벌하겠다며, 대국민 협박을 하여 국민의 공분을 산 적이 있다. 그러더니 이제는 방송사와 포털 등 언론을 협박하여 언론인 입에 재갈을 물리려는 청문회를 열겠다는 것이다. 민주당의 DNA에는 검열과 독재가 포함되어 있다고 생각하지 않을 수 없다. 그동안 이재명 대표의, 이재명 대표에 의한, 이재명 대표를 위한 사당화가 진행돼 온 결과이다.

지난 20대 국회부터 절대다수의 국회 의석을 확보하여 이재명 대표의 사법리스크 방탄을 위한 의회 독재를 일삼더니 이제는 그러한 전횡과 독재가 민주당의 DNA로 고착화 되어 버린 것이다. 민주당의 검열 독재본능은 국민 입틀막과 언론사 입틀막에 그치지 않는다.

최근 민주당의 정당 지지도가 국민의힘에 뒤처지거나 비슷한 것으로 나오자, 이제는 여론조사기관도 검열하겠다고 한다. 민주당은 어제 당내에 여론조사 검증 및 제도개선 특위를 설치했다. 여론조사의 편파성을 검증하여 여론조사의 왜곡 또는 조작을 막겠다는 명문을 내세우지만, 속내는 민주당이 여론조사기관을 압박하여 오히려 여론조사 결과 왜곡을 유도하려는 것은 아닌지 강한 의심이 든다.

민주당은 대언론 전쟁 선포와 다름없는 언론사청문회 개최를 즉각 백지화하기 바란다. 본인들 입맛에 맞지 않으면 누구든 탄핵하고, 국민 카톡도 검열하고, 심지어 언론사 길들이기와 여론조사기관 검열까지 서슴지 않는 민주당의 반민주적 독재본능을 국민들께서 결코, 용납하지 않으실 것이다.

– 유상범 법제사법위원회 간사

지난 19일 윤석열 대통령 구속영장 발부 후, 벌어진 서부지법 불법 폭력 점거 사태를 민주당은 사법부에 대한 폭동, 제2차 내란으로 규정하며 또다시 국민 선동의 고삐를 당기고 있다. 내란은 계엄 해제로 종료된다는 대법원 판례가 명백함에도 민주파출소, 카톡 검열 등으로 내란이 진행 중이라고 주장하다 오히려 국민적 분노에 직면하게 되었다.

그러나 폭력 사태를 계기로 윤 대통령과 지지자들을 함께 내란 세력으로 낙마하기 위한 선동을 다시 시도하고 있다. JTBC가 지난 19일 '어쩔아재'라는 극좌 유튜버가 "밀어 밀어, 들어가 들어가"라고 시민들을 부추겨 청사로 들어가는 영상을 송출하며, "극우 유튜버가 폭동을 선동했다"라고 조작 보도한 것에 대해 어제 법사위 현안 질의에서 천대엽 법원행정처장도 어쩔아재의 행동은 폭력 선동에 해당할 여지가 있고, 극우 유튜버로 가장 보도한 JTBC의 선동은 용납할 수 없는 행위라는 입장을 밝혔다. 경찰이 구석에서만 촬영만 하고 있던 '젊은시각'이란 우파 유튜버는 현장에서 체포하면서, 법원에서도 선동 혐의를 인정한 좌파 유튜버 '어쩔아재'에 대해 아무런 조치를 취하지 않은 것은 형평에 어긋난 처사이다. 신속히 혐의자에 대한 신병 확보와 수사 착수를 해야 할 것이다.

폭력 사태와 별개로 경비를 서던 경찰이 시위대의 법원 진압을 제지도 하지 않아 폭력의 확산을 사실상 방조한 부분은 반드시 엄중한 책임 규명이 필요하다. 민주당은 이를 지적한 국회의원들의 정당한 의정 활동을 폭동 옹호라는 거짓 프레임으로 비난하는 몰상식을 보였다.

오히려 2015년 민중 궐기대회 총궐기에서 경찰 버스 52대를 부수고, 경찰 129명을 다치게 한 민주노총과 트랙터 30대와 화물차 50대를 동원해 폭력 시위를 벌인 전농, 박수영 의원 지역 사무실에 난입해 8시간 이상 직원들을 감금한 대진연 등에 대해 입도 뻥긋하지 않는 민주당이야말로 폭도 옹호 세력이자, 전문 선동집단이다. 국민의힘은 어떤 형태의 폭력도 거부하고 용인하지 않으며, 이번 사태에 대한 엄정한 법의 판단을 촉구하는 입장에는 변함이 없다.

– 박수영 기획재정위원회 간사

지난 15일 공수처가 있는 정부청사 부근에서 분신했던 시민이 엿새 만에 유명을 달리했다고 한다. 故김태건 님은 "더불어민주당 이재명 대표는 체포하지 않고 현직 대통령만 체포하려는 것에 화가 났다"라고 말한 것으로 알려진다. 더 이상 안타까운 희생이 없어야 할 것이다. 고인의 명복을 빈다.

어제 트럼프 2기 행정부가 공식 출범했다. 취임 직후 서명할 것으로, 예상되는 100여 개 행정명령은 앞으로 무역, 에너지 등 국제 질서를 크게 개편할 것이다. 47대 트럼프 대통령은 자칭 관세의 남자로 강력한 보호무역 원칙을 예고한 바 있다. 그간 트럼프 당선인이 공언해 왔던 관세 공약이 현실화될지가 초미의 관심사이다.

트럼프 대통령은 모든 수입품에 10% 내지 20%의 보편관세, 중국산 제품에는 60%의 관세를 부과하겠다고 공언해 왔다. 불법 이민, 마약 문제 해결에 협조하지 않는다는 이유로 캐나다와 멕시코산 제품에도 25%의 관세를 부과하겠다고 경고했다. 이 보편관세가 현실화되면 우리나라 수출에도 타격이 예상 된다. 대외경제정책연구원이 보편관세의 20%와 대중국 관세 60%를 부과할 경우 우리나라 수출액은 최대 65조 원이나 줄어들 수 있다고 분석을 했다.

좋건 싫건 2기 트럼프 정부가 만들 세계 질서에 적응하지 못하면, 우리는 도태될 것이다. 미국의 세계 전략은 매우 단순하다. 자유민주주의, 국제 무역 질서에 함께하는 나라는 우방이고, 인권과 법치가 없는 반민주주의 국가는 적국이다. 이재명 피고인을 대통령 만들기 위해서 국정을 마비시키고, 민낯의 권력을 휘두르는 다수당이 있고, 야당발 반시장주의적 법안이 난무하는 나라는 그에 상응한 대가를 받게 될 것이다.

어제 이재명 대표는 "굳건한 한미 동맹을 바탕으로 위기를 기회로 만들자, 정치적 불확실성이 경제로 이어지지 않도록 하자"라고 말씀하셨다. 지금 굳건한 한미 동맹을 흔들고 정치적 불확실성을 만드는 사람이 누구인지 삼척동자도 잘 알 것이다. 트럼프 2.0 시대를 기회로 만들기 위해서, 더불어민주당은 정치적 불확실성을 높이고 자유민주주의와 시장경제를 흔드는 행위를 즉각 중지해 주시기를 촉구한다.

– 최형두 과학기술정보방송통신위원회 간사

드디어 이진숙 방송통신위원장 탄핵소추 심판기일이 모레로 다가왔다. 헌법재판소는 지난 공개 변론 중에 이재명 민주당에게 물었다. "방송통신위원회는 일을 안 해도 된다고 생각합니까." 왜 민주당 추천 방통위원 두 사람을 추천조차 하지 않고 2인 체제를 탓하느냐는 반문이었다.

이진숙 방통위원장 탄핵소추 사건은 22대 국회 들어 29건의 줄줄이 탄핵의 가장 상징적 사건이었다. 민주당은 지난가을 내내 헌법재판관을 추천하지 않음으로써 이 탄핵소추 재판을 지연시켜 왔다. 이제 모레 탄핵 재판이 끝나는 대로 민주당은 2명의 방통위원을 추천하고, 우리당이 추천할 1인과 함께 국회 본회의에 상정해서 5인 체제를 신속하게 복원해야 한다.

그리고 이제 국회 과학기술정보방송통신위원회는 AI, 과학기술, 정보통신 정책과 산업진흥에 더욱 매진해야 한다. 지금 과학기술정보통신 혁신 생태계의 신년 인사회가 줄지어 이어지고 있다. 세계는 AI 첨단과학기술로 뛰어가고 있는데 우리나라 국회 과방위는 방송에만 함몰되어 있는 사태를 걱정하고 있다.

우리 국민들이 비상계엄을 3시간 만에 끝내면서, 대한민국 민주주의 회복 탄력성을 전 세계에 입증했는데 아직도 마치 계엄사령관이 된 듯이 군림하는 사람들이 있다. 계엄 포고령에도 없던 카톡 검열까지 주장해서 '카톡 계엄령'이라는 말을 낳더니 이제는 방송통제를 하려는 모양이다.

4년 전 가짜뉴스방지법을 추진하다가 우리당이 '진짜뉴스재갈법'이라고 맞서고, UN까지 나서서 언론자유 침해라고 비판하자 슬그머니 물러서던 기억을 잊은 모양이다. 윤석열 대통령과 변호인 말은 인용보도도 하지 말라는 것인지, 그래서 방송을 통째로 통제하겠다는 것인가.

이번에도 가짜뉴스 방지라는 명목으로 방송사를 줄 세우고 겁박하려 한다면 국민적 저항에 직면할 것이다. UN의 비판을 또다시 자초할 것이다. 설마 그렇게까지 하겠나 싶지만, 이미 이재명 민주당은 계엄사령관조차 할 수 없는 장면을 연출했다. 계엄사령관도 시중 은행장을 한꺼번에 소집하기는 어려웠을 것이다.

제발 국민들의 카톡, 국민들의 머릿속까지 통제하려는 발상을 멈춰 주십시오. 계엄사령관조차도 여론조사 조작 여부를 조사할 엄두를 못 내었을 것이다. 왜 국민들의 여론이 그렇게 급반전했는지 정녕 모르시는가. 국민들이 비상계엄을 끝냈는데, 여전히 계엄사령관, 계엄통치를 방불케 하는 이재명 민주당의 입법 폭주, 탄핵 폭주 때문이었다는 것을 찬찬히 살펴보시길 바란다.

2025. 1. 21.

국민의힘 공보실

윤석열은 탄핵심판에 앞서 스스로를 "자유민주주의 신념으로 살아온 사람"이라고 강변했습니다. 자유민주주의의 완성체가 내란입니까? 자유민주주의를 모욕하지 마십시오. 윤석열은 포고령 1호는 김용현이 작성한 것이라고 책임 회피를 했습니다. 또한 한동훈 대표와 우원식 의장의 체포를 지시한 적도 없고, 비상입법기구 쪽지를 준 적도 없다고 발뺌을 했습니다. (…) 오늘 윤석열의 발언 하나하나가 폭도들의 메아리로 바뀌어 돌아올 것을 생각하면 끔찍합니다. 윤석열은 내란 수괴도 모자라 폭도들의 두령이 될 셈이 아니라면 선동을 멈추기 바랍니다.

– 더불어민주당 대변인 박경미, 1월 21일 서면브리핑

제25차 원내대책회의 모두발언

일시 : 2025년 1월 21일(화) 오전 9시 30분

장소 : 국회 본청 원내대표회의실

– 박찬대 원내대표

검찰의 '수상한 영장 반려'로 경찰의 경호처 수사에 제동이 걸렸습니다. 김성훈 경호처 차장과 이광우 경호본부장이 어제 석방됐습니다. 검찰이 김성훈 차장에 대한 경찰의 구속영장 청구를 반려했기 때문입니다. 김성훈 경호처 차장은 법원의 정당한 체포영장 집행을 막은 특수공무집행방해 현행범입니다. 윤석열이 체포 직전 경호처 부장단 오찬에서 "총을 쏠 수는 없냐"고 묻자 "네, 알겠습니다"라고 대답한 인물이 바로 김성훈입니다.

12.3내란에 관여한 정황증거도 속속 드러나고 있습니다. 수사가 본격화되자, 대통령실 비화폰 서버관리자에게 "방첩사령관-수방사령관-특전사령관 등의 통화기록을 지우라"고 지시했다는 보도도 나왔습니다. 김성훈 차장이 안가 CCTV를 지우라고 지시했다는 진술도 나왔습니다. 이광우 경호본부장 역시 2차 체포영장 집행을 앞두고 "38구경 권총 20정과 공포탄 190발을 관저상황실로 옮기라"고 지시한 것으로 알려졌습니다. 김성훈 차장과 이광우 본부장은 경찰 조사에 출석하면서 휴대전화를 갖고 오지 않는 꼼수를 부렸습니다.

이처럼 중대한 혐의를 받고 있는 그리고 증거인멸과 경호처 직원에 대한 보복 가능성까지 있는데 구속을 그 신청을 반려한 상황이 이해가 되질 않습니다. 검찰이 내란 수괴와 중요 임무종사자 몇 명만 기소하고, 내란수사를 대충 덮으려는 것은 아닌지 강력한 의심이 듭니다. 만약, 실제로 그런 속내라면 검찰은 가루처럼 사라질 운명에 처할 것입니다. 그렇지 않다면, 검찰은 경호처 강경파 핵심들에 대한 수사를 방해하지 말고 적극 협조하십시오. 검찰의 이해할 수 없는 행태는 거꾸로 내란 특검이 필요한 이유를 설명해주고 있습니다. 내란 특검으로 수괴와 잔당들을 한 점 의혹도 없이 철저히 수사해야 합니다.

최상목 대행이 내란 특검법에 거부권을 행사할 것이라는 전망이 나오고 있습니다. 경제가 망하든 말든 상관없다는 것인지, 민주주의가 무너지든 말든 괜찮다는 것인지 묻지 않을 수 없습니다. 외환행위와 내란선전-선동죄를 빼자는 국민의힘 요구를 대폭 수용한 특검법을 거부하면서, 무조건 여야 합의만 요구하는 것은 국회 입법권에 대한 심각한 침해이자 반민주적 폭거입니다. 원내 6개 정당이 모두 동의하고 국회 본회의 표결을 거쳐 의결된 법안을 딱 1개 정당이 반대한다는 이유로 거부권을 행사하는 것이 말이나 됩니까? 무조건 국민의힘이 합의해야 한다고 우기는 건 국민의힘 일당독재를 해야 한다는 독재적 발상입니다.

최상목 대행은 헌법과 법률을 수호할 의무를 다해야 함에도 불구하고, 내란사태를 끝내기 위한 필수적인 조치들을 하나도 이행하지 않고 있습니다. 명백한 직무유기이자, 반헌법적 행위입니다. 12월 14일 윤석열 탄핵안 가결 이후 한덕수-최상목 대행이 행사한 거부권만 벌써 9건입니다. 민주적 정당성이 없는 대행체제가 민주적-헌법적 정당성을 갖춘 국회의 결정을 심각하게 침해하는 일이 있어서는 안 됩니다. 내란 진압을 미루는 것은 나라 경제를 거덜 내자는 것과 다르지 않습니다.

한국은행은 12.3 비상계엄 여파로 올해 경제 성장률이 약 0.2%p 낮아질 것으로 추정했습니다. 12.3 비상계엄 때문에 실질 GDP 4조 5천 840억 원이 날아갔다는 얘기입니다. 지난해 4분기와 올해 연간 성장률 전망치 하향 조정을 고려하면 GDP 감소분이 무려 6조 3천 10억 원에 달합니다. 정치적 불확실성을 신속하게 제거하는 것이 경제를 살리는 길이라는 것을 잘 알고 있을 최상목 대행이 내란 진압을 계속 회피하는 이유가 뭡니까? 최상목 대행은 헌법과 법률에 따라 마은혁 헌법재판관 임명, 상설특검 후보자 추천의뢰, 내란특검 공포를 즉시 이행하십시오. 이것이 '윤석열의 내란대행'이란 오명을 벗는 유일한 길이고, 경제위기를 극복하는 길입니다.

– 진성준 정책위의장

설 명절이 다가오고 있지만 연휴 기간이 길다는 것뿐, 국민의 살림살이는 팍팍하기만 합니다. 설 차례상을 차리는데 40만 원이 든다는 통계가 있었습니다. 국민 2명 중 1명은 그래서 아예 차례 지내는 것을 포기한 것으로 나타났습니다. 지난해 11월 기준으로 임금을 제때 받지 못한 임금 체불 노동자도 26만 2천 명, 금액으로는 1조 1천억 원에 이릅니다. 노동자 한 사람당 700만 원이 넘는 임금 체불을 겪었습니다.

고공행진 중인 환율에 더해서 기름값도 뛰어오르고 있습니다. 비상계엄 선포 전, 12월 2일 전국 평균 휘발윳값은 리터당 1,646원이었습니다. 그런데 이것이 1월 20일 현재, 리터당 1,724원을 기록했습니다. 서울의 휘발유 가격은 1,798원이나 됩니다. 두바이산 원유를 포함해서 국제 유가도 크게 올랐습니다. 미국의 대러시아 제재로 당분간 안정세를 장담하기도 어렵습니다. 현재 수송용 기름에 대한 유류세 인하 조치가 시행 중입니다. 휘발유는 15%, 경유와 부탄가스는 23% 경감해 주고 있습니다.

내수 부진에 신음하는 자영업자와 중소기업 등의 고통을 감안해서 다음 달 말로 종료되는 유류세 인하 기간의 연장을 적극 검토할 것을 제안합니다. 관세 폭탄을 예고한 트럼프 2기 행정부가 출범했습니다. 대외적인 경제 불안 요인에 더해서 내란 상황까지 겹쳐서 민생 경제가 정말 어렵습니다. 신속하고 과감한 추경으로 우리 경제에 신호를 줘야 합니다. 유류세 인하 연장 조치를 포함한 정부의 빠른 결단을 촉구합니다.

정부가 오늘 국무회의에서 초중등교육법 등 3개 법률안에 대해서 거부권을 행사할 것이라고 합니다. 국회에서 통과된 초중등교육법은 AI 디지털 교과서를 금지한 법이 아닙니다. 학교에서 우선 교육 자료로 활용하면서 효과를 충분히 검증하고 효과가 있으면 안전장치를 마련해서 제대로 시행하자는 법입니다. 국회가 정부의 성급한 정책을 바로잡고 정부 정책의 실행을 돕기 위해서 교육 자료로서 그 법적 지위를 부여해 준 것입니다.

지난 17일 국회 교육위원회 청문회에서 AI 교과서 도입 과정부터 법을 위반한 사실이 드러났습니다. 교육부 고위 공무원의 권한 남용과 입법 방해도 확인되었습니다. 학부모와 교사, 국회가 반대하는데 그럼에도 불구하고 법률 위반에 권한 남용까지 자행해 가면서 밀어붙이는 이유가 무엇입니까? 이러니까 세간에서는 교육부총리가 모 에듀테크 업체와 유착되어 있는 것이 아니냐 하는 의혹까지 제기되는 것 아닙니까?

보도에 따르면 초중등교육법 뿐만 아니라 반인권적 국가범죄 시효 특례법과 방송법에도 거부권을 행사할 것이라고 합니다. 반인권적 국가범죄 시효 특례법은 국가 공권력의 책임성을 강화하고 국민의 기본적 인권을 보호하기 위한 법입니다. 방송법은 TV 수신료를 통합 징수해서 국민의 징수 편의를 제고하고 공영방송의 재정 위기를 극복하기 위한 법입니다. 도대체 언제까지 국회의 입법을 정부의 입맛에 맞추어 취사선택할 작정입니까? 헌법에 따라서 입법권은 국회에 있고, 정부는 국회가 통과시킨 법률을 집행할 책임이 있는 것 아닙니까? 국회의 정당한 입법을 거부할 행정부의 권한은 없습니다. 최상목 권한대행은 행정부 수반으로서 국회를 존중하고 자신의 책무를 다하기를 촉구합니다.

- 이정문 정책위수석부의장

한국은행 금융통화위원회는 지난주 기준금리를 동결했습니다. 내란사태로 급등한 원/달러 환율의 안정화를 위한 결정이었습니다. 이창용 총재는 "현재 환율은 우리나라 경제 펀더멘탈에 비해 훨씬 높은 수준"이라고 지적했습니다. 또한, 가장 큰 여건 변화로 '정치적 리스크 확대'를 꼽았습니다. 현재 우리 경제의 최대 리스크는 윤석열입니다.

신속한 탄핵이 우리 경제 회복의 첫걸음입니다. 한국은행은 어제 2025년도 우리나라 경제성장률이 1.6%에서 1.7% 수준에 그칠 것으로 전망했습니다. 지난 11월 1.9% 전망치에서 하향 조정될 것으로 판단한 것입니다. 성장률 하락의 충격은 정치적 불확실성 해소 시기에 따라 달라질 수 있습니다. 신속한 탄핵 절차 종결로 충격이 사라지면, 실물경제에 미치는 영향도 줄어들 것입니다. 공수처와 헌법재판소는 이러한 상황을 깊이 인식하고, 막중한 책임감으로 신속하게 정치적 리스크 해소에 만전을 기해야 합니다.

민생 현장에서는 하루하루 피가 마르고 있습니다. 내란사태로 인해 소비가 급격히 위축된 상황입니다. 지난해 12월 소비자동향조사 결과에 따르면, 소비자심리지수가 전월 대비 12.3포인트 하락한 88.4를 기록했습니다. 2008년 글로벌 금융위기 이후 가장 큰 하락 폭을 보인 것입니다. 정치적 불확실성이 해소되어야 소비심리도 회복될 수 있습니다.

지금 우리 경제는 구원투수가 절실합니다. 내수 붕괴, 투자 감소, 수출 둔화 등 현재의 위기 상황을 타개하기 위해 정부의 확장적 재정정책이 강하게 요구되고 있습니다. 한국은행도 "추경 등 경제정책이 빠른 속도로 추진된다면 경기 하방압력을 상당 부분 완충할 것"으로 보고 있습니다. 조속한 추경편성은 경기 회복에 청신호가 될 것입니다.

재정정책 기조 역시 긴축에서 적극 재정으로 전환해야 합니다. 이창용 총재가 추경은 일시적 사업 위주로 편성해야 한다고 피력했으나, 이는 올해 성장률 하락과 침체된 민생 경제를 회복하기에는 역부족입니다. 경기 하방압력이 큰 만큼, 일시적 사업뿐만 아니라 기존에 미반영된 사업까지 포함한 추경편성을 통해 보다 촘촘하고 두터운 지원이 이루어져야 합니다.

최상목 권한대행에게 촉구합니다. 언제까지 조기 집행에만 매달려 있을 겁니까? 정부의 적극적인 재정 역할이 절실한 이 비상 상황에서 추경은 경기 회복의 희망이라는 점을 직시하기 바랍니다. 내란사태를 조속히 수습하고 경제를 안정시키는 것이야말로 권한대행의 가장 중요한 책무입니다. 부디 국민 기대에 부응하는 책임 있는 행보를 보여주기 바랍니다.

– 박성준 원내운영수석부대표

극우 폭도들을 두둔하는 국민의힘은 제정신입니까? 내란 수괴 윤석열의 구속은 상식적인 결정입니다. 하지만 윤석열을 맹목적으로 지지하는 극우 폭도들은 법원을 침탈하고 집기를 부수고 경찰과 기자에게 폭행을 가하며 법치를 유린했습니다. 일벌백계로 다시는 이런 일이 발생하지 않도록 본보기를 보여야 합니다. 죄를 뉘우치는 시늉을 하더라도 절대 감경해서는 안 됩니다.

국민의힘 권영세 비대위원장에게 묻습니다. 법원을 침탈해 공권력을 무력화시키고 폭력을 가한 게 폭도가 아니면 뭡니까? 공권력을 무력화시킨 극우 폭도들을 두둔하다니 여당 대표가 할 말입니까? 권영세 비대위원장의 국가관이 심히 의심스럽습니다. 극우 폭도들이 마치 선량한 시민인 것처럼 진실을 호도하고 경찰을 오히려 비판하는 집권 여당 대표라니 나라를 완전히 결딴내고 싶은 것입니까? 전광훈의 시종 노릇을 하는 윤상현 의원은 극우 폭도들을 애국 시민이라며 감사하다는 말까지 덧붙였습니다. 완전히 제정신이 아닙니다.

정권을 잃는 것보다 차라리 나라를 망하게 하겠다는 심산으로 보입니다. 이런 저열한 수준의 정치를 하는 사람들이 국민의힘 중심을 차지하고 있으니 내란 사건 이후 지금까지도 나라가 혼란에서 벗어나지 못하는 것입니다. 지금 민주공화국의 질서를 어지럽히고 대한민국을 위기로 내몰며 오로지 진영의 이익만 챙기려는 세력이 활개를 치고 있습니다. 이들을 이대로 그냥 둔다면 대한민국에 끊임없이 위협을 가할 것입니다. 공수처와 검찰, 경찰은 내란을 선동하고 소요 사태를 일으킨 자들을 철저히 수사해 동종 범죄가 다시는 일어나지 않도록 해야 할 것입니다.

최상목 권한대행은 이런 혼란상을 그냥 지켜만 보지 말고 특검법을 공포해야 합니다. 이번 특검법은 국민의힘의 안을 대폭, 전폭 수용한 안입니다. 사실상 합의안이라고 해도 과언이 아닙니다. 최상목 권한대행, 국민의힘 눈치 보지 말고 떼쓰는 거 휘둘리지 말고 이번에 특검법 통과시키도록 하기 바랍니다. 지금 대한민국은 궤도를 이탈하고 있습니다. 대한민국을 정상 궤도로 돌려놓으려면 조속히 특검이 출범해야 합니다. 진영의 이익이 아닌 국익의 관점에서 바라보고 신속하게 선택하기 바랍니다.

– 김용민 원내정책수석부대표

"성공한 쿠데타는 처벌할 수 없다." 전두환, 노태우의 신군부가 12.12 쿠데타로 정권을 강탈한 것을 처벌할 수 없다고 검찰이 만든 논리였습니다. 그야말로 국민을 무시하는 것이고 반헌법적인 헛소리였습니다. 전두환, 노태우는 12.12 쿠데타를 통해 비상 입법 기구를 만들었고, 군부의 장기 집권 계획을 이행했습니다. 12.3 내란의 목적은 전두환식 독재와 장기 집권이었습니다. 윤석열은 국회에 경고를 하기 위해 비상계엄을 선포했다고 하지만 이를 믿을 사람은 없습니다. 검사 출신 피의자 윤석열은 전두환을 따라해 비상계엄을 선포하고 비상 입법 기구를 만들려고 했습니다. 국회를 해산하고 비상 입법 기구를 만들어 독재를 공고히 하는 집권 전략을 실행하려고 한 것입니다. 부정 선거를 주장하는 것은 국회를 해산할 명분을 만드는 것이었고, 향후 장기 집권에도 선거를 치르지 않고 마음대로 입법 기구를 만들겠다는 포석이었습니다. 최상목 권한대행은 윤석열식 장기 집권을 실행하는 결정적인 임무를 부여받았습니다.

보시는 것처럼 '국가 비상 입법 기구 관련 예산을 편성할 것.' 최상목 권한대행이 대통령에게 비상계엄 당일날 받은 명령입니다. 실제로 이행했는지 어떤 답변을 했는지 철저한 수사를 통해 밝혀야 합니다. 그래서 특검이 필요합니다. 대통령 권한대행이 거부권을 행사할 수 없다 라는 점을 제외하더라도 최상목 권한대행은 수사의 대상자이므로 특검법을 거부할 수 없습니다. 이해 충돌입니다. 특히 헌법에도 없는 여야 합의를 이유로 거부권을 행사한다면 반헌법적 행위입니다. 반드시 책임을 물을 것입니다. 당장 못하면 책임을 물을 때까지 추적해서 책임을 지울 것입니다.

한편 국힘당이 주장하는 특검 거부 사유는 사실 새빨간 거짓말입니다. 국힘당은 "내란 행위에만 한정해 수사를 하고 관련 사건을 수사하면 안 된다."라는 억지 주장을 하고 있습니다. 역대 모든 특검법에 항상 포함되어 있던 인지된 관련 사건 수사를 삭제하자고 떼를 쓰고 있습니다. 그러나 국힘당이 발의한 당론으로 제출한 법안에 관련 사건을 수사할 수 있도록 했습니다. 보십시오. 특검 제2조, '특별검사의 수사 대상, 이 법에 따른 특별 검사의 수사 대상은 다음 각호의 사건 및 그와 관련된 사건에 한정한다.' 관련된 사건을 이미 국민의힘 당론으로 발의한 법안에 수사할 수 있도록 넣어 두었습니다.

그런데 이제 와서 관련된 인지 사건 때문에 특검법을 거부하겠다? 관련된 인지 사건이 여기서 말하는 그 관련 사건입니다. 여기서 말하는 관련된 사건을 특별검사가 인지하면 수사할 수 있는 것이고, 인지하지 않으면 수사하지 않는다 라는 당연한 것을 해놓은 것입니다. 만약에 관련된 인지 사건을 도저히 하면 안 된다 라고 했으면 국민의힘 당론 발의할 때 이 문구를 뺐어야죠. 관련된 사건을 수사할 수 있도록 한 문구를 뺐어야 합니다. 하지만 국민의힘도 관련된 사건의 수사성이 필요하다고 인정했기 때문에 여기에 명확하게 문구를 넣어둔 것입니다. 국민의힘의 이런 주장이 너무나도 황당합니다. 결국에 국민의힘당은 시간 끌기로 특검 무력화를 시도하는 것입니다. 최상목 권한대행이 내란 대행이 아니라면 오늘 즉시 특검법을 공포하기 바랍니다.

구속 피의자 윤석열이 오늘 헌법재판소에 출석한다고 합니다. 그 이유는 명백합니다. 재판을 지연하고 폭도들을 자극해 헌재에 대한 폭동을 유도하려고 하는 것 같습니다. 나아가 본인의 입으로 직접 비상계엄의 목적이 장기 집권이 아니라 국회 경고라고 거짓말을 하려고 하는 것입니다. 국민도 헌법재판소도 속지 않을 것입니다.

– 안태준 원내부대표

도널드 트럼프 미국 대통령의 취임을 축하합니다. 이번 계엄 탄핵 정국에서 대한민국 국민의 선택과 민주주의를 향한 열망을 지지해 준 트럼프 대통령의 2기 정부에서도 세계 평화와 안보, 경제 등 다양한 분야에서 협력을 이어 나가기를 기대합니다.

윤석열 대통령이 지난 19일 내란 우두머리 혐의로 구속됐습니다. 오직 자신의 권력 강화를 위해 민주주의를 향해 총부리를 겨눴던 윤석열, 이제는 법의 심판대 앞에 서게 됐습니다. 윤석열이 검찰총장 출신이라는 점에서 그는 누구보다 성실히 조사에 응해야 합니다. 그러나 조사의 무대응으로 일관하고 있는 윤석열을 보면서 그가 과연 법치 수호의 임무를 수행했던 사람이 맞는지 의심스럽기만 합니다. 윤석열은 자신이 수사했던 범죄자들과 과연 다를 것이 있는지 스스로 되돌아보기를 바랍니다.

특이한 것은 윤석열이 영장 실질심사 과정에서 최상목 대행이 받은 쪽지에 대한 질문에는 답을 했다는 것입니다. 그 쪽지에는 '국회 관련 각종 자금을 끊으며 국가 비상 입법 기구 관련 예산을 마련하라.'는 지시가 담겼는데, "이를 직접 썼나?"는 판사의 질문에 "내가 썼는지 김용현이 쓴 것인지 기억이 가물하다."는 취지로 답했다고 합니다. 이처럼 중요한 메모 기억조차 가물가물한 윤석열, 혹시 국헌문란의 목적을 부인하기 위해 충직한 부하였던 김용현 전 장관에게 혐의를 뒤집어씌우려는 것은 아닙니까? 이미 "김용현 전 장관이 군사계엄 시절 포고문을 잘못 베껴서 국회 활동 금지라는 문구가 들어갔다."고 주장했던 윤석열, 그에게 충성했던 김용현을 총알받이로 삼는 글을 보면서 권력자의 추악한 말로를 보는 것 같습니다. 부디 성실하게 조사받고 당당하게 책임을 다하기를 충고합니다.

윤석열 구속과 함께 충격적인 일이 있었습니다. 일부 극렬 지지자들이 법원을 침탈한 것입니다. 쇠파이프와 소화기로 법원 창문을 부쉈습니다. 빨갱이 판사를 찾아내겠다며 법원을 헤집었고 기물을 파손했습니다. 경찰과 기자, 일반 시민들에게도 폭력을 휘둘렀습니다. 이는 사법 체계를 파괴하는 명백한 범죄 행위입니다. 단호한 대처가 필요합니다. 자신의 뜻과 다르다 하여 법의 판단을 부정하면 국가가 유지될 수 없습니다. 이는 구성원 모두의 약속이며, 누구에게나 평등하게 적용되는 보편적 가치입니다. 철저한 수사로 엄벌해야 할 것입니다.

이러한 난동은 극우 세력들의 선동이 큰 역할을 했습니다. 윤석열은 끊임없이 편지를 공개하며 지지자들을 자극했습니다. 또한 전광훈과 오세훈 서울시장 등은 여전히 집회를 열어 헌법 파괴를 선동하고 있습니다. 특히 법원 폭동 시 7층까지 올라가 판사 사무실을 돌아다니며 차은경 판사를 찾아내려는 사람들 중 1명이 전광훈 목사의 수하 전도사인 이 모 전도사라는 의혹도 있습니다. 윤석열 대통령을 구치소에서 데리고 나올 수 있다는 궤변으로 지지자들을 선동하는 무리들에게 경고합니다. 헌법의 가치를 부정하는 일은 곧 대한민국을 부정하는 일이며 중대한 범죄입니다. 국민과 지지자들의 안녕을 위해 파괴적 선동을 즉각 중단하시기 바랍니다.

이제는 차분하게, 무너진 국격을 회복하고 민생을 안정시켜야 할 때입니다. 또 갈라진 민심을 수습하는 것도 중요합니다. 지난 15일 통계청이 발표한 2024년 12월 및 연간 고용 동향에 따르면 지난달 임시 근로자와 임시 일용 근로자는 각각 8만 6천 명, 15만 명이 감소했습니다. 특히 도매 및 소매 분야에서는 9만 6천 명이 줄었다고 합니다. 소비자심리지수 역시 88.4를 기록했습니다. 지난 11월 100.7 대비 12.3 포인트나 급락한 것입니다. 계엄 사태와 탄핵 정국으로 소비 심리가 급락하면서 자영업자와 소상공인들이 직격탄을 맞은 것입니다.

정치의 책임이며 더 명확히는 정치인들의 책임입니다. 정부는 긴축 재정 기조를 다시 검토해야 합니다. 국민은 허리띠를 졸라매고 보릿고개를 넘고 있는데, 정부는 건전 재정을 유지해야 한다며 뒷짐만 지고 있는 격입니다. 국민은 등골이 빠지는데 정부만 배부르면 뭐 합니까? 추가 경정을 통해 서민 경제에 긴급 자금을 수혈해야 합니다. 언제까지 국민을 외면할 생각입니까? 추경은 마중물이며 활력소입니다.

특히 소멸성 지역 화폐를 활용하면 경기 부양은 물론 내수 활성화를 기대할 수 있습니다. 이미 코로나 시기를 겪으면서 지표로 입증된 내용입니다. 또한 속히 민생회복지원금을 지급해 국민 경제에 숨통을 틔워야 할 것입니다. 많은 자치단체가 이미 민생회복지원금 지급을 결정했습니다. 중앙 정부에서 자금을 편성한다면 더 많은 자치단체가 민생회복지원금 지급에 참여할 것입니다. 한 푼이 아쉬운 서민 가계에 희망을 나누는 일, 어쩌면 이것이 정치의 본질이며 국민이 정치에 바라는 간절한 마음일 수 있습니다. 정부는 이를 명심하고 즉각 지역 민생회복지원금 검토를 하기 바랍니다.

– 정준호 원내부대표

국민의힘은 내란의 광기를 조장하지 마십시오. 극우세력의 헌정질서 파괴 시도가 계속되고 있습니다. 헌법재판소에 불을 지르겠다고 합니다. "구치소에서 윤 대통령을 데리고 나오겠다" 이렇게 으름장을 놓습니다. 그제 서부지법 테러를 보니 단순한 으름장으로 느껴지지가 않습니다. 이들이 무차별적으로 폭력을 행사하는 배경에는 바로 국민의힘이 있습니다. 살펴보겠습니다.

윤상현 의원은 훈방될 것처럼 말하며 법원 습격을 조장했습니다. 김재원 전 의원은 "윤 대통령 성전에 십자군이 참전했다", 이렇게 응원했습니다. 나경원 의원은 전형적인 가해자 논리로 "폭동의 근본 원인도 살펴봐야 한다", 이렇게 주장했습니다. 지금 국민의힘의 모습을 보십시오. 집권 여당으로서 비상계엄에 대한 반성과 사죄는 고사하고, 정치적 이익을 위해 극우세력을 준동하는 모습만 보이고 있습니다. 나라의 혼란은 안중에도 없고, 야당 때리기와 살아남기에만 골몰하고 있습니다. 당장은 극우가 결집될 수 있겠지만, 결국에는 우리 국민이 용서하지 않을 것입니다. 지금의 파국을 끝낼 유일한 방법은 헌정 질서의 회복뿐입니다.

아직도 내란을 인정하지 않는 윤석열 대통령, 이를 옹호하는 국민의힘 그리고 극우로 돈을 버는 유사 언론. 이 삼각편대가 있는 한 법원 습격과 같은 테러 행위는 언제든지 재발할 수 있습니다. 하루 빨리 특검법이 통과되어야 합니다. 언론에 따르면 최 대행이 또 다시 거부권을 검토한다고 합니다. 그러나 여·야가 합의하는 특검법이란 존재하지 않습니다. 폭도들을 옹호하고 내란을 비호하는 지금의 여당은 온갖 핑계를 대면서 그 어떤 합의도 이루지 않을 것입니다. 최 대행의 결단이 필요합니다. 지금의 상황이 용인되고 지속된다면, 다음번에는 서울구치소까지 습격당할 수 있다는 세간의 우려를 마음 깊이 새겨야 합니다. 결단을 기다리겠습니다.

– 박정현 국회 행정안전위원회 위원

민생경제 위기가 심각합니다. 한국은행 자료에 따르면 12월 소비자심리지수는 11월에 비해 12.3 포인트 하락했고, 2024년 3분기 자영업자 대출 잔액은 1,064조 4,000억 원을 기록했습니다. 5060 중장년층 자영업자의 빚은 737조에 육박하고 두 명 중 한 명은 다중 채무자인 것으로 확인됐습니다. 심지어 상위 30% 고소득 자영업자의 대출 연체율도 9년 만에 최고 수준을 기록했습니다. 지난 12월 3일 비상계엄 사태로 야기된 내란 정국의 여파로 사회 전반의 불확실성이 가중되고 소비심리 위축으로 이어져 지역 민생 경제는 도탄에 빠졌습니다. 지역 민생 경제를 위한 특단의 조치가 필요합니다.

더불어민주당은 지난 9월 지역사랑상품권에 대한 국가의 행정적, 재정적 지원을 의무화하는 지역사랑상품권 활성화 법안을 담은 지역사랑상품권법 개정안을 본회의에 통과시킨 바 있습니다. 그러나 윤석열 정부는 지난 개정안을 보조금 지급 시 지방자치단체간의 빈익빈부익부 현상이 심화될 우려가 높다는 이유로 거부권을 행사했습니다. 그래서 정부의 입장을 반영해 지방자치단체 여건에 따라 보조금 규모를 감액할 수 있는 내용을 담은 새로운 개정안을 준비해 당론 발의하고자 합니다.

지역사랑상품권이 지역 내 소비증가는 물론, 자금의 역외유출 방치로 지역소상공인과 자영업자의 소득 증대에 효과가 있음은 여러 연구 기관의 연구 결과로 확인되었습니다. 지난 국감 때 조사한 바에 의하면 단체장의 당적과 무관하게 지역화폐를 운영하고 있는 191개의 지자체 중 157개 지자체가 지역사랑상품권의 국비 지원이 필요하다 회신한 바 있습니다. 그만큼 지역에서는 효용성이 인정되고 있다는 것입니다. 지역사랑상품권은 이미 검증된 지역 경제 활성화 방안인 것입니다. 지역사랑상품권의 중앙정부의 행정적, 재정적 지원을 의무화하되, 정부의 우려를 감안할 이번 법 개정에 정부와 여당의 전향적 검토와 동참을 촉구합니다.

2025년 1월 21일
더불어민주당 공보국

제46차 의원총회 모두발언

25.1.21.(화) 09:30 본관 당회의실(224호)

– 황운하 원내대표

원내대표 황운하입니다.

지난 2022년 10월, 브라질 대선에서 패배했던 보우소나루 전 대통령의 지지자들이 이듬해 1월 8일 대통령궁, 의회 의사당, 대법원 청사에 난입해서 부정선거를 주장하며 기물을 때려 부수고 난동을 부렸습니다.

당시 브라질 검찰은 당시 폭동과 관련해서 2,100여명을 체포하고 1,400여명을 기소한 바 있습니다. 이들 가운데 서른 명은 대법원에서 최대 17년 징역형을 선고받았습니다.

지난 2021년 도널드 트럼프 대통령이 대선에서 패배했을 때도, 지지자들은 부정선거를 주장하며 미 의회 의사당에 난입해 폭동을 일으켰습니다. 폭동은 FBI, SWAT, 주방위군의 투입 끝에 가까스로 진압되었습니다.

당시 미 법무부는 의회폭동 사건에 연루된 1,500여명을 기소했고, 그 중 600여 명이 법 집행 방해나 폭행 등 중범죄 혐의로 기소되었습니다. 경찰관을 공격한 시위주동자는 20년 징역형을 선고받기도 했습니다.

의회와 법원에 대한 침탈은 민주주의 제도 자체를 부정하는 중범죄입니다. 결코 정파적인 관점에서 물을 흐리거나, 정당화할 수 없습니다. 이들에 대한 처벌에는 어떤 정상 참작도 있어서는 안 됩니다.

지난 1월 19일 서울서부지방법원(서부지법) 폭동사태와 관련하여 90명이 현장에서 현행범으로 체포되었습니다. 경찰은 이중 66명에 대해 구속영장을 신청했으며, 대법원은 '서부지법 습격' 가담자 전원에 손해배상을 청구하기로 했습니다.

서부지법 폭동은 국가기관을 물리적으로 점거하고, 사법절차를 공격했다는 점에서 이들을 폭도로 규정해야 하고 소요죄를 적용해서 처벌해야 합니다. 폭도들은 영장 발부 판사에 대한 테러까지 시도했습니다.

그런데 국민의힘은 벌써부터 초점을 흐리고 있습니다. 권영세 비대위원장은 "폭력은 정당화될 수 없다"라고 말해놓고, "민주노총 시위대였다면 진작에 훈방으로 풀어줬을 것"이라고 물을 흐리고 있습니다.

폭력 시위를 조장한 국민의힘 의원들의 발언과 행동에도 "당 차원에서 판단할 문제가 아니"라며 면죄부를 주었습니다. 권 비대위원장은 보수 유튜버 10명에게는 설 선물까지 챙겨서 보내기도 했다고 합니다. 이들 유투버 중에서는 당시 법원 침탈 현장에 있었던 자도 있습니다. 김재원 전 최고위원은 폭도들을 "아스팔트 십자군"으로 치켜세웠습니다.

국민의힘은 끝까지 내란 옹호 정당의 길을 가고 있습니다. 윤석열 계엄선포 직후가 1차 내란이고, 경호처의 체포영장 집행저지가 2차 내란이었다면, 이제는 사법부를 공격하는 3차 내란까지 국민의힘 끝까지 내란을 옹호하고 있습니다.

통합진보당 정당 해산 결정 이유는 내란 모의였습니다. 그렇지만 현재 국민의힘은 모의를 넘어 방조 수준까지 와 있습니다. 전광훈, 석동일, 극우 유튜버들과 절연하지 않는다면, 국민의힘은 통합진보당에 이어서 두 번째로 해산되는 정당이 될 겁니다.

국민의힘 의원들은 지금부터라도 정신 똑바로 차리길 바랍니다. 내란을 방조하고, 내전을 부추기는 당 지도부의 불순한 목적을 깨닫기 바랍니다. 지금 국민의힘 지도부의 작태는 당리당략을 위한 것이 아닙니다. 오직 자신들이 살기 위해, 다른 동료 의원들을 내란 공범이라는 늪에 빠뜨리고 있는 겁니다.

독재와 싸워 민주주의를 쟁취한 우리 국민은 테러리즘과 파시즘에 물든 정당, 민주적 기본질서를 위협하는 정당을 결코 용납하지 않을 것입니다.

국민의힘은 건강한 보수로 돌아오십시오. 이제 거기서 더 가면 국민의힘은 진짜 국민의 힘으로 궤멸될 것입니다.

이상입니다.

- 차규근 정책위의장

정책위의장 차규근입니다.

먼저 트럼프 미국 대통령의 취임을 축하합니다. 트럼프 대통령은 취임식에서 행정명령을 쏟아냈습니다. 미국 우선주의가 강화되어 우리 경제에 미칠 영향이 클 것으로 예상합니다. 우리 모두 지혜를 모아야 할 때라는 점을 강조하고 싶습니다.

한편, 비상계엄은 끝났지만, 우리 경제는 여전히 비상계엄 상태입니다. 내란수괴 윤석열 구속으로 불확실성이 해소되어 가고 있지만 좀처럼 탈출구가 보이지 않습니다.

그 원인은 최상목 권한대행에 있습니다. 최상목 권한대행은 지난 일요일 새벽 3시경 윤석열 지지자들의 서부지법 폭동이 발생한 지 무려 8시간이 지난 오전 11시가 되어서야 공식 입장을 냈습니다.

나라에 전대미문의 충격적인 소요사태가 발생했는데도 밤새 꿀잠 주무시고, 브런치까지 여유 있게 즐기시느라 그렇게 늦게 입장을 내신 것입니까. 국정 최종 책임자로서 너무나도 무책임한 늦은 대응입니다. 이뿐만이 아닙니다. 최상목 권한대행은 내란수괴 윤석열에 대한 체포영장 집행에도 협조하지 않았습니다.

그렇다고 모든 사안에 대해 중립을 지키거나 권한을 행사하지 않는 것도 아닙니다. 국회를 통과한 특검법 등에 대해서는 선택적으로 거부권을 행사했습니다. 한국은행 총재를 포함한 많은 전문가들이 추경 필요성을 역설하는 데도, 추경이 아니라 재정 조기 집행을 하겠다고 고집부리고 있습니다.

바로 이 점이 우리 경제가 탈출구를 찾지 못하는 가장 큰 원인입니다. 최상목 권한대행에게 다시 한번 경고합니다. 설익은 정무적 판단 대신 민주주의와 법치주의를 수호하고 경제를 살리는 일에만 집중하시기 바랍니다. 내란 특검법을 공포하고 추경을 즉시 편성하십시오. 그것이 지금 권한대행으로서 불확실성을 해소하고 경제를 살리기 위해 가장 시급히 해야 할 책무입니다.

한 말씀 더 드리겠습니다. 지난주 노동부는 쿠팡 CLS에 대한 근로감독 결과를 발표했습니다.

쿠팡에서는 지난해 5월 심야 로켓배송을 하던, 세 살배기 막내를 포함하여 네 자녀의 아빠인 택배기사 정슬기 님, 9월에는 35도가 넘는 폭염 속에서 두 사람 몫의 일을 하다 쓰러진 한 아이의 아빠 김명규 님, 그 보다 전인 2020년 10월에는 칠곡물류센터에서 일하다가 1년 만에 15kg이 빠진 채 27세의 젊은 나이에 세상을 떠난 장덕준 님이 사망하였습니다.

이번 근로감독은 쿠팡에서 희생된 노동자들이 만들어낸 근로감독이기도 합니다. 그 결과 산업안전보건법령 위반이 적발되어 사법처리 4건, 과태료 처분 53건, 시정조치 34건이 부과되었습니다.

또한, 쿠팡CLS 및 위탁업체에서는 일용노동자들을 사업소득자로 위장하는 소위 〈가짜 3.3%〉 꼼수가 무더기로 적발되었고, 근로계약 자체를 체결하지 않은 사실도 드러났습니다. 시민 일상의 많은 부분을 차지하고 있는 플랫폼 기업의 민낯이 드러난 것입니다.

아쉬운 점도 있습니다. 노동부는 쿠팡 노동자들의 열악한 현실을 일부 밝혀냈지만, 새벽배송기사들이 불법 파견에 해당하지 않는다는 결론을 내렸습니다. 일을 하고 있음에도 언제까지 근로기준법상 근로자인지 아닌지를 어려운 수학문제 풀듯이 따지고 있을 것입니까? 이래서는 쿠팡 노동자들의 열악한 현실을 근본적으로 해결하기 어렵습니다.

뿐만 아니라, 쿠팡 노동자들이 장시간 노동에 시달리고, 고용불안에 시달리는 근본적인 이유도 밝혀내지 못했습니다. 그러니 당장 택배노동자과로사대책위원회가 쿠팡 노동자 정슬기 님의 죽음을 설명할 수도 없고, 또 예방할 수도 없는 근로감독 결과라고 지적하는 것 아니겠습니까.

작년 12.3 내란사태와 그 이후 내란수괴 윤석열이 구속된 현재까지도 쿠팡의 로켓배송은 멈춘 적이 없습니다. 근로기준법의 사각지대에 있는 쿠팡 새벽배송기사들의 무리한 야간, 장시간 노동을 멈춰야 합니다. 윤석열을 구속하고 새로운 대한민국을 만드는 과정은 민주주의를 회복하는 것이기도 하지만, 일하는 평범한 사람들의 안전과 일상을 되찾기 위함이기도 하기 때문입니다.

고용노동부에게 강력하게 요구합니다. 이번 쿠팡CLS에 대한 근로감독을 시작으로 쿠팡플필먼트서비스에 대한 전면적인 근로감독도 진행해야 합니다. 더 이상 노동자들이 죽음으로 내몰리면 안 됩니다.

내란수괴 윤석열의 시대착오적인 폭력선동과 그에 부화뇌동하는 극렬지지자들이 대한민국을 혼란스럽게 만들고 있는 이때, 조국혁신당은 더더욱 서민과 노동자의 곁을 지킬 것입니다.

내란 사태 종식과 권력기관 개혁은 물론, 무너진 민생경제를 회복하고 열악한 노동 현실을 해결하는 일에 누구보다 앞장서겠습니다.

이상입니다.

– 김재원 원내부대표

12.3 내란에 이어 법원 난입 폭동 사태가 벌어졌습니다.

국회에 이어 법원과 경찰청, 이제 헌법재판소가 위협받고 있습니다. 어렵게 지켜온 민주주의와 우리의 평범한 일상이 위협받고 있습니다. 우리가 법치로 유치하던 사회는 시위대가 법원에 난입해 유리창을 깨고 잠금장치를 부수며 판사들의 집무실을 급습한 순간, 사실상 무너졌습니다.

법원과 법관에 대한 테러 행위는 우리나라 법치에 대한 부정이자 민주주의에 대한 부정입니다. 이념을 들먹이며 야당과 비교하여 '양비론'으로 접근하면 안 됩니다. 경찰관 50여 명이 큰 피해를 입었고, 법원 직원들은 트라우마를 호소합니다. 충격적인 소식을 접한 국민의 마음 역시 산산조각났습니다.

우리가 애써 외면한 사회악의 숨겨온 민낯이 드러났습니다. 극우 유튜버들은 폭력행위를 비롯한 각종 시위 장면을 시시각각 중계하며 조회수를 챙겼습니다. 사회가 용인하는 일탈 범주를 넘어섰습니다.

그중 일부는 법원 난입을 독려하거나 직접 가담하기도 했으며, 현장에서 경찰에 본인이 연행되는 장면까지 그대로 송출하는 등 자극으로 점철된 방송 행태를 보였습니다. 이들의 행위는 내란선전에 폭력 선동까지 모두 명백한 범죄행위입니다. 엄히 처벌해 멈춰 세워야 합니다.

그리고 이들의 '반사회적 행동'의 망동에는 윤석열과 국민의힘이라는 버팀목이 있습니다. 끝까지 싸우자는 윤석열의 메시지는 도화선이 되었고, 윤상현 국민의힘 의원은 "조사 후 석방될 것"이라며 안심하라 다독였습니다. 권영세 국민의힘 비대위원장은 보수 유튜버들에게 설 명절 선물을 보내며 격려했으며, 이수정 당협위원장이 법률지원을 알선하는 지경입니다.

불법 폭력 행위자들을 엄단 해도 모자랄 형국에 힘을 보태주기 급급한 국민의힘은 당명을 이제 폭도의 힘으로 바꿔야 하는 것이 아닙니까? 민주주의와 헌정질서를 위협하고 뒤흔드는 자들 앞에 자비와 관용은 사치입니다. 사법당국은 폭력 사태를 선동한 자들과 실행한 자, 모두 모조리 찾아내 엄중 처벌 해주실 것을 요청합니다. 유튜브 또한 더 이상 자율규제 뒤에 서있을 것이 아니라 '폭력'과 '혐오'를 조장하는 콘텐츠에 대한 적극적인 조치를 해야 합니다.

끝으로 국민의힘에 마지막으로 경고합니다. 더 늦기 전에 내란수괴 윤석열과 법원 폭동 사태 편들기를 멈추고, 국민께 사죄하십시오. 그것이 내란 공동정범이자 극우정당이라는 꼬리표를 떼고 정당해산심판을 늦출 유일한 기회입니다.

이상입니다.

긴급 최고위원회의 발언 주요 내용

일시 : 01월 21일(화) 10:00

장소 : 국회 의원회관 제11간담회실

참석 : 천하람 원내대표, 이기인 최고위원, 전성균 최고위원, 이주영 정책위의장

배석 : 김철근 사무총장

– 천하람 원내대표

우선 오늘로 저희 개혁신당의 으뜸 당원의 절반 이상이 참여한 당원 소환제 실시가 의결이 됐다. 조만간 최대한 신속하게 당원 소환에 대한 투표도 이루어질 예정이다. 그리고 우리 당헌 당규에 따라서 의결 사안과 이해관계가 있는 자는 그 회의체에서 당연 제척된다라는 그 취지, 그리고 주민 소환 제도, 주민소환 제도화를 규정하는 법률 등의 규정에 따라 당원 소환의 청구를 받은 허은아 당 대표와 조대원 최고위원의 직무를 즉시 정지했다. 그래서 오늘부로 개혁신당은 천하람 원내대표가 당헌 당규에 따라 허은아 당 대표의 권한을 대행하는 체제로 운영된다. 권한대행으로 또 한 말씀드리겠다.

어제가 저희 개혁신당의 창당 1주년이 되는 날이었다. 그런데 모든 주요 언론에서 고성과 몸싸움으로 얼룩진 개혁신당이라는 내용으로 개혁신당의 1주년이 보도되었다. 이런 일은 다시는 있어서는 안 된다. 지금 당원들의 적법하고 또 굉장히 높은 참여에 따라 당원 소환제가 진행되고 있기 때문에 이 당원 소환제에 따라서 민주적으로 절차적 정당성을 가지고 개혁신당의 당문은 진행되어야 한다. 그 어떤 경우에도 개혁신당의 고성과 몸싸움이 다시는 있어서는 안 된다. 고성과 몸싸움을 일으키는 자는 지위 고하를 막론하고 윤리위 징계 등을 통해서 엄히 다스릴 것을 당 대표 권한대행으로서 엄중 경고한다. 다시는 우리 개혁신당이 국민들께 몸싸움하고 고성 지르고 그런 모습으로 보여져서는 안 된다 말씀드리고 이 당원 소환 절차와 그 이후의 당부가 굉장히 질서 있고 절차를 잘 준수하면서 진행되도록 모든 당직자들이 최선을 다해 달라라는 말씀드린다.

또 한 가지는 지금 저희 개혁신당의 최고위 구성원들, 주요 정무직 당직자들이 서로 분쟁을 정치적인 의사 의견 대립을 하는 과정에서 사무처 당직자들이 겪는 고통이 많았다. 심지어 일부는 사무처 당직자들을 범죄 집단이라는 식으로 폄하하거나 사무소 당직자들에 대한 형사 처벌을 협박하는 일들도 있었다. 앞으로 이 당원 소환제를 진행하고 당의 당무를 진행해 가는 과정에서 마찬가지로 우리의 귀중한 동료이자 지금 개혁신당을 지탱하는 핵심 주춧돌인 사무처 당직자에 대한 폄하 발언이나 협박 발언은 결코 용인될 수 없다라는 것을 다시 한 번 말씀드린다. 또한 사무처 당직자 역시 개혁신당의 창당 이래로 굉장히 중요한 당원 소환 제도가 실시되는 만큼 최선을 다해서 질서 있게 직무에 임해 주시기 바란다.

제가 알기로 지금까지 대한민국의 원내 정당에서 당원 소환 제도가 실제 실시되어서 진행된 바는 없는 것으로 알고 있다. 대한민국의 정당 민주주의에 있어서도 굉장히 중요한 일인 만큼 저희 정무직 당직자는 물론이고 사무처 당직자들도 이 업무가 차질 없이 신속하게 진행되는 데 있어서 최선을 다해 주시기를 바라겠다. 마지막으로 저희 국민 여러분과 개혁신당을 지지해 주시는 지지자 당원 여러분 저희가 이유 여하를 막론하고 저희 개혁신당의 주요 구성원 간의 이런 어떤 정치적인 다툼이 여과 없이 국민 여러분 앞에 보여지게 된 점 진심으로 송구하게 생각하고 사과 말씀드린다. 저희가 지금이라도 당원들의 민주적 의사를 잘 받들어서 이 혼란을 조기에 수습하고 4월로 예정된 재보궐 선거 등 여러 우리 주요 선거 일정에서 개혁신당의 지지율과 존재감을 올릴 수 있도록 하는 데 최선을 다하겠다. 그래서 개혁신당이 겪었던 이 혼란이 정말 타국이 아니라 성장통으로 작용할 수 있도록 최선을 다하겠다라는 말씀드린다. 여러 가지로 정말 심려를 끼쳐드려서 송구하다.

– 이기인 최고위원

저는 몇 개월 만에 우리 개혁신학의 당직자들이 조건부이지만 업무 복귀를 했다. 진심으로 환영한다. 하지만 당 대표와 일부 최고위원의 만행, 그리고 갑질, 하대에 대한 어떠한 사과도 없는 만큼 당직자들은 제 할 말을 계속해서 해주길 바라면서도 이렇게 할 업무 공백이 없게끔 재빠르게 업무 파악해서 개혁신당이 제대로 정치의 역할을 할 수 있도록 기여해 주시길 부탁드리겠다. 회복하기 어려운 손해 발생이 연속되고 있다. 최고위의 적법한 소집 여부를 세 차례나 원내대표가 거부하는 것은 물론 하고 당원 당규를 아전인수식으로 해석하는 것도 모자라서 최고위의 의결 기능을 불능으로 만드는 사례까지 나타나고 있다.

조금 아까 우리 천하람 당대표 권한대행께서 말씀하셨지만 당직자의 임명권, 임명과 면직 중 일부의 임명권만 있을 뿐, 면직 권한을 가지지 못함에도 이주영 정책위의장과 김철근 사무총장을 제멋대로 해임했다고 주장하는 것이 그 첫 번째이고 두 번째는 계속해서 언급됐던 어제 있었던 당무감사위의 의결이다. 당무 감사의 임명은 그야말로 최고의 의결 사항이다. 100번 양보해서 허은아 대표의 주장처럼 정성영 구의원이 정책위의장이라고 하더라도 허은아, 조대원, 정성영 등 4명의 의결 정족수를 못 채우고 당무 감사의 의견을 의결할 수는 없는 것이다. 출석위원 과반이 안 되는 의결, 불능 협의체에서 안건을 의결했다고 주장하는 것은 있는 당원 당규를 종이 쪼가리로 만드는 촌극이다. 초등학생 반장 선거도 이렇게는 안 된다. 이런 무법천지의, 무법천지가 지금 허은아 대표가 이끌고 있었던 개혁신당이었다.

계속되는 당헌당규의 위반, 당직자들을 향한 하대와 그들이 느낀 모멸감, 패거리 의전, 부르주아 당 운영, 친동생의 당대표실 채용으로 인한 사당화 등등 이미 허은아 대표는 당원 소환제로 소환될 이유가 차고 넘친다. 그러나 알량한 권력 놓지 않으며 불법으로 감사 기구를 설치하고 거기에 자기 사람을 꽂는 인사권 전횡까지 보이는 것은 도저히 도저히 용납할 수 있는 수준을 넘어섰다. 개전의 정은 커녕 감사 기구로 다른 최고위원들을 정적 삼아서 정치 싸움으로 변질시키겠다라는 구태가 아닐 수 없다. 오늘 의결했던 허 대표의 직무 정지와 조대원 최고의 직무정지는 마땅하다. 당권에 눈먼 이성 잃은 강인의 따끔한 회초리가 필요한 이유이기도 하다. 본인들은 당원 소환제를 본인이 거부할 수 없다. 안건의 제척, 회피, 이해관계, 당헌·당규에 적시되어 있는 것처럼 상정 여부를 결정할 수 없다. 저희 지도부는 신속히 허 대표의 해임을 처리하겠다. 그래서 당의 정상화를 반드시 이뤄내겠다.

– 전성균 최고위원

요즘 정국을 보면은 민생이 정치에서 빠진 것 같다. 저는 여기 계신 천하용인도 아니고 국민의힘에서 개혁신당으로 온 사람도 아니다. 저는 민주당에서 왔기 때문에 이 노정된 갈등을 해결하고자 사실은 중립을 지키고자 노력을 했고 처음부터 지도부 총사퇴를 말씀드리지 않았다. 그러나 어떤 안도 수용되지 않았기 때문에 그렇다면 이 노조 된 갈등으로 우리 개혁신당이 망가지는 것을 저는 막고자 지도부 총사퇴를 제안했고 이 자리에도 함께 한다을 말씀드린다. 우리 개혁신당은 이준석 의원을 중심으로 된 정당이다. 그러나 이준석 의원만의 정당이 되어서는 안 된다. 저는 지금도 이 문구에 대해서는 확신하고 그렇게 정시를 하고자 한다. 그러나 여기에 선제 조건은 우리 개혁신당이 성과를 내야만 내야만 우리들이 앞으로 나설 수 있다. 왜냐하면 거대 정당이 지금 민생도 없이 정치하면서도 저렇게 유지할 수 있는 것은 우리나라 정치가 거대 양당 정치이기 때문이다.

그렇기 위해서는 우리가 이렇게 쫙 펼쳐서 면을 그려서 저 거대 정당을 공격하기보다는 공격한다는 거는 제가 바꾸겠다. 거대 정당의 체제를 깨뜨리기 위해서는 우리가 하나의 선으로 어떻게 보면 이준석 의원이라는 사람을 중심으로 하나의 선으로 깨뜨려 나가야 된다. 그 원동력은 국민이다. 그러나 지금의 모습으로는 국민께 신뢰를 얻을 수 없고 이제는 신속하게 당을 정상화해서 국민께 신뢰를 얻는 개혁신당이 되도록 하겠다. 그래서 정치 개혁에 이바지하고 정치 개혁 꼭 이루겠다.

– 이주영 정책위의장

트럼프 미국 대통령이 다시 취임했다. 트럼프 2기는 자국우선주의 그리고 힘에 의한 평화로 압축된다. 세계 각국은 AI와 바이오, 반도체와 미래 식량에 대한 승자 독식의 전쟁 중이다. 미래 산업의 방향성은 이미 정해졌고 지금부터 시작되는 것은 속도보다 냉정한 속력의 경쟁이다. 미국 대통령이 오직 미국을 위해 일하겠노라 천명한 오늘 대한민국의 대통령은 구치소에 있다. 최상목 대행은 한미 동맹을 더욱 위대하게 만들자고 덕담했지만 원조나 시혜가 아닌 진정한 동맹 관계가 되기 위해서는 대한민국 또한 미국에 보여줄 능력과 가치와 신뢰가 있어야 한다. 우리는 첨단 기술과 산업을 패싱할 수 없는 코어 국가가 되고, 급변하는 국제 정세의 넥서스가 되어야 한다. 오늘 그들이 금광을 캔다면 우리는 작업복부터 팔겠다. 개혁신당 정책위원회에서는 주변에 떨어진 금부스러기를 주어 당장 한 끼 먹이자는 정책이 아니라 청바지를 만들고 기업을 일으켜 미래 세대가 번영하고, 내일의 채굴 산업은 우리가 주도할 수 있는 정책을 펼쳐 가겠다. 어제만 보는 국민의힘, 오늘만 사는 더불어민주당. 그들이 멈춰 있을 때 우리는 내일로 나아간다. 우리는 다시 개혁신당이다.

〈끝〉

개혁신당 공보국

27차 의원총회 모두발언

일시 : 2025년 1월 21 (화) 오전 9시 20분

장소 : 국회 본관 221호 진보당 회의실

– 윤종오 원내대표

"설을 맞아 더 힘들고 어려운 곳을 살펴야 한다. 민생경제 회복 첫걸음은 윤석열 파면부터다"

설 연휴를 맞아 국민 휴식을 지원하고 소비 활성화를 통한 내수 회복을 뒷받침하기 위해 27일을 임시 공휴일로 지정했지만 중소기업 노동자들에게는 그림의 떡이 될 것 같습니다.

중소기업중앙회가 800개 중소기업을 대상으로 조사한결과 설 임시공휴일 휴무 여부에 대해 10개사 중 6개사(60.6%)가 휴무계획이 없다고 답했습니다. 중소기업에서는 법정공휴일인 3일만 쉬는 것이 절반이 넘는다고 합니다. '작년 설 대비 자금사정'을 묻는 질문에는 '작년 설보다 자금 사정이 곤란하다는 응답이 33.5%로 원활하다(11%)의 세 배 수준이었습니다. 설 상여금을 지급할 계획이 없다는 중소기업도 30.4%였습니다.

오늘 건설기계노동자들의 건설기계임대료 체납문제 해결을 위한 기자회견이 있습니다. 지난해 건설업계 임금체납이 역대 최대치를 기록했고, 그 여파가 아직 진행 중입니다. 비상계엄 내란사태로 연말특수를 잃은 자영업자들도 어려운 연말연초를 보내고 있습니다. 내수진작, 대출금리 인하 등 실질적으로 체감할 수 있는 지원이 필요합니다.

진보당은 어제 '위기의 자영업자를 살릴' 6대 대책을 발표했습니다. 자영업자 재무탕감기금 50조원을 조성하고, 매출 회복을 위해 국민 1인당 30만원의 내수회복지원금을 지원하고, 민생 추경을 편성하는 것이 주요 내용입니다. 민생경제가 너무 어렵습니다. 당장 할 수 있는 모든 것을 해야 합니다. 정부가 안된

다고만 하지 말고 다양하게 제안되는 안들을 적극적으로 실현하기 위해 노력해 주시길 당부드립니다.

내수경제 진작을 위해서는 국정 불안정성을 시급히 해소해야 합니다. 국민들이 편안하게 일상을 보낼 수 있어야 합니다. 지금 필요한 것은 윤석열의 조속한 파면입니다. 헌법재판소가 국민을 위해 지금 해야 할 가장 중요한 일입니다.

– 전종덕 원내부대표

"24년 임금체불 2조원, 노동자 삶 절도한 죄 엄벌에 처하라!"

지난해 노동자들이 일을 하고도 못받은 돈이 2조원에 육박할 것으로 보입니다. 고용노동부가 발표한 24년 11월까지 임금체불액은 1조8천659억원으로 12월 통계까지 합산하면 임금체불은 2조원이 넘을 전망입니다. 역대 최고 임금체불액입니다. 2023년, 전년대비 32.5%나(1조7천845억) 급증한데 이어, 24년에 또다시 기록을 갱신하면서 2년 연속 역대 최고치입니다.

고용노동부는 매번 명절을 앞두고 임금체불 집중 감독과 청산 활동을 추진하지만 매해 늘어가는 임금체불액과 실효성 없는 반복 대책은 공허할 뿐입니다.

노동자들의 임금은 경제를 지탱하는 버팀목이자 민생의 뿌리입니다. 임금을 받지 못한 노동자가 늘어나면 소비도 줄어 우리경제도 위축될 수 밖에 없습니다. 그럼에도 체불이 매해 증가하는 것은 노동자 삶을 제대로 챙기지 못한 정부의 직무유기입니다.

무엇보다 임금체불은 노동자 뿐만 아니라 가족의 생계까지 위협하는 중대 범죄입니다. 임금을 주지 않으면 체불이 아니라 사기 또는 절도라는 개념을 적용해 처벌해야 합니다. 임금체불의 반의사불벌조항 폐지 등 법제도 개선으로 근본문제부터 바로잡아야 합니다. 대지급금 제도 활성화로 임금체불 노동자들의 생계를 보장해야 합니다.

오늘 국회 환노위에서 1천억원대 임금체불을 한 대유그룹 박영우 회장에 대한 청문회가 있습니다. 임금체불 범죄자를 철저하게 추궁하고 다시는 우리 사회에서 임금체불이 발 붙이지 못하도록 하는 계기를 만들어야 할 것입니다.

– 정혜경 원내대변인

"극우와 한 몸이 되기로 작정한 국민의힘"

권영세 국민의힘 비대위원장이, 설을 앞두고 극우 유튜버 10명에게 설 선물을 보낸다고 합니다. 서부지법 폭동 사태에 있었던 신남성연대 배인규 씨 등 극우 유튜버들이라고 합니다.

설을 앞두고, 선물을 주고받는 것은 미덕일 수 있습니다. 그렇지만 설 선물이야말로 친근하거나, 서로 고마운 사이에 주고받는 것이 아니겠습니까? 극우 폭동 세력과 가깝고, 고맙다는 것을 이렇게 대놓고 드러내는 것을 보니, 국민의 힘이 이제 극우와 한 몸이 되기로 작정한 듯합니다.

비대위원장만 그런 것이 아닙니다. 국민의힘 권선동 원내대표는 서부지법 폭동에 대해 과잉 대응 운운하며 오히려 경찰의 책임을 물었고, 국민의힘 배준영 의원은 어제 국회 행안위에서, 경찰이 폭도들에 의해 부상을 입은 것이 경찰 지휘부의 책임이라고 말하기까지 했습니다. 김재원 전 최고위원은, 이들의 행태를 "윤 대통령의 외롭고도 힘든 성전에 참전하는 아스팔트의 십자군"이라고 썼다가 삭제하기도 했습니다.

아무리 생각해도 국민의힘은 해체가 답입니다. 헌정질서를 망가뜨리는 최악의 폭력 사태, 내란 폭동을 지지, 엄호하는 국회의원들이 어떻게 법을 논하고, 헌법기관의 역할을 한단 말입니까.

내란 폭동 세력과 한 몸이 된 국민의힘, 아무리 생각해도 해체가 답입니다.

윤석열은 대리인단을 통해 내란 혐의를 전면 부정했습니다. 대리인단은 "포고령은 계엄의 형식을 갖추기 위한 것이었지 그 집행의 의사가 없었다"며 "집행할 구체적인 의사가 없었으므로 실행할 계획도 없었고, 포고령을 집행할 기구 구성도 전혀 포함되지 않았다"고 주장했습니다. (…) 그런데 저 변론대로라면, 윤석열의 부당한 명령과 지시에 아무 생각 없이 따랐던 김용현 등을 포함해 '내란중요업무종사자'들만 어리석고 나쁜 자들이 됩니다.

– 조국혁신당 수석대변인 김보협, 1월 21일 논평

윤석열이 헌재 탄핵심판 변론에 출석하여 또 부정선거 음모론을 선동했습니다. 일국의 대통령이었던 자가 극우 유튜버와 똑같은 망상의 세계에서 '부정선거 광신도'가 된 참담한 현실입니다. 이미 중선관위에서 윤석열 측 부정선거 관련 주장을 A4 9장 분량으로 조목조목 반박했습니다. 서버 해킹도, 투개표 시스템 조작도, 가짜 투표용지도 전혀 없었습니다. 그럼에도 윤석열 측은 무더기 증인 신청과 증거를 제시하며 부정선거를 물고 늘어졌습니다. 근거도 없는 부정선거 선동이자 탄핵심판 지연작전입니다. 실체가 없는 부정선거를 찾느라 계엄을 선포했고, 내란을 정당화하다니 참으로 황당무계합니다. 문제는 여기서 그치지 않습니다. 윤석열과 똑같이 부정선거를 신념화한 세력들이 창궐하여 세상을 아수라장으로 만들고 있습니다. 이들은 윤석열 구속을 부정하고, 사법부에 테러를 가하며, 2차 · 3차 폭동을 일으켰습니다.

– 진보당 원내대변인 정혜경, 1월 21일 서면브리핑

국회의원(윤상현) 제명 촉구 결의안

<table>
<tr><td>의 안
번 호</td><td>7671</td></tr>
</table>

발의연월일 : 2025. 1. 21.

발 의 자 : 박성준·정춘생·전종덕
용혜인·한창민 의원
(5인)

찬 성 자 : 182인

주　문

　국회의원은 주권자인 국민으로부터 입법권을 위임받은 국민의 대표자로서 「헌법」 제1조제2항에 따라 "대한민국의 주권은 국민에게 있고, 모든 권력은 국민으로부터 나온다"는 국민 주권 원칙에 따르고, 동법 제46조에 따라 국가이익을 우선하여 양심에 따라 그 직무를 성실하게 수행하도록 규정하고 있음. 또한 「국회법」 제24조에 따라 국회의원은 국민 앞에 선서한 대로 헌법을 준수하고, 동법 제25조에 따라 주권자인 국민의 대표자로서 품위유지의 의무가 있음.

　그러나 국회의원 윤상현은 2025년 1월 2일 대통령 관저 앞 탄핵 반대 집회에서 사법기관을 대상으로 "여러분! 뭉치자! 싸우자! 이기자!"라는 발언을 하고, 내란수괴 피의자 윤석열의 구속 전 피의자 심문이 진행되었던 2025년 1월 18일 서울서부지방법원 앞에서 윤석열 구속 반대 시위에 참여해 "젊은이들이 담장 넘다가 유치장에 있다고 해서

관계자와 얘기했고 곧 훈방될 것이다"라며 사실상 1월 19일에 있었던 서울서부지방법원에 대한 폭도들의 습격과 폭동 사태를 조장하고 선동하는 발언을 서슴지 않았음.

내란수괴 피의자 윤석열의 구속영장 청구를 기점으로 서울서부지방법원에서 시위를 이어가던 격앙된 시위대들을 향한 국회의원 윤상현의 소위 '월담 훈방 발언'은 시위대들을 폭도로 돌변하게 하는 기폭제 역할을 하였음. 실제로 해당 발언은 유튜브를 통해 삽시간에 전파되었고, 우파 성향의 인터넷 커뮤니티에서는 "윤 의원님이 경찰서장과 통화했다", "체포됐는데 윤 의원이 전화로 '다 잘 될거다, 아무 걱정말라' 했다", "체포되면 윤 의원에게 연락하라"는 게시글이 쏟아졌음. 국회의원 윤상현의 불법 폭력 행위를 부추기는 발언이 법원을 상대로 한 습격과 폭력을 정당화하는 논리로 제공되었던 것임.

법원에 대한 폭동은 법치주의와 사법체계를 정면으로 부정하는 중대범죄일 뿐만 아니라 한 번 무너진 법치주의는 쉽사리 회복되지 않는다는 점에서 제2의 무법 사태를 조장하거나, 공권력을 위협하는 폭력이 기승을 부릴 수 있다는 점에서 매우 엄정하게 다루어져야 함에도 헌법과 법치, 민주주의 수호에 앞장서야 할 책무를 지닌 국회의원이 이를 방기할 뿐만 아니라 법원의 결정을 불복하고, 폭력을 정당화하고, 습격과 난동을 조장·선동하는 매우 악질적인 행태를 보였다는 점에서 엄정한 조치가 필요함.

국회의원 윤상현의 불법·폭력 선동 및 조장 발언과 내란수괴 윤석열 지지자들의 폭동으로 인해 집회의 질서를 유지하는 데 투입된 경찰 51명이 부상당했으며, 그 중 7명은 중상을 당하였음. 또한, 서울서부지방법원은 내란수괴 윤석열 지지자들의 폭동 사태로 인하여 약 7억 원의 물적 피해를 입은 것으로 추산되는 등 인적·물적 피해도 매우 심각함.

내란수괴 윤석열을 지지하며 서울서부지방법원에서 폭동을 일으킨 당사자 90명이 현행범으로 체포되었으며, 이들의 범죄는 형법 제87조에 해당하는 내란죄, 제91조 2호에 해당하는 국헌문란, 제115조 소요죄, 제116조 다중불해산죄, 제136조 특수공무집행방해죄, 제141조 공용물의 파괴죄, 제320조 특수주거침입죄, 제367조 공익건조물파괴죄 등 형량이 무거운 중대범죄에 해당함. 국회의원 윤상현은 해당 중대범죄를 저지른 자들을 옹호하고 고무하는 등 책임이 상당히 있음.

이에 대한민국 국회는 「국회법」에 따라 헌법을 준수하고 국민의 대표자로서 품위를 유지하여야 할 의무가 있음에도 이를 심각하게 위반하여 국민의 대의기관이며 독립된 헌법기관인 국회의원으로서 자격을 상실했음을 확인하고, 국회의원 윤상현 제명을 촉구함.

제안이유

가. 2025년 1월 19일 내란수괴 윤석열의 구속영장이 발부되자 내란수괴 피의자 윤석열 지지자들은 서울서부지방법원을 습격하여 내부 집기 및 기물 등을 파손하고, 서버 파괴 시도 및 판사에 대한 위해 시도를 하는가 하면 경찰 51명을 상해하는 등 사법기관에 대한 폭동을 일으켰음. 그리고 해당 1·19 폭동 사태가 발생하기 전부터 국회의원 윤상현의 폭동 조장·선동 발언이 있었음.

나. 국회의원 윤상현은 2025년 1월 2일 내란수괴 윤석열의 관저 앞에서 개최한 탄핵 반대 집회에 참석하여 "자유 민주주의의 요체는 삼권분립에 있는데, 이재명과 민주당의 동조 세력에 의해 입법부는 이미 무너졌다", "우리 존경하는 애국 시민 여러분! 우리의 사법기관들이 얼마나 이재명 대표한테는 관대합니까? 어떻게 대통령이 시정잡배만도 못하는 이 수준으로 어떻게 다룰 수 있겠습니까? 여러분! 뭉치자! 싸우자! 이기자!"라는 발언으로 내란수괴 윤석열에 대한 체포영장 집행을 방해하도록 적극 선전 및 선동을 하였고, 실제로 탄핵 반대 집회 참가자들은 물리력을 행사하며 공수처의 체포영장 집행을 막아섰음. 이 시점이 사법부에 물리적·폭력적 행위를 동원하는 것이 정당화되는 시작점이 되었음.

다. 특히 국회의원 윤상현은 2025년 1월 18일 내란수괴 윤석열의 구속

전 피의자 심문이 진행된 서울서부지방법원 앞 시위에 참석해 서울서부지방법원 월담을 시도하여 현행범으로 체포된 이들이 "곧 훈방될 것이다", "애국시민 여러분께 감사드린다" 등의 발언으로 불법행위에 가담한 이들의 행위를 정당화하여 불법적인 행위를 저질러도 처벌받지 않을 것이라는 인식을 심어주고, 법원에 대한 습격을 정당화하는 발언을 하였음. 이후 내란수괴 윤석열의 구속영장이 발부되자 서울서부지방법원 앞에서 집회를 벌이던 내란수괴 윤석열 지지자들 90명은 서울서부지방법원으로 침투하여 법원 내부를 파괴하고 구속영장을 발부한 판사를 찾아 수색하는 등의 난동을 일으켰으며, 폭동을 진압하기 위해 투입된 경찰관을 폭행하여 정당한 공무집행을 방해하는 등의 폭동이 발생하였음. 결과적으로 국회의원 윤상현의 발언이 지지자들의 폭력을 부추기고, 폭도로 돌변하도록 촉발하는 기폭제 역할을 한 것임.

라. 또한, 국회의원 윤상현은 국회의원 직위를 이용하여 "관계자와 얘기했고 곧 훈방될 것이다"라며 수사상황을 전파하고, 불법행위를 저지른 이들에 대해 국회의원의 신분을 이용해 사법처리에 영향력을 행사하겠다는 취지의 발언을 하였음. 이는 형법 제123조 직권남용, 국회의원윤리실천규범 제4조 직권남용금지에 해당함.

마. 2025년 1월 19일에 일어난 폭동 사태는 국가 시스템에 대한 전면

부정인 것으로 매우 엄중한 상황임. 내란수괴 윤석열 지지자들이 폭도로 돌변하여 고위공직자범죄수사처의 차량을 습격하고, 수사관을 폭행하였으며, 서울서부지방법원에 무단 난입하여 온갖 기물을 파괴하였고, 언론인과 경찰관에 폭력을 행사해 우리나라 법치질서에 정면으로 도전한 폭동이었음. 이번 폭동은 형법상 내란죄, 국헌문란에 해당하며, 소요죄, 다중불해산죄, 특수공무집행방해죄, 공용물의 파괴죄, 특수주거침입죄, 공익건조물파괴죄 등 심각한 중범죄에 해당되는 폭동으로 매우 심각한 중범죄임. 내란수괴 피의자 윤석열이 일으킨 내란 이후 47일만에 국가기관인 법원 침탈, 공권력에 대한 도전 등 제2의 내란이 일어난 것임. 제2의 내란이 일어나는 것에 기폭제가 된 국회의원 윤상현의 폭동 조장·선동 발언은 국회의원 제명을 넘어서 법의 단죄를 받아야 할 중대한 사안임.

이러한 행태를 종합할 때, 국회의원 윤상현은 국민의 대의기관이며 독립된 헌법기관인 국회의원으로서 「대한민국헌법」 제46조를 위반하였으며, 「국회법」 제24조, 제25조를 현저히 위반하고, 「국회의원 윤리실천규범」 제1조, 제2조, 제4조를 위반하였으며, 「형법」 제90조(예비, 음모, 선동, 선전) 및 제123조(직권남용)를 위반하는 등 국회의원으로서 품위뿐 아니라 국회의 명예와 권위를 실추시켰음.

이에 국회의원으로서의 품위와 국회의 명예·권위를 회복하고, 대한민국의 불행한 역사를 되풀이하지 않기 위하여 국회의원 윤상현의 제명을 강력히 촉구함.

2025년 1월 22일

비상계엄 국정조사 제1차 청문회

어제도 말씀드린 바와 같이 그 이면에는 문형배 소장대행의 편향된, 그런 가치관이 작용을 하고 있다, 저는 그렇게 생각하고 있습니다. 이재명 대표와 절친입니다. 누구보다도 가깝습니다. 그리고요, 문형배 소장 자신이 평상시에 헌재 관계자들에게 정치 평론을 많이 했습니다. 정부 여당에 대한 비판을 많이 했던 분입니다. 그리고 이재명 대표와의 친분을 굉장히 과시를 많이 하고 자랑을 많이 했습니다. 그리고 2020년대 이재명 대표의 모친께서 돌아가셨는데, 그때도 상가에 방문 다녀간 것을 자랑 삼아 헌재 관계자들한테 얘기한 점도 굉장히 가까운 사이입니다. 그렇기 때문에 문형배 소장의 대통령 탄핵 소추 사건에 대한 진행 과정에 대해서 저희들이 의구심을 갖는 것이고 거기에 대해서 명확하게 답변을 해야만 헌재의 공정성과 신뢰성이 높아질 것이다, 그렇게 생각을 하고 있습니다. 거기에 대한 적절한 해명을 하지 못하면은, 헌재의 결정에 대해서 또 국민들이 동의하지 않을 가능성이 있습니다. (…) 만약 제가 주장한 내용이 사실이라면 문형배 소장은 최소한 기피를 해야 한다, 재판 기피를 해야 한다, 저는 그렇게 생각하고 있습니다.

– 국민의힘 원내대표 권성동, 1월 22일 헌법재판소 항의 방문 입장문

일　시　2025년1월22일(수)

장　소　국방위원회회의실

의사일정

1. 윤석열 정부의 비상계엄 선포를 통한 내란 혐의 진상규명 국정조사 청문회(1차)
2. 청문회 증인 출석요구의 건
3. 동행명령장 발부의 건(추가)

상정된 안건

(10시01분 개의)

○**위원장 안규백** 　의석을 정돈해 주시기 바랍니다.

　지금부터 헌법 제61조, 국회법 제127조, 국정감사 및 조사에 관한 법률에 따라서 제421회 국회(임시회) 제5차 윤석열 정부의 비상계엄 선포를 통한 내란 혐의 진상규명 국정조사 특별위원회를 개회하겠습니다.

　보고사항은 유인물을 참조해 주시기 바랍니다.

(보고사항은 끝에 실음)

　우선 여러 가지 분주한 가운데서도 내실 있는 국정조사를 위해서 노력하고 계시는 여러 위원님께 깊은 감사의 말씀을 드립니다.

　우리 국정조사특별위원회는 어제까지 두 번의 기관보고와 한 번의 현장조사를 실시한 바 있습니다.

　오늘부터 시작되는 청문회에서는 비상계엄의 원인과 책임이 더욱 명백히 규명되기를 바라고 더 나아가서 다시는 이러한 비극적인 일이 반복되지 않도록 재발 방지 대책 역시 특별위원회 차원에서 심도 있는 논의가 되었으면 합니다.

　참석하신 증인께도 당부드립니다.

　오늘 청문회는 국민께서 지켜보고 계십니다. 국민에 대한 최소한의 도리가 진실되고 성실한 답변이라는 점을 명심하시고 오늘 청문회에 이 점에 대해서 양지하시기 바랍니다.

　참고로 오늘 국정조사 과정이 국회방송과 국회 유튜브로 생중계될 예정임을 알려 드리고

위원님 여러분께서도 발언 시간을 준수해 주시기 바랍니다.

의사일정을 상정하기 전에 우리 국정조사특위에 새로 보임되신 위원님을 소개해 드리겠습니다.

더불어민주당 김승원 위원님이 사임하시고 부승찬 위원께서 새로 보임하셨습니다.

보임 오신 부 위원님 간단하게 인사해 주시기 바랍니다.

○**부승찬 위원** 안녕하십니까.

용인시병 지역구를 두고 있는 부승찬입니다.

막중한 책임감을 갖고 있고요. 사실은 우리 군이 이번 사건으로 인해서 너무 많이 힘들고 계실 텐데 이런 부분들 해서 어떤 조사를 하는 데 있어서 불행한 그리고 비상식적인 일을 당하지 않도록 최선을 다하겠습니다.

감사합니다.

○**위원장 안규백** 수고하셨습니다.

○**한병도 위원** 위원장님, 의사진행발언 있습니다.

○**위원장 안규백** 의사진행발언이요?

예, 하십시오.

○**민병덕 위원** 저도 의사진행발언……

○**위원장 안규백** 의사진행발언은 일단 먼저 한 명만 하시고.

한병도 위원님 말씀하십시오.

○**한병도 위원** 이번 국정조사 청문회의 핵심은 내란수괴 윤석열 대통령의 출석입니다. 윤석열 대통령은 어제 헌법재판소에 출석해서 온 국민이 알고 있는 핵심 증거와 군·경찰 관계자들의 진술과 정면으로 배치되는 말을 쏟아 냈습니다.

최상목 대행에게 건넨 비상입법기구 편성 쪽지는 '준 것이 없다. 내용이 모순이다', 의원들 끌어내라고, 체포하라는 군경 수뇌부의 진술에 대해서는 '황당한 가짜뉴스다', 국회와 선관위에 침투하는 CCTV 영상이 버젓이 있음에도 의혹 점검을 위한 방문이었다는 식입니다.

청문회는 진실이 무엇이냐는 국민들의 준엄한 질문에 답하는 자리입니다. 이 자리에 참석하지 않는 것은 국민을 무시하는 것입니다. 국민의 대표기관인 국회에 대한 중대한 도전이자 모독입니다.

위원장께서는 내란수괴 윤석열 증인에게 즉각 동행명령장을 발부해 주시고 조치를 취해 주시기 바랍니다.

또한 내란 및 폭동 혐의의 핵심 가담자 김용현 전 국방장관을 비롯한 1월 14일 기관증인으로 불출석했던 여인형 방첩사령관, 문상호 정보사령관, 구삼회 제2기갑여단장도 이번 청문회에 결국 또다시 불출석했습니다.

위원장님, 진실을 밝히기 위해 국회에서 가용할 수 있는 모든 수단을 동원해 주셔서 청문 절차가 정상적으로 진행될 수 있도록 동행명령장을 함께 발부해 주시기를 부탁드립니다.

○**위원장 안규백** 김성원 간사님.

○**김성원 위원** 국민의힘 간사 김성원입니다.

국정조사를 함에 있어 가지고 증인 채택 이런 것에 관해서는 지금까지 모든 국회 회의

상에서는 다 여야 합의로 진행을 했었습니다마는 지금 저희가 왔을 때 자리 앞에 놓여 있는 이 동행명령장 발부 증인 명단(7인) 이것도 저희는 지금 이 자리에서 처음 봤습니다. 이렇게 협의 없이 또 합의 없이 진행하는 것에 대해서는 저희는 진행할 수 없다, 동의할 수 없다 이런 말씀 드리고.

그다음에 두 번째, 증인 관련해서도 그렇습니다. 저희가 증인을 요청하는 것 중의 가장 대표적인 게 방송인 김어준 씨인데요. 민주당에서는 김어준 씨 또한 피해자이기 때문에 증인 채택에 동의할 수 없다라고 말씀을 하시지만 과방위에 참고인으로 출석을 해 가지고 체포되는 한동훈 대표를 사살해야 된다, 사살한다. 조국, 양정철 호송되는 부대를 습격해서 구출 시도하다가 도주하게 한다. 또 북한산 무기를 장착한 북한 무인기를 공격에 동원한다. 거의 외환죄에 해당하는 어마무시한 이러한 발언을 한 김어준 씨에 대해서 증인에 동의할 수 없다는 것은 저는 도저히 이해를 할 수가 없습니다.

해 가지고, 이런 것들을 위원장님께서 잘 참작하셔 가지고 김어준 씨에 대해서 만약에 우리 위원회에서 의결이 안 된다고 치면 저는 김어준 씨가 이쪽에 자진출석 할 수 있도록 권고를 민주당에서 좀 해 주시는 것이 어떨까 이렇게 생각합니다.

이상입니다.

○**위원장 안규백** 양당 간사님들 이야기를 들었습니다마는 한병도 위원께서도 좀 인내를 가지시고 협의를 해 주십시오, 김어준 씨 부분에 대해서.

그리고 제가 듣기로는 여인형 전 방첩사령관은 모친상을 당해서 인도적 차원에서 이 조치는 취하지 않는 게 맞겠다 이렇게 판단합니다.

○**한병도 위원** 모친상 때문에 오늘 동행명령장 발부하는 것은 안 했으면 좋겠습니다.

○**위원장 안규백** 예, 그렇게 해 주십시오.

그리고 지금 김성원 간사께서 말씀하신 부분에 대해서 계속 협의해 주셔 가지고 이후에 동행명령권을 같이 발동할 수 있도록 그렇게 해 주시기 바랍니다.

○**한병도 위원** 예.

○**위원장 안규백** 그러면 청문회에 들어가기 전에 불출석한 증인의 동행명령을 위한 절차를 진행하도록 하겠습니다.

---

o 의사일정 변경의 건

(10시09분)

○**위원장 안규백** 그러면 의사일정을 변경하여 불출석 증인에 대한 동행명령권 발부를 위한 안건을 추가 상정을 하도록 하겠습니다.

위원님들의 이의 없으십니까?

(「예」 하는 위원 있음)

(「이의 있습니다」 하는 위원 있음)

이의 있습니까?

(「예」 하는 위원 있음)

어떤…… 이의가 어떤 내용이지요?

○**박준태 위원** 지금 동행명령장 발부하겠다는 거예요?

○**위원장 안규백** 예.

그러면요 일단……

○**박준태 위원** 제가 간단하게만 발언하겠습니다.

○**위원장 안규백** 예.

○**박준태 위원** 지금 대통령이, 현직 대통령이 최초로 체포되고 구속이 돼 있습니다. 대통령에 대한 동행명령장 이거 대통령 망신 주기 아닙니까?

지금 공수처가 국민적인 비판을 받고 있는 이유 중의 하나도 대통령 구속됐는데 접견을 금지하겠다, 가족 면회도 불허하겠다, 서신도 주고받지 못하게 하겠다, 그러면서 강제구인하겠다고 합니다.

강제구인하려는 의도가 뭡니까? 대통령 지금 수용복 입은 모습 국민들 앞에 보여 주려고 공수처가 쇼하고 있는 것 아니냐는 그런 비판을 받고 있는 겁니다.

물론 우리 위원회가 필요에 따라서 대통령이 출석해야 된다 이런 말씀 당연히 하실 수 있고 대통령에 대한 여러 주장들 할 수 있지만 지금 대통령께서 구속되어 있는 상태에서 강제로 지금 동행명령장 발부해 가지고 이 자리에 출석시키겠다? 적절치 않습니다. 구속되어 있지만 아직까지 현직 대통령이고요. 거기에 대해서 국회가 어느 정도의……

지금 이렇게 하는 게 다 선례가 되고 관례가 됩니다. 균형감을 좀 잡아 주십시오, 위원장님께서.

○**위원장 안규백** 어제 국민들도 다 상황을 봤습니다마는 피고인 윤석열 대통령은 어제 보니까 헌재에도 출석하셔 가지고 1시간 43분 동안 본인에 대한 진술과 방어권을 보장을 했더라고요.

동시에 공수처는 나가지 아니하시고 헌재는 나가고 취사선별해서 출석해서 본인의 어떤 의사를 개진하고 유불리를 따지시던데, 어제 헌재에 출석을 하지 아니했다면 오늘 아마 동행명령권을 발동하지 않았을 겁니다. 그런데 어제 헌재에 출석하셨기 때문에 어디는 나가고 어디는 나가지 않고 이것은 이해할 수가 없습니다. 그래서 일단 국회의 권위와 국민적 관심을 생각해서라도 먼저 동 안건을 상정하도록 하겠습니다.

의사일정에 동 안건을 추가하겠습니다.

---

3. 동행명령장 발부의 건

(10시11분)

○**위원장 안규백** 그러면 의사일정 제3항 동행명령장 발부의 건을 상정합니다.

우리 위원회가 의결한 오늘 청문회 출석 대상 증인과 참고인은 총 80명입니다. 이 중 다수의 증인이 건강상과 구속 기소 중이라는 이유로 불출석사유서를 제출하거나 불출석하였습니다. 그러나 이들 중, 불출석한 인원 중 윤석열·김용현·노상원·김용군·곽종근·문상호·구삼회 증인은 비상계엄 선포와 관련하여 진상을 규명하기 위해 반드시 출석이 필요한 핵심 증인입니다.

국정조사는 국회가 국민을 대신하여 국민적 의혹이 있는 사건의 진상을 밝히고 정치적·역사적 책임을 묻는 그런 과정입니다. 문제가 있다면 있는 대로, 없다면 없는 대로 당당히 출석해서 국민의 질문에 답해야 되는 것이 도리라고 생각합니다. 특히 대통령을 비롯한 공직자는 그 의무가 더 강하고 막중하다고 생각합니다. 그러나 수사를 핑계로 숨거나 그마저도 없이 무단으로 출석하지 않는 증인에 대해서는 위원장으로서 매우 유감을 표하는 바입니다. 더 이상 역사에 비굴하지 않도록 그렇게 강력히 요구하는 바입니다.

이에 국회에서의 증언·감정에 관한 법률 제6조 규정에 따라서 오늘 청문회에 불출석한 윤석열·김용현·노상원·김용군·곽종근·문상호·구삼회, 이상 7인은 오늘 오후 2시까지 이곳 국정조사장으로 동행할 것을 명령하고자 합니다.

위원 여러분 이의가 없으시지요?

(「예」 하는 위원 있음)

(「있습니다」 하는 위원 있음)

○**김성원 위원** 표결에 부쳐 주십시오.

○**박준태 위원** 표결해 주십시오.

○**곽규택 위원** 이의 있습니다.

○**위원장 안규백** 물론 검찰은 공소장으로, 법원은 판결문으로, 국회는 다수결로 하는 게 원칙입니다마는 꼭 표결을 해야 되겠습니까?

(「예」 하는 위원 있음)

○**김성원 위원** 저희에게 전혀 동의할 수 없는 사안이기 때문에 저희 의사를 좀 정확하게 표현……

○**김병주 위원** 아니, 국정조사 증인이 국정조사 증인 나오는 것은 당연한 건데 왜 동의를 못 하지요?

○**김성원 위원** 그런데 동행명령장 발부에 대해서……

○**김병주 위원** 아니, 나오게 해야 되는 것은 당연한 거지요.

○**위원장 안규백** 알겠습니다. 여러 위원님들의 생각이 그러하시다면 저로서도 위원장으로서 도리가 없습니다.

이의가 있으므로 의사일정 제3항 동행명령장 발부의 건을 표결하도록 하겠습니다.

오늘 이 증인에 대해서 찬성하시는, 증인 동행명령장 발부에 대해서 찬성하시는 위원님들 계십니까?

(거수 표결)

반대하는 위원님들.

(거수 표결)

내리십시오.

표결 결과를 말씀드리겠습니다.

재석 18인 중 찬성 11인, 반대 7인으로서 의사일정 제3항 동행명령장 발부의 건은 가결되었음을 선포합니다.

그러면 지금 바로 동행명령권을 집행하도록 하겠습니다.

국회의 경위 직원은 위원장 앞으로 나오시기 바랍니다.

(국회 경위 입장)

윤석열 정부의 비상계엄 선포를 통한 내란 혐의 진상규명 특별조사위원장은 현 시간부터 국정조사 청문회에 증인을 출석시키기 위한 동행명령장을 발부합니다.

국회의 경위께서는 윤석열 증인을 비롯한 7인에 대한 동행명령을 각각 집행해 주시기 바랍니다.

(동행명령장 전달)

국회의 경위 여러분과 입법조사관 여러분께서는 막중한 책임감을 가지고 오늘 불출석한 증인에 대한 동행명령장을 집행할 수 있도록 최선의 노력을 다해 주시기 바랍니다.

오늘 회의에서 2월 4일과 6일 실시할 2차, 3차 청문회에 출석할 일반증인 및 참고인을 의결하도록 하겠습니다.

오늘 이 의결은 이따 오후에 양당 간사 간의 협의가 마무리되는 대로 의결하도록 하겠습니다.

1. 윤석열 정부의 비상계엄 선포를 통한 내란 혐의 진상규명 국정조사 청문회(1차)

(10시16분)

○**위원장 안규백** 그러면 의사일정 제1항 윤석열 정부의 비상계엄 선포를 통한 내란 혐의 진상규명 국정조사 청문회를 상정합니다.

○**민병덕 위원** 위원장님, 의사일정 전에 의사진행발언 있습니다.

1분만 주십시오.

○**위원장 안규백** 지금 오늘…… 제가 오늘 다짐하고 온 것은 위원님들의 시간 준수와 여러 가지 우리 증인에 대한 배려 이것을 생각하고 왔습니다마는……

○**민병덕 위원** 1분만 주십시오.

좀 전의 동행명령장 발부와 관련해서 저는 거기에 최상목 권한대행이 들어가지 않은 것에 대해서 한마디 해야 되겠습니다.

○**위원장 안규백** 최상목……

○**한기호 위원** 아니, 명령장을 만들기 전에 얘기를 해야지……

○**위원장 안규백** 최상목 권한대행이요?

○**한기호 위원** 발령된 다음에 지금 얘기하면 안 되잖아……

○**민병덕 위원** 그래야지 다음번에라도 할 수 있는 것 아니겠어요?

○**주진우 위원** 권한대행까지……

○**김병주 위원** 주세요. 아까 손 들었는데 발언권을 안 줬거든요.

○**위원장 안규백** 이 부분을 제가 충분히 이해합니다.

이해하는데, 한병도 간사하고 김성원 간사는 최상목 권한대행에 대해서도 여러 위원님들의 여론이 비등하기 때문에 반드시 협의해 주시고……

○**민병덕 위원** 아니, 불출석사유서를 보시면 한 단어 틀립니다.

(자료를 들어 보이며)

지난번에는 외교일정 때문에 그러려니 했는데 이번에도 똑같습니다, 내용이. 그런데 이번 지금 비상입법기구와 관련해서 얼마나 국민의 관심이 높습니까? 대통령은 안 줬다 그리고 본인은 받았다 그러는데 이것을 안 부르면 어떻게 합니까?

○**김병주 위원** 발언 기회 1분만 주세요.

왜냐하면 지금 여기 언론 쪽에서 안 들리잖아요.

○**위원장 안규백** 1분만 주세요.

○**민병덕 위원** 최상목 권한대행은 지난주에 이어 오늘 국정조사에도 불출석했습니다.

지난주와 오늘 불출석한 사유서가 한 단어만 다르고 전혀 차이가 없습니다. 무슨……
김용현 전 국방부장관은 어제 변호인단을 통해서 최상목 부총리가 받은 비상입법기구 관련 A4 용지를, A4 문서를 본인이 작성했다고 밝혔습니다.

변호인단은 김용현 전 장관이 기재부 내 준비 조직을 건의하고 그리고 대통령이 이것을 줬다라고 밝혔습니다. 그런데 대통령은 어제 모른다고 하고, 그 문서를 모른다고, 준 적도 없다고 얘기했습니다.

누가 거짓말하는 것입니까? 윤석열, 직무정지된 대통령이 거짓말하는 겁니까, 아니면 대통령 권한대행이 거짓말하는 겁니까? 이게, 국민의 대표인 국회의원 앞에서 발언을 해야 됩니다.

진실을 밝혀 주십시오.

○위원장 안규백 알겠습니다.

어제 헌재에서 대통령이 한 말씀과 내각, 국무회의에서 지시한 사항이 서로 간에 상반되기 때문에 그러한 부분들은 우리 위원님들이, 개별 위원님들이 질의를 통해서 오늘 그 진상을 밝혀 주시기 바랍니다.

○민병덕 위원 아니, 나와야지 질의를 할 거 아닙니까?

○곽규택 위원 그만하시지요.

○위원장 안규백 잠깐만요, 잠깐만요.

그리고 그 부분에 대해서 오늘 김성원 간사님하고 한병도 간사님께서는 회의 어간에 협의해 주시기 바랍니다.

먼저 청문회를 실시하기 전에 증인 선서를 받도록 하겠습니다.

증인 선서를 받는 이유는 국회가 국정조사 실시함에 있어서 증인으로부터 양심에 따라 숨김없이 사실대로 증언을 하겠다는 것을 서약받기 위한 것입니다. 만약 증인이 정당한 이유 없이 선서를 거부 또는 증언을 거부하거나 증언 중 모욕적 언행 등으로 국회의 권위를 훼손할 때, 선서한 증인이 허위의 진술을 할 때에는 국회에서의 증언·감정법에 따라서 고발될 수 있음을 알려 드립니다.

또한 국회에서 증인은, 조사받는 자는 이 법에서 정한 처벌을 받는 것 외에 그 증언으로 인하여 어떠한 불이익이나 처벌을 받지 아니하는 규정이 돼 있음을 알려 드립니다. 이 조항은 국회의 국정조사 과정에서 행한 증언 답변으로 인해서 다른 목적으로 불이익 처분을 받지 않게 되므로 여기에서 진심을 가지고 정성껏 답변해 주시기 바랍니다.

다음은 선서 방법에 대해서 안내말씀 드리겠습니다.

선서는 증인을 대표하여 한덕수 국무총리께서 발언대로 나와 주시고 다른 증인께서는 제자리에 일어나 오른손을 들어 주시기 바랍니다.

그러면 한덕수 국무총리께서 발언대로 나오셔서 선서하시고 선서가 끝나면 선서문을 위원장에게 제출해 주시기 바랍니다.

○증인 박성재 위원장님, 선서하기 전에 한 말씀 드리고 싶습니다.

○위원장 안규백 잠깐만요.

○증인 박성재 법무부장관입니다.

기회를 좀 주십시오.

○위원장 안규백 꼭 해야 될 사항입니까?

○증인 박성재 예.

○위원장 안규백 말씀하십시오.

○**증인 박성재**　국회에서의 증언 및 감정에 관한 법률이나 형사소송법 제148조에 의하면 증언거부권이 있습니다. 지금 위증의 벌만 경고할 것이 아니고 증언 선서 및 거부권에 대해서도 고지를 하시고 여기 나와 있는 증인분들 중에 소추나 조사를 받고 있어서 증언을 하실지 안 하실지 알 수 없는 분들도 많은데 개별 증인들의 의사를 물어보지 않고 일괄적으로 증언 선서를 하게 하는 것은 부당하다고 생각을 합니다.

　위원장님께서 시간이 걸리시더라도 여기 참석하신 증인들 한 사람 한 사람에게 증언을 거부할 것인지, 선서를 거부할 것인지 확인하시는 게 좋다고 생각합니다.

○**백혜련 위원**　물어볼 때 대답하세요, 그러면.

○**곽규택 위원**　법적으로 맞는 말씀이에요. 들어 보세요.

○**주진우 위원**　당연한 것 아닙니까? 당연한 절차 아닙니까?

○**백혜련 위원**　물어볼 때 대답해요, 물어볼 때. 벌써 빠져나갈 궁리만 해.

○**윤건영 위원**　정말, 시작도 안 했는데……

○**위원장 안규백**　법무부장관님 말씀을 참조해서 잘 실행하도록 하겠습니다.

　모두 자리에서 일어서시기 바랍니다.

○**곽규택 위원**　아니, 증언……

○**김성원 위원**　증언 거부한 사람은 앉아 계세요.

○**백혜련 위원**　이런 적이 언제 있어요.

○**주진우 위원**　증언 안 하겠다는 사람……

○**백혜련 위원**　다 하고 나서 물어볼 때 본인이 그러면 증언 거부하겠다고 말하면 되지.

○**주진우 위원**　수사 또는 재판 중인 사람은 증언 강요할 수 없는 겁니다. 선서 강요할 수 없는 거예요.

○**곽규택 위원**　회의를 이렇게 진행하시면 안 됩니다, 위원장님.

○**박준태 위원**　그러면 선서 안 하실 분들은 앉아 계시라고 하면 되잖아요.

○**위원장 안규백**　다 절차를 확인하고 했습니다.

　선서하십시오.

○**김성원 위원**　아니, 지금 법무부장관의 말씀이 일리가 있어요.

○**곽규택 위원**　선서를 강제하실 수 없는 겁니다, 위원장님.

○**김병주 위원**　선서하십시오.

○**백혜련 위원**　그리고 나서 증언 거부해요, 그러면. 판단할 테니까.

○**주진우 위원**　국회가 위법하면 안 되지요.

○**박준태 위원**　그러니까 지금 자리에 앉아 계신 분들은 선서 안 하신다는 걸로 그렇게 정리를 하시면 되지 않습니까?

○**위원장 안규백**　위원님들, 지금 제가 말씀을 안 드리려고 그랬는데 어차피 지금 앉아 계신 분들은 선서문이나 이런 약속을 제출하지 아니한 분들입니다.

　이 점을 양지하시기 바랍니다.

○**증인 한덕수**　"선서, 본인은 국회가 실시하는 윤석열 정부의 비상계엄 선포를 통한 내란 혐의 국정조사특별위원회에서 증언을 함에 있어 국회에서의 증언·감정 등에 관한 법률 제8조의 규정에 의하여 양심에 따라 숨김과 보탬이 없이 사실 그대로 말하고 만일 진술이나 서면답변에 거짓이 있으면 위증의 벌을 받기로 맹서합니다."

증인　한덕수
증인　조태열
증인　김영호
증인　박성재
증인　송미령
증인　조규홍
증인　오영주
증인　김주현
증인　신원식
증인　김태효
증인　김성훈
증인　이광우
증인　이진하
증인　장○○
증인　김○○
증인　남○○
증인　조태용
증인　홍장원
증인　박경선
증인　원천희
증인　김철진
증인　오영대
증인　방정환
증인　김상용
증인　김동혁
증인　양현승
증인　김용대
증인　정진팔
증인　이승오
증인　이경민
증인　정성우
증인　장상주
증인　고동희
증인　이○○
증인　정○○
증인　오○○
증인　김봉규
증인　정성욱

증인　강호필
증인　이상현
증인　김정근
증인　안무성
증인　김세운
증인　김현태
증인　이진우
증인　김진익
증인　김광석
증인　이수득
증인　박민우
증인　이한우
증인　윤영준
증인　이재용
증인　박준규
증인　김성남

○**위원장 안규백** 다음은 증인 신문 순서입니다.

신문은 국회법 제60조 규정에 의거 일문일답 방식으로 하겠습니다.

신문하실 때에는 답변하실 증인을 지정하시기 바랍니다.

신문 시간은 답변 시간을 포함하여 7분으로 하도록 하겠습니다.

1차 신문 이후에는 추가신문, 보충신문 시간을 드릴 예정이기 때문에 가급적 시간을 엄수해 주시기 바랍니다.

먼저 첫 번째, 박선원 위원님 질의해 주시기 바랍니다.

○**박선원 위원** 안녕하십니까? 인천 부평을 박선원 위원입니다.

윤석열 대통령이 최상목 기재부장관에게 문건 지시를 했느냐 안 했느냐가 쟁점입니다.

안찬명 합참 작전부장이, 어제 합참 현장조사에서 그날 있었던 김용현의 일시와 행동에 대해서 자세히 보고가 있었습니다. 오늘 불출석하였기에, 김철진 군사보좌관 앞으로 나와 주시고요. PPT 화면도 올려 주세요.

시간 좀 정지해 주세요.

김철진 보좌관님.

○**증인 김철진** 예, 군사보좌관입니다.

○**박선원 위원** 어제 안찬명 합참 작전부장은 12월 3일 저녁 10시 20분 합참 엘리베이터 근처에서 김용현 장관을 만났다고 했습니다. 그때 같이 계셨습니까?

○**증인 김철진** 예, 제가 3층 엘리베이터를 타고 들어가던 길에 1층에서 장관님이 타셨고 그때 안찬명 부장 있었습니다.

○**박선원 위원** 그 자리에서 김용현은 '합참 전투통제실로 가자' 해서 합참 전투통제실로 갔습니다. 그 이후 22시 20분부터 윤석열 대통령의 대국민 담화문까지 진행 동안 11시 10분까지 계속해서 합참 전투통제실에 김용현 장관이 있었지요?

○**증인 김철진** 예, 그렇습니다.

○**박선원 위원** 됐습니다. 돌아가 주십시오.

여러분, 저 화면을 한번 봐 주십시오.

(영상자료를 보며)

그래서 윤석열 대통령이 긴급 대국민 담화를 마치고 다시 국무위원들에게 돌아와서 거기에서—공소장에 의하면—한덕수 총리, 조태열 장관, 최상목 부총리에게 문건 지시를 했다 이렇게 되어 있습니다. 그 시간은 22시 43분으로 추정이 됩니다. 그 시간에 김용현 국방장관은 전군 주요 지휘관 회의를 진행하고 있었습니다. 즉 김용현은 그때 대통령실 국무위원 대기실에 있지 않습니다. 따라서 최상목이 대통령으로부터 바로 받았다는 것이 확실하다, 즉 대통령의 발언은 거짓이다라고 봅니다.

다음 슬라이드 한번 보여 주시지요.

실제로 최상목은 12월 13일 국회 본회의에 나와서 '계엄 발표하시고 들어오셔서 갑자기 저한테 종이를 접어서 주셨다' 그리고 본인은 그 종이를 갖고 거시경제금융회의 11시 40분에 갔다 이렇게 되어 있습니다. 그렇기 때문에 김용현이 최상목에게 주었다든지 누가 줬는지 모르겠다든지 하는 것은 완전 허위라고 말씀드리겠습니다.

잠시 시간 멈춰 주시기 바랍니다.

9공수여단장 앞으로 나와 주시겠습니까?

여단장님, 지난번 회의에서 9공수여단의 차량이 선관위로 갔다고 말씀하셨지요?

○**증인 안무성** 예, 그렇습니다.

○**박선원 위원** 이 영상 한번 봐 주시지요. 0시 33분부터 39분까지 계속해서 차량이 들어갑니다. 선관위 관악청사로 들어갑니다. 여기에는 지휘차량도 있고 앰뷸런스도 있고 그다음에 자그마치 대형 버스 6대가 들어갑니다.

9공수여단 차량 맞지요?

○**증인 안무성** 사당역 근처의 관악청사로 저희 부대가 출동을 했기 때문에 맞습니다.

○**박선원 위원** 그렇지요.

그리고 저 트럭 보셨지요, 방금? 탄약 트럭 보셨지요? 그날 불출된 탄약 가운데 여론조사꽃에는 탄약이 가지 않았다고 말씀하셨고 그 탄약 차량이 어디로 갔느냐 했을 때 관악청사로 갔는데 저 2만 8000발 싣고 간 것 맞지요?

○**증인 안무성** 예, 3만 1000여 발 싣고 갔습니다.

○**박선원 위원** 고맙습니다. 들어가십시오.

다시 시간 끊어 주세요.

그다음 900여단장 나와 계십니까, 정보사? 정보사 900여단장님?

○**증인 박민우** 예, 나와 있습니다.

○**박선원 위원** 박민우 900여단장님, 지난해 5월 달에 노상원으로부터 연락받았다 하셨지요?

○**증인 박민우** 그렇습니다.

○**박선원 위원** 그다음에 문상호가 900여단, 그러니까 휴민트, 블랙요원이 있는 여단을 거의 매주 방문했다 하셨지요?

○**증인 박민우** 매주 방문한 것은 저의 직무배제 이후입니다.

○**박선원 위원** 그러니까 박민우 단장 직무배제 후 거의 매주 방문했지요?

○**증인 박민우** 예.

○**박선원 위원** 그리고 HID 부대가 서울에 있는 안가에 투입됐었지요. 그것 들으신 바 있습니까? 박민우 여단장이 지시했다는 게 아니고요. 12월……

○**증인 박민우** 계엄 때 말씀하시는 겁니까?

○**박선원 위원** 예, 계엄 때요.

○**증인 박민우** 그건 보도를 통해서 알았습니다.

○**박선원 위원** 그러니까 우이동 안가에, 그동안 알려진 판교 인근에 HID 35~50명 파견된 것 말고 우이동의 안가에 대기 중이었던 것은 알고 계시지요?

○**증인 박민우** 우이동 안가는 처음 듣습니다. 판교에 대기한 것만 알고 있습니다.

○**박선원 위원** 판교에 대기한 것만 알고 있습니까?

○**증인 박민우** 예.

○**박선원 위원** 그러면 900여단장이 직무배제된 이후에 블랙요원들의 활동에 대해서 전혀 느끼신 바, 감지한 바 없었습니까?

○**증인 박민우** 직무배제가 돼 있고 또 직무배제가 된 상태에서는 거의 직원들하고 접촉이나 연락을 차단하게 돼 있기 때문에 그 이후의 소식은 제가 알 수 없었습니다.

○**박선원 위원** 그러면 민간 고위 인사가 이례적으로 HID를 방문했는데……
안보실 1차장이 방문한 것은 그때 알고 있었습니까, 재직 중에?

○**증인 박민우** 그것은 한 2년 전 일이라서 제가 교육단장 할 때, 대령 때 그 소식을 들었습니다.

○**박선원 위원** 이런 경우가 있습니까?

○**증인 박민우** 안보실은 처음이었습니다.

○**박선원 위원** 알겠습니다.
이상입니다.
다음 질문 하겠습니다.
지금 선관위 부정선거가 말이 많은데요. 방첩사 직무대리 앞으로 잠깐 나오시겠습니까?

○**증인 이경민** 방첩사령관직무대리 이경민 소장입니다.

○**박선원 위원** 이 문건 보신 적 있습니까? 지난해 5월 여인형 방첩사령관에게 보고된 부정선거 검토 문건입니다. 총 8페이지인데 지금 제가 제시한 것은 마지막 페이지만 나와 있습니다. 저 문건 보신 적 있습니까?

○**증인 이경민** 예, 최근에 봤습니다.

○**박선원 위원** 예?

○**증인 이경민** 최근에 봤습니다.

○**박선원 위원** 최근에 보셨습니까?

○**증인 이경민** 예.

○**박선원 위원** 그러면 저 문건의 결론은 어떻게 돼 있습니까?

○**증인 이경민** 부정선거 주장은 정확하지 않다 그런 결론으로 알고 있습니다.

○**박선원 위원** 이미 대법원에서도 확정 판결이 났듯이 모든 자료를 다 훑어봐도, 적어도 방첩사가 훑어볼 수 있는 자료를 훑어봤을 때 부정선거는 근거가 없다라고 하는 게 결론입니다. 맞습니까?

○**증인 이경민** 　예, 당시에 방첩사 주무 부서에서 인터넷 공개자료를 활용해서 작성한 걸로 알고 있습니다.

　　　(발언시간 초과로 마이크 중단)

　　　(마이크 중단 이후 계속 발언한 부분)

○**박선원 위원** 　그래서 방첩사령관의 반응은 무엇이었습니까?

○**증인 이경민** 　제가 보고를 안 들어갔기 때문에 모르겠습니다.

○**박선원 위원** 　그러면 정성우 비서실장이 보고했습니까?

○**증인 이경민** 　누가 보고했는지도 저는 모릅니다.

○**박선원 위원** 　정 장군, 잠깐 한 말씀 하시지요.

　방첩사령관의 반응은 뭐였습니까?

○**위원장 안규백** 　박선원 위원님, 시간 지켜 주십시오.

○**박선원 위원** 　답변만……

○**위원장 안규백** 　예.

○**증인 정성우** 　방첩사령관은 부정선거 관련돼서 저의 보고를 받고, 대법원 판결 내용이 대부분이었습니다. 그래서 '어, 그러냐' 하면서 쟁점, 의혹된 것에 대해서 '어, 그래. 이건 아니구나, 아니구나' 명확히 알면서도 약간 고개를 갸우뚱하면서 '어, 그래?' 하면서 '그래, 알았다. 잘 이해했다' 이런 반응을 보였습니다.

○**박선원 위원** 　이상입니다.

○**위원장 안규백** 　백혜련 위원님 질의해 주십시오.

○**백혜련 위원** 　양호열 행정관한테 마이크 좀……

○**위원장 안규백** 　가림막에 계시나요?

○**증인 양호열** 　예, 나와 있습니다.

○**백혜련 위원** 　가림막에 있습니다. 나와 있어요?

　질의하겠습니다.

　　　(○고영일 발언대에서 ― 양호열 변호인입니다. 발언할 기회를 한 번만 주시면 좋을
　　　것 같습니다. 선서 및 증언 거부와 관련된 발언입니다.)

○**위원장 안규백** 　변호인은 지금 대답할 자격이 없습니다. 가만히 계세요.

　말씀하세요.

○**백혜련 위원** 　양호열 증인!

○**증인 양호열** 　예.

○**백혜련 위원** 　지금 소속과 하는 일 좀 말씀해 주시기 바랍니다.

○**증인 양호열** 　저는 퇴직하고 무직입니다.

○**백혜련 위원** 　그동안 경호처 소속으로 있으면서 김용현 장관의 비서관으로서 일을 했었지요?

○**증인 양호열** 　예.

○**백혜련 위원** 　김용현 장관이 계엄 해제 후에 노트북과 휴대전화 파쇄하라고 했습니까?

○**증인 양호열** 　저는 저에 대한 형사처벌의 우려가 있어서 증언 및 선서를 거부합니다.

○**백혜련 위원** 증인, 이것 다 이미 나온 사실이에요. 사실을 지금 얘기한다고 해서 증인에게 불리할 것은 없습니다. 오히려 여기에서 증언을 거부하는 것이 더 본인에게 불리한 겁니다.

다시 한번 묻겠습니다.

김용현 장관이 노트북과 휴대전화 파쇄하라고 했습니까?

○**증인 양호열** 증언을 거부합니다.

○**백혜련 위원** 2024년 9월경부터 12월 3일까지 증인의 차량을 이용해서 노상원이 공관 드나들었지요?

○**증인 양호열** 증언을 거부합니다.

○**백혜련 위원** 참, 도대체가……

증인, 수사기관에서 사실대로 진술했어요?

○**증인 양호열** 증언을 거부합니다.

○**백혜련 위원** 언론에 정확하게 난 사실들까지 증인들이 증언을 거부하는, 국민 앞에 오히려 정정당당하게 얘기해야지 본인에게도 유리한 거예요.

증인, 지금 그러면 증거인멸이나 그런 걸로 입건 됐습니까? 피의자로 조사받았어요?

○**증인 양호열** 증언을 거부합니다.

○**백혜련 위원** 참……

일단 알겠습니다.

시간 끊어 주세요, 위원장님.

○**위원장 안규백** 예.

○**백혜련 위원** 좀 이따 의사진행발언으로 추가로 하기로 하고요.

그다음에 조태열 장관님 나오세요.

어제 대통령이 헌재에서 최상목 권한대행에게 쪽지 준 거를 부인하는 진술 한 것 보셨지요?

○**증인 조태열** 들었습니다.

○**백혜련 위원** 조태열 장관이 지난번 본회의에서 명확하게 '9시쯤 도착해서 집무실로 들어가 보니까 너덧 분의 국무위원님이 미리 와 계셨고 앉자마자 비상계엄 선포를 할 생각이다라고 대통령님이 저에게 말씀하시면서 종이 한 장을 주셨습니다. 그 속에는 외교부장관이 취해야 할 조치에 관해 간략히 몇 가지 지시사항이 있었고요' 이렇게 진술을 했습니다. 이것 사실대로 진술한 거지요?

○**증인 조태열** 예.

○**백혜련 위원** 어제 대통령의 헌재에서의 부인은 조태열 외교부장관에게 준 쪽지도 부인하는 것과 사실 동일하다고 생각합니다. 대통령이 앞으로 만약 이 부분에 대해서 또다시 질문이 나오거나 진술을 해야 될 때 장관에게 이 쪽지를 준 사실도 부인할 것이라고 생각합니다. 그래도 장관은 정확하게, 명확하게 대통령으로부터 쪽지를 받았다 얘기하겠습니까?

○**증인 조태열** 가정적인 상황에 대한 질문이기 때문에 그 답변은 적절치 않다고 생각합니다. 저에 관해 주신 종이에 대해서도 부인한다고 단정하기 어렵다고 생각합니다.

○**백혜련 위원** 그러면 다시 한번 물을게요.

어쨌든 본인이 대통령으로부터 직접 쪽지를 받은 것은 맞다?

○증인 조태열 맞습니다. 제가 본회의에서 그렇게 답변했습니다.

○백혜련 위원 지금 대통령이 자신의 책임을 면하고자 정말 비굴하게 아랫사람들에게 모든 책임을 미루면서 부인하고 있습니다. 앞으로 그 전략은 저는 모든 헌재의 탄핵 사건과 수사되고 나서 기소됐을 때 법정에서도 마찬가지일 것이라고 봅니다. 장관께서도 명확한 입장을 계속해서 밝혀 주시기를 바라고요.

지금 보니까 그때 너덧 분의 국무위원님이 왔다고 그랬는데 정확하게 대통령이 장관님께 쪽지를 줄 때 볼 수 있는 상황이 아니에요, 같이 와 있었던 국무위원들이?

○증인 조태열 아마 제가 앉자마자 건넸기 때문에 못 봤거나 기억을 못 하실 분들도 많으시리라고 생각합니다.

○백혜련 위원 그때 있었던 사람은 네 사람밖에 안 됩니다. 김용현, 박성재 법무부장관, 이상민 행안부장관, 한덕수 총리, 딱 이 네 사람이에요. 그리고 옹기종기 모여 앉아 있었을 거 아닙니까? 그렇지요?

○증인 조태열 예.

○백혜련 위원 그러면 못 볼 수가 없는 거예요. 그래서 국무위원들의 보지 못했다는 이 진술이 제가 볼 때는 너무나 비겁한 겁니다. 사실 대통령 앉아 있고 그 주변으로 네 명이 앉아 있는 것 아닙니까? 그렇지요?

○증인 조태열 평상시라면 그렇겠지만 그 상황이 워낙 충격적이기 때문에 기억 못 할 수 있다고 생각합니다.

○백혜련 위원 그런데 어쨌든 대통령 앉아 있고 네 명이 옹기종기 모여 있는 건 맞고……

○증인 조태열 자기한테 준 게 아니면 기억이 안 날 수도……

○백혜련 위원 바로 그때 대통령이 들어가자마자 장관에게 쪽지를 준 것 아닙니까. 비밀스럽게 불러서가 아니라 네 명이 앉아 있는 자리에서 준 것 맞지요?

○증인 조태열 그건 사실입니다.

○백혜련 위원 자, 다시 한번 한덕수 총리께 묻겠습니다.

보셨습니까, 안 보셨습니까?

○증인 한덕수 제가 여러 번 말씀을 드렸는데요, 그때 상황이 지금 외교부장관 말씀하신 대로 굉장히 충격적인 상황이어서……

○백혜련 위원 못 봤다?

○증인 한덕수 전체적인 것들을 기억을 하기가 굉장히 어렵습니다. 위원님께서도 그러한 상황을 조금은 이해를 해 주셨으면 좋겠습니다.

○백혜련 위원 말이라면 못 들었을 수 있다는 변명이 통할 수가 있어요. 그런데 5명이 옹기종기 모여 앉아 있는 상황에서 이렇게 종이 주는 것을 못 봤다? 이것은 정말로 말도 안 되는 거지요, 상식적으로.

○증인 조태열 제가 한 말씀 드리면 종이를 건네주시는 동시에 총리께서 저한테 '외교부장관은 어떻게 생각하십니까' 하고 질문을 하셨습니다. 그래서 저는 동시에 종이를 건네받고 질문을 받았기 때문에 종이 내용을 들여다볼 시간도 없이 반대 의견을 그 자리에서 바로 했기 때문에 섞여 있는 상황이라서 못 보실 수 있다고 저는 생각합니다.

○**백혜련 위원** 그러면 더 볼 수 있는 상황이지요.

○**증인 조태열** 아니, 그러니까 제 말을……

○**백혜련 위원** 왜 그러냐면 대통령한테 쪽지를 받는 순간에 총리가 질문했다는 것 아닙니까? 그러면……

○**증인 조태열** 아니, 바로 의견 교환이 있었기 때문에 그 종이의 존재는 저밖에 인식 못 할 가능성이 있다고 저는 생각합니다.

○**백혜련 위원** 아니요, 그게 상식적으로 그런 것이 아니라 총리가 장관을 보면서 질문을 하는 겁니다. 그렇기 때문에 시선이 같이 가 있는 거예요. 그래서 못 볼 수가 없는 거지요.

○**증인 조태열** 평시로 생각하시면……

○**백혜련 위원** 부인하기로 작정을 했으니까 제가 더 이상 묻지는 않겠습니다.

박성재 장관도 못 봤어요?

○**증인 박성재** 저는 보지를 못했습니다.

○**백혜련 위원** 이상민 장관……

　　(발언시간 초과로 마이크 중단)

　　(마이크 중단 이후 계속 발언한 부분)

선서도 안 했던데 못 봤다고 하겠지요?

○**증인 이상민** 증·감법 3조 제1항, 형사소송법 148조에 의해서 증언하지 않겠습니다.

○**김병주 위원** 마이크 대고 하세요.

○**백혜련 위원** 마이크 켜고 다시 얘기하세요.

○**위원장 안규백** 마이크가 켜져 있기 때문에 앞으로 좀 당기십시오.

○**증인 이상민** 증·감법 3조 제1항과 형사소송법 제148조에 의해서 증언하지 않겠습니다.

○**백혜련 위원** 오늘 모든 증언 거부하려 그러는데 뭐 하러 이 자리에 나오셨어요, 그러면?

○**증인 이상민** 소환을 하셨기 때문에 나왔습니다.

○**백혜련 위원** 이상입니다.

○**위원장 안규백** 박준태 위원 질의해 주십시오.

○**박준태 위원** 김성훈 경호차장 나왔습니까? 발언대로 좀 나와 주시지요.

김성훈 차장께 묻겠습니다.

1월 3일 공수처 불법 영장에 대항해서 경호처가 경호권을 발동했습니다. 법률에 근거한 정당한 경호권 발동이었다 이게 경호처 입장이지요?

○**증인 김성훈** 예, 그렇습니다.

○**박준태 위원** 화면 한번 봐 주시지요.

　　(영상자료를 보며)

형사소송법 제110조입니다. '군사상 비밀을 요하는 장소는 그 책임자의 승낙 없이는 압수 또는 수색할 수 없다' 이렇게 되어 있습니다. 이와 관련해서 1월 13일에 열린 법사위 전체회의에서 공수처의 위법한 체포 집행과 관련해서 매우 유의미한 답변이 있었습니다.

'책임자의 승낙 없이 군사 비밀 장소에 강제로 들어가는 것이 적법한가'라는 유상범 위원의 질의에 법원행정처장이 '형사소송법 제110조가 적용되는 경우에 적법하지 않을 수 있다' 이렇게 답변을 합니다. 그리고 '형사소송법 제110조, 경호법, 군사기밀 보호법 등에 따라서 책임자의 승낙 없이 영장을 집행하려는 시도를 막는 경호처의 행위가 적법할 수 있냐' 이렇게 물었더니 법원행정처장께서 '그런 해석도 가능합니다' 이런 답을 내놨습니다. 그러니까 경호처의 영장 불응에 대한 법적인 정당성을 사실상 인정한 겁니다.

어떻게 생각하십니까?

○증인 김성훈 동의합니다.

○박준태 위원 현직 대통령이 체포되는 전례 없는 일이 벌어졌고 법률 해석의 영역에서 적법과 적법이 충돌하는 이슈라는 점을 제가 분명히 지적을 합니다. 법적인 근거도 없이 편법적·위법적인 수사 하는 공수처가 무슨 자격으로 경호처가 위법한 행위를 한 거고 경호관들 다 잡아서 수사하겠다 이런 얘기를 합니까? 차장님께서 당당하게 대응하세요.

○증인 김성훈 예, 알겠습니다.

○박준태 위원 그리고 자꾸 경호처를 대상으로 근거 없는 공격이 계속되고 있어 가지고 제가 한 가지 좀 바로잡고 싶은 게 있습니다.

대통령 생일 등에 경호처가 사적인 연회를 베풀었다 이렇게 얘기를 하는데 경호처가 이런 행사 종종 하고 있지요?

○증인 김성훈 그것은 보안상 확인해 드릴 수 없습니다.

○박준태 위원 그러면 제가 그냥 말씀을 드릴게요.

지금 보시는 사진이 노무현 대통령 퇴임식 때 영빈관 사진입니다. 연주자들 모두 경호처 직원들이고 현직자도 있어서 제가 얼굴은 모자이크 처리를 했습니다. 그리고 제가 더 공개하지는 않겠지만 노무현 전 대통령 생일 때도 녹지원에서 경호처 직원들이 축하공연을 했다 이런 사진들이 있습니다. 그때는 2005년 APEC 경호 준비를 위해서 부산에 내려가 있을 때인데 그 직원들이 다시 서울에 와서 했다 이런 얘기도 있어요.

제가 제보받은 게 맞는지 확인해 주실 수 있습니까?

○증인 김성훈 위원님도 잘 아시겠지만 역대 정부마다 모든 행사가 있었지요. 그것에 대한 세부적인 사항은 보안사항으로 제가 이 자리에서 확인해 드릴 수는 없습니다.

○박준태 위원 좋습니다.

사진 치워 주세요. 다시 앞장으로 해 주시지요.

지금 윤 대통령 폄훼하기 위해서 경호처를 일개 이벤트회사로 전락을 시키고 있습니다. 그런 주장들이 이어지고 있어요. 이것은 기관의 명예와 자존심을 추락시키는 행동입니다. 그리고 이전 대통령, 지금 대통령뿐만 아니라 다음에 대통령 하시는 분들께도 다 좋지 않습니다. 경호처가 중심을 잘 잡아 주십시오.

○증인 김성훈 예, 알겠습니다.

○박준태 위원 다음 다음 장 볼까요?

한 가지 더 묻겠습니다.

김건희 여사가 '바다에서 작살로 잡은 회가 맛있다' 이렇게 얘기를 하니까 지금 계신 차장께서 생선을 가두리 쳐 놓고 작살로 잡는 것을 촬영해서 '이게 그 생선입니다' 이렇게 직접 보여 주고 여사가 화답했다 이런 식의 주장들, 언론 보도들이 나오고 있습니다. 이것 확인해 주실 수 있습니까?

○증인 김성훈 일부 사실과 다른 내용이 있지만 아까 말씀드린 것처럼 대통령님과 영부인님 관련된 사항에 대해서는 확인해 드릴 수 없습니다.

○박준태 위원 사실 여부를 명확하게 지금 확인할 수…… 발언할 수 없는 그 입장 제가 이해하는데 이것 너무 중요한 얘기잖아요. 그러면 이런 식으로 오도되는 것들 경호처에서 아무런 사실관계 확인도 못 하면 그게 기정사실인 것처럼 막 퍼져 나가지 않습니까?

○증인 김성훈 앞부분에 말씀드린 것처럼 사실과 다른 부분이 있고, 다만 업무상 취득한 모든 정보에 대해서는 비밀을 엄수하게 돼 있습니다. 이해해 주시기 바랍니다.

○박준태 위원 사실과 다르다, 이 정도 확인하면 됩니까?

○증인 김성훈 예.

○박준태 위원 다음 장.

장표를 보실 필요는 없고요 제가 몇 가지 말씀드릴게요.

대통령 직무는 정지가 됐지만 신분은 여전히 현직 대통령입니다. 그래서 대통령 경호는 법적인 근거에 따라서 반드시 이행돼야 되는 필수사항입니다. 제가 맞게 이해하고 있는 겁니까?

○증인 김성훈 예, 맞습니다.

○박준태 위원 그러니까 대통령께서 '나는 경호 필요 없습니다'라고 해도 필요한 경호조치는 이루어져야 되는 거잖아요.

○증인 김성훈 맞습니다.

○박준태 위원 지금 대통령께서 서울구치소에 계신데 '수감자가 구치장 안에 있기 때문에 안전한데 왜 경호를 하냐. 경호인력 다 철수해라' 지금 이런 주장들이 나오고 있습니다. 이것 맞는 주장이에요?

○증인 김성훈 틀린 주장입니다.

○박준태 위원 제가 교정본부장, 법무부의 교정본부장이랑 법사위에서 얘기를 나눠 보니까 지금 수감자가 구치장 안에만 머무는 게 아니라 그 안에서도 운동을 하거나 샤워를 하거나 안에서의 이동 소요가 있다는 거예요. 그래서 그 안에서 다른 수용자들과 마주할 수도 있고 전담 개호 인력이 아닌 다른 교도관들을 만날 기회도 많다는 겁니다. 그렇기 때문에 안에서의 경호가 반드시 필요하다는 입장으로 법무부도 해석을 하고 있더라고요. 그래서 거기에 따라서 법무부와 잘 업무 조율을 해 주시기 바랍니다.

○증인 김성훈 그렇게 하겠습니다.

○박준태 위원 이게 지금 다 전례가 없는 상황이어서 지금 이 부분을 잘 정리를 해 놔야 됩니다.

○증인 김성훈 예.

○박준태 위원 이게 지금 애당초 이런 위법성 논란이 있는 수사를 한 공수처의 어떤 무리한 행태 이거에 다 기인이 된 겁니다. 현직 대통령은 소추받지 않는다는 헌법 조항이 있는데도 불구하고 거기에 반해서 현직 대통령을 직권남용으로 수사를 하다 보니까,

거기에 체포하고 구속까지 되니까 이런 문제가 생기는 겁니다.

앞으로 대통령 하시는 분들이요 업무 수행 중에 직권남용으로 다 체포해라, 수사해라, 구속해라 이런 주장 나올 수 있는 겁니다. 그러면 다음 대통령 누구든 간에 이런 똑같은 일이 벌어질 수 있다는 그 사실을 명심하시고 여기에 대해서 잘 조치해 주시기 바랍니다.

○**증인 김성훈** 예, 잘 알겠습니다.

○**박준태 위원** 그리고 마지막으로 대통령 그리고 그 가족 경호에 대해서도 소홀함이 없도록 최선을 다해 주십시오.

○**증인 김성훈** 예, 최선을 다하겠습니다.

○**박준태 위원** 혹시 하시고 싶은 말씀 있으시면 하십시오.

○**증인 김성훈** 이러한 사태가 이루어지고 대통령님께서 구속되시는 상황까지 벌어진 것에 대해서 경호처 책임자로서 소임을 다하지 못해 송구스러울 뿐입니다.

○**위원장 안규백** 수고하셨습니다.

용혜인 위원 질의해 주십시오.

○**용혜인 위원** 기본소득당 용혜인 위원입니다.

이상민 증인 질문하겠습니다.

12월 4일 새벽 1시에 서울청사를 나섰고 3시에 대통령실에 도착했다라고 국회에 본인의 당일의 행적을 제출했습니다. 국회 계엄 해제 직후에 계엄이 지속되던 2시간 동안 어디 가서 뭐 하셨습니까?

○**증인 이상민** 증언하지 않겠습니다.

○**용혜인 위원** 누구 만나셨습니까?

○**증인 이상민** 증언하지 않겠습니다.

○**용혜인 위원** 박성재 법무부장관도 새벽 3시에 대통령실에 들어왔고 그 이전 행적이 전혀 제출되지 않았거든요. 박성재 장관이랑 함께 있었습니까?

○**증인 박성재** 사무실에 있었습니다, 저는.

○**용혜인 위원** 본인은 사무실에 있었다, 그러면 2시 한 40분쯤 출발하셨다는 말씀이신가요?

○**증인 박성재** 정확한 시간은 모르겠습니다.

○**용혜인 위원** 그 사실관계를 좀 제출을 해 주세요.

아무리 휴대전화를 교체하고 비화폰을 쓰고 동선을 다 숨겨도 추가 수사하면 다 꼬리 밟힐 거고요. 오늘 이상민 전 장관이 증언을 하지 않기로 작정을 하고 나오셨나 본데 증인의 증언 거부의 사유를 합리적으로 추론을 해 보면 진실을 말하면 내란 중요임무 종사자가 될 것 같고 거짓을 말하면 위증일 것 같아서 거부하는 거다라고 볼 수밖에 없습니다.

형소법 제148조가 유죄 판결을 받을 사실이 드러날 염려가 있는 증언을 거부할 수 있다라고 하고 있어요. 결국에는 오늘의 이 증언 거부 자체가 이상민 증인의 죄를 인정하는 것이고요. 이 죄를 감하는 유일한 방법은 국민들께 진심으로 사과하고 그날의 진실을 역사 앞에 그리고 국민들 앞에 소상하게 밝히는 것입니다.

오늘 이 자리에서 진술하지 않는 것은 역사에 끝까지 내란수괴 윤석열의 오른팔로

남겠다라는 선언을 하는 겁니다. 동의하십니까, 이상민 증인?

○**증인 이상민** 결코 동의할 수 없습니다.

○**용혜인 위원** 피의자 윤석열이랑 어떤 사전 모의도 없었다고 주장하는 이상민 증인이, 심지어는 계엄을 말리고 반대했다라고 주장을 하는 증인이 어떻게 이렇게까지 윤석열과 혼연일체가 되어서 움직였는지 저는 정말 좀 놀라운데요.

한번 살펴보겠습니다.

(영상자료를 보며)

이상민 증인, 12월 3일 23시 37분 소방청장에게 전화로 언론사 단전·단수 조치 지시한 바 있지요?

○**증인 이상민** 증언하지 않겠습니다.

○**용혜인 위원** 장관이 지시하자마자 10분 사이에 소방청 차장이 서울본부장에게 전화하고 소방청장이 서울본부장에게 전화합니다. '계엄 관련 경찰청에서 협조해 달라 요청이 오면 잘 협력해 주면 좋겠다, 협력할 일이 많이 발생할 수 있다', 계엄 건의권자이기도 하고 충무계획의 주무부처의 장인 행안부장관이 비상계엄 중에 직접 지시를 하니까 10분 내에 현장 지휘관까지 전파가 돼서 실행 준비를 한 겁니다, 소방이. 10분 뒤에 소방청장이 똑같은 내용으로 경기본부장에게 전화합니다.

언론사뿐만 아니라 선관위 단전·단수 사전 계획한 바 있습니까, 증인?

○**증인 이상민** 증언하지 않겠습니다.

○**용혜인 위원** 어디까지 실행된 건지 추가 확인되어야겠지만, 이상민 장관이 오늘 증언을 거부하고 있지만 소방청장과 소방공무원들의 증언도 그렇고 그날의 행적도 그렇고 아주 구체적이고 직접적인 지시들이 있었습니다. 저는 소방청장에게 내렸던 이 지시만 해도 이상민 증인은 이미 내란 중요임무 종사자라고 확정해야 된다라고 보고요.

계엄 문건을 받은 최상목·조태열 장관처럼 피의자 윤석열이 콕 집어 불러 모았던 8시 멤버 또한 개별적인 계엄 지시를 받았을 가능성을 배제할 수 없게 되었다라고 봅니다. 수사 당국에서 철저하게 보완 수사해야 된다고 봅니다.

다음 23시 30분 윤석열이 조지호 청장에게 수차례 전화해서 '국회 들어가려는 국회의원들 다 체포해, 잡아들여, 불법이야, 포고령 위반이야, 체포해'라고 지시해 압박합니다. 그때 이상민 증인 뭐 했는지 기억하시나요?

○**증인 이상민** 증언하지 않겠습니다.

○**용혜인 위원** 23시 26분 서울청사 도착하자마자 23시 34분에, 윤석열이 조지호에게 전화한 지 정확히 4분 후에 조지호 청장에게 전화했습니다. 맞습니까?

○**증인 이상민** 증언하지 않겠습니다.

○**용혜인 위원** 뭐라고 했습니까? '국회 진압 중에 지원할 것 없냐'라고 물어보거나 '포고령 위반이다, 자신 있게 국회의원들 끌어내려라'라고 지시한 바 있습니까?

○**증인 이상민** 증언하지 않겠습니다.

○**용혜인 위원** 증언하지 않지만 그날의 행적은 이미 다 드러나 있습니다.

3분 뒤인 23시 37분에 소방에게 전화해서 경찰 단전·단수 지원하라고 지시합니다. 이게 윤석열이 경찰을 압박한 지 10분도 안 돼서 다 벌어진 일들이에요.

0시 30분에 윤석열이 이진우 수방사령관에게 전화해서 '아직도 못 들어갔어? 본회의장

들어가서 4명이 1명씩 들쳐 업고 나오라고 해'라고 압박합니다. 이때 증인은 긴급간부회의 그리고 경찰은 지휘부회의를 갖습니다.

그 직후인 0시 39분에 경찰이 행정안전부에 재난안전통신망 이동기지국 설치를 요청합니다. 이 이동기지국이 출동한 곳이 딱 세 곳이에요. 국회의사당 그리고 국회의장 공관이 위치한 한남동 공관촌 그리고 대통령실 인근입니다. 이 공간이 어떤 곳이냐면요 계엄 당시에 수방사 군 병력이 배치됐던 곳과 정확히 일치합니다.

0시 56분에 수방사가 서울시에 군경합동상황실 개소를 문의했다는 것은 이미 알려진 사실이고요. 재난안전통신망은 여기 계신 많은 사람들이 알고 있는 것처럼 수방사, 경찰 그리고 소방, 서울시, 행안부가 함께 통신할 수 있도록 되어 있습니다. 단전·단수뿐만 아니라 통신까지 끊으려고 한 건 아닌지 정황상 의심할 수밖에 없습니다.

다음입니다.

비상계엄 해제 의결 이후에도 장관은 경찰국장을 통해서 경찰 상황을 수시로 확인을 했어요. 이동기지국을 그대로 아침까지 배치를 했고, 4일 아침 외출하고 국무위원 간담회 하고 저녁에 안가에서 회동을 합니다. 계엄 수습책 논의에 앞장선 것으로 보여요. 그리고 그다음 날 국회에 출석해서 처음으로 고도의 통치행위라는 변론 방향을 제시를 합니다.

실제 이상민 행안부장관의 행적은 계엄을 적극적으로 지휘하고 지원한 것으로 해석할 수밖에 없습니다. 경찰·소방을 내란에 동원하고 국회에서는 고도의 통치행위 운운하면서 변론 방향 제시하고 꼬리 밟힐까 봐 더 이상 증언하지 않으려고 사퇴하고 숨죽이고 기다리고 있었던 겁니다. 소방청장 때문에 꼬리 잡히지만 않았어도 거짓말 그 자리에 앉아서 뻔뻔하게 하고 계셨겠지요, 지금처럼 증언을 거부하지 않고. 그렇지 않습니까?

이상민 증인이야말로 재범 우려 그리고 증거 인멸 우려가 크고요. 그리고 혐의 또한 내란 중요임무 수행으로 중합니다. 다른 이미 중요임무 종사자들이 다 구속되어 있는 형평성을 고려할 때 수사기관에서는 이상민 증인을 즉각 구속수사해야 한다라고 판단합니다.

이상민 증인, 동의하십니까?

○**증인 이상민**　증언하지 않겠습니다.

○**용혜인 위원**　오늘의 이상민 장관의 이 비겁한 역사 죄인의 모습을 국민들은 똑똑히 기억할 것입니다. 그리고 역사가 반드시 기록할 것입니다.

이상입니다.

○**위원장 안규백**　이상민 장관님, 이상민 장관 입장에서 역지사지로 일응 이해하는 측면도 있습니다마는 누구나 형사소추를 당하거나 또 유죄 판결이, 사실이 드러날 경우에는 증언을 거부할 수도 있습니다. 그러나 반면에 정당한 이유 없이 거부하면 이 또한 3년 이하의 징역과 3000만 원 이하의 벌금을 받는 것도 사실입니다.

그러나 이 역사적 또 현실적 법적 제재 또 증언에 관한 거부를 떠나서 이 중차대한 역사적 시점에서 옳고 그름의 시비곡절은 곡학아세의 자세가 아닌 국민을 위해서 정말 역사의 기록은 그 유무를 떠나서 반드시 남겨야 되지 않겠습니까. 이 소중한 시간에 서부한다, 거부한다 이러면 저는 안 된다고 생각합니다. 다시 한번 재고를 촉구합니다.

○**증인 이상민**　위원장님, 제 의견을 말씀드려도 되겠습니까?

○**위원장 안규백**　일단 증언, 질의응답 가운데서 일단 말씀해 주십시오.

윤건영 위원 말씀하세요.

○**곽규택 위원** 위원장님, 의사진행발언 좀 하겠습니다.

○**위원장 안규백** 꼭 해야 됩니까?

○**곽규택 위원** 1분 하겠습니다.

○**위원장 안규백** 예.

○**곽규택 위원** 진술거부권이라고 하는 것은 헌법상 모든 국민에게 보장된 헌법상의 권리입니다. 그 권리를 국회에서도 제한할 수 없고 법원에서도 제한할 수가 없습니다. 지금 여기 오늘 출석하신 많은 증인들께서 본인의 의사와는 상관없이 지금 수사를 받고 있고 재판을 받고 있는 분들이 있습니다. 그렇다면 헌법상 보장된 권리는 본인이 아무런 제한 없이 행사할 수 있도록 하는 분위기에서 국회 청문회가 진행되어야 한다고 생각합니다. 국회 청문회라는 이유로 헌법상 보장된 인권을 침해하겠다? 이것은 도저히 있을 수 없는 일이라고 생각을 합니다.

이상입니다.

○**위원장 안규백** 그러니까 제가, 본 위원장이 역지사지의 마음으로 일응 이해를 한다라고 말을, 제가 전제를 달고 그러나 아니면 아니다라고 반박도 할 수 있는 것이고 그런데 시종여일, 수미쌍관으로 계속 이렇게 거부하시고 그러면…… 아마 여러 시청자께서 판단하실 거라고 믿습니다.

○**증인 이상민** 위원장님, 제가 증언을 거부하는 이유에 대해서 말씀을 드릴 수 있도록 해 주십시오.

○**추미애 위원** 장관님 무대가 아니에요. 이 자리는 국정조사 무대지, 청문회지……

○**용혜인 위원** 그런 변명은 듣지 않아야 합니다. 변명할 기회를 줄 필요가 없습니다.

○**위원장 안규백** 장관님, 제가 추후의 진행 과정에서 판단하겠습니다.

윤건영 위원 질의해 주십시오.

○**윤건영 위원** 구로을의 윤건영입니다.

어제 피의자 윤석열 씨가 헌재에서 구질구질한 변명을 했습니다. '이진우·곽종근 사령관에게 국회의원을 끌어내라는 지시를 한 적이 없다', 자기는 한 게 아무것도 없다는 겁니다. 몇 가까지 팩트체크를 하겠습니다. 거짓말하는 사람이 누군지 밝혀야 됩니다. 대통령이냐 아니면 참모냐, 부하냐 분명히 밝혀야 될 것 같습니다.

시간 끊어 주시고 홍장원 차장님 발언대로 나와 주시지요.

(영상자료를 보며)

PPT 봐 주시면요, 홍장원 차장께서 제공한 대통령으로부터 걸려 온 전화 통화내역이고요. 그리고 메모한 내용입니다. '이번 기회에 싹 잡아들여라, 국정원에도 대공수사권 주겠다, 방첩사 도와서 지원해라. 자금이면 자금, 인력이면 인력 무조건 도와라', 이런 지시 전화로 받은 적 있습니까?

○**증인 홍장원** 예, 받은 적 있습니다.

○**윤건영 위원** 좋습니다. 들어가 주시고요.

추가로 또 질의하겠습니다.

시간 끊어 주시고, 곽종근 사령관 발언대로 나와 주시기 바랍니다.

(「오늘 출석 안 했어요」 하는 위원 있음)

(「안 왔어요」 하는 위원 있음)

오늘 나오지 않았습니까? 좋습니다.

곽종근 사령관의 내용은 이미 기관보고에서 여러 분들이 보셨기 때문에 제가 PPT로 띄웠습니다.

12월 3일 23시 40분, '헬기가 어디로 가고 있냐?'라는 전화를 받았고 12월 4일 날 00시 30분, '의사당에 있는 사람들 끌어내라, 문짝을 부수고라도 끄집어내라'라는 답변을 제가 받아냈습니다.

그렇습니다. 정말 비겁한 대통령이라고 생각을 합니다. 자기는 지시한 적이 없다라는 겁니다. 목숨 걸고 따른 부하들에게 나 살자고 나 몰라라라고 하는 그런 구질구질한 변명을 하고 있다고 생각합니다. 이번 청문회에서 피의자 윤석열 씨의 구질구질한 변명들을 하나하나 밝혀내야 된다고 생각합니다.

시간 잠깐 끊어 주시고요.

김주현 민정수석 발언대로 나와 주시기 바랍니다.

12월 6일 날 김주현 수석께서는 김용현 전 국방부장관과 통화한 적이 있나요?

○증인 김주현 없는 것 같습니다.

○윤건영 위원 그러면 이날은 김용현 씨가 자진 출석하기 전날입니다. 기억을 되살려 봐 주시기 바랍니다.

○증인 김주현 특별한 통화를 한 기억은 없습니다.

○윤건영 위원 그러면 통화내역을 저한테 제출해 주실 수 있나요, 이날의 통화내역을?

○증인 김주현 통화내역은 제가 한번 확인은 해 보겠습니다만 특별히 통화한 기억이 없습니다.

○윤건영 위원 좋습니다. 들어가 주셔도 좋고요.

PPT를 봐 주시면요 믿을 만한 소식통에 의해 받은 제보입니다.

경찰이 김용현에 대한 압수수색영장을 신청하자 20시 15분에 심우정 총장이 김선호 국방부차관에게 김용현의 번호를 묻습니다. 20시 37분에 김선호 차관은 비화폰을 심우정 총장에게 전달을 합니다. 그리고 이어서 이찬규 서울중앙지검 공안1부장이 김용현에게 두 차례에 걸쳐서 검찰에 출석을 회유합니다.

이때 피의자 김용현이 이찬규 1부장에게 뭐라고 이야기했냐 하면 '대통령과 통화 후 말하겠다'라고 답변을 합니다. 그리고 이 과정에서 피의자 윤석열은 김용현에게 '김주현 민정수석과 협의하라'라고 답변을 했다라는 제보를 받았습니다. 그리고 곧이어서 김용현 전 장관은 이진동 대검 차장과 통화를 하고 새벽 1시 30분에 자진 출석을 합니다. 즉 김용현 전 국방장관의 셀프 출석의 배후에는 윤석열 대통령이 있다라고 하는 것입니다. 그렇기 때문에 그토록 비화폰 서버를 보호하고 있는 것입니다.

김성훈 경호차장 발언대로 나와 주시기 바랍니다.

언론 보도에 따르면 피의자 윤석열 씨의 지시에 따라 비화폰 서버를 관리자에게 삭제할 것을 지시했다라는 내용이 있습니다. 동의하십니까?

○증인 김성훈 전혀 사실이 아닙니다.

○윤건영 위원 그러면 비화폰 서버 관리자에게 삭제 지시한 적이 없습니까, 있습니까?

○증인 김성훈 없습니다.

○윤건영 위원 그 말에 책임질 수 있습니까?

○증인 김성훈 그럼요.

○윤건영 위원 좋습니다.

그러면 왜 비화폰 서버 기록과 불출 대장을 제출 안 하고 있습니까?

○증인 김성훈 저희 보안 장비입니다. 보안 장비를……

○윤건영 위원 보안 장비가 아니라……

본 위원이 받은 제보에 따르면 비화폰 서버 관리자가 차장이 지시했는데도 불구하고 이건 삭제할 수 없다라고 버텼다는 겁니다.

○증인 김성훈 자세한 사항은 말씀드릴 수 없지만 비화폰 서버는 비화 특성상 자동 삭제하게 돼 있습니다.

○윤건영 위원 자동 삭제가 아니라 정확히…… 비화폰 서버에 대해서 저도 알 만큼 아니까요 이 자리에서 거짓말하면 안 됩니다.

지난번 국회 상임위……

○증인 김성훈 증인 선서를 했습니다, 위원님.

○윤건영 위원 제가 또 따질 겁니다.

○증인 김성훈 예.

○윤건영 위원 지난번에도 국회에서 증언을 했다라고 하고 거짓말을 한 게 바로 증인입니다.

○증인 김성훈 그런 적 없습니다.

○윤건영 위원 비화폰 서버 삭제 지시를 한 적이 없습니까?

○증인 김성훈 예, 없습니다.

○윤건영 위원 좋습니다. 그건 다음에 또 확인하도록 하겠습니다.

다음 PPT 봐 주시기 바랍니다.

김건희 씨에게도 비화폰을 지급한 적 있지요?

○증인 김성훈 확인해 드릴 수 없습니다.

○윤건영 위원 왜 확인을 못 합니까? 자기한테 불리한 건 확인을 못 한다 그러고……

○증인 김성훈 아까도 말씀드린 것처럼 저희는 보안상……

○윤건영 위원 제가 질의하고 있습니다.

본인한테 불리한 건 확인하지 못한다고 그러고 그렇게 해서, 이 자리가 그런 자리 아닙니다.

○증인 김성훈 맞습니다.

○윤건영 위원 대통령의 배우자한테 비화폰을 지급해야 될 내용이 있나요?

다음 PPT 봐 주십시오.

비화폰 모델의 정확한 내용까지 본 위원이 제보를 받았습니다. S20 5G 모델 비화폰 한 대를 김건희 씨에게 지급했다라는 거고요. 대통령 내외를 포함해서 총리·장관 비화폰 전화번호 목록까지 장관들에게 경호처가 지급했다라는 겁니다. 맞습니까, 아닙니까?

○증인 김성훈 확인해 드릴 수 없습니다. 그리고 이런 세세한 사항까지 제가 알 수도 없는 영역입니다.

○윤건영 위원 알 수가 없다니요! 본인이 경호차장이고 그전에 기획실장이면서 이 내용

을 모른다고 하면 됩니까?

자, 그러면 좋습니다. 본 위원이 잘 아는 걸 하나 이야기하겠습니다.

다음 PPT 보십시오.

대통령 생일잔치 동원된 경호관·군인·경찰에 대해서 증인은 '친구에게 생일 축하 안 해 주냐?'라고 이야기했습니다. 이런 말 하신 적 있지요?

○증인 김성훈 예.

○윤건영 위원 지금도 이렇게 생각합니까?

○증인 김성훈 예.

○윤건영 위원 지금도 친구, 대통령에게 생일잔치해 주는 게 당연하다고 생각하십니까?

○증인 김성훈 당연하다고 생각합니다.

○윤건영 위원 당연합니까?

저도 자식이 있는 사람이고 대한민국의 많은 부모들은 자식을 군에 보내거나 경찰에 보냅니다. 그 자식들이 가서 대통령 생일잔치에 동원되는 게 상식적입니까?

○증인 김성훈 생일……

○윤건영 위원 나라를 지키……

제가 질의하고 있습니다.

나라를 지키기 위해서 간 군인들이 대통령의 생일잔치에 동원되는 게 맞습니까?

○증인 김성훈 위원님, 생일잔치에 동원된 게 아니고요 그날은 대통령경호처 60주년 창설 행사였습니다.

○윤건영 위원 자, 질의할게요.

그러면 왜 대통령 삼행시를 하고 대통령 생일잔치 축하 노가바를 합니까?

제가 질의하고 있어요.

그리고 이날만입니까? 경호처 직원들을 석 달 동안이나 훈련시키고 인사발령 해서 별도로 뺀 게 지금 증인 아닙니까? 맞습니까, 아닙니까?

○증인 김성훈 그런 적 없습니다.

○윤건영 위원 그런 적이 없다니요! 다 제보를 받았는데요! 경호처 인사부를 동원해서 연예기획사처럼 한 게 바로 증인 아닙니까? 왜 이 자리에 거짓말을 해요?

○증인 김성훈 창설 60주년을 맞이해서……

○윤건영 위원 창설 60주년에 노가바 하고 삼행시 합니까?

○증인 김성훈 그 부분은 한 코너였고요……

　　　　(발언시간 초과로 마이크 중단)

....

　　　　(마이크 중단 이후 계속 발언한 부분)

○윤건영 위원 한 코너라니요? 여기 영상도 다 있는데 왜 거짓말하고 있습니까?

○증인 김성훈 맞습니다. 보시면 알겠지만 창설 60주년, 환갑입니다. 저희가 연예기획사를 동원하거나 다른 외부 초청 인사를 할 수 있는 예산이 안 돼서 내부 자체적으로 조그마한……

○윤건영 위원 그래서 군인을 동원하고 그래서 경호관을 동원해요?

○증인 김성훈 아시겠지만 경호처는 경호처 직원뿐만 아니라 경호부대 함께한 거고요.

○**윤건영 위원** 말도 안 되는 소리 하지 마세요. 뭐가 잘났다고 지금 여기서 변명을 하고 있습니까?

○**위원장 안규백** 정리해 주세요.

○**증인 김성훈** 아닙니다, 위원님. 위원님도 아시겠지만 위원님께서 청와대……

○**윤건영 위원** 증인이 거짓말하는 것 제가 추가질의에서 반드시 밝혀내겠습니다.

○**증인 김성훈** 예, 위원님께서 아시겠지만……

○**윤건영 위원** 그만하세요.

○**증인 김성훈** 위원님께서도 청와대에 근무하실 때에도 저희는 동일하게 경호임무 수행을 해 왔습니다.

○**위원장 안규백** 자, 증인 들어가십시오.

위원님께 말씀드립니다.

아마 한덕수 총리께서 아직 몸이 쾌차가 크게 없어 보입니다. 혹시 오후의 이석 여부를 판단해야 되기 때문에 질의하실 위원님 계시면 우선적으로 한 총리에게 질의해 주시기 바랍니다.

이어서 임종득 위원 질의해 주십시오.

○**임종득 위원** 임종득 위원입니다.

합참 작전본부장님, 앞으로 나와 주세요.

○**증인 이승오** 예, 합참 작전본부장입니다.

○**임종득 위원** 지난주 1·2차 기관보고 참석하셨지요?

○**증인 이승오** 예, 1차 때 참석했습니다.

○**임종득 위원** 아, 그래요?

당시에 민주당 특검법안에 외환죄가 포함되는 것과 관련해서 우려들이 참 많았습니다. 알고 계시지요? 합참의장님이나 많은 장성들이 우리 군의 대북정책이나 군사활동에 대해서 외환유치죄를 적용하는 것은 심각한 문제가 있다는 우려가 있었습니다.

아마 작전본부장도 답을 한 것 같은데 오물풍선 원점타격과 관련돼서 장관이 지시했다라는 의혹에 대해서 어떻게 답변했었습니까?

○**증인 이승오** 지시받은 바 없다고 답변했습니다.

○**임종득 위원** 그렇지요.

대북심리전 방송이나 대북전단은 사실 북한의 김정은이 가장 민감하게 반응하는 우리의 중요한 자산이지요?

○**증인 이승오** 그렇습니다.

○**임종득 위원** 그런데 이것이 외환유치죄와 연계돼 가지고 검토되어지거나 이렇게 했을 때 군사활동을 하는 데 있어서 큰 위축이 된다고 생각하는데 어떻게 생각하십니까?

○**증인 이승오** 위원님 말씀에 동의합니다.

○**임종득 위원** 그렇지요.

그 외에도 우리가 1·2차 기관보고를 통해서 NLL에서의 북한의 공격 유도 문제, 평양 무인기 침투 문제 이런 것들이 사실이 아님이 많이 밝혀졌습니다. 그렇지요?

들어가셔도 좋습니다.

다음은 안보실장님한테 여쭙겠습니다.

○**증인 신원식**　예.

○**임종득 위원**　그래서 우리 국민의힘에서는 특검법안에 외환죄를 포함하는 것은 많은 문제가 있다, 그래서 비대위원장이나 원내대표께서도 발언을 하고 기자회견을 하고 또 국민의힘이 별도의 특검법안을 마련해서 외환죄를 제외한 가운데 하려고 했습니다. 그 논의를 하는 과정도 알고 계시지요?

○**증인 신원식**　예, 보도를 통해서 들었습니다.

○**임종득 위원**　민주당은 1월 17일 심야까지 논의를 하다가 결국 야당 단독으로 특검법안 수정안을 발의를 하게 됩니다.

PPT 한번 보시지요.

(영상자료를 보며)

박찬대 원내대표는 국민의힘이 주장한 내용을 전격 수용하는 것으로 결단했다, 외환죄를 뺀 내란 특검법이 통과됐다 이렇게 지금 이야기를 하고 있습니다. 그런데 사실 이것은 눈 가리고 아웅하는 속임수였습니다.

PPT를 띄워 주시지요.

야당의 내란특검법 수정안 보면 제2조 1항 6호에 인지된 관련사건은 수사를 하도록 심어 놨습니다. 외란죄와 관련된 수사를 할 수 있도록 조항을 숨겨 놓은 겁니다. 그것이 바로 드러납니다.

다음 PPT, 1월 21일 어제 민주당의 정동영 외환유치죄 진상조사단장은 KBC광주방송에 출연을 합니다. 거기에서 방금과 같은, 저 PPT에 나오는 발언을 합니다. 외환죄를 포함해서 인지된 수사 부분이 들어가 있고, 전쟁을 유발해서라도 비상계엄의 명분을 만들어야겠다고 시도된 증거가 나오면 외환죄를 추가 기소하겠다라고 이야기를 하고 있습니다. 그것이 바로 특검을 하는 이유라고도 이야기를 했습니다.

이는 야당이 외환죄 포함에 대한 국민적 반대, 군의 반대와 우려가 많다 보니까 속임수를 써서 법안을 통과시키려는 것으로 저는 생각을 합니다. 이제 본회의를 통과했기 때문에 대통령권한대행이 재의요구를 고민해야 되는 과정에서 고민하게 만들고 또 재의요구가 왔을 때 국민의힘 의원들에게 또 고민해서 갈라치기 하려는 아주 얄팍한 속임수라고 생각을 합니다.

특검법에서 외환죄를 물어서 우리 군의 대북정책이나 군사활동에 대해서 족쇄를 채운다면 이걸 제일 좋아할 사람이 누구라고 생각합니까?

○**증인 신원식**　북한이라고 생각합니다.

○**임종득 위원**　그렇지요.

지금 북한은 가장 자기들이 취약하다는 부분이, 심리전 방송을 통해서 외부의 내용들이 북한 주민들에게 들어가는 걸 가장 싫어합니다. 그래서 대북 심리전 방송하는 것에 대해서 민감하게 반응을 하는 것이고요. 오물풍선도 그들이 대응할 수 있는 수단이 제한되다 보니까 오물풍선을 통해서 우리 한국 내에서 부정 여론을 좀 일어나게 해서 심리전 방송을 못 하게 하는 것 아닙니까? 그런 측면에서 우리가 이해를 해야 된다는 말씀을 드리고 싶고요.

또 한 가지는 북한이 도발 시에 자위권 차원에서 우리가 대응을 하지 않습니까? 현장에서 선조치 후보고 개념으로 비례성·충분성 원칙에 의해서 하게 되는데 지금 외환유치죄 적용과 관련되는 부분들이 알려지게 되고 적용된다면 현장에 있는 군인들이 대응하는 데 상당히 위축이 된다고 생각하지 않습니까?

○증인 신원식 예, 그런 우려가 많다고 생각합니다.

○임종득 위원 한 가지 더 묻겠습니다.

1월 3일 날, 그러니까 1월 4일 새벽이 되겠네요. 실장님께서 합참 회의실에 비서실장하고 간 내용과 관련돼서 의구심들을 많이 가지고 있습니다. 어제 우리가 현장조사를 갔다 왔는데 거기에 언제 들어왔냐, 몇 분 머물렀냐, 무슨 이야기 했느냐는 의견들을 많이 질문을 하시던데 이 부분들과 관련돼서 명확하게 안보실장님이 답변을 하실 필요가 있을 것 같아요.

지금 사실은 합참을 출입하는 부분들은 CCTV가 다 있고 기록을 다 하지 않습니까? 그러면 언제 들어오셔서 가지고 언제 나갔는지만 본다면 상당 부분이 해소될 수 있을 것 같은데 어떻게 생각하십니까? 한번 말씀을 하시지요.

○증인 신원식 예, 저도 정확한 시간은 보지 못했는데 공조본 조사를 받으면서 수사관이 그 기록을 제시해 줬습니다. 비서실장하고 제가 합참에 들어간 시간이 01시 46분, 대통령님을 모시고 나온 게 01시 49분입니다. 즉 합참 전체 머무른 시간이 3분이었습니다. 결심지원실은 1분 남짓입니다.

결심실에 들어가서 비서실장께서 대통령께 복귀를 하는 게 좋겠다 하니까 대통령이 바로 승인하셨고 제가 잠깐 밖에 나가서 기다리겠다 해서 결심지원실 밖에서 1, 2분 기다리다가 대통령이 나오셔서 복귀한 게 전부입니다. 그것은 정확하게 CCTV 기록에 나와 있으니까 이론의 여지가 없다고 생각합니다.

○임종득 위원 관련 내용을 공조본에서도 다 조사를 받았습니까?

○증인 신원식 예, 수사관이 수사 과정에서 저한테 알려 줬고 제가 인지하게 됐습니다. 아마 이 방송도 수사관들이 보리라고 생각합니다.

○임종득 위원 잘 알겠습니다.

이상입니다.

○위원장 안규백 위원님들, 현행작전을 위해서 오전에만 있고 오후에 아마 이석을 우리 장군들이…… 강호필 지작사령관, 35사 김광석 사단장, 8사단장 이수득 이 세 분이 계십니다.

제가 시간을 더 드릴 테니까 이분들에 대해서 오전 중으로 질의를 좀 마치셨으면 좋겠다는 말씀을 드립니다. 어느 경우든지 현 위치에 계셔야 될 분이기 때문에 추가로 말씀을 드립니다.

이어서 추미애 위원님.

○추미애 위원 전방위적인 사이버상의 내란 모의 작전이 있었다는 것을 지금부터 말씀드리겠습니다.

12월 3일 윤석열 내란사태는 방첩사, 정보사, 특전사, 수방사를 중심으로 한 무력 내란과 동시에 사이버사, 방첩사, 국정원을 중심으로 한 사이버 내란도 동시다발적으로 사전에 모의됐고 실행됐다라고 본 위원은 판단하고 있습니다.

지금부터 말씀드리는 내용은 12·3 사이버 내란 관련 새로운 문제 제기로서 수사기관에서는 적극적으로 수사해서 전방위적으로 펼쳐진 내란 음모 계획을 국민 앞에 낱낱이 밝혀 주시기 바랍니다.

24년 9월 윤석열은 공세적 사이버 활동을 강조했습니다.

PPT 한번 보시겠습니다.

(영상자료를 보며)

윤석열이 사이버사령관에게 앞으로 공세적 활동을 강조한 바 있고 이후 사이버사령관은 공세적 사이버 방어활동 강화 방안으로 정예 사이버요원 28명으로 구성된 사이버 정찰 TF를 운영했습니다. 지금까지 상부에 총 다섯 차례 보고했다고 합니다.

(패널을 들어 보이며)

보시는 것처럼 정찰1팀, 정찰2팀, 정찰3팀 각 5명씩 구성하고 있고 표적관리팀 9명으로 구성하고 또 총괄팀 3명이 위에서 지휘를 하고 있는 모양새입니다.

시기는 2024년 10월 7일부터 2024년 12월 27일까지 약 3개월간 운영할 계획이었고 시작 시점은 제가 밝혀 드린 바와 같이 정보사 수사단 출범 시기와 맞물려 있습니다. 정보사 수사단도 10월 14일에서 11월 17일까지 구성 완료해서 만약에 12월 3일 계엄이 성공했다면 아마 이것을 계엄사 합수부로 옮겨서 계속 실행 모의를 해 나갔을 것으로 추정이 되는 것입니다.

이와 같이 사이버사는 국정원, 방첩사 등 그동안 협조해 온 관련 기관과 연계해서 전 국민을 대상으로 이른바 인지전, 심리전을 하려 한 것으로 추측이 됩니다. 이 사이버 정찰 TF는 계엄이 해제된 이후 24년 12월 20일, 25년 1월 8일 각 두 차례 보고가 이루어짐으로써 현재까지도 활동하고 있다라고 보시면 되겠습니다.

제가 이렇게 말씀드리는 근거가 있습니다. 계엄이 있었던 당일 오전 9시경 여인형 방첩사령관은 조원희 사이버사령관에게 6분간 통화를 하면서 12·3 내란 성공 이후 해킹부대인 900연구소, 사이버 공격부대인 1작전단 등 사이버사 정예요원을 사전 준비하라는 지시가 있었다는 제보가 본 위원에게 들어왔습니다. 따라서 여인형 메모장에 의하면 1처장에게 사이버사 전문팀을 파견받으라고 지시를 합니다.

또 세 번째로 2024년 8월 을지연습 시에 사이버사는 부대령 및 작전계획 등의 임무로 명시되지 않은 인지전 훈련을 실행한 바 있습니다. 그런데 이것은 지난 2018년 5월 국방부 심리전 조직 폐지와 심리작전 금지 지시가 있었는데 이에 위반되는 것이 명백합니다. 조원희 사령관 지시로 유튜브, 페이스북, X, 인스타 등 SNS 장악 훈련을 실시했습니다.

또한 네 번째 근거는 민간인 3인방이 국방부, 국정원, 방첩사에 투입이 됐습니다. 방첩사 자문위원으로 있다가 최근 국정원에 채용된 인지전 전문가 윤민우 가천대 교수 또 계엄 바로 전날, 2024년 12월 2일 방첩사 보안연구소 전문경력관으로 채용된 김은영 가톨릭관동대 교수 그리고 2024년 5월 1일 국방부 정책자문위원으로 위촉된 옥도경 전 사이버사령관 이 3인방이 해당 인물들입니다.

특히 옥도경 전 사이버사령관 누구입니까? 김용현 장관과 육사 38기 동기로서 사이버사령관 시절 사이버 댓글 사건으로 형사처벌을 받은 바 있습니다. 윤석열이 사면 복권을 해 준 것이지요.

이렇게 2023년 3월 윤석열이 사이버사 방문한 후 선제적·능동적·공세적 작전계획을 발전시키라고 지시를 한 바 있고, 2023년 3월 방첩사·사이버작전사 등 정보 관련 부대를 윤석열 본인이 직접 방문을 했습니다. 특히 대통령의 사이버사 방문은 군 사상 최초라고 합니다.

이렇게 윤석열이 방첩사 업무보고 시에 '수세적 개념에서 탈피하라. 앞으로는 공세적·선제적·능동적 작전 개념으로 발전시켜라'라고 강조를 했고 이에 따라서, PPT 한번 봐 주시기 바랍니다. 2024년 5월 방첩정보 공유 및 활성화 목적으로 방첩정보 4개 사령관이 참석해서 군 방첩정보협의회를 구축했습니다. 관련자는 사이버사, 방첩사, 정보사, 777사령관 등입니다. 제보에 따르면 이때는 노조와 야당, 언론사, 선관위 등 반국가 세력 및 국가 위해 세력 등에 대한 색출과 대응 방안에 관한 논의가 주된 논의 내용이었다고 제보가 들어왔습니다.

그래서 만약 12·3 내란이 성공했다면 어떻게 됐겠습니까? 이 사이버 내란에 대한 수사가 필요합니다. 조원희 사령관, 임춘혁 참모장, 1작전단장, 오태철 900연구소장에 대해서 즉각적인 소환조사와 압수수색을 해서 증거를 확보해 주시기 바랍니다.

또한 2024년 8월 을지연습 사이버사 작전계획, 민간인 3인방 활동계획, 방첩정보협의회 운영지침, 사이버 정찰 TF 활동 결과 등에 대해서도 적극적으로 수사를 해 주시기 바랍니다.

윤석열이 지금도 심리전을 지휘하기 위해서 저는 헌법재판소에 출석해서 황당한 발언을 이어 나간다고 봅니다. 부정선거 선동을 계속하는 것……

마무리할 수 있도록 약간 마이크 넣어 주시기 바랍니다. 30초 내에 마무리하겠습니다.

○**위원장 안규백** 다 약속을 지키기로 했는데……

○**추미애 위원** 그러면 10초만 마무리할 수 있도록, 이 발언이 안 끝나서요.

○**곽규택 위원** 그냥 마이크 끄고 하시지요.

○**추미애 위원** 그냥 할까요?

○**위원장 안규백** 1분만 넣어 줘요.

○**추미애 위원** 마치 대통령만, 본인만 받을 수 있는 정보 판단에 의해서 이 계엄을 당연히 할 수 있는 것처럼 우기고 있습니다. 내가 제일 잘 안다, 본인만이 안다라고 하는 것이, 바로 이 확신은 대북 사이버심리전에 의거한 것으로 보이는 것입니다. 그래서 조속한 수사가 필요한 것입니다. 국민 선동 중단해야 하는 것입니다.

이상입니다.

○**위원장 안규백** 수고하셨습니다.

○**백혜련 위원** 위원장님, 자료제출과 관련해서……

○**위원장 안규백** 자료제출입니까? 예.

○**백혜련 위원** 지난번 기관보고 때 박성재 법무부장관이 본인 비화폰 받았다고 얘기했었습니다. 그래서 저는 그 자료를 윤건영 위원님이 이미 신청을 하셨다고 그래서 받으셨으면 그 자료를 받으려고 했는데 계속해서 제출하지 않고 있다고 합니다.

그래서 저도 지금 이 국조위에 국무위원들의 비화폰 발급 내역에 대한 자료 제출을 했습니다. 특히 법무부 같은 경우는 이미 예전에 그 내역을 달라고 얘기를 했기 때문에 빨리 제출될 수 있도록 위원장님께서 조치해 주시기 바랍니다.

○**위원장 안규백** 예, 알겠습니다.

협조해 주시기 바랍니다.

이어서 주진우 위원님.

○**주진우 위원** 저는 국회의 국정조사가 어느 정도 한계를 지키면서 또 적법 절차에 따라서 국익에 부합하게 운영돼야 된다라고 생각합니다.

저번부터 대통령권한대행, 특히 지금 최상목 대행에 대해서 소환을 하고 오늘도 또 소환을 하겠다라고 하는데요. 여기 국회는 재판하는 자리가 아닙니다. 그리고 국정조사 자체가 재판 또는 소추에 관여할 목적으로는 아예 할 수 없도록 돼 있어요.

그런데 민주당이 지금 일방적으로 채택했던 증인들, 기관증인들도 저번에 군 장성들을 엄청나게 많이 소환을 했는데 상당수가 증언 한마디 못 하고 돌아갔습니다. 그러니까 소환, 증인으로 신청할 때 자체에 신중해야 되는 겁니다. 이게 굉장히 오만한 모습이거든요. 최상목 대행은 지금 권한대행 신분이기 때문에 국군통수권부터 비롯해 가지고 외교, 경제정책, 챙길 게 얼마나 많습니까? 그런데 재판하듯이 한두 가지 사실관계 확인하기 위해서 이쪽으로 부르겠다? 그것은 굉장히 오만한 모습이고요.

그런 관점에서 이재명 대표가 6대 시중은행장들 불러서 만난 것도, 이런 것도 다 오만의 발로라고 저는 생각합니다. 이미 대통령 된 듯이 하는 것이거든요. 최상목 대행 소환 문제도 이제는 조금 신중하게 정리를 해야 된다라고 생각하고요.

한 총리님, 저희 경제 파트도 많이 해 오셨는데 저희가 관치금융 없애느라 엄청 고생을 했었고, 6대 시중은행이 제가 기억하기로는 야당에서 그렇게 시중은행장을 불러서 뭘 한 적이 없습니다. 그리고 기본적으로 정부조차도 그런 일에 대해서는 혹시 시중금리나 은행의 자율성, 금융의 자율성 때문에 굉장히 신중한 부분이거든요. 이게 지금 잘못하면 야당 주도로 옛날로 회귀할 수 있는 문제가 있기 때문에 굉장히 신중해야 된다고 보는데 어떻게 생각하십니까?

○**증인 한덕수** 저는 전적으로 동감하고요.

특히 금융 부분은 물론 우리 산업의 하나의 혈액으로서 대단히 중요한 분야이긴 하지만 그러나 동시에 자율성을 충분히 가져야 된다 이렇게 생각합니다. 그렇기 때문에 모든 나라가 금융에 대한 자율권을 광범위하게 인정을 하고 있고 거기에 대한 감독을 하기 위한 특별한, 그런 건전성 규제를 위한 조직을 가지고 있기 때문에 정말 일반적인 정치행위, 정치의 필요성 이런 것들을 금융에다가 넣기 시작하면 금융이 제대로 발전하고 필요할 때 우리 민간기업에 대해서 혈액의 역할을 할 수가 없습니다. 그렇기 때문에 어느 나라 정부도, 특히 정치권의 고위직이 금융기관을 직접 만나서 요청을 하는 것은 상당히 신중해야 된다 하는 것은 어느 나라나 다 똑같은 그런 룰을 가지고 있다 이렇게 생각합니다.

○**주진우 위원** 관치금융은 당연히 말씀 주신 대로 없어져야 되고요. 이제 야당 주도의 야치금융입니까? 저는 이 부분은 굉장히 문제가 된다라고 생각하고요.

증언거부권 문제도 마찬가지입니다. 이게 헌법상 권리고 증언거부권 행사하는 증인에 대해서 어떠한 압박을 해서도 안 되고, 마치 증언을 거부하는 것이 사실관계를 인정하는 거냐, 자백하는 거냐 이렇게 얘기해서도 안 되는 것이고요. 증언거부권을 행사하는지를 여러 번 확인해서 물어보는 것도 안 되는 겁니다. 만약에, 증언거부권은 헌법상 권리고 기본적으로 국정조사 또 검찰 수사 또 형사재판에서 공통적으로 다 적용되는 법리거든요.

　만약 형사재판에서 재판장이 지금 오늘 국정조사에서 있었던 것처럼 '증언거부권 행사하는 것 맞냐'…… 증언거부권은 포괄적으로도 행사할 수 있는 겁니다. 개인 신상과 관련된 형사재판보다 더 중요한 재판이 어디 있습니까? 그게 법치국가의 가장 기본이지요. 본인의 신상과 관련해서 굉장히 불이익이 있을 수 있는, 불이익이 있을 가능성이 있는 증언에 대해서는 본인은 포괄적으로도 거부할 수 있고 그 거부하는 것으로 인해서 어떠한 불이익도 없어야 되는 게 기본 원칙입니다.

　그런데 여기서 지금 마치 증언거부권 행사하는 사람에 대해서 계속 '증언거부권 행사하는 것 맞냐?' 여러 번 확인했다 그러면, 형사재판장이 이렇게 했다 그러면 재판장 기피사유가 될 겁니다.

　이상민 장관님.

○**증인 이상민**　예.

○**주진우 위원**　아까 증언거부권에 대해서 한 말씀 하시려고 하셨는데 마저 말씀 한번 해 보시지요.

○**증인 이상민**　이번 계엄사태 선포와 관련해서 많은 국민들이 진상을 궁금해하는 것을 제가 잘 알고 있습니다. 하지만 관련된 분이 한두 분이 아니고 굉장히 많은 분들인데 이 분들이 제한된 자신의 특이한 경험 그리고 자신의 입장이 다 있고, 그다음에 기억력도 완전하지 못합니다. 이런 상태에서 수많은 사람이 자기 입장에서 자기가 경험한 사실을 쏟아 낼 경우 국민들은 오히려 더 혼란을 겪을 것입니다. 그렇기 때문에 정제된 수사와 재판을 통해서 나타난, 도출된 사실들을 국민에게 알리는 것이 실체적 진실 접근이라는 면에서 가장 바람직하다고 생각을 합니다. 그렇기 때문에 그렇습니다.

○**주진우 위원**　박성재 장관님.

○**증인 박성재**　예.

○**주진우 위원**　지금 탄핵 소추되신 상황으로 알고 있는데 탄핵 소추의 사유와, 지금 현재 재판을 좀 빨리 해 달라는 입장이시잖아요? 거기에 대해서 한 말씀 해 주시지요.

○**증인 박성재**　제가 탄핵 소추 의결이 된 게 벌써 한 달하고 일주일이 넘었습니다. 그렇지만 저는 아직 기일도 한 번 잡히지 않았습니다.

　저희가 답변서를 써내고 난 뒤에 헌재에서 국회 측에 석명 요청을 했습니다. 지금 자료가 부족하니까 자료를 내라는 석명 요청을 했는데요. 엊그제 마지막 날에 답변서 비슷한 게 들어왔는데 아무 내용이 없습니다. 입증 촉구 계획만 있는데 저희들은 계속해서 신속하게 기일을 잡아 달라고 요청하고 있습니다. 대통령에 대한 부분은 이틀에 한 번씩 진행을 하면서 왜 국무위원인 저에 대해서는 안 해 주는지 도저히 이해할 수가 없습니다. 이거야말로 저는 국민의 평등권을 침해하는 것이 아닌가 하는 생각을 합니다.

○**주진우 위원**　이게 굉장히 특이한 상황이에요. 재판을 받는 사람이 재판을 빨리 해 달라고 하는 겁니다. 얼마나 억울하고 탄핵소추 사유가 말이 안 되면 지금 신속히 해 달라는 것이고, 쟁점도 적습니다. 이게 거의 탄핵 노쇼라는 얘기가 나올 정도로 마음대로 탄핵을 남발해 놓고 탄핵소추 대리인단, 정청래 법사위원장이 지금 대리인단 대표로 있는데 실질적으로 거기에 대해서 충실히 이행을 하지 않아요. 저는 만약에 탄핵소추 대리인단이 그것 안 한다 그러면 각하를 하든지 그렇게 해야 된다라고 생각합니다.

　한번 의사 밝혀 주시지요.

○**증인 박성재**　저도 국회에서 자료를 더 이상 내지 않는다면 그에 따르는 헌법재판소의 적절한 조치가 있기를 희망하고 있습니다.

○**위원장 안규백**　위원장으로서 협조 요청이 있습니다.

　김성훈 차장님 앞으로 나오십시오.

　본 위원장이 전달받기로는 지금 공수처가 한남동 관저 압수수색을 위해서 관저로 나갔다고 합니다. 관저 압수수색 승인권자가 아마 김성훈 경호차장 같은데 지금 현재 대통령이 부재인 만큼 진실을 밝히기 위해서 이 부분에 대해서 좀 승인을 해 주시지 그래요?

○**증인 김성훈**　가서 관련 법률에 따라 판단할 겁니다. 그리고 저희 경호 대상자는 대통령님뿐만 아니라 영부인님도 경호 대상자입니다.

○**위원장 안규백**　아니, 그러니까 경호 대상자를 몰라서 그러는 게 아니고 관저에 대해서 압수수색을, 지금 공수처에서 나가 있으니까 이에 대해서, 승인권자가 지금 차장님 아니십니까?

○**증인 김성훈**　예, 제가 승인권자입니다.

○**위원장 안규백**　그러니까 그 부분에 대해서 좀 승인을 해 달라 이런 부탁의 말씀이 왔습니다.

○**증인 김성훈**　제가 이 자리에서 승인을 하라 마라 이렇게 말씀하시는 겁니까?

○**위원장 안규백**　예.

○**증인 김성훈**　제가 돌아가서 관련 법률 검토하고 판단하겠습니다.

○**위원장 안규백**　지금 그쪽에서 대기하고 있으니까 한 번 더 생각해 보시고 가능한 방법을 선택해 주시기 바랍니다.

○**증인 김성훈**　예.

○**위원장 안규백**　들어가십시오.

　곽규택 위원님.

○**주진우 위원**　위원장님, 그런 요청이 누가 왔습니까? 어느 분이……

○**곽규택 위원**　경호처 차장님, 다시 나와 보세요.

○**백혜련 위원**　아니, 질의 순서예요?

○**곽규택 위원**　맞아요. 바꿨어요.

○**위원장 안규백**　곽규택 위원님.

○**곽규택 위원**　경호처장님, 지금 우리 위원장님께서 주문하신 내용에 대해서 좀 확인을 해 봐야 될 것 같은데, 공수처에서 오늘 압수수색을 나간다고 하는 것에 대해서 경호처 차장 알고 있는 사항 있습니까?

○**증인 김성훈**　처음 듣는 얘기입니다.

○**곽규택 위원**　그런데 어떻게 국회에 있는 국정조사특위 위원장님께 무슨 협조 요청이 왔다는 게 도저히 이해가 안 되는데……

　압수수색이라고 하는 것은 피압수자한테 무슨 통지도 하지 않고 압수수색 나가는 겁니다. 수사의 기본이 압수수색 나갈 때 누구한테, 동네방네 알리고 나가는 게 아닙니다. 도대체 공수처에서 수사 역량도 부족하지만 무슨 쇼를 하듯이 수사한다는 것에 대해서 도저히 이해가 안 됩니다. 지금 국회에서 책임자가 나와서 국회의 국정조사에 임하고 있는데 국회에 있는 국정조사 위원장께 그런 협조 요청을 했다고 그러면 공수처는 수사기관으로서 자격이 없는 거예요.

들어가십시오.

합참 작전본부장 나와 주시지요.

○증인 이승오 작전본부장입니다.

○곽규택 위원 어저께 우리 국정조사특위에서 계엄 당시에 당일 날 전군 주요지휘관회의가 열렸다고 하는 전투통제실을 현장 검증한 적이 있습니다. 어저께 같이 자리하셨지요?

○증인 이승오 예, 그렇습니다.

○곽규택 위원 평상시에 전군 주요지휘관회의가 열리는 방식은 어떻게 되고 또 참석 대상 및 회의 방식이 어떻게 되는지 좀 간단하게 말씀해 주시지요, 평상시에.

○증인 이승오 평상시에 하게 되면 정규와 긴급으로 나눌 수 있는데 아무튼 그런 경우에도 사전에 통보가 되고 준비가 된 상태에서 주관자, 내용 이런 것들이 전파가 되고 진행을 해야 됩니다.

○곽규택 위원 그러면 12월 3일에, 계엄 당일 날 22시 28분경이었나요, 그때 열린 전군 주요지휘관회의는 어떤 방식으로, 누가 참석한 상태로 진행됐습니까?

○증인 이승오 전 장관께서 사전에 내려오실 때 22시 28분경에 전군 주요지휘관회의를 연결하라고 하셔서 그때 그 임무를 부여받았던 저희 담당하는 인원이, 통상 전군 주요지휘관회의를 한다면 작전사와 합동부대 등을 연결을 합니다. 그런 연결하는 과정이었고 약 이삼 분 후에 전 장관께서 수방사, 특전사 2개 부대, 방첩사까지 3개 부대를 우선 연결하라고 지시하셨고 수방사·특전사 사령관만 등장한 상태에서 공소장에 나와 있는 그런 내용들을 말씀하셨습니다.

○곽규택 위원 그러면 수방사·특전사 사령관만 그 화상회의에 연결이 됐던 겁니까?

○증인 이승오 다른 부대들은 연결하고 있어서 화면이 열리고 있는 과정이었고……

○곽규택 위원 과정에 있었고.

○증인 이승오 실제로 사령관들은 둘만 참석을 했습니다.

○곽규택 위원 그러면 그때 당시에 그 상황이 전군 주요지휘관회의가 열린 게 맞습니까?

○증인 이승오 준비하는 과정이었고 전군 주요지휘관회의라고 보기에는 다소 좀 어려움은 있습니다.

○곽규택 위원 그 형식이나 내용에 있어서, 실제로 또 회의 진행된 내용을 들어 보니까 이건 전군 주요지휘관회의라고는 할 수 없는 상황이 아니었나 싶어요.

그런데 김용현 전 국방부장관의 검찰 공소장에 따르면 비상계엄이 있었던 '12월 3일 22시 28분경에 김용현 전 장관이 전투통제실로 이동해서 전군 주요지휘관회의를 개최·주재했다' 이렇게 적시가 돼 있어요.

이거는 사실관계하고 틀린 적시 아닙니까?

○증인 이승오 약간 애매한 부분도 있을 수 있습니다. 왜냐하면 일단 전군 주요지휘관회의를 할 수 있도록 화상 연결을 하라고는 했지만 실제 참석자들이 그 인원들이 다 아니었고 나중에 추가로 한 번 더 지시하셔서 최종적으로는 23시 50분경에 전체 연결이 됐습니다. 그 이후 그 과정에서 다른 일체의 마이크를 가지고 지시하거나 이런 내용들은

없었습니다.

○**곽규택 위원** 어저께도 확인하신 내용이지요?

○**증인 이승오** 그렇습니다.

○**곽규택 위원** 그리고 공소장에 따르면 그 회의에서, 전군 주요지휘관회의에서 수방사령관과 특전사령관은 제한 사항을 확인하고 기존에 하달했던 임무를 정상적으로 실시하라 이렇게 명령한 것으로 돼 있는데 이거는 먼저 연결된 수방사령관과 특전사령관에게 별도로 이야기를 한 내용인 거지요?

○**증인 이승오** 공소장에 나와 있는 대로 화상회의상에서 그 말씀을 하셨습니다.

○**곽규택 위원** 그러니까 이때는 다른 주요 지휘관들이 다 접속되기 전에 먼저 접속시키라고 한 수방사령관과 특전사령관에 대해서만 이야기를 한 거지요?

○**증인 이승오** 그렇습니다.

○**곽규택 위원** 이런 내용을 보면 지금…… 그리고 그 과정에서, 전군 주요지휘관회의를 연결하라 이렇게 하는 과정에서 2차 계엄 준비를 지시하거나 또는 국회나 중앙선관위, 여론조사 꽃 등에 대해서 군 투입을 지시하는 등 그런 내용의 지시가 있었습니까?

○**증인 이승오** 화상회의상에서는 그런 지시는 없었습니다.

○**곽규택 위원** 그러면 객관적으로 본다면 전군 주요지휘관회의가 열린 상태가 아니라 그냥 화상에 빨리 접속된 수방사령관과 특전사령관에 대해서만 간단한 지시를 전달한 것에 불과한 것 아닙니까?

○**증인 이승오** 그 부분은 전군 주요지휘관회의를 할 수 있도록 연결하라고 했기 때문에 회의를 했다, 안 했다라고 제가 말씀드리는 것은 적절하지 않을 것 같습니다. 다만 그 상황에서 말씀드린 대로 수방사령관과 특전사령관에게만 직접 지시한 건 맞습니다.

○**곽규택 위원** 그리고 지작사 병력 출동 등의 활동 이게 계엄에 따른 어떤 조치가 아니라 비상경계 태세 2단계에 따라서 조치된 자연스러운 사항인 거고, 그거를 합참에서 관리해야 되는 그런 상황이었던 거지요?

○**증인 이승오** 지난번에 기관보고 때도 합참의장께서 답변하신 것처럼 경계 태세가 격상이 되면 그에 따른 조치부호가 있는데 그 조치부호에 따라서 행동한 것으로 답변을 드렸었습니다.

○**곽규택 위원** 참 비상계엄 이후에 좀 특이한 사항이 있습니다.

들어가셔도 됩니다.

그동안 이재명 피고인에 대해서 검찰에서 기소를 한 공소사실에 대해서 민주당에서는 소설을 썼다, 전혀 근거 없는 이야기다 이렇게 계속 주장을 해 오다가 이번 비상계엄이 생긴 이후로는 검찰의 공소사실이 아주 금과옥조인 것처럼, 진실인 것처럼 그에 터잡아 가지고 주장을 하시는 분들이 많아요.

그렇지만 공소사실이라는 것은 검사가 공소제기할 때까지의 증거를 바탕으로 해서 일응 범죄사실을 구성한 것에 불과하지요. 더욱 중요한 것은 재판을 통해서 확인돼야 되는 또 증거를 통해서 확인돼야 되는 재판의 결과일 것입니다. 따라서 공소장의 '전군 주요지휘관회의를 주재했다' 이런 표현에 대해서는 잘못된 부분이 아닌가 그렇게 생각을 합니다.

이상입니다.

○**위원장 안규백** 이어서 김병주 위원님 질의해 주십시오.

○**김병주 위원** 먼저 의사진행발언 1분만 좀 주십시오.

○**위원장 안규백** 꼭 하시겠습니까?

○**김병주 위원** 예.

　지금 우리가 내란 혐의 국정조사를 하고 있습니다. 우리는 국민을 대표해서 여기서 국정조사를 하고 있습니다. 쉽게 말하면 이 자리는 국민의 재판이라고 보여집니다. 내란이라는 이러한 역사적인, 있어서는 안 되는 이러한 사항, 친위 쿠데타로 온 나라가 흔들리고 있습니다. 여기에 진상조사를 명확히 하고 다시는 그런 일이 없도록 하라는 것이 국민의 명령입니다. 이 장이, 국민재판이 여기서 이루어지는 겁니다.

　그런데도 불구하고 지금 증인들은, 지금 일부 인원들은 입을 닫고 있습니다. 이것은, 국민의 녹을 먹으면서 장관씩이나 했던 분들이 국민재판정에 나와서 입을 닫는 것은 국민에 대한 예의가 아니고요. 여러분들 스스로도 보호하는 것이 아니라고 봅니다. 떳떳하지 않으니까 이렇게 하는 것 아니겠습니까? 제대로 답변을 해서 국민에 대한 의무를 충실히 해 주기를 바랍니다.

　홍장원 전 국정원 1차장님 나와 주세요.

　1차장님은 12월 3일 날 비상계엄이 있는 날 한 20시경에 전화를, 대통령의 전화가 올 테니까 전화 대기하라는 것 누구로부터 받았습니까?

○**증인 홍장원** 처음에 대통령께서 전화를 하라고 하는 지시를 제 보좌관으로부터 받았습니다.

○**김병주 위원** 전화를 대통령한테 하라고?

○**증인 홍장원** 예, 그런 지시가 있었다, 대통령께서 전화를 하라고 하신다라는 지시를 전달받았습니다.

○**김병주 위원** 그러면 몇 시쯤 그걸 받았지요?

○**증인 홍장원** 한 8시 좀 넘어서인데 제가 저녁 8시 22분에 대통령께 전화를 드렸습니다.

○**김병주 위원** 먼저 전화를 드렸어요, 8시 22분에?

○**증인 홍장원** 예, 그 지시를 받고 제가 전화를 먼저 드렸습니다.

○**김병주 위원** 그러면 대통령이 뭐라고 얘기를 했습니까? 무슨 보고를 했지요?

○**증인 홍장원** 요지는 한두 시간 후에 중요하게 전달할 사항이 있으니 통신축선에 대기하라는 지시였습니다.

○**김병주 위원** 통신축선에 대기해라?

○**증인 홍장원** 그렇습니다.

○**김병주 위원** 내용은 얘기 안 하고요?

○**증인 홍장원** 그 내용은 아마 중요한 얘기가 있는데 한두 시간 이후에 얘기하겠다라는 말씀으로 이해했습니다.

○**김병주 위원** 그러고 나서…… 그러면 뭘로 유추했습니까?

○**증인 홍장원** 사실 그때는 특별하게 유추할 수 있는 근거가 없었습니다.

○**김병주 위원** 그래서 그다음에 다시 대통령한테 전화가 온 시간이 언제입니까?

○**증인 홍장원** 8시 22분에 통화를 한 이후에 대통령께서 대기하라고 한 말씀이 있으셨

기 때문에 국정원 청사로 돌아가서 집무실에서 대기하고 있었습니다. 대기하고 있는 중에 10시 23분에 비상계엄이 일어난 부분을 TV로 보고 그 이후에 한 30분 정도가 지난 10시 53분 정도에 대통령께서 전화를 주셨습니다.

○**김병주 위원** 그때는 대통령이 1차장한테 전화를 먼저 했다?

○**증인 홍장원** 그렇습니다.

○**김병주 위원** 어떤 내용의 전화를 했습니까? 전화 내용이 뭐였습니까?

○**증인 홍장원** 첫 번째는 비상계엄을 발표한 사실을 확인했는가 하는 부분이고 두 번째는 아까 윤건영 위원님께서 질문했던 내용과 동일합니다. 중요한 요지는 방첩사령부를 적극 지원하라는 부분이 요지셨습니다.

○**김병주 위원** 방첩사를 적극 지원하라. 그리고 또 있었잖아요, 잘 지원하면 예산도 주고 수사권도 주겠다 이런 얘기.

○**증인 홍장원** 아니, 그런 말씀은 아니셨고요. 풀 텍스트를 직설화법으로 원하신다면 그대로 말씀드리겠습니다.

○**김병주 위원** 그러면 방첩사를 지원하라?

○**증인 홍장원** 전화를 받으니까 비상계엄 발표하는 걸 확인했냐라고 물으셨고 그다음에 조금 강한 어투라서 말씀드리기가 좀 어렵습니다만 하여튼 '이번에 다 잡아들여서 싹 다 정리해라'라고 말씀하셨습니다.

그런데 그때 목적어가 없었습니다. 그래서 어느 누구를 그렇게 해야 되는지까지는 잘 몰랐고 그렇다고 대통령께 누구를 체포하라는 말씀이십니까라고 여쭤보기도 뭐해서 잠깐 기다리고 있는데 대통령께서도 약간 말씀에 포즈(pause)가 있었습니다. 그러더니 지금 주시겠다는 건지 아니면 향후에 주시겠다는 건지는 말씀하지 않은 상태에서 '국정원에 대공수사권을 줄 테니 이번에는 일단 방첩사를 적극 지원해라. 방첩사에 자금이면 자금, 인원이면 인원 무조건 지원해'라고 말씀하셨습니다.

○**김병주 위원** 예, 비상계엄……

○**증인 홍장원** 그래서 제가 '예, 알겠습니다'라고 답변했습니다.

○**김병주 위원** 아, 그래요?

그래서 1차장은 방첩사령관한테 전화를 했나요?

○**증인 홍장원** 그렇습니다.

○**김병주 위원** 몇 시에 했지요?

○**증인 홍장원** 10시 53분에 대통령님 전화가 끝나자마자 대통령께서 지시하신 부분이 방첩사를 지원해라라는 부분의 지시였기 때문에 이어서 바로, 기억하기로는 11시 6분에 방첩사령관에게 전화했습니다.

○**김병주 위원** 방첩사령관한테 전화를 했는데 그때 방첩사령관하고 무슨 통화를 했습니까?

○**증인 홍장원** 방첩사령관에 11시 6분에 전화했던 것은 처음 전화가 아니고요, 10시 23분 비상계엄이 발표되는 걸 보고 바로 제가 방첩사령관한테 전화를 한 적이 있었습니다.

왜냐하면 10시 23분에 TV를 통해서, 방송을 통해서 비상계엄이 발령되는 걸 보고 당시 굉장히 많이 당황했었는데 비상계엄이 발효된 것보다도 더 당황스러웠던 것은 당시로서는 국정원이 비상 상황과 관련된 부분에 대해 정보 부호를 전혀 갖고 있지 않았습니다.

따라서 국정원이 그래도 국가의 핵심 정보기관인데 비상 상황이라는 부분에 있어서의 정보 판단이 전혀 이루어지지 않은 상태에서 어떻게 비상계엄이 발효가 됐는가, 국정원이 뭔가 빠뜨렸구나……

○김병주 위원 그때 방첩사령관은 뭐라 했습니까? 좀 짧게 해 주세요.

○증인 홍장원 그래서 방첩사령관한테 확인하기 위해서 전화했습니다. 그랬더니 방첩사령관이 저희들도 잘 모르고 있는 상황입니다……

○김병주 위원 오케이.

○증인 홍장원 위에서 시키는 대로 하고 있습니다라고 답변을 했고 그런 상태에서 대통령께 전화를 받은 다음에 방첩사령관에게 전화했습니다.

○김병주 위원 그러니까 나중에 다시 한번……

○증인 홍장원 마찬가지로 계속 머뭇머뭇해서 제가 '어떻게 된 거야?'라고 얘기했더니 계속 이야기를 안 하길래 'V께서 전화하셨어. 대통령께서 너희들을 도와주래'라고 이야기를 했더니 그 이후에 아마 정보위에서 말씀하신 그 관련된 내용들을 저한테 얘기했던 겁니다.

○김병주 위원 그러니까 여러 명 정치인 체포해라, 이재명……

○증인 홍장원 포함해서 그렇습니다.

○김병주 위원 몇 명 정도 체포하라 했지요?

○증인 홍장원 제가 기억하기에는, 중간에 일일이 세지도 않았고 당시 밤중에 전화로 메모지에 막 메모를 한 상황이었기 때문에, 14명 정도로 기억합니다.

○김병주 위원 그리고 계속 있었는데 택도 안 되는 소리라서 끊었다는 얘기 아니에요?

○증인 홍장원 그냥 끊지 않았고요. 물론 속으로는 그런 생각을 했지만 대통령의 지시고 방첩사령관이 얘기하는 부분에 대해서 특별한 반응을 보일 수 없었고 마지막에는 '그래, 그래서 어떻게?'라고 물었습니다. 뜻은 '네가 원하는 대로 한다면 그러면 어떻게 하면 좋아?' 그랬더니 '저에게 직접 전화 주십시오' 이렇게 얘기했고 '알았어' 하고 전화를 끊었습니다.

○김병주 위원 그래서 그것을 어떻게 조치했나요?

○증인 홍장원 아…… 구체적으로 말씀해 주십시오.

○김병주 위원 조태용 원장한테 보고했을 거 아니에요, 그 내용을?

○증인 홍장원 제가 지난 1년 넘게 조태용 원장님을 충심으로 모셨습니다.

○김병주 위원 아니, 지금 시간이 많지 않으니까……
보고했지요?

○증인 홍장원 예.
그런데 원장님께서 저한테 보고를 받지 않았다라고 말씀하시고 계시기 때문에 제가 참 뭐라고 말씀드리기 좀 어려운데……

○김병주 위원 몇 시에 보고……

○증인 홍장원 엄중한 자리인 만큼, 대통령으로부터 전화를 받았고 방첩사령관으로부터 엄중하고 민감한 사항에 대한 내용을 받은 것을 어떻게 데퓨티(deputy)가 원장님께 보고드리지 않을 수가 있겠습니까? 또 지휘 계선으로도……

○김병주 위원 잠깐만요.

시간이 없으니까 내가 질문하고 나머지 답변하세요.

그래서 조태용이 보고받고 그다음에 차장은 뭘 했고 국정원은 그다음 뭘 했고 그다음 조태용 원장이 사직서 내라고 통보했잖아요.

　　(발언시간 초과로 마이크 중단)

……

　　(마이크 중단 이후 계속 발언한 부분)

그것까지 좀 얘기해 주세요.

○증인 홍장원　원장님, 송구합니다만 그냥 당시 제가 기억나는 대로 말씀드리겠습니다.

아마 국정원장께서는 하루에도 책 한두 권 정도의 정보 보고를 받으시고 워낙 많은 보고서를 받으시고 또 더구나 총리님께서도 말씀하셨지만 충격적인 상황이라 아마 당시 상황이 많이 헷갈리실 수 있습니다. 더구나 제가 얘기한 부분이 굉장히 단편적이고……

조태용 원장님께서 12월 6일 날 기자회견 하셨던 것처럼 제가 대통령께서 정치인을 체포하라고 지시하셨습니다라고는 보고하지 않았습니다. 다만 그 정황상 관련된 보고를 드렸는데 10시 53분에 대통령으로부터 전화를 받고 11시 6분에 방첩사령관으로부터 어떤 내용인지를 알게 됐습니다. 제가 방첩사령관에게 전화를 할 때는 우리 국정원이 놓쳤지만 아마 대통령께서 이렇게 싹 다 잡아들이라고까지 말씀하시는 거 보니까 군 내에 장기 암약하던 간첩단 사건을 적발했나 보다, 그래서 이렇게까지 긴급하게 진행돼야 된다고 생각하고 국정원에까지 지원을 요청한다고 추정했었습니다. 그런데 여인형 방첩사령관으로부터 체포 대상자 명단을 받아 보는 순간에 이게 뭔가 잘못됐구나라고 전반적인 사항이 흐트러져서 이해하기 어려웠습니다.

더구나 11시 6분에 방첩사령관하고 통화한 다음에 11시 30분에는 원장님께서 지시하셔서 원장님 집무실에서 긴급 정무직회의가 열립니다. 만약에 자리에 안 계셨다면 모르지만 방금 대통령으로부터 전화받고 방첩사령관으로부터 전화받은 내용을 11시 6분에 알고 있는데, 11시 30분에 정무직회의 때 바로 제 앞에 앉아 계셨거든요. 그걸 어떻게 말씀 안 드릴 수가 있습니까?

○김병주 위원　그리고 나중에 사직서까지 5일 날 내라고 했잖아요. 그것까지 간단히 얘기를 좀 해 주세요.

○위원장 안규백　정리하세요.

○증인 홍장원　다시 한번 말씀해 주십시오.

○김병주 위원　12월 5일 날 조태용 원장이 사직서 내라고, 내야 되지 않겠냐까지 얘기했잖아요. 그것까지 간단히……

○증인 홍장원　그런데 그 부분도 지금 국정원장님께서는 홍장원 차장이 정치적 중립 의무를 위반했기 때문에 경질했다고 말씀하시는데 12월 5일 날 저한테 말씀하신 내용하고는 전혀 다릅니다.

○위원장 안규백　추가로 하십시오.

○김병주 위원　추가질의하겠습니다.

……

○위원장 안규백　부승찬 위원님.

○부승찬 위원　김성훈 경호차장님, 저 아시지요?

○**증인 김성훈** 예.

○**부승찬 위원** 고생이 많으십니다.

  경호처는 이벤트 회사가 아니지요?

○**증인 김성훈** 예, 그렇습니다.

○**부승찬 위원** 그런데 이벤트 회사같이 움직이면 이벤트 회사로 볼 수도 있는 거 아니겠습니까?

  제가 한 가지만 여쭤볼게요, 답변 안 하실 것 같은데.

  그때 23년도 60주년 행사 크게 하지요. 물론 하는데, 경호처가 노래를 부르고 할 수 있어요. 그거는 당연히 할 수 있는 거라고 저는 생각해요. 그건 당연하다고 생각하는데 간호장교, 서울지구병원 간호장교들 투입됐지요?

  그다음 또 하나, 답변 안 하셔도 돼요.

  55경비단은 언론에 나왔고, 90정보통신단 참여했지요. 합창 경연대회를 했지요. 그리고 원래는 1등만 본선 무대에 가서 용비어천가를, 윤비어천가를 부르기로 했는데 다들 고생했기 때문에 다 같이 나가서 합창한 적 있지요?

  답변 안 하셔도 됩니다. 경호상의 이유로 답변 안 하셔도 되는데요. 경호처가 하는 거는 제가 뭐라고 안 그러겠어요. 그런데 이 주변 군부대들이 배속이잖아요. 그렇지요? 배속도 있고 그다음에 협조 관계에 있잖아요. 그러면 경호처가 이런 행위를 했다면 그거는 이벤트 회사지요.

  경호처 하는 거에 대해서는 뭐라 안 한다니까요. 간호장교들 투입되고 그다음에 정보통신단 투입되고 그다음에 인근 군부대들 투입되고, 이건 상황이 완전 다른 겁니다.

○**증인 김성훈** 위원님 지적하신 대로 그렇게 생각하실 수 있으나, 저희가 그거를 매년 했다면 그런 지적을 받아야겠지요. 저희가 딱 두 번 했습니다. 50주년 행사하고 60주년 행사 했는데……

○**부승찬 위원** 알겠습니다, 알겠습니다.

○**증인 김성훈** 저희도 저희 직원 동원해서 기획하고 싶지 않았지만 그 기획사가 몇 억씩 들어간다고 하더라고요. 그래서 자체적으로 하다 보니까 그랬고……

○**부승찬 위원** 아니, 그래서 간호장교들 기쁨조도 아니고……

○**증인 김성훈** 예, 맞습니다. 군부대를 동원한 게 아니고요 저희가 경호처하고 경호부대, 함께하는 마음으로 그렇게 50주년에도 행사를 했고 60주년 때도 했습니다.

○**부승찬 위원** 예, 알겠습니다.

  들어가셔도 됩니다.

  작전본부장님.

○**증인 이승오** 작전본부장입니다.

○**부승찬 위원** 군은 법과 절차를 지키지 않아도 되는 거예요, 대북과 관련돼서?

○**증인 이승오** 법과 절차를 지킵니다.

○**부승찬 위원** 그렇지요? 나와 있는 대로 지키지요?

○**증인 이승오** 예.

○**부승찬 위원** 합참 대북전단과 관련돼서 보고받으셨지요? 받으셨어야 정상이지요?

○**증인 이승오** 확인해 드릴 수 없습니다.

○**부승찬 위원** 아니, 그러니까 원래 모든 작전은 보고를 받으시지요?

그러면 일반론적으로 물어볼게요. 모든 작전은, 합참이 통제하는 작전은 보고를 받으시지요?

○**증인 이승오** 예, 대북 작전과 관련된 사항들은 대부분 다 알고 있습니다.

○**부승찬 위원** 받는 걸로 알고 있어요. 그렇지요? 보고를 받으세요. 맞지요?

합참에 대북전단 살포 내역을 달라고 본 위원이 질의를 했는데 합참에서 '북이 이용할 수 있는 정보로 공개가 제한됨을 양해 바랍니다'.

슬라이드 띄워 주실래요?

(영상자료를 보며)

이렇게 왔어요. '북이 이용할 수 있는 정보로 공개가 제한됩니다' 이렇게 왔어요.

통일부장관하고 경찰청장 나오셨지요?

통일부장관께 여쭙겠습니다.

지금 경찰청하고 통일부에서는 아주 상세하게 자료를 제공해요. 이적행위하신 거네요? 저희 의원실에 자료를 너무 상세하게 제공해. 이적행위하신 거네요?

○**증인 김영호** 그렇지 않습니다.

○**부승찬 위원** 그렇지 않지요?

들어가십시오.

나중에 이거는 보고받았는지 안 받았는지 따져 물을 거고 책임을 지셔야 될 겁니다.

그다음에 심리전단장님.

잠깐 멈춰 주세요.

○**증인 양현승** 국군심리전단장 양현승 대령입니다.

○**부승찬 위원** 여기 어디입니까? 슬라이드 여기 어디예요? 이 지역 어디인지 모르시지요?

○**증인 양현승** 해당 지역은 군사시설 관련된 사항으로 답변드리기 제한됩니다.

○**부승찬 위원** 용도도 말씀 못 해 주는 거지요?

○**증인 양현승** 민통선 이북지역이어서 관련된 사항 답변드리기 제한됩니다.

○**부승찬 위원** 사용하지 않는 미사용 건물이라고 그랬어요.

○**증인 양현승** 그렇지 않습니다.

○**부승찬 위원** 막상 자물쇠 수불 내역을 달라 그러니까 절대 안 줘.

○**증인 양현승** 그렇지 않습니다.

○**부승찬 위원** 그리고 간단히 얘기할게요.

'대북전단 살포에 관해서 옆 소대에도 알리지 마라. 합참도 모른다. 합참 전비 검열 태세 때도 관련 장비를 은폐해야 한다', 여기 운용했던 중대장한테 운용했던 요원이 제보를 한 거예요. 합참에 원래 보고하게끔 되어 있지요?

○**증인 양현승** 예, 그렇습니다.

○**부승찬 위원** 보고했는지 안 냈는지는 나중에 삼사원 삼사라든지 수사를 통해서 따져 물을게요. 준비해 두고 계시면 됩니다.

○**증인 양현승** 예, 관련된 내용은 사실이 아닙니다.

○**부승찬 위원** 따져 묻는다니까요.

들어가셔도 돼요.

정진팔 차장님.

잠깐 멈춰 주세요.

○증인 정진팔 합참 차장입니다.

○부승찬 위원 여기 운용 요원이 중대장한테 직접 들은 거를 우리가 녹취도 다 했어요. ‘합참 전비 태세 검열 오면 숨겨라. 은폐해라’ 이런 얘기를 했어요. 이 정도면 심각하지요?

○증인 정진팔 어떤……

○부승찬 위원 아니, 대북전단과 관련돼서 아까 심리전단한테 질의했는데 ‘합참 전비 태세 때도 관련 장비를 은폐해라’, 만일 이게 사실이면 심각하지요? 심각 안 해요?

○증인 정진팔 예, 심각합니다.

○부승찬 위원 들어가셔도 좋습니다.

확성기 관련돼서 여쭐게요. 확성기와 관련돼서 남북……

심리전단장.

○증인 양현승 심리전단장입니다.

○부승찬 위원 확성기 방송과 관련돼서 남북관계발전법상에서는 금지하게 되어 있지요?

○증인 양현승 ……

○부승찬 위원 금지하게 되어 있지요? 확성기 방송 금지하게 되어 있어요, 남북관계발전법에.

되어 있어요, 안 되어 있어요? 여쭙는 거예요. 그 정도도 안 하고 임무 해요?

○증인 양현승 6월 4일부로 NSC 결정에 따라서……

○부승찬 위원 아니, 그 법은 남아 있잖아요. 법 절차 안 지켜? 나중에 NSC 결정도 법 절차에 따라서 서해 공무원 사건부터 시작해서 다 구속되고 있잖아요! 뭔 소리 하고 있는 거야?

○증인 양현승 그 부분은 제가 판단할 사항……

○부승찬 위원 그다음에 심리전 용도로 비무장지대 내 확성기를 사용하기 위해서는 유엔군사령관의 승인이 필요하지요?

○증인 양현승 그 부분도 제가 판단할 사항은 아닙니다.

○부승찬 위원 규정을 묻고 있는 거예요, 규정을. 뭘 판단이 있어, 규정을 묻고 있는데?

○증인 양현승 국군심리전단은 합참의 지휘 통제를 받아 정상적인 절차에 의해서만 임무를 수행하고 있습니다, 위원님.

○부승찬 위원 규정을 묻고 있잖아요.

추가질의할게요.

○위원장 안규백 합참 작전본부장님.

○증인 이승오 작전본부장입니다.

○위원장 안규백 정보는 혼자 알면 휴지입니다. 그러나 함께 알면 보물입니다. 국방위원들도 똑같은 취급자이기 때문에 그 점 유념해서 질의응답에 임해 주시기 바랍니다.

○증인 이승오 예, 알겠습니다.

○위원장 안규백 이어서 강선영 위원님.

○**강선영 위원** 법무부장관님께 질의드리겠습니다.

헌재가 2015년에 발간한 주석 헌법재판소법 653페이지를 보면 '권한대행자의 탄핵소추 발의 및 의결의 정족수는 대행되는 공직자의 그것을 기준으로 한다'고 규정되어 있습니다. 이러한 해석에 따르면 지금 계신 한덕수 대통령권한대행에 대한 탄핵소추 의결정족수는 대행되는 공직자, 즉 대통령 기준 200명으로 하는 것이 제가 생각할 때는, 법을 모르는 제가 생각할 때는 맞는 것 같은데 어떻게 생각하십니까?

○**증인 박성재** 저도 위원님 생각에 동의하는 부분이 있습니다만 헌법재판소에서 그 점에 대해서 하루라도 빨리 판단을 해서 총리님께서 국정에 복귀할 수 있도록 결정을 해 주시면 좋겠습니다.

○**강선영 위원** 지난 12월 27일 날 총리, 대통령권한대행에 대한 탄핵소추안 표결 당시 국회의장은 국회법 10조에 따라서 국회의 의사를 정리할 권한이 있다는 것을 근거로 의결정족수를 결정했습니다. 이는 의사정리권이라는 국회의장의 권한을 말합니다.

(영상자료를 보며)

저것 보시는 것처럼 국회사무처가 발간한 '국회법해설'에는 의장이 의사정리권이 있다, 그런데 이는 적절한 회의 운영을 위하여 의장에게 부여한 권한으로 정의하고 있습니다. 여기에서 보면 의사정리권의 예를 마흔일곱 가지를 열거하고 있습니다, 명확하게. 거기에 보면 본회의 의사일정 등 내용이 있는데 이 마흔일곱 가지 내에는 의결정족수의 결정이 없습니다, 제가 확인한 바로는.

그렇다면 의사정리권은 의사 진행과 회의 운영을 효율적으로 하기 위해 주어진 권한이지 의결정족수 결정과 같은 고도의 법적·정치적 사안을 자의적으로 판단할 수 있는 권한은 아니라고 생각합니다.

장관님, 제 말에 동의하십니까?

○**증인 박성재** 그런 문제점이 있어서 헌법재판소의 재판 쟁점이 되고 있는 것이 아닌가 생각을 합니다.

○**강선영 위원** 알겠습니다.

총리님, 총리님께서는 지난 6일 이와 관련해서 헌재에 답변서를 제출하셨습니다. 그래서 보도에 나온 바로는 답변서에 탄핵의 국무위원 소추 기준, 즉 151명을 적용한 것은 위법이라고 말씀하셨는데 거기에 대해서 추가적으로 하실 말씀이 있으면 말씀해 주십시오.

○**증인 한덕수** 헌법재판소에 의견을 냈기 때문에 헌재가 조속히 결정을 해 주셨으면 하는 희망을 가지고 있습니다.

○**강선영 위원** 알겠습니다.

잠깐 멈춰 주시고요.

707특임단장과 특수작전항공단장 잠깐만 나와 주십시오. 양쪽에서 답변해 주십시오, 두 분이 같이 해야 되니까.

○**승인 김현태** 707특임단장입니다.

○**증인 김세운** 특항단장입니다.

○**강선영 위원** 707특임단장은 당일 전 특전사령관으로부터 불시 점검 훈련을 실시하라는 임무를 받았지요?

○증인 김현태 예, 그렇습니다.

○강선영 위원 몇 시에 받았어요?

○증인 김현태 11시 9분에 받았습니다.

○강선영 위원 주간? 오전?

○증인 김현태 그렇습니다.

○강선영 위원 그다음에 무슨 내용의 지시를 받았어요?

○증인 김현태 불시 점검 훈련을 하라는 지시로 간단하게 받았고 직후에 특항단으로부터 항공기 12대가 지원될 거라는 통화를 받았습니다.

○강선영 위원 그러면 특항단장, 마찬가지로 전 특전사령관으로부터 같은 내용을 받았지요? 불시 점검을 하겠다, 그렇지요?

○증인 김세운 불시 훈련으로 들었습니다.

○강선영 위원 불시 훈련.
  그래서 어떤 내용을 논의했어요, 둘이?

○증인 김세운 훈련을 어떻게 진행할지 알아야지 항공기를 준비할 수 있기 때문에 훈련을 어떻게 진행할 건지 그 부분에 대해서 특임단장하고 통화를 했습니다.

○강선영 위원 당시에 훈련하는 장소가 결정되지 않아서 둘이 협의해서, 어떤 곳으로 훈련하겠다는 결정을 두 분이 했지요?

○증인 김세운 최종적으로 항공기 안전하게 착륙할 수 있는 지역 고려해서 평소에 훈련을 하는 경기도 광주 소재에 있는 특수전학교에서 하는 걸로 최종 협의를 했습니다.

○강선영 위원 그러면 특수전학교도 하고 3공수여단 연병장도 같이 검토한 것 아닌가요?

○증인 김세운 최초에는 3공수 본청에 대한 급속 로프 하강 훈련을 얘기했는데 야간에 불시 훈련으로 한 번도 해 보지 않은 지역에서 하는 것은 좀 위험해서 특수전학교 하는 걸로 건의를 했고 그렇게 협의를 했습니다.

○강선영 위원 그런데 실제 임무가 떨어진 게 야간에 국회라는 것을 알았지요, 임무, 항공기 출동하기 전에?

○증인 김세운 그 부분 말씀드리면 항공기 출동 지시는 곽종근 전 사령관으로부터 야간 10시 30분에 비화폰으로 받았는데 목적지에 대한 얘기는 없었고 약 10분 후인 40분경에 참모를 통해서 목적지가 국회다라고 통보를 받았습니다.

○강선영 위원 그랬을 때, 국회라고 생각했을 때, 국회로 출동한다고 그랬을 때 어떤 임무가 주어졌을 거라고 생각했어요?

○증인 김세운 세부 임무 내용에 대해서 고민하기보다는 저희가 특전사에 있는 유일한 항공부대입니다. 기동부대라고 할 수 있는데 신속대응부대를 특정 지역에 투입을 한다고 하면 해당 지역을 보호하기 위해서 보내는 거라서 신속하고 안전하게 보내는 것에만 주안을 두고 임무 준비했습니다.

○강선영 위원 그렇다면 707단장과 항공단장의 얘기로는 주간에 받은 것은 불시 점검 훈련이라고 했기 때문에 최초에는 3공수여단으로 정했다가 나중에는 특교단으로 정했고, 그다음에 임무가 돼서 국회로 간다고 했을 때도 이것이 어떤 대테러 상황이라고 생각했지 그 지역을 특별하게 군이 가서 장악한다든지 그런 걸로 이해하지는 않았다, 저는 그렇게 이해하는데 어떻게 생각하십니까?

○증인 김현태 예, 맞습니다.

○강선영 위원 알겠습니다.

　잠시 멈춰 주십시오.

　다음, 3공수여단, 9공수여단 나와 주세요.

○증인 김정근 3공수여단장입니다.

○강선영 위원 3공수여단은 그때 부대 활동을 보니까 12월 4일부터 3일간 여단 체육대회가 있었지요?

○증인 김정근 예, 그렇습니다. 후반기 여단 체육대회가 있었습니다.

○강선영 위원 그런데 체육대회가 있어 가지고 축구 골대 다 장치했는데 훈련한다고 해서 축구 골대를 치워 달라고 했지요?

○증인 김정근 예.

○강선영 위원 그렇다면 3공수여단도 사실은 3일 야간에 계엄이 있을 거라는 생각은 못 하고 3일간의 연간 체육대회를 준비하고 있었던 것 맞지 않습니까?

○증인 김정근 그렇습니다. 만약에 사전에 알았다면 체육대회를 취소하거나 조정했을 것입니다.

○강선영 위원 알겠습니다.

　9공수여단장.

○증인 안무성 9공수여단장입니다.

○강선영 위원 저도 같이 근무해서 알지만 특전사는 1개 팀이 구성된 인원들이 각각의 특기가 있기 때문에 그중의 1명이나 2명이 빠지면 임무가 안 돼서 공수부대는 통상 대대 단위로 거의 휴가를 같이 나가지요?

○증인 안무성 예, 그렇습니다.

○강선영 위원 그때도 제가 볼 때 9공수여단 대부분이 휴가를 나간 걸로 제가 확인했는데 몇 % 인원이 휴가를 나갔습니까?

○증인 안무성 대대 전투력의 50%가 실제 출근을 하지 않았습니다. 이유는 비상계엄 발령되기 전날, 그러니까 12월 2일부터 1개 대대는 일주일 동안 정기휴가를 갔고 1개 대대는 열흘 동안 전투휴무를 실시했고 실제 그 병력 중의 16명은 해외여행이 진행 중이거나 계획 중이었습니다.

○강선영 위원 지금 설명을 들어 보면 707, 특항단, 3공수, 9공수 모두 여단장들도 그때 무슨 상황인지 몰라서 체육대회 그다음에 부대의 대부분을 휴가를 보냈습니다. 저는 이러한 것을 같이 계획한 사령관들까지는 책임이 있지만 군은 명령을 받고 이걸 따르게 돼 있는 집단이기 때문에 그 명령을 받고 충직하게 수행한 이 여단장 이하 임무를 수행한 인원들이 왜 그 임무를 수행했는지를 자꾸 따지는 것이 과연 국조특위의 올바른 방향인지 의문이 들지 않을 수 없습니다.

　이상입니다.

○위원장 인규백 신원식 장관님, 잠시 밖에서 쉬었다 오셔도 괜찮습니까. 삼시 쉬었다 오십시오.

○증인 신원식 괜찮습니다.

○위원장 안규백 이어서 민병덕 위원님 질의해 주십시오.

○**민병덕 위원** 제가 오늘 좀 당황스러운데요. 오늘 이 자리가 윤석열 내란 혐의를 조사하는 자리인지 아니면 내란을 옹호하는 자리인지 정말 모르겠다라는 말씀을 드립니다.

심지어 최상목 권한대행을 증인 신청한 것에 대해서 오만한 것이다라고 얘기하는데 최상목 기재부장관은 대통령으로부터 A4 지시사항을 받았습니다. 그 내용은 국회의 자금을 완전히 끊고 비상입법회의 예산을 세우라는 겁니다. 그런데 여기에 대해서 대통령은 자기는 이것 준 적이 없다 이렇게 얘기하고 있는데 말도 안 되는 이유로 여러 번 지금 국민 앞에 나오지 않는 최상목 대행이 오만한 겁니까, 그걸 요구한 국회의원이 오만한 겁니까?

또 하나는 내란 특검의 범위와 관련해서 인지사건이 들어가 있기 때문에 이것은 말도 안 되는 것이다라고 하는데 수사 과정에서 내란을 수사하다가 외환유치가 드러나면 하지 말라는 얘기입니까? 덮으라는 얘기입니까?

또 하나는 이 내란 혐의가 윤석열에게 있습니까, 이재명에게 있습니까? 제가 정무위원으로서 이재명 대표하고 같이 은행연합회의 은행장들이 지금 민생과 관련해서 그리고 은행의 업무 영업과 관련해서 무슨 문제가 있느냐라는 건의사항을 듣고 왔습니다. 관치금융, 관치금융 하면 이복현의 관치금융 이게 최고 아닙니까? 4% 넘는 이자는 강제로 환급하게 만들었습니다. 이것의 좋고 안 좋고를 떠나서 이것을 이복현이 요구해서 했다라는 것 자체가 엄청난 관치금융 이것임에도 불구하고……

그래서 이 자리는 윤석열 내란 혐의에 대해서 조사하는 자리입니다. 제발 그렇게 해 주셨으면 좋겠습니다.

잠깐 스톱해 주십시오.

신용한 참고인 계시지요?

앞으로 좀 나오십시오.

제가 다른 것 하느라고 2분을 까먹었는데요, 좀 빨리빨리 합시다.

신용한 교수님은 지난 윤석열 캠프에서 어떤 역할을 하셨지요?

○**참고인 신용한** 정책총괄지원실장으로 대통령후보께 직접 정책에 대해서 보고드리고 또 전략조정회의, 일일상황점검회의 등 중요 회의에 참석했습니다.

○**민병덕 위원** (영상자료를 보며)

PPT 1번을 보면 캠프 때부터 선관위를 불신하고 있었다라는 그런 문건을 공개하셨는데요. 여기에 보면 집계 과정에서 컴퓨터 알고리즘을 조작한다, 이럴 수 있다라는 거고 그리고 검증은 서버 확보와 로그인 기록 확보를 통해서 해야 된다 이렇게 돼 있는데 그러면 이 캠프 때부터의 생각이 지금까지 이어져 온 거라고 봐도 되겠습니까?

○**참고인 신용한** 예. 부정선거 관련 관리대책이라는 문건입니다. 캠프 때도, 지금 저 빨간 박스 보시면 검증 과정에서 서버를 확보해야 된다, 로그인 기록을 확보해야 된다, 이것 그대로 이번에 선관위에 군인들이 들어간 것을 보면……

○**민병덕 위원** 좋습니다.

○**참고인 신용한** 대선 때의 생각이 그대로 이어져 온 것 같습니다.

○**민병덕 위원** PPT 2번을 보겠습니다.

이것은 유경준 의원이라고요, 국민의힘 전 의원입니다. 통계청장 출신입니다. 1월 21일 날 중앙일보에서 인터뷰를 했어요. 그 내용이 뭐냐면 지난 대선 직후인 22년 4월경에 윤석열 대통령하고 부정선거 음모론에 대해서 설전을 벌였다라는 거고, 그때 윤석열 대통령의 내용이 뭐냐면 자신이 5~10%를 이길 선거인데 부정선거 때문에 간발의 차이로 이겼다, 그러니까 부정선거다라고 주장했다고 합니다. 그러면서 이번 인터뷰에서 이렇게 얘기하고 있어요. 통계학의 기본도 모르는 말도 안 되는 소리라고 일축하고 있습니다.

질문하겠습니다.

지난해, PPT 3번을 보면 지난 대선 직전에 이준석 대표도 10% 차이로 승리한다고 이렇게 자신하고 있거든요. 그래서 묻습니다.

윤석열 후보와 이준석 당대표가 10% 차이로 이긴다라고 하는 근거가 무엇이라고 생각합니까?

○참고인 신용한 명태균 씨가 1차부터 9차까지, 2022년 2월 28일부터 3월 8일까지 아홉 차례 매일매일 조사를 합니다. 거기 보고에 보면 약 5~10%를 계속 당시 윤석열 후보가 이기는 걸로 돼 있습니다. 마지막 9차 보고서에 보시면 9.1% 이기는 것으로 나와 있고 봉황 무늬에 금색으로 '당선 확실'이라고 되어 있습니다. 즉 '9.1%' '봉황 무늬' '당선 확실' 이런 것들이 윤석열 당시 후보에게 확신을 심어 줬다고 생각합니다.

○민병덕 위원 그러니까 10% 이 승리 얘기는 명태균 보고서에 근거가 있을 것이다?

○참고인 신용한 상당히 그 근거에 기초해서 그렇게 확신했다고 생각합니다.

○민병덕 위원 저는 윤석열 대통령이 부정선거 때문에 계엄을 한 것이 아니라 계엄의 이유를 만들기 위해서 부정선거의 핑계를 댔다고 생각합니다. 왜냐하면 오늘 나왔던 여인형 방첩사령관에게 보고했던 문서에도 부정선거의 가능성이 없다라고 돼 있고 윤석열 자신의 친구인 사무총장도 그럴 가능성이 없다고 하는데 계속해서 이것을 얘기하는 것은 이것을 핑계로 다른 목적이 있었다라고 보입니다.

참고인, 명태균 사건과 관련해서 좀 물을게요.

창원지검 다녀오셨지요?

○참고인 신용한 예, 조사받았습니다.

○민병덕 위원 참고인 조사에서 대통령 비호한다는, 검찰이 비호한다는 느낌 받았습니까?

○참고인 신용한 제가 조사받을 당시에는 윤석열·김건희, 두 분에 대해서도 팩트에 대해서는 소상히 체크를 한다라고 그런 느낌을 받았습니다.

○민병덕 위원 명태균 씨는 20일 날 자신의 재판에서 이렇게 얘기했어요. 검찰이 조사할 때 뭐라고 얘기했냐면 '황금폰을 제출하면 우리도 부담이 된다. 그래서 전자레인지에 돌려서 폐기해라. 나는 아이폰을 쓴다. 비밀번호가 16자리다. 다음에 당신도 이렇게 써라'라고 말했다고 하는데 검찰이 이렇게 회유한 이유가 무엇이라고 생각합니까?

○참고인 신용한 명태균 씨 수사보고서가 2021년 11월 4일 날 작성되고 그리고 3일 후에, 11월 7일에 윤석열 대통령의 대국민 담화에서 윤석열 대통령이 명태균 씨 관련성에 대해서 완벽하게 부인을 합니다. 그게 일종의 가이드라인이 돼서 수사하는 당국에서 현직 대통령에 대해서 상당한 심적 압박을 받았을 것으로 생각됩니다.

○민병덕 위원 그러면 12월 2일 날 강혜경 씨가 명태균 PC를 되돌려 달라고 한 것도 있는데 그런 압박이 계속 작용해서 이번 계엄이 있었을 것이라고 생각한다는 거지요?

○참고인 신용한 제가 소상히 자료를 제출한 것과 그리고 강혜경 씨가 PC를 돌려 달라고

한 것 그리고 명태균 변호인들이 휴대폰을 제출할 수 있다는 것, 이런 것들이 큰 압박이
됐을 거라고 봅니다.

○민병덕 위원 그리고 하나만 더 물을게요.

　명태균 씨의 엉터리 비공개 여론조사가 있는데 이 역할 외에도 명태균의 다른 역할들
이 있었다고 보이는데 이것은 어떻습니까?

○참고인 신용한 캠프에 상당한 역할을 한 게 경선 룰과 경선 일자 바꾸는 것까지 영
향을 미쳤다고 봅니다.

○민병덕 위원 시간이 없으니까 이것하고, 이 부분 하나하고 그리고……

○김성원 위원 이따 하세요.

　　(발언시간 초과로 마이크 중단)

　　(마이크 중단 이후 계속 발언한 부분)

○민병덕 위원 잠깐만요.

○위원장 안규백 그렇게 해 주세요.

○민병덕 위원 그러면 이 부분, 금방 제가 물었던 이 질문에 대해서 조금 더 자세하게
그런 사례가 있었는지에 대해서 말씀해 주십시오.

○참고인 신용한 수사보고서에 2021년 8월 19일 자를 보면 명태균 씨가 먼저 김건희
씨에게, 경선 룰과 일정에 대한 걸 중앙당 누군가로부터 받아서 김건희 여사에게 보내는
게 있습니다. 그 내용을 제가 제 파일을 찾아보니까 동일한 파일이었습니다. 그런데 그걸
보내고 나서 룰과 일정이 바뀝니다, 국민의힘 경선 룰과 일정. 그런 것들로 봐서 명태균
씨는 상당히 당에 그리고 김건희 여사 등등에 큰 위상, 역할을 갖고 있었다라고 확신합
니다.

○민병덕 위원 그러면 단순한 조력자가 아니라 정권의 창조였다라는 의심마저 든다는
것이지요?

○참고인 신용한 조력자 수준을 넘어서 함께 공동정권을 창출한 사람이라고 생각합니다.

○위원장 안규백 증인……

　이따 추가로 하십시오.

　민홍철 위원.

○민홍철 위원 합참의 작전본부장 앞으로 좀 나와 주실래요? 앞쪽으로 좀, 제가 볼 수
있도록.

○증인 이승오 작전본부장입니다.

○민홍철 위원 합참은 말이지요 군 예하부대, 군이 이동하는 걸 모두 다 보고를 받지요?

○증인 이승오 예, 합참이 통제하고 있는 부대들은 받습니다.

○민홍철 위원 그러니까 사령부라든지 수방사…… 받지요?

○증인 이승오 예.

○민홍철 위원 그런데 지금 윤석열 대통령과 그 변호인 측은 이제는 군 병력의 출동
지시 또는 어떤 지시조차도 지금 부인하고 있어요. 그러면 평상시에 군이 이동할 때는
합참·대통령, 국군통수권자지요. 대통령·국방부장관·합참의장·각 군 총장이 지시하는 것

아닙니까?

○**증인 이승오** 예, 부대 이동에 대해서는 군령권 가지고 있는 분들이 지시할 수 있습니다.

○**민홍철 위원** 그리고 계엄이라면 계엄사령관·국방부장관·대통령이지요?

○**증인 이승오** 예, 계엄임무수행군은 그렇게 임무를 줄 수 있습니다.

○**민홍철 위원** 그러한 지시 없이 군이 이동하고 어떤 임무를 수행했다, 그러면 뭡니까? 명령 없이 군이 마음대로 움직이고 심지어 이번에 계엄 상황을, 임무를 수행했는데 그렇게 되면 군 스스로 했다는 겁니까? 그렇지 않잖아요.

답변하세요. 상식이잖아요.

○**증인 이승오** 군령권을 갖고 있는 전 장관에 의해서 지시가 되었고……

○**민홍철 위원** 군 스스로 했다면 그것은, 명령 없이 했다면 그것은 반란이지요. 그렇지 않습니까?

○**증인 이승오** 그렇습니다.

○**민홍철 위원** 그런데 어제 헌재에서 윤석열 대통령이나 변호인 측은 이제는 군 투입을 선관위나 국회에 투입조차도 지금 부정을 하는 그런 진술을 하고 있어요. 이것은 아니지 않습니까?

○**증인 이승오** 대통령이 어떻게 답변했는지는 제가 확인하지 못했지만 장관에 의해서 그렇게 된 겁니다.

○**민홍철 위원** 그래서 저는 이번의 비상계엄 자체는 5·16 쿠데타나 또는 12·12 반란보다는 좀 더 진화된 쿠데타라고 저는 생각을 합니다. 무슨 말씀이냐? 특수부대, 수방사 특임부대나 특전사 707 그다음에 정보사, 방첩사 또 아까 사이버사까지 나왔잖아요. 특수기능 부대가 동원된 기동타격형 비상계엄이 아닌가 이렇게 생각을 합니다. 그래서 국회만 해제권을 제한한다든지 무력화시키면 이 계엄은 성공한 거다 그리고 국민적인 저항이나 이런 게 유발이 되면 그 이후에 보병부대나 기갑부대를 동원할 계획이 있지 않았느냐, 저는 이렇게 판단을 해요.

그래서 제가 작전본부장께 물어보는 이유는 군은 군통수권에 의해서 명령이 내려가야 출동을 하고 작전에 투입되지 않습니까?

○**증인 이승오** 예.

○**민홍철 위원** 그리고 지금 1차 기관보고 때도 이진우 전 수방사령관이나 곽종근 특전사령관 모두가 다 대통령의 직접 지시 또는 국방부장관의 지시로 계엄 임무를 수행했다라고 진술을 지금 하고 있어요. 그런데 이제 와서 군 투입조차도 지시한 바가 없다는 취지로 이렇게 진술을 하는 것 보니까 이것은 평생 삶을 자유민주주의 철학으로 살았다는 그 진술, 이것 정말 거짓말도 이런 거짓말이 없다 저는 그렇게 생각합니다.

작전본부장 들어가세요.

그리고 안보실장 나오셨네요.

○**증인 신원식** 예.

○**민홍철 위원** 안보실장님이 이번에 참 억울할 것 같아요. 비상계엄이 선포가 됐는데도 불구하고 안보실장께서 배제되다시피 한 이런 상황, 이게 과연 대한민국 안보가 튼튼하다고 할 수 있겠습니까? 어떻게 생각하십니까?

○**증인 신원식** 계엄 관련돼서는 별도로 드릴 말씀이 없습니다.

○**민홍철 위원** 저도 군 생활을 했습니다만 정말 이해할 수 없는…… 안보실장이 배제됐다, 물론 본인 입장에서는 참 천만다행이라고 생각할 수도 있겠지요.

2024년 3월 말, 4월 초순경 그때 국방부장관 임무를 수행하고 계셨잖아요. 그때 대통령과 국가정보원장, 방첩사령관 그렇게 식사를 하셨다고 하는데 그 당시에도 대통령이 비상 관련된 이런 얘기를 했지요?

○**증인 신원식** 저도 지금 민주당과 시민단체로부터 고발된 입장이기 때문에 그 사항에 대해서는, 수사기관에는 제가 있는 그대로 말씀드렸는데……

○**민홍철 위원** 공소장에 나오고 있어요.

○**증인 신원식** 그러니까 그것을 제가 직접……

○**민홍철 위원** 그러면 그때 느낌은 어떤 느낌이었어요?

○**증인 신원식** 제가 다른 것으로 말을 대신하겠습니다. 제가 국방부장관 인사청문회 그다음에 국방위에서 수차례 걸쳐서 비슷한 질문 했을 때 저는 이것을 반대한다는 입장을 가지고 있었습니다.

○**민홍철 위원** 그러면 하나만 묻겠어요.

그리고 안보실장께서는 23년 10월 취임한 이후에 수방사령관 이진우, 특전사 곽종근 그리고 여인형 방첩사령관 인사를 했지 않습니까. 그렇지요?

○**증인 신원식** 그렇습니다.

○**민홍철 위원** 어떤 기준에 의해서 했지요?

○**증인 신원식** 위원님께서도 군 생활 하셨지만 그 당시 6명이 중장 진급했는데 5명이 육사 출신이었고…… 47기, 48기가 주력이라서 48기 4명, 47기 2명 이렇게 했는데 정상적인 각 군본부에서 추천을 받고 제가 제청을 하고 대통령께 재가 드린 정상적인 절차에 의해서 선발했습니다.

○**민홍철 위원** 절차다. 특별히 임무 부여는 각 근무 경력이나 이런 것을 참고했겠지요?

○**증인 신원식** 예.

○**민홍철 위원** 그리고 대통령으로부터 특별한 어떤 언질이나 그 세 사람에 대한 특별한 어떤 의견은 없었어요?

○**증인 신원식** 전혀 없었습니다.

○**민홍철 위원** 그러면 순수하게 인사 원칙에 의해서 인사를 했다?

○**증인 신원식** 예.

○**민홍철 위원** 그런데 이 세 사람이 1년 후에 비상계엄에 적극적인 참여자가 된단 말이에요. 그때는 전혀 예상하지 못했겠네요?

○**증인 신원식** 그러니까 만일 위원님 말씀대로 그 전부터 알았다면 몇 년 전부터 저한테, 준비를 했던 건데 그것은 아니었고 제가 봐서 그때는 정상적인 진급을 했고 그 뒤 이루어진 일들이라고 생각하고 있습니다.

○**민홍철 위원** 알겠습니다.

○**위원장 안규백** 수고하셨습니다.

○**강선영 위원** 의사진행발언 좀 하겠습니다.

○**위원장 안규백** 예, 1분 주십시오.

○**강선영 위원** 좀 전에 신용한 참고인이 발언을 했는데 이 참고인에 대해서 증인으로의 변경을 요청합니다. 야당이 단독으로 더불어민주당 당원으로 알려진 신용한 교수를 참고인으로 출석시켰는데요. 신용한 참고인은 확인해 보니까 그간 유튜브 등에 출연해 제보가 있다는 식으로 해서 김건희 여사가 전국 5대 명산에서 굿판을 벌였다, 원희룡 지사 부인이 여사 수행을 거부해서 재보궐 출마가 막혔다는 등의 주장을 해 왔던 사람입니다. 또 본인이 당시 윤석열 캠프에서 있었다는 것을 근거로 해서 자기 주관적인 생각을 마치 사실인양 호도하고 있는 사람입니다. 일각에서는 신 참고인의 일련의 행동을 보고 정치적 진영을 갈아탄 자가 본인의 정치적 입지를 확보하기 위해서 과장되게 말하는 것 아니냐는 비판도 있습니다.

위원장님, 신용한 참고인이 앞서 발언한 것처럼 기본적으로 민주당 당원이기 때문에 국정조사장에서 민주당에 유리한 답변을 당연히 할 수밖에 없고 그것을 봤을 때 국민들의 의심의 눈초리가 있을 거라고 생각합니다. 그런 차원에서 신용한 참고인이 본인이 말하는 것이 명확하다면 참고인을 증인으로 변경시켜 주시기를 바랍니다. 그리고 선서를 하고 발언하기 바랍니다.

이상입니다.

○**위원장 안규백** 알겠습니다. 제가 신용한 교수께서 민주당 당원인지 아닌지를 한 번 더 파악해 보고, 강 위원님 말씀이 부합되는가 아닌가를 파악해 보고 조치하겠습니다.

간사님, 똑같이 1분씩 드린 게 맞지요?

○**김성원 위원** 예.

○**위원장 안규백** 이어서 한기호 위원님 질의해 주십시오.

○**한기호 위원** 국민들이 보시기에 우리 국회를 참 우습게 볼 것 같은 생각이 듭니다. 왜 이런 말씀을 드리느냐 하면, 최상목 대행의 출석에 대해서 민주당 위원들이 계속해서 말씀하십니다. 그러면 최상목 대행이 출석을 못 하게 만든 것은 누구입니까? 국회가 만들었습니다. 왜 그렇습니까? 한덕수 총리님이 지금 정상적으로 대행을 하고 있으면 최상목 부총리가 출석 안 할 이유가 없어요. 이것 누가 만들었습니까? 국회가 만든 것 아닙니까. 지금이라도 최상목 대행을 출석시키려면 한덕수 총리 탄핵소추 취소해도 돼요. 왜 안 하고서, 자꾸 얽혀 놓고 실타래 꼬아 놓고 이러고서 안 한다고 합니까?

국회의 사실은 어떻게 보면 도를 지나친 권력의 남용에 의해서 이런 현상이 생겼다 이렇게밖에 말할 수가 없어요. 얼마나 우스운 일입니까. 우리가 해 놓고, 우리가 지금 함정을 파 놓고 자기가 빠지고서 함정에 빠졌다고 난리 치는 게 이게 말이 됩니까?

20일 트럼프 미 47대 대통령이 취임했습니다. 사실 우리나라는 현재 어디로 갈지도 모르는 상태예요. 취임사에서 북한의 핵을 언급했습니다. 이제 앞으로 어디로 갈지 몰라요. 그런데 지금 실질적으로…… 총리님은 미국에서 공부하시고 주미대사도 하시고 통상교섭본부장도 하시고 했기 때문에 사실은 누구보다도 지금 가장 어려운 때에 문제를 해결하실 분입니다. 이런 분의 발을 묶어 놓고 그러고서 지금 다른 얘기 하고 있는 자체가 우리 국회가 부끄러운 겁니다.

더군다나 총리님을 이렇게 묶어 놓고서 지금 나라가 이렇게 되고 있는데 다른 국무위원들까지 같이 탄핵 소추시켜 놓고 있습니다. 저는 국회의원의 한 사람으로서 정말로 부끄럽습니다. 국민들 보기에 정말로 부끄럽습니다. 이제 앞으로 어디로 갈 것 같은가 이렇게 물어보면 아무도 대답할 수가 없어요.

안보실장님, 지금 트럼프 대통령이 북한의 핵에 대해서 언급했잖아요. 어떻게 할 거예요? 대책 있어요?

○**증인 신원식** 정확하게 미국의 정책을 보고 여러 가지를 보완해야 될 필요가 있을 것으로 예상됩니다.

○**한기호 위원** 그렇지요.

그래서 이러한 어려운 경우에 헌법재판소가 지금 나라를 후퇴시키는 데 앞장서고 있는 거예요. 대통령 탄핵하는 이 심의를 하는, 재판하는 절차가 문제가 아니라 나머지 기능을 살려 줘야지요. 왜 나머지 기능을 다 죽여 버립니까? 이러고 헌법재판소가, 정말로 재판관들이 봉급 받을 자격이나 있어요? 이래서는 안 됩니다.

또 외환에 대해서, 여야가 특검법을 만드는 과정에서 이것은 빼자 하고 최종적으로 합의까지 했었어요. 그런데 오늘도 북풍에 대한 공작이 있었던 것처럼 얘기한다는 거예요. 이것도 또 웃기는 얘기입니다. 왜 웃기는 얘기냐 하면 실질적으로 군인이 계엄에 동원돼서 이렇게 고통받고 있는 것도 사실은 정말 괴로운 건데 북풍 공작을 했다 이렇게까지 또 누명을 씌우는 거예요. 그래서 제가 누명을 벗어라 이런 얘기를 자꾸 하는데.

이러다 보니까 어떤 문제가 생기느냐? 1공수여단이 지난번에 한국은행 보안 점검차 가려고 방문 협조를 했어요. 했는데 여기서 오지 말라고 그런 거예요, 한국은행 강남본부에서. 왜 그랬느냐? 이게 결국은 언론에 나와 가지고 아직도 군이 정신 못 차리는 것처럼 얘기해요. 그러나 이것은 계엄과 관련 없이 군사 중요시설을 보안 점검하고 유사시에 대테러에 대비하기 위한 훈련의 일환인데 이것마저도 지금 중지되고 있는 상태예요. 이렇게 되면 대한민국군이 존재하는 데 누가 가장 큰 방해를 하느냐? 우리 국회가 방해하는 거예요. 이래서 되겠냐는 거예요.

또 얼마나 우스운 얘기를 하느냐 하면, 우리가 군사용어로, 민간인들은 전혀 잘 안 쓰는 용어인데 적성물자, 북한이 가지고 있는 물자, 피복, 장비, 화기 이런 것을 적성물자라고 그러지요. 이 적성물자를 우리 아군이 가지고서 활용할 때 이것을 뭐라고 하느냐 하면 영화물자라고 합니다. 다른 분들은 영화물자라는 말을 모르실 거예요, 군대 생활을 좀 오래 하셔야지 아는데.

그런데 이게 또 얼마나 웃기냐 하면 이걸 가지고 영화용 피복이라고 코미디처럼 얘기했어요. 누가? 김어준 씨가. 이게 말이 됩니까? 여기 영화물자에 대해서 이렇게 얘기를 합니다. '적성물자는 정보수사기관에서 육군으로 이관한 물자 또는 육군이 자체 사업을 통해 획득한 물자로 규정한다. 다만 특수부대에서 사용하는 공작용 적성물자 및 정부의 승인을 받고 구매한 적성물자와 서적·신문·간행물, 전단, 일반 식료품 및 생필품은 제외한다', '영화물자란 평시에 교육훈련 목적으로 국내에서 제작·보급된 북한군의 피복, 장구류, 기타 물자 등을 말한다' 이렇게 육군 규정에 명시돼 있습니다.

그런데 영화를 찍기 위해서 피복을 산 것처럼 했다 이렇게 얘기를 하는 거예요. 누가? 천하의 김어준 씨가 이렇게 얘기했어요. 그리고 우리 국회의원 한 분이 거기 가서 동의를 했습니다.

이렇게 해서 군을 갖다가 자꾸 엮어 넣으려고 하는데 이래서 누가 득을 봅니까? 한마디로 김정은밖에 더 득 봅니까? 왜 지금 우리는 김정은한테 도움을 주기 위해서 이렇게 몸부림을 치느냐 하는 거예요. 우리 안보에 무슨 도움이 됩니까?

　그래서 저는 다시 한번 말씀드리지만 헌법재판소에서 한덕수 총리님을 하루빨리 복귀하게 하시면 그러면 최상목 부총리는 저절로 이곳에 나옵니다. 또 이제 더 이상 군을 외환이라는 이름을 붙여서 탄핵과 관련돼서, 여기 계엄과 관련돼서 엮지 않기를 바랍니다. 군이 살아야 나라가 삽니다.

　이상입니다.

○**위원장 안규백**　한기호 위원님, 국조위에서 질의응답 할 때는 상대를 지명하고 난 다음에 질의응답을 하셔야 되는데 저한테 한 얘기입니까?

○**한기호 위원**　예, 잘 새겨들으시면 됩니다.

○**민병덕 위원**　의사진행발언 좀 하겠습니다.

○**위원장 안규백**　잠깐만요.

　이어서 한병도 위원님 질의해 주십시오.

○**김병주 위원**　여기 의사진행발언 하나만……

○**위원장 안규백**　참고 이따 하십시오.

○**민병덕 위원**　한 번 주세요, 기회를.

○**위원장 안규백**　가만있어요. 참고 이따가 하세요.

○**한병도 위원**　한병도 위원입니다.

　오늘 본질에 대해서 한번 생각을 해 봤으면 좋겠습니다. 저희들이 결국은 12월 3일 날 군 병력이 국회에 투입이 되고 선관위에 투입된 문제 그리고 정말 또 며칠 전에 대통령 지지자들이 법원을 침탈해서 난동을 부리는 그런 일들이 여러분들, 지금 일어나고 있습니다, 대한민국에서. 그리고 계엄이 일어났었고. 이 본질에 대한 것을 다시 한번 저희들이 생각하고 성찰하는 시간이었으면 좋겠고요. 결코 계엄을 정당화하거나, 지금 최근에 옹호하는 이런 발언들이 나오고 있는데 다시 한번 깊이 성찰을 했으면 하는 말씀을 드리고 질의를 하도록 하겠습니다.

　저는 오늘 거짓말쟁이들이라는 걸 주제로, 이야기도 많이 나왔는데 질의를 하겠습니다.

　잠깐만 끊어 주시고요.

　수방사령관님, 본인도 오늘 답변하기가 좀 옹색하신 처지지요? 그러면 확인만 한번 해 보겠습니다.

　(영상자료를 보며)

　'네 명이 한 명씩 들쳐 업고 나와', '총을 쏴서라도 문을 부수고 들어가서 끌어내라', '해제됐다 해도 내가 두세 번 계엄령을 선포하면 되는 것'이라고 대통령이 이야기한 적 있습니까?

○**증인 이진우**　공소 제기에 지금 제가 관여돼 있어서 답변드리기가 좀…… 죄송합니다.

○**한병도 위원**　알겠습니다. 들어가 주세요.

　이 공소 내용이 사실이라면…… 사실인데 대통령이 아니라고 합니다. 지금 이런 말에 대해서 체포·구금 지시한 적 없고 황당한 가짜뉴스라고 하는데 이세 이신우 사령관님이 하신 말, 공소의 내용이 사실이라면 이진우 사령관님은 지금 거짓말을 하고 있는 겁니다, 대통령 입장에서는요.

　두 번째, 잠깐만 멈춰 주시고요. 국정원 홍장원 차장님, 짧게만 확인하겠습니다.

아까 우리 위원님들 질의하신 내용 다 사실에 입각해서 말씀하신 거지요?

○**증인 홍장원** 예, 그렇습니다.

○**한병도 위원** 거짓이 없는 거잖아요. 그 전에도 계속 이야기했고, 반복해서요.

○**증인 홍장원** 예, 그렇게 생각합니다.

○**한병도 위원** 지금 거짓말하시는 거예요, 대통령 입장에서는. 황당한 가짜뉴스를 차장님이 퍼뜨리고 계시는 겁니다. 두 번째 거짓말쟁이시고요, 이진우 사령관도.

됐습니다.

세 번째, 최상목 대행도 거짓말쟁이입니다.

최상목 대행에게 건넸다는 비상계엄기구 설치 쪽지에 대해서 윤석열 대통령은 '건넨 적이 없다'라고 어제 또 이야기를 하셨습니다. 부총리는 뭐라고 했냐면요 본회의장에서 '계엄을 발표하시고 들어오셔서 들어갔습니다. 들어가시다 갑자기 저한테 참고하라고 종이를 접어서 접은 종이를 주셨습니다. 경황이 없어서 주머니에 넣었습니다', 상당히 구체적으로 진술하고 있습니다.

건넨 쪽지의 내용은 '예비비를 조속한 시일 내에 충분히 확보해서 보고할 것. 국회 관련 각종 보조금, 지원금, 각종 임금 등 현재 운용 중인 자금 포함 완전 차단할 것. 국가비상입법기구 관련 예산을 편성할 것'은 대통령이 어제 말한 것에 비교를 하면 세 번째 거짓말쟁이, 최상목 직무대행입니다.

네 번째, 어제 저희들이 수도방위사령부 B1벙커 현장을 방문했습니다. 여인형 방첩사령관이 군사기밀수사실장을 불러서 정치인, 법조인 등 기존에 밝혀진 14명보다 많은 50여 명이 구금 가능한지 확인하라고 B1벙커로 가라고 지시를 했었습니다.

그런데 이것 관련해서 대통령은 또한 체포·구금 지시한 적 없다. 이것 또한 황당한 가짜뉴스라고 이야기를 하고 있습니다. 네 번째 거짓말쟁이, 여인형입니다.

다섯 번째 거짓말쟁이 또 이야기하겠습니다. 곽종근 사령관도 거짓말쟁이입니다.

곽종근 사령관에게 직접 비화폰 전화 통화로 '문짝을 도끼로 부수고서라도 안으로 들어가서 끄집어내라'라고 저번 기관보고 때 나와서 증언을 했습니다. 곽종근 사령관은 저번 기관보고에 나와서, 대통령의 입장대로라면 또 거짓말을 한 겁니다.

그리고 또 뭐라고까지 첨언을 했냐면요 '곽종근 사령관의 발언은 야당의 추궁에 책임을 감면받기 위해서 모든 책임을 미루고 있다. 허구성이 곧 드러날 것이다'라고까지 답변을 했습니다. 저는 이런 답변 보고 좀 개인적으로 굉장히 놀라운데요. 아무튼 곽종근 사령관은 황당한 가짜뉴스를 선포하고 거짓말을 하고 있는 거짓말쟁이가 됐습니다.

그다음에 여섯 번째 또 거짓말쟁이입니다. 경찰입니다.

조지호 경찰청장에게 여섯 차례나 전화를 걸어서 국회의원 체포 및 강제 끌어내기를 지시했고 계엄 해제 이후에도 조지호 청장에게 수고했다며 전화를 걸었습니다. 그런데 여기도 '체포·구금 지시 내린 적이 없다'라고 부인을 하고 있습니다.

제가 추가질의 때 국회 금지 관련 이런 거짓말들을 다 이야기할 텐데 중요한 건 지금 윤석열 씨는 관련 모든 증언, 자기와 함께 일했던 국무위원, 군사령관들 그리고 경찰청장, 서울청장 모두 다, 어제 헌재에 나와서 한 답변은 그분들이 거짓말을 하고 있다는 겁니다. 그리고 여기 나왔듯이 자기가 살려고, 야당으로부터 공격을 받고 있으니까 이 위기를 모면하려고라고 이야기를 하고 있습니다.

대통령 현직 신분인데 이게 정말 할 수 있는 이야기인지 걱정입니다. 일부에서 지금 이 현안을 가지고 여야가 국정조사 각종 현안도 다투고 이견이 나오고 있는데 이건 여야 다툼의 문제 아닙니다, 여러분. 이미 너무나 많은 증거가 진실을 가리키고 있습니다. 헌재가 이 진실을 외면할 수 있을까? 법원이 이 증거와 진실을 외면할 수 있을까? 이 진실이 법적으로 나오는 시간은 그리 멀지 않았습니다. 정말 성찰하고 국민들께 진실을 보고하고 나오신 여러분들도 이런 내용 좀 성찰을 하셔서 답변을 해 주셨으면 좋겠습니다.

이상입니다.

○**위원장 안규백** 민병덕 위원 꼭 해야 되겠습니까?

○**민병덕 위원** 예.

○**위원장 안규백** 1분만 하십시오.

○**민병덕 위원** 고맙습니다. 좀 전에 강선영 위원님께서 말씀하셔서 저도 드려야 돼서 그렇습니다.

신용한 참고인에 대해서 저희는 이미 이 자리에서 7일 전에 참고인으로 의결을 했습니다. 그리고 다시 증인으로 신청하실 거면 증인으로 신청하시면 됩니다. 그런데 다른 이유를 대시는 것은 미리 생각 안 하셨다가 이번에 갑자기 얘기하신 것 같아서……

신용한 참고인은 제 질문에서도 보셨다시피 PPT의 구체적인 문서를 가지고, 증거를 가지고 답변을 하고 있습니다. 이걸 가지고 달리 얘기할 수는 없다고 봅니다. 그래서 신용한 참고인에 대해서는 오늘 할 얘기들을 제가 더 듣겠다라는 말씀을 드리고요.

그다음에 아까 최상목 기재부장관을 못 나오게 한 이유는 국회의 잘못이다 이 부분과 관련해서, 직무정지된 대통령도 대통령이니까 안 나오고 최상목 권한대행도 대통령권한 대행을 하니까 안 나오고. 권한대행이니까 안 나온다고 하는 것, 법 앞의 평등은 어디 갔습니까?

○**위원장 안규백** 예, 됐습니다.

마지막으로 김성원 위원님.

○**김성원 위원** 저 김성원입니다.

몇 가지 상황 체크 좀 하고 지나가도록 하겠습니다.

김성훈 차장님, 발언대로 좀 나와 주십시오.

저는 이번 국정조사를 진행하면서 우리 국가기관이라든가 또 군 위상 이런 것이 너무 실추되는 것이 국회의원으로서의 상당한 자괴감도 들기도 합니다.

한번 확인 좀 하겠습니다, 차장님.

1월 5일 날 윤석열 대통령에 대한 공수처 1차 체포영장 집행이 진행이 되면서요, 박종준 경호처장 아니면 차장님께서 몸싸움에서 밀릴 경우 공포탄을 쏘고 안 되면 실탄을 발포하라라고 했다는 그런 명령을 하달한 적이 있습니까?

○**증인 김성훈** 전혀 사실이 아닙니다.

○**김성원 위원** 전혀 사실이 아니지요?

○**증인 김성훈** 예.

○**김성원 위원** 그러면 두 번째, 대통령께서 체포영장을 집행할 때 무력 사용을 검토하라라고 지시한 적이 있습니까?

○**증인 김성훈** 전혀 아니고 일부, 오찬장에서 말씀하셨다는 일부 제보를 받았다고 해서

저도 기억에 오류가 있을 수 있을 것 같아서 다른 참석자한테 한번 확인을 했습니다.

○**김성원 위원** 전혀 사실이……

○**증인 김성훈** 그런 사실이 없습니다.

○**김성원 위원** 그러니까 이렇게 아니면 말고 식의 주장과 의혹 제기로 인해 가지고 우리 경호처에 대한 신뢰와 또 위상은 어떻게 되겠습니까? 이런 점에 대해서는 좀 더 정확하게 말씀하셔서 가지고 단호하게 대처를 하시고 경호처 직원들이 본연의 업무에 충실할 수 있도록 차장님께서 좀 신경 써 주십시오.

○**증인 김성훈** 예, 알겠습니다.

○**김성원 위원** 들어가시고요.

두 번째는 우리 군 관련해 가지고 제가 말씀을 좀 드리겠습니다.

군 관련해 가지고 이러한 가짜뉴스에 대해서 정말 국민의 한 사람으로서 아주 자괴감도 느끼고 진짜 비통함도 느낍니다.

특히 우선은요 아니, 공수처가 우리 군을 이렇게 농락하고 또 국민을 능멸해도 되는지 우리 군인 여러분들 한번 생각해 보셔야지 되기 때문에 제가 좀 말씀을 드리도록 하겠습니다.

지난 14일 날이요 공수처가 수방사 산하 55경비단장으로부터 출입 허가 공문 이 관인을 받아내는 과정 중에서 어떻게 했는지 아십니까? 여러 강압과 또 편법, 불법, 꼼수 이러한 시정잡배도 하지 않는 그러한 비열한 갑질 속임수가 있었음에도 불구하고 국방부가 이렇게 조용히 있어서는 저는 안 된다고 생각합니다.

우리 군인 여러분들의 위상과 또 명예를 위해서라도 이러한 점에 대해서는 앞으로 여기 계신 모든 군인 여러분들께서 함께 이렇게 좀 나서야지 된다고 생각하고 있습니다.

두 번째는요 이러한 가짜뉴스 또 괴담, 이번 국정조사를 통해서 상당 부분 밝혀졌습니다.

자료화면 한번 보십시오.

(영상자료를 보며)

계엄군 부대 감금, 혈서 작성 가짜뉴스로 이번 국정조사를 통해서 확인됐습니다. 북풍 개입 가짜뉴스. 노들섬 헬리콥터 훈련, 환자 전시 분류 훈련 등이 계엄이라는 이러한 가짜뉴스. 대통령이 도피를 시도했다는 가짜뉴스. 실탄 무장, 저격수 배치 가짜뉴스. 장갑차가 출동한다는 그런 가짜뉴스.

정말 열거하기도 벅찬 많은 가짜뉴스가 이렇게 생산이 된 겁니다. 제가 보기에 야당에 협조적이던 군 인사들조차 황당한 수준이라고 이렇게 부인할 정도의 그런 답변들을 주는 것을 보고 과연 이것이 제대로 된 국정조사인가 싶습니다.

여기 계신 군 장성 여러분들, 증인으로 오신 모든 분들 또 시청하고 있는 군인 여러분들께서는 앞으로 군 위상과 또 어떤 군 신뢰 회복을 위해서 좀 더 적극적으로 나서 달라는 게 제 간절한 바람이기도 합니다.

국가정보원장님!

○**증인 조태용** 예.

○**김성원 위원** 홍장원 1차장님께서 아까 말씀을 하셨습니다. 뭐냐면 크게 두 가지 부분이에요. 대통령이 정치인을 체포하라는 지시를 했다는 그 부분 그리고 또 두 번째, 이번

에는 나오지 않았습니다마는 그전에 얘기했었던 게 뭐냐면 대통령이 직접 경질을 지시했다라고 하는 이 부분, 이 두 가지 부분에 대해서 지금 국가정보원장님하고 국정원의 전 1차장하고의 진술이 매우 다릅니다.

국민들이 이것을 봤을 때는 국정원의…… 아니, 대한민국 최고의 정보기관인 국정원의 원장과 차장의 답변이 다르다, 이것을 가지고 어떻게 이해를 할 수가 있겠습니까?

국정원장님께서 이 부분에 대해서 명확하게 답변을 한번 하실 필요가 있다는 생각이 있어 가지고 답변 기회를 드리도록 하겠습니다.

○**증인 조태용** 국정원의 원장과 전 1차장 사이에 상호 다른 말씀을 드리게 돼서 그 상황 자체가 아주 당혹스럽고 특히 국가안보의 최일선에 서서 헌신하고 있는 국정원의 모든 직원들께 대해서 제가 송구스럽게 생각을 합니다.

그다음에 지금 위원님 질문하셨던 것과 관련해서는, 첫 번째 홍 1차장의 교체 관련해서 대통령이나 대통령실의 지시가 있어서 한 것이 아니고 제가 건의해서 했다고 다시 한번 제가 분명히 말씀을 드리겠고요.

그리고 아까 홍 차장이 제가 사직서를 내라고 통보했을 때에는 이재명 대표에게 전화하라고 하는 것이 정치개입이기 때문에 내가 일을 할 수가 없다라고 말을 하지 않았다고 했는데 그 말씀은 맞습니다. 대체로 저희가 인사를 할 때 그런 얘기들을 하면서 인사를 하지는 않지요. 저는 정무직은 일할 때까지 일을 하는 자리니까 지금 사표를 내 달라라고 얘기를 했습니다.

그다음에 끝으로 말씀하셨던 대통령의 지시를…… 지시가 정치인 체포 지시가 됐든 싹 다 잡아들이라고 한, 뭔가 체포 지시인 것 같은데 그 체포 지시를 받았다는 얘기를 12월 3일 날 밤에 원장인 저한테 보고했느냐, 저한테 보고하지 않았다는 말씀을 제 명예를 걸고 다시 한번 확인하겠습니다.

○**김성원 위원** 예, 알겠습니다.

그리고 마지막 의사진행발언 비슷하게 좀 말씀드리면요. 오늘 또 국무총리께서 계속해서, 제가 진단서도 확인했습니다마는 이렇게 출석하셔 가지고 몸도 안 좋은데 위원님들께서 발언, 질문하실 일 있으시면 좀 나머지 질문을 하시고 그렇게 보내 드리도록 하고……

왜냐하면 지금 민주당에서 증인 요청한 3차 청문회에서도 총리님께서 또 나오실 일이 있으시니까 그때 또 질문해도 되지 않나 이런 생각입니다. 위원장님께서 아까 말씀하셨듯이……

○**위원장 안규백** 김성원 위원님이 아까 질의하면서 가짜뉴스 가짜뉴스, 법원에서도 판결 나온 것을 가짜뉴스라고 하니까 더 질의할 위원들이 많을 것 같은데요?

○**김성원 위원** 아니, 그것 위원장이 판단하지 마시고 의사진행만 하십시오.

○**위원장 안규백** 위원님들……

○**김병주 위원** 아까 가짜뉴스 중에 총리님한테 확인할 게 많네, 보니까. 다 확인합시다.

○**위원장 안규백** 위원님들, 지금 현행작전을 위해서 강호필 시작사령관, 35사단상, 8사단장이 지금 이석을 해야 되는데 추가로 질의할 위원 계시면 질의를 받고 오전 회의를 마치기로 하겠습니다.

○**용혜인 위원** 총리님은 어떻게……

○**위원장 안규백** 총리님은 일단 추가까지는 좀 계셨다가……

○**용혜인 위원** 오후에는 계시는 것으로?

○**위원장 안규백** 예, 계셨다가 이석하는 것으로 그렇게 정리하겠습니다.

○**용혜인 위원** 알겠습니다.

○**김병주 위원** 아니, 위원장님, 질의가 우선순위가 있는데 맨날…… 위원장님, 여기가 국방위인지 아십니까? 국정조사 받는 거지.

○**위원장 안규백** 아니, 현행작전을 위해서 우리 사령관들하고……

○**김병주 위원** 지금 뭐 현행작전…… 부지휘관도 있는데요. 사령관은 휴가도 안 갑니까?

○**위원장 안규백** 그러면 그 사안에 대해서는 간사 간에 더 협의를 해 주시기 바랍니다.

○**김병주 위원** 그러면 뭐 휴가도 못 갑니까, 사령관은?

○**위원장 안규백** 가만있어 봐요, 지금.

○**김병주 위원** 아니, 서로…… 갑자기 얘기하시면 어떡합니까, 아무리 그래도. 여기가 국방위라면 이해하는데 국정조사를 하고 있는데……

○**한기호 위원** 지작사령부는 부사령관이 지금 수방사에 가 있어요.

○**위원장 안규백** 자, 마치기 전에 오영대 국방부 인사기획관님 나와 주십시오.

○**증인 오영대** 예, 인사기획관입니다.

○**위원장 안규백** 박안수 계엄사령관이 지금 총장직을 유지하고 있지요?

○**증인 오영대** 그렇습니다.

○**위원장 안규백** 왜 유지하고 있지요? 나머지 계엄에……

○**증인 오영대** 직무정지는 되어 있지만 신분은 총장으로 유지되어 있습니다.

○**위원장 안규백** 왜 유지되어 있습니까? 나머지 계엄에 관련된 주요 종사자들은 지금 다 보직해임되어 있는데 왜 이분만 유지가 되어 있지요?

○**증인 오영대** 보직해임위원회 구성이 제한돼서 지금 보직해임을 못 시켰습니다.

○**위원장 안규백** 그러니까 지금 최소 상급자가 2명 이상이 있어야 되고……

○**증인 오영대** 예, 그렇습니다.

○**위원장 안규백** 이러는데 지금…… 그래서 지금 그 시스템이 안 돼서 지금 유지돼 있는 거지요?

○**증인 오영대** 예, 그렇습니다.

○**위원장 안규백** 그러면……

○**증인 오영대** 법무…… 확인했는데 상급자가 꼭 2명은 있어야 된다……

○**위원장 안규백** 그러면 법무장교는 육군총장의 선임자가 깁니까, 아닙니까?

○**증인 오영대** 법무장교는 계급이 낮아도 상관이 없습니다. 그냥 법무장교이면 돼……

○**위원장 안규백** 그렇지요?

○**증인 오영대** 예.

○**위원장 안규백** 그것은 수직적 관계가 아니고 수평적 관계지요?

○**증인 오영대** 예, 그렇습니다.

○**위원장 안규백** 그러면 지금 박안수 총장의, 계엄사령관의 상급자는 누구입니까?

○**증인 오영대** 합참의장만 지금 군인사법상 상위 서열자이고 나머지는 다 하위자입니다.

○**위원장 안규백** 지금은 비상한 상황입니다. 비상한 대책을 내놔야 됩니다.

지금 교도소에 계시는 대통령도 경호에 판례와 근거가 없음에도 불구하고 경호를 하고 있지 않습니까?

○**증인 오영대** 예.

○**위원장 안규백** 그렇다면 지금 조금 전에 말씀하셨다시피 법무장교는 수직적 관계가 아니고 수평적 관계다. 그리고 지금 하급자가 상급자한테 경례를 할 때는 그 수령에 의해서 상급자가 하급자에게 경례를 받습니까, 안 받습니까?

○**증인 오영대** 상급자일 때만 경례를 받……

○**위원장 안규백** 받지요?

○**증인 오영대** 예.

○**위원장 안규백** 그러면 국방장관과 국방차관은 어떤 관계입니까?

육군총장이 차관한테 거수경례 인사를 합니까, 안 합니까?

○**증인 오영대** 신분 자체가 다르기 때문에 하지 않고 있습니다.

○**위원장 안규백** 군사 인사기획관 맞아요?

○**증인 오영대** 그러니까 상 서열자일 경우에는 경례를 당연히 합니다.

○**위원장 안규백** 받아요, 지금?

지금 군 예규를 따져 보니까 국방차관한테도, 지금은 차관이 아니고 장관직무대행인데 인사를 하고 있잖아요?

○**증인 오영대** 그것은 지금 직무대행이기 때문에 하고 있습니다.

○**위원장 안규백** 그러면 법무장교, 해군…… 뭡니까, 합참의장 그다음에 국방장관대행 이분들이 다 상급자라고 봐야 되지 않겠습니까? 이 판례는 만들면 되는 거지요.

그리고 건제순으로 육군이 먼저일 뿐이지 각 군 총장도 누가 선임이다 후임이다는 없지 않습니까? 그렇다면 박안수 계엄사령관도 반드시 보직해임이 돼야 된다 이렇게 지금 판단하고 있는 겁니다.

이 부분에 대해서 장관직무대행하고 협의해서 보고해 주시기 바랍니다.

○**증인 오영대** 예, 알겠습니다.

○**위원장 안규백** 지금 인사기획관께서 말씀하셨다시피 법무장교는 수평적 관계다, 합참 의장은 상관자다 그다음에 하급자가 상급자한테 인사할 때는 반드시 거수경례를 하는데 그 거수경례에 대해서 답을 하게 돼 있다, 그것은 바로 국방차관, 다시 말해서 지금 현재 는 장관직무대행이다.

아시겠습니까?

○**증인 오영대** 예.

○**위원장 안규백** 반드시 보고해 주시기 바랍니다.

○**증인 오영대** 예, 알겠습니다.

○**위원장 안규백** 그러면 양당 간사 간에 현행작전을 위한 사령관과 사단장에 대해서는 추후에 협의를 더 해 주시기 바랍니다.

그러시면 중식을 위해서 잠시 조사를 중지했다가 15시에 조사를 속개하도록 하겠습니다.

조사 중지를 선포합니다.

(12시53분 회의중지)
(15시04분 계속개의)

○**위원장 안규백** 회의를 속개하도록 하겠습니다.

추가신문을 하도록 하겠습니다.

먼저 총리께서는 지금 몸이 편찮으셔 가지고 먼저 이석해야 되니까 위원님들, 혹시 꼭 반드시 질의를 해야 되겠다 이런 위원님 계십니까?

○**용혜인 위원** 저 질의가 있는데 지금 PPT 때문에……

○**위원장 안규백** 예, 그러면 두 번째로 하시고, 그리고 용혜인 위원 신문이 끝나면 총리께서는 이석해도 되겠습니다.

그러면 이어서 박선원 위원 바로 질의해 주십시오. 5분으로 하십시오.

○**박선원 위원** 이상민 전 행안부장관께 질의하겠습니다.

화면을 한번 봐 주시지요.

(영상자료를 보며)

여기는 수원 선거연수원입니다. 저 빨간 불 보이시지요? 저 빨간 경광등을 하나씩 들고…… 한번 보세요. 경찰이 선거연수원 주변에 인간 띠를 둘러 봉쇄하는 장면입니다. 시간이 나와 있지요. 12월 4일 1시 33분부터 시작된 것입니다. 그리고 저 인원들은 3시 30분에 또 다음 업무를 수행하기 위해서 이동합니다. 그러니까 계엄 해제 30분 뒤에 이런 일을 하고 있는 것이지요. 그래서 제2차 계엄 준비·대비하는 것 아니냐 이렇게 의문이 생길 수밖에 없습니다.

이상민 장관 지시입니까?

○**증인 이상민** 증언하지 않겠습니다.

○**박선원 위원** 그러면 대통령, 국방장관 김용현이 삼청동 안가에서 조지호 경찰청장, 김봉식 서울청장에게 경찰에 관한 이동 및 업무지시 다 넘겨주시는데 행안부장관으로서 직무유기 아닙니까?

그리고 본인은 소방청에 전화해서 방송사 단전·단수 지시하셨습니까?

○**증인 이상민** 증언하지 않겠습니다.

○**박선원 위원** 특수작전항공단장 나와 보시지요.

잠깐 시간 끊어 주시고요.

○**증인 김세운** 특항단장입니다.

○**박선원 위원** 좋은 의미에서 작전은 잘하셨는데 한번 보시지요.

까만 게 당시 3대씩 이동하고 있는 헬기입니다. 아시지요?

○**증인 김세운** 예, 그렇습니다.

○**박선원 위원** 그렇지요. 왜 이때 2대도 4대도 6대도 아니고 3대씩 나눠서 국회 운동장에 내렸습니까?

○**증인 김세운** 최초에 사령부로 들어갈 때부터 3대 규모로 준비를 했었고 이 당시에 착륙장 분석을 했을 때도 운동장에 항공기 3대가 착륙이 가능하기 때문에 최초 계획을 유지하고 그대로 하는 것이 안전에 유리하다고 판단했었습니다.

○**박선원 위원** 그렇습니다. 그래서 그 최초 계획, 저 운동장에 3대가 내릴 수 있다는 계획 언제 세웠어요?

○**증인 김세운** 저 운동장에 3대를……

○**박선원 위원** 그 전날 세우신 거지요?

○**증인 김세운** 아닙니다.

○**박선원 위원** 그러면 언제 세웠어요?

○**증인 김세운** 운동장에 3대를 착륙한다는 것은 당일 22시 40분에 목적지가 국회로 결정이 되고 나서……

○**박선원 위원** 어디에서 어디로 바뀌었지요?

○**증인 김세운** 특수전학교, 광주 쪽에 있는 특수전학교에서 국회로 바뀌었습니다.

○**박선원 위원** 국회로 바뀌었는데 그때 3대씩 분승해서 날아가면 안전하게 착륙할 수 있겠다라고 이미 지형 정찰이 끝나 있는 상태였지요?

○**증인 김세운** 아닙니다. 그때는……

○**박선원 위원** 그다음.

들어가세요. 알겠습니다.

신원식 실장님.

○**증인 신원식** 예.

○**박선원 위원** 이렇게 뵙게 돼서 유감입니다.

실장님께서는 장관 시절에 국방위, 예결위에 나와서 많은 말씀을 하셨습니다.

PPT 올려 주세요.

계엄에 대해서 저희가 질문을 많이 했었지요? 그때마다 장관은 우리 국군을 모독하는 발언이다, 우리 국민이 용납하겠는가, 군이 따르겠나, 나도 안 따른다, 대답할 가치조차 없는 질문이다, 그만해라, 안 하겠다는데 왜 자꾸 계엄 괴담 하나, 김정은만 행복할 것입니다…… 김정은만 행복할 상황이 벌어졌어요. 우리 군이 전방을 버리고 국회와 선관위, 정치인 잡으러 다녔습니다, 그것도 대한민국 최강의 특수부대가.

이 상황에 대해서 어떻게 생각하십니까?

○**증인 신원식** 저 당시 저 발언을 했을 때는 현실성이 없는 것으로 생각하고 제가 그렇게 발언했습니다.

○**박선원 위원** 이미 국방장관 시절 23년 12월 그리고 24년 3월에도 윤 대통령이 안보책임자를 불러 비상대권, 이미 계엄을 언급했다고 되어 있습니다. 김용현 씨와 당시 국방장관인 신원식 장관은 논쟁까지 하셨지요? 신원식 장관께서는 '계엄령은 정치적 솔루션이 아니다' 그런 말까지 했어요. 그렇지요?

○**증인 신원식** 예, 제가 민주당하고 그리고 시민단체로부터, 저도 피고발인이기 때문에 국회증언 감정법과 형사소송법 관련 규정에 따라서 증언하지 않겠습니다.

○**박선원 위원** 이때 조태용 증인은 대통령이 그런 마음 가지시지 않기를 진언했다고 말씀하신 바 있습니다. 그런데 가을부터 계속 저희가 문제 제기를 했을 때는 이미 대통령이 비상계엄, 비상대권 이런 걸 하실 거라는 건 알고 계시지 않았어요? 모를 수가 있습니까, 안보실장이?

○**증인 신원식** 증언하지 않겠습니다. 그런데 이미……

○**박선원 위원** 증언하지 마세요.

그러면 12월 3일 당일 한동훈 대표에게 '피해라' 연락하신 적 있습니까?

○**증인 신원식** 제가요?

○**박선원 위원** 예.

○**증인 신원식** 전혀 한동훈 대표와 통화한 적도 없습니다.

○**박선원 위원** 시간 끊어 주시고요.

조창래 국방부 정책실장과 홍창식 국방부 법무관리관 앞으로 나와 주실 수 있겠습니까?

안 나왔어요?

○**위원장 안규백** 오늘 대상 증인이 아닙니다.

○**박선원 위원** 그러면 신원식 실장께 다시 묻겠습니다.

○**증인 신원식** 예.

○**박선원 위원** 안보실장께서 잘 아시는 조창래 증인은 12월 3일 서울에 없었고 홍창식은 법무관리관인데……

(발언시간 초과로 마이크 중단)

(마이크 중단 이후 계속 발언한 부분)

법무법인 대륙아주, 김용현과 아주 가까운 사이지요. 이들이 포고령 1호를 작성했다고 보십니까?

○**증인 신원식** 그에 대해서 아는 바가 없습니다.

○**박선원 위원** 안보실은 포고령 1호의 작성에 관여했습니까?

○**증인 신원식** 전혀 한 적이 없습니다.

○**박선원 위원** 그리고 대통령이 줬다는 세간의 문건 이것도 중앙정부 운영에 대한 이해가 있어야 됩니다. 중앙정부 운영에 대해서 안보실은 이해가 있지 않습니까? 국방부보다는 훨씬 이해가 높지요. 작성했습니까?

○**증인 신원식** 전혀 관련, 관여한 적이 없습니다.

○**박선원 위원** 그러면 안보실장은 뭐 하셨습니까?

○**증인 신원식** 계엄 관련돼서 사전에 알지 못했고 계엄령 발표하러 대통령이 내려가시기 바로 그 직전 22시 20분경에 인지했습니다.

○**박선원 위원** 아니, 그 전에 각 장군들, 방첩사, 특전사 이런 사람들 불러다가 ‘너 이것 할 거냐, 말 거냐’ 한 번만 확인했어도 될 텐데 확인하신 적은 있습니까?

○**증인 신원식** 없습니다. 그런 징후를 전혀 몰랐기 때문에 확인을 안 거쳤습니다.

○**위원장 안규백** 박 위원님 보충질의 때 해 주세요.

○**박선원 위원** 알겠습니다.

○**위원장 안규백** 백혜련 위원님, 양해해 주신다면 용혜인 위원님 먼저 하도록 하겠습니다.

○**백혜련 위원** 예.

○**위원장 안규백** 용혜인 위원님 질의해 주십시오.

○**용혜인 위원** 한덕수 증인께 묻겠습니다.

총리님의 증언이 사실이라는 것을 전제로 몇 가지 좀 확인하고 싶습니다.

조태열 증인이 도착해서 자리에 앉으니 윤석열 피의자가 '장관님, 비상계엄을 하려고 합니다'라고 말하고 A4 용지를 건넸다라고 증언했습니다. 기억하시지요?

○증인 한덕수 저한테 그런 적은 없습니다.

○용혜인 위원 아니, 그 상황에 대해서 기억하시냐고 여쭤본 겁니다.

○증인 한덕수 제가 정확히 기억은 못 하겠습니다. 왜냐하면 제가 국정원장을 뵌 것은……

○용혜인 위원 아니요, 외교부장관이 도착하자마자 '비상계엄을 하려고 합니다'라고 하면서 A4 용지를 주셨다라고 증언을 하셨거든요. 맞습니까?

○증인 한덕수 저는 그것은……

○용혜인 위원 그 자리에 옆에 바로 계셔 가지고 총리께서 '외교부장관은 어떻게 생각하십니까?'라고 물어봤다고 증언을 했는데 그것도 기억이 나지 않으십니까?

○증인 한덕수 제가 물어본 것은 사실은 나중에 외교부장관님이 말씀을 해 주셔서 알게 된 거고요.

○용혜인 위원 기억이 안 나신다는 말씀이신 거지요?

○증인 한덕수 제가 그걸 물었다면 대통령께 이 계엄에 대해서 반대한다는 의견을 좀 더 명확하게 외교부장관한테 해 달라……

○용혜인 위원 총리님, 제가 총리님의 의도를 여쭤보는 것이 아니라 사실관계를 여쭤보는 것이어 가지고요.

○증인 한덕수 제가 기억을 그 부분을 못 하겠습니다.

○용혜인 위원 기억이 안 나신다는 얘기이신 거지요?

○증인 한덕수 예.

○용혜인 위원 10분 뒤에 조태용 국정원장이 그때 도착을 합니다. 조태용 증인한테도 '국정원장님, 비상계엄을 하려고 합니다' 이렇게 말했는지 여부도 기억이 안 나시겠네요?

○증인 한덕수 예, 제가 그렇게 한 적은 없습니다.

○용혜인 위원 증인께서 말씀하시기로는 윤석열이 국무회의 소집 의사가 없어서 증인께서 소집을 해야 한다라고 말씀을 하셨다라고 주장을 하셨어요. 그러면 도대체 무슨 기준으로 8시 멤버를 먼저 불렀을까라는 의문이 여전히 남습니다, 총리의 증언이 사실이라고 하면.

조태열 증인에게 A4 용지를 줬던 것처럼 각 장관들에게 임무를 하달하려고 준 것이 아닌가라는 생각이, 그런 합리적 의구심이 들 수밖에 없어요. 증인께서 국무회의를 소집하려고 노력했다라는 말이 사실이라면 8시 장관들을 왜 불렀느냐에 대한 의문이 남는다라는 점을 말씀드리는 겁니다.

○증인 한덕수 제가 대통령님으로부터 받은 서류는 하나도 없습니다.

○용혜인 위원 제가 그걸 여쭤보는 것은 아닙니다.

22시로 방송 시간도 잡아 놨었고 계엄지시서를 A4 용지로 인쇄까지 해 왔던 피의자가 장관들이랑 토론하려고 불렀을 것 같지는 않습니다.

그리고 증인께서는 비상계엄 해제 이후에 1시간이 지나서 2시 10분에야 서울청사를 나와서 대통령실로 갑니다. 그동안 무엇을 확인하고 뭘 기다린 것인지 좀 궁금합니다. 1시에서 2시 사이에 대통령 본인 혹은 대통령실 관계자와 통화하신 적 있으십니까?

○증인 한덕수 비서실장하고 통화를 했습니다.

○**용혜인 위원** 비서실장하고 통화하셨습니까?

○**증인 한덕수** 예.

○**용혜인 위원** 어떤 내용으로 통화하셨습니까?

○**증인 한덕수** 비서실장님도 이러한 사안이 국회에서 해결이 됐으니까 빨리 우리도 이걸 종료시켜야 된다, 그러니까 총리도 즉각 용산에 와 가지고 같이 대통령께 건의를 하자 그런 쪽으로 하고 바로 출발을 했습니다.

○**용혜인 위원** 건의를 하자?

그래서 증인이 2시 30분에 대통령실에 도착을 합니다. 그런데 국회에 제출한 답변을 보면 김용현 전 장관이 마찬가지로 2시 30분부터 대통령실에서 3시 20분까지 회의를 했다고 보고를 했어요. 그런데 그 시간에 국무위원이라고는 총리님과 김용현 증인, 둘밖에 없었다는 이야기거든요.

○**증인 한덕수** 저는 전연 그 자리에 있지 않았고요.

○**용혜인 위원** 그러니까 김용현 증인을 본 적이 없다?

○**증인 한덕수** 김용현 장관을 만난 적도 없습니다.

○**용혜인 위원** 본 적이 없다?

○**증인 한덕수** 예.

○**용혜인 위원** 그러면 증인께서는 2시 30분에 도착하자마자 대통령하고 직접 대화를 나누셨습니까?

○**증인 한덕수** 비서실장하고 같이 대통령님한테 들어갔습니다.

○**용혜인 위원** 2시 30분에 도착하자마자 말씀을 나누셨다는 거지요?

○**증인 한덕수** 그때가 한 2시 30분쯤 됐던 거 같습니다.

○**용혜인 위원** 그러니까 도착하자마자 바로 대통령을 만났다?

○**증인 한덕수** 예, 바로 대통령께 말씀드렸고……

○**용혜인 위원** 그 자리에 김용현 전 장관은 없었다라는 말씀이시고요.

○**증인 한덕수** 그건 기억이 나지 않습니다. 없었습니다.

○**용혜인 위원** 그러면 그 2시 30분부터 3시 20분까지 김용현 전 장관이 했다는 그리고 공소장에 빠져 있는 그 회의 내용이 무엇이었는지, 누구랑 회의를 했는지, 어떤 논의를 했는지도 수사의 대상이 되어야 합니다.

윤석열이 1시 47분까지 결심실 회의를 합니다. 그리고 이미 국회에서 박안수 사령관이 그 회의에서 계엄 해제를 논의한 바 없다고 했습니다. 그리고 실제로 병력을 동원하려고 애를 씁니다. 2시 40분에도 2신속대응사단이 김용현이든 누구든 간에 지시를 받고 출동을 준비합니다. 그러니까 최소한 2시 40분까지는 윤석열이든 김용현이든 계엄군이든 누구든 계엄을 포기하지 않았다라는 이야기고요. 그리고 3시 26분에 윤석열이 비상계엄 해제 영상을 찍습니다. 대략 이 시간 사이에 2차 쿠데타 시도 포기가 결정이 된 겁니다.

그런데 한덕수 증인의 증언이 맞다면 김용현은 그 시간에 윤석열 피의자도 그리고 증인도 아닌 누구랑 회의를 했는데 그 회의가 공소장에서 누락되어 있다는 이야기고요. 이 회의에서 누구랑 회의했는지 2차 쿠데타 모의나 지시나 점검을 위한 회의는 아니었는지 반드시 수사가 필요합니다.

마지막으로 여쭤보겠습니다. 4일 새벽 3시에……

　　(발언시간 초과로 마이크 중단)

··

　　(마이크 중단 이후 계속 발언한 부분)
대통령실에는 윤석열의 변호사들이, 이상민 전 장관, 박성재 법무부장관을 제외하면 국무위원들은 거의 도착하지 않았을 때인데요. 그렇기 때문에 실제로는 총리나 장관이 모여서 윤석열 피의자를 설득해서 계엄을 그만둔 게 아니다라는 겁니다. 군부대가 동원이 되지 않았기 때문에 2차 쿠데타를 할 수 없었던 거라고 봐야 할 것 같은데요. 인정하십니까?
○증인 한덕수　아닙니다. 비서실장하고 제가, 국회에서 의결을 해 주셨기 때문에 바로 우리가 이것을 해제하면 안 된다 하는 것을 말씀드리려고 대통령한테 갔고 떠나면서 국무위원들이 전부 다 용산에 모여라 이렇게 지시를 하고 떠났습니다. 그래서 계엄해제 국무회의는 제가 보기에는 모든 절차나 자료의 준비나 개의나 폐회나 완벽하게 이루어졌다 저는 그렇게 생각합니다.
○용혜인 위원　김용현 전 장관이 했다는 2시 30분 회의의 진실을 반드시 수사를 통해서 밝혀야 한다고 마지막 말씀으로 드립니다.
　　이상입니다.

··

○위원장 안규백　수고하셨습니다.
　　알려 드립니다. 오전에 불출석했던 곽종근 전 특수전사령관은 오후에는 지금 출석하고 계심을 알려 드립니다.
　　총리께서는 이석해도 좋습니다.
　　이어서 백혜련 위원 질의해 주십시오.
○백혜련 위원　잠깐, 경호처 차장 이쪽으로 나오세요.
　　아까 부승찬 위원님께서는 대답하지 말라고 하고 그냥 넘어가셨는데 12월 8일 날 60주년 행사 기념식 때 그 간호장교들 다 부른 건 맞지요?
○증인 김성훈　다 부르지 않고 일부 불렀습니다.
○백혜련 위원　그러니까 수도병원, 서울지구 뭐……
　　그런데 보니까 여경까지도 불렀다는 제보가 있어요. 거기다가 또 30만 원 줬대요. 아니, 이것 진짜 뭐 기쁨조입니까?
○증인 김성훈　그렇지 않습니다. 아까도 말씀드린 것처럼 경호부대에는 군과 경찰이 다 들어 있습니다. 그래서 함께 참여한 겁니다.
○백혜련 위원　지금 차장님, 마지막으로 제가, 이것 잘했어요 못했어요?
○증인 김성훈　이렇게……
○백혜련 위원　이것 그냥 20주년 행사기념일 당연하게 대통령 생일 축하도 하고 할 수 있는 거라고 생각합니까?
○증인 김성훈　20주년이 아니고 60주년 행사였고요……
○백혜련 위원　60주년. 그러니까 잘했어요, 못했어요? 이것 당연한 행사다, 아니다 잘못됐다, 이것 직장 내 갑질의 전형적인 사례예요.
○증인 김성훈　이렇게 비난받을 일은 아니었던 것 같고요. 그 당시 참여했던 군경 경호

부대원들도 함께 즐겁게 했고요.

○**백혜련 위원** 앞에서는 웃었지요? 뒤에서 지금 다 욕하고 제보하고 있어요.

○**증인 김성훈** 모두 100%가 다 만족스럽지는 못하겠지만 대부분이……

○**백혜련 위원** 아직 반성하는 자세가 안 돼 있습니다.

그리고 지금 압수수색에 도대체 반대하는 이유가 뭡니까? 지금 대통령경호법에 의하면 대상자의 생명과 재산을 보호하기 위해서 신체에 가하여지는 위해를 방지하기 위해서 하는 거예요. 지금 압수수색이 김건희 여사의 신체에 위해가 가해집니까? 재산상 피해가 있습니까? 도대체 왜 압수수색을 방해하는 겁니까?

○**증인 김성훈** 방해하지 않습니다. 관련 법률에 따라서 검토하는 것이고요.

○**백혜련 위원** 관련 법률 뭐요?

○**증인 김성훈** 형소법 110조와 111조가 있고요. 형사상……

○**백혜련 위원** 어떤 국가안보에 이 비화폰의 압수수색이 위해가 됩니까?

○**증인 김성훈** 군사상 비밀을 요하는 장소고요. 그 내부에는……

○**백혜련 위원** 지금 대통령이 그 비화폰을 이용해서 범죄, 내란죄라는 중대 범죄를 저질렀어요. 그리고 적법한 압수수색영장이 발부됐습니다. 그러면 그 비화폰 내역 중에서 그 당시의 상황과 관계된 내용만 충분히 압수수색해 올 수 있는 거잖아요. 그것이 어떤 국가안보라든지 뭐에 위해가 되고 또 경호에 어떤 위해가 됩니까?

○**증인 김성훈** 그런 부분은……

○**백혜련 위원** 이것은 적법한 압수수색영장에 대한 공무집행방해예요, 거의.

○**증인 김성훈** 그런 부분을 검토하겠다고 아까 오전에 말씀드린 겁니다.

○**백혜련 위원** 검토 지금 몇 번째, 벌써 몇 번째 압수수색이에요? 검토가 끝나도 진작에 끝나야지요. 그리고……

○**증인 김성훈** 그 검토 결과가……

○**백혜련 위원** 그러면 아무리 봐도 저는 법률적으로 봤을 때 이것은 제한될 수가 없는 압수수색으로 보입니다. 바로 여기에서도 그것은 할 수 있잖아요. 이번에는 압수수색영장이 반드시 집행될 수 있도록 조치해 주시기 바라요.

그리고 1차 체포 당시에 대통령이 관저에서 나간 적 있습니까, 없습니까?

○**증인 김성훈** 나가신 적 없습니다.

○**백혜련 위원** 이것 위증의 책임을 져야 돼요. 확인해……

나간 적 없다.

그리고 본인이 무기 사용에 대해서 경호원들에게 지시한 적 있습니까, 없습니까?

○**증인 김성훈** 전혀 없습니다.

○**백혜련 위원** 들어가세요.

그다음에 대통령경호처 3부장님, 거기 나와 계시지요? 남……

○**증인 남00** 예, 나와 있습니다.

○**백혜련 위원** 남 부장님, 언론에도 많이 보도가 됐는데 1월 11일 날 대통령 주최 오찬에 참석하셨습니까?

○**증인 남00** 그 부분에 대해서는 제가 확인해 드릴 수가 없습니다.

○**백혜련 위원** 그때 당시에 대통령이 무기 사용을 지시했다는 보도가 많았습니다. 대답

하실 수 없으세요?

○증인 남00 예, 말씀드릴 수 없음을 양해해 주시기 바랍니다.

○백혜련 위원 그러면 그다음 날 차장 주최로 경호관들의 회의가 열렸지요, 그 부장들?

○증인 남00 예.

○백혜련 위원 거기에서 남 부장님께서 차장, 본부장 사퇴하라 이런 얘기를 했다고 하던데 사실입니까?

○증인 남00 그 부분에 대해서 제가 정확하게 이 자리에서 말씀드릴 수가 없습니다.

○백혜련 위원 그 부분도 얘기 못 해요? 경비 강화를 하라고 하면서 무리한 요구를 해서 사퇴하라고 요구하신 것으로 알고 있는데 아닙니까?

○증인 남00 제가 그 부분에 대해서는 말씀드리지 않겠습니다.

○백혜련 위원 그 회의 이후에 대기 발령 받으셨지요?

○증인 남00 예.

○백혜련 위원 그러면 대기 발령 사유는 뭐예요?

○증인 남00 군사기밀 보호법 위반으로 들었습니다.

○백혜련 위원 본인 억울하시다는 생각 안 드세요?

○증인 남00 억울하지만 수사가 시작되면 수사기관에 가서 밝히도록 하겠습니다.

○백혜련 위원 보기에는 그때 당시 회의 때 차장, 본부장의 무리한 경호 요구에 대해서 반발을 하며 사퇴하라고 한 것이 이 대기 발령 사유 맞지요?

○증인 남00 그 부분에 대해서 따로 언급하지 않겠습니다.

○백혜련 위원 추가로 질의하겠습니다.

○위원장 안규백 박준태 위원님.

○박준태 위원 국정원장께 좀 여쭈어보겠습니다. 오전에 홍장원 전 국정원 1차장의 증언을 잘 들었습니다. 저는 홍 전 차장께서 의도적으로 사실과 다른 말씀을 한다고 생각하지는 않는데요. 조금 정리가 될 필요가 있을 것 같아요.

　홍장원 전 차장이 계엄 발표 이후인 22시 53분경에 대통령으로부터 전화를 받았다고 했고 당시에 '이번에 다 잡아들여서 정리해라' 이런 취지로 말씀을 했다고 아까 얘기를 했습니다. 그런데 대통령께서 정치인을 잡으라고 하거나 대상이 되는 그 명단을 구체적으로 얘기하신 것은 없다 이렇게 답변을 했습니다. 원장께서도 그렇게 들으셨지요?

○증인 조태용 예, 같이 들었습니다.

○박준태 위원 그러면 대통령이 얘기를 안 했는데 어떻게 정치인을 잡아들여라 이런 의미로 이해를 했냐 하는 질문에는 방첩사령관이랑 통화하는 과정에서 자연스럽게 인지하게 됐다 이렇게 증언을 했습니다. 그렇게 들으셨지요?

○증인 조태용 예, 사람 이름을 불러 주었다고 들었습니다.

○박준태 위원 예.

　제가 궁금한 것은 이런 겁니다. 원장께서 대통령으로부터 전화나 지시를 받은 게 있습니까?

○증인 조태용 체포 지시라든지 비상계엄과 관련해서 지시를 받은 바가 없습니다.

○박준태 위원 그러면 홍장원 차장으로부터 '대통령 전화가 있었다' 이렇게 보고는 받았습니까?

○**증인 조태용**　대통령한테 전화를 받았다는 보고는 밤에 받았습니다.

○**박준태 위원**　받았고.

　그러면 보고를 받으실 때 홍 전 차장이 ‘정치인 체포 지시가 있었습니다’라고 원장께 얘기를 한 사실이 있나요?

○**증인 조태용**　정치인뿐 아니라 무슨 체포 지시가 있었다는 얘기를 하지 않았습니다.

○**박준태 위원**　그러면 대통령께 전화가 왔었다는 얘기는 보고를 했는데 체포 지시가 있었다는 언급은 없었다, 그렇지요?

○**증인 조태용**　제가 기억나는 것은 방첩사를 지원하라는 말씀이 있었다 그것은 제가 보고를 받았습니다.

○**박준태 위원**　방첩사를 지원하라는 말씀 정도가 있었다……

○**증인 조태용**　예.

○**박준태 위원**　이게 왜 중요하냐고 저는 생각하냐 하면요 기관장이 대통령으로부터 직접 지시를 받았나 또 직접 지시받은 게 아니라면 지시받은 사람으로부터 어떤 보고, 전달을 받았느냐 또 만약 그 지시를 전달받았으면 실제 국정원 차원의 어떤 행동과 협조가 있었냐 이런 사실관계들에 따라서 이 12·3 계엄에 국정원이 관련이 있느냐 없느냐가 결정되는 문제예요. 그렇지요?

○**증인 조태용**　그렇습니다.

○**박준태 위원**　그래서 이 기관 측면에서 보면 기관장이 계엄 사실을 사전 혹은 사후에 인지했는지 여부 중요하고 또 실제로 원장께서 어떤 지시를 했느냐가 이게 쟁점입니다.

　이렇게 여쭤볼게요. 국정원 직원들에게 계엄에 협조하라는 취지의 지시를 한 게 있습니까, 원장께서?

○**증인 조태용**　정무직회의 때가 제가 각 차장들의 의견을 들어 보고 회의의 결론을 맺기는, 우리가 비상계엄이 됐는데 그러면 그런 비상계엄과 관련해서 국정원이 하도록 되어 있는 일이 뭔지 지금 보니까 아무도 잘 모르니…… 갑자기 당한 일이니까 그랬겠지요, 이것은 제 말씀입니다만. 그래서 정리를 좀 해서 국장들하고 상의도 하고 다음날 아침에 8시에 만나서 회의를 해서 서로 의논하자고 하고 결론을 냈습니다.

○**박준태 위원**　계엄 국면에서 국정원이 해야 될 일에 대해서 미리 사전에 정보가 없었기 때문에 정리된 내용이 없었고 따라서 만약에 이 국면이 지속되면 우리는 어떤 일을 해야 하는가에 대해서 검토해서 다음날 오전에 보고를 해 달라, 다시 논의를 하자 이렇게 말씀하셨다는 거지요?

○**증인 조태용**　그렇습니다.

○**박준태 위원**　그러면 그사이에 계엄이 해제가 됐기 때문에 또 그렇게 발표가 됐기 때문에 그 이후에 있었던 후속 조치는 없다는 말씀이신가요?

○**증인 조태용**　그렇습니다. 아침 8시에 만나기는 했습니다마는, 9시인지 제가 시간은 좀 왔다 갔다 하는데 아침에 만났습니다마는 이미 계엄이 해제됐기 때문에 더 이상의 논의는 할 필요가 없었습니다.

○**박준태 위원**　자꾸 반복적으로 말씀드리는 것 같은데 그러면 실제 이루어지지도 않았지만 정치인 체포 시도에 국정원이 동원된 것은 확실히 없다 이렇게 말씀하실 수 있는 거지요?

○**증인 조태용**　예, 저로서는 확실히 없다고 말씀드릴 수 있습니다.

○**박준태 위원**　홍장원 전 차장에 대해서 대통령으로부터 경질하라는 지시 받은 적 있습니까?

○**증인 조태용**　없습니다.

○**박준태 위원**　오전에 경질은 원장께서 직접 결정한 사안이다 이렇게 말씀하셨는데 그 사실이 맞나요?

○**증인 조태용**　예, 제가 건의드렸습니다. 제가 건의한 사항입니다.

○**박준태 위원**　그러면 회유하려고 사직서를 반려했다 이것은 사실입니까?

○**증인 조태용**　아닙니다. 사직서를 제가 받았고 반려한 사실이 없습니다.

○**박준태 위원**　예, 알겠습니다.

시간이 좀 있어서요, 경호처 관련해서 행사 얘기가 계속 나오고 있는데요. 아까 제가 경호처 차장께 확인하는 과정에서 보면 이게 전직 대통령들 생일이나 경호처 행사가 이번에만 특별히 한 게 아니라는 점이 확인된 겁니다.

저도 제보받은 사진들이 많은데요. 이게 이전 정부에서 어떤 행사를 하고 또 장기자랑도 하고 했던 이런 사진들이에요. 이것 보면 누가 봐도 굉장히 즐겁게 자발적으로 이분들이 한 겁니다, 자체 행사로서. 제가 공개를 하면 이게 경호법이랑 충돌할 소지도 있고 국민 정서상 오해가 있을 수도 있을 것 같아서 제가 공개는 안 합니다. 그래서 이 부분에 대해서는 위원들께서 좀 양해를 해 주시는 게 좋겠다는 말씀을 드립니다.

○**위원장 안규백**　수고하셨습니다.

윤건영 위원님.

○**윤건영 위원**　구로을의 윤건영입니다.

피의자 윤석열 씨 1·2차 체포영장 집행 관련해서 김성훈 차장은 여러 차례 경호관들을 불법으로 내몰았습니다. 관련한 내부 제보가 쏟아지고 있는데요. 제보자들이 공개 석상에 나올 수 없다는 점을 악용해서 지금 청문회장에서는 거짓증언을 하고 있다고 봅니다. 곧 밝혀질 거라고 생각하고요.

시간 잠깐 끊어 주시고 커튼 뒤에 계시는 분 제가 좀 확인하겠습니다.

경호처 남 부장님 와 계시지요?

○**증인 남OO**　예, 여기 있습니다.

○**윤건영 위원**　그리고 장 부장님도 와 계시지요?

○**증인 장OO**　예, 있습니다.

○**윤건영 위원**　남 부장님께 우선 여쭙겠습니다.

조금 전에 임무 배제를 당하셨다고 들었는데 임무 배제를 경호처 차장이 시킨 것 맞지요?

○**증인 남OO**　예, 그렇습니다.

○**윤건영 위원**　경호차장 등의 그릇된 행동, 쉽게 말하면 내부 단속에 반대한다고 해서, 남 부장께서 반대한다고 해서 이렇게 임무 배제를 당한 걸로 본 위원은 알고 있습니다. 맞습니까?

○**증인 남OO**　자세한 사항은 말씀드리기 어렵지만……

○**윤건영 위원**　좋습니다.

예, 말씀하십시오. 말씀하십시오.

○**증인 남00** 차장 주관 회의 때 저를 비롯한 대부분의 현장 지휘관들은 2차 체포영장 집행에 협조하여야 한다고 의견을 제시를 했었습니다. 일부 지휘관들은 협조하지 말아야 된다고 의견을 낸 걸로 기억을 하고 있습니다.

○**윤건영 위원** 경호처 차장을 비롯한 소위 말하는 강성 지휘부가 체포영장 집행 과정에 과도하게 불법적으로 개입했다고 생각하는 데 동의하십니까?

○**증인 남00** 그 부분에 대해서는 정확하게 말씀드릴 수가 없습니다.

○**윤건영 위원** 예, 좋습니다.

장 부장님께 여쭙겠습니다.

장 부장님, 들리시나요?

○**증인 장00** 예, 듣고 있습니다.

○**윤건영 위원** 장 부장님은 혹시 지금 임무 배제인 상태인가요?

○**증인 장00** 아닙니다. 지금 당일 날, 16일 날 당일 날 받았던 직무 배제는 효력과 강제성이 없는 지시라는 관련 부서의 답변을 받았고 현재 정상적으로 임무 수행하고 있습니다.

○**윤건영 위원** 직무 배제를 시킨 사람은 경호처 차장 맞지요?

○**증인 장00** 경호처 차장 아닙니다.

○**윤건영 위원** 그러면 경호본부장인가요?

○**증인 장00** 예, 맞습니다.

○**윤건영 위원** 경호본부장이 직무 배제시킨 이유는 2차 영장 집행 때 소극적으로 임했다라는 게 이유인 것 맞지요?

○**증인 장00** 그렇게 알고 있습니다.

○**윤건영 위원** 그리고 대통령과의 회동에서 '총'이라는 단어가 거론된 적이 있습니까, 부장님?

○**증인 장00** 제가 참석한 행사에서는 듣지 못했습니다.

○**윤건영 위원** 예, 좋습니다.

그러면 두 분 됐고요.

시간 끊어 주시고, 경호차장 잠깐 나와 주시기 바랍니다.

오전 질의에서 비화폰 서버 이야기를 하다가 비화폰 서버는 자동 삭제된다라고 발언하셨습니다. 맞습니까?

○**증인 김성훈** 예.

○**윤건영 위원** 그 즉시 바로 삭제됩니까?

○**증인 김성훈** 최초 세팅일 매 2일마다 자동 삭제가 되도록 세팅되어 있다고 보고를 받았습니다.

○**윤건영 위원** 제가 알기로는 한 달 동안은 유지되는 걸로 알고 있습니다. 그래서 경호차장이 12월 달에 담당자에게 삭제를 지시한 것은 12월 3일 내란 전후의 기록들을 삭제하기 위함이라고 제보를 받았습니다. 이래도 부정하시겠습니까?

○**증인 김성훈** 예, 2일마다 자동 삭제되는 걸로 보고를 받고 그렇게 알고 있고 한 달은 CCTV 영상 저장기간이 한 달……

○**윤건영 위원** CCTV는 90일로 알고 있고요. 제대로 알고 답변하셔야 될 것 같고요. 비화폰 서버는 한 달이라고 들었습니다.

다시 또 질의하겠습니다.

차장이 경찰에 조사받으러 갈 때 핸드폰 안 들고 갔지요?

○**증인 김성훈** 예, 그렇습니다.

○**윤건영 위원** 왜 안 들고 갔어요?

○**증인 김성훈** 들고 가서, 필요도 없고 놓고 가라, 주변의 그런 조언을 받았습니다.

○**윤건영 위원** 그게 범죄를 감추는 겁니다.

대통령 휴가 때 폭죽 구매에 경호관들 동원한 적 있지요?

'예, 아니요'로 짧게 답변하세요.

○**증인 김성훈** 폭죽을 산 적은 있습니다.

○**윤건영 위원** 그게 동원한 겁니다.

1월 11일 날 경호처 내부 글 삭제 지시한 적 있지요?

○**증인 김성훈** 삭제 지시한 적 없습니다. 직접적으로 지시하지 않았고 주변에서 이런 글……

○**윤건영 위원** 그만요.

차장 비서관 김○○ 계장 맞지요?

○**증인 김성훈** 예.

○**윤건영 위원** 김○○ 계장이 기획부에 즉시 글 내리라고 지시했어요, 차장 지시라고. 그게 차장이 한 것 아니면 뭡니까? 이따위로 답변합니까?

○**증인 김성훈** 내용이 부적절하니 다시 검토해서 하라고 했습니다.

○**윤건영 위원** 그게 차장이 지시한 거지요.

○**증인 김성훈** 예, 그렇습니다.

○**윤건영 위원** 시간 잠깐 끊어 주시고요.

위원장님, 이것은 경호차장이 거짓말을 밥 먹듯이 하는 거예요. 방금 보셨지 않습니까? 엄중하게 질의를, 엄중하게 지적을 해 주셔야 됩니다.

○**증인 김성훈** 수정 게시하라고 한 겁니다, 수정 게시하라고.

○**위원장 안규백** 증인은 사실만 가지고 진실하게 답변해 주시기 바랍니다.

○**증인 김성훈** 예.

○**윤건영 위원** 수정하라는 게 아니라요 애초에는 삭제 지시한 거예요.

내 말 들으세요.

차장 비서관 김○○ 계장이 기획부에 즉시 글 내리라고 했고 못 내린다고 거부하니까 통신 쪽에다 조치해서 강제로 내린 것 아닙니까? 그리고 그다음 날 다시 올린 거예요. 맞습니까, 아닙니까?

○**증인 김성훈** 과정은 맞습니다.

○**윤건영 위원** 그게 삭제 지시예요.

다시 또 질의하겠습니다.

○**증인 김성훈** 수정 게시……

○**윤건영 위원** 가만히 계세요.

대테러팀에다가 무장해서 언론에 보일 수 있도록 하라고 지시한 것 맞습니까, 아닙니까?

○증인 김성훈 무장하라고 한 적 없습니다.

○윤건영 위원 무장……

자, 다시 이야기할게요.

헬멧과 전투복을 착용하라고 했지요?

○증인 김성훈 그것은 저희 경호복……

○윤건영 위원 제가 묻는 것에 답변하세요.

헬멧과 경호, 전투복을 착용하라고 했지요?

○증인 김성훈 경호기법상 말씀드릴 수 없습니다.

○윤건영 위원 아니, 그러니까 제가 묻는 대로 답변을 하세요, 경호차장!

대테러팀에다가 '헬멧과 전투복 착용하고 가방에 총기 휴대해서 언론에 노출되도록 하라' 지시한 적 있지요?

○증인 김성훈 경호기법상 확인해 드릴 수 없습니다.

○윤건영 위원 좋습니다.

윤갑근 변호사를 국방부장관 공관으로 부른 적 있지요?

○증인 김성훈 언론에 그렇게 나와 있습니다.

○윤건영 위원 답변 태도가 왜 그렇습니까? '사실이다, 아니다'를 답변하셔야지요.

부른 적 있습니까, 없습니까?

○증인 김성훈 예, 그렇게 돼 있습니다.

○윤건영 위원 불렀어요, 안 불렀어요, 경호차장이?

경호차장이 모르면 그걸 누가 압니까?

○증인 김성훈 제가 부르지 않았습니다. 참석한 건 맞습니다.

○윤건영 위원 자, 그러면 경호차장이 민간인이 국방부장관 공관에 와서 경호관을 대상으로 불법을 강요하는데 그걸 그냥 눈 뜨고 보고 있었어요? 직무유기예요, 경호차장!

답변하지 마세요. 지금 제가 묻지도 않았어요.

그걸 모른다는 게 어떻게 말이 되고 경호차장의 지시도 없이 민간인을 부른 게 말이 됩니까? 거짓말도 정도껏 하십시오. 국방부장관 공관을 경호관이 쓰는 것 무단으로 쓴 것 맞지요?

○증인 김성훈 사전 협조했습니다.

○윤건영 위원 국방부장관권한대행이 이 자리에 와서 답변했습니다, 사전 협의한 바 없다고.

○증인 김성훈 사전 협조했습니다.

○윤건영 위원 지금 거짓말하는 거예요.

○증인 김성훈 사전 협조해서 2층은 사용하지 말고 1층에 홀이……

○윤건영 위원 사전 협의라는 걸 언제 어디서 했는지 저한테 자료를 제출하고 그 협의는 제가 여기 기관보고에서……

(발언시간 초과로 마이크 중단)

....

(마이크 중단 이후 계속 발언한 부분)

지적한 다음에 협의한 거예요. 맞습니까, 아닙니까?

○증인 김성훈 순서는 잘 모르겠습니다. 사전……

○윤건영 위원 순서를 잘 모르다니요? 지금 장난하는 겁니까?

○증인 김성훈 위원님, 답변……

○윤건영 위원 국방부장관 공관을 무단으로 쓴 것에 대해서 지적했는데 그 순서를 뒤바꿔 가지고 국회 청문회장에서 그렇게 말장난하는 게 되는 거예요?

○증인 김성훈 사전에 실무자한테 협조를 했고요. 그다음에 국방부차관이 이런 의견이 왔다라고 보고를 받아서 다시 그러면 1층 홀만 협조를 해라 해서 그렇게 협조를 받은 겁니다.

○윤건영 위원 경호차장, 며칠 전에 국방부차관이 이 자리에서 그런 접촉이나 협의한 적이 없다고 증언했어요. 지금 경호차장의 증언은 위증인 거예요, 그러면.

○증인 김성훈 증인을 불러오겠습니다, 그러면.

○윤건영 위원 위원장님, 이 부분은 국방부장관권한대행과 경호차장이 서로 엇갈린 진술을 하고 있습니다. 이 회의가 끝나기 전에 양측에다가 정확하게 진위 여부를 가려야 된다고 생각하고요. 만약에 어느 한쪽이 거짓 증언을 한 거라면 우리 청문회 차원에서 법적 조치가 반드시 필요하다고 생각합니다.

○김병주 위원 예, 맞습니다. 저도 똑똑히 들었어요, 국방부차관이 협조 안 했다고.

....

○위원장 안규백 증인, 잠깐 앞에 계십시오.

국회법 제13조를 보면은 증감법에 의해서 사실이 아닌 얘기를 하시고 또 진술하시면 고발될 수 있음을 먼저 고지를 드립니다. 좀 성실하게 해 주시기 바랍니다.

○증인 김성훈 예, 협조하고 제가 확인받았습니다, 그렇게.

○위원장 안규백 예, 그렇게 하십시오.

이어서 임종득 위원님 질의해 주십시오.

○임종득 위원 박성재 법무부장관님께 질문하겠습니다.

장관님, 윤석열 대통령은 현재 국회의 탄핵소추 의결로 인해서 권한이 일시 정지되어 있지요?

○증인 박성재 예.

○임종득 위원 그러나 그 지위와 신분은 그대로 유지되지 않습니까?

○증인 박성재 그런 것으로 알고 있습니다.

○임종득 위원 공수처는 헌법기관입니까, 아닙니까?

○증인 박성재 헌법기관은 아닌 것으로 알고 있습니다.

○임종득 위원 아니지요. 공수처법에 의해서 설립된 수사기관이라고 이해하면 됩니까?

○증인 박성재 예, 그렇습니다.

○임종득 위원 그린 공수처가 대통령 내란 혐의로 수사를 할 수 있는 권한이 있습니까, 없습니까?

○증인 박성재 그 수사 항목에는 들어가 있지 않은 것으로 알고 있습니다.

○임종득 위원 직권남용으로 한다 그러는데 직권남용이라면 대통령은 불소추의 권한

범위 안에 있지 않습니까?

○**증인 박성재** 소추 대상 범죄는 아닌 것으로 알고 있습니다.

○**임종득 위원** 그런데 공수처가 수사를 하는 부분과 관련해서 법무부장관으로서 어떻게 평가를 하십니까?

○**증인 박성재** 지금 검찰도 그렇고 공수처도 그런데 수사 대상이 아닌 범죄를 수사할 수 있느냐 하는 부분이 쟁점이 되고 그 부분이 사법 절차에 의해서 적정성이 확인돼야 될 내용이라고 생각합니다.

○**임종득 위원** 대통령 체포영장 발부 과정에서 서부지법에서 형사소송법 110조·111조를 예외로 한다라고 적시를 해서 논란이 상당히 많이 되고 있는데 이건 법적으로 문제가 되는 것이지요?

○**증인 박성재** 법원에서 그런 부분을 표시한 것이 나름 이유가 있다고 이야기하는 것을 국회에서 답변하는 걸 보고 들었습니다만 통상적으로 영장에 쓸 내용은 아닌 것으로 그렇게 생각을 합니다.

○**임종득 위원** 그래서 언론에서도 그렇고 여론에 보면 체포영장을 발부하는 판사가 입법행위를 했다라고 이야기를 하고 있는 것 같습니다.

감사합니다.

○**증인 박성재** 일부 그런 비난이 있는 것으로 알고 있습니다.

○**임종득 위원** 경호차장님 앞으로 나와 주시지요.

대통령님에 대한 불법체포 과정에서 경호처의 모습을 보면서 경호처가 호위무사다, 개인 사병으로 전락했다, 내란을 호위한다 이런 말들이 있는데 저는 동의하지 않습니다. 어떻게 생각하십니까?

○**증인 김성훈** 저도 동의하지 않습니다.

○**임종득 위원** 대통령경호처가 창설된 이래 경호처가 특정 정파나 이념에 따라 움직인 적이 한 번이라도 있습니까?

○**증인 김성훈** 전혀 없습니다.

○**임종득 위원** 대통령 경호업무 중에 형법상 내란죄라고 해석될 만한 업무가 있습니까?

○**증인 김성훈** 저희는 그런 부분에 대한 판단하지 않습니다. 다만 책임자가 승인되지 않은 그 구역에 들어온 것에 대해서 정당한 경호임무 수행이었습니다.

○**임종득 위원** 그렇지요. 경호처 직원들이 관저를 지키는 것은 대한민국 대통령을 지킨다는 경호처의 사명 때문이 아니에요?

○**증인 김성훈** 예, 그렇습니다.

○**임종득 위원** 그렇지요?

체포영장 자체에 심각한 법적 문제도 있고 절차에 있어서도 많은 문제가 있다라고 제기들을 하고 있습니다.

차장께서는 윤석열 대통령의 비상계엄 선포가 비난을 받고 문제시되는 이유가 뭐라고 생각하십니까?

○**증인 김성훈** 그 부분에 대해서는 제가 심각하게 생각해 보지 않았습니다.

○**임종득 위원** 대다수 사람들이 절차적 정당성, 위법성 문제 때문에 계엄이 비판을 받

고 있다라고 이야기를 하고 있습니다. 그런데 이것을 바로잡겠다고 지금 공수처가 나서 가지고 수사를 하면서 법과 절차를 어기면서 경호처에 위법적인 행위를 하고 있습니다.

PPT 한번 띄워 보시지요.

(영상자료를 보며)

이거 아시지요?

○증인 김성훈 예, 알고 있습니다.

○임종득 위원 공수처가 발송한 공문입니다. 공수처가 2차 체포영장을 집행하기 전에 55경비단장을 호출합니다. 그거 보고받으셨습니까, 사전에?

○증인 김성훈 예, 알고 있었습니다.

○임종득 위원 알고 승낙해 줬습니까?

○증인 김성훈 차후에 알았습니다.

○임종득 위원 차후에, 그러면 보고를 안 하고 그거 한 것이지요?

○증인 김성훈 예.

○임종득 위원 공수처 관계자한테 불려 간 55단장은 최초에는 수사를 할 필요가 있다, 1차 집행 시에 있었던 것이 추가 조사가 필요하다라고 불렀는데 현장에 가서 보니까 저 승인 공문에 관인을 찍어 달라라고 이야기를 했답니다. 그래서 그 자리에서 55경비단장은 ‘이건, 그 출입에 관련된 허가는 나한테 있는 것이 아니다. 경호처의 승인을 받아야 된다’라고 이야기를 했는데 당시 그 수사관이 ‘알고 있다’고 하면서 강요를 했어요. 그래서 이 문서가 만들어진 겁니다. 이건 위법한 거지요?

○증인 김성훈 예, 저런 형태의 문서는 처음 봤고요.

두 번째는 언론에서는 공수처가 55단장으로부터 출입승인을 허가한다는 회신을 받았다고 했지만 위원님께서 말씀하신 대로 출석요구 장소에서 관인을 갖고 오라 해서 찍은 거고요. 55단장은 그 이후에 부대에 들어와 보니 공식 공문이, 출입요청에 대한 공식 공문이 접수됐고 그 이후에 출입승인 허가권은 55경비단장한테 있는 것이 아니라 경호처에 있다는 것을 회신해 줬다고 보고 들었습니다.

(발언시간 초과로 마이크 중단)

••

(마이크 중단 이후 계속 발언한 부분)

○임종득 위원 그것 외에 경호처에서 승인한 적 없지요?

○증인 김성훈 그렇습니다.

○임종득 위원 그런데 들어왔지요?

○증인 김성훈 예.

○임종득 위원 이상입니다.

••

○위원장 안규백 수고하셨습니다.

추미애 위원님 질의해 주십시오.

○추미애 위원 내란수괴 윤석열이 거짓말을 하니까 계엄을 실행한 군들도 몽땅 다 거짓말에 입을 맞추고 있는 듯합니다. 내란수괴 윤석열은 계엄포고령을 실행한 바 없다라고 했지만 계엄포고령에 따른 국회를 통제하라라는 것은, 당일 박안수 계엄사령관을 통해서

조지호 경찰청장에게 계엄포고령을 보여 주고 그대로 실행토록 하라라고 한 것은 바로 윤석열 본인이었습니다. 그런데 합참의장 김명수도 이 자리에서 '북풍이라든가 외환유치 이런 얘기하는 것은 절대 안 된다. 제 직을 걸고 말씀드리겠다. 그런 일이 없었다. 외환 이라는 용어를 쓴다는 것은 군을 무시한다고 생각한다. 헌법에 명시된 국토방위의 신성 한 임무를 수행하는 군을 무시하는 거다' 이렇게 강변을 했습니다.

저는 노상원 전 정보사령관의 수첩에 적혔던 NLL 도발 관련한 중요한 제보를 받고 이에 대해서 여러분께 말씀드리니 앞으로 국민을 상대로 거짓말을 하지 말기 바랍니다.

자, 북풍 유도로 의심되는 제보가 있었는데요. 육군항공사령부 예하부대 12항공여단 소 속 아파치항공대대에서 작년 한 해에만 무려 7~8회가량을 NLL 위협 비행을 했고 특히 북한군 GP 정찰임무 등을 수행했다고 합니다.

PPT 봐 주십시오.

(영상자료를 보며)

이렇게 북풍 유도로 의심하는 근거를 제시하겠습니다.

첫 번째로 비행 항로가 평상시와 달랐다는 것입니다. 두 번째로는 평소에는 비무장 상 태로 비행하는 것과 다르게 실무장 상태로 비행했다는 것입니다.

평시와 비행 항로가 달랐다라는 것에 대해서는 실제 비행한 조종사들이 등산곶 등 북 한군 기지에서 통상 2~3㎞밖에 떨어져 있지 않았고 북한 어선도 훤히 다 보일 정도였다 라고 합니다.

두 번째, 실무장 상태로 비행했다 하는 것은, 전시 비축물자였던 실탄까지 사용했다는 증언도 있었습니다. 투입된 헬기들 NLL 따라서 연평도를 거쳐서 백령도를 찍고 돌아갔 고 백령도에서 북한을 향해서 20분 정도 비행하고 왔다고 합니다. PPT 두 번째 보시면 되겠습니다.

조종사들은 이렇게 말했습니다. 항로에 대해서 전혀 알지 못했다, 지휘관 주관의 임무 회의에서 실제 항로를 처음 알았다라고 합니다. 주로 낮에 작전을 수행하다 보니 정찰이 목적이 아니라 북한이 우리를 목격하기를 바랐던 것 같다, 자기들끼리 그렇게 얘기를 나 눴습니다, 하도 이상하니까. 그리고 조종사들은 이게 지지율이 떨어지니 북풍몰이 하려는 것 아닌가 이런 의심하는 대화를 자주 나누면서 회의감에 젖었다고 합니다. 목숨 걸고 정상적이지 않은 비행을 하다가 피격되거나 추락하면 그걸 빌미로 해서 북풍공작을 하려 고 했던 것 아닌지 당시에 의심이 갔다라는 것입니다.

국토방위의 신성한 임무에 혼란을 가져온 것, 누구겠습니까? 바로 내란수괴와 그 일당 아니겠습니까? 그런데 이 자리에서 합참의장이 여러 정황증거를 제시하면 거기에 대해 서 엄정히 조사를 하고 국토방위의 신성한 업무에 군이 혼선을 야기하는 일이 없도록 조 사해서 차제에 그런 일이 없도록 국민을 안심시키겠다 하는 것이 성찰하는 답변이거늘 오히려 거꾸로 국힘의 여당 의원과 입을 맞추고 야당 의원을 힐난하는 듯한 그런 자세로 또 한 번 국민을 속이고 있다는 것은 내란 이후에 전혀 자세가 바뀌지 않았다는 엄중함 을 얘기하는 것입니다.

그런데 이러한 임무는 2024년 5월에서 6월경부터 본격적으로 내려왔다고 합니다. 각별 히 기밀 유지에 신경을 썼다고 하고 내부적으로는 텔레그램으로 정보를 상호 공유하고 작전계획이나 항로 등에 대해서는 서면으로 상호 전파하고 즉시 파쇄를 강조했다고 하니 북풍 유도가 아니라면 그럴 수가 있겠습니까? 이것이 합참의장이 얘기한 대로 '이 지휘관의 판단, 결심 영역이다. 건드리지 마라' 그렇게 낯 뜨겁게 뻔뻔하게 얘기할 수 있겠습니까, 이 사태를 야기해 놓고?

국방부는 조속히 NLL 따라서 비행한 헬기의 위치추적체계 기록과 MCRC(공군중앙방공통제소)의 모니터링 기록을 제출해 주십시오. 수사기관은 위협비행의 목적이 무엇이었는지 즉각 수사에 착수해야 할 것입니다.

이상입니다.

○**위원장 안규백** 수고하셨습니다.

주진우 위원님.

○**주진우 위원** 안보실장님, 방금 아파치 헬기 얘기 나왔는데 북한에 고의적으로 공격 유도하기 위한 어떤 그런 비행이 있었습니까?

○**증인 신원식** 저는 전혀 없었다고 생각합니다.

(안규백 위원장, 김성원 간사와 사회교대)

○**주진우 위원** 국정원장님, 그 관련된 정보나 첩보 같은 것 받으신 사실 있습니까?

○**증인 조태용** 없습니다.

○**주진우 위원** 아무리 국정조사지만 저는 익명의 제보를 토대로 해서 우리 군의 명예를 이렇게 실추시키면 안 된다고 생각합니다. 이 아파치 헬기가 만약에 문제되는 것이라면 당연히 북한에서 왜 도발하느냐 이런 당시의 언론 보도가 있어야 됐고 그게 문제가 됐어야 됩니다. 그때는 아무것도 없었는데 지금 누가 제보를 했는지 몰라도 그 제보 하나만으로 정상적인 군의 초계활동이나 경계활동을 전부 북한군의 군사 공격을 유도했다는 식으로 하는 것은 저는 합당한 의혹 제기가 아니라고 생각하고요.

이 부분은 안보실장님, 회의 끝나기 전에 군의 명예를 걸고 정확히 사실관계를 체크해서 아파치 헬기 관련이 어떻게 된 것인지 정확하게 밝혀 주시기 바랍니다.

○**증인 신원식** 군의 작전활동을 확인해 주기는 어려운데 추 위원님이 말씀하신 것도 NLL 이남 우리 관할 지역입니다. 우리 관할 지역에서 훈련하거나 작전하는 활동은 지극히 정상적인 활동이고, 북한조차 만일…… 아파치 활동에 대해서 확인해 줄 수는 없지만 우리의 그런 정상적인 활동에 대해서 북한조차 문제를 제기 안 했던 사항입니다. 그걸 우리 국회에서 우리 국가를 지키기 위한 정상적인 작전활동을 문제 삼는다는 데 대해서는 앞으로 좀 지양되었으면 좋ㄴ겠습니다.

○**주진우 위원** 법무부장관님!

○**추미애 위원** 북한이 응했으면 전쟁이 나는 거지요! 말을 그렇게 하면 됩니까?

○**곽규택 위원** 추 위원님, 조용히 하시지요.

○**주진우 위원** 장관님!

○**위원장대리 김성원** 주진우 위원님 질의 중이시니까요.

계속해 주십시오.

○**주진우 위원** 장관님 탄핵소추 사유를 제가 한번 봤습니다, 법무부장관님.

지금 국무회의는 비상계엄 관련해서 심의 절차에 불과하지요?

○**증인 박성재** 저는 그렇게 알고 있습니다.

○**주진우 위원** 그날 당일 연락받고 5분 정도 참여하신 게 전부시고요. 그렇지요?

○증인 박성재　그런 회의라고 할 수 있는 그런 시간은 그 정도였던 것으로 생각합니다.

○주진우 위원　지금 사유가 세 가지가 돼 있는데 5분 국무회의를 통해서 대통령의 비상계엄을 말리지 못해서 내란죄를 저질렀다 이렇게 되어 있고요. 두 번째가 비상계엄이 해제된 이후에 구금 장소를 확보하는 등 2차·3차 계엄을 준비했다라고 했는데 사실무근이지요?

○증인 박성재　전혀 사실이 아닙니다.

○주진우 위원　세 번째가 더 황당합니다. 국회를 경시하는 태도를 보였다라고 했는데 언론 보도에는 이재명 대표 째려봤다라고 탄핵소추 사유 되냐 이렇게 보도가 났었는데 국회를 경시하는 태도를 보인 적이 있습니까?

○증인 박성재　그날 제가 제안설명하는 기간 동안 또 그리고 제안설명하고 제자리로 돌아오는 동안에 소리를 지르고 하는 분이 있어서 제가 쳐다본 적은 있지만 이재명 대표를 노려본다든지 아니면…… 쳐다본 것이 어떤 법률적인 문제가 된다고는 전혀 생각하지 않습니다.

○주진우 위원　탄핵소추 사유의 핵심이 내란죄를 저질렀다예요. 탄핵소추 대리인단에서 지금 대통령 탄핵소추 사유처럼 내란죄를 저질렀다를 빼겠다, 정리하겠다 이렇게 재판을 진행한 적이 없지요, 지금 현재까지는? 아예 열리지도 않았으니까?

○증인 박성재　없습니다.

○주진우 위원　그런 식의 의견서나 이런 것들 받아 본 적 있습니까?

○증인 박성재　없습니다.

○주진우 위원　저는 지금 대통령 탄핵 사유도 탄핵 사유지만 법무부장관님 탄핵 사유를 보니까 ‘내란죄를 저질렀다’라는 문구를 빼면 아무것도 아니에요, 사실은. 국무회의 참여한 것 외에 2차·3차 계엄 준비했다라고 하는 것도 소추문 자체에 의혹으로 되어 있고요. 국회를 경시했다 이런 것을 장관의 탄핵소추 사유로는 볼 수 없을 것이고, 만약에 내란죄를 저질렀다 부분을 뺐다라고 하면 탄핵소추 의결 다시 해야 됩니까, 안 해도 됩니까?

○증인 박성재　저는 다시 하는 게 문제가 아니고 그 자체로 이유가 없다고 생각을 합니다. 헌재에서 빨리 결정을 해 주시는 게 맞다고 생각합니다.

○주진우 위원　또 반대신문권 부분을 좀 물어볼게요.
　만약에 형사재판에서 열 번, 스무 번 정도 검찰에서 조사를 받아서 조서가 20개가 만들어졌다라고 하면 형사재판에 있어서 그 20개의 조서에 대해서 각각의 반대신문권을 보장하고 그와 관련해서 충분한 신문이 이루어지지요?

○증인 박성재　법정에서 그렇게 이루어지는 것으로 알고 있습니다.

○주진우 위원　만약에 법정 재판부가 변호인한테 반대신문권을 행사할 수 있는 시간을 45분으로 제한한다 그러면 적절한 반대신문권 행사가 됩니까?

○증인 박성재　현재 시간 제한을 하는 경우는 없는 것으로 저는 알고 있습니다.

○주진우 위원　저는 대통령 탄핵재판의 문제점을 얘기하고 있는 건데요. 지금 김용현 장관 등 주요 구속돼 있는 사람들을 증인으로 부르면서 1시간 반의 증인신문사항 시간을 잡고 그러면 변호인한테 주어진 시간은 불과 45분입니다. 이게 반대신문권 제대로 보장된 정상적인 재판이라고 볼 수 있습니까?

○증인 박성재 제가 그걸 평가하기는 좀 이릅니다만 요즘은 증인 한 사람에 대해서 하루에 증언 절차를 끝내는 것이 아니고 3일, 4일씩 하는 경우도 있는 것으로 압니다. 주신문 한 이틀 또 변호인 반대신문 이틀 이렇게 하는 경우도 있는 것으로 알고 있습니다.

○위원장대리 김성원 주진우 위원님 수고하셨습니다.

다음, 곽규택 위원님 질의해 주십시오.

○곽규택 위원 홍장원 전 1차장님 좀 앞으로 나와 주시지요.

국정원장님께 조금 여쭤보겠습니다, 먼저.

조금 전에 말씀하신 내용 중에 홍장원 전 1차장에 대해서 사직서를 받았다 하셨는데 사직서를 받으신 구체적인 이유는 무엇입니까?

○증인 조태용 비상계엄 있었던 12월 3일 그다음 날인 12월 4일 오후에 저한테 찾아와서 우리 홍 차장이 야당 대표하고 전화 한번 하시면 어떻겠냐는 얘기를 했는데 저는 그 상황에서 그 조언은 굉장히 부적절하고 정치 개입성이라고 생각을 했기 때문에 엄중한 시기에 같이 가기가 어렵겠다고 판단을 했습니다. 그래서 건의를 드렸습니다.

○곽규택 위원 그러면 사직서를 내라고 하니까 홍장원 1차장이 그냥 사직서를 별다른 설명 없이 제출했습니까?

○증인 조태용 제가 본인을 오라고 해서 정무직이라는 건 임기가 없는 자리니까 어느 때든 그만두려면 그만두는 거고 나도 그런 마음이고 이번에 정무직 교체가 있으니 사직서를 내라고 했고 사직서를 받았습니다.

○곽규택 위원 홍장원 증인께 물어볼게요.

사직서를 내라고 했을 때 본인 입장 같은 것을 설명한 적이 있습니까? 못 내겠다든지 아니면 왜 그러냐든지 그런 걸 국정원장과 대화를 나눈 적이 있습니까?

○증인 홍장원 예.

○곽규택 위원 무슨 이야기를 했습니까?

○증인 홍장원 당일 날 오후 4시경에 원장님께서 부르셔서……

○곽규택 위원 12월 4일입니까?

○증인 홍장원 12월 5일입니다.

○곽규택 위원 5일?

○증인 홍장원 예, 12월 5일 오후 4시경에 원장님께서 부르셔서 원장님 집무실로 갔습니다. 원장님께서 평소처럼 굉장히 따뜻한 목소리로 말씀하셨었는데 상당히 안타깝다라는 느낌이 묻어 있는 목소리로 '우리 정무직들이 다 그렇잖아요. 나도 마찬가지입니다'라고 하면서 사직서를 내 달라고 하셨습니다.

그때 이유는 물어보지 않았지만 저는 그 이유를 충분히 능히 짐작하고도 남았습니다. 왜냐하면 12월 3일 날 대통령께서 지시하셨는데 아마 4일, 5일 정도면 비상계엄 현장에 국정원 직원이 한 명도 출동하지 않았던 부분들을 확인할 수 있으셨을 테니까 이게 뭔가 국정원에 지시가 정상적으로 집행되지 않았다라고 생각하셨고 아마 거기에 따른 부분에 있어서의 경질이나, 지시 불이행에 내한 경질이나라고 저는 판단했기 때문에 두말없이 '예'라고 했고, 원장님께서도 '사직서를 내 주셨으면 좋겠습니다'라고 말씀하셔서 '예'라고 말씀드렸고 '그러면 인사기획관을 방으로 보내겠습니다'라고 하셨습니다.

그런데 저도 궁금하잖아요. 그래서 일어나기 전에 한 가지는 여쭤봤습니다. '이게 대통령의 뜻입니까?', 우리 원장님께서 '예'라고 대답은 안 하셨는데요 '그러면 정무직 인사를 누가 하겠습니까.'……

　원장님은 인사제청권은 있지만 인사권은 없습니다. 그러면 제가 여쭤봤을 때 '대통령의 뜻입니까?', '정무직 인사는 누가 하겠습니까.' 저는 그걸 대통령의 뜻이라고 이해했습니다.

○**곽규택 위원**　그러면 거기서 뭘 확인한 건 아니고 그 정도 대화하고 사직서를 내셨습니까?

○**증인 홍장원**　그거야 팩트로 다 알 수 있는 거 아니겠습니까? 뭘 추가로 더 확인하겠습니까?

○**곽규택 위원**　알겠습니다.

　계엄 당일에 여당 대표였던 한동훈 대표하고 통화한 사실이 있습니까?

○**증인 홍장원**　채널A 뉴스하고 어느 의원님께서 공식적으로 홍장원 차장이 한동훈 대표에게 전화했다라고 언급하는 걸 TV 영상으로 본 적 있습니다.

○**곽규택 위원**　아니, 그래서 본인이 통화했습니까? 한동훈……

○**증인 홍장원**　제가 환갑이 지났지만 한동훈 대표하고 얼굴도 본 적이 없고 전화한 적 없습니다.

○**곽규택 위원**　통화한 적이 없습니까?

○**증인 홍장원**　없습니다.

○**곽규택 위원**　그러면 혹시 그때 계엄 선포된 당일에 이재명 대표나 우원식 의장하고 통화한 적 있습니까?

○**증인 홍장원**　없습니다.

○**곽규택 위원**　그러면 본인이 생각하는 사직서를 내라고 했던 이유는 대통령의 지시를 국정원 1차장이 따르지 않았다 그 이유가 유일한 겁니까?

○**증인 홍장원**　아마 전반적인 상황을 보시면 제일 상식적인 판단 아니겠습니까? 대통령께서 지시한 것……

○**곽규택 위원**　그런데 그 지시를 왜 국정원장을 안 거치고 1차장한테 바로 했나요?

○**증인 홍장원**　제가 원장님께 여쭤보고 싶은 내용 중 하나입니다. 저도 사실은 그냥 길 가다가 급발진 차에 치이거나 지나다가 떨어진 돌에 맞은 거 같습니다. 왜 저한테 전화하셨지요?

○**곽규택 위원**　그러면 그런 지시를 국정원장한테 받은 적은 없는 건 맞습니까?

○**증인 홍장원**　저는 1년 넘게, 하여튼 수년간 국정원에서 근무하면서 지금 대통령님께 직접 뵙고 보고드린 적은 있어도 전화를 받은 적은 이번이 처음입니다.

○**곽규택 위원**　그러면 그 전화에서 구체적인 14명의 명단을 불러 줬다 이렇게 하는데 그런 사실이, 본인이 14명에 대해서 기억하고 있습니까?

○**증인 홍장원**　아닙니다. 대통령께서는 방금 제가 말씀드린 대로 목적어가 없었습니다.

○**곽규택 위원**　목적어는 없고……

○**증인 홍장원**　누구를 잡아라, 누구를 체포하라는 말씀이 없으셨고, 이런 말씀을 자꾸 공개적으로 드리기는 뭐하지만 하여튼 이번……

○**위원장대리 김성원**　계속 답변하십시오.

○**증인 홍장원** 다 잡아들여라, 이번에 싹 다 정리해라, 아까 말씀드린 대로 그 말씀 이후에 방첩사를 적극 지원하라고 말씀하셨기 때문에 당시에 정보가 없는 저로서는 방첩사에 특별한 사건이 있어서 싹 다 잡아들이고 방첩사에 뭔가 지원을 해 드려야 되는 부분으로 추정했을 뿐이고 대통령님께서 빼셨던 목적어는 여인형 방첩사령관이 14명의 명단을 불러 주면서 이 사람들이 체포 명단이라고 알게 되었던 것입니다.

○**곽규택 위원** 다시 추가질의하겠습니다.

○**위원장대리 김성원** 곽규택 위원님 수고하셨습니다.

다음, 김병주 위원님 질의해 주십시오.

○**김병주 위원** 국정원장님, 국무회의 갔다 와서 12월 4일 날 01시쯤 정무직회의를 소집했습니까?

○**증인 조태용** 아닙니다. 12월 3일 11시 30분으로 나중에 실무자들하고……

○**김병주 위원** 11시 30분?

○**증인 조태용** 맞습니다.

○**김병주 위원** 그때 홍장원 1차장도 앞에 앉아서 조금 전에 방첩사 지원하라는 지시를 대통령으로 전화를 받았다라고 보고를 받았다고 했지요?

○**증인 조태용** 정무직회의에서는 얘기를 하지 않았습니다.

○**김병주 위원** 그러면 언제 이 사항을 알았습니까?

○**증인 조태용** 정무직회의가 끝나고 제가 나가려고 하는데 다시 본인이 혼자 찾아와서 그때 저한테 '대통령 전화를 받았습니다. 아마 원장님이, 제가요, 원장이 외국에 있는 걸로 생각하신 것 같습니다'라고 얘기를 했고 그다음에 '방첩사를 지원하라는 말씀을 했다' 이렇게 얘기를 했습니다.

○**김병주 위원** 그때가 몇 시쯤이었지요?

○**증인 조태용** 정무직회의 끝나고 바로니까, 제가 한 10분쯤 회의를 했다고 저희 실무자들이 기억하니까 한 11시 50분이나 45분 그 안일 겁니다.

○**김병주 위원** 정무직회의 할 때, 조금 전에 얘기한 것이 국정원은 뭘 할지 모르니까, 비상계엄 때, 스터디를 해서 아침에 정무직회의 하자고 지시했다 했지요?

○**증인 조태용** 그렇습니다.

○**김병주 위원** 아이디어를, 다양한 아이디어를 내라는 거 아니겠습니까? 그리고 그것 끝나고 홍장원 1차장이 방첩사 지원하라는 대통령 전화를 보고했는데 무슨 지시는 했는지 모르겠다라고 얘기했지요?

○**증인 조태용** 말씀드려도 됩니까?

○**김병주 위원** 예.

○**증인 조태용** 우선 정무직회의에서의 얘기는, 그 당시 어느 한 정무직은 저한테 그것은 법령과 매뉴얼을 찾아봐야 될 것 같다고……

○**김병주 위원** 아니, 묻는 답에나……

○**증인 조태용** 제기 아이디이를 내자는 게 아니라 하게 되어 있는시……

(청취 불능)

○**김병주 위원** 그러니까 하게 돼 있는 일이 뭐냐 그런 거 아니겠어요, 그리고 또 스터디하라고?

묻는 것만 답하세요.

그다음에 방첩사령관…… 방첩사를 지원하라고 했는데 조금 전에 무슨 지시였는지는 몰랐다 하는데 이것은 말이 안 되지요. 대통령 지시가 방첩사 지시한 건데 뭐뭐인지 확인을 안 했단 말이에요? 홍장원 1차장은 당연히 얘기했을 것이고.

그러고 나서 그다음 날 홍 차장이 오후에 '야당 대표한테 전화 한 번 하시지요' 이것이 어떻게 정치적인 중립 위반이지요, 전화하라는 아이디어를 내는 것이?

○증인 조태용 저는 그런 민감한 상황에서 한 번도 연락을 하지 않던 야당 대표에게 국정원장이 전화하는 것은 정치 개입이라고 생각을 했습니다. 그렇게 판단했습니다.

○김병주 위원 그러면 국정원장은 저한테 전화하고 저하고 개인적으로 만나면 정치적 중립 위반한 거 아닙니까?

○증인 조태용 김병주 위원님은 제가 아는 분이니까 연락할 수 있다고 봅니다. 그런데 이재명 대표는 저는 한 번도 악수도 해 본 적 없는 분입니다.

　　(김성원 간사, 안규백 위원장과 사회교대)

○김병주 위원 그것은 말도 안 되는 이유지요. 홍장원 1차장이야말로 실제 이번에 차관, 장관급 중에 유일하게 대통령 지시 이것 잘못됐다는 걸 하고 묵살함으로써 사실은 국정원을 살렸어요. 차관급 이상 중에 유일하게 홍장원 1차장만 이것은 너무나 잘못됐다고 인식하고 이걸 뭉갠 겁니다. 국정원을 살렸고 조태용 원장을 살렸어요.

만약 그 지시대로 했으면, 제가 봤을 때 여기에 지금은 단순히 부화수행 정도 걸릴 텐데 만약에 홍 차장이 했으면 어떻게 됐겠어요? 중요임무 종사자로서 지금 여기 안 있고 구속됐을 거예요. 그런데도 말도 안 되는, 전화하라는 아이디어 낸 걸 가지고 정치적인 중립 위반으로 사표를 써라? 이것 월권행위 아니에요?

○증인 조태용 제가 직무범위 내에서 한 일이고……

○김병주 위원 직무범위가 아니지요, 이것은 대통령, 용산의 지시고 한 건데.

○증인 조태용 아닙니다.

○김병주 위원 홍 차장 나와 보세요.

○증인 조태용 제가 인사 건의를 했고 대통령이 받아들였습니다.

○김병주 위원 그러니까 직무권한을 벗어난 거예요, 권한도 아닌데.

○증인 조태용 저는 인사 건의를 할……

○김병주 위원 당신을 살린 사람을 그렇게 내치는 게 어디 있어요!

○증인 조태용 그렇게 말씀하시면 안 되시겠습니다.

○김병주 위원 안 되기는! 국민의 눈높이로 보면 당연히 그런 거지. 홍 차장이야말로 유일하게 현 정부에서, 고위급 중에서 대통령 비상계엄 잘못됐다는 것을, 묵살한 사람이에요. 그런데 저렇게 보직 해임시키고 파이어 아웃(fire out)시켜요?

해병대 박정훈 대령, 똑같은 사례예요. 경호처 경호부장, 똑같은 사례예요. 법과 규정대로 하겠다는데 잘라 버리고 직무 배제하잖아요.

○증인 조태용 한 말씀만 좀 드렸으면 좋겠습니다.

○김병주 위원 홍 차장.

○증인 조태용 5초만 드리면 안 되겠습니까?

○김병주 위원 나중에 끝나고 하세요.

　　홍 차장님……

　　(발언시간 초과로 마이크 중단)

- -

　　(마이크 중단 이후 계속 발언한 부분)

하나만 질문할게요.

　　홍 차장님, 2차 계엄 가능한 상황이다라고 얘기를 했었는데 이 근거가 뭔가요?

○**증인 홍장원** 제가 12월 6일 11시 반경에 정보위원장실에서 정보위원장과 여야당 간사에게 12월 3일과 관련된 부분에 있어서의 상황 설명을 해 드렸습니다. 그러면서, 이것은 제가 추정이자 판단이지 어떤 정보보고에 근거한 부분은 아니지만 정보관료로서의 오랜 경험상 최근에 있는 상황을 판단해 보니까 2차 계엄, 계엄까지는 안 되더라도 최소한 2차 군사개입의 가능성이 대단히 크다라고 정보위원장께 보고드린 건 사실입니다.

○**김병주 위원** 왜, 근거가 뭡니까? 왜 그렇게 생각했어요?

○**증인 홍장원** 주관적이라고 말씀하실 수 있겠지만 첫 번째는 대통령의 의지십니다. 제가 비상계엄 이후에 여러 가지 부분에 있어서의 움직임을 볼 때 대통령께서는 비상계엄이 잘못됐다 또는 국민에게 사과해야 될 부분이다…… 그 의지를 꺾지 않고 계시다는 부분들이 여러 가지 부분으로 느낄 수 있었습니다.

　　두 번째는 그다음 날 김용현 국방부장관을 경질합니다. 아마 경질할 수 있는 사항이라고 생각되는데 제가 깜짝 놀란 것은 김용현 장관이 경질된 다음에 그다음 신임 국방부장관을 추가 임면하기 위해서 노미네이션(nomination)하는데 제가 그때 제 판단으로는 아, 김용현 장관이 뒤로 물러났지만 영향력이 사라진 것은 아니구나. 왜? 김용현 장관의 추천에 의해서 후임 국방부장관이 추천됐다고 생각하기 때문입니다.

　　또 하나는 저는 경질했지 않습니까, 안 하겠다고 그랬더니. 그런데 당시 방첩, 특전, 수방 관련된 부분, 모든 당시 계엄군의 수뇌는 멀쩡했습니다. 대통령이 의지를 가지고 있고 장관도 김용현 장관의 영향력 안에 있는 사람인데 계엄 관련된 부분의 군 지휘관들이 모두 다 건재하다고 하면 언제든지 다시 모빌라이즈(mobilize)할 수 있다고 생각했습니다.

　　더구나 제가 굉장히 위험하다고 생각했던 부분은 여기 사령관님들도 계시지만 처음에 국회에 진입할 때는 누구의 지시에 의해서 그랬다라고 할 수 있지만 그 상황이 발생하면서 '아, 내가 내란죄로 소추당할 수 있는가' 하는 부분에 있어서의 위기와 불안감을 느끼고 있는 상황에서 3명의 사령관은 상황에 따라서는 첫 번째와는 달리 훨씬 더 강하게 군사적 개입을 할 수 있겠다라는 생각을 했습니다.

　　또 하나는 제가 나름대로 이 부분의 의견을 몇몇 분한테 내니까 '야, 못 봤어, 국회에서? 시민들이 미니까 군인들이 밀려나잖아', 저는 그렇지 않습니다. 제가 군 출신이라서 그런데 군사의 무력이라고 하는 것은, 더구나 군중이라고 하는 것은 상황에 따라서 크게 변합니다.

　　더구나 첫 번째 국회에 들어가서 그렇게 실패했는네 만약에 두 번째 군사개입을 한나면 똑같이 국회에 사람들이 몰려와서 할까요? 아마 제가 보기에는 군인들이 거부할 수 없는 상황을 만드는, 계엄으로 갈 수밖에 없는 그런 상황을 만들려고 했겠지요. 저는 그렇게 추정했습니다.

○**김병주 위원** 감사합니다.

....

○**위원장 안규백** 제가 이어서 좀……

잠깐 계십시오, 홍 차장님.

홍 차장님은 군 출신이지만 국정원에 얼마나 계셨습니까?

○**증인 홍장원** 92년부터 근무했으니까 약 30년 근무했습니다.

○**위원장 안규백** 군 출신이지만 거의 국정원 직원이나 진배없네요.

그러면 여인형으로부터 국회의원 체포명단을 받았지요?

○**증인 홍장원** 예.

○**위원장 안규백** 목적어 없이 받았다고 하셨지요?

○**증인 홍장원** 목적어 없이 받은 게 아니라 대통령께서 방첩사를 적극 지원하라고 했으니까 무엇을 도와줘야 되는가를 확인하기 위해서 당일 11시 6분에 방첩사령관한테 무엇을 도와주면 되겠느냐를 물어보려고 전화한 것이었습니다.

○**위원장 안규백** 본 위원에게도 그날 11시 20분 어간에 방첩사로부터 체포명단 리스트를 제가 받았습니다. 제가 이 체포명단 리스트를 불러 줄 테니까 확인 한번 해 보십시오.

우선체포조 체포대상 우원식, 이재명, 한동훈, 우선체포대상 조국, 정청래, 양정철, 박찬대, 조해주, 이학영, 양경수, 김어준, 김민웅, 김민석, 김명수, 기억과 일치합니까?

○**증인 홍장원** 대부분 일치하는데 이경수라고 그러셨습니까?

○**위원장 안규백** 양경수.

○**증인 홍장원** 양경수, 맞습니다.

○**위원장 안규백** 윤석열의 국회의원 체포 지시를 조태용 원장에게 보고하거나 알린 바가 있었다고 하셨지요?

○**증인 홍장원** 당시 상황을 좀 설명드려도 되겠습니까?

○**위원장 안규백** 예, 설명해 주십시오.

○**증인 홍장원** 일단 오전에는 원장님께서 홍장원 차장으로부터 보고받은 적이 없다고 말씀하셨는데 오후에는 그래도 대통령으로부터 전화 받았다든가 방첩사를 지원하라든가 하는 부분에서의 보고를 받았다고 말씀해 주셔서 제가 조금 마음이 가볍습니다. 다행입니다.

그런데 보고를 할 때 ‘방첩사를 지원하라고 합니다’라고 얘기만 하고 딱 끊고 그다음에 다른 얘기는 안 하나요? 사실대로 말씀드리면 보고를 안 한 것이 아니라 보고를 거부하신 겁니다.

제가 정무직회의 때 얘기하지 않은 것은 내용 자체가 너무 민감한 부분이라서 다른 사람들하고 쉽게 공유할 수 있는 사항이 아니라고 생각했습니다. 그래서 일단 정무직회의를 마치고 제 보좌관에게 원장님께 보고드릴 수 있는 상황인지를 한번 확인해 보라고 그랬습니다. 그랬더니 오라고 말씀하셨고 제가 서둘러서 원장님실로 보고를 들어가는 것을 비서실 직원들이 다 봤으니까 아마 보고드렸던 것 자체를 뭐라고 다르게 말씀하실 수는 없을 겁니다.

제가 문을 열고 들어가니까 원장님께서는 정무직회의를 하셨던 그 소파에 그냥 앉아 계셨고 제가 앉자마자 ‘원장님, 제가 대통령님으로부터 전화를 받았습니다. 그런데 아마 대통령님께서 해외 출장을 이미 출발하셔서 국내에 안 계신 줄 알고 저에게 전화하신 것 같습니다'라고 얘기했는데 그 뜻은, 원장님께서 그다음 날 아침에 일찍 해외 출장이 있으셨어요. 아마 국정원장 정도의 출장은 대통령께서도 아셨을 테니까, 아마 착오인지는 모르겠지만, 왜냐하면 그 이외에는 저에게 전화할 이유가 없었기 때문이지요. 그다음에 아무 말씀 없으셨습니다.

더군다나 비상국무회의 가서 대통령을 만나고 오셨을 텐데도 비상국무회의에 갔다 왔다라는 말씀도 없으셨습니다. 그래서 제가 이어서 '대통령께서 방첩사를 지원하라고 합니다'라고 하니까 아무 말씀도 없으셨습니다. 그래서 제가 사실은 조금 놀라시라고 '그런데 방첩사에서 지금 이재명하고 한동훈을 잡으러 다닌답니다' 하고 말씀하시니까 다소 의외의 답을 받았습니다, '내일 아침에 얘기하시지요'. 그래서…… 아니, 내일 아침에 말씀드릴 수 있는 사항이 아니잖아요. 더구나 정무직회의도, 지금 TV에서는 계엄군과 시민, 경찰, 국회 관계자들이 엉켜서 정말 국가 초유의 위기 상황으로 치닫고 있는데 국가안보를 책임지고 있는 수뇌 회의에서의 어떤 결론이 '내일 아침에 얘기하시지요', 그러면 그 야간 동안은 뭘 한다는 겁니까?

그래서 제가 원장님께 방첩사를 지원하라는 대통령의 지시가 있다고 하면서 '방첩사에서 한동훈과 이재명을 잡으러 다닌 답니다'라고 말씀드리니까 내일 아침에 얘기하자고 말씀하셨고 그래서 제가 '원장님, 그래도 최소한의 업무 방향이나 지침은 주셔야지요' 그렇게 말씀드렸더니 앉았던 소파에서 일어나서 가 버리셨어요. 더 이상 보고드릴 수가 없었습니다.

○**위원장 안규백** 그러니까 그것을 홍 차장께서는 원장이 정치 개입이라고 판단했다고 생각하십니까?

○**증인 홍장원** 제가 보기에는 지금 원장님께서 정치 개입이라고 판단하는 것은 그 내용이 아니라고 생각합니다. 정치 개입이라고 원장님께서 말씀하신 건 다른 얘기인데요.

그다음 날 11시 30분 정무직회의가 끝나고 난 다음에 원장님께서 이런 제의를 하십니다. 통상 일주일에는 한 번이나 두 번 정도 정무직회의를 하는데 '상황이 엄중하니까 우리 매일 아침마다 티타임을 하면서 상황 관련된 부분에 대한 대처 협의를 합시다', 저는 그것을 아침마다 9시에 원장님하고 티타임하면서 이런저런 부분에서의 업무를 협의해야 한다고 생각했고 그러면 원장님께 어떤 아이디어를 드릴 수 있을까라는 생각을 했습니다.

그래서 5일 날 오후 정도로 기억이 되는데, 그때 오전에 야당 대표께서 비상계엄에 군을 동원해서 도리어 북한의 군사 위협이 더 가중되는 면이 있다라는 발표를 하시면서 북한의 군사 위협에 대한 약간의 불안감을 느끼시는 말씀을 하셔서 그래 맞다, 지금 비상계엄은 대통령께서 직접 하신 부분이니까 대통령실에서 할 수 있는 부분도 아니고 국회도 이렇게 혼란스러운 상태에서 그냥 원장님께서 야당에다가 얘기해서 '북한 관련된 부분, 한반도의 안보 상황, 우리 국정원이 잘 관리하고 있습니다. 해외 관련된 부분의 동맹과도 잘 소통하고 있고 국내 사회질서도 나름대로 잘 관리하고 있으니 국정원이 앞으로 나름대로의 어떤 비상계엄 이후의 여러 가지 부분에서의 국면을 잘 감당하겠습니다' 그렇게 전화 한번 하는 게 어떻겠냐고 브레인스토밍 차원에서 그냥 건의드린 겁니다.

○**김성원 위원** 마무리하세요.

○**위원장 안규백** 가만히 계세요.

○**증인 홍장원** 물론 이것 때문에 원장님이 저를 경질했다고 생각하지 않습니다. 왜냐하면 지금은 다들 알고 계시지만 12월 6일만 하더라도 이런 상황에 대해서는 알고 계신 분이 많지 않았기 때문에 아마 원장님께서도 12월 6일 당일 날 12월 3일 날 홍장원이 대통령 말 안 들어서 경질한다는 말씀을 하실 수는 없으셨을 겁니다. 다만 거기에 대한 이유로 그 이야기를 하신 것 같고.

다만 제 입장에서는 대단히 억울하고 문제시되는 게 대부분 자세히 보시지 않으면 잘 모르시겠지만 국정원법 11조에 보면 국정원 직원이 정치중립을 위반하면 7년의 징역에 처할 수 있도록 돼 있습니다.

그러면 원장님께서 평소와 다르게, 11월 6일 12시에 국정원장께서 이례적으로 자청하셔서 기자회견을 한 상태에서 홍장원 차장을 정치 중립의무의 위반으로 인사 경질했다고 하는 부분은 죽으라는 거예요. 사법적으로 매장하겠다는 겁니다. 그런데 그게 말씀으로 끝나지 않았습니다. 그다음 날 네이버에 쳐보면 금방 알 수 있는 시민단체에서 저를 고발했고 12월 8일, 그날이 대통령의 탄핵이 기각된 그다음 날 저는 검찰로부터 시민단체가 고발한 정치 중립의무 위반 혐의로 피의자로 검찰에 출두하라는 통보를 받습니다.

그 정도면 국회에 공익제보 보호를 요청해야 되는 상황 아닙니까?

○**위원장 안규백** 예, 맞습니다.

그러면 우리 홍 차장께서는 경질당한 것을 정치적 보복으로 느끼셨겠네요?

○**증인 홍장원** 처음에는 저, 두 가지로 나눠서 생각해야 되는데 12월 5일에 얘기할 때만 하더라도 저 대통령 좋아했습니다. 시키는 거 다 하고 싶었습니다. 그런데 그 명단을 보니까 그거는 안 되겠더라고요. 예를 들어서 위원장님 집에 가셔서 편안하게 가족들하고 저녁 식사하고 TV 보시는데 방첩사 수사관과 국정원 조사관들이 뛰어들어서 수갑 채워서 벙커에 갖다 넣었다. 대한민국이 그러면 안 되는 거 아닙니까?

그런 게 매일매일 일어나는 나라가 하나 있습니다. 어디? 평양, 그런 일을 매일매일 하는 기관 어디? 북한 보위부.

이상입니다.

○**위원장 안규백** 그러면 한 가지만 마지막 질문 드리겠습니다.

국정원 쪽에서 한동훈 대표한테 체포와 관련하여 이러한 전화를 한 바가 있습니까?

○**증인 홍장원** 저를 물어보시는 겁니까? 국정원을 얘기하시는 겁니까?

○**위원장 안규백** 그러니까 차장님을 비롯한 국정원 내에서.

○**증인 홍장원** 일단 저는 방금 여당 위원님이 말씀하신 것처럼 한동훈이라는 분을 TV 이외에서는 뵌 적이 없고요. 전화 통화한 적 없습니다. 다만 국정원 내에서 어떤 일이 있었던 거에 대한 관련된 사항에 대해서는 특별한 정보 없습니다.

○**위원장 안규백** 알겠습니다. 들어가도 좋습니다.

부승찬 위원.

○**증인 조태용** 위원장님, 혹시 저도 조금 말씀드릴 기회가 없겠습니까?

○**위원장 안규백** 이따가⋯⋯

○**주진우 위원** 아니, 분명히 무제한으로 말하라고 해 놓고 왜 발언권을 안 줍니까?

○**박준태 위원** 아니, 이게 좀 균형 있게 정보를 얻고 싶습니다.

○**위원장 안규백** 아니, 그건 위원님들……

가만있어 봐요. 위원장인 제가 추가질의를 했잖아요.

그러면 제가 또 추가질의를 할 테니까 잠깐 기다리시라고.

부승찬 위원 질의하세요.

○**부승찬 위원** 안보실장님, 아까 추미애 위원님께서 아파치 헬기 얘기를 할 때 NLL 근접 비행이 우리 관할구역입니까?

○**증인 신원식** NLL 이남이면 우리 관할구역이라고……

○**부승찬 위원** 관할구역입니까?

○**증인 신원식** 예.

○**부승찬 위원** 미군하고는 전혀 관계가 없습니까? P-518……

○**증인 신원식** NLL 이남에 대해서는 DMZ 안에 들어갈 때 미군 유엔군 사령부…… NLL 이남의 비행은 유엔사하고 큰 상관이 없습니다.

○**부승찬 위원** 그래요? 다시 한번 확인해 주시면 감사하겠고요.

우리 관할구역에서 임무를 했고 북한에서 대응도 없었다라는 얘기를 했습니다. 맞지요?

○**증인 신원식** 예.

○**부승찬 위원** 통상적이고 문제없지요? 그러면 돌려서 한번 여쭤볼게요.

만일 북한에서 우리 전력이 임무를 했고 북한에서 대응했다면 북풍입니까?

○**증인 신원식** 다시 한번 말씀해 주십시오.

○**부승찬 위원** 우리 관할구역에서 임무를 했고 북한에서 대응도 없었다, 그래서 통상적이고 문제가 없다. 그러면 만일 북한에서 우리 전력이 임무를 했고 북한에서 대응했다면 북풍입니까?

○**증인 신원식** 우리 전력이 북한 관할지역으로 넘어갔을 경우에?

○**부승찬 위원** 예.

○**한기호 위원** 아니 넘어간 게 아니고 우리 지역에서 움직였는데 북한이 반응을 보였다 그 얘기야, 지금.

○**부승찬 위원** 잠깐 멈춰 주세요.

○**증인 신원식** 무슨 말씀인지, 우리가 북한으로 가서 넘어갔다고요?

○**부승찬 위원** 예.

○**증인 신원식** 우리 전력이, 우리 헬기가 NLL 이북으로 갔을 때?

○**부승찬 위원** 예, 임무를 했고 북한에서 대응을 했다면 북풍이냐고 여쭤보는 거예요. 우리 관할구역에서 임무를……

○**증인 신원식** 북풍이라는 단어는 그게 연결이 제가 적절치 않다고, 아니 우리가 넘어가면 정전협정 위반은 우리가 한 것이고 북한이 아마 자위권 입장에서 우리 넘어간 전력에 대해서 무력을 행사했을 겁니다.

○**부승찬 위원** 예, 됐습니다. 알겠습니다.

작전본부장님.

○**증인 이승오** 예, 작전본부장입니다.

○**부승찬 위원** 우리 전력이 지금까지 대북전단 그다음에 무인기가 북한으로 넘어간 게

확인이 되고 있습니다. 또 다른 전력이 넘어간 적 있습니까? 보고가 된 적 있습니까, 합참에?

○**증인 이승오** 전반적인 대북 관련 작전에 대해서는 확인해 드릴 수 없습니다.

○**부승찬 위원** 아니, 또 다른 전력이 넘어가기도 하나요?

○**증인 이승오** 앞의 질문의, 두 가지는 넘어갔는데 또 넘어갔냐라는 질문이시기 때문에 제가 확인해 드릴 수……

○**부승찬 위원** 다른 전력, 다른 전력이 넘어가나…… 합참에 다 보고하지요, 이런 것들은, 만일 넘어가면?

○**증인 이승오** 제가……

○**부승찬 위원** 일반론적으로 여쭤보는 거예요. 넘어가면 보고를 하지요?

○**증인 이승오** 예, 일반적으로는 보고를 합니다.

○**부승찬 위원** 특수한 상황은 보고 안 해요, 작전통제를 받는데?

○**증인 이승오** 여러 가지 상황이 있습니다. 제가 담당하는 부분이 있고 제가 담당하지 않는 부분도 있습니다.

○**부승찬 위원** 책임지셔야 될 겁니다.

○**증인 이승오** 예, 책임지겠습니다.

○**부승찬 위원** 실장님, 경계태세 2급 발령된 것 아시지요?

○**증인 신원식** 계엄 당일 날?

○**부승찬 위원** 예.

○**증인 신원식** 예, 들었습니다.

○**부승찬 위원** 언제 인지하셨어요?

○**증인 신원식** 그 시간, 시점은 모르겠는데……

○**부승찬 위원** 늦게 인지하셨지요?

○**증인 신원식** 하여튼 제가 그날 계엄 관련돼서는 추적을 못 했습니다.

○**부승찬 위원** 아니, 일국의 안보실장님인데…… 경계태세 2급이 발령됐어요. 그러면 장관도 하시고 했으니까 잘 아실 것 아니에요. 2급 발령되는 발령 요건이 있지요? 아마 작전본부장 하셨을 때도 2급 발령이 된 걸로 알고 있습니다.

○**증인 신원식** 예, 2급 발령이 됐고 그걸……

시간을 말씀하시니까 그랬는데 한 24시 이전에 발령됐을 때 아마 위기관리센터장이 저한테 북한 동향하고 그런 것……

○**부승찬 위원** 22시 10분에 발령됐어요, 22시 10분에.

○**증인 신원식** 그러면 그 뒤일 겁니다. 제가 시간이 지금……

○**부승찬 위원** 지금 이게 군을 두둔할 수 없는 상황이에요. 아니, 경계태세 2급 발령했는데, 22시 40분에 발령됐는데 아무도 몰라. 그리고 예하 부대, 작전부대…… 육군에는 아예 공문도 안 갔고요, 공군본부 1시간 뒤, 작전사 같은 경우는 3시간 뒤, 예하 부대 4시간 뒤. 이게 말이 됩니까? 아니, 군복을 입고 계셨고 장관이 하셨으면 만일 이렇게 하셨겠어요?

○**증인 신원식** 그 전파가 그렇게 늦었다면 상황 전파체계에 조금 문제가 있는 것으로 생각됩니다.

○**부승찬 위원** 그렇지요.

작전본부장님.

○**증인 이승오** 작전본부장입니다.

○**부승찬 위원** 정보사 상황일지를 보면 22시 40분에 경계태세 2급 발령했습니다. 그러면 발령됐을 때 조치부호에 따라서 조치가 이루어지지요?

○**증인 이승오** 예.

○**부승찬 위원** 그 경계태세 2급은 왜 발령한 거예요?

○**증인 이승오** 그때 상황이 비상계엄이 선포된 상황이었기 때문에 적이 이를 알고 어떻게 또 도발할 수 있는 가능성이 있기 때문에……

○**부승찬 위원** 그러면 22시 40분에 발령이 됐으면 그 전에 회의를 했겠네요. 요건 검토, 선포 요건 검토를 해야 될 것 아니에요?

○**증인 이승오** 경계태세 2급은 적의 도발 가능성이 있을 때 그럴 때……

○**부승찬 위원** 그러면 발령권자가 누구예요?

○**증인 이승오** 발령권자는 경계태세 2급은 연대장급 이상입니다.

○**부승찬 위원** 예?

○**증인 이승오** 연대장급 이상이 발령할 수 있습니다.

○**부승찬 위원** 합참에서 발령을 했잖아요.

○**증인 이승오** 그래서 전군 경계태세 2급을 합참의장 명의로 발령한 겁니다.

○**부승찬 위원** 추가질의할게요.

개판이에요.

○**위원장 안규백** 강선영 위원님 질의해 주십시오.

○**강선영 위원** 9여단장 잠깐만 나와 주시지요.

지난 국조특위 3차 회의에서 국방부 기관보고 때 민주당에서 신월IC 인근 CCTV에 잡힌 9여단 민수용 트럭을 지목했습니다. 그래서 그 트럭에는 인마살상용 탄약이 2만 8000발 들어 있었다 이렇게 말씀하셨는데요. 사실입니까?

○**증인 안무성** 사실이 아닙니다.

○**강선영 위원** 일단 PPT 좀 띄워 주세요.

(영상자료를 보며)

신월IC 인근에서 찍힌 9여단 소속의 왼쪽에 보는 그건 저 차가 맞고 저 차를 제가 확인해 보니까 우측에 보시는 저 차, 같은 부대 차는 아닌데 민수용 5t 트럭입니다. 이 트럭 맞습니까?

○**증인 안무성** 예, 맞습니다.

○**강선영 위원** 이 차량에 대한 어떤 임무를 확인하기 위해서 제가 9공수여단의 국지도발계획 부록에 대해서 확인을 받아 가지고 군수지원 분야를 확인했습니다. 이 부분은 군의 확인을 받아 가지고 이 부분만 발췌해 보니까 군에서 쓰는 트럭이 2.5t도 있고 5t이 있는데 지금 2.5t은 평상시에 대침투 상황, 신속대응부대 출동할 때 전술지휘소에서 탄약을 적재하는 차량이고요. 아까 보신 차는 군장 및 국지도발 세트가 상시 적재하도록 되어 있습니다. 맞습니까?

○**증인 안무성** 예, 맞습니다.

○**강선영 위원** 여기에 뭐가 실려 있었지요, 당일 날?

○**증인 안무성** '여론조사꽃'으로 1개 지역대가 나가 있는데 그 1개 지역대 인원한테 필요한 방한물자를 포함한 군장류가 실려져 있었습니다.

○**강선영 위원** 그리고 오늘 오전에 민주당에서 선관위 관악청사로 들어가는 2.5t 트럭에 탄약이 3만 발 적재돼 있었다고 했는데, 맞습니다, 그 내용은. 그렇지요?

○**증인 안무성** 예, 맞습니다.

○**강선영 위원** 그런데 PPT에 보시면 저게 신속대응부대 수송 지원인데 2.5t 차량에 있던 그 탄약은 맞지요, PPT 사진은?

○**증인 안무성** 예, 맞습니다.

○**강선영 위원** 제가 확인한 거로는 9공수여단에도 신속대응부대를 운영하는데 9공수부대는 서울·경기권에, 수도권에 신속대응부대를 운영하고 이거는 일부 특전여단에서 1개 대대씩 대테러 부대 전담 부대를 활용해서 상황이 발생하면 1시간 이내에 즉각적으로 출동하시지요?

○**증인 안무성** 합참 테러 대비 계획에 근거해서 여단의 1개 대대를 신속대응부대로 운영하고 있습니다.

○**강선영 위원** 그래서 이 1개 신속대응부대가 출동하게 되면 저 차량에 실린 탄은 그냥 그 임무가 어떤지를 판단하기 전에 바로 출발해야 되기 때문에 일단 차는 같이 갑니다. 그런데 당일에는 차량에서 병력도 내리지 않았고 그다음에 거기의 탄약도 그냥 차량에 적재된 상태로 있었던 것 맞지 않습니까?

○**증인 안무성** 예, 맞습니다.

○**강선영 위원** 그래서 이것이 작전 예규에 의거해서 출동하는 물자와 장비 그다음에 인원이 간 것이고 이 부분에 대해서는 9공수여단에서 출동하라고 한 그 2개 지역, 선관위 관악청사와 여론조사꽃에 출동한 내용은 맞는데 그것이 임무가 무엇인지는 모르고 일단 출동한 것이다, 맞지 않습니까?

○**증인 안무성** 전군 경계태세 2급이 발령이 됨에 따라서 합참에서 지정한 대테러 부대 일환으로 패키지화 되어 있던 탄약과 장비를 자동으로 출동해서 나간 겁니다.

○**강선영 위원** 알겠습니다.

　잠시 멈춰 주십시오.

　3공수여단장도 좀 나와 주세요.

　1월 16일 날 모 매체에서 수원서부경찰서와 소총으로 무장한 특전여단 병력이 선관위 수원 연수원을 봉쇄했다고 했는데 제가 확인해 보니까 3공수여단입니다, 그때 그 봉쇄한 부대가. 맞지 않습니까?

○**증인 김정근** 예.

○**강선영 위원** 봉쇄하라고 들었는데, 3공수여단은 선관위 수원 연수원에 임무를 나가라고 지시받았지요?

○**증인 김정근** 관악……

○**강선영 위원** 수원 연수원.

○**증인 김정근** 수원 연수원이 아니고 과천 선관위입니다.

○**강선영 위원** 예, 과천.

몇 시에 도착해서 몇 시에 철수했습니까?

○증인 김정근 출발은 작전 병력이 24시경에 출발했고 작전을 마치고 부대 철수하라는 명령은 한 02시 30분에 명령을 받고……

○강선영 위원 알았습니다.

○증인 김정근 한 03시 20분에 도착했습니다, 부대에.

○강선영 위원 이 임무는 뭐였지요?

○증인 김정근 저희들은 불순 세력에 의해서 선관위 내부에 있는 핵심 장비 시설이 손을 타지 않도록, 반출되지 않도록 건물을 확보하고 경계를 지원하라는 임무를 부여받았습니다.

○강선영 위원 예, 알겠습니다.

9공수여단, 9공수여단도 12월 16일 날 모 매체에서 중앙선거관리위원회와 여론조사꽃 장악에 투입됐는데 그 당시 특전사령관한테 부여받은 임무가 뭐지요?

○증인 안무성 곽종근 전 사령관한테 임무받은 것은 여론조사꽃과 그리고 중앙선거관리위원회 관악청사를 확보하라는 임무를 부여받았습니다.

○강선영 위원 제가 확인해 본 바로는 3공수, 9공수 모두 확보하라는 지시를 받았습니다.

슬라이드를 한번 준비해 보십시오.

일부 언론에서 사용된 용어는 봉쇄를 하라든지 장악을 하라든지 하는데 이 봉쇄라는 말은 PPT에 보시는 것처럼 굳게 막아 버리고 잠그는 것이고요. 장악은 손 안에 잡아 쥔다는 뜻인데 확보라는 의미는 보시는 거와 같이 군 야전교범에 뭐라고 돼 있냐면 파괴나 방해로부터 이를 방호하고 탈취당하지 않도록 부대를 배치하는 전술적 과업입니다. 그래서 3공수와 9공수는 가서 거기에서 무엇인가를 빼내거나 봉쇄를 해서 막아 버리려는 게 아니라 그 안에 있는 무엇인가를 보호하고……

(발언시간 초과로 마이크 중단)

⋯⋯⋯

(마이크 중단 이후 계속 발언한 부분)

외부로부터 탈취를 막기 위한 것입니다. 맞지 않습니까?

○증인 안무성 예, 맞습니다.

○강선영 위원 이상입니다.

들어가십시오.

⋯⋯⋯

○위원장 안규백 이어서 민병덕 위원 질의해 주십시오.

○민병덕 위원 김성훈 차장님 잠깐 나와 주십시오.

아까 국정조사위원장께서 공수처가 한남동 관저에 대해서 압수수색을 하고 있고 여기에 대해서 승인권자 경호차장에게 검토를 부탁했는데 검토했습니까?

○증인 김성훈 지금 검토 중에 있습니다.

○민병덕 위원 아직도 검토 중에 있습니까?

○증인 김성훈 방금 전에 공수처 검사로부터 문자를 받았습니다.

○민병덕 위원 들어가십시오.

　시간 좀 멈춰 주십시오.
　박성재 장관님, 12월 4일 저녁 그때 같이 술을 드셨지요?
○**증인 박성재** 전혀 먹지 않았습니다.
○**민병덕 위원** 누구누구 모이셨지요, 삼청동에서?
○**증인 박성재** 행안부장관, 법제처장, 민정수석 그렇게 있었습니다.
○**민병덕 위원** 그게 7시 반이었고 헤어졌다가 9시에 다시 용산에서 모였지요?
○**증인 박성재** 그거는 완전히 허위입니다.
○**민병덕 위원** 모인 적 없습니까?
○**증인 박성재** 예.
○**민병덕 위원** 모이자고 할 때, 거기에서는 무슨 얘기를 했습니까?
○**증인 박성재** 무슨 일이 있었는지를 서로 많이 이야기했습니다. 도대체 어떤, 전부 경위 자체를……
○**민병덕 위원** 누가 모이자고 했습니까?
○**증인 박성재** 저는, 이상민 장관인데 저녁이나 같이 하자는 연락을 받았습니다.
○**민병덕 위원** 거기에서 무슨 얘기를 했는지와 관련해서는, 계엄과 관련해서 얘기 안 했습니까? 전에 얘기할 때는 송년회 했다고 하시던데.
○**증인 박성재** 계엄과 관련된 이야기가 없을 수는 없는데 지금 말씀하신 바와 같이 새로운 계엄을 생각하고 모의하고, 그거는 전혀 그렇지 않습니다.
○**민병덕 위원** 제가 그건 묻지 않았습니다. 계엄을 어떻게, 이 상황을 어떻게 대처할 것인가에 대해서 논의 했지요?
○**증인 박성재** 대처한다? 다 끝났는데 뭘 대처를 합니까?
○**민병덕 위원** 사후 수습을 해야 될 거 아닙니까?
○**증인 박성재** 무슨 사후 수습을 합니까, 저희들이?
○**민병덕 위원** 저한테 묻습니까?
　그러면 그때 뭐 했습니까?
○**증인 박성재** 아니, 저희들이 사후 수습을 어떻게 모의를 합니까?
○**민병덕 위원** 잠깐 스톱해 주십시오.
　김주현 민정수석님, 12월 4일 그때 다시 용산에서 안 모였습니까?
○**증인 김주현** 저는 거기에서 집으로 귀가했습니다.
○**민병덕 위원** 바로 귀가했습니까?
○**증인 김주현** 예.
○**민병덕 위원** 그러면 삼청동에서는 무슨 얘기를 했습니까?
○**증인 김주현** 어떻게 들리실지 모르겠습니다만 제가 공직을 떠난 지 한참 되고 다시 왔을 때……
○**민병덕 위원** 아니, 그런 거 말고요. 무슨 얘기를 했는지만 짧게 대답해 주세요.
○**증인 김주현** 그러니까 그 말씀을 드리려고 하는 건데……
○**민병덕 위원** 스톱해 주세요. 잠깐만요.
　아니, 많은 얘기를 물으려고 하는 게 아닙니다. 한마디 듣고 넘어가려고 하는 거니까요.
○**증인 김주현** 예, 알겠습니다.

사직도 하고 계엄은 해제됐고, 그래서 모였는데 무슨 일이 있었는지를 사실은 저도 몰랐습니다. 그러니까 서로 간에, 그 일에 관해서는 서로 얘기를 나누고 할 만한 일이 없었습니다.

○**민병덕 위원** 거기에 사람들이 박성재, 이상민, 김주현 그다음에 이완규, 모두 다 법조인들입니다. 법조인분들이, 12월 3일 그 이후에 4일 날 새벽에 이런저런 일이 벌어졌잖아요. 그날 저녁에 모였습니다. 이분들이 제가 생각하기에는 계엄 이후의 대책 회의를 했을 것이라고 생각을 합니다. 그런데 그건 안 했습니까?

○**증인 김주현** 안 했습니다. 대책이 뭐가 있겠습니까?

○**민병덕 위원** 이 중요한 분들이 모였는데 거기에 대해서 향후 어떻게 될 것이다 이런 거에 대해서 얘기 안 했습니까?

○**증인 김주현** 그전의 진행 상황을 전혀 모르기 때문에 그렇게 서로 간에 얘기를 나눌 수 있는 형편이 아니었습니다.

○**민병덕 위원** 알겠습니다. 들어가십시오.

스톱해 주십시오.

정성우 처장님, 여인형 사령관이 정성우 처장에게 선관위 등에 출입해 가지고 전산실 출입을 통제하고 있으면 국정원과 수사기관이 올 거다 이렇게 얘기를 했습니까?

○**증인 정성우** 예, 그렇습니다.

○**민병덕 위원** 복수의 방첩대 관계자들은 이때 수사기관이 아니라 국정원과 검찰이라고 진술을 했는데 어떻습니까?

○**증인 정성우** 최초에 여인형 사령관이 저한테 명령할 때는 전산실 출입 통제를 명확히 얘기했는데……

○**민병덕 위원** 아니, 검찰이라고 했습니까, 안 했습니까?

○**증인 정성우** 그래서 수사기관이라고 명령을 하달할 때 그때 9명이 있었습니다. 그래서 수사기관이 뭐지 하면서 수사기관에 대해서 얘기가 막 스쳐 지나갔던……

○**민병덕 위원** 검찰이라는 용어를 안 썼습니까?

○**증인 정성우** 여인형 사령관 검찰 얘기 없었습니다.

○**민병덕 위원** 국정원 또는 수사기관이라고 했습니까?

○**증인 정성우** 제가 정확하지는 않지만 '국정원 등 수사기관의 민간 전문 분석팀이 올 거야' 해서 '민간 전문 분석팀이 군이 아닌 민간 전문이 뭐지' 그런 얘기들이 명령 하달할 때 오고 갔습니다.

○**민병덕 위원** 됐습니다.

잠깐만요.

박성재 장관님, 여기에서 국정원 또는 수사기관이라고 얘기를 하는데요. 여기에 검찰이라는 제보들이 있습니다. 그래서 제가 지난번에 검찰 검사 2명이 출발을 이미 했다라는 제보가 있다라고 했는데 검찰에서는 본인들이 다 조사를 했는데 그게 아니다, 그런 일 없다라고 합니다. 그래서 저는 조사를 해야 한다고 봅니다.

제가 국수본 관계자한테 이 질의 끝나고 나면……

(발언시간 초과로 마이크 중단)

(마이크 중단 이후 계속 발언한 부분)

그 2명 검사의 이름과 직책을 말씀드려서 수사하도록 하겠습니다. 저는 검찰에서 그리고 법무부에서 이 부분과 관련해서 먼저 밝혔으면 좋겠는데 그러지 않고 있다라는 말씀을 드립니다. 어떻습니까?

○증인 박성재 저는 그런 내용의 보고를 전혀 받은 적이 없고 그 이후로도 확인해 본 바로도 그런 사실이 없다고 보고를 들었습니다.

○민병덕 위원 셀프 조사니까 그렇지요.

- -

○위원장 안규백 민홍철 위원님 질의해 주십시오.

○민홍철 위원 방첩사의 정성우 1처장 좀 앞으로 나와 주세요.

　아까 오전에…… 사령관이 부정선거 관련해서 보고를 좀 해라 해 가지고 보고를 했잖아요?

○증인 정성우 예, 그렇습니다.

○민홍철 위원 그래서 여러 가지, 판례라든지 여러 가지 자료를 정리해서 보고를 했고, 그때 사실 실질적으로는 선관위를 직접 가서 물어보든지……

○증인 정성우 아닙니다.

○민홍철 위원 아니면 그렇게 만나서 얘기할 수도 있었는데 왜 이렇게 인터넷 자료나 판례만 했지요?

○증인 정성우 여인형 사령관이 부정선거 얘기가 도대체 뭐냐, 그것 좀 확인해 달라 했을 때 제가 답변이 '저희가 할 수 있는 영역이 아닙니다. 저희가 조사할 수가 없습니다', 그래서 인터넷 공개 자료……

○민홍철 위원 오케이, 좋아요.

　그러면 이것을 보고를 했잖아요?

○증인 정성우 예, 그렇습니다.

○민홍철 위원 문건으로 보고했지요? 아까 오전에 박선원 위원이 띄우셨는데, 그 보고를 하고 나서 사령관은 어떤 피드백을 해 줬어요? 뭐라고 했어요? 그것 분명히 방첩사령관이 그 정도로 검토를 시켰으면 상부의 장관이나 대통령께 보고를 하려고 했을 건데 그 부분에 대해서는 일체 어떤 말이 없었어요?

○증인 정성우 상부 장관님 보고 같은 경우는 별도 보고서를 만드는 기능 부서가 있고 저희는 사령관을 보좌하는, 본인의 궁금증 차원에서 비서실에서 작성을 한 겁니다.

　그리고 그 내용은 대법원 판례 관련된 사항들 위주로 해서…… 저희가 조사할 수 있는 게 없습니다. 그래서 인터넷 공개 자료로 나와 있는 그 자료를 가지고 다 하나하나 의혹 제기된 걸 했고……

○민홍철 위원 아니, 그러니까 그렇게 보고를 해 드렸는데 그 목적이 있었을 것 아니에요, 사령관 입장에서는? 대통령을, 장관을 자주 만났는데 그런 자리에서 어떤 얘기를 보고를 했든지 그러면서…… 그 당시에 비서실장이었잖아요?

○증인 정성우 예, 그렇습니다.

○민홍철 위원 그러니까 지나가는 말이라든지, '네가 보고했던 것을 갖다가 한번 보고를 했다' 한다든지 그런 얘기를 전혀 듣지 못했어요?

○증인 정성우 일체 없었습니다. 여인형 사령관은 내 개인적인 궁금증으로 이러이러한 사항이 뭐냐라고 했고 저희가 이건 확인하기 어렵습니다, 내 얘기는 인터넷 등 나와 있는 공개 자료 수준이면 돼…… 그렇습니다.

○민홍철 위원 좋아요.

  그날 방첩사에서 보면 사령관의 여러 지시를 받고, 1처장이 주로 지시를 받았는데 요원들을 갖다가 선관위 과천청사라든지 네 군데에 출동시키려고 준비를, 지시를 받았잖아요. 그러면 그 이후에 어떻게 했어요? 실질적으로 출동을…… 지금 현재 공소장에도 그게 나오지가 않는데 방첩사 내에서는 어떻게 조치를 했습니까?

○증인 정성우 우리 방첩사는 다른 특전사나 정보사나 또는 수방사와 달리 인원들이 영내에 있지 않았습니다. 전부 다 퇴근해서 본인들 거주지에 있었기 때문에 들어오는 데만 해도, 영외 거주자 소집만으로 1시간이 넘게 지체가 됐고 들어와서 인원들이 상황 파악하고 명령 하달하는 데만 해도…… 제 방에 들어와서 명령을 최초 하달하는 시간이 23시 50분이었습니다. 계엄 선포가 있었던 22시 30분경에 1시간 20분이 지난 상황이었고 그러한 상황들이 방첩사에서 사전에 준비됐던 그러한 징후들이 아니었습니다.

  그래서 23시 50분에 들어와서 명령을 하달하는 데만 해도, 저희 선관위팀은 위법성 얘기가 나왔기 때문에 30여 분 넘게 위법성을 얘기하고 00시 25분경에 인원들이 해산을 합니다.

○민홍철 위원 그러면 그 당시에 사령관은 어디에 위치해 있었습니까?

○증인 정성우 사령관은 최초에 지하 2층에 내려가서 위기관리센터에서 상황을 확인하려 했는데 그때 문이 안 열리고 장관 주관 VTC가 연결이 안 됐기 때문에 복도에 서성이다가 그 밑에서 30분…… 그다음에 문이 열려서 그 안에 들어갔지만 장관 주관 회의가 끝났다 그러고, 5층에 기밀실이 있습니다. 그래서 5층으로 올라갔습니다.

○민홍철 위원 그러면 1처장은 사령관하고 같이 있었나요, 아니면 다른 방에 있었나요?

○증인 정성우 저는 최초에 내려가실 때는 사령관이랑 같이 있었고 그다음에 5층에, 23시 한 5분에서 10분에 새롭게 화상회의가 연결됐을 때는 그때 5층 갔다가 다시 임무를 하달하기 위해서 제 방으로 내려왔습니다.

○민홍철 위원 그리고 사령관이 아마…… 아까 홍장원 국정원 1차장 진술 들었지요?

○증인 정성우 예.

○민홍철 위원 증언 들었는데, 여인형 사령관이 그 14명 명단을 1처장한테 혹시 얘기를 해 줬나요?

○증인 정성우 아닙니다. 국회팀과 선관위팀은 완전히 분리가 됐고 비상계엄 선포된 다음에 지하 2층에 내려갔을 때 그다음에 지금 조사·수사기관에서 확인했던 바로는 22시 45분경에 수사단장이 여인형 사령관에게 그 지시를 받고 내려왔고 저도 그때 왔다 갔다 하면서 지시를 같이 받았습니다.

○민홍철 위원 그러면 그 명단은 국회팀에게만 지시를 했고……

○증인 정성우 예, 일체 공유가 안 됐습니다.

○민홍철 위원 1처장은 선관위 관련해 가지고 출동 준비시키고 그랬다는 거지요?

○증인 정성우 예, 그렇습니다.

○민홍철 위원 그리고……

（발언시간 초과로 마이크 중단）

....

　　（마이크 중단 이후 계속 발언한 부분）

법률 검토를 했다는데, 선관위에 출동하기 전에. 그 이유는 1처장이 스스로 생각해서 했나요, 아니면……

○증인 정성우　최초에 명령을 받을 때부터 첫 번째 전산실 출입 통제 때는 크게 뭐 있을 수는 없는데 그다음이 문제였습니다. 서버를 복제할 수 있다라고 하는 문제와, 제가 반문을 했습니다. ‘서버를 어떻게 복제를 합니까’라고 했을 때 ‘그러면 떼 와야겠네’ 이 두 가지는 절대 이루어질 수 없는 사항입니다.

　　그래서 9명이 모인 가운데 임무명령을 하달할 때 9명 모두 이 위법성에 대해서 ‘이건 할 수가 없습니다’…… 그래서 나가는 인원들 단 1명, 나가는 모두에게…… 서버 복사 장비도 다 가져가지 않았고 오히려 우리가 가서 불법적으로 비쳐질 수 있으니까 채증 장비하는 카메라 또는 이것 할 걸 다 증거 녹화를 해야 된다……

○민홍철 위원　결과적으로 정성우 1처장은 실질적으로 병력이 나가는 것을 갖다가 지시는 받았지만 실행을 못 했다……

○증인 정성우　그래서 최초 명령 하달할 때 저의 첫 명령은 진입 대기, 진입 금지 명령이었습니다. 출발은 하되…… 왜? 대통령이 비상계엄을 선포하고 장관이 항명죄로 다스린다고 그랬고 현재 상황이 선관위에 어떤 소요 사태가 있는지, 우리가 비상계엄 선포가 되면 항상 위기관리 주체에 의해서…… 어떤 소요 사태라든가 폭동 사태가 있는 겁니다.

　　그러다 보니까 현장이 어떤 상황인지 모르기 때문에 출발은 하는데 절대, 일단은 내가 법무실 갔다 와서 최종적으로 법적 문제를 검토한 다음에 명령을 내리겠다, 그래서 진입 금지 명령을 내리고 거기 모였던 인원들이 다 위법성을 제기했기 때문에 법무실 가서 최종적으로 다시 한번 검토를 하게 된 겁니다.

○민홍철 위원　알겠습니다.

　　추가로……

....

○위원장 안규백　그래서 말이지요, 법무 검토를 받아 가지고 어떠한 조치를 취했습니까?

○증인 정성우　법무 검토를 하고 바로 비화폰, 안보폰…… 이게 작전 상황이기 때문에 안보폰에다가 절대 들어가지 마라 그리고 원거리 대기, 그다음에 법적 절차를 준수해야 된다 하면서 하나 더 얘기한 게 법무실도 그렇고 모든 서버를 복제하든 아니면 다음 날, 우리가 범죄 증거 혐의인데 이 사항은 모르는 겁니다. 현장 상황이 범죄의 어떤…… 우리가 간첩인지 테러인지 그리고 23시 이후의 상황인데 이전 상황이기 때문에 어차피 하려면 전산실 직원이 아침에 출근해야지 할 수가 있다, 그래서 아침에 전산실 직원의 동의하에 하나하나 그 상황들을 우리가 확인한 다음에 해야 된다라는 그러한 사항들을 문자로 발송을 하고 직접 과천 중앙선관위에 다시 한번 전화를 하고 좀 이따가 나머지 4개 팀장들에게 다시 한번 전화를 합니다. 들어가지 마라, 현장 대기해라, 그리고 어차피 우리가 임무 수행하는 것은…… 그런데 그때 어느 누구의 팀도 서버 복제 장비를 챙기지 않았습니다. 명령 하달할 때부터 이행하려는 의지가 없었기 때문에 출발 자체가 저희가 거의 01시 이후에 이루어졌고.

그런데 저번에 왜 출발했느냐? 그 당시는 어떤, 이게 지금 결과론적으로 말씀드릴 수 있겠지만 그 당시에는 어떤 상황인지를 몰랐기 때문에 장관의 항명죄라는 그러한 것도 전파가 됐기 때문에 출발하지 못한 것 가지고는…… 정말 그 당시에는 그런 상황인지는 예측조차도 못 했던 상황입니다.

○위원장 안규백 참군인의 모습이 어떤 모습인가를 알 수 있을 것 같습니다.

한기호 위원님 질의해 주십시오.

○한기호 위원 앞에서 국정원의 전 홍장원 차장이 발언한 중에 제가 놀랄 만한 발언을 한 게 '자기도 군 생활을 했기 때문에 군인들이 유사시에 다시 명령을 내면 또 들어갈 수 있을 것이다' 이런 얘기를 해서…… 군 생활을 얼마 했는지 모르겠습니다. 국정원 생활을 한 30년 했다고 그러는데, 군 생활은 제가 알기로는 위관장교 때 끝낸 걸로 알고 있습니다. 요즘 군인을 어떻게 압니까? 이것은 오버해도 한참 오버한 발언이다, 말 자체가 안 되는 말이다. 요즘 군인들이, 조금 전에도 방첩사 1처장이 얘기하잖아요. 이렇게 세상이 변한 거예요. 부당한 명령에 대해서는 그렇게 따르지 않습니다. 그런데 하물며 지금 국정원 전 차장이 이렇게 얘기한다는 게 말이 안 된다.

두 번째는 우리가 지휘관을 군 생활 하면서 보고를 받습니다, 참모들한테. 보고를 받는데 참모가 터무니없는 얘기를 하면 '야, 됐다' 이게 정상이에요. 아니, 지금 차장이 와서 국정원장님한테 방첩사가 지금 정치인들 잡으러 다닌다고 얘기하면 말 같지도 않으니까 '됐다. 내일 아침에 얘기하자' 이게 정상이지 뭐가 비정상이에요, 내가 봐서는 정상인데.

○김병주 위원 대통령 지시인데?

○한기호 위원 알았어요. 자꾸 방해하지 마세요.

또 제가 NLL 비행한 아파치헬기에 대해서 그 사이에 나가서 확인해 봤습니다.

9·19 남북군사합의는 2023년 11월 23일 날 북한이 먼저 파기를 합니다. 전면 파기를 합니다. 그리고 우리는 그래도 2024년도까지 넘어옵니다. 그런데 북한이 이것을 파기한 이후에 어떻게 했는가? 서해의 NLL 선상에서 우리 함정 그리고 어선에 대해서 표적획득 훈련을 합니다. 그러니까 북한 애들이 표적 조준을 하는 거지요. 드라이 사격 훈련을 해요, 계속. 이렇게 드라이 사격 훈련을 하니까 우리가 가만히 있을 수 없잖아. 그래서 우리가 가장 그래도 헬파이어를 가지고 있는 아파치헬기를 비행을 시켜야겠다 이래서 비행 계획을 세워서 비행을 시킵니다. 그런데 비행을 어떻게 시켰냐?

안보실장님, 본래 우리 함정들이 NLL 이남의 몇 ㎞까지 항행을 하지요?

○증인 신원식 보통 한 2~3㎞ 이남에서 항행합니다.

○한기호 위원 그렇지요.

그래서 비행한 코스를 제가 확인해 보니까 우리가 함정들이 들어가는 선 이상을 넘지 않고 이남에서 비행을 합니다. 그래서 이것은 북한의 대남 위협에 대한, 거기에 대한 대응 훈련을 한 건데 이게 무슨 북풍이에요? 이런 식으로 엮으니까 지금 민주당이 자꾸 스텝이 꼬이는 거예요. 춤추다가 스텝이 꼬이면 넘어집니다. 이래서 스텝이 꼬이는 거예요. 이렇게 북한이 우리 표적을, 우리 어선이나 함정을 대상으로 훈련을 하니까 거기에 대한 대응 훈련을 한 걸 가지고 북풍이라고 얘기하니까 이러니까 안 된다는 거예요. 그리고 국민들이 이것을 다 보고 있으면서 뭐라고 하겠어요? 그렇게 얘기하시면 안 된다는 겁니다.

지금 시간이 없지만 사실 급한 게 있어서 물어볼 게 있습니다.

중국이 지금 서해상에서 어떤 짓을 하고 있느냐? 대규모 철구조물을 설치하지요?

○증인 신원식 그렇습니다.

○한기호 위원 이게 지금 과거에도 2017년도인가 있었지요? 그때도 강력하게 항의해서 철거를 했지요. 그런데 지금 또 하고 있습니다.

이게 마치 우리가…… 한국해양전략연구소에서 이렇게 얘기를 해요. '서해를 중국이 내해화하려고 한다' 이렇게 얘기를 하는데 이런 전략의 일환으로 이것도 봐야 되는 것 아닙니까, 실장님?

○증인 신원식 저는 그렇게 봅니다. 단호히 대응해야 된다고 생각합니다.

○한기호 위원 그래서 이 부분은 외교부장관님 그리고 대통령권한대행, 안보실장님이 강력하게 대응하지 않으면 이게 심각한 군사적인 문제에까지도 발전할 수 있습니다. 반드시 이런 부분에 대해서 대응을 해 주십사 하고 부탁을 드립니다.

그리고 조 원장님, 아까 차장이 얘기했는데 좀 말씀하실 게 있을 것 같은데 못 하셨는데 시간을 드리겠습니다. 말씀하십시오.

○증인 조태용 홍장원 차장이 얘기한 얘기를 생각해 보면 세 가지쯤이 있는 것 같습니다. 아마 시간이 안 돼서 말씀을 다 못 드리겠지만……

대통령으로부터 체포 지시를 받은 것을 원장한테 보고를 했느냐, 보고를 했는데 원장이 무시했느냐? 두 번째는 본인의 교체 경위입니다. 대통령이 교체하라고 지시를 했느냐, 아니면 제가 했느냐 이거지요. 세 번째는 이재명 대표의 전화, 이 세 가지인데 보고 부분만 좀 말씀드렸으면 좋겠습니다.

그날 홍장원 차장이 정무직 회의에서나 아니면 저하고 따로 면담을 할 때 대통령이 체포 지시를, 즉 싹 다 잡아들이라는 얘기를 했다는 말을 한 적이 없습니다. 그 얘기는 제가 전혀 못 들었고요. 그다음에 방첩사를 지원하라고만 대통령이 말씀을 했는데 정치인들이 체포, 방첩사가 정치인들을 체포하러 다닌다는 얘기도 저한테 하지 않았습니다. 정치인들을 누가 잡으러 다닐지는 모르겠다고, 그것도 대통령이 전화했다는 얘기와 정치인들을 잡으러 다닐지는 모르겠다는 사이에는 두세 가지 얘기가 끼어 있습니다. 떼워 놓고 얘기를 했다는 것을 제가 분명히 말씀드리겠고요. 저도 공직생활을 30년 이상 하고 있는데 만일에 대통령이 그런 지시를 했다든지 해서 정치인을, 국정원이 정치인 체포나 아니면 체포 문제에 있어 가지고 무언가 지시를 받은 게 있는데 원장이 그날 밤에 지시를 하지 않고 지시를 해 주십시오라고 했으면 제가 퇴근한다는 건 생각할 수 없습니다. 그것은 전혀 정말 사실이 아니고요.

말씀을 조금 더 보충드리겠습니다.

만일에 그때 그런 얘기를 했다고 할 것 같으면, 홍장원 차장이 사흘 뒤인 12월 6일 날 정보위원회에 와서 정보위원들한테 이렇게 설명을 합니다. 본인이 이렇게 이렇게 얘기했다고 설명을 합니다. 그걸 가지고 어느 정보위원님이 나와서 기자 브리핑을 하셨는데 이렇게 얘기를 합니다. 결론은 이게 1차장은 일체 아무것도 하지 않고 있다가……

○위원장 안규백 간단히 정리해 주세요.

○증인 조태용 나갔는데…… 이겁니다. 지금까지 상황은 정보위원장 그리고 두 위원한테 보고하기 전까지는 자기밖에는 몰랐다고 얘기를 했다. 즉 원장한테 보고 안 했다고

본인이 확인을 했습니다. 그게 12월 6일입니다.

하나만 더 얘기하겠습니다.

제가 그렇게 정치인 체포라든지 지금처럼 폭로할 게 있는 것을 보고를 받아서 알고 있는 상황이었으면 제가 홍장원 차장을 쉽게 교체할 수가 있겠습니까? 저는 설사 교체를 하더라도 홍장원 차장을 제가 오늘까지는 그렇다고 해서 큰 무슨 폭로를 할 거라고 생각은 못 했겠지만 보시는 것처럼 12월 5일 날 사표를 받으니까 12월 6일 날 크게 폭로를 했고 저는 그러한 사실을 12월 6일 날 처음 들었습니다. 바꿔 놓고, 제가 그 사실을 알았을 때 제가 교체하자고 건의할 수 있고 또 대통령도 그걸 다 알고 있었으면 교체를 승인하겠습니까? 상식적으로, 합리적으로 제가 보기에는 말이 되지 않는다 해서 이것은, 저한테 체포 지시를 보고했다는 것은 정말 사실이 아닙니다.

○**위원장 안규백** 홍 차장 앞으로 나오세요.

홍 차장님 육사 41기가 맞습니까?

○**증인 홍장원** 43기입니다.

○**위원장 안규백** 43기입니까?

○**증인 홍장원** 예.

○**위원장 안규백** 그러면 사관학교를 졸업하시고……

○**증인 홍장원** 사관학교를 졸업하고 5년 반 동안 장교로 근무하다가 당시 안전기획부로 이전했습니다.

○**위원장 안규백** 군 생활을 오래 한다고 모든 것을 다 아는 것은 아닙니다. 바닷물이 짠지 안 짠지는 한 홉의 물을 마시나 한 드럼통의 물을 마시나 짠맛은 다 똑같습니다. 군대 생활을 짧게 하셨어도 또 사관학교에서 정식적으로 교육을 받으셨기 때문에 저는 그 누구보다도 군에 대한 애착과 또 군 출신이라는 것에 대해서는 부인할 수 없다고 생각을 합니다.

이어서 우리 원장님께서 말씀하신……

○**한기호 위원** 비가 오면 짠물이 싱거워져요.

○**위원장 안규백** 말씀하신 것에 대해서 추가로 하실 말씀 있으십니까?

○**증인 홍장원** 존경하는 한 위원님께서 상관에게 말 같지 않은 얘기를 해서 '그만해'라고 할 수 있다라고 말씀하셨습니다. 그런데 그 말 같지 않은 얘기가 대통령 지시사항이었습니다.

또 하나는…… 괜찮습니다. 제가 보고를 안 했을 수도 있지요. 또 기억 못 하실 수도 있고요. 다만 제가 이렇게 말씀드리는 것은 당시 상황에서 국정원장과 차장이 어떠한 부분에 있어서의 행동을 했고 그것이 어떠한 부분에 있어서의 국면 수습에 해당되는 부분인가를 설명드리기 위했던 부분인 건데 제가 보기에는 그 자구 하나를 가지고 옳고 그르고를 따지는 부분이 적절한가 하는 생각이 듭니다.

○**위원장 안규백** 들어가셔도 좋습니다.

이어서 한병도 위원.

○**한병도 위원** 곽종근 전 사령관님 잠깐만 좀 뵐까요? 앞으로 좀 나와 주십시오.

전 사령관님 요즘 뉴스랑 잘 못 보시지요? 보시는가요?

○**증인 곽종근** 시간이 제한돼 있기 때문에 잘 못 보고 있습니다.

저는 전 특수전사령관입니다.

○**한병도 위원** 제가 그러면 아침에 질의를 했었는데 최근에, 어제 헌법재판소에서 진행된 상황을 잘 모르시는 것 같아요. 대통령 측에서, 윤석열 측에서 입장이 나왔습니다. 잠깐 잘 모르실 것 같아서 설명을 드리면, 최상목 권한대행 있잖아요?

○**증인 곽종근** 예.

○**한병도 위원** 그분은 대통령으로부터 국무회의 당시 접힌 쪽지를 받았다고 했어요. 그런데 어제 대통령은 쪽지를 준 적도 없고 내용도 모순이다라고 하면서 최상목 권한대행의 말이 틀린 걸로 그렇게 입장이 나왔습니다. 그런 일이 있었고요.

그다음에 방금 이야기해 주신 홍장원 국정원 1차장에 대해서도 내용을 인정하지 않는 듯한 이런 입장이 나왔고요. 그다음에 수방사령관에 대해서도 4명이 1명씩 들쳐 업고 나오라고 해, 그게 12시 30분부터 1시 사이의 그 지시.

그다음에 문을 부수고라도 끌어내라 이런 이야기가 나왔다는데, 이진우 수도방위사령관 내용에 대해서도 체포·구금 지시 안 했다, 황당한 가짜뉴스라고 또 어제 입장을 밝혔습니다.

이 3명의 말들이 다 안 맞는다는 거예요.

그리고 또 무슨 이야기가 있었느냐 하면 조지호 경찰청장이랑 여섯 차례 전화해서 국회의원 체포 명령하고 국회 봉쇄하고 국회의원 진입 저지하라고 통화한 내용을 이야기했는데 어제 윤석열 측은 국회의원 체포 지시·명령하지 않았고 진입 저지하지 않았다는 쪽으로 입장을 발표했습니다.

그러니까 대통령 입장은 부총리, 군 전 사령관들, 경찰들 말이 다 잘못됐다는 거예요. 그리고 또 우리 사령관님에 대해서 뭐라고 이야기를 했느냐 하면요 사령관님이 하신 말들 있잖아요. 국회 헬기, 전화 받으신 내용 이것에 대해서는 곽종근한테 체포·구금 지시하지 않았다 그리고 황당한 가짜뉴스다 그렇게 어제 헌재 과정에서 이야기가 나왔습니다. 그러면서 대통령 측에서 전 사령관님에 대해서 또 뭐라고 이야기를 했느냐 하면 곽종근 전 사령관은 야당의 추궁에 책임을 감면받기 위해서, 책임을 미루기 위해서 국회에 나와서 그렇게 답변을 하고 국민들께 이야기를 했다는 겁니다.

그 대통령 측 발언에 대해서 한번…… 책임을 감면받기 위해서 그렇게 발언했습니까?

○**증인 곽종근** 말씀드리겠습니다.

제가 오늘 오전에 참석을 못 했는데, 내일 재판 기일이다 보니까 자료를 정리하면서 준비하다 보니까 못 했는데 동행명령장 발부해서 오후에 참석하게 됐습니다. 그 점부터 말씀을 드리고.

우선 지금까지 계속 대통령께서 얘기하신 그 두 번째 발언에 관련된 것은 분명하게 제가 사실이라고 다시 한 번 더 말씀을 드리고, 12월 10일 국정감사 박범계 위원이 이 자리에 와서 했던 당시 그 전에, 제가 분명하게 말씀드리는 것은 12월 9일 날 검찰 조사 과정에서 그와 같은 내용들을 검사한테 다 얘기하고 필요한 자술서를 작성하고 그러고 나서 12월 10일 날 그 내용들을 얘기한 겁니다. 이미 그 전에 제가 관련된 사항들은 필요한 사실들을 정확하게 다 말씀드려야 된다고 생각을 해서 제 의지대로 말씀드린 겁니다.

○**한병도 위원** 그러니까 말씀하신 건 본인의 의지대로 사실에 입각해서 말씀을 하신

거지 야당이…… 야당이 뭘 추궁을 했나요? 사령관님한테 뭘 추궁했어요?

○증인 곽종근 추궁한 사실 없습니다.

○한병도 위원 대통령 측에서 그렇게 입장이 나왔습니다.

○증인 곽종근 제가 제 의지대로, 분명하게 제 의지대로 말씀드렸다고 했습니다.

○한병도 위원 그리고 또 윤석열 측에서는 허구성이 곧 드러날 것이다라고 입장 발표를 했어요, 사령관님 발언에 대해서. 그 허구성이라는 게 뭘 이야기한다고 생각을 하세요?

○증인 곽종근 무슨 말씀을 허구라고 말씀하시는지 모르겠는데 저는 대통령께서 말씀하신 사항 그대로 지금까지 계속 똑같이 말씀드렸습니다.

○한병도 위원 이게 전 사령관님뿐만이 아니고요 어제 헌재 과정에서 윤석열 측에서는 국무위원들, 전 사령관들이 했던 발언들 이게 다 가짜뉴스라는 겁니다. 그런데 다른 사람들보다도 사령관님에 대해서는 야당 추궁에 책임을 감면받기 위해서 했다, 허구성이 곧 드러날 것이다 이런 식의 발언을 해서 여쭤본 거예요. 전혀 그렇지 않다는 거지요?

○증인 곽종근 예, 그렇습니다.

○한병도 위원 알겠습니다.

○증인 곽종근 검찰 조사받을 때도 분명하게 제가 이것은 스스로 선택해서 얘기하는 거라고 분명히 얘기했습니다.

○위원장 안규백 이어서 김성원 위원님.

○김성원 위원 다들 수고 많으십니다.

　이번 국정조사를 하면서 12·3 비상계엄에 대해서는 여기 계신 모든 분들께서 다 같이 알고 계실 겁니다. 그렇지만 갖가지 많은 가짜뉴스와 유언비어 또 괴담으로 인해 가지고 우리 국민들을 선동하고 있고 국민들을 갈라치기 하고 분열하고 있고 또 여기 계신 국무위원님들이나 아니면 장성들의 사기를 아주 나락으로 떨어뜨리는 그런 가짜뉴스 이런 것들은 바로잡아야 된다고 생각을 하고 있습니다.

　크게 큰 틀로 봐서는 비상계엄 이전에 오래전서부터 비상계엄을 준비했다라고 하는 한 부분, 그다음에 두 번째는 비상계엄 당일 날 실탄을 준비하면서 실질적인 위협을 가했다라고 하는 부분, 또 세 번째는 그것으로 끝나지 않고 2차, 3차 계엄이 있을 것이다라고 하는 그런 부분, 거기에 더 나아가서 북한에 도발을 하고 또 도발을 유도해 가지고 외환죄까지 거론하는 부분, 이런 부분들이 이번 국정조사를 통해 가지고 저는 하나씩 그 민낯이, 진실이 드러나고 있다 이렇게 보고 있습니다.

　우선은 이경민 방첩사령관직무대리 나오셨어요?

　앞으로 나오십시오.

○증인 이경민 방첩사령관직무대리입니다.

○김성원 위원 오래전서부터 준비했다고 주장하는 대표적인 것 중의 하나가 지난해 3월에 한미연합훈련 기간 중에 합동수사본부를 운영하는 훈련을 하면서 계엄 예비 훈련을 한 것이다라고 한 부분에 대해서는 어떻게 생각하십니까?

○증인 이경민 저희 방첩사는 연 2회, 전반기에 FS, 후반기에 UFS 연습을 하면서 그때 전시 방첩사 4대 임무에 대해서 전시 전환에 대한 숙달 훈련을 합니다. 그 전시 4대 임무 중 하나가 일명 합동수사본부 운영입니다. 그래서 훈련 때 합동수사본부 운영에 대해서도

훈련을 같이 하고, 그리고 24년도의 경우에는 3월 달에 일명 합동수사본부 운영에 대해서 합참 전시 계엄시행계획에 의거해서 훈련을 했고 그다음에 후반기 같은 경우는 그때 사령관 지시로 군무원 수사 건에 집중을 하자 해 가지고 후반기에는 주무 부서인 기획관리실 주도로 해서 약 10여 명의 처·실 단위 대응반만 아주 소규모로 축소해서 운영하면서 연합해서 하달된 상황에 대해서만 대응만 했습니다.

○**김성원 위원** 직무대행님, 정상적인 우리 군 훈련의 일환이었다 이것 아닙니까?

○**증인 이경민** 정상적인 훈련입니다.

○**김성원 위원** 정상적인 훈련인데 이게 계엄 예비 훈련이라고 하는 것은 잘못된 가짜뉴스라고 말씀하실 수 있는 거지요?

○**증인 이경민** 예, 그렇습니다.

○**김성원 위원** 들어가시고요.

시간 멈추시고.

신원식 실장님, 우선은 국방부장관을 하셨으니까 아시겠지만 지금 장관께서 없으시니까 제가 한번 여쭈어보면 우리가 경비태세 2급이 발령되면 어떻게 되겠습니까? 탄약고 내에서 차량으로 탄약을 적재해 갖고 대비를 하는 것이 정상적인 프로세스 아닙니까?

○**증인 신원식** 예, 그게 조치부에 있는 걸로 알고 있습니다.

○**김성원 위원** 그렇습니다. 정상적인 프로세스임에도 불구하고 이것이 지금 가짜뉴스와 왜곡으로 인해 가지고 실질적으로 국민들을 위협했다 이런 식으로 가는 부분들은 우리가 이번 국정조사를 통해 가지고 정확하게 좀 말씀을 드리고자 하는 부분 때문에 말씀드린 거였습니다.

잠시만요.

그다음에 홍장원 1차장 잠깐 앞으로 나오십시오.

차장님, 저는 차장님하고 지금 원장님하고 사이에 어떤 뉘앙스나 이런 것 여쭈어보는 게 아닙니다. 제가 말씀드리고자 하는 것은, 제가 지금 깜짝 놀랐어요. 그래도 대국정원의 차장을 역임하신 분이 어떻게 개인의 추정이나 판단에 의해서 제2 계엄이 있을 수 있다고 그렇게 이 자리에서 말씀을 하실 수가 있습니까? 개인의 추정이자 판단이지 않습니까?

그러면, 차장님 보세요. 제가 좀 이따가 여기 사령관들한테 하나하나 물어보겠습니다. 진짜 내란이……

웃어요, 지금?

○**증인 홍장원** 제 표정이 잘 안 보입니다.

○**김성원 위원** 아니, 지금 웃으셨냐고요.

○**증인 홍장원** 아닙니다. 위원님이 말씀하시는 것에 주목하고 있습니다.

○**김성원 위원** 자, 아까 2차 계엄 가능성을 얘기할 때 '여기 있는 사령관들이 내란의 혐의를 받을 수 있어서 좀 더 적극적으로 나설 수 있다' 이렇게 말씀하셨잖아요.

○**증인 홍장원** 존경하는 위원님, 좀 배경을 말씀드리면……

○**김성원 위원** 아니, 그건 조금 이따 시간 드릴 테니까……

○**증인 홍장원** 질문을 받았습니다. 지금 이 자리에서 제가 얘기하는 것이 아니라 12월 6일 정보위원회에서 그렇게 얘기를 했냐라고 말씀하셔서, 그 자리는 다소 이렇게 공개적

인 자리가 아니라 정보위원장과 양당 간사가 있는 자리니까 제 의견을 얘기한 것입니다, 공개적으로 얘기한 것이 아니고. 제 추정으로 얘기했습니다. 맞습니다. 하지만 공개적으로 얘기했거나 이 부분에 대해서……

○김성원 위원 1분만, 마무리하겠습니다.

○위원장 안규백 예, 마무리해 주세요.

　1분 드리세요.

○김성원 위원 다른 사람들은 추정이나 판단에 의해서 말씀하실 수 있지만 그래도 국정원의 차장은 저는 그렇게 개인적인 판단이나 추정에 의해서 말씀하시면 안 된다고 생각합니다. 특히 그래도 국가안보를 위해서 희생한 여기 사령관님들, 30여 년 이상…… 차장님 국정원에서 30여 년 이상 하셨다며요. 여기도 다 군 생활 30여 년 이상 하신 분들이에요.

　잠시만요. 들어가시고 시간 잠깐 멈춰 주시고.

　곽종근 전 특수전사령관 앞으로 잠깐 나오십시오.

○증인 곽종근 전 특수전사령관입니다.

○김성원 위원 계엄이 실패했기 때문에 2차 계엄을 조금이라도 생각한 적이 있습니까?

○증인 곽종근 없습니다.

○김성원 위원 들어가십시오.

　다음, 이진우 수방사령관.

　계엄에 실패했다고 생각을 해 가지고 이것 2차 계엄을 통해 가지고 다시 되돌려야지 되겠다라고 한 번이라도 생각한 적 있습니까?

○증인 이진우 전혀 아닙니다.

○김성원 위원 이상입니다.

○증인 이진우 위원님, 제가 한 가지 차장님께 질문 좀 드리고 싶습니다.

○김성원 위원 예, 한번 말씀하시지요, 제 시간이니까.

○김병주 위원 뭔 질문을 해.

○추미애 위원 증인 상호간에 질문이 가당키나 해요?

○용혜인 위원 위원장님, 이게 말이 됩니까?

○위원장 안규백 자, 앉으세요.

○김병주 위원 아니, 무슨 질문을 해, 증인이?

○김성원 위원 아니, 지금은 제 시간이니까…… 아니, 질문이 아니라 의견을 말씀하세요.

○증인 이진우 왜냐하면……

○위원장 안규백 앉으세요.

○증인 이진우 왜냐하면 저……

○위원장 안규백 사령관, 들어가 앉으세요!

○용혜인 위원 아닙니다. 이걸 증인끼리 질의를 하도록 하는 게 어디 있습니까?

○위원장 안규백 증인들끼리 어디서 질문한다는 거예요?

○김성원 위원 아니, 지금 제가 질문을 하는 게 아니라 제 시간에 그냥 의견을 말씀하시라고 하는데 그 정도는 하게 해 주셔야지요.

○**용혜인 위원** 들어가세요! 들어가시라고요.

○**증인 이진우** 왜냐하면 우리 사령관들이 2차 계엄을 한다고 했는데……

○**위원장 안규백** 자……

○**추미애 위원** 위원장 지휘를 따르세요.

○**증인 이진우** 알겠습니다. 발언 기회를 주시면 다시 시정하겠습니다.

○**김성원 위원** 그러면 누가 나중에 시켜 주세요.

이상입니다.

○**추미애 위원** 군인이 누구 지휘를 따라야 되는지도…… 현장 감각이 그렇게 없소?

○**김병주 위원** 본인은 지금 안 하면서…… 사령관이면 본인이 얘기해야지, 국민 재판에서! 여기에 자네가 국정조사 위원으로 왔어?

○**위원장 안규백** 자, 잠깐 계십시오.

○**임종득 위원** 너무 소리 지르지 마세요.

○**김병주 위원** 너무 한심하잖아! 군의 명예를 실추시켜 놓고, 이놈의 자식들이 말이야.

○**위원장 안규백** 이경민 직무대행님.

○**증인 이경민** 예, 방첩사령관직무대리입니다.

○**위원장 안규백** 어느 누구도 합참과 우리 방첩사에서 계엄 연습을 한 것에 대해서 그게 위법이다 또 계엄을 위한 준비다 이렇게 얘기한 적이 아마 없을 것 같습니다.

○**증인 이경민** 예.

○**위원장 안규백** 우리가 남북 분단된 상황에서 엄연히 합참과가 있고, 합참의 계엄과가 있고 그걸 실행 연습하는 것이, 액션 플레이를 따는 것이, 수사하는 것이 방첩사입니다.

다만 방첩사는 12·12 사태 이후에 그 문건과 내용이 전혀 현실에 맞지 않고 업데이트 되지 않았다, 그건 방첩사의 직무유기인 거예요. 그것을 지적하는 것이지 합당한 방법으로, 합법적으로 계엄 연습하는 것에 대해서 문제 삼는 건 아닙니다.

○**증인 이경민** 예, 알겠습니다.

○**위원장 안규백** 들어가십시오.

경호처의 남00 부장님, 가림막에 계시지요?

○**증인 남00** 예, 여기 있습니다.

○**위원장 안규백** 남 부장님께서는 1월 10일 날 국수본 관계자를 만났지요?

○**증인 남00** 예, 만난 적 있습니다.

○**위원장 안규백** 그 자리에 나간 이유가 뭡니까?

○**증인 남00** 나라를 걱정하는 지인의 소개로 나가게 됐습니다.

○**위원장 안규백** 가서 어떤 얘기를 했습니까?

○**증인 남00** 1월 3일 1차 체포영장 집행 이후에 경찰의 분위기와 경호처 분위기에 대해서 서로 의견을 30분 동안 나눴습니다.

○**위원장 안규백** 그 나눈 얘기에 대해서, 30분 동안 나눈 얘기에 대해서 여기서 하실 말씀은 없는가요?

○**증인 남00** 먼저 경찰에서는 1차 집행 때 경호처에서 법 집행을 막아선 행위는 특수공무집행방해죄에 해당된다고 말씀을 하였습니다. 그리고 저는, 저를 비롯한 모든 경호처 직원들은 그때까지만 하더라도 법원에서 체포영장 이의신청 기각이 되지 않은 상태이기

때문에 경호구역에서의 정당한 경호활동을 하고 있다라고 말씀을 제가 드렸습니다.

○**위원장 안규백** 한 가지 더 여쭤봅시다.

대통령이 외부에 나갈 때 지근거리에서 수행하는 사람들이 경호부장하고 가족부장입니까?

○**증인 남OO** 근접경호를 담당하는 수행부장과 가족부장이 있습니다.

○**위원장 안규백** 그러면 그분들이, 1월 7·8일 어간에 대통령이 나갔느냐 안 나갔느냐를 가지고서 지금 설왕설래가 있는데 그분들의 위치 추적을 하면 확인될 수 있겠네요?

○**증인 남OO** 그 부분에 대해서는 제가 알 수 있는 위치에 있지 않습니다.

○**위원장 안규백** 알겠습니다.

그러면 개인 정비를 위해서 20분간 휴식을 취하기로 하고, 5시 30분까지 취하기로 하고 먼저 신용한 참고인과 지작사 사령관님 그다음에 철원에서 오신 8사단장님, 전주의 35사단장님은 이석을 해도 좋겠습니다.

중지를 선포합니다.

(17시09분 회의중지)
(17시30분 계속개의)

○**위원장 안규백** 회의를 속개하겠습니다.

이어서 보충질문은 3분으로 하겠습니다.

먼저 박선원 위원 질의해 주십시오.

○**박선원 위원** 아까 존경하는 김성원 간사께서 홍장원 차장에 대해 '이거 당신 추정 아니냐?' 자꾸 이렇게 이야기하시는데요. 저도 국정원에서 차관급으로만 4년 가까이 일했습니다. 국정원의 훌륭한 정보관의 평가의 기준은 뭐냐? 수집·분석·평가·판단·건의, 이 다섯 가지 단계를 누가 잘하느냐 하는 거예요. 수집·분석·평가·판단·건의.

그래서 이 사람은 인적 요소를 봐서, 윤석열이라는 인적 요소를 보건대 제2의 계엄을 할 것 같다라고 판단하는 것은 매우 훈련되고 숙련된 정보관의 고급 판단입니다. 이것에 대해서 나하고 생각이 다르다? 그렇지 않습니다. 제가 계엄령 한다고 했을 때 존경하는 신원식 장관께서 뭐라고 그러셨어요? 괴담이다, 사실은 쟤 미쳤다 수준의 발언을 저한테 하셨었어요.

그럼에도 불구하고 저도 차관급으로 4년 가까이 근무하면서, 그리고 홍장원 차장은 평생을 목숨을 걸고 블랙요원부터 안 거친 데 없이 다 훈련하고 트레이닝되고 위에서 평가받아서 인정받은 겁니다.

그래서 수집·분석·평가·판단이라고 하는 이 과정을 거쳐서 자신의 의견을 말하는 것이지 그냥 나는 그렇게 생각하는데 근거 없나, 그렇지 않습니다. 그러니까 평생을 국정원에 계신 분에 대해서 그렇게 말하면 안 된다고 생각을 합니다.

그리고 자꾸 괴담 아직도 그러시는데……

이상민 장관님, 작년 3월 방첩사 방문하셨지 않습니까? 그러셨지요? 그리고 6월 하순에 합수부, 합동수사본부 설치되면 경찰에 협력을 얻는 MOU 체결하셨지 않습니까?

그리고 방첩사 직무대리 나와 보세요.

잠깐 시간 끊어 주세요.

○**증인 이경민** 예, 사령관직무대리입니다.

○**박선원 위원** 작년 3월 훈련하실 때 분명히 그렇게 말씀하셨지요? 과거에 비해서 규모를 많이 키워서 했다. 기간도 늘렸다. 그것이 주목하는 대목이고 과거와 다른 것이고 계엄하려고 매우 체계적이고 조직적으로 종합적으로 준비하고 있다라고 하는 저의 판단 근거예요. 그 전에, 그 이전 연도들하고는 다르게 했지 않습니까?

○**증인 이경민** 말씀드려도 되겠습니까?

○**박선원 위원** 예.

○**증인 이경민** 제가 과거와 달리 축소했다는 것은 작년 후반기 연습을……

○**박선원 위원** 축소가 아니고 과거와 달리 늘렸다고 저한테 보고를 했었다니까요, 작년 3월에.

○**증인 이경민** 그런 적 없……

○**박선원 위원** 그렇게 이야기했잖아요. 그래서 과거와 달리 왜 올해 확대하느냐 이거예요, 1박 2일짜리를 2주 가까이. 그것은 주목해야 될 대상이고 거기서 계엄령이 배태된 것이고 거기서부터 시작한 거예요.

그리고 신원식 국방장관과……

(발언시간 초과로 마이크 중단)

. . . .

(마이크 중단 이후 계속 발언한 부분)

윤석열 대통령과 조태용 원장, 여인형 방첩사령관이 만찬하면서 대통령이 격노하면서 비상대권에 대해서 강하게 말씀하셔서 조태용 원장 본인도 그렇게 마음 안 가지시도록 진언했다는 거지 않습니까? 그게 출발점이에요. 그게 아니고 무엇이 자꾸 왜곡이다, 괴담이다 그러십니까?

이거는 의사진행발언으로 처리해 주셔야 되는데요.

. . . .

○**위원장 안규백** 수고하셨습니다.

백혜련 위원님.

○**백혜련 위원** 일단 경호처 차장 이쪽으로 나와 보세요.

제가 다른 질의 하려고 그랬는데 차장님 너무 뻔뻔해 가지고 내가 이 말을 안 하고 지나갈 수가 없어서 물어보는데……

저 방금 엘리베이터에서 만났지요?

○**증인 김성훈** 예.

○**백혜련 위원** 압수수색 검토 중이라면서요?

○**증인 김성훈** 예.

○**백혜련 위원** 그런데 지금 공수처에서, 속보 뜨기를 대통령실 압수수색은 3시에 이미 못 한다고 통보받아 갖고 그만뒀다는데 이게 뭡니까? 아까 엘리베이터에서 거짓말했어요?

○**증인 김성훈** 그렇지 않습니다. 아까도 말씀……

○**백혜련 위원** 아니, 그러면 공수처장이 거짓말한 거예요, 3시에 대통령실에서 집행정지시키라고 나왔다는데?

○**증인 김성훈** 위원님, 제가 여기 있다 보니까 정보에 대한 한계가 있는데……

○**백혜련 위원** 아니, 정보가…… 차장의, 지금 권한대행의 통보도 없이 대통령실 압수수색 못 한다고 공수처에 통보했겠어요? 그러면 그 경호처 문 닫아야지, 그렇게 지휘체계가 엉망이면.

○**증인 김성훈** 제가 지금 여기 받은 문자에 보면요, 권숙현 검사라고 해서 영장을 하나 사진 떠서 캡처를 보내 줬고요. 그것을 우리 실무자한테 보내서 검토하라고 했습니다.

○**백혜련 위원** 자, 잠깐……

공수처는 3시에 대통령실로부터 집행 못 하겠다고, 집행하지 말라고 집행중지 그것을 받았다는 거예요.

○**증인 김성훈** 제가 받은 문자는 오후 3시 57분에……

○**백혜련 위원** 그러면 경호처에서는 그런 적이 없다예요, 3시에? 통보한 적 없다?

○**증인 김성훈** 예, 제가 지금 확인드렸지 않습니까.

　　　　(휴대폰을 들어 보이며)

3시 57분에 이렇게 영장을 권숙현 검사로부터 받았습니다.

○**백혜련 위원** 지금 제가 묻는 것은 뭐냐면요—똑바로 듣고 대답하세요—공수처는 3시에 경호처로부터 집행 못 하겠다, 집행불능 통지를 받았다는 거예요, 통보를.

○**증인 김성훈** 그 실무……

○**백혜련 위원** 그래서 중지했다고 하는데 통보한 적 있습니까, 없습니까?

○**증인 김성훈** 그것은 확인해 보겠습니다만……

○**백혜련 위원** 아니, 잠깐만요.

차장님의 그 지시 없이는 그게 중지될 수가 없잖아요. 권한이 지금 차장님한테 있지요?

○**증인 김성훈** 예, 그렇습니다.

○**백혜련 위원** 그러니까요. 본인이 했어요, 안 했어요?

○**증인 김성훈** 실무 검토 결과 정부가 바뀌었다고, 경호처장이 바뀌었다고 법과 원칙은 바뀔 수가 없는 것이다……

○**백혜련 위원** 정말……

엘리베이터에서 저한테 검토 중이라고 했다는 거고……

○**증인 김성훈** 맞습니다. 그때 검토 중이었고요. 검토……

○**백혜련 위원** 그런데 어떻게 3시에 통보가 되냐고요, 공수처에!

○**증인 김성훈** 위원님, 저는……

○**백혜련 위원** 그게 거짓말이라는 거예요!

○**증인 김성훈** 제가 보여 드렸지 않습니까. 3시 57분에 권숙현 검사로부터 영장 사본을 받았다고요, 문자로. 그리고 제가 토스해 드렸…… 포워딩해 가지고 실무자한테 준 겁니다.

○**백혜련 위원** 아니, 3시에……

참…… 진짜 말귀를 못 알아듣는 겁니까, 아니면 뭡니까? 제가 묻는 건 3시에 통보했느냐 안 했느냐예요.

○**증인 김성훈** 안 했습니다. 분명히……

○**백혜련 위원** 공수처는 3시에 통보를 받아서……

○증인 김성훈   분명히 말씀드리지만 3시에 통보한 사실이 없습니다.
○백혜련 위원   없지요? 공수처하고 대질할 거예요.
○증인 김성훈   예, 제가 3시 57분에 문자를 받았다고 말씀드리지 않습니까.
○백혜련 위원   그래서 지금도 검토 중입니까, 그러면?
○증인 김성훈   확인하겠습니다.
    (발언시간 초과로 마이크 중단)

- -

    (마이크 중단 이후 계속 발언한 부분)
○백혜련 위원   아니, 본인이 결정하는 거예요.
    지금까지 검토 중이에요?
○증인 김성훈   제가 지금……
○백혜련 위원   아주 거짓말……
○증인 김성훈   거짓말이 아니고요. 위원님, 제가 보여 드릴 수 있습니다.
○백혜련 위원   정말 제가 화를 안 내려고 했는데 방금 몇 분 전에 저 엘리베이터에서
물어볼 때까지도 '아이고 위원님, 검토 중입니다' 그렇게 웃으면서 대답하더니 세상에……
○증인 김성훈   지금 보니까요, 방금 5시 36분에 대통령실은 공동 승인권자, 비서실은
비서실장님, 관저는 집행정지라고 제가 문자를 받았습니다, 지금.
○백혜련 위원   공수처…… 명확하게 3시에 대통령실은 통보를 받았다는 거예요. 관저는
스스로 그만둔 거고, 지금.
    어떻게 그렇게 웃으면서 엘리베이터 앞에서 몇 분 전에 거짓말을 하고……
○증인 김성훈   위원님, 거짓말한 적 없습니다.

- -

○위원장 안규백   이어서 박준태 위원님……
○김성원 위원   위원장님, 잠깐만 의사진행발언 1분만 하겠습니다.
○위원장 안규백   꼭 해야 됩니까?
○김성원 위원   예.
○위원장 안규백   예, 하십시오.
○김성원 위원   다른 게 아니라 신원식 안보실장님께서 허리 수술을 하시고 상당히 불
편한 상황에서 지금 계속 오래 앉아 계셔 가지고 신원식 실장님한테 질문이 있으신 분들
은 미리 행정실에 얘기를 해 가지고 답변을 좀 하게끔 하고 그다음에는 밖에서 휴식을
취하면서 계시는 것은 어떨까, 그렇게 위원장님한테 선처를 부탁드린다는 그런 말씀 드
립니다.
○위원장 안규백   저도 신 장관하고 오래 일해서 굉장히 고통이 심한지는 압니다마는
양 간사들 나가서 좀 협의를 해 주시기 바랍니다.
    백혜련 위원님 하셨지요.
    박준태 위원님.
○박준태 위원   경호처 차장 나오시면 제가 질의하겠습니다.
    저도 지금 막 뉴스를 확인을 했습니다. 공수처가 15시경에 집행을 불승인했다 이런 식
으로 보도를 냈는데요. 권숙현 검사가 15시 57분에 문자로 영장을 경호처 차장께 보냈다

는 거지요?

○**증인 김성훈** 예, 그렇습니다.

○**박준태 위원** 그러면 만약에 공수처가 15시에 불승인한 것을 확인했으면 왜…… 그 이후 시간에 영장을 찍어서 보내는 것은 좀 말이 안 되지요?

○**증인 김성훈** 예.

○**박준태 위원** 그래서 이게 공수처 브리핑 과정에서 혹시 시간 오류가 있을 수도 있습니다. 그래서 한번 확인을 해 보시지요.

○**증인 김성훈** 예, 그렇게 하겠습니다.

○**박준태 위원** 우리 백혜련 위원님께서 충분히 오해하실 만하고 그렇다면 기분 상하시는 게 당연합니다.

○**증인 김성훈** 위원님께, 그렇게 오해했다면 사과드립니다.

○**박준태 위원** 그리고…… 그런데 뭐 차장이 거짓말할 이유도 없습니다, 제가 봤을 때는. 문자가 와 있고요.

 나오신 김에요, 지금 차장께서는 경호처 출신이세요?

○**증인 김성훈** 예, 그렇습니다.

○**박준태 위원** 그러면 언제 입직을 하셨습니까?

○**증인 김성훈** 96년 2월에……

○**박준태 위원** 96년.

○**증인 김성훈** 예.

○**박준태 위원** 그러면 대통령을 몇 분 모셨습니까?

○**증인 김성훈** 일곱 분 모셨습니다.

○**박준태 위원** 일곱 분.

 그러면 역대 정부에서 대통령실에 대해서 수사기관의 압수수색에 대해서 허가를 했던 사안이 있습니까, 사례가?

○**증인 김성훈** 과거 청와대 시절 약 열일곱 번 압수수색이 왔는데 한 번도 허가한 적이 없습니다.

○**박준태 위원** 영장이 발부된 적은 있지요?

○**증인 김성훈** 예, 그렇습니다.

○**박준태 위원** 그런데 영장이 발부됐는데 그것을 집행하도록 허가한 적은 없다는 거지요?

○**증인 김성훈** 예, 그렇습니다.

○**박준태 위원** 그러면 실제 수색활동이 이루어진 적도 없다는 겁니까?

○**증인 김성훈** 예, 그렇습니다.

○**박준태 위원** 알겠습니다.

 제가 아까 문답 과정에서 차장께서 어떤 방향으로 검토하고 있다 언뜻 말씀을 하신 것 같은데 하실 말씀 있으면 한번 해 보시지요.

○**증인 김성훈** 제가 책임자이긴 하지만 제가 법률적 근거 없이 결정을 내릴 수 있는 위치는 아닙니다.

 제가 아까 말씀드린 것처럼 정부가 바뀌었다고 경호처장이 바뀌었다고 적용되는 법과 원칙이 바뀌기는 어렵다라고 말씀드린 겁니다.

○**박준태 위원** 예, 좋습니다.

들어가셔도 좋겠습니다.

국정원장님, 아까 홍장원 차장 발언에 대해서 쭉 말씀을 하시다가 끊겼는데 혹시 보충하실 게 있습니까?

○**증인 조태용** 예, 조금 시간을 주시면 사실을 좀 차근차근 말씀드렸으면 좋겠습니다.

○**박준태 위원** 위원장님 양해해 주시면 제 남은 시간을 답변하도록 하겠습니다.

○**위원장 안규백** 예, 하십시오.

○**증인 조태용** 우선 가장 큰 쟁점이 홍장원 차장은 대통령으로부터 체포 지시를 받고 방첩사령관과 통화를 해서 그것들이 정치인을 체포하는 것을 알게 됐다고 하는 거지요. 그게 저하고 대화하기 전에 다 벌어진 일입니다. 그것을 저한테 보고를 했다고 하는 거고요. 저는 못 들었다고 하고 있습니다.

저보고, 우선 결론부터 말씀드리면 홍 차장이 계속 말을 바꾸고 있습니다. 제가 12월 3일 밤에 이야기를 들었을 때 제가 들었던 얘기는 대통령이 전화하셨다 그것 보고했습니다. 방첩사를 지원하라고 하셨다 그것도 보고했습니다. 그 외에 다른 이야기는 대통령 지시로 보고한 게 없습니다.

그러니까 저로서는 체포 지시, 더더군다나 정치인 체포 지시에 대해서는 전혀 들은 바가 없습니다. 그리고 방첩사령관과 통화가 있었다는 사실도 듣지 못했습니다.

그래서 지금 제가 지시를 내려야 될 상황에서 내리지 않고 갔다고 하는 거는 사실이 아닙니다. 그리고 저희 국정원 직원들 또 국정원 전체의 명예가 걸려 있는 일이기 때문에 저로서도 분명하게 말씀드리지 않을 수 없고 그 같은 말씀을 제가 수사 과정에서도 다 소상히 소명했습니다.

그리고 제가 말을 좀 바꾸고 있다고 말씀드렸는데 12월 3일 날 밤에 대화가 있고 12월 4일, 12월 5일 이 대통령의 지시에 대해서는 일체 서로 간에 대화가 없고 또 원내의 다른 사람들과도 아무 대화가 없어서 아무도 모르고 있었습니다.

12월 6일, 12월 6일 날 오전에 제가 조선일보 보도를 보고, 대통령의 정치인 체포 지시를 받았다고 홍장원 차장을 소스로 해서 보도가 났습니다.

○**위원장 안규백** 원장님 정리해 주십시오.

○**증인 조태용** 조금 더 시간이 필요합니다만.

아까 홍장원 차장한테는 많이 주시던데요, 위원장님, 조금만 시간을……

○**위원장 안규백** 이 정도면 충분히 많이……

○**증인 조태용** 몇 분만 좀 주시지요.

○**위원장 안규백** 예, 정리해 주세요.

○**증인 조태용** 그래서 조선일보 보도가 나서 바로 연락을 해서 물어봅니다, 제가, 이것 어떻게 된 거냐고. 그러니까 홍장원 차장 본인이 오보라고 얘기를 해서 제가 바로 오보라고 국정원 입장을 냅니다.

그다음에 약 한 시간 뒤에 정보위원회에서 다 마주쳐서 얘기를 하게 됩니다. 그때, 그때 홍장원 차장이 정보위원들한테 한 말이 지금 이러한 대통령의 지시가 있었다고 하는 거는 지금 이 순간까지 자기밖에 모르고 있었다고 얘기를 했고 그것이 바로 위원님들 브리핑을 통해서 언론에 보도가 됩니다.

지금 말을 바꾸고 있습니다.

○**위원장 안규백** 예, 알겠습니다.

○**증인 조태용** 그 말씀을 꼭 좀 드리고 싶고요.

그 외에 무슨 지시를 요청했는데 제가 갔다든지, 벌떡 일어나서 나갔다는 말은…… 저는 안 나갔습니다. 본인이 나갔습니다. 이런 것들이 다, 다 사실이 아닙니다.

○**위원장 안규백** 예, 검찰 조사 과정에서 다 밝혀지겠지요.

○**증인 조태용** 다 얘기를 해서 진실이 나올 것이라고 생각을 합니다.

○**위원장 안규백** 예.

용혜인 위원님 질의해 주십시오.

○**용혜인 위원** 시간 잠시만요, PPT 준비됐나요?

(영상자료를 보며)

이상민 증인에게 묻겠습니다.

이것은 답변하실 수 있을 텐데요.

2024년 3월 28일 한덕수 총리 주재로 22대 국회의원 선거 지원 관계장관회의가 열립니다. 당연히 선거 관리 지원 주무부처의 장관으로서 증인도 참석을 하셨지요. 선거 관리의 투명성과 신뢰성을 강화하기 위해서 이런 조치들을 발표를 합니다. 수검표를 도입하고 사전투표우편물 관리를 강화하고 행안부에 공명선거지원상황실을 설치해서 모니터링하고 투·개표지원상황실도 운영하고 공무원 정치 중립 관련 교육도 하고 공무원 대상 집중 감찰도 하겠다. 기억하십니까?

○**증인 이상민** 잘 살펴봐야 될 것 같습니다.

○**용혜인 위원** 기억 안 나세요, 본인이 장관으로서 하셨던 일인데?

이 회의 며칠 전에 증인이 중앙일보랑 인터뷰를 합니다. '변호사 시절인 4년 전 총선 때였지요. 부정선거 논란이 거셌지만 저명인사들이 계속 얘기를 해서 들여다보니 좀 이상한 것들이 있는 것 아닌가……' 그래서 부정선거가 있었냐라는 질문에는 '딱 부러진 증거가 나오지 않아서 부정선거라고 할 수는 없다'라고 답하기는 했어요.

그래서 그런가 보다 했는데 또 다른 인터뷰를 보니까 이상민 증인이 윤석열 대통령이 대통령후보가 되기 전부터 부정선거 이야기를 했다고 합니다. 같이 윤석열 캠프에 있었던 분이 큰 충격을 받았다고 하면서 이야기한 내용이에요.

행안부는 선거 지원의 주무 부서입니다. 행안부장관 지명받을 때 부정선거 있는지 감시 잘해야 한다라는 대통령 당부가 있었습니까?

○**증인 이상민** 이게 이번에 대통령께서 비상계엄 선포한……

○**용혜인 위원** 당부가 있었냐고 물었습니다.

○**증인 이상민** 큰 사유 중의 하나기 때문에 제가 증언하지 않겠습니다.

○**용혜인 위원** 이승만 정권의 3·15 부정선거 누가 했는지 아세요? 내무부가 했습니다. 당시에 최인규 내무부장관은 그걸로 사형당했습니다.

본인이 중앙일보와 했던 인터뷰 제목이 "실제 일해봤더니 '선관위원장=바지사장' 말에 공감"했다였어요. 행안부 몰래 부정선거를 한다? 전국의 공무원을 얼마나 많이 동원해서 지원하고 감시하는데 그거를 장관인 본인이 몰랐겠습니까. 그거는 말이 안 되지요.

그런데 윤석열 지금까지 뭐라고 하고 있습니까? 부정선거 때문에 계엄 했다고 합니다. 북한 해킹 흔적 발견 못 했다고 국정원도 인정을 하니까 그다음에는 중국이 개입되어 있다고 해요. 이 정도면 제대로 된 논리적 사고가 안 되는 상황으로 보입니다.

증인에게 묻겠습니다.

지난 총선 부정선거입니까, 아니면 윤석열 말대로 아직 진실을 밝히지 못했으니까 비상계엄을 해서라도 확인이 필요합니까?

○증인 이상민 증언하지 않겠습니다.

○용혜인 위원 다른 몇몇 분들에게도 묻겠습니다.

법무부장관님!

○증인 박성재 예.

○용혜인 위원 지난 총선 부정선거입니까 아니면 진실을 밝히지 못했으니까 비상계엄을 해서라도 확인이 필요합니까?

○증인 박성재 부정선거와 관련된 고발장이 들어와 있는 것대로 검찰에서 수사 중에 있는 것으로 알고 있습니다.

○용혜인 위원 부정선거가 아니라고 말을 안 하시네요.

○증인 박성재 제가 확인한 바로는 없습니다.

○용혜인 위원 1분만 더 주시면 마무리하겠습니다.

김태효 1차장님 잠깐만 앞으로 나와 주십시오.

○위원장 안규백 1분 주세요.

○용혜인 위원 지난 총선 부정선거입니까?

○증인 김태효 제 담당 업무가 아니라서……

○용혜인 위원 비상계엄을 해서라도 진실 확인이 필요합니까?

○증인 김태효 여기에 대해서는 안보실은 공식적인 의견이 없습니다.

○용혜인 위원 신원식 실장님…… 나가셨네요.

이게 윤석열 정부의 모습입니다. 모든 국무위원들과 주요 인사들이 다 부정선거론에 찌들어 있습니다. 그런 음모론에 쩔어서 비상계엄을 선포하고 이곳 국회를 침탈한 겁니다.

더 이상 할 말이 없습니다. 마치겠습니다.

○위원장 안규백 신원식 실장은 지금 밖으로 나가신 게 아니고 잠시 쉬고 계시니까요 필요할 때 다시 호출하겠습니다.

윤건영 위원님.

○윤건영 위원 구로을의 윤건영입니다.

시간 멈춰 주시고, 김성훈 경호차장 발언대로 나와 주시기 바랍니다.

앞선 질의에 이어 가겠습니다.

(영상자료를 보며)

PPT 보면, 존경하는 추미애 위원께서 받은 자료입니다. 국방부장관 공관 사용 여부에 대해서 국방부에서는 경호처에 전혀 사전 승인한 사실이 없다고 합니다. 어떻게 입만 열면 거짓말입니까? 참 한심합니다.

다음 PPT 봐 주십시오.

지난 11월에 한남동 관저 골프연습시설 관련해서 차장은 '창고가 맞다', 정진석 실장이 창고라고 하니까 '창고 맞다, 내가 증인 선서까지 했다'라고 이야기했습니다. 맞습니까?

○증인 김성훈 두 개 다 답변드리겠습니다.

○윤건영 위원 아니, 이게 맞냐 안 맞냐……

○증인 김성훈 예, 맞습니다.

○윤건영 위원 다시 묻겠습니다.

2022년 당시 한남동 관저에 골프연습시설을 지은 적이 있습니까, 없습니까?

○증인 김성훈 없습니다.

○윤건영 위원 그 말에 책임질 수 있습니까?

○증인 김성훈 그 당시에……

○윤건영 위원 아니, 제 말에만 좀 답변하세요.

○증인 김성훈 제가 말씀드리겠습니다.

○윤건영 위원 22년도에 한남동 관저에 골프연습 관련된 시설을 설치한 적 있습니까, 없습니까?

○증인 김성훈 과거에 위원님께서는 저에게……

○윤건영 위원 잠시만요. 지금 제가 묻는 거에 답변하세요.

○증인 김성훈 답변입니다, 그게.

○윤건영 위원 설치한 적 있냐 없냐를 묻잖아요.

○증인 김성훈 스크린골프장을 설치한 적이 있냐고 말씀하셨고요. 거기에 저는……

○윤건영 위원 잠깐만요. 제가 묻는 말에 답변을 하시라고요. 한남동 관저에 골프 연습 시설을 지었는지 안 지었는지, 2022년에.

○증인 김성훈 없습니다, 그때.

○윤건영 위원 좋습니다. 들어가 주시고요.

시간 멈춰 주십시오.

○증인 김성훈 앞부분 국방부장관 말씀드리겠습니다, 답변.

○윤건영 위원 나중에 위원장한테 답변 허가를 받아서 하시고 들어가세요.

현대건설 박준규, 이재용 증인, 두 분 나오세요.

죄송한데 두 분 다 이쪽으로 나와 주시고요. 제가 안 보여서 그렇습니다.

두 분께 사전에 공지하겠습니다. 위증할 경우에 법적 조치를 받게 됩니다.

두 분은 현대건설에서 경호처 관련된 업무를 계속 봐 오셨던 분들입니다.

묻겠습니다. 2022년에 한남동 관저에 골프 연습과 관련된 시설 공사를 한 적이 있습니까? 박준규 증인이 이야기하십시오.

○증인 박준규 박준규 책임매니저입니다.

○윤건영 위원 짧게 이야기하십시오. 시간이 없습니다.

공사를 한 적이 있습니까, 없습니까?

○증인 박준규 보안사항이라서 발주처……

○윤건영 위원 공사를 한 적이 있습니까, 없습니까?

○증인 박준규 보안사항이라서 제가 여기에서 답변드릴 수가 없습니다.

○윤건영 위원 좋습니다.

PPT 띄워 주십시오.

박준규 증인이 하청업체한테 보낸 메일이에요. 이게 골프 연습 관련 시설 공사를 의뢰한 내용입니다, 박준규 증인이. 기억나게 해 드릴까요? 보내는 사람의 이름을 제가 지웠어요. '박땡땡'이라고 되어 있습니다.

다음 PPT 보세요.

한 번이 아니에요. 두 번을 보냈어요. 기억나십니까, 박준규 증인?

○증인 박준규　메일……

○윤건영 위원　빨리 답변하세요.

○증인 박준규　메일 주소를 봐야 될 것 같습니다.

○윤건영 위원　메일 주소를 보다니요?

○증인 박준규　지금 확인을 못 하겠습니다.

○윤건영 위원　옆에 계신 이재용 증인 답변하십시오.

제가 간명하게 묻겠습니다. 2022년에 한남동 관저에 골프 연습 시설 공사를 한 적이 있습니까, 없습니까?

○증인 이재용　저희는 모든 시설을 보안서약서에 의해서……

○윤건영 위원　보안 이야기하지 마시고, 여기에서는 면책특권도 있고 보안사항에 해당되지 않습니다. 아니면 두 분께 법적 조치를 할 수밖에 없다는 걸 말씀드립니다.

이야기하십시오.

○증인 이재용　저는 보안서약서에 의해서 어떠한 대통령 보안시설에 대해 답변드릴 수 없습니다.

○윤건영 위원　스톱.

뒤에 계시는 현대건설 전 대표이사인 윤영준 증인 앞으로 나오십시오.

두 분 서 계세요.

시간 끊어 주셔야지요. 왜 시간이 계속 갑니까?

이쪽으로 오십시오.

윤영준 증인에게 묻겠습니다. 똑같은 질문입니다.

1분만 주시면 마무리하겠습니다.

○위원장 안규백　예, 빨리하십시오.

○윤건영 위원　2022년에 골프 연습 관련된 공사 하신 적 있지요?

○증인 윤영준　저는 전혀 모르는 내용입니다.

○윤건영 위원　다음 PPT 띄워 주세요.

경호처하고 현대건설이 맺은 계약 내역입니다. 1억 3000만 원짜리가 한남동 관저 골프 시설 내역이고 2억 6000만 원짜리가 삼청동 안가 관련된 내용입니다.

다시, 박준규 증인 앞으로 나오세요.

자, 다시 묻겠습니다. 제가 제보받은 내용을 더 공개하기 전에 묻겠습니다.

제가 말씀드린 내용, 사실에 부합한다고 봐도 되겠습니까? 공사 내용을 이야기하라는 게 아닙니다. 제가 지금 말씀드리고 있는 내용이 사실에 부합합니까, 아닙니까?

○증인 박준규　저희는 민간 기업이고요. 발주처와의 보안 관계에 의해서 그것을 확인해 드릴 수는 없습니다.

○**윤건영 위원** 그러면 이것만 말씀드릴게요.

공사를 한 적은 있습니까, 없습니까? 어떤 내용인지 이야기 안 하셔도 돼요.

○**증인 박준규** 말씀드릴 수 없습니다.

　　(발언시간 초과로 마이크 중단)

　　(마이크 중단 이후 계속 발언한 부분)

○**윤건영 위원** 오늘 민간 기업에서 오신 분들이라 제가 조금만 하려고 했는데 이것은 추가질의를 계속 이어서 할 수밖에 없고, 위원장님께 의사진행을 건의드리겠습니다.

보안 관련해서 내란 혐의와 관련된 국정조사 청문회에서 증인들이 단 한마디도 하지 않고 있습니다. 이 부분에 대해서는 위원장님께서 정확한 조치를 취해 주셔야 된다고 생각합니다.

○**위원장 안규백** 이것은 제가 고발 조치하도록 하겠습니다.

지금 현대건설이 상당히 굴지의 기업인데도 불구하고 무책임하게 말씀하시는 것에 굉장히 실망을 금할 수가 없고 아주 허접한 회사 같습니다. 제가 이것은 법적 조치를 취하도록 하겠습니다.

들어가도 좋습니다.

임종득 위원님.

○**임종득 위원** 합참 작전본부장님 앞으로 좀 나와 주세요.

○**증인 이승오** 작전본부장입니다.

○**임종득 위원** 오늘 오후에 추미애 위원께서 아파치 헬기를 가지고 NLL을 따라서 위협비행을 했다, 북풍을 유도한 의심이 있다, 조사하라, 수사 착수하라는 이야기가 있었는데 동의하십니까?

○**증인 이승오** 동의하지 않습니다.

○**임종득 위원** 원래 헬기가 전방지역의 작전지역을 숙지하기 위해서 비행회랑 훈련을 하지요?

○**증인 이승오** 예, 비행회랑 훈련합니다.

○**임종득 위원** 일상적으로 하지요?

○**증인 이승오** 그렇습니다.

○**임종득 위원** 그 훈련을 사실 9·19 합의 이후에 못 해 왔던 것 아닙니까? 그러다가 9·10 합의 철회를 하고 나서, 무효화시키고 나서 하기 시작했지요?

○**증인 이승오** 노 플라이 라인(no-fly line), 이북에 대해서는 그런 자격을 유지하기 위해서 훈련을 해야 되는데 그 기간 동안에 못 한 건 맞습니다. 그래서 그 이후에 훈련하기 시작했습니다.

○**임종득 위원** 작년에도 그 일환으로 해 가지고 전방 군단 지역의 수해, 서북도서 지역에 했지요?

○**증인 이승오** 그렇습니다.

○**임종득 위원** 3월에서 11월 사이에 했다라고 제가 확인을 해 보니까 나오는데 이것은 연중 하는 회랑 숙지 훈련이다 이렇게 이해하면 되는 것 아닙니까?

○**증인 이승오** 회랑 숙지 훈련도 있고 군인들은 기본적으로 적의 도발을 억제하고 적이 도발을 하면 그것에 대해서 대응을 해야 됩니다. 그러려면 지형 숙지도 해야 되고 자기가 그 지역에서 어떤 임무를 수행해야 되는지도 정확히 알아야 됩니다.

○**임종득 위원** 그렇지요.

○**증인 이승오** 그러려면 지속적으로 훈련을 할 수밖에 없습니다.

○**임종득 위원** 특히 서북도서 지역은 해안포들, 북한 해안포가 큰 위협이고 그것이 결국은 우리 어민들이 위협에 노출되기 때문에 그 지역에 즉응할 수 있는 훈련을 평상시에 해야 되는 것 아닙니까?

○**증인 이승오** 그렇습니다.

○**임종득 위원** 그러한 훈련을 가지고 북풍 유도다라고 하는 부분들에 대해서 제가 우려합니다. 왜냐하면 지금 일상적으로 반드시 해야 될 훈련이 있어요. 그 훈련이 위협비행을 했다라고 이야기를 하면서 이것은 북풍 조작이고 수사를 해야 된다라고 했을 때 과연 훈련을 실전적으로 해야 될 군인의 입장에서 훈련을 할 때 조심을 하지 않겠어요? 그리고 아예 하지 말자, 하고 의혹받느니 하지 말자라고 했을 때 누구 좋아지는 일일 것 같아요?

○**증인 이승오** 군의 정상적인 훈련을 가지고 그렇게 하시는 것에 대해서는 상당히 유감스럽게 생각합니다. 저희 훈련은 지휘관의 판단의 영역 속에서 이루어지기는 하지만 정상적으로 항상 저희 군이 임무를 수행할 수 있는 대비라는 것이 가장 중요합니다. 만일에 위원님 말씀처럼 된다면 당연히 훈련이 위축되고 자신감 있게 들어가지 못하는 상황이 발생할 수 있습니다.

○**임종득 위원** 그래서 군은 어떠한 상황 속에서도 임무가 부여되면 성공적으로 수행할 수 있도록 실전적인 훈련을 해야 된다 이렇게 생각하는데 동의하십니까?

○**증인 이승오** 동의합니다.

○**임종득 위원** 의기소침하지 마시고 정상적으로 해야 될 일을 제대로 작전본부장이 잘 독려해 주시기 바랍니다.

○**증인 이승오** 그렇게 하겠습니다.

○**임종득 위원** 이상입니다.

○**위원장 안규백** 추미애 위원님 질의해 주십시오.

○**추미애 위원** 국정원장님.

○**증인 조태용** 예.

○**추미애 위원** 가급적이면 저기 좀 서 계셔 주시겠어요, 제가 시선이 안 맞아서?

　시계는 멈춰 주시기 바라고요. 2초를 더 넣어 주세요.

　국정원법 제2조에 의하면 국정원은 대통령 소속이지요?

○**증인 조태용** 그렇습니다.

○**추미애 위원** 대통령 지시와 감독에 따라야 하지요?

○**증인 조태용** 맞습니다.

○**추미애 위원** 그렇다면 대통령이 정국 혼란을 이유로 비상한 수단이 필요하다라고 자꾸 강조를 하시고 또 극도의 위기다 불안을 느끼고 그래서 비상계엄이 필요하다라고 그 불가피성을 역설한다면 국정원장으로서는 그 지시를 따를 수밖에 없지 않습니까? 다른

방법이 없겠지요?

　그러면 당일 12월 3일 8시 모임에 갔을 때 비상계엄 필요성에 대해서 대통령이 역설할 때도 역시 국정원장께서는 그렇게 수긍을 할 수밖에 없었겠지요, 그 당일도? 별다른 의견을 얘기할 상황이 아니었겠지요?

○증인 조태용　자세한 사항은 수사 과정에서 얘기를 했습니다.

○추미애 위원　알았습니다.

○증인 조태용　우려를 표명했다는 말씀을 드렸습니다.

○추미애 위원　그리고 홍 차장과 대통령이 통화할 때, 증인 알고 있었습니까, 대통령이 홍 차장한테 전화를 하고 있다는 걸 알았습니까?

○증인 조태용　3시간 동안 모르고 있었습니다.

○추미애 위원　언제 알았습니까, 최초로 안 것은?

○증인 조태용　한 11시 45분에서 50분 정도일 겁니다.

○추미애 위원　그러면 그때는 이동 중이었다고 했습니까, 지난번에?

○증인 조태용　아닙니다. 그때는 돌아와서, 정무직회의를 마치고 나서 얘기를 들었기 때문에……

○추미애 위원　지난번에 증인은 저에게 '이동 중이었을 걸로 알고 있다' 이렇게 얘기를 했어요.

　그러면 지나가겠습니다.

○증인 조태용　10시 53분 대통령하고 통화할 때 그때는 제가 이동 중이었습니다.

○추미애 위원　됐습니다.

○증인 조태용　언제 알게 됐냐고 말씀하셔서……

○추미애 위원　1차장님하고 교대해 주시기 바랍니다.

　수사기관에서는 이번 계엄에 대해서는 여러 과거 자료를 참고했는데요 심지어는 해서는 안 될 일, 구헌법에 따른 전두환의 5·17 비상계엄 전국 확대도 참고를 했고.

　（자료를 들어 보이며）

　또 이것 보이십니까, 이것?

○증인 홍장원　예, 보입니다.

○추미애 위원　이게 뭐지요?

○증인 홍장원　'대비계획 세부자료'라고 써 있습니다.

○추미애 위원　언제 만들어진 겁니까? 조현천 기무사령관 시절에 만들어진 거지요, 2017년에. 이것도 참고했다고 되어 있습니다.

　여기는 이렇게 되어 있어요. '국정원은 국정원법을 이유로 계엄사령관 지시에 소극적으로 대응할 가능성을 내재하고 있다' 이렇게 되어 있어요. 이게 뭐냐하면 유관기관을 어떻게 통제하겠느냐, 당연히 유관기관은 국정원입니다. 그런데 국정원은 아까 국정원장 얘기한 대로 대통령 지시를 따르는 직속기관이니까 계엄법에 따라서 계엄사령관이 뭐라고 해도 안 들을 가능성이 있으니 대통령이 직접 통화하셔야 된다인데 현장에 회의할 때는 이미 국정원장은 그 자리에 가 있었어요. 소상하게 돌아가는 상황 다 참여하고 들었습니다. 그런데 실무선에서 실전에는 바로 증인의 지휘에 따를 수밖에 없다는 걸 대통령이 알고 있고 대통령이 바로……

（발언시간 초과로 마이크 중단）

....

　（마이크 중단 이후 계속 발언한 부분）
증인에게 이 전화를 한 겁니다, '구체적인 건 방첩사의 지휘를 따르라'. 이제 의문이 풀리
십니까? 대통령이 왜 국정원장 빼고 제게 전화했는지 모르겠다 했는데 바로 조현천 기
무사령관 문건 보고 그 지시 그대로 한 거예요, 대통령은. 그렇다고 생각하십니까?
○**증인 홍장원** 저 문건은 처음 봅니다.
○**추미애 위원** 들어가십시오.

....

○**위원장 안규백** 주진우 위원님 질의해 주십시오.
○**주진우 위원** 국정원장님, 아까 1차장 관련된 것 관련해서 세 가지를 말씀하시고 싶다
고 했는데 앞부분에 대한 설명만 엄청 길었거든요. 그러니까 인사조치 경위와 그 뒷부분
에 대해서 좀 설명을 해 주시겠습니까?
○**증인 조태용** 두 가지 중에 두 번째 서로 얘기하고 있는 것이 이재명 대표하고 전화
를 하라고 했다고 하는데 홍 차장은 지금 이런저런 안보적인 목적 때문에 필요하니까 전
화하라고 했다고 지금 말씀을 하는데 저한테 얘기할 때는 사실은 거두절미하고 상황을
보니까 한번 야당 이재명 대표한테 전화하는 게 좋지 않겠나 이렇게만 얘기를 했습니다.
○**주진우 위원** 이재명 대표에 대해서 뭘 전화하라는 거예요, 홍장원 차장은?
○**증인 조태용** 그냥 '전화 한번 해 보시지요' 그랬습니다, 제가 기억하기에는. '한번 해
보시지요' 이렇게.
○**주진우 위원** 그러면 민주당 측으로부터 무슨 연락을 받아서 한번 전화해 보는 게 좋
겠다고 하는 건가요, 아니면 그냥 본인의 정무적인 판단에 지금 이 시점에서는 이재명
대표랑 통화해 보는 게 낫겠다 이렇게 판단해서 이야기하는 건가요?
○**증인 조태용** 12월 4일 오후입니다. 12월 4일 오후는 제가 보기에 아주 정치적으로 민
감한 시기라고 생각하고 국정원장이 야당 대표한테 연락을 하는 것은 아주 부적절한 일
이라고, 정치 개입의 성격이 있다고 생각을 했습니다. 왜 그런 얘기를 저한테 하는지는
제가 생각한 거는 있습니다마는 확실한 증거가 없기 때문에 말씀드리기는 어렵습니다.
○**주진우 위원** 홍장원 차장님, 잠깐……
　지금 국정원장님 말씀 들으셨다시피 12월 3일 비상계엄이 있었고 12월 4일은 바로 다
음날이잖아요.
○**증인 홍장원** 예.
○**주진우 위원** 이재명 대표와 통화해 보는 게 좋겠다라고 국정원장한테 보고 내지 건
의한 적 있습니까?
○**증인 홍장원** 조금 전에 말씀드린 대로 그렇게 말씀드린 적 있습니다.
○**주진우 위원** 어떤 이유지요? 사유를 한번 자세하게 설명해 보세요.
○**증인 홍장원** 얼마 전 어떤 의원님께서 말씀하셔서 설명드렸습니다만 다시 한번 말씀
드리겠습니다.
　11월 3일 11시 30분에 정무직회의가 끝나고 원장님께서……
○**주진우 위원** 간단히만, 아까 하셨으니까 간단히만.

○**증인 홍장원** 원장님께서 아이디어를 구하셨고 원장님께 나름대로 국정원이 할 수 있는 부분에 있어서의 아이디어 차원으로 말씀드렸습니다. 야당에서 이 대표께서 비상계엄 이후로 북한의 군사 위협이 더 증대되고 있다라는 부분에서 불안감을 초래하는 부분이 있으니 국정원이 군사 관련된 부분이든 한반도의 안보 사항이든 전반적인 사항을 잘 관리하고 있다는 부분으로 국회나 국민들을 좀 안심시켜 드리자는 차원에서의 아이디어였습니다.

○**주진우 위원** 좋습니다.

본인이 그러면 기자회견 하기 전에 민주당 관계자나 민주당 의원이나 민주당 관련된 분들과 통화한 적 있습니까?

○**증인 홍장원** 위원님, 저는 기자회견 한 적이 없습니다.

○**주진우 위원** 양심선언이라고 해서 한 번 했었잖아요.

○**증인 홍장원** 아니요, 양심선언 한 적 없습니다.

○**주진우 위원** 그러면 뭐, 제가 말하는 게 아마……

○**증인 홍장원** 12월 6일 날 정보위원장님께서 전화하셔서서……

○**주진우 위원** 그러니까 그 전에 통화한 적 있어요, 없어요?

○**증인 홍장원** 없습니다.

○**주진우 위원** 통화한 적 없고 본인의 자체 판단으로 와서 얘기한 것입니까?

○**증인 홍장원** 아닙니다. 12월 6일 날 신성범 정보위원장님께서 저한테 전화를 하셔서 제 이름이 나와 있는 기사니까 '홍 차장, 조선일보에 나와 있는 기사가 어떻게 된 거야?'라고 물으셨습니다. 그래서 제가 '전화로는 말씀 못 드리겠습니다'라고 했더니 '그러면 국회로 와' 그래서 국회의장님께서 물어보셨고 전화로는 말씀을 못 드릴 정도의 사항이라고 말씀드렸더니 국회로 와 해서 국회 정보위원장실에 가서 말씀드린 겁니다.

○**주진우 위원** 좋습니다.

○**위원장 안규백** 수고하셨습니다.

곽규택 위원님.

○**곽규택 위원** 이진우 전 수방사령관님, 앞으로 나와 주시지요.

사령관님, 증인들끼리는 서로 문답이 안 되기 때문에 아까 말씀하시고 싶었던 사항을 그냥 저한테 답변 형식으로 말씀해 주시지요.

○**증인 이진우** 예. 저는 다른 뜻은 아니었고 저도 정말 중요하고 엄중한 국정감사라는 것 알고 있습니다. 그런데 그럼에도 불구하고 저의 재판에서의 문제뿐만 아니라 다른 분에 영향을 줄 수 있는 질의 같은 경우는 굉장히 삼가고 제한…… 답변은 못 드리고 있습니다.

그런데 오늘 차장님께서 말씀하시는 중에 어떤 근거인지는 모르지만 현역 군 사령관들이 '재차 계엄을 할 수 있다', '그런 준비가 돼 있는 사람 같다' 그것은 굉장히 좋지 않은 발언이 아닌가. 또 저분의 직책은 정보의 어떤 수장으로서 굉장히 근거가 있어야 되는데 그런 부분에 대해서 굉장히 제가 개인만이 아니라 수도방위사 전 장병들의 어떤 명예와 관련돼 있다 생각하고……

○**곽규택 위원** 좀 조용히 하세요!

말씀하세요.

○**백혜련 위원** 뭐가 그렇게 시끄러워요! 혼잣말도 못 해요?

○**증인 이진우** 그래서 만약에 근거가 있으시다면 12월 3일 날 그 2시간 동안에 수방사에 무슨 일이 있었는지 아시는가. 또 4일·5일·6일 날 사령관이 뭐 했는지 아신다면 정말 무슨 팩트가 있어서 한다고 하지만 그것을 답변 못 하시면 그냥 막연한 추상이 아닌가, 그리고 굉장히 위험한 발언이 아닌가 그런 생각을 했습니다.

이상입니다.

○**추미애 위원** 아니, 국회 답변으로 대통령 명은 무조건 따른다고 했잖아요. 그러니까 맞는 얘기지.

○**곽규택 위원** 홍장원 1차장 앞으로 나오시지요.

제가 수사를 하거나 변호사로서 사건을 볼 때 제일 믿을 수 없는 게 국정원 보고서들이에요. 정말, 아까 수집·평가·건의 이렇게 한다는데 재판 과정에서 증거로 하나도 못 쓰입니다. 그리고 이재명 피고인에 대한, 이화영 피고인에 대한 재판에서도 법원에서 국정원 보고서 믿을 수 없다 다 배척을 했어요.

지금 말씀 나오는 것 보니까 최소한 한 가지는 확실한 것 같아요. 국정원장님이나 1차장께서도 12월 3일 전까지는 비상계엄에 대한 어떠한 정보도 인지하지 못하고 있었다. 맞습니까?

○**증인 홍장원** 그렇습니다.

○**곽규택 위원** 국정원에서 만약에 실제로 비상계엄 준비를 하고 있는 상황이면 이런 것은 1차장·2차장·3차장 중에 누가 챙겨야 됩니까?

○**증인 홍장원** 다시 한번 말씀해 주십시오.

○**곽규택 위원** 비상계엄이 실제 상황으로 벌어지고 준비해 왔다면 1·2·3차장 중에서 누가 그런 정보를 챙겨야 됩니까? 방치하면 됩니까?

○**증인 홍장원** 지난번 특위에서도 국정원장님께서 직접 말씀하셨지만 지난 정부부터 국정원은 국내 정보수집 활동이 중단되어 있는 상황입니다.

○**곽규택 위원** 그러면 만약에 군에서⋯⋯

(발언시간 초과로 마이크 중단)

･･

(마이크 중단 이후 계속 발언한 부분)

내란을 준비하고 있는 경우에도 국정원은 아무런 정보수집 안 해도 됩니까?

대답하기 싫으시면 들어가세요.

이상입니다.

･･

○**위원장 안규백** 수고하셨습니다.

김병주 위원 질의해 주세요.

○**김병주 위원** 민정수석 나와 보세요.

○**증인 김주현** 나왔습니다.

○**김병주 위원** 민정수석은 비상계엄을 언제 알았나요?

○**증인 김주현** 저는 당일 날 퇴근했다가 다시 재차 소집 얘기를 듣고 밤 10시 정도 도착해서 거의 한 10시 15분, 20분 그 정도에 알게 됐습니다.

○**김병주 위원** 주로 대통령실의 법적인 검토는 민정수석실에서 하지요?

○**증인 김주현** 그렇습니다.

○**김병주 위원** 포고령하고 포고문 검토 안 했습니까?

○**증인 김주현** 예, 저도 언론을 보고 알게 됐습니다.

○**김병주 위원** 포고령은 언제 확인했습니까? 언제 봤습니까?

○**증인 김주현** 언론을 통해서 봤습니다.

○**김병주 위원** 아니, 그래서 그것에 대해서 대통령한테 문제점이 있다고 보고하지는 않았습니까?

○**증인 김주현** 그럴 수 있는 상황이나 시간적인 그런 여유가 안 됐습니다.

○**김병주 위원** 그렇다면 민정수석은 직무유기지요.

그리고 12월 4일 날 조태용 국정원장은 그날 엄중한 상황이었다, 그래서 야당 대표한테 전화하는 것도 그것이 정치 중립 위반이다 할 정도인데 그날, 그렇게 중시 여기는 날 만찬을 안가에서 했지요, 대통령하고?

○**증인 김주현** 대통령은 안 오셨습니다.

○**김병주 위원** 그러면 누구누구 했어요? 법무부장관, 민정수석, 법제처장, 행안부장관인가요?

○**증인 김주현** 예, 그렇습니다.

○**김병주 위원** 그 만찬은 누가 주선했어요?

○**증인 김주현** 주선이라기보다 저도 행안장관님한테 연락을 받고 오후 한 4시 넘어서…… 그런데 저희가 사의도 표명하고 그래서 어떨까 싶다가, 그래서 간단하게 그냥 만나서 얼굴 한번 보자……

○**김병주 위원** 행안부장관한테 연락이 왔던가요, 4시에?

○**증인 김주현** 예, 그런 걸로 기억합니다.

○**김병주 위원** 행안부장관이 그러면 12월 4일 4시에 이 모임을 주선했네요?

○**증인 김주현** 모임을 주선했다기보다는 그런 얘기가 있었던 겁니다.

○**김병주 위원** 시간이 적으니까……

그날 모여서 뭔 얘기 했나요?

○**증인 김주현** 서로 아는 바가 별로 없어서 특별한 얘기는 없었고……

○**김병주 위원** 메뉴가 뭐였습니까?

○**증인 김주현** 그냥 도시락 같은 거였습니다.

○**김병주 위원** 그리고 왜 모인다고 연락이 왔습니까?

○**증인 김주현** 그래서 이제 그 말씀 드렸는데, 다 사의를 표명하고 제가 오랜만에 공직에 다시 왔는데 만나자고 하던 그런 얘기를……

○**김병주 위원** 아니, 12월 4일이 계엄 날이에요, 계엄 날! 무슨 계엄 날 송년회 하듯이 이렇게 모임을 하는 거야! 다른 목적이지요. 제2차 계엄 논의했지요?

○**증인 김주현** 계엄을 해제하고 2차 계엄을 어떻게 논의를 하겠습니까?

○**김병주 위원** 아니면 윤석열 어떻게 할지 법적 검토 한 거지요?

○**증인 김주현** 아니, 아까도 말씀드렸지만 내용을 모르는데……

○**김병주 위원** 그리고 마지막 하나 더 시간이 없으니까……

1분만 저도……
○**위원장 안규백** 예, 시간 지켜 주세요.
○**김병주 위원** 그날 윤석열에 대한, 계엄에 대한 법적 검토―여기 다 법조인들이에요―한 것 아니에요?
○**증인 김주현** 아니, 저희도 그 상황이나 내용을 모르는데 어떤 검토를 할 수가 있겠습니까.
○**김병주 위원** 도대체 정신머리들이 있는 겁니까, 없는 겁니까! 12월 4일이면 온 국민들이 밤을 지새우고 불안해하고 국회에는 국회의원뿐만 아니라 전국에 있는 당원들도 와서 지키고 있는 이날에 만찬을 버젓이 해요? 아이고, 참…… 진짜 말이 안 나와요, 말이. 여기 장관들 앉아 있을 자격 없어요!
  그리고 이날 홍장원 자르는 것도 민정수석실에서 홍장원을 때려죽이겠다 이런 말이 돌았는데 이것 누가 한 거예요, 홍장원 그 부분에 대해서?
○**증인 김주현** 저는 그 진행 상황은 모릅니다.
○**김병주 위원** 들어 봤지요, 언론에 나왔던 것?
○**증인 김주현** 언론에 나온 사항도 잘 모르겠습니다. 전혀 관여한 바 없습니다.
○**김병주 위원** 홍장원 1차장 잠깐 나와 보세요.
  홍장원 1차장은 여기에 대해서 들었을 것 같은데, 저도……
    (발언시간 초과로 마이크 중단)

    (마이크 중단 이후 계속 발언한 부분)
들었기 때문에 여기에 대해서 한번 이야기해 보십시오.
  제가 봤을 때 홍장원 1차장같이 성실히 법과 규정대로 하려고 했던 사람, 대통령실에서 자르고 한 거예요, 12월 4일 날 버젓이 회식하면서! 아이고 참, 못나도 못났다! 대한민국의 장관들이 너무나 무책임하다!
  홍장원 차장, 얘기해 보세요.
○**증인 홍장원** 존경하는 위원님, 지금 제가 몇 가지 얘기한 부분에 대해서 위원님들로부터 지나치게 추정에 의존한 부분에 있어서 언급을 한다라고 지적을 받았습니다. 물론 전언하는 사람이 있었고 추정하는 사람 있었지만 제가 직접적으로 들은 부분은 아니기 때문에 그 얘기는 좀 삼가는 게 좋겠다고 생각합니다.
○**김병주 위원** 전언은……
○**증인 홍장원** 하지만 그런 내용을 전언받은 것은 사실입니다.
○**김병주 위원** 예.

○**위원장 안규백** 부승찬 위원님.
○**부승찬 위원** 작전본부장님 앞으로 좀 나와 주세요.
○**증인 이승오** 예, 작전본부장입니다.
○**부승찬 위원** 경계태세 2급 발령할 때 결심 조건 검토하지요?
○**증인 이승오** 예.
○**부승찬 위원** 검토한 문서 저한테 보고해 주세요.
  그리고 경계태세 2급을 발령하면 왜 육군에는 단편명령이 안 내려갑니까?

○**증인 이승오** 경계태세 2급을……

○**부승찬 위원** 전군이잖아요.

○**증인 이승오** 예, 22시 40분에 구두로 지시를 해서 저희들이 갖고 있는 시스템에 의해서 먼저 전파를 하고 그 이후에 명령은 약 5분 후에 나갑니다.

○**부승찬 위원** 그다음에 조치사항들 이루어진 게 아무것도 없어요. 거의 없어요.

경계태세 2급 발령되면 북한의 침투가 우려되는 것 아니에요, 탈영은 없으니까.

○**증인 이승오** 그럴 가능성에 대해서는……

○**부승찬 위원** 예, 가능성 있는 것 아니에요? 그러면 피아식별띠도 불출해야 되고 하는 게 있잖아요, 절차가. 했습니까? 안 했지요?

○**증인 이승오** 피아식별띠, 조치부호에 포함돼 있었습니다.

○**부승찬 위원** 그런데 안 했잖아요.

○**증인 이승오** 그런데 시행 여부는……

○**부승찬 위원** 이게 보면요 경계태세를 4시간, 5시간 있다 발령이, 단편명령이 내려가는 게 말이 돼요, 이게? 이게 말이 안 된다고 생각하고요.

또 하나 질의할게요.

‘군 사기, 사기’ 하는데요. 지금 계엄군으로 지정 안 된 수방사·특전사가 국회와 선관위 들어왔어요. 이것만큼 군 사기 떨어뜨리는 것 있어요? 합참에서 뒷짐 지고 있었어요? 직무유기 아니에요?

자기네 작전통제에 있는 부대들이 합참에 보고도 안 하고 튀어 나가, 이게 지휘체계입니까? 그러면서 군 사기 얘기해요? 거기서 북풍 얘기해요?

합참의 통제를 받지 않고 비선 라인을 통하고 그다음에 전투용 부적합 판정받은 무인기 중국산 이것을 북한에 보내고 이것은 일반이적이나 북풍이지요. 어떻게 기본적으로 절차에, 우리 군이 군사작전을 하는데 전투용 판정 기준을 세우고 이것의 사업을 하고 다 하잖아요.

잠깐 시간 끊어 주세요.

들어가세요.

드론사령관.

○**증인 김용대** 드론작전사령관입니다.

○**부승찬 위원** ADD로부터 관리 이관받은 무인기 있지요?

○**증인 김용대** 저희가 지금 쓰고……

○**부승찬 위원** 거기 항전장비 전부 중국산이지요?

○**증인 김용대** 제가 그 부품의 세부적인 것은 잘 모르겠습니다.

○**부승찬 위원** 군사작전에 전투용 부적합 판정을 받은, 전투용 부적합 판정받은 전력을 군사작전에 활용할 수 있어요? 다 우리 한국군을 죽이는 거지. 국민을 죽이는 거지. 그래서 규정과 절차 만든 것 아니에요!

그리고 자료를 왜 못 내요? 떳떳하잖아요. 아까 헬기 얘기할 때 떳떳했잖아요. 왜 무인기 할 때는 얘기를 못 해요?

백령도에서 네 대, 동해 쪽으로 하나 보냈어요, 안 보냈어요? 내가 까! 참자 참자 하니까……

그리고 다른 전력 북한 보냈어요, 안 보냈어요?

합참 차장!

(발언시간 초과로 마이크 중단)

1분만 더 주세요.

열 받아서……

합참 차장!

○**증인 정진팔** 예, 합참 차장입니다.

○**부승찬 위원** 다른 전력 북한에 보냈어요, 안 보냈어요? 내가 얘기 안…… 국가 안보 차원에서, 내가 군복 입었던 사람으로 얘기 안 하려고 했는데, 전쟁 준비했어요.

○**위원장 안규백** 부 위원님……

○**부승찬 위원** 이게 생각을 해 보세요. 제가, 우리 군은 명령체계와 지휘체계, 한미연합체계, 평시 작전통제권 이런 것 다 갖고 있잖아요. 그러면 드론사는 합참의 작전 통제를 받는 데잖아요. 그렇지요?

그리고 군사작전에 필요한 소요에 의한 것들은 군사작전에 쓸 수 있어요. 평양 보내는 게 잘못됐다라는 게 아니에요. 그러면 전투용 판정 적합을 받은 것을 보내야지요. 맞지 않습니까?

그러면 잘못된 것을 보내서 중국산을, 항전장비를 중국산이 달려 있는 것을 보내서, 그렇게 지적하면서 보냈어요. 그러면 아군의 군사 이익에 해롭잖아요. 안 해롭겠어요?

백령도 101대대에서……

(발언시간 초과로 마이크 중단)

(마이크 중단 이후 계속 발언한 부분)

네 대 평양 보내고 동해로 해서 차후 해군기지까지 보내고, 모르는 줄 알아요? 항적 얘기할까요?

이상입니다.

○**위원장 안규백** 추가로 해 주십시오.

강선영 위원님.

○**강선영 위원** 정보사 계획처장 나와 주세요.

○**증인 고동희** 예, 계획처장입니다.

○**강선영 위원** 지난해 12월 13일 김어준 씨가 국회 과방위에서 제보를 받았다고 그러면서 체포조가 여당 대표를 사살하고 야당 대표는 체포한 후에 북한의 소행인 것처럼 발표한다, 그래서 북한 군복을 매립하고 이를 나중에 발견해서 북한 소행의 증거로 사용한다고 주장했는데 정보사령관으로부터 이러한 내용을 듣거나 지시받은 사실이 있습니까?

○**증인 고동희** 없습니다.

○**강선영 위원** 일부 언론과 야당은 지난해 정보사가 북한군 군복을 구매한 것을 자꾸 북한군 군복 계약과 관련해서 계엄이 연관이 있는 것처럼 의혹을 제기했는데 정보사는 그동안 북한군 군복을 언제부터 구매했어요?

○**증인 고동희** 제가 정확한 시점은 모르겠으나 과거부터 훈련을 위해서 지속적으로 구

매한 것으로 알고 있습니다.

○**강선영 위원** PPT를 한번 띄워 주세요.

　　(영상자료를 보며)

　PPT에서 보시는 것처럼 정보사는 과거 10년 전부터 작년까지 지속적으로 북한군 군복과 전투모, 배낭 등을 지속적으로 구매했고요. 작년도에, 24년도에 구매한 것은 8월 달에 계약을 해 가지고 12월 6일 날 계엄이 끝나고 납품받았습니다. 정보사가 북한군 군복을 납품받은 시점은, 이와 같아서 마치 이것이 비상계엄과 연관됐다고 하는 것은 맞지 않습니다. 그렇지요?

○**증인 고동희** 예, 그렇습니다.

○**강선영 위원** 잠깐만요. 합참 차장님 나오세요.

○**증인 정진팔** 합참 차장입니다.

○**강선영 위원** 차장님께서는 12월 2일 이전에까지 교육사령관으로 재직하셨지요?

○**증인 정진팔** 예, 그렇습니다.

○**강선영 위원** 강원도 인제에 있는 KCTC 과학화훈련단의 교육사 소속 맞지 않습니까?

○**증인 정진팔** 예, 맞습니다.

○**강선영 위원** 자, KCTC는 그 예하에 피아 쌍방 훈련을 하기 위해서 전문대항군연대 즉 북한군의 군복을 입고 하는 우리의 적의 역할을 하는 부대가 있지요?

○**증인 정진팔** 예, 있습니다.

○**강선영 위원** 대항군연대는 일반 부대랑 훈련을 하기 위해서, 북한군 역할을 하기 위해서 그 복장과 장비를 똑같이 착용하고 있지요?

○**증인 정진팔** 예, 맞습니다.

○**강선영 위원** 그래서 이 대항군연대는 실제 북한군 교리에 입각해서 전술적으로 행동하고 훈련 시에 북한군 군복을 입고 대항군 임무를 수행하기 위해서 2020년부터 2023년까지……

　PPT를 봐 주세요.

　매년 전투복과 외피 등을 구매했습니다. 그리고 올해에도 구매가 계획돼 있습니다. 맞지 않습니까?

○**증인 정진팔** 그 자세한 사항은 잘 모르겠습니다.

○**강선영 위원** 일단 저렇게 20년부터 구매한 계획을 저희가 다 확인했습니다. 지금 일부 언론과 야당이 정기적으로 저희가 훈련을 하기 위한 훈련 복장들, 아까 한기호 위원님께서 말씀하신 거와 같이 그러한 것들을 구매해서 하는데 제가 이것이 자꾸 군을 방어하는 것처럼 보이시겠지만 우리가 군이 정상적인 훈련을 하고 정상적인 물품을 구매하는 것도 자꾸 이번 비상계엄과 연결시키면 군이 위축됩니다. 그리고 국민들이 불안해하십니다.

　우리 이번에 북한군 군복을 사서, 구매한 것은 정상적인 훈련과 그다음에 우리 훈련 목적상 구매해서 사용한 장비라는 것 그리고 이세 최근에 10년 이전부터 운영했다는 것 동의하시지 않습니까?

○**증인 정진팔** 예, 그렇게 생각하고 있습니다.

○**강선영 위원** 이상입니다.

○**위원장 안규백** 민병덕 위원님.

○**민병덕 위원** 오늘 곽종근……

○**증인 곽종근** 전 특수전사령관입니다.

○**민병덕 위원** 대통령이 전화를 해서 국회의원들을 끌어내라고 한 것 맞습니까?

○**증인 곽종근** 예, 맞습니다.

○**민병덕 위원** 혹시 그때 김용현 장관에게도 전화 왔습니까?

○**증인 곽종근** 그 뒤에……

○**민병덕 위원** 김용현 장관은 전화해서 뭐라 그랬습니까?

○**증인 곽종근** 비슷한 논조로 얘기했는데 용어만 좀 달랐습니다.

○**민병덕 위원** 뭐라고 했습니까?

○**증인 곽종근** 국회 안에 있는 인원들 데리고 나오라는 논조로 하셨다고 얘기했습니다.

○**민병덕 위원** 그러면 김용현 장관은 이렇게 얘기했습니다. 국회의원들을 빼내라라고 했는데 와전된 것 같다라고 얘기하고 있고 그리고 대통령은 끌어내라라고 했다라는 것이지요. 이렇게 정리하면 맞습니까?

○**증인 곽종근** 맞습니다.

○**민병덕 위원** 멈춰 주십시오.

들어가십시오.

이상민 장관님, 아까 12월 4일 안가 모임과 관련해서 지금 박성재 법무부장관 그다음에 민정수석에게 둘 다 모이자고 한 사람은 이상민 장관인 것 같습니다. 이상민 장관님께서 이거 주도한 겁니까?

○**증인 이상민** 증언하지 않겠습니다.

○**민병덕 위원** 삼청동 안가 이건 장관이 예약할 수 있습니까?

○**증인 이상민** 증언하지 않겠습니다.

○**민병덕 위원** 그것이 그거랑 뭔 상관이 있습니까?

민정수석!

잠깐만요. 멈춰 주세요.

국민을 거부하는 것처럼 들립니다.

삼청동 안가 행안부장관이 예약할 수 있습니까?

○**증인 김주현** 그거는……

○**민병덕 위원** 있습니까, 없습니까?

○**증인 김주현** 제가 했습니다.

○**민병덕 위원** 민정수석이 했습니까?

○**증인 김주현** 예.

○**민병덕 위원** 누구에게 허락 맡았습니까?

○**증인 김주현** 그건 허락보다는……

○**민병덕 위원** 대통령에게 허락 맡은 것 아닙니까?

○**증인 김주현** 아니……

○**민병덕 위원** 대통령 허락 없이 민정수석이 대통령 안가를 예약할 수 있습니까?

○**증인 김주현** 대통령 안가가 아니고 저는 이제 직원을 통해서……

○**민병덕 위원** 그러니까 대통령 안가를 예약한 거지요?

○**증인 김주현** 그렇게 했습니다. 예.

○**민병덕 위원** 들어가십시오.

멈춰 주십시오.

PPT 좀 볼까요.

(영상자료를 보며)

신원식 장관님…… 아, 어딜 가서 버렸네.

○**백혜련 위원** 밖에서 대기하고 있어요.

○**위원장 안규백** 아, 대기하고 있어요.

○**민병덕 위원** 잠깐만……

(「들어오시라 그래」 하는 위원 있음)

지금……

○**김병주 위원** 행안부장관이 안가를 마음대로 쓰는 걸로 봐서 충암파 핵심 중의 핵심이네. 대통령 지시로 모인 것 같네요. 그러니까 썼겠지.

○**민병덕 위원** 당연하지요.

○**김병주 위원** 대통령 지시로, 그렇지요?

○**증인 이상민** 지금 김주현 민정수석이 하시는 얘기 안 들으셨습니까?

○**김병주 위원** 아니, 그러니까 대통령 지시로……

입이 말할 줄 아네요? 아니, 저는 말할 줄 모르는 줄 알았네.

○**증인 이상민** 김 위원님, 그렇게 비웃듯이 말씀하시면 안 됩니다.

○**위원장 안규백** 지금 올라오고 계시니까 민홍철 위원 끝나고 추가로 시간 드리겠습니다.

민홍철 위원 먼저 해 주십시오.

○**민홍철 위원** 저도 필요하면 안보실장께……

○**위원장 안규백** 예, 지금 올라오고 계시니까……

○**민홍철 위원** 그래요?

○**위원장 안규백** 예.

○**민홍철 위원** 그래요. 그러면 제가 먼저 좀……

이진우 전 수방사령관님 앞으로 좀, 이쪽으로 좀 나와 주세요. 시간을 좀 끊어 주시고.

군검찰 다 조사받으셨지요?

○**증인 이진우** 그렇습니다.

○**민홍철 위원** 사실대로 얘기를 하고 진술했지요?

○**증인 이진우** 예, 그렇습니다.

○**민홍철 위원** 공소장 부본 받아 봤지요?

○**증인 이진우** 그렇습니다.

○**민홍철 위원** 그 공소장을 근거로 해서 제가 몇 마디 물어보겠습니다.

자, 계엄 당일 날 국회에 진출한, 출동한 우리 계엄군 활동에 대해서 국회 본회의장에 190명 정도 들어왔다는데 실제로 190명이 들어왔다는 것은 확인도 안 되고 '그러니까 내가 계엄 선포되기 전에 병력을 움직여야 한다고 했는데 다들 반대해서……', 이것 누가 한

말입니까?

○**증인 이진우** 그 부분은 제가 여기서……

○**민홍철 위원** 오케이. 좋아요.

 '해제됐다 하더라도 내가 두 번, 세 번 계엄령 선포하면 되는 거니까 계속 진행해', 누가 얘기했어요?

○**증인 이진우** 마찬가지로 제한이 되겠습니다.

○**민홍철 위원** 그래 놓고 여기서 무슨 큰소리칩니까? 뭐 위험성을, 그런 위험한 얘기를 하지 말라고요? 벌써 위험한 1차 계엄을 해서 계엄군사령관으로 출동해 놓고 말이야.

 저도 별로 이렇게 언성을 안 높여요. 너무나 이진우 사령관이 당당하지 못한 그런 태도 때문에 제가 화가 납니다. 검사, 군검사 앞에서 사실대로 얘기했지 않습니까? 공소장이에요.

○**증인 이진우** 그 부분도 위원님, 내용이……

○**민홍철 위원** 변명으로 일관하고, 어디 별 3개 달고 말이지요 부하들이 얼마나 부끄럽겠습니까? 당당해야지요. 이왕에 대통령 지시를 받았다고 진술해 놓고 말이야. 그래서 이 자리에서 뭐 불리해서 진술을 안 하겠다? 또 다른 분이 얘기하니까 2차, 3차 이런 지시를 근거해서 2차 계엄을 할 거냐 말 거냐, 국민들이 얼마나 불안하겠어요? 그거를 지금 확인하고 있는 자리입니다. 그런데 그런 위험한 말씀하지 마시라고요? 정말 안타깝습니다. 저도 한때 군복을 입었어요. 그래서 우리 여기 장군들, 장교들, 군을 사랑합니다. 당당해야지요. 누구 한 사람 '아니다', '아니되옵니다' 이런 말을 한 장군들이 없잖아요. 그래서 개인의 불이익만 생각하고 군의 명예는 어디 뭐 던져 버렸습니까?

 (발언시간 초과로 마이크 중단)

- -

 (마이크 중단 이후 계속 발언한 부분)

 이진우 사령관을 따르고 아무 내용도 모르고 출동했던 일반병사들 어떻게 책임지겠습니까? 당당하게 사실은 사실대로 얘기를 해 줘야 교훈이 되지요. 이진우 사령관 같은 군인이 다시는 나타나지 않지요. 그 책임을 좀 더 해 주셔야지.

○**증인 이진우** 위원님 말씀 명심하고, 때가 되면 제가 군인답게 다 밝힐 건 밝힐 겁니다.

○**민홍철 위원** 역사 앞에, 군인 앞에 당당하시고요. 병사들한테, 부하들한테 좀 당당하세요, 당당히.

- -

○**위원장 안규백** 이진우 사령관님 발언대로 좀 나와 주십시오.

 12·12 신군부 군사쿠테타 때 정승화 육군총장, 정병주 특전사령관, 김진기 헌병감, 장태완 수방사령관, 정말 참군인이었잖아요. 그런 참군인의, 민주적인 군인의 모습을 좀 보여 주시기 바랍니다.

○**증인 이진우** (고개를 끄덕임)

○**위원장 안규백** 들어가십시오.

 민병덕 위원이 신원식 장관이 안 계셔서 못 했지요? 계속 이어서 하십시오.

○**민병덕 위원** 장관님!

○증인 신원식 예.
○민병덕 위원 (영상자료를 보며)
　PPT 보이십니까? PPT 이 장면 알고 계시지요?
○증인 신원식 예, 알고 있습니다.
○민병덕 위원 어떤 의원이, 어떤 국힘당의 의원이 안보실장님한테 보낸 문자입니다. 그것을 잘 안 보이니까 제가 PPT를 쳐 가지고요. 이렇게 되어 있습니다. ‘우크라이나와 협조가 된다면 북괴군 부대를 폭격, 미사일 타격을 가해서 피해를 발생하게 하고 이 피해를 북한에 심리전으로 써먹으면 좋겠습니다’ 하니까 뭐라고 답했습니까? ‘넵. 잘 챙기겠습니다’ 그리고 ‘긴급 오늘 대책회의가 있습니다’.
　이 대책회의에서 어떻게 하기로 했습니까?
○증인 신원식 저 문제는 통상적인, 국회의원들께서 오시는, 통상적인 답변이었고요.
○민병덕 위원 대책회의에서 뭐 했어요?
○증인 신원식 긴급대책회의는 있었지만 저 분야에 대해서 전혀 논의된 바가 없습니다.
○민병덕 위원 그다음에 뉴스에서 봤습니다. ‘연락관도 필요하지 않을까요?’라고 했는데 그다음에 뭐라고 그러셨냐면 ‘그렇게 될 겁니다’.
　그렇게 해서 연락관 보냈습니까?
○증인 신원식 연락관을 보내는 걸 검토를 했는데 여러 가지 또 논란이 있고 해서……
○민병덕 위원 안보실장님!
○증인 신원식 예.
○민병덕 위원 우크라이나와 협조를 해서 북괴군에게 미사일이나 포격을 하게 한 다음에 이걸 가지고 심리전에 써먹어라, 이것 어떻게 판단합니까?
○증인 신원식 이것은 제가……
○민병덕 위원 아무 문제도 없습니까?
○증인 신원식 이것은……
○민병덕 위원 이게 북한에 알려진다면 어떻게 됩니까?
○증인 신원식 이것은 제안한 의원님께서 저런 제안을 했지만……
○민병덕 위원 여당의 국방위 위원과 안보실장이 소통을 하면서 ‘예, 알겠습니다’ 이래 놓고 이걸 포격을 한다면, 그러면 북한에서는 여기에 대해서 보복하면 어떻게 합니까? 아무런 문제가 없습니까, 이래도?
○증인 신원식 제가 답변할 기회……
○민병덕 위원 답변할 시간 드리……
　그분이 이 자리에 계십니까, 안 계십니까?
○증인 신원식 그것은 개인적인 질문이라 적절치 않은 것 같고요. 제가 답변을 드리겠습니다, 여기에 대해서.
○민병덕 위원 예.
　(발언시간 초과로 마이크 중단)

··

　(마이크 중단 이후 계속 발언한 부분)
○증인 신원식 통상 위원님들께서 아시지만 이런 문자나 오면 ‘잘 검토하겠습니다. 챙기

겠습니다’ 그리고 사실은 그게 현실성이 없을 때는 추진하지 않습니다. 그래서 저것 제안해 주신 의원님께는 죄송한데 제가 예의상 저렇게 해 놓고 이 문제와 관련돼서는 사실은 우크라이나와 통로도 없거니와 좀 현실성이 떨어져서 전혀 제가 제기한 적이 없습니다. 그냥 개인적인 문자로 예의상 대답했다는 것만 알아주시면 되겠습니다.

○**민병덕 위원** 제가 안 하려다가 ‘가짜뉴스, 가짜뉴스’ 하니까……

○**위원장 안규백** 그만, 그만하십시오.

○**민병덕 위원** 하니까 이런 근거를 가지고 문제를 제기한다라는 말씀을 드립니다.

○**위원장 안규백** 추가로 하십시오.

○**증인 신원식** 예, 알겠습니다.

○**위원장 안규백** 존경하는 한기호 위원님.

○**한기호 위원** 민병덕 위원님 감사합니다, 지난번에 한 번 하고 이번에 두 번째 해 주셔 가지고……

○**민병덕 위원** 신원식 장관님이 오셔서.

○**한기호 위원** 감사하다고요, 제가. 제가 제 소신이라고 지난번에도 확실하게 말씀을 드렸어요. 고맙습니다. 그리고 국회의원이 실제로 업무와 관련된 분한테 제 생각을 얘기한 건데 제가 잘못한 건 그거지요, 사진에 찍혔다는 것.

오늘 공수처장이 대통령을 체포한 날 포도주를 마시면서 회식을 했다고 하는데, 경호차장님 좀 나와 보세요.

공수처장이 굉장히 즐거운 모양이지요? 생각해 보세요. 그날 들어가기 위해서 55경비단장한테 사실은 조사한다고, 추가 조사하겠다고 불러 놓고 사실은 출입을 허가하라고 도장을 찍으라고 했고 도장 찍는 것을 ‘이것은 내 소관이 아니다. 경호처의 소관이다. 나도 거기 들어갈 때는 경호처의 승인을 받고 들어간다’ 이렇게 얘기를 했는데도 관인을 가져오라고 해서 찍었잖아요. 그렇지요?

○**증인 김성훈** 예, 그렇게 알고 있습니다.

○**한기호 위원** 차장님 입장에서 분명하게, 이것은 경호처의 책임 소관이지요? 55단장의 책임이 아니잖아요?

○**증인 김성훈** 예, 그렇습니다.

○**한기호 위원** 그렇게 해서 찍어 놓고, 그러고서는 나중에 공수처가 두 번째 체포영장 발령할 때는 110조와 111조를 뺐습니다. 그런데 처음에는 넣고 두 번째는 뺐어요. 이 뺀 자체가 켕기는 게 있다는 얘기지요.

이래 놓고 체포하고서 기쁘다고 회식을 했는데 제가 봐도 공수처가 기본적인 인성 자체가 부족한 사람들인 것 같아요. 아까도 식사한 걸 가지고, 도시락 가지고 밥 먹은 걸 가지고 뭐라 그러는데 포도주 그 자리에는 없었던 것 같아요. 여기는 포도주까지 내놓고 지금 회식했어요, 그것도 다 보는 앞에서. 영상물을 제가 봤어요. 이렇게 해 놓고서 사실은 기뻐하는 사람들을 보니까 정말 슬픕니다.

고맙습니다.

들어가 앉으십시오.

제가 군검찰에 지금 조사받고 있는 걸 좀 알아봤는데 실제로 12·12 때도 많은 분들이 가담을 했지만 명령에 의해서 움직인 군인들에 대해서는 처벌하지 않았습니다. 그런데 이제 마녀사냥하는 식으로, 또 과거의 12·12보다 훨씬 더 이것은, 우리 존경하는 민홍철 위원님이 기동타격 계엄이다 이렇게 얘기할 정도로 정말로 극소수의 인원들이 참가를 했는데 이 인원들에 대해서 또 처벌한다면 군은 정말로 이제 설 자리가 없어집니다.

여기에 대해서 안보실장님 입장에서 군검찰 수사하는 데 대해서 어떻게 생각하시는지 한번 말씀해 보십시오.

○**증인 신원식** 검찰의 수사에 대해서 제가 이러쿵 저러쿵 할 입장은 아닌데 군의 특수성을 고려해서 최대한 선처가 됐으면 좋겠습니다.

○**위원장 안규백** 그건 안보실장님이 하실 얘기는 아니잖아요? 전 장관이지 뭐……

○**증인 신원식** 예, 제가 할 적절한 말은 아니었던 것 같습니다.

○**위원장 안규백** 선배 의원, 선배 장군 말에 그냥 강압적으로 하십니까?

○**한기호 위원** 위원장님이 자꾸 끼어들어서 그러시면 좀 입장이 곤란한데요.

○**위원장 안규백** 아니, 회의의 원활한 진행을 위해서 드리는 겁니다.

한병도 위원.

○**한병도 위원** 한병도 위원입니다.

김성훈 차장님 한 번만 더 나와 주시겠어요?

제가 적어도 경호처에 가지고 있는 그냥 이미지는요 그리고 경험한 바로는 항시 아주 절제돼 있고 그런 이미지였습니다, 제가 만났던 분들은. 그리고 여러 분야에서 정말 최고의 엘리트들이라는 스스로 자부심들이 있었고요. 그리고 정말 좋은 자원들이 많이 있었습니다. 밖에서 보는 이미지가 그랬어요.

그래서 최근의 일련의 지금 경호실 관련 논란에 대해서 경찰 이관, 저의 행안위에서 그런 이야기가 있을 때 좀 종합적으로 봐야 된다, 성과도 있다 저 그런 생각도 했었습니다. 그리고 외국에서도 우리 경호시스템에 대해서 배우러 오고 선진 경호를 유지하는 국가에서도 저희들과 토의하고 배우러 오고 그랬던 기억이 있습니다. 그리고 또 자체, 다른 경호시스템 운영이 되지만 우리도 수십년간의 노하우가 쌓여서 우리 자체가 가지고 있는 노하우도 있다 이렇게 생각을 하면서 객관적인 시각을 유지하려고 나름대로 많이 했습니다.

그런데 정말 실망을 한 건요 어떤 불거지는 내용보다도 저는 차장님의 태도, 자세, 즉 언론에 나와서 말하는 이런 건요 국민들한테 보여지는 겁니다. 그런데 차장님한테는요 제가 느꼈던 그 절제와 정제돼 있는 모습이 보이지 않았습니다.

예를 들어서요 생일잔치 하니까, 제가 현상을 문제삼는 거 아닙니다. 생일파티에 헌정곡 바치고 생일파티에 벤츠 차량 풍선 이벤트 막 하고 이런 것 하니까 뭐라고 했냐면, 언론에다가요, '여러분들 친구들 생일파티 안 해 줍니까? 뭐가 문제예요?' 그랬습니다.

차장님 정도면요 책임이 있으면 적어도 좀 더 세심하게 챙길 부분은 뭐가 있는지 국민 정서에 맞는지 문제 제기가 있으니까 '꼼꼼이 들여다보겠습니다'라고 국민들 앞에서 답을 해야지요. 마치 시비 붙이는 것처럼 '내가 뭐 잘못했는데?' 이런 태도와 자세가 문제라는 겁니다. 이 태도와 자세가 문제가 뭐냐면요 신뢰가 깨집니다, 조직에 대해서. 굉장히 가볍게 보여요, 절제돼 있게 보이지 않고. 그리고 매사 양쪽 의견이 첨예하게 대립하니까 이제 차장님은 경호실보다는 한쪽의 의견을 대변하는 듯한 이미지가 이미 형성이 돼 버린 게 가장 큰 문제입니다.

　그래서 저도 이 태도를 보고 이거 좀 다시 생각해 봐야 되겠다, 정말 경호처가 절제돼 있는 게 아니고 한쪽의 입장만을, 경도된 이런 사고를 가지고 있다면 정말 다시 평가해야 되는 거 아닌가 그런 생각이 듭니다. 정말 경찰국으로 이전하는, 이 문제에 대해서 행안위에서 논의되고 있는 것들에 대해서 이거 뭐지? 정말 법적인……

　(발언시간 초과로 마이크 중단)

　(마이크 중단 이후 계속 발언한 부분)
저희들, 제가 느낄 때는 법적인 이것보다도 한 개인을 위한 너무 과잉된 충성처럼 보이면 이거 다시 들여다봐야 되는 것 아닌가 그런 생각도 듭니다. 조직 전체를 위해서 태도와 자세를 대단히 유념하고 앞으로 발언들도 조심해야 된다는 생각이 듭니다. 한번 참고해 보세요.
○증인 김성훈　위원님 지적사항 잘 유념하도록 하겠습니다.

○위원장 안규백　수고하셨습니다.
　김성원 위원 질의해 주십시오.
○김성원 위원　들어가시고요.
　합참 차장님하고 드론사령관님 발언대로…… 드론사령관님 이쪽으로 오시고.
○증인 정진팔　합참 차장입니다.
○증인 김용대　드론작전사령관입니다.
○김성원 위원　여기 지금 국정조사를 하는 데 있어 가지고 전혀 사실과 다른 그런 발언에 대해서는 군의 명예를 걸고 적극적으로 답변을 해 주셔야지 됩니다.
　우선 드론사령관님, 전쟁 준비를 했다라는 국조위원의 주장에 대해서 아까 답변을 못 하셨어요. 전쟁 준비를 하셨습니까?
○증인 김용대　전혀 사실이 아닙니다.
○김성원 위원　그렇지요?
○증인 김용대　예.
○김성원 위원　합참 차장님, 전쟁 준비를 하셨습니까?
○증인 정진팔　전혀 하지 않았습니다.
○김성원 위원　그러면 그런 질문이 나왔을 때 바로바로 그런 부분을…… 이거 엄청난 파장을 일으킬 수 있는 그런 질문과 답변이에요. 그런데 전쟁 준비를 했다라고 말씀을 하시는데 답변을 안 하시면 어떻게 합니까? 아무리, 만약에 그렇다 치더라도 위원장님한테 답변할 시간을 달라고 해 가지고 우리 군은 전쟁 준비를 한 적이 없다라고 정확하게 말씀을 해 주셔야지 되지 않겠습니까?
○증인 김용대　예.
○김성원 위원　알겠습니다. 들어가십시오.
　다음은 곽종근 특전사령관님, 저쪽으로 가 주십시오, 제가 잘 안 보이니까.
○증인 곽종근　전 특수전사령관입니다.
○김성원 위원　제가 이번 국정조사를 하면서 가장 많은 연락을 받았던 부분은 그래도

우리나라 대한민국의 3성 장군이 이렇게 말이 바뀌어서야 되느냐, 정말 실망스럽다, 군 명예가 뭐가 되느냐 이런 말씀 많이 들었습니다.

다시 한번 제가 하는 것 들어 보십시오.

먼저 첫 번째, 유리창을 깨서라도 들어가라는 대통령 지시에 항명했다고 주장했더니…… 맞습니까? 항명한 것 맞지요, 그렇게 말씀하셨으니까?

○증인 곽종근 예, 12월 10일 국방위 때……

○김성원 위원 그런데 현장에서는요 곽 사령관이 그렇게 하라고 지시했다는 증언이 많습니다.

두 번째, 국방위에서—국방위 12월 10일이지요—그때 해 가지고 공포탄이라는 단어조차 들어 본 적 없다 이렇게 말씀하신 적 있으시지요? 속기록이 있는데요.

○증인 곽종근 공포탄 사용을 말씀하시는 거지 공포탄 자체를 얘기하는 건 아닙니다.

○김성원 위원 그런데 계엄사령관에게는 공포탄이나 테이저건 사용을 직접 건의한 사실이 밝혀진 것도 아시지요?

○증인 곽종근 그거 지난번에 설명을 한번 제가……

○김성원 위원 제가 좀 이따 시간 드릴게요.

세 번째는 부당한 지시에 어쩔 수 없이 그렇게 응했다라고 계속 말씀을 하시면서 실제로는 불순분자라는 단어까지 쓰면서 적극적으로 작전을 지시를 했습니다. 이런 부분에 대해서 한 말씀 하시고요.

제가 지금 여기 말씀드린 것의, 제가 말씀드리는 이유는 아시지요? 그래도 우리 대한민국 3성 장군이 자꾸 말이 달라지는 것에 대해서 얼마나 그 실망감이 크겠습니까?

말이 달라진다는 것은 인정을 하십니까?

○증인 곽종근 말이 달라진다고 말씀하신 부분들은 제가 인정할 수 없고, 그거 시간을 주시면 조금 설명을 드려도 되겠습니까?

○김성원 위원 예, 설명 한번 드리시고요.

    (발언시간 초과로 마이크 중단)

    (마이크 중단 이후 계속 발언한 부분)
제가 나중에 별도로 또 다른 여단장들한테 얘기하겠습니다.

하실 말씀 있으시면 해 보십시오.

○증인 곽종근 위원장님, 잠깐 설명을 좀 드리겠습니다.

○위원장 안규백 하십시오.

○증인 곽종근 세 가지 말씀하셨는데, 1여단장께서 얘기했던 유리창을 깨고 들어가라, 문을 부수고 들어가라고 얘기했던 부분들은 지난번에도 분명하게 대통령님으로부터 그 관련된 내용을 듣고 그것을 참모들과 707특임단장하고 논의하는 내용들에 관련된 사항들이 전파된 것 같다라고 했고, 저는 707하고 논의하면서 분명하게 그 부분들을 제가 중지를 시켰고 그 과성상에 설명하면서 항명이라는 표현까시 썼습니다. 나반 그게……

○김성원 위원 본인 얘기만 하십시오.

○증인 곽종근 그 내용이 1여단장한테 지시가 된 경위의 문제는 지난번에 보안폰 문제가, 1여단장이 보안폰으로만 지시받았다고 얘기를 했고, 그 경유 과정에 전파된 경우는

지금 보안폰과 나중에 작전이 종료된 이후에 1여단장하고 통화할 때 대통령 지시사항 전파하는 것이 스피커폰으로 제 소리가 막 들렸다라는 소리를 제가 전화 통화하면서 얘기를 들었습니다. 그래서 보안폰과 스피커폰 사이의 이 내용들이 좀 추가 확인이 필요하다라고 그 부분을 제가 우선 말씀을 좀 드리고 싶고.

　공포탄 문제는……

○**김성원 위원**　아니, 보안폰이에요, 스피커폰이에요?

○**증인 곽종근**　그래서 지금 저는……

○**김성원 위원**　그러니까 비화폰으로 온 것을 스피커 켜 가지고 이렇게 얘기를 했다는 건가요?

○**증인 곽종근**　아닙니다. 그게 나중에, 저도 몰랐는데 나중에 물어보니까…… 지금 여기 스피커를 이렇게 온 시켜 놨지 않습니까? 제 책상 앞에 마이크가 있었는데 그 마이크가 켜져 있었던 모양입니다. 저도 당시까지는 몰랐는데……

○**김성원 위원**　그러니까 마이크를 켜고 통화를 했다는 거지요, 결국은?

○**증인 곽종근**　이렇게 해서 얘기가 된 겁니다.

○**김성원 위원**　예, 그러니까요.

○**증인 곽종근**　그 내용이, 나중에 보니까 예하 여단에 있는 여단 참모들하고 관련된 사항들 그걸 다 들었다는 겁니다. 그래서 제가 처음 당시에는 그걸 몰랐기 때문에 그걸 어떻게 알았지, 그걸 나중에, 상황 끝나고 뒤에 마이크가 켜져서 제 목소리가 전파됐다는 것을 나중에 알았습니다. 그래서 그 내용과 보안폰 관련된 부분들을 제가 사실관계 확인이 필요하다고 말씀을 드렸고.

　공포탄의 문제는 제가 분명하게 707특임단장하고 현장 저기 하면서 사용하지 마라고 지시를 했는데 그것에 대한 무기 사용의 지침을 다시 계엄사에 건의하는 과정상에, 분명히 사용상에 오해가 있었다고 지난번에도 제가 말씀을 드렸었고.

　불순분자와 관련된 부분들은 선관위, 제가 정확하게 하는데 선관위 관련된 시설을 확보하라고 하는 임무를 하달하는 용어 중에 그 안에 있는 장비나 물자들이 밖으로 피탈돼서 빠져나가거나 이런 부분들을 설명하면서 그게 부연설명됐던 것으로 제가 기억합니다.

　말씀드린 것은, 제가 그것을 자꾸 말을 바꿔서 그렇게 했던 상황은 아닙니다.

　이상입니다.

....

○**위원장 안규백**　잠깐 서 계십시오.

　사령관님, 탄약이 불출이라고 하면 탄약고에서 밖으로 나온 것을 탄약 불출이라고 하지 않습니까? 탄약 불출 현황이 지금 네 가지 종류가 있지요? 탄약고 불출, 출동 시 대기 그다음에 불출 준비, 그다음에 출동 탄약, 이건 개인 휴대 같은 게 포함돼서 말하는 건데, 이 네 가지 종류가 지금 있잖아요?

○**증인 곽종근**　예.

○**위원장 안규백**　이 네 가지 종류 중에서 지금 특전사는 몇 발을 휴대한 것이지요?

○**증인 곽종근**　그것은 제가……

○**위원장 안규백**　그러니까 불출돼서, 불출됐다고 하면 유사시 쓰기 위해서 불출된 것 아니겠습니까? 그러면 그 불출된 탄약을 차에다가 탑재한 걸 포함해서……

○**증인 곽종근** 그것은 지금 위원장님 말씀하시듯이 준비와 불출과 개인의 휴대는 용어 상으로 봤을 때, 개인으로 봤을 때 방법이 좀 다른 용어들입니다. 그래서 처음 지침을 줬던 것은 공포탄은 휴대해라라고 지침을 줬고 대신 실탄은 지역대장이나 대대장이 통합해서 보관해라, 개인한테 주지 마라 이렇게 제가 명령하달 할 때 지침이 됐는데, 지난번에도 제가 저희 사령부에서 통제를 잘못해서 제 책임이다라고 말씀을 드렸는데 그다음 과정에 경계태세 2급이 발령되면서 2급 발령에 따른 조치부호상의 탄약을 차량에 적재해서 들고 가야 되는 문제가 같이 그때 상황에 오버랩이 되다 보니까 각 여단별로 신속대응부대가 들고 가야 될 탄약, 그렇지 않은 부대가 들고 가야 될 탄약들이 각각 상이하다 보니까 지난번에 1여단, 3여단, 9여단이 각각 다른 모습이 나왔던 겁니다. 그래서 제가 그 부분이 사령부에서 명확하게 통제지침을 못 줬다고 말씀드렸던 겁니다.

○**위원장 안규백** 그러니까 공포탄이 됐든 고무탄이 됐든 간에 사람에 따라서는 취약 부분에 어떤 치명상을 맞으면 그건 바로 사망할 수가 있는 상황이 아니겠습니까? 그런데 왜 특전사만, 특전사에서 불출된 탄약이 19만 7128발입니다. 누구를 얼마나 죽이려고 이렇게 많은 탄약을 불출했습니까?

○**증인 곽종근** 절대 그것을 사용할 생각도 없었고, 의사 자체가 없었습니다. 저는 분명히 작전 들어갈 때……

○**위원장 안규백** 그런데 없었음에도 불구하고 왜 그러면 탄약창에서, 탄약고에서 불출을 했습니까? 불출을 했다는 것은 유사시에 쓰기 위해서 불출한 거 아닙니까?

○**증인 곽종근** 그렇지 않습니다.

○**위원장 안규백** 그러면 뭡니까?

○**증인 곽종근** 그게 경계태세 조치부호상에 그와 관련된 부분들이, 자동조치부호로 적재된 부분들을 출동하도록 되어 있다 보니까 각 여단별로 다른 방법으로 휴대했던 부분들이고요. 제가 그 부분을 지난번에도 말씀드렸듯이 명확하게 딱 어느 정도 해서 통제해 줬으면 좋은데, 그러면 여단별로 안 틀렸을 건데 그게 명확하지 않았기 때문에 제가 그 부분을 지난번에 사령부 통제를 잘못했다고 말씀드렸습니다.

○**위원장 안규백** 우리 군에서는 탄약을 생명처럼 다루지 않습니까? 예컨대 쓰고 난 탄피까지도 일일이 수거해서 그 수량을 맞추는 거지 않습니까?

○**증인 곽종근** 예.

○**위원장 안규백** 그럼에도 불구하고 이렇게 19만 7128발을, 이 어마무시한 탄을 불출해서 가지고 나왔다는 것은 유사시에 쓰기 위한 것이 아닙니까?

○**증인 곽종근** 절대 그럴 의사 없었습니다. 그것은……

○**위원장 안규백** 그러면 왜 불출했습니까?

○**증인 곽종근** 그게 제가 분명히 공포탄과 실탄부대를 구분해서 실탄부대는 절대 개인에게 주지 말고 통합해서 보관하라고 지침을 줬었고 그 중간에 경계태세 2급이 격상되면서 그게 자동조치부호상에 탄약을 적재하고 휴대하여 출동하는 부분들이 혼선이 돼서 그 부분이 좀 각 여단별로 달랐기 때문에 제가 그 부분은 사령부의 지침을 잘못 줬다고 말씀을 드렸습니다. 지난번에 여단장도 그렇게 설명한 걸로 알고 있습니다.

○**위원장 안규백** 들어가시고.
  707특임단장님, 그날 출동을 하실 때 개인 휴대로 탄을 지급한 양이 몇 발이나 됩니까?

○**증인 김현태**　개인에게는 공포탄만 불출했습니다.

○**위원장 안규백**　그게 720발입니까?

○**증인 김현태**　아닙니다. 개인별로 공포탄은 10발이고 72명에게만 지급됐습니다.

○**위원장 안규백**　700…… 얼마요?

○**증인 김현태**　720발이고 72명에게 각 10발씩 공포탄만 지급됐습니다.

○**위원장 안규백**　그리고 페인트탄약은 지급 안 했습니까?

○**증인 김현태**　예, 실탄과 기타 탄들은 지급계획 자체가 없었습니다.

○**위원장 안규백**　페인트탄도 지급했잖아요?

○**증인 김현태**　페인트탄은 모사탄이라고 부르는데 6명이 10발씩 60발 불출했습니다.

○**위원장 안규백**　우리 국방위에서 지난번에 이천 훈련장을 갔을 때 500m에 있는 북괴군의 모형도 사격하는 것, 명중하는 것, 적중하는 것 봤습니다. 맞지요?

○**증인 김현태**　저격수 사격이었습니다.

○**위원장 안규백**　맞지요?

그러니까 특전사는 인간병기 아닙니까? 이것은 인간병기는 인간무기라는 얘기입니다. 그런데 그 인원들이 우리 국회에 몇 명이 투입된 겁니까?

○**증인 김현태**　707 인원 197명이 들어왔습니다.

○**위원장 안규백**　개머리판으로 국회 창문을 부수고 들어온 인원은 어떤 인원입니까?

○**증인 김현태**　저를 포함해서 동일한 197명 중에 임의인원입니다. 인원은 별도 선정을 해서 들어온 건 아닙니다.

○**김병주 위원**　위원장님, 의사진행발언 잠깐만요.

○**위원장 안규백**　그날 불출된 탄약이 우리 특전사만 총 19만 7000발이고요 약 20여만 발 이상이 불출됐다는 것은 정말 대단한, 상상을 초월할 수 있는 일이라고 생각을 합니다.

들어가십시오.

○**김병주 위원**　잠깐 의사진행발언, 이것 관련해서 뭔가……

○**김성원 위원**　그러니까 한 분씩 주세요.

○**위원장 안규백**　지금 한기호 위원도 손을 드셨고 두 분을……

○**김병주 위원**　이건 군을 위해서도 필요한 거예요.

○**위원장 안규백**　그래요? 그러면 먼저 한기호 위원 하시고 하십시오.

2분씩 주십시오.

○**한기호 위원**　고맙습니다.

○**김병주 위원**　손은 제가 먼저 들었어요.

○**위원장 안규백**　장유유서가 있으니까……

○**한기호 위원**　특전사령관님 다시 좀 나와 보세요.

○**증인 곽종근**　특전사령관입니다.

○**한기호 위원**　비상계엄이 걸려서 경비태세 2급이 돼서 불출한 탄약이……

이게 탄약고예요. 탄약고 문을 열고 차에다 실어서, 이 차가 병력을 따라가지 않고 주둔지 지역과 탄약고 지역에 남는 차가 있지요?

○**위원장 안규백**　아니, 한기호 위원님, 지금 의사진행발언 아니고 질의응답하십니까?

○**한기호 위원** 그래서 아까 얘기한 게 안 맞기 때문에 지금 묻는 거예요. 왜냐하면 탄약을 불출한다고 해서 다 가져가는 게 아니라는 거예요.

○**위원장 안규백** 아니, 그러니까 제가 설명을……

○**한기호 위원** 놓고 가고 그다음에 신고 가서 후송하지만 실제 개인들이 가진 게 문제지, 위원장님이 지금 뭐라고 얘기했어요? '그 많은 탄약을 가지고 가서 누구를 죽이려고 그래?' 이렇게 얘기하시면 안 돼요.

○**위원장 안규백** 아니, 그러니까 창고에서……

○**한기호 위원** 위원장님이 말씀하신 것에 대한 반론을 제가 얘기하는 거예요.

○**위원장 안규백** 탄약고에서……

○**한기호 위원** 아니, 탄약고에서 차에다 실어 놓고 가져가지도 않는데……

○**위원장 안규백** 그건 유사시 쓰기 위해서 불출한 것 아니겠습니까?

○**한기호 위원** 아니, 조치부호에 의해서 차량에다 실었는데 그걸 '누구를 죽이려고 그래?' 이러면…… 그렇게 얘기하시면 안 되지요.

○**위원장 안규백** 아니, 창고에서 끄집어낸 것은 유사시에 쓰기 위함이 아니겠습니까?

○**한기호 위원** 비상경계태세 2급이 발령되면 탄알, 조치부호에 의해서 차에다 적재하는 거예요.

○**증인 곽종근** 분명히 말씀드리는데 아까……

○**한기호 위원** 그걸 어떻게 '누구를 죽이려고 그래?' 이렇게 얘기하면 어떡하십니까?

○**증인 곽종근** 위원님, 탄약 문제 분명히 말씀드리는데 저희가 정말로 그것을……

○**위원장 안규백** 그러니까 제가, 본 위원이 모두에, 모두발언에 불출이라고 하면 탄약고에서 끄집어내서 차량에다 탑재하고, 일단 불출된 상황이 아니겠습니까, 그게? 그게 바로 유사시에 쓰기 위함이지 그걸 액세서리로 가지고 다니는 건 아니지 않습니까, 그렇지요?

○**증인 곽종근** 지금 유사시 쓴다고 자꾸 위원장님이 말씀하시는데 저희 그 부분은 분명히 실탄을 사용할 생각도 없었고 사용할 의사도 없었다고 분명히 제가 말씀을 드리는 것이고.

혼선을 빚은 게 그게 경계태세 2급이 발령됨에 따라서 자동적으로 차량에 적재해서 들고 가는 탄약이 있고 어떤 것은 개인한테 주는 탄약이 있는데 분명한 건 개인한테 실탄 절대 주지 않았다고 말씀드렸습니다. 분명하게 말씀드리는 것은 정말로 사용할 생각도 없었고 쏠 의사도 없었습니다. 제가 그래서 투입 지침할 때 절대 사람 다치게 하지 말라고 투입을 해서, 작전 병력들이 투입돼서 들어갔던 겁니다.

○**위원장 안규백** 김병주 위원 말씀하십시오.

○**김병주 위원** 안 위원장님 말씀도 맞고 특전사령관 말도 맞고 707단장이나 한기호 위원님 말씀도 맞습니다. 왜냐하면 지금 합참에서나 국방부에서 계속 은폐하고 하다 보니까 이런 탄약 문제에 혼선이 생긴 겁니다.

지금 사실 군에서 잘못 조치했던 것 중에, 윤석열 정부도 계엄이면 계엄만 했으면 되는데 북한 상황이 아무런 큰 변화도 없었는데 경계태세 2급을 건 겁니다. 경계태세 2급은 사실은 북한 도발에 대비해서 우리가 작전을 할 때 거는 건데 그걸 왜 걸었는지는 모르겠어요. 그날 조태용 국정원장도 퇴근할 정도로 또 NSC가 한 번도 안 열렸다고 할 정도로 북한 상황은 전혀 없었는데, 비상계엄을 걸면 비상계엄만 했으면 되는 것인데 경계태세 2급을 전군에 건 겁니다. 그러면 이게 모든 군이, 대다수 군이 2개의 임무를 한 겁니다, 사단급 이상은.

예를 들어 전방은 군단급 이상이 지역계엄사령부고 후방은 지역계엄사령부를 사단급 이상이 하거든요. 전방 사단은 경계태세만 하면 돼요, 2급만. 그러니까 지금 특전사는 두 가지 임무를 받은 겁니다. 초기에 특전사령관의 입장에서는 계엄사령부 임무로서 출동을 한 겁니다. 여기에 대한 탄약 지침은 별도로 계엄사령관이 내리는 거지요. 그래서 특전사령관은 공포탄만 휴대하고 실탄은 휴대하지 말고…… 휴대해서 가라는 거지요, 통합보관. 그렇게 됐는데 경계태세 2급이 발령되니까, 이것은 북한 도발에 의해서 실상황입니다, 경계태세 2급은 훈련이 아니고. 그러면 탄약이 매뉴얼에 따라서 분배되고, 왜? 혹시 북한 도발이 있으면 쓰니까. 당연히 유사시 쓰려고 하는 겁니다, 탄약은. 북한이 그런 정세가…… 그래서 혼선이 일어난 겁니다. 그래서 부대별로……

(발언시간 초과로 마이크 중단)

1분만 더 주세요, 이것은 군을 위해서도 필요한 거니까.

○**위원장 안규백**　예, 1분 주세요.

○**김병주 위원**　그래서 특전사령관은 사실 아까 혼선도 사령부가 이천에 있다 보니까 상황실 안에서 지휘를 한 거고 수방사령관은 가까이에 있으니까 국회 앞까지 현장 지휘를 한 겁니다. 그래서 특전사령관 입장에서는 마이크로 예하부대를 지휘하니까 스피커폰 켜 놓고 잘못 전파가 됐던 거고요. 처음에 특전사령관은 계엄에 관계된 탄의 지침만 내렸는데 예하부대는 경계태세 2급이니까 매뉴얼로 갖고 간 겁니다, 부대에 따라 상이하거든요.

그래서 저녁 먹고 합참에서, 여기는 다 증인이잖아요. 합참에서 경계태세 2급이 뭔지, 그때 조치부호들이 보안사항은 빼고 대략 어떤 것인지, 그다음에 계엄사령부가 했을 때 조치는 어떤 걸 해야 되는지, 이걸 얘기를 안 하고 하니까 지금 국민도 혼돈스럽고 여기 있는 우리도 같은 얘기를 빙빙빙 도는…… 한 산을 동쪽에 있는 사람은 동산이라 하고 서쪽은 서산이라 하고 남쪽에 있는 사람은 남산이라고 하고, 같은 산인데 부르는 걸……

(발언시간 초과로 마이크 중단)

· ·

(마이크 중단 이후 계속 발언한 부분)

다르게 하는 오류이기 때문에 국방부든 합참이든……

○**위원장 안규백**　정리해 주세요.

○**김병주 위원**　이따가 와서 그 차이를 좀 보고를 하고, 뭘 했는지, 그래서 제가 계엄사령부 그때도 기관보고할 때 그것 해라 했는데 안 하잖아요. 그러니까 계속 혼돈이 되는 거지요.

· ·

○**위원장 안규백**　석식을 위해서 조사를 잠시 중지했다가 21시에 계속하도록 하겠습니다.

조사중지를 선포합니다.

(18시59분 회의중지)

○**위원장 안규백** 의석을 정돈해 주시기 바랍니다.

회의를 속개합니다.

먼저, 지금 국정조사가 진행중입니다만 청문회 증인 출석을 위해서 안건을 먼저 처리한 다음에 조사를 계속하도록 하겠습니다.

---

2. 청문회 증인 출석요구의 건

○**위원장 안규백** 그러면 의사일정 제2항 청문회 증인 출석요구의 건을 상정합니다.

이 안건은 국정감사 및 조사에 관한 법률 제10조에 의거 국정조사청문회 출석을 요구할 증인을 채택하기 위한 것입니다.

앞서 말씀드린 바와 같이 제2차 및 제3차 청문회 증인을 의결하도록 하겠습니다. 금일 의결할 증인 및 참고인은 제2차 청문회 증인 38인과 참고인 1명, 제3차 청문회 증인 24명과 참고인 1명입니다.

자세한 명단은 배부해 드린 유인물을 참고해 주시고, 참고인을 우리 국정조사특별위원회 제2차·제3차 청문회 출석을 요구하고자 하는데 여러 위원님들 이의가 있습니까?

(「없습니다」 하는 위원 있음)

○**임종득 위원** 이의 있습니다.

○**위원장 안규백** 너무 숫자가 적어서 그런가요?

○**임종득 위원** 여당 위원들이 요구한 증인이 1명도 안 들어가 있어요. 내가 말씀을 드렸지 않습니까, 지난번에도.

○**위원장 안규백** 그러면 먼저……

○**박준태 위원** 몇 명 좀 넣어 주십시오.

○**한병도 위원** 이거요 논의를 계속 했는데, 김어준 씨랑…… 저희들도 자체 이야기를 해 봤는데 협의가 안 됩니다. 그리고 방금도 김성원 위원님이 막 목소리를 높이시고 저희들 막 뭐라고 하는데……

○**위원장 안규백** 그러니까 김성원 위원님께서는 요구사항이 김어준 씨를 채택해 달라……

○**한병도 위원** 아니, 여러 증인 중에서 핵심적으로 거기를 이야기하시는데 저희들이 내부 논의를 해 봤는데 논의가 안 됩니다. 그러면 그냥 위원장님께서 표결 처리해서 정리해 주십시오.

○**위원장 안규백** 표결까지 할 필요가 있겠습니까?

○**임종득 위원** 제가 의사진행발언 좀 하겠습니다. 제가 오늘 한 번도 안 했어요.

○**김성원 위원** 신상발언 한번 주시고 그다음에 표결해 주세요.

○**위원장 안규백** 예, 하십시오.

○**임종득 위원** 증인 채택과 관련돼서 사실 제가 불만이 많습니다. 이 국정조사특위가 국민적 관심사가 엄청나게 큰데 사실 기관보고 때부터 오늘 1차 청문회까지 우리 여당 위원이 요구한 증인·참고인 단 1명도 채택이 안 됐습니다. 지금까지 국회 역사상 이런 일이 있나 싶어요. 우리가 뭐 아주 중요한 사람을, 그다음에 말도 안 되는 사람을 증인으로 채택하려고 그러는 게 아닙니다.

김어준 씨 같은 경우 한번 생각해 보십시오. 어제도 사실은 가짜뉴스를 이야기했어요.

수없이 많은 가짜뉴스를 생산하고 있는데 불러 가지고 한번 들어 봐야 될 거 아니에요, 그게 사실인지 아닌지를.

그다음에 지금 탄핵소추와 관련돼서 헌법학자들의 의견이 상당히 많이 갈립니다. 그와 관련해서 헌법학자 중에 꼭 나와서 증인을 하고 싶다라고 하는 사람이 있어요. 그런데 그런 사람도 못 받아 주겠다는 게 저는 이해가 되지 않습니다. 그런 분들을 왜 못 받아 주는 거지요? 그것 좀 받아 주십시오.

○**위원장 안규백** 예, 알겠습니다.

양당 간사님 잠깐 이리 와 보세요.

(위원장, 간사와 협의)

○**김병주 위원** 피해자를 증인으로 왜 해요, 피해자를. 김어준도 암살 위험을 받고 있는데.

○**위원장 안규백** 위원장이 양당 간사 간의 말의 강도를 보니까 진척이 없을 것 같습니다.

그러면 이의가 있으므로 제2항 청문회 증인 출석요구의 건은 표결로 하도록 하겠습니다.

배부된 유인물과 같이 제2차, 3차 청문회 증인 채택에 대하여 찬성하시는 위원님께서는 거수하기 바랍니다.

(거수 표결)

○**임종득 위원** 아이고, 국민이 지켜보고 있습니다.

○**백혜련 위원** 아유, 우리가 할 말이에요.

○**박준태 위원** 아니, 몇 명만 좀 넣어 주시지.

○**위원장 안규백** 반대하시는 위원님 거수하기 바랍니다.

(거수 표결)

○**임종득 위원** 역사적으로 남을 겁니다.

○**민홍철 위원** 그래요, 잘 남을 거예요.

○**김병주 위원** 영원히 역사에 남을 거예요.

○**위원장 안규백** 그러면 표결 결과를 말씀드리겠습니다.

재석 17인 중 찬성 11인, 반대 6인으로서 의사일정 제2항 청문회 증인 출석요구의 건은 가결되었음을 선포합니다.

(일반증인 및 참고인 명단은 끝에 실음)

사실 오늘 같은 경우에 현대건설에서 책임자들이 나와서 지금 증언을 거부하고 있고, 않고 있는데요. 이 부분에 대해서도 책임 있는 회장이나 부회장을 추가로 증인 채택하는 문제를 논의해 주시기 바랍니다.

---

1. 윤석열 정부의 비상계엄 선포를 통한 내란 혐의 진상규명 국정조사 청문회(1차)

(21시09분)

○**위원장 안규백** 그러면 보충신문을 하도록 하겠습니다.

신문시간은 3분으로 하도록 하겠습니다.

이번 보충질문이 특별한 경우가 없으면 마지막으로 하기 때문에 여러분들이 시간 활용을 잘해 주시기 바랍니다.

먼저 박선원 위원부터 해 주시기 바랍니다.

○**박선원 위원** 김태효 안보실 차장 앞으로 좀 나와 주시겠습니까?

중요한 직책을 맡으면서 여러 오해도 받고 일도 많이 하시고 그런 걸로 알고 있는데 어제 트럼프가 그랬어요, '북한은 핵 보유국이다'. 정확히 말하면 'He is a nuclear power', '김정은은 국가다' 그러면서 주한미군에 대해서 '김정은 요새 잘 있느냐' 그랬습니다. 이거 친북 종북 세력 아닙니까? 존경하는 김태효 차장 입장에서 반국가세력 아니에요?

○**증인 김태효** 주한미군의 안보 상황 그리고……

○**박선원 위원** 주한미군이 아니고 트럼프 대통령이 북한을 핵보유국이라 하고 김정은 잘 있냐하고 주한미군한테 물어봤어요. 이런 행위가 친북 종북 반국가 세력, 뭐가 다릅니까?

○**증인 김태효** 한미 안보 태세를 물어본 걸로 이해를 하고 있습니다.

○**박선원 위원** 북한이 핵보유국이라고 하는데 그것이 한미 안보 태세를 물어본 질문이라고 생각하십니까?

알겠습니다. 왜 윤석열 정권의 안보 정책이 실패로 가는지 잘 알겠습니다.

들어가 주십시오.

다음은 원천희 본부장 나와 주시겠습니까?

○**증인 원천희** 정보본부장입니다.

○**박선원 위원** 기억을 잘 더듬어 주시기 바랍니다. 지난 2024년 12월 2일 오전 9시 30분 원천희 본부장은 문상호 정보사령관과 함께 당시 김용현 씨에게 정보사령부 특수부대 현황 보고를 하신 적 있지요?

○**증인 원천희** 예, 그렇습니다.

○**박선원 위원** 그때 HID 혹은 판교에 있는 000 특수부대 휴민트 블랙 등 활용에 대해서 보고하신 적 있습니까?

○**증인 원천희** 간단하게 언급은 했지만 주로 예산 관련해서 장비 위주로 보고를 드렸습니다.

○**박선원 위원** 노상원 등 앞으로의 행동에 대해서 이야기한 적 있습니까?

○**증인 원천희** 없습니다.

○**박선원 위원** 그러면 제가 정보위 간사이기도 하니까 저에게 정보사령부 특수부대 현황보고 해 주십시오. 아시겠습니까?

○**증인 원천희** 예, 확인하겠습니다.

○**박선원 위원** 들어가십시오.

방정환 장군 계십니까?

시간 멈춰 주십시오.

○**증인 방정환** 국방혁신기획관입니다.

○**박선원 위원** 12월 3일 11시 40분 국방혁신기획관실 인원 약 7명과 장관 오찬하셨지요?

○**증인 방정환** 예, 그렇습니다.

○**박선원 위원** 그 자리에서 장관이 야당에 대해서 비난하면서 '계엄' 이런 말씀하셨지요?
○**증인 방정환** 계엄 이야기는 전혀 없었습니다.
○**박선원 위원** '계엄' 하시면서 어느 분이 '통로 개척하겠습니다' 했더니 '무슨 통로 개척이야. 국회, 탱크로 밀어 버려야지' 이런 말씀 하신 적 없습니까?
○**증인 방정환** 탱크라든지 장갑차 이런 얘기에 대해서는 정확한 기억이 없습니다.
○**박선원 위원** '국회 밀어 버려야 되겠다' 이건 기억이 나시고 그게 탱크냐 장갑차는 기억이 안 난다 이 말이에요?
○**증인 방정환** 그날 장관님께서는……
○**박선원 위원** 그래서 그 점심 끝나고 바로 100여단 쪽으로 가셨지요? 노상원 만나서 저녁 6시에 회의했지요?
○**증인 방정환** 노상원 장군은 제 상관인데……
　　(발언시간 초과로 마이크 중단)

　　(마이크 중단 이후 계속 발언한 부분)
○**박선원 위원** 아니, 그러니까 회의했지요?
○**증인 방정환** 상관으로 근무했는데 회의한 적은 없습니다.
○**박선원 위원** 6시에 구삼회 등과 회의 안 했습니까?
○**증인 방정환** 예, 회의한 적은 없습니다.
○**박선원 위원** 그래요?
○**증인 방정환** 예.
○**박선원 위원** 잘 말씀하세요. 제가 녹취록도 갖고 있습니다.
○**증인 방정환** 저는 장관님 지시로 해서 정보부대 가서 대기하라 그래서……
○**박선원 위원** 정보부대 가서 대기하라 그랬어요?
○**증인 방정환** 예, 그렇습니다.
○**박선원 위원** 점심 때 탱크로 국회 밀어 버린다 이 말씀 하시고 장군보고 정보부대 가서 대기하라 해서 갔더니 노상원, 구삼회 등과 함께 회의 자료 놓고 회의했지요?
○**증인 방정환** 그런 사실은 없고 관련된 사실은 제가 수사기관에서 자세하게 진술을 했습니다.
○**박선원 위원** 관련해서 제가 녹취록 있으니까 다음 기회에 뵙도록 그렇게 하시지요.
　1분만 주십시오, 마지막인데.

○**위원장 안규백** 마지막 1분 주십시오.
○**박선원 위원** 고맙습니다.
　잠깐만요. 들어가시면 안 됩니다.
　마지막 질문 하나 더 있습니다.
　12월 3일 저녁에 그 회의 마치고 노상원 씨가 쓰던 비화폰 받은 적 있지요?
○**증인 방정환** 그 사실은 제가 수사 관계기관에 진술했습니다.
○**박선원 위원** 그래서 노상원이 쓰는 그 비화폰 장관실에 갖다 준 적 있지요?
○**증인 방정환** 예, 그 사항도 제가 수사기관에 진술한 바 있습니다.

○**박선원 위원**　다 사실로 알고 있겠습니다.

들어가십시오.

이상입니다.

○**위원장 안규백**　백혜련 위원님.

○**백혜련 위원**　김주현 민정수석 앞으로 나오세요.

PPT 좀 띄워 주세요.

(영상자료를 보며)

좀 보세요.

지금 윤석열 대통령이 엄청나게, 정말 대한민국 최초의 법기술들을 선보이고 있는데요. 지금 헌재 탄핵 서류를 이런저런 이유로 열 번이나 수취 거부해서 결국 열 번째에 송달 간주됐습니다. 이런 사례 본 적 있으세요, 수석님?

없다, 있다만 얘기하세요. 본 적 없지요?

○**증인 김주현**　없습니다.

○**백혜련 위원**　그리고 체포영장에 대한 이의신청을 했습니다. 대한민국에서 이런 사례 있었습니까? 본 적 있다, 없다? 체포영장에 대한 이의신청 없지요?

○**증인 김주현**　예, 저는 실무에 있을 때 본 적은 없습니다.

○**백혜련 위원**　그래요. 민정수석님 지금 법조 경력 35년이세요. 그런데 한 번도 본 적 없으시지요?

그다음에 헌재 재판관에 대한 기피신청 뭐 많습니다. 그리고 결국 서부지법에서 체포영장이 발부됐는데 다른 법원인, 체포영장이 발부된 법원이 아니라 다른 중앙지법에 체포적부심을 청구했습니다. 이런 사례 본 적 있습니까, 없습니까?

고민할 필요도 없잖아요. 없지요?

○**증인 김주현**　예, 저도 본 적 없습니다.

○**백혜련 위원**　본 적 없지요. 대한민국에서 전혀 한 번도 일어나지 않던 일들을 지금 법꾸라지처럼 빠져나가려고 온갖 것을 다 하고 있습니다. 그러나 한 번도 받아들여진 적은 없지요. 정말 말도 안 되는 억지 주장과 그런 것이기 때문에 하나도 받아들여지지 않았습니다.

계엄 해제 후에 대통령과 통화한 적 있습니까?

○**증인 김주현**　계엄 해제⋯⋯

○**백혜련 위원**　해제 후에요.

○**증인 김주현**　탄핵 이전에 한 사실이 있습니다.

○**백혜련 위원**　몇 번 정도 하셨어요?

○**증인 김주현**　그렇게 많이 통화를 드리거나 그런 적은 없었습니다.

○**백혜련 위원**　무슨 내용으로 통화하셨습니까? 무슨 내용으로, 대체로 무슨 내용으로 통화했어요?

○**증인 김주현**　글쎄요.

○**백혜련 위원**　그때 당시에 대통령과 통화할 내용은 내란 사태에 대해서 어떻게 할 것인가 그거 논의할 것밖에 없잖아요, 민정수석이. 법률적으로 어떻게 대처할 것인가.

○**증인 김주현**　그런 내용으로 상의 드리거나⋯⋯

○**백혜련 위원** 그러면 무슨 내용으로 통화했어요? 기억나는 거 얘기해 보세요, 통화 내용. 뭘로 통화하셨어요?

○**증인 김주현** 글쎄요, 뭐 특별히 기억나는 거는 없습니다.

○**백혜련 위원** 어떻게 계엄 해제 후에 내란으로 온 시국이 시끄러울 때 법률을 책임지는 민정수석이 대통령과 통화했는데 어떤 것도 기억 안 난다는 게 말이 돼요? 당연한 거 아니에요.

○**증인 김주현** 아니, 그러시겠지만……

○**백혜련 위원** 그때 당시에 대통령과 수석 중에 교류하는 사람이 김주현 민정수석이고 그것은 법률적인 자문과 여러 가지 법률……

　　　(발언시간 초과로 마이크 중단)

　　　(마이크 중단 이후 계속 발언한 부분)

변호사 선임이라든지 이런 걸 민정수석이 컨트롤하고 있다 이런 소문이 쫙 돌았어요. 사실 아니에요?

○**증인 김주현** 그렇지는 않습니다. 제가 사전에 검토한 바가 없고, 그래서 실제로 계엄 이후에 관련되는 것들을 검토하거나 그럴 수 있는 형편이 아니었습니다.

○**백혜련 위원** 위원장님, 저도 1분만 더 추가로 주십시오.

○**위원장 안규백** 예, 마무리해 주세요.

○**백혜련 위원** 그러면 김용현과 계엄 해제 후에 통화한 적은 있습니까, 없습니까?

○**증인 김주현** 없는 것 같습니다.

○**백혜련 위원** 없는 것 같습니까?

○**증인 김주현** 예, 특별히 기억이 없습니다.

○**백혜련 위원** 이상민 장관하고는요?

○**증인 김주현** 이상민 장관하고……

○**백혜련 위원** 그 안가 모임 이후에.

○**증인 김주현** 이후에 한두 번 안부 전화했던 것 같은데 그것도……

○**백혜련 위원** 평상시에 두 분 그렇게 안부 전화하고 거의 아까 서로 마무리한다고 안가 모임까지도 하고 나서 또 통화할 일 있었어요? 이 내란 사건과 관련한 통화한 거 아니에요?

　　그리고 윤갑근이나 석동현 변호사하고 통화한 적이 있습니까, 없습니까?

○**증인 김주현** 윤갑근 변호사하고 한 번 정도 통화한 것 같습니다.

○**백혜련 위원** 석동현 변호사는요?

○**증인 김주현** 석 변호사님은 전화 온 걸 제가 한 번쯤 받은 것 같습니다.

○**백혜련 위원** 민정수석이 대통령의 개인 변호사인 윤갑근과 석동현하고 통화한 것 자체가 문제 아니에요?

○**증인 김주현** 아니, 그러니까 제가 그 업무를 같이 핸들링하고 그런 적은 없습니다.

　　　(발언시간 초과로 마이크 중단)

(마이크 중단 이후 계속 발언한 부분)

○**백혜련 위원** 아니, 문제 아니냐고요? 대통령의 개인 변호사인 윤갑근과 석동현하고 통화한 것 자체가 문제 있습니다, 이것. 공적인 위치에 있는 사람이 사적인 위치에 있는 사람과 통화한 거예요.

○**증인 김주현** 그러니까 변호 업무와 관련되는 의견을 주고받고 그런 적은 없습니다. 그건 명확히 말씀드리겠습니다.

○**백혜련 위원** 평상시에 윤갑근 변호사하고 석동현 변호사하고 통화하는 사이예요?

○**증인 김주현** 거기는 제가 그래도 잘 아는 분들이라서……

○**백혜련 위원** 알기야 알지요, 검찰 출신들이니까. 그렇지만 민정수석 되고 나서 통화했겠어요?

··

○**위원장 안규백** 수고하셨습니다.

박준태 위원님.

○**박준태 위원** 홍장원 전 차장님, 잠깐만 나와 주시지요.

아까 10시 53분경에 대통령 전화를 받은 이후에 11시 좀 넘어서 여인형 방첩사령관과 통화를 했다 이렇게 말씀을 하셨거든요.

전화를 누가 한 겁니까?

○**증인 홍장원** 제가 한 겁니다.

○**박준태 위원** 차장님께서 전화를 하신 거군요?

○**증인 홍장원** 예.

○**박준태 위원** 전화한 이유가 뭐였습니까?

○**증인 홍장원** 오전에도 말씀드린 것처럼 대통령께서 지시하신 내용의 요지는 방첩사를 적극 지원하라는 말씀이셨습니다. 그런데 구체적으로 방첩사를 어떻게 지원하라는 말씀까지는 없으셨기 때문에 방첩사를 적극 지원하라는 대통령의 말씀을 이행하기 위해서 방첩사령관에게 국정원이 무엇을 도와줄까 하는 것을 확인하고 물어보기 위해서 전화했습니다.

○**박준태 위원** 알겠습니다.

들어가셔도 좋겠습니다.

그러니까 지금 말씀 들어 보면 대통령 지침에 목적어가 없어 가지고 방첩사를 도와주라고 말씀을 했기 때문에 어떻게 무엇을 도와줄 것인가 확인하려고 전화를 하셨다는 거예요. 그러면 적극적으로 그 대통령 지시를 이행하려고 했던 거 아닙니까? 그러니까 대통령 지시를 듣고 계엄에 동의하지 않는다면 그냥 흘려보내고 방첩사령관한테 전화할 이유가 없잖아요. 이게 제가 갖는 그냥 상식적인 의문입니다. 폄하하려는 게 아니고요.

반대로 계엄 당일 날 정무직 회의에서 홍 전 차장께서 정치인 누군가를 체포한다는 얘기가 있다고 말을 했는데 국정원장께서 외면했다 이런 식으로 지금 설명을 했습니다. 이와 관련해서 물론 원장께서는 그런 얘기 못 들었다고 하고 계시고 입장이 지금 엇갈리고 있는 것 같아요. 맞지요?

○**증인 조태용** 예, 그렇습니다. 정무직 회의에서는 저는 확실히 그런 일을 들은 적이 없습니다.

○**박준태 위원** 예, 좋습니다.

그런데 제가 가정적으로 만약에 홍장원 증인 말이 사실이라면 정치인 체포 얘기를 듣고도 외면한 국정원장의 조치는 국정원을 개입시키지 않으려는 노력으로 이해할 수 있지 않나 저는 그런 생각을 했어요.

그러니까 같은 불응조치를 두고도 누구는 잘한 거고 누구는 잘 못한 거다 이렇게 얘기하면 안 되는 거 아닌가 하는 거예요. 제가 원장님 개인적으로 편들 이유는 없습니다. 그러나 국정원 기관이 계엄 이슈로 인해서 내분이나 정치적 논란에 휩쓸리지는 않았으면 좋겠다는 그런 바람을 가지고 있습니다.

홍 전 차장이 대통령 지시 불응했다, 잘한 거다 이렇게 평가를 할 거면 정치인 체포 얘기를 무시한 것도 잘한 걸로 봐야지요. 물론 원장께서는 못 들었다고 말씀하니까 가정적으로 얘기를 하는 겁니다. 그러니까 어떤 행위에 대한 평가가 좀 객관적이었으면 좋겠다 말씀을 드리고요.

한 1분 정도만 좀 더 주실 수 있나요?

이거는 그냥 제가 위원회에 좀, 위원장님께 좀 말씀드리면 방금 전에 증인·참고인이 또 표결 처리가 됐지 않습니까? 그래서 우리 당에서 지금 요청하는 게 헌법학자, 전문가들 한두 분 그리고 또 공수처장 이틀 중에 좀 하루씩이라도 출석할 수 있도록 좀 추가 의결해 주셨으면 좋겠다는 생각을 갖고 있습니다.

지금 38명, 24명을 각각 채택했는데 여당에서 희망하는 증인을 아예 배제한다는 거는 이게 모양새가 좋지가 않습니다. 특히 공수처가 지금 너무 많은 논란을 일으키고 있습니다. 수사권 논란 있지요. 관할법원 논란 있지요. 영장 쇼핑 했다는 의혹 있지요. 55경비단 협박해 가지고 겁박해 가지고 관인 찍었던 논란 있지요. 대통령 강제구인, 접견 금지, 서신 금지, 가족 접견 금지. 그리고 나서 대통령 체포영장, 구속영장 청구하고서 자기들끼리 소고기 먹고 와인 마시고 보도가 나오고 있지 않습니까?

그래서 우리 국정조사 하는 동안에 한 번쯤은 좀 불러 주셨으면 좋겠다 이런 건의를 드립니다.

이상입니다.

○**위원장 안규백** 예, 알겠습니다.

이어서 용혜인 위원 말씀해 주십시오.

○**용혜인 위원** 기본소득당 용혜인입니다.

조금 전 정회 시간 중에 단독 보도가 하나 있었습니다.

최상목 경제부총리가 받은 계엄 지시서 하단에 쪽번호 8이 적혀 있었다고 합니다. 합리적으로 보면 최소 앞에 7장의 계엄 지시서가 더 있었다는 이야기입니다.

우선 그날 7시 반에 경찰청장과 서울청장이 1장씩 받았습니다. 여기까지 2장입니다. 그리고 조태열 외교부장관이 1장을 받았습니다. 그러면 3장입니다. 윤석열이 계엄을 하겠다고 마음을 먹고 당일에 경찰청장과 서울청장을 만난 이후에 8시 멤버들을 불렀고 그 이후에 다시 몇몇 국무위원들을 부릅니다.

추후에 부른 국무위원들 중에 윤석열이 발표했던 포고령에 따라서 임무가 배정됐던 사람은 명확합니다. 비상입법기구 그리고 국회의 예산도 끊고 예비비를 마련해야 되는 최상목 경제부총리 그리고 의료인과 관련돼서 임무를 줘야 했던 조규홍 장관이 임무가 있었지요, 포고령에 따라. 그렇게 2명에게 줬다고 하면 총 5장입니다. 그러고도 3장이 남습니다.

김용현 장관은 어차피 공동 작성자일 테니까 안 받았을 거고 그러면 남는 사람은 이상민, 박성재, 김영호, 한덕수 그리고 조태용 증인인 겁니다. 최상목 경제부총리가 받았던 계엄 지시서가 마지막 인쇄본 8페이지가 끝이라고 하더라도 앞서 말했던 5명 중의 3명은 받았다라고 보는 것이 맞을 겁니다. 물론 이게 8쪽이 마지막이 아니라면 받은 사람이 더 있을 수도 있는 거고요.

12월 3일에 그 계엄 지시서를 누가 받았는지, 어떤 내용이 있었는지 밝혀내지지 않는다면 저는 그 회의에 참석했던 모두가 내란 공범이고 부역자일 뿐이라고 생각합니다.

오늘 한덕수 증인이 낮에 제가 묻지도 않았는데 '나는 결코 받은 바가 없다'라고 세 번이나 이야기했습니다. 이게 무슨 뜻이겠습니까? 남들은 받았다라는 이야기입니다. 제발 국민 세금으로 녹을 받는 공직자로서 최소한의 양심이 남아 있다면 지금이라도 국무위원들 솔직히 증언해야 한다고 생각합니다.

그래서 여기 계신 장관님들 중에 누가 받으셨습니까? 김영호 증인 받으셨습니까, 계엄 지시서?

○**증인 김영호** 못 받았습니다.

○**용혜인 위원** 받지 않으셨습니까?

○**증인 김영호** 안 받았습니다.

○**용혜인 위원** 조규홍 증인 받으셨습니까?

○**증인 조규홍** 받은 적 없습니다.

○**용혜인 위원** 다른…… 송미령 증인 받으셨습니까?

○**증인 송미령** 아니요.

○**용혜인 위원** 직전에 오셨으니까 안 받으셨겠지요. 중기부장관도 마찬가지일 거고요.

오늘도 이 자리에서 이렇게 정황들이 드러나고 있는데 여전히 받은 바가 없다, 모른다라고 모두가 짠 것처럼 입을 맞춰 이야기합니다. 저는 끝까지 숨길 수 없고 결국에 드러날 것이라고 생각하고요.

지금 수사 단계에서 검찰이 계속해서 국무위원 수사에 대해서 무혐의 처분에 대한 보도를 흘린 다음에 명확한 입장이 없습니다. 국무위원들에 대한 철저한 수사 다시 한번 촉구하는 바입니다.

이상입니다.

○**위원장 안규백** 수고하셨습니다.

윤건영 위원님.

○**윤건영 위원** 시간 멈춰 주시고요.

현대건설 이재용 증인과 박준규 증인 발언대 앞으로 좀 나와 주십시오.

제가 앞선 질의에서 한남동 관저에 골프 관련 시설 그리고 삼청동 안가 공사를 한 적이 있냐라고 했더니 보안서약 때문에 답을 할 수 없다 이렇게 말씀하셨는데, 맞습니까?

○**증인 박준규** 예, 맞습니다.

○**윤건영 위원** 맞습니까?

그러면 공사한 게 맞네요. 보안서약을 했다는 건 공사를 했기 때문에 보안서약을 하는 것 아니에요?

○**증인 박준규** 위원님께서 아시는 대로 저희가 공사한 건 맞습니다.

○**윤건영 위원** 공사한 것 맞지요? 그렇지요?

○**증인 박준규** 예, 그렇습니다.

○**윤건영 위원** 여기 출석하기 전에 경호처하고 연락한 적 있습니까?

○**증인 박준규** 없습니다.

○**윤건영 위원** 들리는 말로는 국회에서 진실을 밝히면 보안서약 위반으로 조치를 취하겠다, 고발하겠다는 이야기 들었는데 그런 적 없어요?

○**증인 박준규** 없습니다.

○**윤건영 위원** 박준규 증인, 조금 전 질의에서 메일 주소를 확인해 봐야 된다고 하는데……

　PPT 띄워 주십시오.

　(영상자료를 보며)

　저 메일 주소, 박준규 증인 메일 맞지요?

○**증인 박준규** 예, 제 메일 주소가 맞는 것 같습니다.

○**윤건영 위원** 'hdec.co.kr' 이것 회사 메일 맞지요?

○**증인 박준규** 예, 회사 메일입니다.

○**윤건영 위원** 옆에 계신 이재용 증인, 참고인으로 증인이 들어가 있는 것 맞지요?

○**증인 이재용** 예, 맞습니다.

○**윤건영 위원** 그런데 왜 진실을 안 밝힙니까?

○**증인 박준규** 아, 아까 보여 주신 메일……

○**윤건영 위원** 아니요, 제가 묻잖아요.

○**증인 박준규** 짧은 시간 동안에 보기가 힘들어서……

○**윤건영 위원** 좋습니다.

　지금이라도 진실을 밝히겠습니까? 제가 말씀드렸던 골프 연습 관련 시설 그리고 삼청동 안가 리모델링 사업, 현대건설에서 한 것 맞지요?

○**증인 박준규** 저희가 경호처로부터, 발주처인 경호처로부터 공사를 받아서 한 것은 맞는데요, 세부 내용은 저희가 보안각서 때문에 말씀드리기가 곤란함을 좀 양해해 주셨으면 합니다.

○**윤건영 위원** 이게 양해될 사항입니까?

　시간 멈춰 주시고요.

　대표급 두 분 부르겠습니다. 현대건설 전 대표인 윤영준 증인하고 현 대표인 이한우 증인 같이 나오십시오.

　두 분 증인은 들어가셔도 됩니다.

　제가 두 분께 공히 드리는 질문입니다.

　현대건설의 명예가 걸린 겁니다. 저는 도대체 이걸 숨기는 이유를 모르겠습니다. 정정당당하게 한 공사라면 경호처나 현대건설이 왜 답변하지 않고 숨깁니까? 이제 공사했다라고 인정했습니다. 현대건설 기업의 이미지에 먹칠하는 일을 지금 하고 있습니다. 권력만 눈에 보이고 국민은 눈앞에 안 보입니까?

두 사장님—전직 사장님, 현직 사장님—께 제가 다시 질의하겠습니다.

한남동 관저에 골프 관련 시설 공사한 것 그리고 삼청동 안가에 리모델링 사업한 것 맞지요?

○증인 윤영준 위원님이 어디까지 이해하실지 모르겠는데요. 저희가 1년에 18조 매출을 하는 회사입니다. 저런 소액 공사는……

○윤건영 위원 잠시만요.

○증인 윤영준 보고사항이 아닙니다.

○윤건영 위원 보고사항이 아니라고 그렇게 답변하실 줄 알았습니다.

○증인 윤영준 사실입니다.

○윤건영 위원 그런데 경호처 관련된 사항이고 현대건설은 경호처와 이제까지 십수 년을 거래를 해 왔던 겁니다. 이걸 사장님께서 보고 안 받으셨다고 하면…… 제가 또 다른 증거를 낼까요?

○증인 윤영준 아니, 저희는……

○윤건영 위원 사장님, 제가 다시 물을게요.

정정당당하게, 현대건설의 기업 이미지를 생각하십시오. 만약에 보안서약이 문제가 된다면 비공개에라도 이야기하셔도 좋습니다. 그런데 실무자들이 이제 반쯤 실토했어요, 사업은 했다, 공사는 했다……

1분만 더 주시면 마무리하겠습니다.

만약에 기업의 대표인 두 분이 여기에서 진실을 밝히지 않는다면 저는 국정조사특위 청문회 차원에서, 국정조사특위 차원에서 법적 조치를 취할 수밖에 없고 현대건설의 부회장이라도 불러서, 실질적 오너라도 불러서 진실을 밝혀야 됩니다. 그게 국민이 원하는 길입니다. 답변하십시오.

○증인 이한우 제가 말씀드리겠습니다.

○윤건영 위원 짧게 답변하시기 바랍니다.

○증인 이한우 예.

이번에 증인 채택 이후에 확인해 본 결과는 말씀하신 공사를 저희가 한 건 맞습니다.

○윤건영 위원 제가 말씀드린 게 사실에 부합합니까?

○증인 이한우 공사는 맞습니다. 그런데 제가 보안각서 때문에 디테일한 내용을 몰라서 그건 한 번 더 확인해 봐야 됩니다.

○윤건영 위원 자, 좋습니다.

두 분 들어가셔도…… 됐습니다.

마지막 기회를 줄 테니까요 현대건설은 국민을 바라보고 답변을 해 주시기 바라고요.

시간 멈춰 주시고, 경호차장 나와 주십시오.

현대건설 실무자분들이 실토를 했습니다. 앞서 위증하고 거짓, 번복하실 생각 있습니까?

○증인 김성훈 답변은 동일합니다.

○윤건영 위원 자, 좋습니다. 그러면 법적 책임을 지시라는 말씀 드리고요.

최근에 경호처 간부 20여 명이 사직서를 들고……

（발언시간 초과로 마이크 중단）

(마이크 중단 이후 계속 발언한 부분)

차장을 찾아가서 같이 사표를 내자라고 하니 차장께서 본인은 거부했다고 하는데 맞습니까?

○**증인 김성훈** 사표 들고 찾아온 적 없습니다. 그 일부 직원 중에 그런 얘기가 나왔지만……

위원님 아시겠지만 저는 피의자로 지금 조사받고 있는 상황입니다.

○**윤건영 위원** 그래서 사퇴를 못 하는 겁니까?

○**증인 김성훈** 저는 사표를 내고 싶어도 못 내는 형편입니다.

○**윤건영 위원** 말이 되는 소리를 하십시오. 지금 인사조치를 하겠다고 증인이 경호관들 겁박하고 있는 사실 다 알고 있습니다.

○**증인 김성훈** 절대 그렇지 않다고……

○**윤건영 위원** 뭐가 절대 그렇지 않아요?

○**증인 김성훈** 이미 언론에도 나왔고요.

○**윤건영 위원** 오늘 밤새 참고로 제보받은 사항 다 공개할 수도 있습니다.

○**증인 김성훈** 위원님 아시겠지만……

○**윤건영 위원** 오늘 증인이 보여 준 모습은 계속 거짓말, 거짓말만 해요. 입만 열면 거짓말을 하고 있어요. 앞서도 제가 입증을 하지 않았습니까?

들어가십시오.

○**위원장 안규백** 마무리해 주십시오.

○**윤건영 위원** 위원장님께 한 가지 말씀이 있는데요.

커튼 뒤에 경호처의 남 부장님과 장 부장님이 나와 계십니다. 오랜 시간 기다리고 계신데 그분들은 이번 영장 집행 과정에서 희생을, 피해를 보신 분들입니다. 그런 분들을 대표해서, 지금 경호처 경호관들을 대표해서 저 자리에 계십니다. 저분들께서 경호관들의 지금 심정이나 상황들을 조금이라도 국회 청문회에 밝힐 수 있는 시간을 주셨으면 좋겠습니다.

○**주진우 위원** 지금 질의 시간 끝난 지가 언제인데……

○**윤건영 위원** 위원장님한테 말씀드리는 겁니다.

○**위원장 안규백** 알겠습니다.

임종득 위원 말씀해 주십시오.

○**임종득 위원** 임종득 위원입니다.

특전사령관하고 수방사령관, 두 분 나와 주세요.

특전사령관 어디 계시나요? 같이 한번 서시지요, 이쪽으로 같이.

시간 좀 멈춰 주세요.

두 분께 질문을 하겠습니다.

두 분 다 공소장 보셨지요?

○**증인 곽종근** 예, 봤습니다.

○**증인 이진우** 예.

○**임종득 위원** 먼저 특전사령관에게 질문을 하겠습니다.

사령관은 지난번 기관보고 때도 공소장 적시 내용에 대해서 사실과 다르다는 이야기를 많이 했었어요. 그렇지요? 그런데 오늘 1차 청문회를 하면서도 공소장 내용과 다르다는 내용을 지금 얘기를 하고 있거든요. 사실입니까?

○증인 곽종근 일부 맞는 것도 있고 다른 것도 있는 게 사실입니다. 전체 퍼센티지를 어떻게 제가 잘라서 말할 수는 없을 것 같습니다.

○임종득 위원 알겠습니다.

그런데 지금 우리 국조위원들은 공소장을 근거로 해 가지고 질문들을 계속하다 보니까 공소장 내용하고 틀린 내용들이 쭉 나와서 제가 듣다 보니까 '아, 공소장 내용이 사실과 다를 수가 있겠구나' 하는 생각이 들어서 질문을 하는 겁니다.

한 가지 예를 들겠습니다.

특전사령관은 도끼 등과 같은 용어는 기억에도 없고 사용한 적도 없다라고 몇 번 강조를 하셨었지요?

○증인 곽종근 그 말씀은 제가 12월 10일 국방위원회 할 때 조국 위원께서 총포·장갑차·도끼 용어 물어보셨을 때 도끼라는 용어는 말씀드렸습니다.

○임종득 위원 이야기하셨지요? 여러 차례 이야기하셨지요?

○증인 곽종근 예.

○임종득 위원 그런데 공소장에는 도끼라는 말이 들어가 있지요? 사실이 아니지요?

○증인 곽종근 그것은 지난번에도 말씀드렸듯이 대통령 하신 말씀 중에서 내용은 다 똑같은데 제가 도끼라는 말은 쓰지 않았다고 말씀드렸습니다.

○임종득 위원 됐습니다. 그 정도면 됩니다.

그다음에 예하 부대 지시와 관련해서 오늘 또 말씀하실 때 보니까 통화 내용이 마치 지시 명령으로 된 것 같다라고 말씀을 하셨는데 공소장에는 또 다르게 적시돼 있지요?

○증인 곽종근 그 내용도 일부는 서로 다른 내용이 있다고 말씀드렸습니다.

○임종득 위원 그렇지요.

제가 파악을 해 보니까 특전사령관 공소장 적시 내용의 한 열 군데 이상이 지금 사령관 발언하고 달라요. 그 부분을 한번 체크를 해 보시기 바랍니다.

다음은 수방사령관.

○증인 이진우 예.

○임종득 위원 수방사령관 역시 공소장 내용이 지금 다르다는 이야기를 했지요?

○증인 이진우 이 부분은 제가 공소 제기된 관계로……

○임종득 위원 답변하기 어렵습니까?

○증인 이진우 어렵습니다, 예.

○임종득 위원 그러면 공소장 내용을 다 인정한다고 말씀을 하시는 거예요?

○증인 이진우 그렇지는 않습니다.

○임종득 위원 알겠습니다. 지금 상황이 그렇다고 하기 때문에 내가 추가적으로 말씀은 묻지는 않겠습니다.

제가 말씀드리고 싶은 내용은 지금 증인을 질문하는 과정에서 공소장 내용의 신빙성에 상당한 문제점이 드러나고 있다라는 말씀을 드리고 싶고, 그 부분이 다르다면 증인들은 적극적으로 다른 부분들에 대해서 발언을 해 주기를 바랍니다.

알겠습니다.

○**증인 이진우** 알겠습니다.

○**임종득 위원** 들어가십시오.

○**위원장 안규백** 수고했습니다.

추미애 위원님 질의해 주십시오.

○**추미애 위원** 합참의 작전본부장님 나오십시오. 저쪽으로 가서 좀 서십시오.

○**증인 이승오** 작전본부장입니다.

○**추미애 위원** 아파치 헬기가 한 대당 얼마 합니까?

○**증인 이승오** 제가 가격까지는 잘 모르겠습니다.

○**추미애 위원** 한 2000억 원 하네요, 제가 방금 찾아보니까 2022년 가격으로. 꽤 비싸지요?

○**증인 이승오** 예.

○**추미애 위원** 우리가 이것 도입하는 데 한 4조 이상의 예산을 쓰지요?

그런데 이 비싼 아파치 헬기를 대낮에 NLL 따라서 비행을 시켰다 그러면 그게 정찰 목적입니까, 아니면 대놓고 도발이라 볼 수 있습니까? 대놓고 북이 흥분해 봐라 그런 얘기 아니겠습니까?

○**증인 이승오** 그러면 더 위험한 야간에 하는 게 더 좋겠습니까? 주간에 해야……

○**추미애 위원** 그 비싼 아파치 헬기를 그렇게 대낮에 대놓고 한다는 건 수상하다 그런 얘기고요.

○**증인 이승오** 주간에 해야 적의 표적을 명확히 알 수 있습니다.

○**추미애 위원** 들어 보세요. 들어 보세요.

이게 두 가지 특이점, 평상시 훈련과 다르게 실무장을 했다 그리고 평시 훈련과 다르게 비행 경로가 달랐다, 이 두 가지에 대해서 근거 있게 대답하세요.

그런데 엉뚱하게 응전이 없으니 북풍이 아니다라고 신원식 실장님도 대답을 하셨고……

그런데 드론을 10월 3일, 9일, 10일 날 띄웠습니다. 그랬더니 북한 쪽에서는 다시 재침범한다면 끔찍한 참변으로 보복할 것이다, 앞서 이 세 번은 군사 도발로 간주하겠다라고, 굉장했습니다.

그러면 그때 우리 합참은 뭐라고 했습니까? 확인해 줄 수 없다라고 했지요? 그 애매모호한 답변, 당연히 의심을 살 수밖에 없는 거지요. 그런데 그 상황도 응전이 없으니 북풍이 아니다 할 수 있겠습니까? 어떤 상태로 우리나라를 몰고 가려고 하는 겁니까?

마치 이런 자세는 국회가…… 국회의장이 월담을 했고 국회의원들이 얼굴 다치고 다리 절뚝거리면서 국회 봉쇄를 뚫고 계엄 해제를 했더니 뭐라고 합니까, 윤석열 내란수괴는? 편안하게 계엄 해제하도록 평화 계엄이었고 그래서 따라서 내란은 없었다 얘기하는 겁니다.

실패한 결과를 마치 본인의 공치사, 공덕인 것처럼 거짓말을 하고 있습니다. 이거나 북한의 응전이 없으니 북풍 아니다 하는 궤변이나 아주 닮았습니다.

제자리로 돌아가세요.

노상원……

○**증인 이승오** 제가 답변을 드려도 괜찮으시겠습니까?

○**추미애 위원** 답변 듣지 않겠습니다. 들어가세요.

저 노상원 수첩 한번 보시기 바랍니다. 두 가지, 첫 번째는 국회 봉쇄, 두 번째는 NLL 북 공격 유도, 2개 다, 바로 대통령이나 또 여러분들이 대놓고 북풍을 해 놓고 이게 없었다 하는 그것이나 다 여러분들의 거짓말을 노상원 수첩이 뒤집고 있는 겁니다. 거짓말한다는 것을 노상원 수첩이 증명하고 있는 겁니다.

왜 이런 질문을 하느냐? 바로 내란은 불가역적 위협을 초래하기 때문입니다. 무력으로 만약에 집권을 성공시킨다면 전두환처럼 민주주의가 회복이 불가능한 상태로 빠지는 겁니다. 대량 살상과 유혈 사태를 야기할 수밖에 없는 것이고, 그런다고 해서 민주주의가 쉽게 회복될 수도 없는 것입니다. 그래서 이 거짓말과 선전·선동해 대는 것도 목숨 걸고 막아낸 민주시민 덕분인 줄 알아야 될 것입니다. 이 자리에서 계속 그런 거짓말로 입 맞추고 호도를 한다면, 시민들이 지켜보고 있습니다. 양심에 일말의 가책이라도 느낀다면 대놓고 거짓말보다 성실한 답변으로 국민을 안심시켜 주시기 바랍니다.

이상입니다.

○**위원장 안규백** 주진우 위원님 질의해 주십시오.

○**주진우 위원** 작전본부장님 잠깐 다시 한번 나와 주시겠습니까?

○**증인 이승오** 작전본부장입니다.

○**주진우 위원** 주진우 위원인데요.

아까 방금 질의에 대해서 뭔가 답변을 하시려다 못 하셨는데 한번 좀 말씀해 주시겠습니까?

○**증인 이승오** 예, 말씀드리겠습니다.

항로를 몰랐다는 것은 이해가 안 됩니다. 왜냐하면 이런 것들은 다 사전에 계획이 내려가고 항작사 주관으로 해서 구체화된 계획으로 다 통보가 됩니다. 그리고 항로를 모르고 갈 수 없습니다. 위험합니다.

두 번째, 실탄의 부분을 말씀하셨는데 NLL이든 MDL이든 그런 근접 지역에서 작전할 때는 실탄을 휴대하지 않을 수가 없습니다. 왜냐하면 목함지뢰 도발이나 기타 여러 가지 도발을 해서, 적들은 우리의 정상적인 작전에 도발을 했습니다. 그러면 자위권 차원에서 대응할 수 있는 실탄을 안 가지고 어떻게 군인들이 갈 수 있겠습니까? 가지고 가야 됩니다.

○**주진우 위원** 통상적인 작전 훈련 범위 내에서도 다 실탄을 보유하고 그렇게 항로를 미리……

○**증인 이승오** 예, 그렇습니다. 여기서 제가 아파치의 세부 무장을 다 말씀드릴 수는 없지만 기본적인 무장은 하고 가야 됩니다.

○**주진우 위원** 그러면 그런 훈련이 이번에 특이하게 한두 번 있었던 건가요, 아니면 자주 있는 일인가요?

○**증인 이승오** 지속적으로 해 오고 있는 것입니다.

○**주진우 위원** 그러면 빈도까지는 말씀하실 수 없어도 이 전이나 이 이후에, 비상계엄 상황과 상관없이 계속 훈련을 해 오던 겁니까?

○**증인 이승오** 전혀 상관없습니다.

○**주진우 위원** 이상입니다.

들어가십시오. 감사합니다.

법무부장관님.

○**증인 박성재** 예.

○**주진우 위원** 제가 예전에 민주당에서 검찰의 특활비랑 특정업무경비 전액 삭감하는 것 제가 옆에서 봤었는데요. 그때 주된 이유가 특정업무경비 등에서 그냥 실제 수사에 쓰이지 않고 회식비로 쓴다, 그렇게 낭비되기 때문에 전액 삭감해야 된다 이런 논리를 펼쳤던 것으로 기억합니다.

실제 특정업무경비나 특활비가 전액 삭감됨으로써 치안이나 수사활동에 상당한 지장이 있을 것으로 예상되는데 어떻습니까?

○**증인 박성재** 제가 금년 들어서 직무정지 상태가 돼 가지고 현재 법무부에서 그 예산을 어떻게 운용하고 있는지 정확한 상황을 모릅니다만 실질적으로 수사하는 부서에 지급하는 이런 예산이 한 푼도 없게 되는 바람에 여러 가지 애로가 발생할 것이라고 생각을 합니다.

○**주진우 위원** 저는 오늘 언론보도를 하나 보고 충격을 받은 것이 공수처에서 대통령에 대한 구속영장을 청구한 상태에서 내일 심사인데 저녁에 술을 곁들인 회식이 있었고 그것을 특정업무경비로 집행했다는 얘기를 들었습니다.

예산 심사할 때 공수처장도 분명히, 장관이 옆에 있었거든요. 그리고 사실은 그런 쟁점도 다 알고 있습니다. 특정업무경비 같은 경우에는 단순한 회식비나 이런 데 사용할 수가 없고 기본적으로 그 돈을, 더더군다나 구속심사가 끝난 것도 아니고 심사 전에 술자리를, 술을 곁들여서 회식한다는 게 상식적으로 저는 도저히 이해가 되지 않는데 수사를 많이 해 보셨던 전문가로서 어떻게 보십니까?

○**증인 박성재** 공수처의 그 뉴스 내용에 대해서 제가 사실관계를 정확하게 몰라서 언급하기는 좀 주저됩니다.

○**위원장 안규백** 수고하셨습니다.

곽규택 위원님.

○**곽규택 위원** 경호처 처장님 앞으로 좀 나와 주시지요.

대통령 관저에 스크린골프장이라는 주장도 있고 야외 골프연습장이라는 주장도 있고 한데 이게 우리 비상계엄 국정조사하고는 무슨 관계가 있다고 생각하세요?

○**증인 김성훈** 전혀 관계가 없어 보입니다.

○**곽규택 위원** 그렇지요?

○**증인 김성훈** 예.

○**곽규택 위원** 예전에 청와대에서도 근무하신 적이 있지요?

○**증인 김성훈** 예, 그렇습니다.

○**곽규택 위원** 청와대에 계실 때 문재인 대통령도 모셨습니까?

○**증인 김성훈** 예, 그렇습니다.

○**곽규택 위원** 김정숙 여사가 경호처 직원한테서 그 실내 수영장에서 수영 강습받았다면서요?

○**증인 김성훈** 예, 그때 그렇게 언론보도돼 있습니다.

○**곽규택 위원** 골프연습장이 만약에 있다 해도 그 실내 수영장과 비교해서 이게 무슨

호화시설인지, 또 이게 비상계엄과는 무슨 관련인지는 모르겠습니다.

우리가 공수처장을 증인으로 조금 소환 요청을 했는데 계속해서 안 받아들여지고 있어요. 그런데 공수처에서 지금 하는 행동마다 다 허위라는 것이 확인이 되고 있습니다.

아까 답변에서 압수수색영장을 오늘 집행하려고 했는데, 공수처에서는 집행 허가를 받지 못해서 못 했다 이렇게 3시경 발표를 했는데 공수처 검사한테서 3시 57분경에서야 압수수색영장을 전화로 제시받았다는 거지요?

○증인 김성훈 문자로 받았습니다.

○곽규택 위원 문자로?

○증인 김성훈 예.

○곽규택 위원 그러면 공수처에서 거짓말하는 것 아닙니까.

그다음에 어저께는 또 윤 대통령을 강제구인 하러 갔는데 진료받은 사실은 몰랐다 이렇게 공수처에서 이야기했는데요, 법무부에서 진작에 진료한다는 사실을 공수처에 통보해 줬다는 거예요.

○증인 김성훈 정기 예약돼 있는······

○곽규택 위원 예, 또 거짓말이에요. 국민들한테 우리는 수사 열심히 하고 있습니다 이런 것 하려고 계속 쇼잉만, 거짓말만 하고 있는 겁니다. 이런 공수처장이 증인으로 와야 되는데 정작 이런 사람은 안 와요.

김어준 씨, 피해자라고 주장을 하지요. 증인 중에서 제일 중요한 증인이 피해자입니다. 피해자를 안 부른 법정에서 다른 증인은 필요가 없어요. 그래서 김어준 씨 좀 부르자고 그러는데 안 불러요.

오늘 현대건설에서 여러 명이 증인으로 오셨어요. 저는 도대체 현대건설이 비상계엄하고 무슨 상관이 있나 했었는데 골프연습장, 야외 휴게시설 이런 것 공사한 업체라고 불렀다는데 저는 우리 비상계엄국조특위에서 지금 국회운영위원회도 아니고 그런 것 하자고 지금 증인 4명씩이나 불러 가지고 시간 낭비하고 있습니까. 필요한 증인 좀 부르고 필요 없는 증인 좀 부르지 맙시다.

30초 남았지만 그만하겠습니다.

수고하셨습니다.

○위원장 안규백 수고하셨습니다.

김병주 위원님.

○김병주 위원 신원식 안보실장님, 안보실 위기관리센터 안에 HID 출신을 포함한 TF가 운영이 됐었는데 이 실체를 알고 있었습니까?

○증인 신원식 과거 정부의 정보융합비서관을 축소시킨 팀이 있는 것은 알았습니다.

○김병주 위원 HID 요원이 있었던 건 알고 있었습니까?

○증인 신원식 그건 장교가 1명 있었는데, 그 장교가 국방부 파견으로 다 돼 있습니다. 우리 안보실의 한 3분지 1 이상이 장교들인데 그 장교가 HID에 근무한 경력이 있는 것은 이번에 알았습니다.

○김병주 위원 그러면 이 TF를 실장님이 통제했습니까?

○증인 신원식 전체로 보면 안보실은 다 제 관할이기는 한데 그 하나하나까지를 제가 다 직접 통제하지는 않습니다.

○**김병주 위원** 직접 보고받은 적 없지요?

○**증인 신원식** 초기에 초도 업무보고 때 면알식 겸 해서 임무는 간략하게 제가 한 번 들었던 기억이 납니다.

○**김병주 위원** 그 이후에는 보고받은 적 없지요?

○**증인 신원식** 예.

○**김병주 위원** 사실 위기관리센터는 2차장이 주관하잖아요, 인성환이가?

○**증인 신원식** 예, 2차장 관할인데 정보 관련돼서는 1차장이 대북 및 대외정보를 하기 때문에 1차장이 총괄하는 여러 가지 안보정책에 필요한 정보를 제공한 것으로 알고 있습니다.

○**김병주 위원** 이 TF를 12월 말에 해체했다고 하던데 맞습니까?

○**증인 신원식** 그 해체 보고는 제가 받아 보지 못했습니다.

○**김병주 위원** 그러면 해체했는지 안 했는지 모릅니까?

○**증인 신원식** 그런 말이 있었는데 확인 못 해 봤습니다. 확인해 보겠습니다.

○**김병주 위원** 김태효 1차장 나와 주세요.

○**증인 김태효** 그 팀은 그대로 활동하고 있습니다.

○**김병주 위원** 그대로 활동하고 있어요, 해체 안 하고?

○**증인 김태효** 예.

○**김병주 위원** 들어가 주세요.

　지금 안보실장하고 1차장 말이 다 틀려요. 1차장은 안보실장하고 수시로 보고를 받았다고, 가끔씩 했는데, 초기에만 받고 안 받은 거지요. 그래서 사실 이 TF는 인성환 증인에 의하면 별동대, 별도의 임무를 받았다는 거예요. 그러면 윤석열과 김건희가 통제한 것이 아닌가 의심이 되기 때문에 이것은 수사로 밝혀질 일이라고 봅니다.

　3공수여단장 나와 주세요.

　3공수여단장은 12월 3일 날 선관위 중에서도 선거연수원에 갔었지요, 선관위 연수원에?

○**증인 김정근** 예, 갔습니다.

○**김병주 위원** 그 실내로 들어갔었나요? 병력은 어디에 배치했습니까?

○**증인 김정근** 안 들어갔습니다.

○**김병주 위원** 선거연수원에서 체포 중인 중국인 99명 주일미군기지로 압송했다는 가짜뉴스 들어 봤지요?

○**증인 김정근** 계엄 끝나고 난 이후에 언론을 통해서 제가 들었습니다.

○**김병주 위원** 그때 한미 같이……

　　　　(발언시간 초과로 마이크 중단)

　　　(마이크 중단 이후 계속 발언한 부분)

작전했습니까?

○**증인 김정근** 제가 정확하지는 않은데 저는 그렇게 알고 있지 않고, 저희들이 갔을 때 경찰들이 거기 있었던 것으로 확인했습니다. 저는 중앙선관위를 갔기 때문에 정확한 현장 상황은 알지 못합니다.

○**김병주 위원** 그 연수원 안에는 어떤 사람이 있었습니까?
○**증인 김정근** 저희들은 차량에서 내리지도 않았고 정확한 내용을 모른 채 철수하고 복귀했습니다.

···

○**김병주 위원** 1분만 더 주세요.
실제 3공수는 그 실내에 들어가지도 않았는데 이 가짜뉴스는 한미가 같이 작전을 해서 들어가서, 그때 연수하는 공무원들 한 90명 있었어요. 이 사람들을 중국인으로 둔갑시켜서 미군이 체포해서 평택항을 통해서 주일미군기지로 갔다……
슬라이드 띄워 주세요.
(영상자료를 보며)
그래서 그 당시 제공한 사진도, 스카이데일리에서 중국인이라고 한 사진은 저 위의 9년 전 강원도민일보에서 불법 조업한 선원 사진을 그대로 가져다 썼고, 다음요. 미군들은 정식으로 이런 사실이 없다 하고 아주 항의 조로 했어요. 이것은 미군들까지, 한미 동맹을 파탄 내는 가짜뉴스고 중국하고 관계도 악화시키는 가짜뉴스지요. 여기에 대해서……
(발언시간 초과로 마이크 중단)

···

(마이크 중단 이후 계속 발언한 부분)
이 진위 여부를 그때 작전했던 여단장으로서 정확히 얘기를 해 보세요, 미군하고의 합동 작전 관계라든가 이런 것.
○**증인 김정근** 저 내용은 제가 알지 못하고, 저희들이 수원 연수원에 갔을 때는 경찰 병력들이 울타리에 배치돼 있었다고 제가 확인했고 저희들은 거의 비상계엄 해제 시점에 도착해서 차량에서 병력팀이 내리지도 않고 전 사령관의 철수 지시에 따라서 차근차근 철수해서 복귀했던 그 상황밖에 없습니다. 그 외 나머지 상황은 제가 알지 못합니다.
○**김병주 위원** 알았습니다.

···

○**증인 신원식** 위원장님, 제가 제 밑의 장교에 관련된 일이라 30초만 시간 주시면……
○**위원장 안규백** 예, 그렇게 하십시오.
○**증인 신원식** 정보사 출신 중령 장교는, 어제 아마 우리 1차장이 전체 위원님께 충분히 설명을 드린 것으로 알고 있는데 대통령 내외분과 전혀 관련이 없습니다. 그리고 그 친구는 내년에 진급 들어가는데 지금 이런 여러 가지 사정으로 인해서 본인하고 가족이 심대한 마음의 고통을 받고 있습니다.
그래서 근거 없는 그런 추측성 이야기로 앞길이 창창한 중령 실무 장교한테 더 이상 아픔을 안 주셨으면 좋겠습니다. 제가 부서장으로서 매우 가슴이 아픕니다.
이상입니다.
○**위원장 안규백** 이어서 부승찬 위원님 말씀해 주십시오.
○**부승찬 위원** 1공수, 3공수, 9공수, 707단장님들 여기 앞으로 좀 나와 주세요.
이쪽으로 나와 주세요, 안 보여서.
이번 계엄에 어찌 됐든 관여가 됐습니다. 그렇지요?
○**증인 이상현** 예.

○**부승찬 위원** 부대원들 때문에…… 단장님들이 만일 무사하다면, 사법적인 처벌에서 벗어난다면 부대원들 때문이라고 생각을 합니다. 부대원들이 국회에 들어오고 다 들어와서 결국은 항명을 했거든요. 사실은 부대원들은 명령에 따르는 게 원칙 아닙니까. 지휘관들은 잘못된 명령을 지시해서는 안 되는 거지요. 그렇지요? 그러면 부대원들을 다 죽이는 것 아닙니까. 그런 점에서 여기 우리 단장님들하고 그다음에 휘하의 부대원들한테 감사한 마음을 전합니다.

들어가셔도 좋습니다.

안보실장님, 실장님은 군복을 입고 계실 때 위법한 상부 지시가 내려오면 '노(no)' 했을 것 같습니까, 아니면 따랐을 것 같습니까?

○**증인 신원식** 제가 장관 정도 되니까, 저는 판단할 수 있으니까 위법한 지시는 당연히 재고를 건의했을 겁니다.

○**부승찬 위원** 계엄도 마찬가지지요?

○**증인 신원식** 제가 장관이었으면 그랬을 것 같습니다.

○**부승찬 위원** 감사합니다.

잠깐 시간 멈춰 주시고요.

성우엔지니어링 대표 나와 계십니까?

○**증인 김성남** 예.

○**부승찬 위원** 오랜 시간 기다리셨습니다.

2020년도에 육군 드론봇전투단에서 무기 전투용 판정 있었지요?

○**증인 김성남** 무인……

○**부승찬 위원** 신속획득사업.

○**증인 김성남** 예.

○**부승찬 위원** 거기서 부적합 받았지요?

○**증인 김성남** 아니요, 저희는 그 사실을 통보받은 적 없습니다.

○**부승찬 위원** 통보받은 적은 없고?

○**증인 김성남** 예.

○**부승찬 위원** 그러면 제대로 신속획득사업에 참여해서 정상적으로 납품했습니까?

○**증인 김성남** 예, 1식만 시범적으로 납품을 했습니다.

○**부승찬 위원** 시범적으로?

○**증인 김성남** 예.

○**부승찬 위원** 어디에다요?

○**증인 김성남** 드론봇전투단이요.

○**부승찬 위원** 드론봇전투단에?

○**증인 김성남** 예.

○**부승찬 위원** 그리고 이번에 KAI의 협력사로 100대를 제작해서 ADD에 납품한 적 있습니까?

○**증인 김성남** 예.

○**부승찬 위원** 거기 드론의 특징 중에 보면 항정장비가 중국산 맞지요?

○**증인 김성남** 예, 맞습니다.

○**부승찬 위원** 중국산이지요?

○**증인 김성남** 예.

○**부승찬 위원** 혹시 정보보호 인증 등 국가 인증 받으신 적 있습니까?

○**증인 김성남** 그렇지는 않았습니다.

○**부승찬 위원** 없지요?

○**증인 김성남** 예.

○**부승찬 위원** 그러니까 전력화, 그러니까 군사작전에 사용하는 무기 체계가 아니기 때문에 그런 거지요?

○**증인 김성남** 구체적인 내용은 모르겠는데요. 저희는 국과연에서 만들 수 있냐고 그래서 만들었습니다.

○**부승찬 위원** 이 사업은 아주 특이한 최초의 사업이라 감사원 감사가 필요해 보여요, 사업 자체에 대해서. 왜 KAI가 협력업체를 두고 이런 사업 계약을 했을까 하는 것부터 시작해서 좀 의문이 돼서요.

그다음에 시간 좀 잠깐 멈춰 주시고, 김용대 사령관님 나와 주세요.

○**증인 김용대** 드론작전사령관입니다.

○**부승찬 위원** 지금 2024년 4월까지 방사청 헬기사업부장을 하셨지요?

○**증인 김용대** 예.

○**부승찬 위원** 그렇지요?

○**증인 김용대** 예, 맞습니다.

○**부승찬 위원** 그러면 사업에 대해서 잘 알겠네요?

○**증인 김용대** 예.

○**부승찬 위원** 잘 알겠고.

그다음에 이게, 비행 조종 컴퓨터하고 GPS 등 핵심 기능을 담당하는 항정장비가 중국산이라는 걸 아셨습니까?

○**증인 김용대** 제가 아까 질문하신 다음에 저희 부대에 확인해 보니까 그 2개가 중국산이라는 걸 확인했습니다.

○**부승찬 위원** 그렇지요. 우리가 작년 7월에 인터넷망에 연결되지 않는 CCTV 중국산 부품이 있다고 그래서 한 1300여 대 교체한 적이 있습니다. 그렇지요?

○**증인 김용대** 예, 알고 있습니다.

○**부승찬 위원** 사실 이게 군사작전으로 쓰였다면 정말 문제 있는 것 아닙니까?

○**증인 김용대** 그래서 저희가, 그게 아시다시피 연구개발 사업으로 들어온 걸로 제가 알고 있습니다.

○**부승찬 위원** 아니에요. 이건 ADD에서 관리전환된 겁니다.

○**증인 김용대** 예, ADD에서 관리전환됐습니다.

○**부승찬 위원** 관리전환된 거고요.

어찌 됐든 만일 이게 작전에 사용됐다면 정말 심각한 거예요. 정말 심각한 겁니다. 아까도 말씀드렸지만 우리 군과 국민을 죽이는 일입니다.

들어가셔도 됩니다.

○**위원장 안규백** 강선영 위원님 질의해 주십시오.

○**강선영 위원** 오늘 아까 모 위원님께서 항공기에 대해서, 헬기에 대해서 말씀하셔서…… 이 내용은 제가 가만히 있으려고 그랬습니다. 왜냐하면 합참에서 나중에 대응을 잘할 거라고 생각했는데, 이게 보니까 인터넷 기사도 나고 해서 여기서 정리가 안 되면 자꾸 말이 나갈 것 같아서.

저는 2021년까지 항공작전사령관을 하고 헬기 조종사로 28년을 조종을 했습니다. 저는 2005년에 시누크 헬기 중대장으로 제 작전지역이 연평도, 서북도서 지역이어서, 백령도까지, 그 지역에 수시로, 수시로는 아니지만 많이 임무를 수행했습니다.

제가 위관장교 때는 춘천에서 6년 근무하면서 춘천·화천 지역의 비행을 했습니다. 조종사들은 전시에 임무 수행을 하기 위해서 자기 작전지역의 노 플라이 라인(No Fly Line), MDL로부터 몇 km 후방의 비행금지지역에 대한 숙지 비행을 지속적으로 하게 돼 있습니다. 특히 서북도서 지역은 그 비행을 하기 위해서는 만약에 해상에 추락했을 때를 대비해서 해상생환훈련이라는 자격을 갖추어야만 그 비행을 하고 정기적으로, 지금은 좀 바뀐 것 같은데 몇 개월에 몇 회 이상의 비행을 하지 않으면 자격이 상실되고 상실된 뒤에는 다시 자격을 따기 위한 획득 훈련을 해야 됩니다.

9·19 합의가 되고 나서 2018년 이후에 그 비행이 매우 금지돼서 다시 그게 정지되면서 모든 부대가 훈련을 했고요. 특히 그 당시에 북한에서 우리 대한민국의 어선에 대한 조준을 하는 훈련을 많이 하다 보니까 훈련도 하고 노 플라이 라인 비행도 하고 하면서 숙달한 겁니다.

그리고 조종사가 일부 그 지역에 대해서 훈련 비행을 안 했다고 하는데 거짓말입니다. 해상 지역에 대한 비행은 매우 중요한 비행입니다. 왜냐하면 항공기 장비도 소금기가 올라오기 때문에 거기에 대한 리그리싱(regreasing), 모든 장비, 항법 장비 다 정비하고요. 거기에 들어가는 조종사는 특별한 자격을 갖춘 사람들만 사전에 하고요. 최소 3일 전부터 6일 전까지 모든 임무는 다 개인한테 전파됩니다. 해상생환비행, 해상 훈련한다. 백령도·연평도 지역 들어간다. 다 훈련합니다. 이걸 갑자기 브리핑을 했는데 알려 주지도 않고 했다? 거짓말입니다. 그건 제가 여기서 단언할 수 있습니다. 거짓말입니다.

그래서 그 비행은 정기적으로 한다. 그리고 군사력을 운용하는 건 언젠가 이 자리에서 얘기했지만 전시에 공격 및 방어, 평시에는 방어, 억제, 과시, 강제가 있는데 거기에는 우리 군이 갖고 있는 군사력을 과시하는 것도 있는 겁니다, 북한군한테. 그게 억지 요소라고 생각합니다.

그리고 아파치 헬기는 참고적으로 1996년도 도입할 때 1800만 불로 도입했습니다, 지금 계산하면 환산이, 달러가 바뀌니까 달라지겠지만. 그래서 우리가 알고 있는 지식이라는 것을 잘못된 제보를 가지고 하면 진짜 모르는 국민들이 오해할까 봐 걱정입니다.

한 시간만 더 주십시오.

(「한 시간……」 하는 위원 있음)

아니, 1분만 더……

○**위원장 안규백** 예.

○**강선영 위원** 방첩사 직무대리에게 질의하겠습니다.

나오십시오.

○**증인 이경민** 방첩사령관직무대리입니다.

○**강선영 위원** 제가 또 나 때를 얘기해서 죄송한데 제가 중령 때 연합사 연습장교로 3년간 연합연습을 계획했습니다. 그래서 자꾸 민주당 위원님들이 2주간 연합연습에서 자꾸 합수본 훈련 했다 그러는데 연합연습 2주간 실시하면 1부 방어, 2부 공격을 하지요?

○**증인 이경민** 예, 그렇게 알고 있습니다.

○**강선영 위원** 1부 방어는 어디서부터 시작하냐면 데프콘 격상으로부터 시작해서 전시 전환 단계 훈련하지 않습니까?

○**증인 이경민** 예.

○**강선영 위원** 전시 전환 단계 중에서 데프콘이 격상되면 거기에 계엄령이 선포되면 그로부터 합수본부를 운영하는 훈련을 하지요?

○**증인 이경민** 예, 합참……

○**강선영 위원** 그게 대략 2~3일입니다. 그렇지요?

○**증인 이경민** 예.

○**강선영 위원** 작전의 단계가 전환됨에 따라서, 그 훈련을 한 것이지요?

○**증인 이경민** 예, 그렇습니다.

○**강선영 위원** 그것은 매 연합연습 때마다 하게 돼 있습니다. 왜? 그것을 프레임을 짜는 한국과 미군, 합참과 연합사가 공히 짤 때 방어와 공격을 하고 그 데프콘 격상에 따른 각 부대의 자기가 훈련해야 할 과업이 평상시의 임무로 나눠져 있기 때문이지 않습니까?

○**증인 이경민** 예, 맞습니다.

○**강선영 위원** 이상입니다.

○**위원장 안규백** 아니, 질문을, 질의를 하셔야지 교육시키고 맙니까?

민병덕 위원님.

○**민병덕 위원** 이경민 방첩사령관직무대리님, 이쪽으로 좀……

○**증인 이경민** 사령관직무대리입니다.

○**민병덕 위원** 이경민 방첩사령관직무대리지요?

○**증인 이경민** 예.

○**민병덕 위원** 방첩대는 군대 내에서 각 부대에 자기 인원들을 파견해서 정보들을 수집하는, 그래서 부대, 군대에 대해서 쿠데타가 일어나지 않도록 하는 그런 조직이지요?

○**증인 이경민** 예, 그렇습니다. 그런 기능도 하고 있습니다.

○**민병덕 위원** 이번에, 그런데 이번 내란과 관련해서 방첩사령관이 큰 역할을 한 것 알고 계시지요? 국민들에게 매우 죄송해야 된다라는 말씀을 드리는 겁니다.

○**증인 이경민** 예.

○**민병덕 위원** 이번에 장교 인사를 하셨더라고요.

○**증인 이경민** 예, 그렇습니다.

○**민병덕 위원** 지난 14일 날 나오셔서 수사가 원활히 진행되도록 연말 부대원 인사를 하지 않겠다고 하지 않았습니까?

○**증인 이경민** 그래서 연말 부대원 인사는 하지 않았고 그래서 중령급 이상 인사는 그 전에 했는데……

○**민병덕 위원** 예, 알고 있습니다.

○**증인 이경민** 소령급 이하를 그래서 정기 인사를 계속 연기시켰습니다. 그런데……

○**민병덕 위원** 그런데 했어요. 하셨더라고요.

○**증인 이경민** 예, 이번에 한 이유가……

○**민병덕 위원** 그런데 이것과 관련해서, 이유가 있으시겠지만 시각은 이런 시각이 있습니다. 여인형 사령관의 측근들이 요직으로 이번에 들어왔다.

알고 있습니까? 그런 평가 받고 있는 것 알고 있습니까?

○**증인 이경민** 언론 보도 봤습니다.

○**민병덕 위원** 언론 보도 보셨지요?

○**증인 이경민** 예.

○**민병덕 위원** 그 이유가 여인형 사령관의 전속부관이던 대위가 기획관리실로, 기획관리실 핵심 부서로 들어온 것 알고 계시지요? 그다음에 모 의원의 아들도 그랬다라는 얘기가 있습니다. 다른 사연들이 있겠지만 이런 부분에 대해서 의혹이 있는 거예요.

굳이 이럴 때 인사를 해야 되겠습니까?

○**증인 이경민** 제가 말씀드려도 되겠습니까?

○**민병덕 위원** 예.

○**증인 이경민** 제가 생각하기에 저희 사령부에서 중요하지 않은 보직은 없습니다. 요직 말씀하시는데 다 사령부에서는 중요하고 한 사람 한 사람이 다 각자……

○**민병덕 위원** 그 인사를 누가 주도했습니까? 인사 부서가 어디입니까?

○**증인 이경민** 사령관직무대리가, 제가 이번에 인사를 하자고 제가 판단해서 이야기했습니다.

○**민병덕 위원** 기획관리실이 인사하는 부서 아니에요?

○**증인 이경민** 기획관리실에서 인사를 하는 게 아니라 보직심의위원회를 별도로 구성해서……

○**민병덕 위원** 여기에 인사과가 있잖아요, 기획관리실 내에.

○**증인 이경민** 보직심의위원회에서……

○**민병덕 위원** 기획관리실장이 누구입니까?

○**증인 이경민** 박성하 대령입니다.

○**민병덕 위원** 박성하 대령이지요?

○**증인 이경민** 예.

○**민병덕 위원** 충암파 막내 아닙니까?

○**증인 이경민** 충암파……

○**민병덕 위원** 우리가 충암파 충암파 하면서 대통령, 이상민 장관, 여인형 사령관, 박성하 대령 이렇게 하면서 배제를 시켜라라고 하는데도 불구하고 그 욕 얻어 먹고 있는 이 시기에 그분이 주도하는 그런 것을 해야 되겠습니까?

스톱해 주시고요. 잠깐만 스톱해 주시고요.

○**증인 이경민** 제가 한 말씀만 드려도 되겠습니까, 위원장님?

○**위원장 안규백** 잠깐만요.

○**민병덕 위원** 끝나고 말씀하세요.

○**증인 이경민** 예, 알겠습니다.

○**민병덕 위원** 다른 질문 하나만 할게요. 거기 계셔서 얘기를 하세요, 조금만 있다가.

이상민 장관님한테 하나만 더 물으려고……

○**위원장 안규백** 끝나고 말씀하세요.

○**증인 이경민** 예, 알겠습니다.

○**민병덕 위원** 기회를 드릴게요.

이상민 장관님, 아까 12월 4일 안가 모임, 이 모임에 법무부장관하고 민정수석에게 연락했던 사람이 이상민 장관 맞습니까? 법제처장에게도 연락했습니까?

○**증인 이상민** 증언하지 않겠습니다.

○**민병덕 위원** 예, 좋습니다.

안가에서 모여서 그런데, 안가에서 모이는데 이상민 장관이 안가 예약할 수 없겠지요. 그러니까 민정수석이 안가……

1분만 더 주십시오.

이상민 장관이 법무부장관하고 민정수석한테 연락을 했습니다. 그리고 민정수석이…… 안가, 안가는 대통령이 이용하는 곳입니다. 그곳을 민정수석이 예약을 했습니다. 그래서 4명이 모였다는 겁니다. 그런데 그 4명이 모두 다 법조인이에요. 그런데 어떻게 안가에 대통령 없이 모이겠습니까? 대통령이 모인다고 모였다고 생각합니다.

그런데 제가 들은 바에 따르면 삼청동에서 들키니까 흩어져 가지고 용산에서 모였다고 합니다. 그때 그 용산에 수정방과 수육이 들어갔다고 하거든요. 거기에 대통령도 오셨겠지요. 당연히 '이번에 법적인 부분이 어떻게 되는 거야? 앞으로 어떻게 해야 돼?' 그런 의논들을 했을 겁니다. 그리고 나서 한동훈 만나고 그리고 나서 12월 7일 날 '법적·정치적 책임을 회피하지 않겠다' 이런 거짓말 담화를 했을 겁니다. 맞지요?

○**증인 이상민** 그 부분에 대해서는 제가 수사기관에서 자세히 진술했는데……

(발언시간 초과로 마이크 중단)

(마이크 중단 이후 계속 발언한 부분)

○**민병덕 위원** 그럴 거라고 생각합니다.

○**증인 이상민** 그 부분만 제가 말씀드리기가 적절치 않아서 그렇습니다.

○**민병덕 위원** 그런데 제 예측이 합리적인 추측이라고 생각합니다.

답변 주십시오.

○**증인 이경민** 답변 기회 주셔서 감사합니다.

그 기사는 사실과 좀 많이 다릅니다. 저희는 규정과 절차에 의해서 공정한 보직 심의를 하고 있고 기획관리실 주도로 하는 것이 아니라 보직심의위원회의 주도로 하고 있고.

제가 인사를 지난번에 기관보고 때 말씀드렸듯이 중령급 이상은 11월 이전에 다 끝냈기 때문에 괜찮은데 소령급 이하를 원래 12월 초에 하기로 했는데 비상계엄 사태가 발생되면서 수사기관의 수사를 받으면서 혹시나 보직 이동을 하게 되면 또 다른 수사 방해 요소로 작용할까 봐 일단 정기 인사를 소령급 이하 인사를 미뤘습니다.

그런데 사실 인사를 차일피일 미룰 수는 없습니다. 왜냐하면 3월 1일부터 자녀들이

학교를 가야 되고 유치원을 등록해야 되고 이사를 해야 되고 군무원같은 경우는 대강 12월 단위로 집 계약을 하는데 집 계약 문제가 생기고.

그다음에 관사를 배정받아야 되는데 저희들이 작전부대는 이미 소령급들이 11월, 10월에 명령이 나서 다 관사 대기를 하고 있는데 저희들은 명령을 미루면 1년이 지나도 관사에 못 들어가는 경우가 생깁니다. 그래서 3월 1일까지는, 2월을 넘길 수는 없기 때문에……

그래서 제가 생각하기에는 공수처 압수수색도 받았고 그다음에 검찰 압수수색도 받았고 어느 정도 압수수색도 다 이루어졌고. 그다음에 제가 생각한 2월 중순 전쯤에 인사를 하자고 하는 그런 이유는 국정조사도 한 2월 중순경에 끝날 것이니 더 이상은 미룰 수 없다. 그래서 물론 많이 미루면 저희 수사하는 데 더 도움이 될지 모르겠지만 부대원들을 위해서는 2월을 미룰 수 없어서 그렇게 했고……

○**민병덕 위원** 좋습니다. 그래서 이런 평가입니다. 당연히 그러저러한 이유……

○**위원장 안규백** 자……

○**민병덕 위원** 질문은 아니고요. 평가는 해야 될 것 아닙니까?

○**위원장 안규백** 예.

○**민병덕 위원** 이해가 되고요. 다만 방첩대가 이번에 어떤 역할을 했는지 다 아시잖아요, 국민들이. 거기에 그 전속 부관 그리고 안보실에 있었던 분의 아들 이런 분들이 그 핵심 부서로 가면 오해를 받을 수 있잖아요.

○**증인 이경민** 그것도 말씀드리겠습니다.

○**민병덕 위원** 그래서 저는 아직도 방첩대가 국민들을 너무 생각하지 않는다, 눈치를 너무 안 본다 이런 생각입니다.

수고하셨습니다.

○**증인 이경민** 거기에 대해서도 말씀드리겠습니다.

○**위원장 안규백** 사령관직무대리님 들어가세요.

○**증인 이경민** 예, 알겠습니다.

○**위원장 안규백** 장관님, 지금 군이 아직 안정화가 안 됐는데 인사해도 되는 겁니까?

○**증인 신원식** 제가……

○**위원장 안규백** 아, 안보실장이지. 미안합니다.

○**증인 신원식** 아니, 아닙니다.

○**위원장 안규백** 민홍철 위원님.

○**민홍철 위원** 작전본부장 좀 나오실까요.

간단하게 좀 물어보겠습니다.

○**증인 이승오** 작전본부장입니다.

○**민홍철 위원** 계엄 당일 날 대비태세, 경계태세 2급 발령이 됐다고 하셨잖아요. 그렇지요?

○**증인 이승오** 예, 그렇습니다.

○**민홍철 위원** 그러면 이 경계태세 2급은 누가 발령했지요?

○**증인 이승오** 합참의장이 발령한 것입니다.

○**민홍철 위원** 예, 의장이 했지요?

　그러면 의장은 계엄이 선포된 사실을 알고 했지요?

○**증인 이승오** 예, 그렇습니다.

○**민홍철 위원** 당연히 알고 했겠지요?

　그러면 계엄이 선포되면 자동으로 경계태세 2급이 발령됩니까?

○**증인 이승오** 그런 것은 아닙니다.

○**민홍철 위원** 그렇지요? 그 당시에는 어떤 국지전이라든지 도발이라든지 뭐 이런 것도 징후가 없었고 매우 평온한 그런 상태였잖아요. 그렇지요?

　그러면 결과적으로 경계태세 2급 발령은 계엄 때문에 발령된 거나 마찬가지지 않습니까?

○**증인 이승오** 답변해도 되겠습니까?

○**민홍철 위원** 예.

○**증인 이승오** 경계태세를 상향시키는 것은 크게 두 가지 조건이 있는데 적의 어떤 도발에 대한 부분과 두 번째는……

○**민홍철 위원** 아니, 그러니까 결국은……

○**증인 이승오** 말씀드려야 되는 내용입니다.

○**민홍철 위원** 그런 징후가 없었음에도 불구하고 2급 발령을 한 것은 결과적으로 볼 때 계엄이 선포됐기 때문에 같이 발령된 것 아니냐 이거예요.

○**증인 이승오** 두 번째는 적의 도발에 대비하고 또는 적의 도발을 억지하기 위해서 하는 겁니다.

○**민홍철 위원** 그런 순수한……

○**증인 이승오** 그러한 조건들을 다 갖추어서 고민을 해서 저희들이 그때 발령했던 것입니다.

○**민홍철 위원** 그런 조건이 그때 당시에 갖춰져 있었다고 판단했나요?

○**증인 이승오** 적의 도발에 대비와 도발의 억지에 대한 부분은 분명히 필요하다고 본 것입니다.

○**민홍철 위원** 그래요?

○**증인 이승오** 그리고 적의 도발의 상황을, 그때 대비태세를 올림으로써 적의 도발 여부를 확인해야 됐기 때문에 한 것입니다.

○**민홍철 위원** 그러니까 자꾸 지금 군이 말이지요, 계엄 때문에 발령했다 이렇게 얘기를 하는 게 이해가 되는 거예요. 그렇잖아요?

○**증인 이승오** 계엄 상황에서는……

○**민홍철 위원** 그러면 특전사 출동, 1·3·9 여단 출동병력 합참에서 체크했습니까?

○**증인 이승오** 최초에는 몰랐습니다.

○**민홍철 위원** 몰랐잖아요.

○**증인 이승오** 예.

○**민홍철 위원** 결과적으로 계엄 때문에 의장이 발령을 한 것은 맞다, 그 이유도 맞다 이렇게 답변하는 게 정직하지 않습니까?

○**증인 이승오** 예, 계엄이라는 비상……

○**민홍철 위원** 그래서 실탄도 불출되고, 예?

○**증인 이승오** 탄약은 각 해당 사단급 제대에서의 조치 보고가 있습니다. 합참이 통제하지는 않습니다.

○**민홍철 위원** 예, 알겠습니다. 들어가세요.

그래서 이렇게 군이 출동을 하고 했는데 여전히 윤석열 대통령과 그 변호인 측은 우리 출동한 군을 뭐라고 했냐? 보좌진보다 못한 군으로 취급한 겁니다. 국회를 봉쇄를 했느냐, 그 모습이 착한 군인이다, 보좌진들이 오히려 계엄군처럼 보였다 이렇게 평가를 하고 있는 거예요. 정말 제가 참 분노합니다.

군을 이렇게 만들어 놓고 그야말로 군 사령관들, 출동한 계엄군 그 사령관들이나 병, 출동군들에 대해서는 좀 관용을 베풀어 달라, 잘못이 없다 이렇게 해도 모자랄 판인데 정말 대한민국 군을 말이지요, 보좌진보다 못한 군으로 취급을 해 버리고 있는 거예요.

자존심 안 상합니까, 작전본부장님? 최고의 전쟁 총 실무책임자잖아요. 자존심 안 상해요?

○**증인 이승오** 비상계엄에 대해서는 장관직무대행과 의장이 사과한 바가 있습니다. 그 점에 동의하고 있습니다.

○**민홍철 위원** 예, 들어가세요.

이상입니다.

○**위원장 안규백** 한기호 위원님 질의해 주세요.

○**한기호 위원** 제 얘기를 하겠습니다. 제가 대위 때 우리 수방사령관이 불명예스럽게 옷을 벗었어요. 당시에 제가 전속부관이었습니다. 그러면 이제 속말로 낙동강 오리알이지요. 그런데 보직을 줘야 되잖아요. 안 주면…… 사령관이 없으니까, 전속부관인데. 그래서 받은 게 유격대장을 받았어요, 수방사에서 알보직이라고 하는 데.

그래서 대위, 소령 보직한 것을 가지고 우리 국정조사에서 언급하는 게 좀 격이 안 맞는 것 같습니다.

아까 어느 위원님이 질의하시는데 안보정책을 실패했다 이렇게 질의했어요.

제가 안보정책이라고 그러면 이렇게 생각합니다, 제 생각은. 북한의 도발을 억지하고 그리고 국제적으로는 동맹관계가 강화되고 그리고 세 번째는 북한의 가장 큰 핵무기에 대해서 여기에는 대응책이 강화되고, 네 번째는 우리 국민들에게 안보의식이 고취돼서 안보의식이 향상되고 그리고 다섯 번째, 대한민국 스스로의 국방력이 강화되고 이런 것들이 안보정책에 포함되는 것으로 보입니다.

그렇다고 하면 문재인 정부 때 사실 우리 군이 축소되고 해체되고 하면서 정말로 고통스러운 기간이었습니다. 이 고통스러운 기간 동안을 극복하면서 뼈를 깎는 아픔을 가지고서 지금까지 국군이 버텨 오고 온 겁니다.

그리고 안보 정책에 대해서 나름대로 성공적으로 저는 했다고 생각합니다. 이런 어려운 환경 속에서 안보 정책을 시행해 낸 우리 군의 수뇌부나 국방부의 고뇌에 대해서 저는 굉장히 감사하게 생각합니다.

그런데 지금 여기서 국정조사하면서 안보 정책을 실패했다 이것은 동의할 수가 없어요. 이것은 안보 정책을 실패했다고 하는 자체가 이렇게 쉽게 얘기할 성질의 것이 아니라고 생각합니다.

안보실장님 어떻게 생각하세요?

○**증인 신원식**　예, 위원님 말씀에 동감합니다.

○**한기호 위원**　그래서 지금 북한이 이렇게 얘기를 합니다. 1월 17일 자 조선중앙통신에서 사상 처음으로 현직 대통령이 체포되어 윤석열 괴뢰가 수사 당국으로 압송된 소식을 국제사회가 긴급보도로 전하면서 정치적 혼란에 빠진 괴뢰한국의 현 상황을 집중 조명하고 있다.

이것을 왜 제가 읽어 드리냐면 북한이 우리나라를 뭐라 불렀냐면 원래 남조선이라고 했어요. 그러다가 2개 국가를 선언하면서 대한한국이라고 불렀어요. 그러다 이제 괴뢰한국이라고 불렀어요.

이게 사실은 큰 변화가 온 건데 여기에 대해서도 이제 북한에 대해서 마지막에 이렇게 얘기를 합니다.

(발언시간 초과로 마이크 중단)

<hr>

(마이크 중단 이후 계속 발언한 부분)

앞으로 한국 정치의 혼란이 더욱 가중될 것이다. 우리는 여기에 대한 대비를 꼭 해야 됩니다.

실장님, 대비를 잘해 주시기 바랍니다.

○**증인 신원식**　명심하겠습니다.

○**위원장 안규백**　추가 안 하십니까?

○**한기호 위원**　빨리 가고 싶어서 안 합니다.

<hr>

○**위원장 안규백**　한병도 위원님 질의해 주십시오.

○**한병도 위원**　한병도 위원입니다.

가림막에 장00 부장님 그다음에 남00 부장님 계시지요?

퇴근하셨는가요?

○**증인 장00**　아니, 있습니다.

○**한병도 위원**　예, 계시는 거지요?

지금 아까 윤건영 위원님 이어서 좀 질의를 하겠는데요.

제가 봤을 때는 지금 경호처의 최대 위기라고 생각이 듭니다. 조직 존립 자체가 지금 굉장한 위기인데요. 경호처 경찰 이전과 관련된 국회 논의가 시작된 것 알고, 들었습니까?

○**증인 남00**　예, 들었습니다.

○**한병도 위원**　이것 우리 직원들 사기도 굉장히 떨어지고 지금 최대 위기가 현실화됐는데 왜 그렇다고 생각하세요?

먼저 누구 말씀해 보시겠어요?

○**증인 남00**　그 부분에 대해서 저의 의견을 말씀드리겠습니다.

○**한병도 위원**　예.

○**증인 남00**　경호처 경호부장으로서 이 가림막 뒤에 서 있는 현실과 경호처가 많은 논란의 한가운데에 있는 것 같아서 조직을 사랑하는 한 사람으로서 안타까움을 금할 길이

없습니다.

　　그러나 저를 비롯한 대다수의 경호처 직원들은 누구보다도 국가를 사랑하고 정당하게 주어진 임무에 대해서는 목숨을 바칠 수 있는, 존경하는 한병도 위원님 말씀대로 죽는 훈련을 매일 하고 있는 충성스럽고 명예로운 경호관들임을 잊지 말아 주시기 바랍니다.

　　이상입니다.

○**한병도 위원**　그리고 지금 내부 갈등도 있고 직원들 사기도 대단히 떨어져 있을 것 같은데 현장에 있으면서, 이 수습 방안을 현장에 있으면서 뭐라고 생각했어요?

　　방금 누가 말씀하셨는가요?

　　다른 부장이 한번 말씀해 주시겠어요? 누가.

　　지금 내부 분위기하고 수습방안들을 어떻게 하는 게 우리 경호실이 다시 제대로 일을 할 수 있는 문제인지? 현재 무엇을 극복해야 되는지 내부 경호실 문제를, 좀 말씀해 보세요.

○**증인 장00**　예, 23년 동안 여섯 분의 대통령을 모셨습니다. 평생을 몸담아온 대통령경호처가 이렇게 논란의 중심에 서 있는 점을 가슴 아프게 생각합니다.

　　다만 경호처 경호관의 숙명이기도 하지만 보고 들은 것은 말할 수 없는 상황을 양해 부탁드리도록 하겠습니다.

　　이상입니다.

○**한병도 위원**　예.

　　지금 경호법 이야기를 하는데 법을 해석하는 차이와 이견이 있는 것도 사실입니다. 그런데 저희들이 봤을 때는 그것을 조정하고 최종 판단하는 것은 법원의 판단이라고 생각이 듭니다, 서로 간에 법 해석의 차이가 있을 때는. 그리고 법을 따르는 것 그리고 지금 이 시기에 충성이라는 것은요 계엄을 발동한 그 윤석열이 아니고 정말 국민께 충성하는 게 큰 충성입니다. 그게 경호처가 사는 길이고 여러분들 그것 꼭 명심하시고 조직원들과 공유해 주시고 제가 드린 말씀을 좀 새겨들었으면 좋겠습니다.

　　다른 뭐 하실 말씀 있으세요?

○**증인 장00**　없습니다.

○**한병도 위원**　마치겠습니다.

○**위원장 안규백**　마지막으로 김성원 위원님.

○**김성원 위원**　저 김성원입니다.

　　제가 마지막 질의인데요, 오늘 출석하신 증인들 중의 약 50%가 답변 한 번도 못 하고 여기 계속 하루 종일 앉아 계세요. 우리가 첫 기관보고 때 모든 군 장성들 60%가 그 당시에도 한마디도 안 하고 갔습니다. 이런 점은 야당에서 증인 채택할 때 좀 생각하셔야 되지 않나 이런 생각입니다.

　　이경민 방첩사령관직무대리님 저쪽으로 좀 가 주시겠습니까?

　　많은 위원님들께서 다시금 방첩사령부가 위상을 찾아야지 되겠다 그런 마음으로 이렇게 좀 응원을 하고 있다라는 생각을 전달하도록 하겠습니다.

　　우선은 인사 문제 의혹에 대해서는 방금 전에 직무대리께서 답변하시면서 거의 다 해소가 됐다고 생각합니다. 또 하나 남은 게 뭐냐 하면 방첩수사단 직제 개편 관련해 가지고 이것이 계엄 준비를 했기 때문에 직제 개편을 한 것이다, 이렇게 많은 의혹이 있습니다.

　그런데 저희가 봤을 때 이렇게 약화된 대공, 국가 대공이나 방첩 업무의 정상화 과정의 일환이라고 보고 있는데……

○증인 이경민　맞습니다.

○김성원 위원　존경하는 한기호 위원님께서도 말씀하셨지 않습니까? 그동안에 문재인 정부 때 많은, 인력이 30% 이상 감축이 되고 또 임무가 제한이 되면서 국군의 방첩 역량이 상당히 감소가 되고 어려운 시절을 겪었지 않습니까?

○증인 이경민　예, 그렇습니다.

○김성원 위원　그러면 제가 단도직입적으로 직무대리님께 한번 물어보겠습니다.
　대한민국에 간첩이 있습니까, 없습니까?

○증인 이경민　있습니다.

○김성원 위원　간첩이 있지요?

○증인 이경민　예.

○김성원 위원　그런데 박근혜정부 때 총 48명의 국가보안법 위반자 검거해 가지고 이렇게 송치를 했었거든요. 그런데 문재인 정부 때 한 건도 송치 못 했습니다.
　그런데 윤석열 정부 들어와 가지고 2022년 4월에 육군특수전사령부 소속 현역 대위가 북한 공작원으로부터 비트코인을 받고 군사기밀을 유출한 이 간첩 사건 기억하시지요?

○증인 이경민　예, 그렇습니다.

○김성원 위원　그리고 2017년서부터 충북에서 간첩 활동을 시작한 청주 간첩단 사건 그리고 창원과 제주도까지 간첩단 활동이 줄줄이 적발되지 않았습니까?

○증인 이경민　예.

○김성원 위원　마지막으로 민노총 일부 간부들은 북한과 지령을 주고받으면서 간첩 행위를 해 15년 이상의 중형을 선고받은 일 분명히 있지 않습니까?
　그러면 직무대리께서 방첩사령부의 이 직제 개편은 대한민국을 위협하고 있는 간첩을 잡기 위해서 정말 필수 불가결한 그런 활동이었다라고 다시 한번 그 배경에 대해서 자세하게 한번 설명해 주시지요.

○증인 이경민　예, 저희 방첩사로 개편이 되면서 보안·방첩 기능을 강화하고 그다음에 내수사 건수가 되게 많이 늘었습니다. 그래서 저희들이 우리의 고유 업무인 보안·방첩 활동에 중점을 두고 치중하자 이렇게 해 가지고 방첩수사단을 승격시킨 것으로 그렇게 알고 있습니다.

○김성원 위원　이상입니다.

○위원장 안규백　회의를 마치고자 하는데 보충질문 있습니까?

○윤건영 위원　예.

○위원장 안규백　그러면 계엄에 관련된 얘기예요, 다른 얘기예요?

○김병주 위원　계엄이지요, 당연히.

○위원장 안규백　또 같은 얘기예요?

○김병주 위원　신원식 실장이 다음번에 안 나오기 때문에 제가 좀……

○부승찬 위원　저는 자료 요구요.

○위원장 안규백　그러면……

○**김성원 위원** 됐습니다.

○**위원장 안규백** 됐어요?

○**백혜련 위원** 저도 그러면 조금만……

○**위원장 안규백** 그러면 두 분과 자료 요구……

○**용혜인 위원** 위원장님, 저도 3분만 하겠습니다.

○**부승찬 위원** 저 자료 요구, 자료……

○**김성원 위원** 그러면 간사 간의 합의 뭐하러 합니까, 그러면? 다 한다고……

○**한기호 위원** 아니, 위원장님. 또 한다고 안 하셨잖아요, 아까.

○**김병주 위원** 반도 안 했다고 얘기하면서 뭐……

○**위원장 안규백** 아니……

○**용혜인 위원** 증인들 왜 불렀냐고 하시면서 왜 질문을 못 하게 하십니까?

○**윤건영 위원** 증인들이 답변을 안 하니까 답변할 기회를 주셔야지요.

○**한기호 위원** 자기 질의 시간에 해야지 지금 와서, 다 끝나는데 이제 와서 또 하겠다 그러면……

○**위원장 안규백** 아니, 한기호 위원님은 저한테 인상 쓰면 안 되지요.

○**한기호 위원** 위원장님이 좀 잘하십시오, 존경하는 위원장님.

○**부승찬 위원** 자료 요구 먼저……

○**위원장 안규백** 그러면 두 분만 하시고 마치도록 하겠습니다.

○**부승찬 위원** 자료 요구……

○**위원장 안규백** 예, 간단하게 해 주십시오.

○**부승찬 위원** 드론사령부에서 2024년 9월부터 12월까지 무인항공기 운용을 위해 공군에 통보한 비행계획, 경로 포함해서. 이것을 제출해 주시기 바라요. 만일 비밀이면 대면 설명 부탁드리겠습니다.

○**증인 김용대** 다시 한번만 말씀해 주시면……

○**부승찬 위원** 2024년 9월부터 12월까지 무인항공기—드론 포함이지요—운용을 위해 공군에 통보된 비행계획, 경로 포함해서입니다. 규정에 보면 공군에 통보하게 돼 있지요. 이게 만약 비밀이면 대면 보고 좀 해 주세요.

　이해하셨지요?

○**위원장 안규백** 예, 그렇게 하도록 하겠습니다.

　김병주 위원님, 3분 하십시오.

○**김병주 위원** 3분밖에 안 주나요?

○**위원장 안규백** 예.

○**김병주 위원** 신원식 안보실장님.

○**증인 신원식** 예.

○**김병주 위원** 작년 3월에, 여기 여인형 공소장에 보면 대통령하고 김용현, 신원식, '조'는 조태용으로 보이는데 방첩사령관하고 해서 모여서 대통령이 '비상대권을 통해 헤쳐 나가는 것밖에 없다' 이렇게 말을 했다고 적혀 있는데 이것 그때 들으셨지요?

○**증인 신원식** 예, 그 문제는 제가 피고발인 신분이기 때문에 진술하지 않겠습니다.

○**김병주 위원** 그러면 인정하는 것으로 알겠습니다.

그때 이게 끝나고 나서 김용현 장관하고 신원식 안보실장이 많이 싸웠다 그래요. 신원식 장관 공관으로 모였었지요?

○**증인 신원식** 그것도 제가 수사기관에는 자세히 진술했는데 오늘은 진술하지 않겠습니다.

○**김병주 위원** 그래서 신원식 안보실장은 많이 반대했고 김용현은 해야 된다라고 얘기했는데 제가 아쉬운 것은 이때 신원식 안보실장은 대통령의 계엄 의지를 이미 알았던 거예요, 반대는 했지만. 그러고 나서 열한 번 모임 중에 열 번 뒤의 모임은 신원식은 빠져 있어요.

그리고 8월 달에 김용현 경호처장 그 당시 국방부장관으로 내정되자마자 제가 얘기한 것이 그때부터는 계엄할 수 있다라고 문제 제기했고, 그때 국방위를 앞두고 제가 신원식 그 당시 장관한테도 얘기했어요. 후계가 걱정된다, 그것 중심 잡고 해 달라, 김용현이가 되면 비상계엄이 우려된다, 또 하나는 인사를 충암파 내지는 친위대로 할 거니까 안보실장 가더라도 중심 잡고 좀 해 달라고 하셨는데 왜 중심 못 잡으셨지요?

○**증인 신원식** 두 번째 말하는 인사는 위원님 말씀과 사실이 다르다고 제가 말씀드릴 수 있는데, 첫 번째는 저는 전혀 현실성이 없기 때문에 그때 그렇게 했는데 그게 현실화될 줄은 미처 몰랐습니다.

○**김병주 위원** 그리고 제가 사실 신원식 안보실장에 대해서는 장관 할 때 강성이기는 해도 최소한 계엄 정도 할 사람은 아니다, 제가 군대 생활을 같은 시기에 했기 때문에, 김용현은 할 수 있다고 판단을 했어요. 그래서 그렇게 간곡히 부탁했는데도 그것을 귀담아 듣지 않고 징후가 많았는데도 헛들은 것이 아쉽고.

그다음 두 번째, 이것 한번 얘기해 주세요.

신원식이라 그러면 강골인데 비상계엄 한다 그러면 그 당시 12월 3일 날 직을 던지고까지 반대를 하고 했었어야 될 것 같은데, 그럴 것 같은데 왜 그때 못 했습니까?

○**증인 신원식** 제가 계엄을 인지한 시간은 22시 20분경이고 대통령께서 국무회의가 끝나고 밑에 브리핑하고 내려가는 그 복도에서 이렇게 뵀기 때문에 사실은 제가 사전에 인지를 해서 대통령께 재고를 건의드릴 여유가 전혀 없었습니다.

(발언시간 초과로 마이크 중단)

○**김병주 위원** 그때라도 늦더라도 천하의 신원식이면……

1분만 더 주세요.

○**한기호 위원** 아니, 버스가 지나간 다음에 손 흔드는 거예요. 예의가 아니에요, 지금 예의가.

○**김병주 위원** 지금 예의 따집니까, 지금 국정조사에?

저 12시까지 할게요.

○**곽규택 위원** 김병주 위원님, 다른 위원들이 다 부하로 보이세요?

○**김병주 위원** 예?

○**곽규택 위원** 다른 위원늘이 다 부하로 보이세요?

○**김병주 위원** 국정조사에 왜 부하로 보여요?

○**용혜인 위원** 위원이 국정조사에서 질의하는 것은 책임 아닙니까, 책임? 그렇게 집에 가고 싶으세요?

○**곽규택 위원** 지금 본인한테 할당된 시간이 있는 것 아닙니까?

○**김병주 위원** 아니, 추가 달라고 하는데 무슨 부하예요?

○**위원장 안규백** 위원님들, 위원님들, 사회는 제가 봅니다.

○**김병주 위원** 곽규택 위원, 똑바로 하세요. 지금은 국정조사를 하고 있고 조금 전에 김성원 간사님도 지금 증인 중에 많이 못 했다고 하는데 무슨 문제예요?

○**한기호 위원** 아니, 국정조사를 혼자 하는 게 아니잖아요. 여기 같이 있지 혼자 계세요?

○**김병주 위원** 열심히 국정조사 하겠다는 위원한테 왜 딴지를 거는 겁니까, 진짜로?

○**한기호 위원** 열심히 안 하는 사람이 어디 있어요, 지금?

○**김병주 위원** 무슨, 열심히 하려고……

○**위원장 안규백** 1분 하세요.

○**김병주 위원** 국정조사, 국민의 명령에 따라 하려고 하는데 왜 딴지 거는 거요?

○**위원장 안규백** 김 위원님.

○**곽규택 위원** 연습을 하고 오세요, 연습을. 질문 연습 좀 하고 오세요. 시간개념이 그렇게 없으세요?

○**위원장 안규백** 김 위원님.

○**용혜인 위원** 곽규택 위원님, 말씀이 좀 과하시지 않으세요?

○**한기호 위원** 뭐 하는 거예요!

○**용혜인 위원** 조용히 하세요. 저쪽이 먼저 소리 질렀어요, 지금! 하루 종일 소리 질러 놓고 뭘 이제 와서 시끄럽다고.

○**한기호 위원** 도떼기시장이에요, 지금? 위원장님, 잘 정리하세요.

○**용혜인 위원** 위원장님, 곽규택 위원의 아까 그 발언은 저는 제지해 주셔야 된다고 생각합니다.

○**김병주 위원** 위원장님, 여기서 끝낼 수 없습니다.

○**곽규택 위원** 7분, 5분, 3분 연습 다 해 가지고 오지 않아요?

○**윤건영 위원** 연습하고 오라니요?

○**용혜인 위원** 말이 진짜 심하시지 않습니까.

○**위원장 안규백** 위원님들, 위원 개인 간에는 상호 질문이 안 돼 있습니다. 가만히 계세요! 뭐 하는 겁니까, 지금? 가만히 계세요.

○**김병주 위원** 계속하시지요.

○**위원장 안규백** 1분 추가 안 하십니까?

○**김병주 위원** 아니, 계속하겠습니다, 12시까지. 계속하게 해 주십시오. 지금 여기서 이렇게……

○**위원장 안규백** 간사 간에 다시 합의하세요.
　백혜련 위원, 말씀하세요.

○**추미애 위원** 질의 더 하겠습니다. 질의할 것 있습니다.

○**백혜련 위원** 김주현 민정수석, 다시 앞으로 나오세요.

○**추미애 위원** 국정조사가 무슨 놀러가는 야유회입니까, 버스 지나간 뒤에 그런다고 그런 말이나 하게? 여당 원로가 그러면 됩니까?

○**위원장 안규백** 질의하세요.

○**윤건영 위원** 저도 질의하겠습니다. 저도 질의할게요.

○**용혜인 위원** 저도 질의하겠습니다.

○**한기호 위원** 아니, 이미 계엄령이 발령된 뒤에 그걸 몸으로 못 막았다고 얘기하니까 이게 안 되잖아요, 일의 순서가 시간이 지나갔는데.

○**김병주 위원** 아니, 한기호 위원도 왜 못 막아요? 다 자유롭지 않지. 여당에 계시는 분 자유로운 분 있어요? 그때 우리가 얘기할 때 괴담으로 치부하고 말이야.

○**한기호 위원** 제가 못 막아서 죄송합니다.

○**위원장 안규백** 민정수석 왜 나오셨습니까?

○**백혜련 위원** 제가 질의하려고 나오라고 했습니다.

○**한기호 위원** 못 막아서 죄송합니다.

○**김병주 위원** 그렇게 나와야지요.

○**위원장 안규백** 조용히 하십시오.

○**백혜련 위원** 질의하겠습니다.

○**위원장 안규백** 질의하십시오.

○**백혜련 위원** 12월 4일 날 안가 회동이요.

○**증인 김주현** 예.

○**백혜련 위원** 장소를 그 직원에게 안가에서 해 달라고 얘기했습니까?

○**증인 김주현** 갈 수 있는 데가 시간이 급해서, 장관님들은 또 얼굴이 좀 알려져 있는 분들이고 그러니까 조용하게 얘기할 수 있는 그런 데가 있을까 그래서 우리 직원한테 얘기를 해서 찾아보고 해서 그렇게 가게 됐습니다.

○**백혜련 위원** 대통령에게 보고됐습니까, 이 4명 만난다는 것?

○**증인 김주현** 보고 안 됐습니다. 그 절차는 보고 안 되는 그런 걸로 알고 있습니다.

○**백혜련 위원** 그러니까 제가 이해가 안 가는데요. 제가 아까 경호처 차장한테 이 안가를 어떻게 쓸 수 있는지 물어봤습니다. 이 안가는 대통령의 허가 없이는 쓸 수 없는 곳이에요. 이 안가를 관리하는 경호처 직원을 차장도 모른답니다, 정확히. 그리고 대통령실에 따로 안가를 관리하는 직원이 있대요. 그래서 두 사람만의 어떤 그것에 의해서, 그런데 거기에는 분명히 대통령의 허가 같은 게 필요하겠지요. 그래서 안가를 쓸 수 있다는 겁니다. 그런데 직원 누가 그 예약 했어요? 이름이 누구, 어떻게 됩니까?

○**증인 김주현** 제 보좌관이 연락을 했었는데 저는 하여튼 그런 걸 쓸 수 있다고 들어서 그날도 같이 그렇게……

○**백혜련 위원** 그러니까 이게 대통령실에서 일종의 오더라든지 아니면 이상민 장관을 통해서 뭐가 들어가지 않은 이상은 이 안가가 예약이 될 수가 없는 거예요. 민정수석도 그 안가를 자유롭게 쓸 수가 없어요. 대통령 없을 때 안가 가 보신 적 있으세요?

○**증인 김주현** 저는 안가에서 대통령을 뵌 일이 없습니다.

○**백혜련 위원** 그렇지요?

○**증인 김주현** 예.

○**백혜련 위원** 그만큼 못 가는 거예요. 대통령 아니고는 그 안가를 쓸 수가 없습니다. 그런데 일개 직원이 어떤 그것도 없이 안가를 예약했다? 이것은 있을 수가 없는 일이에요.

민정수석이 대통령과 모종의 회의를 했든 아니면 이상민 장관이 대통령과 모종의 회의를 했든 거래를 해 가지고 이 안가가 예약된 거예요.

○증인 김주현 아니, 위원님……

○백혜련 위원 모를 수도 있는데 직원 그것 나중에 확인해 보세요. 그건 지금 말이 안 된다는 것을 제가 경호처 차장한테도 확인했어요. 대통령이 오지 않고 대통령 허가가 없이 삼청동 안가를 쓸 수가 없습니다. 그런데 일개 보좌관이 그 안가를 예약했다고요? 이것 상식적으로 말이 안 되는 거예요.

그리고 아까 대통령이랑 통화하셨다 그랬는데 제가 질문하고 나서 생각해 보셨을 거예요. 무슨 내용으로 통화했습니까? 계엄과 내란죄 어떻게 대응할 것인가에 대해서 통화하셨지요?

○증인 김주현 그런 일로 통화드린 적이 없습니다.

○백혜련 위원 그러면 무슨 일로 통화했어요?

○증인 김주현 글쎄요……

○백혜련 위원 기억 안 날 수가 없을 것 같아요, 이것 끝나고 나서 몇 분 통화하셨다고.

○증인 김주현 여러 가지 일이 있었으니까……

○백혜련 위원 그러니까 무슨 내용으로 통화하셨는지를 얘기를 하시라고요.

○증인 김주현 제가 평소에 모시던 대통령이시고 그러니까 잘 지내시는지 그런 것도 궁금하고 그래서, 그런데 제가 말씀드렸지만 그 부분에 관해서 제가 뭘 깊이 있게 검토하거나 그런 적이 없습니다.

○백혜련 위원 이미 계엄이 끝나고 나서잖아요.

○증인 김주현 예, 계엄이 끝나고 나서……

○백혜련 위원 그러면 계엄이 끝나고 나서니까 이제는 사건은 터진 것 아니에요. 그러니까 그것에 대한 대응을 해야 될 것 아닙니까? 그러니까 분명히 대통령하고 그 문제로 논의를 하는 게 오히려 상식적으로 맞는 거지요. 그런데 전혀 논의를 안 했어요?

○증인 김주현 아니, 그러니까 끝났다고 해서 제가 그게 뭐 구체적인 것들을 볼 수 있는 건 아니지 않습니까. 언론에서 말씀하시는 그런 정도에 불과한 거지……

○백혜련 위원 안가 회동에서도 이상민 장관은 제가 볼 때는 완전히 주요 동조자예요, 임무수행자예요. 그리고 그 4명이 모였을 때 분명히 얘기가 나왔을 거예요, 그리고 더 구체적으로.

○증인 김주현 그런데 그다음 날도 시간상으로 보시면 저희가 무슨 얘기를 할 수 있었겠습니까.

○백혜련 위원 아니, 한 시간 이상은 삼청동 안가에서 밥 먹었고 뭐 했다면서요.

○증인 김주현 그 전날부터 죽 이어진 그 일련의 과정을 보시면 저희가 다른 걸 생각하고 뭐 할 수 있는 여유가 없었습니다.

(발언시간 초과로 마이크 중단)

....

(마이크 중단 이후 계속 발언한 부분)

○백혜련 위원 어쨌든 보좌관이라는 거지요, 보좌관?

○증인 김주현 예, 보좌관 통해서……

○**백혜련 위원** 이름 혹시 어떻게 돼요?

○**증인 김주현** 그것은 제가……

○**백혜련 위원** 나중에 자료 요청할 테니까 내세요.

....

○**위원장 안규백** 김병주 위원님 마무리하세요.

○**김병주 위원** 맥이 다 끊어졌는데……

이따가 다시 3분 주세요. 맥이 다 끊어졌어요.

○**위원장 안규백** 예, 알겠습니다.

추미애 위원님 말씀하십시오.

○**추미애 위원** 고동희 대령 앞으로 나오십시오.

증인은 12·3 비상계엄 당일 오전 10시에 문상호 사령관 지시를 받고 선거관리위원회에 출동을 한 거지요?

○**증인 고동희** 예.

○**추미애 위원** 문상호 사령관과는 사전에 계엄을 모의한 것으로 보이는데 언제부터 모의했나요?

○**증인 고동희** 모의하지 않았고 12월 3일 10시에……

○**추미애 위원** 그렇다면 이 계엄선포 5시간 전에 100여 발의 탄약을 지통실에 미리 준비하고 8시경에 그 탄약을 소지한 채로 선관위로 출동을 했는데 그러면 모의를 안 했으면 어떻게 이런 무기 소지까지 준비를 다 합니까?

○**증인 고동희** 10시에……

○**추미애 위원** 이렇게 계엄에 사용할 실탄을 미리 준비한 것, 언제부터 그렇게 준비하라고 지시받았어요?

○**증인 고동희** 3일 10시에 문상호 사령관으로부터 긴급출동이 있을 수 있다라는 얘기를 듣고 인원 선발하고 복장 그다음에 총기, 탄약, 차량 준비하라는 지시를 받고 준비했습니다.

○**추미애 위원** 그런데 그게 100여 발이나 된단 말이에요? 이것을 미리 준비한 건데 그게 가능합니까?

○**증인 고동희** 1인당 10발 기준으로 해서 100발입니다.

○**추미애 위원** 그런데 그 수사기관에서는 이게 간부 사격용이다, 그래서 11월 26일 날 계획된 것이다 그런데 기상악화로 연기했다 이렇게 진술한 바 있지요?

○**증인 고동희** 예.

○**추미애 위원** 그 일정을 누가 변경한 겁니까? 12월 3일 어떻게 그렇게 점쟁이처럼 딱 맞춰서 변경합니까? 증인입니까, 아니면 누가 시켰습니까? 문상호 사령관이 시켰습니까? 노상원이 같이 있었습니까?

○**증인 고동희** 제 밑의 작전과장이 연말 일정을 고려해서 훈련가용일자를 판단해서 저한테 건의했고 제가 그렇게 다시 사령관한테 건의했습니다.

○**추미애 위원** 그런데 그게 왜 12월 3일입니까?

○**증인 고동희** 그때 가용한 날짜가 12월 3일이었고……

○**추미애 위원** 왜 그것이 가용한 날짜였습니까?

○**증인 고동희** 그 이유는 연말 되면 우수부대 선발해서……

○**추미애 위원** 그러니까 그것이 왜 연말이 아닌데 12월 3일입니까? 왜 계엄 한 날짜에 맞춘 겁니까?

○**증인 고동희** 연말 우수부대 선발해서 포상을 하려면 사전에 모든 것이 종료가 되어야 되는데 그 일정이 맞는 게 그때밖에 없었습니다.

○**추미애 위원** 계엄에 사용할 탄약, 출동 준비, 서버실 침입, 이게 그냥 연말을 피한 우연의 일치다 이런 주장입니까? 지금이라도 사실대로 이야기하세요.

○**증인 고동희** 제가 말씀드린 게 사실입니다.

○**추미애 위원** 사실일 게 없는데? 우연의 일치로 그냥 뒤로 넘어졌는데 우연히 맞았다 그런 얘기인데요. 대통령이 계엄 발표하는 날과 딱 들어맞게 이 100여 발 탄약, 지통실에 미리 준비해 뒀고 사전에 준비한 건데 그걸 그 날짜를 연기하다 보니 그렇게 됐다 이런 얘기 아닙니까?

○**증인 고동희** 간부 사격일자는 12월 3일부터 5일까지 화·수·목 3일이었고 그때 마침 12월 3일 날 그렇게 지시해서 교육용 탄약으로 가지고 있던 권총탄 100발을 준비한 겁니다.

○**위원장 안규백** 추가로 하실……

용혜인 위원.

○**용혜인 위원** 국정원장님이 오늘 마지막 증인이신 것 같아 가지고, 2차·3차에 안 계신 것 같아 가지고 질문 좀 드리겠습니다.

앞선 질의 답변 과정에서 홍장원 전 1차장님과 원장님 사이의 진술이 몇 가지 좀 충돌한 지점들이 있었어요. 거기에 대한 판단은 국민들이 하시겠지만 적어도 비상계엄 선포 이후에 홍장원 전 차장이 대통령으로부터 방첩사를 지원하라는 지시를 받았다는 것은 원장님께 보고를 했다라는 것만큼은 두 분의 진술이 일치하는 것 같습니다.

그런데 제가 이 부분에서 가지는 의문은 국가 최고의 정보기관의 수장이 비상계엄이 선포된 상황에서 직속 부하가 다른 사람도 아닌 대통령으로부터 특정 임무를 하달받았다라고 보고를 하는데 그 임무의 내용이 무엇인지 확인하려고 하지도 않았다라는 게, 다른 부처도 아니고 국가의 최고급 정보를 다루는 부처에서 원장님이 그런 행동을 했다는 것이 저는 좀 납득이 안 됩니다. 이에 대해서 뭐라고 답변하시겠습니까?

○**증인 조태용** 우선 우리 차장이 대통령한테 전화를 받았다고 해서 제가 참 의아하게 생각했습니다. 두 번째로 방첩사를 지원하는 것은 정무직회의 때 어느 정무직이 방첩사가 계엄이 되면 합동수사본부를 차리게 되고 그렇게 되면 저희 국정원이 그것을 지원하도록 법이 돼 있다는 얘기 하나는 누가 했습니다. 그래서 저는 방첩사를 지원하는 것은 계엄이 되면 국정원이 당연히 하는 일의 하나로 그렇게 이해를 했기 때문에 구태여 특별히 물어봐야 될 이유를 느끼지 못했습니다. 설명도 없었습니다.

○**용혜인 위원** 예, 저는 사실 납득이 안 되는 것은 그것이 대통령의 지시였다고 또 따로 연락이 왔다라고 하는데 그냥 그것은 의례적인 일이니까라고 넘어간다는 게 저로서는 좀 납득하기가 어렵습니다.

제가 가지고 있는 추론은, 제가 할 수 있는 합리적인 추론은 한 가지인데요. 1차장이 방첩사를 도와서 수행할 임무가 무엇인지를 원장님은 미리 알고 계셨던 것이 아닌가 싶습니다. 주요 정치인들을 체포하라고 하는 명확하게 불법적인 이 대통령의 지시에 본인이 연루되는 상황을 좀 피하고자 하셨던 것 아닙니까?

○증인 조태용 생각도 하지 못했습니다. 국정원의 지금 저희 활동을 보시면 정치인 체포는 국정원이 할 수가 있는 일이 아닙니다. 인원도 없고 역량도 없습니다. 저로서는 그런 임무가 국정원 쪽에 얘기가 됐다고는 사실 지금도 믿기가 좀 어렵습니다.

○용혜인 위원 수사를 통해서 밝혀져야 하고요.

○증인 조태용 맞습니다.

○용혜인 위원 시간 잠깐만 멈춰 주시고……

경호처 차장님, 잠깐 나와 주시겠어요?

윤석열 대통령 체포될 때 '총 들고 나가서 저 불법 세력들에게 대한민국의 헌법질서를 보여 주겠다'라고 말씀하신 적 있으십니까?

○증인 김성훈 전혀 없습니다.

○용혜인 위원 오늘 언론 보도를 통해서 보도가 됐는데요.

○증인 김성훈 그러니까 전혀 없습니다.

○용혜인 위원 전혀 없다는 말씀이신가요?

○증인 김성훈 예.

○용혜인 위원 이 증언을 당시에 관저 안에 있었던 직원들과 국회의원들이 같이 봤다고 하는데 확실히 부인하시는 건가요?

○증인 김성훈 부인이 아니라 그런 사실이 없습니다.

○용혜인 위원 예, 저는 이런 인식을 갖고 있다면 경호처 차장으로서의 자격이 없다고 생각하는데요. 부디……

(발언시간 초과로 마이크 중단)

(마이크 중단 이후 계속 발언한 부분)
그 진술이 사실이기를 바라고요.

이 부분과 관련돼서는 여기 안 계시지만 대통령권한대행이 진상을 파악해서 경호처 차장에 대한 인사조치를 반드시 해야 된다고 생각합니다.

이상입니다.

○위원장 안규백 윤건영 위원 마지막 질의해 주세요.

○윤건영 위원 짧게 질의하겠습니다.

김주현 수석님, 잠깐 발언대에 와 주십시오.

수석님, 제가 오전에 질의했던 내용인데 확인만 좀 하겠습니다. 김용현 전 국방부장관이 출석하기 전날 또는 당일 날 출석과 관련해서 대통령이나 또는 국방부나 검찰과 어떠한 이야기도 한 적이 없습니까, 있습니까?

○증인 김주현 저는 없습니다.

○윤건영 위원 없습니까?

○증인 김주현 예.

○윤건영 위원 좋습니다.

그리고 앞서 4일 날 안가 모임을 수석실 보좌관이 신청을 했다라고 하신 게 맞습니까?

○증인 김주현 하여튼 저는 그렇게 사용하는 경우가 있다고 들어서 그렇게 해서 제가……

○윤건영 위원 이것 민정수석실 부속실에 있는 보좌관이 하셨다는 말씀이시지요?

○증인 김주현 예, 그러니까 그 친구는 전화만 한 거지요.

○윤건영 위원 예, 알겠습니다.

　들어가셔도 됩니다.

○증인 김주현 예.

○윤건영 위원 경호차장님 잠깐 나와 주십시오.

　앞선 답변에서 경호차장께서는 일곱 분의 전임 대통령을 모셨다고 했습니다. 전임 정부에서 대통령 안가를 수석급에서 사용한 적이 있습니까, 대통령 없이?

○증인 김성훈 그 부분은 제가 확인해 드릴 수 없습니다.

○윤건영 위원 왜 확인을 못 하지요?

○증인 김성훈 아시겠지만 안가 부분 사용 현황에 대해서……

○윤건영 위원 그러면 제가 다시 다르게 여쭈어볼게요.

　안가를 대통령 내외 이외가 사용한 적이 있습니까, 전임 정부에서?

○증인 김성훈 제 기억에는 없는 것으로 알고 있습니다.

○윤건영 위원 그럼요. 수석급이 사용한다라는 것은 상상을 못 하는 일이지요. 비서실장도 안가는 사용 못 합니다. 안가는 안전가옥이라는 뜻이에요, 대통령의 안전가옥. 대통령 내외가 안전가옥을 쓰는 겁니다. 그런데 방금 민정수석께서 설명하시기로는 민정수석이 직접 연락한 것도 아니고 민정수석실의 부속실에 있는 보좌관이 안가 사용 허가를 얻었다라는 게 저는 상식적으로 납득이 되지 않고 말도 안 되는 일이라고 생각합니다.

　제가 다시 질의합니다.

　안가를 관리하고 하는 것은 경호처 소관이지요?

○증인 김성훈 예, 그렇습니다.

○윤건영 위원 그러면 경호차장님이 계실 때 12월 4일 날 안가 관련해서 민정수석실에서 보고받거나 신청받거나 한 적 있습니까?

○증인 김성훈 저는 안가 사용과 관련해서는 일체 관여하지 않고 해당 부서에서 하고 있습니다.

○윤건영 위원 당연히요. 그런데 제가 볼 때는 민정수석실이 그 정도 쓰겠다라고 하는 건 제가 볼 때는 차장 또는 처장 레벨에서 승인을 해 줘야 가능한 일입니다.

○증인 김성훈 저도 그 보도를 보고 '이것을 누가 협조해서 어떻게 사용했지?'라는 의아심을 가졌었습니다.

○윤건영 위원 당연하지요. 그것은 처장이나 차장도 쉽게 허락이 안 되는 사안이니까요. 왜냐하면 안가는 대통령을 위한 안전가옥이니까요. 그것을 민정수석 보좌관이 만들었다는 것을 보고 저는 상식적이지가 않은 겁니다.

○증인 김성훈 그 부분은, 그동안 어떻게 사용했는지에 대해서는 잘 모르겠습니다. 그것은 누구까지……

○윤건영 위원 그동안이 어떻게가 아니라요 차장님, 일곱 분의 대통령을 모셔 왔잖아요. 제가 알기로 전임 정권에서 이런 적이……

○증인 김성훈 이 정부 들어서를 말씀드리는 겁니다.

○**윤건영 위원** 이 정부 들어서 저도 모르겠지요. 그러나 전임 정부 계속 동안 이런 적은 없었습니다.

들어가셔도 좋습니다.

이상입니다.

○**위원장 안규백** 오늘 하나의 사실을 놔두고 상반된 의견이 있어서 제가 질문을 마지막으로 드리겠습니다.

홍장원 차장님 나오십시오.

조태용 원장님, 12월 12·3 국무회의 이후에 국정원에 도착을 몇 시에 하셨습니까?

○**증인 조태용** 11시 30분에 정무직회의를 했는데 그 직전에 도착했습니다.

○**위원장 안규백** 그러니까 국무회의 마치고 국정원 도착이 11시 30분……

○**증인 조태용** 11시 한 25분이나 20분 정도 아니었던가 싶습니다.

○**위원장 안규백** 원장님께서는 계엄에 찬성을 했습니까, 동의를 했습니까, 반대했습니까?

○**증인 조태용** 찬성하고 동의하지 않았습니다. 저는 우려를 표명했습니다.

○**위원장 안규백** 예? 뭐라고요?

○**증인 조태용** 찬성이나 동의를 하지 않았습니다. 저는 우려를 표명했습니다.

○**위원장 안규백** 오늘 조태용 원장님과 홍장원 차장이 상당히 주장이 엇갈린데 두 분의 위치를 봐서 서로 간에 상반된 어떤 의견이나 거짓말을 할 수 있는 그런 위치에 있는 분이 아니라고 생각이 됩니다. 서로 엇갈린 주장을 하신 것 보니까 저도 잘 이해가 안 가는데 홍장원 차장님, 어떻게 생각하십니까? 조태용 원장께서 홍 차장과 상반된 진술을 지금 하고 계시거든요. 이 점에 대해서 어디가 그 이유가 있다고 생각하고 본인의 생각은 어떻습니까?

○**증인 홍장원** 비상계엄이 있은 날부터 지금까지 원장님께서 어떤 의지나 또 나름대로 어떤 상황을 저나 주변에게 설명하신 적이 없습니다. 당일 날 긴급 정무직회의를 했음에도 불구하고 비상계엄 국무회의에 참석한 사실도 그다음 날 신문을 보고서야 알 수 있었고, 아까 말씀드린 대로 엄중한 비상상황이 발생해서 원장님께 '원장님, 이것 어떻게 된 겁니까?'라고 여쭤봤을 때도 '그런 것을 왜 물어봅니까?'라고 답변하셨기 때문에 저도 지난 1년 동안 모셨던 원장님의 모습과 너무 달라서 저도 이렇다 저렇다 말씀드리기가 좀 어렵습니다.

기회를 주셨으니까 제가 굉장히 중요한 얘기를 하나 말씀드리고자 합니다. 이것은 제 얘기를 하는 것 같지만 제 얘기가 아니라 지금 원장님하고도 관계가 되고 국정원의 앞날과도 굉장히 밀접한 관련이 있는 부분이기 때문에 조금 피곤하시겠지만 귀 기울여 주셨으면 좋겠습니다.

○**위원장 안규백** 말씀하세요.

○**증인 홍장원** 저는 12월 6일 자로 정치 중립의 의무를 위반했다는 원장님의 인사 제청으로 경질됐습니다. 저는 계속 '원장님이 경질하신 게 아니고 대통령께서 경질하신 겁니다'라고 했지만 벌써 10번 넘게 국정원장께서 정치 중립 의무를 위반한 이유로 인사 제청을 해서 대통령께서 경질했다고 말씀하셨습니다.

그러면 대통령께서 저를 경질한 것하고 완전히 달라집니다. 뭐가 달라지냐면, 제가 오후에도 말씀드렸지 않습니까. 정치 중립 위반이 관련된 부분은 국정원법에 7년의 징역에 처해질 수 있는 중형입니다. 따라서 이러한 부분에 있어서 굉장히 중요한 범죄를 남용해서 적용할 수 없기 때문에, 정확하게 말씀드리면 국정원법 제11조(정치 관여 금지) 제2항에 이렇게 명시되어 있습니다. '정치활동 관여 행위는 각호에 해당되는 행위를 말한다'라고 분명히 명시적으로 적시되어 있는 것입니다. 예를 들어서 그냥 정치 위반이다, 그러면 7년형입니다. 이런 부분에 있어서의 남용을 방지하기 위해서 규정과 법에 국정원 직원의 정치 중립에 관련된 부분의 내용을 각호에 정확하게 명시해 놨습니다.

따라서 국정원장님께서 야당 대표에게 전화하라고 한 것을 정치적 중립 위반 의무로 판단했다, 이것은 국정원법에도 없고 국정원직원법에도 없고 규정에도 없는 겁니다. 임의적으로 자의적으로 판단하신 겁니다.

그러면 어떻게 되냐면요 인사제청권자인 국정원장께서 국정원법과 규정에 근거하지 않은 상태에서 자의적으로 판단하고 인사권자인 대통령에게 건의해서 저를 경질한 겁니다. 그러면 제가 보기에는 국정원장님이 저를, 저에 대해서 인사권자에게 허위 보고를 한 것이고 무고입니다. 인사제청권의 남용입니다. 따라서 12월 6일 날 있었던 저에 대한 경질은 원천무효이고 불법입니다.

○증인 조태용 위원장님, 저도 좀 말씀할 수 있게 기회를 꼭 좀 주십시오.

○위원장 안규백 잠깐……

○증인 홍장원 하지만 이 부분에 대해서 국정원장을 고발하거나 행정 소청을 하거나 하지는 않겠습니다.

다만 원장님, 그래도 국정원의 넘버원·넘버투가, 제가 나름대로 특별한 부분에 있어서의 다른 것도 아니고 원장님이 매일 아침마다 티타임에 의견을 달라고 말씀하셔서 브레인, 아이디어 차원에서 말씀드린 것 가지고 어느 날 갑자기 그것을 저한테 정치 관여 금지 위반이라고 해서 이렇게 어려운 상황에 마주친다면 저는 괜찮습니다. 이다음 번에 어느 부대장이 국회 뭐뭐뭐 얘기하는데 '국회? 너 정치 중립 위반한 것 아니야?'라고 자의적으로 판단하고 근거와 법에 규정하지 않은 상태에서 판단해서 저와 똑같은 상황이 된다고 하면 앞으로 국정원이 창의적이고 자율적인 부분에 있어서의 사고와 대화를 나누면서 소통할 수 있는 문화로 발전해 나갈 수 있겠습니까?

저는 원장님께서 아까 '조선일보, 너 왜 오보라고 그랬냐?', 충분히 설명드릴 수 있습니다. '왜 너 혼자만 알고 있었다고 그랬는데 나한테 보고했다 그러냐?', 충분히 말씀드릴 수 있습니다. 하지만 그런 얘기 하지 않겠습니다.

그리고 원장님, 저 이것 그냥 말씀드리고 말겠습니다. 다만 원장님, 국정원을 사랑하시잖아요. 우리 국정원을 위해서 넘버투를 이런 식으로 경질하는 부분은 앞으로 옳지 못하다고 생각하고 우리 원의 발전을 위해서 우리 원장님 돌아가시는 길에 좀 충분히 고민해 보셨으면 좋겠다는 생각이 듭니다.

더구나 제가 국회 정보위에서 이런 얘기를 해서 이렇게 됐습니다.

○증인 조태용 위원장님, 발언시간 제한도 안 하십니까? 저한테도 같이 주시겠습니까?

○한기호 위원 아니, 국회의원들도 발언시간을 제한을 받는데 지금 마냥 혼자서 푸념하게 놔두십니까, 위원장님은?

○위원장 안규백 정리하십시오.

○한기호 위원 이것 지나친 것 아니에요, 위원장님?

○**김병주 위원** 억울한 일을 없게 하는 게 국회지요.

○**위원장 안규백** 아니, 지금 위원장으로서……

○**추미애 위원** 제일 중요한 증언이네요. 유일하게 양심 갖고 있네요.

○**위원장 안규백** 아니, 위원장으로서……

○**한기호 위원** 다른 사람들한테도 그렇게 하세요, 그러면.

○**김병주 위원** 억울한 일을 없게 하는 게 국회고 국민의 대표지.

○**위원장 안규백** 가만히 계세요.

위원장으로서 두 분이서 상반된 의견이 나오기 때문에 제가 지금 마지막 질의를 드리고 있는 겁니다. 제가 마지막 질의를 드리고 있는 겁니다, 왜냐하면 상반된 의견이기 때문에. 증인으로 나오셨는데 두 분이서 서로 간에 공방을 할 수가 없는 위치 아닙니까?

더 이상 신문하실 위원이 안 계시면……

○**증인 조태용** 위원장님, 말씀 좀 드려도 되겠습니까?

○**위원장 안규백** 원장님, 지금 2차·3차 청문회가 있으니까 그때 하도록 하십시오. 더 이상……

○**증인 조태용** 이것 너무나……

○**한기호 위원** 아니지요. 지금 주셔야지요. 그러면 안 되지요. 형평성을 맞춰 주세요, 위원장님. 형평성을 맞춰 주세요.

○**강선영 위원** 발언권을 줘야지요. 발언권을 주셔야지요, 이것은.

○**증인 조태용** 너무 공평하지 않으십니다.

○**곽규택 위원** 국정원장한테도 답변 기회를 주셔야 될 것 아닙니까?

○**임종득 위원** 국민들이 지금 보고 있는데요.

○**위원장 안규백** 모두에 제가 먼저 말씀 기회를 드리지 않았습니까?

○**강선영 위원** 언제 줬습니까?

○**임종득 위원** 아니, 다르지요.

○**한기호 위원** 지금 또 홍 차장을 불러서 얘기했으니까……

○**위원장 안규백** 그러면 또 질문에 대해서 또 반격하고 또 질문에 또 하고, 더 이상 그것은 안 됩니다.

○**박준태 위원** 그러니까 한 번씩은 얘기를 할 수 있게 해 줘야지요.

○**한기호 위원** 아니, 똑같은 시간을 주세요, 위원장님.

○**임종득 위원** 아니지요. 똑같은 시간을 줘야지요.

○**김병주 위원** 충분히 했어요, 충분히.

○**증인 조태용** 위원장님, 저는 1분만 얘기하겠습니다. 저는 1분만 얘기하겠습니다.

○**박준태 위원** 간사님, 이것은 아니에요. 이것 항의하세요! 뭡니까, 이게?

○**임종득 위원** 이것은 편파적입니다.

○**위원장 안규백** 가만히, 가만히 계십시오.

더 이상 위원님이 안 계시면 신문을 마치도록 하겠습니다.

○**증인 조태용** 위원장님, 이러시는 법이 어딨습니까, 아무리 그래도? 위원장님, 이렇게 진행하시는 법이 어딨습니까? 저도 국회의원 해 봤습니다. 이런 것 처음 봤습니다. 이러실 수가 있습니까, 정말?

○**한기호 위원** 아니, 이렇게 하는 경우가 어딨어요, 위원장님?

○**임종득 위원** 아니, 이렇게 운영하는 게 어딨어요?

○**김병주 위원** 뭘 잘났다고 처음 봐요, 처음 보기는, 쿠데타도 못 막은 주제에.

○**한기호 위원** 아니, 똑같은 증인으로 왔는데, 두 사람이 똑같은 증인으로 왔는데 그러면 안 되잖아요.

○**위원장 안규백** 지금, 가만히 계세요.

○**추미애 위원** 그런 자세로 내란을 막았어야지요. 어디 여기 와서 그냥……

○**위원장 안규백** 아니, 그러니까 제가 당초에 먼저 질문을……

○**임종득 위원** 아니, 증인이면 양쪽 얘기를 들어 봐야 될 것 아닙니까?

○**추미애 위원** 양심이 있으세요? 그런 자세로 막았어야지, 내란을! 이 사태를 만들어 놓고서.

○**위원장 안규백** 먼저 질문을 드리고 그다음에 내가 홍 차장한테 물어봤잖아요.

○**한기호 위원** 아니, 아까도 홍장원은 시간을 충분히 줬고 이번에도 충분히 줬으면 또 한 번 줘야지요.

○**용혜인 위원** 먼저 드렸잖아요.

○**위원장 안규백** 충분히 질문을 드렸는데 말씀을 안 하셨잖아요.

○**김병주 위원** 이제 수사를 통해서 밝히면 될 일이에요.

○**한기호 위원** 홍장원이 얘기했으니까 또 한 번 줘야지요.

○**증인 조태용** 위원장님 참 너무하십니다, 정말.

○**위원장 안규백** 2차에 나오셔서 말씀해 주시기 바랍니다.

1차 청문회를 마치면서 한 말씀 드리겠습니다.

국회에서의 증언·감정에 관한 법률에 따라서 불출석 죄는 3년 이하의 징역, 1천만 원 이상과 3천만 원 이하의 벌금에 처하며 동행명령 거부죄는 5년 이하의 징역에 처할 수 있습니다.

수사 중이거나 재판 중인 증인도 국정조사에 증인으로 출석해야 한다고 의결했음에도 불구하고 국정조사를 회피하는 증인에 대해서는 동행명령장 발부 및 고발 등 단호한 법적 처벌과 조치를 취할 수 있음을 말씀드립니다.

오늘, 2차 청문회에서 미흡한 부분은 다시 한번 또 반격에 대한 그런 기회를 드리도록 하겠습니다.

준비를 위해서 애쓰신 보좌진과 위원님께 다시 한번 감사드리고 오늘 조사에 출석하신 여러 증인께 늦게까지 수고했다는 그런 말씀을 드립니다.

이상으로 제1차 청문회를 모두 마치겠습니다.

다음 제2차 청문회, 3차 청문회는 2월 4일과 6일 각각 실시하고 추후에 간사님들의 협의를 거쳐서 공지하도록 하겠습니다.

국정조사 종료를 선포합니다.

(22시56분 산회)

일반증인 및 참고인 명단
증인(62인)

성명	직업	출석일
윤석열	대통령	
최상목	대통령권한대행 부총리 겸 기획재정부장관	
박성재	법무부장관	
김용현	(전)국방부장관	
이상민	(전)행정안전부장관	
김용빈	중앙선거관리위원회 사무총장	
강의구	대통령비서실 제1부속실장	
김주현	대통령비서실 민정수석비서관	
인성환	국가안보실 제2차장	
최병옥	국가안보실 국방비서관	
김대경	대통령경호처 지원본부장	
이완규	법제처장	
박현수	행정안전부 경찰국장	
손우승	행정안전부 사회조직과 사무관	
조지호	경찰청장	
김봉식	(전)서울경찰청장	
오부명	서울경찰청 공공안전차장	
목현태	(전)서울경찰청 국회경비대장	
허석곤	소방청장	
이영팔	소방청 차장	2. 4.(화)
김선호	국방부장관직무대행	
전하규	국방부 대변인	
방정환	국방부 국방혁신기획관	
서동설	합동참모본부 다영역작전부장	
여인형	(전)방첩사령관	
나승민	방첩사령부 신원보안실장	
문상호	(전)정보사령관	
김00	777사령부	
박안수	(전)육군참모총장	
고현석	육군참모차장	
곽종근	(전)특수전사령관	
이진우	(전)수도방위사령관	
구삼회	(전)육군 제2기갑여단장	
박민우	육군 제2군단 부군단장	
양황석	한양대 학군단장	
명태균	–	
이선진	–	
류 혁	(전)법무부 감찰관	
윤석열	대통령	2. 6.(목)

성명	직업	출석일
한덕수	국무총리	
정진석	대통령비서실장	
김태효	국가안보실 제1차장	
오00	국가안보실 국가위기관리센터	
박종준	(전)대통령경호처장	
김성훈	대통령경호처장직무대행	
윤인대	기획재정부 차관보	
김동일	기획재정부 예산실장	
이창용	한국은행총재	
심우정	검찰총장	
이진동	대검찰청 차장검사	
조지호	경찰청장	
김봉식	(전)서울경찰청장	
김용현	(전)국방부장관	
김선호	국방부장관직무대행	
김명수	합동참모의장	
여인형	(전)방첩사령관	
김대우	(전)방첩사령부 수사단장	
노상원	(전)정보사령관	
문상호	(전)정보사령관	
박안수	(전)육군참모총장	
곽종근	(전)특수전사령관	
이진우	(전)수도방위사령관	

참고인(2인)

성명	직업	출석일
신용한	서원대학교 교수	2. 4.(화)
우석진	명지대학교 교수	2. 6.(목)

○**출석 위원(18인)**

강선영 곽규택 김병주 김성원 민병덕 민홍철 박선원 박준태 백혜련 부승찬
안규백 용혜인 윤건영 임종득 주진우 추미애 한기호 한병도

○**출석 전문위원**

수석전문위원 오명호

전문위원 류승우

○**출석 증인**

한덕수(국무총리)

조태열(외교부장관)

김영호(통일부장관)

박성재(법무부장관)

송미령(농림축산식품부장관)

조규홍(보건복지부장관)

오영주(중소벤처기업부장관)

이상민((전)행정안전부장관)

김주현(대통령비서실 민정수석비서관)

신원식(국가안보실장)

김태효(국가안보실 제1차장)

김성훈(대통령경호처장직무대행)

이광우(대통령경호처 경호본부장)

이진하(대통령경호처 안전본부장)

장OO(대통령경호처 경호부장)

김OO(대통령경호처 경호부장)

남OO(대통령경호처 경호부장)

조태용(국가정보원장)

홍장원((전)국가정보원 제1차장)

박경선(서울동부구치소장)

원천희(국방정보본부장)

김철진(국방부 군사보좌관)

오영대(국방부 인사기획관)

방정환(국방부 국방혁신기획관)

김상용(국방부조사본부 차장)

김동혁(국방부 검찰단장)

양현승(국군심리전단장)

김용대(드론작전사령관)

정진팔(합동참모차장)

이승오(합동참모본부 작전본부장)

이경민(방첩사령관직무대리)

정성우((전)방첩사령부1처장)

장상주(방첩사령부 국방부방첩부대장)

고동희(정보사령부 계획처장)

이OO(정보사령부 OO부대장)

정OO(정보사령부 대령)

오OO(정보사령부 대령)

김봉규(정보사령부 대령)

정성욱(정보사령부 대령)

강호필(육군 지상작전사령관)

곽종근((전)특수전사령관)

이상현(특수전사령부 제1공수특전여단장)

김정근(특수전사령부 제3공수특전여단장)

안무성(특수전사령부 제9공수특전여단장)

김세운(특수전사령부 특수작전항공단장)

김현태(특수전사령부 707특수임무단장)

이진우((전)수도방위사령관)

김진익(육군본부 인사참모부장)

김광석(육군 제35사단장)

이수득(육군 제8사단장)

박민우(육군 제2군단 부군단장)

이한우(현대건설 대표이사)

윤영준((전)현대건설 대표이사)

이재용(송도랜드마크시티(유) 책임매니저)

박준규(현대건설 책임매니저)

양호열

김성남(성우엔지니어링 대표)

○출석 참고인

신용한(서원대학교 교수)

【보고사항】

○위원 개선

사임위원	보임위원	교섭단체	연월일
김승원	부승찬	더불어민주당	2025. 1. 17.

보건복지위원회회의록
(법안심사제2소위원회)
(임시회의록)

국 회 사 무 처

일 시 2025년1월22일(수)

장 소 보건복지위원회회의실

의사일정
1. 식품 등의 표시·광고에 관한 법률 일부개정법률안(백종헌 의원 대표발의)(의안번호 2203132)
2. 식품안전기본법 일부개정법률안(백종헌 의원 대표발의)(의안번호 2203765)
3. 수입식품안전관리 특별법 일부개정법률안(서명옥 의원 대표발의)(의안번호 2204688)
4. 응급의료에 관한 법률 일부개정법률안(서명옥 의원 대표발의)(의안번호 2205536)
5. 응급의료에 관한 법률 일부개정법률안(이주영 의원 대표발의)(의안번호 2203411)
6. 장기등 이식에 관한 법률 일부개정법률안(박주민 의원 대표발의)(의안번호 2204945)
7. 공공보건의료에 관한 법률 일부개정법률안(김선민 의원 대표발의)(의안번호 2202228)
8. 공공보건의료에 관한 법률 일부개정법률안(김윤 의원 대표발의)(의안번호 2205616)
9. 정신건강증진 및 정신질환자 복지서비스 지원에 관한 법률 일부개정법률안(김예지 의원 대표발의)(의안번호 2205532)
10. 정신건강증진 및 정신질환자 복지서비스 지원에 관한 법률 일부개정법률안(서미화 의원 대표발의)(의안번호 2202686)
11. 정신건강증진 및 정신질환자 복지서비스 지원에 관한 법률 일부개정법률안(김예지 의원 대표발의)(의안번호 2203242)
12. 정신건강증진 및 정신질환자 복지서비스 지원에 관한 법률 일부개정법률안(전진숙 의원 대표발의)(의안번호 2203832)
13. 국민건강보험법 일부개정법률안(이수진 의원 대표발의)(의안번호 2204524)
14. 국민건강보험법 일부개정법률안(김남희 의원 대표발의)(의안번호 2205225)
15. 국민건강증진법 일부개정법률안(서명옥 의원 대표발의)(의안번호 2205503)
16. 국민건강증진법 일부개정법률안(한지아 의원 대표발의)(의안번호 2206164)
17. 국민영양관리법 일부개정법률안(남인순 의원 대표발의)(의안번호 2205258)
18. 문신사법안(박주민 의원 대표발의)(의안번호 2205112)
19. 문신사·반영구화장사법안(윤상현 의원 대표발의)(의안번호 2205872)
20. 타투이스트에 관한 법률안(강선우 의원 대표발의)(의안번호 2207623)
21. 장애인복지법 일부개정법률안(최보윤 의원 대표발의)(의안번호 2205097)
22. 장애인복지법 일부개정법률안(주호영 의원 대표발의)(의안번호 2206044)
23. 장애인복지법 일부개정법률안(김기현 의원 대표발의)(의안번호 2205274)
24. 장애인복지법 일부개정법률안(최보윤 의원 대표발의)(의안번호 2205904)

상정된 안건

(10시04분 개의)

○소위원장 김미애　안녕하십니까? 보건복지위원회 국민의힘 간사 법안2소위 위원장 김미애입니다.

좌석을 정돈해 주시기 바랍니다.

성원이 되었으므로 제421회 국회(임시회) 제1차 법안심사제2소위원회를 개회하겠습니다.

법안 심사에 들어가도록 하겠습니다.

---

1. **식품 등의 표시·광고에 관한 법률 일부개정법률안**(백종헌 의원 대표발의)(의안번호 2203132)
2. **식품안전기본법 일부개정법률안**(백종헌 의원 대표발의)(의안번호 2203765)
3. **수입식품안전관리 특별법 일부개정법률안**(서명옥 의원 대표발의)(의안번호 2204688)
4. **응급의료에 관한 법률 일부개정법률안**(서명옥 의원 대표발의)(의안번호 2205536)
5. **응급의료에 관한 법률 일부개정법률안**(이주영 의원 대표발의)(의안번호 2203411)

6. 장기등 이식에 관한 법률 일부개정법률안(박주민 의원 대표발의)(의안번호 2204945)

7. 공공보건의료에 관한 법률 일부개정법률안(김선민 의원 대표발의)(의안번호 2202228)

8. 공공보건의료에 관한 법률 일부개정법률안(김윤 의원 대표발의)(의안번호 2205616)

9. 정신건강증진 및 정신질환자 복지서비스 지원에 관한 법률 일부개정법률안(김예지 의원 대표발의)(의안번호 2205532)

10. 정신건강증진 및 정신질환자 복지서비스 지원에 관한 법률 일부개정법률안(서미화 의원 대표발의)(의안번호 2202686)

11. 정신건강증진 및 정신질환자 복지서비스 지원에 관한 법률 일부개정법률안(김예지 의원 대표발의)(의안번호 2203242)

12. 정신건강증진 및 정신질환자 복지서비스 지원에 관한 법률 일부개정법률안(전진숙 의원 대표발의)(의안번호 2203832)

13. 국민건강보험법 일부개정법률안(이수진 의원 대표발의)(의안번호 2204524)

14. 국민건강보험법 일부개정법률안(김남희 의원 대표발의)(의안번호 2205225)

15. 국민건강증진법 일부개정법률안(서명옥 의원 대표발의)(의안번호 2205503)

16. 국민건강증진법 일부개정법률안(한지아 의원 대표발의)(의안번호 2206164)

17. 국민영양관리법 일부개정법률안(남인순 의원 대표발의)(의안번호 2205258)

18. 문신사법안(박주민 의원 대표발의)(의안번호 2205112)

19. 문신사·반영구화장사법안(윤상현 의원 대표발의)(의안번호 2205872)

20. 타투이스트에 관한 법률안(강선우 의원 대표발의)(의안번호 2207623)

21. 장애인복지법 일부개정법률안(최보윤 의원 대표발의)(의안번호 2205097)

22. 장애인복지법 일부개정법률안(주호영 의원 대표발의)(의안번호 2206044)

23. 장애인복지법 일부개정법률안(김기현 의원 대표발의)(의안번호 2205274)

24. 장애인복지법 일부개정법률안(최보윤 의원 대표발의)(의안번호 2205904)

25. 장애인차별금지 및 권리구제 등에 관한 법률 일부개정법률안(서미화 의원 대표발의)(의안번호 2204294)

26. 장애인·노인·임산부 등의 편의증진 보장에 관한 법률 일부개정법률안(장종태 의원 대표발의)(의안번호 2205857)

27. 장애인 지역사회 자립 및 주거전환 지원에 관한 법률안(김예지 의원 대표발의)(의안번호 2201937)

28. 장애인의 지역사회 자립 및 주거 전환 지원에 관한 법률안(최보윤 의원 대표발의)(의안번호 2202591)

29. 장애평등정책법안(최보윤 의원 대표발의)(의안번호 2200657)

30. 국민연금법 일부개정법률안(이수진 의원 대표발의)(의안번호 2202967)

31. 코로나바이러스감염증-19 예방접종 피해보상 등에 관한 특별법안(김윤 의원 대표발의)(의안번호 2205585)

32. 감염병의 예방 및 관리에 관한 법률 일부개정법률안(김남희 의원 대표발의)(의안번호 2204488)

33. 코로나바이러스감염증-19 예방접종 피해보상에 관한 특별법안(김미애 의원 대표발의)(의안번호 2207565)

34. 코로나19 예방접종 피해보상 특별법안(강선우 의원 대표발의)(의안번호 2207615)

○**소위원장 김미애** 의사일정 제1항 식품 등의 표시·광고에 관한 법률 일부개정법률안부터 의사일정 제34항 코로나19 예방접종 피해보상 특별법안까지 이상 34건의 법률안을 일괄하여 상정합니다.

심사 대상 안건의 명칭 및 순서는 배부해 드린 의사일정을 참고해 주시기 바랍니다.

오늘 심사는 식품의약품안전처 소관 법률안부터 시작하겠습니다.

식약처 차장 직무대리인 우영택 기획조정관님 수고해 주시기 바랍니다.

의사일정 제1항 식품 등의 표시·광고에 관한 법률 일부개정법률안을 심사하겠습니다.

수석전문위원 보고해 주시기 바랍니다.

○**수석전문위원 이지민** 자료 1쪽 우측입니다.

현재 식약처는 모니터링 과정에서 식품 등의 위법한 표시·광고를 확인하면 방송통신위원회에 해당 사이트 차단을 요청하여 방심위로 하여금 심의를 거쳐 정보통신서비스 제공자 등에게 시정요구를 하게 하거나 정보통신서비스 제공자 등에게 해당 게시물을 조치하도록 하는 등의 행정지도를 하고 있습니다. 그런데 방심위를 통한 온라인 부당 표시·광고 차단의 경우 2023년 기준 평균 22.3일이 소요되는 등 방심위의 심의에 적지 않은 시일이 소요되고 있고 정보통신서비스 제공자 등을 통한 조치는 법적 근거가 없는 권고 수준에 불과하여 이를 이행하지 않더라도 강제할 수단이 없기 때문에 식품 등의 온라인 부당 표시·광고로부터 소비자를 효과적으로 보호하기 어려운 실정입니다.

이에 개정안은 식품 등의 온라인 부당 표시·광고에 대한 식약처장의 모니터링 권한을 명시하고 식약처장이 정보통신서비스 제공자 등에게 부당한 표시·광고임을 소비자에게 알리기 위한 조치를 요청할 수 있도록 하는 등 온라인상에서의 식품 등의 부당 표시·광고를 보다 효과적으로 규제하기 위한 법적 근거를 마련하려는 것으로, 급속히 성장하고 있는 온라인 쇼핑 시장 환경에 적합한 규제 방식을 도입하기 위하여 필요한 것으로 보입니다.

다만 개정안 부칙에서는 이 법은 공포 후 6개월이 경과한 날부터 시행하도록 하되 제13조의3의 개정규정은 공포 후 1년이 경과한 날부터 시행하도록 규정하고 있는데 안 제13조의3은 임의규정으로 특별히 공포 후 1년이 경과한 날부터 시행하도록 할 필요성이 없으므로 단서를 삭제할 필요가 있는 것으로 보았습니다.

다음 8쪽입니다.

안 제13조의4는 한국식품산업협회 또는 건강기능식품에 관한 법률에 따라 설립된 단체가 식품 등에 대하여 올바른 정보를 제공하기 위한 행동강령과 자율규제 가이드라인을 정하여 시행할 수 있도록 하고 식약처장은 협회 등이 수행하는 자율규제 활동을 지원할 수 있도록 하려는 것입니다.

9쪽입니다.

안 제13조의5는 정보통신망에서의 부당한 식품 등의 표시·광고 관련 유통 현황조사 및 효율적인 모니터링 기술·방법에 대한 연구·개발 지원에 관한 근거를 마련하려는 것입니다. 정보통신 기술의 발달 및 뉴미디어의 확산과 함께 소비자의 구매 욕구를 자극하는 새로운 형태의 온라인 광고 기법의 등장 등 온라인 환경 변화가 가속화되고 있으므로 개정안의 취지는 바람직한 것으로 보입니다.

이상입니다.

○**소위원장 김미애** 정부 측 의견 듣겠습니다.

○**식품의약품안전처차장직무대리 우영택** 개정안의 입법 취지와 수석전문위원의 수정의견에 동의합니다.

○**소위원장 김미애** 질의하실 위원님.

백종헌 위원님.

○**백종헌 위원** 우영택 기조관님, 본 위원이 우려되는 점이 좀 있습니다. 혼동될 우려가 좀 있는데, 본 개정안과 관련해서 최근에 업계의 의견을 들어 보았습니다.

업계는 13조의2의 2항의 식약처 자료 요구의 범위를 구체화해 달라는 요청이 있었는데, 그런데 이 조항은 약사법 제61조의2의제3항 조문의 자료 요구 범위와 동일한 것이라고 생각하고 이를 혼동하지 않도록 식약처에서 잘 안내해 주시기 바랍니다.

○**식품의약품안전처차장직무대리 우영택** 예, 그렇게 하겠습니다.

○**소위원장 김미애** 더 질의하실 위원님 계십니까?

(「없습니다」 하는 위원 있음)

의사일정 제1항 식품 등의 표시·광고에 관한 법률 일부개정법률안은 수정안을 채택하여 수정한 부분은 수정한 대로, 기타 부분은 원안대로 의결하고자 하는데 이의 없으십니까?

(「예」 하는 위원 있음)

가결되었음을 선포합니다.

의사일정 제2항 식품안전기본법 일부개정법률안을 심사하겠습니다.

수석전문위원 보고해 주시기 바랍니다.

○**수석전문위원 이지민** 1쪽의 우측입니다.

농축수산물은 유통·소비가 빠르기 때문에 사후검사에서 부적합으로 소비가 금지되더라도 이미 국민이 피해를 입었을 가능성이 존재하기 때문에 새롭게 대두되는 잠재적인 위해요소에 대비하는 사전예방적 관리체계 도입의 필요성이 제기되고 있습니다. 개정안은 기후변화 및 예기치 못한 식품 사건·사고에 대응할 수 있는 위해요소 중심의 사전예방적 식품안전관리 정책 지원을 가능하게 한다는 점에서 바람직한 것으로 보입니다.

2쪽입니다.

다만 개정안에 대해서는 식약처 소관 식품안전정보원에서 식품안전정보의 수집·분석 등의 사업을 수행 중이므로 식품위해예측센터를 신규로 설립하는 것보다는 관련 기관을 지정하는 방식으로 위해예측 업무를 수행할 수 있을 것으로 보인다는 기재부 의견이 있으며 식약처도 이에 동의한다는 입장이므로 식품위해예측센터 설립에 관한 내용은 삭제하고 지정에 관한 근거만 신설하는 것을 검토할 필요가 있을 것으로 보입니다.

5쪽 이하 수정의견은 설립 부분을 삭제하여 정리한 것입니다.

이상입니다.

○**소위원장 김미애** 정부 측 의견 듣겠습니다.

○**식품의약품안전처차장직무대리 우영택** 개정안의 입법 취지와 수석전문위원의 수정의견에 동의합니다.

○**소위원장 김미애** 질의하실 위원님 있으신가요?

○**백종헌 위원** 또 제가 해야 되겠는데요.

○**소위원장 김미애** 백종헌 위원님.

○**백종헌 위원** 저는 급격한 기후변화에 따라 예기치 못한 식품 사건·사고에 대응하고 관련 데이터를 수집하여 국민 안심을 확보하고자 본 개정안을 발의했습니다, 본 위원이. 식약처 차원에서 살충제 달걀이나 비브리오 패혈증 외에 주의 깊게 보고 있는 위해 요소가 또 있습니까?

○**식품의약품안전처장직무대리 우영택** 최근에, 일전에 언론에 보도도 됐습니다마는 경북 지역에서 사과의 경우에 봄철에 꽃이 필 경우에 그때 냉해를 입게 되면 사과가 성장하면서 사과의 가운데가 텅 비는 현상이 생깁니다. 텅 비게 되면 그게 바로 곰팡이독소로 이어지는 상황이 되어서 저희가 그런 것에 집중해서 수거·검사를 미리 한번 해 보고 곰팡이독소가 검출되어서 유통되지 못하도록 조치를 취하는 등 이런 사례들이 있고요. 해수의 경우에도 해수 온도가 올라가면 패류독소가 많이 발생하고 있습니다.

그런 문제들, 새롭게 나타나는 이런 위해 요인들에 대해서 식약처가 사전에 예측하고 조치를 취하고자 하는 의도를 가지고 법안을 진행하게 됐습니다.

○**백종헌 위원** 그 이견이 있던 식품위해예측센터 설립·지정 관련 조항도 지정으로 수정이 되었습니다. 그리고 기재부와 이견이 해소된 만큼 식약처에서도 잘 준비해 주시기 바랍니다.

○**식품의약품안전처장직무대리 우영택** 예, 그렇게 하겠습니다.

○**백종헌 위원** 이상입니다.

○**소위원장 김미애** 추가로 질의하실 위원님 계십니까?

본 위원이 질의하겠습니다.

여기 보면 참고로 각 부처마다 기후위기에 대응한 센터가 여러 개가 있네요. 오늘 다른 부처에서 안 나왔으니까 식약처에서 오신 분 아는 범위 내로 한번 말씀해 주세요.

환경부에도 국가기후위기적응센터가 있고 기상청에도 아시아·태평양경제협력체 기후센터가 설립되어 있고 농축산부에도 농식품기후변화대응센터가 설립될 예정인데 각 부처마다 이런 식으로 전부 다 기후위기에 대응하는 센터를 설립하는 게 옳은 방향일지, 아마 그래서 기재부가 센터 설립을 하지 말고 기존에 있는 식품안전정보원에 관련 기관을 지정하는 방식으로 이 업무를 하라고 권고를 한 것 같아요. 어떻습니까?

그래서 당초부터 식약처가 꼭 필요하다고 생각했으면 해야 되는 게 맞을 것 같은데 바로 꼬리를 내려서 그렇게 하겠다라고 한 배경이 지금 계속 이렇게 각 부처마다 기후위기 대응센터를 설립하는 데 대한 문제의식을 가졌기 때문입니까? 왜 그렇습니까?

○**식품의약품안전처장직무대리 우영택** 위원장님 말씀 주신 것처럼 기상청·해수부·농식품부 등에서 기후변화와 관련된 여러 가지 업무를 수행하기 위해서 예측센터를 설립하고 있습니다. 그런데 조금 차이점이 기상청의 경우에는 당연히 아시겠지만 기후나 온도 변화, 기상 상황을 예측하는……

○**소위원장 김미애** 제가 질의가 그게 아니라 식약처노 필요하나면 꼭 해야 되는 것 같거든요. 그런데 바로 식품안전정보원에 관련 업무를 할 수 있도록 기관 지정 방식으로 선회를 하신 거잖아요. 그러면 추후에는 필요성이 여전히 있습니까, 아니면 그냥 기재부 권고대로 하는 겁니까?

○**식품의약품안전처차장직무대리 우영택** 저희가 처음에 발의할 때는 설립 또는 지정으로 갔다가요 기재부의 반대가 있어서 설립을 삭제하고 지정으로 갔는데 저희 입장에서는 처음에 위해예측센터가 미래 대비해서 우리의 안전 먹거리를 확보하기 위해서는 어느 정도의 규모를 가지고 전문적으로 수행할 수 있는 단독 기관이 필요하다는 판단에 의해서 그렇게 했는데요.

지금 식품안전정보원에서 사실은 해외 정보를 수집하는 기능을 일부 가지고 있습니다. 물론 예측센터의 기능과 조금 다르기는 하지만 두 가지 역할을 같이 통합해서 수행하고 아까 말씀 주신 다른 부처와의 협업을 통해서 업무를 수행하더라도 가능하다라고 판단을 해서 저희가 설립 부분은 삭제하는 것에 동의했습니다.

○**소위원장 김미애** 앞으로도 그러면 계속 이렇게 하면 되겠네요?

○**식품의약품안전처차장직무대리 우영택** 예, 그렇습니다.

○**소위원장 김미애** 더 질의하실 위원님 계십니까?

(「없습니다」 하는 위원 있음)

의사일정 제2항 식품안전기본법 일부개정법률안은 수정안을 채택하여 수정한 부분은 수정한 대로, 기타 부분은 원안대로 의결하고자 하는데 이의 없으십니까?

(「예」 하는 위원 있음)

가결되었음을 선포합니다.

의사일정 제3항 수입식품안전관리 특별법 일부개정법률안을 심사하겠습니다.

수석전문위원 보고해 주시기 바랍니다.

○**수석전문위원 이지민** 현행법은 식약처장이 국민 건강에 대한 위해를 방지하기 위하여 위해가 발생하였거나 발생할 우려가 있는 직접구매 해외식품 등에 관한 정보를 인터넷 홈페이지에 게시할 수 있고 국내 반입차단 대상으로 지정된 원료·성분이 포함될 가능성이 있는 직접구매 해외식품 등에 대하여 검사를 실시할 수 있으며 소비자의 직접구매 해외식품 등 구매·사용 실태 등에 대한 실태조사를 실시할 수 있도록 하고 있는데 개정안은 마약류 관리에 관한 법률에 따른 마약류의 원료·성분이 포함되거나 포함될 가능성이 있는 직접구매 해외식품 등의 경우에는 이를 의무화하려는 것입니다.

2쪽입니다.

연 1회 이상 인터넷 홈페이지 정보 게시 및 검사 실시 의무화는 별다른 문제는 없는 것으로 보입니다.

참고로 인터넷 홈페이지 정보 게시와 관련하여서는 현행 법령에 따라 식약처장이 마약류 함유 의심 제품 등을 포함하여 위해 발생 우려 직접구매 해외식품 등에 관한 정보를 인터넷 홈페이지에 상시로 게시하고 있고 검사 실시 의무화와 관련하여서는 국내 반입차단 대상으로 지정된 원료·성분이 포함될 가능성이 있는 직접구매 해외식품 등에 대해서 검사를 실시할 수 있도록 하는 법적 근거가 마련되어 시행되었고 이에 따라 식약처는 마약류 함유 의심 제품에 대한 구매·검사를 정례화한다는 계획입니다.

3쪽입니다.

연 1회 이상 실태조사 실시 의무화와 관련해서는 직접구매 해외식품 등의 경우 수입식품 영업자에 의한 정상 수입식품과는 달리 통상적인 수입신고·검사 없이 소비자에게 직접 전달·섭취되고 있어 식약처는 관련 자료를 보유하고 있지 않으며 관세청의 통관정보 등 기초자료의 확보가 어렵고 소비자 대상으로 마약류 포함 제품 구매 등의 설문조사를 통한 실태조사를 실시하려고 하여도 답변 회피가 예상된다는 식약처의 의견 등을 종합적으로 고려하여 신중한 검토가 필요할 것으로 보입니다.

수정의견은 5쪽 이하 참조해 주시기 바랍니다.

이상입니다.

○소위원장 김미애 정부 측 의견 듣겠습니다.

○식품의약품안전처차장직무대리 우영택 개정안의 입법 취지에 동의합니다. 다만 마약류 실태조사의 현실적인 어려움을 고려해서 수석전문위원의 수정의견에 동의합니다.

○소위원장 김미애 질의하실 위원님 계십니까?

안 계신 것 같습니다.

의사일정 제3항 수입식품안전관리 특별법 일부개정법률안은 수정안을 채택하여 수정한 부분은 수정한 대로, 기타 부분은 원안대로 의결하고자 하는데 이의 없으십니까?

(「예」 하는 위원 있음)

가결되었음을 선포합니다.

이상으로 식약처 소관 법률안에 대한 심사를 마치도록 하겠습니다.

우영택 기획조정관님 수고하셨습니다.

지금부터 보건복지부 제2차관 소관 법률안을 심사하도록 하겠습니다.

박민수 2차관님 수고해 주시기 바랍니다.

○보건복지부제2차관 박민수 예.

○소위원장 김미애 의사일정 제4항 및 제5항 응급의료에 관한 법률 일부개정법률안을 심사하겠습니다.

전문위원 보고해 주시기 바랍니다.

○전문위원 오세일 자료 2쪽을 봐 주시기 바랍니다.

현행법은 중앙응급의료센터가 권역의료센터 간의 업무 조정 및 지원을 수행하도록 규정하고 있으나 실제로는 현행법에서 정하고 있는 것보다 확장된 범위의 업무를 수행하고 있는 것으로 볼 수 있습니다.

개정안은 현장 실태를 반영하여 중앙응급의료센터 업무의 범위를 확대하는 것이고 또한 환자 정보를 권역응급의료센터에서 취득하여 지역응급의료센터로 제공하거나 전원 후 환자의 중증도 변화 등을 추적하기 위한 정보를 취득하기가 곤란하다는 의료 현장의 문제 제기가 있어 왔는데 개정안은 이러한 문제를 해결하는 데 도움이 될 것으로 보입니다.

이상입니다.

○소위원장 김미애 정부 측 의견 듣겠습니다.

○보건복지부제2차관 박민수 저희는 전체 응급의료기관 간 업무 조정·지원 업무를 중앙응급의료센터에서 현재도 하고 있고 이에 대한 법적 근거가 필요한 측면이 있기 때문에 개정안에 동의하고 또 제안하신 내용을 수용하는 입장입니다.

○소위원장 김미애 질의하실 위원님 계십니까?

안 계세요? 그러면 제가 좀⋯⋯

○보건복지부제2차관 박민수 위원장님!

○소위원장 김미애 예.

○보건복지부제2차관 박민수 지금 이게 후속조치나 이런 게 별도로 필요한 법안이 아닌데요. 지금 보면은 부칙의 시행시기가 1년 후로 되어 있습니다. 이거는 즉시 시행도 가능한 조항이라서……

○소위원장 김미애 공포한 날부터.

○보건복지부제2차관 박민수 예.

○소위원장 김미애 그리고 제가 지난해 소청과 의료대란 TF를 할 때 의료 현장의 의사 선생님들 의견을 종합해 보면 지금 대한의협의 의견처럼 이렇거든요. 과거 응급의료정보센터(1339)와 같이 전문적인 의학 지식이 풍부한 인력들을 통해서 경증·중증 환자의 분류, 야간 응급환자 상담, 안내 등이 제대로 이루어져야만 응급실 과밀화 문제가 크게 해소될 수 있다고 판단한다고 이렇게 봤는데 이게 제가 봐도 맞는 것 같은데.

그런데 이렇게 좀 실질적으로 기능을 할 수 있도록 하는 게 필요하잖아요. 지금은 이제 소방청으로 가버렸잖아요, 이 업무가.

○보건복지부제2차관 박민수 예, 그렇습니다.

○소위원장 김미애 그래서 사실은 현장에서도 일어나는 일들이 더 많아지는 측면도 있는 것 같습니다. 언론에 계속 대두되는 게 무슨 응급실 뺑뺑이 이런 것들이 이 이후에 좀 더 늘어나고 환자에게는 더 불안할 수도 있고 전문가끼리 바로 소통을 하면 훨씬 응급의료 전달 체계가 원활할 텐데 이거 다시 복원할 방법은 없을까요?

○보건복지부제2차관 박민수 일단은 말씀 주신 것처럼 구급 상황실로 그 기능이 이제 넘어갔고 말씀하신 현장의 그런 여러 가지 의견들이 있어서 저희가 최근에 응급의료 체계를 좀 더 효율적으로 운영하기 위해서 광역 상황실을 4개를 신설한 것은 알고 계실 겁니다. 그래서 광역 상황실이 역할을 좀 더 할 수 있도록 이렇게 했고요.

최근에는 정부안에서 환자를 이송하는 것에 대한 기본적인 컨트롤타워 역할을 중증도가 높은 KTAS 1·2는 광역 상황실이 좀 적극적으로 역할을 하자는 것에 공감을 하고 그에 필요한 인력이나 이런 것들을 확충하는 것을 지금 진행을 하고 있습니다.

그래서 우선은 완벽하게 기능을 이관하거나 그거는 아니고요. KTAS 1·2 그리고 이제 3까지 가 보자라고는 합의가 돼 있어서 그래서 우선은 사전 중증도 분류도, 지금 소방청 중증도 분류도 일단은 Pre-KTAS로 맞춰놨기 때문에 그거에서 2 이상 되는 것은 광역 상황실이 적극적인 역할을 하도록 그렇게 지금 변화를 할 예정입니다.

○소위원장 김미애 그러니까 환자 입장에서 보면 119에 전화하면 이 시스템 속에 다 들어가서 작동이 된다는 거지요?

○보건복지부제2차관 박민수 그렇습니다. 구급대가 가면 우선은 사전 중증도 분류를 하고 거기에서 1·2가 나오게 되면 광상실이 적극적으로 역할을 하도록 이렇게.

○소위원장 김미애 그러니까요. 그 부분이 그래도 많이 개선된 것 같습니다.

○보건복지부제2차관 박민수 예, 그렇게 조금씩 개선해 나가도록 하겠습니다.

○소위원장 김미애 계속 좀 수고를 부탁드립니다.

○보건복지부제2차관 박민수 예.

○소위원장 김미애 김남희 위원님.

○김남희 위원 지금 중앙응급의료센터에 기존에 비해서 업무가 추가되는 거 아닌가요?

그러니까 관련 정보의 수집·제공 및 응급환자 현황 파악과 추적 관리라는 업무들이 더 추가되는 거 맞지요?

○**보건복지부제2차관 박민수** 실제로 환자들이요 지금은 법령상 권역센터에 대해서만 하도록 돼 있는데 환자가 권역센터만 있는 게 아니고 일반 응급의료기관에서부터 쭉 이렇게 이송이 돼 오는 경우도 있을 수 있기 때문에 실제로 지금도 하고 있습니다. 하고 있어서 다만 법적인 근거가 없이 지금 하고 있거든요. 그래서 이거는……

○**김남희 위원** 지금 하고 있는 업무가 법적으로 규정만 될 뿐 중앙응급의료센터의 업무나 시스템이 추가되는 건 아니라는 그런 취지신가요?

○**보건복지부제2차관 박민수** 예, 그렇습니다.

○**소위원장 김미애** 저도 이거는 사실 꼭 필요한 거고 해야 되는 거라고 봅니다.

혹시 추가로 질의하실 위원님 계십니까?

5항 보고해 주시기 바랍니다.

○**전문위원 오세일** 5항 보고드리겠습니다.

자료 2쪽을 봐 주시기 바랍니다.

현행법은 응급의료종사자나 응급처치 제공의무자의 불가피한 응급의료행위로 발생한 사상에 대하여 형을 감경하거나 면제하는 규정을 두고 있는데 개정안은 응급의료종사자 등이 불가피한 응급의료나 응급처치를 제공하다가 환자의 사상이 발생하면 고의 또는 회피가능한 중대한 과실이 명백하게 입증되지 않은 경우에는 형사책임을 지지 않도록 함으로써 응급의료종사자 등의 적극적인 응급의료가 이루어질 수 있는 환경을 조성하려는 것입니다.

다만 '고의 또는 회피가능한 중대한 과실'에 대한 입증책임을 환자나 유가족이 부담할 수 있는지 면밀한 검토가 필요하고 현행은 '응급환자'에 대한 응급의료 등을 감면 대상으로 하고 있으나 개정안은 '생명이 위급한 응급환자'에 대한 응급의료 등을 대상으로 하고 있어 그 대상이 현행법보다 오히려 제한적이 되는 점을 고려할 필요가 있다고 보았습니다.

7쪽을 봐 주시기 바랍니다.

개정안은 일반인 또는 업무수행 중이 아닌 응급의료종사자의 응급의료행위에 대하여 형사책임 면제 범위를 사망까지로 확대하려는 것입니다. 행위자의 응급의료행위의 결과로 응급환자가 사망한 경우는 형사책임이 따를 수도 있다는 점이 적극적인 구조활동에 걸림돌로 작용한다는 의견이 제기되고 있습니다. 이에 따라서 즉각적인 처치가 필요한 응급상황에서 국민의 적극적인 응급구조활동을 유도할 수 있다는 점에서 바람직하다고 보았습니다.

10쪽입니다.

개정안은 응급의료기관이 응급환자를 수용할 수 없는 정당한 사유를 법에 구체적으로 명시하려는 것입니다.

현행법에 따르면 응급환자 등을 이송하는 자로부터 응급환자 수용 능력 확인을 요청받은 응급의료기관의 장은 '정당한 사유' 없이 응급의료를 거부하거나 기피할 수 없는데 이 '정당한 사유'에 대한 구체적인 기준이나 위임규정이 없어서 혼란이 발생할 수 있다는 의견이 있습니다.

개정안은 이러한 정당한 사유를 법률에 명시함으로써 현장의 혼란을 완화하고 무리한 응급환자 수용으로 인한 피해를 방지하려는 취지로 보입니다. 다만 '정당한 사유'는 가능한 한 엄격히 규정할 필요가 있으며 향후에 응급의료 환경이 다각도로 변할 수 있으므로 하위 법령에 위임하는 방안을 고려할 필요가 있다고 보았습니다.

이상입니다.

○**소위원장 김미애** 정부 측 의견 듣겠습니다.

○**보건복지부제2차관 박민수** 법안의 내용이 크게 세 가지인데요.

먼저 첫 번째, 형사책임 면제와 관련된 내용입니다.

이 부분은 저희 법안 취지나 그다음에 현행 응급의료 현장에 좀 광범위한 면책 이런 것들이 필요하다는 취지에 대해서는 공감을 하는데요. 지금 법안이 보면은 '고의 또는 회피 가능한 중대한 과실이 명백하게 입증되지 않은 경우'라고 이렇게 표현을 하고 있는데 지금 형사법 체계에서는 합리적 의심이 없는 정도의 증명을 요구합니다, 형사소송법 체계가요.

그래서 지금 이거하고 개념 부분에서 조금 모호한 측면이 있고 이건 법무부도 지금 현재 좀 반대를 하고 있고 법사위 통과도 매우 좀 쉽지 않아 보입니다. 저희도 환자의 재판받을 권리 등이 침해할 우려가 있다라는 환자단체 의견도 있고 해서 이거는 조금 더 추가 논의가 필요하다, 신중 검토 의견을 말씀을 드립니다.

두 번째, 선의의 응급의료행위의 면책 범위를 사망까지 확대하는 것에 대해서는 저희는 동의의 말씀을 드립니다.

그리고 세 번째에, '정당한 사유'를 구체적으로 명시하는 것을 지금 의견을 주셨는데요. 이 부분에 대해서도 저희가 '정당한 사유'라는 걸 좀 구체화하고 법에 명시할 필요가 있다라고 하는 취지에는 동의를 하는데 지금 구체적인 내용에 들어가서 하나하나가 사실은 또 정의가 필요합니다.

예를 들면 각호 2호에 보면 인력의 부족 이것도 하나의 사유로 들었는데 그러면 인력의 부족이라는 게 구체적으로 어떠한 상황에서 인력의 부족인지 이거를 사실은 좀 구체적으로 지침이나 하위 법령에 정의를 해 줄 필요가 있어서요. 저희는 좀…… 그리고 현재 환자단체와 소방청 등에서도 이견들이 있는 조항입니다.

그래서 저희가 이러한 것들에 대한 조율 과정이 필요하다. 그래서 이 법률에다 모든 것을 다 담을 수는 없어서 법에는 큰 방향만 이렇게 지금 '정당한 사유'라고 돼 있는 걸 조금 더 구체적으로 적시를 해 주고 그것을 현장에 적용할 때 구체적인 적용례나 이런 것들은 또 하위 법령에 위임하는 형태로 해서 규정해 줄 필요가 있고 그 구체적인 내용을 조금은 환자나 관련 기관의 조율의 과정이 좀 필요해서 이것도 조금 충분한 시간을 두고 논의를 했으면 하는 상황입니다.

○**소위원장 김미애** 질의하실 위원님 계십니까?

장종태 위원님 하시고 한지아 위원님 순으로 해 주세요.

(「이개호 위원님」 하는 위원 있음)

이개호 위원님 죄송합니다.

○**이개호 위원** 괜찮습니다.

○**소위원장 김미애** 이개호 위원님 먼저 해 주세요.

○이개호 위원 저 먼저 해요?

○소위원장 김미애 예.

○이개호 위원 고맙습니다.

응급의료 체계를 보완하자는 데 대해서는 이미 사회적 합의가 이루어진 사항이고요. 그래서 법적 체계를 정비하는 문제에 대해서도 저는 전향적인 자세가 필요하다고 생각을 합니다. 그 점에 대해서야 동의를 하시겠지요.

이런 인식의 토대 위에서 한두 가지만 말씀을 드리면 먼저 첫 번째, '고의·중대한 과실이 명백하게 입증되지 않는 경우'라는 표현이 모호하다 이렇게 했는데 사실은 이런 표현이 들어가 있는 비슷한 입법례가 굉장히 많거든요. 그래서 이런 지적은 정말 지적을 위한 지적 아니냐, 저는 그렇게 생각이 되어집니다. 기왕에 논의가 된 차제에 이런 부분에 대해서도 제가 방금 말씀드린 대로 전향적으로 판단을 해서 가급적이면 과감한 입장을 좀 가져 주시라 이렇게 부탁을 드리고요.

세 번째, 또 그 '정당한 사유' 문제 이에 대해서도 이런 부분은 정당한 사유가 좀 모호한 표현이다 명확하지 않다 이런 취지의 지적을 하셨는데 이에 대해서도 이런 부분은 시행령에 담아 주면 되거든요, 보강을. 그래서 그렇게 할 수 있는 충분한 방안들이 있는데 지나치게 이에 대해서 보건복지부가 좀 소극적인 취지로 접근을 하는 게 아닌가 하는 생각이 들어서 말씀을 드립니다.

이상입니다.

○보건복지부제2차관 박민수 위원님, 답변 좀 해도 될까요?

○소위원장 김미애 예.

○보건복지부제2차관 박민수 제가 하나 말씀을 안 드린 게 있는데 저희가 이미 의료개혁 4대 과제 중에 의료사고 안전망이 중요한 또 하나의 내용이고 동 내용을 현재도 의료개혁특위 안의 전문위원회에서 논의를 하고 있습니다.

현재까지 논의가 많이 진척되었고 그 진척된 내용을 간략하게 소개를 드리면 우선은 합의와 조정을 통해서 배상 체계를 확충하자 이렇게 큰 내용이 있고요. 그다음에 복지부에 의료사고심의위원회를 신설해서 단순한 과실·불가항력 의료사고 이런 것들은 위원회가 판단을 하면 수사 과정을 대폭 줄이도록 이렇게 권고를 하도록 하고. 그다음에 책임보험 가입 그다음에 의료분쟁 조정제도에 참여 그다음에 진료기록의 교부 이런 요건을 충족하면 중대한 과실 중심으로만 기소를 하도록 이런 내용이 지금 현재 논의가 되고 있다는 말씀을 드립니다.

아직은 여전히 환자단체들하고 완벽한 합의에 이른 것은 아니나 그래도 상당히 공감대가 많이 형성이 되어서 그러한 내용으로 아마 곧 법안도 제출이 될 것으로 알고 있습니다. 그래서 그러한 법안이 제출이 되면 우리 응급의료뿐만이 아니고 전체적으로 필수의료에 대한 사법 안전망을 만들 수 있는 법적 근거를 만들게 되는데요. 응급의료도 그게 만들어지면 기본적으로는 그 개념에 따르고요. 아마 응급의료 현장의 긴박성이나 이런 걸 감안하여 그 기본 틀에서 조금 더 두터운 보호 이게 가능할 것으로 보여집니다.

그래서 그런 게 논의가 지금 예정되어 있기 때문에 이거는 그러한 법안도 좀 보시고 그다음에 제가 아까 말씀드린 것처럼 여전히 환자단체 등과는 이견이 좀 있는 상태이니 동 응급의료법안의 개정안에 대해서도 의견을 조율해서 가는 것이 좋겠다 그런 말씀을 좀 드립니다.

　저희가 과감하게 안 하려고 하는 게 아니라 상당히 많이 논의를 해 왔고 내용을 좀 정리하고 있다라는 말씀을 드립니다.

○소위원장 김미애　한지아 위원님.

○한지아 위원　제가 여쭤보려고 한 것을 차관님께서 이미 답을 해 주셔 갖고요. 나중에 서면보고나 이런 것들 좀 구체적으로 다시 의료개혁특위에서 논의 사항을 정리해 주시면 감사하겠습니다.

○보건복지부제2차관 박민수　예, 그렇게 하겠습니다.

○한지아 위원　그리고 또 그 두 번째, 선의의 응급의료행위에 대한 것은 갈 수 있도록 나중에 꼭 좀 살펴 주시길 부탁드립니다.

○보건복지부제2차관 박민수　예.

○한지아 위원　이상입니다.

○소위원장 김미애　두 번째, 선의의 의료행위 형사책임 면제 범위 확대는 복지부도 수용 의견이셨어요.

○보건복지부제2차관 박민수　예, 수용입니다.

○소위원장 김미애　또 추가로 질의하실 위원님들……

　김남희 위원님.

○김남희 위원　저는 조금 이개호 위원님하고는 약간 의견이 다른데, 사실 이런 법안심사에 있어서 신중할 필요는 있는 것 같다는 생각은 저는 하고 있습니다.

　왜냐하면 법조인으로서 정말 불가피한 상황에서 의사가 치료행위를 한 것이 형법상 죄로서 평가되거나 수사되거나 기소되는 사례가 사실 거의 없어요. 거의 드물고 아주아주 극단, 그냥 오히려 현장에서 제가 들은 얘기는 정말 한국에서는 의료소송을 하는 것이, 의사의 책임을 묻는 것이 너무너무 어렵다, 거의 불가능에 가깝다라는 얘기까지 듣고 있는 게 또 현실이라…… 이 문제에 대해서 의사 쪽에서 굉장히 많은 우려가 있는 건 알고 있는데 의사들의 의견도 중요하지만 어쨌든 이게 기존의 사법체계에 대해서 뭔가 혼란을 가져오는 방식으로 법이 통과되는 거는 안 맞는다는 생각을 저는 가지고 있거든요. 그래서 조금 이 법이 현재에 있는 법체계와 정합성 문제나 이런 것들에 대해서 좀 신중할 필요가 있다라는 의견을 하나 드리고요.

　그다음에 응급의료 거부·기피 사유도 이미 응급의료에 대해서 정당한 사유가 있으면 안 받을 수 있는 근거 조문이 있는 거잖아요.

○보건복지부제2차관 박민수　예, 정당한 사유 그게 뭐냐가 조금……

○김남희 위원　예, 정당한 사유가 있으면, 그렇지요? 그런데 이 조문 때문에 또 뜻하지 않는 피해들도 많이 발생하고 있다고 저는 현장에서 얘기를 듣고 있거든요. 병원에서 이 정당한 사유에 대해서 뭔가 근거 없이 우리는 환자 못 받겠다, 그러니까 지역이 다르다는 이유로 환자를 안 받는다든지 이런 혼란들이 많이 생기고 있는데 오히려 복지부에서 이런 혼란이 발생하지 않도록 이 정당한 사유의 기준을 확실하게 만들어 주실 필요는 있다고 생각을 하는데 또 정당한 사유를 너무 넓히는 방식으로 입법이 이루어지면 저는 이게 응급의료체계에 더 많은 혼란을 가져올 것이다.

　왜냐하면 사실 환자들이 응급상황에 놓여 있을 때 이것에 대해서 제대로 대응하는 것은 저는 의료인의 의무라고 생각을 합니다. 그것을 위한 의료체계를 갖춰야 되는 것도 보건복지부의 의무고요. 그래서 보건복지부와 의료인의 의무에 대해서 먼저 생각을 하고 그다음에 책임면책이라든지 이런 논의를 해야 되지 않나라는 의견을 드리겠습니다.

○**보건복지부제2차관 박민수** 위원님 주신 말씀 우리가 의료개혁특위에서 논의할 때도 법조인들이 그런 의견들을 많이 주십니다.

그런데 저희가 의료인들의 의견도 들어 보고 또 환자들의 의견도 들어 보면 이런 것 같습니다. 의사들은 의사들대로 너무 과중하다 하고 또 환자들은 너무 권리구제 받기가 어렵다 하는데, 말씀하신 것처럼 기소나 이런 사례는 찾기가 쉽지는 않은데요. 실제로 수사의 과정이 의사들이 제일 어려워하는 과정입니다. 수사가 경찰수사 단계에서부터 경찰서에 가 가지고 각종 이런 것들을 하고 하는 거가 굉장히 자괴감이 들고 어렵다 이런 얘기를 하고요. 실제로 기소도 많이 안 되지만 또 기소가 되어도 판사님들이 의료의 특수성을 감안을 해서 인용이 되는 경우가 많지 않다 이런 것들이 현장의 사례임에도 불구하고 양쪽이 다 불만인 현재의 상황입니다.

그래서 저희가 의개특위에서 논의하는 것은 환자는 조금 더 권리구제나 보상, 배상 이런 것들이 현재보다는 더 충분하고 신속하게 받을 수 있게 바꿔 주고 의사는 불필요하게 너무 막 수사나 이런 걸 통해서 소진되지 않도록 그 의료법에 맞는 어떤 수사체계 이런 것들을 좀 만들어 주는 이게 저희가 하는 과정의 중심이 돼서 그게 잘 제도가 만들어지면 환자 쪽도 지금보다는 더 두터운 권리구제 그리고 의사들도 불필요하게 수사나 이런 거에 대해서 너무 과도한 부담을 지지 않는 체계 이렇게 양쪽이 윈윈 할 수 있는 제도개선안을 만들 수 있을 거라고 저는 봅니다.

그래서 보고서를 아까 한지아 위원께서 요청을 하셨기 때문에 저희가 정리를 해 가지고 자료로 드리도록 하겠습니다.

○**김남희 위원** 저도 그 문제에 관심이 많아서요 좀 정리되면 저희 의원실로 보고를 해 주시기 바랍니다.

○**보건복지부제2차관 박민수** 그렇게 하겠습니다.

○**한지아 위원** 그리고 아마 외국 사례도 많을 텐데요. 외국은 어떻게 하는지 하면 저희가 조금 더 명확해지지 않을까 합니다. 모두 추가해 주셔서 보고해 주시면 감사하겠습니다.

○**보건복지부제2차관 박민수** 예, 외국의 사례도 정리해 가지고 드리도록 하겠습니다.

○**소위원장 김미애** 이 부분은 상당히 중요하고, 왜 중요하게 됐냐면 필수의료 기피 원인의 가장 주된 게 저는 이거라고 현장의 목소리를 들었습니다.

○**보건복지부제2차관 박민수** 예, 맞습니다.

○**소위원장 김미애** 대표적으로 2017년 12월에 이대목동병원 소아과 그 사건으로 정말 많은 의료인들이 형사입건이 됐지만 또 대부분 무죄로 대법원 판결까지 나는 데 오랜 세월이 걸렸고 이미 만신창이가 되었고 추후에는 돌이킬 수 없고 그걸 지켜보는 사람들이 소청과 전공의 지원을 기피하게 된 그게 주된 원인이라고 세가 현장의 목소리를 들었고, 그러면서 정말 사명감을 가지고 환자를 낫게 하기 위해서 최선을 다하는데 뜻하지 않은 결과가 발생할 때 자신의 모든 것을 잃어 버리는데 그러면 누가 이걸 필수의료를 하겠냐는 얘기를 정말 저는 뼈아프게 들었습니다.

그런데 또 법률가의 입장에서는 김남희 위원님 지적하셨다시피 입증책임을 어떻게 할지에 대한 문제 이런 게 참 간단치가 않고 또 환자의 권익보호하고도 충돌되는 그런 부분이 있기 때문에 한지아 위원님 지적하신 것처럼 해외 사례는 어떻게 하는지 이런 게 참 중요할 것 같습니다.

그 보고서를 만드시면 우리 위원들 전부에게 좀 배포해 주시기 바랍니다.

○보건복지부제2차관 박민수 예, 그렇게 하겠습니다.

○소위원장 김미애 이거는 지금 정부도 계속 면책에 대해서 논의를 하고 있고 그래서 추가도 해야 될 것 같아서 계속 심사하는 것으로 하겠습니다.

의사일정 제4항 응급의료에 관한 법률 일부개정법률안은 수정안을 채택하여 수정한 부분은 수정한 대로, 기타 부분은 원안대로 의결하고자 하는데 이의 없으십니까?

　　(「예」 하는 위원 있음)

가결되었음을 선포합니다.

의사일정 제5항은 보다 깊이 있는 검토를 위해 계속 심사하도록 하겠습니다.

의사일정 제6항 장기등 이식에 관한 법률 일부개정법률안을 심사하겠습니다.

전문위원 보고해 주시기 바랍니다.

○전문위원 오세일 자료 2쪽 오른쪽 부분을 봐 주시기 바랍니다.

개정안은 한국도로교통공단이 운전면허시험에 응시하려는 사람이나 운전면허증을 발급·재발급 또는 갱신 발급받는 사람, 정기 적성검사를 받는 사람에게 장기 등 기증 희망 등록신청에 관한 의사를 확인하고 운전면허시험 응시자나 운전면허증 발급·재발급 당사자 등이 장기 등 기증 희망 등록신청을 하는 경우에는 이를 접수하도록 하여 장기 등 기증에 대한 인식을 제고하고 기증 희망 등록에 대한 접근성을 높일 수 있는 효과가 있을 것으로 보입니다.

다만 한국도로교통공단에서는 공단 고유사업 범위를 벗어난 업무 추가에 대해서 민원창구 직원의 업무가 과중해질 것이라는 의견을 제시하고 있고, 작년 2월 동법 제6조 개정을 통하여 신분증 발급을 할 때는 그 대상자에게 장기 등의 기증 및 장기 등 기증 희망 등록 안내를 하도록 제도가 신설되었다는 점을 고려할 필요가 있다고 보았습니다.

이상입니다.

○소위원장 김미애 정부 측 의견 듣겠습니다.

○보건복지부제2차관 박민수 법안의 개정 취지에는 너무 공감이 됩니다.

그런데 전문위원 지금 보고한 것처럼 사실은 작년 2월에 법이 개정이 돼 가지고 금년 8월에 주민센터나 도로교통공단에서 면허증이나 이런 것들을 갱신할 때에 이걸 안내하도록 법이 개정돼서 아직 제도가 시행을 목전에 두고 있습니다. 이게 아마 현장에서는 이런 추가적인 업무 때문에 업무 부담도 새로 있을 테고 또 새로운 업무에 적응하는 그런 시기도 필요한데 아직 제도가 시행되기도 전에 또 법을 개정해서 아예 그냥 접수까지 받아라 하는 내용인데요. 그렇게 하면 가장 바람직스럽겠지만 현장의 업무 부담이나 이런 걸 감안해서 우선 작년 법 개정 시행된 것을 진행한 걸 경과를 지켜보고 추가 논의를 거쳐서 검토를 하는 게 어떤가 이렇게 신중한 의견을 드립니다.

○소위원장 김미애 질의하실 위원님.

한지아 위원님.

○한지아 위원 그러면 지금 같은 경우에는 8월 달에 시행이 되면 접수는 그냥 각각 본인이 알아서 그 안내문에 따라서 하는 건가요?

○보건복지부제2차관 박민수 예, 그러니까 지금은 면허증 갱신이나 주민증 이거 할 때 그 안내를 당사자한테 하도록 의무가 부과가 돼서요 안내를 받으면 그걸 가지고…… 사실은 가입을 하려면 상담 같은 것이 있어야 됩니다. 그 앞에 어떠한 절차나 뭐 사후에 어떻게 되는지 또는 내가 이게 철회가 가능한지 이런 것들에 대해서 구체적인 상담이 필요한데 지금 주민센터나 면허증 교부 장소에서 그것까지 하기는 좀 상황이 여의치는 않고요. 그래서 이 제도가 시행되고 나서…… 이게 외국에는 아마 면허증 같은 거를 할 때 접수를 지금 하는 곳이 있습니다. 그래서 그런 걸 벤치마킹한 건데 저희도 아마 궁극적으로는 그렇게 가기는 가야 될 것 같고 조금 단계가 필요하다는 그런 말씀입니다.

○한지아 위원 속도의 차이일 것 같기는 합니다. 단기적으로는 꼭 시행돼야 될 것 같다는 생각을 드리고요. 저희도 살펴보도록 하겠습니다.

○소위원장 김미애 김남희 위원님.

○김남희 위원 지금 그 개정되는 법에서는 국가·지방자치단체가 의무자로 되어 있잖아요. 그런데 그러면 혹시 한국도로교통공단이 운전면허증 재발급할 때 이 6조가 적용이 되나요?

○보건복지부제2차관 박민수 예, 지난 법 개정된 거는 공단에서 발급 또는 재발급할 때, 갱신할 때 그 안내하도록 하는 것이 적용되는……

○김남희 위원 그러면 지금 박주민 의원님의 안과 6조의 근본적인 차이가 뭐가 있는 거지요?

○보건복지부제2차관 박민수 박주민 의원님 안은 거기에서 더 나아가서 접수를 받으라는 겁니다. 신청 접수를 받으라는 겁니다.

○김남희 위원 신청 접수를 받는다?

○보건복지부제2차관 박민수 예, 그런데 접수를 받으려면 이분이 안내를 받고 나서 내가 기증을 결정하면 내가 어떠어떠한 절차를 밟게 되고 사후에 만약에 마음이 바뀌었을 때 이거는 철회할 수 있는 것인지 등등 상세한 안내가 좀 필요한데요. 지금은 주민센터나 도로교통공단 접수창구에서 그렇게 상세한 안내가 가능한 수준은 아니고요. 아마 이런 제도가 있고 브로슈어를 드리면서 이런 좋은 제도가 있으니까 좀 잘 검토해 주시기 바랍니다 이런 정도 수준의 안내가 될 겁니다. 그런데 궁금한 것들을 이제 막 물어보기 시작하면 그 접수창구에 있는 직원이 그걸 다 할 수가 없습니다. 그래서 이거는 접수까지 받으려면 상당한 전문성이 확보가 돼야 되고 그에 따른 인력배치나 이런 것들이 사전에 검토가 되어야 됩니다.

○김남희 위원 그러면 지금 브로슈어를 제공하는 형식으로 시행을 하려고 하신다는 거지요, 6조가 시행되면?

○보건복지부제2차관 박민수 예, 그렇습니다.

○김남희 위원 그러면 브로슈어에 따르면 어떻게 신청을 하게 되어 있어요?

○소위원장 김미애 제 것 추가를 해서 같이 답변해 주세요, 차관님.

　저는 오래전에 각막하고 장기 전체의 이식 신청을 했어요. 그거는 장기이식센터에 했거든요. 그래서 제 운전면허증에 보면 조그마한 동그란 스티커가 있어요, 각막기증·장기기증 이렇게. 그래서 제가 두 개를 붙여 놨는데, 그러면 올해 8월부터 시행되는 것은 주민센터에 주민등록증을 갱신하거나 새로 발급 신청하거나 아니면 교통공단에 운전면허증 갱신 신청을 할 때 장기기증 희망해서 등록한 사람들 있지요? 이 사람들에 대해서는 바로 거기에 표시를 해 준다 그겁니까? 정확히 뭔지 저도 지금……

○**보건복지부제2차관 박민수** 이번 8월에 하고요.

○**소위원장 김미애** 8월에 시행되는 거는 뭐고 그다음에 박주민 의원님이 개정안을 발의한 내용은 뭔지, 이 개정안을 보면 그 신청 의사까지 확인하는 의무를 부담하는 것 같은데……

○**보건복지부제2차관 박민수** 그렇습니다.

○**소위원장 김미애** 창구에 오면 '장기기증은 이런이런 게 이렇습니다. 신청하실 건가요?' 질문에 대한 답변을 다 해 주는 그 의무를 부과하는 것 같은데 그러면 8월에 하는 거는 그건 아니고 이미 신청을, 등록을 했거나 아니면 그 자리에서 내가 희망합니다 하면 바로 해 주는 건지?

○**보건복지부제2차관 박민수** 답변드리도록 하겠습니다.

이번 8월에 시행되는 제도는 주민센터랑 도로교통공단에서 면허증 등을 갱신할 때에 이 안내를 하라라고 하는 겁니다. 안내를 하라라고 하는 거는 장기기증제도가 이런 게 있고 어떠한 절차를 밟아서 신청이 가능한지 등이 표시된 그런 브로슈어 등을 제공을 통해 가지고 제도를 안내하는 것이 되겠고요.

박주민 의원안은 거기에서 한 단계 더 나아가서 내가 이 자리에서 이걸 신청하겠습니다라고 할 때 그 접수까지 받아라 하는 내용입니다.

그런데 지금 현재로는 안내를 받고 나면, 기증희망자가 본인이 신청을 하고 싶으면 이것은 유선이나 온라인이나 대면 모두가 가능하고요. 지금 접수자는 장기기증원입니다. 장기기증원의 온라인 또는 우편을 통해서 신청서를 작성해서 접수를 하면 등록이 되는 이런 과정을 거치게 되는데요. 지금 만약에 박주민 의원안을 통과시키게 되면 이 접수 업무를 주민센터랑 도로교통공단에서 직접 해야 되는 과정이 있습니다. 그러니까 그것은 조금 더 추가적인 검토가 필요하다는 말씀이고.

아까 위원님 말씀 주신 기신청자는 추가로 신청하라고 하는 것은 아니고요. 기신청자는 해당이 없겠습니다. 그것은 증에다가 스티커 붙여 주고 하는 그것은 알아서 발부 부처에서 해 주는 것이기 때문에.

○**소위원장 김미애** 아니, 그게 아니고…… 그러면 주민센터나 공단에서 증을 발부할 때 그런 것 명시는 안 합니까? 제가 한다고 들었는데.

○**보건복지부혈액장기정책과장 김희선** 담당 과장입니다.

지금 현재는 이미 장기이식관리원이나 장기이식기증원에 등록하신 분들의 데이터를 도로교통공단에 연계해서 등록하신 분들을 운전면허증에 표시하는 제도까지는 시행이 되고요.

○**소위원장 김미애** 그렇지요.

○**보건복지부혈액장기정책과장 김희선** 주민증도 사실은 표시할 수 있게 법은 바뀌었는데 아직 예산이나 제반 행정적인 조치가 따라가지 못해서 시행은 안 되고 있습니다.

그리고 작년 2월에 한정애 의원님 개정안으로 개정된 안이 이런 제도 안내를 신분증을 신청하거나 재발급받을 때 신분증 발급기관들에서 하게 하라라는 내용이 반영돼서 이 제도가 8월에 시행될 예정이라 앞으로 주민센터나 여권 신청하러 가거나 운전면허증 교부받으러 가실 때 해당 장소에서 장기기증 관련된 내용을 브로슈어라도 보고 안내받으실 수 있도록 하는 게 8월에 시행될 예정이고요. 박주민 의원님 안은 접수도 같이 할 수 있도록 했으면 좋겠다라는 안이십니다.

　그런데 현재 주민센터의 주민등록증 담당이나—지금 안은 도로교통공단이지만—도교통공단의 운전면허증 담당자들이 사실 브로슈어나 아니면 제도 안내를 하는 것까지도 저희가 올해 교육이라든지 여러 제반 업무 연계를 위한 협의가 필요한 그런 단계인데 1년 뒤에 바로 접수까지 가는 것은 행정적으로는 무리가 있다, 앞으로 해야 할 일이지만, 그 정도 의견으로 지금 작성됐습니다.

○소위원장 김미애　제가 이해한 걸, 들어 보면 지금은 3단계네요.

○보건복지부혈액장기정책과장 김희선　예.

○소위원장 김미애　기등록한 사람은 갱신하거나 재발급할 때 거기에 표시된 걸 받을 수 있고, 신분증을.

○보건복지부혈액장기정책과장 김희선　맞습니다.

○소위원장 김미애　그리고 8월부터 시행 예정인 것은 장기기증희망등록 안내 브로슈어 같은 이런 게 배치된다 그 정도 수준이고.

○보건복지부혈액장기정책과장 김희선　예, 맞습니다.

○소위원장 김미애　지금 개정안은 더 나아가서 신규로 희망하는 사람은 바로 그 자리에서 신청서까지 접수하고 발급받을 수 있다 이거지요?

○보건복지부혈액장기정책과장 김희선　예, 맞습니다.

○소위원장 김미애　추가로……

　한지아 위원님.

○한지아 위원　좀 궁금한 게 그러면 한정애 의원님께서 처음 그것을 하실 때 접수에 대한 얘기까지는 안 됐었던 건가요? 아니면 그때는 접수에 대한 건 조금 부담스러우니까 그냥 안내로만 법 개정이 됐던 건가요?

○보건복지부혈액장기정책과장 김희선　안내까지만 지금 간 상태입니다.

○한지아 위원　그리고 두 번째는 이게 결국 가야 되고 속도 조절의 문제라면 한 얼마 후에 이게 구현 가능할지에 대한 고민을 하셨을 것 같은데, 공포 후 1년은 너무 급하다면.

○보건복지부혈액장기정책과장 김희선　지금 일단 도로교통공단에서는 현재 주민센터라든지 정부기관에서, 관련기관에서 먼저 시행을 하고 이 의무가 도로교통공단으로 왔으면 좋겠다라는 반대 의견은 있는 상태입니다.

　그래서 저희가 교육이나 이런 걸 하면 한 2~3년 정도는 소요되지 않을까 그리고 미국이나 영국은 운전면허증이 강력한 신분증이지만 우리나라는 주민증이나 이런 부분들이 사실 더 강력해서 지금 안에 주민등록증이라든지 다른 걸 더 종합적으로 고려해서 대안을 낼 수 있지 않을까 생각하고 있습니다.

○한지아 위원　만약에 박주민 의원님 안처럼 운전면허증만 한다 그래도 1년은 조금 급하다는 말씀이시지요?

○**보건복지부혈액장기정책과장 김희선**　예, 그렇습니다.

○**소위원장 김미애**　소병훈 위원님.

○**소병훈 위원**　구체적으로 한번 얘기해 보세요. 지금 당장 할 수 없는 아주 특별한 이유가 있습니까? 아까 도로교통공단이나 그 사람들의 안내나 그 사람들의 업무나 다른 부서에서 지금 시행하는 것은 조금 어렵다 이렇게 얘기하는 것 외에 지금 당장 이걸 한다 그래서 어떤 문제가 생기나요? 다른 쪽도 다 하고, 다른 신분증명서에도 하고 있고 그런데 왜 이것만 특별히 어려운……

○**보건복지부제2차관 박민수**　위원님, 이게 접수를 받으려면 책임감 있게 상담이 가능해야 되고요. 그러려면 이 업무에 대한 상당 수준의 이해도나 이런 게 있어야 됩니다, 직원들에게도.

○**소병훈 위원**　아니, 그 상담이라는 것이 적극적인 상담이 있을 수 있고 소극적인 상담이 있을 수 있는데 본인이 원하는 경우도 있지 않겠습니까? 그런데 예컨대……

○**보건복지부제2차관 박민수**　위원님, 그런데 지금 신청하는 게 불편하지가 않습니다. 이게 인터넷에 접속을 해서 본인이 희망하면 얼마든지 할 수가 있는데 궁금한 사항들이 있거든요. 그런데 그 궁금한 사항들을 장기기증원 직원도 아닌 공단이나 주민센터직원들이 상세하게 알기가 그렇게 쉽지가 않습니다. 그 정도 수준으로 올리려면 업무도 상당히 여러 차례 진행을 하고 교육도 계속 진행이 되는 그런 것이 전제가 돼야 돼서……

　저희 말씀은 뭐냐면 의욕을 너무 앞세울 것이 아니라 또 현장의 노조와의 관계도 있고 업무를 부담할 때는 인력을 추가로 배치할 건지 이런 이슈들이 있기 때문에 우선은 작년에 개정된 법을 먼저 시행을 해서 안착시킨 다음에, 그러면 저희가 상당히 교육도 시키기 때문에 어느 정도 간단한 Q&A는 할 수 있는 수준으로 올라오거든요, 직원들이. 그 과정을 거쳐서 그다음에 했으면 좋겠다 그런 의견입니다.

○**소병훈 위원**　그러면 어느 시점에서는 할 수 있겠다 그런 정도까지는 얘기해 주는 게 좋을 것 같은데요.

○**보건복지부제2차관 박민수**　그걸 지금 예측하기는 좀 쉽지는 않겠습니다만……

○**소병훈 위원**　그게 특별히 예측하기가 어렵지 않을 것 같은, 언제부터는 할 수 있다……

○**보건복지부제2차관 박민수**　그런데 하여튼 통상 업무가 한 번 돌아가면 그래도 1~2년 이상은 해 봐야 이게 어느 정도 수준의 추가 접수라는 업무를 부과해도 부담이 어느 정도가 되겠는지가 판단이 좀 가능하지요. 그래서 한 1~2년 정도를 시행해 보면 가능한 환경이 되지 않을까 이렇게……

　그리고 만약에 인력이 더 추가 필요하다 그러면 그런 것을 관련 재정 당국이나 이런 것 협의가 필요하고 증원이 필요한지 이런 것도 검토를 해야 되기 때문에 그런 걸 거쳐서 해야 됩니다.

○**소위원장 김미애**　한지아 위원님 추가질의……

○**한지아 위원**　없습니다.

○**소위원장 김미애**　제가……

　백종헌 위원님.

○**백종헌 위원**　차관님, 본 위원이 지난 국정감사를 통해서 2023년 기준으로 하루에 약

8명이 장기이식 대기 중에 사망하고 있다고 말씀을, 의견을 낸 바 있는데 작년 기준으로 장기·조직기증 희망 등록 수와 장기이식 대기 중 사망자 수가 어떻게 되어 있습니까?

○**보건복지부제2차관 박민수** 통계요? 통계는 확인해서 말씀드리겠습니다.

○**백종헌 위원** 확인해서 보고해 주시고, 23년 기준으로 하루 8명이었습니다. 그래서 이게 21대 때 개정안이 발의되고 이어서 22대에도 개정안이 발의된 것은 아직도 장기이식을 기다리다 돌아가시는 분들이 많다 이런 내용인 것 같은데 복지부가 많이 파악을 하셔서 관련 인력이나 예산이 더 필요하신지에 대한 보고도 같이 해 주십시오. 되겠습니까?

○**보건복지부공공보건정책관 정통령** 공공보건정책관입니다.

2023년 기준으로 장기기증 희망을 했다가 대기하다가 사망하신 분이 1만 1800명 정도였고요. 2024년은 1만 5300명 정도로 좀 더 늘었습니다. 특히 최근에 여러 가지 의료기관들에서 진료에도 어려움을 겪고 이렇게 하다 보니까 또 여기의 여파로 장기기증도 조금은 더 원활하지 않은 것도 사실입니다. 그래서 이런 부분들에 좀 더 관심을 가지고 체계를 정비할 수 있도록 하겠습니다.

○**백종헌 위원** 예.

○**소위원장 김미애** 제가 볼 때는 가장 중요한 게 국민 인식 전환이고, 제가 옛날에 조혈모세포 이식 대상자 찾는다 이런 광고도 봤었거든요. 그래서 저는 해 본 적도 있어요. 기증을 해 본 적도 있고 그리고 장기기증, 각막기증에 관심이 있었는데 보통 하시는 분들은 엄청 쉽습니다. 저도 인터넷으로 바로 가입했거든요, 검색해 가지고 들어가서. 오래전 일인데 가입을 했고 쉽고……

그래서 아마 올 8월부터 시행은, 아는 게 먼저 중요하기 때문에 주민센터나 이런 데 안내문을 보면서 '아, 이게 이렇게 간단한 거구나' 인식을 하면 동의할 만한 사람들은 바로 하실 수 있을 겁니다, 바로 물어볼 수도 있고. 그게 안 되는 것 같고.

오늘 자료 4페이지, 5페이지에 보면 관계기관과 단체의견이 있습니다. 여기에 보면 그렇게 간단치만은 않다. 장기기증도 여러 형태가 있고 등록 및 사후 절차 관리에 대해서 전문적인 상담이 이루어져야 되거든요. 공공기관에서 상담을 해 주는 데 설명이 부실하면 추후에 또 다른 문제가 생깁니다, 그리고 나중에 유족과의 관계 문제도 있고. 그래서 이것은 사실 본인의 자유로운 의지로 하는 게 중요하고, 설명은 잘해 줄 의무가 있는데 그다음부터는 여러 가지 문제가 발생할 우려가 있어서 우리 국민 각자의 인식 전환이 가장 중요하다 저는 이렇게 보고 그래서 아마 한정애 의원이 지난번에 수정안 발의할 때도 그런 걸 고민한 걸로 저는 이해를 하거든요. 그래서 8월에 이것 안내문이 제대로 안내가 되고 홍보가 잘 이루어져서 적극적으로 참여하는 국민들이 늘어나면 예산을 투입해서라도 제대로 된 인력을 확보하는 게 저는 중요하다고 보이거든요.

○**보건복지부제2차관 박민수** 예, 맞습니다.

○**소위원장 김미애** 제대로 해야 됩니다.

○**보건복지부제2차관 박민수** 예.

○**소위원장 김미애** 제대로 인력을 확보하고 예산을 투입해서 그게 작동되도록 하는 게 중요하기 때문에 현재는 이 절차에 머물러 있다 이렇게 보입니다.

○**소병훈 위원** 한 가지만, 효과성을 본 후에 하시겠다 그러니까 효과성을 '1, 2년 정도 지나야 됩니다' 이렇게 하지 마시고 필요한 부분이니까 그리고 이런 부분은 오히려 정부

가 더 적극적으로 제도를 만들어 주는 게 중요하니까 이번 결과 보고 바로 복지부 쪽의 의견을 내주셨으면 좋겠습니다.

○**보건복지부제2차관 박민수** 예, 그렇게 하겠습니다.

○**소위원장 김미애** 김남희 위원님.

○**김남희 위원** 짧게 말씀드리면 10페이지에 보시면 아마 해외 사례 참조해서 박주민 의원님이 이 법안을 발의하신 게 아닌가 싶은데 미국·영국·호주 같은 경우에는 운전면허 응시 및 갱신 시에 항상 장기기증 희망 여부를 반드시 체크하도록 하고 또 밑에 보니까 프랑스·스페인·덴마크·핀란드·이탈리아는 거부 의사를 밝히지 않으면 잠재적 기증자로 추정할 정도로 강력하게 국가 차원에서 장기기증을 활성화시키고 있다 이런 것 때문에 한국에도 이런 제도를 도입해야 되지 않나 이렇게 제안하신 걸로 생각이 들고요.

만약 안내가 굉장히 형식적으로 브로슈어 하나 띡 건네주는 정도로 끝나면 원하는 정책적 효과가 안 나올 수도 있다. 그래서 결국은 국민들의 인식이 개선되는 것이 필요할 수는 있겠지만 어쨌든 결국은 다른 국가들 같은 시스템으로 가는 게 맞는 방향인 것 같다는 생각이 들어서 좀 더 적극적으로 검토를 해 주시고 준비를 해 주시면 좋을 것 같습니다.

○**보건복지부제2차관 박민수** 예, 그렇게 하겠습니다.

○**소위원장 김미애** 김남희 위원님 좋은 지적해 주신 것 같습니다. 미국·영국 정도로 해도 될 것은 같네요.

추가로 질의하실 위원님 계십니까?

추가질의하실 위원님 안 계셔서 의사일정 제6항은 보다 깊이 있는 검토를 위해 계속 심사하겠습니다.

의사일정 제7항 및 제8항 공공보건의료에 관한 법률 일부개정법률안을 심사하겠습니다.

전문위원 보고해 주시기 바랍니다.

○**전문위원 오세일** 먼저 김선민 의원안 보고드리겠습니다.

자료 2쪽 오른쪽을 봐 주시기 바랍니다.

개정안은 공공보건의료 수행기관에 대한 국가와 지방자치단체의 행정적·재정적 지원과 비용 보조를 의무화하는 내용이 담겨 있고 공공보건의료정책심의위원회 심의사항에 공공보건의료기관 설립·확충 및 공공보건의료기관 간의 인적·물적 교류 등 협력체계 구축에 관한 사항을 추가하며 공공보건의료기관을 지역별 병상 총량의 30% 이상으로 설치·운영하도록 의무화하는 내용이 담겨 있습니다. 또한 공공보건의료기관 설립 시 예비타당성조사를 면제하는 근거를 마련하고 있습니다.

이를 통해서 수익성이 낮아서 공급이 부족할 수 있는 필수의료를 보다 충분히 제공할 수 있도록 하고 코로나19 상황 대응 등으로 인하여 경영난에 처한 공공보건의료기관 등의 운영 정상화에 도움이 될 수 있을 것으로 보입니다.

다만 공공의료기관 병상 증설과 관련해서는 지역별 의료 수요나 전체적인 병상수급계획 등을 종합적으로 고려할 필요가 있다고 보았습니다.

자료 8쪽입니다.

개정안은 공공보건의료사업에 필요한 재원 충당을 위하여 담배에 부과하는 개별소비세 총액의 55%와 정부의 출연금·융자금 등을 재원으로 하는 공공보건의료기금을 설치하려는 것입니다. 현재 재원을 고려했을 때 기금을 새로 설치하는 경우 매년 1조 원가량의 수입이 확보될 것으로 예상할 수 있습니다.

다만 현재 공공보건의료 확충 사업은 일반회계, 국민건강증진기금, 응급의료기금 등으로 수행하고 있으므로 전체적인 재정 투입 규모와 기존 사업의 추진 방식 등에 대한 추가 검토가 필요할 것으로 보았습니다.

이상입니다.

○**소위원장 김미애**　정부 측 의견 듣겠습니다.

○**보건복지부제2차관 박민수**　공공보건의료를 적극 지원해서 지역의료를 활성화하고자 하는 법안의 취지에는 동의의 말씀을 드립니다마는 법안의 내용을 보면 국가·지자체의 지원을 의무화한다든지 또 기금을 설치한다든지 또 병상 확보 의무를 부과한다든지 이런 조금 강행 규정적 성격들이 있습니다. 이런 것들은 전체적인 정책 방향이나 예산 상황 또 지역 재정 여건 이런 것들을 종합적으로 검토하면서 해야 될 필요가 있어서 전체적으로 의무 조항으로 하는 것에 대해서는 조금 신중검토 의견을 드립니다.

구체적으로 말씀을 드리면 국가·지자체의 지원 의무화 규정들이 있는데요. 이것은 방금 말씀대로 신중검토 의견이고요. 그다음에 공공보건의료기금 설치 조항이 있는데 이것은 지금 지역·필수의료 강화 관련 법안들이 제안이 돼 있고 정부도 의료개혁 4대 과제를 제시하면서 지역·필수의료 특별회계 내지는 기금 설치하겠다라고 하는 제안을 한 바가 있기 때문에 이것은 그거와 같이 통합해서 종합적으로 검토를 했으면 하는 의견이고요.

그다음에 공공보건의료기관의 병상 확보 의무도 있는데 이것도 여러 가지 여건에 맞게 결정할 필요가 있어서 신중검토 의견입니다.

그리고 공공보건의료기관의 설치 방법으로서 지금 신설 매입 그다음에 증설 이렇게 해 주셨는데 신설 매입은 저희는 좋고요. 증설은 신규 설립의 방법이아니고 기존 의료기관이 아마 병상을 늘리거나 할 때 건물을 새로 짓거나 할 때 하는 거라서 이것은 삭제하는 게 맞겠다 이렇게 수정의견을 드리고요.

그다음에 예타 면제 조항을 해 주셨는데 공공보건의료기관의 예타 면제가 필요하다라는 것에 대해서는 저는 공감을 합니다. 다만 현행 국가재정법상으로 예타를 하도록 되어 있고 공공보건의료기관에 대해서는 조금 특수한 기준을 적용해야 된다라고 해서 그 기준을 사실 정부가 최근에 개정을 했습니다. 그래서 그런 것들을 종합적으로 고려를 해서 전체적으로 그냥 면제하는 것은 법률로 정하기보다는, 지금도 국무회의 의결이나 이런 걸 통해서 충분히 면제가 가능하기 때문에 정부에 맡겨 두시면 어떨까 이런 의견을 드리고요.

그다음에 공공보건의료사업 평가를 지금 하고 있는데 이걸 기관평가로 전환하라라고 하는 내용도 있는데요. 지금 현재 법령 체계상 공공보건의료기관들은 공운법에 따라 기관평가를 받고 있고요. 복지부에서는 각 개별 사업별로 평가를 진행하는 이런 체계로 되어 있습니다. 그런데 이것을 기관평가로 전환하라 그러면 복지부에서 하는 평가를 기관평가로 하고 공운법에 따른 평가도 또 기관평가로 하면 그 관계는 어떻게 하는 것인지 이런 것에 대한 정리가 필요해서 이것도 좀 신중검토 의견을 드립니다.

이상입니다.

○**소위원장 김미애** 질의하실 위원님 계십니까?

김선민 위원님.

○**김선민 위원** 본격적인 논의를 시작하시기 전에 이 법안 발의자로서 말씀을 드리고 싶습니다.

사실 공공의료 강화에 대한 논의가 시작된 것은 어제오늘의 일이 아니고 수십년 된 논의였습니다. 그런데 최근 들어서 특히 2009년 신종플루라든가 메르스 또 가장 극단적이었던 때가 20년 코로나19 같이 국가적인 위기 상황에서 효과적으로 대응을 하기 위해서는 공공의료의 중요성이 계속 대두되었습니다. 지난해에 있었던 의료대란도 마찬가지였습니다.

그런데 다들 아시다시피 복지부에서 공공의료 인프라를 강화하려고 하면 번번이 기재부의 반대로 항상 어려움이 있어 왔습니다. 차관님 말씀하셨지만 공공의료를 강화하자는 것은 복지부에서도 오랜 숙원사업일 것 같습니다. 그래서 심지어 국가가 수행해야 하는 필수·공공의료사업을 특히 지난번 코로나 때 수행함에 따라서 불가피하게 공공병원이 적자가 발생을 했지만 그 경상비 지원조차 제대로 이루어지지 않았고 그래서 지금 매년 재정당국에 읍소하면서 매년 한 해 한 해 버티고 있는 것이 현황입니다.

그래서 여기 이 소위 자료에 나온 기재부의 문제 제기는 어제오늘의 일이 아니었고요. 보건복지부에서의 문제 제기 또한 잘 알고 있습니다. 그렇지만 공공의료가 계란으로 바위 치기 아니냐 하는 그런 항간의 우려나 혹은 체념 같은 것이 있었던 것은 사실이지만 보건의료 현장이나 혹은 보건의료 기관에서 일할 때도 공공의료가 해결되지 않으면 한국 전체의 지역 불균형이나 혹은 다른 여러 가지 이른바 필수의료 문제도 해결되지 않는다라는 것은 모두 다 아실 것 같습니다.

그래서 이 법안만으로 공공의료 문제가 해결된다고 생각하지는 않습니다. 하지만 이런 법조차 없으면 나중에 곧 어떤 새로운 팬데믹이 닥치거나 또 다른 이유에서 우리 의료가 위기에 처하게 되면 공공의료 확충을 알고도 미리 준비 안 했느냐 하는 질타를 온 국민으로부터 받을 수밖에 없을 것 같습니다. 그리고 특히 지난해 의료개혁안에 대해서 대대적인 수정이 불가피한 마당에 이런 점을 깊이 이해를 해 주시고 심사에 들어가 주셨으면 하고 바랍니다.

이상입니다.

○**이개호 위원** 차관님, 종합적인 검토 또 뒤의 건 충분한 검토 필요하다고 얘기를 하셨는데 반대한다는 뜻이지요? 그렇지 않는가요?

○**보건복지부제2차관 박민수** 그러니까 저희는……

○**이개호 위원** 여러 가지 이유를 들어서 반대한다는……

○**보건복지부제2차관 박민수** 의원님 법안 내신 취지를 너무 잘 이해하기 때문에 저희도 필요성에 대해서는 공감을……

○**이개호 위원** 그러니 제가 납득이 안 되는 게 공공의료를 강화하자는 것에 대해서 동의를 한다고 하시면서 동의를 하면 하면 되는데 왜 이렇게 여러 납득하기 어려운 이유들을 들어서 반대를 하는지 저는 납득이 잘 안 됩니다. 이 내용들, 공공의료 강화에 대해서 동의하시면 그냥 이것도 전향적으로 추진할 수 있는 방안을 적극적으로 살펴봐 주시기 바랍니다.

○**보건복지부제2차관 박민수** 예, 강화에 동의를 하나 법의 의무화 규정이나 이런 걸 통해서 할지 또 정책적 지원을 통해서 할지 수단과 방법은 여러 가지가 있거든요. 그리고 우리가 이것을 하려면 결국은 재정당국의 어떤 협조와 지원이 필요한데 법률을 통해 가지고 이렇게 억누르는 방식으로 가서는 저희가 또 협조받기가 쉽지가 않습니다. 그래서 그런 걸 종합적으로 감안하여 의견을 이렇게 드린 것이고요.

 아까 코로나 이후에 재정적 어려움을 겪는 지방의료원들 같은 경우도 저희도 예산 확보를 위해서 무척 노력을 많이 했고 결국은 그래도 재정당국에서 여러 가지 과목 명칭을 달리하기는 했습니다마는 그래도 예산을 충분하지는 않았지만 지원도 해 주고 하는 그런 과정들이 있었습니다. 그래서 그런 걸 좀 감안해 주십사 말씀드립니다.

○**소위원장 김미애** 한지아 위원님.

○**한지아 위원** 취지에는 저도 동의는 합니다. 다만 궁금한 것은 보고를 따로 좀 해 주시면 좋을 것 같습니다. 공공병원들이 현재 존재하고 있는데 그 역할이나, 지금 지역마다 적자 폭이 다를 것 같은데요. 그 적자 폭이 왜 발생하고 있는지 적자 보전은 어떻게 하고 계시는지 이런 부분에 대해서 현재 기존에 있는 공공병원에 대해서 자세히 살펴보아야 되지 않을까라는 의견도 드리고 그러면서 보고를 부탁드립니다.

 두 번째는 지역의료 인프라에 있어서는 그 지역에 있는 공공보건의료기관이 있으면 참 좋을 것 같다는 생각을 합니다. 지금 어떻게 활용하고 계신지 그리고 의료개혁 차원에서 공공병원뿐만 아니라 공공의료나 그런 원활한 지역의료가 활성할 수 있도록 아마 국립대병원 이전이나 이런 것들도 고민하고 계신 걸로 알고 있는데 그 부분에 대해서도 세밀하게 살펴봐 주셔야 되지 않을까라는 생각을 합니다.

 마지막으로 기금에 대한 얘기들을 하는데 지금 지역·필수의료 강화 관련 기금과 특별회계 설치를 논의 중인 것으로 알고 있는데요. 그 부분에 대해서도 별도로 보고해 주시면 감사하겠습니다.

○**보건복지부제2차관 박민수** 지금 답변드리라는 거는 아니시지요?

○**한지아 위원** 지금 해 주셔도 좋지만 길어질 것 같아서……

○**보건복지부제2차관 박민수** 예, 그럼 따로 그거는 보고를 드리도록 하겠습니다.

○**한지아 위원** 이런 부분들이 결국에는 공공보건의료 강화의 한 측면이지 않을까, 아마 그 방향성에 있어서 공공보건의료에 대한 얘기를 명시하지 않았다는 그런 비판들도 있지만 전체적인 의료의 인프라를 변화시키는 것은 지역의료 강화, 공공의료 강화 똑같은 목표에서는 크게 다르지 않을 거라는 생각이 들어서 자세한 보고와 말씀을 드립니다.

○**보건복지부제2차관 박민수** 예, 동의의 말씀 드립니다.

○**소위원장 김미애** 김남희 위원님.

○**김남희 위원** 좀 궁금해서 그러는데 지금 김선민 의원님 안에 담배에 부과하는 개별소비세 총액 55%를 가지고 공공보건의료기금 설치하라고 되어 있는데 지금은 그러면 담배개별소비세가 어떻게 쓰이고 있어요?

○**보건복지부제2차관 박민수** 답변하시지요, 담당 과장.

○**보건복지부공공의료과장 김지연** 공공의료과장 김지연입니다.

 45%가 지방교부세로 교부되고 있고요. 나머지 55%는 그냥 일반회계처럼 쓰이고 있습니다.

○**김남희 위원** 일반회계처럼 쓰이면 보건복지부의 일반사업에 쓰이고 있다는 말씀이신가요?

○**보건복지부공공의료과장 김지연** 그것은 정해지지 않았고 그냥 세출로 활용되고 있는 것으로 알고 있습니다.

○**보건복지부제2차관 박민수** 기재부 세입으로 잡혀 가지고……

○**김남희 위원** 기재부 세입으로 잡혀 가지고?

○**보건복지부제2차관 박민수** 예, 기재부가 예산 배분을 하고 있습니다.

○**김남희 위원** 그거는 좀 취지에 안 맞는 것 아닌가요? 어쨌든 담배소비세……
예, 알겠습니다.

○**소위원장 김미애** 추가로……

○**소병훈 위원** 제가……

○**소위원장 김미애** 예, 소병훈 위원님.

○**소병훈 위원** 사실은 공공의료나 지방의료는 우리 정부에서 먼저 나서서 해야 될 시기이기도 하지만 특히 복지부에서 이건 일종의 총대를 매고 해야 되는 사업이라고 생각합니다. 흔히 그냥 재정당국에서 어려움이 있다 이런 식으로 해서 이걸 자꾸 그쪽으로 미루는데 그게 아니고 사실은 공공의료나 지역의료 같은 경우는 취약 정도가, 직접 가서 방문을 하다 보면 취약 정도가 말로 설명할 수 없을 정도입니다. 저희 보건복지위에서도 엊그제도 이천에 있는 지방의료원에 갔다 왔는데 거기에서도 경기도 지방의료원 중에 8개인가 몇 개 중에서 1개 정도만 흑자라고 하니까 그렇다면 일반 논리라면 그 나머지 7개 지방의료원은 다 없애야 돼요, 폐원. 그런데 그래서는 안 되는 게 갈수록 지역의료나 공공의료의 필요성이 높아지고 있기 때문입니다.

그래서 저는 대개 이런 법조문에 '지원을 할 수 있도록 하고', '비용을 보조할 수 있도록 하고' 이런 식으로 하지 말고 적어도 복지부에서 하는 공공의료나 지역의료는 '하여야 한다'로 해야 된다. 그래서 저는 이런 법안이 적어도 우리 소위원회에서 뒤로 미룰 게 아니고 소위원회는 통과시키고 복지위원회에서는 이런 법안은 통과시켜 줘야 된다. 그리고 다툼이 있으면 법사위에서 다투든지 본회의에서 다투어야 된다. 그래서 국민들이 좀 더 정부의 의지를 알았으면 좋겠다, 지방의료나 공공의료에 대해서. 그래서 저는 이런 법안 같은 경우는 우리 소위원회에서는 그냥 수정 없이 통과시켜야 되는 것 아닌가 이런 생각을 합니다.

○**보건복지부제2차관 박민수** 제가 좀 답변 올릴까요?

○**소위원장 김미애** 예, 차관님 답변해 주세요.

○**보건복지부제2차관 박민수** 여러 위원님들 공공의료의 중요성과 지원 필요성에 대해서 다시들 강조하시고 총괄적으로 저도 동의 말씀 드렸는데요. 저희가 지금 의료개혁 4대 과제도 결국은 지역의료를 살리자는 것이고 지역에 가 보시면 사실은 공공의료만 있는 건 아니지 않습니까? 민간의료도 있습니다.

그런데 지역의 의료가 어려운 이유는 의료 수요에 대비해서 수익을 좀 내기가 어려운 여건이 기본적으로 있습니다. 그런데 우리 보건의료 제도는 서울에 인구가 많은 지역에서 서비스를 제공하나 저기 섬같이 인구가 굉장히 적은 지역에서 제공하나 그런 것에 차이를 두지를 않기 때문에 당연히 인구가 많은 쪽으로 인력과 자원이 쏠리게 되어 있고 지방의료원 등이나 이렇게 공공의료기관 등이 주로 지역에 있다 보니 경쟁이나 이런 곳에서 상당히 여건이 어려운 게 사실입니다.

그래서 아시는 것처럼 거기에 도드라지게 분야가 나타나기 시작한 게 산부인과의 산과 과목이고 저희가 그 문제를 해소하기 위해서 센터사업도 하지만 지역수가라는 공공정책 수가를 최초로 수행을 해서 지역가산을 하는 제도를 시행했습니다.

저는 이게 시작이고 분만에 그치지 아니하고 다른 의료 영역에도 지역가산 같은 것들을 좀 활발히 진행을 해서 공공의료를 포함해서 지역의료에 종사하시는 분들이 대도시 근무하시는 분 못지않게 경쟁력을 갖출 수 있는 환경을 맞춰 드리는 게 좋겠다.

그리고 관련하여 또 인력이나 이런 것도 얻기가 어려운 측면이 있기 때문에 저희가 의대 증원을 포함하여 지역에 의료인들이 진출하실 수 있도록 여러 가지 제도 여건을 갖추는 걸 지금 4대 개혁 과제 이름으로 진행을 하고 있지 않습니까? 그래서 그런 진행 과정들을 종합적으로 보고 이렇게 공공보건의료기관을 법에 의해서 하는 것에 대해서는 또 관련 기관의 반대도 많고 하니 이건 조금 그런 진행 과정을 보면서 차분히 가자라는 취지의 말씀이라는 설명을 드립니다.

○**소병훈 위원** 저는 위원장님한테 말씀드리고 싶은 게 이번 개정안이 특별히 큰, 그동안에 우리 사회적으로 많이 논란이 돼 왔던 문제가 아니고 개정안이 국가와 지방자치단체의 지원과 비용 보조 의무화, 공공보건의료정책심의위원회 심의사항에 공공보건의료기관 설립·확충 및 공공보건의료기관 간의 인적·물적 교류 등 협력 체계 구축에 관한 사항 추가, 공공보건의료기관을 지역별 병상 총량의 100분의 30 이상으로 설치·운영하도록 의무화, 공공보건의료기관 설립 시 예비타당성조사 면제 근거 마련 이 정도인데 만약에 국민들이, 이런 내용을 정부에서 해 줬으면 좋겠다고 국회에서 요청을 했는데 '그거 재정 여건 때문에 안 됩니다' 한다면 국민들이 받아들이겠습니까? 그런데 우리 보건복지 법안 소위원회에서 이것조차 여기에서 넘기지 못한다면 국민들은 더 알 길이 없잖아요.

그래서 저는 위원장님께 부탁드리고 싶은 게 이런 내용 정도는 우리가 보건복지위를 넘어가서 법사위에서 토론을 하든 본회의에서 토론을 하든 국민들에게 알리면서 토론했으면 좋겠다. 이런 걸 괜히 기재부, 그러니까 '재정 당국에서 안 된다고 하니까 안 됩니다' 이런 식으로 해서는 안 되겠다. 저는 이런 의견입니다.

○**소위원장 김미애** 그런 식으로 말씀하시는 위원님도 안 계시고 저도 그런 적 없습니다.

김선민 위원님 말씀해 주세요.

○**김선민 위원** 제가 알기로는 차관님께서 누구보다 공공의료에 강한 철학을 갖고 계신 걸로 알고 있습니다. 그리고 제가 사실은 먼저 했는데 어느 인터뷰에서 시골의 마을마다 학교 또 소방서, 우체국 이런 것이 있듯이 의료기관도 반드시 공공으로 설치되어야 한다라고 말씀하신 걸로 알고 있고 지역사회에 가 보면 병원만 민간에 맡겨져 있는 것이 현실입니다.

그런데 아까 수가 말씀을 하셨는데 그 부분이 제가 공공의료를 꼭 확충해야 된다고 생각을 하는 부분입니다. 현재 우리나라 수가제도는 아무리 정책수가 아니라 할아버지를 씌운다 하더라도 인구소멸지역에서 산부인과 같은 영역에 충분히 기관이 유지되지 않는 것은 분만의 절대수 자체가 인구가 적은 지역에서는 많을 수가 없습니다.

　　그리고 이것은 아무리 수가로 지원을 한다 하더라도 그 지원이 움직이는 데 충분히 수가로 지원할 수 없는 구조가 우리나라의 수가 구조고 그것을 누구보다 잘 아실 분이 차관님과 국장님이실 거고 지금 공급 부족이 일어나는 영역은 대부분 그런 영역입니다.

　　그러니까 산과 혹은 소아과 또 아주 희귀한 질병이 가끔 일어나는 이른바 필수의료는 위험수당 혹은 수가 이런 것을 올려주는 게 아니라 기본적인 발생 자체가 적기 때문에 이분들은 어느 의료기관에서 그냥 가만히 있어도 유지를 할 수 있는 정도의 재정적인 지원을 마련해야 하고 그것은 현행 건강보험법하에서 수가로 절대로 해결을 할 수 없고 여지껏 계속 실패해 왔고 공공의료기관을 설립해서 그 기관에서 같이 인력을 셰어하든지 어떤 특단의 조치를 마련하지 않으면 해결되지 않는 대표적인 분야인 것을 누구보다 잘 알고 계시고 지역에 계시는 지방자치단체의 장들이 잘 알고 있기 때문에 이 수준이 모든 의료기관들을 원하는 만큼 재정적 지원을 하여야 한다라는 것도 아니고 지방자치단체의 의무를 강화하고 그것을 공공의 영역에서 하자라는 그것을 지금 소위 차원에서 논의하는 것이 신중검토라고 그러면 아마 결론이 뻔할 것 같은데 그럴 만한 사안은 아니어서 오늘 결론을 못 내린다 한다면 적어도 계속해서 저희가 토론회도 열고 해서 논의를 했으면 하는 그런 의견입니다.

○**소병훈 위원**　오늘 결론내려야 돼요. 의견들을 물어봐야지요, 위원들한테.

○**소위원장 김미애**　아니, 그렇게 갈 일은 아니고요. 저도 좀 질의를 하겠습니다.

　　이게 어제오늘의 일은 아니고 사실은 계속 요구한 건데 지금도 각 지역에 지방의료원이 있는데 부산만 하더라도 상당히 열악하지요. 그러면 국민의 입장에서 항상 봐야 된다고 저는 보는데 국민들이 의료 접근성이 높은 곳에 사는 분들과 그렇지 않은 분들의 의료서비스 차이가 또 너무 큽니다.

　　그리고 결국은 이게 필요한 곳이 어디냐? 의료서비스 접근이 떨어지는 곳이고 또 기피하는 필수의료 분야가 상당히 필요한데 의료원을 보면 대부분의 전문 과목이 또 있거든요. 그러면 아예 또 의료인이 그곳에 가는 걸 기피하고.

　　그러니까 환자, 국민 입장에서는 가급적이면 질 높은 의료서비스를 받기 원하기 때문에 이게 계속 되돌이처럼 돌아가는 거예요. 그러니까 이용률은 떨어지기 때문에 더 어려워지고.

　　그리고 부산만 하더라도 부산시가 해마다 부산의료원에 계속 돈을 넣거든요. 그런데도 힘들어요. 왜 그러냐? 의료인들 또 물적 시설 이런 것들이 계속, 민간은 좋은 게 계속 들어오는데 공공은 그렇지 못하거든요.

　　그러면 저는 지금 있는 거라도 좀 제대로 하라고 하는데 못 하고 있거든요. 각 지방의료원마다 그것조차도 지금 어렵습니다. 맞지요, 차관님?

○**보건복지부제2차관 박민수**　예, 맞습니다.

○**소위원장 김미애**　의료기기도 최신식 계속 민간에 나오는데 공공의료는 만들어는 놨는데 환자가 안 가요. 그러니까 이게 되풀이되는 겁니다. 그래서 환자가 갈 수 있는 공공의료기관이 무엇보다 중요한데 이에 대해서 저는 실질적인 접근을 해야 되지 않나 이런 생각을 늘 하게 돼요.

　　그러면 기존에 늘 해 오던 방식이 아니라 정말 필수의료, 기피하는, 이런 것만이라도 좀 서비스가 되도록…… 그래서 또 이런저런 고민을 해 오잖아요. 그리고 지금 이것도 의료계의 주된 과제 중의 하나잖아요.

　소병훈 위원님, 죄송하지만 그래서 저는 이걸 하지 않겠다는 게 아니라 그런 전체 틀에서 논의하지 않으면 우리가 통과시키면 뭐 합니까?

　그리고 법안심사소위에서 이런 제대로 된 심사를 하지 않으면, 사실은 여기에 계신 분들보다 더 관심 있고 전문성 있는 분이 저는 국회에서 없지 않을까 싶습니다. 여기가 의료인이 제일 많고, 그래서 저는 여기에서 좀 더 심도 있는 심사를 해야 된다는 생각이고 그래서 필요하다면 이런 것들은 공청회도 좋고, 그래서 저는 의견을 계속 들어야 된다. 그리고 실질적으로 이게 추진할 수 있는 방향으로 가야 된다는 게 제 생각입니다.

　저도 이걸 마음껏 하고 싶은 마음은 간절하지요. 그런 의견인 겁니다.

○**소병훈 위원**　제 의견은 그렇게 하면 할수록 점점 공공의료하고 지역의료는 더 줄어든다. 그리고 지역의료, 특히 지방의료원을 가고 싶어하는 분, 그러니까 능력 있는 사람들은 상급병원으로 옵니다, 중앙으로 오고 부산 같은 대도시에서도 충분히 더 큰 병원으로 가고. 그렇지만 작은 중소도시에서는 그 병원조차 못 가는 사람도 많아요.

　제가 이번에, 뭐 꼭 특정한 병원을 예를 드는 게 아니고 보니까 몇몇 시설 지원도 하고 그다음에 의사 지원도 하다 보니까 점점점 오는 환자가 늘어나요. 그런 식으로 우선 당장 어떤 이익이 안 된다고 그래서, 이윤을 못 낸다고 그래서 자꾸 더 줄이는 게 아니고 점점 투자를 잘해야 된다는 의미지요.

　그리고 이런 부분은 적어도 여기 우리 소위원회에서 이걸 다음에 계속 심사하고 또 심사하고 이러는 것보다는 차관님도 말씀하셨지만 제가 아까 말씀드린 재정적인 문제랄지 이런 부분이 있기 때문에 저는 좀 더 국민들이 넓게 알게 하는 그런 자리에서 토론을 하자.

　그렇다면 우리 복지위 전체회의도 좋습니다. 올려 가지고 전체회의에서 한번 얘기를 해 보고 복지위 전체회의에서 넘어가면 본회의에서 해 보고, 그리고 국민들이 '아, 이런 걸 그동안에 안 했단 말이야? 그냥 정부나 지방자치단체가 할 수 있다 정도였단 말이야? 이걸 꼭 해야 되지 그렇지 않으면 지역의료가 어떻게 살겠어?'. 이걸 국민들이 알아야지, 내가 낸 세금이 어떻게 쓰이는지.

　그래서 저는 이런 정도의 문제는, 공공의료랄지 지역의료원 문제는 적어도 우리 소위 차원보다는 전체회의에서라도 한번 토론을 하기 위해서 소위에서는 넘겨 줬으면 좋겠다는 생각입니다.

○**소위원장 김미애**　이건 어제오늘의 문제가 아니고 해마다 복지위 감사 때도 지적되어 온 문제고 다 공감을 합니다, 그런 부분을. 그러나 국가예산이 한정적인 것을 어떻게 적정히 배분해서 국민의 삶의 질을 높이는가 그 관점에서 또 봐야 되는 문제라서 우리가 고민을 하는 거지……

○**소병훈 위원**　그걸 우리가 걱정할 일이 있나?

○**소위원장 김미애**　그걸 우리가 걱정 안 하면 누가 걱정하겠습니까?

○**소병훈 위원**　아니, 전체회의에서 걱정할 수 있고 본회의에서 걱정할 수 있는 거지.

○**소위원장 김미애**　제가 좀 진행을 하겠습니다.

　이 부분에 있어서 추가로 질의하실 위원님 계십니까?

○**소병훈 위원**　위원들 의견을 다 물어보세요.

○소위원장 김미애 이개호 위원님.

○이개호 위원 오늘 들어 보니까 결국은 반대하는 이유가 재원, 기재부 때문인 것 같은데 제가 늘 여러 번 우리 상임위에서 말씀을 드렸습니다만 기재부가 반대할 것 같으니까 우리가 못 하는 것, 왜 그렇게 해야 되지요? 우리는 우리가 할 일을 하고 기재부는 기재부가 할 일을 하는 겁니다. 그래서 서로 치열한 논쟁을 거치든 토론을 거치든 해서 합의를 도출하는 거거든요. 그게 정상적인 정책의 결정 과정이고 또 법에 대해서도 정상적인 프로세스라고 생각을 해요.

그런 측면에서 우리 보건복지위에서는 방향성에 동의를 한다면 그러한 방향으로 나가면 됩니다. 그래서 그렇게 할 수 있도록 위원장님께서 잘 조정을 해 주실 것을 부탁드립니다.

○소위원장 김미애 추가로 한지아 위원님.

○한지아 위원 저는 아까 말씀드렸듯이 저희가 결국에는 선순환, 자원의 효율적인 배분과 이용 그리고 지속가능성, 이 모든 것을 다 고려해야 되는 것 같습니다. 우리 하드웨어만으로는 지역의료를 살릴 수가 없습니다.

병상 그러면 뭐 50%, 공공의료 병상 50% 늘린다고 해서 지역의료가 삽니까? 인력도 있어야 되고 기자재도 있어야 되고 인프라가 있어야 되는 부분이기 때문에 결국에는 네트워크 형성이 지역의료 내에서 돼야 된다고 생각을 하거든요.

그래서 모든 것을 종합적으로, 아마 지금 복지부에서도 이 부분에 대해서 아주 세심하게 보고 있는 걸로 알고 있어서 지금처럼 해 주시면 좋을 것 같고.

하지만 존경하는 김선민 위원님께서 말씀하셨듯이 공공정책수가 이런 부분을 활성화해야 되는 건 맞다고 생각합니다.

○김선민 위원 저는 오히려 그 반대입니다. 공공정책수가만으로는 절대로 공공의료 문제를 해결할 수 없습니다.

○한지아 위원 아, 맞습니다. 그것만으로는 당연히 안 되지요. 그래서 저희가 얘기를 하는 건 여러 가지 부분들을 총체적으로 봐야 되고 어떻게 보면 지역 여건이나 수요 등을 종합적으로 다채롭게 봐야 되지 일률적인 기준으로 법제화를 한다는 건 저는 신중해야 된다는 것에 의견을 드리고요.

이게 지역마다 여건이 다를 수가 있기 때문에 그런 부분에 있어서 세심하게 접근이 필요하고 방향성에 있어서는 맞다고 해서 세부적인 법안들에 대한 부분을 고려 안 할 수 있는 건 아니거든요. 그래서 그 의견 드립니다.

○소위원장 김미애 김선민 위원님, 양해해 주신다면 8항도 같은 취지의 법률안이니까 이것도 같이 보고받고 그리고 또⋯⋯

○소병훈 위원 좀 달라요. 좀 다르다고요.

○소위원장 김미애 조금 다르기는 한데⋯⋯

○소병훈 위원 8항까지 가면 더 힘들어져요. 그러니까 우선 하나라도 하고 갑시다.

○소위원장 김미애 8항도 한번 보고받고 해도 안 될까요? 더 말씀하실래요, 지금?

○소병훈 위원 8항은 훨씬 더 포괄적입니다. 그러니까 단순한 것부터⋯⋯

○소위원장 김미애 그러면 하세요.

○김선민 위원 한마디만 더 말씀을 드리자면 복지부에서 하는 의료개혁 중에서 공공의

료를 강화하겠다는 내용은 저는 수가밖에는 발견하지 못했습니다. 어떤 식으로 공공의료를 강화한다고 하셨어요? 지역의료나 필수의료라는 이름으로는 말씀을 하셨지만 공공의료기관을, 공공병원을 강화한다는 것은 저는 보지를 못했고 그게 제 가장 중요한 문제의식 중의 하나입니다.

○**보건복지부제2차관 박민수** 답변을 좀 드릴까요?

○**소위원장 김미애** 예, 말씀하세요.

○**보건복지부제2차관 박민수** 왜냐하면 제가 아까 설명드리고 나서 반대하는 주요 이유가 기재부 때문인 걸로 이렇게 위원님들이 말씀을 하셔서, 꼭 그런 것은 아니고요.
　지금 보시면 재정 지원이나 이런 걸 의무화한다 그랬는데 구체적으로 들어가 보면 지방의료원 같은 경우 대도시 같은 부산에 있는 경우도 있고 또 속초나 이렇게 조금 중소도시나 한지에 있는 경우도 있습니다. 각각 처한 상황에 따라 재정 적자가 발생하는 요인과 이런 것들이 굉장히 다양한데 만약 적자가 나면 무조건 다 보전을 해라 이렇게 할 경우에 이건 기관의 도덕적 해이가 있을 수 있습니다. 적자라는 것은 결국은 경영이고 또 그 경영을 효율적으로 하는 것이 전제가 되어야 되기 때문에 그래서 이게 끝없는 논란의 소지가 있는 내용이거든요.
　그래서 일단 이런 내용으로 복지위는 통과를 시키고 본회의나 법사위 가서 싸우라고 하지만 만약에 이렇게 되면 가 가지고 우리가 논리적으로도 설득하기가 어렵고 그것은 또 별개의 문제가 됩니다. 그래서 이것은 좀 충분한 논의가 필요하다는 말씀을 드리고요.
　아까 공공정책 수가만으로 모든 지역의료를 해소할 수 있다고 주장한 것은 아니고 그렇게 다양한 정책을 통해서 지역의 어려운 여건을 조금이라도 균형을 맞추기 위해서 노력하고 있다는 그런 취지로 말씀드렸다는 점을 말씀드립니다.

○**소위원장 김미애** 김예지 위원님이 처음으로 손들었기 때문에 먼저 기회를 드리겠습니다.

○**김예지 위원** 제가 지난 국정감사에서 인력 지원 관련해 가지고 질의해 가지고 양구병원 인력 지원을 3년 연장받게 되셨다, 복지부에서 개선책을 마련하셨더라고요. 알고 계신가요, 차관님?

○**보건복지부제2차관 박민수** 예.

○**김예지 위원** 그래서 이것처럼, 지금 말씀하신 바로는 그냥 무조건적인 재정 지원은 그 기관에도 또 그 지역에도 도움이 안 된다라고 하신 취지는 맞지요?

○**보건복지부제2차관 박민수** 예.

○**김예지 위원** 예를 들어서 지역 내의 어려운 지역, 취약지역의 인력 지원에 관한 이것도 지금 사실은 법에 근거가 없잖아요. 그렇지요?

○**보건복지부제2차관 박민수** 그래서 지역의료법 이런 것들이 지금 발의가 돼서 논의 중에 있습니다.

○**김예지 위원** 그런데 아직 없잖아요. 아직 안 됐잖아요.

○**보건복지부제2차관 박민수** 예, 아직 법은 없습니다.

○**김예지 위원** 그러면 혹시 그것 관련해 가지고 관련 법 안에서 이런 것들을 지원해서…… 지금 3년 후에 거기 또 어떻게 될지 모르거든요. 제가 3년 후에 다시 지적해야 될지도 몰라요. 그래서 저도 조금은 불안하기도 하고……

인력 지원 같은 경우는 굉장히 중요하고 그 지역 주민들의 호응이 굉장히 높으세요. 그런데 혹시 타 법이라든가 정부안이라든가, 현재 복지부에서 준비하고 계신 게 있을까요?

○보건복지부제2차관 박민수 사실은 의료개혁 4대 과제가 필수의료하고 지역의료를 살리는 내용이 주목적입니다. 그래서 그 4개의 큰 정책 방향이 다 그걸 지향하고 있다는 말씀을 드리고요.

○김예지 위원 그건 저희 너무 잘 알고요.

○보건복지부제2차관 박민수 좀 더 구체적으로는 지금 법안들이 제출되어 있습니다. 김미애 의원님도 내셨고 또 여러 의원님들이 내셨는데 그게 지금 논의 과정 중에 있고, 공공보건의료 법률 개정안의 취지도 사실은 목적은 동일한데 이건 방법이 공공의료기관의 지원을 통하여 하는 걸로 되어 있어서 논의가 필요한 영역인 것이지요.

그래서 다른 여러 가지 수단과 방법 또는 종합적인 접근법을 통해 가지고 지역의료를 살리자고 하는 그런 것들이 정부도 지향하는 정책 방향이고 지금 제시하는 모든 정책 내용들이 사실 그걸 지향하고 있다는 말씀을 드립니다.

○김예지 위원 의료개혁에서 저희가 공공을 중점적으로 보는 게, 사실 공공으로 들어가는 것들이 보통 민영화해 가지고 해도 안 되는 것들을 공공에 다 넣잖아요. 그러니까 공공이 재원 얘기 가장 많이 나오고 그런 이슈들 중의 하나니까, 이걸 그냥 '의료개혁 과제에 있으니까 우리 하고 있어요'뿐이 아니라 조금 더 중점적으로 보셔서…… 그냥 지역의료 체계 안에다 넣는다 그러면 지역의료 안에는 민영의료도 있고 공공의료도 있고 다, 많잖아요. 그러니까 지금 이게 마음에 안 드시면 공공의료에 집중할 수 있는 부분을 정부안을 내시든가 그런 방안을 저희한테 주셔야 내신 의원님도 그렇고 저희가……

또 사실 저도 걱정이거든요. 예를 들어서 지금 장애인 주치의 제도도 그렇고 서울에는 한두 군데 있지만 지역에 없는 곳도 있고 접근성이 굉장히 문제가 되는데 사실 장애인 주치의 제도도 공공의료에 속합니다. 그래서 돈도 더 많이 들어가고요. 그래서 걱정이 되는 바가 있습니다.

제가 지금 어떻게 하자 이건 아니지만, 대안을 내놓으시면서 이거 어렵습니다 하는 거랑 그냥 어렵습니다 이렇게 하는 거랑 좀 다르잖아요. 그래서 혹시 계획이 있으신지 좀 궁금합니다.

○보건복지부제2차관 박민수 위원님, 지금 제안하신 법이 이런 겁니다. 현행 규정에서 '지원할 수 있다'를 '지원하여야 한다' 이렇게 바꾸는 거고 그다음에 '병상 30% 이상을 공공병원에 설치하여야 한다' 이런 식의 규정들이에요.

그래서 지금 내용 자체가, 이미 현행법에서 지원할 수 있는 근거와 이런 걸 통해서 그걸 다 하고 있는데 이렇게 '지원하여야 한다'로 바꾸는 것은……

○김예지 위원 의무화하면 안 된다는 거잖아요.

○보건복지부제2차관 박민수 예, 좀 별개의 문제라는 말씀을 드립니다. 그건 수용하기가 좀 어렵습니다.

○김예지 위원 알겠습니다.

○소위원장 김미애 김선민 위원님 하시고 정리를 하겠습니다.

○김선민 위원 다시 말씀드리지만 제가 15조를 내면서 공공의료사업의 시행결과 평가

를 공공의료기관의 평가로 바꾼 게 그냥 문구를 바꾼 것이 아니라 지금 차관님 말씀하신 것처럼 모든 지역에, 모든 기관에, 예를 들면 서울대병원 같은 데도 지원해야 되느냐 하는 그 논리 때문입니다. 그리고 정말 성과가 낮은 병원까지 지원해야 하느냐—사실 저는 굉장히 지원해야 된다고 생각하지만—그 논리에 대한 보완책으로 공공의료기관을 평가해서 취약지의 거점의료기관이라든가 자구적인 노력을 충분히 하는데 지원이 부족한 그런 기관들을 우선적으로 해서 재정 지원을 하자라는 게 이 법의 취지고 그 안에서는 굉장히 많이 타협을 한 거고요.

그다음에 지금 지역·필수의료라고 계속 말씀하시고 그걸 민간에서 수가로 어떻게 해 보시려고 하지만 그 부분이 가장 해결하기 어려운, 공공의료기관이 아니면 해결이 안 되는 대표적인 분야고요.

그다음에 다시 생각해 보시면 교육은 지방자치단체에서 다 하고 있습니다. 지방자치단체, 국가에서 다 의무 지원을 해야 하는데 우리나라는 의료만은 국가에서 지원하면 무슨 큰일 나는 것처럼 그렇게 여겨지고 있고 그 생각을 가장 바꾸셔야 할 분들이 보건복지부의 고위 간부라고 생각을 합니다.

그래서 공공의료기관이 뭔가 계속 이렇게 사회에서 내몰리는 것은 그동안 충분한 지원을 하지 않았기 때문에, 그 결과이고, 지금 의료개혁을 계속하시겠다고 주장을 하시는데 공공의료기관에 대한 지원 없이 의료개혁을 하신다는 건 저는 진위를 인정하기가 참 어렵습니다.

○소위원장 김미애 정리해 주십시오.

○소병훈 위원 이 얘기를 지금 여기서 멈추려면 전체 위원들 의견을 들어서 하여튼 어느 쪽이 많은지를 알아보셔야 되겠고.

한 가지만 더 얘기하자면, 저는 우리가 이런 문제의 공론화가 필요하다는 겁니다. 우리 소위 차원이 아니고 공론화가 필요하다는 거……

이게 단순히 지역의료만의 문제가 아니고 이 지역의료는 또 어디하고 맞물려 있냐면 우리나라의 지역소멸과도 맞물려 있습니다. 우리나라가 226개 지자체가 있는데 그중에서 120개, 절반 이상이 지금 지역소멸위험지역입니다. 소멸위험 중의 가장 큰 게 교육과 의료, 문화입니다.

지금 의료가 가장 크게 문제가 되고 있고 더구나 지역에서 의료기관을 활용할 수 있는 건…… 없는 사람은 더 힘든 게 지금 소득이나 자본 이런 격차가, 양극화가 아주 가장 심하게 되어 있어 가지고 이런 부분이야말로 정부에서 챙겨 주지 않으면 안 된다. 그래서 이런 우리 현재 사회 모순과도 맞물려 있는 게 의료 문제고 그중에서도 지역의료 문제고 공공의료 문제다.

저는 적어도 이런 부분 정도를…… 아까 말씀하신 '하여야 한다'가 가장 큰 겁니다. '할 수 있다'는 해도 되고 안 해도 되지만 '하여야 한다'면 100분의 30을 해야 되는 것이고 지자체에서 의무적으로 지원해야 되는 것이고 그런 것이 중요한 거지, 지금 '모든 지역의료 전체를 살리는 데 이렇게 이렇게 합시다' 이런 것보다도 적어도 이런 것 정도는 시작을 하는 게 좋다.

그리고 여기서 입법이 되든 안 되든 이런 문제는 공론화를 통해서 전 국민이 알았으면 좋겠다. 그래서 저는 이 부분이 최소한 우리 복지위 전체회의까지는 가야 되겠다 그런 생각을 합니다.

○**소위원장 김미애** 소병훈 위원님 의견에 제가 상당 부분 공감합니다.

저는 개인적으로 공공이 필요한 영역은 의료 접근성이 낮은 곳, 또 의료 접근성이 낮은 곳에 설치하더라도 양질의 의료 서비스가 가능해야 된다. 이건 사실 지방자치만으로는 할 수 없습니다. 이런 곳이야말로 중앙 차원에서 국비가 지원이 되어야 된다. 그렇지 않고 하는 것들은 전부 다 선언적 의미 이상을 갖기 어렵고, 이걸 의무화하는 것은 사실 우리가 실천을 담보할 수 있어야 되기 때문에 이런 것은 우리 차원에서 하는 건 어렵다는 거지 여기에 대해서 이 방향에 정부나 우리 누구라도 반대하는 분은 저는 안 계신 것 같고, 다만 그 방법과 속도를 어떻게 하는지에 대해서는 전반적인 검토가 필요한 것 같아서 소병훈 위원님 계속 강조하셨는데 공청회 저는 그런 부분은 동의를 합니다.

그래서 이런 부분에 대해서는 지금 김윤 의원님 것도 있고 하니까 이걸 심사를 하고 그러고 나서 어떻게 할지에 대해서 같이 고민을 하도록 하겠습니다.

이 정도 하고, 지금 시간이 계속 가고 있어서 8항 김윤 의원님 발의하신 것 전문위원 보고해 주십시오.

○**전문위원 오세일** 김윤 의원안 자료 2쪽, 내용 1번입니다.

개정안은 진료권에 대한 정의를 신설하여 공공보건의료 기본계획과 시행계획을 수립·시행하거나 실태조사를 실시할 때 진료권을 기반으로 하도록 근거를 마련하려는 것입니다.

현재 보건복지부에서 정책적 필요에 따라 별도의 진료권을 구분해 활용하고 있지만 아직 명확하게 정립된 개념으로 보기는 어려운 점이 있습니다. 또한 진료권이 시도 등 개별 행정구역 단위와 일치하지 않을 수 있으므로 기본계획에 따라 시행계획을 수립할 때 지자체 간 협의와 조정, 재원 분담, 업무 배분 방식 등에 대한 면밀한 검토가 필요할 것으로 보았습니다.

자료 13쪽 오른쪽을 보시면, 현행법은 국가와 지방자치단체가 의료인의 확보에 필요한 시책을 시행할 수 있고 공공보건의료 수행기관에 대하여 필요한 재정적·행정적 지원을 할 수 있도록 재량규정을 두고 있습니다.

개정안은 해당 재량규정을 모두 의무규정으로 하고 의료취약지에 대한 공공보건의료기관 확충도 보건복지부장관과 시도지사의 의무로 규정하고 있습니다.

지자체의 지원 의무화와 관련해서는 지자체의 재정자립도를 고려할 필요가 있다고 보았습니다.

자료 17쪽입니다.

현행법은 공공보건의료에 관한 주요 시책을 심의하기 위하여 보건복지부장관 소속으로 공공보건의료정책심의위원회와 시도에 공공보건의료위원회를 두어 해당 시도의 공공보건의료 관련 중요 사항을 심의하도록 규정하고 있습니다.

개정안은 심의위원회와 시도위원회에 의결 기능을 추가하고 환자단체·노동자단체 및 시민단체의 추천을 받은 사람, 국립대학병원·지방의료원이나 종합병원의 원장 중 대표자 등을 위원에 추가하며 심의위원회의 심의 의결 또는 심의 대상에 공익적 적자 관련 사항과 시도위원회에서 심의 의결한 사항을 추가하고 시도위원회 심의 대상에 공공보건의료 성과평가, 공공보건의료사업 시행결과 평가, 공중보건의사의 배치기관과 시설 등에 관한 사항을 추가하려는 것입니다.

　위원회 위원 구성과 관련하여 환자단체에서 추천하는 사람을 추가하는 것은 환자단체가 일반 의료소비자를 대변하기보다는 특수한 중증질환에 국한한 환자 모임이라는 성격을 가질 수 있기 때문에 소비자단체에서 추천하는 사람으로 수정하는 방안을 고려할 필요가 있다고 보았습니다.

　공공보건의료 성과평가의 경우 평가기관별 편차가 발생할 가능성이 있기 때문에 시도지사의 평가에 대해서는 심의위원회에서 심의를 거치도록 하는 방안을 검토할 필요가 있다고 보았습니다.

　25쪽입니다.

　개정안은 보건복지부장관이 공익참여 민간의료기관을 지정하여 공공보건의료사업을 수행하게 하고 이와 관련하여 비용 지원을 할 수 있도록 근거를 마련하려는 것입니다.

　현행법 제2조제4호의 공공보건의료 수행기관의 범위에는 현재도 다양한 민간의료기관이 포함되어 있으므로 공익참여 민간의료기관을 별도로 지정하여 공공보건의료 수행기관의 범위에 추가하는 것이 적절한지 검토할 필요가 있다고 보았습니다.

　또한 개정안은 공익참여 민간의료기관 및 의료취약지 거점의료기관의 이사회 구성에 대한 규정을 별도로 신설하고 있는데 이사회 구성 시 공익 대표 관계 전문가 등 공익이사가 이사 총수의 과반수가 되도록 하고 있습니다. 그러나 민간의료기관의 자율성과 공공보건의료 사업 참여를 오히려 저해할 수 있다는 점을 고려할 필요가 있다고 보았습니다.

　31쪽입니다.

　개정안은 공공보건의료 강화를 위하여 특별회계를 설치하고 재정 지원을 위한 재원 마련과 정책수가 가산 등을 신설하고 있습니다.

　특별회계의 주된 재원으로 규정하고 있는 지역·필수의료기금의 경우 김윤 의원이 지난 2024년 7월 발의한 필수의료 강화를 위한 특별법안 제6장에서 신설하고자 하는 것이므로 해당 제정법안의 심사와 연계하여 논의할 필요가 있다고 보았고, 정책수가 가산과 관련해서 정책수가는 그 의미가 법에서 정의되어 있지 않기 때문에 집행에 어려움을 야기할 수 있다고 보았습니다.

　또한 공익적 적자의 전부 지원 규정 관련해서는 다른 민간의료기관과의 관계에서 형평성 문제가 제기될 수 있다고 보았습니다.

　이상입니다.

○**소위원장 김미애** 　정부 측 의견 듣겠습니다.

○**보건복지부제2차관 박민수** 　동 법안도 새로운 내용을 많이 담고 있는데 이것도 동일하게 아마 지역·필수의료 강화를 위한 여러 가지 목적을 하고 있다는 점에서 취지는 공감을 합니다마는 전체적으로 신중한 검토가 필요하다는 의견을 드립니다.

　먼저 진료권과 관련해서 진료권을 설정하고 거기에 따라서 다양한 정책을 수립하도록 이렇게 규정하고 있는데, 우선은 진료권이라고 하는 것이 저희도 실제로 병상이나 이런 데 나름 활용을 하고는 있습니다. 그러나 이걸 법적 개념화할 때에는 개념 자체가 명확하게 지금 정립되어 있다고 보기 어렵기 때문에 여러 가지 논란이 좀 있을 수가 있습니다. 그래서 법제화하기까지는 더 신중함이 필요하다. 그리고 여러 지자체를 넘나드는 경우에 그 권한과 책임 소재를 어떻게 정의할 건지 이런 부분들에 대한 조정 기제도 검토가 좀 필요하다는 생각입니다.

두 번째, 공공보건정책심의위원회 관련해서 공공보건정책심의위원회를 의결기구화하는 그런 내용입니다마는 저희는 기본적으로 동 위원회는 자문위원회 성격을 갖는 것이 맞겠다. 왜냐하면 심의위원회 구성 멤버에 지원 대상이 되는 분들이 참여를 하십니다. 그러니까 본인의 지원받는 것을 본인이 의사결정하는 이런 모순되는 거버넌스가 될 수 있기 때문에 이것은 법·행정적 정합성 차원에서 자문위원회를 유지할 필요가 있다는 말씀을 드립니다.

그리고 공익참여 민간의료기관이라는 새로운 개념을 제시해 주셨는데 전문위원 보고에서 보시는 것처럼 현행법에서도 민간의료기관이 공공보건의료 수행기관 역할을 할 수 있도록 되어 있습니다. 그런데 여기에 더해서 공익참여 민간의료기관이란 걸 하게 되면 이 사회에 공익이사를 과반수 이상을 둬야 하는 의무를 부과가 되게 됩니다. 그래서 이것은 기존에 우리가 현행법상 공공보건의료 수행기관을 이렇게 해서 참여를 확대하고 있는 것을 좀 저해하지 않을까 이런 우려가 있다는 말씀을 드립니다.

그리고 공공보건의료 특별회계, 이것도 김선민 의원님 안처럼 제시를 해 주시고 있는데 동일한 사유로 추가 검토가 필요하다는 말씀을 드리고요.

그다음에 공공 정책수가 의무화 이렇게 해 주셨는데 이 수가 부분은 결국 건정심에서 건강보험정책 차원에서 그 나름의 자율성을 갖고 하는 겁니다. 이것을 법으로 강제하는 것은 법체계상 문제도 있고 또 건강보험의 자율성을 침해하는 문제도 있고 해서 조금 신중 검토가 필요하다는 말씀드리고요.

마지막으로 공익적 적자라고 하는 개념을 주셨는데 이게 옛날에 '선한 적자' 해 가지고 개념 정의에 대해 매우 논란이 많았던 그런 개념입니다. 그래서 이 게 합의가 좀 어렵고 현실에서도 이것을 정확하게 계산해 내기가 상당히 쉽지 않다 이런 측면에서 신중한 검토의견입니다.

이상입니다.

○**소위원장 김미애** 질의하실 위원님 계십니까?

이건 왜 질의 안 하세요? 아까 상당히……

○**이개호 위원** 질의를 해도 똑같은데요.

○**소위원장 김미애** 가장 새로운 게, 보니까 새로운 개념이 대두되는데, 진료권이라는 개념인데 이 진료권이 장소적 범위의 한계인 것 같습니다. 그렇지요?

○**보건복지부제2차관 박민수** 예.

○**소위원장 김미애** 대·중·소. 그런데 지금도 보건복지부가 권역별 그다음에 중앙, 시도 이렇게 돼 있는지 그것 설명 좀 해 주세요, 현재 진료권의 개념은 아니지만 어떤 식으로 운영하고 있는지.

○**보건복지부제2차관 박민수** 저희가 진료권이라는 것을 명시하고 있지는 않고요. 다만 정책을 수립할 때 지역을 기반으로 해서 권역센터 또는 지역센터 이런 개념들이 있거든요. 그런데 그게 정책마다 조금씩 다릅니다. 응급의료와 관련해서는 저희가 응급의료취약지 이런 것들을 산출할 때 응급의료기관으로의 접근성, 시간 이런 걸 고려해서 진료 권역을 나름 계산을 해서 하고요. 또 그것 말고 책임의료기관 지정을 할 때는 현행의 우리

시도 개념하고 거의 비슷하게 해 가지고 합니다. 그리고 그 외의 병상자원을 할 때는 그 거보다는 조금 더 세분화된 중진료권 개념을 쓰고 있고요.

그래서 각각 정책마다 그 정책의 목적에 맞게끔 해당 진료권을 좀 연구용역을 통해서 산출을 하고 그걸 가지고 집행을 그렇게 하고 있는데 김윤 의원님께서 제안하신 것은 공공보건의료에 진료권이라는 걸 법제화해서 하라라고 하는 말씀이세요.

그런데 사실은 이 진료권, 저희가 사용하고 있는 진료권 연구 수행을 제일 많이 하신 게 당시 김윤 교수님이셨고, 그런데 그 연구도 사실은 계속 좀 바뀌었습니다, 숫자가. 그러니까 확정적인 게 논란의 소지가 좀 있어요. 그러니까 이렇게 분류를 한 거에 대해서 행정기관에서도 이의 제기를 하기도 하고 또 지역의 당사자들이 이의 제기를 하기도 하고, 그래서 이것은 지금 법제화하기에는 개념이 아직은 불안정하니 조금 더 논의를 거쳐서 했으면 하는 게 저희 생각이고요.

완벽하게 서로 합의가 되는 진료권 개념이 정립된다면 그것에 맞게 하는 게 바람직한데 특히 공공보건의료 같은 경우는 주 설립자가 지방자치단체이고 또 지자체의 자기 책임성 이런 것들이 있어서, 지금 행정구역하고 이게 달라집니다, 진료권의 개념이. 그래서 저희도 이 책임성을 어떻게 확보할 것인가 상당히 좀 난감한 면이 있습니다. 그래서 약간은 서로 절충을 해야 되지 않을까……

현재 지금 저희가 쓰고 있는 권역책임의료기관 지정이나 이런 것은 결국 행정권역을 최대한 존중한 그런 진료권의 개념입니다.

○소위원장 김미애 그러면 제가 좀 요구를 할게요.

저도 사실은 이 정립이 잘 안 되거든요. 김윤 위원님이 오랫동안 이 부분을 연구해 오셨고 국민건강 증진을 위해서 진료권이라는 개념을 도입하자라고 하셨는데, 그 취지는 다 공감하시잖아요?

○보건복지부제2차관 박민수 예.

○소위원장 김미애 그러면 현재 추진 중인 진료권 개념을 정립하게 된 배경과 같은 방향으로 센터라는 이름을 설치해서 운영하는데 정책 목적에 맞게 여러 개로 나누어서 쓰고 있다고 하니 저도 정리가 안 되거든요. 그러니까 그걸 복지부가 좀 정리를 해 보세요.

정책 목적, 무슨 정책에 맞게 어떤 권역센터를 마련했고 그렇게 해 놔야지. 전국 지도에다가 그림을 좀 그려 가지고 어떻게어떻게 지금 운영하고 있다, 그걸 우리 위원님들이 알고 계셔야지 여기에서 조금 보완할 게 뭔지를 인식할 수 있을 것 같습니다. 지금 상태로 이렇게 평면화돼서 그때그때마다 무슨 센터, 센터 얘기하는데 너무나 헷갈리거든요. 그것을 이해할 수 있도록 정리 좀 해서 우리 위원님들께 보고해 주시기 바랍니다.

○보건복지부제2차관 박민수 예, 그렇게 하겠습니다.

저희가 이 공공보건의료법과 같은 개념의 책임의료기관 지정을 현행 하고 있는데 그것은 17개 대진료권으로 했고……

○소위원장 김미애 그러니까 그렇게 하는 것 지금 말씀하셔도 막 뒤죽박죽되니까……

○보건복지부제2차관 박민수 그게 시도랑 동일합니다.

○소위원장 김미애 그러니까 정리 좀 해 주세요, 정리.

○보건복지부제2차관 박민수 예, 알겠습니다. 정리해서 자료를 드리도록 하겠습니다.

○소위원장 김미애 표로, 그림으로 정리 좀 해서 주십시오.

추가로 또 질의하실 위원님들……

그러면 차관님, 기금이든 특별회계든 무슨 일반회계든 공공보건의료 관련해서 또 지역·필수의료 정상화 관련해서 다 발의하신 의원님들이 많잖아요. 그런 거랑 이것을 같이 논의할 필요가 있습니까, 없습니까?

○**보건복지부제2차관 박민수** 저희는 공공보건의료 기금·특별회계보다는 지역특별회계 내지 기금 이게 더 적절하다고 봅니다. 왜냐하면 그 해당 지역에 공공보건의료기관만 지원할 것이 아니라 공공보건의료기관을 포함하여 민간의료기관도 지원 필요성이 있으면 좀 지원을 해야 되거든요. 그리고 기관을 통해서 지원하는 것이 있을 수도 있고 또는 인원이나 인적 자원이나 직접 지원할 필요성도 있거든요.

그런데 지금 두 법의 공공보건의료 특별회계나 이걸 하게 되면 용도나 이게 좀 제한적이어서 저는 조금 더 광범위한 지역특별회계 내지는 지역기금 이게 바람직하다고 보고, 이미 법안을 조금 내신 의원님들이 계시니…… 그게 만약에 통과가 된다면, 그건 그리고 또 기재부랑 어느 정도 얘기가 지금 돼 있어 가지고요 통과 가능성도 높고. 그런데 공공보건의료 특별회계나 기금은 지금 사전 협의도 안 돼 있고 또 범위도 좀 협소하고 하니 이거보다는 그게 바람직하지 않겠나 이런 의견을 드립니다.

○**소위원장 김미애** 저는 아까 김선민 위원님이나 소병훈 위원님 말씀하신 것 상당 부분 공감하거든요. 꼭 필요한 지역이 있잖아요, 민간이 가지 않는 지역. 그런데 그 지역에 하기에는 과도한 부담이, 재정이 소요되는데, 이것은 하지 않으면 안 되는 건데. 그러면 이걸 어떻게 하는지에 대한 그림을 정부 차원에서 저는 그려야 된다고 생각하거든요. 그런 부분에 대해서 좀 정리가 돼야 됩니다.

그래서 이것은 아까 우리 위원님 지적하셨는데 공청회가 필요하면 공청회를 하는 것도 방법이 되고 할 테니 그런…… 저는 우리 국민들, 필요로 하는 국민들 또 여기에 대해서 다른 목소리를 가진 국민들의 목소리는 좀 들을 필요가 있다고 생각을 합니다. 그래서 그런 데 대해서는 제가 조금 더, 강선우 간사님 안 오셨는데 논의해서 말씀을 드리겠습니다.

그러면 이것은 이렇게 하도록 하고, 그런 목소리 듣는 건 꼭 하도록 하겠습니다. 그렇게 하고 여기는 아마 계속 심사를 해야 될 것 같습니다.

소병훈 위원님, 의논해서 그렇게 하겠습니다.

○**소병훈 위원** 강선우 간사도 이따 오후에 출석하신다니까……

○**소위원장 김미애** 그러니까 오시면 제가 협의를 해 보겠습니다.

○**소병훈 위원** 해 가지고 이 부분은 꼭……

○**소위원장 김미애** 이것을 공감하지 않는 분이 안 계세요.

○**소병훈 위원** 그러니까 우리가 너무……

○**소위원장 김미애** 서미화 위원님.

○**서미화 위원** 그러니까 7항·8항에 대해서는 소위에서도 계속하시겠다는 말씀으로 저는 이해가 되는데 지금 의료 문제가 너무 심각한 사안이고 하니까 소병훈 위원님 말씀처럼 전체회의에 상정해서 전체가 논의 구조를 만들고 공청회도 하고 이렇게 좀 할 수 있지 않을까요?

○**소위원장 김미애** 예.

○**서미화 위원**　계속 우리 소위에서 하다 보면 시간은 계속 가고 또 소위는 언제 열릴지 모르고, 이런 거니까요.

○**소위원장 김미애**　그걸 포함해서 좀 협의를 해 보겠습니다.

○**서미화 위원**　예, 협의를 좀 요청드리겠습니다.

○**소위원장 김미애**　예.

의사일정 제7항 및 제8항, 이상 2건은 보다 깊이 있는 검토를 위해 계속 심사하기로 하겠습니다.

효율적인 심사를 위하여 잠시 정회하였다가 오후 2시에 속개하겠습니다.

정회를 선포합니다.

(12시03분 회의중지)
(14시02분 계속개의)

○**소위원장 김미애**　좌석을 정돈하여 주시기 바랍니다.

회의를 속개하겠습니다.

의사일정 제9항부터 제12항까지 정신건강증진 및 정신질환자 복지서비스 지원에 관한 법률 일부개정법률안을 심사하겠습니다.

전문위원 보고해 주시기 바랍니다.

○**전문위원 오세일**　자료 2쪽입니다.

개정안은 현행법 시행규칙에서 규정하고 있는 정신건강전문요원 자격취득을 위한 수련기관의 지정, 평가, 지정취소의 근거 등을 법률에 두려는 것입니다.

우선 수련기관의 지정에 대해서는 시행규칙 제7조에서 규정하고 있는 내용을 실질적인 사항의 수정 없이 법률로 상향하고 있는데 이는 수련기관의 지정취소를 할 수 있는 근거 조항인 안 제17조의4를 신설하기 위한 사전적 조치로 보입니다.

다만 지정대상 기관을 탄력적으로 확대할 수 있도록 '그 밖에 보건복지부령으로 정하는 요건을 갖춘 시설이나 기관'을 추가할 필요가 있다고 보았습니다.

수정의견 조문은 9쪽에 제시를 하였습니다. 다만 지금 드린 자료에서는 말씀드린 내용을 제17조의2제1항제3호 다목으로 정리를 했었는데 수정 취지를 보다 명확하게 반영하기 위해서 제4호로 하는 게 더 나을 것 같습니다.

다음으로 수련기관의 평가에 대해서는 현재 보건복지부의 고시인 정신건강전문요원 수련 및 보수교육 등에 관한 규정 제15조에서 개정안과 유사한 취지의 실태조사와 지도·감독이 규정되어 있지만 개정안은 이와 별도로 수련기관에 대한 정기적인 평가를 도입하여 자료요청의 근거 조항을 신설하고 있습니다.

개정안이 통과될 경우에는 법률에 근거한 정기적인 평가와 시행규칙 및 고시에 따른 비정기적인 실태조사 및 지도·감독이 함께 이루어질 것으로 보입니다.

다음으로 수련기관 지정취소에 대해서는 수련기관 평가 결과 수련실적 및 수련내용이 현저히 부실한 경우 등에 해당하면 보건복지부장관이 시정명령을 할 수 있고 시정명령을 이행하지 아니하는 경우에는 지정취소를 할 수 있노록 함으로써 수련기관에 대한 보다 충실한 관리가 이루어질 수 있을 것으로 보입니다.

15쪽입니다.

개정안은 현행법에서 허용하는 신체적 제한인 강박과 격리 중에서 묶는 행위인 강박을 원천적으로 금지시키고 격리만 예외적인 경우에 한하여 허용하되 이를 위반하는 경우에는 시정명령 또는 현행법보다 강화된 벌칙을 적용하려는 것입니다.

16쪽입니다.

강박은 신체적 자유를 제한하는 효과도 있지만 불의의 사고 또는 자해로부터 당사자를 보호하기 위한 조치일 수도 있으며 같은 공간에 머무르는 다른 정신질환자나 의료기관 종사자들을 향한 타해의 발생을 방지하기 위한 조치일 수도 있다는 점을 고려할 필요가 있다고 보았습니다.

특히 법 제50조의 응급입원이 필요한 사람은 강박의 수단이 금지될 경우 입원을 거부당할 수 있으므로 이들에 대한 강박을 예외적으로 허용하는 보완 조치가 필요하다고 보았습니다.

17쪽입니다.

개정안은 신체적 제한 금지 위반에 대한 처벌을 기존 1년 이하의 징역 또는 1000만 원이하의 벌금에서 5년 이하의 징역 또는 5000만 원 이하의 벌금으로 가중하려는 것으로서동일한 형량인 제84조의 다른 각호의 사항들과 비난가능성 또는 책임성이 유사한 수준인지 검토할 필요가 있다고 보았습니다.

18쪽입니다.

안 제75조제2항의 단서는 격리의 방법을 보건복지부령에서 정하도록 위임을 하고 있는데 범죄의 구성요건은 법률에서 명확히 정해야 한다는 죄형법정주의에 위배되는 측면이 없는지 검토할 필요가 있다고 보았습니다.

25쪽입니다.

개정안은 정신건강증진시설의 장이 제66조에 따른 보고·검사를 할 때 정신질환자 등에 대한 격리 등 신체적 제한에 관한 실태를 파악하여 관계 공무원에게 제출하도록 하려는 것입니다.

개정안이 달성하려고 하는 취지는 구체적이고 특정적인 업무에 관한 것이므로 조문의 체계상 현행법 총칙 부분에 두기보다는 제66조에 규정하는 방안을 고려할 필요가 있다고 보았습니다.

또한 보고 의무를 이행하지 않으면 과태료에 처할 수 있으므로 수범자의 규범 준수력을 높이고 자의적인 제재가 이루어지지 않도록 하기 위해서 실태 자료가 무엇인지 보건복지부령에서 구체적으로 규정하도록 위임할 필요가 있다고 보았습니다.

29쪽입니다.

개정안은 신체적 제한을 하는 경우 그 제한 사유와 해제 조건에 대하여 정신질환자 등과 그 보호의무자에게 알리도록 하려는 것입니다.

현행법 제30조에 보존기록의 열람권이 있지만 이는 신체적 제한이 발생한 이후에 이미 이루어진 조치의 적절성을 확인하는 수단인 반면 개정안의 고지 의무는 그 사유와 해제 조건에 대하여 고지 의무가 직접 발생한다는 측면에서 보다 강한 권리보장이 이루어질 수 있을 것으로 보입니다.

다만 고지 의무를 격리 등 신체적 제한을 하기 전에 이행되어야 하는지, 조치 후 즉시 발생하는 것인지 모호하기 때문에 이를 명확히 할 필요가 있고 고지 의무를 다하지 않을 경우 벌칙에 처할 수 있음을 고려할 때 고지가 어떤 방식으로 전달되어야 하는지에 대한 최소한의 내용은 법률에서 마련되는 것이 바람직해 보이며 급박한 정신응급상황 등을 고려하여 예외적인 상황을 위한 조항을 두는 것이 타당한지에 대해서도 결정이 필요할 것으로 보입니다.

32쪽입니다.

개정안은 신체적 제한 외의 방법이 신체적 제한보다 우선 적용되도록 하며 신체적 제한 외의 구체적 방법에 대하여는 보건복지부령으로 정하도록 하고 있습니다.

관련 사항은 현행법 제75조제2항에서 이미 언급되어 있다는 점을 고려할 필요가 있다고 보았습니다.

34쪽입니다.

개정안은 안 제75조의 고지 의무를 위반한 자에 대하여 1년 이하의 징역 또는 1000만원 이하의 벌금에 처하도록 하고 있습니다.

개정안은 고지 의무 위반자에 대하여 현행법 제75조제1항을 위반하여 정신건강의학과 전문의의 지시에 따르지 아니하고 임의로 신체적 제한을 가한 자와 동일한 형량으로 처벌하려는 의도로 보입니다.

다만 적법한 절차를 거치지 아니하고 신체적 제한을 강행한 경우와 고지 의무를 다하지 못한 경우에 대한 비난가능성을 동등한 것으로 판단할 수 있는지 추가적인 검토가 필요하며 통상적인 경우 통지 의무에 대해서 과태료를 부과하고 있다는 점을 고려할 필요가 있다고 보았습니다.

42쪽입니다.

개정안은 부칙에서 이 법은 공포한 날부터 시행하도록 규정하고 있습니다.

고지 의무를 신설할 경우 관련 사항을 하위법에 위임하는 내용이 있기 때문에 이에 대해서 유예기간을 부여할 필요가 있다고 보았습니다.

44쪽입니다.

개정안은 격리 또는 강박과 같은 신체적 제한의 기준과 방법을 보건복지부령으로 정하도록 하고 이를 위반하는 경우 과태료를 부과하려는 것입니다.

보건복지부가 격리 및 강박 지침을 제정하여 운영 중이나 지침만으로는 규범력이 약하므로 격리·강박의 기준과 방법을 부령으로 정하도록 하고 그것을 위반하는 경우 과태료를 부과할 수 있도록 함으로써 실효성을 제고하려는 취지로 보입니다.

45쪽입니다.

다만 안 제89조제1항제11호는 과태료의 부과 대상으로써 제75조제2항과 제3항을 모두 담고 있는데 제3항의 경우는 제2항의 적용을 위한 시행규칙을 마련하도록 위임하는 규정이므로 제외하는 것이 적절하다고 보았습니다.

47쪽입니다.

개정안은 정신건강증진 및 정신질환자 복지서비스 지원에 관한 국가의 기본계획 또는 지자체의 계획, 실태조사의 내용에 신체적 제한에 관한 사항을 포함시키려는 것입니다.

국가계획 또는 지역계획에 포함시킬 사항의 경우 현행법 제7조제3항제5호에 따라 이행될 수 있는 측면이 있다고 보았습니다.

실태조사에 포함시킬 사항인 비자의 입원 및 격리 등 신체적 제한이 치료에 미치는 영향의 경우 일반 국민을 대상으로 표본을 추출하여 시행하는 실태조사의 형식을 고려할 때 좀 맞지 않은 부분이 있다고 보았고.

48쪽입니다.

따라서 임상적 연구의 대상으로 보아 제10조가 아닌 제16조의 규율사항에 추가하는 방안을 고려할 수 있다고 보았습니다.

이상입니다.

○소위원장 김미애 정부 측 의견 듣겠습니다.

○보건복지부제2차관 박민수 내용이 방대했는데 전문위원님이 좀 나눠서 해 주셨으면 좋았을 것을 너무 한꺼번에 해 주셔 가지고……

○소위원장 김미애 그러게요.

○보건복지부제2차관 박민수 제가 좀 내용이 많아 가지고요. 우선 김예지 의원님께서 대표발의하신 제일 처음에 보고한 내용에 대한 의견부터 드리도록 하겠습니다.

○소위원장 김미애 2페이지.

○보건복지부제2차관 박민수 수련기관에 관련된 내용이고요.

저희는 기본적으로 동 내용에 대해서 동의 말씀을 드립니다.

다만 전문위원도 말씀 주신 것같이 상세한 세부사항을 정하기 위한 복지부령 추가 규정이 필요한데요. 4호로 해 가지고 안 14조의2의 4호로 그렇게 신설을 해서 문구를 수정해 가지고 해 주시면 동 내용은 저희가 수용하겠다는 말씀을 드립니다.

그리고……

○소위원장 김미애 9페이지의 다를 4호로 옮긴다는 그 말씀이지요?

○보건복지부제2차관 박민수 예, 그렇습니다. 전문위원께서도 그렇게 정리를 해 주셨고요.

그다음에 15쪽의 2번부터가 격리·강박에 관련된 내용들이 죽 나오는데 이것은 전체적으로 한번 설명을 드리고 그다음에 토의에 들어갔으면 좋겠습니다.

우선 잘 아시는 것처럼 최근에 어떤 사건이 있었기 때문에 이에 대해서 상임위에서 질의도 있으셨고, 저희가 지난해 10월서부터 격리·강박에 대한 실태조사를 두 달간에 걸쳐서 실시를 하였습니다. 그리고 관련하는 제도개선과 관련된 연구용역도 9월부터 지금 현재 진행 중에 있고요.

그다음에 의료계 그리고 당사자들이 참여하는 급성기 치료 환경 개선 협의체를 구성해서 그것도 9월부터 지금 운영 중에 있습니다. 그래서 다양한 쟁점에 대해서 지금 논의가 진행되고 있다라는 말씀을 드립니다. 저희는 가급적이면 금년 3월 중에는 합의안을 만들어 내도록 지금 진행을 하고 있고요. 그다음에 관련한 의료현장의 의견들도 수렴을 하고 있다는 말씀을 드립니다. 지금 이 협의체에서 논의하는 주요 내용들이 오늘 법안에 나온 내용들이 많이 담겨 있습니다.

그래서 저희는 전체적으로는 추가 논의 시간을 좀 주시면 좋겠다라는 의견을 드리고요. 그리고 지금 여기 각종 고지 신설, 의무화, 처벌조항 이런 것들에 대해서 현장 의견도 좀 확인할 필요가 있습니다. 그래서 우선 그런 취지의 총괄적인 말씀을 좀 드리고요.

각각 하나하나 말씀을 드리면 고지 의무 신설에 대해서는 사전 고지 또는 사후 고지 그다음에 대상도 당사자와 보호자, 크게 보면 이런 식으로 지금 구성이 되어 있고요. 이걸 하지 않으면 처벌 규정 이렇게 되어 있는데 지금 저희들 실무 생각은 우선 기본적으로 고지를 할 필요는 있겠다, 그러나 보호자한테 사전 고지를 하는 것은 현장의 실태 상황하고는 굉장히 좀 괴리가 있습니다. 그래서 이것을 좀 분리해서 하면 어떤가, 그래서 당사자에게 현장 고지 정도는 하게 하고 그다음에 보호자에게는 사후 고지를 하도록 그렇게 좀 대안을 했으면 하고요. 그런데 이게 아직 의료계하고는, 현장하고는 소통이 조금 안 된 내용입니다. 그래서 그런 것에 대해서 수용성이 얼마나 있는지 좀 확인이 필요하다는 그런 상황을 말씀드리고요.

처벌 규정 같은 것도 만약에 필요하다 그러면……

○**소위원장 김미애** 잠깐만요, 차관님. 이렇게 하면 정부 측 의견도 똑같이 아까 전문위원 의견을 듣는 데 왔다 갔다 해야 되고, 위원님마다 여기에 대한 인식의 정도가 다르기 때문에 하나하나씩 위원님 의견을 듣고 그러고 가는 게 좋을 것 같습니다.

○**보건복지부제2차관 박민수** 예, 그렇게 하시지요.

○**소위원장 김미애** 여기까지인데 방금 말씀하신 게 29페이지거든요. 29페이지까지예요. 29페이지까지 위원님들 의견 주시기 바랍니다.

○**서미화 위원** 저요, 29페이지 의견.

○**소위원장 김미애** 서미화 위원님.

○**서미화 위원** 29페이지 신체적 제한에 대한 내용에서 고지 부분인데요. 금방 박민수 차관님도 말씀하셨다시피 그게 전문위원님이 말씀하신 1안 내용입니다, 제가 확인한 바로는. 무엇보다도 제가 이 개정안을 발의한 의미는 다 아실 거라고 생각을 해요. 아까 차관님께서 현장에 더 논의도 하셔야 된다는 것에 대해서 제가 부정한 바는 아닙니다마는……

지난 국정감사 때 W병원 증인 신청해서 들으셨잖아요. 부적절한 격리·강박으로 인한 희생자들의 사건들은 사실 어제 오늘의 문제가 아니지 않습니까? 그리고 국가인권위원회에서도 정신병원 장애인 인권침해 사건이 가장 많이 진정되고 있고 그중에서도 가장 많은 게 부적절한 격리·강박 사건입니다. 그래서 이것에 대해서 심각한 문제의식을 갖고 있고요. 그리고 당사자들도, 보호자들도 다 문제의식을 갖고 있는 부분입니다.

그래서 말씀하신 것처럼 현장에서 당사자를 격리·강박할 때는 가장 우선적으로 사전 고지가 필요하다는 것 차관님도 말씀하셨는데 1안에 그렇게 되어 있고, 저는 다 사전 고지 했지만 전문위원님 말씀하신 1안 수정안대로 보호의무자인 경우에는 사전 고지가 좀 어려울 수 있는 상황이 있다고 봐지거든요. 그래서 저도 전문위원님 1안 수정안에서 보호의무자에 대해서는 사전에 알리는 것이 불가피한 경우에는 신체적 제한 이후 지체 없이 알려야 된다라는 취지의 수정안을 제안드립니다.

어떠신가요, 전문위원님이나 차관님? 아까 말씀하신 것……

○**소위원장 김미애** 서미화 위원님 말씀하신 것은 30페이지 보면 네모 박스에 개정안 수정의견 1안·2안이 있는데 1안을 말씀하신 거예요.

○**서미화 위원** 예, 1안을 말씀드리는 거고요.

○**소위원장 김미애** 사전 고지의 의무가 원칙이고 다만 예외적으로 긴급한 경우 사전 고지할 수 없다고 복지부장관이 인정하는 정당한 사유가 있는 경우에는 예외입니다. 그것이지요?

○**서미화 위원** 아닌 것 같은데요. 전문위원 1안.

○소위원장 김미애 그렇게 되어 있습니다.

○서미화 위원 그것입니까? 그런데 후반부에……

○소위원장 김미애 긴급한 경우나 사전에 고지할 수 없다고 보건복지부장관이……

○서미화 위원 그것은 동의하는데 후반부에 정당한……

○소위원장 김미애 그러니까 '정당한 사유가 있는 경우에는 그러하지 아니하다' 이게 단서입니다.

○서미화 위원 이 부분은 너무 좀 보호의무자 부분에 사전에……

○보건복지부제2차관 박민수 제가 좀 설명을 드릴까요?

○서미화 위원 후반부에 '정당한 사유' 부분은 조금……

○보건복지부제2차관 박민수 1안은 사전 고지가 기본이고 그다음에 정당한 사유가 있을 경우에는 예외적으로 사후에 할 수 있도록 되어 있고요. 2안은 사전 고지를 전체적으로 하는 것은 아니고 지체 없이 하라고 그랬으니까 사후 고지가 기본이 됩니다. 그래서 전문위원이 내신 수정안 1·2안은 사전 할 거냐 사후 할 거냐 그런 차이가 있다는 말씀을 드리고요.

○서미화 위원 저는 1안을 말씀드리는 거예요.

○소위원장 김미애 그러니까 1안이 원칙이 사전 고지 의무입니다, 예외가 사후고.

○서미화 위원 예, 그렇지요.

○보건복지부제2차관 박민수 제가 아까 답변에서 말씀드린 것은……

○소위원장 김미애 분리하자는 거고.

○보건복지부제2차관 박민수 예. 현장에서의 실제 상황을 보면 사실은 격리·강박은 다 긴급한 경우에 합니다, 이게 다 예측 가능한 상황에서 격리·강박을 하는 것은 아니기 때문에요. 그럼에도 불구하고 당사자 본인에게는, 경찰이 현장에서 피의자를 체포할 때도 미란다원칙을 준수하거든요. 그런 것처럼 현장에서 긴급하게 격리·강박을 해야 할 경우에도 본인에게는 구두로라도 정립된 어떤 PG를 통해서 고지를 하는 게 맞겠다. 그런데 다만 이것을 사전에 보호자까지 고지하라고 하는 경우는, 보통 이게 밤·야간에 많이 벌어지거든요. 그런데 당직자가 거기에서 보호자를 찾아 가지고 전화를 걸어서……

○소위원장 김미애 그리고 보호자 연락이 안 될 경우도 있을 것이고.

○보건복지부제2차관 박민수 연락이 안 되면 격리·강박이 안 되는 이런 게 있습니다. 물론 긴급하다고 해 가지고 예외를 열어 놨지만 보호자 동의는 사실은 사후에 하더라도 되지 않느냐, 그래서 사전에 그렇게 하고 그다음에 본인에게는 고지를 동시에 구두로라도 하도록 하고 그다음에 사후에는 보호자에게 속히, 지체 없이 알리도록 해서……

○소위원장 김미애 즉시, 지체 없이.

○서미화 위원 예.

○보건복지부제2차관 박민수 사전 고지 의무를 보호자까지 하는 것은, 저희는 그렇게 생각을 하는데 이 의견을 아직은 현장하고 나눠 보지를 못해서요. 이게 수용이 가능한지는 잘 확인이 필요할 것 같습니다.

○소위원장 김미애 한지아 위원님.

○한지아 위원 격리·강박에 있어서는 말씀하셨듯이 보통은 응급상황 아니면 우리가 정신건강 관련된 병원만 생각하는데 요양원, 보호시설, 중환자시설에서 경관식으로 콧줄이

나 이런 것들을 했을 때 그것을 임의적으로 빼는 경우가 있습니다. 그럴 경우에는 여러 가지 중요한, 주사를 맞을 수 있는 그런 선들을 빼고 그렇게 되면 격리·강박을 할 수밖에 없는 경우가 많거든요. 그런데 그런 현장의 목소리를 반드시 듣고 그 의견들을 수렴하지 않으면 응급환자들에 대한 거부가 일어날 수가 있고 또 간호인력이 그 옆에 계속 있을 수가 없는데 그것을 관찰할 인력 부족이 올 수가 있기 때문에 현장에서는 굉장히 큰 혼란이 올 수가 있습니다.

그리고 최후 수단으로 선정해야 된다고 하는데 그 최후 수단이라는 것도 굉장히, 최후 수단으로 생각하면 그 나머지 수단이 뭐냐 그러면 의료현장에서 보면 우리가 주사제 이런 신경안정제를 놓는 것이 되거든요. 그런데 그것도 굉장히 심각한 어려움들이 있습니다.

그래서 차관님, 부탁하건대 이것은 현장의 목소리, 정신건강의학과뿐만 아니라 중환자실을 담당하는 그런 필수의료 인력들, 의사들과 아주 정교하고 세밀하게 들여다보고 난 다음에 이게 법제화가 되어야 된다는 생각을 합니다. 안 그러면 아까 말씀드렸듯이 다른 방법으로 약물 사용이 증가할 수가 있습니다. 그것은 우리가 바라는 바가 아닐 거거든요.

다만 이제는 이런 개별적인 사고들이 이루어지고 있고 또 인권 유린이 발생하고 있는 것도 사실 아닙니까? 그런 부분에 대해서는 제도적인 장치에 대한 고민뿐만 아니라, 지금 하고 계시다고 하니까요, 개별적인 사고는 경찰조사 등을 통해서 적절한 조치와 피해 회복을 위한 노력이 있어야 되기 때문에 이런 부분까지도 좀 폭넓게 의견을 교환하시고 대안을 마련하시면 좋겠습니다.

아까 말씀하셨듯이 급박한 상황에서 보호자 연락 안 되면 어떻게 할 수 있는 방법이 없습니다. 그런데 거기다가 처벌 규정까지 더 강화되면 사실 의료현장은 점점 더 어려워지고 특히 급성기 정신건강질환자들에 대한 병상수도 점점 기피 병상으로 가게 되고 피하게 되거든요, 굉장히 중요한 영역인데도 불구하고요. 그렇기 때문에 그런 것에서의 위축이 있을 수가 있어서 다시 한번 좀 세밀하게, 정교하게 이 부분들을 좀 살펴봐 주시기를 부탁드립니다.

○**보건복지부제2차관 박민수** 예.

○**소위원장 김미애** 또 추가로 질의하실 위원님 안 계십니까?

그러면 제가 좀 질의할게요.

저는 이 부분은 우리가 정당하지 않은 강박으로 인해서 끔찍한 사고가 일어났기 때문에 거기에 대해서 이걸 좀 예방해야 되겠다 거기에 대해서는 공감을 하는데, 다만 이것이 더 필요한 치료를 막으면 궁극적으로는 빈대 잡자고 초가삼간 태우는 그런 격이 되면 안 되고.

또 하나는 어떤 문제냐 하면 위반할 경우에 형사처벌을 받게 되는데…… 그렇지요?

○**보건복지부제2차관 박민수** 예.

○**소위원장 김미애** 그래서 아까 저 죄형법정주의 원칙에 따라야 되고 명확성의 원칙도 준수해야 되는 문제가 있는데 저는 이것도 중요한 것 같거든요.

수범자가 그러면 방어적으로 바뀌면 결국은 우리 환자에게 손해일 것 같다, 그래서 지킬 수 있는 것을 법에 명시해야 되는데 무턱대고 가장 나쁜 경우만 상정해서 법을 마련하는 게 상당히 조심스럽다. 그리고 현장에 계시는 분들의 의견을 조율하지 않으면 아무리 우리가 입법 취지가 훌륭하다고 해도 지금보다 더 상황이 나빠질까 봐 이게 염려되거든요.

　그래서 저는 서미화 위원님이 수정 1안도 좋겠다고 말씀하신 것도 이해가 되고 또 차관님이 말씀하신 환자나 보호자를 분리하는 그런 것도 이해가 되는데 우리의 이해도 중요하지만 수범자인 현장의 목소리를 좀 듣고 그 의견을 반영해야 될 것 같은데 서미화 위원님 어떠세요?

○**서미화 위원** 예, 저도 현장의 목소리를 듣지 말라는 뜻은 아니고요. 그렇지만 그 현장의 목소리가 의사들의 말만 들어서는 안 됩니다.

○**소위원장 김미애** 예, 그럼요.

○**서미화 위원** 반드시 당사자의 목소리, 지금 이게 끊임없이 격리·강박의 문제가 환자관리의 차원으로 악이용되면서 생기는 문제들이 아까도 말했지만 어제오늘의 일이 아닙니다. 그래서 아까 제가 수정안을 동의해 드린 것이 현장에서 긴박한 상황에 피치 못한 상황이 있기 때문에 사후에 보호자에게는 지체 없이 알리는 부분에 대해서 동의해 드린 거거든요.

　그런데 이거는 이미 오랫동안 너무나, 오랫동안 우리가 수없는 사건과 피해가 있었지만 개선이 안 되고 있었던 것들이 결국 이 당사자들은 사회적 약자입니다. 그래서 목소리를 내지만 관철이 안 돼요. 그런데 사실은 현장의 목소리도 이쪽 저쪽 말을 다 들어 주시고요. 실제적인 격리·강박으로 생겨난 피해 상황도 반드시 다시 한번 복지부가 인권위를 통해서든 피해자를 통해서든 잘 들어 주시고, 이 부분이 아까 말씀한 것처럼 안 하자는 게 아니고 하면서 당사자에게 사전 고지하는 것 그리고 보호자에 있어서는 불가피할 경우에는 사후에 지체 없이 알려 드리는 것 이렇게 수정하는 것은 사실 현 시점에서 굉장히 필요로 한 것이다라고 말씀을 다시 한번 드리고 싶습니다.

○**소위원장 김미애** 다른 위원님들……

　김예지 위원님.

○**김예지 위원** 첫 번째 9항 관련해서, 전문요원 관련해서 수정안을 저는 수용합니다.

　그리고 10항은 제가 너무 급진적인 법안을 내서 죄송합니다만 현장의 목소리를 저도 들었다, 다만 아까 서미화 위원님 말씀하셨던 대로 이 보건복지부에서 듣는 현장의 목소리가 대부분 아주 큰 단체 또는 힘 있는 집단이 굉장히 많습니다. 예를 들어 의사협회라든가 등등등.

　그리고 지금 현재 협의체 운영하고 계신 걸로 알고 있습니다. 그래서 서미화 의원님이나 전진숙 의원님 안이 그다음에 쭉 이어서 나오잖아요. 그래서 그거는 제가 그분들, 의원님들 안이 굉장히 많이 정리가 되어 있으시기 때문에 이걸 통해서 가는 것도 저는 동의를 합니다만 한 가지 좀 질문이 있는데요.

　지금 현재 협의체를 통해서도 있지만 별도의 안정실이나 설치 기준을 마련한 모니터링하는 시스템을 갖춘 특정 병원 구축이라든가 이런 것에 대한 계획이 혹시 있으신가요?

○**보건복지부정신건강정책관 이형훈** 정신건강정책관 이형훈입니다.

　답변드리겠습니다.

　지금 저희가 급성기 치료 환경개선 협의체도 같이 하는데 저희가 급성기 수가 활성화 시범사업을 했었고요. 그것을 본 사업으로 전환하기 위한 건강보험정책 심의위원회 보고를 마쳤고 본 사업을 위한 준비를 하고 있습니다. 그러면 급성기치료 입원수가라든가 또 거기에 관련된 응급처지 이런 관련 수가들까지 같이 해서 급성기 환자들에 대한 치료환경과 의료서비스의 질을 높이고자 하는 그런 사업을 지금 준비하고 있다는 말씀을 드리겠습니다.

○**김예지 위원** 제가 시범사업은 국정감사 때도 말씀드려서 이 부분은 인지를 하고 있었는데 혹시 관련해 가지고 결과보고라든가 연구보고서가 다 마무리가 됐나요? 심사가 완료된……

○**보건복지부정신건강정책관 이형훈** 말씀드린 것처럼 건정심의에 본 사업 전환 보고를 드렸고요. 지금 그 사업 준비를 하고 있습니다.

○**김예지 위원** 그러면 이것 관련해서 근거법은 어떤 것으로 하실 예정이세요?

○**보건복지부정신건강정책관 이형훈** 법 개정이 좀 필요한 부분이 있습니다.

○**김예지 위원** 필요하시지요?

○**보건복지부정신건강정책관 이형훈** 예.

○**김예지 위원** 혹시 관련해 가지고 지금 결과, 건정심에 갔다 온 결과보고서라든가 혹시 저희 의원실하고 공유가 가능할까요?

○**보건복지부정신건강정책관 이형훈** 예, 보고드리겠습니다.

○**김예지 위원** 알겠습니다.

○**소위원장 김미애** 김예지 의원실만 하지 말고 우리 소위 위원님들 전부 다 공유해 주세요.

그러면 이거는 그런 걸 좀 보고 계속 심사하는 게 어떨까요? 오늘 이게 정리가 되기는 어렵고 위원님, 논의를 좀 효율적으로 하기 위해서……

○**서미화 위원** 위원장님.

○**소위원장 김미애** 예, 서미화 위원님 말씀하세요.

○**서미화 위원** 오늘 당장 다하기는 어려울 것 같기는 합니다. 그런데 저도 위원장님 말씀하신 것처럼 실태조사 주시고요. 한마디만 더, 아까 계속 얘기한 것 중에 제가 좀 말씀 안 드린 게 있어서……

89조에 있는 과태료 조항을 좀 살펴보면요. 정신질환자와 보호자에게 권리행사방법을 알리는 등에 대한……

○**소위원장 김미애** 그 부분 정부 측 의견 들었습니까? 아직 안 들었으니까 먼저 듣고 하세요.

○**서미화 위원** 아니 과태료, 형사처벌 입법을 말했는데요.

○**김예지 위원** 그것 제꺼 말씀하셨는데요.

○**서미화 위원** 아, 위원님 것 말씀하신 거예요?

○**소위원장 김미애** 아까 우리는 고지의무 관련했고 지금 제한 수단의 순위 관련해서 32페이지부터 그러면 정부 측 의견을 듣고 말씀을 끝까지 듣겠습니다.

○**보건복지부제2차관 박민수** 32쪽부터가 신체적 제한 외의 방법에 대한 것을 우선적으로 적용하라라고 하는 그런 내용인데요. 이 부분에 대해서는 이미 현행법에 자·타해 위험이 높고 신체적 제한 외에는 위험회피가 뚜렷하게 곤란한 경우에만 가능하다라고 규정이 되어 있어서, 75조 제2항입니다. 이미 그렇게 규정이 되어 있어서 입법의 취지가 반영

이 되어 있다 이런 의견을 좀 드리겠습니다. 그래서 이것을 또다시 별도로 규정을 한다 그러면 중복되는 그런 내용이라는 말씀을 드립니다.

그다음에 벌칙과 관련해서 34쪽의 벌칙인데, 이것은 고지의무 위반의 경우에 처벌을 하도록 하는 규정인데 아까 이것은 앞에 있는 고지의무를 어떻게 부과할 건가 좀 연결해서 해야 되고 지금 이것을 징역 또는 벌금으로 이렇게 했는데 이게 징역하고 벌금을 해야 할 사항인지에 대한 거는 조금 검토가 추가 필요할 것 같습니다. 그다음에……

○**소위원장 김미애** 아니, 그러면 그것을 형사벌이 아니라 행정벌로 하면 비난가능성이나 이런 걸로 비추어 봤을 때 비슷한 수준으로는 뭐가 있을지까지 의견을 주세요.

○**보건복지부제2차관 박민수** 그 금액 수준이요?

○**소위원장 김미애** 예.

형사벌로 그대로 하고 낮출지, 그런 게 비슷한 비난가능성 정도를 따졌을 때 뭐가 그러면 적정할지, 그래야 의견이 되지요.

○**보건복지부제2차관 박민수** 예, 저희가 그런데 그 수준은 지금 정리를 못 했는데요. 우선은……

○**소위원장 김미애** 여기 보면 주요 통지 의무를 위반한 경우에는 과태료를 부과, 규제한다 했잖아요.

○**보건복지부제2차관 박민수** 예, 그렇습니다.

○**소위원장 김미애** 그러면 유사한 수준이면 어느 정도인지 의견을 주셔야지.

○**보건복지부제2차관 박민수** 지금 권리행사 고지 위반이나 퇴원사실 통보 위반 그런 것 했을 때 과태료 100만 원 이하로 하고 있습니다.

○**소위원장 김미애** 혹시 전문위원은 여기에 대해 검토가 됐습니까?

○**전문위원 오세일** 예, 자료 37쪽에 보시면 이 법에서 유사한 사례에 대해서 고지 의무 위반에 대한 과태료 부과 사항, 입법례를 기재하였습니다. 100만 원으로 일단……

○**소위원장 김미애** 1항이네요?

○**전문위원 오세일** 예.

○**소위원장 김미애** 그러면 이거를 참고해서 위원님들이 질의하시면 좋을 것 같습니다.

질의하실 위원님 계십니까?

서미화 위원님.

○**서미화 위원** 32쪽의 중복 부분은 저도 동의합니다. 수용을 하겠고요.

○**소위원장 김미애** 그다음에 34쪽부터……

○**서미화 위원** 34쪽인가요? 벌칙은 정신질환자하고 보호자 권리행사 방법을 위반한 경우, 정신건강복지법상의 최소한의 의무를 위반한 경우이거나 서류를 제출하지 않는 등에 해당되는 것을 말하고 있는데 제가 제한한 거는 이것하고 좀 다르게 신체적 제한 고지를 위반했을 때 정신질환자에게 직접적인 신체적·정신적 영향이 매우 크기 때문에 사안의 중차대함이 좀 다르다고 생각이 듭니다.

그래서 정부의 격리·강박 지침을 지금 현재 대부분의 정신진료기관에서 지키고 있다고 보기가 참 어렵지 않습니까? 그래서 무분별한 신체적 제한에 대해서 고지의무에 대한 그 책임을 강화하는 길이 아니겠는가 이렇게 생각이 듭니다. 그래서 과태료가 아니라 벌칙으로 다뤄야만 이 부분에 대해서 인식도 하고 개선을 좀 할 수 있다 이렇게 생각이 듭니다.

지금까지 이 내용이 없었던 게 아닌데 전혀 개선되지 않고 있는 점도 상당히 심각한 문제라고 생각이 듭니다.

○소위원장 김미애 제가 볼 때는 이게 우리가 선행적으로 논의해야 되잖아요. 사전고지가 원칙인지, 사후고지가 원칙인지, 분리해서 해야 되는지 이것과 궤를 같이해서 벌칙까지도 논의해야 맞을 것 같습니다. 그것 정리 안 된 채 하면 지나칠 수도 있고 부족할 수도 있고 서미화 위원님 말씀이 맞거든요. 과태료라고 하면 이게 과연 강제력이 있을까 싶은 생각도 드는 부분이 있어서……

그런데 아까 그것과 같이 논의하는 게 맞을 것 같은데요. 어떻습니까, 서미화 위원님?

○서미화 위원 그러니까 제가 국감때도 실태조사를 그래서 빨리 좀 해 주십사 계속 얘기를 했었어요.

○소위원장 김미애 그것을 빨리 해 달라고 다시 촉구를 합니다.

○서미화 위원 예, 좀 빨리 해 주시고.

○김예지 위원 그것 하시지 않았어요?

○서미화 위원 그러니까 보고서가 나왔다고 했지요, 1차 보고서?

○김예지 위원 예, 그것 저희 공유 좀 부탁드리고요.

○소위원장 김미애 그러니까 아까 말씀드렸으니까 전부 다 해 주세요.

○서미화 위원 같이 공유해 주시고요. 이걸 오늘 지금 결의를 하기는 쉽지 않다는 것 저도 잘 알고 있고요. 그렇지만 막 미룰 일은 또 아니다 이렇게 인식해 주셔서……

○소위원장 김미애 예, 맞습니다.

그것은 아까 같이 논의해야 될 것 같습니다.

○서미화 위원 맞습니다. 같이 논의되어야만……

○소위원장 김미애 따로따로 하면 또다시 해야 될 문제가 생겨서……

그다음 것 해 주세요.

42페이지지요?

○보건복지부제2차관 박민수 예, 그다음에 44쪽 신체 제한의 기준과 방법을 부령으로 위임하는 전진숙 의원님 안이고요.

○소위원장 김미애 아니, 42페이지 시행일은 공포 후 1년 경과로 수정해야 된다, 하위법으로 규정해야 될 게 있어서 그렇다는데……

○보건복지부제2차관 박민수 그렇습니다.

○소위원장 김미애 그것도 맞을 것 같은데요.

○보건복지부제2차관 박민수 그건 맞고요. 지금 45쪽에 부령으로 정하는, 신체 제한의 기준과 방법을 부령으로 정하는 그 내용이 있습니다. 이거는, 죄송합니다. 저도 자료가 막 혼재돼 있어 가지고……

○김예지 위원 그 지침이 있지 않나요, 부의 가이드라인?

○소위원장 김미애 격리 및 강박 지침을 제정하여 운영 중인데 지침만으로는 규범력이 약하기 때문에 법률로 끌어올린다 그런 거 아닙니까?

○보건복지부제2차관 박민수 예, 이거는 지침으로 하지 말고 법령……

○소위원장 김미애 복지부령으로……

○보건복지부제2차관 박민수 법령으로 하라고 하는 거에 대해서는 저희도 기본적으로 동의 말씀 드리고요. 다만 구체적으로 어떤 내용을 여기에 담을 것인가 하는 거는 아까 말씀드린 협의체, 그리고 협의체는 저희가 의사들만으로 돼 있지는 않습니다. 거기에 당사자들이 좀 포함이 되어 있고요. 그때 또 서미화 위원님께서 당사자를 많이 넣으라고 하셔서 가지고 당사자들을 많이 모셔서 지금 같이 논의를 하고 있다는 말씀을 드립니다. 그래서 여기에서 논의가 구체화되면 필요한 경우에 부령으로 반영할 수가 있겠다는 생각이 듭니다.

그다음에 처벌 규정 이거는 아까 좀 전에 말씀드렸고……

○소위원장 김미애 그거는 같이 해야 됩니다.

○보건복지부제2차관 박민수 예.

○소위원장 김미애 47페이지.

○보건복지부제2차관 박민수 47쪽에 국가계획, 지역계획, 실태조사에서의 신체적 제한 포함 이걸 주셨는데 이거는 전문위원이 아까 보고한 것과 저희 의견이 같습니다. 그러니까 보통 5개년 계획을 하거나 실태조사를 할 때의 내용과 여기서 하라는 거는 사실은 구체적인 임상연구가 들어가야만 알 수 있는 내용들이 많이 있습니다. 어쨌든 정부가 주기적으로 조사를 실행하라고 하는 명령이라 그러면 그 명령을 따르되 여기의 계획이나 이런 데 넣을 것이 아니라 이거는 별도 조항으로 규정을 해서 정리를 해 주시면 좋겠다는 의견을 드립니다.

이상입니다.

○소위원장 김미애 그러면 지금 하고 계시다는 게 정확히 뭡니까?

○보건복지부제2차관 박민수 제가 아까 모두에 말씀드린 것이, 실태조사 했고 연구용역은 진행 중에 있고요. 그다음에 당사자, 의료계 등이 참여하는 급성기치료 환경개선 협의체 이게 또 작년 9월부터 운영 중에 있습니다. 그리고 이번 2월에 또 제도 개선 방안을 논의할 것이 예정되어 있고요. 7차 회의입니다. 저희가 3월까지는 종료를 해서 쟁점을 좀 정리할 생각입니다.

○소위원장 김미애 방금 뭐라고 말씀하셨어요?

○보건복지부제2차관 박민수 급성기치료 환경개선 협의체.

○소위원장 김미애 그러니까 이게 환자들 그다음에 그 보호자도 많이 참여해서 운영 중이라는 거예요?

○보건복지부제2차관 박민수 예, 의료계하고 당사자가 참여하고 있고요. 지금 당사자, 가족단체가 4인 참여하고 있고 의료계, 인권위 등 해 갖고 총 16명으로 구성이 돼서 운영 중에 있습니다.

○소위원장 김미애 그러면 실태 조사 결과는 나왔다는 거지요?

○보건복지부제2차관 박민수 예, 그거는 조사가 됐고……

마무리됐나요?

○보건복지부정신건강정책관 이형훈 분석 중에 있습니다.

○소위원장 김미애 그러면 그거 분석하는 데 얼마나 걸려요?

○보건복지부정신건강정책관 이형훈 자료를 확인하고 보정하고 이런 것들이 있어서 지금 계속 분석 중에 있고요. 저희가 2월 중에는 마무리를 하려고 합니다.

○**소위원장 김미애** 그러면 2월 중으로 완료할 예정이다, 그다음에 연구용역은 진행 중인데 언제쯤에 결과를 볼 수 있을 것 같아요?

○**보건복지부정신건강정책관 이형훈** 그 내용을 반영하려고 하는데요. 3월까지는 그것도 역시 연구용역도……

○**소위원장 김미애** 3월까지, 그다음에 협의체는요?

○**보건복지부정신건강정책관 이형훈** 협의체……

○**소위원장 김미애** 이런 걸 다, 지금 나오면 그걸 토대로 또 협의체가 제대로 심의를 해야 될 것 같은데 그렇게 됩니까?

○**보건복지부정신건강정책관 이형훈** 예, 그렇습니다.

그래서 그 이후까지도 좀 더 할 걸로 생각하고 저희가 상반기로 얘기하고 있습니다.

○**소위원장 김미애** 그러면 제가 들어보니까 그런 것들을 다 보고 그걸 토대로 법이 정비가 되는 게 맞을 것 같은데 그렇게 하도록 계속 심사했으면 좋겠는데 어떻습니까?

○**서미화 위원** 그러면 6월이 넘어간다는 소리일까요?

○**소위원장 김미애** 그래도 그렇게 오래 걸릴 것 같지는 않습니다. 이걸 안 하겠다는 게 아니기 때문에, 제대로 하겠다는 거라서.

지금 서미화 위원님도 그렇게 하시길 원하실 거잖아요?

○**서미화 위원** 예, 그런 걸 계속 제가……

○**보건복지부제2차관 박민수** 위원님, 저희도 이거를 안 하려고 하는 게 아니라 하려고 하는 거고 현장에 맞게 하려고 하는 거니까요 시간을 조금 더 주셨으면 좋겠고……

○**서미화 위원** 잠깐만 하나만 질문할게요.

위원장님, 질문해도 되지요?

○**소위원장 김미애** 예.

○**서미화 위원** 실태조사를 협의체가 했나요?

○**보건복지부제2차관 박민수** 실태조사는 저희가 용역으로만……

○**보건복지부정신건강정책관 이형훈** 아니요. 실태조사는 저희가 시도에 공문을 내려서 시도·시군구의 보건소가 정신의료기관 400여 곳을 직접 방문해서 조사를 했습니다.

○**서미화 위원** 제가 실태조사에서부터 당사자 참여할 수 있도록 해 달라고 했던 것은 안 된 거네요?

○**보건복지부정신건강정책관 이형훈** 아니, 그것도, 모셔서 같이 간 곳도 있습니다.

○**서미화 위원** 간 곳도 있습니까?

○**보건복지부정신건강정책관 이형훈** 예, 그런데 그건 공무원들이 검사원증을 갖추고 이렇게 갔기 때문에 그분들이 참관하는 형식으로 일부 몇 곳에 가셨습니다.

○**서미화 위원** 하여튼 조속히 최대한 빨리 서둘러 주세요.

○**보건복지부제2차관 박민수** 예, 그렇게 하겠습니다.

○**서미화 위원** 예, 그렇게 하시지요, 위원장님.

○**소위원장 김미애** 예.

○**서미화 위원** 저는 그렇게 해야 될 것 같습니다.

○**보건복지부제2차관 박민수** 위원장님, 이게 지금 법안 여러 개를 하나로 그냥 통합을 했기 때문에 그런데요, 처음에 김예지 의원 대표발의 하신 수련기간에 대한 내용이 있거

든요. 이건 저희가 동의 말씀 드렸고요. 아까 수정 의견도……

○**소위원장 김미애** 이거는 아까 추가하겠다, 그거는 수정하고……

○**보건복지부제2차관 박민수** 예, 발의 의원께서도 수정 의견도 동의하셨고 그래서 이거는 통과를 시켜 주는 게 좋겠는데……

○**소위원장 김미애** 이것만 분리하고?

○**보건복지부제2차관 박민수** 기술적으로 이게 가능한지를 모르겠습니다.

○**소위원장 김미애** 그렇게 하지요. 그렇게 하고 나머지는 계속 심사하는 것으로.

○**보건복지부제2차관 박민수** 예.

○**소위원장 김미애** 의사일정 제9항 정신건강증진 및 정신질환자 복지서비스 지원에 관한 법률 일부개정법률안은 수정안을 채택하여 수정한 부분은 수정한 대로 기타 부분은 원안대로 의결하고자 하는데 이의 없으십니까?

(「예」 하는 위원 있음)

가결되었음을 선포합니다.

의사일정 제10항부터 제12항까지 이상 3건은 보다 깊이 있는 검토를 위해 계속 심사하기로 하겠습니다.

의사일정 제13항 및 제14항 국민건강보험법 일부개정법률안을 심사하겠습니다.

수석전문위원 보고해 주시기 바랍니다.

○**수석전문위원 이지민** 먼저 13항 설명드리겠습니다.

이수진 의원안입니다.

개정안은 건보공단 및 심평원의 이사 정원을 각각 한 명씩 증원하고 해당 기관에서 3년 이상 재직한 근로자 중에서 근로자 대표의 추천이나 근로자 과반수의 동의를 받은 사람 한 명을 비상임이사로 임명하도록 하려는 것입니다.

2022년 공공기관의 운영에 관한 법률이 개정됨에 따라 공기업·준정부기관은 3년 이상 재직한 해당 기관 소속 근로자 중에서 근로자 대표의 추천이나 근로자 과반수의 동의를 받은 사람 한 명을 비상임이사에 포함시켜야 합니다.

공단 및 심평원은 위탁집행형 준정부기관으로 지정된 공공기관이므로 비상임이사에 노동이사를 포함하는 것이 공공기관운영법에 부합하는 것인데 현재는 노동이사를 선임하지 않고 있습니다.

이에 개정안은 공단 및 심평원의 이사 정원을 각각 한 명씩 증원하면서 늘어난 정원을 노동이사로 선임하려는 것으로 타당한 측면이 있습니다.

3쪽입니다.

다만 공공기관운영법 제18조에서 이사회는 기관장을 포함한 15인 이내의 이사로 구성하도록 규정하고 있는데 현재 국민건강보험법에 규정된 공단과 심평원의 이사 정원이 각각 15명과 16명이므로 개정안에 따라 비상임이사 한 명을 증원할 경우 공단과 심평원의 이사 정원이 각각 16명과 17명이 되어 공공기관운영법과 상충하는 문제가 발생합니다.

공공기관운영법 제2조 2항은 공공기관에 대해서 공운법이 다른 법률보다 우선하여 적용된다고 규정하고 있으므로 공단 및 심평원의 이사 정원을 공운법에 부합하도록 규정할 필요가 있는 것으로 보입니다.

참고로 이와 관련해서 노동이사를 임명하는 경우에는 이사 정원이 15명을 초과할 수 있도록 하는 내용의 공공기관 운영에 관한 법률 일부법률안이 제출되어 기재위에 계류 중에 있습니다.

다만 이 경우에도 심평원 이사 정원과 공운법 규정 간 상충 문제는 여전히 존재하므로 해당 조항의 정비가 필요해 보입니다.

이상입니다.

○소위원장 김미애 정부 측 의견 듣겠습니다.

○보건복지부제2차관 박민수 저희도 신중 검토 의견을 드립니다.

조금 전에 수석전문위원님이 말씀드린 것처럼 공운법과의 상충 문제가 우선 첫 번째 이유고요. 상세한 건 말씀드렸기 때문에 반복하지 않도록 하겠습니다.

두 번째는 공운법이 2022년에 이미 개정이 돼 가지고 노동이사를 두도록 돼 있습니다. 두도록 돼 있는데, 그렇게 해서 각 공공단체들이 다 노동이사를 두었는데요. 노동이사를 두지 못하는 기관들이 한 몇 개가 있습니다. 그 몇 개 중에 건보법상의 건보공단 심평원 그리고 국민연금공단이 그에 해당되고요. 왜 이렇게 못하는지는 좀 전의 공운법과의 이런 상충 문제도 있으나 이게 주로는 다 사회보험을 하는 기관들입니다. 사회보험을 하는 기관의 이사회는 아시는 것처럼 근로자 대표, 사용자 대표 그다음에 시민사회단체 대표 또 공급자 대표 이렇게 각 직역 간의 어떻게 보면 이사회의 균형을 이루도록 구성이 되어 있는데 여기에 노동이사가, 물론 각 기관의 근로자 대표로 들어오기는 하지만 노조 대표이기 때문에 노조가 들어오면 사회보험에서 말하는 사회적 합의의 타결기구로서의 균형이 깨지는 문제가 또 있습니다.

그렇게 해서 이 두 가지 이유로 인해 가지고 임명을 못 하고 있는 상황이고요. 지금 이 법을 여기서 통과를 시킨다 하더라도 공운법을 제척할 수가 없어서 실효성이 안 되기 때문에 이거는 재검토가 필요합니다.

이상입니다.

○소위원장 김미애 그런데 지금 심평원은 이미 공운법을 위반하고 있네요, 그러면?

○보건복지부제2차관 박민수 예.

16명이 된 것이, 이것도 복지위에서 상임이사를 추가로 두는 안을 법률안을 통과시켰는데요. 이거는 본회의까지 다 통과가 됐습니다. 그런데 실행을 못 하고 있습니다.

○소위원장 김미애 지금 시행은 못 하네요?

○보건복지부제2차관 박민수 예, 시행은 못 하고 있습니다.

○소위원장 김미애 현실적으로 안 되는 거네. 그러면 하나마나잖아요.

○보건복지부제2차관 박민수 예, 그렇습니다.

○소위원장 김미애 질의해 주시기 바랍니다, 김남희 위원님.

○김남희 위원 그런데 법 위반을 하고 계신 건 맞잖아요. 공운법에 위반된 건 맞잖아요. 그렇지요?

○보건복지부제2차관 박민수 공운법을, 그러니까 상충이……

○김남희 위원 위반하고 있지요?

○보건복지부제2차관 박민수 위반이라기보다요 집행의 위반이라, 법이 상충되는 게 두 개가 존재함으로 해 가지고 법이 상충되는 것입니다.

○김남희 위원 그런데 공운법에서는 노동이사를 포함해야 된다고 되어 있는데 안 하고

있는 거는 법 위반이지요.

○**보건복지부제2차관 박민수** 그러니까 노조 대표가 이미 들어와 있다 이런 이유로……

○**김남희 위원** 그런데 지금 얘기하시는 노조 대표와 노동이사는 성격이 약간 다르잖아요.

○**보건복지부제2차관 박민수** 예, 그거는 알고 있습니다.

○**김남희 위원** 알고 계시지요? 노동조합 추천이라고 하는데 그 노동조합 추천이 건보공단 노조는 아니잖아요.

○**보건복지부제2차관 박민수** 예, 그렇습니다.

○**김남희 위원** 건보공단 노조가 여기에 나와 있는 노동조합 추천자와 다른 노조일 수도 있는 거고……

○**보건복지부제2차관 박민수** 그러면 위원님, 우리가 공운법을 지키면서 그걸 지키려면 지금 근로자 대표로 오신 분을 못 오게 해야 됩니다. 그런데 여기는……

○**김남희 위원** 그러니까 그거를 개선하기 위해서 법을 바꿔야 된다 이런 취지로 지금 이 법이 올라온 건데 원래 노동……

○**보건복지부제2차관 박민수** 그러니까 그거는 공운법이 같이 개정이 돼야만 해소가 됩니다.

○**김남희 위원** 그래서 지금 공운법도 올라가 있고, 그런데 지금 제가 생각하기에는 우선 법 위반 사태가 있는 건 맞고요. 노동이사를 하라고 했는데 안 하고 있으니까. 노동이사가 왜 필요한 거예요?

○**보건복지부제2차관 박민수** 안 하고 있는 게 아니라 못 하고 있는……

○**김남희 위원** 못 하든 안 하든 법 위반인 건 맞잖아요. 법 위반이지요. 그거를 아니라고 얘기하시면 안 되지요. 노동이사라는 제도가 도입된 취지가 있잖아요. 왜 도입됐다고 생각하세요?

○**보건복지부제2차관 박민수** 그거는 그 회사의 근로자들의 권익을 대변해서 거버넌스에 참여해서 와치도그(watchdog) 역할을 하라는 거지요.

○**김남희 위원** 그렇지요. 그런 이유 때문에 노동이사제가 도입이 되어서 건보공단 노조도 참여하고 싶은데 지금 못 하게 하고 있으니까 건보공단 노조에서는 당연히 이거를 법 위반 사태라고 생각을 하고 이걸 개정해야 된다라고 얘기를 할 수밖에 없는 거지요.

그런데 지금 얘기하신 거는 사회적 합의기구가 이미 있다라고 얘기하는데 이 사회적 합의에서 얘기한 노동조합 추천과 건보 노조가 들어오는 거는 다른 의미고 그런데 어쨌든 공운법에서 노동이사제를 도입하라고 했는데 이 법의 문제로 인해서 노동이사가 일을 못 하고 있는 거는 문제가 있는 상황인 게 맞잖아요.

그러면 이거를 개선하기 위해서 어떻게 법을 바꿀 것인지 고민하셔야지 숫자가 안 맞는다, 그래서 안 된다, 이미 법이 있는데 기재위를 통과해야 된다 이런 식으로…… 그러면 법 위반 사태를 계속 유지하는 거 아니에요? 그러니까 뭔가 해결책을 확실하게 제시를 해야지 지금 이러고 얘기하고 더 안 한다 그러면 법 위반 사태가 계속 유지되는 건데요?

○**보건복지부제2차관 박민수** 수석전문위원이 말씀드린 것처럼 공운법이 동시에 개정이 돼야 됩니다. 도입이 돼야 되고, 지금 이수진 의원께서는 그 법도 제안을 해 놓으신 상태

인데요. 지금 15명을 16명으로 해 놓으셨어요. 그래서 그 법이 통과되더라도 건보공단은 해소가 되는데 심평원은 또 해소가 안 됩니다. 심평원은 노동이사를 집어넣으면 17명이 되거든요. 그래서 그 말씀을 지금 드린 겁니다. 그래서 기본적으로는 공운법 제한이 풀려야만이 합법적으로 저희가 이사를 위촉할 수가 있게 되고요.

○**김남희 위원** 아니, 그런데 그렇게 얘기하시면 말이 안 되는 게 지금도 법 위반을 하고 계시는데 이 법이 바뀌어야만 또 할 수 있다라고 얘기하시는 것도 말이 안 되지요.

○**보건복지부제2차관 박민수** 법을 위반하는 게 아니라 공운법 제한 때문에 저희가 못 하고 있는 거지요.

○**김남희 위원** 그러니까 공운법에서는 두 가지를 요구하고 있는 거잖아요. 노동이사도 선임하라 그러고 숫자도 제한을 했고, 그런데 그게 두 개가 부딪혔기 때문에 지금 못 하고 있다 이 얘기를 하시는 거잖아요.

○**보건복지부제2차관 박민수** 그렇습니다.

○**김남희 위원** 그러면 그걸 어떻게 개선할 수 있는지 그 대안을 얘기를 해 주셔야 이 논의가 의미가 있는 거지요.

○**보건복지부제2차관 박민수** 대안은 공운법 개정이 필요합니다.

○**소위원장 김미애** 계속 같은 말씀이니까 그러면 제가 여기 확인해 볼게요.
　심평원에는 상임이사 수를 3명에서 4명으로 증원한 게 2016년이잖아요. 그래 가지고 총 이사 수가 법률에 규정된 게 16명이 되어서 공운법을, 그때 공운법과 충돌 문제가 이미 생겼잖아요.

○**보건복지부제2차관 박민수** 그렇습니다.

○**소위원장 김미애** 그때는 어떻게 상임위를 통과했어요, 그걸 이미 알고 있었을 텐데?

○**보건복지부제2차관 박민수** 상임위에서는, 글쎄요……

○**소위원장 김미애** 몰랐습니까?

○**보건복지부제2차관 박민수** 그때는 어떤 연유로 그 법이 됐는지 모르겠는데……

○**소위원장 김미애** 공운법상 이사 수 15명 규정이 언제지요?

○**보건복지부제2차관 박민수** 그거는 공운법 처음에 생길 때……

○**소위원장 김미애** 제정 당시부터?

○**보건복지부제2차관 박민수** 예, 15명으로 있던 걸로 제가 알고 있고요.

○**소위원장 김미애** 그러면 우리가 이 당시에 심사를 하면서 이걸 간과했다는 결론이네요?

○**보건복지부제2차관 박민수** 그렇게 판단할 수밖에 없고요. 그래서 그때 그게 그렇게 가면 통상은 법사위나 이런 데서 그게 걸러져야 되는데 그때 당시에 아마 제가 듣기로 충분히 그런 운영이 안 되고 법이 그냥 쭉 갔다고 들었습니다.

○**소위원장 김미애** 그런데 이걸 비상임이사로 노동이사를 의무화하라는 게 법인데 이 거는 관철해야 되잖아요. 우리가 지켜야 되는데 현행법 규정 안에서 지키려면 결국은……

○**보건복지부제2차관 박민수** 그러면 이제 누구를 빼야 됩니다.

○**소위원장 김미애** 근로자 단체 안에 한 분을 빼고 이분을 노동이사로 해야 됩니까, 그래도 지키려고 한다면? 그 방법은 뭐가 있어요?

○**보건복지부제2차관 박민수** 지금 구성이 이렇게 되어 있습니다. 이사회가 대체로 노조를 대표하는 자, 사용자단체를 대표하는 자, 시민단체, 소비자단체……

○**소위원장 김미애** 2페이지 보면 표로 있거든요. 한번 참고를 해 주세요.

○**보건복지부제2차관 박민수** 농어업인단체 이렇게를 대표하는 각 1인들이 들어오고 그 다음에 기재부, 복지부, 인사처 각 1인 이렇게 해 가지고 9명의 비상임이사, 건보공단의 경우인데요. 이렇게 되어 있는데 그러면 여기에 누가 빠져야 됩니다. 누가 빠져야 되는데 예를 들면 가입자 대표들 중에 누가 빠지라고 그러면 그 자체로도 또 굉장히 논란이, 왜 우리가 빠지냐 이렇게 돼서…… 그러면 정부 부처를 빼야 되나 이래 갖고 저희가 기재부, 복지부, 인사처 중에 어디를 뺄까 그래서 복지부가 빠지는 것까지도 검토를 했는데요. 하여튼 이게 좀 애매합니다.

○**소위원장 김미애** 아니, 결론은 제가 볼 때 공운법 규정을 개정해서, 최소한 심평원의 위법을 해소하려면 17명은 해 놔야 되겠네요.

○**보건복지부제2차관 박민수** 맞습니다.

○**소위원장 김미애** 그래야지 1명씩 노동이사를 넣어야지. 그러면 그거 안 하면 우리가 하나 마나잖아요.

○**보건복지부제2차관 박민수** 예.

○**소위원장 김미애** 그러면 그거는 저는 또 입법기관으로서 우리가 할 일은 아닌 것 같고. 우리는 할 일 다 했다, 저기서 안 한다 이건 아니잖아요. 같이 해소를 위한 노력을 해야 되는데 이 부분은 어쩔 수 없…… 저는 이걸 좀 제대로 해야 된다고 생각하거든요. 그 방안이 뭘지 제가 막 고민을 아무리 해도 방법이 잘 없어요. 그래서 이거는……

혹시 위원님들 추가로 말씀하실 분 계세요?

○**소병훈 위원** 1명 빼면 되지요.

○**소위원장 김미애** 그러니까 누구를 뺄지를……

○**소병훈 위원** 의약관계단체 5명 여기서 1명 빼면 되겠네. 그렇게 해야지 적어도 공공기관 운영법을 위반하면서까지 공공기관을 운영할 수는 없는 거 아닙니까?

○**보건복지부제2차관 박민수** 의약관계단체, 그러니까 심평원 말씀이시지요?

○**소병훈 위원** 5명, 그러니까 여기서 1명 좀 양보를 받고서라도……

○**보건복지부제2차관 박민수** 그런데 여기도 의사, 약사, 치과의사, 간호사 이렇게 다 딱 돼 있어 가지고……

○**소병훈 위원** 의사, 약사가 다른 부분에도 또 있을 테니까 중복되는 게 있으면, 왜냐하면 적어도 공단이라는 공공기관이 법을 어기면서까지 이사회를 운영한다면 그것도 좀 모양이 영 안 좋잖아요.

○**보건복지부제2차관 박민수** 아니, 그런데 저희……

○**김남희 위원** 아니면 지금 이 법은 우선 복지위에서 통과를 시키고, 법사위로 어차피 갈 거 아니에요? 법사위에 있는 동안 기재위에서도 숫자 늘려 가지고 통과돼서 와서 같이 가는 게 맞지 않아요? 이게 기재위에서 진행이 안 되고 있다고 우리는 통과 안 시켜, 그러면 기재위도 굳이 통과시킬 압박이 없잖아요, 이 법을. 그러니까 이거는 우선 복지위 차원에서 통과를 시키고 기재위 쪽에 이걸 통과시키라고 얘기를 하는 게 맞지 않나 저는 그런 생각이 들어서요.

○**보건복지부제2차관 박민수** 그거는 위원님들께서 판단하실……

○**소위원장 김미애** 그거는 심평원이 이미 2016년에 했는데도 불구하고 움직이지도 않는데, 안 맞을 것 같아요. 2016년의 그 위법 상태를 그대로 지켜보고 있는데……

○**김남희 위원** 그러면 이걸 통과라도 해야 압박이 되지요.

○**소위원장 김미애** 그걸 했는데도 이사 1명 증원도 못 하고 있지요?

○**보건복지부제2차관 박민수** 예, 못 하고 있습니다.

○**소위원장 김미애** 그러니까 그걸 하나 마나 한 거고.

○**김남희 위원** 아니, 그러면 그게 통과 안 된 이유는 뭐예요, 위법 상태인데?

○**보건복지부제2차관 박민수** 어떤 게요?

○**김남희 위원** 그러니까 이 위법 상태가 4명으로 증원했는데 위법 상태가 있는 거잖아요. 그런데 왜 법이 통과가 안 됐는가요?

○**보건복지부제2차관 박민수** 그러니까 법이 그렇게 상충하는 경우는 법사위 같은 데서 사실 걸러지거든요. 그런데 그때 당시에 아마 어떤 사정에 의해서 법사위가 제대로 심의를 못 하고 쭉 간 것 같습니다, 법안이.

○**소위원장 김미애** 기재위에서 심도 있게 심사를 해서 기재위가 바꿔 놔야 됩니다.

○**보건복지부제2차관 박민수** 맞습니다.

○**소위원장 김미애** 그래야지 심평원 위법 상태 문제도 해소되고 우리도 할 수 있거든요. 그래서 이거는 계속 심사를 하는 게 맞을 것 같습니다.

그다음 14항.

○**수석전문위원 이지민** 김남희 의원 건보법 개정안 보고드리겠습니다.

요양급여대상에 의료기기 지급·대여를 추가하는 내용입니다.

자료 2쪽입니다.

개정안은 요양급여의 범위에 의료기기의 지급 또는 대여를 포함하고 의료기기 판매·임대업자의 영업소를 요양기관에 추가하여 가입자는 의료기기 구입·임대 시 본인부담금만 부담하고 의료기기 판매·임대업자가 심평원에 공단부담금을 청구하도록 함으로써 가입자의 증빙부담 등을 완화할 수 있도록 하려는 것으로 그 취지는 긍정적인 것으로 보입니다.

다만 의료기기 판매·임대업자는 의료서비스 제공자가 아닌 의료기기 유통 관련 사업자인 점을 고려할 때 의료기기 판매업자 및 임대업자의 영업소를 요양기관의 범주에 포함시키는 것이 적절한지 논의가 필요해 보입니다.

또한 현행법 제49조제3항에서 의료기기 판매업자 등 준요양기관은 요양을 받은 가입자나 피부양자의 위임이 있는 경우 건보공단에 요양비의 지급을 직접 청구할 수 있도록 하고 있으므로 현행법 체계하에서 준요양기관이 요양비를 직접 청구하는 비율을 제고함으로써 가입자의 증빙 및 경제적 부담을 완화하는 방안에 대해서도 검토될 필요가 있을 것으로 보입니다.

다음 13쪽입니다.

가입자의 급여대상 지정 요청 근거 마련입니다.

14쪽입니다.

개정안은 건강보험 가입자가 복지부장관에게 특정한 비급여대상을 요양급여 대상으로 지정해 줄 것을 요청할 수 있도록 근거를 마련하고 보건복지부장관은 요청을 받은 경우 심의위원회의, 건정심의 심의를 거쳐 지정 여부를 결정한 후 이를 통지하도록 하려는 것으로 가입자가 건강보험의 수요자로서 치료 등에 필요한 급여의 확대를 신청할 수 있도록 하려는 취지는 긍정적인 것으로 보입니다.

다만 국민건강보험 요양급여의 기준에 관한 규칙에 따르면 제약사 등이 요양급여 결정을 신청하는 경우 식약처장의 안전성·유효성 검토 결과 통보서, 판매예정가 산출 근거 및 내역에 관한 자료, 비용과 효과에 대한 자료 등 급여신청 대상 품목의 효과성 및 경제성 등을 증명하는 전문적·기술적인 자료를 제출하도록 하고 있는데 일반적인 가입자의 경우에는 요양급여대상 지정 신청 시 이러한 전문적·기술적인 자료를 확보하거나 제출하는 것이 어려울 수 있다는 점을 고려할 필요가 있습니다.

또한 개정안은 가입자가 급여대상 지정을 요청하는 경우 특별한 기준이나 사전 절차 없이 심의위원회에서 검토하도록 하고 있는데 보다 효율적인 급여결정 심사를 위하여 '대통령령으로 정하는 수 이상의 가입자가 요청을 하는 경우 등'과 같은 요청 기준을 두도록 하고 건정심 상정 전에 전문적·기술적인 사항에 대한 사전 검토 절차를 마련하는 방안에 대해서 검토가 필요해 보입니다.

이상입니다.

○**소위원장 김미애** 정부 측 의견 듣겠습니다.

○**보건복지부제2차관 박민수** 우선 크게 두 가지 내용인데요. 저희가 이 법안에 대해서는 기본적으로 신중 검토 의견입니다.

먼저 첫째, 요양비로 지원 중인 의료기기 지급·대여, 이거를 요양급여로 추가하고 그다음에 기기 판매·임대업자의 영업소를 요양기관으로 지정하는 이런 내용이 되겠습니다. 그런데 우리 건보법상의 요양기관이라고 하는 거는 이전에 의료법과 약사법에 따른 의료기관, 약국 이걸 전제로 하고 있다는 말씀을 드립니다. 우리 의료법과 약사법은 일정한 요건을 갖춘 경우에 의료기관 또는 약국으로 하게 되고요. 또 설립 요건이나 이런 것들이 다 있습니다. 그리고 또 법에 따른 관리·감독 체계를 갖고 있고요. 이걸 전제로 해서 건보법에서는 이들을 요양기관이라고 하고 전체적인 건강보험의 수가계약, 당연 지정제 이런 것들을 하고 제도적으로 운영을 하고 있습니다.

그런데 여기에 의료기기 판매업소를 이 틀로 집어넣으면 그들하고 수가계약을 하는 것도 아니고, 여기 좀 다양한 문제가, 법체계에 좀 안 맞는 문제가 있습니다. 그리고 의료기기 판매업소라는 거는 크게 갖춘, 규모가 있는 데도 있지만 굉장히 영세한 데도 있고 굉장히 상황이 다양해서 이 법체계에 넣어서 하기에는 좀 맞지 않다.

다만 이렇게 법안을 내신 취지가 의료기기 같은 경우는 본인이 이것을 구매를 해서 나중에 사후 보상을 받는 체계로 돼 있다 보니 청구가 불편하고 힘들고 어렵다 이런 걸 좀 해소해 주기 위해서 아마 법안을 내신 걸로 저희가 이해를 하고. 지급 편의에 대해서는 현행법 제49조에도 준요양기관이라는 제도를 저희가 운영을 하고 있습니다. 그래서 원래는 환자 본인이 청구를 해야 되는데 이거를 마치 우리 요양기관이 하듯이 준요양기관이 환자의 위임을 받아 가지고 대신 청구를 하는 제도를 운영하고 있고. 이렇게 해서 위임 청구하는 비율이 전체 청구의 한 88%에 이르고 있어서 어느 정도는 환자들의 청구 불편을 해소하는 제도적 장치는 마련되어 있다라는 말씀을 드리고 싶습니다.

　　그리고 두 번째, 가입자가 비급여대상에 대해서 요양급여 지정을 요청할 수 있는 근거를 두는 조항입니다. 이 부분도 이렇게 이해를 좀 하시면 좋겠습니다. 우리 건강보험의 시스템은 의료서비스를 공급을 해 주고 공급자와 가입자 간의 비용을 어떻게 처리하느냐 하는 것이 건보법의 주 내용이라고 보시면 되고요. 그러면 공급자라고 하면 서비스 공급자도 있지만 약재나 치료재료와 같은 물건을 공급하는 공급자가 있습니다. 그래서 치료재료의 경우에는 처음에 이것이 나오면 반드시 요양급여를 신청하도록 돼 있기 때문에요 그래서 그걸 신청을 받아 가지고 급여를 할 건지 비급여를 할 건지 그거를 판단을 해서 정하기 때문에 치료재료의 경우에는 실익이 좀 없을 것 같고요.

　　두 번째, 약재의 경우에는 제약회사가 선별적으로 급여를 신청할 수가 있어서, 주로 아마 고가의 항암제나 이런 것들을 가입자 입장에서 요양급여 지정을 요청할 수가 있겠는데 그러면 이 경우에도 급여가 되려면 약제심의평가위원회나 이런 데에서 여러 가지 요건들에 대해서 검토를 합니다, 그때 경제성평가도 해야 되고. 그러면 각종 여러 가지 자료들을 받아 가지고 그것들을 검토해서 타당하다 아니면 타당하지 않다 이런 검토를 통해서 급여도 정하고 또 약가도 협상에 의해서 정하는 이런 과정들을 밟게 되는데 가입자들이 이런 요구를 했을 경우에 이런 자료들을 확보하기가 좀 용이치가 않고 전체적으로 제도를 운영하는 데 좀 애로가 생깁니다.

　　그리고 추가로 한 가지 더 말씀드리자면 아까 약재는 선택적으로 한다고 했지만 그래도 꼭 이것은 가입자들의 치료에 필요하다 이렇게 인정이 되면 장관이 직권으로 상정을 요구할 수 있도록 제도가 돼 있습니다. 그게 41조의3제4항에 관련 조항이 있어서요. 이미 의도하시는 그런 것들이 기존 제도 안에 다 마련이 되어 있어서 어떤 지금 현행의 건보법 체계를 흔드는 이런…… 이거는 조금 재고가 필요하지 않을까 이런 말씀을 좀 드립니다.

　　이상입니다.

○**소위원장 김미애** 질의하실 위원님 계십니까?

　　김남희 위원님.

○**김남희 위원** 우선 첫 번째 안건에 대해서는요, 지금 의료기기 관련된 급여들이 막 생기고 있어요. 아시잖아요? 병원에서 처방을 해 줘서 소아당뇨 같은 경우에는 혈당측정기라든지 아니면 인슐린 자동 투약하는 기계라든지 이런 것들을 처방을 받아 의사 지시에 따라 가지고 사용을 하는데 이게 요양기관으로 되어 있지 않으니까 환자가 자기가 직접 구매를 하고 사후적으로 청구를 하거나 이런 문제들이 계속 발생을 해서 이런 것들을 해결해 달라는 여러 가지 요구들이 있어서 이 법안을 제안한 게 맞고요.

　　그런데 얘기하신 대로 준요양기관으로서 하는 경우가 88% 있다고 하는데 그래도 아직 배제되는 경우가 12%나 있는 거잖아요. 그리고 앞으로 질병관리에 필수적인 의료기기들이 점점 많이 나오고 있고 더 보편적으로 사용되고 있는데 계속 이런 상황에서 뭔가의 대안을 모색해야 되지 않나 이런 고민이 있고요.

　　두 번째는 위원님들의 이런 민원 굉장히 많이 받으셨을 것 같은데 ‘지금 희귀·난치성 질환으로 고생하고 있는데 나에게 맞는 약이 건강보험 급여가 안 된다, 이것 좀 해결해 달라’ 이런 민원 엄청 오잖아요. 그리고 또 거기에 대해서 청원 시스템에 올라오기도 하고.

그런데 사실 좀 의문이 있는 거지요. 왜냐하면 건강보험 가입자들도 건강보험의 이해 당사자고 내가 받는 치료, 내가 받을 수 있는 치료들이 건강보험으로 보장이 되는지 안 되는지에 대해서 의견을 제시할 수 있는 권리가 있어야 되는데 지금 시스템상에서는 건강보험 가입자가 얘기할 수 있는 그 시스템이 없어요. 그래서 국회 청원이라는 우회적인 방식밖에 동원할 수가 없는 거예요.

○보건복지부제2차관 박민수 위원님……

○김남희 위원 그런데 자기도 가입자고 나도 이 제도에 대해서 이해 당사자인데 왜 내가 받을 수 있는 치료나 이런 것들에 대해서 의견을 제시하고 그게 만약 되는지 안 되는지에 대해서 뭔가 공식적인 답변을 얻어야 하는 그런 절차가 필요한데 지금 이런 게 없으니까 의원들한테, 자기 지역구 의원들한테 연락을 하고 아니면 잘 모르는 의원실에 찾아가고 '이거 왜 안 되냐' 물어보고 그러면 이게 왜 안 되는지에 대해서 설명을 어떻게 해 줘요? 아무도 못 해 줘요.

그러니까 저는 가입자들이 그런 권리는 있어야 된다고 생각을 하는 거지요. 그러니까 얘기하신 것처럼 대통령이 정하는 수 이상 가입자가 요청을 한다든지 이렇게 제한을 두는 그런 방식으로 조금 제한적으로 접근하는 데에 대해서는 동의를 하지만 그렇다고 하더라도 가입자가 건강보험 급여화 문제에 대해서 뭔가 의견을 제시할 수 있는 그런 절차가 아예 부재하는 것은 분명히 절차적 문제가 있다 저는 그런 말씀을 드리고 싶습니다.

○보건복지부제2차관 박민수 제가 좀 답변 올리겠습니다.

지금 두 번째 말씀하시는 가입자들의 의견을 받는 거는 사실 법이 아니라도 저희는 국회 청원도 있지만 행정부로도 많은 민원들이 들어옵니다. 저희가 민원이 들어오면 그 요구를 받았을 때 그냥 하는 게 아니라 모든 민원에 대해서 답변을 하도록 지금 의무가 부과되어 있어서 당연히 그 상황과 이런 거에 대해서 답변을 드리고 있고요.

그 외에도 우리 건강보험이라는 게 건정심이라고 하는 최고 의사결정 기구가 복지부에 설치가 되어 있는데 건정심 안에도 가입자대표들이 지금 대표로 들어와 있고요. 그래서 그 대표들을 통해서도 또 의견들을 주십니다. 그래서 다양한 루트로 의견들을 지금도 주고 계시고 저희가 그걸 모르는 바가 아니고 다 알고 있고.

중요한 거는 그러면 빠르게 급여화가 좀 됐으면 좋겠는데 안 되는 문제가 있는데요. 이거는 제도의 문제라기보다는 다양한 요인이 있습니다. 우리나라가 약가가 다른 데에 비해서 좀 낮다 보니까 제약사들이 한국 시장을 제일 늦게 들어옵니다. 왜냐하면 우리를 먼저 들어오면 이게 벤치마크가 돼서 다른 나라에 비싸게 못 판다고 한국을 제일 뒤로 미루는 게 첫 번째 요인이 있고요.

두 번째는 우리 건강보험이 그간 약에 관련해서는 굉장히 심평원 등에서 열심히 했고 또 전문성이 매우 높아 가지고 약가 협상을 할 때 제약 회사들이 자기네들이 원하는 가격대로 잘 못 받는 경우가 많아요. 그러니까 이런 게 협상이 계속 지연이 되고 하다 보니 등재가 빨리빨리 안 되는 그런 문제가 또 있습니다. 그럼에도 불구하고 저희들은 꼭 치료에 필요한 약이나 이런 것들은 가급적이면 의약의 접근도 관점에서 신속하게 그게 될 수 있도록 노력을 하고 있다는 말씀을 드리고요.

이 제도가 이렇게 요양급여를 지정할, 요청할 수 있는 권한이 법에 없더라도 얼마든지 의견들을 주시고 그거에 의해서 많은 약들이 실제로 또 급여화가 되는 전례들이 있기 때문에 그건 그렇게 해서 좀 해소가 가능하지 않을까 이런 의견을 좀 드립니다.

○**김남희 위원** 그런데 이게 권리로 보장되는 건 아니잖아요.

○**보건복지부제2차관 박민수** 권리요?

○**김남희 위원** 예, 그러니까 지금 얘기하신 절차들은……

○**보건복지부제2차관 박민수** 그런데 권리라고 하면 권리는 반드시 행사를 할 수가 있어야 되는데……

○**김남희 위원** 아니, 그러니까 의견을 제시할 수 있는 권리는 있어야 된다는 거지요.

○**보건복지부제2차관 박민수** 아니, 그거는 일반 국민으로서 얼마든지 가능합니다.

○**김남희 위원** 그런데 그 프로세스가 공식적인 프로세스가 아니잖아요.

○**보건복지부제2차관 박민수** 아닙니다. 공식적인 프로세스지요. 저희가 민원을 받으면 답변을 다……

○**김남희 위원** 아니, 가입자대표들한테 얘기하는……

○**보건복지부제2차관 박민수** 아무리 개인이 하셔도 답변을 다 드리거든요.

○**김남희 위원** 그런데 그걸 민원이라고 얘기하셨잖아요.

○**보건복지부제2차관 박민수** 민원이지요.

○**김남희 위원** 그러니까 민원이라기보다는 건강보험 가입자가 건강보험 등재에 대해서 자신의 의견을 얘기하고 거기에 대한 공식적인 답변을 받을 수 있는 절차가 없다는 것은 문제다 제가 그것을 말씀드리는 거지요.

○**보건복지부제2차관 박민수** 아니, 그거는 민원법에 따라 절차가 있는데 없다고 하시니까 저희가 좀 답답하고요. 지금 말씀하시는 요양급여 지정 신청이라는 거는 공급자가 '내가 건보에다가 공급을 할 테니 나를 좀 받아 주시오'라고 하는 신청인데 공급자는 신청을 안 하고 있는데 수요할 사람들이 '저걸 좀 신청해 주세요'라고 할 때 그러면 신청에 따른 각종 서류와 어떤 그런 것들을 내셔야 되는데 그거는 가입자가 내실 수가 없는 거잖아요. 그러니까 이거는 이 틀로 해결할 것은 아니라는 거지요. 이건 아니고 의견을 개진하는 거는 민원과 관련되는 법이 있지요. 그래서 그 법에 따라서, 공무원이 답변하는 것도 다 그 법에 따라서 지금 하고 있는 것이지요.

○**김남희 위원** 그런데 가입자가 건강보험의 중요한 의사결정 과정에 대해서 좀 뭔가 공식적으로 참여할 수 있는 그런 절차가 보장이 안 된다는 건 저는 문제라고 생각을 합니다.

○**보건복지부제2차관 박민수** 아니, 건보공단 이사회에도 지금 가입자대표들이 들어가 있고 그다음에 건정심에도 가입자대표들이 들어가 있고. 사회보험은 가입자가 적극적으로 참여를 하십니다. 그래서 그게 안 돼 있다라고 하는 건 제가 좀 동의하기가 어렵고요.

다만 개별 개별 사안들이 어떻게 전달이 제대로 되고 이게 정말 의사결정에 중대하게 고려가 되는지 아마 그런 것들을 조금 궁금해하실 수가 있는데 개별 사안이라 하더라도 저희가 최선을 다해서 답변드리고 또 진행 상황에 대해서도 민원 답변을 통해서 말씀을 드린다 이렇게 좀 말씀을 드리고 싶습니다.

○**소위원장 김미애** 다른 위원님들, 질의하실 분 안 계십니까?

그러면 이거는 저희가 볼 때 수석전문위원님 검토의견 이런 거를 좀 참고해서 좀 수정할 수 있는 방안도 모색할 필요는 있어 보입니다. 그래서 김남희 의원님 발의하신 그 뜻도 조금 반영하고 해서 한번 좀 고민해 주세요.

○**보건복지부제2차관 박민수** 예, 저희가 조금 더 고민해 보도록 하겠습니다.

○**소위원장 김미애** 그러면 이거는 계속 심사하기로 하겠습니다.

의사일정 제13항 및 제14항 이상 2건은 보다 깊이 있는 검토를 위해 계속 심사하기로 하겠습니다.

의사일정 제15항 및 제16항 국민건강증진법 일부개정법률안을 심사하겠습니다.

전문위원 보고해 주십시오.

○**전문위원 정경윤** 보고드리겠습니다.

자료 2쪽입니다.

서명옥 의원안입니다.

개정안은 국가 및 지자체로 하여금 기존의 절주문화 조성 외에 음주폐해 예방에 대해서도 노력하도록 하고 국민건강증진기금 사용 용도에도 음주폐해 예방을 명시하려는 것입니다.

검토의견입니다.

음주로 인한 사회경제적 비용이 증가하고 있는 현실에서 음주로 인한 사회적 손실을 감소시키고 국민의 건강을 보호하기 위해서는 개정안과 같이 보완할 필요성이 있다고 보았습니다. 특히 음주폐해 예방의 국민건강증진기금 사업 용도 명시와 관련하여서도 음주폐해 관련 사업을 보다 강화하여 추진하는 데에 도움이 될 것으로 보입니다.

이상입니다.

○**소위원장 김미애** 정부 측 의견 듣겠습니다.

○**보건복지부제2차관 박민수** 서명옥 의원 대표발의하신 국민건강증진법 개정안 내용에 대해서 동의 말씀드립니다.

○**소위원장 김미애** 전문위원님, 계속 하세요.

○**전문위원 정경윤** 이어서 보고드리겠습니다.

자료 7쪽입니다.

한지아 의원안입니다.

개정안은 주류 판매용 용기에 음주운전은 자신과 타인의 목숨을 위태롭게 할 수 있다는 내용의 경고 문구를 추가로 표기하려는 것입니다.

검토의견입니다.

개정안을 통해 음주자의 경각심을 제고하고 음주운전을 자제하도록 유도할 수 있을 것으로 보입니다. 다만 현재 주류 용기 표기 내용은 국민건강증진법 외 6개의 법률에서 각각 표기 내용을 관할하고 있는데 경고 문구가 추가되는 경우 가독성 저하 및 이에 따른 효과성이 문제될 수 있으므로 경고 그림으로도 표기할 수 있도록 하는 방안을 고려할 필요가 있겠습니다.

수정의견입니다.

표기의 효과성 제고를 위해 경고 그림으로도 표기할 수 있도록 하고 시행 준비를 위해서 시행일을 1년으로 하는 등 일부 자구를 정비하였습니다.

이상입니다.

○**소위원장 김미애** 정부 측 의견 듣겠습니다.

○**보건복지부제2차관 박민수** 전문위원 말씀하신 수정의견에 동의 말씀드립니다.

○**소위원장 김미애** 그러면 그걸 한번 설명해 보세요, 12페이지, 13페이지 그림 있네요. 앞으로 이 수정의견대로 가면 어떻게 됩니까?

○**보건복지부제2차관 박민수** 지금 한지아 의원님 내신 안에 보면 문구를 이렇게 넣도록 되어 있는데요. 저희 법 말고도 지금 다양한 법에 의해서 문구가 많이 들어가 있습니다. 그러니까 업계에서는 면적은 제한이 되어 있으니까 문구를 넣는 것 자체는 반대하지 않는데 너무 과도하게 되지는 않았으면 좋겠다 이런 의견이 있었고요.

해외 사례도 보니까 문구보다는 간략한 그림이 훨씬 전달력이 강하고 이런 사례들이 있어서 지금 '문구'만 되어 있지만 '문구 또는 그림' 이렇게 해 가지고 선택적으로 좀 할 수 있도록 이렇게 하는 것으로……

○**소위원장 김미애** 그러니까 담배에 보면 막 정말 무서운 그림들이 있으니까 보기만 해도 도망가고 싶어지잖아요. 음주에 대해서는 좀 너무 관대한 문화잖아요, 우리가. 그래서 그림 같은 게 나을 것 같기도 한데……

의견 주십시오.

○**한지아 위원** 좋습니다. 전 수정의견 좋은 것 같습니다.

○**소위원장 김미애** 발의하신 한지아 의원님이 수정의견에 동의하신답니다.

다른 위원님들 의견 있으십니까?

(「없습니다」 하는 위원 있음)

의사일정 제15항 및 제16항 이상 2건의 국민건강증진법 일부개정법률안은 이를 통합 조정하고 위원님들과 전문위원의 의견을 반영하여 위원회 대안으로 채택하며 본회의에 부의하지 않는 것으로 의결하고자 합니다.

이의 없으십니까?

(「예」 하는 위원 있음)

가결되었음을 선포합니다.

의사일정 제17항 국민영양관리법 일부개정법률안을 심사하겠습니다.

전문위원 보고해 주십시오.

○**전문위원 정경윤** 보고드리겠습니다.

자료 2쪽입니다.

남인순 의원안입니다.

개정안은 영양사 국가시험의 응시자격을 인정기관의 영양사 교육과정 인증을 받은 대학 등에서 식품학 또는 영양학을 전공한 사람에게 부여하도록 하는 것입니다. 참고로 인정기관은 교육부장관으로부터 인증을 받아야 됩니다.

검토의견입니다.

인구의 고령화, 보건의료 및 식생활 환경의 변화에 따른 영양사의 역량 강화 필요성 등을 감안할 때 개정안과 같이 영양사 교육의 질적 관리 시스템 보완 필요성도 큰 것으로 보입니다. 참고로 2016년도부터 자율적으로 영양사 교육과정 평가인증제가 시행되고 있으며 현재 19개 대학이 인증대학으로 선정된 바 있습니다.

다만 개정안과 직접적인 관련이 있는 교육부 등에서는 교육과정 질 관리 체계 및 대학의 행정적·재정적 여건 등을 종합적으로 고려할 필요가 있다는 의견을 제시하고 있습니다.

　금번 개정안과 동일한 내용의 개정안이 제21대 국회 복지위에서 의결되어서 통과되었습니다. 그런데 교육부 이견에 따라 법사위에서 계류된 바 있습니다. 개정안을 수용하시는 경우에는 법 시행일 이전 입학한 학생에게는 종전의 규정을 적용받도록 하는 내용을 추가해서 의결하시면 되겠습니다.

　이상입니다.

○**소위원장 김미애**　정부 측 의견 듣겠습니다.

○**보건복지부제2차관 박민수**　이게 전문위원 보고처럼 지난 국회에서 한번 의결해 가지고 법사위에 간 바가 있는데요. 제가 법사위에서 설명을 드릴 때 아주 강력한 반대가 있었습니다. 그러니까 교육부 반대도 있었지만 법사위 위원님들께서 굉장히 좀 부정적 의견이셨습니다. 아마도 대학 등이 평가를 받아야 되는 입장에서 부담이 가중되고 이런 것들이 학생들의 선택권이나 이런 것도 제한한다 이런 취지셨고요.

　그래서 저희가 그때도 사실은 처음에 최초 의견은 신중검토 의견이었는데 위원님들 의견을 존중하여 동의를 하고 우리 상임위를 통과했습니다마는 이거는 전체적으로 지금 면허 관리에 대해서 그러면 어떻게 학교 교육까지 국가가 인증을 하는 체계로 갈 것이냐의 여부입니다. 이게 지금 의과대학, 의사, 간호사 그다음에 치과의사, 한의사 이런 정도가 이런 인증 제도를 하고 있고 학교 정원도 정부가 좀 정하도록 하는 이렇게 강력한 어떤 통제 장치가 있고요.

　그 밖의 직역은, 영양사 같은 경우는 관련 학과의 설치 그리고 관련 과목의 이수 이것만 법의 요건을 정하고 국가가 시행하는 시험을 합격하면 면허를 주는 이런 체제로 되어 있는데 이거를 더 강한 인증평가를 하도록 해서 질을 유지하자 이런 취지이신데요.

　저희가 해외 사례 좀 조사해 보니 이렇게 국가에서 인증을 주는 사례를 찾기가 좀 어려웠습니다. 일본 같은 경우는 국가시험 자체가 없었고 그냥 국가가 지정하는 대학을 졸업하면 자격을 취득할 수 있도록 이렇게 되어 있고, 미국이나 영국의 경우에는 아예 자격이나 면허 자체를 필요로 하지 않는 경우도 있었습니다. 물론 각급 나라마다 일반 영양사 외에 약간의 의료 영역을 포함하는 하이 레벨의 자격증이 별도 있는 경우들이 있었습니다. 예를 들면 임상영양사, 관리영양사, 등록영양사 이런 식의 개념이 있었는데 그런 경우에는 국가시험을 치르도록 하는 경우가 있었고 그 경우에도 정부가 인증을 따로 하거나 이런 것은 사례를 찾아보기가 좀 어려웠습니다.

　그래서 학교의 교과과정에 대한 거는 어떻게 보면 학교의 자율적인 책임에 좀 맡겨져 있다, 그리고 질의 관리는 면허시험의 수준, 난이도를 통하여 그것을 관리하는 이것이 전반적으로 해외 사례의 추세라는 점을 참고로 말씀드립니다.

○**소위원장 김미애**　질의하실 위원님?

　어차피 이것은 영양사 국가시험을 응시하기 위한 자격을 제한하는 거잖아요. 그런데 응시 자격을 제한하는 데 대해서는 계층 이동의 사다리 측면에서 많은 반대 의견도 있는 게 사실입니다. 과거에 사법시험을 폐지하고 로스쿨로 전환할 때 상당히 심했지요. 그런 차원에서 아마 법사위에서 반대도 컸지 않나 하는 생각도 들거든요.

　그러면 인증제도 도입도 있고, 논의할 게 이것 하나뿐이에요?

○**전문위원 정경윤**　예.

○**소위원장 김미애** 하나뿐이네.

그러면 이것은 계속 심사하도록 하겠습니다.

의사일정 제17항은 보다 깊이 있는 검토를 위해 계속 심사하기로 하겠습니다.

의사일정 제18항부터 제20항까지 문신사법안 등 3건의 법률안을 심사하겠습니다.

전문위원 보고해 주시기 바랍니다.

○**전문위원 정경윤** 보고드리겠습니다.

자료 2쪽입니다.

법안명부터 말씀드리겠습니다.

박주민 의원안은 문신사법안, 윤상현 의원안은 문신사·반영구화장사법안, 강선우 의원안은 타투이스트에 관한 법률안입니다.

단일 자격 여부와 관련해서 박주민 의원안은 문신사로 단일 자격을 부여하는 것으로 돼 있습니다. 윤상현 의원안은 문신사와 반영구화장사로 자격이 구분되어 관리하는 것으로 되어 있습니다. 강선우 의원안은 타투이스트 단일 자격이 되겠습니다.

문신행위 등 정의 관련 사항입니다.

큰 차이점은 박주민 의원안과 강선우 의원안은 법률에서 직접 명시하는 방식이고, 윤상현 의원안의 경우 구체적인 행위는 대통령령에서 정하도록 하고 있습니다.

자격 또는 면허를 보시면 박주민 의원안은 보건복지부장관이 실시하는 자격시험 또는 국가기술자격법에 따른 문신사 자격을 취득한 사람에게 문신사 자격을 부여하는 것으로 되어 있습니다. 윤상현 의원안은 전문학위 이상 전공, 대통령령으로 정하는 교육과정 이수, 국가기술자격법에 따른 문신사·반영구화장사에 대해서 면허를 부여하는 것으로 되어 있습니다. 그리고 강선우 의원안은 보건복지부장관이 실시하는 자격시험 합격자에게만 면허를 부여하는 것으로 되어 있습니다. 전문성 측면에서는 박주민·강선우 의원안에서와 같이 자격시험을 두는 것이 바람직해 보입니다.

그리고 3건 모두 의료인이 아니면 누구든지 의료행위를 할 수 없다는 의료법 제27조에도 불구하고 문신행위가 가능하다는 점을 명시하고 있습니다.

문신업소 개설을 보면 박주민 의원안은 등록, 윤상현 의원안과 강선우 의원안은 신고를 하도록 되어 있습니다. 엄격한 관리 측면에서는 등록이 바람직해 보입니다.

자료 3쪽입니다.

3건 모두 보호자 동의 없는 미성년자에 대한 문신 등 금지를 규정하고 있습니다.

위생관리 의무사항입니다.

3건이 유사한 내용을 담고 있습니다. 차이 나는 내용을 보시면 3번의 경우 박주민 의원안은 사용 의약품은 일반의약품만 문신업소에서 사용하도록 하고 있습니다. 윤상현 의원안은 일반의약품 및 보건복지부령으로 지정하는 제품, 그리고 강선우 의원님 안은 관련 법령에서 인증받은 제품으로 규정하고 있습니다. 이 문제는 약사법과의 관계에서 좀 추가적인 논의가 필요해 보입니다.

그리고 4번을 보시면 박주민 의원안과 윤상현 의원안에서는 인체 감염 우려 폐기물은 폐기물관리법에 따른 의료폐기물 전용 용기에 배출하도록 하고 있습니다. 이렇게 하면 비용 문제가 발생할 수 있겠습니다. 그래서 영세 소규모 자영업자인 문신업소에 부담으로 작용할 가능성도 있고 필요하다면 환경부와 협의도 필요해 보입니다.

그 외 강선우 의원안에서는 부작용 발생 시 보건복지부장관에게 신고하도록 하는 내용도 추가되어 있습니다.

3건 모두 기존 영업자 자격 인정과 관련하여서는 부칙에서 별도의 규정을 두고 있지 않습니다. 일정 기간 자격 취득을 유예하는 방안은 고려해 볼 필요가 있다고 보았습니다.

시행일은 모두 공포 후 1년으로 하고 있습니다. 복지부에서는 자격시험 마련 등을 위해서 한 2년 정도 필요하다는 의견입니다.

자료 4쪽입니다.

오른쪽 부분, 총괄적 검토 보고드리겠습니다.

문신에 대한 사회적 수용도가 높아지고 있는 현실에서 제정안과 같이 문신 등에 대한 독립된 관리 체계 정립으로 사회 현실과 법 제도의 간격을 해소할 필요성과 함께 이용자 건강을 위한 위생 여건뿐만 아니라 종사자의 직업 안정성도 확보할 필요성이 있겠습니다. 다만 앞서 보고드린 바와 같이 3건의 제정안은 정의, 업종 세분화, 자격취득 요건, 영업자 준수사항 등 몇 가지 사항을 중심으로 차이가 있어 조율과 함께 필요한 경우 협의 절차도 필요한 것으로 보입니다.

이상입니다. 여기까지 보고드리겠습니다.

○**소위원장 김미애** 정부 의견 듣겠습니다.

○**보건복지부제2차관 박민수** 세 가지의 법안 내용이 약간 대동소이한 면도 있기는 합니다마는 기본적으로 문신사 제도를 별도로 만들어서 관리해야 된다라고 하는 기본 취지에 대해서 동의 말씀 드린다는 말씀을 먼저 드립니다.

위원님들께서 잘 아시는 것처럼 21대 국회부터 많은 논의와 현장 요구가 있었고 또 지난 국감에서 관련 증인이 나와서 발언하는 것도 함께 들었습니다. 조속한 입법을 위해서 단체 간 이견을 조율해 왔고 또 그간의 대화 내용을 통하여 제도화의 방향이나 이런 것들이 어느 정도는 정립이 되었다고 판단이 됩니다.

정부가 생각하는 기본적인 골격을 먼저 말씀을 드리겠습니다.

문신은 침습적 특성이 분명히 있습니다. 그런 것을 고려해서 기존의 공중위생관리법보다는 한층 강화된 안전·위생 기준을 적용할 수 있도록 별도의 제정법으로 하는 게 좋겠다 하는 것이 정부의 기본 생각이고요. 두 번째는 미용업의 세부 업종으로 할 것이냐 여부가 있는데 그것보다는 독립적인 업종으로 신설 관리하는 게 좋겠다라는 의견입니다.

그리고 세 번째, 이용자의 안전을 담보하기 위해서 전문성에 대한 검증이 반드시 필요한데요. 이 경우에 기존에 현장에서 영업하고 있는 분들을 어떻게 할 것이냐의 문제가 있습니다. 그래서 이것은 이용자 안전이라는 관점에서 기존 분들의 자격은 인정하지 않고 일정 유예기간을 두고 그 사이에 법에서 요구하는 요건을 갖추도록 하는 것이 좋겠다는 것이 기본적인 생각이라는 말씀을 드립니다.

다행히 위원님들께서 발의해 주신 법안의 내용이 대체로 방향성이 같고 대동소이한 면이 있습니다. 그러나 세부 내용으로 들어가 보면 약간 차이들이 있는데요. 예를 들면 단일 업종 여부, 저희는 단일 업종이 좋겠다는 얘기고. 면허냐, 등록이냐 할 때 면허로 하는 게 좋겠다는 생각이고. 그다음에 등록이냐, 신고냐 할 때도 전문위원 보고처럼 저희는 등록을 하는 게 좋겠다 이런 입장은 갖고 있습니다.

다만 아직 입장 정리가 조금 안 된 것들이, 폐기물들이 나오게 되는데 이것을 의료폐기물로 할지 여부가 있고요. 관련 기관의 의견도 있고 아직 관련 종사자들의 의견 취합이 정확하게 안 되어 있습니다.

○소위원장 김미애 관련 종사자라고 하면 이 안에서도 몇 개가 있지요?

○보건복지부제2차관 박민수 예, 있는데 주로는…… 문신을 하면서 피도 약간 나고 하기 때문에 그것을 닦은 거즈 같은 것들이 나오는데요. 이런 걸 그냥 일반폐기물로 할 것인지 아니면 의료폐기물로 할 것인지, 그런데 의료폐기물로 할 경우에는 또 비용 부담도 상당히 들게 되고 그만큼 진짜 물량이 나오는지도 아직 확인이 잘 안 돼 있는 상황이어서 이 부분은 조금 더 따져 봐야 될 부분이 있다 이런 말씀을 드리고요.

그리고 원활한 제도 시행을 위해서 시행일은 조금 조정이 필요합니다. 그래서 시험도 봐야 되고 하기 때문에 공포 후 2년 정도의 유예기간이 좀 필요하고 또 기존에 영업을 하고 있는 분들이 요건을 갖춰서 적법하게 할 수 있도록 유예조치 같은 것들에 대한 조항이 필요합니다.

그런데 강선우 의원님 안은 지난주 금요일에 발의가 돼 가지고, 물론 저희가 자료를 받아 보기는 했습니다마는 충분하게 들여다보지 못한 점도 있다는 점 말씀드리고요. 그래서 조금 더 시간을 두고 이런 보완 부분들에 대한 것을 좀 더 명확하게 정리를 해서 법안을 성안하면 어떨까 말씀드리고.

마지막으로 이것은 법안하고 직접 관련된 것은 아닙니다마는 이게 분명히 의료행위의 영역에 있던 것이 독립돼서 나가는 것이기 때문에 의료계의 의견이 있습니다. 의료계는 기본적으로는 반대 입장에 있는 것은 분명한데 그래도 그간에 대화 이런 걸 통해서 어느 정도 상당히 납득이 되는 측면도 있어서…… 지금 잘 아시는 것처럼 전공의 복귀, 의대생 복귀 등을 위해서 우리가 굉장히 유연한 자세로 대화 촉구를 하고 있는 마당에 이 법이 또 쑥 가면 그것도 좀 정무적으로 상당히 부담이 되는 상황이라는 점도 위원님들께서 살펴 주시기를 요청드립니다.

이상입니다.

○소위원장 김미애 의료계에서도 상당히 진척이 있는 것 같고 조금만 시간을 주시면 대안을 모색하겠다고 했는데, 저도 마냥 기다릴 수도 없는 것은 사실이지만 그래도 좀 그 의견을 듣기는 들어야 된다는 생각입니다.

질의하실 위원님들 의견 주십시오.

김남희 위원님.

○김남희 위원 사실 이 논의가 굉장히 오래된 논의잖아요. 그래서 관련 산업에 계신 분들이 굉장히 많은 고초를 겪고 있고, 사실 한국에서 타투이스트들이 엄청 좋은 기술과 실력으로 세계적으로 인정받고 있는데 법적 근거가 없어서 많이 힘들어 하시거든요. 그래서 복지부도 그 취지를 알고 계신다고 했는데……

그렇다면 언제까지 검토를 해 주실지, 그리고 언제 심사를 할 수 있을지에 대한 기한을 그래도 정해 주셔야 좀 희망 고문을 덜하지 않을까 그런 생각이 듭니다.

○보건복지부제2차관 박민수 저는 한 두세 달 정도면 충분할 것 같고, 법은 상반기 중에는 가능하지 않을까 이렇게 생각합니다.

○김남희 위원 두 달 안에는 검토해서 확실히……

○소위원장 김미애 저도 말씀드리지만 더 이상은 지연시키지 않을 거라는 걸 말씀드립

니다.
○**보건복지부제2차관 박민수** 동의 말씀 드립니다.
○**소위원장 김미애** 왜냐하면 우리가 계속 들어 왔잖아요. 그리고 저도 했었고 여기 계신 분들도 상당한 분들이 하셨는데, 다만 안전성 그다음에…… 이걸 법을 만들 때는 지금과 달리 정합성도 있어야 되고 그런 여러 문제가 있고 또 타 법과의 관계도 있고 그런데 그렇다고는 하지만 지난 국감 때도 질의하신 위원님들이 여기 많으시거든요. 그리고 당사자가 나와서 고충도 말씀하셨고 거기에 대부분 공감도 하셨거든요. 그래서 이제는 때를 늦추기는 힘들다는 것은 인식하고 계시지요?
○**보건복지부제2차관 박민수** 예, 그렇습니다.
○**소위원장 김미애** 김선민 위원님.
○**김선민 위원** 이 법이 상당히 늦은 감이 있는 정도가 아니라 굉장히 지연이 됐다라는 것은 다들 느끼실 텐데, 지금 마지막 허들이 의료계와의 대화라고 말씀을 하셨고 그동안 의료계와는 대화를 많이 하신 걸로 저도 알고 있는데요. 그런데 지금 전공의들이 돌아오는 그 일정을 대강 어떻게 생각하시고 계시는지에 따라서 이게 두 달인지 아니면 그것을…… 법안을 더 다듬고 논의하는 것과 별도로 의료계와의 대화를 위한 시간 혹은 적절한 시기를 언제로 생각하시는지 여쭤보고 싶습니다.
○**보건복지부제2차관 박민수** 위원님, 이 법에 시간이 더 필요하다는 것은 아까 의료폐기물 여부 이런 것들에 대해서 조금 협의가 더 필요하다는 거고요. 의료계 때문에 더 늦추자는 건 아닙니다.
○**김선민 위원** 그것은 그러면 명확한 거지요?
○**보건복지부제2차관 박민수** 예.
　그다음에 전공의들이 그러면 언제 돌아올 거냐, 이것은 저는 알 수가 없습니다. 원래는 3월에 수련이 시작돼야 되기 때문에 그전에 돌아와야 되고 요전의 모집이 사실은 병역특례를 주는 마지막 모집이었기 때문에 그때 돌아오는 것이 그들에게도 가장 이득이 되는 상황이었는데 지금 신청을 많이 안 한 상태이고요.
　물론 전례와 같이 추가 모집을 분명히 하기는 하겠지만 상황이 변하지 않은 상황에서 얼마만큼 많이 돌아올지는 굉장히 불확실하고 저희가 그것에 대해서는 특별히 뭐라고 말씀드리기가 좀 어렵다는 상황을 말씀드립니다.
○**소위원장 김미애** 제가 늦지 않게, 의지를 가지고 있습니다. 발의하신 강선우 위원님도 그렇게 동의를 하셔서 계속 심사해서 다음에는 결론을 낼 수 있도록 하겠습니다.
○**강선우 위원** 계속 심사로 결론 내고 넘어가기 전에 그래도 몇 가지 좀 짚을 건 짚어야 될 것 같은데, 아까 차관님께서 폐기물 관련해서 말씀을 주셨잖아요. 그런데 이게 제정법이고 시작을 하는 법안이지 않습니까? 간호법과 같은 성격을 가진 시작을, 출발을 시키는 그런 법안인데 폐기물 가지고 계속해서 논의를 하기 시작하면 환경부도 있고 이게 여러 부처랑 같이 걸려 있는 문제이기 때문에 논의가 더뎌질 수밖에 없어요. 더뎌질 수밖에 없기 때문에 폐기물 관련해서는 양을 보고 그다음에 추후 추가 규제로 논의를 하면 좋겠고요.
　그리고 제가 파악하기로는 박주민 위원장도 그렇고 또 저도 그렇고 이것 관련해 가지고 서로의 안이라든지 명칭이라든지 이런 걸 고집하는 내용이 없어요. 그냥 통과가 목적이에요. 신속하고 빠른 통과가 목적이고 거의 모든 걸 대부분 다 수용을 하겠다는 건데……

면허 같은 경우에도 다 통일해도 상관없다, 괜찮다는 건데 면허는 다 통일을 하되 행위 자체는 좀 다르다는 게 법률적으로 꼭 들어가야 됩니다. 왜냐하면 문신행위로 포괄은 되는데 최소한 서화문신 그다음에 미용문신은 구분이 돼야 됩니다, 그 정의 자체가. 그러니까 표기 자체가 돼야 돼요. 왜냐하면 서화문신하고 미용문신…… 그러니까 서화문신은 영어로 하자면 데코레이티드 타투(decorated tattoo) 같은 거고 그다음에 미용문신은 퍼머넌트 메이크업(permanent makeup)이잖아요. 그러니까 타투랑 메이크업인 거예요.

그런데 이게 문신행위로 포괄은 괜찮은데 정의가 구분돼서 표기가 돼야만 되는 이유는 이후에 이 제정법이 되고 난 다음에 서화문신하고 그다음에 미용문신이 지원을 해 주거나 발전 방안을 마련하거나 이게 방향이 완전히 다르거든요. 그래서 이게 구분돼서 정의돼 있지 않으면 더 이상 그런 게 앞으로 나아가기가 불가능합니다. 여기에서 딱 제정만 하고 끝이 되는 거예요. 그래서 이것은 반드시 들어가야 된다고 말씀드립니다.

○보건복지부제2차관 박민수 잘 알겠습니다. 의원실하고 또 긴밀히 협의하겠습니다.

○소위원장 김미애 잘 협의해서 다음번에는 꼭 실질적인 결과에 이를 수 있도록 해 주세요.

○보건복지부제2차관 박민수 예, 그렇게 하겠습니다.

○소위원장 김미애 의사일정 제18항부터 제20항까지 이상 3건은 보다 깊이 있는 검토를 위해 계속 심사하기로 하겠습니다.

이상으로 보건복지부2차관 소관 법률안에 대한 심사를 마치도록 하겠습니다.

박민수 2차관님 수고하셨습니다.

지금부터 보건복지부1차관 소관 법률안을 심사하도록 하겠습니다.

이기일 1차관님 수고해 주시기 바랍니다.

의사일정 제21항부터 제24항까지 장애인복지법 일부개정법률안을 심사하겠습니다.

전문위원 보고해 주십시오.

○김예지 위원 의사진행발언해도 될까요?

○소위원장 김미애 예, 김예지 위원님.

○김예지 위원 다른 건 아니고 이 내용들이 전혀 다릅니다. 그래서 혹시 전문위원님과 또 부처 의견 주실 때 항별로 이걸 저희가 짚고 넘어갔으면…… 굉장히 다르거든요, 각각.

○소위원장 김미애 그렇게 하는 게 좋겠습니다, 각 항별로.

○전문위원 오세일 그렇게 하겠습니다.

○김예지 위원 감사합니다.

○소위원장 김미애 1번에 대해서 하고 넘어가고 그렇게 해 주세요.

○전문위원 오세일 2페이지, 모바일 장애인등록증 발급, 반환 및 부정사용 처벌 근거 마련에 대해 보고드리겠습니다.

개정안은 모바일 장애인등록증 발급 및 회수의 법적 근거와 부정 사용 등의 처벌규정을 신설하려는 것으로 온·오프라인에서 장애인등록증의 사용 편의와 신뢰성을 제고하는 효과가 있을 것으로 보입니다.

다만 개정안은 부칙에서 시행일을 공포 후 2개월로 정하고 있는데 모바일 장애인등록증 도입에 따른 하위법령 개정에 소요되는 기간을 고려하면 시행일을 조정하는 방안을 검토할 필요가 있다고 보았습니다.

수정의견은 7페이지에 제시하였습니다.

이상입니다.

○소위원장 김미애 수정의견은 공포 후 6개월이네요. 아닙니까? 맞지요?

○전문위원 오세일 맞습니다.

○소위원장 김미애 정부 측 의견 듣겠습니다.

○보건복지부제1차관 이기일 전문위원님 말씀 주신 것처럼 저희가 법령 마련이 필요하기 때문에 6개월 정도는 필요할 것 같습니다. 그리고 금년 예산에 이미 68억이 반영되어 있습니다.

정부는 수용 입장입니다.

○소위원장 김미애 질의하실 위원님 계십니까?

김예지 위원님.

○김예지 위원 질문입니다.

차관님, 혹시 이게…… 모바일 주민등록증도 지금 시행하고 있잖아요.

○보건복지부제1차관 이기일 세종시에 하고 있습니다.

○김예지 위원 그래서 부분적으로 하고 있는데 이게 지금 만약에…… 장애인등록증 같은 경우도 지역 상관없이 그냥 전체 다 시작하는 건가요, 하게 될 경우에? 계획이 있다고 하셔서 여쭤봅니다.

○보건복지부제1차관 이기일 올해 예산에 68억이 기반영되어 있고요.

○김예지 위원 그게 전체 장애인……

○보건복지부제1차관 이기일 전체 다입니다.

그리고 저희도, 사업 수행사도 어느 정도 지금 정해져 있는 그런 상태입니다.

○김예지 위원 그 수행하실 때 그러면, 지금 ios랑 안드로이드 기반이랑 다릅니다. 그래서 그런……

○보건복지부제1차관 이기일 알고 있습니다.

○김예지 위원 그래서 그것 혹시 분리해서 지금 진행하시나요, 아니면 그 업체가 알고 있나요?

○보건복지부장애인정책국장 손호준 장애인정책국장 손호준입니다.

답변드리겠습니다.

지금 이 법은 이게 준비가 되면 저희는 올해 말부터 아마 시범적으로……

○김예지 위원 아, 시범……

○보건복지부장애인정책국장 손호준 예, 시범적으로 조금…… 아마 시스템이나 이런 부분들이 있기 때문에 시범적으로 하는 부분들이 필요할 것 같고요.

올해 말까지 이걸 준비하는 과정에서, 아까 말씀하신 주민등록증과 거의 유사한 형태가 될 겁니다. 그래서 주민등록증하고 유사한 형태가 될 수 있도록 그렇게 준비를 하려고 합니다.

○김예지 위원 모바일 운영체제도 꼭 생각해 주세요, 다르다는 것을.

○**보건복지부장애인정책국장 손호준**　예, 알겠습니다.

○**보건복지부제1차관 이기일**　알고 있습니다.

○**김예지 위원**　감사합니다.

○**보건복지부제1차관 이기일**　갤럭시하고 아이폰 그것 참조해서 하겠습니다.

○**소위원장 김미애**　그런데 12월 중으로 발급을 개시해서 3개월간 시범운영하고 26년 3월부터 본 발급 실시할 예정이라 했는데 공포 후 6개월로 괜찮아요?

○**보건복지부제1차관 이기일**　예, 그건 괜찮습니다. 왜냐하면 저희가 이것 하게 되면 바로 시행규칙, 시행령을 만들어야 되기 때문에 그 시간만 하면 될 수 있을 것 같습니다.

○**소위원장 김미애**　추가로 질의하실 위원님 계십니까?

　　그다음 것 보고해 주십시오, 전문위원님.

○**전문위원 오세일**　자료 10페이지입니다.

　　언어재활사 응시자격에 원격대학 관련 학과 학위취득자를 포함하는 내용입니다.

　　최근 고등교육법에 따른 대학원·대학·전문대학 이외에 원격대학에서 언어재활 관련 교과목을 이수하고 관련 학과의 학위를 취득한 사람에 대해서까지 2급 언어재활사의 국가시험 응시자격을 부여하여서는 안 된다는 취지의 서울고등법원 판결이 있었습니다. 이에 따라 기존에 원격대학 학위를 취득하고 현장에서 근무 중인 언어재활사의 지위가 불안정해지고 2024년 제13회 시험부터는 원격대학 학위취득자는 응시자격을 충족하지 못하여 시험을 치를 수 없게 되었습니다.

　　개정안은 원격대학 학위취득자도 응시자격이 있음을 명시함으로써 기존 합격자의 법적 지위의 불안정성을 해소하고 원격대학 관련 학위취득자에 대해 현장실습과목 이수 요건을 추가함으로써 판례에서 지적된 실습 부족 문제를 해소하는 효과가 있을 것으로 보았습니다.

　　다만 이 법 시행 전 원격대학 학위취득자에 대해서 종전 규정을 적용하는 개정안 부칙은 사법부의 최종 결정을 입법으로 변경하는 효력이 있다는 논의가 있을 수 있지만 판결 취지에 따라 원격대학의 실습 이수에 대한 실질적 심사 등의 요건을 하위법령 개정을 통해 보완할 예정이고, 원격대학 출신 응시자의 경우 기존 시험 안내를 신뢰하였던 것이므로 보호할 가치가 있어 보이며, 응시자격 부정을 요구하는 비원격대학 출신 응시자와의 관계에서는 어느 당사자의 이익이 보호가치가 큰 것인지 형량 문제로 환원되는데 이에 대해서는 입법형성의 자율에 속한다고 보았습니다.

　　참고로 언어재활사와 유사한 전문인력인 장애인재활상담사의 경우에도 원격대학에서 학위를 취득한 사람에 대해서까지 응시자격을 인정하고 있습니다.

　　12쪽입니다.

　　한편 개정안은 부칙에서 시행일을 공포한 날부터 정하고 있는데 개정안 단서조항에 따른 현장실습에 관한 기준을 하위법령에서 규정하기 위해서는 준비 기간이 필요할 것으로 판단됩니다.

　　이상입니다.

○**소위원장 김미애**　정부 측 의견 듣겠습니다.

○**보건복지부제1차관 이기일**　동의하고 있습니다.

　　다만 저희가 이것에 대해서는 공포 후 3개월로 요청을 드립니다. 왜냐하면 시행규칙을 빨리 개정을 해야 되고 약 7월쯤 되게 되면 저희가 그 시험 공고를 내야 되기 때문에 공포 후 3개월로 조정을 요청드립니다.

○소위원장 김미애 시험 공고 일자가 7월입니까?

○보건복지부제1차관 이기일 예, 7월이고 시험 시기는 보통 11월쯤 하고 있습니다.

○소위원장 김미애 질의하실 위원님 계십니까?

　김남희 위원님.

○김남희 위원 차관님, 이 대법의 판결 아시지요?

○보건복지부제1차관 이기일 예.

○김남희 위원 판결이 왜 이렇게 났는지 취지 아세요?

○보건복지부제1차관 이기일 알고 있습니다.

○김남희 위원 어떤 취지인가요?

○보건복지부제1차관 이기일 아마 여러 가지 교육적인 그런 게 있는 것 같고요. 특히 법적으로 사실은 고등교육법상의 대학이 돼 있는데 아마 원격대학이 들어가야 되지 않느냐 그런 걸로 기본적으로 알고 있습니다.

○김남희 위원 그러니까 원격대학이 빠져 있었잖아요.

○보건복지부제1차관 이기일 빠져 있었습니다.

○김남희 위원 빠져 있었지요?

○보건복지부제1차관 이기일 예.

○김남희 위원 그리고 지금 이 판결 내용을 보시면 언어재활사라는 특수성에 대해서 이게 사실 넘어갈 수는 없는 문제였던 것 같은데, 그러니까 언어재활사는 언어와 말에 어려움이 있는 환자들의 재활을 담당하는 인력이잖아요.

○보건복지부제1차관 이기일 그렇습니다.

○김남희 위원 그래서 사실 대면으로 접촉해서 대상자의 상태를 보고 거기에 맞는 재활서비스를 제공하는 것이기 때문에 실습을 충분히 하는 게 굉장히 중요하겠지요.

○보건복지부제1차관 이기일 그렇습니다.

○김남희 위원 그런데 원격대학에서는 지금 그런 교육의 질을 담보할 수 없다, 그래서 이런 언어재활서비스의 특성을 반영하기 어려운 측면들이 분명히 있고 그리고 이런 대법원 판결에서 언어재활사의 요건을 엄격하게 제한한 목적이 기존 언어재활사들의 이익을 보호하는 데도 있다 이런 것 때문에 확인을 했었거든요. 알고 계시지요?

○보건복지부제1차관 이기일 예, 알고 있습니다.

○김남희 위원 그래서 지금 얘기하시는 것은 뭔가 법안 조금 수정하면 여기 판례에서 얘기한 모든 문제가 해결될 것처럼 얘기를 하시는데 그건 아닌 것 같고요. 언어재활사들이 과연 이 판결의 취지에 맞게 원격대학에서 충분한 실습이 이루어질 수 있는 그런 환경이 지금 있는 건지, 그리고 보건복지부가 그것에 대한 대책을 마련하고 계신 건지, 거기에 대해서 충분히 담보되지 않은 상황에서 만약 이것을 법을 고치면 이건 대법원 판례 취지에 완전히 어긋나는 입법이기 때문에 당연히 이 당사자들이 그때도 소송을 제기했지만 또 소송을 제기할 거잖아요. 그리고 이게 또 다른 법적 분쟁이 될 거고 또 다른 피해자들이 생길 수 있단 말이에요. 그래서 저는 지금 주신 설명만으로는 이 판결에서 얘기한 우려들이 해소된 것에 대한 보건복지부의 대안이 보이진 않거든요.

○**보건복지부제1차관 이기일** 그래서 위원님 말씀이 맞습니다. 사실은 이게 원격 사이버 거든요. 그래서 저희가 15쪽에 보시게 되면 사이버, 원격에 대해서도 현장실습과목에 대해서는 120시간입니다. 여기에 대해서는 반드시 오프라인으로 할 수 있도록 그렇게 했고요. 그리고 저희가 사실 이것 120시간인데 다른 데보다도 상당히 강화된 것은 맞습니다.

제가 2000년도에 담당 계장으로 있을 때 사회복지사 시험을 원격으로 도입을 했거든요. 그때도 14과목이었는데 한 과목의 현장실습은 반드시 현장에 가서 원격이지만 하도록 그렇게 했었습니다. 그런데 여기 같은 경우는 그런 게 없었기 때문에 이번에 15쪽에 있는 2급 재활사의 단서규정을 신설해서 '이건 복지부령이 정하는 기준에 따라서 현장실습과목을 이수하고 해당 학위를 취득한 사람이어야 한다' 그런 식으로 저희가 보완안을 넣었습니다.

○**김남희 위원** 그런데 제 말은 원격대학이 지금 현장실습을 할 수 있는 시설이나 설비나 인프라가 갖춰져 있는지 확인을 해 보셨어요?

○**보건복지부제1차관 이기일** 지금도 이 과목은 있는 건데 확실하게 할 수는 있을 것 같습니다.

○**김남희 위원** 그런데 제가 듣기로는 그렇진 않은 것 같은데요. 왜냐하면 관련된 학과의 원격대학 재학생이 3000명 이 정도 된다고 들었는데 그런데 3000명이 언어재활 관련된 실습을 120시간 받을 수 있는 시스템이나 그 실습을 해 줄 수 있는 사람이나 인력이나 그런 것들이 확보가 되어 있어요? 그것 안 돼 있다고 저는 들었고요.

○**보건복지부장애인정책국장 손호준** 위원님, 장애인정책국장 설명드리겠습니다.

지금 원격대학에서는 그 실습을 교내하고, 교내라고 하는 것은 원격대학도 그런 기자재실이라든지 이런 것들을 두고 있고요. 거기에서 일부 하는 게 있고 또 원격대학은 특별히 현장, 필드에서 언어에 문제가 있는, 장애가 있는 아동들을 대상으로 현장에서 실습을 하는 그런 포션이 조금 더 높습니다. 아마 오프라인대학에서는 교내에서 하는 것들이 좀 더 비중이 높고요. 그래서 어쨌든 지금 현재 120시간으로 되어 있는 그 시간 범위 내에서는 하고 있는……

말씀하신 것처럼 그 부분들이 원격이 제대로 이루어지고 있느냐, 이루어질 수 있느냐 이런 부분에 대해서 사실은 대법원에서도 그런 판결이 있었기 때문에 저희가 이게 법이 통과가 된다고 하면 그 법의 취지에 따라서 원격대학도 그러한 실습이 제대로 이루어질 수 있도록 하위법령에서 그런 부분들을 기준을 좀 강화해서 전문성이나 이런 부분들이 떨어지지 않도록 그렇게 하고자 합니다.

○**김남희 위원** 그런데 지금 대책이 마련되어 있지 않고 그 시스템이나 인프라가 갖춰져 있는지 여부를 확인하지 않은 상황에서 법을 통과시켜 놓고 그 몇천 명에 달하는 인원들이 그런 충분한 실습을 할 수 있는지를 나중에 하위법령으로 규제하겠다는 것은 너무 무책임한 것 아닌가요?

○**보건복지부제1차관 이기일** 몇천 명은 아닙니다. 원격대학 같은 경우가 정원이……

○**김남희 위원** 그 관련 전공자가 4년……

○**보건복지부제1차관 이기일** 일반 대학은 한 20명 정도 되는데요. 여기는 한 200~400명 정도 되는 그런 것이고요. 지금도……

○**김남희 위원** 아니요, 그게 한 대학만 얘기하는 게 아니라 여러 원격대학이 있잖아요.

그걸 다 합친 숫자를 얘기하는 거지요.

○보건복지부제1차관 이기일 맞습니다.

　그리고 또 한편으로는 위원님, 이것은 2013년부터 배출이 계속되고 있었던 거거든요. 그렇기 때문에 사실은 현장실습 규정은 저희가 확실하게 이번에 담보하도록 그렇게 하겠고요. 또 말씀 주신 것처럼 법이 됨에 따라서 다시 한번 체크해서 하도록 그렇게 해 보겠습니다.

○소위원장 김미애 이개호 위원님.

○이개호 위원 대구사이버대하고 원광사이버대, 2개의 대학이 지금 원격교육을 하고 있다고 들었습니다.

○보건복지부제1차관 이기일 하고 있습니다. 예, 그렇습니다.

○이개호 위원 지난번 국정감사 때도 제가 한번 언급을 한 바가 있는데, 그런데 그 학교 관련 학과에 다니는 학생들이 아마 1000여 명 되는 모양인데 판결 이후에 자격증, 응시자격을 잃게 된 거지요. 그렇지요?

○보건복지부제1차관 이기일 그렇습니다.

○이개호 위원 그래서 문제점이 있다면 당연히 보완을 해야 되고 또 보완이 가능하다면 저는 대책을 세워서 학생들을 구제를 해야 된다고 생각을 합니다. 그래서 법이 필요하다고는 생각을 합니다마는……

　어떻습니까? 원격교육을 90시간이……

○보건복지부제1차관 이기일 120시간……

○이개호 위원 120시간입니까?

○보건복지부제1차관 이기일 예.

○이개호 위원 필요하다는데 시킬 수 있는 상황이나 환경은 조성이 돼 있습니까?

○보건복지부제1차관 이기일 아까 국장 말씀드린 대로요, 이미 2013년도부터 그 친구들이 배출이 계속되고 있던 그런 상황인데요. 다시 한번 저희가 김남희 위원님 말씀 주신 것처럼 현장실습에 대해서 확실하게 할 수 있도록 담아 있고요.

　그런데 그런 것은 있는 것 같습니다. 사실 2000년도쯤 돼서…… 저희가 옛날에, 원래는 원격, 사이버라는 것이 없었거든요. 그런데 2000년도 돼 가지고 새롭게 원격교육이 생기면서 항상 그것은 동등한 학력으로서 인정을 해 주고 그때도 사실은 사회복지사도 반영을 했었습니다.

　그런데 사실 보니까 사회복지사는 대학과 동등 이상의 학력이라는 규정을 둬 가지고 그것을 피해 나갔는데 보니까 여기는 고등교육법상에는 대학인데 대학 말고 원격대학은 따로 있기 때문에 그게 빠져 가지고 이번에 불비가 돼서 헌법재판소 의결을 잘못받은 거가 되기 때문에 빨리 이것은 저희가 치유하는 것이 맞다고 생각하고 있습니다.

○이개호 위원 알겠습니다.

○소위원장 김미애 김선민 위원님.

○김선민 위원 이 문제를 원격대학과 원격대학이 아닌 대학 출신의 언어재활사 사이의 관계로 볼 수도 있지만 더 큰 문제는 우리 복지위에서 보호해야 할 법익은 이 언어재활사의 케어를 받는 서비스 이용자의 법익을 보호하는 게 우리가 제일 우선해야 할 것 아닌가 싶습니다.

　그런데 120시간이 많은 것 같지만 하루에 8시간으로 놓으면 15일이거든요. 그런데 언어재활사는 무슨 상담사에 비해서는 상당히 언어치료의 임상술기가 중요한 것으로 알려져 있고 그리고 지금 이용 빈도가 상당히 늘어나고 있는 점을 감안을 하면 지금 이렇게 14%에 해당하는 분들이 원격대학 학위 취득자라고 해서 그분들을 120시간의 교육으로 해서 받아들일 경우 앞으로 계속 그러면 원격대학에서 언어재활사들이 양성이 돼도 괜찮은 건지 그런 점에서 심각하게 저는 걱정이 되거든요.

　여러 종류의 소셜워커가 있다면 언어재활사는 물론 물리치료사만큼은 아니겠지만 상당 부분 대인관계가, 직접 주는 서비스가 중요할 텐데 그런 점에서는 좀 우려가 많이 됩니다.

○**소위원장 김미애** 　한지아 위원님.

○**한지아 위원** 　결국에는 중요한 것은 동등한 지위 보장일 것 같아요, 실습이요. 그러니까 120시간에서 30시간은 언어재활관찰이지요?

○**보건복지부제1차관 이기일** 　예, 그렇습니다.

○**한지아 위원** 　그리고 90시간 같은 경우에 언어진단실습, 언어재활실습…… 진단과 실습으로 들어가는 건데 현재 두 대학교, 특히 말씀하신 그 두 대학교 같은 경우는 혹시 현장 실사나 이런 것들을 가 보셨습니까, 이런 역량이 되는지 이런 부분에 대해서 살펴보셨을 것 같은데?

○**보건복지부장애인정책국장 손호준** 　저희가 직접 현장, 그 실습을 하는 현장을 가 보지는 못하고요. 현장에서 어떻게 프로그램이 이루어지는지를 간담회를 통해 가지고 확인을 하고 그런 프로그램들을 직접 확인을 했습니다.

○**한지아 위원** 　직접 가기는 어려우실 수는 있는데 간담회도 하시지만 아마 현재 다른 우려를 표하고 있는, 사이버대학 말고 그냥 기존 대학교에 있는 교수님들 한번 모셔 갖고 이게 실제로 실습의 질이 담보되는지에 대한 추가적인 간담회와 공론화 과정을 거치면 어떠실까 싶기는 합니다.

　그런데 언어재활특성…… 저는 재활의학과 의사여서 아는데 어느 정도의 실습은 영상이나 이런 것으로 가능할 것으로 추측은 되거든요. 그런데 그게 실제로 이제는 그 현장에서 사회적 합의도 어느 정도 필요하니까 그것만 잘 살펴 주십사 부탁드립니다.

○**보건복지부제1차관 이기일** 　맞습니다. 위원님 말씀대로 저희가 현장도 가 보도록 하겠습니다.

　왜냐하면 제가 옛날에 국시원에서 의사시험 볼 때도 필기시험, 실기시험 볼 때 현장에 다 가 봤었거든요. 그런데 사실 이번에 이 120시간 하는 것은 사실은 오프라인, 일반 대학에서 150시간 하고 여기는 120시간 하는 것이 아니고요. 똑같이 120시간 하는데 사실은 이 120시간이라는 것을 오프라인이라는 것을 적시를 안 했기 때문에 법에 둔 거라는 그런 말씀을 드리겠습니다.

○**김남희 위원** 　그런데 제가 관련된 분들한테 들은 말에 따르면 실습이 제대로 이루어지지 않고 있냐고 하고요. 시설이 마련되어 있다고 하는 데가 사실상 창고로 쓰이고 있었다, 그래서 그쪽에서 거의 실습이 제대로 이루어지고 있지 않다라는 그런 내부고발이라든지 이런 것들에 대해서 얘기를 하시던데 그런 것들이 제대로 체크가 안 된 상황에서 우리가 이 법을 쉽게 통과시키면 그 이후에 생길 수 있는 혼란이나 여러 가지에 대해서

는 좀……

　그리고 저는 사실 이 법을 복지부가 어떻게 보면 원격대학이 포함되어 있지 않은 상황에서 좀 무리하게 추진을 하시다가 이 문제가 발생을 한 거잖아요, 법에.
○보건복지부제1차관 이기일　불비가 돼 있었던 것은 맞습니다.
○김남희 위원　예, 불비가 되어 있었고 그래서 그 학생들은 피해자라고 저도 생각을 해요. 어떻게 보면 보건복지부가 그렇게 해 왔기 때문에 당연히 믿고 지금까지 원격대학에서도 당연히 언어재활사가 될 수 있을 것이라고 생각한 학생들은 안타까운 피해자라고 생각은 하지만 그럼에도 불구하고 결국 이 법이 추진하는 가장 궁극적인 목적은 언어재활사들 통해서 대상자인 장애인이라든지 어려움이 있는 분들이 질 높은 서비스를 받을 수 있게 그렇게 시스템을 갖춰 주는 거잖아요.
　그런데 그런 것들에 대해서 충분하지 않다라는 그런 판단이 있었기 때문에 대법원 확정 판결이 있었다고 저는 생각을 하고 그러면 이 대법원 확정 판결의 우려를 우리가, 복지부가 이것을 해소한 것인지……
　그런데 지금 현장에도 안 가 보셨다고 하니까, 지금 그런 제보는 있는데 그러면 이게 담보됐다고 과연 할 수 있을 것인가, 저는 이것은 아닌 것 같아요.
○보건복지부제1차관 이기일　위원님, 보통 이게 저희가 국가시험원에서, 국시원에서 시험을 대행하게 돼 있습니다. 그런데 하기 전에 사실은 각 대학에서 이러한 과목을 제대로 배우는지 안 배우는지에 대해서 과목 인정이라는 절차를 거치게 돼 있습니다.
　그리고 그러기 때문에 한편으로는 해외에 있는 한 150개 대학 의대에서도 사실은 저희가 과목 인정을 통해서 그 나라에서 배운 의대 교육이 우리한테 맞는 건지를 해서 의대 국시 시험 응시자격을 주는 거거든요.
　그래서 만약 저희가 이렇게 하면서, 어차피 위원님 말씀 주신 것처럼 사이버대학에 대한 사실은 여러 가지 과목이라든지 특히 현장실습 과목에 대해서는 과목 인정을 다시 한 번 살펴보도록 하겠습니다. 그래서 만약에 위원님 말씀처럼 이게 제대로, 현장실습이 제대로 안 되거나 교부자가 준비가 안 된다고 그러면 과목 인정을 안 하면 또 되는 거거든요. 그래서 그런 것은 다시 한번 저희가 챙겨봐서 이렇게 하도록 그렇게 하겠습니다.
○김남희 위원　그것을 챙긴 다음에 법을 통과를 시켜야지 챙기지도 않은 상황에서 통과를 시키면 어떡해요.
○보건복지부제1차관 이기일　위원님, 어차피 시간이 있는 거기 때문에요. 어차피 저희가 충분하게 치유할 수 있는 시간이 됩니다.
○소위원장 김미애　김예지 위원님 질의하시고 또 다음에……
○김예지 위원　차관님, 국가고시가 1년에 한 번 있나요?
○보건복지부제1차관 이기일　한 번 있습니다.
○김예지 위원　그래서 지금 혹시 실태조사 같은 것 하신 적 있나요?
　제가 아는 바에 의하면, 저는 현장의 목소리를 들었을 때 양쪽으로 듣기는 했는데요. 지금 이미 국가고시 합격해서 활동하고 계신 분들도 지금 이 대법원 판결 때문에 굉장히 고통을 받고 있다라는 말씀을 하시던데 국가고시를 볼 수 있는 자격요건이 어떻게 되지요?
○보건복지부제1차관 이기일　국가고시 자격요건이요, 각 대학을 졸업하고 학사나 전문

학사를 나온 분이고요.

○김예지 위원 그렇지요.

○보건복지부제1차관 이기일 그러면서도 여기 돼 있는 그런 과목을 이수한 분들입니다.

○김예지 위원 이수했기 때문에 국가고시에 지원이 가능했고 이미 차석이나 수석으로도 사이버대학을 나오신 분들이 많이 합격을 하셨더라고요.

　몇 %인지 혹시 아세요, 비율?

○보건복지부장애인정책국장 손호준 장애인정책국장 답변드리겠습니다.

　지금 원격대학 학위를 받으신 분의 합격률이 한 67~68% 정도 되고요. 그리고 대학……

○김예지 위원 60이요?

○보건복지부장애인정책국장 손호준 예, 67~68%……

○김예지 위원 더 많으시네요……

○보건복지부장애인정책국장 손호준 이게 연도마다 조금씩 다릅니다.

　그리고 전문대학 그리고 대학, 대학원 조금씩 이렇게 다른……

○소위원장 김미애 잠깐만요. 여기 자료 10페이지에 보면 2급 언어재활사 시험 합격자는 원격대 졸업자 중에서 2071명으로 전체 합격자의 14.7%라고 되어 있는데 방금 말씀하신 것은……

○보건복지부장애인정책국장 손호준 아닙니다. 그것은 전체 2급 언어재활사 중에서 원격대학 출신자 비율이고요.

○소위원장 김미애 원격대 졸업자는 합격률이……

○보건복지부장애인정책국장 손호준 원격대 졸업자로서 응시한 사람 중에서 합격한 사람 비율이 아까 말씀드린 한 60 후반 정도 된다는 말씀드립니다.

○김예지 위원 이미 교육의 어떤, 기본적으로 우리가 교육을 받을 수 있는 기본권이 있고 지금 원격대학에서 사회복지사도 많이 양성하고 있고 장애인재활상담사도 있고 보건교육 관련된 직무도 있고, 굉장히 많은 실무를 원격대학에서 많이 양성을 하고 있습니다.

　다만 대법원 판결이 원격대학 실습 관리에 대한 어떤 의구심에서 나온 건데 이 개정안 보면 복지부령으로 이것 기준을 정확하게 정한다고 여기 나와 있지요?

○보건복지부제1차관 이기일 예, 있습니다.

○김예지 위원 그래서 그러면 복지부령을 정하실 계획…… 만약 이게 통과가 되면 복지부령으로 하실 때 혹시 무슨 자문단이라든가 이런 것 구성하시게 되나요?

○보건복지부제1차관 이기일 어차피 저희가 그것 안을 마련할 때요, 말씀 주신 것처럼 그런 전문가 의견 더 듣고 또 국시원의 과목 인정 다시 한번 하도록 그렇게 하겠습니다. 그렇기 때문에 사실은 3개월이 필요한 겁니다.

○김예지 위원 저는 또 부모님들 말씀도 많이 들었는데요. 지금 언어장애라든가 발달장애를 가진 아동들을 양육하시는 부모님들의 고충도 있으시다고 합니다. 현장에서 사실상 언어재활사 구인이 어렵다고 합니다, 차관님.

　그래서 저는 이 법안이 우선은 대법원 판시가 있었기 때문에 이게 조금 껄끄러운 점이 있으실 수 있겠지만 지금 현장 니즈와 또 그렇게 봤을 때 우리가……

　그리고 지금 이미 활동하시는 분들이 너무 많으시더라고요. 그리고 이분들이 지금 필드에서 이미 재활사로서의 많은 역할을 하시고 계시기 때문에 이분들, 예를 들어 보수교육이나 아니면 이분들에 대한 지금 여기서 의구심을 가지시는 현장실습 관련된 내용들에 대한 보완, 그러니까 그것은 부령으로 조금 더 철저하게 정하신다면……

그런데 사실 다른 사회복지사나 재활상담사나 등을 봤을 때 사이버대학을 나왔다고 그냥 오프라인 대학을 나온 사람보다 실습을 100시간 더 많이 하고 그런 건 사실 없습니다.

그래서 저는 그런 것을 봤을 때 이것을 어떻게 보느냐가, 관점이 문제인 것 같습니다. 그래서 어쨌든 많은 분들이 또 많은 아동들이, 필요한 아동들이, 또 굉장히 예를 들어서 터무니없는…… 재활 세션마다 굉장히 가격도 되게 다르다고 하더라고요. 그래서 이런 피해를 막기 위해서 보건복지부가 불비했던 법안을 빠른 보완을 통해서 그리고 부령을 마련하셔서 좀 하시면 하는 바람이 있습니다.

○**소위원장 김미애** 제가 논의를 효율적으로 진행하기 위해서 몇 가지 정리하고 넘어가야 되겠습니다.

먼저 18페이지 보면 고등법원 판결문이 나와 있습니다. 여기에 보면 두 가지 쟁점이에요.

고등교육법에 따른 대학에 원격대학이 포함되어 있지 않은 게 문제가 되고 그다음에는 자격요건 획득을 위해서 120시간 이상의 실습이 요구되는데 원격대학에서는 그런 수준의 실습·실기교육이 이루어질 것을 기대하기 어렵고, 실습 이수에 대한 실질적 심사가 없는 게 하나의 문제가 됐단 말이에요. 그래서 이번에 입법을 개정을 한다면 이런 걸 보완을 해야 된다는 것은 충분히 복지부가 인식하고 계시지요?

○**보건복지부제1차관 이기일** 그렇습니다.

○**소위원장 김미애** 그 정도로 정리하면 될 것 같고 그다음에 또 하나는 현장 수요자는 상당히 많은데 만약에 이것을 하지 않게 되면 거기에 부응하지 못하기 때문에 저는 아까 김선민 위원님 말씀하신 데 공감하는데 결국은 수요자의 입장을 우리가 고려해야 됩니다, 이용하는 사람들. 그런데 이 사람들의 의견은 어떻냐 보니까 13페이지에 보면 각주의 3번에 보면 찬성하는 여러 단체들, 기관들 있는데 찬성하는 데를 보면 사이버대는 당연히 찬성하는데 3개 특수학교, 이게 수요자겠지요. 특수학교도 있고 또 41개 아동발달센터 및 한국장애인경상북도부모회예천군지부 이렇게 등등이 있고 또 반대하는 취지는 44개 대학교 18개 단체·기관 여기에는 대한이비인후과의사회, 사단법인 한국언어치료학회 등등이 있는데……

그래서 제가 궁금한 게 이용하는 수요자에는 우리 국민들, 아동들 이들의 만족도나 요구사항이나 그런 것에 대해서 혹시 파악한 자료는 있습니까?

○**보건복지부장애인정책국장 손호준** 장애인정책국장입니다.

이용 후의 만족도나 이런 걸 따로 저희가 조사하거나 이런 부분은 없고요. 아까 말씀하신 것처럼 실제 현장에서 언어재활사를, 지역에 따라 다르기는 합니다마는 구인하기 어렵다라는 그런 부분도 있고 또 실제 현장에서는 언어재활사의 역량에 따라서 조금씩은 다른 반응도 있다라는 것을 그런 얘기를 들었습니다.

○**소위원장 김미애** 그러니까 이 불만 민원들은 어떤가요, 불만 민원들? 그런 게 좀 파악이 됐습니까?

○**보건복지부장애인정책국장 손호준** 그렇지는 않습니다. 어떤 언어재활사 프로그램 자체에 대해서 시행하는 것에 대한 불만은 이런 부분은 없고요. 장애인단체들이나 당사자 말씀하셨는데요. 장애인부모회라든지 아니면 한국장애인총연합회나 총연맹 계신 분들도 어쨌든 수요에 맞는 그러한 공급이 또 충분하게 될 필요는 있고 다만 공급의 서비스의 질이나 이런 부분들이 당사자들에게는 중요하기 때문에 그런 부분들을 최대한 해서 해 달라는 그런 요청도 있었습니다.

○**소위원장 김미애** 그리고 소송에서 원고는 언어재활사 자격 보유자 등이잖아요. 그런데 여기에는 원격대학 출신들도 포함됐습니까?

○**보건복지부장애인정책국장 손호준** 소송의 당사자는 조금씩 그 심에 따라서 좀 달라졌는데요. 응시했던 분들 그다음에 합격자·불합격자 돼 있는데 저희가 확인을 못 했습니다. 주로 원격대학이 아닌……

○**소위원장 김미애** 오프라인 출신들이…… 확인이 안 된……

그런데 소송 과정에서 그러면 제가 지금 질의하는 내용들이 사실은 다 나왔어야 되거든요. 수요자가 이렇게 불만이 폭주하고 그래서 이것은 개선이 필요하다 이렇게 돼야 되는데 그런 게 있는지 좀 확인을 해야 되고 그리고 그렇지 않다면 사실은 입법의 불비가 크잖아요. 복지부가 많은 잘못을 한 거예요. 그런데 왜 이렇게 되었을까도 제가 보니까 장애인재활사나 이런 데는 아예 법에다가 명시를 했잖아요. 그러면 언어재활사 이게 응시자격과 장애인재활사 응시자격, 연도, 시행일이 어떻게 다른지……

그다음에 여기 보면 장애인복지법 72조의2 2항 2호에 2급 언어재활사의 고등교육법에 따른 대학원·대학 이렇게 됐잖아요. 그러면 여기에 보면 참 이게 아쉬운데 고등교육법에 따른 학교의 종류가 2조에 있어요. 여기에 보면 대학이 있고 산업대, 교육대, 전문대, 방송대, 사이버대, 여기 원격대학이 5호에 포함돼 있거든요. 그래서 고등교육법에 따른 이 대학에 어떻게 생각하면 원격대학도 당연히 포함되나보다라고 막연히 생각했던 것 같아요. 그러면서 그냥 둬 버려서 이 결과에 이른 것 같은데……

그러나 원격대학 출신들이 사실은 정부를 신뢰한 거잖아요. 신뢰보호를 해 줘야 될 의무가 있지 않습니까, 정부는?

○**보건복지부제1차관 이기일** 그렇습니다.

○**소위원장 김미애** 그러니까 좀 급해진 것 같기도 한데…… 그러나 아까 법원 취지에 따라서 오프라인에서는 현장실습이 잘 이루어지고 있는데 만약에 원격에서는 그보다 부족하다 그러면 양쪽을 비교도 해 봐야 될 것 같고 그러면 부족하면 실습의 질을 높이는, 비슷한 수준으로 담보도 해야 되고 그다음에 지금 응시자격에 제한을 두는 게 오히려 수요자에게 큰 차이가 없는데 응시자격에 제한을 되면 직업선택의 기회 이런 것에도 차이가 있는 것 같기도 하고 제가 여러 가지 생각이 들어요.

그래서 전문위원 검토를 보면 결국은 이것은 입법형성의 자율에 속하는 문제다 이렇게 내는 거예요. 사실 그게 맞겠지요. 그래서 저는 법원에서 판시한 내용 중에서 현장실습처럼 오프라인도 그것을 담보할 수 있는 것을 마련한다면 이걸 입법의 하자를 빨리 치유를 해서 넘어가야 되지 않나 이런 생각은 하게 됩니다. 거기에 대해서 말씀해 주세요.

○**보건복지부제1차관 이기일** 위원장님, 사실 말씀 주신 대로 이게 입법상 불비는 맞습니다. 장애인재활상담사가 2019년도에 법이 개정이 되면서 명확하게 됐었는데요. 사실 저

희가 2013년도 생겼지만 거기 대학에 동등한 거라고 보면서 해 왔던 것 같은데……

○**소위원장 김미애** 언어재활사 시험이 2013년입니까?

○**보건복지부제1차관 이기일** 13년입니다.

○**소위원장 김미애** 장애인재활은?

○**보건복지부제1차관 이기일** 그것은 그전에 있었다가 2019년도에 원격 학위를 하는 것이 확실하게 법에 개정이 돼 있었습니다, 들어갔습니다.

그런데 그렇게 돼 있지만은 사실은 지금도 말씀 주신 것처럼 현장에서는 언어재활사가 상당히 부족한 것은 사실입니다. 예를 들면 어느 복지관에서 네 차례 공고를 했었는데도 불구하고 결국은 마지막에 5개월만에 희망자를 찾은 경우도 있고요. 상당히 부족한 건 사실인데요.

아마도 가장 이 법의 중요한 것은 그것 같습니다. 오프라인으로 공부하는 사람과 온라인으로 공부하는 사람을 동등하게 볼 건지 안 볼 건지의 그런 것이 사실 걸려 있는 거거든요. 그런데 지금 기본적인 2000년대 추세가 오프라인으로 온다고 하더라도 그분들은 동등하게 학력을 가진 걸로 본다는 것이 시대적 추세고요. 다만 그렇지만 오프라인으로 할 게 있고 안 할 게 있다. 그래서 현장실습 같은 경우는 이건 반드시 현장에 가서 해야 된다 해 가지고 사회복지사도 그걸 할 때 14과목 중에 한 과목 현장실습은 한 달간 현장에 가서 직접하도록 못을 박아서 규정을 넣어 놨었거든요. 여기도 마찬가지입니다.

그래서 나머지 과목 같은 경우 오프라인으로 할 수 있지만 현장실습의 120시간은 반드시 할 수 있도록 하고요. 마찬가지로 김남희 위원님도 계속 말씀 주신 것처럼 현장실습이 제대로 되느냐, 안 되느냐에 따라서는 여기에 있는 사이버대학뿐만 아니고 나머지 있는 대학도 가서 저희가 반드시 확인해서 제대로 되는지를 확인하고 거기에 따라서 국시원하고 말씀 주신 것처럼 위원회를 꾸리든지 해 가지고 그걸 시행규칙을 만들 때 확실하게 그렇게 하도록 하겠습니다.

김예지 위원님 말씀 주신 것도 그런 말씀이라고 저희는 생각을 하고 있습니다.

○**소위원장 김미애** 시행규칙을 정할 때 어떻게 확실하게 할지 그걸 말씀해 주셔야돼요.

○**보건복지부제1차관 이기일** 어차피 현장실습 과목을 이수하고 해당 학위를 취득한 사람으로 되어야 된다는 거거든요. 그래서 거기에 따라서 저희가 시행규칙을 만들 때……

○**소위원장 김미애** 지금 21페이지 참고자료를 보면……

○**보건복지부제1차관 이기일** 저희가 규칙 개정안을 하나 가지고 있는데요.

○**소위원장 김미애** 이것은 현행입니까?

○**보건복지부제1차관 이기일** 아닙니다. 저희가 하나 만들 겁니다.

○**소위원장 김미애** 아니, 20페이지, 21페이지는 현행이잖아요.

○**보건복지부장애인정책국장 손호준** 예.

○**보건복지부제1차관 이기일** 예, 그렇습니다.

○**소위원장 김미애** 현행도 이렇게 하기는 하는데 이것보다 더 많은 시간을 하겠다는 겁니까?

○**보건복지부제1차관 이기일** 시간은 같은데요. 예를 들면 기본적으로 어떻게 법 제72조에 따른 실습과목 기준과 현장실습 과목의 기준, 운영의 등에 대해서 저희가 확실하게 규정을 하려고 그럽니다. 지도교수의 요건, 지도교수 대 실습생 등의 비율 또 실습실 환

경, 실습 시간, 실습 운영 관리에 대해서 명쾌하게 하나하나 만들어 놓은 게 있습니다. 그렇지만 이것이 부족할 때는 다시 이분들을 통해서 다시 한번 검증하고 이렇게 하도록 하겠습니다. 지금 만들어 놓은 안은 이런 식으로 장애인복지법 시행규칙 57조의 4에 언어재활 관련 학과 등에 따라서 기준은 저희가 하나 만들어 놓은 게 있습니다.

○**소위원장 김미애** 추가로 질의하실 위원님 안 계십니까?

이개호 위원님.

○**이개호 위원** 정부가 정한 룰을 믿고 학교에 입학한 학생들인데 최소한도 정부가 그 학생들에 대해서 책임지는 자세는 필요하겠지요?

○**보건복지부제1차관 이기일** 그렇습니다.

○**이개호 위원** 저는 그렇습니다. 이게 이제 실습 시간 때문에 원격대학에 대해서 응시 자격을 주는 게 부당하다고 생각한다면 그러한 점과 또 학생들이 정말 어이 없게 받게 되는 불이익과 그 사이에 조금 조정을 해서 최소한도 지금 재학 중인 학생들한테는 응시 자격을 주는 게 옳다, 이렇게 생각하는데 그런 점에 대해서는 차관님 어떻게 생각하시나요?

○**보건복지부제1차관 이기일** 그렇기 때문에 사실 저희가 빨리 입법상의 불비를 보완해서 금년에 또 4학년 애들이 나오게 되어 있습니다. 그래서 그 친구들은 시험을 볼 수 있도록 하려고 하는 것이 되겠습니다.

○**소위원장 김미애** 서미화 위원님 질의하실 겁니까?

○**서미화 위원** 확인만 할게요.

아까 말씀하신 게 새로 만드신 시행규칙 개정안이신 거지요?

○**보건복지부제1차관 이기일** 개정안입니다.

○**서미화 위원** 이것을 언제까지 확정이 될 상황이에요?

○**보건복지부제1차관 이기일** 위원님, 이게 만약에 법이 통과가 되면 저희가 시행규칙을 입법예고를 해야 되는데요. 아까 말씀드린 대로 7월 달에는 시험을 시행 공고를 해야 되기 때문에 그 전에까지 되겠습니다. 지금 1월 달에는 한 6개월 정도 남아 있습니다.

○**서미화 위원** 지금 이것에 대해서 반대하는 입장들이 실습과 그 관리 부분인데요. 거기 규칙안에 그게 다 들어 있는 것으로 들리더라고요. 그런데 그 과정에서 지금 여러 입장을 갖고 계신 분들과 충분히 소통을 하면서 좀 하시면 좋겠다는 의견을 저는 드리고 싶네요.

○**보건복지부제1차관 이기일** 그렇게 하도록 하겠습니다.

○**서미화 위원** 이상입니다.

○**소위원장 김미애** 김남희 위원님 추가질의 없으십니까?

○**김남희 위원** 저도 사실 처음 얘기를 들었을 때는 온라인의 교육이라고 하더라도 오프라인의 교육만큼 잘 이루어진다면 굳이 차별적으로 할 필요가 없다라는 생각을 했는데요. 그런데 또 언어재활 관련된 역할을 하시는 분들의 설명이 또 이해가 가더라고요. 왜냐하면 이 언어재활사라는 역할 자체가 굉장히 대면 서비스고 대상자를 식섭 만나서 이 사람의 상태를 확실하게 파악하고 거기에 맞는 재활 서비스를 제공해야 되는 게 맞는데 사실 우리나라에 지금 현재 이뤄지는 원격대학의 교육이 그 언어재활사의 자격에 요구되는 그런 수준의 충분한 대면 실습을 제공하고 있지도 않고 그걸 위한 준비도 되어 있지

않다라는 지적이 저는 설득력이 있었거든요.

그런데 지금 보건복지부에서는 계속 충분히 그걸 보완할 수 있다, 원격대학이 그런 교육을 제공할 수 있게 관리 감독을 하겠다라고 주장을 강력하게 하시니 그것을 어디까지 신뢰를 하고 또 그게 정말 이런 조치로 인해서 현장의 혼란이나 정말 더 많은 피해나 충분히 그런 준비가 되어 있지 않은 언어재활사들이 배출되는 우려가 생기지는 않은지에 대한 걱정은 저는 아직은 가지고 있고요. 그래도 또 많은 분들이 만약 이 방향으로 어쨌든 하고 철저하게 보완을 하라고 요구를 하시면 어쩔 수 없다라고 그런 부분은 인정을 하고.

다만 이제 대법원 판례 취지가 충분히 반영되지 않은 채로 입법이 된다면 추가 소송이나 추가적인 혼란은 피할 수 없을 것 같다, 그런 우려는 남기고 싶습니다.

○**소위원장 김미애** 김남희 위원님 말씀이 충분히 저는 공감됩니다.

그리고 전국에 언어재활사가 근무하고 있는 이런 센터가 몇 개나 됩니까?

○**보건복지부장애인정책국장 손호준** 그것을 저희가 다 카운트하기는 어려운데요. 지금 바우처 사업으로 하고 있는 센터들도 상당히 많고요. 저희 바우처 사업이 아니더라도 의료기관에 클리닉이 붙어 가지고 같이 하고 있는 그런 쪽에서도 많이 활동들을 하고 계신 것으로 알고 있습니다.

○**소위원장 김미애** 그러니까 현장에 가 보면 말씀하신 정신건강의학과 같이 하는 곳이 많잖아요. 언어치료, 발달치료 이렇게 같이 해 가지고 하는 데 많은데, 그런데 환자인 소비자의 입장에서 보면 이분이 무슨 대학 출신인가에 관심이 없어요. 거기에서 상담지나 뭘 주면 그것 다 기재를 하고 그러고 나서 치료를 받고 그 과정에서 당사자나 학부모님들이 만족도를 주로 얻게 되고 그래서 이용을 또 계속하고 이런 건데, 그렇기 때문에 질이 더 담보가 돼야 되는데 질을 담보하는 것은 현재로서는 국가자격시험을 통과한 거잖아요.

○**보건복지부장애인정책국장 손호준** 그렇습니다.

○**소위원장 김미애** 통과했기 때문에 그 일을 종사할 수 있는 건데, 하나의 허들을 중요한 것 넘었는데, 다만 그 전에 대학이 원격대학은 안 된다 이것이기 때문에, 아마 지금 현장실습에 문제가 있으면 클리닉에 민원이 있어야 되거든요. 그래서 이런 것들 확인이 됐어야 되는데 그게 아직은 잘 없어요. 그리고 소송 과정에서도 그런 식의 문제 제기를 하고 다루어졌는지가 저는 궁금한데 구체적으로 그러한 사실관계까지는 다루어지지 않은 것 같습니다.

○**보건복지부제1차관 이기일** 그건 없었습니다.

○**소위원장 김미애** 그리고 재활치료사가 주된 원고가 되고 또 오프라인 대학 출신들이 원고로 참여했고 시험평가원이 피고가 된 거잖아요. 그래서 그런지 정작 수요자인 입장에서는, 그것 수요자의 입장을 사실관계든 뭐든 여기에 판단을 하지 않은 것 같아요. 그냥 있는 것 가지고 문제를 삼고 결론에 이른 것 같아서 우리가 오늘 이 법을 심사해서 참 마음이 편하게 통과시키는 데 떨떠름함이 남아 있거든요. 그래서 아마 여러 위원님들이 그것을 좀 담보할 수 있도록 시행규칙에 잘 담아라 하는 요구를 계속 하는 겁니다.

○**보건복지부제1차관 이기일** 그래서 저희가 그 시행규칙을 각 단체들의 의견대로 만들게 되면요, 위원님들께 보고드리면서 진행토록 하겠습니다.

○소위원장 김미애 전문위원님, 하실 말씀 있으세요? 계속 저를 쳐다보시네요.

○전문위원 정경윤 아닙니다.

○소위원장 김미애 그러면 이것을 어떻게 할까요, 위원님들?

　고개를 끄덕해 주시는데, 추가로 더 하실 말씀 없으세요?

○김예지 위원 시행규칙으로 정하는 절차도 남아 있고 한데 통과를 빨리 시켜서 현재 공부하고 있는 학생들의 걱정을……

○소위원장 김미애 아니면 다음번에 시행규칙안을 가지고 오면 그것 보고 하든지……

○보건복지부제1차관 이기일 아닙니다. 이것은 저희가 시간이, 사실 가장 중요한 논점은……

○소위원장 김미애 7월에 공고해야 하니까 급하지요?

○보건복지부제1차관 이기일 예, 그렇습니다. 급합니다. 그리고 이게 온라인과 오프라인은……

○소위원장 김미애 그러면 언제까지 마련해서 보고할 수 있어요?

○보건복지부제1차관 이기일 이것은 저희가 명절 지나면 바로 할 수 있습니다.

○소위원장 김미애 그러면 여기에 대해서……

○서미화 위원 위원장님.

○소위원장 김미애 반대 의견입니까, 찬성 의견입니까?

○서미화 위원 제가 말하겠습니다.

○소위원장 김미애 예.

○서미화 위원 하여튼 이 문제는 반대, 찬성을 하는 분들의 문제라기보다 죽 들어 보면 복지부가 그동안 너무 허술하게 한 책임이 큰 것 같습니다. 그리고 오늘도 이렇게 급한 상황인데도 답변하시는 게 너무 명확하지 않은 게 되게 많거든요. 이게 시간적으로 오늘 하지 않으면 안 되는 법안이라고 지금 설명을 하시는 것으로 이해가 돼요. 그렇지요, 이기일 차관님?

○보건복지부제1차관 이기일 그렇습니다.

○서미화 위원 그런데도 이렇게 준비한 것에 대해서는 매우 유감으로 생각하고요.

　좀 철저하게 하면서, 저도 곤란한 게 반대하시는 분들의 입장이 막 수백 통의 전화가 왔거든요. 그런데 또 들어 보면 실제로는 이 법률이 대법원 판결의 취지라든지 또 현장의 언어재활사의 부족이라든지 또 공부를 하고 있는 분들의 입장이라든지 이런 것들을 생각하니까 시간적으로는 급한 법안이기도 한 것 같습니다. 하여튼 이런 상황들이 다시는 발생하지 않도록 복지부가 철저하게 해 주시고.

　저 물어보고 싶은 것 되게 많았는데 물어봐도 준비된 게 없어요. 실태조사도 없고 언어재활센터가 몇 개인지 물어봐도 모르시는 것 같고 바우처 센터가 몇 개인지도 모르시는 것 같고. 그래서 너무 미흡한 준비가 상당한 문제가 있다라는 말씀을 꼭 드리면서 앞으로는 이런 일 없도록 제고해 주시고요. 빨리 하면서도 이 준비에 대한 보고를 즉시즉시 해 주시면 감사하겠습니다.

○보건복지부제1차관 이기일 그러겠습니다. 사실 말씀 주신 것처럼 이건 불비된 저희 잘못이 맞습니다. 빨리 치유하도록 하겠습니다.

○소위원장 김미애 저도 계속 찝찝해요. 왜냐하면 발달장애아동의 대부분이 언어장애를

겸하고 있잖아요. 그러면 좀 더 신뢰할 수 있어야 되거든요, 국가자격시험을 통과했다 하더라도. 사실 이 부모님 입장에서는 거기에 대해서 불평불만 갖기보다 어떻게 해서든 조금이라도 낫기를 바라는 마음을 갖기 때문에 제가 그런 민원도 없지 않나 하는 생각을 하게 됩니다. 그러니까 그것을 국가가 더 적극적으로 보완을 해 났어야 되는데 이것 정말 잘못한 거예요. 지금 서미화 위원님 지적하신 것처럼 오늘 이렇게 오실 때는 '시행규칙에 담을 내용을 이 정도로까지 하겠습니다', 더 엄격하게 해야 됩니다. 아시겠지요?

○보건복지부제1차관 이기일 알겠습니다.

○소위원장 김미애 오프라인 대학보다 더 엄격하게 해야 된다고요.

○보건복지부제1차관 이기일 더 엄격하게 해야 됩니다.

○소위원장 김미애 그렇게 해야지 여기 소위 위원님들의 마음이 힘들지 않을 것 같아요.

○김예지 위원 그런데 형평으로 봤을 때 그 어떤 대학도 오프라인과 온라인의 실습 이수를 다르게 하지 않습니다.

○보건복지부제1차관 이기일 예, 그건 맞습니다.

○소위원장 김미애 물론 그렇겠지만 그래도 차이는 분명히 있기 때문에, 대면 교육을 하는 곳과 비대면의 차이는 있기 때문에, 그리고 이런 불안에 대해서는 사실 우리가 의혹을 정부 차원에서 미리 해야 되는데 하지 않은 잘못이 있어서 추가로 또 소송이 제기되고 하면 당사자가 또 힘들고 손해인 거예요. 그런 우려를 불식시켜 달라는 그런 소리입니다.

한지아 위원님.

○한지아 위원 저는 온라인으로 수업을 듣고 그다음에 실습 120시간의 사이버대학교와 그냥 대학교에 큰 차이를 두는 것은 형평성에 어긋난다고 생각을 한다는 의견을 드립니다.

다만 오프라인 실습이 원활하게 잘 이루어질 수 있도록 그런 관리 감독 체계, 현장에 정말로 실습의 여건들이 교내 것이 되고 있는지 그리고 현장실습 이전에 임상 현장에 가서는 어디로 가는지 그런 것들을 잘 관리 감독하는 게 중요하다고 생각을 합니다. 외국 대학교들도 지금 오프라인으로, 온라인으로 수업하는 것 굉장히 많거든요. 그런데 그것에 있어서 시간이나 그런 것에서 차등을 두기보다 질적인 관리를 훨씬 더 철저하게 합니다. 그래서 그 부분에 대해서 잘 살펴봐 주시면 어떨까 하는 생각이 듭니다.

○보건복지부제1차관 이기일 그래서 위원님들, 저희가 말씀드리면 사실 부족했던 것이 맞고요 또 입법적으로 불비했던 것 맞습니다. 저희 정부가 잘못한 것이고요. 마침 대법원의 지적을 해 주셨기 때문에 그것에 대해서 빨리 치유하도록 하겠습니다. 아까 이것을 보고 이개호 위원님 말씀 주신 것처럼 이것을 보고 공부한 친구들도 있고 또 이번에 시험을 못 본 친구들도 있습니다. 그렇기 때문에 도와주시면 저희가 빨리 제대로 하도록 하고요.

○소위원장 김미애 그러면 하나만 추가할게요.

지금은 현장실습에 대한 관리 감독을 하고 있었습니까?

○보건복지부제1차관 이기일 지금은 대학별로 하고 있었습니다.

○소위원장 김미애 그러면 원격대학은 같이 하고 있었습니까?

○**보건복지부제1차관 이기일** 예, 원격도 마찬가지입니다.

○**소위원장 김미애** 거기에 대해서 특별하게 차이점이 있거나 그런 것은 없었어요?

○**보건복지부제1차관 이기일** 그런 얘기는 없었습니다.

○**소위원장 김미애** 더 추가로 질의하실 위원님 안 계시네요.

이것 2개를 먼저 정리를 할까요, 아니면 계속할까요?

그다음 계속 보고해 주십시오.

○**전문위원 정경윤** 뒤의 사항 이어서 설명드리겠습니다.

자료 22쪽입니다.

생계·의료급여를 받는 장애아동에 대한 장애아동수당 의무 지급 신설입니다.

현행 법령에 따르면 장애아동 본인 또는 보호자가 장애아동수당을 신청하여야만 지급이 가능하므로 신청을 하지 않는다면 장애아동수당을 지급받을 수 없는 경우가 발생할 수 있습니다.

이에 따라 개정안은 생계 또는 의료급여 수급자의 경우에는 별도로 신청을 하지 않아도 장애아동수당을 의무적으로 지급하도록 함으로써 행정의 효율성을 제고하고 수급권을 보다 강화하는 효과가 있을 것으로 보입니다.

다만 개정안 부칙에서는 시행일만 규정하고 있는데 시행일만으로는 어떠한 경우부터 적용할 것인지 분명하지 않아 보이므로 개정안 시행 이전 생계·의료급여를 수급하고 있었지만 장애아동수당을 신청하지 않아 지급받지 못하고 있던 장애아동의 소급 지급 여부에 관한 혼란을 방지하기 위해 적용례 신설이 필요하다고 보았습니다.

○**소위원장 김미애** 정부 측 의견 듣겠습니다.

○**보건복지부제1차관 이기일** 저희 수용 입장입니다.

다만 저희가 수정의견이, 공포 후 1개월로 되어 있는데요. 저희는 장애아동들의 권리 보호를 위해서 즉시 시행으로 바꾸도록 하겠습니다. 그러면 한 달 치를 더 받을 수 있을 것 같습니다.

○**소위원장 김미애** 다른 위원님들 질의 없으시지요?

(「예」 하는 위원 있음)

전문위원 보고해 주십시오.

○**전문위원 정경윤** 27쪽입니다.

개정안은 보건복지부장관이 5년을 주기로 중앙행정기관의 장과 협의하여 수립하는 장애인정책종합계획의 법정 사항에 장애인의 관광활동에 관한 사항을 포함하도록 하려는 것입니다.

법정 사항에 장애인의 관광활동에 관한 사항을 추가할 경우 전 부처 차원에서 관광사업 실시 및 정책 수립 시 장애인을 고려할 수 있도록 일관된 방향성을 제시할 수 있을 것으로 보았습니다.

다만 개정안에서는 개정 사항에 대해 이 법 시행 이후 장애인정책종합계획을 수립하는 경우부터 적용한다고 적용례를 두고 있는데 계획의 변경이 가능한 경우도 있기 때문에 적용례를 계획을 변경하는 경우까지 포함할지 여부를 논의해 주실 필요가 있다고 보았습니다.

이상입니다.

○소위원장 김미애 정부 측 의견 듣겠습니다.

○보건복지부제1차관 이기일 기본적으로 수용 입장입니다.

　지금 전문위원님께서 말씀하신 것처럼 수립뿐만 아니고 장애인정책종합계획은 보완할 수도 있기 때문에 변경도 필요하다고 보고 있습니다.

　그리고 또 하나 최보윤 의원님께서 말씀 주셨던 장애인 관광활동인데요. 사실은 관광도 필요하지만 체육도 필요합니다. 그렇기 때문에 저희는 장애인의 체육·관광활동에 관한 사항이라고 그래 가지고 하나 더 추가를 했습니다.

○소위원장 김미애 김예지 위원님.

○김예지 위원 차관님, 이미 6차도 그렇고 5차도 그렇고 장애인의 문화활동이라고 있습니다. 그 안에 관광·체육·문화·예술 다 있는데 혹시 아세요?

○보건복지부제1차관 이기일 예, 알고 있습니다. 그래서 사실은……

○김예지 위원 이것 또 해야 되나요?

○보건복지부제1차관 이기일 교육·문화에 관한 사항의 문화에 포섭될 수도 있는데요.

○김예지 위원 문화 안에 들어 있지요. 그러면 체육만 하시면 안 되지요.

○보건복지부제1차관 이기일 장애인의 관광활동을 하나 추가해 달라고 말씀을 주셔 가지고요. 이 안에 포섭될 수도 있지만 또 의원님 발의해 주셨기 때문에 관광활동을……

○김예지 위원 그런데 제가 알기로는 원래 관광활동도 기본계획 안에, 그 문화에 묶여 있기는 했지만……

○보건복지부제1차관 이기일 묶여 있기는 합니다.

○김예지 위원 하지 않았습니까?

○보건복지부제1차관 이기일 예, 그렇습니다.

○김예지 위원 혹시 안 하셨었어요?

○보건복지부제1차관 이기일 했습니다. 안에 들어가 있는데요.

○김예지 위원 그렇지요? 마치 새로 하시는 것처럼 말씀을 하셔서 제가 궁금해서 여쭤봅니다.

○보건복지부제1차관 이기일 이 안에 다 포함돼 있는 건 맞습니다. 그런데 발의해 주셨기 때문에 저희는 좀 더 구체적으로 한다고 그러면 체육·관광까지 포함했으면 좋겠다 그런 의견이십니다.

○김예지 위원 체육뿐만 아니라 다른 것도 하시는 김에 넣으시면…… 왜냐하면 지금 기본적으로 문화 안에 있었잖아요. 문화 안에 체육·관광·문화·예술 다 있잖아요?

○보건복지부제1차관 이기일 그렇습니다.

○김예지 위원 그런데 이것만 이렇게 떨어지면 그러면 또 문화 해 가지고 그 안에 문화·예술 이렇게 하실 건가요? 그냥 궁금해서 여쭤보는 거예요.

○보건복지부제1차관 이기일 아닙니다. 체육·관광은 별도로 떼어서 하나의 큰 카테고리로 두는 거고요. 나머지는 기존의 문화에 포함돼 있다……

○김예지 위원 그러면 문화에 뭐뭐가 들어가나요?

○보건복지부제1차관 이기일 여러 가지가 들어가지 않을까요.

○김예지 위원 원래 이것 주무부처가 문체부잖아요. 그렇지요?

○보건복지부제1차관 이기일 예, 그렇습니다.

○**김예지 위원** 어떻게 협력하실 예정이에요?

○**보건복지부제1차관 이기일** 저희가 6차 계획을 만들었었잖아요. 만들 때는 사실 저희가 기본안을 만들지만 관계부처 협의를 다 거쳐서 만듭니다. 그래서 문화도 들어가 있고 여기 있는 것처럼 여러 가지 권익이라든지 안전이라든지 전 부분이 들어가 있기 때문에 사실은 전 부처가 함께하는 거라고 볼 수가 있겠습니다.

○**김예지 위원** 그러면 정리를 해 주셨으면 좋겠는데, 지금 말씀하신 부분이 관광과 관련된 활동, 관광활동 그러면 '체육, 관광활동' 이렇게 들어가나요?

○**보건복지부제1차관 이기일** 그렇습니다. '활동'은 빼도 될 것 같습니다. 다른 것이 그냥 뭐뭐의 교육문화에 관한 사항, 경제활동에 관한 사항, 사회참여에 관한 사항이기 때문에 '문화·체육·관광에 관한 사항'도 좋을 것 같습니다.

○**김예지 위원** 알겠습니다.

○**소위원장 김미애** 추가로 질의하실 위원님 계십니까?

　의사일정 제21항부터 제24항까지 이상 4건의 장애인복지법 일부개정법률안은 이를 통합 조정하고 위원님들과 전문위원의 의견을 반영하여 위원회 대안으로 채택하며 본회의에 부의하지 않는 것으로 의결하고자 합니다. 이의 없으십니까?

　(「예」 하는 위원 있음)

　가결되었음을 선포합니다.

　효율적인 심사를 위하여 잠시 정회하였다가 오후 5시에 속개하겠습니다.

정회를 선포합니다.

(16시40분 회의중지)
(17시02분 계속개의)

○**소위원장 김미애** 좌석을 정돈해 주시기 바랍니다.

　회의를 속개하겠습니다.

　의사일정 제25항 장애인차별금지 및 권리구제 등에 관한 법률 일부개정법률안을 심사하겠습니다.

　서미화 위원님 오셨지요?

　전문위원 보고해 주시기 바랍니다.

○**전문위원 오세일** 자료 2쪽입니다.

　개정안은 현행법에서 정하고 있는 차별행위에 괴롭힘 등을 포함하여 규정하려는 것입니다.

　개정안은 장애인차별금지법에 따른 권리구제 요건인 이 법에서 금지하는 차별행위의 개념에 같은 법 제3조제21호에서 규정하고 있는 괴롭힘 등을 포함하여 괴롭힘 등의 행위를 당한 장애인 또는 관련자도 국가인권위원회 또는 법원에 의해 구제를 받을 수 있도록 하는 취지입니다.

　자료 3쪽입니다.

　국가인권위원회에서는 2008년 장애인차별금지법 시행 이후 장애인에 대한 괴롭힘 등도 진정의 대상으로 보아 사건을 처리하고 있습니다. 따라서 개정안은 이 같은 국가인권위원회의 실무상 처리 관행을 반영한 것으로 보입니다.

　자료 4쪽입니다.

다만 개정안은 공포한 날부터 시행을 하도록 하고 있으나 국민들에게 개정 내용을 주지할 수 있는 시간적 여유를 주고 집행기관에도 법률 시행에 필요한 사전 준비기간을 확보할 수 있도록 하기 위해 공포 후 일정 기간 시행의 유예기간을 두는 것이 필요하다고 보았습니다.

또한 개정안에 따라 괴롭힘 등이 차별행위가 된 경우 시행일만으로는 진정 또는 소송 진행 시 어떠한 시점부터 적용될 것인지 분명하지 않으므로 그 적용 관계를 명확히 하기 위해 적용례를 둘 필요가 있다고 보았습니다.

이상입니다.

○**소위원장 김미애** 정부 측 의견 듣겠습니다.

○**보건복지부제1차관 이기일** 전문위원 수정의견에 동의합니다.

○**소위원장 김미애** 그러면 시행일과 적용례를 둘 필요가 있다고 했는데 그렇게 반영해서 수정안이 나온 겁니까?

○**보건복지부제1차관 이기일** 예, 수정의견이 6쪽에 있습니다. '6개월이 경과한 이후에 하고 이 법 시행 이후 접수된 진정 소송부터 적용한다' 그렇게 수정의견을 만들었습니다.

○**소위원장 김미애** 질의하실 위원님 계십니까?

서미화 위원님.

○**서미화 위원** 수용해 주신 것 감사드리고요.

그냥 한 말씀 드리겠습니다, 이 법을 개정한 당사자이기 때문에.

장애인차별금지법상의 유일한 장애인차별시정기구는 국가인권위원회인데 국가인권위원회도 복지부에 수용의견을 주신 것으로 알고 있습니다. 장애인차별금지법이 시행된 2008년 4월 이후 현재까지 괴롭힘 등의 진정 건이 1800건이 넘고요. 이 중 인용해서 개선권고가 된 것이 130건에 달하고 있습니다. 현재도 진행을 하고 있는데요.

다만 괴롭힘 등이 장차법 제2장 차별금지에 포함되어 있음에도 제38조(진정) 이후로는 포함되어 있지 않기 때문에 인권위원 간 법 해석에 이견이 있어서 일관성이 없는 인권위 결정이 가끔 반복되고 있습니다. 이 같은 상황을 개선하고자 하는 법안이라는 점을 말씀 드립니다.

또한 인권위의 진정 목적은 차별 행위자에 대한 직접적인 처벌이 아니라 차별을 개선하도록 권고를 통해서 인권 의식을 고양시키고 진정인에 대한 권리를 구제하는 데 있습니다. 장애인차별금지법을 처벌 중심으로 보는 것은 적절치 않다는 말씀을 드리고 더하여서 인권위법 32조에 따라 수사기관에서 수사 중인 사안은 각하된다는 말씀도 드립니다.

또한 법제처도 이런 사안을 아시고 주무 부처 의견대로 수용한다는 것을 확인했고요. 추가적으로 전문위원께서 검토의견에 작성해 주신 대로 시행 유예기간과 적용례에 대해서 국민들에게 기존의 개정 방향을 보다 널리 알리고자 하는 취지라고 이해하고 공감해서 저도 동의를 하겠습니다.

이상입니다.

○**소위원장 김미애** 추가질의하실 위원님 안 계십니까?

그런데 제가 여기 법무부나 법제처 의견을 보니까 성적 자기결정권 침해 등의 방법 이 부분은 명확성 원칙에 위배될 소지가 있다 하는데 그런 것은 상관없겠습니까?

○**보건복지부제1차관 이기일**　예, 저희도 법무부하고 법제처 의견 받았는데요. 사실 이것이 차별행위의 하나의 그런 내용으로 돼 있기 때문에 그것은 어느 정도는 가능하다고 보고 있습니다.

○**소위원장 김미애**　추가로 질의하실 위원님 안 계시지요?

　　(「예」 하는 위원 있음)

　의사일정 제25항 장애인차별금지 및 권리구제 등에 관한 법률 일부개정법률안은 수정안을 채택하여 수정한 부분은 수정한 대로, 기타 부분은 원안대로 의결하고자 하는데 이의 없으십니까?

　　(「예」 하는 위원 있음)

　가결되었음을 선포합니다.

　의사일정 제26항 장애인·노인·임산부 등의 편의증진 보장에 관한 법률 일부개정법률안을 심사하겠습니다.

　전문위원 보고해 주십시오.

○**전문위원 오세일**　2페이지입니다.

　개정안은 장애인 등의 이용이 잦은 공공건물 및 공중이용시설의 시설주로 하여금 청각장애인이 해당 시설을 편리하게 이용할 수 있도록 보청기기 보조장비를 갖추어 두도록 하려는 것입니다.

　보청기기 보조장비는 보청기 및 인공와우를 사용하는 청각장애인이 공항이나 마트와 같이 사람이 많거나 넓은 장소에서 청각 신호를 받아들이는 데 도움을 주는 보조기구입니다.

　다만 현행법령의 체계를 살펴보면 장애인 등의 시설 이용 편의를 위해 공공건물 및 공중이용시설의 시설주가 해당 시설에 비치해야 하는 용품에 대해서는 제16조에서 포괄적으로 예시를 하고 그 구체적인 내용에 대해서는 시행규칙에 위임하고 있는 방식을 채택하고 있다는 점을 고려해 주셨으면 합니다.

　이상입니다.

○**소위원장 김미애**　정부 측 의견 듣겠습니다.

○**보건복지부제1차관 이기일**　저희가 보청기기 보조장비 구입 여러 가지를 고려할 때 당사자 수요도 좀 검증을 해 봐야 될 것 같고 그러기 때문에 지금은 다소 신중한 그런 입장입니다.

　그리고 아마 보청기기 보조장비에 대해서는 저희가 별표, 시행규칙으로 정하고 있기 때문에 법률 체계상으로는 시행규칙이 맞지 않나 그런 의견도 가지고 있다는 말씀 드립니다.

○**소위원장 김미애**　질의하실 위원님 계십니까?

　장종태 위원님.

○**장종태 위원**　제가 한 말씀 드리겠습니다.

　당초 이 법 개정안을 제출하면서 저희들은 우선 보청기를 쓰고 있는 난청인들이나 청각장애인들이 겪고 있는 어려움 또 그 당사자들이 직접 애로사항들을 찾아와서 호소하고 하는 그런 것을 보면서 법을 좀 개정을 해서 편의를 도모해야 되겠다 하는 생각을 했는데 마땅하게 이 청각장애인들에 대한……

지금 겪고 있는 고통이라는 것이 지금 보청기나 인공와우라는 것을 끼고 있는데 이것을 원활하게 듣는 것이 상당히 장애를 많이 받는다고 그래요. 주변의 소음이 같이 밀려 들어 오면서 인식이 잘 되지 않기 때문에 상당히 힘들다. 그런 것을 조금 보완해 주려고 하다 보니까 지금 우리가 이 법을 통해서 개정안으로 넣었습니다만 근본 취지는, 사실 지금 보청기를 낀 장애인들이 해소해야 될 부분은 그 공간에 우리가 요즘 사용하고 있는 텔레코일 존을 설치해 주는 거예요, 텔레코일 시설을 해 주는 겁니다. 그러면 그 공간 안에 있는 모든 청각장애인들, 인공와우를 끼고 있는, 이 어려움을 겪고 있는 청각장애인들이 원활한 저기를 받아들일 수 있다.

그런데 여기에서 보청기기의 하나의 부품 정도로 이렇게 생각하니까 보청기기를 시행령이나 시행규칙에다 담는 게 맞다라고 말씀하시는데, 지금 이 법 자체는 예를 들어서 장애인이나 노인이나 임산부나 이런 분들이 공공기관이나 어떤 공공 행사장에 갔을 때 좀 불편함이 없는가 해서 그런 것을 개선해 주기 위한 법이다 보니까, 예를 들어서 동사무소에 가면 거기에다가 어르신들을 위해서 돋보기 안경을 비치한다든지, 이것은 이런 비치 물건의 범주를 지금 벗어난 것이거든요.

쉽게 얘기하면 우리가 와이파이 존을 만들어 주는 것같이, 와이파이가 연결이 되지 않으면 우리가 통신이 어렵지 않습니까? 그런 것같이 지금 이미 보청기를 끼고 있는 사람들이 이 텔레코일을 통해서 원활하게 들을 수 있도록 만들어 주는 그런 역할이기 때문에 마땅하지 않아서 여기에다가 담았습니다만……

그러면 이 필요성은 지금 차관님도 똑같이 느끼는 것 아니겠습니까?

○**보건복지부제1차관 이기일**　예, 알고 있습니다.

○**장종태 위원**　그렇다면 지금 말씀하신 시행령이나 예를 들어서 시행세칙에 제가 지금 말씀드린 이 안을 담을 수가 있는 겁니까? 공공 다중이용시설에 지금 말씀드린 텔레코일 존을 이렇게 설치하는 것, 시설 주는 공공기관이면 공공기관에서 해야 되겠지요. 그런데 그것을 거기에다 담을 수 있겠습니까?

○**보건복지부제1차관 이기일**　그래서 위원님, 저희도 고민스럽습니다. 말씀 주신 것처럼 와이파이처럼 어느 존에 가게 되면 그 존에서는 보청기에서 바로 들을 수 있도록 사실은 히어링 에이드(hearing aid)의 보조적인 그런 것이기는 한데요. 저도 한번 이것에 대해서 진짜 이것이 어떻게 작동이 되는 것인지 또 어느 정도의 범위 내에서 들을 수 있는 것인지 그런 것을 좀 살펴볼 수 있는 기간이 필요한 것 같고요.

또 하나는 이분들은 농아인협회 같은 데에서 사실은 같이 이렇게 해 줘야 되는데요. 그분들은 아마 저희가 여러 가지 물어보니까 주로 영상 출력을 원하는, 정보 제공을 더 좋아하기는 하고 그래서 이것은 저희가 현장에서 이런 것을 좀 더 체크할 수 있는 시간이 필요하지 않나 그런 생각을 하고 있습니다.

○**장종태 위원**　그래서 지금 그렇지 않아도 얘기하려고 했던 부분은 이분들이 사실 전체적으로 한 50만 가까이 되지만 어떻게 보면 잘 조직화가 안 돼 있어요, 협회 같은 것이. 그런데 그분들을 한번 만나서 애로사항을 직접 들어 보세요. 그러니까 지금 여기 다른 장애인 단체나 지체장애인협회나 이런 곳의 의견은 좀 들으셨는데 실제 청각장애인들의 연합회, 이런 사람들의 의견을 들어 보면 그 사람들이 실제 겪고 있는 애로사항을 우리가 피부로 느낄 수 있어요. 그런 쪽의 의견을 좀 들어 보시고 방안을 강구해 주시기

바라고.

　필요성에 우리가 공감을 하고 있기 때문에 나는 시행령에 담아도 상관없습니다, 시행 규칙에 담아도 상관없고. 대신 그 청각장애인들이 겪고 있는 애로사항이 해소될 수 있는 방안을 시행령이나 시행규칙에 담아서 해결해 줄 수 있느냐가 나는 더 중요한 것이거든요. 그런 측면에서 실제 대화도 한번 가져 보시고 해결할 수 있는 방안을 적극적으로 강구를 해 주십사 하는 당부의 말씀을 드립니다.

○**보건복지부제1차관 이기일** 　예, 위원님께서 법안을 발의해 주신 기본 취지를 저희가 고려해서 단체하고 논의를 진행토록 하겠습니다.

○**소위원장 김미애** 　추가로 질의하실 위원님 안 계십니까?

　그러면 복지부에서 관련 단체의 의견들을 조금 더 듣고 대안을 마련해 보겠다는 그런 취지로 이해하면 됩니까?

○**보건복지부제1차관 이기일** 　그렇습니다. 그걸 파악을 해 봐야 될 것 같습니다.

○**소위원장 김미애** 　그러면 의사일정 제26항은 보다 깊이 있는 검토를 위하여 계속 심사하도록 하겠습니다.

　의사일정 제27항 및 제28항 장애인 지역사회 자립 및 주거전환 지원에 관한 법률안 등 2건의 법률안을 심사하겠습니다.

　전문위원 보고해 주시기 바랍니다.

○**전문위원 오세일** 　자료 6쪽입니다.

　양 제정안은 장애인이 독립된 주체로서 지역사회 내 자립기반을 조성하고 다른 사람들과 함께 살 수 있도록 필요한 서비스를 지원하여 완전한 사회통합을 이루고자 하려는 것으로 김예지 의원안은 총 6개의 장과 39개 조문, 최보윤 의원안은 별도의 장 구분 없이 총 35개 조문으로 구성되어 있습니다.

　11쪽입니다. 두 제정안의 주요 차이점을 말씀드리겠습니다.

　김예지 의원안은 제명을 장애인 지역사회 자립 및 주거전환 지원에 관한 법률안으로 하고 최보윤 의원안은 장애인의 지역사회 자립 및 주거 전환 지원에 관한 법률안으로 하고 있습니다. 지역사회 자립 정의와 관련하여 김예지 의원안은 장애인 거주시설, 정신건강증진시설, 그 밖에 집단거주형태의 장애인생활시설을 지역사회 자립에서 제외되는 시설로 정의하고 있고 최보윤 의원안은 거주시설, 대통령령으로 정하는 집단적 거주형태의 시설을 지역사회 자립에서 제외되는 시설로 정의하고 있습니다. 주거 전환지원 정의와 관련하여 김예지 의원안은 자립지원 대상자로 선정된 장애인이 자신의 주택 또는 장애인 주택으로 입주하여 안정된 생활을 유지할 수 있도록 지원하는 것으로 규정하고 있고 최보윤 의원안은 장애인주택으로 입주하여 안정된 생활을 유지할 수 있도록 지원하는 것으로 규정하고 있습니다.

　12쪽입니다.

　중앙장애인지역사회자립지원위원회와 관련하여 김예지 의원안은 국무총리 소속으로 별도 위원회를 둘 수 있도록 규정하고 있는 반면에 최보윤 의원안은 장애인복지법에 따른 장애인정책조정위원회에서 관련 업무를 수행하도록 규정하고 있습니다. 거주시설 전환 및 장애인자립친화도시와 관련하여 김예지 의원안은 별도의 장을 두어 거주시설의 전환 및 이에 대한 국가와 지방자치단체의 행정·재정적 지원에 관한 사항, 장애인자립친화도

시 지정에 관한 사항을 규정하고 있는 반면 최보윤 의원안은 관련 내용을 규정하고 있지 않습니다.

자료 20쪽입니다.

지난 24년 11월 20일 소위 논의 당시 양 제정안의 논의 배경과 쟁점을 정리하여 발의 의원님과 부처 간 심도 있는 협의를 한 후에 정리된 안을 가지고 재논의할 필요가 있다는 말씀이 있었습니다. 이에 따라서 양 제정안을 통합하여 수정대안을 마련하였고 그 조문은 62페이지에 기재되어 있습니다.

수정대안의 주요 내용은 표를 중심으로 말씀드리겠습니다.

우선 법률의 제명은 장애인의 지역사회 자립 및 주거 전환 지원에 관한 법률안으로 하였습니다. 제정안의 목적은 모든 장애인들에게 지역사회 자립기반과 주거전환을 지원하여 인간다운 삶을 보장하고 사회통합을 이루는 데 이바지함을 규정하였습니다.

정의 조항에서 장애인은 장애인복지법 제2조제2항에 해당하는 사람으로 규정하였고, 지역사회 자립은 장애인이 장애특성과 생활환경에 기반하여 지역사회에서 독립된 주체로서 안전하게 생활하는 것으로 규정하되 밑에 규정된 거주시설에서 생활하는 경우는 지역사회 자립에 포함하지 않도록 하였습니다.

거주시설의 범위는 장애인복지법 제58조제1항제1호에 따른 장애인 거주시설과 그 밖에 대통령령으로 정하는 시설로 규정하였습니다. 그리고 주거 전환지원에 대해서는 개인별 지원계획에 따라 장애인주택 또는 자택에서 안정된 생활을 유지할 수 있도록 지원하는 것으로 정의하였습니다.

지역사회 자립지원의 추진체계는 보건복지부장관이 5년마다 기본계획을 수립·시행하고 보건복지부장관이 3년마다 실태조사를 실시하며 지역사회 자립을 위한 정책의 수립과 이행을 심의하기 위해서 별도의 위원회는 설치하지 않고 장애인정책조정위원회에서 심의하도록 하였습니다. 다만 지역 같은 경우는 지자체장이 지역장애인자립지원위원회를 설치하도록 의무화하였습니다. 그리고 관련 연구·조사와 인력양성, 정보관리 등 종합적인 지원을 위해서 중앙 및 지역센터를 설치·운영할 수 있도록 하였습니다.

지역사회 자립 지원 절차 및 내용과 관련해서는 기본적으로는 장애인과 보호자가 신청을 하면 지역센터에서 조사가 실시되고 그 결과에 따라 시장 등이 지원대상을 선정하면 개인별 지원계획을 수립하는 절차로 설계하였습니다.

절차 및 내용에 대해서 주요 내용을 말씀드리면, 우선 장애인과 보호자는 자립지원 등을 신청할 수 있으며 시장 등은 대기목록을 작성하여 관리하도록 하였습니다. 시장 등은 지역센터에 의뢰하여 신청인의 수급자격, 지원사항 등을 조사하고 자립지원 대상자를 적극 발굴하기 위해 거주시설 장애인 욕구조사 등을 정기적으로 실시하도록 하였습니다. 조사 결과를 바탕으로 지역자립지원위원회의 심의를 거쳐 시장 등이 지원대상자를 선정하여 신청인과 보호자에게 통보하며 선정 결과에 불복하는 경우 이의신청이 가능하도록 하였습니다.

지자체장이 지원대상자에 대하여 조사결과와 급여 및 서비스 종류 등을 고려하여 개인별 지원계획을 수립하고 자립지원위원회 심의를 거쳐 승인하도록 하였습니다. 지원대상으로 선정된 사람에게는 활동지원과 정착지원금, 건강권 보장, 재활지원 등 서비스를 지원할 수 있도록 하였고 장애인의 욕구와 특성을 반영한 장애인주택을 제공하여 안정된 생활을 유지할 수 있도록 주거생활 서비스도 제공하도록 하였습니다.

그리고 지역사회 주거 전환 지원을 별도의 장으로 신설하여 거주시설장이 장애인 자립 지원에 협력하도록 의무를 부여하고 국가와 지자체가 그러한 협력에 필요한 행정적·재정적 지원을 할 수 있도록 하였습니다.

부칙에서는 시행일을 공포 후 2년이 경과한 날로 규정하였고 이 법 시행 전에 보건복지부장관이 정하는 지역에서 시범사업을 실시할 수 있도록 하였습니다. 시범사업에 관한 경과조치로는 이 법 시행 전에 시범사업을 통해 지원대상자로 선정된 사람은 이 법에 따라 선정된 것으로 간주하도록 하였습니다.

주요 내용별 검토는 지난 소위에서 어느 정도 보고가 이루어졌기에 생략해도 될 것 같습니다.

그리고 수정대안과 관련하여 복지부에서 준비한 자료가 있는데 위원장님께서 허락하시면 배부하도록 하겠습니다.
○**소위원장 김미애**　예, 그것 주세요.
○**보건복지부제1차관 이기일**　저희가 5쪽의 자료를 만들었습니다.
○**소위원장 김미애**　지금 수정대안을 가지고 설명하신 거잖아요?
○**전문위원 오세일**　예.
○**소위원장 김미애**　미리 주시지.

법률안을 주세요. 수정대안 법률안을 주셔야지.

아, 그것은 이 3단계 나누어진 이건가?
○**전문위원 오세일**　예, 자료 62페이지에 기재되어 있습니다.
○**소위원장 김미애**　법률안은 62페이지부터 이렇게 발의한 안하고 수정대안 이게 4개로 나뉘어 있네요. 그걸 한번 보시면 되겠네요.

정부 측 보고해 주십시오.
○**보건복지부제1차관 이기일**　위원님들, 보고드리겠습니다.

가칭 장애인 자립 지원 법안 진행 상황을 보고드리겠습니다.

그간의 경과입니다. 법안은 김예지 의원님께서 24년도 7월 8일 날 장애인 지역사회 자립 및 주거전환 지원에 관한 법률안을 발의하셨고 총 6장에 39조문입니다. 시행시기는 2년 후로 되어 있습니다. 최보윤 의원님께서는 8월 6일 날 발의하셨습니다. 장애인의 지역사회 자립 및 주거 전환입니다. 그러니까 틀린 것은 '의' 한 자였습니다. 그리고 35개 조문이었고 시행시기는 공포 후 2년으로 같습니다.

논의 경과는 지난 11월 14일 날 전체위에서 상정이 되고 11월 20일 날 소위에 논의가 회부되었습니다. 11월 20일 날 의원님 안 병합심사를 하였고 여러 가지 부처의 논의를 거쳐서 재논의하기로 되어서 그때는 많은 논의는 이루지는 못했습니다.

2쪽입니다.

21대 국회 진행 상황입니다.

사실 최혜영 의원님께서 탈시설 관련 법안을 발의해 주셨고요, 이종성 의원님께서 지역사회 자립 법안을 발의해 주셨습니다. 그리고 장혜영 의원님도 거주시설 단계적 축소에 관한 법을 발의를 해 주셨습니다.

그리고 이것에 대해서는 법안소위가 21년도 11월, 22년 4월 달까지 있었습니다. 그리고 계속 논의가 됐는데 여러 가지 의견이 조율이 됐었습니다. 그리고 22년 4월 달 같은 경우에는 공청회를 거치면서도 충분하게 논의가 됐었습니다. 법 제정이 필요하다는 의견이 있었고 혹시라도 환경이 충분치 않은 상황에서 인권침해 우려 입장도 있었습니다. 대안을 마련해 가지고 서로가 논의가 된 바가 있었습니다.

그리고 결론적으로 다 논의가 됐었는데 마지막에 사실은 장애인 3법이었습니다. 권리보장법하고 자립지원법과 장애인복지법이 있었는데 그쪽의 탈시설이라는 글자 몇 글자로 인해서 사실은 논의가 안 돼서 3개 법안이 통과가 안 된 아쉬운 사례가 있었습니다.

저희가 22년부터 장애인 자립지원 시범사업을 했었습니다. 사업 대상은 지자체 광역 7개, 기초 25개로 자립 희망 장애인을 대상으로 하고 있습니다. 시설장애인과 함께 시설 입소가 가능한 재가장애인들을 조기에 발굴하여야 하는 그런 정책도 되겠습니다.

사업 내용은 전담인력을 배치해서 대상자 조사·발굴, 장애 특성을 고려한 주거, 공적서비스 통합 연계가 같이 하도록 돼 있습니다.

3쪽입니다.

시범사업 성과를 간단하게 요약을 했는데요. 저희가 4년간 총 600명을 하기로 했는데 사실 292명 정도가 자립 및 주거지원이 되었습니다. 600명은 금년 말까지 되게 돼 있습니다. 그리고 이 중에는 292명은 시설이 134명, 재가장애인 106명, 학대피해장애인 23명입니다. 그리고 LH하고 서로 협력을 해서 319호를 집을 마련하였습니다.

시범사업 만족도 조사 결과 당사자의 선택권이라든지 사생활, 외부활동 등에서 긍정적인 변화를 확인할 수 있었습니다.

수정대안을 저희가 만들었습니다.

김예지 의원실 또 최보윤 의원실 발의한 의원님하고 전문위원실과 서로 협의를 통해서 수정대안을 총 6장, 38개 조문으로 만들었고 거기에 대해서 이해관계자 의견도 종합적으로 논의를 한 바 있습니다.

○소위원장 김미애　그다음부터는 아까 다 우리가 보고를 받았기 때문에 생략하시면 될 것 같고.

○보건복지부제1차관 이기일　그렇습니다.

○소위원장 김미애　같은 말씀인데, 그런데 여기에 대해서는 반대하는 장애인 단체들이 있고 그들의 의견도 들었어야 될 것 같은데 그런 부분들을 감안해서 이 대안이 나온 겁니까?

○보건복지부장애인정책국장 손호준　장애인정책국장 말씀드리겠습니다.

반대하는 장애인 단체들이 여기도 있지만 한 2개 정도 있었고요. 그리고 한 8개 정도 단체들은 찬성의 의견을 냈습니다. 반대하는 단체들은 주로 장애인복지시설 쪽에 계신 분들과 그리고 또 시설에 계신 이용자 부모님 쪽에서의 의견들이 좀 있었습니다. 이 자립지원법이 혹시라도 시설에 계신 분들을 강제로 하게 해서 생활이 어렵게 되는 그런 부분들에 대한 의견들을 주신 부분이 있고요.

수정대안에서는 그런 의견들을 완전히 반영할 수 있는 그런 부분은 조금 제한적이기는 했습니다마는 예전에 21대에 나왔던 그러한 거주시설의 신규 설치를 제한하고 단계적으로 축소하고 폐쇄하는 그러한 내용들은 지금 수정대안에 담겨져 있지 않고요.

그리고 '거주시설의 전환'이라는 그러한 표현도 이 수정대안에서는 '주거의 전환'이라는 보다 재가장애인까지를 고려한 그러한 용어로 좀 더 순화해서 장이 마련돼 있다는 말씀을 드리겠습니다.

○**소위원장 김미애** 위원님들 질의 있으십니까?

서미화 위원님 질의 없으세요?

○**서미화 위원** 다른 분 없으시면 제가 하겠습니다.

이게 아까 이기일 차관님도 말씀하셨다시피 21대 때부터 너무 고생을 많이 하시고 협의하고 논의하고 이런 과정을 거친 것으로 잘 알고 있습니다. 그래서 기본적으로 오늘 이 법안은 더 이상 미루면 안 될 것 같고요. 저는 찬성 의견입니다.

그렇지만 좀 아쉬운 게 26조의 긴급 조항이 있는데 거기에 인권침해로 시설이 폐쇄될 경우에 장애인들을 무조건 전환 조치하는 것보다 긴급지원에 넣었더라면 하는 아쉬움이 있어요. 그래서 이 법안을 어떻게 해 달라는 건 아니고 앞으로 이 법안이 통과된 후에 시행규칙 하실 때 좀 살펴 주십사 하는 부탁의 말씀을 드리고 싶습니다. 이기일 차관님, 좀 살펴 주십시오.

○**보건복지부제1차관 이기일** 예, 그러겠습니다. 위원님 말씀 주신 것처럼 학대나 그런 경우에는 저희가 지역사회 자립 우선적으로 지원하는 조항이 담겨져 있고요. 여기에 대해서는 저희가 계속적으로 서로 논의드리면서 하도록 하겠습니다.

○**서미화 위원** 그러니까 시설 폐쇄가 될 때는 대개 학대나 인권침해 사건이 이유지 않습니까? 그러니까 고려해 주시고요.

또 회의록 기록을 위해서 한 말씀만 더 드리겠습니다.

장애인 자립지원 탈시설 시범사업이 본 사업화 돼서 더욱이 많은 중증장애인들이 자립할 수 있도록 본 법안에 저는 적극적으로 동의하고요. 위원님들께서도 잘 아시다시피 현재 위원회에 장애인권리보장법이 계류되어 있습니다. 장애인권리보장법은 장애에 대해서 2012년부터 논의해 온 법안입니다. 유엔 장애인권리협약의 주제와 내용을 담은 법안입니다. 저는 오늘 자립지원법의 입법 취지에 맞게 장애인권리보장법에서는 장애인 탈시설 자립지원을 비롯한 권리 조항들이 반드시 명시돼야 된다고 생각합니다. 그리고 현행 장애인복지법 개정 역시 불가피하기 때문에 부대의견을 남기겠습니다.

자립지원법의 입법 취지와 방향 그리고 유엔 장애인권리협약의 취지와 내용을 고려해 주시기를 바라고 시설이 아닌 지역사회 완전 통합을 위한 장애인권리보장법 및 관계법안 입법을 위해 위원회와 정부가 지속적으로 협의하는 것이 필요하다고 의견 남기겠습니다.

이상입니다.

○**소위원장 김미애** 한지아 위원님.

○**한지아 위원** 아까 말씀하셨는데 두 단체가 조금 걱정하는 목소리가 있었다라고 하신 것 같은데 지금 이 법안에 대한 최종적인 의견은 어떻습니까? 많은 조율을 아마 21대부터 하셨을 것 같은데 최종적으로 어떤 의견인지 궁금합니다.

○**보건복지부장애인정책국장 손호준** 위원님, 죄송하지만 뒷부분을 잘 못 들었습니다만……

○**한지아 위원** 이 법안에 대해서 장애인 두 단체는 최종적으로 어떤 의견을 내셨는지, 우려 사항들은 그래도 대부분 다 해소가 되었는지 이런 부분에 대해서 궁금합니다.

○**보건복지부장애인정책국장 손호준** 아까 잠깐 말씀드렸다시피 장애인복지시설협회와

장애인 시설을 이용하시는 부모님들은 시설에 대해서 이것을 나쁜 것으로 보고 거기서 지역으로 나오거나 재가로 나오는 것만이 옳은 방향이지 않느냐 그렇게 보는 것에 대해서 시설도 역시 장애인이 선택해서 들어갈 수 있는 그런 곳이기 때문에 그런 걸 고려해야 되는 건데 이 자립지원법은 혹여라도 그러한 것이 아니라 시설을 다 나쁜 걸로 보고 하는 그러한 취지가 아니냐라는 원론적인, 기본적인 방향에 있어서 반대 의견을 주신 바가 있고요.

좀 더 구체적으로 들어가서 거주시설에 대한 폐쇄라든지 이러한 표현들 그리고 그러한 조문이나 이런 부분들에 대해서 특별하게 반대 의견을 주셨었는데요. 그런 부분들은 지금 현재 수정대안에는 들어가 있지 않다는 말씀을 드리겠습니다.

○**한지아 위원** 수용도가 높아졌다는 말씀이신 거지요?

○**보건복지부장애인정책국장 손호준** 예, 그렇다고 저희는 보고 있습니다.

○**소위원장 김미애** 추가질의하실……

김예지 위원님.

○**김예지 위원** 굉장히 많이 늦어진 감이 있지만 오늘에라도 논의될 수 있게 되어 굉장히 기쁘고 감사하게 생각합니다. 발의한 의원으로서 한 말씀만 드리고 싶습니다.

우리나라가 비준한 유엔 장애인권리협약 제19조에 따르면 지역사회에서의 생활과 통합을 지원하고 지역사회로부터 소외나 분리를 방지하도록 명시하고 있습니다. 그리고 전 세계적으로 장애인의 지역사회 자립을 위한 정책들이 시행되고 있습니다. 이것은 전 세계가, 우리나라도 포함되는데요. 정부 국정과제 제47번에서도 장애인 맞춤형 통합 지원을 통해서 장애와 비장애의 벽을 허물고 있다는 그런 목표를 가지고 있습니다.

2022년부터 거주시설 장애인 및 재가장애인 등 대상으로 장애인 지역사회 자립지원 시범사업 이미 추진 중입니다. 이것 근거 필요했었지만 계속해서 지연되고 있었는데 이제라도 논의될 수 있게 되어 당사자의 한 사람으로서 굉장히 다행이라고 생각하고 있습니다.

또한 우리는 장애인권리위원회로부터 정부가 보고서를 제출하고 거기에 대한 권고를 받게 되었습니다. 2·3차 국가 보고서에 대해서 한국의 장애인 시설 수용 현황을 우려하면서 시설 관련된 전략을 강화하라는 그런 최종 견해를 권고를 받은 적도 있습니다.

장애인 지역사회 자립지원 사업의 연속성 보장과 본 사업 전환을 위해서 장애인자립지원법 제정안을 발의해서 재가장애인도 포함됩니다. 또 거주시설 장애인 막론하고 모든 장애인이 포함됩니다. 하지만 신청할 경우입니다. 신청하지 않는 사람은 강제로 막 아무데나 갖다 놓지 않습니다, 전혀.

지역사회에서 자립적으로 살아갈 수 있도록 거주, 주거전환을 지원하고 자립지원 서비스를 제공하도록 하는 것을 우리 위원회에서 오늘 꼭 의결해서 소위원회에서라도 통과될 수 있기를 간절히 바라고 이건 저만의 의견 아니고요. 장애인부모연대도 계속해서 저에게 말씀을 해 주셨습니다. 그래서 꼭 이루어지기를, 다른 위원님들도 공감해 주시기를 간절히 부탁드리겠습니다.

이상입니다.

○**소위원장 김미애** 추가로 질의하실 위원님 안 계십니까?

(「예」 하는 위원 있음)

이것은 서미화 위원님, 김예지 위원님뿐만 아니라 최보윤 위원님 그리고 21대 때도 이종성 의원님, 최혜영 의원님 모두 장애 당사자 의원님들이 고생을 하셨습니다. 21대 때도 그해 마지막 단계에서 시간이 없어서 그냥 넘어온 건데 그분들의 노고도 있었다는 말씀도 드리고.

또 하나는 시설장애인 부모님들은 상당한 우려가 컸는데 방금 김예지 위원님 말씀처럼 신청을 원칙으로 하기 때문에 그런 염려를 안 하셔도 된다 그런 말씀도 드립니다. 앞으로 모든 장애인들이 자립할 수 있도록, 사실 어떤 형식으로든 저는 자립할 수 있도록 돕는 게 너무나 중요하다는 생각입니다.

그러면 더 이상 질의하실 위원님 안 계신 것 같으니까 정리하겠습니다.

의사일정 제27항 및 제28항 이상 2건의 법률안은 이를 통합 조정하고 위원님들과 전문위원의 의견을 반영하여 위원회 대안으로 채택하며 본회의에 부의하지 않는 것으로 의결하고자 합니다.

이의 없으십니까?

(「예」 하는 위원 있음)

가결되었음을 선포합니다.

의사일정 제29항 장애평등정책법안을 심사하겠습니다.

전문위원 보고해 주시기 바랍니다.

○**전문위원 오세일**　자료 4쪽입니다.

제정안은 장애인지 예산 및 장애영향평가에 관한 기본적인 사항을 정하기 위한 것으로 3개의 장과 22개의 조문으로 구성되어 있습니다.

안 제5조에서는 장애인지 예산의 실시에 관해 규정하고 있고, 안 제9조부터 제12조까지에서는 법령 및 정책 등에 대한 장애영향평가의 실시에 관해 규정하고 있습니다. 안 제16조와 제17조에서는 중앙 및 지방 장애영향평가위원회 설치에 관해 규정하고 있습니다.

6쪽입니다.

제정안은 장애인지 예산과 관련해서는 양성평등기본법, 장애영향평가와 관련해서는 성별영향평가법을 참고하여 관련 조문 및 구성 체계를 유사하게 차용하고 있어 체계상 별다른 문제는 없어 보입니다.

다만 장애인지 예산 제도를 실시하고 장애영향평가 결과를 장애인지 예산서 등 작성에 반영하기 위해서는 국가재정법 및 지방재정법 등과 같은 재정 관련 법률의 개정이 필요하므로 후속 입법에 관한 논의가 있어야 할 것으로 보입니다.

또한 장애인 평등지표를 개발하고 이를 이용한 장애평등지수를 공표하기 위해서 법 시행 전에 관련 연구용역과 시범사업 실시가 선행되어야 할 것으로 보입니다.

한편 현재 보건복지위원회에 계류 중인 장애인권리보장법안 등 다른 법에서도 장애인지예산 및 장애영향평가에 관한 사항을 규정하고 있기 때문에 법 집행의 효과성과 법 체계의 적합성 측면에서 별도 제정법에서 이러한 사항을 규정할지 아니면 장애인권리보장법의 일부 내용으로 규정할지에 대한 논의가 필요하다고 보았습니다.

이상입니다.

○**소위원장 김미애**　정부 측 의견 듣겠습니다.

○**보건복지부제1차관 이기일**　최보윤 의원님께서 장애인 평등에 대한 좋은 법안을 발의를 해 주셨습니다. 저희도 기본적인 취지는 공감하고 있습니다.

　그렇지만 사실은 이게 지금 곧 저희가 논의할 수 있는 장애인 권리보장법하고의 그런 내용 간에 서로 조율이라든지……

○**소위원장 김미애**　서미화 의원님이 발의하신 겁니다.

○**보건복지부제1차관 이기일**　예, 그렇습니다. 그리고 또 여기 있는 여러 가지 성인지예산에 관련된 그런 장애영향평가라든지 그런 거는 같이 한번 조율해 가면서 하는 고민이 필요했습니다. 저희도 이 법을 보니까 장애인권리보장법이 상위법인지 평등권 보장법이 상위법인지 이런 것도 같이 한번 논의가 돼야 되지 않나 그런 고민을 하게 됐습니다.

○**소위원장 김미애**　그러면 좀 고민을 제대로 해 주십시오. 그래서 다음에는 지금 말씀하신 거 해소될 수 있도록 잘 준비해 주시고 서미화 의원님 대표발의한 장애인권리보장법입니까?

○**서미화 위원**　예.

○**소위원장 김미애**　같이 심사한……

○**김예지 위원**　저도 했습니다, 위원장님.

○**소위원장 김미애**　예?

○**김예지 위원**　제 것도 있어요.

○**소위원장 김미애**　여기는 없어 가지고 내용이…… 알겠습니다. 그러면 김예지 의원님도 대표발의하셨다고 하니 같이 심사를 하는 게 좋겠습니다.

　동의하십니까?

　(「예」 하는 위원 있음)

○**김예지 위원**　저 혹시 질문……

○**소위원장 김미애**　예.

○**김예지 위원**　차관님, 혹시 권리보장법 제가 발의한 내용도 숙지하고 계신가요?

○**보건복지부제1차관 이기일**　예.

○**김예지 위원**　빠져 가지고.

○**보건복지부제1차관 이기일**　예, 알고 있습니다. 사실 저희가 지난 21대 장애 3법을 하면서 거의 대부분의 조항 같은 경우를 다……

○**김예지 위원**　정리가 됐었지요.

○**보건복지부제1차관 이기일**　논의가 다, 정리가 됐습니다. 그렇기 때문에 사실 오늘도 위원님께서 주셨던 자립지원법도 잘 통과가 된 것인데요. 여기도 다시 한번 평등권 법안이 생겼기 때문에 그걸 서로 정합성을 보도록 그렇게 하겠습니다.

○**김예지 위원**　대부분의 내용이 지금 영향평가도 있고 이제 예산도 그렇고 그 관련해 가지고 권리보장법에 담고 있는 부분들이 동등하게 있는 것들이 있거든요.

○**보건복지부제1차관 이기일**　확인했습니다.

○**김예지 위원**　그래서 병합심사 지금 아까 좀 전의 자립지원법처럼 이렇게 3개 법안이 병합 심사되는 것이 맞다고 저는 생각을 하는데 차관님 동의하시나요?

○**소위원장 김미애**　그렇게 해야 된다고 저도 생각합니다.

○**보건복지부제1차관 이기일**　예, 그거는 저희가 최보윤 의원님하고 논의를 한번 해 보

겠습니다. 의원님께서는 저희가 몇 번 말씀드려본 결과는 권리보장은 권리 보장이고 평등은 평등이지 않느냐 그런 생각을 가지고 계신데요. 한번 그건 논의 드려 보겠습니다.

○**김예지 위원** 그러니까 법제는 그렇지만 제목은 다르지만 내용상으로 봤을 때 영향평가도 있고 그런 부분들이 지금 서미화 의원님하고 제가 발의한 권리보장법에도 담겨져 있기 때문에 중복이 있잖아요. 그렇지요?

○**보건복지부제1차관 이기일** 그건 그렇습니다.

○**김예지 위원** 예, 그래서 말씀드렸습니다.

　이상입니다.

○**소위원장 김미애** 의사일정 제29항은 보다 깊이 있는 검토를 위해 계속 심사하겠습니다.

　의사일정 제30항 국민연금법 일부개정법률안을 심사하겠습니다.

　수석전문위원 보고해 주시기 바랍니다.

○**수석전문위원 이지민** 개정안은 국민연금공단의 이사 정원을 현행 9명에서 10명으로 증원하면서 노동이사 1명을 임원에 포함하고 임원의 임명 절차를 공공기관의 운영에 관한 법률에 맞추어 정비하려는 것입니다.

　연금공단은 기금관리형 준정부기관이므로 공단 비상임이사에 노동이사를 포함하는 것이 공공기관운영법에 부합하는 것인데 현재는 노동이사를 선임하지 않고 있습니다. 따라서 공단 비상임이사 정원을 현행 9명에서 10명으로 증원하면서 늘어난 정원을 노동이사로 선임하려는 개정안의 내용은 타당한 것으로 보입니다.

　다음 3쪽, 임원 임명 절차 정비 관련해서 말씀드리겠습니다.

　공공기관운영법은 임원 임명 절차에 관해서 규정하고 있는데 다른 법령에서 준정부기관 상임이사·비상임이사의 추천 관련 사항을 정하는 경우 추천에 관하여는 그 법령의 규정을 따르도록 하고 있어 추천에 관한 사항 외에는 임원 임명 절차와 관련해서 다른 법률에 규정이 있더라도 공운법이 우선 적용이 됩니다.

　이에 따라 공단의 실제 임원 임명 절차도 현행 국민연금법이 아닌 공공기관운영법에 따르고 있으므로 공운법에 규정된 준정부기관 임원 임명 절차와 동일한 임명 절차를 규정하고 있는 안 제30조제2항은 삭제해도 무방한 것으로 보입니다.

　4쪽입니다.

　그런데 안 제30조제2항제2호 단서를 보면 개정안은 상임이사 중 기금이사의 임명 절차에 관해서는 현행 국민연금법 제32조에 따르도록 하려는 취지로 보이는데 기금이사 추천에 관하여는 공운법 제26조제2항에 따라 국민연금법에서 달리 정할 수 있지만 기금이사의 임명권자는 달리 정할 여지가 없습니다. 그럼에도 불구하고 현행 국민연금법 제31조는 공단이사장이 그 후보를 복지부장관에게 추천하고 이에 대한 복지부장관의 승인을 임명으로 보는 등 기금이사의 임명권자가 이사장이 아닌 복지부장관임을 전제로 규정되어 있습니다. 따라서 개정안의 개정 대상인 제30조와 마찬가지로 31조도 공운법에 부합하지 아니하므로 향후 개정 여부가 논의될 필요가 있는 것으로 보입니다.

　이러한 점들을 감안했을 때 임명 절차에 관한 규정인 제30조제2항은 이번 개정 대상에서 제외하는 것이 바람직한 것으로 보입니다.

　기금이사를 포함해 임원 임명 절차를 공운법과 동일하게 규정하려면 제2항을 삭제하면 되는데 기금이사 임명 절차는 공운법과 달리 현행법처럼 하려는 취지라면 법사위 심의 단계에서 공운법과 상충 문제가 제기될 수 있을 것으로 보입니다.

5쪽 하단입니다.

참고로 임원 임기에 관한 사항을 정한 국민연금법 제32조의 경우에도 이사장과 그 외 임원을 구분하지 아니하고 임원 임기를 3년으로 일괄 규정함으로써 이사장과 그 외 임원을 구분하는 공운법 제28조 1항에 부합하지 아니하므로 추후 개정이 필요한 것으로 보입니다.

법제적으로는 공운법 등 다른 법률에서는 이사를 상임이사와 비상임이사를 포괄하는 개념으로 사용하는데 국민연금법에서는 이사를 비상임이사만 지칭하는 개념으로 사용하고 있습니다. 일관된 용어 사용을 고려해서 국민연금법의 이사를 비상임이사로 용어를 정비할 필요가 있습니다.

안 제30조 외에도 현행 제31조제2항, 32조 단서 및 제38조제2항에서 이사를 비상임이사로 변경할 필요가 있으며 이 경우 하위법령 정비를 위하여 시행일을 조정할 필요가 있을 것으로 보입니다.

이상입니다.

○**소위원장 김미애**　정부 측 의견 듣겠습니다.

○**보건복지부제1차관 이기일**　수석전문위원님께서 아주 조목조목 잘 짚어주신 것 같습니다. 사실 저희가 먼저 하단 말씀 주셨던 거에 대해서는 공운법과 상임이사, 비상임이 안 맞는 거에 대해서는 저희가 조정을 해야 되는 것이고요. 그런데 이것을 삭제하기보다는 개정안을 유지할 필요가 있다는 그런 의견을 저희가 가지고 있습니다.

그리고 또 하나가 이제 노동이사제인데요. 사실 저희는 여러 가지 고민스러운 면이 있습니다. 왜냐하면 다른 법하고 달라서 저희는 이미 현행 30조에도 근로자 대표라는 구성요원이 이미 있습니다. 30조 1항에 보시게 되면 9명으로 두되 이사회는 사용자 대표, 근로자 대표, 지역가입자 대표 이런 내용이 들어가 있기 때문에 사실 이게 여러 가지로 이걸 별도로 하기보다는 사실 이것을 이 내에서 해야 되지 않느냐 그런 고민도 되고 있습니다. 아마도 전 타임에 건강보험법 때도 논의가 있었던 걸로 알고 있습니다. 같이 논의해 주시면 좋을 것 같습니다.

○**소위원장 김미애**　질의하실 위원님 계십니까?

한지아 위원님.

○**한지아 위원**　아까 전에 박민수 차관님께서도 말씀하셨는데 사회보험 운영에 있어서는 직역별 균형 있는 이사 구성이 중요하다는 말씀을 하시긴 하셨습니다. 하지만 또 공운법상 우리가 지명을 안 할 수는 없는 상황인 것 같아서 근로자 대표 2명, 노동이사 1명 이렇게 되면 균형이 조금 우려되는 부분이 있을 수 있겠다는 생각이 아까 이제 박민수 차관님 얘기를 들으면서 이걸 보면서 느끼게 됩니다. 이 방안은 어떻게 하실지에 대한 고민이 되어 있는지를 좀 여쭤보고 싶고요.

이 고려 사항들까지도 검토에 지금 포함해야 되지 않을까라는 생각을 했습니다. 이게 사회보험 운영에 관한 사항이어서 좀 말씀을 드리게 됩니다. 노동이사 추천권은 고려 시 노동조합, 노동계의 입장 대변이 결국엔 불가피할 것 같은데 그 입장이 굉장히 중요하다는 거는 인지는 하고 있지만 균형에 있어서 조금 우려 사항을 말씀드립니다.

○**보건복지부제1차관 이기일** 예, 위원님 맞는 말씀이십니다. 지금 노동이사제 관련해 가지고 도입한 데도 있고 도입 안 한 데도 있습니다. 도입한 기관들은 예를 들면 공무원연금공단, 소상공인진흥공단이라든지 이런 예보공사 같은 데인데요. 여기는 단순하게 이사장과 상임이사 몇 명 또 비상임이사 5명 이내 이런 식으로 규정이 되어 있습니다. 그런데 사회보험을 가지고 있는 연금이라든지 건보 또 근로복지공단 같은 경우에는 사회보험이라는 것이 이해를 가진 운영 주체들이 균등하게 서로 의사결정을 해야 되기 때문에 각기 법에 대표성이 정해져 있습니다.

예를 들면 국민연금 같은 경우에는 총 9명인데 사용자 대표, 근로자 대표, 지역가입자 대표, 수급자 대표가 각기 2명씩 있고 1명은 여기는 국장입니다. 그리고 건보공단도 마찬가지로 노동조합, 사용자 단체, 시민단체, 소비자 단체 식으로 정해져 있고요. 또 근로복지공단 같은 경우는 노동조합이 추천하는 사람들, 사용자 이렇게 해 가지고 정해져 있기 때문에 사실은 이게 제도 운영상에 운영 주체들이 균분되어 있습니다. 만약에 저희는 지금 근로자단체 대표가 2명이 되어 있습니다. 그렇기 때문에 공운법 26조에 따른 근로자 대표가 온다고 그러면 그 내에서 할 수도 있다 그런 말씀을 드리겠습니다.

○**김남희 위원** 그런데 아까도 제가 말씀드렸지만 지금 공운법상 노동이사제와 사회보험에서의 근로자 대표는 그 취지와 목적이 전혀 다른 것이라고 저는 이해가 되거든요. 왜냐하면 잘 아시잖아요. 지금 국민연금공단 이사로 들어오는 게 한 명은 민주노총, 한 명은 한국노총에서 추천하는 분들이 들어오잖아요.

○**보건복지부제1차관 이기일** 그렇습니다.

○**김남희 위원** 그래서 그렇게 들어가는 이유는 사회보험에 납부하는 가입자들의 대표성을 존중해야 되기 때문에 그러니까 직장 가입자들의 대표로 우리나라의 가장 큰 노조인 민주노총과 한국노총이 한 명씩 대표자를 선정해서 그 사람들이 들어와 가지고 국민연금 운영에 관여를 한다 이 취지잖아요.

근데 지금 얘기한 공운법상 노동이사제는 국민연금공단의 노동자가 노동자의 기업 경영 참여라는 의미에서 노측을 대표해 가지고 국민연금 이사로 참여를 해야 한다 이런 취지로 이제 공운법이 있는 거고 그래서 사실 국민연금 가입자의 대표로 대표성을 가지고 민주노총하고 한국노총에서 참여하는 것과 그 국민연금공단이라는 이 조직의 노 측의 대표로 노동이사로 참여하는 것은 약간 층위와 목적이 다른 건데 이거를 이쪽에 노조 대표가 하나 생겼다고 해서 이쪽에 있는 사람은 누구를 빼 버리자 하면 사실 기존의 가입자 대표로서 우리나라에 국민연금 가입자 천몇백만 명의 직장 가입자를 대표해 가지고 여기서 참여하고 있는 사람들 입장에서는 너무 황당해질 수 있는 거지요.

그래서 그거를 이제 같은 층의로 얘기하시면 안 될 것 같다는 생각이 들고요. 그러니까 약간 좀 다른 취지의 제도인데……

○**한지아 위원** 존경하는 김남희 위원님 말씀이 맞는 것 같기도 합니다. 저는 이제 이 내용을 잘 모르니까 아까 전에 박민수 차관님 말씀하셔서 지금 여쭤보는 거고요.

근데 그러면 국민연금이사회가, 비상임 이사회가 국민연금 자체의 운영에 대한 부분에 관여할 때는 노동이사가 중요한 역할을 할 것 같습니다, 왜냐하면 그 안에 직원들의 권익이나 이런 것들을 봐야 되기 때문에. 그런데 제가 궁금한 거는 그러면 그 비상임이사가 사회보험 전반에 대한 운영에 대해서도 의결권이 있는지 그게 조금 궁금합니다.

○**보건복지부제1차관 이기일** 어차피 들어오게 되면 이사회라는 것은 공단의 사업 개혁이라든지 운영이라든지 전반적인 거를 할 수 있게 되어 있거든요. 여기 급여의 결정이라든지 지급도 할 수 있게 돼 있는데요. 그래서 제가 드리는 말씀입니다. 왜냐하면……

○**한지아 위원** 급여 말고 이제는 사회보험 전반에 대한, 국민연금 전반 운영에 대한 부분까지도 관여를 하게 된다는 말씀이시지요?

○**보건복지부제1차관 이기일** 예, 관여합니다. 이사회니까요.

○**한지아 위원** 그러면은 약간 우려를 표하게 되기도 합니다.

○**보건복지부제1차관 이기일** 그래서 제가……

○**한지아 위원** 그러니까 이게 만약에 노동이사의 취지가 제가 잘은 모르겠지만 아마도 내가 노동자로서 일하는 곳에서 권익을 잘 보장받는 부분에 대해서 관여를 하기 위해서 아마 그 목소리를 반영할 수 있을 것 같은데 만약에 이게 전체적인 우리 국민연금, 사회보장보험에 대한 것까지도 관여할 수 있으면 그러면 그거에 대한 균형은 중요하겠다는 생각은……

○**보건복지부제1차관 이기일** 그렇기 때문에 고민이라는 거거든요.

　위원님, 뭐냐 하면 사실 저희가 지금 2명입니다. 사용자 2명, 근로자 2명, 지역가입자 2명, 수급자 2명 해서 8명이 되어 있는 거고요, 국장 1명 해서 9명인데. 지금 근로자가 2명인데 그 2명 있는 데에 민노와 한노가 있기 때문에 사실 들어오게 된 겁니다.

○**소위원장 김미애** 이 근로자는 연금공단 직원이지요?

○**보건복지부제1차관 이기일** 여기 근로자는 아닙니다. 근로자 대표는……

○**소위원장 김미애** 아니, 여기에 있는 근로자 대표는 누구입니까?

○**보건복지부제1차관 이기일** 지금 노동이사제에 대한 근로자 대표는……

○**소위원장 김미애** 아니, 그거 말고. 그러니까 공단 비상임이사 구성에 사용자, 근로자, 지역가입자, 수급자 각 2명씩인데 이 근로자는 연금공단에 있는 사람 아닌가요?

○**보건복지부제1차관 이기일** 아닙니다.

○**김남희 위원** 아니에요. 한국노총 대표, 민노총 대표 1명씩입니다.

○**소위원장 김미애** 그러면 외부인들이네?

○**보건복지부제1차관 이기일** 그렇습니다. 외부의 큰 노동단체 2개가 되겠고요. 그런데 이번에 들어오는 단체는 사실은 연금공단에 있는 근로자 중에서 들어오시는 분입니다.

　그런데 여기 2쪽 조항에 보시면 근로자의 과반수로 조직된 노동조합이 있는 경우 노동조합의 대표자를 말한다고 되어 있기 때문에, 여기도 사실은 노동조합입니다. 그리고 지금 국민연금공단에도 82% 되는 대형 노조단체가 있습니다.

　그런데 그러다 보니까 저희 고민이 뭐냐 하면 지금은 사회보험 원리에 따라서 각 이해관계에 있는 사용자·근로자·지역가입자·수급자가 균분해서 의견을 제시하고 있는데 이렇게 되다 보니까 한 분이 더 근로자가 생기게 된다. 그렇다고 하면 근로자의, 지금 우리 똑같은 근로자단체라고 있고 거든요. 그러면 근로자단체에 들어오게 되면 사실은 지금 내에서도 해결할 수 있다 그런 식의 말씀을 저희는 드리는 겁니다.

○**소위원장 김미애** 그런데 아까 건보공단도 했고 심평원도 했는데 이때도 보면 노동조합 추천 있고 또 건보공단 추천 이렇게 있거든요. 이 사람들도 그러면 모르겠네요, 이 안의 구성원을. 이 사람들도 공단에 소속되거나 심평원에 소속된 직원이 아니라 다 외부인

들……

○**보건복지부제1차관 이기일** 직원 아니고 대체로 대형 노동단체니까 지금 민주노총 1명, 한국노총 1명으로 되어 있습니다.

○**소위원장 김미애** 그런데 공운법의 취지는 그 소속된 근로자 중에 하라는 것 아닙니까?

○**보건복지부제1차관 이기일** 그렇습니다. 그렇기 때문에……

○**소위원장 김미애** 그 취지를 다 살리지 못하고 있네요?

○**보건복지부제1차관 이기일** 그런데 사실은 이게 근로자 대표로 되어 있거든요. 그렇기 때문에 근로자 대표분이 사실은 이 내에 오셔서 의견을 제시하면 되지 않느냐 그런 의견이 있는 겁니다.

○**소위원장 김미애** 그러면 이거는 더 확인해야 되는데 계속 심사를 하기로 하고.

그런데 이것은 아까 거랑 좀 달리 정원이 오버되는 건 아니잖아요?

○**보건복지부제1차관 이기일** 저희는 14명이기 때문에 룸은 1명 있습니다.

○**소위원장 김미애** 그러니까 이것은 룸은 있잖아요.

○**보건복지부제1차관 이기일** 그렇습니다.

○**소위원장 김미애** 그러니까 조금 다르기 때문에 한번 고민을 좀 해야 되겠어요.

○**보건복지부제1차관 이기일** 예.

○**소위원장 김미애** 의사일정 제30항은 보다 깊이 있는 검토를 위해 계속 심사하기로 하겠습니다.

이상으로 복지부 1차관 소관 법률안의 심사를 마치겠습니다.

이기일 1차관님 수고하셨습니다.

○**보건복지부제1차관 이기일** 수고하셨습니다.

○**소위원장 김미애** 지금부터 질병청 소관 법률안을 심사하도록 하겠습니다.

임숙영 차장님 수고해 주시기 바랍니다.

의사일정 제31항부터 제34항까지 코로나바이러스감염증-19 예방접종 피해보상 등에 관한 특별법안 등 4건의 법률안을 심사하겠습니다.

전문위원 보고해 주시기 바랍니다.

○**전문위원 정경윤** 보고드리겠습니다. 자료 2쪽부터 보고드리겠습니다.

제명입니다.

3건 모두 유사합니다. 다만 김윤 의원안은 피해보상 등에 관한 특별법안으로 해서 ‘등’이라는 표현이 추가되어 있는데 보상 외에 지원 관련 사항이 내용에 포함되어 있기 때문에 이러한 점이 고려된 것으로 보입니다.

다른 법률과의 관계입니다.

3건 모두 유사합니다. 김윤 의원안과 강선우 의원안에서는 예방접종 피해 보상 등에 대해서는 우선 적용함을 명시하고 있습니다.

국가의 피해 보상입니다.

3건 모두 동일하게 진료비, 일시보상금 등을 지급하도록 하는 내용입니다.

인과관계 추정입니다.

3건 모두 세 가지 요건이 모두 증명되는 경우에는 인과관계가 있는 것으로 추정하고 있습니다만 세부적으로 좀 차이가 있습니다.

세 가지 요건과 관련하여 김윤 의원안과 김미애 의원안은 공통적으로 시간적 개연성이 존재할 것, 추론이 의학 이론이나 경험칙상 불가능하지 않을 것, 원인 불명이거나 예방접종이 아닌 다른 원인에 의해 발생한 것이 아닐 것 이 세 가지를 규정하고 있습니다.

반면에 강선우 의안안은 세 가지 요건 중 두 가지는 동일한데 두 번째 줄 사항이 다른 2건과 좀 다릅니다. 대통령령으로 정하는 조사 또는 연구에 따라 상관관계가 의학 이론이나 경험칙상 추론 가능할 것으로 되어 있는데 다른 2건과 비교 시 좀 강화된 면이 있는 것 같습니다.

그 외에 특징적인 사항으로 김윤 의원안과 강선우 의원안에서는 공통적으로 세 가지 요건이 모두 증명되는 경우 인과관계가 있는 것으로 추정하면서도 다만 인과관계가 없다고 명백히 밝혀진 경우에는 인과관계 추정에서 제외하는 것으로 되어 있습니다. 이는 현재 보상 심의 기준 중 명확히 인과성이 없는 경우인 5번을 제외하고 4번 이상은 보상하도록 하려는 것으로 해석될 수 있겠습니다.

자료 3쪽입니다.

김남희 의원안은 제정안과 동일한 취지로 인과관계 판단 기준을 완화하기 위하여 감염병의 예방 및 관리에 관한 법률을 개정하는 것입니다.

주요 내용은 예방접종 외에 다른 명확한 원인이 없이 질병 등에 걸린 경우 보상하도록 하는 것입니다.

김윤 의원안, 강선우 의원안과 같이 보상 심의 기준 중 4 이상은 보상하도록 하려는 것으로 해석될 수 있겠습니다.

피해보상위원회입니다.

3건 모두 공통적으로 질병관리청 소속으로 위원장 1명을 포함해서 15명 이내로 구성하도록 하였습니다. 다만 요구되는 경력 기간 등에서 일부 차이가 있습니다.

피해 보상 결정은 3건 모두 동일합니다. 120일 내 결정 60일 범위에서 한 차례 연장할 수 있습니다.

그리고 3건 모두 보상 이의신청 건을 심의하기 위해 별도의 재심위원회를 두도록 하고 있습니다.

특징적인 사항으로는 김윤 의원안과 강선우 의원안에서는 보상위원회 위원을 재심위원회 위원으로 위촉 시 3분의 1 미만으로 하고 있고 그 외에 강선우 의원안에서는 재심위원의 경력 기간은 7년으로 가중하고 있습니다.

시행일은 3건 모두 공포 후 6개월이 경과한 날부터 하는 걸로 되어 있습니다.

자료 4쪽입니다.

오른쪽 검토의견 간략히 보고드리겠습니다.

코로나19 예방접종과 같은 의료행위에 있어 피해를 입은 일반 국민이 인과성을 입증한다는 것은 쉽지 않고 특히 코로나19 백신의 경우 신종 감염병에 대응하여 단기간에 개발된 특성이 있는 만큼 제정안과 같이 인과성 판단 기준을 완화하여 피해 보상을 인정할 필요가 있겠습니다.

제·개정안은 핵심 규정인 인과관계 추정 등에 있어 차이가 있어 조율이 필요하고 그 외에 제정안과 관련해서 다른 예방접종과의 관계 등을 이유로 인과관계가 입증되지 않는 경우까지 보상 범위를 확대하는 것은 신중할 필요가 있다는 의견이 제시된 바 있습니다.

일단 여기까지 보고드리겠습니다.

○**소위원장 김미애** 정부 측 의견 듣겠습니다.

○**질병관리청차장 임숙영** 세 분 의원님께서 발의한 법안에 대해서 저희가 전문의원실과 심도 있게 검토를 했습니다. 전반적으로 세 분 의원님의 법안에 대해서 저희는 찬성하는 입장입니다.

다만 두 가지 좀 별도로 말씀드릴 것이 있어서 그 부분에 대해서는 진행하면서 말씀드릴 수 있도록 하겠습니다.

○**소위원장 김미애** 계속 보고해 주세요.

○**전문위원 정경윤** 자료 9쪽 보고드리겠습니다. 검토의견 오른쪽 부분 보고드리겠습니다.

제정안의 내용에 보상 외에 지원에 관한 사항이 제정안에 포함되도록 할 경우에는 김윤 의원안과 같이 코로나바이러스감염증-19 예방접종 피해보상 등에 관한 특별법안으로도 가능할 것으로 보입니다.

목적 규정의 경우에도 보상 이외에 지원과 관련된 사항이 제정안에 포함되도록 할 경우 목적 규정에 지원을 포함하는 것도 가능하겠습니다.

정의 규정의 경우 3건의 제정안이 공통적으로 규정하고 있는 코로나19 예방접종과 함께 김미애 의원안의 예방접종 후 이상반응의 경우에도 국가의 피해 보상 범위에 포함되는 만큼 반영할 필요가 있다고 보았습니다. 다만 코로나19 예방접종의 정의와 관련해서 질병청에서는 기간을 좀 한정할 필요가 있다는 의견을 제시하고 있습니다.

그 외에 다른 법률과의 관계의 경우 3건 모두 동일한 취지인 것으로 보입니다. 김윤 의원안, 강선우 의원안과 같이 제정법이 특별법이므로 피해 보상에 대해 우선 적용한다는 점을 명시할 필요도 있겠습니다.

여기까지 보고드리겠습니다.

○**소위원장 김미애** 잠깐만, 의결정족수가 부족해져 가지고…… 제가 너무 열심히 빨리 잘한 것 같아요, 이거 천천히 했어야 되는데. 빨리해서 잘하려 했는데, 지금 6인이 돼야 되는데 한 분이 더 오셔야 되거든요. 그래서 한번 연락을 좀 해 보시고 아니면 다음에 미룰 수밖에 없는……

○**이개호 위원** 위원장님, 오늘 처리가 가능하나요?

○**소위원장 김미애** 그러니까 위원님도 바쁘시지요? 그렇지요?

○**이개호 위원** 그러면 보고만 받고 다음으로 넘기든지……

○**소위원장 김미애** 그러면 오히려 더 효율적이지 않아요, 실컷 했는데 다 까먹고 또 하려고 하면.

그래서 추가로 위원님들 의결정족수가 채워지지 않을 것 같으면 이 정도로 보고받고 다음에 정부 측 의견 듣고 그렇게 해야 될 것 같아서.

계속해 주시고 확인 좀 해 주세요.

보고해 주세요.

○**전문위원 정경윤** 질병청 의견 들으시면 되겠습니다.

○**소위원장 김미애** 다 끝났습니까?

○**전문위원 정경윤** 9쪽 보고드렸고요. 코로나19 예방접종 정의와 관련해서 질병청에서 의견이 좀 있습니다. 이 부분 들으시고 논의하시면 되겠습니다.

○**소위원장 김미애** 예.

○**질병관리청차장 임숙영** 저희 질병청에서 준비한 자료가 있어서 잠시 배포를 좀 해 드리도록 하겠습니다.

○**소위원장 김미애** 예, 해 주세요.

지금 정말 혼란스러워서 효율적인 논의가 안 될 것 같은데 한번 보세요. 더 못 오시면 계속 심사를 하는 게 더 맞을 것 같아서……

○**이개호 위원** 제정법이고……

○**소위원장 김미애** 그런데 또 제정법이기 때문에 너무…… 저는 이걸 오늘 꼭 하고 싶고 질병청은 이거 하나 때문에 오셨잖아, 그렇지요?

○**질병관리청차장 임숙영** 예, 그렇습니다.

○**소위원장 김미애** 김선민 위원님 계시면 되겠네요. 그러면 계속하도록, 빨리 속도를 냅시다.

정부 측 의견 계속 듣겠습니다.

○**질병관리청차장 임숙영** 배포해 드린 자료 1쪽입니다.

저희는 먼저 적용 대상과 기간에 대한 의견이 좀 있습니다. 세 분 의원님께서 이 법의 적용 대상을 코로나19 예방접종으로 해 주셨는데 사실 저희는 이 코로나 예방접종이 예전부터 지금까지 다 진행되고 있어서 이것을 코로나19 공중보건 위기상황 당시에 실시됐던 예방접종으로 대상을 명확하게 할 필요가 있다고 생각을 하고 있습니다.

이 당시의 예방접종은 전 국민을 대상으로 해서 짧은 시간 내에 코로나 위기 극복을 위해서 수차례에 걸쳐서 정부에서 권고를 하면서 실시된 바 있습니다. 그리고 이에 대해서 모든 국민들께서 적극적으로 협조를 해 주셨습니다. 그래서 이에 대한 특별한 보상과 지원이 필요하다라고 생각을 하고 있고요.

다만 24년 하반기 이후의 코로나19 예방접종의 경우에는 65세 이상의 고위험군을 대상으로 실시되고 있어서 인플루엔자와 같은 다른 예방접종과 성격이 동일합니다. 그래서 현재의 코로나 예방접종에 대해서만 이 법에 따른 특별한 지원을 하게 된다면 다른 예방접종과의 형평성에 있어서 문제가 제기됩니다.

그래서 이 법의 대상을, 위에 그 표를 보시면 저희의 의견을 요약을 해 놨는데요. 그 1호를 감염병 예방 및 관리에 관한 법률 제25조에 따라서 전 국민을 대상으로 실시한 임시 예방접종으로 대상을 명확하게 해 주실 것을 요청을 드리겠습니다.

○**소위원장 김미애** 그런데 이렇게 해 놓으면 수검자인 국민이 알겠습니까? 아예 그냥 괄호 해 가지고 날짜를 병기를 하든지 그래야지 이렇게 하면 어떻게 알까요? 그러면 그 밑에 있는 내용을 보면 21년 2월부터 24년 6월까지 이걸 말합니까?

○**질병관리청차장 임숙영** 예, 그렇습니다.

○**소위원장 김미애** 그러면 정확히 하는 게 저는 맞을 것 같습니다.

○**질병관리청차장 임숙영** 그렇게 날짜를 명기하면 더 명확해질 수 있을 것으로 보입니다.

○**소위원장 김미애** 계속해 주십시오.

○**전문위원 정경윤** 자료 13쪽 보고드리겠습니다. 검토의견 오른쪽 부분 보시면 되겠습니다.

제정안에서 공통적으로 규정하고 있는 보상 유형과 김미애 의원안에서 규정하고 있는 피해 보상 권리 양도 금지의 경우 현행 감염병의 예방 및 관리에 관한 법률에서도 동일한 내용으로 규정하고 있는 사항이 되겠습니다. 별다른 문제는 없는 것으로 보입니다.

다만 김윤 의원안의 인과관계 미입증의 경우에도 보상을 하도록 한 것과 관련하여서는 이 경우에는 보상보다는 지원이라는 용어로 변경하는 것이 바람직하겠습니다. 참고로 질병관리청에서도 코로나19 관련성 의심 질환자에 대해서는 지원을 하여 왔습니다.

이상입니다.

○**소위원장 김미애** 정부 측 의견 듣겠습니다.

○**질병관리청차장 임숙영** 저희가 인과성이 입증되지 못한 경우에 대해서 정책적으로 여러 가지 지원 정책을 펴고 있습니다. 그래서 이 부분에 대해서는 전문위원 검토보고서에 동의합니다.

○**소위원장 김미애** 국민이 더 이익을 보기 때문에 제가 봐도 지원이 맞을 것 같습니다.

계속 보고해 주십시오.

○**전문위원 정경윤** 자료 22쪽 되겠습니다. 인과관계 추정입니다.

제·개정안은 코로나19 피해 발생과 예방접종의 인과성 판단 요건을 완화하기 위한 것입니다. 김윤 의원안과 김미애 의원안은 대법원의 관련 판례를 입법화한 것이며 강선우 의원안은 아래 첫째 관련 사항만 대법원 판례와 좀 다르다고 보시면 되겠습니다.

아래 첫째를 보시면 강선우 의원안의 경우 대통령령으로 정하는 조사 또는 연구에 따라 예방접종과 질병 등 발생 간의 상관관계가 의학이론이나 경험칙상 추론 가능할 것을 인과관계 판단 요건으로 하고 있습니다. 김윤 의원안과 김미애 의원안에 비해서 인과관계 추정을 하는 데 있어서 좀 강화된 면이 있는 것으로 보입니다.

그다음 둘째 사항입니다. 김윤 의원안과 강선우 의원안에서는 세 가지 요건이 모두 증명되는 경우 인과관계를 추정하면서도 인과관계가 없다고 명백히 밝혀진 경우에는 인과관계 추정에서 제외하는 것으로 명시하고 있고 이 조항은 김남희 의원안의 내용과 유사합니다. 이는 인과성 심의기준 중 5번 '명확히 인과성이 없는 경우'를 제외하고는 모두 보상을 하도록 하는 것으로 해석될 수 있겠고, 이러한 경우 국가의 보상책임이 과도하게 확대될 수 있다는 이견이 제시될 수도 있겠습니다.

이상입니다.

○**소위원장 김미애** 정부 측 의견 듣겠습니다.

○**질병관리청차장 임숙영** 세 분 의원님 모두 대법원 판례에 기반해서 안을 만들어 주셨습니다. 그래서 저희는 대법원 판례가, 현실에서 이를 기반으로 해서 재판이 이루어지고 있기 때문에 이를 수용하는 입장입니다.

다만 전문위원 검토보고서에 따른 바와 같이 '다만' 이하의 단서조항이 인과성 추정 범위를 과도하게 확장하고 있어서 이것은 삭제하는 것이 좋다라는 의견을 드리겠고.

또 하나는 2항을 신설했으면 합니다. 3페이지에 2항이 있습니다.

1항은 지금……

○**소위원장 김미애** 잠깐만요.

지금 여기 따로 배포해 드린 질병청의 의견보고서 이것을 보세요. 그래야지 편합니다. 4페이지를 설명할 차례입니다.

하세요.

○**질병관리청차장 임숙영** 저희 안은 3페이지의 표 우측에 질병청 의견으로 되어 있습니다. 그래서 1항은 김미애 의원님의 1항을 그대로 하되 2항을 '제1항에 따라 인과관계 여부를 추정함에 있어서는 국내외의 질병 등에 대한 보고 또는 신고의 존재 여부, 코로나19 예방접종을 받은 사람의 질병 등과 관련한 다른 위험인자 보유 여부 등 건강 상태에 관한 정보와 의학적 소견 등을 종합적으로 고려하여야 한다' 이 부분을 첨가해 주시기를 요청드립니다.

그 이유는 4페이지에 말씀드리도록 하겠습니다.

1항의 인과관계의 세 가지 추정 요건은 2014년의 대법원 판례의 대원칙을 반영한 것입니다. 다만 이 표현이 '불가능하지 않을 것', '다른 원인이 아닐 것' 이렇게 단정적으로 구성되어 있어서…… 실제로 의학의 속성상 불가능을 단정 짓기는 매우 어려운 점이 있습니다. 그래서 예방접종에 의한 것이 아니라 다른 원인에 의한 것까지 다 포함을 해서 예방접종으로 인한 것이 불가능하지 않다는 이유로 보상의 범위에 포함될 가능성이 상당히 있습니다.

그래서 저희는, 예방접종과 관련된 다른 판례가 하나가 더 있습니다. 2017년의 대법원 판례가 있는데 여기에서는 상기의 세 가지 요소가 경직적으로 해석되는 것을 경계하면서 추가적인 고려 요소를 제시한 바 있습니다. 그래서 후속 대법원 판례가 좀 전에 말씀드렸던 2항의 내용이고요. 그 요소를 같이 반영을 해서 다른 원인에 의한 피해 발생이 보상의 영역에 포함되는 것을 배제해 주셨으면 합니다.

이상입니다.

○**소위원장 김미애** 그런데 '고려할 수 있다'로 바꿔 주시는 게 맞지 않나요? 대법원 판례도 '이를 고려할 수 있다'라고 했는데 여기는 '고려하여야 한다'라고 해서 이것으로 추정 규정이 의미 없이 될 것 같습니다. 그렇지 않아요?

○**질병관리청차장 임숙영** 예, 그 부분은 그렇게 바꾸도록 하겠습니다.

○**소위원장 김미애** 예.

계속 보고해 주십시오.

○**전문위원 정경윤** 32쪽 보고드리겠습니다. 코로나19 예방접종 피해보상위원회 관련 사항입니다.

코로나19와 같은 특수한 상황에서 피해보상의 객관성·공정성을 제고하기 위해서 제정안과 같이 별도의 피해보상위원회의 설치가 필요하겠고, 특히 3건 모두 보상 판단에 있어 의료적 관점 외에 법적이나 사회적 측면에서도 판단이 가능하도록 법학·행정학·사회학 경력자도 위원으로 규정한 것은 바람직해 보입니다.

다만 피해보상위원회 위원의 균형적 구성 측면에서는 김윤 의원안이 바람직해 보입니다. 카테고리별로는 4명, 4명, 4명, 3명으로 구성되어 있습니다.

그리고 경력기간의 경우 강선우 의원안과 같이 5년으로 단일적으로 규정할 필요도 있어 보입니다.

아울러 김미애 의원안에서 정하고 있는 위원회 사무처리 지원을 위한 사무기구도 보다 효과적인 위원회 업무처리를 위해서 규정 필요성이 높은 것으로 보입니다.

이상입니다.

○**소위원장 김미애** 정부 측 의견 주십시오.

○**질병관리청차장 임숙영** 저희는 전문위원 검토의견에 동의합니다.

○**소위원장 김미애** 그다음 조문 내용 계속 보고해 주세요.

○**전문위원 정경윤** 보고드리겠습니다.

38쪽입니다. 재심위원회 등 그 밖의 사항입니다.

피해보상에 대한 이의신청 건을 공정하게 심사하기 위해서는 제정안과 같이 별도의 재심위원회를 둘 필요가 있겠습니다. 아울러 재심위원회가 이의신청에 대한 종국적 결정을 한다는 측면에서 김윤 의원안과 강선우 의원안과 같이 피해보상위원회 위원을 재심위 위원으로 위촉하는 경우 그 인원 제한을 설정할 필요가 높아 보입니다.

그리고 그 경력도 지금 강선우 의원안의 경우 피해보상위원회는 5년으로 되어 있습니다. 그런데 재심위원회는 7년으로 하고 있는데요. 그 경력도 7년 이상으로 높이는 것이 바람직할 것으로 보입니다.

그 외 제정법에 따라서 보상이나 지원을 이미 받은 사람이 다른 법률—예컨대 감염병예방법이 되겠습니다—에 따라 보상이나 지원을 받은 경우 상계 등을 할 수 있도록 다른 보상·지원과의 관계에 대한 규정을 신설할 필요가 있겠습니다.

그 외에 보상위원회 및 재심위원회 위원 등에 대해서 업무상 알게 된 비밀에 대해서는 누설 금지 조항도 추가할 필요가 있겠습니다.

이상입니다.

○**소위원장 김미애** 정부 측 의견 듣겠습니다.

○**질병관리청차장 임숙영** 저희는 검토의견에 동의합니다.

○**소위원장 김미애** 이와 관련해서 위원님들 질의 있으십니까?

없으시네요.

이것은 오늘 우리가 처음 심사한 것 같지만 사실은 2021년·22년·23년·24년 계속 이 문제에 대해서 국감 때마다 다뤄 왔었고 요청이 있었습니다. 그렇지요?

○**질병관리청차장 임숙영** 예, 그렇습니다.

○**소위원장 김미애** 또 국감 때는 코로나19 백신 부작용·이상반응 피해자, 그 유족들이 나와서 정말로 그 어려움을 눈물로 호소하기도 했고.

국가에서는 강제라고 표현하지는 않지만 사실은 받아들이는 국민 입장에서는 당연히 국가가 책임지겠다고 하는 말을 선언적으로 안 받아들이고 당연히 국가가 책임지겠구나 생각하고 신뢰를 했습니다. 그런데 오늘의 핵심은 인과관계 추정 규정을 도입하는 건데 참 상당히 오랜 시간 걸렸어요. 결국은 대법원 판례에 따라서 추정이 되고 있고 그리고 사실은 경제적 여건이 되면 전부 소송을 하면 되는데 그러지 못한 분들은 오히려 구제를 받지 못하는 측면이 있었다……

다만 정부에서도 지속적으로 보상이 아니라 지원이라는 이름으로 인과성을 인정하지 않더라도 계속 지원의 폭은 확대해 온 것, 정부도 노력해 온 것은 사실입니다. 이 부분을 명쾌하게 하기는 참 쉽지 않은데 그래도 질병청이 많이 노력해 주신 것 같습니다. 그에 대해서 지금까지 많은 질병청의 직원들이 고생하신 것 압니다. 코로나19가 한창일 때부터 정말 고생해 오셨고.

　그렇다고 해서 수년 동안 저기 길에서, 광화문 쪽에서 철수하고 국회 쪽으로 옮겨서 계속 이 어려움을 호소하는 코로나19 백신 피해자, 그 가족들은 이것도 만족하지 않습니다. 이것 하지 마라고 하는 얘기도 제가 듣고 있는데 그럼에도 불구하고 저는 정부가 할 일은 해야 된다 그리고 최소한 인과관계 추정 규정을 도입하는 것은 기본적으로 해야 된다, 그래야지 향후에 발생하는 다른 감염병 예방을 위해서 백신접종을 제고할 수 있다는 생각입니다.

　그래서 여러 의원님들이 발의를 해 주셨고 또 우리 복지 2소위 위원님들이 이렇게 늦은 시간까지 잘 듣고 의견을 주신 것에 대해서 감사한 마음을 드립니다.

　혹시 추가로 질의하실 위원님 계십니까?

　다 만족하지는 않겠지만 그래도 이 정도로 노력은 했다고 생각합니다. 계속 좀 노력해 주십시오.

○**질병관리청차장 임숙영**　예, 감사합니다.

○**소위원장 김미애**　의사일정 제31항부터 제34항까지 이상 4건 법률안은 이를 통합 조정하고 위원님들과 전문위원의 의견을 반영하여 위원회 대안으로 채택하며 본회의에 부의하지 않는 것으로 의결하고자 합니다. 이의 없으십니까?

　(「예」 하는 위원 있음)

　가결되었음을 선포합니다.

　다 끝났지요? 장시간 고생하셨습니다.

　이상으로 오늘 법안심사를 모두 마쳤습니다.

　오늘 의결한 법안의 체계와 자구의 정리는 위원장에게 위임하여 주시기 바랍니다.

　위원님 여러분 수고 많이 하셨습니다.

　산회를 선포합니다.

(18시20분 산회)

○**출석 위원(11인)**

　강선우　김남희　김미애　김선민　김예지　백종헌　서미화　소병훈　이개호　장종태　한지아

○**출석 전문위원**

　수석전문위원　이지민

　전문위원　정경윤

　전문위원　오세일

○**정부측 및 기타 참석자**

　보건복지부

　　제1차관　이기일

　　제2차관　박민수

　　연금정책관　진영주

　　장애인정책국장　손호준

　　공공보건정책관　정통령

건강보험정책국장　이중규
건강정책국장　곽순헌
정신건강정책관　이형훈
식품의약품안전처
차장직무대리　우영택
식품안전정책국장　김성곤
수입식품안전정책국장　김용재
식품소비안전국장　김현정
질병관리청
차장　임숙영
기획조정관　이상진
의료안전예방국장　손영래

권성동 국민의힘 원내대표는 오늘 원내 지도부와 여당 법사위 위원들과 함께 헌법재판소 항의 방문을 단행했습니다. 이제 법치무시, 경거망동, 회유협박으로 헌법재판소까지 흔들려는 겁니까? 내란수괴 윤석열 탄핵 심판만 성급하게 빨리 진행하고 있다며 자의적으로 공정성에 시비를 걸고, 나아가 더불어민주당과 헌법재판소가 결탁했다는 악의적 음모론까지 상상의 나래를 펼쳤습니다. 서부지법 폭도들의 뒷배가 되어주려 강남경찰서장에게 전화한 윤상현을 품은 당답습니다. 영장도 수사도 무시하는 윤석열을 1호 당원으로 보유한 당답습니다. 헌재가 반박하자 '아님 말고' 식으로 발뺌하니 도무지 정상적인 민주정당이라 볼 수 없습니다.

– 더불어민주당 원내대변인 강유정, 1월 22일 서면브리핑

일　시　2025년1월22일(수)
장　소　법제사법위원회회의실

의사일정
1. 출입국관리법 일부개정법률안(정부 제출)(의안번호 2204587)
2. 출입국관리법 일부개정법률안(박주민 의원 대표발의)(의안번호 2204347)
3. 출입국관리법 일부개정법률안(박균택 의원 대표발의)(의안번호 2204275)
4. 형사소송법 일부개정법률안(김도읍 의원 대표발의)(의안번호 2201409)
5. 형사소송법 일부개정법률안(김남희 의원 대표발의)(의안번호 2201548)
6. 형사소송법 일부개정법률안(최기상 의원 대표발의)(의안번호 2201919)
7. 형사소송법 일부개정법률안(황정아 의원 대표발의)(의안번호 2207476)
8. 형사소송법 일부개정법률안(서영교 의원 대표발의)(의안번호 2207503)
9. 상법 일부개정법률안(정준호 의원 대표발의)(의안번호 2200144)
10. 상법 일부개정법률안(박주민 의원 대표발의)(의안번호 2200457)
11. 상법 일부개정법률안(강훈식 의원 대표발의)(의안번호 2200687)
12. 상법 일부개정법률안(정부 제출)(의안번호 2201063)
13. 상법 일부개정법률안(김현정 의원 대표발의)(의안번호 2202571)
14. 상법 일부개정법률안(오기형 의원·차규근 의원 대표발의)(의안번호 2202706)
15. 상법 일부개정법률안(박상혁 의원 대표발의)(의안번호 2202847)
16. 상법 일부개정법률안(박상혁 의원 대표발의)(의안번호 2203608)
17. 상법 일부개정법률안(민병덕 의원 대표발의)(의안번호 2204381)
18. 상법 일부개정법률안(유동수 의원 대표발의)(의안번호 2204474)
19. 상법 일부개정법률안(김남근 의원 대표발의)(의안번호 2204475)
20. 상법 일부개정법률안(천준호 의원 대표발의)(의안번호 2204515)
21. 상법 일부개정법률안(박균택 의원 대표발의)(의안번호 2204700)
22. 상법 일부개정법률안(이강일 의원 대표발의)(의안번호 2204732)
23. 상법 일부개정법률안(이언주 의원 대표발의)(의안번호 2205387)
24. 상법 일부개정법률안(이정문 의원 대표발의)(의안번호 2205704)

상정된 안건

(14시02분 개의)

○**소위원장 박범계** 의석을 정돈해 주시기 바랍니다.

성원이 되었으므로 제421회 국회(임시회) 제1차 법제사법위원회 법안심사제1소위원회를 개회하겠습니다.

오늘은 출입국관리법 일부개정법률안 등 24건의 법률안을 심사하도록 하겠습니다.

---

   1. **출입국관리법 일부개정법률안**(정부 제출)(의안번호 2204587)
   2. **출입국관리법 일부개정법률안**(박주민 의원 대표발의)(의안번호 2204347)
   3. **출입국관리법 일부개정법률안**(박균택 의원 대표발의)(의안번호 2204275)

(14시03분)

○**소위원장 박범계** 의사일정 제1항부터 제3항까지 이상 3건의 출입국관리법 일부개정법률안을 일괄하여 상정합니다.

정환철 수석전문위원님 먼저 의사일정 제1항 및 제2항에 대해 보고해 주시기 바랍니다.

○**수석전문위원 정환철** 배부해 드린 소위 자료를 참고해 주시기 바랍니다.

1·2항입니다.

1쪽입니다.

1쪽은 출입국관리법 일부개정안 정부 제출과 박주민 의원안, 2건인데요. 이것은 강제퇴거명령을 받은 외국인이 국외에 송환되기까지의 보호시설 구속에 있어서 기간 상한을 어떻게 할 거냐가 핵심적인 내용입니다.

1쪽에 있는 심사 경위는 자료로 갈음하고요.

지난 소위를 24년 11월 13일 날 했었는데 그것도 보호기간을 최장 36개월까지 하는 정부안에 대해서 너무 긴 것 아니냐 그리고 보호기간을 연장하고 해제하는 그런 문제 그리고 외국인보호위원회의 구성을 어떻게 할 거냐에 대한 의견 그리고 외국인보호위원회에서 외국인 등에게 줄 수 있는 절차권 이런 것에 대해서 여러 위원님들의 논의가 있었습니다.

2쪽으로 넘어가겠습니다.

2쪽 위의 개정안의 입법 취지하고 주요 쟁점을 보시면 헌재가 2023년도 3월 23일에 강제퇴거명령을 받은 외국인에 대한 보호기간 상한이 없으면 신체의 자유를 침해해서 헌법불합치라는 결정을 내렸고요. 개정시한이 올 5월 31일입니다. 그래서 그 결정 취지를 반영해서 정부안이 들어온 거고요.

주요 쟁점을 보시면 헌재가 주로 제시한 쟁점은 세 가지 정도로 요약할 수 있습니다. 적정한 보호기간을 과연 18개월로 할 것인지 아니면 36개월로 할 것인지 이런 부분에 대한 어떤 의견이 있었고요.

두 번째로 보호개시…… 보호가 사실상 구금인데요. 이런 구금을 개시하거나 연장할 경우에 지금처럼 행정부가 아니라 어떤 독립된 중립적인 기관이 심사해야 되는 것 아니냐 하는 부분이 있어서 법원으로 할 거냐 아니면 행정부 소속 위원회로 할 거냐 그런 부분에 있어서 소속을 어떻게 할 거냐 하는 부분하고 위원장 및 위원 자격을 어떻게 설정할 거냐 그리고 또 위원회의 위원 비중을 어떻게 둘 것이냐 하는 쟁점이 있고요.

세 번째가 보호처분 시에 외국인 등 이해관계인에게 의견진술이나 자료제출 기회 등 또 변호인 조력권, 신뢰관계자의 동석권 등 절차상 보장을 어느 정도 할 거냐 이런 부분이 주요 쟁점으로 헌재가 제시한 부분이고요.

개정안 주요 내용 비교표는 자료로 갈음하고요.

바로 6쪽으로 넘어가겠습니다.

6쪽의 조문별 검토 사항인데요.

보호시설 구금, 보호처분에 대해서 이의신청 제출을 어디로 할 거냐 하는 문제가 있고요. 보호해제 결정 주체를 법원의 판사가 할 거냐 아니면 법무부 소속 외국인보호위원회가 할 거냐 하는 문제가 있고요. 피보호자에 대해서 어떤 방어권을 보장할 것인가 하는 문제가 있습니다.

밑의 주요 내용·쟁점을 보시면 정부안의 경우에 '이의신청'을 '심사청구'로 자구 수정이 있고요. 두 번째 동그라미 보시면 이의신청 대상기관하고 보호해 제 등의 주체가 현행은 법무부장관으로 돼 있는데요. 박주민 의원안의 경우에는 관할 지방법원 판사이고요, 정부안의 경우에는 법무부 소속의 외국인보호위원회로 설정하고 있습니다. 지난번의 의견 논의 과정에서는 대체로 정부, 외국인보호위원회로 하는 것은 대체적인 의견 일치를 보았다고 보여지고요. 다만 소속을 어디로 할 거냐는 조금 더 논의가 필요할 것 같습니다.

그리고 피보호자의 방어권 보장인데, 박주민 의원안이 있는데요. 보호처분에 대한 이의신청을 할 때 보호된 외국인에게 심문받을 기회를 부여하는 부분하고 변호사의 조력을 받을 권리를 방어권으로 보장하는 부분하고 신뢰관계에 있는 사람의 동석 신청을 허용하도록 하는 안이 박주민 의원안에 있었습니다.

11쪽으로 넘어가겠습니다.

11쪽 우측 하단에 기타 기관이 있습니다.

저희들이 토론회나 기관 의견을 조금 받아 봤는데, 대한변협의 경우에는 지방법원에서 연장 심사를 하는 방안과 그리고 국무총리 산하의 독립적인 제3의 위원회를 신설하는 게 어떠냐 그런 의견 제안이 있었고요. 유엔난민기구에서는 위원회의 독립성과 중립성을 실질적으로 보장하기 위한 그런 기관에서 보호 심사를 해야 된다 그런 의견이 있었습니다.

다음 쪽으로 넘어가겠습니다.

이 법안의 핵심 사항은 강제퇴거명령 대상자가 국외에 송환되기까지 보호기간 상한을 어떻게 줄 거냐 하는 문제하고 그리고 보호기간을 다시 연장할 때 그 요건을 어떻게 할 거냐, 보호해제를 어떻게 할 거냐가 가장 핵심적인 사항인데요.

주요 내용·쟁점을 보시면 정부안의 경우 세 카테고리로 바라볼 수 있는데요. 원칙적으로 보호 구속 기간을, 구금 기간을 얼마로 둘 거냐 하는 부분, 예외적으로 연장 기간과 횟수를 몇 회로 할 거냐 하는 부분 그리고 최대 기간을, 한도를 어떻게 설정하는가가 가장 핵심이 되겠습니다.

정부안의 경우에 수정안을 제출했는데요. 원안의 경우에는 당초에 보호기간 상한을 최초의 보호기간은 18개월로 설정하고 예외적으로 18개월 범위 내에서 추가 연장을 하고 그리고 최대 36개월까지 하는 그런 보호기간 안이었습니다. 그런데 수정안을 다시 제출한 것에 따르면 보호기간의 일차적인, 원칙적인 상한을 17개월로 설정하고 중대 범죄자의 경우에는 3개월씩 두 차례 연장해서 6개월 범위 내에서 하여 최대 23개월까지 보호기간을 두는 그런 수정안을 냈고요. 또 보호기간 연장의 기준도 송환을 위해서 필요한 최소한의 기간만 연장할 수 있도록 해서 보호기간 연장의 기준도 상당히 제한하는 그런 요건을 수정안으로 제시해서 자료에 담았습니다.

밑의 박주민 의원안의 경우에는 보호기간의 원칙적인 상한을 20일로 하고 40일의 범위 내에서 두 차례 연장할 수 있도록 이렇게 하는 안이었습니다. 그래서 최대 100일까지 보호기간을 설정하자는 게 박주민 의원안의 기본 취지입니다.

27쪽으로 가겠습니다.

27쪽 관계기관 의견 해서 아래쪽에 보시면 기타 기관인 대한변협의 경우에 구체적인 안을, 기간 한도를 주지는 않았지만 정부안은—원안에 대한 의견인데요—지나치게 장기간이고 수정안에 대해서도 조금 길다는 의견이 있어서 수정 보완이 필요하다는 그런 의견을 주셨고요.

유엔난민기구도 여전히 정부안은 조금 보호기간이 길다는 그런 취지에서 비례적이고 좀 더 신체 및 이동의 자유가 보장되는 쪽으로 수정이 필요하다는 그런 기본적인 의견을 주셨습니다.

28쪽으로 넘어가겠습니다.

보호해제된 사람을 재보호 하는 요건과 그리고 보호의 일시해제 요건과 관련된 건데요. 정부안의 당초 원안을 보시면 도주하거나 도주할 염려가 있다고 명백히 인정되는 경우 등에 재보호를 할 수 있는데, 수정안의 경우에는 실제로 도주한 경우에만 재보호를

하고 도주할 염려가 있다고 명백히 인정되는 경우는 삭제해서 재보호 할 수 있는 사유를
조금 제한을 시켰고요.

　신속한 송환을 위한 조치로서 국외 호송, 항공기·선박 임차 근거 등을 수정안에서 추
가로 마련하고 있습니다.

　36쪽으로 가겠습니다.

　36쪽에 가면 기타 기관 의견으로 대한변협의 경우에는 재보호가 장기간 구금의 수단으
로 악용될 가능성이 있으므로 기본적으로 반대한다는 그런 의견을 제출하였고요. 유엔난
민기구는 재구금 가능성에 대해서 여전히 우려를 표하는 그런 의견을 제시하였습니다.

　37쪽입니다.

　보호처분 시에는 해당 외국인에게 어떠한 보호 관련 의견 진술 기회를 부여할 것이냐
와 관련돼서 정부안의 경우에는 보호·재보호 시에 미리 해당 외국인에게 구술 또는 서면
으로 의견 진술 기회를 주도록 하는 그런 안을 마련하였습니다. 이것은 특별한 문제는
없어 보입니다.

　39쪽으로 가겠습니다.

　마지막 쟁점인데요. 보호하거나 재보호 처분을 하는 등에 대해서 이의 심사를 하기 위
해서 외국인보호위원회를 설치·운영하도록 하는 그런 안인데요.

　수정안 중심으로 말씀드리면 정부 수정안에서는 외부위원 수를 대법원장이나 변협회장
이 추천하는 각 1인을 포함하여 외부위원 수를 과반수 이상으로 하는 안을 수정 제시하
였고요. 당사자의 대면심리 신청권을 보장하는 그런 내용, 보호외국인의 대면심리 시 변
호사조력권, 신뢰관계자 동석권 명시해서 외국인에 대한 방어권을 충실히 보장하는 그런
안을 제시하였고요. 위원회 결정에 대해서는 행정소송을 제기할 수 있도록 하는 그런 규
정을 마련하여 왔습니다.

　끝에 아래쪽에 보시면 이거와 관련된 쟁점은 세 가지로 볼 수 있을 것 같은데요. 위원
회 소속을 법무부 소속으로 할 것인지에 대한 문제, 위원회 위원 구성을 특히 외부위원
비중과 관련되어서 내부위원과 외부위원의 비중을 어떻게 할 거냐가 또 쟁점이 되겠고
요. 또 위원장을 내부위원으로 할 것인가 외부위원으로 할 것인가에 관한 것도 하나의
쟁점이 되겠습니다.

　55쪽으로 가겠습니다.

　55쪽의 기타 기관 의견을 보시면 대한변협은 아까 말씀드린 바와 같이 국무총리 산하
로 제3의 위원회를 신설해서 보호의 개시 및 연장 심사 결정을 하는 것이 좋지 않겠나
하는 의견을 주었고요.

　유엔난민기구 역시 위원회의 독립성과 중립성을 보장하기 위해서 법무부 소속이 아닌
비상임위원이 위원회의 다수를 차지하도록 하는 방안, 그리고 위원회를 비법무부 구성원
으로만 구성하도록 규정하는 방안, 비법무부의 구성원이 위원회의 위원장으로 임명하도
록 명시하는 방안 등을 검토하는 것이 좋겠다 하는 의견을 주었습니다.

　이상 보고를 마치겠습니다.

○**소위원장 박범계**　수고하셨습니다.

　오늘의 법률안 심사를 위해서 김석우 법무부차관님과 배형원 법원행정처 차장님께서
출석하셨습니다.

기관의 의견을 들을 순서입니다.

법무부.

○**법무부차관 김석우** 법무부 의견 먼저 말씀드리겠습니다.

다섯 가지 주제에 해당하는 부분이라서 하나하나씩 설명드리겠습니다.

다섯 가지 주제에 대한 설명에 앞서서 제가 간단하게 주요한 골자에 대해서 말씀드리겠습니다.

현재 저출생·고령화 사회에서 외국인과의 통합 정책이 가장 중요한 부분이라고 생각을 합니다. 외국인 통합 정책을 실시함에 있어서 어떤 부작용이 생기면 안 되는 사항이고 그러면 외국인들을 어떻게 선별해서 수용하느냐가 굉장히 중요한 대목입니다. 그러한 측면에서 봤을 때 이번 출입국관리법 개정은 법무부 차원의 문제가 아니고 향후 이민자들을 받아들여야 되는 우리나라의 설계를 어떻게 할 것인가와 직결되는 굉장히 중요한 부분이라고 생각을 합니다.

여기서 문제가 되는 보호명령에 대해서는 제가 한 세 가지를 말씀드리고 싶습니다.

첫 번째, 이것은 기본적으로 우리나라 주권에 관한 문제입니다.

두 번째, 이 대목이 정말 중요하다고 생각하는데 우리가 외국인들 외국인보호소에 유치하는 것을 단순하게 자유를 제한한다는 측면에서만 접근하면 안 된다고 봅니다. 이것은 어떻게 보면 일반적인 제재하고 다릅니다. 이 자유가 제한을 받는 거는 다른 경우와 다르게 강제퇴거 대상자에 대한 신체의 자유 제한 자체가 본인의 의사에 전적으로 좌우되는 특수성이 있습니다. 여러 가지 국내에 있는 자유 제한 조치 중에 본인의 의사에 전적으로 좌우되는 것은 이것이 유일한 겁니다. 다시 말씀드리면 본인이 고국으로 귀국하겠다, 제삼국으로 가겠다라고 하는 순간에 자유 제한에서 해제가 되는 특수성이 있습니다.

세 번째, 만약에 보호 상태가 해제됐을 경우에는 무자격 체류자가 노동시장에 진입을 하게 되고 불법 취업 상황을 국가가 경우에 따라서는 방조하는 것이 아닌가라고 하는 비판 제기도 가능한 대목입니다.

마지막으로 이 보호제도 자체는 다시 한번 말씀드리면 강제퇴거명령 집행을 위한 수단입니다. 그래서 강제퇴거명령이 부당하다고 생각하는 사람이 행정소송을 제기해서 집행정지가 되면 바로 해제가 됩니다. 결과적으로 여기서 문제되는 사람들은 강제퇴거명령 자체가 유효하게 존속을 하고 집행정지 신청을 하지 않았거나 신청을 했더라도 기각된 사람들입니다.

또 한 가지, 이 보호명령제도 자체가 절대적인 어떤 불법체류자에 대한 제재가 아니라는 것을 두 가지만 예를 들어 설명하겠습니다.

불법체류자 중에도 국적이 없는 사람이 있습니다. 무국적자, 국적이 없는 사람은 송환할 수가 없거든요. 그러면 국적이 없는 사람은 불법체류자임은 맞지만 이 사람들은 보호유치시설에서 유치하지 않습니다. 왜냐하면 송환이 불가능하기 때문에.

또 한 가지가 이 대상자가 불법체류자인데 추징금이 많이 있는 경우가 있습니다. 추징금이 있는 경우에는 기본적으로 출국이 금지가 됩니다. 따라서 추징금이 많은 불법체류자라 하더라도 이 사람에 대해서는 송환이 불가능하기 때문에 또 보호 대상이 되지 않습니다. 그래서 이 보호명령제도라고 하는 것은 절대 불법체류자에 대한 제재가 아니라는 말씀을 드리고자 합니다.

지금부터는 다섯 가지 주제에 대해서 간단히 말씀드리겠습니다.

심사자료 6쪽에 보시게 되면 보호에 대한 이의신청과 보호해제 결정주체, 피보호자에 대한 방어권 보장 등이 있습니다. 이 부분에 대해서는 기본적으로 박주민 의원안에 있는 내용을 상당 부분 저희가 반영을 했고요.

여기서 한 가지만 말씀드리고자 하면 뒤에 있는 보호위원회 소속과도 관련된 부분인데 박주민 의원안은 법원이 관장하는 것으로 돼 있습니다. 그런데 기본적으로 저희 정부안은 법무부 소속 외국인보호위원회를 둔다는 건데 기본적으로 미국이나 캐나다·영국 등 선진국을 보더라도 출입국과 관련된 어떤 결정에 대해서 사법 심사로 나아가기 전에 최소한의 그 결정을 내리는 위원회 자체는 기본적으로 행정부 소속입니다. 미국 같은 경우에 이민법원이라고 할 때는 코트(court)라고 돼 있어서 법원이라고 되어 있긴 합니다만 미국에서 이민법원은 법무부 소속입니다. 왜냐하면 행정부에서 결정을 내리는 걸로 해야 거기에 대한 사법 심사가 가능합니다.

만약에 박주민 의원님 안같이 할 경우에는 법원이 결정을 내리게 되면 법원이 내린 결정에 대해서 이의를 제기한다고 하게 되면 삼심제에 의할 경우에는 결과적으로 2심 항소심과 상고심만 남아 있게 되는데, 정부안과 같이 준사법기관인 행정부에서 결정을 한다 할 경우에는 오롯이 삼심제가 보장이 되는 측면이 있습니다. 그래서 이 보호에 대한 결정권 심사 주체는 행정부가 하는 것이 맞다는 말씀을 드리고요.

그다음에 두 번째 쟁점으로 넘어가도록 하겠습니다.

심사자료 12페이지입니다.

이것이 이 출입국관리법에서 가장 핵심적인 사항이고 지난번 소위에서도 여러 가지 논의가 있었던 것으로 알고 있는데요. 보호기간 상한을 설정할 때 두 가지 점을 필히 고려를 해야 된다고 생각합니다.

지금 보호 유치된 사람 중에, 장기 보호 유치된 사람들 중에 가장 많은 비율을 차지하는 것이 첫 번째 난민재판을 신청한 사람입니다. 두 번째가 본인이 거부하는 그러니까 출국 거부자들인데요.

이 난민재판을 반드시 고려해야 될 이유가 우리나라는 1992년도에 난민협약에 가입을 했고 2013년 7월부터 난민법이 시행됐습니다. 난민법에 의하면 난민 신청자는 '본인의 의사에 반해서 강제로 송환되지 아니한다'라는 명문의 규정이 있습니다. 그래서 종전대로 상한이 없을 경우에는 난민 신청을 했을 경우에 난민재판 결과가 나올 때까지는 송환이 안 되지 않습니까.

그래서 이런 경우는 저희가 강제 송환 자체가 어느 정도 담보가 됐습니다만 예를 들어서 상한이 박주민 의원님 안과 같이 100일 정도로 할 경우에는, 사실 100일 내에 난민재판은 불가능합니다. 그러면 어떻게 말하면 그 기간 동안 한 번이라도 강제출국을 시도조차 못한 상태에서 기간이 다 도과가 되거든요. 그래서 저희가 강제퇴거 대상자에 대한 보호명령의 상한을 정함에 있어서는 난민재판과 연계를 시켜야 된다는 생각이 들고.

또 한 가지가 지금 대만의 예를 드시는데, 대만은 100일입니다. 그런데 대만은 우리나라와 같은 난민법 같은 이런 제도가 없습니다. 그래서 대만 같은 경우에는 100일이 돼 있으면 100일 내에 여러 차례 강제출국 시도가 가능합니다만 우리나라는 대상자가 난민 신청을 할 경우에는 불가능하기 때문에 17개월로 하든 18개월로 하든지 간에 이런 경우조차도 문제가 있을 수 있지만 저희가 헌법재판소의 취지를 존중해서 17개월로 정했다는 말씀을 드리고자 합니다.

그리고 두 번째가, 또 한 가지가 문제가 되는 것이 본인이 거부하는 경우가 있습니다. 출국거부자인데 이 부분도 심심치 않게 존재하고 있습니다. 그런데 출국거부자인 경우에는, 예를 들어서 비행기에 태웠는데 난동을 피우는 사람입니다. 그러면 이 경우에 국가가 관여하기 어려운 게 이 비행기, 항공기에 관련돼서는 도쿄협약도 있고 헤이그협약도 있고 몬트리올협약도 있습니다. 이 3대 협약이 있는데 이 협약에 의하면 기장에게는 상당한 권한이 주어집니다. 난동을 피우는 사람한테는 감금을 하거나 하기조치가 가능하도록 돼 있고 만약에 강제퇴거 대상자가 비행기에 탑승을 했는데 그 순간 난동을 피웠다고 하면 기장의 국제법상의 권한으로 바로 하기조치가 가능하고 실제로 2023년도에 총 10건 중의 4건이 그런 일이 발생했습니다.

다만 저희가 이번 기회에 상한을 두면서 그래도 그와 같이 난동을 피우는 사람에 대해서는 강제로 퇴거하기 위해서 고민하고 있는 것이 이 비행기나 선박을 임차하는 방법입니다. 이런 규정을 통해서 최대한 노력을 다하겠다라는 게 저희 법무부 의견이라는 걸 말씀드리고 항공기와 선박을 임차해서 강제퇴거조치를 효율적으로 하겠다는 방안도 저희 수정안에 포함돼 있습니다. 이 부분에 대해서 말씀을 드렸고요.

다음은 세 번째 부분입니다.

세 번째 부분은 심사자료 28페이지에 있는 부분인데요, 보호해제된 사람의 재보호와 보호의 일시해제입니다. 28페이지에 보시게 되면 원래 원안 중에 도주 염려가 있다고 명백하게 인정되는 경우는 이번에 뺐습니다. 그래서 보호해제가 됐는데 도주 우려가 있다는 이유만으로 다시 재보호하는 사례는 없습니다. 이 부분은 박주민 의원님 안을 반영했고요.

이 건과 관련돼서 중요한 대목이, 일단은 보호를 했다가 해제한 상태에서 다시 재보호하는 부분에 대해서 대한변협 입장에서는 이거는 장기간 구금의 수단으로 악용될 가능성이 존재하므로 반대한다라고 심사자료 36페이지에 기재돼 있는데 저는 이 부분은 이런 측면도 있다는 거를 설명드리고자 합니다.

기본적으로 외국인보호위원회가 구성이 되면요 일단 선택 사항은 두 가지가 있을 수 있습니다. 기본적으로 보호 연장을 승인할 수도 있고요 불승인할 수도 있는데 또 한 가지 제3의 선택지가 조건부로 석방할 수 있습니다. 일종의 영장의 조건부 석방과 유사한 제도라고 볼 수 있는데 외국인보호위원회가 심사를 하면서 이 사람에 대해서는 계속 보호하는 것은 옳지 않지만 그렇다고 무조건적으로 하는 거는 타당하지 않다라고 했을 때 일단은 보호 연장을 불승인할 수도 있는데 그럴 경우에 외국인보호관찰소장이 조건을 달 수가 있습니다. 그러면 주거 제한이라든지 보증금 납부 등을 달 수가 있거든요.

그러면 이런 제안을 어겼을 때 재보호한다는 것 자체가, 어떻게 보면 재보호하는 것 자체를 불허할 경우에는 그나마 제3의 영역으로 존재할 수 있는 조건부 석방, 조건부 해제 자체가 무용지물이 될 수가 있습니다. 한 번 풀어준 상태에서 다시 재보호하는 것을 못 하게 한다면 외국인보호위원회에서 선택지는 제3의 선택지, 그러니까 불승인하지만 조건을 달아서 보호해제할 수 있는 영역이 사실상 운영이 안 될 수 있기 때문에 얼핏 보면 외국인한테 유리할 수가 있겠지만 재보호를 금지하게 되면 기본적으로 궁극적으로는 외국인한테 불리할 수도 있겠다라는 말씀을 드리고자 합니다.

다음, 네 번째 부분입니다.

37페이지에 있는 부분인데요, 외국인에게 보호 관련 의견 진술 기회의 부여 이 부분은 저희가 헌법재판소 취지를 존중해 가지고 이 규정은 다 신설했고 변호인 동석권이라든지 그다음에 신뢰관계자 동석권도 다 보장하는 것으로 했습니다.

다음, 마지막 부분입니다.

가장 중요한 쟁점 중에 남아 있는 부분인데, 외국인보호위원회 설치를 어떻게 할 것이냐라는 부분인데 앞에서 말씀드린 바와 같이 외국의 경우에는 미국의 경우를 포함해서 출국과 관련된 결정은 기본적으로 행정부 내에 있는 준사법기관인 위원회에서 하고 거기에 대해서 불만이 있는 사람들은 법원에 대한 소송을 통해서 해결합니다.

그래서 법무부 안은 기본적으로 외국인보호위원회는 행정부에 두는 것이 맞다. 그러면 행정부 내에 둘 때 총리 소속으로 두자는 의견도 있습니다만 기본적으로는 법무부에서 불법체류자를 단속하고 관리하기 때문에 보다 더 신속하고 효율적으로 제도가 운영되기 위해서는 법무부 산하에 두되 사실상 직무는 독립하는 것으로 하겠다라는 게 저희 의견이고 그래서 이 구성을 보시게 되면 외부 인사를 과반으로 하겠다라고 되어 있습니다.

그리고 이 위원회가 유명무실할 우려가 있다는 점에 대해서는 어떻게 설명드릴 수 있냐고 하게 되면 기본적으로 이 위원회는 별도의 사무국이 있습니다. 별도의 사무국이 있다는 거는 사실 그 자체로도 굉장한 의미가 있는 부분이라서 별도의 사무국을 둔 외국인보호위원회에 외부 인사가 과반이 된다라고 하면 종전과 같이 약간 이의 신청이라든지 연장 승인 과정에서 너무 형식적으로 흐르는 게 아니냐라고 하는 그런 비판에 대해서는 저희가 이 부분은 앞으로 그런 문제는 없을 거다라고 자신 있게 말씀드릴 수 있습니다.

이상 보고를 마치도록 하겠습니다.

○**소위원장 박범계** 수고하셨습니다.

다음은 배형원 차장님.

○**법원행정처차장 배형원** 지난 1소위 논의 과정에서 법원행정처에서는 헌재에서 불합치결정을 한 취지를 고려했었을 때 지금 정부안에 따른 보호 기간의 상한 설정이 국제적 기준에 부합하는지 한번 검토가 필요하다, 즉 너무 장기간이 아닌지에 대해서 의견 개진을 하나 했었고요. 두 번째로는 지금 새롭게 구성을 하려고 하는 외국인보호위원회의 독립성과 관련해서 좀 더 객관적이고 독립성이 필요하다라는 두 가지 의견을 개진한 바 있습니다.

그 이후에 법무부에서 수정안을 제시하시면서 저희가 개진했었던 그 두 가지 문제에 대해서 일부 수정을 했기 때문에 그 수정안에 대해서는 특별히 이견은 없고요.

다만 한 가지만 보충적으로 말씀을 드리면 회의 자료 54쪽 하단에 기재된 부분인데요, 여러 가지 보완을 위해서 수정안에는 행정소송을 제기할 수 있다라는 규정인—54쪽 제일 밑에서 누 번째 줄입니다—외국인보호위원회 결정에 불복을 하면 행정소송을 제기할 수 있다라는 취지의 제66조의14를 신설했는데 이건 어떻게 보면 당연한 규정이고요. 오히려 이 규정이 만들어짐에 따라서 그러면 행정소송이 아닌 행정심판법에 따른 행정심판은 못한다는 것인지에 대한 논란이 생길 수 있기 때문에 이 규정은 굳이 둘 필요가 없다는 것이 저희 입장입니다.

이상입니다.

○**소위원장 박범계** 수고하셨습니다.

그러면 1소위의 위원님들께서 해당 법안에 대한 토론을 해 주시기 바랍니다.

○**유상범 위원** 이 토론을 전체를 한꺼번에 다 말할 수 있는 것도 아니고 조문을 하나하나 나눠서 하는 게 맞지 않겠어요?

○**소위원장 박범계** 결론을 내 가면서 하자는 말씀인데……

○**박희승 위원** 위원장님, 저는 이 법안에 대해서 좀 다른 의견이 있어서 제가 먼저 말씀드리면 안 되겠습니까?

○**소위원장 박범계** 그래서 지금 유상범 위원님은 조문별로 순서대로 토론을 하자 이런 말씀이고, 이게 제가 보기에 약간 체계의 정합성 같은 게 좀 있는 거라 한 5개, 6개 쟁점이잖아요. 그래서 특별한 형식에 구애받지 말고 의견을 주시면 될 것 같고요. 어차피 최종적으로 조율을 하나하나 하기는 해야 될 것 같습니다. 그래서 일단 자유롭게 의견을 말씀해 주시면 좋겠습니다.

박희승 위원님.

○**박희승 위원** 저는 일단 박주민 의원안 중심으로 말씀을 드리겠는데요. 지금 여기 법무부 안을 보면 법원에서 하는 부분에 대해서 사실 법무부에 대한 신뢰가 떨어지기 때문에 다른 기관에서 위원회를 만들어서 한다 이렇게 말씀을 하셨는데 결국은 그동안 구금 관련해서는 사실 인신에 관한 것이기 때문에 저는 기본적으로 법원에서 하는 게 맞다 그런 생각이고요.

그다음에 OECD, 지금 자꾸 미국이나 영국 이야기를 많이 하시는데 그런데 공교롭게도 영미법 국가들만 보니까 구금 상한이 없거나 이런 독특한 제도를 운영하고 있더라고요. 그런데 우리가 영미법 국가만 볼 게 아니고 전 세계적으로 평균을 봐야 될 것 같은데 OECD 국가의 구금 상한 기간 평균은 8.2개월로 되어 있습니다. 미국 같은 경우에도 처음부터 무기한이 아니고 기본 기간은 90일이고 연장을 했을 때 가중이 무기한으로 바뀌는, 그래서 조금씩 차이가 있다는 것도 말씀드리고요.

저는 그리고 이 위원회 자체를 또 새롭게 만든다는 게 결국은 옥상옥 아니냐, 결국은 그것도 많은 정부 조직이 필요하고 예산이 필요한데 인신에 관한 것이기 때문에 법원에서 만약에 연장 같은 걸 승인권을 법원에서 한다면…… 제가 보니까 통계적으로 보면 약 97%가 3개월 안에 다 본국 송환이 되더라고요, 석 달 안에. 그러다 보면 그 나머지 퍼센티지는 굉장히 낮은데 결국 남은 사람들은 난민이라든지 이런 장기적인 체류가 필요한 사람들인데 이런 위원회 제도를 거치지 않고 법원에서 만약에 승인권을 갖고 바로 소송으로 간다면 난민소송 기간도 훨씬 더 짧아지지 않을까, 대기하는 기간이. 그래서 어쨌든 이런 여러 가지 국가적 예산 비용도 생각해야 되고 무엇보다도 인신에 관한 것이기 때문에 저는 법원에서 기본적으로 심사를 해야 된다 이런 생각입니다. 최초 구속 말고 나중에 연장할 때도 그렇게……

○**소위원장 박범계** 이왕 말씀하셨으니까 보호 기간의 제한에 대해서는 박 위원님은 어떤 생각을 하고 계십니까?

○**박희승 위원** 저는 기본 생각이 처음에도 법무부 안에는 석 달, 처음에는 구금을 하고

그다음에 3개월·3개월 연장해서 그러면 최대 9개월, 연장할 때마다 법원의 승인을 받는 다든지 이런 절차로 하면 어떨까 이런 생각입니다.

○**유상범 위원** 박희승 위원님이 위원회 교체가 되면서 새롭게 의견이 나오셨는데 지난 번 논의할 때는 기본적으로 불법체류한 사람이고 자발적인 출국명령이나 출국권고를 받지 않은 상태에 있는 사람입니다. 즉 한국에서의 체류 자격은 불법인 상태에서 그분을 외국으로 내보내는 상황인데 그렇다고 해서 이미 그런 불법체류 자격에 있는 사람을 그대로 대한민국에 방치할 수는 없는 것이고 또 강제퇴거를 시키려고 하니까 일정 기간 우리가 보호조치를 하는 건데 이 부분에 대해서 새로운 권익을 침해하거나 권리 침해하는 것도 아니고 행정적으로 불법체류자 관리를 위해서 무제한 보호조치를 할 수 없는 부분에 대한 지적이 있었기 때문에 그걸 수정하는 건데 위원회를 설치하라는 조언을 따라서 위원회를 둡니다만 그걸 갑자기 사법부에 둔다고 한다면 무슨 권리를 침해했다고 사법부에 두는 걸까요? 사법부의 심사가 있으려면 제일 중요한 게 무슨 불법성에 대한 판단이라든가 권리 침해에 대한 구제라든가 이런 게 있어야 되는 것 아닙니까? 기본적으로 불법체류자로서 우리에게 다 단속이 됐고 나가야 되는 사람인데 그걸 가지고 사법적 심사 대상으로까지 간다는 것 자체가 우리가 불법체류자에 대한 과잉 보호가 아닌가 하는 그런 우려가 좀 듭니다.

그래서 제 생각에는 이게 지난번에도 그 부분에 대한 논의가 좀 있었습니다만 원칙적으로 위원들 간에도 정부 안에 보호위원회를 설치하는 것으로 하는데 다만 구성에 대해서 지적된 것이 법무부에 두면 법무부가 형식적으로 보호 기간을 계속 갱신하는 형태가 나오니 외부인의 구성을 반수 이상을 더 넣는 것이 좋겠다는 제안이 있었고 그래서 그 제안에 따라서 사실 오늘 여러 가지 수정안이 나온 거거든요. 그래서 그 부분을 다시 사법부의 심사 부분에 대한 논쟁이 되면 논의가 완전히 도돌이표로 처음으로 돌아가는 거기 때문에 그 부분은 이번 논의에서는 저희가 배제하는 게 맞지 않나 이렇게 생각이 됩니다.

○**소위원장 박범계** 유상범 위원님이 지금 말씀하셔서서 제가 확인을 좀…… 우리 소위원회가 오늘 일종의 갱신을 하는 것 아니겠어요, 위원장도 바뀌고 박희승 위원님도 바뀌어서 그래서 이렇게 자세하게 정환철 수석전문위원님도 아까 보고를 했고 차관님께서도 외국인 정책에 대한 철학을 아주 길게 말씀을 하셨는데 저도 여기에 관심이 있었던 주무기관장이었습니다. 그래서 잘 알겠는데, 이때……

○**유상범 위원** 그때 좀 만들어 주시지. 뭐 하느라, 그때 뭐 했어요, 도대체? 잘 좀 만들지.

○**장동혁 위원** 그러게요.

  (웃음소리)

○**소위원장 박범계** 이렇게 웃어 가면서 법사위가 진행이 돼야 되는데.

○**유상범 위원** 위원장만 바뀌면 다 좋은 일이 생긴다니까.

○**소위원장 박범계** 나중에 정청래 위원장님이 속기록 다 가져다가 봅니다.

○**유상범 위원** 이것 좀 삭제해 주세요.

○**소위원장 박범계** 정환철 수석님, 지금 이의신청 기관과 관련해서 법무부에 심사위원회를 두는 것에 대해서 공감대가 이루어졌다 이런 보고를 하셨어요. 그런가요? 다시 한번

여쭙니다.

○수석전문위원 정환철 지난번에도 법원으로 할 거냐 법무부 소속으로 할 거냐에 대해서 의견이 있으셨는데 대체적으로 여야 위원 구분 없이 무게 중심은 일단 법무부 소속으로 하는 것에 대해서는 대체로 의견을 많이 모아 갔던 것으로 기억하고 있습니다.

○소위원장 박범계 난민 소송과……

여기 출입국본부장 나와 계시지요?

○법무부출입국·외국인정책본부장 배상업 예.

○소위원장 박범계 물론 차관님한테 물을 거고 혹시 보충할 게 있으면……

난민 소송과 아까 박희승 위원님이 말씀하셨듯이 97%를 제외한 나머지가 사실은 해당 문제되는 사람들 아니겠습니까? 그러니까 지금 연장을 어떻게 계속 해 갈 거냐의 대상이 되는 사람들이 난민 소송을 제기하는 중첩률, 그것은 어때요?

○유상범 위원 표가 있습니다, 자료가.

○박희승 위원 표가, 자료가 있을 텐데…… 97%가 3개월 내에 다 나가고……

○소위원장 박범계 그러니까 그것은 거의 문제가 안 되는 사안이고, 나머지 3%가 중한 범죄냐 덜 중한 범죄냐 이렇게 나뉘어지고…… 그분들이 거의 난민 소송을 제기하는 사람들입니까?

○법무부차관 김석우 그래서 말씀을 드리면, 제가 최근 5년 치의 통계를 다 뽑아 봤습니다. 그러면 순서대로……

○소위원장 박범계 짧게, 너무 공부를 열심히 하시는 것 같아.

○법무부차관 김석우 난민 소송 때문에……

○유상범 위원 잠깐만.

차관님, 우리가 보고 있는지 안 보고 있는지 보면서 얘기를 해야지. 이 자료가 나눠져 있는 게 있거든요. 그러니까 그 자료가 있는지를 한번 보세요, 위원님들이 가지고 계신 것. 혼자 그 자료 가지고 얘기하면 무슨 소용이 있나. 아니면 지금 나눠 드리세요.

○법무부차관 김석우 제가 위원님이 가지고 계신 자료하고 제 자료가 동일한지 지금 확인하느라……

○소위원장 박범계 얘기해 보세요, 그러면. 설마 거짓말이겠어요?

○법무부차관 김석우 일단은 저희가 가장 많은 게 난민 재판 때문에 안 나가는 사람들이 많습니다. 그래서 비율이 2023년도, 재작년 같은 경우에는 장기 보호, 12개월 이상 있는 사람들 중에 난민 재판 때문에 못 나가는 사람 비율이 54%입니다. 두 번째가 출국을 본인이 거부하는 경우. 그러니까 1·2등은 거의 변함이 없습니다. 난민 재판……

○소위원장 박범계 그러니까 장기 불법체류자의 절반 정도가 소송을 제기하고 있다는 얘기네요?

○법무부차관 김석우 예, 난민 재판 때문에.

○소위원장 박범계 오케이, 오케이.

차장님, 어떻습니까? 출국하지 않음으로써, 아까 차관님이 표현했듯이 사실상의 구금이고, 그런데 구금을 본인의 의사에 의존하는 유일한 케이스다라는 것은 맞는 얘기고. 그런데 절반 정도는 난민 소송을 제기한단 말이에요. 그래서 법원에 계류 중이지요? 그래서 법관의 일종의 판단에 맡겨져 있는데, 동시에 그 이전 단계에서의 보호기간을 연장하는 문제를 또 법원에다 묻는 것은 그것이 일종의 기능적으로 중복될 여지는 없습니까?

○**법원행정처차장 배형원** 그 점과 관련해서는 저희가 심사자료 11쪽에 의견을 좀 개진한 바가 있는데요. 우선 이와 같이 보호명령에 대해서 이의를 하는 사건 수가 어느 정도 될지를 저희가 알 수 없는 상태에서……

○**소위원장 박범계** 지금 한 50%……

○**법원행정처차장 배형원** 그러니까 사건 수를 따져 봤었을 때, 보호명령을 하게 되는데 대부분의 사람들은 일정 기간 내에 출국을 한다라고 하니까 보호명령에 대해서도 이의 제기를 안 하게 되면 그 사건은 이의 신청 사건으로 오지 않을 것 같고요. 보호명령을 했음에도 불구하고 거기에 대해서 이의를 하는 사건에 대해서 어떻게 처리할지를 논의하는 게 오늘 논의의 장인 것 같습니다. 그러면 그 사건 수가 어느 정도 되는지, 업무 부담이 어느 정도 되는지를 봐서 법원의 인력과 예산 충원의 문제가 생긴다라는 현실적인 문제를 말씀드리고요.

그보다도 본질적인 문제를 말씀드리면, 이와 같이 보호명령이 이루어지게 되면 일종의 행정처분이라고 볼 수 있을 여지가 있습니다. 그렇다고 본다면 거기에 대해서 이의하는 절차는 행정심판을 제기할 수 있고요 아니면 직접 행정소송을 제기할 수 있습니다. 그렇게 되면 판단의 대상은 보호명령의 적정 여부를 판단하게 될 텐데요. 이 보호명령의 적정 여부를 또 하나 판단할 수 있는 기구로서 지금 외국인보호위원회를 새롭게 두자라는 논의인 것 같습니다. 그렇게 되면 외국인보호위원회가 아닌 법원에서 이것을 또 심사하게 되면 이것과 행정소송과의 관계를 어떻게 자리매김을 할지가 좀 혼란스럽다라는 측면을 저희가 심사자료에 개진한 바 있습니다.

○**소위원장 박범계** 그렇군요. 제 문제 의식하고 같은데……

행정처분에 대해서 난민 소송도 제기할 수 있고 행정심판과 행정소송도 제기할 수 있고…… 그러면 보호명령에 대한 이의 신청이 여러 가지가 중복되는 수가 생길 수가 있네요.

그래서 민주당 위원님들, 일응, 일응은 제 판단인데 일단은 법무부에서 보호 외국인의 처우 상태, 구금의 결속, 강력성, 그 사람의 개별적인 어떤 개별 요소 그다음에 저 같은 경우에는 화성 보호소에서 아주 폭력적인 알제리인을 한 번 경험한 경우가 있었는데, 그래서 이게 천차만별이거든요. 그래서 그러한 사정들은 서류로 현출되기 이전에 해당 법무부 외국인보호소가 가장 정확하게 알고 직원들의 고충이라든지 그런 것들도 가장 정확하게 아는 것 같습니다.

그래서 지난번 제가 오기 전에 또 박희승 위원님이 오기 전에 법무부 내에 일종의 행정위원회를 통해서 한 번 거르는 게 좋지 않겠느냐, 그 이후에 구제 절차도 있다는 말씀을 차장님이 하시는 거니까. 그래서 일단 이 부분은 그렇게 정리하는 게 어떻겠습니까, 박희승 위원님?

○**박희승 위원** 그러면 지금…… 제가 주안점을 두는 것은 연장입니다. 기간 연장할 때 법원의 승인을 받으라는 거지요. 처음에, 초창기 2개월, 3개월 들어갈 때 그것은 행정……

○**소위원장 박범계** 아니, 그러니까 그 말씀이에요. 법원의 승인으로 가게 되면 아까 말씀드렸듯이 연장 처분…… 연장 처분에 대해서 행정심판도 할 수 있는 거지요?

○**법원행정처차장 배형원** 저희가 실무에는 잘 모르겠습니다만 연장을 하는 것이 연장처분을 통해서 이루어진다라고 한다면 연장 허가에 대해서 일단 행정처분이 이루어진 것 같고요, 거기에 대해서 불복하는 절차가 행정심판이나 행정소송으로인 것 같습니다.

○**소위원장 박범계** 있지요? 있고, 지금 승인을 법원에서 또 받으라고 한다면……

○**박희승 위원** 아니요, 제 말은 1차 구금 기간이 만료되면 법원 승인을 받아서 연장하라는 거지요.

○**소위원장 박범계** 아니, 그러니까.

○**유상범 위원** 이게 논점이 굉장히 위험한 논점이라서 제가 말씀드리는데 '구금'이라는 표현을 쓰시면 이건 적절치 않습니다. 지금 차관이……

○**소위원장 박범계** 아니, 구금은 맞고.

○**유상범 위원** 아니, 그러니까 이게 중요한 게 차관이 말한 것은 본인의 자발적 의사에 의한 보호시설의 인치거든요, 그것이 구금이라는 것은 타의에 의한 인치고. 그러니까 이렇게 구금이라고 표현한다면 그건 비자발적인 구금이 되니까 지금 전체 강제퇴거 명령 대상자에 대한 판단을 그렇게 보면 자꾸 법원 얘기가 나오는 겁니다.

그러나 그렇지 않고 지금 자발적으로 본인이 있는 상태에서 본인이 난민을 하거나 출국 거부를 하고 이런 상황인데 본인이 거부해서 할 수 없이 두는 거거든요. 우리나라에서 나라 세금을 넣어서 불법체류자를 위해서 계속 보호하는 거예요. 그런데 그걸 가지고 자꾸 구금으로 개념을 가지고 가면 그건 완전히 잘못됐다 이렇게 말씀드립니다.

○**소위원장 박범계** 그러니까 본인의 자발적 의사, 의지라는 것이 작용하는 건 틀림없지만 외국인보호소의 개선의 정도가 점차 나아지고 있기는 하나 어쨌든 현실적으로는 헌법재판소가 정확히 봤듯이 구금적인 요소가 없는 건 아니기 때문에 이런 헌법불합치 결정이 나온 것 같아요. 그래서 그 중간 지대에 있는 건데…… 법원에서 승인을 받게 되면 그것도 하나의, 법은 승인이 하나의 처분이 되는 것 아니겠습니까, 차장님?

○**법원행정처차장 배형원** 승인의 구조를 어떻게 만들지의 문제일 텐데요.

○**소위원장 박범계** 만드느냐에 달렸지만 간단하게 보더라도……

○**법원행정처차장 배형원** 법원이 행정처분을 하게 되는 결과가 생길 것 같습니다.

○**소위원장 박범계** 생기는 것 같지요? 그러니까 그 승인의 효력을 가져와서 법무부가 그것을 확인하는 처분을 하겠지요. 그래야 제대로 된 행정청의 처분이 되겠지요? 그렇지요? 그러면 그 처분에 대해서 또 행정심판, 행정소송으로 가져갈 수 있지요? 또 난민소송도 할 수 있지요? 그렇지요?

○**법원행정처차장 배형원** 예.

○**소위원장 박범계** 그래서 그런 측면, 그러니까 모든 걸 다 법원에 의존하게 되는 그런 면이 좀 없지 않아 있는 것 같아서……

○**박희승 위원** 제 말씀을……

○**소위원장 박범계** 잠깐만요.

그래서 제가 여기에 이렇게 중재를 하는 이유는 지금 법무부안에서 구금 기간에 대한 다소간의 수정, 박주민 의원안과 완전히 큰 차이가 났던 것을 조금 줄이기는 했는데 그것이 무엇이 옳으냐, 어떤 기준이 옳으냐라는 것은 왕도가 없는 것 같아요. 왕도가 없는 것 같아서 제가 좀 파격적인, 그러나 박주민 의원의 원안대로가 아닌 그런 중재를 해 보려고 해서 일단 행정위원회는 그냥 법무부안대로 가고 기간을 가지고 또 그 밖의 이의 신청의 권리랄까 이런 것으로 우리가 좀 더 보강을 하는 게 어떤가 하는 그런 생각이 드는데 어떻습니까?

○**박희승 위원** 그러면 위원회 소속을 법무부로 두고, 이것도 아마 총리 소속으로 두든지 기관……

○**소위원장 박범계** 총리는 제가 일선에 있을 때 보면 총리실이 사실은 높아서 좋은 것 같지만 위원회들이 너무 많아서 형해화됩니다. 법무부는 제대로 심사할 수 있거든요.

○**박희승 위원** 제가 위원회도 하고 이런 것 하면 다 좋지만 사실은 위원회가 예산도 많이 소요되고 시간도 소요되고 또 거기다 형식적으로 흐르는 위원회를 너무 많이 봐서, 결국은 위원회를 만들지만 결국은 그 담당하는 분들의 뜻에 따라서 위원회가 움직일 가능성이 너무 높다 그런 것하고.

그다음에 이게 초창기, 아까 말한 대로 97%가 석달 안에 다 나가는데, 출국하는데 사실은 위원회까지 안 만들어도 그 안에서 거의 다 해결이 되고 나머지 3% 정도 그걸 어떻게 할 것인가 그런 차원 아닌가…… 그런데 그걸 위해서 또 위원회까지 만들어 가지고 이렇게 많은 행정력을 들일 필요가 있는지 이런 생각도 좀 들고요.

○**서영교 위원** 이것 헌재가 요구한 것 아니에요?

○**유상범 위원** 헌재가 그러한 부분에 대해서 요구를 한 게 아까 서두에 다 있지 않습니까? 세 가지 요건을 맞춰 가지고 헌재가 위헌 결정을 하면서…… 2페이지지요? 2페이지에 보면 중립적 기관의 타당성 여부를 심사해 달라고 요구를 했고 위헌 결정에 따라서 법무부가 여기에 상응해서 외국인보호위원회를 둔 거다 이렇게 지금 법무부 입장을 밝힌 것 아니에요?

○**법무부차관 김석우** 예, 그렇습니다.

○**유상범 위원** 그런데 헌재에서 이 2항에 대해서, 나는 박희승 위원님 말씀도 틀리지 않다고 보는 게 2항에 관련된 내용에 대해서 결정을 한 건 아니잖아요?

○**법무부차관 김석우** 아닙니다. 그래서 소속은 개방적으로 했습니다.

○**유상범 위원** 헌재에서 그런 필요성에 대해서 검토할 필요가 있다고 했을 뿐이지 이것에 대해서 두라고 결정한 것도 아닌데…… 사실은 별도 위원회가 아니라 출입국관리소 산하에, 관리국 안에서 운영을 하면서 외부 위원을 두는 방법도 괜찮지 않습니까? 사무국까지 둬야 될 일은 아닌 것 같아, 내가 보니까.

○**법무부차관 김석우** 그런데 다만 중립적이고 독립된 기구를 통해서 심사를 해야 된다라는 판시가 돼 있어서 그 취지에 따르면 별도 위원회를 구성하는 것이 가장 타당하다고 저희는 판단을 했습니다.

○**유상범 위원** 사무국을 두면 그 사무국은 별도로 직원을 새로 두고 그러는 건 아니겠지요? 법무부 소속 직원들이 사무국을 같이 운영하겠지만……

○**법무부차관 김석우** 그리고 기본적으로 위원회가 구성이 되면 연장 승인 결정을 위원회 자체가 합니다. 그러니까 위원회에서 심의한 다음에 법무부장관이 승인하는 것이 아니고 연장 승인 결정 자체를 위원회가 하고 그 승인 결정 자체를 행정소송으로 다툴 수 있다고 저희는 보고 있거든요. 그래서 위원회 자체는 그런 측면에서 상당히 의미가 있습니다. 독자적인 결정 주체입니다.

○**유상범 위원** 이게 지금 의결기구잖아요, 위원회가?

○**법무부차관 김석우** 예, 의결기구입니다. 승인 결정 기구입니다.

○**소위원장 박범계** 지금 외부 위원을 과반수 이상 이렇게 하기로 한 거지요?

○**법무부차관 김석우** 예.

○**소위원장 박범계** 그래서 이 부분은 박희승 위원님이 좀 양보를 해 주셨으면 좋겠습니다.

○**박희승 위원** 알겠습니다.

○**장동혁 위원** 지난번에도 위원회를 구성하면 박희승 위원님이 문제 제기하셨던 그런 우려가 있지 않냐는 것이 있었고 또 결정이 형식적으로 되지 않겠냐라고 의견들이 있어서 지금 외부 위원을 일단 과반수 이상으로 하고, 결국 위원회를 어떻게 구성하고 어떻게 운영할지의 문제 아니냐 이렇게 생각합니다. 결국은 법무부에 두고 지금 정부안대로 사실은 어느 정도 의견이 좁혀지고 큰 이견은 없었던 것 같습니다.

○**소위원장 박범계** 그렇게 수석전문위원이 보고를 했고요.

지금 박주민 의원안은 기본적으로 100일, 그다음에 수정한 법무부의 의견은 원칙적으로 17개월, 최초 2개월에 최대 3개월씩 이렇게 한다 돼 있고 중대 범죄자는 23개월 이렇게 돼 있는데요. 수정 전은 18개월에서 17개월로, 36개월에서 23개월로 이렇게 수정을 했는데…… 절반으로 합시다, 절반.

○**법무부차관 김석우** 그래도 기간 관련돼서……

○**소위원장 박범계** 법리를 자꾸 그렇게……

○**법무부차관 김석우** 아니, 법리 부분이 아니고요.

○**소위원장 박범계** 그런 것만 궁리하시는 것 같은데……

○**법무부차관 김석우** 위원장님, 그게 아니고 지금 난민 재판 실무하고 연계가 돼 있는 부분이 있습니다. 그래서 저희가 난민 재판이 보통 한 1년 6개월 정도 끌거든요. 그러면 사실은 저희가 이것을 17개월로 하든 18개월로 하든지 간에 그 기간이, 사실 이 사람이 난민 재판 신청을 하면 지금은 어떻게 보면 범위가 굉장히 늘 수밖에 없는 게 지금은 상한이 없기 때문에 난민 재판을 계속해 봐야 보호시설이 있기 때문에 한계가 있는데 앞으로는 17이나 18개월 이렇게 정해지게 되면 그 기간만 넘기면 나가거든요. 그래서 지금보다 훨씬 더 난민 신청을 많이 하면 지금보다 난민 재판은 훨씬 더 길어질 겁니다.

그러면 실제로 기간이 정해지면 그 기간 내에 최소한 한 번이라도, 1차라도 재판이 종결돼야 출입국관리본부에서 한 번이라도 시도는 해 봄직은 한데 한 번도 시도도 못 하고 끝낼 경우가 좀 있거든요. 그래서 기간 자체가 100일이라는 게 이상적일 수는 있는데 난민 재판 실무하고는 좀 맞지 않는 부분이 있어서 최소한 한 번이라도 시도할 수 있는 기회는 부여가 돼야 된다는 게 저희 입장입니다. 그래서 그게 난민 재판 실무하고 좀 맞물리는 부분이 있는 데다가 앞으로 난민 신청이 더 많아지면 난민 재판이 훨씬 더 길어질 거다라고 하는 그런 문제점도 있습니다.

○**소위원장 박범계** 그것은 차관님이 걱정하실 일이 아닌 것 같아요, 제가 보기에는.

○**서영교 위원** 제가 질문 좀 해도 될까요?

○**소위원장 박범계** 예.

○**서영교 위원** 우선 말씀처럼 97%가 2개월, 3개월 안에 다 나가는 거잖아요?

○**법무부차관 김석우** 예, 그렇습니다.

○**서영교 위원** 문제가 없고. 그리고 어떻든 이게 지난번에 시민단체들하고 토론회를 해 보니까 문제 제기를 되게 세게 하시더라고요, '실제로 구금은 아니라고 하지만 구금이나 마찬가지다. 교소도나 마찬가지다'. 제가 거기 가 보지는 않았지만 그런 이야기부터……

우선 불법체류자는 웬만하면 다 나가니까 그렇게 정리를 하고.

남은 사람이 작년에만 하면 몇 개월 내에 나가는 사람 외에는 한 200여 명 정도 되는 걸로 돼 있어요.

○**법무부차관 김석우** 예, 장기……

○**서영교 위원** 장기로 있는 사람이 200여 명 정도 되고 200여 명 정도 중에 난민 신청이 150명 정도. 그러면 제가 생각하기에는 '이랬는데 왜 법무부는 그동안 상한이 없이 지내 오셨을까' 이런 고민이, 이런 걱정이 좀 됩니다.

그리고 여기 해 왔듯이 유럽연합이나 웬만한 나라들은 다 상한이 6개월이라는 것 아닙니까?

○**법무부차관 김석우** 최장 18개월이 많고요. 미국같이 아예 없는 나라도 있고, 혼재돼 있습니다.

○**박희승 위원** 아니, 아니, 미국도 기본 기간은 90일이고요.

○**유상범 위원** 그런데 대신 무제한이잖아요, 연장이.

○**박희승 위원** 연장했을 때 무제한……

○**법무부차관 김석우** 범죄를 저질렀다거나 할 때는 상한이 없습니다.

○**서영교 위원** 그러니까 제가 생각하기에는 빨리빨리 정리하는 게 훨씬 더 법무부에도 좋지 않습니까?

○**법무부차관 김석우** 예, 그렇습니다.

○**서영교 위원** 그걸 뭐 굳이 오랫동안 두고 있어서 소리 들어 가면서……

우선 제가 질문 한 가지, 제가 난민 잘 몰라서.

어떤 사람이 난민을 신청하고, 난민 신청하면 어떤 경우가 난민이 안 되고 어떤 경우는 난민이 됩니까?

○**법무부차관 김석우** 난민이라고 하는 건 난민법상 보면 인종이나 종교, 사회적 신분 또는 정치적 이유로 박해를 받을 충분한 근거가 있는, 공포가 있는 사람한테에 대해서는 난민으로 인정을 합니다.

그런데 난민 재판 같은 경우에는 저희가 통계를 한번 봤는데 사보·연감을 보니까 사보·연감에 난민 재판이 통계가 잡힌 때가 2014년도가 최초입니다. 그런데 2014년도에 대법원, 상고심만 기준으로 했을 때 대법원에 있는 행정소송 중에 난민 재판이 차지하는 비율이 1.5%에 불과했는데 2023년도, 10년 후에 봤을 때는 41.8%고……

○**서영교 위원** 잠깐만요.

그런 얘기를 듣는 게 아니라 난민 신청을 작년에 아니면 그 전 해에 150명이 했다, 그러면 그중에 몇 %가 난민이 됩니까?

○**법무부차관 김석우** 실제로 난민은 대부분 다 기각됩니다.

○**서영교 위원** 대부분 기각이고……

○**법무부차관 김석우** 예, 인용되는 경우가 거의 없습니다.

○**서영교 위원** 난민이 아님에도 불구하고 난민이라고 하는 걸로 버텨 보면서 그 안에 있고자 하는 겁니까, 그 사람들이?

○**법무부차관 김석우** 예, 대부분이라고 보시면 됩니다. 왜냐하면 난민 신청을 하는 경우가 일반적인 게 그냥 외국에서 박해를 받을 것 같아서 우리나라에 들어온 사람이 바로 난민 신청한 경우가 아니고 일반적으로는 불법 체류하다가 잡혔을 때 그때 비로소 난민 신청하는 경우가 대부분입니다. 그래서……

○**서영교 위원** 그러면 제가 출입국관리본부장님께 한번 질문해 보겠는데요.

그러면 그렇게 난민 신청을 했어요. 했는데 대부분 난민에 대해서는 기각이 되고 그러면 나가게 되는 거지요? 난민 신청했는데 기각이 되면 이제 퇴거돼야 되는 거 아니겠습니까?

○**법무부출입국·외국인정책본부장 배상업** 예, 만약에 3심까지 대법원에서 다 불허를 하면 나가는 사람도 있을 수 있고 거기에 대해서 불복을 해서 또……

○**서영교 위원** 잠깐만요. 우선 난민 신청을 150명이 했어요. 그러면 몇 프로가 기각이 됩니까? 거의 100% 기각이 됩니까?

○**법무부출입국·외국인정책본부장 배상업** 저희가 난민 인정률이 한 0.5%가 인정됩니다.

○**서영교 위원** 인정률은 0.5%, 그러면 나머지는 난민 신청하는 자 외에 형사범이라든지 아주 중범죄범 이런 사람들과 함께 다 퇴거시켜야 되는 사람들이 되는 거네요.

○**법무부출입국·외국인정책본부장 배상업** 예, 그렇습니다.

○**서영교 위원** 그렇잖아요. 그러니까 지금 우리는 난민 신청인 사람들은 하는 것까지는 봐서 난민인지 아닌지 봐줘야지 그게 인권적으로 맞는 거잖아요.

○**법무부출입국·외국인정책본부장 배상업** 예, 그렇습니다.

○**서영교 위원** 그래서 지금 보면 한 250명 정도, 200여 명 정도가 문제가 되는 사람이다라는 거고 그중에 많은 사람은 난민 신청을 했으나 1심, 2심, 3심이 되는 동안 구금되어 있고 퇴거되는 거다. 그렇지요?

○**법무부출입국·외국인정책본부장 배상업** 예.

○**서영교 위원** 그리고 나머지는 중범죄자이기 때문에 대한민국에 둘 수 없어서, 뭐라고 그럽니까, 하여간 퇴거가 아니라 자기 나라로 보내줘야지 되는 거지요.

○**법무부출입국·외국인정책본부장 배상업** 예, 송환을.

○**서영교 위원** 송환시키는 거지요. 그러면 한 2, 3개월 내에 스스로 가는 사람들 빼고 나머지는 몇 개월이 걸리지만 거의 다 송환시켜 내야 되는 사람들인 거지요.

○**법무부출입국·외국인정책본부장 배상업** 그렇습니다.

○**서영교 위원** 그렇습니다. 그러면 이 사람들을 난민 신청했으면 상황을 빨리 정해 놔야, 빨리 송환시켜 버리고 중범죄자도 송환을 시켜 놔야 빨리 정리해 버리는 거 아니겠습니까? 그렇잖아요. 그렇다면 지금 여러분이 더 길게 하자고 할 이유가 없는 거 아닙니까?

차관님, 난민 신청했는데 거의 다, 0.5% 외에는 다 난민 신청이 기각됩니다. 그러면 최대한 난민 신청 절차를 빨리빨리 밟아서 기각시키고 송환시켜 버려야지……

○**법무부차관 김석우** 예, 그렇습니다.

○**서영교 위원** 그러면 많은 숫자를 그렇게 송환시켜 버리려면 빨리 날을 잡는 게 낫지

그걸 굳이 무한정으로 길게 할 필요가 없잖아요?

○**법무부차관 김석우** 예, 그래서 난민 재판 자체가 법원에서 한 1년 넘게 이루어지는 게 일반적이다 보니까 그때까지는 기다릴 수밖에 없거든요.

○**서영교 위원** 법원행정처차장님, 그러니까 지금은 1년 넘게 기다리지만 1년 넘게 기다려야 될 이유가 있습니까, 난민 재판에서? 그동안은 뉘엿뉘엿하고 뭐 천천히 했다고 치지만 그럴 이유가 있습니까?

○**법원행정처차장 배형원** 지금 현재 행정소송상에요 난민 사건이 차지하는 비용이 굉장히 높기 때문에, 통계 자체도 별도로 구별해서 낼 정도로 난민 소송이 급증하고 있습니다. 1심, 항소심, 상고심까지 거쳐서 난민 재판을 빨리 하려고 노력은 하고 있습니다만 사건이 워낙 많기 때문에 처리에 있어서는 이렇게 단방에 처리할 수 없는 그런 사정이 있다는 점 말씀드리겠습니다.

○**서영교 위원** 아니, 난민 재판을 1심, 2심, 3심 하면 얼마가 걸립니까? 행정 절차인데요.

○**소위원장 박범계** 평균 18개월 정도 걸린다고 그래요, 18개월.

○**서영교 위원** 18개월. 그러면 18개월까지는 난민 판단이 나올 때까지 있어야 된다고 그래서 18개월을 얘기하는 겁니까?

○**법무부출입국·외국인정책본부장 배상업** 예, 그렇습니다.

○**소위원장 박범계** 서영교 위원님, 그래서 아까 원래 수정 전 법무부 안은 36개월이에요.

○**서영교 위원** 그렇지요.

○**소위원장 박범계** 그래서 그 절반이……

○**유상범 위원** 최장이.

○**소위원장 박범계** 중범죄자 최장. 그래서 대략 현재 난민 소송이 폭주하고 있고 그 기간이 3심까지 다 가고요. 또 도와주는 변호사님들도 꽤 있고 그래서 거의 100% 변호인이 붙지요, 대리인이.

○**법무부출입국·외국인정책본부장 배상업** 예, 그렇습니다.

○**소위원장 박범계** 그래서 3심까지 가고 18개월도 걸리고 앞으로 더 걸릴지도 모르겠는데 이런 기준을 난민 소송, 이건 여기서 불인정을 해도 기간 연장에 불승인을 해도 난민 소송이 계류 중인 이상은 쫓아낼 수가 없는 그런 문제가 있어서 18개월을 최대로 하면 어떻겠느냐 하는 게 제 생각입니다. 그다음……

○**서영교 위원** 기본은 6개월 정도로 하고 그것을 연장해서 18개월 정도로 하자?

○**소위원장 박범계** 예, 36개월이 지금 정부의 원안인데 거기의 절반으로 하는 게 좋지 않겠느냐는 게 제 기준입니다, 난민 소송의 현재 추세를 반영해서.

○**법원행정처차장 배형원** 난민이라든지 일반적인 단순 불법체류자에 대해서는 그 정도가 가장 적합하다고 생각을 하고. 다만 추가 18개월 하면서 지금 6개월로 줄인 사람들은 또 중대범죄자들입니다. 우리나라의 살인이라든지 강도라든지 성폭행 이런 사람들은 또 난민과는 상관없이, 이런 사람들은 또 상한이 없는 나라들도 있지 않습니까, 중대범죄자?

○**소위원장 박범계** 그 말이 오해가 될 수 있는데 그분들은 그 당해 범죄로 우리 법원에 의해서 처벌을 받아요.

○**법원행정처차장 배형원** 예, 훈방 이미 받았습니다.

○**소위원장 박범계** 그렇지, 그 얘기를 해야지. 그거 플러스 지금 보호 기간이라는 문제가 있는 거거든. 그러니까 마치 살인을 저지르거나 성범죄를 저질러서 처벌 안 받고, 그냥 난민 신청하고 뭐 외국인 보호하고 그런 게 아니고 이미 처벌을 다 받은 상태에서 그럼에도 불구하고 이 사람들, 안 나가겠다고 하는 사람들에 대한 처분을 어떻게 할 거냐 그거니까 나는 그거를 18개월을 맥시멈으로 최대치로 잡아서 하는 건 그렇게 크게 문제가 되지 않을 것 같은데……

○**서영교 위원** 제가 마저 조금만 더 정리를 좀 해 보겠습니다.

○**소위원장 박범계** 예, 그러십시오.

○**서영교 위원** 그러니까 그럼에도 불구하고 시민단체나 그 사람들을 도와주는 분들은 18개월이 길다는 거잖아요. 18개월 동안 재판이 치러져서 그때 결정이 남에도 불구하고 '이걸로는 계속 구금이에요'라고 얘기하는 거잖아요. 그래서 그렇게 얘기를 하면서 '그 요청은 6개월 정도로 해 주십시오'라고 하는 거잖아요. 그리고 그거를 연장을 꼭 필요한 시에 해서 18개월까지는 할 수 있다 이렇게 되어 있는 거지요.

그렇게 되어 있기 때문에 저는 기본적으로 6개월이라고 하고 그거에 대해서 연장할 수 있다면 18개월로 가고, 왜냐하면 '내가 난민인지 아닌지 판단 받으려면 18개월 정도는 있어야 돼요'라고 당사자는 이야기해야 함에도 불구하고 이게 계속 늦어져서 '우리는 구금 상태가 계속됩니다', 아까 유상범 위원님 구금이 아니라고 하더라도 그래요, 구금이 아니라고 하지만 그들은 그렇게 느끼는 게 계속되기 때문에 우리가 계속 소리 들어 가면서 에너지 써 가면서 그럴 필요가 없는 거다 이렇게 생각하고.

최대한 빨리 할 수 있는 사람 빨리 해서 난민 기각시키고 아니면 신청해 줄 사람들은 신청하고 우리나라에서 같이 살 수 있는 사람들은 난민으로 보호해서 살게 하고 이래야 되는 거 아니겠습니까? 저는 그렇게 하는 기본을 가져야 된다 이렇게 생각하고.

또 위원장님이 금방 말씀하신 중대범죄자는 제가 그 시민단체 분들하고도 이야기했어요. 중대범죄자 이야기를 많이 하셔서 이야기했는데 저희가 이해 못하는 건 비행기에서 난동 부려서 못 태웁니다, 이건 정말 아직도 이해 못하겠고 그 사례가 있느냐 물어봤더니 별로, 말씀은 하셨는데 구체적인 사례를 듣지도 잘 못하겠고 그런 상황인 것 같아요. 그래서 저는 아까 말한 것처럼 중대범죄자가 비행기를 타서 난동을 피우거나 이럴 경우에는 특별히 배도 따로 마련하고 뭐 이런다고 하는데 그렇게까지 할 필요가 있나 싶지만 우리가 정해 놓는다면 어떻든 방법을 찾아서 내보내게 되지 않겠습니까? 저는 해야지 되고.

만약에 살인, 저는 여기는 조금 다릅니다. 외국인이 와서 성폭행하고 살인까지 저지른 아주 중대범죄자인데 이런 자가 이 보호 기간이 지나서 국내에 풀려난다? 이건 있을 수 없는 일입니다. 이걸 법무부가 제대로 못하는 것밖에 안 되기 때문에 국내에 풀려나지 않기 위해서 계속 데리고 있다 이것도 안 되는 거지요. 저는 중대범죄자 이 사람들은 내보내는 게 법무부가 해야 될 일이다 그렇게 생각하고 어렵다고 하지만 그거를 일정 시간 내에 끝내 버려야지 중대범죄자라고 해서 계속 더 데리고 있어서는 안 된다 이렇게 생각입니다. 그래서 전체가 이야기하듯이 6개월 그리고 일정 기간 연장해서 할 수 있는 여러분의 최대한의 마지노선 이렇게 가면 좋겠다 이렇게 생각합니다.

그리고 아까 위원회나 이런 부분에 많은 사람들이 국무총리 산하 뭐 이런 부분을 이야기하는데 우선은 법무부가 해 왔기 때문에 저는 좀 다른 의견으로 국무총리, 법원 이쪽에 두는 것이 훨씬 좋다라고 하는데 아직 그거에 대해서 판단을 잘 못하겠습니다. 못하겠고 해 왔던 기관이라서 그런 부분은 있는데 지금까지 해 오는 걸 보면……

○**유상범 위원** 제가 좀 말씀드릴게요, 충분히 하셨으니까.

하나가 있는데요 법무부가 강제 퇴거를 시켜야 되는 거 맞습니다. 법무부의 책임이지요. 그런데 그 안에서 비행기에서 난동을 부리는 게 아까 보고도 열 건 중에 네 건이 강제 퇴거가 안 되는 게 비행기의 난동 때문에 벌어졌다는 겁니다. 그러면 그 사람들은 어떤 사람이에요? 한국에 풀어 놓으면 언제든지 흉악범죄를 저지를 수 있는 사람들입니다, 강제 퇴거. 그 정도 되는 사람이면 그런데 지금 자꾸 서영교 위원님은 인권 보호, 인권 보호를 주장하시는데 대한민국에 불법체류한 사람을 대한민국에 계속 살게 만들어야 되느냐……

○**서영교 위원** 말 틀린 얘기예요. 제가 한 얘기랑 다른 얘기예요. 중범죄자들은 여기에 풀어 놔서는 안 된다고 얘기했잖아요. 다른 얘기, 반대 얘기를 하셨잖아.

○**유상범 위원** 아니, 제가 그 얘기 말씀, 다른 얘기를 하는 거예요. 또 하는 거예요.

○**서영교 위원** 그러면 똑바로 얘기를 하시든지.

○**유상범 위원** 가만히 있어 보세요.

그러면 대한민국에 체류 자격이 없는 사람들이 없다고 인정이 됐어요. 그래서 내보내야 되는 상황이에요. 그런데 그 많은 안 나가는 사람들이 그 수단으로 쓰는 게 난민 소송이란 말이에요. 그런데 난민 소송을 1년씩 걸리는데 18개월로 제한한다? 그런데 더 걸리면?

○**소위원장 박범계** 18개월 걸린다는 거예요.

○**유상범 위원** 그러니까 그거는 이제 우리가 보는 통상의 통계 기준이지만, 그러면 더 걸리면 어떻게 할 겁니까? 내보내 줄 겁니까? 내보내서……

○**서영교 위원** 제가 뭐 하나 물어볼게요. 그러면 중대범죄자가 난민 신청합니까?

○**유상범 위원** 가만히 있어 보세요, 말 좀 하게요.

○**서영교 위원** 아니, 중대범죄자가 난민 신청한다는 겁니까?

○**유상범 위원** 내 얘기는 지금 다른 얘기잖아요.

○**서영교 위원** 지금 그렇게 얘기하셨으니까…… 아니, 내 얘기를 반박하면서 그렇게 얘기할 거면 팩트에 맞게 해야지요.

○**유상범 위원** 다음에 기회를 드릴게요.

○**서영교 위원** 그러면 살인, 중대범죄자가 난민 신청한 사례가 이 사례입니까?

○**소위원장 박범계** 서영교 위원님……

○**법무부출입국·외국인정책본부장 배상업** 범죄자들도 난민 신청을 할 수가 있습니다.

○**서영교 위원** 아니, 그래서 이 사례가 나온 게 그 사람들의 사례냐고요.

○**소위원장 박범계** 서영교 위원님, 잠깐만.

○**유상범 위원** 내가 말한 거는 그 사례도 있고 이 사례도 얘기하는 거잖아요. 만일……

○**서영교 위원** 그러면 자기 얘기만 하세요. 내 얘기 걸고 가지 말고.

○**유상범 위원** 거, 말 좀 합시다!

○**서영교 위원** 말을 그렇게 하라고요!

○**유상범 위원** 알았어요. 그러면 조용히 좀 하세요.

○**서영교 위원** 말을 조심해서 해야지 함부로 말하면 되나?

○**박희승 위원** 순서대로 해서 잘, 서영교 위원님 말씀하시는 거 좀 기다리셨다가 좀 이따가……

○**유상범 위원** 아니, 다 했기 때문에 내가 한 거예요, 다 하고 나서.

○**박희승 위원** 아니요, 덜 끝났으니까……

○**유상범 위원** 충분하게 끝나셨기 때문에 내가 이제……

○**서영교 위원** 그건 자기가 판단하는 거 아니에요. 이렇게 무례하십니까!

○**유상범 위원** 참……

○**서영교 위원** 그러면 내가 말한 게 다르게 얘기하는 거 아니에요? 나는 중대범죄자……

○**유상범 위원** 자, 보세요. 그래서 내가……

○**소위원장 박범계** 유상범 위원님, 잠깐만.

○**서영교 위원** 잠깐 들어보세요. 살인과 중대범죄자, 성폭력……

○**소위원장 박범계** 서영교 위원님이 마저 정리를 하십시오. 본인의……

○**서영교 위원** 성폭력, 살인 이런 중대범죄자를 기한이 지났다고 해서 여기서 풀어주면 안 된다라는 거예요, 제 이야기는. 그러려면 정확하게 이들을 내보낼 수 있게 해 줘야 된다 이 얘기를 하는 거예요.

○**유상범 위원** 예, 알겠습니다. 잘 알아들었어요.

○**서영교 위원** 알아들었으면 그렇게 하세요. 실수를 인정해야지 왜 자꾸……

○**유상범 위원** 자, 됐어요. 그러면 봅시다.

우리가 내보내려고 노력을 법무부에서 안 합니까? 하지요.

○**법무부출입국·외국인정책본부장 배상업** 예, 하고 있습니다.

○**유상범 위원** 그런데 그중에서 난동을 부린 사람들은 결국 중대범죄자, 이런 친구들이 난동을 부렸을 거 아니에요. 다 그렇지요, 4명이 다?

○**법무부출입국·외국인정책본부장 배상업** 예, 그렇습니다.

○**유상범 위원** 그러면 그 사람들을 기간 내 못 내보내면 결국 한국에 풀어줄 수밖에 없지 않습니까? 집행을 안 하려는 게 아니고 집행을 하는데 비행기에 태워서 내보내려고 하는데 비행기에 난동을 부렸어요. 아까 차관이 설명한 게 그거 아니에요, 기장이 도저히 다른 승객의 안전을 위해서 이 사람을 태울 수 없기 때문에 강제로 비행기에서 내리게 한 거예요.

그런데 기간을 짧게 해 버리면 결국 그 사람은 한국에서 풀어줘야 돼요. 그러면 법집행 기관에게 '너 안 내보냈으니까 법무부가 책임져라' 이렇게 할 수는 없는 거 아니에요. 그거는 이미 신변이 비행기 기장에 가 있는데, 이렇기 때문에 기간을 짧게 한다는 것이 마치 당사자의 인권을 보호하려고 한다고 하지만 중요한 거는 우리나라 출입국 정책에 큰 문제가 생길 수밖에 없는 부분이 있기 때문에 기간을 그렇게 짧게 하는 것은 문제가 있다는 걸 좀 지적을 하고요.

두 번째는 이제 기간으로 대충 정리가 되는 것 같아서 말씀을 드립니다. 난민 소송이 지금도 급증을 하고 있어요. 매년 늘지요. 그러면 이분들이, 난민 소송을 하는 분이 대부분 어떤 사람입니까? 불법체류를 한 상태에서 퇴거를 하려고 하니까 그것을 거부하면서 난민 소송을 제기했고 그분들이 계속 그러한 절차가 주변에 확대되니까 이제 그분들이 남아 있는 거예요. 그렇지요, 차장님?

○법원행정처차장 배형원 예, 그렇습니다.

○유상범 위원 그렇게 보면 대부분이 그렇지 않습니까?

○법원행정처차장 배형원 예, 상당수가 그렇다고 판단됩니다.

○유상범 위원 우리가 생각했던 난민과는 다른 형태의 난민 소송이 많이 지금 제기되고 있는 거 아니겠습니까. 그걸 왜 우리가 보호해 줘야 되지요, 그런 사람을? 불법체류하고 있는 사람이 외국에 내보내려고 하는데 그 나라의 명령에 거부를 했어요. 거부한 사람들을 일정 기간이 지나 가지고 본인들이, 불법체류를 계속하려는 사람을 일정 기간이 지나면 석방을 해야 돼요. 그러면 그런 사람을 왜 대한민국이 보호를 해 줘야 됩니까? 정책에 있어서 그게 가장 중요한 부분인 것 같고요.

○소위원장 박범계 그렇게 근본적인 질문을 하면 헌법재판소의 불합치결정의 취지에 따르면 안 되니까……

○유상범 위원 제가 마지막 마무리 할게요.

○소위원장 박범계 잠깐만요. 아무리 자기가 원해서 가지 않는 사람이라 하더라도 무제한적으로 이렇게……

○유상범 위원 제가 마무리할게요. 그래서 말씀드리는 거예요.

그렇기 때문에 우리가 행정부에서 하는 기관에 대한 고민을 어느 정도 인정을 해 줘서 그들이 최대한 강제 퇴거의 성과를 거둘 수 있는 기간을 주는 게 중요하다는 거지요.

○소위원장 박범계 그래서 지금 기간 조정을 하는 거예요.

○유상범 위원 그러니까 제가 말씀드리잖아요. 18개월이라는 기간을 가지고 말씀을 하셨지만 그러나 예상치 못하는 기간을 연장해서 할 수밖에 없는 기간까지 행정부가 요청을 한다면 그것은, 장관을 겪어 보셔서 알잖아요?

○소위원장 박범계 본부장, 지금 약간의 혼선이 있는 것 같아요. 불법체류자는 불법체류 그 자체로 범죄잖아요. 그리고 불법체류 중에—물론 외국인 중에 적법체류하는 사람도 있을 수 있겠지요—아까 말했듯이 살인이나 성폭력 범죄나 범죄를 저지른 사람, 그 사람들은 그것에 따른 합당한 처벌을 받잖아요?

○법무부출입국·외국인정책본부장 배상업 예, 그렇습니다.

○소위원장 박범계 그래서 처벌을 받아서 교도소에 가 있는 것을 우리가 대상으로 하는 게 아니잖아요, 지금. 그렇지요?

○법무부출입국·외국인정책본부장 배상업 예.

○소위원장 박범계 처벌을 받은 이후에, 그럼에도 불구하고 왜 그렇게 대한민국을 좋아하는지 모르겠지만 안 나가겠다는 사람들 아닙니까? 그러니까 보호를 하고 있는 거잖아요. 그래서 이 사람들에 대해서 중범죄자 혹은 재범의 위험성이 있다 그래 가지고 그것을 보호기간에 산정하는 것은 차장님, 법원이 해당 범죄를 저질렀을 때, 성폭력 범죄를 저질렀을 때 이 사람의 재범 위험성 있는 것도 심사를 하잖아요. 그렇지요? 이미 심사를 해서 거기에 합당한 형벌을 주는 겁니다. 그렇지요?

○법원행정처차장 배형원 예.

○소위원장 박범계 거기까지는 다 잊어 버려도 돼요. 자꾸 그걸 가지고, 아무리 외국인이라 하더라도 이미 처벌받은 사람을 가지고 재범의 위험성까지 법원이 판단해서 적절한 양형을 했는데 그걸 가지고 지금 보호기간을 산정하는 데 있어서 중요한 요소로 삼는다는 것에 대해서는 저는 기본적으로 동의하기는 약간 어려워요.

또 하나 더 중요한 것은 예를 들어서 출국시키기 위해서 데리고 나가는데 또는 화성외국인보호소에 제가 갔는데 그 알제리인 얘기했잖아요. 거의 완전 폭력이에요. 외국인보호소 법무부 직원들이, 5명의 건장한 남자가 달려들었는데도 못 말려요, 이 친구를 제압을 못 해, 제압을. 내가 보기에는 그런 사람은 그 자리에서 형사입건해도 되는 사안이에요. 그런데 그렇게 난동을 피우는 것은 이 보호 처분과 관계없이 형사적으로 제재를 가할 수 있지 않습니까? 그렇지요?

○법무부출입국·외국인정책본부장 배상업 예, 할 수 있습니다.

○소위원장 박범계 그건 또 별개의 문제다 이거예요.

그래서 그냥 일응 중대범죄자라고 분류되는 사람들을 제외한 일반적인 경우의 최대 보호기간. 그리고 마음에는 안 들지만 어쨌든 중대범죄자라는 게 있으니까, 그런 카테고리가 있으니까 중대범죄자에 대해서는 일반보다는 조금 더 길게 하는 것에는 동의를 합니다. 동의를 하는데 얼마의 기간이 합리적이고 객관적인 기준이 될 거냐에 대해서 누구도 이것은 알 수가 없잖아요. 그런데 다만 아무리 중대범죄자라도 본인이 난민 신청을 하면 난민 소송을 하면 최대 걸리는, 현재 걸리는…… 이게 더 많아져 가지고 앞으로 더 걸릴 거예요. 18개월까지는 여기서 무슨 처분을 하든 간에 내보낼 수가 없잖아요?

○법무부출입국·외국인정책본부장 배상업 예.

○소위원장 박범계 그래서 결국은 18개월, 현재 법원이 난민 소송에서 1·2·3심의 최종적인 판단을 하는 데 소요되는 18개월을 최고의 맥시멈으로 하고 일반은 그 절반, 9개월로 하는 게 일종의 위원장 중재안입니다. 어떻게 생각하세요, 본부장님?

○법무부출입국·외국인정책본부장 배상업 난민 신청하면 18개월로 기간을 정하신다는 말씀인가요?

○소위원장 박범계 아니, 그것이 18개월 걸리니까 이 사안에 돌아와서 최대치를 18개월로 하면 어떻겠냐 이 말이에요.

○법무부출입국·외국인정책본부장 배상업 중대범죄자 말씀입니까?

○소위원장 박범계 지금은……

○장동혁 위원 하시기 전에 위원장님께 제가 제안을 드리면 18개월간은, 사실은 난민 신청을 하면 재판 소요 기간 때문에 18개월로 위원장님께서 하자고 하셨지 않습니까? 그러면 끝나고 나면 집행할 수 있는 일정 기간은 다시 또 더 필요하다는 생각입니다.

○소위원장 박범계 물론입니다.

○장동혁 위원 예를 들면 6개월이든…… 그러니까 18개월까지 사실 못 하는데 18개월 이제야 재판의 판결이 끝나서 집행을 해야 되는데 18개월 다 지나 버리면 아무것도 안 되고 바로 풀어 줘야 되는 상황이 되니까 저는 18개월에다가 플러스, 그게 6개월이 됐든 법무부가 어느 정도 다시 그 판결 이후에……

○소위원장 박범계 6개월이 됐든 2개월이 됐든.

○장동혁 위원 그렇지요. 내보낼 수 있는 그 기간은 추가로 더 인정을 해 줘야 된다는

게 제……

○**소위원장 박범계** 예, 논의할 수 있습니다.

○**주진우 위원** 저도 짧게만 하나 말씀드리겠는데요.

외국인의 인권을, 보편적인 인권이니까 무제한으로 하는 건 저도 문제가 있다라고 생각하는데 미국 같은 데는 왜 무제한으로 하냐면 결국은 자국민 보호에 있어서 보편적인 인권하고의 절충처럼 맞추는 측면이 있거든요. 그러니까 만에 하나 난민 소송이 늘고 있는데 1년 6개월 안에 안 끝나면 어떻게 될 거냐. 그리고 그분들을 돕는 시민단체분들의 지적도 제가 공감은 되는데요, 그분들은 또 그분들의 인권을 위해서 재판을 충분히 하려고 한단 말이지요. 그런데 1년 6개월에 안 끝났을 경우, 가급적이면 끝나면 집행을 해 버리면 되는 것이고.

그런데 지금 집행기관인 법무부가 우려를 하면서 연장 기한을 두고 계속 승인을 받아가면 되는데 최장 기간을 너무 짧게 해 버리면 만에 하나, 이게 200명밖에 안 되더라도 한두 분이라도 예를 들어서 뭔가 법의 공백이나 집행의 공백 때문에 풀려난 상태에서 다시 또 재범을 하게 되면 거기에 대한 국민 법감정도 또 고려를 해야 되거든요.

말씀하셨는데 저도 위원장님 말씀대로 기본에 재판 받으면서 재범 위험성의 평가도 다 끝났고 형도 그만큼 상응하는 형을 다 받았다라고 하는 측면도 있지만 그래도 자국민하고는 다르거든요. 우리 국민이 그렇게 했을 경우랑 외국인이, 결국 이게 풍선효과가 있을 수 있기 때문에 다른 국가 대비로 좀 더 쉽게 체류할 수 있고 그게 공백이 있을 가능성이 좀 더 많아지면 더 몰릴 수 있는 측면이 있기 때문에 저는 법무부의 우려를 충분히 고려한 기간이 됐으면 좋겠습니다.

○**장동혁 위원** 저는 이 기간을 짧게, 어쨌든 어떤 식으로든 기간을 정하면 법무부에게는 그 기간 안에 최대한 이분들을 외국으로 다시 내보내라고 하는 강한 의무를 주는 기간이기도 하지만 반대 입장에서 보면 재판을 끌든 뭐든 그 기간만 넘기면 나는 한국에서 그냥 풀려날 수 있는 기간이 된다는 거거든요.

어떤 기간을 두게 되면 반드시 그걸 이용하고 악용하려고 하는 사람도 생긴다, 법무부에게는 책임을 주는 기간이기도 하지만. 그래서 그런 것도 함께 고려해서 기간이 정해져야 된다고 봅니다.

○**소위원장 박범계** 좋은 말씀인데 난민 소송에서 제가 참, 법원에 대한 불만인데요. 인용률이 1%가 안 돼요. 거의 패소란 말이에요, 완전히. 그런데 오래 걸려요. 재판을 오래 하면 오랜 재판의 효과로서의 권리구제가 그 난민 소송을 제기한 사람들한테 있어야 되는데 천편일률적인 판결이 나오는데 18개월씩 걸려요. 그 점은 좀 문제가 있는 것 같습니다.

그래서 주진우 위원님 말씀도 일리가 있지만 오히려 반대로 18개월이라는 맥시멈을 정해 놓으면 난민 소송의 구제라든지 또는 신속한 재판 이런 것들이 꽤 자극이 될 거라고 보거든요. 차장님은 어떻게 생각하십니까?

○**법원행정처차장 배형원** 신속 재판을 해야 되는 것은 당연한 일이기는 한데요, 낭사자 입장에서는 여러 주장을 할 수도 있고, 재판부의 판단사항이기 때문에 뭐라고 말씀을 드릴 수는 없을 것 같은데 난민 소송이 워낙 많이 급증하고 있고 판사 수가 한정돼 있다 보니까 그 부분의 처리에 시간이 걸린다는 점만 말씀드리겠습니다.

○**소위원장 박범계** 이건 바라보는 관점도 끊임없이 좀 다르고 아무튼 그 위험성이 다 평가됐지만 그렇다 하더라도 소위 중대범죄로 분류되는 사람들을 사회에 내놨을 때의 위험성을 지적하는 위원님들의 말씀도 일리가 있고 또 반대로 기본적으로 우리 헌법재판소가 어찌 됐든 불법체류자라 하더라도 이 사람들의 아주 기본적인 인권이라는 차원에서 제한을 둬야 된다라는 그 취지도 오늘 논의의 기본 출발점이란 말이에요.

그래서 지금 장동혁 위원님이 말씀하신 것처럼 준비 기간이 있다면 그것을 감안한, 그래서 맥스만 정하면 나머지는 다 금방 풀릴 것 같아요. 그래서 18개월 플러스 2개월 정도 하면 어떤가 하는 생각도 들어요. 그렇게 하더라도 많은 진전이지 않을까.

○**박희승 위원** 참고로 사실은 선진국 평균이 8.2개월이에요.

○**소위원장 박범계** 맞아요.

○**박희승 위원** 그러니까 우리가 지금 하면 20개월이 되는 셈이 되는데……

○**유상범 위원** 선진국의 평균이 강제퇴거 명령을 하고 이 기간을 말하는 건가요?

○**박희승 위원** 상한 평균이.

○**소위원장 박범계** 최대치.

○**박희승 위원** 물론 미국같이 기본 90일에 재연장할 때는 무기한으로 연장하는데 미국도 그런 식으로 따지면 90일이에요, 기본 기간은.

그러니까 사실은 우리도 선진국이라고 하는데 선진국 평균에도 어느 정도 맞춰야지 너무 장기간으로 하는 것도 좀…… 법무부가 힘이 든다고는 하지만 사실은 또 이런 상한을 만들어 놓으면 거기에 맞춰서 내가 보기에는 재판도 빨리 진행될 것 같고 결론도 거기에 맞춰서 더 내려고 하지 않을까 이런 생각인데.

○**법무부출입국·외국인정책본부장 배상업** 위원님, 잠깐 제가……

○**유상범 위원** 저는 이 부분의 선진국 평균에 대해서는……

○**소위원장 박범계** 본부장.

○**법무부출입국·외국인정책본부장 배상업** 박희승 위원님께서 8개월이라고 말씀을 하셨는데 저희가 조사를 해 봤을 때는 18개월 이상인 국가가 전체의 80%를 차지하는 것으로……

○**박희승 위원** 왜 이렇게 달라요?

○**법무부출입국·외국인정책본부장 배상업** 그건 아마 몇 개 나라만 표본으로……

○**박희승 위원** 아닙니다. 아닙니다.

○**법무부출입국·외국인정책본부장 배상업** 저희가 OECD 국가를 다 조사한 자료가 있습니다.

○**박희승 위원** 90일, 3개월 국가가 6개고.

OECD 국가가 몇 개라고요? 80개요? OECD 국가가 그렇게 많이 있나요?

○**법무부출입국·외국인정책본부장 배상업** 아니, 18개월 이상이 80%를 차지한다는……

○**서영교 위원** OECD 국가 중에서요?

○**법무부출입국·외국인정책본부장 배상업** 예.

○**박희승 위원** 그 통계표 줄 수 있어요?

○**법무부출입국·외국인정책본부장 배상업** 예.

○**서영교 위원** 통계를 줘 보세요.

위원장님, 제가 받은 자료는 예를 들면 OECD 국가 구금 상한 기간 중 평균 8.2개월.

OECD 국가 구금 상한은 평균 8.2개월. 이스라엘 대법원은 10개월이 너무 길어서 위헌이라고 이번에 판단을 했다고 그러고요. 유럽연합은 원칙적 상한 기간을 6개월로 한다고 그러고요.

어떻든 이렇게 돼 있고 위원장님 말씀이나 장동혁 위원님 말씀처럼 사실은 일하면서 '일이 이 정도의 기간이 필요합니다'라고 하면 그렇겠구나 이렇게 생각하면 될 것 같고, 그렇지만 이렇게 많은 부분들이 이야기하고 또 오죽하면 헌재가 위헌이라고 이야기했으니, 이 부분에 대해서 박희승 위원님 말씀처럼 저는 계속 6개월이라고 많이 들었고요. 그런 상황이라서 조금 더 조정해 보면 좋겠다 이런 생각.

그런데 말씀처럼 장기적으로 하는 경우에 한해서 조금, 그러니까 웬만하면 전체 기본은 언제로 하고 장기로 갈 때 얼마 이렇게 해서 조금 나누는 게 필요할 것 같고요.

제가 한 가지 질문을 드리면 법원행정처차장님도 그렇고 아까 자꾸 난민이 많이 늘어났다고 그랬는데, 그러니까 지금 이 자료에 의하면 본부장님, 예를 들면 2023년에 장기보호 사유 중에 난민 절차를 밟고 있는 사유가 몇 개입니까? 이것은 여러분이 주신 자료 같은데 장기보호 사유 중에 제가 잘못 보는지 몰라도 2023년에 난민 절차를 밟고 있는 게 4건이다.

○유상범 위원 18개월 이상.

○서영교 위원 그리고 2022년에 장기보호 사유에서 어떻든 난민 절차를 밟고 있는 건 6건이다. 그렇지요? 그러면 이건 어떻게 제가 해석을 해야 될지 조금……

○법무부차관 김석우 위원님께서 말씀하신 것은 18개월 이상이고요, 12개월 이상으로 보면 난민 재판 때문에 12개월 넘는 경우는 2023년도 기준으로 27명이 있었고요, 18개월이 넘는 경우가 4명 있었다는 그런 취지입니다, 개월수 따라서.

○서영교 위원 그러니까요. 18개월이 최대한인데 이것보다 넘는 경우가 4건·6건 뭐 이렇게 되는데 급증하기 때문이라고 표현을 하는데, 그러면 작년에는 난민 신청이 몇 건인가요?

○법무부출입국·외국인정책본부장 배상업 작년 107건으로……

○서영교 위원 107건?

○법무부출입국·외국인정책본부장 배상업 예. 작년에 많이 늘었습니다.

○서영교 위원 많이 급증해 가지고 107건이면 그렇게 많은 건가요, 법원행정처차장님? 작년에 107건이라고 한다면? 난민 신청이 작년에 107건.

○법무부출입국·외국인정책본부장 배상업 보호 중인 사람이 107명.

○서영교 위원 그러니까 보호 중인 사람 중에 난민 신청한 사람이……

○법무부출입국·외국인정책본부장 배상업 예, 그전보다는 많이 늘었습니다, 작년에.

○서영교 위원 예, 많은데 보호 중인 사람 중에 난민 신청한 건수가 107건이라고 하면 이게 우리가 감당하기 어려운 이런 것은 아닌 것 같다는 생각이 들고, 그렇잖아요? 그렇지 않습니까?

○법원행정처차장 배형원 지금 난민 신청을 한 사람 중에 보호명령을 받고 난민 신청을 한 사람 통계만 말씀하시니까 굉장히 소수인데요. 실제……

○서영교 위원 지금 우리는 보호기간에 들어 있거나 보호하는 사람들 중의 문제를 얘기하는 거잖아요.

○**법원행정처차장 배형원** 그러니까요. 전체 난민······

○**서영교 위원** 그런데 전체 난민 신청은······

○**법원행정처차장 배형원** 사건은 훨씬 많습니다.

○**서영교 위원** 그러니까 이거랑 관계없는 거잖아요. 보호를 얼마큼 해야 되느냐 이 숫자 중에 난민 신청한 사람이 107건이다. 그리고 이 중에 18개월 이상이 6건·4건 그렇다. 그런데 우리가 마치 어마어마하게 많이 늘어난 것처럼 이야기하니까, 오늘 팩트는 좀 다르다 이런 생각이 들고요.

제가 한 가지 질문을 더 하면 아까 비행기 난동을 저한테도 여러 번 이야기하셨어요. 아까 구체적으로 위원장님이 알제리 사람 이야기하셨는데 그 사람은 어떻게 됐나요?

○**법무부출입국·외국인정책본부장 배상업** 출국을 시켰습니다.

○**서영교 위원** 그러니까 출국을 어떻게 해서 시켰어요, 끝내는?

○**법무부출입국·외국인정책본부장 배상업** 저희가 계속 설득을 하고 마지막으로 출국할 때는 그런 난동을 벌이지 않는 상태에서, 어느 정도 심리적 안정이 돼 있는 상태에서 저희 한 네다섯 명이 호송을 해서 그 나라까지 보냈습니다.

○**서영교 위원** 그러니까 우리가 경험은 했잖아요. 경험은 했는데 향후 정말 그런 일이 있어서는 안 되고 그런 사람 때문에 비행기에 다른 사람들이 피해 봐서도 안 되지만 준비를 철저히 해서 간다든지, 아까는 오죽하면 비행기랑 이런 것까지 따로 해서 간다고까지 준비하는데 저는 그렇게 해서 철저히 준비하는 게 필요하겠다.

그러면서도 여러분의 상황은 이해를 또 하기 때문에 그런 이야기를 하는데 어떻든 지금 위헌이 있었고 이 이야기가 있으니까 좀 절충안을 위원장님이 하시듯이, 위원장님 안은 조금 긴 것 같고 박희승 위원님 얘기처럼 좀 어떻든 그렇게 했으면 좋겠습니다.

○**법무부출입국·외국인정책본부장 배상업** 위원장님, 제가 연장과 연계해서 조금 말씀드리면······

○**유상범 위원** 잠깐만요, 국장님. 위원장님······

○**법무부출입국·외국인정책본부장 배상업** 저희가 대표적인 사례만 들다 보니까 난민하고 비행기 난동을 중심적으로 말씀드렸는데 그런 사유는 수백 가지입니다.

○**소위원장 박범계** 알았어요, 본부장님.

○**유상범 위원** 박희승 위원님께서 아까 보니까 최장 보호명령 기간은 8개월이다, OECD 평균은. 그런데 또 담당 출입국본부장님이지요? 지금 본부장님은 실제로 80% 이상이 18개월이 넘는다.

○**박희승 위원** 아니, 조금 다릅니다. 그게 지금 비교를 해 봐야 될 것 같아요. 제가 가지고 있는 자료하고 좀 달라 가지고 이게 지금······

○**유상범 위원** 이게 지금 뭘 가지고 하시는 건지를······ 그래서 어차피 이 기간은 국제적인 기준도 우리가 참고를 해야 되니까 그 자료를 가지고 있으면 지금 좀 전달해 보세요.

○**소위원장 박범계** 어때요? 객관적으로 한번 얘기를 해 보세요.

○**법무부출입국·외국인정책본부장 배상업** 자료를 다 드리도록 하겠습니다.

○**소위원장 박범계** 아, 지금 복사하고 있어요?

(자료를 들어 보이며)

박희승 위원님, 이 자료는 어디서……

○**박희승 위원** 어떤 거요?

○**소위원장 박범계** 지금, 법무부에서 받으신……

○**박희승 위원** 법무부에서 만든 것 같아요.

○**소위원장 박범계** 그렇지요?

　지금 전체 45개국이라 함은 OECD 플러스 몇 개의 주요국, 이렇게 되네요? 그렇지요?

○**법무부출입국·외국인정책본부장 배상업** 예, 그렇습니다.

○**소위원장 박범계** 이것 한번 읽어 보세요. 위의 것 박스만 설명을 한번 해 봐 주세요.

○**법무부출입국·외국인정책본부장 배상업** 예. 저희가 조사한 45개국은 OECD 플러스 그 외의 국가까지 해서 45개국, 그래서 무기한 또는 18개월 이것은 원칙과 예외가 있는데 원칙은 일반 불체자를 말하는 거고 예외는 중대범죄자를 얘기하는 겁니다.

○**소위원장 박범계** 중대범죄자 맥시멈으로 한번 얘기를 해 보실래요?

○**법무부출입국·외국인정책본부장 배상업** 중대범죄 맥스 무기한이나 18개월 이상이 82%, 37개국으로 나오고 있습니다.

○**소위원장 박범계** 그게 두 번째 칸이 그거군요?

○**법무부출입국·외국인정책본부장 배상업** 예. 그리고 밑의 OECD 국가 38개국 기준으로 했을 때는 두 번째 예외가 약 78%, 거의 80% 정도가……

○**소위원장 박범계** 그렇군요.

○**법무부출입국·외국인정책본부장 배상업** 중대범죄자는 18개월 이상·무기한을 적용하고 있습니다.

○**소위원장 박범계** 그래서 제가 그냥 산술 평균한 게 아니라 18개월은 나름 근거를 갖고 얘기하는……

○**유상범 위원** 과거 법무부장관 시절의 경험이 살아 있는 거지.

○**소위원장 박범계** 무섭습니다.

○**유상범 위원** 역시 장관을 해 보시니까 좀 빠르게 아네.

○**장동혁 위원** 지난번 회의 때 중범죄자는 오히려 가장 빨리 내보내야 되는 것 아니냐고, 더 짧게 해야 된다고 가장 목소리 높였던 게 전데 지금 제가 오늘은 이거 가지고 다시 도돌이표가 돼 가지고 또 논의를 하고 있는데, 저는 장관 하셨고 또 이 문제에도 관심 가졌던 박범계 위원장님이 18개월 말씀하시니까요 저는 그것…… 저는 사실은 이렇게 36개월 했지만 왜 그렇게 하냐고 했다가 제가 설득 당해서 이제 아무 얘기 안 하려고 했는데 오늘 18개월이 나왔으니까 혹시 그게 어느 정도 합리적이라고 하면 거기다 플러스 아까 말씀하셨던 2~3개월이든, 실제로 집행할 수 있는 그 정도로 한다면 저는 그 안은 나름대로 어느 정도 합리성을 가지고 있다고 보여지고 저는 그 안에 대해서는 찬성하는 입장입니다.

○**소위원장 박범계** 감사합니다.

○**박희승 위원** 18개월 안 선진국도 상당히 많고요. 18개월 미만 나라도 꽤 있어요. 18개월 정도면 저도 적정하다고 생각이 듭니다.

○**소위원장 박범계** 알지요. 압니다. 12%, 10%에 해당하는 나라들이 꽤 있으니까 당연히 꽤 있지요.

박균택 위원님, 법무부에 계셨으니까……

○**박균택 위원** 저는 들으면서 제가 가지고 있는 생각이 위원장님 생각하고 거의 비슷하다는 것을 느꼈습니다. 기간 문제 18개월에 찬성하고 그리고 법관에 의한 승인이냐 위원회를 두냐 문제가 있는데 이것도 어쨌든 위원회로 의견이 모아진 이상 예산 낭비적 요소 이런 것을 없애기 위해서는 법무부 출입국관리본부의 행정적·사무적 지원을 받게 하되 위원들을 외부인 중심, 법률가 중심으로 꾸려서 사실상 독립성을 또 전문성을 갖게 만드는 이 방법만 강구한다고 한다면 좋겠다는 생각인데 그 외에 위원장님 생각하고 같은 것 같습니다.

○**소위원장 박범계** 그래서 법무부에 심사위원회를 두는데 외부 인사로 과반수 이상을 넘고 위원장을 외부 인사로 하면 어떨까요? 위원장을 외부 인사로 하고 18개월을 최대, 고위험군 범죄자가 여러 번의 갱신을 통해서 보호될 수 있는 기간을 최대치로 하되 아까 장동혁 위원님 지적처럼 혹시 난민 관련 소송으로 인해서 그런 집행하는 데 소요 시간이 더 필요한 경우에는 한…… 그런 경우를 어떤 문언으로 만들어서 2개월 더 추가하는 그렇게 두면 어떤가 하는 생각입니다.

○**유상범 위원** 23개월도 괜찮지 않아요, 그러면 6개월인데?

○**소위원장 박범계** 그래도 지금 변화를, 수정을 해야지 이게 통과가 되지 안 그러면 어렵습니다.

○**유상범 위원** 그러면 18개월로 하시고 우리가 2개월이라는 것은 사실 집행하는 데 입장에서 보면 제대로 집행하기에는 너무 짧습니다. 그러면 한 4개월은 적어도 잡아 줘야 됩니다. 그러니까 지금……

○**소위원장 박범계** 그러면 22개월이 되는데 22개월이나 23개월이나 똑같은데……

○**유상범 위원** 아니, 그러니까 뭐든지 우리가……

○**소위원장 박범계** 2개월 정도 하면 될 것 같아요, 2개월 정도.

○**유상범 위원** 장관을 하신 분이니까 내가 뭐 실무 사항을 다 알 수는 없는데 그런데 실제로 내부적으로 보고를 받아 보셨을 것 아니에요, 그 안에서?

○**소위원장 박범계** 여러 번 가 보기도 하고.

○**유상범 위원** 가 보고 그러면 실제로 기간이 경과돼서 집행하는데 2개월 안에 집행하는 것이 출입국본부 쪽에서는 어떻게 받아들여요?

○**소위원장 박범계** 어때요, 차관님?

○**법무부차관 김석우** 기본적으로는 저는 이렇게 생각합니다. 지금 사실 위원회가 구성이 되면 상당한 질적인 변화가 있다고 봅니다. 예를 들어서 지금까지는 내부적인 절차를 통해서 연장을 해 왔다면 앞으로는 위원회가 열리면 최소한 3개월마다 한 번씩 이런 회의가 열립니다. 그러면 그 담당자가 가 가지고 왜 지난번에 이 사람 출국 못 시켰냐라고 하면서 다음번에는 꼭 해야 된다, 안 됐을 경우에 대한 보완책은 뭐다 이렇게 논의할 것이거든요.

그러면 사실은 저희가 최장 13개월 잡아 놨지만 사실은 이렇게 위원회가 석 달마다 한 번씩 연장되고 회의를 하고 하다 보면 그에 따라 사실상 지금보다는 훨씬 더 앞당겨 질 것으로 예상을 하고 있습니다. 그래서 일단 기간을 합리적으로 정해 주시면 그에 맞춰 가지고 최선을 다하도록 하겠습니다.

○소위원장 박범계 2개월이면 된다는 말씀.

○유상범 위원 말은 그렇지 않은데 또 그렇게 받아들이네. 3개월 하세요, 3개월.

○장동혁 위원 3개월마다 한 번씩 열린다고 하니까……

○유상범 위원 그러니까 3개월 정도로 하시는 게 좋을 것 같아요.

○박희승 위원 아니, 그러면 18개월로 그냥 하세요. 선진국들도 많이 18개월로 하는데……

○유상범 위원 아니, 여기에 보면 예외는 다 무기한으로 하는 데도 많이 있잖아요.

○서영교 위원 아니, 무기한은 기본적으로 위헌이다 그러는데 무기한 얘기는 우선 빼고 가시는 것도 괜찮을 것 같아요.

○유상범 위원 그러니까, 그래서 그런 것도 있으니까 그럴 수 있는데 2개월로 하시겠어요, 그러면?

○서영교 위원 우선 제가 아까 OECD 8.2개월이라고 하는 근거가 무기한은 우선 위헌이라고 했으니까 무기한인 나라 빼고 상한을 정해 준 나라를 다 통계를 내니까 평균이 8.2개월이더라 이렇게 되어 있는 겁니다. 그런데 우리는 어떻든 무기한은 위헌이라고 했으니까 정리를 하고 나면……

○소위원장 박범계 첫 시범, 불합치 결정 이후에 첫 제도를 우리가 만드는 거니까 이렇게 여야가 지금 방금 전에 18개월로 어느 정도……

○서영교 위원 그러면 위원장님, 위원장님은 기본은 6개월이다 그리고 연장을 12개월로 하자 이렇게 얘기하시는 건가요? 좀 더 연장, 그러니까 기본은 다 6개월 내에 끝내고, 이렇게 길어야 되는 경우가 있어서 연장한다면?

○소위원장 박범계 어때요? 그러면 기본은 어떻게 해서 시작을 하면 되겠습니까?

○법무부차관 김석우 그러니까 저희는 사실은 기본이라고 말씀드리면 최소한 외형적으로는 저희가 3개월마다 하기 때문에……

○소위원장 박범계 3개월마다 하지요?

○법무부차관 김석우 사실은 기본은 3개월부터 시작을 합니다. 그러면서 연장을 해 나가면 최대한 18개월 된다는 얘기라서 사실은 저희 안은 기본은 3개월부터 시작해서 최대 18개월까지 할 수 있다는 게 원래 원안이었습니다, 일반 범죄의 경우에.

○소위원장 박범계 그래서 보호 기간의 상한 원칙은 9개월로 하고 그다음에 예외 중대 범죄자는 18개월로 하되……

　전문위원님, 수석님 문구를 어떻게 만들지?

○유상범 위원 잠깐만, 그렇게 되면 말씀이 좀 다르잖아요. 난민 소송이 걸리는 게 18개월인데 원칙을 9개월로 하면 모양이 더 이상하잖요.

○법무부차관 김석우 아니, 그러니까 원래 저희 법무부 안은 기본적으로 3개월마다 계속 연장해 나간다는 겁니다. 그래서 일반적인 범죄는 18개월로 하면 18개월이 어떻게 보면 일반적인 난민 재판의 종결 시점과 거의 비슷하기 때문에 그 정도 되면 한번 집행은 가능하겠다는 생각에서 18개월로 했던 건데 만약에 일반 범죄의 경우에도 9개월이나 하게 되면 재판이 끝났을 때는 이미 기간이 도과된 거라서 한 번도 시도조차 못 할 수 있는……

○소위원장 박범계 그렇게 논리를 따지면 지금 수정 후 출입국본부에서 제시한 17개월보다 늘어나게 되는 거예요. 그러니까 난민 소송이라는 일응의 기준을 만들었지만 그것

이 절대적인 기준이 될 수 없으니까, 아무래도 위험성이 덜한 외국인들 아닙니까? 그래서 어떤 것도 설득 가능한 합리적인 논거가 없어요.

그런데 100일을 주장하는 원안이 있는 것이고 법무부는 원래 일반범들 18개월 얘기했다가 지금 17개월로 줄여 왔는데 그러면 그건 절반으로 딱 잘라 가지고 9개월로 하고 중대범죄자에 한해서 18개월을 최대치로 하고 3개월부터 시작해서, 그렇지만 집행하는 데에서의 어떤 고려를 해서 2개월 추가할 수 있다 이렇게 하면 어떻겠냐 이 말이에요.

○법무부차관 김석우 일반 범죄의 경우에 9개월이나 그 기한 내에 난민 재판이 끝나지 않기 때문에 사실은 집행을 할 수 없는 그런 문제가 있습니다.

○소위원장 박범계 맞아요.

○유상범 위원 그러면 지금 위원장님 말씀대로 하면 지금 현재 우리나라 사법부에서 난민 재판을 3심까지 다 가는 상황에서 18개월 정도 걸리는 게 평균인데 실제 더 오래 걸리는 것도 많이 있겠지요. 그렇지요? 그런데 그렇게 해 놓으면, 9개월로 딱 해 버리시면 그러면 거기 있는 사람들은 다 석방을 해야 되고 보호 조치를 하게 되는 거지요.

○소위원장 박범계 예, 석방하는 거지요.

○유상범 위원 이게 그렇게 되면 무슨 문제가 생기냐 하면 급증할 겁니다, 난민 소송이.

○소위원장 박범계 예? 그것은 걱정하실 일이 아니에요.

○유상범 위원 아니, 그것을 우리가 법을 만드는 사람이 그걸 걱정 안 하면 어떻게 합니까?

○소위원장 박범계 아니, 소송은 소송의 급증 그 자체를 걱정할 게 아니고 소송의 질과 신속성과 권리 구제율과 이런 것을 걱정해야지 소송……

○유상범 위원 아니, 법원에서 지금 말한 것이 현재도 이 강제퇴거 명령에, 보호 명령을 반하는 난민 소송도 그 중에 포함되지만 상당수 난민 소송이 늘어나기 때문에 소송 자체가 늘어나고 지연될 수밖에 없다, 인원이 보완되지 않는 한. 그런 상황에서 그것을 알면서도 우리가 지금 9개월로 툭 잘라 버리면 결국은 많은 사람들이 난민 소송을 제기해 가지고 불법 체류자들이 결국은 계속 있다가 다시 돌아가는 이 현상을 우리가 법을 만들면서 알면서도 그것을 사법부가 해결해야 될 문제라고 넘겨 주면 입법자가 알면서도 그렇게 사실은 불법 체류자를 양산하겠다는 거지요.

○소위원장 박범계 다시 얘기해야 되겠네.

○박균택 위원 아니, 여기 행정처 차장님 계시는데 사건 수가 늘어나면 전담 법관 수를 많이 배치하시지 않겠습니까? 그건 법원행정처가 해결해야 될 문제인 것 같은데요?

○장동혁 위원 그런데 만약에……

○법원행정처차장 배형원 기본적으로 저희가 난민 사건이 급증하고 있고 사건 수는 굉장히 많거든요. 그런데 지금 말씀하시는 보호 명령을 받고 난민 신청을 하는 사람의 숫자는 저희가 내부적으로 파악을 못 해 봤습니다만 지금 말씀하신 것을 들어 보면 100명 정도 수준이라고 해서 전체 난민 신청 중에 그렇게 다수를 차지하고 있는지는 좀 의문이라는 생각이 듭니다.

○장동혁 위원 그러면 잠시만, 논의 내용이 달라졌는데요.

○유상범 위원 그러니까 달라져서 그런 거예요, 지금.

○**장동혁 위원** 제가 18개월이라고 한 것은 위원장님께서 난민 재판에 소요되는 기간이 18개월이니까 18개월까지 하고……

○**소위원장 박범계** 아니……

○**장동혁 위원** 그러니까 난민 재판을 받는 분들의 판결이 날 때까지 기다려 준다는 것에서 다시 집행할 수 있는 2개월을 얘기한 건데요. 그냥 일반적인 경우……

○**소위원장 박범계** 아니, 장동혁 위원님, 이거였어요. 좀 들어 봐 주실래요?

○**장동혁 위원** 예.

○**소위원장 박범계** 오늘 여기 이 위원회에서 지금 얘기드린 것은 원래 출입국관리법 개정안의 원안은 기본적으로 100일을 기준으로 하는 거잖아요.

○**유상범 위원** 아니, 정부안은 다르지. 박주민 안이 그렇지.

○**소위원장 박범계** 아니, 이 원안을 내신 분의 생각과 거기에 백그라운드가 되는 시민사회단체의 주장은 100일을 기준으로 한다고요. 그리고 더 근원은 헌법재판소의 불합치 결정이 났기 때문에 상한을 둬야 된다라는 문제 의식에서 출발을 했습니다.

그런데 오늘 주로 얘기하는 것이 국민의힘 위원님들은 사회적 위험성을 지금 강조를 하시는 거예요. 그렇지 않습니까? 그런데 그 사회적 위험성에 여기 표현이 됐듯이 중대범죄자 카테고리에 대해서 얘기하는 것이거든요, 중대범죄 카테고리.

그 난민 소송을 제기해서 그 소송이 끝날 때까지 손을 못 쓰는 것 그것은 난민 소송이 갖고 있는 제도의 특성이니까 우리가 이 출입국관리법에서 지금 규제하는 이 보호 기간에 상한을 두고 중간에 어떻게 갱신하느냐와는 관계가 없는 겁니다. 그러면 일반 범과 중대범죄자의 기준을 얼마로 할 거냐, 객관적으로 드러난 세계적인 보편적인 왕도는 없는 거예요. 일반 범죄도 지금 100일과 17개월의 차이가 있는 겁니다, 3개월과 17개월의 차이.

그랬을 때 위원장이 제시한 것은 위험성이 덜하다고 보는 일반 범죄자는 절반으로 해서, 18개월을—원래 수정 전의 법무부 안이니까—거기의 절반으로 해서 9개월로 하고 그것이 합리적인지 어떤지 나는 모릅니다. 그렇지요? 무제한에서 제한을 가하는 거니까. 다만 위험하다고 보는, 사실은 이미 다 처벌받은 사람들인데 이런 사람을 어떻게 사회에 내놔, 이런 위험한 외국인을?

그러니까 거기에 포커스를 맞춰서 얘기를 했을 때 대체로 난민 소송이 18개월 걸린다고 하니 그러면 18개월을 최대치로, 상한으로 잡아서 하자는 것이 제 제안이었고 거기에 장동혁 위원님이 집행하는 데 고려하는 시간이 필요하다고 그래서 그러면 2개월 정도 추가를 한 거예요. 뭐가 문제가 돼요?

○**유상범 위원** 생각이 완전히 다르지요. 장동혁 위원님이 본 것은……

○**장동혁 위원** 생각이 다른 것이 법무부에서 실질적으로 난민 소송 중에는 집행을 할 수 없기 때문에, 난민 소송이 끝나야지 집행을 할 수 있으니까 어떤 경우든 기본적으로 18개월 그다음에 집행할 수 있는 플러스 2개월을 저는 이야기했던 거고요.

○**소위원장 박범계** 그러면 중대범죄자는?

○**장동혁 위원** 중대범죄자는 똑같습니다.

○**소위원장 박범계** 똑같이?

○**장동혁 위원** 중대범죄자가 지금 36개월 이렇게 돼 있던 것을 저는 중대범죄자를 굳

이 그렇게 할…… 지난번에는 제가 왜 그렇게 중대범죄자를 길게 하냐고 했었는데 사실은 저는 그렇게 36개월로 하더라도 지금은 법무부가 여러 가지 설명을 했을 때 이게 아까 주진우 위원이 얘기했지만 이 문제는 결국은 자국민의 인권과 안전 그리고 외국인의 인권 그것을 어떻게 절충할 것인지의 문제기 때문에 저는 사실 36개월이든 설득이 됐는데 지금은 굳이 중대범죄를, 아까 위원장님도 말씀하셨지만 이미 형사법에서 다 판결받고 그것에 상응하는 것을 다 치렀으니까 달리 취급할 필요가 없다라고 생각이 되어서 저는 어떤 경우에든 중대범죄자를 굳이 따로 할 필요가 없이 18개월 그다음에……

왜 그러냐면 중대범죄자도 그것 끝나고 나서 난민 신청 또 할 수도 있으니까요. 그런 것들을 고려해서 18개월 플러스 2개월로 했던 건데 지금 난민 소송이 진행 중이거나 말거나 간에 중대범죄가 아니라면 일단 기본 상한을 9개월로 한다면 다 난민 신청하지요. 왜? 9개월 안에 소송 안 끝날 거니까. 소송 중에 결국 본인은 그냥 한국에서 자유인이 되는 것인데……

저는 명백하게 그렇게 될 것임을 알면서 왜 본인이 굳이 불법체류를 하면서 한국에 남겠다고 해서 선택하고 물론 결과적으로 보호소의 여러 상황이나 이런 것들이 인권 침해적 요소가 있다라고 하지만 본인이 굳이 남겠다라고 했고 그리고 그것을 악용하기 위해서 난민 소송을 제기하고 그 중간에 결국은 우리가 스스로 한 번도 집행해 보지 못하고 그 불법체류 상태를 다시 대한민국 법 질서가 당신 불법체류 계속해도 된다라고 용인하는 것은, 저는 그것에 대해서는 동의할 수 없습니다.

○**박희승 위원** 저도 한말씀 드리겠습니다.

○**소위원장 박범계** 예, 박희승 위원님.

○**박희승 위원** 중대범죄자를 왜 이렇게 오래 데리고 있으려고 합니까? 내보내면 되지.

○**장동혁 위원** 지난번에 제가 그 말씀은 드렸고요.

○**박희승 위원** 나는 중대범죄자는 오히려 빨리 내보내고……

○**장동혁 위원** 대신 중대범죄자에 대해서 저는 18개월로 하든…… 그렇지만 중대범죄자는 누구든 난민 소송을 제기하는 사람에 대해서는 소송 기간 동안에는 집행을 하지 못하기 때문에……

○**박희승 위원** 그러면 차라리 중대범죄자는 앞으로 당기고 난민 소송을 제기한 사람만 20개월로 하든 그렇게 하고 일반은 그냥 9개월로 해서 내보내는 것으로……

○**장동혁 위원** 그게 지난번의 제 의견이었었는데……

○**박희승 위원** 그러면 왜 또 생각을 바꾸셨어요?

○**장동혁 위원** 결국은 중대범죄자 중에는, 아까도 말씀드렸지만 이 위원회가 생기면 법무부는 최대한 빨리 그리고 3개월마다 계속 점검을 받아야 되기 때문에 최대한 노력을 할 것입니다.

○**유상범 위원** 난민 소송을 제기하는 경우를 상정해서 나온 얘기예요.

○**장동혁 위원** 이 상한이라고 하는 것은……

○**박희승 위원** 중대범죄자는 빨리 내보내는 게, 난민 소송도 제기 못 하게 내보내는 게 낫지……

○**장동혁 위원** 난민 소송하는 걸 어떻게 하겠습니까? 그런데 이 상한이라고 하는 것은 어떤 이유에서든 중대범죄자를 그 나라에서도, 자국에서도 받지 않겠다고 하거나 어떤

이유로 집행하지 못하고 있는데 그 중대범죄자를 대한민국에 그냥 자유롭게 풀어 줄 거냐의 문제인 것이지 중대범죄자를 우리가 마치 중대범죄자니까 부수적으로 처벌적 효과처럼 계속 잡아 두겠다는 게 아니잖아요. 법무부에서도 하루라도 빨리 내보내고 싶지요.

○**법무부차관 김석우** 위원장님, 추가로……

　기본적으로 저희 법무부에서 가장 핵심을 둔 부분은 난민 재판이 일반적으로 18개월 정도 걸리고 유럽에 있는 국가들, OECD 국가를 비롯해 가지고 주로 18개월이 상한이기 때문에 18개월로 하되 저희가 기본이 18개월 간다는 건 아니고 3개월마다 계속 연장을 할 때 중립적인 위원회가 검토를 한다는 겁니다.

　그다음에 두 번째로 저희가 덧붙이는 것이 그럼에도 불구하고 18개월 내 해결하지 못하는 중대 고위험자들에 대해서는 추가 기간이 부여되면 더 좋겠다라는 것이 저희 두 가지 의견이었는데 핵심은 첫 번째 의견이었습니다.

　그런데 두 번째 의견이 섞이다 보니까 쟁점이 다소 명확하지 않은 부분에 대해서는 제가 약간 안타깝게 생각하는데 저희들은 두 번째 부분도 사실 중요한 것은 일반적인 경우에 난민 재판에 소요되는 기간이라든지 최소한 난민 재판이 끝났을 때 추방할 수 있는 기회를 한 번이라도 부여는 받아야 될 텐데 그런 기회조차 부여받지 못하는 것은 제도의 취지에 맞지 않는다.

　다만 일반적인 외국의 실태도 18개월이 기본이 아니고 상한이거든요. 지금 저희가 말하는 것도 18개월이 상한이지 특별한 일 없이 18개월까지 간다는 건 절대 아닙니다.

　그래서 저희는 일반적인 범죄에 대해서는 18개월을 상한으로 하되 3개월마다 연장을 하고 그때도 저희가 수정안에 보게 되면 '송환의 가능성, 보호의 필요성, 송환국의 협조 여부 등을 고려하여야 한다'라고 명시적으로 추가를 했습니다. 그래서 18개월로 해 주시면 3개월마다 위원회에서 심사를 하되 이런 것을 검토를 해서 반영할 것으로 저는 생각하고 있습니다.

○**법원행정처차장 배형원** 위원장님, 한말씀만……

○**장동혁 위원** 저는 이 결정을 함에 있어서……

○**소위원장 박범계** 잠깐만요, 장동혁 위원님.

　차장.

○**법원행정처차장 배형원** 저희가 작성한 자료가 아니라서 제가 말씀드리기가 좀 조심스럽긴 합니다만 난민과 관련된 이슈가 나와서 좀 궁금한 것이요. 일단 국가에 대해서 자료를 작성하셨는데 원칙과 예외로 하고 예외에 괄호 열고 중대범죄 등이라고 되어 있는데요. 비고란을 보다 보니까 예외는 보통 난민 신청을 한 경우에 추가적인 기한을 부여하는 것으로 돼 있어서요. 이거 구조 자체가……

○**소위원장 박범계** 제가 지금 그걸 보려고 하고 있는 차에 통했네요.

　말씀하십시오.

○**법원행정처차장 배형원** 그래서 저도 이제 법무부에서 작성한 자료라 이걸 보다 보니까 비고란에 보게 되면 상당수의 기재가 난민 신청을 한 경우에는 상한을 넓히게 돼 있는 것으로 돼 있어서 기본 몇 개월 플러스 난민 신청 몇 개월 이렇게 작성이 돼 있습니다. 작성을 어떻게 했는지 저희는 알 수가 없는데요. 그렇게 본다라고 한다면 여기에 예외라고 규정돼 있는 기간들이 중대범죄의 예외보다는 난민에 따른 예외가 아닌가라는 생

각이 들어서 한번 확인해 주신 다음에 논의를 진행하시면 좋지 않을까 싶습니다.

○**소위원장 박범계** 좋은 관점……

그러니까 장동혁 위원님 얘기를 또 들어 보니까 이것을 사실은 일반 범죄자 이렇게 표현되나요, 표현이 어떻게 되지요, 중대범죄자 이렇게 나눠서 기간을 나눈다는 것이 조금 어색해 보이고 사실은 원칙과 예외는 난민 신청을 한 경우와 그렇지 않은 경우로 나눠야 되는 것 같은데 이 제도를 몇 개월로 해 놓더라도 난민 소송을 제기하면 이 제도를 빠져나갈 수 있는 거지요. 그렇지요?

○**법무부차관 김석우** 예, 그렇습니다.

○**소위원장 박범계** 그렇게 되는 거지요?

○**법무부차관 김석우** 예, 그렇습니다.

○**소위원장 박범계** 그러니까 그것은 이 법의 효율성이, 실효성이 전혀 담보가 안 되는 부분이니까 그건 아주 원칙적인 문제 제기인 것 같아요. 다시 제가 원안을, 사실은 처음부터 못 봤는데 어떻게……

○**유상범 위원** 아까 그 얘기를 했더니만 또 9개월 줄여서……

○**수석전문위원 정환철** 이 자료는 아니고 다른 자료인 것 같습니다.

○**소위원장 박범계** 지금 어디에서 보신 안이에요?

○**법원행정처차장 배형원** 지금 법무부에서 배포했다는 자료를 보게 되면요 상한 18개월이라고 하는 16개국에 대해서 분석을 해 놨고요. 보호기간 상한을 보면 원칙으로 노르웨이, 키프로스, 그리스 18개월로 돼 있고요. 그 옆에는 무기한으로 돼 있는 데도 있고 36개월로 기재돼 있는 나라가 있습니다.

예를 들어서 그리스, 원칙은 18개월이고 예외는 36개월로 돼 있으면서 예외에다가 중대범죄자 등이라고 기재가 돼 있는데 비고란을 보게 되면 난민 신청을 하는 경우에는 상한이 36개월 그래서 18 플러스 18로 돼 있는 게 중대범죄자이기 때문에 예외를 둔다라고 앞에는 돼 있지만 뒤의 부분을 보면 난민 신청을 한 경우에 18개월이 더 부여되는 구조로 돼 있어서 다시 말씀드립니다만 저희가 작성한 자료가 아니라 한번 확인이 된 다음에 우리가 예외를 두는 것이 중대범죄 때문에 예외를 두는 것인지 난민 신청 때문에 예외를 두는 것인지에 대한 접근 방법이 좀 필요할 것 같아서 보충말씀 드렸습니다.

○**장동혁 위원** 저는 이 결정을 함에 있어서 이 법이 통과됐을 때 국민들이 어떻게 생각하는지가 가장 중요하다고 생각합니다. 법은 국민들의 법 감정을 넘어설 수 없다고 생각합니다. 헌재는 상한이 없기 때문에 위헌이라고 얘기했고요. 그게 인권 침해라고 이야기했습니다.

그런데 우리가 이 법을 만들어서 불법체류하다가 보호소에 갔는데 갑자기 무슨 난민 소송하더니 몇 달 지나니까 다시 나와 가지고 계속 불법체류 상태로 돌아다니는 것을 그냥 우리 법이 너무나 자연스럽게 허용해 주고 있다고 하는 것에 대해서 대한민국 국민 누가 그것을 용납할 수…… 중대범죄자……

○**소위원장 박범계** 다시 또 돌아가지 말고……

○**장동혁 위원** 아니, 그러니까 저는요……

○**소위원장 박범계** 상당한 정도로 의견을 주셨으니까……

○**장동혁 위원** 그러니까 저는 난민 소송의 경우에는 그냥 예를 들면 난민 소송이 종결

된 이후로부터 2개월 안에 집행하고 그러면 난민 소송 제기되지 않은 사람에 대해서는 9개월이 아니라 6개월로 해도 저는 이의가 없습니다. 저는 그 현실적인 문제를 빼고 그냥 9개월로 한다고 하는 건 절대 동의할 수 없고 그러면 두 가지로 나누어서 난민 소송이 제기된 경우에는 확정판결로부터 2개월……

○소위원장 박범계 그러니까 그 문제 의식에 지금 다다르고 있잖아요. 그렇게 다시 또……

○장동혁 위원 저는 그것만 되면 나머지는 뭐……

○소위원장 박범계 법원행정처 차장께서 잘 지적을 해 줬어요. 제가 첫 심사를 하는데 저도 문제 의식을 그렇게 가고 있는데 딱 하신 말씀이라고.

그러니까 이게 특별히 중대범죄자냐 아니냐를 가지고 기본을 설정할 건 아닌 것 같고 문제는 별개의 제도인 법원을 이용하는 소위 난민 소송이 최대 18개월까지 걸리는데 그 안에 끝나는 경우도 많이 있지요. 그런데 안 나오고 싶어 하는 사람 같은 경우에는 난민 소송을 제기해서 최대치로 버티겠지요. 그런 경우에 여기서 18개월 안에다가 아무리 규정을 해 놓은들 이게 의미 없는, 실효성이 없는 규정이 되지 않습니까? 그런 얘기 아니에요? 그렇지요, 차장님?

○법원행정처차장 배형원 저는 이 표가 예외를 중대범죄……

○소위원장 박범계 그러니까 지금 그런 문제 의식에 이르러서……

일단 한번 여쭙겠습니다.

제가 볼 때 일반 범죄자니 중대범죄자니 나눠 가지고 이렇게 하는 것은 별로 의미 없는 것 같고 보통 난민 소송을 제기해 버리면 18개월까지는 안 나오고 버틸 수 있는 거니까 그 18개월을 기본 베이스로 딱 삼고 기준으로 삼고 그다음에 집행하는 데 어떤 준비 기간이 필요하다면 그 기간을 좀 추가할 수 있는, 그렇게 하면 어떻겠어요?

박희승 위원님.

○박희승 위원 저는 좀 그래도…… 무기한으로 된 나라 빼고 아까 8.2개월이라는 선진국 평균이 나왔으니까, 우리도 어차피 무기한은 없어지는 거고 그렇다면 일반의 경우에는 9개월 해서 3개월, 3개월, 3개월 하고 난민 소송의 경우에만 18개월로 하든 20개월로 하든 이런 정도로 해서 정리하시면 어떨까요?

○소위원장 박범계 예. 수용이 안 돼……

○서영교 위원 저도 의견을……

○소위원장 박범계 예.

○서영교 위원 박희승 위원님 의견 괜찮을 것 같아요.

○소위원장 박범계 그게 제 첫 안이었습니다. 통과를 시키려고 하니까……

○서영교 위원 우선 제가 한 가지만 정리를 해 보면 이 법을 왜 하려고 하는 거냐. 정리해 준 자료에 의하면 우선 인권단체들도 강제퇴거명령 난 사람들은 국내에 더 구금하지 말고 바로 내보내 주십시오 이런 취지거든요. 그러니까 오랫동안 데리고 있지 말고 강제송환명령 나면 보내 주시고 그렇지 않고 난민 신청을 한 사람들은 그 절차를 밟아서 빨리 정리해 주시고 그다음에 중대범죄자들은 송환명령시켜서 퇴출시켜야 되는데 이게 여러 가지 어려운 일이 생기거든 그것은 좀 더 연장할 수 있다 이게 시민단체들도 내놓는 안인 겁니다.

그런데 우리가 우리는 잘 모르게 이게 밍기적거리면서 그동안은 상한이 없다 보니까 인권 문제도 나오고 오래 데리고 있고 이랬기 때문에 문제지 시민단체도 오래 데리고 있다가 국내에다가 풀어 줘라 이런 얘기는 아니라고 보는 거지요. 오래 데리고 있지 말고 짧게 데리고 있다가 국내에 풀어 줘라 이런 얘기는 아니라는 겁니다. 그래서 그걸 기본 원칙으로 하고 보낼 사람 보내고 그리고 국내에 풀어 줄 사람은 풀어 주고 오랫동안 데리고 있지 말자 이게 기본 원칙이라고 하고.

그다음에 이 법무부가 준 자료에도 보면 독일 같은 경우에는, 예를 들면 금방 말씀하신 다른 나라, 폴란드, 체코, 네덜란드 이런 나라는 난민인 경우에 한해서 추가로 좀 더 연장하는 경우이고 나머지는 18개월로 끊어버렸단 말이에요. 그런데 독일 같은 경우도 난민이 끊임없이 나올 텐데 끊어버리기도 했던 거지요.

그래서 제가 보기에는 이제 우리도 빨리 끊어버리면 빨리 절차를 취할 수 있다 이런 취지였던 것 같고 저는 조금 더 학습을 통해서 난민인 경우에는 이 절차가 어느 정도 아까 말씀하신 것처럼 필요에 의해서 더 할 수 있다면, 그렇게 꼭 필요하다면 그렇게 가고 그렇지 않은 경우에는 최소한으로 박희승 의원님 안처럼 해서 두 가지를 좀 다르게 적용하면 좋겠습니다.

○소위원장 박범계 이게 난동이 어디서 벌어지냐 하면 안 나가려고 하는 속에서 벌어지는 거거든요. 그러니까…… 출입국본부장, 그렇잖아요?

○법무부출입국·외국인정책본부장 배상업 예, 그렇습니다.

○소위원장 박범계 그러니까 정말 그냥 생절규를 하는 거예요, 안 나가려고. 그러니까 아까 비행기를 어쩌고 선박을 임차하고 그런 문제가 아니거든요. 여기서 벌어지는 문제가 이런 겁니다. 보통 심각한 문제가 아니에요.

그런데 제가 우려하는 거는 기간을 짧게 잡았는데 소송 때문에 풀어 줄 수밖에 없는 사례가 생기잖아요. 그런 경우에 혹시 위험성, 그 위험성으로 생길 문제, 그런 문제는 서영교 위원님도 오늘 걱정하신 거라고. 그렇지요?

○서영교 위원 그럼요. 다 동의하지요.

○소위원장 박범계 그러니까 그걸 동의한단 말이에요. 그래서 저는 9개월로 하겠습니다, 기본적으로. 9개월로 하고 그러나 난민 소송과 관련해서는 관련해서는 지금 18개월 최대치…… 대부분 그것도 안 걸리는 경우가 많잖아요?

○법무부출입국·외국인정책본부장 배상업 그렇습니다.

○소위원장 박범계 그래서 18개월 플러스 2개월 해서 제가 위원장 중재안으로 얘기를 하겠습니다. 이렇게 하고 반대하시면 반대하는 대로 할 수 없고 찬성하시면 다수결로 해서 이렇게 통과를 시키겠습니다.

○장동혁 위원 난민 소송을 기준으로 하는 것에 대해서는 반대하지 않습니다.

○소위원장 박범계 이의 없지요? 오늘 위원장이 잘 모르는 거를 알려 줘 가지고……

○법무부출입국·외국인정책본부장 배상업 위원장님, 발언 기회 주시면 제가 그래도……

○소위원장 박범계 본부장님!

○법무부출입국·외국인정책본부장 배상업 하나만 조금 말씀드리겠습니다.

저희가 장관님께서 잘 아시지만 위원장님께서도, 현장의 어려움은 수십 가지입니다. 다만 프랑스 같은 경우는 지금 100일인데 그것도 들어온 지 5일 이후에는 난민 신청을 못

하도록 법에 해 놨습니다. 그런 제한 규정이 있는 상태에서 100일이고 저희가 조사한 바에 의하면 100일 후에 다시 풀어 주는 게 거의 50%입니다. 그러니까 1년에 1만 명을 단속했는데 100일 정도 버티다가 5000명은 그냥 다시 사회로 풀려나는 겁니다.

이런 문제가 있기 때문에 프랑스도 지금 계속 늘리려고 하는 입법 과정에 있는 걸로 알고 있고, 최근에 이탈리아도 종전에 6개월에서 재작년에 18개월로 늘린 걸로 알고 있습니다. 그래서 이게 기간이 짧으면 사람들이 마음 자체가 내가 이 정도만 어떻게든 버티다가 다시 나갈 수 있다는 그게 있어서 저희가 1년에 삼사만 명을 단속하는데 만약에 그런 사람이 500명, 1000명만 있어도 일단 보호소 자체가 폐쇄돼 버립니다.

보호소에 저희가 지금 1700명을 수용할 수 있는데 만약에 이런 사람들이 1년에 1000명이, 내가 한번 버텨 보겠다고 4만 명 중에 1000명이 버티면 2%입니다. 1000명이 버텨 버리면 보호소 2개가 그냥 단속을 못 합니다. 그러면 지금……

○**서영교 위원** 다 나간다면서요.

○**법무부출입국·외국인정책본부장 배상업** 예?

○**서영교 위원** 97%, 98%가 다 나간다면서요.

○**법무부출입국·외국인정책본부장 배상업** 아니, 그러니까 이건 무기한이라는 심리적 그게 있기 때문에 내가 대한민국에서 버틸 수가 없다는 그건데 이 상한이 생기면 사람의 욕심이라는 것은……

○**소위원장 박범계** 오케이.

○**법무부출입국·외국인정책본부장 배상업** 내가 이걸……

○**소위원장 박범계** 그 점을 잘 알겠습니다.

그래서 다시 한번 말씀드리면 그러니까 3개월마다 이 심사위원회에서 연장에 대한 심사를 하잖아요. 그리고 이 위원회는 외부 인사를 위원장으로 하고, 과반수 이상을 외부 위원으로 하고 법무부에 두고 그럼으로써 위험성 평가를 잘 했으면 좋겠고요. 그래서 일반 사범에 대해서는 9개월을 기준으로 하고 위험성이 높은 중대범죄자에 대해서는 18개월을 상한으로 하되 다만 집행과 관련된 준비 그걸 고려해서 2개월을 더 추가할 수 있다 이렇게 하는 걸로 하고요.

○**유상범 위원** 그러면 난민 소송을 낸 사람은 어떻게 평가할 수 있어요?

○**박희승 위원** 난민은…… 중대범죄자가 아니라 난민 아닌가요, 연장 사유가?

○**유상범 위원** 지금 막 섞여 가지고 말씀하시는 거 같고……

○**서영교 위원** 금방 난민이라고 하셨었는데 금방은 중대범죄자……

○**소위원장 박범계** 중대범죄자.

○**박희승 위원** 그러니까 난민을 연장해야지, 난민 소송 중인 사람만 연장해야지요.

○**소위원장 박범계** 그러니까.

○**박희승 위원** 아니, 그런데 금방은 중대범죄자를 연장한다고……

○**서영교 위원** 난민으로 하시고 중대범죄자 따로 좀 규정하셔야 될 거 같은데……

○**소위원장 박범계** 취지는 이해됐잖아요.

○**유상범 위원** 아니, 그러니까……

○**소위원장 박범계** 오늘 통과 안 시키려고 그래요. 지금 헌법재판소 그게 언제지요?

○**법무부출입국·외국인정책본부장 배상업** 5월 31일까지……

○**소위원장 박범계** 걱정하지 마세요. 이거 준비하는 데 한 달이면 되지요?

○**법무부출입국·외국인정책본부장 배상업** 최소 삼사개월 있어야 됩니다.

○**소위원장 박범계** 3개월? 그러면 역순으로 하면 4월, 3월, 2월. 다음 달까지는 통과시킬 테니까 오늘 어느 정도 좀 좁혀졌어요. 저도 좀 정신을 차려서 다시 한번 봐야 되겠어. 봐야 되는데 아무튼 기본적으로는 9개월, 18개월 플러스 2 이거고 외부 위원을 과반수 이상으로 하고 법무부 산하에 두고 위원장은 외부 인사로 한다. 그다음에 기타 쟁점이 별로 이의가 없겠습니다. 지금 보니까 재보호는 도주한 경우로 정리가 됐고요. 그다음에 불복 절차, 행정소송 제기할 수 있음을 명시한다라고 하면 되는 거고요. 그렇지요? 어때요, 그 부분은?

○**법원행정처차장 배형원** 저희 기관 의견인데요. 이 행정소송을 제기할 수 있다는 건 당연한 규정인데……

○**소위원장 박범계** 당연한 규정이지요?

○**법원행정처차장 배형원** 이 규정을 두게 되면 행정심판은 못 하는 거냐, 행정심판은 어떻게 되냐는 분란의 여지가 생길 수 있기 때문에 이걸 빼더라도 당연히 행정소송을 제기할 수 있을 것 같아서 삭제 의견입니다.

○**소위원장 박범계** 삭제합시다. 어때요? 맞는 얘기예요. 맞는 얘기인 것 같고, 우리 위원님들……

○**박희승 위원** 예, 그건 법에 있으니까……

○**유상범 위원** 위원장님께 제안을 한번 드리면요. 위원장님 말씀이 충분히 일리가 있는 말씀이기는 합니다만 항상 이 부분이 문제인 게 출입국관리법에 있어서 불법 체류한 사람에 대한 어떤 입장을 처할 것이냐는 국가적 정책의 문제거든요. 그래서 기간 문제는 우리가 사전에 다시 한번 좀 정리를 잘 해서 관계기관과, 특히 법무부가 아무래도 주무 부서니까 정리를 다시 한번 하는 그런 시간을 가질 필요가 있겠다는 말씀을 드리겠습니다.

○**소위원장 박범계** 좋아요. 그래서 이 정도 논의 범위가 좁혀졌지요, 거의? 이 정도로 하기로 하고……

○**서영교 위원** 제가 한 가지만 더 얘기할게요.

내란죄, 외환죄 그리고 중대범죄—살인, 상해, 강간, 추행, 강도, 테러범, 대량살상무기확산범—이런 아주 중대범죄자들이 있잖아요. 이런 부분에 대한 것도 조금 차이는 둬야 될 것 같아서. 아니면 이거를 명확하게 이런 사람들에 대해서는 아까 말한 것처럼 국내에 여차 하면 풀릴 수 있다 이런 일이 전혀 없게끔 딱 그것이 만들어져야 될 것 같아요, 그러니까 전체하고 조금 달리. 이게 시민단체도 이렇게 이야기하는 거거든요. 중대범죄자, 우리가 여기서 내란·외환 그리고 살인, 상해, 강간, 추행, 테러, 대량살상무기확산범이런 정도에 대한 것들에 대해서는 어떻든 그것도 좀 구체적으로 검토하면서 내용도 내났으면 좋겠습니다.

○**유상범 위원** 서영교 위원님 말씀은 그러면 그 부분은 기간을 좀 더 늘리……

○**서영교 위원** 그거에 대해서 논의를 좀 했으면 좋겠다고 생각합니다.

○**유상범 위원** 기간을 좀 더 길게 하는 것에 대해서는……

○**박희승 위원** 아니, 아까는 또 빨리 내보내자고……

○**서영교 위원**　아니, 그러니까 기본적으로 이런 자들을 최대한 빨리 내보내는 게 기본이라는 거지요, 그러면서도 국내에 풀리지 않게.

○**소위원장 박범계**　서 위원님, 오늘 많이 말씀하셨어요.

　그러면 충분히 진의가 전달됐습니다.

○**유상범 위원**　그 말씀이시지요? 따로 기간을 좀 고민해 보자 이런 얘기구만.

○**소위원장 박범계**　그중에 제 귀에 쏙 들어오는 게 집단 학살이라든지 또는 테러리스트와 관련된 위험성은 상당히 있을 개연성이 높으니까 그거는 한 번 더 논의해 보기로 하고 출입국관리법…… 잠시 정했다가 4시 15분에 속개하겠습니다.

　정회를 선포합니다.

(16시03분 회의중지)
(16시21분 계속개의)

○**소위원장 박범계**　의석을 정돈해 주시기 바랍니다.

　회의를 속개하겠습니다.

　그러면 의사일정 제3항에 대해 수석전문위원님께서 간단히 보고해 주시기 바랍니다.

○**수석전문위원 정환철**　박균택 의원안 출입국관리법, 3항입니다.

　자료 2쪽입니다.

　출입국 금지 대상에 임금등 체불사업주를 추가하는 내용입니다.

　현행 근로기준법 43조의2에 보시면 임금등 체불사업주의 명단공개를 규정하고 있습니다. 명단공개된 체불사업자가 또 출입국관리법의 출국금지 대상에 추가되어야 명단공개자의 출입국 금지가 될 수 있는 것입니다.

　3쪽 간략하게 보고드리면 작년도 10월 22일 개정된 근로기준법이 명단공개된 상습적 체불사업자의 출국금지 요청을 규정하고 있는데 이 법안은 아주 타당한 것으로 보입니다. 다만 시행시기를 근로기준법의 시행일이 2025년 10월 23일이기 때문에 만약에 이 출입국관리법도 개정된다면 거기에 맞출 필요가 있고요. 적용례를 두어서 적용시점을 명확화 할 필요가 있다는 실무적인 의견을 드립니다.

　이상입니다.

○**소위원장 박범계**　수고하셨습니다.

　귀관의 의견을 말씀해 주시기 바랍니다.

○**법무부차관 김석우**　법무부 의견을 말씀드리겠습니다.

　근로기준법 개정 취지에 맞춰서 출입국관리법 개정을 하는 부분에 대해서는 이견이 없습니다. 그리고 시행시기에 대해서는 전문위원의 수정의견에 동의하는 바입니다.

　이상입니다.

○**소위원장 박범계**　법원행정처요.

○**법원행정처차장 배형원**　법원행정처도 동일하게 입법 정책적 결정사항이라고 판단됩니다.

○**소위원장 박범계**　위원님들께서 토론해 주시기 바랍니다.

○**서영교 위원**　동의합니다.

○**소위원장 박범계**　특별히 이의 없으시지요?

　(「예」 하는 위원 있음)

○**서영교 위원** 기가 막힌 법을 냈군요.

○**장동혁 위원** 좋은 법안이에요.

○**소위원장 박범계** 의사일정 제3항은 합의되었으나 다음 소위원회에서 의사일정 제1항 및 2항과 함께 대안으로 의결하도록 하고 오늘 회의에서는 의결하지 않겠습니다.

○**유상범 위원** 위원장님, 어차피 이것은 우리 출입국 정책에 있어서 굉장히 중요한 어떤 조항의 변경인데, 꼭 합의된다는 상정을 하기도 쉽지 않은데 일단 이것은 그냥 의결해서 먼저 처리하는 게 어떻겠습니까? 내용적으로 완전히 다른 내용이고 하니까.

○**소위원장 박범계** 지금 행정실장의 설명을 들으니까 오늘 통과시키는 게 별로 의미가 없는……

○**유상범 위원** 의미가 없다는 게 왜, 설명을 해 주세요.

○**행정실장 정진욱** 잘 아시겠지만 동일 제명의 법률안을 동일한 회의에서 통과시킨 관례가 1984년 이후로 한 번도 없었습니다. 그래서 이 경우에는 다만 대안으로 같이 묶어서 가는 게, 어차피 1·2항은 2월에 기한이 있는 거고그게 더 깔끔하기 때문에 그렇게 하시는 게 좋을 것 같습니다.

○**유상범 위원** 알겠습니다. 그럽시다.

---

  4. **형사소송법 일부개정법률안**(김도읍 의원 대 표발의)(의안번호 2201409)
  5. **형사소송법 일부개정법률안**(김남희 의원 대표발의)(의안번호 2201548)
  6. **형사소송법 일부개정법률안**(최기상 의원 대표발의)(의안번호 2201919)
  7. **형사소송법 일부개정법률안**(황정아 의원 대표발의)(의안번호 2207476)
  8. **형사소송법 일부개정법률안**(서영교 의원 대표발의)(의안번호 2207503)

(16시25분)

○**소위원장 박범계** 다음으로 의사일정 제4항부터 제8항까지, 이상 5건의 형사소송법 일부개정법률안을 일괄하여 상정합니다.

정환철 수석전문위원님 보고해 주시기 바랍니다.

○**수석전문위원 정환철** 1쪽의 5개 개정안 심사경과는 자료로 갈음하고요.

2쪽 설명드리겠습니다.

개정안 5개는 피해자 등의 공판기록 열람·등사 신청 시 원칙적 허용을 규정하는 황정아 의원안, 서영교 의원안이고요. 열람·등사 불허 또는 조건부 허가 시에 이유 통지를 규정하는 5개의 전원 안이 있고요. 또 즉시항고 제도를 신설하는 김남희·최기상·황정아·서영교 의원안입니다.

내용을 보시면 현행법과 김도읍·김남희·최기상 의원안의 경우에는 제한적으로 열람·등사를 허용하고 있습니다. 여기에 대해서 문제가 있다고 판단하셔서 서영교·황정아 의원께서 피해자의 공판기록 열람·등사를 예외사유가 없는 한 원칙적으로 허용하자는 개정안을 주셨고요. 이유 통지는 모든 안에 다 포함돼 있는 것이고요.

여기에 추가해서 김남희·최기상·황정아·서영교 의원안의 경우에는 열람·등사 신청에 대한 불허 또는 조건부 허가 시에 법원에 즉시항고까지 가능하다는 안을 제출하셨습니다.

3쪽의 검토의견을 간략하게 설명드리면 황정아 의원안과 서영교 의원안의 어떤 문제의

식인데요 현행 제한적 허용규정의 문제점이 원칙적으로는 열람·등사를 허용하지 않고 범죄의 성질이나 심리의 상황 등을 고려하여 상당하다고 인정하는 때에 열람·등사를 허가하고 있는 게 현행법 규정이기 때문에 재판장의 재량이 너무 광범위하다, 불허 시 불복 수단이 없다, 불허 이유 통지의무도 없어서 편의적인 불허 처분이 되어서 피해자 권리 구제에 지장을 초래할 가능성이 있다는 문제의식을 갖고 계시고요. 원칙적 허용을 통해서 피해자의 알권리나 형사절차참여권을 보다 넓게 보장해야 된다는 취지가 있고요.

다만 예외적 불허 사유, 그럼에도 불구하고 열람·등사를 전면적으로 허용함에 따라서 혹시 피고인 등의 사생활 침해나 재판 지연 등의 부작용이 있을 수 있기 때문에 알권리 확보 등보다는…… 그런 문제가 있을 경우에는 예외적으로 열람·등사를 불허하는 사유도 논의할 필요가 있다는 의견인데요.

황정아 의원안의 경우에는 피고인의 방어에 현저한 지장을 초래하는 등의 특별한 사정이 있는 경우를 열람·등사 불허 예외사유로 규정을 했고요.

서영교 의원안은 각 항으로 피고인 또는 제삼자의 명예나 사생활의 비밀을 현저히 해할 우려가 있는 경우나 또 영업비밀이 현저히 침해될 우려가 있는 때, 피고인의 방어에 현저한 지장을 초래할 우려가 있는 때, 소송 절차가 현저하게 지연될 우려가 있는 때에는 예외적으로 열람·등사 청구를 제한할 수 있다는 규정을 두었습니다.

5쪽입니다.

열람·등사 신청 불허 시에 조건부 불허하거나 조건부 허가 시에는 이유를 통지해야 되는 것은 모든 개정안이 다 담고 있는 내용이고요.

즉시항고의 경우에는 김남희·최기상·황정아·서영교 의원안이 담고 있습니다.

다만 고려할 사항은 즉시항고를 허용할 경우에 열람·등사의 과도한 신청이나 다수의 피해자가 각각 열람·등사를 신청할 경우 법원 업무가 과다해져서 재판 절차가 지연될 가능성이 있다는 점을 고려할 필요가 있고요.

추가 고려사항으로 즉시항고를 도입할 때는 법원의 결정에 대한 항고이기 때문에 열람·등사 주체를 재판장이 아닌 법원으로 변경하는 방안을 논의할 필요가 있을 것 같고요.

지난 12월 19일에 소위 심사가 있었는데요 그때도 열람·등사를 원칙적으로 허가하는 방안으로 가되 예외적인 제한 사유를 명시하는 방안이 좋지 않겠냐 그런 의견들이 있었습니다.

이상 보고를 마치겠습니다.

○**소위원장 박범계**　수고하셨습니다.

그러면 기관의 의견을 말씀해 주시기 바랍니다.

○**법무부차관 김석우**　법무부 의견 말씀드리겠습니다.

피해자의 권리를 보호하기 위해서 열람·등사 범위를 확대하는 법안의 취지에 대해서 기본적으로 찬성을 합니다.

구체적으로 열람·등사의 주체를 재판장이 아닌 법원으로 하는 안 그리고 원칙적인 허용을 하는 것으로 기준을 바꾸는 안 그리고 즉시항고를 허용하는 안 그리고 불허할 경우에 이유를 통지하는 여러 가지 구체적인 안들이 나와 있는데 어느 안이든 기본적으로 법무부에서 그 취지에는 찬성을 하고 입법정책적으로 결정하실 사항이라고 생각합니다.

이상입니다.

○**소위원장 박범계** 법원행정처요.

○**법원행정처차장 배형원** 지난 1소위 논의 때도 입장을 말씀드렸는데요. 기본적으로 피해자의 열람·복사 권리를 좀 더 보호해 줘야 된다는 취지는 저희도 공감을 하고 있습니다.

다만 열람·등사의 결정 주체를 누구로 할 것이냐에 관해서는 기본적으로 소송 진행은 재판장이 하는 것이 우리 형사사법 소송의 기본적인 입장이라고 봤을 때 그 소송 절차의 진행의 일환으로서 열람·등사를 판단하는 것은 재판장이 하는 것이 우리 체계에 맞다라는 판단이 들고요. 재판장이 판단하게 되면 즉시항고는 허용될 수 없기 때문에 김도읍 의원안은 수용이 가능하다라는 입장을 종전에 밝혀드린 바 있습니다.

아울러서 지난번 논의 때 그동안 법원이 피해자의 열람·복사에 소홀해서 여러 가지 문제가 발생했다는 지적을 하셨고요. 저희도 부산 돌려차기 사건 이후에 그와 같은 열람·복사가 기준이 통일돼 있지도 않고 그리고 내부적으로도 연구반을 구성을 해서 많은 논의를 했고 결과물도 도출을 한 다음에 재판장들이 공유를 하는 그런 자체적인 노력을 했습니다. 그럼에도 불구하고 위원님들이 따끔하게 지적해 주신 것처럼 이게 좀 더 활성화되지 못하는 측면을 고려하면 지금처럼 그냥 허가사항으로 해 줄 것이 아니라 원칙적으로 이것을 허용하되 예외가 있는 경우를 규정하도록 하는 방향을 지난번 1소위 때 말씀을 해 주셨고 그 이후에 서영교 의원님이나 황정아 의원님이 안을 내 주셨는데요. 거기에 기초해서 원칙적으로 허용을 하되 예외사유를 규정하는 것은 저희 법원도 수용할 수 있다고 판단이 됩니다.

그리고 예외사유를 규정하는 부분에 있어서는 개별적 예외사유를 둔다기보다는 지금 형사소송법 59조의2를 보면 재판확정기록의 열람·등사에 관한 규정을 두고 있고요. 열람·등사를 제한하는 사유가 1호부터 7호까지 규정이 돼 있습니다. 그래서 이와 같은 것을 고려했을 때 이 중에 적절치 않은 한두 개만을 빼고 그것을 그대로 따와서 예외규정을 두면 되지 않을까라고 해서 저희가 원칙적 허용을 전제로 한 대안을 한번 마련을 했는데요. 위원장님 허가하시면 저희가 대안을 한번 배포하도록 하겠습니다.

○**소위원장 박범계** 예, 그러세요.

○**법원행정처차장 배형원** 아울러서 배포 중간에, 이유 통지하는 부분과 관련해서는요, 저희도 이유 통지를 해야 된다는 필요성은 당연히 공감을 하고 있고.

다만 이유 통지 방법에 대해서는 절차적으로 대법원 규칙에 정하도록 해 주시면 거기에 맞춰서 저희가 양식도 정하고 그래서 통지할 수 있도록 허용을 해 주시면 하는 바람에서 저희가 5항도 반영을 했다는 점 말씀드리도록 하겠습니다.

○**소위원장 박범계** 2호에서 6호까지가 구체적으로……

○**법원행정처차장 배형원** 말씀을 드리면 2호는 '소송기록의 공개로 인하여 국가의 안전보장, 선량한 풍속, 공공의 질서유지 또는 공공복리를 현저히 해야 할 우려가 있는 경우'가 2호고요.

3호는 '소송기록의 공개로 인하여 사건관계인의 명예나 사생활의 비밀 또는 생명·신체의 안전이나 생활의 평온을 현저히 해할 우려가 있는 경우'.

4호는 '소송기록의 공개로 인하여 공범관계에 있는 자 등의 증거인멸 또는 도주를 용이하게 하거나 관련 사건의 재판에 중대한 영향을 초래할 우려가 있는 경우'.

5호는 '소송기록의 공개로 인하여 피고인의 개선이나 갱생에 현저한 지장을 초래할 우려가 있는 경우'.

마지막 6호는 '소송기록의 공개로 인하여 사건관계인의 영업비밀이 현저하게 침해될 우려가 있는 경우'를 2호에서 6호로 규정하고 있습니다.

○**소위원장 박범계** 법원행정처에서 나름의 대안을 만들어서 오셨는데 일단 관계 기관의 의견을 들었고요.

위원님들께서 토론해 주시기 바랍니다. 지금 법원행정처 차장님 의견을 기준으로 놓고 토론하시면 효율적인 토론이 되겠습니다.

○**유상범 위원** 이렇게 되면 법원에 소송기록 열람·등사 신청이 아마 급증할 걸로 예상이 되긴 하는데 그리고 예외사유로 돼 있는 것이 일반 사건의 경우는 대부분 특별한 경우라면 적용은 안 될 거예요. 그렇지요?

○**법원행정처차장 배형원** 예.

○**유상범 위원** 특히 사생활이라는 것도 열람·등사가 일반 피고인의, 다른 사람의 기록까지 열람·등사할 수 있는 건 아니잖아요. 자신이 제출한 기록, 자신의 진술 주로 이런 걸 상대로 하는 건데, 그것을 목적으로 하는데 이렇게 하더라도 업무에 부담이, 특히 판사는 아니겠지만 결국 그 밑에서 행정 지원하는 일반 직원들의 업무 부담이 급증할 우려는 있어 보이긴 하는데 그런 부분도 검토가 다 된 건가요?

○**법원행정처차장 배형원** 기본적으로 지금도 열람·복사 신청은 많이 들어오고 있습니다. 그리고 저희 기준이 증거 조사가 마쳐지기 전에는 검사가 증거기록을 보유하고 있고 증거 조사가 마쳐지기 전이라도 대부분의 재판부가 공소장, 공판조서, 증거목록의 열람·등사는 기본적으로 허가를 해 주고 있습니다.

다만 피해자가 증인신문을 받기 전이라고 한다면 그 증거기록의 내용을 다 숙지하고 와서 증언을 했을 경우에 신빙성이 떨어질 우려가 있기 때문에 본인의 진술조서라면 열람이 가능하겠지만 피고인이나 또는 제삼자의 진술조서를 미리 열람을 하고 증언을 하는 것은 증언의 신빙성에 문제가 있기 때문에 재판장이 여러 가지 사항을 고려해서 그 부분에 대해서는 열람을 제한하고 있기도 합니다.

○**유상범 위원** 피해자 열람·복사 건이라고 한다면 지금 현재 인정되는 것은 과거에는 본인의 증거자료 또는 본인의 진술이었는데 지금 이 상태로 하면 피고인이나 참고인의 진술이나 이런 내용도 열람할 수 있는 부분이 분명히 있지요, 이 규정에 의하면?

○**법원행정처차장 배형원** 예, 이 규정에 의하면 그렇고. 재판장이 판단을 해서 이 예외사유에 해당한다고 보면 그런 경우에 있어서는 제한을 둘 수 있도록 제도가 설계돼야 되지 않을까라는 의미에서 원칙적으로 허용을 하되 예외사유를 두는 것으로 저희가 개정안을 만들어 봤습니다.

○**유상범 위원** 그러면 아마 공범이 있거나 재판에 영향을 미칠 우려가 있는 그런 부분으로 많이 적용이 될 것 같네요.

○**법원행정처차장 배형원** 예, 그럴 수 있을 것 같습니다.

○**유상범 위원** 열람·등사 허용기준에 대해서 과거에 법원에서 정한 기준이 있으니까 이 기준을 그대로 원용하는 것은 제가 봐서는 타당해 보입니다.

○**법원행정처차장 배형원** 보충적으로 한말씀만 더 드리면요, 그 외에도 아까 말씀하셨던 것처럼 공범에 관련되는 부분도 있지만 저희가 말씀드렸던 '2호부터 6호까지의 사유 중 어느 하나에 해당하는 경우' 다음에 저희가 어떤 부분을 설치를 했냐면 '또는 심리의 상황을 고려하여 상당한 이유가 있는 경우에는 열람 또는 등사를 허가하지 아니할 수 있다'라는 단서규정을 마련했습니다.

즉 이것을 허용하는 과정에 있어서 물론 재판장의 기준이 들쭉날쭉해서는 안 되겠습니다만 이와 같이 피해자가 모든 기록을 다 열람을 하고 나서 본인이 증언을 하는 경우까지 허용이 돼서는 안 된다는 측면을 고려해서 재판장이 심리의 상황을 고려한 후 판단할 수 있는 규정을 예외적으로 편성을 했습니다.

○**장동혁 위원** 그 취지는 알겠는데 마지막 조항 자체가 조금 포괄적이지 않나요? 그러니까 아까 말씀하신 열람·복사해 놓고 증언한다고 하면 그건 사실은 허용되면 안 되지요. 그건 너무나 당연하고 그 부분에 있어서는 허가하지 않을 명확한 이유는 알겠는데.

예를 들면 보통은 한 일주일 전부터는 재판장이 판결을 위해서 기록도 검토해야 되고 계속 이렇게 해야 되지 않습니까? 그러면 그런 경우에 '내가 지금 판결 써야 되고 바빠가지고 지금 내가 기록 검토하고 있으니까', 밑에 직원들이 '지금 재판장이 기록 검토하고 있으니까 지금은 열람해 드릴 수 없습니다'라고 하는 것이 예를 들면 그 마지막 예외 조항에 들어가는지 심리의 정도에 비추어서, 여러 가지 예시를 앞에 하거나 아니면 예측 가능한 범위를 약간 명확하게 해야 되지 않을까. 그 필요성은 저는 200% 공감을 하는데요 조금 포괄적이라는 느낌이 있어서……

○**법원행정처차장 배형원** 일선 담당 판사들도 서로 간에 연구반을 통해서 논의를 하고 그래서, 그러면 열람·복사를 안 해 주는 경우가 어느 정도일지를 여러 가지 사례들을 저희가 고려해 봤었는데 아까 대표적인 경우가 피해자가 증언을 앞두고 있는 경우에는 기본적으로 안 해 주고 있는 것 같고요.

그 외에 재산범죄에 있어서 피해자가 수백 명, 수천 명에 달하는 경우도 많습니다. 그런 사람들한테 다 열람·복사 신청을 하게 했을 경우에 그로 인해서 생길 수 있는 소송경제의 문제점도 있고요.

그다음에 한 번 열람·복사를 했는데 받아들여지지 않을 경우에 기속력 이런 것이 없기 때문에 지속적으로 열람·복사를 신청하는 경우도 있어서 이것을 사실 다 유형화해서 반영하기는 어려울 것 같아서 일단 저희가 생각한 것은 기본적으로 확정기록에 대해서 열람·복사를 할 때 제한 규정을 따 왔고요. 물론 거기 적정하지 않은 것은 제외를 했습니다. 그래서 2호에서 6호까지를 따 왔고요. 이런 것을 포괄할 수 있는 것을 생각하다 보니까 심리의 상황이라는 부분을 좀 포괄했는데 장 위원님이 말씀하신 것처럼 그랬을 경우에 이게 좀 추상적으로 흐를 수 있는 위험성에 대해서는 저희도 그럴 수 있다고 판단이 됩니다.

○**박희승 위원** 제가 좀……

○**소위원장 박범계** 예, 박희승 위원님.

○**박희승 위원** 법원행정처 차장님, 지금 기록을 복사해 주는 주체가 실무관들이 합니까, 누가 해 줍니까?

○**법원행정처차장 배형원** 담당 부서 실무관들이 합니다.

○**박희승 위원** 그런데 실무관들도 사실은 형사사건 담당하는 걸, 다 기피 부서고 일이 많은데 이것을 다 복사해 달라고 하면 이것 또다시 검토해 가지고 해 줄까 말까 고민하고. 그다음에 지금 사실은 피해자를 대리하는 게 어떻게 보면 형사소송에서는 검사 아닙니까? 그러면 검사가 피해자를 대리해서 열심히 소송을 하고 있는데 검사는 기록 다 갖고 있지 않나요?

○**법원행정처차장 배형원** 맞습니다.

○**박희승 위원** 그런데 본인이 보겠다고 또 법원에다가 다시 이걸 복사해 달라고…… 지금도 일정 부분은 복사를 해 주고 있지 않나요?

○**법원행정처차장 배형원** 아까 말씀드린 것처럼 기본적으로 공소장이나 공판조서 이런 부분에 대해서 요청을 하면 해 주고 있습니다.

사실은 형사소송을 설계하는 과정에 있어서 피해자의 지위를 어떻게 설정할 것인지에 대한 논의하고도 연결될 수 있는데요. 우리가 개인이 소추하는 것을 허용하지 않는다는 전제하에서는 검사가 소추를 하게 되기 때문에 사건 당사자인 피고인과 검사의 대립 구조로 형사소송이 기본적으로 설정이 되어 있는데 성폭력의 경우에 있어서는 피해자 보호성이 필요하기 때문에 여러 번 형사소송법 개정을 통해서 성폭력 피해자의 지위는 많이 올라왔습니다. 그래서 소송의 준당사자로서 재판에 참여할 수 있고 의견 개진을 할 수 있는 지위로 올라왔는데 그렇지 않은 피해자의 경우는 어떻게 볼 것인지에 대해서는 사실 소송 관계자라고 보기도 어려운 측면이 있습니다. 그래서 저희가 열람·복사를 허용하는 과정에 있어서도 피해자가 어떤 지위를 갖느냐에 따라서 허용 범위를 좀 달리할 수 있고요.

저도 형사재판장을 해 봤습니다만 박희승 위원님이 말씀하신 것처럼 사실은 일과 중의 상당 부분이 열람·복사 신청에 대한 허부이고요. 상당히 많이 들어오고 있습니다. 그리고 그걸 허가해 주게 되면 실무관들이 이것을 복사해 줘야 되는데 문제는 비실명 처리를 해야 되는 문제가 있습니다. 원래 저희가 보는 기록은 그냥 다 비실명 처리 안 한 상태에서 보게 되는데 이 열람·복사를 하게 되는 순간 비실명 처리를 실무관이 부담감을 안고 검정색 테이프 같은 것을 일시적으로 붙였다가 그다음에 열람·복사가 끝나고 나면 떼서 저희가 기록을 보고 이런 부분이 있는데요. 그래도 나름대로 피해자 열람·복사 이런 부분이 필요하다는 전제하에서 저희가 지금은 일정 범위 내에서는 진행을 하고 있습니다.

○**법무부차관 김석우** 그리고 기소 이후에 검사가 법원에, 재판부에 증거제출하기 전에 검사가 가지고 있는 기간이 있습니다. 그 기간에 대해서는 법률에 명시적인 규정이 없어서 예규로 있는 사건기록 열람·등사에 관한 업무처리 지침에 의해서 검사가 공소제기 후 증거제출 전에 가지고 있는 기록에 대해서는 피해자가 신청을 하면 본인이 진술한 서류에 대해서는 해 주도록 돼 있는데 검사가 법원에 제출하기 전 단계는 아직 법률에 규정은 안 돼 있는 그런 한계는 있고 지금 대검의 예규로서 해결하고 있다는 말씀 참고로 드립니다.

○**박희승 위원** 그래서 지금 현재도 상당 부분 복사가 되고 있는데 사실은 비실명화 작업이 굉장히 힘든 작업 아닙니까? 판결문조차도 비실명화 작업이 시간과 에너지가 상당히 소비되는 걸로 알고 있는데 공판기록도 작은 사건이야 얇지만 정말 수천 페이지, 수만 페이지 되는 것도 있는데 그것을 피해자 측에서 보겠다고 자꾸 신청을 하면 그것도

판단해야 되고, 만약에 결정이 나면 그걸 또 일일이 비실명화 작업을 해서 지우고 가리고 복사도 해 줘야 되는데 이게 수고에 비해서 과연 얼마나 피해자의 알권리가 충족되는지 그런 것도 좀 따져 봐야지 이렇게 쉽게 복사를 허용하는 건 실무관들이 굉장히 힘든 것 아닌가요?

○**법원행정처차장 배형원** 기본적으로 여러 의원님들이 안을 내주셨는데요. 박희승 위원님이 지적하신 것처럼 지금까지는 재판장이 허가를 하는 형태로 됐는데 다른 의원님들이 제출하신 것처럼 재판부에서 결정을 하도록 하는 것은 소송 지휘권의 행사하고도 좀 안 맞는 측면이 있고 재판부의 부담은 훨씬 더 커지는 측면이 있습니다.

지금처럼 재판장이 그대로 허가를 하는 것대로 한다면 현재 우리 소송을 담당하는 실무하고는 크게 변함이 없기 때문에 적어도 업무 부담을 고려했었을 때 지금처럼 재판부가 아닌 재판장이 하도록 하는 김도읍 의원님 안이 좋겠다는 의견을 개진한 바 있습니다.

○**박희승 위원** 실제로 피고인이 1명인 경우는 상관없습니다만 피고인이 굉장히 많고 피해자가 굉장히 많은 사건들도 많은데 그게 좀 악용될 우려가 없습니까? 왜냐하면 피고인 입장에서는 피해자들하고 합의를 보고 싶은데 요즘은 합의를 굉장히 차단하지 않습니까, 피해자 괴롭힌다고.

그런데 만약에 이렇게 복사를 무분별하게 허용, 무분별하지는 않지만 어쨌든 허용하다 보면 이런저런 정보가 다 노출이 될 것 아니에요, 사건이라는 게 조사하다 보면 그런 내용들이 다 들어가니까.

그래서 오히려 그런 면에서도 좀 엄격하게 복사 여부에 대해서 재판장이 심사를 해야 되는 것 아닌가 저는 생각합니다..

○**법원행정처차장 배형원** 제가 특히 성폭력범죄와 재산범죄를 나눠서 말씀을 드렸는데요. 형사소송에 연결해서 민사소송 되는 경우가 상당수 있고요. 특히 사기사건과 같은 재산범죄에 있어서는 어떻게 보면 고소인과 피고인 사이에 민사소송이 병행되는 경우가 상당히 있습니다. 그랬을 때 피해자가 열람·복사 신청을 통해서 수사기록이나 또는 공판기록을 입수하게 되면 그것을 민사소송의 자료로 제출을 하게 돼서, 사실은 재산범죄를 담당하는 재판장 입장에서는 아까 말씀드린 것처럼 피해자의 지위가 성폭력 피해자처럼 준당사자의 지위를 갖지 못하고 있기 때문에 그런 데서 좀 엄격하게 제한을 해서 나중에 생길 수 있는 우려 등을 방지하도록 재판장이 재량을 가지고 판단을 하고는 있습니다.

○**유상범 위원** 지금 현재 상황에 대해서 잘 설명을 해 주셨는데 그런데 이걸 원칙적 허용 규정으로 하게 되면 재판장이 그동안 재판 상황에 따라서 여러 가지 고려하던 것이 사실상 굉장히 제한될 수밖에 없잖아요. 우려했던 여러 가지 중에 민사사건, 형사사건을 동시에 진행하는 재산범죄 같은 경우에 결국은 재판장이 이 부분에 대해서 불허를 한다면 즉시항고까지, 법원으로 하면 즉시항고가 되게 되니까.

○**법원행정처차장 배형원** 예, 법원으로 하면 되게 되지요.

○**유상범 위원** 그런데 재판장으로 하면 즉시항고는 안 되겠지만 그러나 여러 가지 다른 형태로 이의 제기가 들어오면서 부담스러울 측면도 있어 보여요, 이렇게 되면.

그리고 과거의 재판 진행과 관련된 여러 가지 고려 사항이 많이 배제가 되고 그러면 피해자 권리를 구제한다고 하는 것이 외려 사실은 더 많은 민사사건에 영향을 주는 도구로 활용될 수도 있고 또 피고인이 상응하게 피해를 볼 수 있는 측면도 있고 다양한 우려가 나오는데, 기존에 지난번에는 동의했던 것이 원래는 김도읍 의원안을 가지고 동의를 하고……

○**법원행정처차장 배형원**　예, 맞습니다.

○**유상범 위원**　기존에 제한적 허용을 하되 다만 제일 중요한 게 불허하거나 조건부 허용할 때 통지도 안 한다 하는 문제가 있었기 때문에 이 부분에 대해서만 보완하자는, 원래 그렇게 우리가 방향을 잡았었거든 그리고 법원도 동의하고. 그런데 갑자기 이렇게 느닷없이 원칙적 허용으로 돌아서게 된 이유는 뭐예요?

○**법원행정처차장 배형원**　우선 저희 입장에서는 아까 말씀드린 것처럼 결정주체나 불복 여부에 대해서는 기본적으로 재판장이 할 수밖에 없는 사정을 고려했었을 때 즉시항고는 허용할 수 없다라는 그런 체제는 유지해 주셨으면 좋겠다는 입장이어서 김도읍 의원님 안은 수용이 가능하다는 입장을 밝혀 드렸었는데요. 여러 위원님이 지적하셨던 것처럼 피해자 보호의 필요성이 크고 그다음에 법원에서 너무 잘 안 해 주는 경향이 있다라는 지적들이 많이 있으시다고 하셨고, 지난번 논의 때 그렇다고 보면 그냥 재판장이 마음대로 하는 식으로 하지 말고 원칙적으로 허용을 하고 예외적 사유를 규정해 와라, 그런 방법이 좋겠다라고 해서……

저희도 사실은 운영의 묘를 살리려면 김도읍 의원님 안 정도가 좋겠습니다만 지난번에 그런 지적이 있으셔서 그렇다고 보면 원칙적으로 허용을 하고 예외적으로 안 할 수 있는 방법이 무엇인지를 고민하다가 59조의2를 유추 적용을 했고, 아울러서 거기에 포섭할 수 없는 심리의 상황을 고려해서 불허해 줄 상황은 반드시 생기는데 그것은 재판장이 안 해 주겠다는 것이 아니라 여러 가지 사유들이 있을 수 있기 때문에 다소 추상적이지만 이런 워딩을 통해서 예외 사유를 규정해 왔다는 측면을 말씀드리겠습니다.

○**장동혁 위원**　재판장이나 즉시항고의 문제는 저는 차장님의 의견에 적극 공감은 하고요. 어쨌든 피해자의 권리도 중요하기 때문에 법에 피해자도 열람·복사할 수 있다라고 하는 원칙적인 규정은 필요해 보입니다. 결국 마지막 6호의 추가하려고 하는 그 내용인데 다소 추상적이긴 하지만 아까 법원에서 말씀하신 것처럼 재판장이나 아니면 연구회나 이런 데서 좀 다각도로 논의를 해서 법원이 통일적인 기준만 가지고 적용을 해 나가고.

또 실무를 하다 보면 우리 법관들의 성향이나 이런 것을 보면 이렇게 원칙적인 규정을 마련해 놓으면 안 해 줘서 문제되는 경우보다 열람·복사를 해 줬는데 그것이 다른 문제를 야기해서 문제되는 경우들이 오히려 더 많지 법관들이 이렇게 원칙적인 규정이 있는데 웬만하면 안 해 주려고 하는 쪽으로 가지는 않을 거라고 보여지거든요.

그래서 저는 이 제도가 어떻게 운영될지를 잘 고려해 보면 재판장이 하도록 하고 즉시항고 없도록 하되 6호를 잘 활용해 가지고 통일적인 기준을 잘 마련해서 실무적으로 잘 운영해 주셨으면 좋겠다라는 말씀을 드립니다. 다만 업무적으로는 여러 가지 어려움이 발생할 것으로는 예상이 됩니다.

○**소위원장 박범계**　서영교 위원님, 혹시……

○**서영교 위원**　질문을 좀 할게요.

아까 이름 이런 것 지운다 그랬잖아요?

○**법원행정처차장 배형원**　예.

○**서영교 위원** 지금은 띠 쳐서 지우지만 만약에 이 안이 통과가 된다면 기본적으로 컴퓨터에 집어넣거나 정리할 때 두 가지 유형으로, 하나는 이런 것은 지우는 형태 그리고 원래 있는 안에서 보는 형태 이렇게 두 가지로 한다면 크게 붙였다 뗐다 붙였다 뗐다 이러지 않아도 되지 않습니까? 저는 그런 것은 기술적 영역이 아닐까 생각합니다.

말씀처럼 일이 너무 많아지고 이런 것에 대한 부담이 있지요, 그렇게 말씀하시면. 그런데 이렇게 된다면 그 방식을 똑같이 할 필요는 없지 않겠는가. 우리가 공소장 같은 것 받아 보면 이름 지워지고 오는데 그런 내용을 좀 다른 형태로 시스템화한다면 그런 정도는 문제가 없지 않을까라는 생각을 한 가지 제안으로 해 보고요.

두 번째는, 예를 든다면 지난번에 부산의 돌려차기 상태의 그 피해자가 재판정에 못 나간 거잖아요. 재판정에 못 나갔습니다. 왜? 너무 무섭거든요.

위원장님, 제가 많이 들은 얘기는 뭐냐 하면 성폭력 여성 단체들이 저한테 그런 얘기를 한 겁니다. '의원님, 저희 얘기도 좀 들어 봐 주세요' 그래서 '무슨 얘기인데요?', '저희는 피해자가 되고 이렇게 아픈 고통을 겪는데 왜 우리가 한 재판의 열람·등사를 못 하지요?' 이런 얘기를 들어서 '그게 무슨 소리세요?' 이렇게 물었거든요. 그랬더니 이 얘기를 하더라고요.

가지 못하고 상황도 못 보고 잘 못 보는데 기본적으로 그건 알아야지, 저 자가 누구였고 어디였고 이건 알아야 되는데 내가 가는 순간 또 다른 피해자가 되는, 이래서 이걸 간절히 얘기하는데 '아, 도대체 우리는 뭐 하고 있었나' 이런 고민을 많이 하게 됐습니다.

그리고 법무부차관님 말씀처럼 검사는 기본적인 자료는 주지 않습니까?

○**법무부차관 김석우** 예.

○**서영교 위원** 검찰은 기본적인 자료를 주고 대신 예외를 넣는 경우잖아요?

○**법무부차관 김석우** 검찰에서 주는 것은 본인이 진술한 조서와 제출한 서류에 한하고 있습니다.

○**서영교 위원** 그것에 한하고 있는 거고.

○**법무부차관 김석우** 예.

○**서영교 위원** 그러면 재판 과정 속에서 어떻든 상대가 왜 그랬는지 누구였는지 반성은 하고 있는지 이런 거라도 알아야지, 무슨 심리로 왜 그랬는지 이런 것들에 대한 기본적인 걸 알아야 자기 보호도 되고 자기 방어도 되는데, 그래서 이런 얘기들을 계속 듣고 그리고 피해자 중심으로 가야 된다라고 해서 저희가 일본의 사례도 좀 보니까 일본이 원칙적으로 허용하고 안 되는 사례를 규정해 놓고 있어서 지난번에도 위원님들이 그냥 '통일적으로 피해자들이 원하면 주자. 대신 이게 전체 재판의 흐름을 방해하거나 이런 경우는 안 된다고 하자' 이렇게 많은 얘기와 논의가 나왔고 그래서 오늘 그런 부분들에 대해서 저희도 필요하다고 판단해서 법안이 내어진 것이기 때문에 법원의 일은 많겠으나 그런 건 조금 더 절차상…… 이것 때문에 일이 많아진다면 그것도 참 부담스러운 일입니다. 그러니 오히려 예외 사유를 잘 정리하시고.

사실은 성폭행 피해자나 보이스피싱 아니면 아까 말한 재산상의 싸움이 있지만 그게 말은 재산상의 싸움인 것 같지만 그걸로 죽음에 가는 경우가 많거든요. 그래서 저는 말씀처럼 원칙적으로는 허용하고 그리고 법원이 판단하고 즉시항고하는 게 좋겠다 그렇게 판단하지만 다 할 수는 없으니 좀 절충안으로 한다면 원칙적으로 허용하고 예외 규정을 두고 법원이 판단할 수 있게 그렇게 하는 것으로 하면 좋겠다. 판사의 판단으로 하면 좋겠다 이런 생각도 하고 있습니다.

위원장님, 그렇게……

○**법무부차관 김석우** 위원장님, 제가 아까 발언 관련돼서 약간 수정할 게 있어 가지고요.

제가 앞에서 말씀드릴 때 검찰에서 피해자가 신청할 때 본인이 진술한 조서와 제출한 것만 하는 게 원칙이라고 했는데 그게 일반적으로 하는 건 맞는데 그 외의 경우에도 신청을 하면 검사가 필요성을 인정하는 때에는 목적 범위로 한정해서 허가는 할 수 있다고 돼 있어서 그 부분이 약간 혹시 오해가 있을까 봐……

○**서영교 위원** 예, 제가 아까 자료를 보고……

○**법무부차관 김석우** 그래서 그걸 약간 정정하겠습니다.

○**서영교 위원** 아까 처음에는 그렇게 말씀하셨어요. 그래서 그 얘기를 제가 했던 거고.

지금 저희가 자료를 보니까 '오는 6월부터 형사재판 서류 뭉치 대신 전자문서로' 이렇게 되어 있기 때문에 제가 보기에는 가리는 프로그램에 코드인가 딱 넣으면 딱 가려져서 나오지 않을까, 이러면 일은 좀 줄어드시지 않을까 이런 생각을 해 봅니다.

○**소위원장 박범계** 좋으신 말씀입니다.

서영교 위원님은 그러면 법원행정처에서 오늘 마련해 온 대안은 얼추 동의하시는 거지요?

○**서영교 위원** 예, 그렇습니다.

○**소위원장 박범계** 이성윤 위원님.

○**이성윤 위원** 저도 지난번 말씀하면서 원칙적으로 허용하고 예외적으로 허용되지 않는 사유를 적용한 것은 참 잘했다고 보고요.

다만 걱정스러운 게 원래 현행은 '심리의 상황과 그 밖의 사정을 고려해서 상당하다고 인정하는 때 열람 허가'돼 있는데 원칙적으로 허용한다 하면서도 예외가 현행법처럼 들어갔어요. 무슨 얘기냐 하면 예외적으로 다, 원칙적으로 허용을 하되 예외에 폭넓은 재량을 줘서 마치 원칙을 덮을 수 있는 것처럼 돼서 그런 걱정이 되거든요. 그래서 '심리의 상황을 고려하여 상당한 이유가 있을 때' 이 부분을 포괄 조항으로 하는 것보다는 지금 의원님들 낸 것 보면 꽤 상당히 많이 구체화시켰거든요. 그래서 저는 이유를 통지할 때 '심리의 상황을 고려하여 열람·등사를 불허합니다' 이렇게 통지하는 것이 상상이 잘 안 돼서……

앞에 지금까지 59조의2에서 2항 2호부터 6호까지 따로 예외 사항 만든 건 참 잘한 것 같은데요, 이 정도로…… 너무 포괄적이니까 약간 더, 조금 더 구체화시킬 수 있는 방법이 없습니까?

저는 여기 찬성합니다. 그런데 진짜로 이게 예외가 너무 넓게 인정될 가능성이 있어서 이 부분을 좀 생각해 볼 수 있을까요?

○**서영교 위원** 이성윤 위원님, 고맙습니다. 제가 얘기 못 한 걸 딱 지적해 주셨습니다.

○**법원행정처차장 배형원** 결국에는 재판의 진행 경과와 사건의 속성에 따라서 불허해 줄 수 있는 경우가 생기기 때문에 저희가 이것을 고려해서 이와 같은 문구를 만들었고.

아울러서 이성윤 위원님이 지적하신 것처럼 현재 '허가를 할 수 있다'라는 워딩 중에 심리의 상황 이런 부분이 들어가 있어서 저희는 오히려 그걸 따 왔는데 말씀하신 것처럼 예외에 이걸 두고 종전에는 원칙에서 두고 그러다 보니까 범위가 너무 커질 수 있다 이런 말씀을 하시는 거지요?

○**이성윤 위원** 예, 너무 예외가…… 원칙적으로는……

○**장동혁 위원** 저도 아까 그 우려를 했는데 이유를 통지하도록 되어 있기 때문에 그 부분에서 어느 정도 합리적인 실무 관행이 생기지 않을까 하는 생각을 하고 있습니다.

○**소위원장 박범계** 이제 의견들이 어느 정도 모아졌고요.

시행일과 관련해서는 어떻습니까?

○**유상범 위원** 이거야말로 무슨 업무 처리의 준비 절차가 크게 필요한 게 아니니까 시행일은 공포 후 3개월 이 규정은 문제 없어 보이는데 어떠신가요?

○**법원행정처차장 배형원** 저희가 규칙을 만들어서 기본적으로 통지할 수 있을 때 어떻게 통지를 할 것인지 통지서 양식이나 이런 규칙 제정 작업이 수반되어야 됩니다. 그래서 조금 여유를 주시면, 공포 후 6개월 정도로 해 주시면 좋겠습니다.

○**유상범 위원** 예, 6개월.

○**장동혁 위원** 6개월은 필요할 것 같아요.

○**박희승 위원** 위원장님, 그런데 나는 사실 이 개정 자체를 반대해요. 너무 그렇게 괜히 세세하게 넣는……

이게 장려할 일은 사실 아니에요. 재판이라는 게 비밀도 어느 정도 유지를 해야지 이리저리 다 오픈시켜서 이게 잘하는 게 아니에요.

○**소위원장 박범계** 자, 박희승 위원님……

○**박희승 위원** 그리고 피해자 대리인이 검사라는데 지금 말씀 들어 보면 검사를 못 믿겠다는 것 아닙니까. 그런 일이……

○**소위원장 박범계** 저도 한 말씀 드리면 피해자의 기록 등사·열람이라는 게, 제가 이것 때문에 과거에 제 후임 장관인 한동훈 장관하고도 좀 격론을 했던 것 같은데 차장님 잘 아실 텐데 대체로 우리 형사사법의 인권 보호라는 게 피의자, 피고인을 중심으로 발전되어 온 역사고 그래서 피해자 같은 경우는 국가를 대리하는 검찰, 기소청이 충분히 보호하도록 이렇게 되어 있잖아요, 그 대리하는 것 자체가. 그래서 거기서 더 나아가서 피해자의 일종의 직접적인 소송 참여의 한 단초를 지금 열어 놓는 거란 말이에요. 이것이 어떻게 시행이 될는지 자못 궁금하긴 합니다.

그런데 세상이 점점 공개적이고 투명화되니까 막을 수는 없는 노릇일 텐데 제한을 함으로써 있었던 부작용들은 최근에 몇 차례 있었지요. 다른 측면에서 피의자, 피고인이 최종적으로 중립적이고 공정한 재판기관인 법원에 의해서 충분히 경청되고 보호받아야 되는, 그래서 그것이 유무죄 판단과 양형에 적정하게 반영이 되어야 되는 그 정신이 저는 기본적으로 유지되어야 된다고 생각을 합니다. 그래서 그런 의견을 저는 간단히 말씀드리고.

어찌 됐든 법원행정처가 어려운 속에서 2호부터 6호까지로 한정해서 예외 사유를 이렇게 만들어 오신 것은 진일보했다고 생각을 해요. 잘 운용을 해 주셨으면 좋겠고요.

시행 시기는 공포 후 3개월이면 되겠습니까?

○**유상범 위원** 6개월.

○법원행정처차장 배형원 6개월로 해 주시면……

○소위원장 박범계 아, 6개월?

○유상범 위원 규칙 개정을 해야 되니까.

○소위원장 박범계 대법원규칙을 개정해야지요.

○법원행정처차장 배형원 위원장님, 허용해 주시면 한 말씀만 더 올리면요.

○소위원장 박범계 예.

○법원행정처차장 배형원 아까 말씀하신 것처럼 피해자의 인권 보호가 굉장히 중요한 요소가 됐고요. 그러면 형사소송에 있어서 피해자의 지위를 준당사자 지위로 승격시킬 거냐라는 측면에서 성폭력 사건에 있어서는 이미 승격이 됐다고 저희는 보고 있습니다.

○소위원장 박범계 그렇군요.

○법원행정처차장 배형원 그래서 피해자 중에서 일반 사건의 피해자와 성폭력 피해자는 다르기 때문에 공판에 출석할 수 있는 권리도 있고 변호인을 선임해서 그 변호인이 당사자로 출석을 하고 있어서……

그리고 이번에 문제 됐던 사건도 성폭력 피해자의 경우이기 때문에 사실 저희가 염두해 뒀었던 것은, 이러한 원칙적인 허용은 성폭력 사건에 한해서 운용을 하는 게 좋겠다라는 판단은 내부적으로 지금도 가지고 있습니다. 그런데 이것을 적용하려고 보면 접근 방식이 형사소송법을 개정해서는 안 될 것 같고요. 특정강력범죄 처벌 등에 관한 법률의 절차 규정이긴 합니다만 많은 부분들이 그렇게 들어가 있어서 그저 그 방향으로 개정이 됐으면 좋겠다는 게 저희 심정이긴 한데요. 여러 의원님들께서 형사소송법 개정안을 만들어 주셨기 때문에 그런 측면을 고려해서 그렇다고 보면 성폭력 범죄에 한정될 것이 아니라 일반 범죄에도 이것이 수용될 수밖에 없겠다라는 측면에서 저희가 개정안을 냈고요. 운용의 묘는 잘 살려 보도록 하겠습니다.

○소위원장 박범계 좋습니다.

법원행정처 대안으로 이성윤 위원님 지적이었나요, 배보다 배꼽이 큰 면도 없지 않아 있지만 그래도 우리 형사소송의 발전 속에서 어떤 큰 새로운 전환이 마련된 것 같습니다. 잘 운용해 주시기 바랍니다.

○법원행정처차장 배형원 예.

○소위원장 박범계 그러면 의결하도록 하겠습니다.

의사일정 제4항부터 8항까지의 법률안은 각각 본회의에 부의하지 아니하고 이를 통합 조정한 위원회 대안을 제안하고자 하는데 이의 없으십니까?

(「예」 하는 위원 있음)

가결되었음을 선포합니다.

---

9. 상법 일부개정법률안(정준호 의원 대표발의)(의안번호 2200144)

10. 상법 일부개정법률안(박주민 의원 대표발의)(의안번호 2200457)

11. 상법 일부개정법률안(강훈식 의원 대표발의)(의안번호 2200687)

12. 상법 일부개정법률안(정부 제출)(의안번호 2201063)

13. 상법 일부개정법률안(김현정 의원 대표발의)(의안번호 2202571)

14. 상법 일부개정법률안(오기형 의원·차규근 의원 대표발의)(의안번호 2202706)

15. **상법 일부개정법률안**(박상혁 의원 대표발의)(의안번호 2202847)
16. **상법 일부개정법률안**(박상혁 의원 대표발의)(의안번호 2203608)
17. **상법 일부개정법률안**(민병덕 의원 대표발의)(의안번호 2204381)
18. **상법 일부개정법률안**(유동수 의원 대표발의)(의안번호 2204474)
19. **상법 일부개정법률안**(김남근 의원 대표발의)(의안번호 2204475)
20. **상법 일부개정법률안**(천준호 의원 대표발의)(의안번호 2204515)
21. **상법 일부개정법률안**(박균택 의원 대표발의)(의안번호 2204700)
22. **상법 일부개정법률안**(이강일 의원 대표발의)(의안번호 2204732)
23. **상법 일부개정법률안**(이언주 의원 대표발의)(의안번호 2205387)
24. **상법 일부개정법률안**(이정문 의원 대표발의)(의안번호 2205704)

(17시05분)

○**소위원장 박범계** 다음으로 의사일정 제9항부터 제24항까지 이상 16건의 상법 일부개정법률안을 상정합니다.

이은정 전문위원님 보고해 주시기 바랍니다.

먼저 오늘 논의의 효율성을 감안해서 의안번호 12·16·19·21·24의 전자주주총회 부분만 먼저 심사를 하도록 하겠습니다.

그 부분 보고를 해 주십시오.

○**전문위원 이은정** 보고드리겠습니다.

자료 26페이지를 봐 주시기 바랍니다.

자료 26페이지, 전자주주총회 도입에 관한 사항입니다.

개정안의 내용은 주주가 주주총회 소집지에 직접 출석하지 아니하고 전자적 방법으로 주주총회에 참석하고 의결권을 행사하는 전자주주총회를 도입하는 내용입니다.

35페이지입니다.

검토의견 말씀드리겠습니다.

전자주주총회의 개최 근거를 마련함으로써 주주의 주주총회 접근성을 향상시켜 주주들의 주주총회 참석 및 의결권 행사를 실효적으로 보장하자는 취지로 개정안이 이해됩니다.

전자주주총회의 근거 및 운영 방식에 대해서 명시적인 규정을 둠으로써 전자주주총회의 허용 범위 및 운영 방식에 관한 해석상 논란을 해소하고 현장 주주총회 원칙으로 인한 주주권 행사의 한계를 극복하며 총회 출석 저조로 인한 기업의 의사결정의 어려움을 해소하는 효과를 기대할 수 있다는 측면에서 긍정적인 것으로 판단됩니다.

정부안은 현장병행형과 현장대체형 주주총회를 모두 도입하는 내용이고 다른 개정안들은 현장병행형 전자주주총회를 도입하는 내용입니다.

전자주주총회의 유형은 물리적 공간에서 현장주주총회를 개최하면서 여기에 참석하지 못하는 주주들을 위하여 전자주주총회를 병행하여 개최하는 현장병행형 주주총회와 현장주주총회는 개최하지 아니하고 전자주주총회만을 개최하는 현장대체형 전자주주총회로 구분할 수 있습니다.

정부안은 옵트 인(Opt-in) 방식으로 회사가 정관에 근거를 둔 경우에만 전자주주총회 개최가 가능한 것으로 규정되어 있고 다른 개정안들은 옵트 아웃(Opt-out) 방식을 채택

내용을 어느 걸 가지고 기준으로 할 거냐의 논의가 있었는데 그 당시에 훌륭하신 박균택 의원안을 일단 놓고 논의를 하자 이런 식으로 얘기가 됐었습니다.

정환철 수석, 그 내용을 잘 알고 계시지요?

○**수석전문위원 정환철** 예.

○**박균택 위원** 제 안으로 안 해 줘도 되고……

○**유상범 위원** 아니, 그러니까 너무 다양하니까 뭘 기준으로 할 거냐에 대해서 우리가 논의하면서……

○**소위원장 박범계** 쟁점은 지금 전문위원께서 설명했듯이 전자주주총회를 현장대체형 주주총회 도입안에 대해서는 지금 법원행정처 차장님은 분명히 아까 신중이라는 말씀 하셨고.

○**법원행정처차장 배형원** 예, 맞습니다.

○**소위원장 박범계** 차관은 어떠신가요?

○**법무부차관 김석우** 저희는 허용할 수 있다, 정관에 의해서.

○**소위원장 박범계** 그렇지요? 그렇게 얘기하셨지요?

○**법무부차관 김석우** 예, 그렇습니다.

○**소위원장 박범계** 그런 것 같고.

외국의 입법례, 미국은 가능한 걸로 돼 있지요?

○**법무부차관 김석우** 예, 그렇습니다.

○**소위원장 박범계** 미국, 일본까지는 안 해도 되고.

그다음에 일정한 제한을 가하는 일정 규모 이상의 사장회사에 대해서 의무화하는 것에 대해서는……

○**유상범 위원** 그것은 아닌 거 같아요. 뭘 의무화한다는 거예요? 전자주주총회를?

○**소위원장 박범계** 예, 대통령령으로 정하는 일정 규모의 사장회사에 대한 전자주주총회를 의무화하는 규정입니다.

○**유상범 위원** 그걸 반대하는 입장을 보였던 것 같은데요?

○**소위원장 박범계** 아까 차장님은 신중?

○**법원행정처차장 배형원** 아니, 그 부분에 대해서는 저희가 입장 발표는 하지는 않았습니다.

○**소위원장 박범계** 의견이 없으셨지요?

○**법원행정처차장 배형원** 예.

○**유상범 위원** 법무부에서는 신중하자는 입장이었지요, 그것은?

○**법무부차관 김석우** 그러니까 전자주주총회에 대해서는 현장에서 개최하지 않고 온라인으로 하는 전자주주총회도 허용해야 된다라는 것이 저희 입장입니다, 정관에서 인정하는 경우에 있어서는.

○**소위원장 박범계** 그러니까 정관으로 제한할 수 있다는 거잖아요.

○**법무부차관 김석우** 예.

○**소위원장 박범계** 그런 입장이시잖아요.

○**법무부차관 김석우** 그러니까 정관에 허용을 하면 완전형 전자주주총회도 가능하다는 게 저희 입장입니다.

○**유상범 위원** 그러니까 이 법률 규정은 법에 지금 '전자주주총회를 개최하여야 한다'고 돼 있는데 이것에 대한 법무부의 입장이 뭐냐를 답을 해 주셔야지요. 지금 말씀을 들어 보면 이렇게 법적으로 의무화하는 것에서는 반대하지만 정관으로서 채택할 수 있게 규정을 하자는 것 같은데요.

○**법무부차관 김석우** 전자주주총회를 개최하는 부분에 대해서는 특별한 이견은 없고 다만 그 방식에 대해서 현장에서 이루어지는 전자주주총회를 배제하고 온라인으로 하는 방안에 대해서 다른 의원님들 안은 이게 배제되는 것으로 해석이 되는데 정부안은 이 부분도 허용할 수 있다라는……

○**소위원장 박범계** 그러니까 그건 했고.

○**법무부차관 김석우** 예, 그렇습니다.

○**소위원장 박범계** 일정 규모 이상의 상장회사에 대해서는 정관으로도 규제할 수 없는 반드시 의무화를 하는 이 조항은 어떠냐 이 말이에요.

○**유상범 위원** 담당 과장이 있으면, 그 입장을 정리한 게 있으면 좀 해 주세요. 이건 양이 많아 가지고 차관이 다 이걸 숙지하기 어렵던데.

○**법무부차관 김석우** 일단은 이 부분은 저희가 기업 자율성과 효율성을 존중하는 차원에서 정관에 따라 결정할 수 있는 것이 타당하다는 것이 저희 입장인데요.

○**유상범 위원** 그러니까 반대네.

○**법무부차관 김석우** 예.

○**법원행정처차장 배형원** 저희는 대규모 상장 법인의 속성을 고려했었을 때 이 부분에 대해서는 입법정책적 결정 사항이라고 판단됩니다.

○**소위원장 박범계** 가능하다고 보시는 거지요, 차장님은.

○**법원행정처차장 배형원** 예.

○**소위원장 박범계** 그러니까 정관으로 이 의무화 조항을 벗어날 수 있느냐 이 말이에요. 법무부는……

○**법무부차관 김석우** 저희도 일단 입법정책적으로 결정할 문제……

○**소위원장 박범계** 입법정책적으로 가능하다고 지금 보시는 거지요, 이것에 대해서?

○**법무부차관 김석우** 예, 그렇습니다.

○**소위원장 박범계** 이 두 가지 큰 논점……

그다음에 세 번째, 주주총회 결의취소의 소와 관련해서는 차장님은 신중, 그렇지요?

○**법원행정처차장 배형원** 예.

○**소위원장 박범계** 그다음에 법무부 차관님은?

○**법무부차관 김석우** 정부안에 있는 대로 이 부분에 대해서는 중대한 고의·중과실로 인한 경우에만 제기할 수 있도록 하는 방안이 타당하다는 게 저희 입장입니다. 기술적인 사유로 결의취소의 소를 고의·중과실로 인한 경우에만 제기할 수 있는 안에 대해서 저희는 찬성하는 입장입니다.

○**소위원장 박범계** 그러니까 그것을 제한하는 것을 지금 수용하는 것이 아니지요?

○**법무부차관 김석우** 그러니까 정부안은 기본적으로 결의취소의 소에 대해서는 고의·중과실로 인한 경우에만 제기할 수 있도록 하는 안에 대해서 찬성하는 입장입니다.

○**소위원장 박범계** 그것이 현행 규정 아니에요? 아닌가?

○**법무부차관 김석우** 정부 개정안이 그렇게 돼 있는 겁니다.

○**소위원장 박범계** 그래요, 그러면 아무튼……

박균택 위원님.

○**박균택 위원** 예.

○**소위원장 박범계** 여러 의원님들의 안이 있는데 소집지와 개최 방식에 대해서 특별한 쟁점이 없을 것 같은데……

○**박균택 위원** 예, 그렇습니다.

○**소위원장 박범계** 위원님들 한번 보십시오. 지금 설명을 한번 해 봐 주실래요?

○**박균택 위원** 이 내용은 정부안에 있는 내용과 내용이 지금 같은 것이고.

○**소위원장 박범계** '인접한 곳에 소집하여야 된다'.

○**박균택 위원** 예, 아무런 문제가 없는 그런 사안입니다. 그러니까 원래 있는 것을 1항은 한자를 한글로 바꿔 놓은 것에 불과하고.

○**소위원장 박범계** 그러네요.

○**박균택 위원** 2항에 있는 것은 어쨌든 직접 출석하는 방식, 그 원칙을 세우는 것에 불과하고 전자적 방법을 도입하기 위한 전제에 불과한 것이라 문제는 없는 것 같습니다.

○**소위원장 박범계** 그런 것 같습니다.

542조의14로 개정안 내신 내용을 한번 설명을 해 봐 주실래요?

○**박균택 위원** 전자투표제도 이걸 도입하는 것인데 여기에 대해서는 개최할 수 있다라는 이런 규정을 두고, 근거 규정을 1항에 두는 것이고.

○**소위원장 박범계** '원격지에서 전자적 방법에 의하여 결의에 참가할 수 있는 방식의 총회를 개최할 수 있다' 이렇게 돼 있고요.

○**박균택 위원** 그리고 2항에서는 자산규모에 따라서, 대통령령에 일부 위임은 해 놨지만 자산규모를 고려해서 개최해야 하는 의무적 도입을 해야 하는……

○**소위원장 박범계** 상장회사, 아까 제가 말씀드렸던.

○**박균택 위원** 예, 상장회사. 대규모 상장회사에 대해서……

○**소위원장 박범계** 의무조항이지요?

○**박균택 위원** 예, 의무화 규정을 두고 있는 것입니다.

그리고 3항이 좀 쟁점이 될 수는 있는데 어쨌든 직접 출석하는 방법과 전자적 통신 수단에 의하여 출석하는 방법 중 한 가지 방식에 의하여 총회에 출석할 수 있다라고 이 부분이 돼 있는데 이 부분은 제가 이정문 의원님 안을 좀 참고를 해서 만들었던 안입니다.

그리고 뒤쪽에 가서는 4항은 직접 출석하는 것으로 보는 규정은 특별한 쟁점이 되는 부분이 아닌 것 같고요. 그리고 5항·6항 이 부분들도 쟁점이 될 바는 없는 것 같습니다. 아무튼 의미가 있는 규정은 2항과 3항, 두 가지라고 봐 주시면 될 것 같습니다.

○**소위원장 박범계** 그다음에……

○**박균택 위원** 542조의15도 주의규정에 관한 것이기 때문에 큰 쟁점이 될 것은 없는 것 같습니다.

○**소위원장 박범계** 그렇습니다. '총회를 적정하게 운영하여야 한다'. 그다음에……

○**유상범 위원** 박균택 의원안에 의하면 지금 일반주총과 전자주주총회를 병행해야 한다고 규정하고 있는 건가요?

○**박균택 위원** 아니, 선택적으로 규정을 해 두고 있습니다.

○**유상범 위원** 아니, 3항은 그렇게 돼 있는데.

○**박균택 위원** 아, 3항……

○**유상범 위원** 3항을 보면 전자주주총회를 개최하는 경우 직접 출석하는 방식과 전자 방식 중 어느 방식에 의하여 그러니까 두 가지 방식의 출석하는 중 어느 한 가지 방식에 의하여만 총회에 출석할 수 있다.

○**박균택 위원** 한 가지 방식.

○**서영교 위원** 한 가지로 하자는 거지요?

○**유상범 위원** 그러면 그 위에 있는 2항에 의하면 무조건 일정 규모는 전자주주총회를 하게 돼 있는데 그러면 뭐든지 전자주총으로 다 돌린다는 얘기인가요? 이렇게 되면 3항 이랑 2항이랑 규정이 좀 모순이 오잖아요.

○**박균택 위원** 그러니까 제도 자체는 병행을 하는데 출석하는 방법을 하나만 선택한다는, 그 방법을 얘기하는 겁니다.

○**유상범 위원** 그러니까 병행을 의무화한다는 얘기인가요, 그러면?

○**소위원장 박범계** 아니, 아니……

○**장동혁 위원** 3항에 의하면 결국은 병행을 전제로 하는 거잖아요.

○**박균택 위원** 542조의14 1항에 '정관으로 달리 정하는 경우를 제외하고는'이라고 또 예외를 두고 있습니다.

○**유상범 위원** 그러면……

○**박균택 위원** 정관 우선을 두고 있습니다.

○**유상범 위원** 정관 우선…… 그러니까 정관에서 병행하지 않게 규정할 수 있다는 얘기인가요?

○**박균택 위원** 예, 그렇습니다.

○**유상범 위원** 그렇게 해석되나요? 이것 지금 보니까 해석을 이해를 잘 못 하겠네요.

○**소위원장 박범계** 아니, 어느 한 가지 방식으로 몰고 그것을 정관으로 병행을 할 건지도 열어 놓는 그런 거잖아요?

○**박균택 위원** 예, 그렇습니다.

○**유상범 위원** 그러니까 정관에 달리 정한 규정에 의하면 1항은 지금……

○**장동혁 위원** 병행형 아니에요.

○**박균택 위원** 병행형이 맞습니다.

○**유상범 위원** 원칙적으로 병행형이잖아요.

○**박균택 위원** 예.

○**유상범 위원** 그러니까 이게, 그래서 내가 지금 이해가 안 가서 그러는 거예요.

○**박균택 위원** 표현에 조금 오해가 있으면 한번……

○**장동혁 위원** 1항에 의해서도 병행이……

○**유상범 위원** 병행이 되고, 이렇게 병행형을 해 놨는데 그러면 모든 상장회사가 다 병행을 해야 된다는 그런 해석……

○**박균택 위원** 전자주총을 도입하는 경우에는 병행형으로 하는 걸로 전제로 하고서 하는 말씀입니다.

○**장동혁 위원** 그러니까 현장 도입……

○**유상범 위원** 전자주총을 도입하는데 병행형으로 해야 된다.

○**박균택 위원** 예, 현장과 주총이, 전자적……

○**유상범 위원** 그러면 이게 지금 정부안이랑은 완전히 좀 다른 거네요, 지금 내용이.

○**박균택 위원** 예, 정부안하고는 좀 다른 점이 있습니다.

○**유상범 위원** 병행을 해야 된다, 그러면 병행을 하게 됐을 때 발생할 수 있는 여러 가지 어려운 점, 그다음에 회사마다 회의를 개최할 때마다 병행을 위해서 각종 시스템을 설치해야 되는 문제가 있고.

○**박균택 위원** 참여율을 높이고 소수주주 참여를 돕기 위한 방법이기 때문에 그렇습니다.

○**장동혁 위원** 그러면 중복 투표도 가려내야 되는데요? 현장에 와서 전자투표하는 사람이 있을 수……

○**소위원장 박범계** 당연히 가려야지요.

○**장동혁 위원** 그런데 그게 복잡한 문제가 생기는 거지요.

○**소위원장 박범계** 아니, 정부안에도 지금 병행전자주주총회 또 완전전자주주총회 이렇게 다 있는데.

○**유상범 위원** 정부안은 병행형이 아니니까, 완전주주총회는 현장에 올 필요가 없는 거지요.

○**소위원장 박범계** 그런데 2개 중 선택하도록 돼 있잖아요.

○**박균택 위원** 그런데 우리도 총선할 때 보면 사전투표를 할 때 그리고 현장에 나가서 당일 날 할 때 미리 전자적 기록이 있어서 이중투표가 다 방지되지 않습니까?

○**유상범 위원** 이건 동시에 하잖아요, 지금.

○**박균택 위원** 물론 이것도 동시이기는 한데 그것을 입력하는 순간에 이중투표는 다 걸러지는 걸로 보여집니다.

○**유상범 위원** 이게 복잡한 규정이 돼 가지고 전체적으로 눈에 확 들어오지를 않네. 한번 이것 좀 정리가 필요하겠는데요. 이 차이를 좀 정리해야지 우리가 정확하게……

○**법무부차관 김석우** 일단 정부 측에서 이해하기로는 위원님들 안은 전자주주총회를 도입할 때 현장에서 열리는 것과 병행하는 것만 허용하는 것으로 저희는 이해를 했고 정부안은 그런 것도 가능하지만 정관에 정함에 따라서 아예 안 열고 온라인상으로만 하는 완전형도 허용해야 된다고 하는 거라서……

○**유상범 위원** 그러면 오프라인으로도 할 수 있고?

○**법무부차관 김석우** 예, 선택할 수 있게. 그런데 위원님들 안은 오프라인에서 열리지 않고 온라인으로만 하는 것은 허용이 안 되는 것으로 저희는 이해를 했었습니다, 해석을 할 때. 그 점에서 차이가 있는 것으로 저희는 이해를 했고요.

○**소위원장 박범계** 어때요?

○**박균택 위원** 그 해석이 맞습니다. 제가 전문위원하고 같이 상의하면서 이 조항을 만들었거든요.

○**유상범 위원** 그러면 지난번에 공청회 할 때 이 부분에 대해서 기업 측에서도 입장을 밝혔을 것 같은데 그 당시에 기업은 어떻게 입장을 밝혔던가요?

○**장동혁 위원** 제 기억에는 충실의무에 집중이 되어져서……

○**박균택 위원** 이 부분은 그 당시에 쟁점이 안 됐던 걸로 알고 있습니다.

○**장동혁 위원** 대신 발표문상으로는 일단 이것에 대해서 신중해야 된다는 입장의 두 분의 발표문이 있고 나머지 두 분의 발표문은 이사의 충실의무만 거의 써 있었기 때문에 발표문에도 아예 이것에 대한 입장이 따로 없습니다.

○**소위원장 박범계** 그러면 정부안을 놓고서 지금 죽 정부안을 읽어 드릴 테니까 박균택 위원님은 본인안을 갖고 차이점이 나면 나는 대로 같으면 같은 대로 한번 말씀을 해 봐 주세요.

○**박균택 위원** 예.

○**소위원장 박범계** 소집지는 문제가 안 되는 것 같고요. 개최 방식도 그렇고.

364조의2(전자통신수단에 의한 주주총회) ‘회사는 364조제2항에도 불구하고 정관으로 정하는 바에 따라 다음 각호의 방식으로 총회를 개최할 수 있다. 이 경우 정관으로 364조제2항의 방식과 제1호의 방식을 모두 배제하도록 정할 수 없다’ 이렇게 돼 있는데 그 다음에 1호는 ‘병행전자주주총회 방식: 주주가 그 선택에 따라 소집지에 직접 출석하거나 전자통신수단으로 출석할 수 있는 방식’, 2호는 ‘완전전자주주총회 방식: 주주 전부가 전자통신수단으로만 출석할 수 있는 방식’, 지금 아무 방식이나 선택할 수 있다는 거잖아요?

○**유상범 위원** 아니지요. 정부안에 의하면 오프라인으로 하거나 병행전자주주총회 둘 중의 하나를 선택할 수 있고 그게 아니면 완전주주총회를 선택해야 된다 이렇게 하는 것 아니에요?

○**법무부차관 김석우** 그러니까 정부안은 전자주주총회를 아예 하지 않는 것은 논외로 하는 것이고 일단 전자주주총회를 도입할 때는 병행형도 가능하고 완전형도 가능하다, 정관의 선택 사항입니다.

○**유상범 위원** 아니, 그런데 이 규정 형식에 의하면 364조 2항의 방식과 1호의 방식을 모두 배제할 수 없다는 것은 결국은 지금까지 오프라인으로 해서 전자주주총회를 채택하지 않아도 된다고 말하는 것 아니에요? 그러니까 병행형이 아닌 일반적인 총회 또는 완전전자주주총회 이렇게 구별이 되는 것 아니에요? 이렇게 해석하면 전자주주총회를 안 할 수도 있는 규정으로 돼 있는데.

○**서영교 위원** 아니지요. 거꾸로 소집지에 가거나 전자로 하는 건 1호로 2개가 가능하고 두 번째는 완전전자로만 가능하다 했으니 사실 다 가능하지요, 병행도 가능하고 전자로만도 가능하고.

○**유상범 위원** 그러니까 지금 정부안에 의하면 병행도 가능하고 병행하지 않고 지금까지 하던 대로 일반 오프라인 현장에서 하는 것도 가능하고 둘 중의 하나 선택하라는 것 아니야. 그러면 병행은 선택 안 하고 완전을 선택하되 완전 오프라인에서 하는 것 또는 완전전자주주총회를 선택할 수 있는데 전자주주총회를 선택하는 이 방법이 가능하다는 것 아니에요? 그러면 실제로는 완전주주총회를 안 해도 된다고 해석이 되잖아.

○**법무부차관 김석우** 예, 그렇습니다. 정부안을 다시 종합해서 설명드리면 정부안의 취지는 전자주주총회 자체를 아예 안 할 수도 있고 할 수도 있는데 한다고 봤을 때 선택지는 두 가지가 다 있다는 겁니다, 완전형과 병행형이.

○**장동혁 위원**　완전형은 굳이 선택지를 둘 필요 없이 내가 직접 현장에 가서 해도 되고 전자투표로 해도 된다라고 하면 아무도 안 가면 저절로 모든 사람이 다 전자투표하게 되는 거지요. 다만 현장에 가서도 할 수 있도록 지금 길은 열어 두자는 것 아닙니까?

○**법무부차관 김석우**　아니, 그런데 완전형을 채택하는 순간에 현장 자체가 없기 때문에 그걸 정관에 규정하면 주주들이 아예 현장에 못 갈 수 있습니다.

○**장동혁 위원**　아예 전자로만 한다?

○**법무부차관 김석우**　예. 그럴 가능성이 있습니다.

○**장동혁 위원**　저는 기본적으로 회사의 의사결정을 어떻게 할지는 주주들이 알아서 결정하는 것이지요, 정관에 두고. 다만 지금 기술의 발전에 의해서 얼마든지 전자투표가 가능하다면 우리는 정관에 의해서 전자투표도 가능하다고 해서 완전형이든 병행형이든 그것은……

○**소위원장 박범계**　잠깐만요, 장동혁 위원님.

　27페이지 보세요. 지금 '이 경우 정관으로 배제하도록 정할 수 없다' 했는데 그 배제는 364조제2항의 방식, '소집지에 직접 출석하는 방식으로 총회를 개최한다'이거지요. 그렇지요? 제2항의 방식과 제1호의 방식, 여기서 제1호는 뭡니까?

○**유상범 위원**　병행전자주주총회잖아요.

○**소위원장 박범계**　이걸 모두 배제하도록 정할 수 없다 이게 의미가 있는 조항인가요?

○**유상범 위원**　그러니까 이게 이해가 안 간다는 거지.

○**소위원장 박범계**　이것 때문에 지금 그러는 거잖아요.

○**법무부차관 김석우**　여하튼 취지는 앞에서 말씀드린 대로 기본적으로 전자주주총회 자체를 안 할 수도 있고 한다고 하면 두 가지가 선택 가능하다는 건데 규정상 보다 명확하게 할 필요는 있어 보이기는 합니다. 규정이 약간……

○**소위원장 박범계**　그렇지요? 별 의미가 없는 내용 같아요. 왜냐하면……

○**서영교 위원**　정부가 더 진보적으로 낸 것 아니에요?

○**법무부차관 김석우**　예, 그렇습니다.

○**소위원장 박범계**　잠깐만요. 1호와 2호로 병행도 가능하고 완전전자주총도 가능한데 그 앞에서 이 경우 정관으로 이걸 배제하도록…… 그러면 주주총회 하지 말자라는 그러한 선택은 안 된다는 그런 취지로밖에 안 들려요. 그래서 이건 의미 없는 문언 같아요.

○**법무부차관 김석우**　이 규정은 좀 다듬도록 하겠습니다.

○**소위원장 박범계**　그런 것 같고, 그것도 헷갈렸고.

　지금 정부안을 놓고서 하는 겁니다. 왜냐하면 지금 법무부가 반대하지 않고 있기 때문에.

　그다음에 2항의 '제1항 각호의 방식으로 개최된 총회(전자주주총회)에 출석한 주주 등은 364조에 따른 소집지에 직접 출석한 것으로 본다', 당연한 거지요. 그렇지요? 전자주주총회는 그걸로 대체하는 거니까 직접 출석한 걸로 본다는 건 당연한 거고.

　3항 '회사는 전자주주총회를 개최하기 위하여 363조제1항에 따른 소집통지를 하는 경우 전자주주총회를 개최한다는 뜻과 출석방법 및 그 밖에 대통령령으로 정하는 사항을 함께 통지하여야 한다', 당연한 거지요?

　박균택 위원님, 본인 안과 잘 비교해서 이의를 말씀해 주십시오.

○**박균택 위원** 예.

○**소위원장 박범계** 4항 '제1항과 제3항에 따른 전자통신수단, 전자주주총회의 개최에 관한 사항 및 필요한 사항은 대통령령으로 정한다', 전혀 문제없지요?

○**박균택 위원** 예, 없습니다.

○**소위원장 박범계** 그다음, 정부안 제368조의5(전자주주총회의 운영 등) '적정하게 운영하여야 한다'라는 상식적인 규정이지요. 그렇지요? 아까 박균택 위원님이 설명한 거랑 똑같습니다.

○**박균택 위원** 예, 그렇습니다.

○**소위원장 박범계** 다음, 2항 '전자주주총회에서 전자통신의 장애 등 기술적인 사유로 의결권 행사 또는 의사진행 등 결의방법에 발생한 하자에 대해서는 제376조제1항의 소를 제기할 수 없다. 다만 회사의 고의 또는 중과실로 결의방법의 하자가 발생한 경우에는 그러하지 아니하다'.

　박균택 위원님, 여기에 대한 의견을 한번 말해 봐 주십시오.

○**박균택 위원** 여기는 만일 의결권이 이걸로 인해 가지고 제한이 돼고 결과가 바뀔 수도 있는데 중과실로만 제한해 놓으면 경과실로 인한 경우에는……

○**법무부차관 김석우** 뺀다는 취지입니다.

○**박균택 위원** 그러면 의결 결과에 대해서 이의 제기를 못 한단 얘기입니까?

○**법무부차관 김석우** 예. 일단은 중과실인 경우에 한해서……

○**박균택 위원** 그런데 그건 아닌 것 같은데요. 경과실에 의해서라도 결과가 왜곡돼 버리는 경우가 생길 수 있는 것 아닙니까?

○**소위원장 박범계** 이런 것 같습니다. 여기 김남근 의원안도 같은데요……

○**서영교 위원** 실수인 경우에는 아니다 이런 얘기인 것……

○**소위원장 박범계** 그렇습니다. 기술적 사유로 인한 경우까지를 취소 사유로 삼으면 그러면 기술적으로 하자가 다 보완이 될 수 있을 터인데 그것을 소송으로 하는 것은 그렇지 않느냐라는 거고 고의·중과실에 한해서만 취소소송을 제기할 수 있는 것 아니냐라는 취지인데 별로 문제가 없어 보이는데……

○**장동혁 위원** 그런데 기술적 사유가 보완되지 않아서 이번 의결에서 기술적 사유로 결의에 문제가 생겼으면 그걸 다툴 수 있어야지, 어쨌든 결과가 달라졌는데. 기술적 사유로 결의에 문제가 생겼는데 그걸 다투지 못하게 한다라고 하는 것이 저는 상식적으로 납득이 안 돼요.

○**법무부차관 김석우** 다만 정부안의 취지를 말씀드리면 전자주주총회를 도입하는 그 시점에서 비교적 경미한 이유로 해서 주주들이 문제 제기를 하게 될 경우에는 이 주주총회 절차 자체가 앞으로 제대로 이루어지지 않는다라는 그런 우려가 좀 섞인 부분이었습니다. 그래서 중대한 과실로부터는 가능한데 비교적 경미한 과실에 대해서는 절차의 하자를 가지고 취소소송을 제기할 수 없다라는 그런 취지였습니다.

○**장동혁 위원** 과실이 경미하냐의 문제가 아니라 그 과실로 인해서 아니면 어떤 기술적 문제로 인해서 의결 자체가 바뀌거나, 결과가 바뀌거나 그 결과가 중대하느냐를 따져야지. 아니, 결과적으로는 엄청나게 중대하게 결과가 바뀌었는데 기술적으로는 문제가 별로 없다거나 아니면 고의는 아닌 중과실이거나, 준비할 대로 다했는데 어쨌든 기술적 하

자가 발생해 가지고 결과가 뒤집어졌는데 그것 다투지 말라고 하면 그게 말이 됩니까, 그게?

○**박균택 위원** 집계가 잘못된 거라 그러면 그건 바뀌어야 할 것 같은데요.

○**유상범 위원** 그러니까 이게 조심스럽다니까.

○**서영교 위원** 제가 보기에는 이런 하자인 경우에는 당연히 잘못됐으니까 다시 하면 되는 형태이지 이것으로 소를 남발해서는 안 된다 이런 이야기를 하는, 그러니까 회사나 일반 주주나 다 하나 되는 의미로 이렇게 얘기를 하는 거고. 고의적일 때는 소를 제기할 수 있으나 이게 잘못된 과실, 장애 이걸로 결과가 잘못되면 다시 해야지요, 당연히. 그런데 그 결과가 그대로 간다는 취지가 아니라 이것이 소송의 사유가 되게 하는 건 아니다 이런 이야기를 해 놓는 것인 것 같아요.

○**장동혁 위원** 아니, 문제가 있으면 재의결을 해야 되는데 안 해 주면 소송을 해야지요.

○**서영교 위원** 안 했을 때는 그런 게 있지만……

○**소위원장 박범계** 그러니까 이것은 아마 기술적 하자로 인한 카운트의 부정확성이 있을 수 있지만 그것은 기술적으로 보완이 될 수 있고 소수 주주들이 그러한 기술적 결함으로 인해서 뻔한 결과를, 남소를 통해서 원활한 주주총회의 경과를 저해할까 봐 그런 우려에서 두는 조항인 것 같습니다. 그렇지요, 차관님?

○**법무부차관 김석우** 예, 그렇습니다.

○**소위원장 박범계** 그 취지는 김남근 의원도 동의를 하고 있고요.

○**장동혁 위원** 남소가 걱정되면 소송에서 모두 다 중과실·고의만 소송되게 해 줘야지……

○**유상범 위원** 그러니까 이게 본말이 전도된 거예요, 지금 차관의 말은.

○**이성윤 위원** 차관님, 저 궁금한 게 기술적 이 부분 예를 한번 들어 보시지요. 기술적 장애로 인해서, 이런 예를 한번 들어서 설명해 줘 보세요. 결국 저는 장동혁 위원님 말씀이 맞다라고 보는 게 고의·중과실, 경과실인지 어떻게 판단하며 이게 기술적 장애인지 아닌지……

○**박균택 위원** 그러니까 총회 업무를 진행하는 절차에 있어서 뭔가 실수를 가지고 따지는 소송이라고 한다면 경과실을 가지고 트집 잡는 것이 문제겠지만 의결의 결과가 바뀌는 것까지도 문제를 삼지 말라는 것은 수긍하기는 좀 어려운 것 같습니다.

○**장동혁 위원** 시스템 정비를 아무리 잘했어도, 예를 들면 두세 명이 그 시간에 기술적 문제로 접속을 하지 못했는데 한 표 차이로 결과가 바뀌면 어떻게 할 거냐고요. 그 경우에 할 수 있어요, 못 해요? 못 한다는 것 아닙니까?

○**소위원장 박범계** 박균택 위원님도 그러시고 장동혁 위원님도 그러시고, 그렇게 화내지 마시고.

○**박균택 위원** 저 화 안 났습니다.

○**소위원장 박범계** 아니아니, 장동혁 위원님.

○**장동혁 위원** 말이 돼야……

○**소위원장 박범계** 이성윤 위원님 말씀하십시오.

○**이성윤 위원** 혹시 사례가 없나요?

○**소위원장 박범계** 아직 제도가 도입되지 않은 거니까……

○**법무부차관 김석우** 이 법의 취지는 제가 아까 설명드렸던 부분인데 지금 위원님들이 말씀하신 부분 좀 고려해 가지고, 사실 결과가 바뀌는 경우는 상당히 중할 수가 있으니까 이런 부분은 문제점이 있는지 다시 한 번 더 점검해 보도록 하겠습니다.

○**소위원장 박범계** 그렇네요. 이정문 의원님도 꽤 이 법안에 대한 전문가인데 그런 내용은 없습니다. 그래서 이 부분은 위원님들이 대체적으로 빼기로 하는 걸로, 그렇게 하는 게 좋을 것 같고요.

그다음에 '회사는 전자주주총회 운영의 효율성·공정성을 확보하기 위하여 대통령령으로 전자주주총회를 관리하는 기관 지정해서 위탁', 이런 거네요, 마치 선거관리 위탁하듯이. 그런 규정이니까 별로 문제가 없지요, 박균택 위원님?

○**박균택 위원** 예, 그렇습니다.

○**유상범 위원** 지금 어느 조항을 가지고 하는 거예요?

○**소위원장 박범계** 정부안 가지고 지금 하고 있어요. 자기가 정부안 가지고 다 따져 보자고 해서 지금 하고 있어요, 하나하나 다 읽어 가면서.

○**유상범 위원** 그래. 중간에 다른 얘기가 나온 것 같아서……

○**소위원장 박범계** 4항, 제3항에 따라 지정된, 이건 수탁기관이지요, 임직원은 정보 공개해서는 안 된다. 당연한 거지요? 또 자기를 위하여, 3자 이익을 위하여 이용하여서는 아니 된다. 당연한 규정이지요, 박균택 위원님?

○**박균택 위원** 예.

○**소위원장 박범계** 전혀 문제가……

다음 5항, '회사는 대통령령으로 정하는 바에 따라 전자주주총회의 개최에 관한 기록을 총회가 끝난 날부터 5년간 보존하여야 된다'. 어떻습니까, 이런 보존기간? 박 의원님 안에도 있네요, 이정문 의원님 안에도 있고.

○**박균택 위원** 예, 그렇습니다.

○**소위원장 박범계** '회사는 제5항에 따른 기록을 총회가 끝난 날부터 3개월간 본점에 비치하여야 된다'. 역시 전혀 문제가 없는 것 같고요.

○**유상범 위원** 상법상에는 어떻게 돼 있습니까? 보존기간이 5년으로 돼 있습니까? 일반 상법에서, 지금 현행법에서는 보존기간을 얼마로 하고 있어요?

○**소위원장 박범계** 5년으로 알고 있어요.

○**법무부차관 김석우** 확인해 보도록 하겠습니다.

○**소위원장 박범계** 저는 5년으로 알고 있는데, 아무튼 넘어가고요.

그다음에 '주주는 영업시간 내에 언제든지 6항에 따라 비치된 기록을 열람할 수 있다', 박균택 의원님도 '열람 청구할 수 있다'.

○**박균택 위원** 예, 맞습니다.

○**소위원장 박범계** 같이돼 있고요.

'열람할 수 있다', '열람을 청구할 수 있다', '열람할 수 있다'가 더 좋겠네요.

○**박균택 위원** 예.

○**소위원장 박범계** 그다음에 '주주의 질의 방법·절차 및 의장의 의사진행 등 전자주주총회의 운영에 필요한 사항은 대통령령으로 정한다'. 문제없으시지요?

○**박균택 위원** 예.
○**소위원장 박범계** 그다음에 368조의6(주주의 전자주주총회 출석과 의결권의 행사 등) '회사가 병행전자주주총회 방식으로 전자주주총회를 개최하는 경우 주주는 소집지에 직접 출석하는 방식과 전자통신수단으로 출석하는 방식 중 어느 하나의 방식으로만 총회에 출석할 수 있다'. 당연하지요? 그렇지요? 직접 나가기도 하고 전자도 하면 이중투표가 되니까 당연한 거지요?
○**박균택 위원** 예.
○**소위원장 박범계** 그다음 2항, '주주는 전자주주총회에서 의결권을 행사할 때 주주 확인절차 등 대통령령으로 정하는 절차에 따라 의결권을 행사하여야 된다. 이 경우 회사는 의결권 행사에 필요한 양식과 참고자료를 주주에게 전자적 방법으로 제공하여야 된다'. 문제없는 거지요? 어떻습니까?
○**박균택 위원** 문제는 일응 없을 것 같습니다.
○**소위원장 박범계** 없는 것 같습니다. 의원님들 안에는 없지만 전혀 무익하지 않은 것 같아요.
　　그다음에 3항, '회사는 주주의 대리인이 병행전자주주총회 방식으로 개최된 전자주주총회에 전자통신수단으로 출석하여 의결권을 행사할 것을 제한할 수 있다'. 이것은 어떻습니까? 회사가 직접 주주총회든 전자주주총회든 다 병행을 할 수 있다고 돼 있는데 '개최된 전자주주총회에 전자통신수단으로 출석하여 의결권을 행사하는 것을 제한할 수 있다'. 차관님, 이건 뭐예요, 이상한데?
○**박균택 위원** 이게 뭘까요? 그러니까 앞에 1항에 나온 것이 제가 써 놓은 선택 의무 중의 하나로 해 놓은 것하고 마찬가지인데 지금 이게 그것과 관련된 표현인 것 같은데요?
○**법무부차관 김석우** 그러니까 주주 대리인이 있는 경우에는 현장에 출석하는 것으로 하고 전자주주총회에서 온라인상으로 하는 것을 제한하는 것은 회사에서 정할 수 있다 이런 취지입니다.
○**박균택 위원** 다시 한번만.
○**법무부차관 김석우** 그러니까 병행총회로 이루어질 경우에 현장에서도 이루어지고 온라인으로 이루어지는데 이렇게 이루어지는 경우에 있어서는 만약에 주주 대리인이 행사를 한다고 할 경우에는 현장에서 이루어지는 거기에만 가능하도록 하고 온라인으로 하는 경우는 제한할 수 있다.
○**소위원장 박범계** 왜 그렇지요? 전자주주총회를 허용하고 전부 다 전자주총에서도 할 수 있는데 또 병행도 할 수 있는데, 현장주주총회는 대리인이 가서 할 수 있는데 왜 전자주주총회는 못 하지요?
○**법무부차관 김석우** 본인과의 어떤 관계, 대리권 증명이나 이런 문제가 실무상 있을 수 있을 것 같고요.
○**소위원장 박범계** 그걸 증명하기가 어려운 문제가……
○**박균택 위원** 예. 그거인 것 같습니다.
○**소위원장 박범계** 합리적인가요?
○**박균택 위원** 예, 괜찮은 것 같습니다. 신분을 확인하거나 위임 여부를 확인하기 어려

위서 그런 것일 수 있으니까 맞는 것 같습니다.

○소위원장 박범계 전문위원 어때요?

○전문위원 이은정 예, 합리적인 것 같습니다.

○소위원장 박범계 그래요?

○장동혁 위원 그런데 저는 근본적인 문제를 제기할게요.

○소위원장 박범계 가만 있어요. 이따 시간 줄게요.

○장동혁 위원 아니, 지금 이 위임도 마찬가지입니다.

○소위원장 박범계 아니, 줄게요. 한 번 일독하고 얘기합시다, 장동혁 위원님. 5시 45분입니다. 미안해요. 이따 말씀할 시간 드릴게요.

372조(총회의 속행 및 연기 등) '총회에서는 회의의 속행 또는 연기의 결의를 할 수 있다. 이 경우 속행된 총회 또는 연기된 총회는 제363조에 따라 소집된 총회와 다른 방식으로 개최할 수 있다'. 전자적으로 하다가 현장형으로도 하고 현장형으로 하다가 전자적으로 할 수 있다는 얘기인가요?

○법무부차관 김석우 예.

○소위원장 박범계 그런 사례가 있을 수 있는가? 어때요, 박균택 위원님?

○유상범 위원 이게 준비가 안 되면 불가능하지. 현장을 오늘 한다고 선택했는데 갑자기 전자적으로 바꾼다는 건 있을 수가 없지요.

○소위원장 박범계 왜 이런 상정……

이것은 무슨 과, 어디 과에서 준비해요? 상사법무과?

○법무부차관 김석우 상사법무과입니다.

○소위원장 박범계 과장님 오셨어? 왜 과장님이 안 오셨어?

○법무부상사법무과 정성두 상사법무과 담당 검사 출석했습니다.

○소위원장 박범계 그래요. 얘기 한번 해 봐요. 왜 이런 조항을 뒀지요?

○법무부상사법무과 정성두 그러니까 저희 정부안 같은 경우에는 다 임의적으로, 정부안의 옵트인(Opt-in) 방식으로 완전전자주총이든 병행전자주총이든 제도의 근거를 두는 의미가 있습니다. 그렇기 때문에 다양한 경우를 모두 상정해서 그런 경우에 대비한 조항을 둔 거라고 보시면 되겠습니다.

○소위원장 박범계 다양한 경우? 경우의 수를 다양하게 열어 놔서 가능한 한 가능하도록, 회의가 속행돼서 결론을 맺도록 하는 그런 의미다 이런 얘기인가요?

○법무부상사법무과 정성두 예, 맞습니다.

○소위원장 박범계 그런 속 깊은 뜻이……

그래요. 별로 무익해 보이지는 않은 것 같은데, 이런 경우가 있을지는 모르겠으나. 그렇지요? 해롭지는 않은 것 같아요.

○박균택 위원 예, 잘은 모르겠지만 이의는 없습니다.

○유상범 위원 이론상으로는 가능해 보이지만 실무상 과연 이게 의미가 있는지는 잘 모르겠습니다.

○소위원장 박범계 해로울 것 같지는 않아 보입니다.

2항, '전자주주총회에서 전자통신의 장애 등 기술적인 사유로 의사진행에 현저한 지장이 생긴 경우에는 총회의 결의나 의장의 직권으로 회의를 속행하거나 연기할 수 있다'.

그것은 당연한 거지요?

○**유상범 위원**　이건 당연한 거고.

○**박균택 위원**　예, 타당한 것 같습니다.

○**소위원장 박범계**　3항, '주주는 제1항 또는 제2항에 따라 회의가 속행되거나 연기되는 경우 363조에 따라 소집된 총회에 출석했던 방식과 다른 방식으로 속행된'…… 아까 그거랑 같은 얘기네?

○**유상범 위원**　똑같은 내용이네, 이것도.

○**법무부차관 김석우**　예, 그렇습니다.

○**소위원장 박범계**　'다른 방식으로 속행된 총회 또는 연기된 총회에 출석할 수 있다', 별로 해롭지 않은 사항 같고.

　'제1항 또는 제2항의 경우에는 제363조를 적용하지 않는다'. 363조가 뭡니까?

○**법무부차관 김석우**　소집 통지에 관련된 규정입니다.

○**소위원장 박범계**　소집 통지? 소집 통지에 어떻게……

○**법무부차관 김석우**　1항은 총회 2주 전에 서면으로 통지, 그런 규정입니다.

○**소위원장 박범계**　오케이. 전혀 문제없습니다.

　잠시 정회했다가 다시 방식을 바꿔서 속행을 하는데 2주 전 이런 것에 적용될 여지가 없겠네요. 오케이.

　총회의 의사록.

　1. 현행과 같음.

　2. '의사록에는 총회의 개최방식 및 의사의 경과요령과 결과를 기재하고 의장과…… 기명날인·서명하여야 된다'. 당연한 조항 같습니다.

○**유상범 위원**　한문을 한글로 바꾼 거네.

○**소위원장 박범계**　아까 전문위원이……

　이것 듣고 이따가 말씀하세요. 얼굴 사납게 하지 말고.

○**장동혁 위원**　예.

○**박균택 위원**　결국은 한 가지만 말씀드리자면 완전전자주주총회냐 병행전자주주총회냐 이 부분에 있어서 1항 병행을 제가 주장하고, 2항 완전전자주주총회 이것을 채택하지 않는다는 것 빼놓으면 큰 차이가 없는 것 같습니다, 제 안하고.

○**소위원장 박범계**　예. 그렇습니다.

　전문위원이 할 얘기가 있을 것 같아요.

　아까 27페이지, '이 경우 정관으로 364조 제2항의 방식과 제1호의 방식을 모두 배제하도록 정할 수 없다', 이 규정을 설명해 봐 주실래요?

○**전문위원 이은정**　27페이지 정부안 내용입니다. 이 경우에 364조 제2항의 방식은 현장주주총회고요 제1호의 방식은 병행주주총회 방식이기 때문에 이 모두를 배제하도록 정관으로 정할 수 없다라고 돼 있기 때문에 이 경우에는 완전전자주주총회 방식만 채택하는 정관을 정할 수 없다라는 의미로 해석할 수 있을 것 같습니다. 정부안이 그런……

○**소위원장 박범계**　그러면 모순되지요, 지금?

○**전문위원 이은정**　모순되지는 않고요.

○**소위원장 박범계**　2호하고 모순되는 것 아니에요?

○**전문위원 이은정** 　모순되지는 않는 것 같고요. 완전전자주주총회를 정부안만이 채택하고 있기 때문에 완전주주총회만을 채택하도록 정관에서 정하지 못하도록 하는 게 정부안의 취지로 저는 이해를 했습니다.

○**법무부차관 김석우** 　아니, 그게 아니고 정부안은 완전형을 허용한다는 취지입니다.

○**소위원장 박범계** 　그러면 이 문헌이 완전전자주주총회를 선택해서 허용할 수 있는데, 이 문헌이 서로 모순되는 건 아니에요?

○**법무부차관 김석우** 　약간 표현상 다듬을 필요는 있습니다.

○**소위원장 박범계** 　예. 아까 제가 지적했듯이……

○**법무부차관 김석우** 　그렇습니다, 취지는.

○**소위원장 박범계** 　지금 전문위원이 해석하는 대로 하면 1호, 2호하고 완전 배치되고……

○**법무부차관 김석우** 　예, 취지는 허용하는 겁니다.

○**소위원장 박범계** 　그러면 이것 다 빼 버릴까요, 별로 의미가 없을 것 같은데?
　차장님.

○**법원행정처차장 배형원** 　저도 이 단서 해석은, 이게 완전주주총회를 뒤에 규정한 것하고 모순이 되는 것 같아서 지금 이해하기가 어려운데……

○**소위원장 박범계** 　그러니까 빼야 되는 것 같습니다.

○**법원행정처차장 배형원** 　예, 빼야 될 것 같습니다.

○**소위원장 박범계** 　상사법무과 검사?

○**법무부법무실장 구상엽** 　법무실장입니다.
　제가 전문성이 없어서 말씀드리기가 조심스럽습니다마는 조금 단서 조항에 대해서 저희 취지를 말씀드리자면 지금 전문위원께서 말씀하신 바와 같이 완전전자주총을 정관에서 애초에 완전전자주총으로만 하도록 하는 것은 우려가 있다는 취지입니다. 왜냐하면 완전전자주총으로 했을 때는 여러 가지 회사마다 인프라라든지 참여권이 어느 정도 보장되는지에 대해서 걱정거리가 있기 때문에 적어도 완전전자주총을 애초에 정관에서 못을 박아서 완전전자주총으로 하는 것은 좀 조심스럽다 이런 취지입니다. 그래서 의미가 전혀 없는 것은 아닙니다.
　그런데 예를 들어서 병행으로 한 다음에 그때그때 이사회의 결정으로 이번에는 전자주총으로 합시다, 이번에는 현장주총으로 합시다 이것은 가능한 겁니다. 그래서 의도 자체는 전문위원님께서 말씀하신 것과 정확하게 일치합니다.

○**소위원장 박범계** 　그러면 차관님, 아까 저거 안건하고는 안건이 좀 다른데?

○**법무부법무실장 구상엽** 　저희가 이해하기로는 차관이……

○**소위원장 박범계** 　그런 취지였어요?

○**법무부법무실장 구상엽** 　그런 취지로 얘기한 걸로 제가……

○**법무부차관 김석우** 　다소 표현에 좀 착오가 있었는데……

○**소위원장 박범계** 　그러니까 항상적으로 정관에 앞으로 우리의 모든 주주총회는 완전전자주주총회만에 의한다, 이건 도입하지 않는다라는 취지라는 거예요. 그리고 경우에 따라서 어떤 경우는 현장주주총회, 어떤 경우는 전자주주총회 이렇게 자유롭게 구사할 수는 있다. 또 아까 뒤 조항까지 보면 잠시 중단했다가 현장형으로 하다가 전자적으로 가기도 하고 전자적으로 하다가 현장형으로 가기도 하고 그런 정도의 유연성은 있는데 정

관으로 딱 박아 가지고 이 회사는 언제나 현장주주총회는 못 하고 전자주주총회만 해야 된다라는 것은 배제한 거다 이런 얘기지요?

○**법무부차관 김석우** 예. 첨부해서 말씀드리면 의원님들 안은 완전형을 채택하지 않은 안이기 때문에 정부안은 그게 아니다라는 취지를 설명하는 과정에서 약간 제가 표현상 오류가 있었던 것 같습니다.

○**소위원장 박범계** 그러면 박균택 의원님 안하고 이 부분이 충돌됩니다. 박균택 의원님 안은 일정 규모 이상의 상장회사는 반드시 전자주주총회를 개최하여야 된다 이렇게 돼 있어요. 이것이 제일 큰 충돌 조항인 것 같습니다.

그런데 제가 이 조항, 전자주주총회를 먼저 심사를 하자고 한 이유는 양 기관에서 비교적 입법정책적 선택의 문제고 좀 열려 있어서 그런 건데, 그렇다면 회사가 정관으로 정할 때 정관 의결정족수가 있는 거잖아요, 이사회라는 게 있잖아요. 그래서 우리가 흔히 가정하는 여러 가지 위험성 중에 무슨 소수주주 이런 우려는 걱정하실 필요가 없을 것 같은데, 혹시 이런 사례가 있을까요?

○**법원행정처차장 배형원** 저희가 신중검토 의견을 말씀드린 것은 그러니까 완전주주총회, 현장을 대체하는 그런 주주총회를 열었을 경우의 여러 가지 문제점들은 설시를 했고요. 의원님들 안이 네 가지가 나와 있는데 네 가지 모두 현장대체형 주주총회를 허용하는 것은 없는 것으로 보여져서 오직 정부안에서만 완전전자주주총회를 인정하는 것 같아서 신중하게 검토할 필요가 있다라는 의견을 개진한 겁니다. 문제점은 여기에 자료에 나와 있는 것하고 마찬가지고.

거기서 추가적으로 말씀을 드리자면 현재 지금 다섯 가지 안을 가지고 검토를 하고 있는데 정부안 이외의 네 가지 의원님들 안은 완전주주총회를 인정하고 있지는 않고 있어서 드린 말씀입니다.

결국에는 지금 364조 2항에서 소집지에 직접 출석하는 방식으로 총회를 개최한다는 원칙적인 규정을 두고 있는데요. 정부안을 보면 그 조항에도 불구하고 정관으로 정할 수 있다라고 돼 있고 나머지 의원님들 안의 경우에 있어서는 364조 2항을 배제하는 규정은 없습니다. 결국 정관으로……

○**소위원장 박범계** 그런 것 같네요. 박균택 의원안을 보더라도 '이사회 결의로 전자주주총회를 개최할 수 있다'라고 하셨고 2항도 '상장회사는 전자주주총회를 개최하여야 한다' 이렇게 돼 있지. 이 경우는 아까 말씀드린 대로 어떤 경우는 전자주주총회 어떤 경우는 현장주주총회 이것이 다 가능하다는 취지로 읽혀져요. 언제나 예외 없이 상장회사는 전자주주총회만을 해야 된다 그건 아닌 것 같아요, 의원님 안에도. 그렇지요?

○**박균택 위원** 예, 대규모 상장회사에 대해서 전자적인 방법도 도입을 해야 한다라는 의무조항 그것 하나를 줄 뿐 다른 문제는 없습니다.

○**소위원장 박범계** 그런 거지요. 오케이. 그러면 문제가 다 풀렸습니다.

○**유상범 위원** 2항이 그렇게 해석돼요? 그건 아니지. 2항이 어떻게 그렇게 해석됩니까? 2항은 지금 보면 필수적 전자주주총회를……

○**박균택 위원** 예, 필수적으로.

○**유상범 위원** 개최하게 돼 있는데 위의 1항은 전자주주총회를 개최할 수 있다 그리고 예외적으로 일정 규모 이상은 필수적으로 해야 된다고 하는데 정부안은 그게 아니잖아

요. 정부안은 원칙적으로 현장주주총회도 가능하지만 정관에 의해서 병행주주총회, 완전주주총회도 가능하게 할 수 있다라고 해서 선택지를 넓히는 하나의 근거를 주는 규정이고 박균택 의원안은 지금 전자주주총회가……

○**박균택 위원** 대기업에 대한 의무를 두는 거지요.

○**유상범 위원** 그러니까 그 의무를 두어야 되는 상황이기 때문에 완전히 다른 내용이라는 거지요. 의무를 지금 부과하고 있는데, 아니 회사가 주주총회를 선택할 수 있게 정관에다 다양한 선택지를 두는 것은 별론이라고 하더라도 법적으로 전자주주총회를 의무화한다면, 결국 지금 완전주주총회를 하라는 얘기인지 아니면 병행주주총회를 하라는 얘기인지 이것도 규정이 안 돼 있잖아요. 그러니까 이런 식으로 규정을 해 놓으면 결국 기업에게 불필요한 부담만 가중시키는 규정이 될 수밖에 없지 않냐 이런 얘기를 합니다.

○**박균택 위원** 전자주주총회 제도를 도입한다고 한다면 그것이 대기업일수록 소수 주주가 많은 회사일수록 더 필요한 것 아니겠습니까? 그런데 이것을 굳이 도입하고 이 상세한 규정을 다 놔두면서 도입하든 말든 그건 너희들 자유라고 그러면, 그 입법이라고 한다면 이렇게까지 정성 들여서 만들 필요가 뭐가 있을까 생각이 드는데요.

○**장동혁 위원** 대기업에서 문제가 크다고 해서 제가 근본적인 문제를 제기하겠습니다.

차장님, 앞으로 지방선거, 총선, 대선 현장투표나 아니면 전자투표, 집에서 전자투표 선택하라고 하면 가능하시겠어요?

차관님, 앞으로 지방선거, 총선, 대선 현장투표도 할 수 있고 아니면 전자투표도 할 수 있다라고 하면, 집에서 어디서든 컴퓨터 연결해 가지고 전자투표 할 수 있다라고 하면 국민들이 뭐라고 하겠습니까?

저는요, 투표는요 공정이 생명입니다. 그 공정으로서 신뢰를 담보하지 못하면 안 돼요. 지금 부정선거가 있든 없든 그것이 논란이 되고 있는 이유가 뭡니까? 내가 현장에서 보지 못하고 감시할 수 없고 확인할 수 없기 때문에 문제가 되는 겁니다. 이것 전자투표 도입되면요, 특히 대기업 엄청나게 많은 주주들이 있는데요. 첫 번째, 많은 사람들이 내 마음에 맞지 않는 결론이 나오면 그럴 거예요. '이것 시스템 제대로 된 거 맞아? 누가 이것 조작하지 않았어? 누군가 해킹하지 않았어? 내가 그 시스템을 어떻게 믿어? 그리고 진짜 주주가 들어왔는지, 위임할 수 없다고 하지만 어떤 사람이 주주를 가장해서 시스템적으로 들어왔는지 내가 그걸 어떻게 확인할 거야? 이것 정말 제대로 한 거 맞아?' 아니면 '투표도 안 했는데 회사가 이 시스템을 어떻게 조작해 가지고 진짜 투표도 안 한 사람 자기들 입맛대로 이것 결정을 자기들 마음대로 하기 위해서 뭔가 조작한 것 아니야?' 라고 하는 시비가 계속될 것입니다.

누가 들어왔는지를 다른 주주들은 확인할 수도 없고 이 시스템이 어떻게 가동되는지를 확인할 수도 없고 누가 이걸 조작했는지 안 했는지도 확인할 방법이 없고 해킹이 됐는지 안 됐는지도 확인할 수 없고 시스템에 중대한 오류·고의가 있을 때만 소를 제기하라고 하는데 시스템에 오류가 있는지 없는지 중대한 고의가 있고 중대한 과실이 있는지를 집에서 투표한 일반 소수 주주가 어떻게 알겠습니까? 이 근본적인 문제를 어떻게 해결할 거냐고요.

편리하니까 소수 주주가 투표에 참여할 수 있는 기회를 주겠다? 그러면 세상 모든 각국들이 모두 다 전자투표 하면 되지요, 이렇게 컴퓨터가 발달한 시대에. 그럼에도 불구하고 사전투표도 채택하지 않고 현장투표만 하고 수계표만 하는 나라들은 투표의 공정성과 신뢰성에 대한 근본적인 그 신뢰를 공정성을 담보하기 위해서 그 불편하고 힘든 작업을 하는 것입니다. 이것 이렇게 해 가지고 투표 결과 마음에 안 들면요 다 소송할 걸요. 이것 시스템 다 보자고 할 거예요. 프로그램 보자고 할 거예요. 증거보전 신청 다 할 겁니다. 그리고 실제로 누가 들어왔는지 몇 명이 들어왔는지 일일이 다 확인 전화 하자고 할 거예요.

　아니, 전자투표가 편한 방법인 줄 알겠고 현장 못 가는 사람들한테 좋은 것도 알겠지요, 물론 주주는 위임할 수도 있습니다만. 좋은 방법인 건 알겠지만 이 투표의 공정성과 신뢰성을 어떻게 담보할 거냐는 겁니다. 지금 대통령선거 전자투표 해 보세요. 누가 그것 승복할 수 있겠나? 그런데 이것 위임 안 된다고, 위임했는지 안 했는지 누가 들어왔는지를 나중에 시스템적으로 다 확인할 수 있어요?

○**박균택 위원**　화가 너무 많이 나 계신 것 같습니다.

○**소위원장 박범계**　알았어요. 지금 조화적으로 한번 해석을 해 보면 정부안에 이게 아주 기가 막힌 거네. 제가 보니까 잘 만드신 것 같아. '이 경우 정관으로 모두 배제하도록 정할 수 없다'. 즉 정관으로 우리 회사는 완전한 전자투표, 전자주주총회만 가능하다 이것은 안 된다는 것은 일종의 뭐랄까요, 잘 만들어 놓은 것 같고. 그렇다면 그것과 지금 박균택·김남근·이정문 의원님 안의 일정 규모 이상의 상장회사는 전자주주총회를 개최하여야 된다 이 두 가지를 같이 해석해 보면 완전하게 모든 것을 언제나 전자주주총회로만 총회 의결을 하도록 하는 건 안 되지만 병행도 가능한 이상은 대통령령으로 정하는 일정 규모 이상의 회사에 대해서 완전하게 정관으로 현장주주총회만 가능한 것처럼 해 놓으면 그것은 전자주주총회 제도를 도입하는 제도의 취지가 몰각되잖아요. 그래서 유상범 위원님은 내 해석에 반대했지만 전자주주총회를 적어도, 횟수로 얘기하는 게 맞는지 모르지만 전자주주총회를 하도록, 언제나는 아니지만 하도록 하는 규정으로 선회하면 이해할 수 있는 범위 아니에요? 어때요, 차관님?

○**법무부차관 김석우**　기본적으로 전자주주총회 그 과정에서 장동혁 위원님 말씀하신 대로 여러 가지 우려가 있을 수는 있습니다. 그런데 기본적으로 전자주주총회는 분명히 장점이 있는 제도고 다만 그 과정에서 여러 가지 혼선이 있을 수 있을까 봐 앞에서 말씀 드린 바대로 대리인 같은 경우는 여러 가지 제한을 두고는 있는데 기본적으로 저희는 이 것 도입은 하되 약간 선택 사항이라는 걸 강조를 했고 다만 선택을 함에 있어서 완전형 같은 경우에는 기본적으로 병행형과 같이 선택도 가능한 것으로 정관에 규정을 둠으로써 탄력적으로 할 수 있고 병행형과 완전형을 또 순차적으로 할 수도 있는 그런 약간 유연성을 구비한다는 데 의미를 뒀습니다. 여러 가지 문제점들에 대해서는 계속 숙고해 보도록 하겠습니다.

○**소위원장 박범계**　박균택 위원님, 여기서 대통령령으로 위임하는 자산 규모는 어느 정도로…… 2조?

○**박균택 위원**　지금 딱 특정은 하지 않았습니다마는……

○**소위원장 박범계**　대략.

○**박균택 위원**　그때 우리 논의할 때 2조 정도가 논의가 되기는 했었습니다.

○**소위원장 박범계**　2조 정도.

○**유상범 위원** 제가 궁금한 게 하나 있는데요. 지금 통계적으로, 여기 설명은 다 안 돼 있는 것 같은데, 지금 회사법이 가장 발달하고 주주 보호가 가장 많이 인정되고 있는 미국의 경우에 전자주주총회를 의무화하는 데가 있습니까?

○**법무부차관 김석우** 미국에서는 일반적으로 존재하고 있지는 않습니다. 의무화하는 것 자체는 미국에서 존재하고 있지는 않습니다.

○**유상범 위원** 결국 우리나라 법제도 지금 현재 회사법 같은 경우에는 글로벌 기준에 맞춘다 그러는데 사실은 미국 법제를 많이 차용해서 우리가 지금 도입을 하고 있잖아요. 그런데 미국에서도 지금 전혀 이 부분에 대해서 의무화하고 있지 않은 상황인데 이걸 우리 법에서 지금 이렇게 과감하게 전자주주총회를 해서, 장동혁 위원이 지적하듯이 그것의 신뢰성에 대한 심각한 문제가 제기될 수 있는 상황임에도 지금 도입을 하려고 하는 이유는 뭡니까? 아니, 미국도 의무화하지 않고 그 나라에서 그런 부분에 어떤 논의가 돼 있는 것도 충분히 파악되지 않은 것 같은데……

○**이성윤 위원** 정부안에는 그 내용 없습니다.

○**유상범 위원** 그렇게까지 그렇게 하실 이유가 뭐가 있겠나……

○**이성윤 위원** 정부안에 없습니다.

○**유상범 위원** 지금 안을 들여왔기 때문에, 안을 넣었기 때문에……

○**소위원장 박범계** 정부안까지는 리즈너블(reasonable) 하고, 여기서 추가적으로 일정 규모 2조 이상의……

○**유상범 위원** 제가 아는 건 정부도 마찬가지로……

○**소위원장 박범계** 이성윤 위원님.

○**이성윤 위원** 전문위원께 물어보겠습니다.

○**유상범 위원** 제가 물으니까 이것은 답을 좀 주세요. 이 부분에 대해서 이렇게 의무화 돼 있지도 않은데 굳이 우리가 입법을 해 가지고, 회사가 임의로 선택할 수 있게 만들면 되는 것인데……

○**법무부차관 김석우** 예, 그렇습니다.

○**유상범 위원** 법무부 안에서 그렇게까지 법에 넣어 가지고 이것을 들여오도록 노력을 하는 이유가 뭐냐고.

○**법무부차관 김석우** 기본적으로 주주의결권 행사를 온라인 시대에 맞게 효율적으로 한다는 데 취지가 있고 기본적으로 정부안은 의무화하는 것까지 나아간 건 아니고요. 다만 이것을 시작으로 해서 병행형·완전형을 선택에 따라서 도입할 수 있도록 하고 경우에 따라서는 오프라인으로만 할 수 있는 것도 가능은 하지요. 일단은 완전 의무화는 아닙니다.

○**유상범 위원** 그러면 하나 더 물어볼게요. 그것 알겠는데, 그렇다면 미국에서 이걸 의무화, 이것을 도입하는 주가 거의 없다고 한다면 미국에서는 왜 도입을 안 했습니까? 우리보다 훨씬 더 IT가 지금 발달돼 있고……

○**법무부차관 김석우** 미국에서 하고는 있는데 반드시 해야 된다 이런 의무는 없다는 취지입니다. 미국에서 활성화되고는 있는데 의무는 아니다라는 취지입니다.

○**소위원장 박범계** 이것 옛날에 많이, 몇 년째 얘기를 하고 있는 건데 마치 처음 보는 것처럼 그렇게 얘기를 하시면 어떻게 해.

○**박균택 위원** 역시 정보 선진국의 법무부답습니다. 내가 보기에는 선진적으로 잘하는 것 같은데 너무 구박을 하시는 것 같네요.

○**장동혁 위원** 저는요 차관님, 투표는요 편리함보다 공정이 핵심입니다.

○**이성윤 위원** 전문위원님, 하나만 여쭤볼게요.

　36쪽에 대통령령으로 정하는 일정 규모의 상장회사에 대한 전자주주총회 의무화와 관련하여 중간쯤 보면 12월 결산 상장회사 총 2267개사 중 2023년 비대면(온라인) 형태의 주총을 개최한 회사는 34개사. 이 통계는 어디서 받은 겁니까?

○**전문위원 이은정** 대한상공회의소에서 받은 겁니다.

○**이성윤 위원** 코스닥시장 5개사에 불과해요?

○**전문위원 이은정** 예, 일단 저희가 받은 자료에 의하면 그렇습니다.

○**이성윤 위원** 그러면 이걸 쓰실 때 현실적으로 실무적으로 그 문제를 검증할 기회가 없어서 회사가 부담할 수 있는 법률적 위험 그다음에 경제적 위험을 예측하기 어렵다 이렇게 써 놨거든요. 이 부분도 상공회의소에서 받은 의견인가요?

○**전문위원 이은정** 이 부분이요?

○**이성윤 위원** 예.

○**전문위원 이은정** 예, 그런 것……

○**이성윤 위원** 전자주총 의무화 관련해서 이 통계에 관해서 코스닥은 5개사, 코스피는 29개사에 불과하거든요. 그러면 전자주총을 의무화했을 경우에 어떤 경제적인 효과가 발생할 수 있는지 이걸 좀 더 조사를 해야 할 것 같은데요.

○**전문위원 이은정** 예, 좀 더 조사해 보겠습니다. 보고해 드리겠습니다.

○**이성윤 위원** 이건 반대 의견만 그냥 받은 것 같아요.

○**전문위원 이은정** 예.

○**박균택 위원** 장동혁 위원님 말씀과 관련해서 저도 한 말씀만 드리자면 심지어 어떤 제도, 의무화가 아닌 제도 도입을 하려는 법무부의 선진적 조치마저 비판을 하시는 그런 입장이 돼 버린 것 같은데 그 공정성을 가지고서 통제를 하겠다라고 하신다면 전자투표 제도는 앞으로 절대 도입하면 안 되는 거지요, 장동혁 위원님 말에 의하면. 그런데 시대가……

○**장동혁 위원** 그렇게 왜곡하시면 안 되고요. 회사에 따라서 본인들이 알아서 선택하면 됩니다, 정관에. 그런데 왜 일정 규모 이상, 더군다나 주주 수가 많으면 거기에서 시스템이나 공정성의 문제는 훨씬 더 크게 발생합니다. 그런데 왜 일정 규모 이상은 반드시 이걸 도입하도록 법에서, 왜 회사의 투표 방식을 법에서 강제합니까?

○**박균택 위원** 그러면 전자투표 제도를 도입……

○**장동혁 위원** 더군다나 문제가 있는 이 방식을?

○**박균택 위원** 잠깐만요. 전자투표 제도를 도입하려는 법무부의 방침까지 반대하시는 건 아닌 거지요?

○**장동혁 위원** 아니, 지금도 정관에 의해서 하면 하는 겁니다, 회사의 자율성에 따라서.

○**박균택 위원** 그러니까 장 위원님 말씀은 법에다도 둘 필요가 없다는 얘기 아닙니까?

○**장동혁 위원** 법에 두더라도 저는 일정 규모 이상이든 뭐든 강제하면 안 된다는 겁니다. 그것 왜 강제해야 됩니까?

○**박균택 위원** 그러면 법에 도입하는 것까지는 찬성하시는데 강제하는 것은……

○**장동혁 위원** 도입에 대해서는 찬성은 아니고 반대하지 않습니다마는 법에 일정 규모 이상은 반드시 도입하도록 하는 것은 절대 반대입니다.

○**박균택 위원** 우리가 지금 전자투표……

○**소위원장 박범계** 잠깐만. 이제 시간도 많이 돼서.

장동혁 위원님이 국회 들어오시기 전부터 이것 논의해 왔어요.

○**장동혁 위원** 아니, 제가 들어오기 전에 한 것은 진리입니까?

○**소위원장 박범계** 아니요, 내 얘기 끝까지 들어요. 유상범 위원님이 마치 생소한 것처럼 얘기하시는데 그래도 그중에 상법 개정 논의 중에, 제가 재선 때 간사를 했었는데 그때부터 논의를 해 온 역사가 있어요. 그리고 법무부도 계속 논의를 해 왔고. 그중에 좀 비교적 쉽다, 전향적이다 하는 것을 고른 게 지금 이 전자투표입니다.

그래서 지금 장동혁 위원님이 그렇게 지적하고 유상범 위원님이 그렇게 지적하는 마당이니까 박균택 위원님, 이번에는 정관이라는 어떤 기제가 있으니까, 제어기제가 있으니까 법에 전자투표제를 도입하는, 전자주총을 도입하는 정도로 진일보하고 이 의무조항은 이번에는 빼는 게 어떻겠어요?

○**박균택 위원** 그런데 그 부분은 민주당 의원님들 중에 뜻을 같이하는 분들이 참 많고 이건 꼭 필요하다는 생각들을 가지고 있고……

○**소위원장 박범계** 그렇군요.

○**박균택 위원** 소수 주주들의 보호 수단으로써 이게 지금 논의가 되고 있는 것인데 제도적인 근거는 두되 일정한 대규모 회사들에 대해서도 의무화하지 않는다고 한다면 이것을 안 만드는 것보다는 낫겠습니다마는 여기에 관심을 갖고 있는 많은 분들, 지지하는 분들의 의사에 반하는 조치인 것 같아서 저는 동의하기가 어렵습니다.

○**소위원장 박범계** 좋습니다.

○**이성윤 위원** 위원장님, 저도 같은 의견인데요. 이런 필요성이 인정됐기 때문에 법안이 제출된 것으로 저는 생각하고 있고요. 다만 검토의견에 안 된다는 통계가 많이 들어 있고 이쪽 의견만 들어 있어서 전문위원께서 긍정적 효과를 좀 더 수집해서 저희한테 보고를 해 주면 어떨까 합니다.

○**전문위원 이은정** 예, 그렇게 하겠습니다.

○**박균택 위원** 그리고 제가 한 가지만 말씀을 드려야 할 게 있습니다.

아까 대리투표하듯이 부정·비리가 있으면 어떻게 하느냐는 말씀을 하신 위원이 계시는데…… 우리가 온라인을 통해서 금융거래를 하지만, 온갖 예약을 하고 금융거래를 하고 그러지만 일체의 사고가 없지 않습니까?

선거에 있어서 투표권을 행사하는 것은 자기의 이익과 상관없이 함부로 뭘 넘겨 버리거나 사적인 동기나 이런 것들이 문제될 여지가 있기 때문에 그런 부정·비리가 생겨날 수 있지만 이처럼 자신의 재산적 이익과 관련돼서 온라인상의 엄격한 자기 신분, 아이디 확인 절차를 거쳐서 이런 권리를 행사하는 경우에는 사고가 없습니다. 그런데 주주의 경우에는 4000만 아무에게나 이게 흩어져 있는 것도 아니고 자기의 재산권과 관련해서 그것을 행사하려는 경우이기 때문에 문제가 안 될 겁니다.

그리고 또 하나 문제가 뭐냐 하면, 설령 내가 내 친구를 시켜서, 내 가족을 시켜서 대신 접속해서 투표하는 경우가 있을 수는 있지만 그것은 나의 의사에 부합하는 경우거든요. 아이디를 도용해서 생기는 문제면 안 되는 것이겠지만 내가 내 친구, 내 가족에게 위임해서 나 대신 투표 좀 하라고 하는 것은 문제가 안 되는 이유가 뭐냐 하면 내 의사에 부합하기 때문입니다. 우리가 현장 투표 주총에 갈 때도 남이 위임장을 받아서 대신 가는 경우가 있지 않습니까? 그게 법적으로 문제가 없지 않습니까? 그런 위임장을 받아서 현장 투표를 하는 경우나 옆에서 내 아이디를 알려 받고 비밀번호를 알려 받은 다음에 투표에 참여하는 경우나 다 나의 위임을 받아서 대신 권리를 행사하는 것이기 때문에 대리투표가 허용되는 상법의 영역에서는 일반 보통선거를 하는 총선 제도와는 달리, 공민권을 행사하는 그 경우와 달리 위임제도가 허용되기 때문에 대신 누가 투표하는 일이 생겨도 문제가 안 될 거라는 거지요. 그래서 이것은 아까 총선거의 경우와 비교하는 것은 맞지 않다고 봅니다.

○**장동혁 위원** 아니요. 근본적인 문제가 다른 게요, 일대일로 거래하는 것하고 누가 투표했는지 몇 명이 투표했는지 어떤 결정을 했는지 다수가 투표하면 나는 내 것 외에는 알 수 있는 방법이 없습니다. 전자상거래는 내가 주문해서 안 오면 당연히 다 확인이 가능하지만 투표라는 것은, 더군다나 일정 규모 이상의 주주가 많을 때는 누가 어떤 투표를 했는지 안 했는지조차도 알 수 없고 그리고 시스템이 어떻게 돌아가는지에 대해서 확인할 방법이 전혀 없습니다. 지금 말씀하신 것처럼 다른 사람이 하고 그게 문제가 아니라 근본적으로 이 시스템에 대해서 어떻게 확신할 것이고 그것을 신뢰할 것입니까? 그 시스템에 대해서 신뢰할 수 없다면 이건 근본적인 문제가 발생하는 것입니다.

○**박균택 위원** 아니, 위임이 허용되는 영역인데 왜 문제가 될까요?

○**장동혁 위원** 위임이 허용되는 게 아니라 분명히 100명이 투표했는데 실제로는 120명이 한 것처럼 되거나 아니면 어떤 시스템의 조작이 가능하다면, 그리고 그것은 충분히 가능한 일이고요.

○**박균택 위원** 그것은 전자제도에 대한 불신 아닙니까?

○**소위원장 박범계** 법안2소위 위원이신 박균택 의원님이 낸 안에 본인께서 일정 규모 이상의 상장회사에 대한 전자주주총회에 대해서 강력한 신념을 피력했고 또 장동혁 위원님은 반대해서 이 부분은 합의가 안 되겠습니다. 여기까지 그래도 어느 정도 많이 근접했어요. 그래서 여기까지만 논의하기로 하고요.

　다음, 충실의무.

○**서영교 위원** 계속하나요?

○**소위원장 박범계** 예, 계속합니다. 죄송합니다.

　이사의 충실의무 이것은 지난번에 공청회도 했고 그 당시에 장동혁 위원님은 계셨고 존경하는 유상범 위원님은 안 계셨는데……

　전문위원, 이사의 충실의무와 관련된 보고해 주십시오.

○**전문위원 이은정** 6페이지와 7페이지입니다.

　지난 1월 15일 공청회에서 주로 이사의 충실의무에 대한 진술인들의 진술이 있었기 때문에 그 내용을 보고드리겠습니다.

　최준선 진술인은 이사의 충실의무는 민법상 수임인의 선관주의의무의 하나로서 이사가 회사와의 이해충돌을 회피하여야 할 의무라는 점에서 충실의무를 주주에게 확대하는 것은 법 이론적으로 문제가 있고, 상법이 아닌 자본시장법을 개정해야 된다고 진술하였습니다.

송옥렬 진술인은 명문화되어 있지는 않지만 주주의 이익은 이사의 회사에 대한 충실의무를 통해서 보호되는 것으로 회사법상 당연하나 이사는 회사의 이익에만 봉사한다는 재계나 국민들의 인식을 고려해서 상법 개정으로 이를 명문화함으로써 이러한 인식을 불식할 필요가 있고, 재판 규범으로서 가처분 사건에서 개정의 의미가 드러날 수 있다고 진술하였습니다.

정우용 진술인은 충실의무 개정으로 이사의 책임이 확대되면 회사 경영에 상당한 어려움을 초래할 수 있고, 다수 주주의 일치된 이해가 무엇인지도 불명확하다는 점 등을 고려할 때 자본거래에서 발생한 문제들은 자본시장법 개정을 통하여 해결하는 것이 효율적이라고 진술하였습니다.

명한석 진술인은 합병·분할 등과 같이 회사의 이익과 주주의 이익이 일치하지 않는 예외적 상황에서 이사의 주주 이익 보호의무가 재판 규범으로 작동하지 않고 있는 현실을 고려할 때 이사의 주주에 대한 충실의무를 명문화함으로써 재판규범으로 작동할 수 있는 근거를 마련할 필요가 있다고 진술하였습니다.

7페이지입니다.

개정안의 내용은 직무수행 시 이사가 부담하는 의무의 대상 또는 내용으로 주주 보호와 관련된 내용을 추가하는 내용입니다. 크게는 이사의 충실의무 대상으로 총주주 또는 주주의 이익을 추가하는 개정안과 이사 직무수행 시 이사의 준수사항으로 총주주의 이익 보호 등을 추가하는 개정안으로 나눌 수 있습니다.

7페이지 하단의 검토의견을 말씀드리면, 이사가 부담하는 의무의 대상 또는 내용으로 주주 보호와 관련된 내용을 추가함으로써 주주의 권익 보호를 강화하려는 취지로 이해됩니다. 현행법에서는 이사에 대해서 회사의 수임인으로서 선관의무와 충실의무를 부과하고 있습니다.

8페이지입니다.

이사가 의무를 부담하는 상대방에 주주를 포함시키는 개정안에 대해서는 이사에게 직접 계약관계가 없는 상대방, 즉 주주에 대한 충실의무를 부과하는 것은 위임 구조에 부합하지 않는다는 지적이 있습니다.

두 번째, 이사가 직무수행 시 준수해야 될 내용으로 주주 보호와 관련된 내용을 추가하는 취지의 개정안은 다음과 같은 점을 고려하여 논의할 필요가 있습니다.

이론적으로는 회사의 이익이 반영된 기업가치가 지분의 비율에 따라 비례적으로 주주에게 귀속하므로 결국 회사의 이익과 주주 전체의 이익이 일치한다는 점에서 주주 보호는 회사의 지위에서 도출되는 의무 내용임을 재확인하고 선언하는 취지로 이해됩니다.

다만 총주주 또는 전체 주주의 이익 등이 무엇을 의미하는지 불명확하여 이사의 의무 위반 시 제기될 수 있는 손해배상책임 및 형사책임을 고려할 때 명확성의 원칙 위배 논란이 발생할 수 있습니다.

관계기관 의견은 8페이지 하단을 참고해 주시기 바랍니다.

이상입니다.

○**소위원장 박범계** 법무부 의견 주십시오.

○**법무부차관 김석우** 법무부 의견 말씀드리겠습니다.

주주 보호의 필요성에 대해서는 깊이 공감합니다. 실효적 방안을 마련하기 위해서도 다각적으로 노력하고 있는 중이고요.

기본적으로 이사 충실의무가 문제가 된 배경을 살펴볼 필요가 있다고 생각합니다. 대표적으로는 합병 과정에서 생길 수 있는 불공정 합병 비율, 그다음에 물적 분할에서 생기는 기존 주주의 이익 침해 등이 문제되는 대표적인 사례라고 볼 수 있는데 합병에 있어서는 현재 자본시장법 개정안에 나와 있습니다. 합병 등에 있어서는 공정한 합병 비율을 달성하기 위해서 여러 가지 주식가치, 시장가치, 수익가치 등을 공정하게 평가하고 평가 관련된 자료를 공개할 수 있도록 하는 내용이 포함돼 있는데 그런 방법을 통해서 합병 비율의 공정성을 달성할 수 있다고 보여지고, 대표적인 문제 사례로 꼽히고 있는 물적 분할에 있어서는 물적 분할을 반대하는 주주에 대해서는 주식매수청구권을 부여하는 정부안이 나와 있습니다. 이런 것들을 통해서 대표적인 주주에 대한 피해가 발생할 수 있는 사례라고 일컬어지는 합병이나 물적 분할에 대해서는 나름대로 구체적인 해결 방안이 별도로 상정될 수 있다고 보이기 때문에 현재 개정안과 같은 방식으로 해서 추상적인 충실의무에 대해서 주주로 확대하는 방안에 대해서는 학계라든지 경제계 등에서 여러 가지 우려의 목소리를 제기하고 있기 때문에 다양한 목소리를 들어 보는 것이 필요하다고 생각합니다.

이상입니다.

○**소위원장 박범계** 법원행정처요.

○**법원행정처차장 배형원** 현재 상법 해석상 이사는 직무수행에 있어서 회사의 이익을 도모해야 하고 일반적으로 회사의 이익은 주주 전체의 이익과 일치하기 때문에 이사의 직무수행은 결과적으로 주주 전체의 이익을 위하여 이루어진다는 것은 이론의 여지가 없는 것 같습니다. 그런 측면에서 이사에게 주주에 대한 보호 의무를 부과하려는 현재 입법 취지에는 공감하고 이는 기본적으로 입법정책적 결정 사항이라고 판단이 됩니다.

다만 차관께서 지적하셨던 것처럼 이사가 주주에 대해서 직접 충실의무를 부담하는 일부 개정안에 대해서는 이사와 주주 사이에 위임 관계가 형성돼 있지 않다는 현행 회사법 체계에 비추어 봤었을 때 이질적인 측면이 있고 아울러서 이사의 형사책임과도 관련될 수 있기 때문에 이 부분에 대해서는 추가적으로 검토가 필요하다는 입장입니다.

이상입니다.

○**박균택 위원** 제가 건의 말씀 하나 드려도 될지 모르겠습니다.

○**소위원장 박범계** 예.

○**박균택 위원** 저도 이 안을 냈는데, 학계에서 많은 분들이 얘기를 하고 있고 시민단체도 이와 관련된 얘기를 많이 했고 심지어는 지금은 좀 입장이 바뀌는 것 같은데 현 정부 관계자들 중에서도 초창기에 이런 말을 먼저 꺼내는 분들도 있었기 때문에 저는 이게 우리 대한민국 사회에서 충분한 공감대가 가능한 주제라고 생각을 했고 학계의 의견 중에서도 가장 온화해 보이는 안을 여기다 집어넣은 제 박균택 안을 제출했습니다. 그것을 참고로 말씀드리고.

다만 저보다 조금 더 뒤에 나왔던 이정문 의원안 있지 않습니까. 저의 의견도 반영되고 그다음에 또 민주당이나 학계의 다수 의견을 조금 더 반영하려고 노력해서 만든 것이 이정문 의원안이기 때문에 혹시라도 민주당 의원안 중에 뭔가를 모델로 삼거나 표본으로 삼으려면 이정문 의원안을 토대로 논의해 주시면 훨씬 더 다수의 의사에 가깝지 않을까 그 생각이 듭니다.

○**소위원장 박범계** 위원님들 토론해 주십시오.

○**장동혁 위원** 차장님, 총주주의 이익이라고 하는 것이 법률적으로 가능합니까?

그다음에 ‘회사 및 주주를 위하여’라고 하는 그때의 주주는 어떤 주주를 의미하는 겁니까? 모든 주주의 이해관계가 상반되지 않고 명확하게 모든 주주의 이해관계가 맞다면 그리고 그것에 반해서 어떤 의사결정이 이루어진다면 지금도 법적으로 규제할 수 있는 방법은 저는 충분히 있다고 생각합니다.

저는 잘 모르겠어요. 총주주의 이익이 뭔지, 총주주의 이익은 그러면 늘 일치한다는 건가요? 그런 경우가 있을까요? 문제가 생기는 경우는 오히려 주주의 이익이 일치하지 않기 때문에, 누구에게는 이익이 되고 누구에게는 손해가 되는데 이쪽을 선택했기 때문에 나머지 사람들이 문제 제기하는 경우들이거든요, 특히 소수 주주나. 그러면 주주의 이익이라고 하는 법적 개념, 총주주의 이익이라고 하는 법적 개념을 어떻게 해석할 것이고, 총주주의 이익이 일치하는 경우가 현실에서 얼마나 발생할까요? 그러면 주주 중의 몇 퍼센트가 일치돼야 총주주의 이익이라고 우리가 그것을 법률적으로 규정해 줄 수 있을까요, 주주의 이익이라고 하는 것을? 그 불명확한 개념을 법에 담고 나중에 몇몇 주주가 우리 손해 봤고 문제가 생겼다고 해서 법적인 소송을 제기한다면 그것을 어떻게 판단하실 겁니까?

이사가 회사에 손해를 끼치거나 배임·횡령하거나 했을 때 다른 형사적 규제나 손해배상 방법은 이미 판례에 의해서 충분히 인정하고 있고 지금도 인정되고 있습니다. 그런데 총주주의 이익이든 주주의 이익이든 그것이 어떻게 하나로 규정될 수 있고 어떻게 모든 주주의 이익이 한 방향으로 갈 수가 있겠습니까? 이 개념을 어떻게 규정하고 나중에 이것이 문제가 되면 어떤 주주, 몇 퍼센트의 주주, 총주주가 얼마큼 돼야 그게 총주주의 이익을 대변한다고 +/!법률적으로 평가하시겠어요?

○**법원행정처차장 배형원** 답변 드릴까요?

○**장동혁 위원** 예.

○**법원행정처차장 배형원** 저희 현재 기본적인 입장은 충실의무의 대상에 주주를 포함시키는 것은 문제가 있다고 종전에 말씀을 드렸고요. 그다음에 다른 개정안들 중에서도 많고 많지만 총주주의 이익을 보호해야 되고 특정 주주의 이익을 침해해서는 안 된다라는 규정을 두고 있는데 이 부분에 대해서는 개정안의 의미에 대해서 굉장히 다양한 견해가 있고 일반조항 특성상 다양한 해석 적용이 가능하기 때문에 불변성으로 인한 혼란을 최소화하기 위해서는 이사가 부담하는 의무책임이나 주주의 구제수단에 대해서 좀 더 구체적으로 규정을 두는 것이 타당하다는 입장입니다.

○**장동혁 위원** 지금 이정문 의원안을 기초로 하자고 했는데 ‘회사 및 주주를 위하여’라고 되어 있습니다. 회사의 이익이 모든 주주의 이익과 일치하지는 않습니다. 그것을 전제로 이 조문을 만든 것 아니겠습니까? 그러면 이게 회사 및 주주를 위하여라고 했는데 분명히 판단할 때는 이게 회사를 위한 것이고 대부분의 주주를 위한 것 같은데 나머지 주주가 ‘나는 손해 봤다, 나는 문제가 있다’라고 문제 제기를 하면 도대체 그 총주주 내지

는 주주 몇 %를 위해서 결정을 해야 그게 법적으로 문제가 안 되고 나중에 소송에 휘말리지 않고 법적으로 자유로울 수 있을까요? 이 기준이 뭘까요?

○**법원행정처차장 배형원** 그래서 저희 입장도 아까 말씀드린 것처럼 일반조항의 형태로 갔었을 때 해석의 여지가 많이 있기 때문에 좀 더 구체적인 구제수단이나 이런 것을 하는 형태로 입법이 돼야 되지 않을까 하는 보충 의견을 드렸습니다.

○**유상범 위원** 차장님, 지난번에 21대에 논의될 때는 이 법안에 대해서 의사결정의 교착상태를 야기할 수 있다, 법인격 독립론 위반 등이 있다 그래서 여러 가지로 법리상 문제점을 지적을 했었거든요. 그래서 사실상 반대의견을 피력했어요. 법원 입장에서 보면 법리적으로 가장 문제는 회사와 이사 간의 위임관계는 형성이 되지만 주주와 이사 관계는 위임관계가 형성이 되지 않는 가장 기본적인 문제가 있습니다. 그런데 위임관계가 없는 주주와 이사의 관계 속에서 이사에게 주주의 총이익을 보호할 의무를 주고 이익을 공평하게 대우해야 될 의무를 부과한다는 것 법 기본체계에 맞지 않잖아요.

그래서 아마 법원도 지난번에 이것을 반대 입장을 명확히 한 것 같은데 이번에는 보니까 입법정책적 사안이다 이런 식으로 평가를 해서 답변을 보냈습니다. 이것은 우리나라 주식회사 제도의 근본인 하나의 기본법인데 법원에서 이런 식으로 모호한 입장을 보이기 시작하면 국민들도 오해를 하기 시작한다는 점을 명심을 해 주셔야 돼요.

○**법원행정처차장 배형원** 예.

○**유상범 위원** 중복되는 얘기이기는 합니다마는, 장동혁 위원님 분노의 사자후를 토했습니다마는 제일 중요한 게 총주주의 이익이라고 할 때는 총주주가 같은 이해관계를 가졌을 때 의미가 있지 않겠어요? 다수의 주주가 있고, 대주주가 있고 소액주주가 있고 또 헤지펀드가 갖고 있는, 또 일부 주식을 갖고 있는 사람 각각의 주주마다 위치에 따라서 이해관계가 다양하지 않겠어요? 우리나라 개인투자자들 투자 성향을 보니까 회사의 성장 이런 것 관계없이 주가가 올라 가지고 내가 빨리 차액을 가지고 엑시트하는 것이 목표이고 또 대주주나 회사 경영에 관계돼 있는 사람들은 회사의 성장이 목표란 말이에요. 이렇게 다양한 이해관계가 있는데 총주주의 이익을 보호한다 그러면 주식도 올려야 되고 또 회사도 성장을 시켜야 되고 이렇게 하면……

과거 SK가 하이닉스를 인수할 때 내가 들은 얘기로는 모든 사장이 다 반대했어요. 그런데 거기서 최태원 회장이 미래의 성장가치를 위해서 투자를 했어요. 그래서 처음 투자하고 나서 상당 기간 회사에 많은 현금을 지원하면서 SK그룹 전체에 어려움이 있었지만 결국 지금은 하이닉스가 SK를 대표하는 기업이 됐거든요. 그런데 그 당시에 주식이 떨어지고 어려움이 있을 때 소수 주주들은 다 반대했을 것 아니에요. 그러면 총주주의 이익이 뭡니까? 우리가 이렇게 해서 추상적으로 사실은 법적으로 확인될 수 없는 내용을 우리가 규정한다는 것은 결코 아니다라고 저는 생각을 해요. 어떻게 생각하십니까?

○**법원행정처차장 배형원** 우선 기본적으로 이사와 주주와의 관계에 대해서는 종전 21대나 지금이나 저희들 입장은 변함이 없습니다. 중간에 위임관계는 설정이 안 돼 있기 때문에 이사의 충실의무 대상을 주주까지 확대할 수 있는지에 대해서는 신중한 검토가 필요하다는 입장이었고 21대 때나 지금하고 별 달라진 것은 없고요.

○**유상범 위원** 아니, 그런데 서두에 입법정책적 사항이다라고 평가를 함으로써 굉장히 법원의 입장이 다소 변한 것처럼 보여지기 때문에 제가 한번 질문을 한 겁니다.

○**서영교 위원** 위원장님, 저도 의견 좀 얘기하겠습니다.

○**유상범 위원** 말씀 좀 하시고, 아니, 제가 질문 조금만 더 할게요.

○**서영교 위원** 많이 했잖아요, 이제.

○**법원행정처차장 배형원** 그래서 이와 같이 저희가 입법정책적 결정 사항이라고 말씀을 드린 것은 최근 문제 되고 있는 여러 가지 지배주주와 소액주주의 부 이전과 관련된 여러 문제점들에 대해서 점차 문제의식이 생기게 됐었고 그렇다고 본다면 이 문제를 어떤 방식으로 해결하는 것이 좋을지에 대해서는 심도 깊은 논의가 필요하다라는 것이 저희의 입장입니다.

○**유상범 위원** 그러면 전체 주주의 이익을 공평하게 대우해야 된다 이것은 어떤 경우가 가능합니까, 우리가 상정한다면? 아까 말씀 드렸잖아요. 대주주, 개인투자자 또 헤지펀드가 다 다양한데 어떻게 각각의 요구와 이익을 공평하게 대우할 수 있겠습니까?

○**법원행정처차장 배형원** 사실은 그 부분에 대한 규정 방식이 쉽지 않기 때문에 이런 추상적인 규정을 두는 것보다는 구체적인 주주의 구제수단이랄지 이사가 부담하는 의무를 명확하게 하는 그런 방식의 입법이 좀 더 타당하지 않을까 하는 총론적인 의견만 드리겠습니다.

○**유상범 위원** 그러니까 결국은 정확하게 말해서 회사가 일상적으로 거래를 하고 회사 주가를 올리고 할 때는 회사가 성장하고 성장하면 결국 그게 총주주의 이익이 되고 주식이 오르니까 이것은 아무 문제가 발생하지 않아요. 문제가 발생하는 것은 아까 차관이 지적했듯이 M&A를 할 때 소수 주주에 대한 배려가 부족하고 얼마 전에 LG의 문제, 물적분할을 하면서 소수 주주에 대한 배려가 부족하고 이해가 충돌된다고 하면서 논란이 됐었거든요. 결국 문제 발생을 한 사안에 대해서 소수 주주의 보호를 충실히 하는 소위 문제에 대한 해결책이 나가면 저는 괜찮다고 봅니다. 그런데 이렇게 추상적인 문구를 넣으면 이 자체로 소송이 바로 제기가 될 수밖에 없어요. 소수 주주가 내 이익에 반한다 그러면 이 규정을 근거로 수많은 소송이 제기되지 않겠어요? 그런데 지금 소수 주주 대표소송을 해서 이사가 책임을 질 때는 회사에 대해서 배상책임을 지게 돼 있지요. 그렇지요?

○**법원행정처차장 배형원** 다시 한번 말씀을……

○**유상범 위원** 그러니까 소액주주가 대표소송을 해서 결국 이사가 책임을 지더라도 그 이사의 배상책임은 회사에 대해 지는 것 아닙니까?

○**법원행정처차장 배형원** 예.

○**유상범 위원** 그런데 이 규정을 그대로 적용하면 주주가 이사에게 직접 청구할 수 있는 것처럼 해석이 돼요. 그렇지 않겠습니까? 이것도 큰 문제 아니겠어요?

○**소위원장 박범계** 서영교 위원님, 잠깐만요. 서영교 위원님 질의하기 전에 참고하시라고.

○**서영교 위원** 예.

○**소위원장 박범계** 우리가 공청회를 했고 공청회에서 야당 위원님들은 네 분의 진술인들의 의견을 충실히 들었고 또 질의응답도 하셨고 장동혁 위원님도 그때 충분한 의견을 발표하셨고 제가 오늘 유상범 위원께는 그날 질의를 안 했기 때문에 충분한 시간을 드려서 본인 의견을 말씀하시도록 그렇게 했습니다.

　　현재 여러 의원님들의 안이 나와 있는데 대체로 법원행정처 차장님께서 지적한 것처럼 정준호 의원님안에 주주의 비례적 이익이라는 표현이 있는 것을 제외하고는 거의 다 총주주, 최대주주, 전체주주, 총주주, 총주주 그다음에 천준호 의원님안에 주주의 비례적 이익이라고 아까 정준호 의원님하고 똑같은 표현이 있고 그다음에 나머지 전체주주, 전체주주 그다음에 박균택 위원님이 말씀하신 이정문 의원안도 회사 및 주주를 위하여 해 놓고 총주주, 전체주주 이렇게 표현이 되어 있어요. 그래서 아까 차장님 말씀하신 것처럼 정준호 의원님안에 대해서 의견을 명시했기 때문에 이사가 주주에 대해서 직접 충실의무를 부담하는 개정안하고 정준호 의원안 등 이렇게 표현을 하셨거든요. 이것은 비례적이라는 이 표현 때문에 그렇습니까?

○**법원행정처차장 배형원**　충실의무의 대상이 회사가 아닌 주주가 포함될 수 있는지에 관해서는 주주와 이사 사이의 위임관계가 설정이 안 된 상황에서 그와 같이 규정할 수가 있는지에 대한 상법 체계적 문제점을 지적을 한 것이었습니다.

○**소위원장 박범계**　그러면 주주의 비례적 이익이든 총주주든 최대주주든 법안의 규정은 다 비슷하거든요. 이사는 전체주주에 또는 총주주에 충실해야 된다 이런 취지입니다. 그러면 지금 말씀하시는 소위 위임관계가 이사와 주주 간에는 형성되지 않기 때문에 조금 더 세분화해야 된다라는 의견은 다 통하는 얘기입니까?

○**법원행정처차장 배형원**　지금 의원님들 안이 많이 나와 있는데요. 그중에 10페이지를 보시면 유동수 의원님안이나 박균택 의원님안 그다음에 천준호 의원님안 이런 부분을 보게 되면 우선 1항의 선관주의 의무를 종래에 준용규정에 있었던 것을 명시적으로 규정을 하고 있고요. 2항에는 충실의무를 종전에 있었던 것을 그대로 따라서 규정을 하고 있는데 거기에 대상은 회사를 위하여라고 돼 있습니다. 거기에 주주가 바로 들어갈 수 없다라는 것은 아까 말씀드린 것처럼 위임관계가 설정이 안 돼 있기 때문에 충실의무는 회사를 위해서 한정이 돼야 된다는 측면에서 저희가 첫 번째 드렸던 논거를 기초해서 방식은 유동수, 박균택, 천준호 의원님안의 형태로 가야겠다는 생각이 들고요.

　　그 외 3항을 어떻게 규정할 거냐에 대해서는 장동혁 위원님이 지적을 하셨지만 총주주의 이익을 보호해야 될 의무랄지 다른 특정 주주의 권리가 부당하게 침해돼서는 안 된다는 그런 규정을 둠으로써 이것을 어떻게 해석할 것인지, 구체적인 권리관계가 어떻게 형성될 것인지에 대해서는 저희도 좀 더 논의가 필요하다는 입장입니다.

○**소위원장 박범계**　서영교 위원님.

○**서영교 위원**　저는 지난번에 공청회 때 했던 얘기랑 비슷한데 위원장님 말씀처럼 주주의 비례적 이익, 총주주, 주주의 이익, 어쨌든 이사가 주주의 이익에 충실해야 된다 이런 내용이잖아요, 법원행정처 차장님?

○**법원행정처차장 배형원**　예.

○**서영교 위원**　이게 틀린 말인가요, 지금 얘기 다 했지만? 제가 이런 생각을 하는데, 주식 하세요?

○**법원행정처차장 배형원**　안 합니다.

○**서영교 위원**　안 하시지요? 법무부차관님, 주식 하세요?

○**법무부차관 김석우**　안 합니다.

○**서영교 위원**　안 하시지요. 하나도 안 합니까? 해 보지 않았어요? 해 봤지요?

○**법무부차관 김석우** 아니요. 해 보지를 않아서……

○**서영교 위원** 차장님, 해 보셨어요?

○**법원행정처차장 배형원** 아닙니다.

○**서영교 위원** 왜 안 하셨어요? 대한민국의 주식에 투자도 하고 그래서 경제에 재산도 넣고 회사도 살아나고 이렇게 하자고 주식에 투자해 주라고 하는 것 아닙니까? 그런데 안 하시잖아요.

○**법원행정처차장 배형원** 에, 안 합니다.

○**서영교 위원** 우선 안 하고.

두 번째, 저는 은행에서 해 보라고 그래서 매달 10만 원씩을 수십년 넣었는데 나는 아무것도 한 게 없는데, 그것도 삼성에, 골드에 했는데 나중에 반 토막이 났어요. 보니까 은행이 수수료만 다 먹고 나는 남는 게 없더라고요. 대한민국의 누가 주식을 하겠어요? 자녀분들 주식 하라고 그러면 하라고 그러시겠어요? 아무도 주식 안 해요. 그리고 주식에 투자해서 다 손해 봐요. 그렇잖아요, 대한민국이. 그러면 다른 나라에서도 와서 여기 투자해야 되는데, 대한민국도 투자해야 되는데 투자를 안 하면 누가 투자해요? 선수들만 투자하는 겁니다, 선수들만. 선수들만 투자하고 선수들끼리만 돈 벌어먹고 살고.

그리고 대기업들은 보면, 대기업 임원 연봉이 얼마입니까? 상상을 할 수가 없어요. 금융계 높은 사람 연봉 얼마입니까? 상상을 할 수 없거든요. 그런데 투자하는 사람들은 다 족족 손해 봐요. 그러면 이 구조는 어떻게 바꿔야 되는가 그랬을 때 여기에 '당신들이 투자를 하면 투자에 이익이 될 수 있게 이사들이 충실의 의무가 있습니다' 그리고 '충실의 의무를 지십시오'라고 넣자는 것 아닙니까?

그런데 이게 모두 다 소송이 걸립니까? 아니잖아요. 여기서 주주의 이익에는 충실하지 않고 회사 누구 오너, 재벌의 이익에 충실하게 돼서 여러 사람에게 손해를 끼쳤고 그리고 이번에 무슨 은행이 대출을 했는데 이 과정 속에서 큰 손해를 끼쳤고 이럴 때 '당신들은 손해 끼치지 않게 충실해야 된다' 이런 내용을 어떻든 넣는 거잖아요. 이러지 않으면 경제가 살아나기 어렵다. 한국경제의 밸류업을 하기 위해서는 무엇이 필요할까? 이 상법에서 추상적이기는 하지만 이렇게 넣으면 '한국은 이제 좀 바뀌어서 재벌과 오너만이 아니라 주주에게도 충실한데'라고 시그널을 만들자는 의미라고 저는 보거든요.

그래서 '주주의 이익에 충실해야 된다' 이것을 반대할 사람이 누가 있지요? 아무도 반대 안 해요. 그런데 여기다 뭐라고 얘기하냐면 '구체적이지 않다' '그러면 맨날 소송 걸린다'. 아니, 이게 맨날 소송 걸리는지 어떻게 알며…… 민주주의를 위해, 예를 들면 '대통령은 신의성실을 지켜야 된다' '대통령은 거짓말해서는 안 된다' '평등해야 된다' 이것도 추상적이지 않습니까? '대한민국 국민은 누구나 평등해야 된다' 추상적인가요, 아주 구체적인가요?

이 원칙과 가치 속에서 이게 자리를 잡아 나가는 건데 이래서 안 되고 저래서 안 되고 그러면 못 하거든요. 구하라법할 때 제가 '양육의 의무를 현저히 게을리했다' 이렇게 했더니 '현저히'가 추상적이라 그래 가지고 처음에 문제 제기를 해서 추상적인가 이러고 봤더니 법안에 '현저히'라고 하는 말이 곳곳에 다 있더라고요, '게을리' 이 말도 다 있고요. 다 법적 용어인데 이게 안 된다 그럴 때는 그게 안 된다고 말을 하는 거지요.

그래서 제가 생각할 때는 이게 누구는 반대하고 누구는 찬성하고 이런 게 아니라 과연 이렇게 하면 밸류업될까 이 고민도 있습니다. 그렇지만 이렇게 해서 상법에 '회사에도 충실하고 주주에도 충실합니다. 대한민국에 투자하는 주주들은 이익 볼 수 있습니다. 그렇게 만들어 가겠습니다'라고 하는 것을 우리가 이제는 좀 해야 되는 것 아니냐 이러면서 나온 것이다 저는 이렇게 생각하고.

　그래서 이 부분에 대해서 지금 보면 아까 위원장님 읽어 주신 것 모두 다 '총주주의 이익에 충실해야 된다' 다 이렇게 돼 있어요. '손해 끼쳐서는 안 된다' 이게 뭐가 틀린 거지? 그런데 이게 '소송을 남발하면 안 된다' 그 말이 맞으니까 그러지 않는 장치들을 또 만들어 가고, 그리고 이게 추상적이라면 이게 과거, 일 속에서 만들어져 가지 않겠습니까? 그러면 아주 중요한 것을 아주 구체적으로 쓸 수는 없지 않습니까?

　저는 그래서 이런 부분에 대해서 의미가 있고 이제는 조금 서로가 이해해서 아니, 이런 것으로 해서 이사에게 계속 소송을 걸려고 한다 이러면 그것도 잘못됐다고 저는 생각합니다. 그게 아니고 같이 그러면 서로 키울 수 있는 방안이라고 생각해서 저는 찬성하고 이렇게 의견을 제기합니다, 위원장님.

○**박균택 위원** 　저도 한번 발언하겠습니다.

○**소위원장 박범계** 　예, 박균택 위원님.

○**박균택 위원** 　차관님, 한번 질문을 좀 드리겠습니다.

　회사의 주인은, 주식회사의 주인은 주주 아닙니까?

○**법무부차관 김석우** 　예, 맞습니다.

○**박균택 위원** 　맞지요?

○**법무부차관 김석우** 　예, 맞습니다.

○**박균택 위원** 　그리고 이사를 주주들이 뽑지 않습니까? 주주총회에서 주주들이 뽑은 것 아닙니까?

○**법무부차관 김석우** 　예, 그렇습니다.

○**박균택 위원** 　그러면 내가 종사하는 회사의 주인이 주주이고 나를 뽑아 준 사람도 주주입니다. 그런데 우리 현실은 그 임명에 사실상 뒤에서 영향을 미치고 있는 대주주 오너와 재벌 회장이라고 칭하는 오너를 위해서 일을 하는 것이 현실로 돼 있지 않습니까? 그러다 보니까 아까 서영교 위원님 말씀처럼 주주는 손해를 보는데도 오너는 과도한 임금 내지는 보너스를 받아 가고 합병·분할 과정에서도 오너에게 이익이 되는 쪽으로 합병·분할을 찬성을 하고 이러는 과정에서 주주들에게 피해를 주고 한국의 자본시장에 대한 불신을 주지 않습니까? 그런데 그것을 회사의 주인이요 또 자기를 선출해 준 이사한테 충실할 의무를 주겠다는데 왜 그것을 하면 안 된다고 얘기하는 걸까요? 이것은 도대체, 결국은 기존의 관행대로 계속 소수 대주주인 재벌 오너만 계속 이득을 누리라는 얘기하고 똑같은 것 아닙니까?

　그리고 두 번째, 총주주의 이익 전체주주의 이익 이것을 고려하라라는 말이 너무 추상적이리고 얘기하지 않습니까? 그런데 온 국민이 적용을 받고 모든 사람들이 적용을 받고 있는 형사소송법의 배임죄 조항 2줄로 돼 있지 않습니까? 그리고 온 국민들이 재판에 적용을 받는 손해배상조항 같은 것들, '고의·불법행위로 타인에게 손해를 가한 때에는 배상의 책임을 진다' 이 2줄을 가지고서 민사 손해배상 법제를 다 운영하지 않습니까? 그런데 이게 왜 추상적이어서 안 된다는 걸까요? 그것을 해석하라고 있는 것이 법원이고 판례고 그런 것 아닙니까?

○**법무부차관 김석우**   예.

○**박균택 위원**   그래서 나는 도대체가 뭘 위해서 이것을 반대하겠다는 것이고 도대체 뭐가 추상적이라서 안 된다는 것인지, 우리 모든 법이 다 추상적으로 돼 있지 그러면 선거법 빼 놓고 구체적으로 돼 있는 법이 어디 있습니까? 그래서 저는 이해를 잘 못 하겠어요.

왜 현 정부에, 내가 구체적인 이름은 언급 않겠습니다만 유력한 법무검찰 쪽 관계자 유명한 2명, 그분들도 초창기에는 찬성할 것처럼 얘기를 했다가 뒤늦게 재벌 회사가 반대하고 정부 차원에서 반대를 하니까 그 사람들도 견해를 바꾼다는 것인지 나는 솔직히 이해를 잘 못 하겠습니다.

결코 내가 보기에는 추상적이지도 않고 이사가 주주들을 위해서 충성하라는 것은 마치 선출직인 국회의원이 국민을 위해서 일을 해야지, 대통령과 국가 개념을 헷갈려서 대통령한테 충성하고 있는 그 현실 이것과 뭐가 다른 것인가 싶어요. 다시 한번 생각해 주시면 좋겠습니다.

○**법무부차관 김석우**   예, 기본적으로……

○**박희승 위원**   저도 좀 한 말씀 합시다. 이것 가만히 있으니까……

○**소위원장 박범계**   예, 박희승 위원님.

○**박희승 위원**   저도 한 말씀 좀 하겠습니다. 발언 기회 좀 주십시오.

지금 이사의 충실의무를 외국 판례에서는 많이 인정하고 있는데 우리나라 판례에서는 잘 인정 않지요, 이사의 충실의무를? 어떻습니까, 행정처 차장님?

○**법원행정처차장 배형원**   선관의무와 충실의무를 동일하게 보는 것으로 알고 있습니다.

○**박희승 위원**   그리고 또 어떤 판례에서 직접적으로 이 상법상의 주주에 대한 이사의 충실의무 그런 것은 인정하지는 않는 것으로 저도 들었어요. 어떻습니까?

○**법원행정처차장 배형원**   저희가 그것을 인정하지 않는다고 하지는 않은 것 같습니다.

○**박희승 위원**   예, 저도 하여튼 지난번 공청회에서 들어 보니까 외국 판례에서는 많이 인정하는데……

○**법원행정처차장 배형원**   예, 그렇습니다.

○**박희승 위원**   그래서 나는 지금 오히려 남소, 그러니까 손해배상청구나 형사상 배임 이런 게 많이 제기될까 봐 걱정들이 많으신 것 같은데 우리가 민법상의 신의성실의 원칙, 권리남용 조항이 있지만 단순히 그 조항만 가지고 손해배상청구하는 경우가 있습니까? 없지 않습니까? 그것은 일반조항이고 구체적으로 민법의 조항 찾아가서 그 책임이 인정될 때 그때 권리남용, 신의성실의 원칙을 같이 원용해서 책임을 인정할 뿐이지 그것 하나만 가지고 책임을 직접적으로 묻는 경우는 저는 못 봤습니다.

마찬가지로 이번에 충실의무 넣는다고 해서 이것을 가지고 바로 상법상 그 어떤 책임을 물을 수 있는지, 구체적으로 또 그와 관련된 다른 상법 조문이나 형법 조문이나 이런 것과 같이 연관이 돼야지 이 충실의무를 넣었다고 그것만으로 소송이 많아질 거라고 보이지는 않는데 어떻습니까?

○**법원행정처차장 배형원**   저희는 기본적으로 이 구조 자체가 이사가 누구한테 의무를 부담하고 책임을 부담하느냐에 있어서는 이사는 기본적으로 회사에 책임을 부담한다고

판단이 됩니다. 그래서 아까 말씀드린 것처럼 선관주의의무도 마찬가지로 회사에 대해서 책임을 부담하는 것이고 충실의무 또한 회사에 대해서 부담하는 것으로 알고 있습니다.

아울러서 유동수 의원님안이나 박균택 의원님안, 천준호 의원님안에 이와 같이 3항에 기재되어 있는 의무 또한 회사에 대해서 부담하는 내용이고 그 회사에 대해서 부담하는 의무가 이와 같이 돼야 되는 것이다라는 취지로 이해를 했고요. 그렇다고 본다면 결국 이사는 회사에 대해서 책임을 진다라고 봐서 입장을 말씀드렸습니다.

특히 우리나라의 경우에 있어서는 미국과는 달리 이사의 책임 관련해서는 민사적인 부분보다는 형사적인 책임, 배임 이런 부분이 많이 문제되고 있기 때문에 이런 특수성도 고려를 해서 이사의 책임 부분을 좀 더 명확하게 규정을 할 필요성이 있다는 측면만 말씀 드리겠습니다.

○**소위원장 박범계** 장동혁 위원님 잠깐만요.

차장님께서 말씀하시는 이사와 주주 간의 관계에 위임 관계가 없다는 것은 법원이 그렇게 판시하고, 현재까지 판시하고 있는 거지요?

○**법원행정처차장 배형원** 예, 맞습니다.

○**소위원장 박범계** 그래서 만약에 그것을 판례로 불문법적으로 해결을 해 오셨으면 사실은 이 조항이 필요 없는 조항이기도 하지요.

제 기억으로 몇 개의 케이스에 있어서, 현재도 아마 소송이 있는 것으로 알고 있는데 우리 법원이 소위 일반주주와 지배주주의 관계에서 지배주주의 수와 일반주주의 수가 현격히 차이가 나는데, 일반주주가 훨씬 많은데 일반주주의 이익을 해치면서 지배주주의 이익을 도모하는 물적분할이라든지 합병의 경우에, 현재하는 소송이 있지 않습니까? 거기에 대해서 우리 법원이 좀 소극적으로 임해 오셨지요.

임해 왔고, 그러다 보니까 충실의무 규정안이 나오는 건데 공청회 때 진술인들에게 물은 내용 중에 자본시장법 개정은 괜찮다, 그리고 지금 정부에 참여하고 있는 금감원장 같은 경우는 그것을 찬성을 하고 있지요. 자본시장법에는 괜찮은데 기본법인 상법은 좀 그렇다 하는 것은 저는 조금 이해가 안 되고, 물론 상장회사냐 아니냐 그런 차이가 있기는 하지만 법은 다 같은 법이잖아요. 그래서 법리상의 문제는 아닌 것 같고.

두 번째, 총주주 최대주주와 그렇지 않은 주주, 다시 말하면 총주주의 이익이라는 게 현실적으로 도출이 가능하냐 거기에 대해서 진술인들이 갈려 있었지만 반대하는 분들도 그런 것이 가능하고 다만 그것이 가능하지 않기 때문에 반대하는 것이 아니라 주식회사가 갖고 있는 회사의 투자에 대한, 미래가치에 대한 어떤 선택 이런 모험적인 정신 이런 것들을 이사에게 책임을 물으면 그런 것이 위축될 수 있다 이런 문제 하나, 그다음에 또 남송으로 인한 여러 문제점들 이렇게 얘기를 주로 했던 것 같아요.

그래서 크게 이사의 충실의무와 관련해서는 제가 지난번 공청회 때 듣기로는 이게 법리상 크게 문제가 있다거나 전 세계적으로 이런 사례가 없다거나 그런 문제가 아닌 것 같습니다, 제가 이해하기로는. 논의도 충분히 하고 그렇게 했습니다.

장동혁 위원님께 발언 기회를 드리고 그다음에 유상범 위원님께 드리고 그다음에 이성윤 위원님께 드리고 논의는 여기서 마치도록 하겠습니다.

박희승 위원님도 잠깐?

○**박희승 위원** 예, 저도.

○**소위원장 박범계** 예, 그렇게 하도록 하겠습니다.

○**서영교 위원** 저는 안 주셔도 돼요.

○**장동혁 위원** 차관님, 차장님! 선의에 기댄다면 법은 필요 없습니다. 선의에 기댄다면 법은 우리가 이렇게 심각하게 논의할 필요도 없고요 체계·자구 심사를 할 필요도 없습니다. 우리가 선의에 기댈 수 없기 때문에 법이라고 하는 제도가 있는 겁니다.

소액주주를 보호해야 된다? 누구든 다 동의합니다. 모든 주주의 이익이 다 보호돼야지요. 그러나 총주주의 이익? 관념적으로는 가능하지요. 그런데 서로 이해가 상충되지 않고 모든 주주의 이익이 똑같이 발현되는 경우가 현실적으로 가능하겠습니까? 이 법 취지에 저는 반대하지 않습니다. 그리고 소액주주 보호해야 된다면 자본시장법을 개정하든 보다 구체적으로, 보다 현실적으로, 보다 실질적인 대안을 만들어야 된다? 저 그것에 대해서 200% 공감하고 동의합니다. 그게 어떤 방법, 어떤 조문이 필요할지는 모르겠지만요.

그런데 법이라고 하는 것은 국회에서 통과돼서 국회를 떠나는 순간 독자적인 생명력을 가지고요 그 문언대로 살아 움직이기 시작하는 겁니다. 입법자의 의도, 여기서 논의됐던 것, 그것이 법원에서 판결할 때 참고사항은 되겠지만 절대적인 구속력을 갖는 것도 아닙니다.

천준호 의원님안, 비례적 이익. 그러면 판결할 때 비례적 이익이 어떻게, 90% 이상 주주에게는 이익이 되는데 10% 주주에게는 손해가 되는 경우에는 비례적 이익이 달성되는 겁니까? 99%의 주주에게는 아주 큰 이익이 있지만 1%의 주주에게는 손해가 가면 그게 비례적 이익이 달성된 겁니까? 그 1%가 이의를 제기한다면 비례적 이익이 달성됐기 때문에 그 정도는 괜찮다, 그러면 몇 퍼센트까지 괜찮습니까?

소액주주 보호해야지요. 현실적으로 제대로 보호할 수 있는 방법을 찾자는 겁니다, 법조문 이렇게 만들어서 논란의 여지를 만들지 말고. 실효적일지 효과적일지 제대로 어떻게 작동할지에 대해서도 저는 알지 못합니다.

분명히 우리 공청회 때 두 분은 상법 개정에 반대하고 두 분은 찬성하는 입장이었는데요. 찬성하는 송옥렬 서울대 교수님조차도 이 조항이 사실은 살아 움직일지 선언적 조항으로 끝날지 어떤 효과가 생길지 안 생길지 법적 분쟁이 더 발생할지 아니면 그냥 조문만 만들어지고 아무런 일이 발생하지 않을지 알 수 없다고 말씀을 하셨어요.

법은, 더군다나 이게 기본법 아닙니까? 기본법을, 그냥 우리가 잘 생각하면 총주주의 이익 우리가 생각해 볼 수 있지 않냐? 저는 법은 적어도 기본법은 그렇게 만들어지면 안 된다고 생각합니다.

○**소위원장 박범계** 유상범 위원님.

○**유상범 위원** 위원장님께서 지난번 공청회에서 아마 법리적인 문제 또 세계적인 사례가 없다는 부분 이런 부분에 대한 충분한 주장은 없었다 이렇게 말씀을 하시는데 이 사안이 워낙 중대하다 보니까 여러 경로로 저한테 많은 자료가 제출이 됐습니다.

기본적으로 법리적인 측면은 이미 아까 제가 설명을 드렸듯이 결국 이사가 책임을 진다면 법적인 위임 관계가 있는 경우에 책임을 지는 게 합당합니다. 그런 위임 관계가 부정되고 있는 상황에서 그 이사에게 또 다른 주주에 대한 총주주의 이익 보호 의무, 이익 공평 대우 의무 이렇게 두 가지의 의무를 부과한다는 것은 기본적으로 법체계가 갖고 있는 책임 관계를 완전히 벗어나는 부분이다, 그런데 이렇게 법적으로 체계적으로 논란이

되는 부분을 우리가 기본법에다 넣음으로써 그 이후에 우리가 예상치 못한 온갖 부작용
이 발생할 수밖에 없다, 그리고 분명히 각종 헤지펀드나 이런 데서 논란이 된다면 제일
먼저 이 조항을 가지고 소위 주주 이익 반한다는 걸로 문제를 삼을 겁니다. 그 준거 규
정은 충분히 된다고 봐요.

　차관님, 어떻게 보세요? 그들이 소송을 제기하면 준거 규정 이것 충분히 될 수 있지
요?

○**법무부차관 김석우**　예, 제가 봤을 때는 이 규정의 문제점은 모호함이라는 것보다도
기준점을 잡기 어렵다는 측면이 있습니다. 배임죄도 그렇고 요건 자체는 추상적입니다만
배임죄에 있어서는 피해자는 명확합니다. 다만 총주주라 했을 때는 모호함의 문제가 아
니라 기준점을 어디에 둘지를 찾기가 어렵다는 본질적인 문제가 있다고 생각합니다.

○**유상범 위원**　그러니까 다양한 이해관계가 있으니 누구를 기준으로 판단하느냐의 문
제 이 문제가 반드시 발생하지요.

○**법무부차관 김석우**　예.

○**유상범 위원**　그다음에 세계적으로 보면 지금 우리나라 대기업들은 전부 글로벌화돼
있고 한 40~50%가 외국 자본이 들어와 있는 상태입니다. 그리고 실제로 대기업에는 외
국인 이사들도 많이 들어와 있고. 그런 상황에서 외국에서 대부분의 나라에서 지금 주주
에 대한 충실의무를 규정한 상법은 없는 걸로 알고 있어요, 미국 일본 어디나. 그런데 우
리나라가 만일 이와 같은 의무를 들여오고 그게 선언적이라고 아무리 말해도 그건 그 자
체로 결국은 이사에게 이사의 책임을 지우는 부분이기 때문에 이게 들어온다면 우리가
말하는 밸류업과는 완전히 역행하는 모습이 될 겁니다. 그러면 누가 이사를 이 상황에서
할 수 있겠어요, 회사에 대한 책임에 주주에 대한 책임까지 져야 되는데?

　그런 측면에서 회사가 이미 글로벌화돼 있고, 대한민국의 기업들도, 그런데 전 세계에
서 지금 선진국에서는 이와 같은 규정을 두고 있지 않은 상황에서 우리나라만 소수 주주
의 보호를 명목으로 이런 식으로 기본법에다 넣는다면 결국은 회사에 대한 과도한 규제
가 될 수밖에 없고 또한 이사들의 업무를 함에 있어서 소위 말하는 창의적인 업무, 과거
에 삼성의 반도체 투자, 하이닉스 투자 또 두산밥캣 투자와 같은 투자가 있을 수가 없잖
아요, 그 중간에는 많은 주식의 하락이 있는데. 그러니까 이와 같이 기업가의 어떤 창의
적인 활동 자체를 이 규정으로 인해서 못 할 가능성, 그런 우려를 제기한 게 있습니다.
그런 부분까지 우리가 고려를 해야 된다고 생각을 합니다.

　마치겠습니다.

○**소위원장 박범계**　이성윤 위원님.

○**이성윤 위원**　저는 많은 분들이 진술했기 때문에……

　차관님, 이 세상에서 주주의 이익을 보호하지 않는 회사가 있습니까?

○**법무부차관 김석우**　모든 회사는 다 주주의 이익을 보호를 하지요.

○**이성윤 위원**　당연하지요. 회사에서, 주주들의 돈을 받아 가지고 만든 회사 아닙니까?
당연합니다, 당연한 것이고. 주주의 이익을 위해서 회사가 있어야 한다는 건 너무나 당연
한 건데, 전 세계적으로 너무 당연한 원리입니다. 그렇지만 지금 입법례가 없다는 말씀을
하시는데 너무나도 당연한 전제가 우리나라에서는 무시됐기 때문에 문제가 된 겁니다.
그렇게 인정하십니까?

○**법무부차관 김석우** 예, 여러 가지 주주 보호 필요성 때문에 이런 논의가 촉발됐다고 알고 있습니다.

○**이성윤 위원** 이런 상법 개정안이 문제가 된 이유가 우리나라는 지배주주·대주주들이 너무 일반 주주의 이익에 상충되는 행동을 하고 그렇기 때문에 일반 주주들은 소외되고 그렇기 때문에 이런 조항이 나오게 된 거지요.

아까 총주주의 이익 개념이 너무나 불투명하다고 그러는데 우리 민법에도 불투명한 개념이 얼마나 많습니까? 신의성실 이것보다 훨씬 더 불투명합니다. 권리남용 훨씬 불투명합니다. 그러나 해석례를 통해서 그게 쌓이고 쌓이면 기준이 명확해지지 않습니까?

법원행정처 차장님, 법원행정처에서도 이번에 인정하셨지요, 총주주의 이익을 위해서? 지난번까지는 위임 관계가 없다고 했다가 이제는 우리나라 회사도 총주주의 이익을 위해서, 박주민 위원님의 질문에 대해서 그것 인정하신 거 아니에요?

○**법원행정처차장 배형원** 그러니까 회사의 이익이 주주 전체의 이익과 일치하기 때문에 결국에는 주주 전체의 이익을 위해서 해야 된다라는 취지입니다.

○**이성윤 위원** 그렇습니다. 그건 너무나 당연한 논리를 말씀하신 거예요.

○**법원행정처차장 배형원** 예, 너무 당연한 논리지요.

○**이성윤 위원** 우리가 상법 개정은 총주주의 이익을 말하지만 회사와 주주의 이익을 말할 때는 개별 주주 한 사람 한 사람의 이익을 말하는 게 아니고 전체 주주로서의 이익을 말씀한 거지요. 그렇지요?

○**법원행정처차장 배형원** 예, 그렇습니다.

○**이성윤 위원** 그러면 우리나라같이 지배주주들이 정말 주주는 전혀 생각하지 않고 이사들이 지배주주의 의사에 따라서 투자 결정하고 결국 일반 주주에게 손해를 끼치는 각종 행동을 정말 서슴없이 하고 있는데 일반 규정이 없어서 그런다는, 일반 규정이 없어서 그런다가 아니고 일반 원칙을 지키지 않기 때문에 그런 게 생긴 겁니다. 이번에 상법 개정 논의 때 나온 얘기입니다. 우리나라 회사는 이사들은 충실의무를 착각하고 있어요. 대주주에 충실하는 것이 충실의무라고 생각하고 있는 경향이 있습니다. 우리나라에서 대주주만 생각하고 일반 주주를 보호하는 규정이 없음으로 인해서 현재 우리나라 젊은이들이 한국 증시를 떠나고 미국 증시로 가고 있다는 것 아닙니까? 우리나라 주식시장의 밸류업을 위해서도 반드시 이 조항이 필요하고 이제는 회사에서 의사를 결정할 때 주주도 생각해야 한다고 생각합니다. 이 주주라는 게 모호한 게 아니고 너무 명확하다고 봐요. 이렇게 이런 규정을 넣음으로써 회사에서 큰 의사결정이 있을 때 주주들의 눈치를 봐야 되고 총주주의 이익에 부합하는 것이 결국 회사 이익에도 부합한다고 생각합니다. 그래서 저는 총주주의 이익을 보호해야 한다는 상법 개정안 찬성하고요. 이대로 이정문 의원님 안대로 개정이 됐으면 좋겠습니다.

○**소위원장 박범계** 박희승 위원님, 마지막……

○**박희승 위원** 마지막이지요. 짧게 하겠습니다.

장시간 고생하셨고요. 차장님, 사실은 제가 좀 아쉬운 게 외국에서는 지금 대부분의 나라에서 이사의 충실의무를 판례에서 대부분 다 인정한다고 지난번 공청회에서 그렇게 나왔습니다. 그리고 미국도 2개 주인가에서 이사의 충실의무 규정이 있다고 지금 해석을 하는 발표가 있었는데요.

　어쨌든 우리나라 법원에서 이사의 충실의무를 당연히 인정하면서 무슨 설시를 했으면 이렇게까지 지금 우리가 꼭 법 문안에 넣어야 될 당위성은 없을 것 같은데 지금 장동혁 위원님이나 유상범 위원님도 주주의 이익을 보호해야 된다는 부분에서는 부인하시지는 않는 것 같아요. 다만 지금 계약당사자가 법인이기 때문에, 그런데 사실은 법인격이라는 게 우리가 회사라는 특수성 때문에 대주주라는 게 있는 것 아닙니까. 이로 인해서 회사하고 주주하고 이해관계가 같이 간다면 이런 선언적 규정을 둔다고 해서 내가 보기에는 바로 대주주들이 우려하는 손해배상 청구라든지 배임이 갑자기 늘어날 것이다 이렇게 보이지는 않고요. 오히려 이런 충실의무 규정을 둠으로써, 지금 우리나라도 주식시장이 굉장히 커졌기 때문에 우리나라만 문제되는 게 아니고 전 세계적으로 와서 서로 주식을 사고파는 그런 시장이기 때문에 앞으로는 투명하게 한다면 오히려 제가 보기에는 회사 운영에도 도움이 되지 않을까 이런 생각도 들고요.

　그다음에 또 이런 충실의무 규정을 우리가 판례에서 인정 않기 때문에 만약에 법 문안으로 올라갔을 때 구체적인 책임을 물을 때는 자본시장법이라든지 형법이라든지 이런 데 다시 세밀하게 법 규정을 따져야 그 책임을 물을 수 있지 현행법에 충실의무 하나 가지고 제가 보기에는 책임을 묻기는 쉽지는 않을 것 같아요, 제 경험상으로도. 어떻습니까, 차장님 생각은?

○**법원행정처차장 배형원**　향후 소송이 어떻게 진행될지에 대해서는 저희도 예측하기는 좀 어려울 것 같습니다.

○**소위원장 박범계**　차장님, 차관님, 이정문 의원님 안에 '이사는 그 직무를 수행함에 있어 총주주의 이익을 보호하여야 하고 전체 주주의 이익을 공평하게 대우해야 된다' 이렇게 한 법문에 '총주주' '전체 주주'라는 표현을 썼는데 어떻게 이해되세요? 다른 의미로 지금 전달은, 다른 의미로 쓴 것 같지요? 어떻습니까?

○**유상범 위원**　동어 반복을 막기 위한 거지.

○**소위원장 박범계**　아니, 그런 것 같지는 않아.

○**법무부차관 김석우**　약간 다른 의미로 보이기는 하는데요. 앞에서 말씀드린 바와 같이 기준 대상, 기준점을 어떻게 잡아야 될지에 대한 모호함이 양쪽에 다 있는 것은 맞는 것 같습니다.

○**소위원장 박범계**　아무튼 동어 반복을 피하기 위한, 법문이라는 게 명확성의 원칙이 지켜지는 게 가장 좋은데……

　차장님은 언급하실 생각은 없으시고요?

○**법원행정처차장 배형원**　제가 깊게 생각을 안 해 봐서 섣불리 답변드리기는 좀 죄송스럽습니다만 제가 꼭 답변을 해야 된다면 읽히는 것은 총주주의 이익은 주주 전체의 이익이기 때문에 결국 회사의 이익이라고 여겨지기는 하고요. 뒤의 부분을 보면 전체 주주의 이익을 공평하게라고 하기 때문에 여기서 전체 주주라고 하는 것은 소액주주와 다수의 그런 주주를 포괄하는 개념이 좀 더 들어가 있지 않나라는 그냥 순간적 생각입니다. 깊이는 아직 연구해 보지는 않았습니다.

○**소위원장 박범계**　순간적 생각. 감사합니다.

　차장님이 하시든지 아니면 뒤에 도와주시는 판사님이 설명해 주든지.

　일단 382조의3(이사의 충실의무) '회사를 위하여' 여기는 주주가 아니라는 건 명백하고요. 그다음에 401조(제3자에 대한 책임) ‘이사가 고의·중과실로 임무를 해태한 때는 제3자에 대해 연대하여 손해를 배상할 책임이 있다’. 이것과 관련돼 우리 법원은 이 제3자에 주주가 포함됩니까? 포함이 안 되게 지금 해석하고 있지요?

○**법원행정처민사지원제1심의관 김재남** 제3자 책임에는 포함될 수 있다고……

○**소위원장 박범계** 포함될 수 있습니까?

○**법원행정처차장 배형원** 담당 심의관이 답변 올리도록 하겠습니다.

○**소위원장 박범계** 누가? 명문적으로 남겨놔야 될 것 같아 가지고. 저도 기억이 아리까리하네요.

○**법원행정처민사지원제1심의관 김재남** 민사지원제1심의관 김재남 판사입니다.

○**소위원장 박범계** 401조(제3자에 대한 책임)의 제3자에 채권자 등은 당연히 들어가는 건데 주주도 포함되는가 여부입니다.

○**법원행정처민사지원제1심의관 김재남** 주주도 주주 개인으로서 무슨 손해배상이 문제되면 포함될 수는 있는 것으로 알고 있습니다.

○**소위원장 박범계** 그렇게 해석되고 있지요?

○**법원행정처민사지원제1심의관 김재남** 예.

○**소위원장 박범계** 들어가십시오.

이사와 주주와의 관계가 직접 위임 관계, 계약을 체결하는 일은 없으니까, 직접 위임 관계가 없다라는 차장님 말씀도 일리가 있지만 궁극적으로 주주총회에서 이사를 지금 뽑잖아요. 그런 측면과 401조의 제3자에 대한 이사의 책임에 주주도 포함된다는 것 그것과 지금 우리가 의결하고자 하는 이사의 전체 주주에 대한 충실의무가 도입이 된다면 이 세 가지가 어우러져서 법원에 의해서 구체적인 소송에서 소위 책임 관계가 더 구체화될 수 있다고 본다는 측면에서 이 조항이 단순한 선언적 조항이다라고 보기는 어려울 것 같습니다. 법리적으로도 매우 의미 있는 그런 조항으로 저는 해석을 하고요.

그리고 지난번 공청회에서 미국의, 미국은 어느 주법이었지요? 그 주법을 준거법으로 해서……

○**서영교 위원** 델라웨어.

○**소위원장 박범계** 델라웨어주법을, 미국은 불문법 국가니까요. 주법에 이사의 주주에 대한 책임을 인정하고 있다라는 점은 이 조항을 반대하는 위원님도 약간 의미는 좀 다르지만 비슷한 조항이 있다라는 걸 인정했고, 그다음에 독일 일본 프랑스 이런 데서는 대체로 인정하고 있다 이런 점이 확인이 됐었습니다.

그런 측면에서 일단 이렇게 하겠습니다. 이사의 주주에 대한 책임관계는 이 정문 의원님 안을 기준으로 해서…… 차장님 아까 답변이 일응 드신 생각이지만 저도 그런 생각을 했거든요. 그래서 그렇게 해석하는 것을 전제로 의결을 하도록 하겠습니다. 다만 다 연관성 있는 조항들이 있기 때문에 남은 부분의 논의를 위해서 오늘 의결하더라도 소위에 계류시키도록 하겠습니다.

○**유상범 위원** 잠깐만요.

○**소위원장 박범계** 예, 말씀하십시오.

○**유상범 위원** 위원장님께서 지금 이걸 의결하겠다고 하셨는데, 이 부분에 대해서는 독일 일본, 다른 나라에서는 인정하는 것 같다고 위원장님이 말씀하셨는데 제가 아는 내용

과는 정반대의 말씀을 하세요. 대부분의 나라에서 이사의 주주에 대한 책임을 인정하는 나라는 없는 것으로 알고, 미국도 델라웨어주……

○**박희승 위원** 아니요. 판례에 충실의무 인정……

○**이성윤 위원** 너무나 당연하니까 법에 안 넣는 겁니다.

○**유상범 위원** 충실의무라는 게 그게 회사의 충실의무지 주주에 대한 충실의무입니까?

○**소위원장 박범계** 주주에 대한 충실의무예요.

○**이성윤 위원** 그러니까요. 너무나 당연하니까 안 넣는 거예요.

○**박희승 위원** 공청회 때 나왔던 겁니다, 이게.

○**소위원장 박범계** 그날 안 오셔 가지고. 공청회 때 다 나왔던 얘기입니다.

○**유상범 위원** 그래서 이 부분에 대해서는 의결 들어가는 것은 저희는 동의할 수가 없습니다.

이런 사안을 가지고 또 모든 대한민국의 기업들이 결국은 여러 가지 사정으로 굉장히 어려움에 처했는데 새로운 주주에 대한 충실의무를 부과한다는 것은 굉장히 위험하고 또 기업의 글로벌 기준에도 맞지 않다는 게 일반적인 얘기인데 이걸 가지고 우리나라가 이렇게 논란이 많은 법안을 국회에서 일방적으로 의결한다는 것은 동의할 수가 없습니다.

○**소위원장 박범계** 2시부터 7시 10분까지 장장 5시간이 넘도록 충실하게 토의를 해 주신 1소위 위원님들, 특히 방금 말씀하신 유상범 위원님 또 장동혁 위원님께 감사의 말씀을 드립니다.

○**유상범 위원** 그리고 또 하나만 더 말씀드릴게요.

위원장님께서 저한테 말씀하실 때 사전에 논의할 때 오늘은 일회독을 할 예정이지 의결을 하지는 않겠다고 명확히 말씀하셨어요.

○**소위원장 박범계** 협의 내용에 의결 여부는……

○**유상범 위원** 아니요. 의결은 안 합니다, 일회독을 한다고 말씀하셨지.

○**소위원장 박범계** 간사 간 협의 내용에 그 부분이……

○**유상범 위원** 분명히 있었지 않습니까? 그런데 갑자기 이렇게 이 조항에 대해서 의결을……

○**소위원장 박범계** 충분히 이 이상 더 토의한다는 것 자체가 좁혀질 수 없는 간격이고, 제가 보기에 공청회도 그렇고 또 오늘 토의도 매우 심도 깊게 이루어졌기 때문에 이사의 충실의무와 관련한 의사일정 제9항·13항·17항·18항·20항 및 23항은 각각 본회의에 부의하지 아니하고 이를 통합 조정한 위원회 대안을 제안하고자 합니다.

아까 말씀드렸듯이 이정문 의원님 안을 기초로 표결을 하고자 합니다. 이정문 의원님 안에 찬성하시는 위원님 손 들어 주십시오.

(손을 드는 위원 있음)

다만 의사일정 제10항·11항·15항·19항·21항·22항 및 제24항은 관련 내용을 대안에 반영하되 남은 부분의 논의를 위해 소위에 계류시키도록 하겠습니다.

찬성하시는 위원님은 다시 한번 손 들어 주십시오.

(손을 드는 위원 있음)

유상범 위원님께……

○**유상범 위원** 이렇게 하면 안 되지요.

○소위원장 박범계 제가 보기에 이 안건에 대해서는 더 이상 심사를 해 봤자……

○유상범 위원 그렇다면 차라리 나중에 다 토론하고 나서 의결을 하신다고 하면 모르겠지만 이런 식으로, 오늘 일회독을 한다고 말씀하시고 의결은 없다고 나한테 약속을 하셔 놓고서 이 조항에 대해서 의결하시는 그 모습을 제가 어떻게 동의하겠습니까? 그것도 불과 이틀 전이지요. 저한테 분명히 말씀하셨잖아요.

○장동혁 위원 숫자로 의결해서 통과시키려면 민주당에서는 언제든지 통과시킬 수 있는데……

○유상범 위원 그냥 하시지요. 뭐 하러 우리 논의……

○장동혁 위원 다른 논의할 것들이 많이 있는데요 굳이 이것만 할 필요가 있겠습니까?

○유상범 위원 이것만 이렇게 의결하실 게 뭐 있겠습니까?

○소위원장 박범계 일단 의결합시다. 하고, 1소위에 계류시켜 놓고……

○장동혁 위원 아니, 아까 출입국관리 다른 법안은 같이 하자고 하면서 나중에 의결하겠다고 하더니 상법은 그냥 이거 하나 쏙 빼 가지고 의결하자고 하는 게, 굳이 이것만 오늘 의결해야 될 이유가 뭐가 있습니까? 그나저나 나중에 논의하고 나서 그냥 표결해서 통과시킬 거지 않습니까? 그런데 굳이 오늘 이것만 쏙 빼서 하자고 하시는 게……

○유상범 위원 그럴 게 뭐 있어요, 정말.

○장동혁 위원 출입국관리법은 나중에 하자고 하시더니……

○유상범 위원 전원 합의된 안은 내가 먼저 하는 게 어떠냐 했는데 나중에 하자고 하셨잖아요.

○소위원장 박범계 어떤 게 전원 합의된 안이에요?

○유상범 위원 출입국관리법의 두 번째, 3항에 대해서는 전체 위원들이 다 동의해서 합의했지 않습니까? 그것도 의결하지 않고 한꺼번에 같이 하겠다고 하여 놓고서 이것은 이렇게 강한 반대의견이 있는데 의결하고 계속 논의하겠다면 입장이 안 맞잖아요.

○서영교 위원 의결했지요, 지금?

○이성윤 위원 했습니다.

○서영교 위원 의결하지 않았어요?

○이성윤 위원 찬성한 거지요.

○소위원장 박범계 조금만 더 들어 봅시다.

○장동혁 위원 더군다나 이 조문 자체에 대해서 반대 입장을 이야기했고, 그러면 이건 꼭 표결로 간다면 저희들로서는 국민의힘에서 봤을 때 적어도 어느 의원님 안이 그래도 가장 합리적이고 그렇다 하더라도 조문 문구는 조금 조정할 필요가 있다라고 하는 논의를 더 하셔야지 '우리는 전체적으로 이 조항 자체가 문제가 있습니다' 그랬는데 갑자기 어느 의원님 한 안으로 가서 그냥 이 안으로 통과시키겠다고 하는 것도 저는 맞지 않는 것 같고요.

○소위원장 박범계 그러면 장동혁 위원님, 박균택 의원님 안을 한번 봐 주실래요?

○유상범 위원 아이고, 이것 가지고 기어코 이렇게 오늘 꼭 의결…… 어차피 통과시키려고 한다면 나중에 다시 하면 되지 이걸 가지고 이런 식으로……

○소위원장 박범계 지금 그 말씀 하셨으니까, 장 위원님 한번 봐 주세요.
  아까 총주주, 전체 주주의 이익을 공평하게 하는 이정문 의원님 안과 박균택 의원님

안의 1항·2항은 기존에 있는 법안 내용과 다를 바 없고요.

　4항의 '환경과 사회 요소를 고려할 수 있다' 이것은 빼도 되겠지요, 박균택 위원님?

○**박균택 위원**　예, 그렇습니다.

○**소위원장 박범계**　3항의 '이사는 그 직무를 수행함에 있어 총주주의 이익을 보호하기 위해 노력하여야 하고' 조금 다르지요, 이정문 의원님 안하고?

○**박균택 위원**　그런데 사실은 제가 4항을 넣었던 이유가 이걸 너무 기계적으로 해석해서 이사들에게 너무 큰 책임이 돌아오게 할 수가 있다고 하니 어떤 판단을 할 때 조금 더 탄력성을 주고 너무 얽맨다는 느낌을 안 주려고……

○**소위원장 박범계**　아, 그런 의미인가요?

○**박균택 위원**　그런 의미를 집어넣었던 것인데 한번 좀 판단을, 다른 분들 의견을……

○**소위원장 박범계**　환경과 사회 요소라는 표현이 천준호 의원님 안에도 있네요.

○**박균택 위원**　예.

○**장동혁 위원**　유동수 의원님 안에도 있고요. 결국은……

○**유상범 위원**　위원장님, 첫 회의부터 이렇게……

○**소위원장 박범계**　첫 회의 아니고 지난번에 1소위 했잖아요.

○**유상범 위원**　제대로 된 회의요. 처음 제대로 심의했잖아요. 그때는 그냥 어차피 예정한 거고……

○**소위원장 박범계**　유상범 위원님, 사실은 이 충실의무 조항을 2시간째 지금 우리가 토의하고 있잖아요. 제대로 된 토의를 했습니다. 그런데 장동혁 위원님이 '다른 의원님 안을 가지고 한번 얘기를 안 해 보고' 이렇게 얘기를 하셔서 제가 보기에는 박균택 의원님 안, 유동수 의원님 안……

○**유상범 위원**　그러면 저는 안 자체를 동의할 수 없으니까……

○**소위원장 박범계**　그러니까 더 이상 좁혀질 여지가 없어요. 오늘을 넘긴다 해서 오늘 나왔던 얘기 이상으로 좁혀질 여지가 없고, 지난번에 공청회도 했고 오늘 충분한 토론을 했습니다. 그래서 위원장이 볼 때는 다음 기일로 넘겨서 더 논의를 해 보자 하는 것이 의미가 없어졌습니다.

　다만 이정문 의원님 안의 총주주와 전체 주주라는 동어 반복 같기도 하고 아닌 것 같기도 한 이 의미는 제가 차장님께도 여쭤봤는데, 저도 그렇게 해석을 합니다만 그래도 법문에 있어서 다소 독특한 표현이 아닌가 하는 그런 생각을 갖고 있습니다.

　장동혁 위원님, 박균택 의원님 안과 유동수 의원님 안으로 해서 4항을 빼고 '총주주의 이익을 보호하기 위하여 노력하여야 된다. 특정 주주의 이익이나 권리를 부당하게 침해해서는 아니된다' 이 정도는 받을 수 있는 것 아닌가요?

○**장동혁 위원**　아까 박균택 위원님이 말씀하셨지만 저희는 기본적으로 이 조항에 대해서 반대하는 입장입니다마는 박균택 의원님 안에 대한 의견을 주라면, 환경과 사회 요소라고 하는 것이 다소 추상적이라면 저는 문구를 수정해서 4항은 어떤 방식으로든 살릴 필요가 있다고 하는 게…… 결국은 이것이 이사의 책임이 무한정 확대되는 것을 막는, 예를 들면 지금의 판례로 한다면 그게 경영 판단이든 일정한 재량의 여지를 두거나 책임이 무한정 확대되는 것을 막기 위해서 넣으신 조항인 것 같거든요. 따라서 저는 이것을 어떻게 바꿔야 할지 지금 당장은 생각이 안 나지만 이 환경과 사회 요소라는 것을 조금

손을 봐서 이 4항은 살릴 필요가 있다고 생각합니다.

○**소위원장 박범계** 살릴 필요가 있다.

법원행정처 차장님, 이 조항은 해석이 어떤 의미로 느껴집니까?

○**법원행정처차장 배형원** 두 가지만 말씀을 드리면요, 환경과 사회 요소는 요즘 흔히 말하는 ESG에서 나왔지 않을까 싶고요. 그러다 보니까 환경도 들어가고 거버넌스도 들어가고 소셜도 들어가고 그래서 들어간 것으로 추론을 하고요.

드리고 싶은 말씀은, 이정문 의원님 안하고 유동수·박균택 의원님 안의 근본적인 차이는요 저희가 이해하고 있기로는 유동수·박균택 의원님 안은 선관주의의무나 직무 충실의무에 대한 대상은 회사로 돼 있습니다. 그리고 3항에 대해서 여러 가지 총주주의 이익을 보호한다거나 그다음에 특정 주주에 대해서 권리를 침해하지 않는다는 내용도 결국 그 대상은 주주가 아닌 회사에 대해서 부담하는 책임의 내용을 정한 것이 아닌가 하고 판단하고 있습니다.

왜냐하면 3항의 시작을 보게 되면 '이사는 그 직무를 수행함에 있어서' 이런 부분이기 때문에 이사가 여전히 회사에 대해서 부담하는 책임의 내용을 규정하는 것이라서 사실은 박균택 의원님 안은 기본적으로 이사는 회사에 대해서 책임을 지고 회사에 대해서 책임을 지는 내용 중의 하나로서 총주주의 이익 보호나 이런 게 들어간다라고 보여지고요. 이정문 의원님 안은 1항 자체의 충실의무에 주주가 대상이 되기 때문에 큰 차이가 난다라고 보고 있습니다.

두 가지 말씀 올렸습니다.

○**장동혁 위원** 차장님, 아까 ESG 말씀하셨지만 박균택 의원님 안의 4항에 환경과 사회 요소라고 하는 법문이 있는데요. 이것을 해석하는 데 있어서 크게 문제될 여지는 없겠습니까?

○**법원행정처차장 배형원** 굉장히 추상적인 부분이라서요, 이것을 어떻게 해석해야 할지 저희가 깊이 있게 논의는 안 해 봤습니다.

○**소위원장 박범계** 정리하겠습니다.

일단 위원님들의 생각은 다 알았고요. 제가 기본적으로 위원장으로서 이정문 의원님 안에 총주주, 전체 주주가 한 문장에 표현되어 있는 이 부분의 해명이랄까, 설명을 정확히 들어야지 최종적으로 판단이 될 것 같습니다.

유상범 위원님께 분명히 말씀드리지만 충분히 심사를 했습니다.

저는 이정문 의원님이 이 개정안을 주도하고 계신 의원님으로 알고 있어요. 그런데 한 문장 안에 총주주와 전체 주주라는 표현을 써서 그 부분에 대한 설명을 추가로 듣고, 그다음에 박균택 의원님 안의 '노력하여야 한다'라는 표현도 한번 설명을 들어야 될 것 같고요. 그다음에 유동수 의원님 안은 '노력하여야 된다'는 표현은 없습니다.

그러면 오늘 이 사안은 어차피 계류시켜야 되는 안이기 때문에 이 사안들도 소위에 계류하도록 하고 다음 소위원회에서 심사하여 의결하도록 하겠습니다.

이상으로 오늘 회의를 마치겠습니다.

오늘 의결한 안건의 자구 정리 등에 관한 사항은 소위원장에게 위임해 주시기 바랍니다.

위원님 장시간 동안 고생 많으셨습니다.

보좌진, 수석전문위원을 비롯한 위원회 직원 및 속기사 여러분도 수고하셨습니다.

두 분, 법무부차관님 또 법원행정처 차장님 수고 많으셨습니다.

끝까지 함께 토의해 주신 유상범 위원님, 장동혁 위원님께 감사드립니다.

산회를 선포합니다.

(19시24분 산회)

○**출석 위원(8인)**

　박균택　서영교　유상범　이성윤　장동혁　주진우　박범계　박희승

○**출석 전문위원**

　수석전문위원　정환철

　전문위원　이은정

○**정부측 및 기타 참석자**

　법무부

　　차관　김석우

　국가인권위원회

　　침해조사국장　서수정

○**법원측 참석자**

　법원행정처

　　차장　배형원

언론 보도에 따르면 오동운 공수처장 등 공수처 간부들이 윤석열 대통령에 대한 구속영장을
청구한 1월 17일 당일, 와인 등 반주를 곁들여 과천의 고깃집에서 술자리를 가졌다고 합니다.
오동운 공수처장과 공수처 간부들은 이 날 특정업무경비 40만원 가량으로 계산한 이날 고깃
집 회식에서 잔에 든 와인으로 '건배'까지 한 것으로 알려졌습니다. 오동운 공수처장에게 묻습
니다. 그 동안 공수처의 불법·탈법 행태 등 형사사법체계를 근본부터 흔들어 놓고, '국민 혈
세'를 써가면서 고기와 와인을 먹을 엄두가 났습니까? 혹시 언론에 보도된 '건배'가 윤석열 대
통령 구속영장 청구에 따른 '축배'는 아니었습니까?

– 국민의힘 대변인 정광재, 1월 22일 논평

신동욱 수석대변인 논평

■ 여론조사까지 검열하겠다는 민주당은 민주정당이 맞습니까. 민주당의 '내로남불'에 국민들은 숨이 막힙니다.

민주당이 최근 지지율 하락을 이유로 여론조사까지 문제 삼으며 특별위원회를 출범시킨 것은, 국민 여론을 통제하려는 시도로밖에 보이지 않습니다.

지지율이 높을 때는 침묵하더니, 불리한 결과가 나오자 '보수 결집 과표집' 같은 변명을 내세워 여론조사를 부정하려는 모습은 내로남불의 극치입니다.

공표된 여론조사를 검토하겠다는 것은 사실상 검열하겠다는 것과 다를 바 없고, 이는 민주주의의 기본 원칙을 스스로 부정하는 것입니다.

민심은 검열로 바꿀 수 없습니다.

국민은 민주당이 외면받는 이유를 명확히 알고 있습니다. 하지만 민주당은 민심을 겸허히 받아들이는 대신, 본질을 직시하지 않고 여론조사라는 외부 요인을 탓하며 현실 도피에만 급급합니다.

이런 태도야말로 국민들에게 숨 막히는 '내로남불 정치'로 비춰질 뿐입니다. 민주당은 여론조사를 탓하기 전에, 국민이 왜 등을 돌렸는지 냉정히 성찰해야 합니다.

민주당은 지금이라도 민심 왜곡을 멈추고, 진정한 민주정당으로 거듭나기를 촉구합니다.

—

■ 이재명 대표는 더 이상 재판 지연 꼼수를 부리지 말고 성실하게 재판에 임하길 바랍니다.

또 시작입니까. 이재명 대표가 내일로 예정된 공직선거법 위반 항소심에서 7건의 증인신청서와 증거 제출서 1건, 문서송부촉탁신청 4건 등 여러 증거 신청을 하는 등 '노골적인 재판 지연'에 돌입했습니다.

지난 2022년 9월부터 2년 2개월 동안 진행된 1심에서 충분히 다뤄진 쟁점과 관련된 중복 신청일 것으로 예상됩니다.

명분 없는 단식 투쟁과 법관 기피 신청, 항소장 접수통지서 수령 회피, 재판부 겁박, 변호인 선임지연, 무단 불출석 등 '재판 지연 꼼수의 새 역사'를 쓰고 있는 이재명 대표의 꼼수는 도대체 어디까지입니까?

온갖 비상식적인 방식을 동원해 이리저리 재판을 회피하는 이재명 대표는 '법꾸라지'의 표본이 되었고, 이제 국민들은 8개 사건, 12개 혐의, 5개 재판을 받고 있는 이재명 대표가 또 어떠한 '꼼수'를 부릴지 지켜보고 계실 것입니다.

"공정 세상의 출발은 법 앞의 평등에서 시작"이라는 이재명 대표의 말을 똑똑히 기억하고 있습니다.

이재명 대표는 성실히 2심 재판에 임하며 법의 심판과 검증을 받는 것만이, 그 발언이 허언이 아님을 증명하는 길임을 명심하십시오.

"3월 12일까지 새로운 사건 배당을 받지 않겠다"는 '강력한 결단'을 내린 2심 재판부에 촉구합니다.

어떠한 압박에도 결코 흔들리지 말고, 법과 원칙에 따라 '선거 때마다 반복하는 거짓말 시리즈'에 대해 단호한 심판을 내려주기 바랍니다.

—

■ 각종 법 위반 · 헛발질 · 막무가내 행태! '공수처 해체의 날'이 얼마 남지 않았습니다.

공수처가 그동안 불법 · 탈법 행태를 자행한 데 이어, 윤 대통령에 대해 가족 접견 및 서신 수 · 발신 금지 명령까지 내렸습니다.

과거 통진당 사건 당시 검찰은 이석기 전 의원에 대해 서신 수발신을 금지했지만, 직계존비속에 대한 접견은 허용한 바 있습니다. 현직 대통령이 이석기보다 더 가혹한 대우를 받는 것이 상식적인 일입니까?

사건 관계자 대부분이 구속된 상태에서 증거인멸 운운하며 인권유린까지 자행하고 있는 공수처의 행태에 국민과 법조계의 비판이 커지고 있습니다.

오동운 공수처장은 오늘 중 윤 대통령에 대해 강제 구인하겠다고 공언했습니다. 소환 불응에 대한 분풀이와 망신주기에 그 목적이 있는 듯 보입니다.

그래도 국민의 혈세로 월급을 받는 사람들이 사실상 특정 정당, 특정 세력의 하수인 노릇을 해서야 되겠습니다.

오히려 민주당 내에서 "공수처가 반사적으로 국민의힘 지지율을 올려주고 있다"는 이야기까지 나오고 있습니다.

"공수처는 불법과 탈법, 헛발질의 교과서이다"라는 국민과 법조계의 비아냥에 대해 어떻게 생각합니까?

공수래 · 공수거! '공수처 해체의 날'이 얼마남지 않았습니다.

2025. 1. 22.
국민의힘 수석대변인 신동욱[*]

---

[*] 동일 일자 보도자료 3개를 함께 실었음을 밝힙니다.

권영세 비대위원장에 이어 권성동 원내대표까지 "당을 지지하는 모든 분을 포용"한다며 폭도들의 대변자를 자처했습니다. 심지어 신동욱 수석대변인은 "사전적 의미로는 폭동이 맞다"면서도, '폭도, 폭동 같은 용어 남발은 안 된다'고 강변했습니다. 국민의힘은 폭동을 폭동이라고 부르지도 못할 셈입니까? 법원은 물론이고 경찰, 공수처, 취재진에 대해 무차별적인 공격을 가한 이번 폭동 사태는 정당화될 수도 보호받을 수도 없습니다. 그런데 법치를 최우선해 온 국민의힘이 폭도들을 두둔하고 있으니 기가 막힙니다. 대한민국의 사법 체계를 공격하고 법치와 민주주의를 무너뜨리려 한 폭도들과 손을 잡을 작정입니까?

– 더불어민주당 대변인 황정아, 1월 22일 브리핑

제70차 최고위원회의 모두발언

일시 : 2025년 1월 22일(수) 오전 9시

장소 : 국회 본청 당대표회의실

– 이재명 당대표

트럼프 대통령이 취임한 직후, 중단된 북미대화 재개에 대한 의지를 표명했습니다. 환영합니다. 트럼프 대통령의 의지가 위기의 한반도 상황을 완화해 한반도비핵화와 남북교류 그리고 한반도의 평화로 이어지기를 기대합니다.

트럼프 시대, 우리 경제와 산업에 대한 충격을 최소화하고 불확실성을 줄이는 실용적인 전략이 무엇보다 중요합니다. 어제 트럼프 대통령은 전기차 우대 보조금 폐지를 검토하라고 지시하기도 했습니다. 자동차를 포함해 우리 수출 주력 산업은 물론 무역, 통상 전반에 어떤 영향을 미칠지 잘 준비해서 이슈별·업종별 대응방안을 마련해야 될 것입니다. 관세와 방위비분담금 문제도 마찬가지입니다. 이를 위해서 정부와 국회, 기업과 민간이 하나로 돼서 서로 협력하고 지혜를 모아나가야겠습니다. 민주당도 적극적으로 노력하겠습니다.

결국 예상했던 비상계엄 청구서가 우리 국민들 앞에 떨어졌습니다. "외상값을 갚게 될 것이다"라는 외신들의 지적이 있었는데, 결국 그렇게 되고 있습니다. 계엄 충격으로 실질 GDP가 6조 3천억 원이 증발했다고 합니다. 가구당 약 50만 원 정도씩 해당이 됩니다. 우리 경제가 심각한 비상상황이 되었음을 증명합니다. 굳이 통계를 인용하지 않아도 소상공인, 직장인, 주부, 청년, 노인, 우리 국민들 누구 하나 고통스럽지 않은 사람이 없습니다.

경제에 가장 큰 적은 불확실성입니다. 정치적 불확실성 해소와 함께 멈춰버린 경제의 심장을 다시 뛰게 해야 합니다. 지역화폐 예산 확대로 골목경제를 살리고 위기 상황에서 가장 큰 타격을 입은 취약계층

지원을 강화해야 합니다. 우리 민주당은 사회적 약자 지원법으로 민생 악화로 가장 먼저 거리에 가장자리로 내몰린 우리 어려운 사람들의 삶을 보듬어 나가겠습니다.

(추가 발언) 말을 마치려고 했는데 더 말씀드릴 것이 생겼습니다. 백드롭의 ‘다시 대한민국’을 가지고 갑론을박이 있는 것 같습니다. "윤석열 대통령실 벽에 걸려있는 구호와 똑같다." 맞습니다. 똑같습니다. 그래서 한마디 설명을 좀 드려야 할 것 같습니다. 우리 대한민국은 위대한 나라입니다. 그리고 대한민국 국민들 역시 위대한 국민입니다. 식민지에서 해방된 나라 중에 산업화와 민주화를 이뤄내고 선진국 반열에 들어선 세계 유일의 나라, 그게 바로 대한민국입니다. 이제 전 세계가 경제강국, 군사강국, 문화강국으로 인정하는 나라가 되었습니다.

그렇던 나라가 윤석열 취임 이후, 국민의힘이 집권한 이후에 완전히 추락했습니다. 민주주의도, 경제도, 국제 신임도도, 국격도 다 추락했기 때문에 우리의 핵심 과제는 다시 이 위대함을 회복하는 것입니다. 경제 민주주의, 국제 신뢰, 국격을 회복해야 합니다. 그리고 다시 성장의 길로 나아가야 합니다. 양극화를 완화하고 파괴된 민생을 회복하기 위해서 유일한 길은 새로운 성장의 길을 개척하는 것입니다. 그래서 다시 위대한 대한민국으로 나아가야 되겠죠.

윤석열 대통령실 벽에 걸린 구호가 ‘다시 대한민국’인데, 그걸 쓰면 되겠냐는 논란이 있었습니다. 알면서도 제가 쓰자고 했습니다. 쥐만 잘 잡으면 되지, 그게 흰 고양이든 까만 고양이든 회색 고양이든 무슨 상관이 있겠습니까? 그리고 또 말이 무슨 죄겠습니까? 말하고 행동하지 않는 것이 문제겠죠. 우리 근대사에 가장 부정의한 사람이 저는 바로 전두환이라고 생각합니다. 사욕을 위해서 수없이 많은 사람들을 죽였죠. 군사 쿠데타를 통해서 이 나라 민주주의를 회생 못하게 파괴했죠. 그러면서 이 사람이 쓴 말이 "정의 사회 구현"이었습니다. 가장 부정의하면서 정의라는 단어를 사용했죠.

지금 우리 사회에 진정으로 필요한 것은 헛된 말이 아닙니다. 헛된 이념이 아닙니다. 진영이 아닙니다. 이제는 탈이념, 탈진영의 실용주의로 완전하게 전환해야 됩니다. 윤석열 대통령이 쓰던 구호면 어떻습니까? 좋은 구호면 쓰면 되죠. 말이 오염되지 않게 만드는 것도 우리가 해야 될 일 중에 하나라는 생각이 듭니다.

– 박찬대 원내대표

검찰은 지난 대선 윤석열의 부정선거 의혹 수사에 속도를 내십시오. 지난 20대 대선 경선 당시 명태균이 ARS 응답자 수를 부풀리는 방식으로 여론조사를 조작해 윤석열을 1위로 만들었다는 의혹이 제기됐습니다. 사실이라면 여론조작 부정선거로 민주주의의 근간을 뒤흔든 중대 범죄입니다. 한 점 의혹도 남지 않게 철저한 수사가 필요합니다.

창원지검이 작성한 수사보고서에 따르면, 명태균은 대선 기간 공표용 여론조사뿐만 아니라 비공표용 여론조사도 윤석열과 김건희에게 전달한 것으로 확인됩니다. 여기에는 홍준표를 밀어내고 윤석열을 1위로 만든 조사도 포함돼 있습니다. 명태균은 3억 7천만 원에 달하는 여론조사 비용을 무상으로 제공했고, 김영선 전 의원 공천은 그 대가라는 구체적 증언과 의혹도 있습니다. 창원지검이 명태균 수사보고서를 작성한 시점이 지난해 11월 4일이니, 윤석열도 수사보고서 내용을 알았을 것입니다.

명태균이 11월 15일 구속되고 9일이 지난 11월 24일, 윤석열은 김용현에게 명태균 의혹을 언급하며 '이게 나라냐, 비상 대책이 필요하다'고 했고, 김용현은 그날부터 비상계엄 선포문과 포고령 초안 등을 준비했습니다. 12월 2일, 명태균이 자신의 휴대전화를 공개하겠다고 밝히자 다음 날인 12월 3일, 윤석열은 비상계엄을 선포했습니다. 여론조작 부정선거, 공천개입, 정치자금법 위반 등의 증거들이 공개되는 것을 막기 위해서 비상계엄을 선포했다는 이야기가 나오는 이유입니다.

그러나 검찰은 보고서 작성 두 달이 지난 지금까지도 윤석열과 김건희를 직접 조사하지 않았습니다. 윤석열은 그렇다 쳐도 민간인인 김건희도 조사하지 않은 이유를 납득하기 어렵습니다. 이 와중에 검찰이 휴대폰 폐기를 지시했다는 명태균의 충격적인 주장도 나왔습니다. 검찰이 윤석열의 부정선거를 비롯한 각종 불법 의혹을 덮어버리려는 속셈이 아닌지 매우 의심스럽습니다. 검찰은 지금이라도 김건희를 즉각 소환 조사해서 지난 대선 당시 명태균-윤석열의 부정선거 의혹을 철저하게 밝혀내야 합니다. 고의로 수사를 축소하거나 왜곡한다면 검찰도 특검 수사대상에 포함될 수 있다는 점을 분명히 밝힙니다.

최상목 대행은 하지 말아야 될 일은 말고 해야 할 일을 하십시오. 최상목 대행이 어제 반인권적 국가범죄의 시효 등에 관한 특례법 제정안과 초·중등교육법 개정안, 방송법 개정안에 대해 거부권을 행사했습니다. 최상목 체제에서 6번째, 한덕수 대행까지 치면 벌써 12번째 거부권입니다. 심지어 내란 특검법에 대한 거부권 행사가 유력하다는 보도까지 나옵니다. 내란 조기 종식과 민생경제 위기 극복을 위한 면담 요청은 거절했습니다. 해야 할 일은 하지 않고 하지 말아야 될 일만 골라서 하고 있습니다. 매우 유감입니다.

12.3 비상계엄으로 실질 GDP 6조 3천 10억 원이 날아갔다는 분석까지 나올 정도로 경제가 매우 심각한 상황인데, 내란 특검을 거부하거나 지연시키는 행위는 경제를 나락으로 보내자는 것과 같습니다. 내란 진압 없이 경제 위기 극복은 요원합니다. 최상목 대행은 오늘이라도 내란 특검법을 공포하십시오. 꽁꽁 얼어붙은 내수경기와 민생 회복을 위한 추경에도 나서십시오.

— 김민석 최고위원

법원폭동의 전광훈 커넥션을 밝혀야 합니다. 판사실 문을 부수고 난입한 40대 남성을 경찰이 폭동의 핵심으로 지목했다고 합니다. 2020년 전광훈 교회의 명도 집행 과정에서 화염병과 쇠파이프 폭력을 동원해 구속되었던 극우 유튜버라고 합니다. 판사실 난입과 내부 CCTV훼손을 지휘한 현장 지휘자가 있었다는 증언도 계속되고 있습니다. 알바동원, 극단행동 선동, 서부법원 앞 결집 선동, 서울구치소 앞 집단행동선동 등 불법폭력과 연계된 전광훈 집회 및 발언에 대해서는 개신교 내에서도 비판과 처벌 요구가 잇따르고 있습니다.

경찰은 법원폭동과 전광훈 세력의 실질적 연결고리를 철저히 밝히고 법적조치를 해야 합니다. 태극기와 성조기를 앞세운 폭력은 결코 옹호되거나 합리화될 수 없는 민주사회의 암입니다. 국민의 힘과 그 대표정치인들은 전광훈 집회에 줄 서 조아리며 정치적 지지를 기대하는 것을 넘어 집단폭력을 비호하며 정상적 보수의 선을 넘은 내란비호 폭력비호 3류 정당이 되어버렸습니다. 정치는 정치로, 논쟁은 논쟁으로 풀면 됩니다. 그러나 집단불법폭력은 반드시 초기에 철저히 뿌리까지 바로잡아야 합니다. 가짜 자유민주주의자 윤석열과 함께 전광훈식 가짜 자유민주주의도 퇴출되어야 합니다.

격동의 시기에 각종 여론조사도 널뛰듯 격동하고 있습니다. 이러다가 김문수 전체 1위가 나와도 놀랍지 않을 상황입니다. 그러나 일시적 여론조사를 맹신해서 내란과 폭동을 옹호하는 오만의 착각은 결국 실패와 자멸의 길이 될 것입니다. 최종 판단은 주권자 국민의 몫입니다. 민주당은 내란의 완전한 종식과 함께, 대한민국 국민의 삶과 국가미래를 위한 국가전환의 과제를 흔들림 없이 추진해갈 것입니다.

헌정질서를 파괴한 내란 수괴 혐의로 윤석열이 현직 대통령 최초로 헌법 재판정에 섰습니다. 대한민국 민주주의 복원이 시작되고 있습니다. 내란 수괴에 대한 단호한 심판은 자신이 스스로 무너뜨린 대한민국의 법치를 바로 세우는 시작입니다. 아무리 총칼로 무장한 계엄군을 동원해도, 국민을 이길 수는 없습니다. 아무리 궤변으로 우기고 거짓말을 해도, 내란이 통치행위가 될 수는 없습니다. 내란 수괴 윤석열에게 남은 건 오직 국민과 법의 심판뿐입니다.

PPT 좀 봐주세요. 내란 수괴 윤석열이 기재부 장관 최상목에게 준 문서입니다. 최상목 대행이 내란 수괴 윤석열에게 받은 기밀문서가 확인되었습니다. 국회 예산을 완전히 없애라, 어용 비상입법기구 예산을 확보해라 라는 위헌 위법한 내란 사태의 핵심 증거입니다. 최 대행이 아무리 이 문서를 쪽지라고 별문제가 아닌 듯이 무마하려고 해도 이 문서는 명백한 대통령이 기획재정부 장관에게 준 행정명령 정식 문서였습니다. 계엄 당일 국무회의에서 한 대통령의 지시를 담은 정식 문서를 장관이 무시하고 보지 않았다고 주장하는 것은 어불성설이고 궤변입니다. 윤석열이 준 기재부 장관의 역할을 지시한 문서는 최 대행이 명백한 내란 공범이라는 증거입니다. 최 대행이 거부권으로 내란 특검을 무력화시키려는 것은 자신의 내란 동조 혐의를 덮으려는 또 다른 범죄 은폐 범죄행위임을 경고합니다.

내란 폭동을 막아야 할 대통령 권한대행이 오히려 국정 혼란을 부추기고 초래하고 있습니다. 6번째 법률안 거부권을 행사했습니다. 내란 진압은커녕 오히려 꺼져가는 내란의 불씨에 부채질을 하고 있습니다. '거부의 거부의 거부'만 일삼는 최상목 대행이야말로 내란 정국 국가 위기의 핵심 주범입니다. 최상목 대행은 내란 특검법 지체 없이 공포하십시오. 내란 세력의 단죄가 지연될수록 경제 회복도 지연됩니다. 최 대행이 헌법상 의무인 헌법재판관 임명, 대법관 임명, 내란 상설 특검 추천 의뢰를 회피하는 것은 명백한 위헌, 위법입니다. 탄핵 마일리지의 적립을 스스로 자초하지 않기를 바랍니다.

추경 편성은 위기에 빠진 대한민국 민생경제 회복의 마중물입니다. 국가 경제와 민생이 계엄 폭격 직격탄을 맞았습니다. 내란 발발 한 달 만에 대한민국의 GDP는 6조 3천억 원이 증발했고, 민생은 초토화 일보 직전입니다. 특단의 대책이 필요합니다. 민생을 살리는 데에는 여야가 따로 없습니다. 이미 정부도 추경 논의 의사를 밝혔습니다. 이제 집권여당을 자처하는 국민의힘이 나설 차례입니다. 당리당략은 내려놓고 민생을 위해 민주당과 함께 힘을 모읍시다. 민생 위기 극복을 위한 추경은 국민들께 최고의 명절선물이 될 것입니다.

– 한준호 최고위원

어제 내란 수괴 윤석열이 탄핵심판에 출석을 했습니다. 그 자리에서 헌법재판관들을 향해 "제 탄핵 사건으로 고생을 하시게 되어서 송구스러운 마음"이라면서 "헌법재판소는 헌법 수호를 위해 존재하는 기관인 만큼 여러모로 잘 살펴주시기를 부탁드린다"라고 말했습니다. 심지어 윤석열 측에서, "헌법재판소를 무한히 신뢰한다"라는 입장도 나왔습니다. 지난 16일 윤석열 측 조대현 변호사가 "헌재는 비상계엄의 위헌 등 여부를 심판할 능력이 없다"라는 헛소리를 늘어놓은 지 5일 만에 입장이 뒤집힌 겁니다. 오랜만에 상식적인 소리를 듣습니다. 최근 며칠 간 유해한 것을 모두 멀리한 덕분에, 드디어 이성을 조금이나마 되찾은 것이 아닌가 싶습니다.

그런데 국민의힘 권성동 원내대표는 왜 윤석열의 입장에 정반대되는 행동을 하고 있는 것인지 의문입니다. 권성동 원내대표는 어제 기자들과의 문답 과정에서 문형배 헌법재판소장 권한대행을 저격했습니다. 권 대표는 "문형배 대행이 이재명 대표와 과거 연수원 시절 동기"라면서 "매우 가까운 사이라는 이야기가 파다하다"라고 주장을 했습니다. 그러면서 "문 대행이 실질적 탄핵소추인인 이재명 대표의 절친이라면 탄핵심판을 다룰 자격이 있겠느냐"라면서 음모론을 퍼뜨렸습니다. 정말 권선동 스럽습니다. 국민의힘이 최근 '기-승-전-이재명' 전술을 펼치면서 견강부회를 일삼고 있는데요, 하다하다 탄핵 불복을 위한 밑밥을 까는 데까지 이재명 대표를 거론하고 있습니다.

'권성동식'으로 권성동 원내대표에게 묻겠습니다. 사법연수원 같은 기수라는 이유로 '절친'이라고 한다면, 윤석열 탄핵심판 주심을 맡고 있는 사법연수원 17기, 권선동 대표의 동기인 정형식 헌법 재판관과는 얼마나 막역한 사이며 과연 탄핵심판을 다룰 자격이 있는 입장을 한 번 이야기 해보시기 바랍니다. 권성동식 주장이라면, 절친이 이 중요한 탄핵심판 주심이라면 매우 심각한 사안이 아니겠습니까. 어느 언론보도를 보니까, '법조계에서는 사법연수원 17기 그룹을 유독 끈끈하고 잘 뭉치는 기수라고 평가한다'라고 하는데 그 끈끈한 관계가 이번 탄핵심판에 위법적으로 작동하는 일은 반드시 없어야겠죠?

그런데 과연 권성동 대표의 이런 억지 주장이 윤석열 씨에겐 도움이 될까? 이런 생각이 들었습니다. '혹 내심 탄핵이 인용되기를 바라고 있는 것은 아닐까?' 라는 생각도 듭니다. 그리고 문득 권성동 원내대표와 이재명 대표님이 대학 선후배로 가까운 사이라는 언론보도도 떠오릅니다. 설마 그래서 권 대표가 헌법재판소를 저격한 것은 아니겠죠? 마지막으로 권 대표께 꼭 드리고 싶은 말이 있습니다. 가만히 있으면 중간이라도 갑니다. 이상입니다.

어제 2기 트럼프 행정부 출범에 맞춰 '한반도 평화를 위한 한미동맹 지지 결의안'을 발의했습니다. 이 재명 대표와 박찬대 원내대표를 포함해서 민주당 국회의원 80여명이 공동발의에 참여해 주셨습니다. 현 재 한반도는 물론 동북아 정세가 매우 불안정합니다. 북한과 러시아 간 군사협력은 혈맹 수준으로 강화 했습니다. 이는 남북 간 군사적 충돌시, 사실상 러시아의 자동 개입을 의미합니다. 민주당은 '2기 트럼프 행정부' 출범을 계기로 한미동맹을 더욱 강화하겠습니다. 이를 바탕으로 하루빨리 한반도의 평화를 되찾 고, 민주주의가 바로 설 수 있도록 최선을 다하겠습니다.

어제 탄핵심판 변론 과정에서 드러난 윤석열의 행태는 너무나 뻔뻔합니다. 윤석열 자신의 모든 행위를 태연하게 부인했습니다. 윤석열 자신의 명령에 따른 여러 군인들의 증언을 한순간에 소설로 만들어 버 렸습니다. 어떻게 그렇게 눈 한 번 깜박하지 않고 거짓말을 합니까? 이 정도면 남우주연상 깜 아닙니까? 거짓말이 일상이거나 자기 최면에 빠져있는 게 아니라면 그렇게까지 자연스럽게 거짓말을 할 수 있습니 까? 손톱만큼도 반성하지 않는 내란 수괴에게 더 이상의 관용은 사치입니다.

이런 가운데 윤석열을 비롯한 내란 세력들로 인해 국내 '치안'마저 흔들리고 있습니다. 내란 세력을 지 지하는 극단주의자들은 이재명 대표를 비롯한 민주당 국회의원들을 향해 테러 위협도 서슴지 않고 있습 니다. '민주파출소'에 접수된 제보에 따르면, 입에 담지 못할 정도의 잔인하고 흉악한 글들이 인터넷 커 뮤니티에 잇따라 올라오고 있습니다. 저에게도 많이 오는데, 민주파출소의 문건들이 이렇게 많습니다. 지금 슬라이드에 나온 것은 순화한 것입니다. 그대로 발표하면 너무 끔찍해서, 이재명 집으로 갑시다, 머 리에 바람 통하는 공기구멍 내자, 이재명 박찬대 칼 꽂아 버린다, 내란 일으킨 김병주 박선원 등 죽여 버 려라, 야당 새끼 하나 천국 보내고 빨갱이 쳐 죽이자 등 너무나 끔찍한 것들이 여러 커뮤니티에 올라오 고, 그것들을 본 커뮤니티분들이 민주파출소에도 신고하고 저에게도 보내면서 이재명 대표 경호를 잘해 달라 부탁하고 있습니다. 참 너무 끔찍합니다. 지금 박선원 의원 같은 경우는 실제 매일매일 더 위협에 시달려서 '레벨2 방탄방검복'을 입고 다닙니다. 저도 차에 갖고 다니는데, 이것은 방탄도 되고 방검도 됩 니다. 지금 저는 매일매일 뭘 갖고 다니냐면, 방검토시입니다. 칼에는 안 베입니다. 제가 무술을 하기 때 문에 칼을 막으려고 이것을 하고 있습니다. 방검복은 차에 가지고 다니다가 위험한 지역 야외 나갈 때 입 고 다니는데, 박선원 의원은 늘 입고 다닐 정도로 위협을 느끼고 있습니다. 앞으로 대표님이나 많은 분들 이 빙검복을 입고 다녀야 할지 모르겠습니다.

경찰에 요구합니다. 이재명 대표 대단히 위험합니다. 경호를 더 강화할 필요가 있고, 대민접촉 등도 자제하도록 했으면 좋겠습니다. 각별히 유념해 주시고, 경찰에서는 민주당사라든가, 여기에 보면 민주당사 국회 헌재 이런 내용도 많이 나오기 때문에 이런 지역에 대한 경비 경호를 강화해줄 것을 요구합니다. 그리고 경찰은 적극적으로 수사에 나서야 한다고 봅니다. 도를 넘어선 협박성 글은 범죄 예방을 위해서라도 제지해야 합니다. 국민의 대표인 국회의원이 국민과 소통하면서 자유롭게 의정활동을 할 수 있도록 범죄 예방에 신경 써 주실 것을 간곡히 부탁드립니다.

– 이언주 최고위원

최상목 권한대행이 민주당이 25만 원 전 국민 지급을 고수하고 있어서 추경에 부정적인 모양입니다. 민주당 핑계 대지 말고 적극적으로 대안을 제시하고 민생을 챙기기 위한 모습을 보여주시기를 바랍니다. 작년 9월에 이미 민주당에서는 추석을 앞두고 11년 만의 여야 대표 회담을 이재명 대표와 한동훈 당시 국힘 대표가 가진 바가 있습니다. 당시에도 지역화폐 25만 원 지급 문제와 관련해서 이 대표께서 "소비 진작의 마중물로 더 많은 국민에게 혜택이 주어지는 것이 바람직하긴 하지만, 안 하는 것보다는 낫다"라고 하면서 충분히 양보와 타협의 의지를 피력하는 등 유연한 태도를 보인 바가 있습니다. 그러나, 여당이 끝까지 전면적으로 반대를 하면서 무산된 바가 있는데, 이와 같이 우리 민주당은 추경의 내용, 또는 민생 회복 지원금 25만 원에 대해서 범위와 관련해서 타협을 할 수 있는 유연한 태도를 갖고 있으니, 민주당 핑계 대지 말고 추경에 적극적으로 나서야 한다고 생각합니다.

트럼프 취임 후에 북한 관련 발언으로 기대가 모아지지만, 한편으로는 코리아 패싱 우려가 크다고 합니다. 북-미 수교를 포함한 미국과 북한 관계 개선 미-북 화해 모드는 동북아의 평화 모드를 조성하는 등 반가운 신호입니다. 그래서, 우리로서는 적극 환영할 일이며, 더 나아가서 북한에 대한 적극적인 경제 개발로 이어진다면, 한국이 수혜를 입을 것이라는 것은 너무나 자연스러운 수순입니다. 따라서, 코리아 패싱 운운하면서 너무 조바심 내기보다는 미국과 일관되고 긴밀한 소통을 유지하되, 인내심을 가지고 지켜보는 것이 나을 것이라고 생각합니다. 너무 초조하게 생각할 필요는 없다, 어차피 미-북 관계가 개선되면 우리 대한민국에도 좋은 일이 될 것이라고 생각합니다.

다만, 북핵과 관련한 전략 기조가 완전하고 검증가능하며 불가역적인 핵 폐기, 즉 CVID에서 핵보유국 지위를 인정하는 쪽으로 변화하고 있는 것이 아닌가 우려됩니다. 이런 전략적 기조 변화는 대한민국의 북한과의 군사력 균형, 즉 핵 균형이 무너진다는 점에서 매우 우려할 만한 지점입니다. 우리 안보 우려를 해소하기 위해서 대비책과 관련해서 원자력협정 개정을 통한 핵 재처리 권한 확보 등을 포함해서 미국과 적절한 법이나 대응책에 대한 구상이 있어야 할 것으로 생각됩니다. 정부는 이에 대해서 미국과 협상할 수 있는 카드를 비롯한 대비책 마련에 소홀함이 없어야 할 것이며, 이는 진영을 떠난 우리의 생존 문제인 만큼 국회도 필요한 부분은 적극 협조할 것입니다.

한 말씀만 더 붙이겠습니다. 내란 특검과 관련해서 여당 일각에서 "윤석열도 구속되고 눈에 띌 만한 관련자들 대부분이 구속된 마당에 왜 특검이 또 필요하냐" 이런 이야기가 있습니다. 그런데, 이는 12.3 내란 사태의 역사적 심각성을 간과하고 내란 수사의 목적이 무엇인지 우리 사회가 그것을 통해서 얻어야 할 효과가 무엇인지를 간과하고 하는 이야기라고 생각합니다.

경찰, 공수처, 검찰 등 수사력에 한계가 있고 이 내란 사태의 전모를 밝히는 데에 한계가 있음을 모두가 느끼고 있습니다. 모두가 알고 있는 관련자들, 눈에 띄는 몇 사람 구속한 것 말고는 도대체 이 사건이 어떻게 해서 일어나게 되었는지에 대한 전모를 알기가 어렵습니다. 아무리 윤석열 정신세계가 이상하다고 해도, 도대체 어떻게 이 시대 2024년 말에 계엄 선포를 꿈을 꾸고 실행할 수 있었는지, 또 어떠한 제도가, 어떠한 사회시스템이, 주변 인물들과의 어떤 연결고리가 이를 가능하게 만들었는지 철저히 파악해서 다시는 이런 일이 발생하지 않도록 그 제도와 시스템을 바꾸고 연결고리를 끊어서 내란 쿠데타가 다시는 발생할 가능성을 사전에 차단을 해야 하는 것입니다.

새벽에 국회의 해제요구로 다행히 끝났지만, 만일 다음날까지 계엄이 계속되었다면, 진압되지 않았다면 우리는 은행 등 금융기관의 거래정지, 동사무소에서 동장 대신 지역을 군인이 관리하고 있는 모습, 온 지역의 거리에 군인이 보초를 서고 있는 모습 이런 것들을 목격하게 되었을 것입니다. 다시는 대한민국 역사에서 이런 일이 없어야 하기 때문에 내란의 전모를 파악해야 되는 것입니다. 가담자에 대한 선처에 대한 이야기는 전모를 파악한 후에 결정해도 늦지 않습니다. 따라서, 이 전반적인 것을 다 파악해서 다시 일어나지 않도록 제도를 개선하기 위해서라도 우리는 전반적인 부족한 수사를 보완해야 할 필요가 있다고 생각합니다. 최상목 대행은 내란 특검을 조속히 처리해주시기를 바랍니다.

– 주철현 최고위원

12.3 내란 낭일, "총을 쏴서라노 의원들을 국회에서 끌어내라"며, 전인공노할 발포 명령을 내렸던 내란 수괴 윤석열이, 2차 체포영장 집행을 앞두고 경호처 지휘부와의 식사 자리에서 "총을 쏠 수 없냐"고 물었고, 이에 대해 김성훈 차장이 "예, 알겠습니다"라고 답한 것으로 보도됐습니다.

국민의 대표인 국회의원들에게 발포를 명령한 것도 모자라서, 법원이 발부한 영장을 집행하는 검사와 수사관을 향해 또다시 총기 사용을 사주하다니, 과연 제정신인지 묻지 않을 수 없습니다. '광주 5.18'의 학살자 전두환을 그렇게나 추종하더니, 국민에게 총을 못 쏴봐서 안달이 난 겁니까, 발포 명령에 중독이라도 된 겁니까? 이처럼 국민 생명을 티끌보다 가볍게 여기면서, 광기에 사로잡힌 지도자는 국가의 가장 심각한 위협입니다.

심지어 윤석열은 어제 열린 헌재 탄핵심판에 직접 출석해서, 계엄 해제 결의를 위해 국회에 모인 국회의원들을 끌어내라고 지시한 적이 없다는, 명백한 허위 답변까지 했습니다. 여전히 부정 선거 망상에서 헤어나오지 못한 채, 위헌·위법한 비상계엄 선포가 정당했다는 궤변을 고집했습니다.

헌법의 최후 보루인, 신성한 헌법재판소의 심판정에서조차, 입에 침 하나 바르지 않고 거짓말하는 윤석열에겐, 대통령의 품격은 차치하고, '개전의 정'도, 일말의 뉘우침도 찾아볼 수 없습니다. 내란 수괴 윤석열에 대한 신속한 파면과 준엄한 처벌로 영구적인 사회 격리만이 역사적 불행을 끝장내고 재발을 막아낼 수 있습니다.

– 송순호 최고위원

"김해에는 빨갱이가 많습니다. 그래서 의정 활동하기 상당히 힘듭니다." 지난 19일 경남 창원에서 열린 윤석열 대통령 탄핵 반대 집회에서 나온 발언입니다. 국민의힘 소속 김해시의회 이미애 의원의 발언인데, 그 빨갱이 발언 영상을 SNS에 올리기도 했습니다. 김해시의회 홈페이지에는 시민들의 항의 글이 빗발치고 있습니다. 이에 대해 이미애 의원은 빨갱이 발언이 뭘 잘못했느냐? 이 발언에 대해선 국민이나 시민이 판단할 것으로 보며 현재로서는 사과할 이유가 없다는 입장입니다.

"시체 팔이 족속들 나라 구하다 죽었나?" 혹시 기억하십니까? 2022년 온 국민을 공분케 한 김미나 국민의힘 창원시 의원이 10.29 이태원 참사 유가족을 비하하며 SNS에 올린 글입니다. 이번 빨갱이 발언을 한 이미애 의원은 2022년 당시 "김미나 의원 힘내요 파이팅, 유족 외엔 사과하지 말기"라는 글을 자신의 페이스북에 올린 인물입니다. 물건은 고쳐 써도 사람은 고쳐 못 쓴다는 말이 딱 맞습니다. 내란 우두머리 윤석열과 내란 동조자들도 마찬가지입니다. 그들을 용서했다가는 제2, 제3의 계엄 사태를 직면하게 될 것입니다. 내란 세력을 완전히 척결하는 것이 새로운 대한민국으로 나아가는 첫걸음입니다.

불법 계엄 사태로 인한 내수 침체, 고용 한파가 그 어느 때보다 매섭습니다. 12.3 내란으로 내수 경기가 꽁꽁 얼어붙었습니다. 금융감독원에 따르면 지난해 금융권에서 돈을 빌린 개인 사업자가 336만 8,133명이고, 대출금은 1,125조 3,151억 원에 이른다고 합니다. 더욱이 대다수가 다중채무자여서 자영업자들이 빚더미에 올라 있습니다. 빚을 갚지 못해 채무 조정에 나선 시민들의 수도 전년 대비 18만 명이나 급증했고, 개인 회생 신청 건수도 역대 최대를 기록할 전망이라고 합니다. 법인들의 파산 신청도 줄을 잇고 있습니다. 빚은커녕 이자도 제대로 못 갚는 소상공인이 속출하고 정치의 불안이 경제로 이어지면서 국민의 삶의 뿌리가 통째로 흔들리고 있는 위태로운 상황입니다.

정부는 절박한 심정으로 자영업자와 소상공인 취약계층을 살릴 민생 회복을 위한 특단의 대책을 수립해야 합니다. 얼어붙은 경기를 살리고 민생을 회복할 모든 수단을 동원해야 합니다. 지자체 또한 경제적 어려움을 겪고 있는 소상공인과 자영업자들을 위한 지원 대책을 마련해야 합니다. 벼랑 끝으로 내몰린 골목 상권을 살려야 합니다. 정부와 지자체 모두가 추경을 통해 지역화폐 추가 발행, 민생 회복 지원금 지급, 긴급 생계비 지원 등 적극적인 방안과 대책을 마련해야 합니다. 경기 파주시, 경기 광명시, 전북 김제시, 전북 완주군, 전북 정읍시, 전북 남원시, 전북 진안군, 전남 영광군 등 8개 지자체가 설을 맞아 지역화폐와 선불카드, 현금 등의 민생 지원금을 지급하기로 했습니다.

같은 대한민국 국민으로서 살고 있는 지역이 다르다는 이유로 차별받아야 할 이유는 없습니다. 기초자치단체의 노력에만 의존해서는 안 됩니다. 중앙 정부가 나서야 하는 이유입니다. 민생이 파탄 위기입니다. 자영업자, 소상공인들은 기약할 수 없는 내일을 기다리며 하루하루를 보내고 있습니다. 정치가 민생을 살피지 않는다면 존재의 이유가 없습니다. 현 시기 민생을 살피는 최고의 길은 지역화폐 추가 발행과 민생 지원금을 지급하는 것입니다. 지금 당장 추경 예산을 편성하길 촉구합니다.

2025년 1월 22일
더불어민주당 공보국

윤석열 측이 고의적으로 탄핵심판을 지연시키려 하고 있습니다. 각종 사실조회, 문서제출명령에 이어 증인 24명을 한 번에 무더기로 신청했습니다. 탄핵심판을 지연시키겠다는 의도를 노골적으로 드러낸 것입니다. 헌법재판소가 증인으로 받아들인 결과만 봐도 확신할 수 있습니다. 헌재는 윤석열 측이 신청한 증인 중 단 2명만 채택했습니다. 윤석열 탄핵심판의 판단 대상은 12.3 비상계엄이 헌법과 계엄법이 정한 실체적 요건과 적법한 절차를 갖추었는지, 국회의 계엄 해제 요구 의결을 막기 위해 계엄군을 국회에 투입했는지, 선거관리위원회 서버 탈취를 위해 계엄군을 선관위에 투입했는지 여부입니다. 판단 대상과 무관한 증인이나 사실조회 신청은 재판을 지연시킬 목적의 악의적 증거신청입니다. 심판대상과 무관하게 재판을 지연시키려는 증인 신청이 받아들여져서는 안 됩니다.

– 더불어민주당 대변인 이건태, 1월 22일 서면브리핑

실행 계획은 없었다는 윤석열의 계엄령,
사기 치지 말라

내란 우두머리 윤석열의 어제 헌법재판소 출석 발언은 "철들고 난 이후 자유민주주의 신념을 확고히 갖고 살아왔다"라는 자신감 넘치는 선언으로 시작되었습니다. 그러나 그가 자랑스러워하는 신념은, 정작 계엄 포고령과 정치인 체포 지시를 둘러싼 책임을 회피하는 변명과 함께 사라졌습니다. 실행 계획이 없었다는 윤석열식 자기방어 기제는 우리에게 너무 익숙합니다. 이미 수많은 사안에서 "나는 몰랐다"라는 습관적 거짓말을 들어왔기 때문입니다.

윤석열의 주장은 김용현의 공소장과 곽종근 사령관의 증언을 정면으로 부정합니다. 공적 기록과 물증이 대립할 때, 책임 있는 지도자라면 신중하고 투명한 해명으로 국민을 설득합니다. 그러나 윤석열은 진실 규명이 아니라, 변명으로 일관하는 모습을 보이고 있습니다.

'나는 책임지지 않는 찌질이다'라는 고백일 뿐입니다.

더욱 놀라운 것은 그가 국회와 언론을 "대통령보다 갑"이라며 자신을 권력의 피해자로 그린 점입니다. 대통령의 막강한 권한을 누구보다 잘 아는 그가, 자신을 약자로 포장하며 국민을 농락하고 있습니다.

윤 대통령의 '부정선거 음모론'은 단순한 팩트 확인을 넘어서, 선거제도에 대한 불신을, 사회적 갈등을 조장했습니다. 이는 책임을 수반하는 정치적 행위이며, 민주주의의 근본을 흔드는 위험한 선동입니다.

조국혁신당은 확신합니다. 진실은 결코 숨길 수 없습니다.

계엄령 문건을 작성한 손은 김용현일지라도, 진실의 손가락은 윤석열을 가리키고 있습니다. 언행일치라는 책임 있는 정치 지도자가 되기에는 글러 먹었으니, 공적 기록과 국민의 명령만이라도 무겁게 받아들이십시오.

이것이 한때나마 당신을 대한민국 대통령으로 여겼던 국민에 대한 최소한의 예의입니다.

2025년 1월 22일

조국혁신당 대변인 강미정

제62차 최고위원회의 모두발언 주요 내용

일시 : 2025년 1월 22일(수) 09:30

장소 : 국회 의원회관 제10간담회의실

참석 : 천하람 원내대표 겸 당대표 직무대행, 이기인 · 전성균 최고위원, 이주영 정책위의장

배석 : 김철근 사무총장, 구혁모 개혁연구원 상근부원장

– 천하람 원내대표 겸 당대표 직무대행

바야흐로 대행의 시대다. 지금 대통령부터 시작해서 행정 부처의 주요 부처 장관들에 이르기까지 권한 대행과 많은 대행 체제로 직무가 이루어지고 있다. 저희 개혁신당은 그러지 않았었어야 하는데 저희 개혁신당도 국민들께서 보시기에 그렇게 좋지 않은 이유로 이렇게 당원 소환이 진행되고 당 대표의 직무가 정지되어서 원내대표인 제가 직무 대행을 하는 것에 있어서 이런 상황 굉장히 무겁게 받아들인다. 특히 원내대표로서 개혁신당 지도부 내의 갈등과 어떤 파행적인 요소들이 미리, 보다 더 잘 관리되고 또 잘 조율되어서 이렇게 외부로 표출되지 않도록 했었어야 되는데 저 스스로도 많이 부족했다라고 생각한다. 그러나 이러한 저희 2기 지도부의 실패와 파행이 외부로 노출되어 특히 저희 개혁신당의 진성 당원, 으뜸 당원의 과반 이상이 당원 소환을 청구하실 정도의 상황이 됐다면은 이 당원들의 민주적 의사 표출을 받아들이는 것 역시 개혁신당 모든 당직자들의 의무다.

그 어떤 사람도 특히 당원 소환 청구의 대상이 된 사람은 본인의 권한을 주장하면서 당원 소환 절차의 진행을 막거나 지연하려고 해서는 결코 안 된다. 겸허하게 당원들의 민주적 의사 결정을 따라야 한다. 그런 상황에서 저희 개혁신당은 당원 소환 제도의 취지에 맞게 당원 소환의 대상이 된 분들의 직무를 적절하게 배제하고 최대한 신속하게 당원 소환의 투표를 거쳐 그 결과에 따라 당무 복귀 여부가 판단되도록 할 것이다. 그러기 위해서 오늘 최고위는 신속한 저희 당원 소환 투표 일정과 방식을 의결하려고 한다. 비공개 회의를 통해서 그 일정과 방식이 확정되는 대로 우리 국민과 당원 또 언론인 분들께 즉각적으로 말씀드리도록 하겠다. 사실 지금 국내외적으로 굉장히 많은 일들이 있다. 트럼프 대통령의 두 번째 임기

가 시작이 되었고 어제는 윤석열 대통령이 직접 헌법재판소에 출석해서 변론을 하는 헌정사 초유의 일까지 있었다.

내일은 윤석열 대통령과 김용현 장관이 진실 공방을 하는 장면이 국민들께 보여질지도 모른다. 국가적인 위기 상황이고 그런 상황이다 보니 오히려 대외적 리스크에는 전혀 대처하지 못하고 있다. 특히 국민의힘과 더불어민주당이 서로 적대적 공생 관계 속에서 극단적 대립만 이어갈 때 그 사이에서 미래를 생각하고 국민의 삶을 생각해야 할 개혁신당의 역할은 더욱 중요하다. 그런데 개혁신당이 지금 이런 상황에 혼돈의 상황에 빠져 있을 여유가 없다. 그렇기 때문에 저희 개혁신당 지도부는 최선의 노력을 기울여 개혁신당의 혼란 상황이 최대한 신속하게 해결되고 대한민국 정치의 위기 상황에서 저희 개혁신당이 국민들께 희망을 보여드릴 수 있도록 오늘보다 더 나은 내일을 선사할 수 있도록 노력하겠다. 저도 마음이 무겁습니다마는 우리 당원들의 현명한 판단을 신속하게 구할 예정이다.

– 이주영 정책위의장

하필 왜 9시 10분이었을까요? 어제 공수처는 이틀 연속 서울 구치소를 찾아 윤석열 대통령에 대한 강제 구인과 대면 조사를 시도했다. 하지만 윤 대통령이 헌법재판소 변론 기일 참석 후 바로 국군서울지구병원으로 향하면서 조사는 무산됐다. 물론 구속된 피의자도 지병이나 부상으로 진료가 필요하면 구치소장의 허가를 얻어 외부에서 진료를 받을 수 있다. 서울구치소장도 의무관 진료 후 윤 대통령의 외부 병원 진료를 허가한 것으로 알려지기는 했다. 그런데 윤 대통령은 진료를 마친 후 하필 오후 9시 10분경 구치소로 복귀해 조사를 불발시킨 것이다. 인권 보호 규정상 오후 9시 이후에는 피의자 동의 없이 조사가 불가능하기 때문이다. 안과 진료를 보았다고 알려져 있는데 의사였던 제가 생각하기에 응급 수술을 받은 것도 아닌데 밤 9시까지 지속되어야 하는 진료라는 것은 그 사유가 무엇이었을지 잘 떠오르지 않는다.

당신의 권력이 이러라고 준 게 아니듯 당신의 법 지식도 이러려고 공부한 게 아닐 것이다. 야당 대표가 닥터 헬기를 사유화해 국민들의 질타를 받더니 이제는 대통령이 군 병원을 소도화하고 있다. 정치인들은 죄만 지으면 천벌이라도 받는 건지 갑자기 없던 병이 생기고 국민들이 사용해야 할 병상은 권력자들의 요양처가 된다. 군 병원의 역할은 그런 게 아니다. 나라를 위해 헌신하는 장병들의 건강과 안전 보장을 위해 각 분야의 최고 전문가들을 안정적으로 확보하고 외상의학과 재난의학의 발전적으로 특화되고 집단 병영 생활에서 발생할 수 있는 감염병에 상시 대비하고 그 노하우를 민간 병원과 공유하며 국가 재난 등의 유사 시에는 국민을 위해 즉시 기능할 수 있는 그런 곳이어야 한다.

밖으로 강력한 군대는 안으로 안전한 군대로부터 시작한다. 함부로 사유화되거나 이용당하지 않는 군 의료, 국가 정책으로부터 소외당하지 않는 군 의료 학문, 기술적으로 도약하는 군 의료를 위한 좋은 정책 개혁신당에서 시작하겠다.

– 전성균 최고위원

이재명 민주당 당대표가 여론조사 하락 이유 분석을 하라 당 지도부에 요구했다. 민주당을 보면 참 시점들이 의도가 투명하다. 왜 하필 이 시점에 여론조사 특위를 만들었을까요? 부정선거론자를 비판하듯 여론조사 부정론자를 비판을 안 할 수가 없다. 이재명의 민주당 이후로 민생을 제대로 다뤄 성과를 낸 적이 있는가? 그렇다고 거대 담론을 제대로 다뤄본 적이 있는가? 국민의힘 당을 공격을 잘했고 지지자들에게 박수를 받았지만 그런데 국민들은 지지자들에게 박수 받았지만 무엇이 국민 삶이 나아졌는가? 국민의 삶은 공격 잘한다고 나아지지 않는다. 정치를 해야 한다. 정책을 만들어야 한다. 거대 양당, 거대 야당이라는 큰 힘을 쥐고 무엇을 했는가? 국민 여러분 정치 개혁을 하는 이유는 바로 여기에 있다. 감사합니다.〈끝〉

2025. 1. 22.
개혁신당 공보실

최상목 대행이 또 거부권을 행사했습니다. 최 대행은 21일 방송법 개정안 등 국회를 통과한 3개 법안을 거부하며 벌써 6번째 거부권을 남발했습니다. 윤석열 정권 3년도 채 되지 않아 누적 37개 법안을 폐기처분 했습니다. 이명박 5년 중 1건, 박근혜 4년 중 2건과 비교할 수 없을 만큼 압도적입니다. 도를 넘은 국회 무시입니다. 명백한 월권이자 입법권 침해입니다. 참을 수 없는 모욕감을 느낍니다. 최상목 대행은 줄곧 국정안정을 최우선이라 강조했습니다. 말은 좀 바로합시다. 누가 국정을 파탄 냈습니까. 윤석열의 내란사태가 국정을 초토화시킨 것 아닙니까. 그렇다면 본인은 내란사태 종식에 협조했어야 했습니다. 국회와 협력하여 민생안정에 총력을 다했어야 했습니다. 그러나 최상목 씨가 대행을 맡은 지난 한 달 가량, 이 모든 것을 다 뭉갰습니다. 지금 국정파탄의 주범은 '윤석열 아바타'로 군림하는 최상목 씨 본인임을 명심하십시오.

– 진보당 원내대변인 정혜경, 1월 22일 브리핑

홍성규 수석대변인 논평

■ 내란수괴 윤석열의 '오랜 절친' 권성동! 대한민국 국정 논할 자격 있나!

매일같이 쏟아지는 국민의힘의 생트집과 억지, 궤변이 너무나도 유치찬란하여 정말이지 실소도 아깝습니다.

권성동 국민의힘 원내대표가 문형배 헌법재판소장 권한대행을 두고 "더불어민주당 이재명 대표와 매우 가까운 사이인데 탄핵심판을 다룰 자격이 있느냐"고 문제삼았습니다.

권성동 대표는 기본적인 '공사 구분'도 제대로 안 됩니까? 본인도 검사 출신인데 설마 그 때도 헌정질서와 법치보다 친소관계를 우선하여 판단해왔습니까? 부끄러운 줄도 모르고 이런 수준 낮은 말들로 국정혼란만 더욱 부추기는 파렴치한 작태를 강력히 규탄합니다.

말이 나왔으니, 같은 논리라면 권성동 원내대표부터 당장 그 자리에 있을 자격이 없는 것 아닙니까? 불과 며칠 전 본인 입으로 내란수괴 윤석열의 '오랜 친구'라며 눈물을 글썽이기까지 했습니다. 내란수괴와 매우 가까운 사이인데, 공당의 원내대표로 국정을 논할 자격이 있습니까? 심지어 권성동 원내대표는 이재명 민주당 대표와도 각별한 인연으로 유명합니다. 대학 선후배 사이로 고시도 함께 준비해 차례로 합격했고, 소개팅도 주선해주고, 정치인 이후에도 명절 때마다 안부 인사를 주고받았다고 널리 알려져있습니다.

똑같이 돌려드리자면, "더불어민주당 이재명 대표와 매우 가까운 사이인데, 상대당 원내대표 자리에 앉아있을 자격이 있습니까?" "권성동 원내대표에 대한 의구심이 해소되지 않으면 국민의힘 자체의 공정성부터 확보될 수 없습니다. 얘기한 문제들을 국민의힘에서 명확히 답하지 않고 외면한다면 국민의힘에 대한 신뢰가 무너질 수 있습니다."

—

■ 날마다 널뛰는 윤석열의 횡설수설! 운명공동체 국민의힘에 전적인 책임 있다!

'당당하게 피하지 않겠다'던 내란외환수괴 윤석열이 온갖 저열한 꼼수와 거짓말을 총동원하며 '법꾸라지' 행세 중입니다.

어제 헌법재판소 탄핵심판 변론기일에 출석한 윤석열은 최상목 경제부총리에게 건넸다는 쪽지도, 국회의원을 끌어내란 지시도 모두 전면 부인했습니다. 자필로 꾹꾹 눌러썼다는 입장문에서도 끝까지 힘주어 강조했던 '부정선거' 관련해서도 "음모론이 아니라 팩트를 확인하려는 차원"이라고 주장했습니다.

아니, '팩트체크' 차원에서 총을 들라고 시켜 내란을 저질렀다는 말입니까?

입에서 나온다고 다 말이 아닙니다. 이제 이 희대의 내란범, 아니 희대의 비겁하고 졸렬한 파렴치범의 입에서 나오는 그 모든 말들은 일고의 가치도 없습니다.

국회와 우리 국민의 가슴을 정조준해 총부리를 들었던 이 희대의 흉악범에 대하여 국민의힘은 응당 운명공동체로서 마땅한 책임을 져야 합니다. 그 무슨 기초적인 검증도 되지 못한 자를 허겁지겁 모셔와 대통령 후보로 내세웠던 것이 바로 국민의힘 아니었습니까?

그러나 국민의힘은, 내란 발생 50여 일이 다 되어가도록 지금까지 똑 부러지는 사과 한 마디 내놓지 않았습니다. 무책임하고 파렴치하기로는 내란수괴 윤석열이나 내란정당 국민의힘이나 피장파장입니다.

나아가 그 무슨 반성과 사죄는커녕 윤석열 비호에 온 힘을 쏟더니만 급기야 사법부를 공격한 폭도들까지 옹호하기에 이르렀습니다.

국민의힘과 윤석열, 그리고 폭도들은 모두 정확히 일심동체입니다. 그 책임 또한 조금의 에누리 없이 모두 함께 지게 될 것임을 똑똑히 일러둡니다.

2025년 1월 22일

진보당 수석대변인 홍성규*

---

* 　동일 일자 보도자료 2개를 함께 실었음을 밝힙니다.

탄핵 심판 윤석열 출석과 비상계엄 국정조사 1차 청문회
(1.21.~1.22.)

초판인쇄 2025년 2월 14일
초판발행 2025년 2월 14일

지은이 한국학술정보(주)
펴낸이 채종준
펴낸곳 한국학술정보(주)
주 소 경기도 파주시 회동길 230(문발동)
전 화 031-908-3181(대표)
팩 스 031-908-3189
홈페이지 http://ebook.kstudy.com
E-mail 출판사업부 publish@kstudy.com
등 록 제일산-115호(2000. 6. 19)

ISBN   979-11-7318-240-2 94340